The Oxford Russian Language Program

Using teams of specialist lexicographers and Russian collaborators, The Oxford Russian Language Program has produced the world's leading Russian dictionary range: the authority on contemporary language.

Also available

The Oxford *Color* Russian Dictionary

compiled by
Della Thompson

OXFORD UNIVERSITY PRESS

OXFORD
UNIVERSITY PRESS

Great Clarendon Street, Oxford OX2 6DP

Oxford University Press is a department of the University of Oxford.
It furthers the University's objective of excellence in research, scholarship,
and education by publishing worldwide in

Oxford New York

Athens Auckland Bangkok Bogotá Buenos Aires Cape Town
Chennai Dar es Salaam Delhi Florence Hong Kong Istanbul Karachi
Kolkata Kuala Lumpur Madrid Melbourne Mexico City Mumbai Nairobi
Paris São Paulo Shanghai Singapore Taipei Tokyo Toronto Warsaw

with associated companies in Berlin Ibadan

© Oxford University Press, 1998

First published 1996 as The Oxford Paperback Russian Dictionary
First published 1998 as The Oxford Color Russian Dictionary

British Library Cataloguing in Publication Data

Data available

Library of Congress Cataloging in Publication Data

Thompsom, Della F. The Oxford color Russian dictionary : Russian-English,
English-Russian = russko-angliiskii, anglo-russkii/Della Thompson.
Published 1995 as The Oxford Russian minidictionary; published 1996 as The Oxford
paperback Russian dictionary.
1. Russian language—Dictionaries—English. 2. English language—Dictionaries—
Russian. I. Oxford Russian minidictionary. II. Oxford paperback Russian
dictionary. III. Title.
PG2640.094 1998 491.73'21—dc21 97-38609

ISBN 0-19-860212-X

10 9 8 7 6 5 4 3

Printed in Spain by
Mateu Cromo Artes Graficas S.A.
Madrid

Contents

Preface

The Oxford Color Russian Dictionary is the latest addition to the Oxford Russian Dictionary range. Color headwords throughout make it the most useful and easy-to-use dictionary for beginners. The word games in the center of the dictionary build knowledge of grammar and vocabulary, and provide valuable practice in using your dictionary, helping you get the best out of it.

Particular attention has been given to the provision of inflected forms where these cause difficulty, and to showing the stressed syllable of every Russian word as well as changes in stress where they occur. Perfective and imperfective aspects are distinguished and both are given wherever appropriate.

Thanks are due to Alexander and Nina Levtov for their editorial help and valuable advice on contemporary Russian usage, and to Helen McCurdy for help with proofreading.

D. J. T.

Introduction

As an aid to easy reference all main headwords, compounds, and derivatives appear in blue.

In order to save space, related words are often grouped together in paragraphs, as are cross-references and compound entries.

The swung dash (∼) and the hyphen are also used to save space. The swung dash represents the headword preceding it in bold, or the preceding Russian word, e.g. Georgian *n* грузи́н, ∼ка. The hyphen is mainly used, in giving grammatical forms, to stand for part of the preceding, or (less often) following, Russian word, e.g. **приходи́ть** (-ожу́, -о́дишь).

Russian headwords are followed by inflexional information where considered necessary. So-called regular inflexions for the purpose of this dictionary are listed in the Appendices.

Where a noun ending is given but not labeled in the singular, it is the genitive ending; other cases are named; in the plural, where cases are identifiable by their endings, they are not labeled, e.g. **сестра́** (*pl* сёстры, сестёр, сёстрам). The gender of Russian nouns can usually be deduced from their endings and it is indicated only in exceptional cases (e.g. for masculine nouns in **-а**, **-я**, and **-ь**, neuter nouns in **-мя**, and all indeclinable nouns).

Verbs are labeled *impf* or *pf* to show their aspect. Where a perfective verb is formed by the addition of a prefix to the imperfective, this is shown at the headword by a light vertical stroke, e.g. про|лепета́ть. When a verb requires the use of a case other than the accusative, this is indicated, e.g. **маха́ть** *impf*, **махну́ть** *pf* + *instr* wave, brandish.

Both the comma and the ampersand (&) are used to show alternatives, e.g. **хоте́ть** + *gen, acc* means that the Russian verb may govern either the genitive or accusative; **сирота́** *m* & *f* orphan means that the Russian noun is treated as masculine or feminine according to the sex of the person denoted;

Cossack *n* каза́к, -а́чка represents the masculine and feminine translations of Cossack; **dilate** *vt* & *i* расширя́ть(ся) means that the Russian verb forms cover both the transitive and intransitive English verbs.

Stress

The stress of Russian words is shown by an acute accent over the vowel of the stressed syllable. The vowel ё has no stress-mark since it is almost always stressed. The presence of two stress-marks indicates that either of the marked syllables may be stressed.

Changes of stress in inflexion are shown, e.g.

i) **предложи́ть** (-жу́, -жишь)

The absence of a stress-mark on the second person singular indicates that the stress is on the preceding syllable and that the rest of the conjugation is stressed in this way.

ii) **нача́ть** (............; на́чал, -а́, -о)

The final form, на́чало, takes the stress of the first of the two preceding forms when these differ from each other. Forms that are not shown, here на́чали, are stressed like the last form given.

iii) **дождь** (-дя́)

The single form given in brackets is the genitive singular and all other forms have the same stressed syllable.

iv) **душа́** (*acc* -у; *pl* -и)

If only one case-labeled form is given in the singular, it is an exception to the regular paradigm. If only one plural form is given (the nominative), the rest follow this. In other words, in this example, the accusative singular and all the plural forms have initial stress.

v) **скоба́** (*pl* -ы, -а́м)

In the plural, forms that are not shown (here instrumental and prepositional) are stressed like the last form given.

Proprietary terms

This dictionary includes some words which are, or are asserted to be, proprietary names or trade marks. Their inclusion does not imply that they have acquired for legal purposes a non-proprietary or general significance, nor is any other judgment implied concerning their legal status. In cases where the editor has some evidence that a word is used as a proprietary name or trade mark this is indicated by the label *propr*, but no judgment concerning the legal status of such words is made or implied thereby.

Abbreviations

abbr	abbreviation	fig	figurative
abs	absolute	fut	future (tense)
acc	accusative		
adj, adjs	adjective(s)	gen	genitive
adv, advs	adverb(s)	geog	geography
aeron	aeronautics	geol	geology
agric	agriculture	geom	geometry
anat	anatomy	gram	grammar
approx	approximate(ly)		
archaol	archaeology	hist	historical
archit	architecture		
astron	astronomy	imper	imperative
attrib	attributive	impers	impersonal
aux	auxiliary	impf	imperfective
		indecl	indeclinable
bibl	biblical	indef	indefinite
biol	biology	indet	indeterminate
bot	botany	inf	infinitive
		instr	instrumental
chem	chemistry	int	interjection
cin	cinema(tography)	interrog	interrogative
coll	colloquial		
collect	collective(ly)	ling	linguistics
comb	combination	loc	locative
comm	commerce		
comp	comparative	m	masculine
comput	computing	math	mathematics
conj, conjs	conjunction(s)	med	medicine
cul	culinary	meteorol	meteorology
		mil	military
dat	dative	mus	music
def	definite		
derog	derogatory	n	noun
det	determinate	naut	nautical
dim	diminutive	neg	negative
		neut	neuter
eccl	ecclesiastical	nn	nouns
econ	economics	nom	nominative
electr	electricity		
electron	electronics	o.s.	oneself
emph	emphatic		
esp	especially	parl	parliamentary
etc.	etcetera	part	participle
		partl	particle
f	feminine	pers	person

pf	perfective
philos	philosophy
phon	phphonetics
phot	photography
phys	physics
pl	plural
polit	political
poss	possessive
predic	predicate; predicative
pref	prefix
prep	preposition; prepositional
pres	present (tense)
pron, prons	pronoun(s)
propr	proprietary term
psych	psychology
refl	reflexive
rel	relative
relig	religion; religious
rly	railway
sb	substantive
sg	singular
sl	slang
s.o.	someone
sth	something
superl	superlative
tech	technical
tel	telephony
theat	theater
theol	theology
univ	university
usu	usually
v	verb
v aux	auxiliary verb
vbl	verbal
vi	intransitive verb
voc	vocative
vt	transitive verb
vulg	vulgar
vv	verbs
zool	zoology

A

a¹ *conj* and, but; a (не) то́ or else, otherwise.

a² *int* oh, ah.

абажу́р lampshade.

абба́тство abbey.

аббревиату́ра abbreviation.

абза́ц indention; paragraph.

абонеме́нт subscription, season ticket. абоне́нт subscriber.

абориге́н aborigine.

або́рт abortion; де́лать *impf*, с~ *pf* ~ have an abortion.

абрико́с apricot.

абсолю́тно *adv* absolutely. абсолю́тный absolute.

абстра́ктный abstract.

абсу́рд absurdity; the absurd. абсу́рдный absurd.

абсце́сс abscess.

аванга́рд advanced guard; vanguard; avant-garde. аванга́рдный avant-garde. аванпо́ст outpost; forward position.

ава́нс advance (*of money*); *pl* advances, overtures. ава́нсом *adv* in advance, on account.

авансце́на proscenium.

авантю́ра (*derog*) adventure; venture; escapade; shady enterprise. авантюри́ст (*derog*) adventurer. авантюри́стка (*derog*) adventuress. авантю́рный adventurous; adventure.

авари́йный breakdown; emergency. ава́рия accident, crash; breakdown.

а́вгуст August. а́вгустовский August.

а́виа *abbr* (*of* авиапо́чтой) by airmail.

авиа- *abbr in comb* (*of* авиацио́нный) air-, aero-; aircraft; aviation. авиали́ния air-route, airway. ~но́сец (-сца) aircraft carrier. ~по́чта airmail.

авиацио́нный aviation; flying; aircraft. авиа́ция aviation; aircraft; air-force.

авока́до *neut indecl* avocado (pear).

аво́сь *adv* perhaps; на ~ at random, on the off-chance.

австрали́ец (-и́йца), австрали́йка Australian. австрали́йский Australian. Австра́лия Australia.

австри́ец (-и́йца), австри́йка Austrian. австри́йский Austrian. А́встрия Austria.

авто- *in comb* self-; auto-; automatic; motor-. автоба́за motor-transport depot. ~биографи́ческий autobiographical. ~биогра́фия autobiography; curriculum vitae. авто́бус bus. ~вокза́л bus-station. авто́граф autograph. ~запра́вочная ста́нция petrol station. ~кра́т autocrat. ~крати́ческий autocratic. ~кра́тия autocracy. ~магистра́ль motorway. ~маши́на motor vehicle. ~моби́ль *m* car. ~но́мия autonomy. ~но́мный autonomous; self-contained. ~пило́т automatic pilot. ~портре́т self-portrait. ~ру́чка fountain-pen. ~ста́нция bus-station. ~страда́ motorway.

автома́т slot-machine; automatic device, weapon, etc.; sub-machine gun; robot; (телефо́н-)~ public call-box. автоматиза́ция automation. автоматизи́ровать *impf & pf* automate; make automatic. автомати́ческий automatic.

а́втор author; composer; inventor; (*fig*) architect.

авторизо́ванный authorized.

авторите́т authority. авторите́тный authoritative.

а́вторск|ий author's; ~ий гонора́р royalty; ~ое пра́во copyright. а́вторство authorship.

ага́ *int* aha; yes.

аге́нт agent. аге́нтство agency. агенту́ра (network of) agents.

агита́тор agitator, propagandist; canvasser. агитацио́нный propaganda. агита́ция propaganda, agitation;

campaign. агити́ровать *impf* (*pf* c~) agitate, campaign; (try to) persuade, win over. агитпу́нкт *abbr* agitation centre.

агóния agony.

агра́рный agrarian.

агрега́т aggregate; unit.

агресси́вный aggressive. агре́ссия aggression. агре́ссор aggressor.

агронóм agronomist. агронóмия agriculture.

ад (*loc* -у́) hell.

ада́птер adapter; (*mus*) pick-up.

адвока́т lawyer. адвокату́ра legal profession; lawyers.

а́дский infernal, hellish.

адъюта́нт aide-de-camp; ста́рший ~ adjutant.

а́дрес (*pl* -а́) address. адреса́т addressee. а́дрес|ный address; ~ная кни́га directory. адресова́ть *impf* & *pf* address, send.

ажу́рн|ый delicate, lacy; ~ая рабо́та openwork; tracery.

аза́рт heat; excitement; fervour, ardour, passion. аза́ртн|ый venturesome; heated; ~ая игра́ game of chance.

а́збука alphabet; ABC.

Азербайджа́н Azerbaijan. азербайджа́нец (-нца), азербайджа́нка Azerbaijani. азербайджа́нский Azerbaijani.

азиа́т, ~ка Asian. азиа́тский Asian, Asiatic. А́зия Asia.

азóт nitrogen.

а́ист stork.

ай *int* oh; oo.

а́йсберг iceberg.

акадéмик academician. академи́ческий academic. акадéмия academy.

аквала́нг aqualung.

акваре́ль water-colour.

аква́риум aquarium.

акведу́к aqueduct.

акклиматизи́ровать *impf* & *pf* acclimatize; ~ся become acclimatized.

аккомпанемéнт accompaniment; под ~ +*gen* to the accompaniment of. аккомпаниа́тор accompanist. аккомпани́ровать *impf* +*dat* accompany.

аккóрд chord.

аккордеóн accordion.

аккóрдн|ый by agreement; ~ая рабóта piece-work.

аккредити́в letter of credit. аккредитова́ть *impf* & *pf* accredit.

аккумуля́тор accumulator.

аккура́тный neat, careful; punctual; exact, thorough.

акри́л acrylic. акри́ловый acrylic.

акроба́т acrobat.

аксессуа́р accessory; (stage) props.

аксиóма axiom.

акт act; deed, document; обвини́тельный ~ indictment.

актёр actor.

акти́в (*comm*) asset(s).

активиза́ция stirring up, making (more) active. активизи́ровать *impf* & *pf* make (more) active, stir up. акти́вный active.

акти́ровать *impf* & *pf* (*pf also* c~) register, record, presence or absence of; (*sl*) write off.

а́ктовый зал assembly hall.

актри́са actress.

актуа́льный topical, urgent.

аку́ла shark.

аку́стика acoustics. акусти́ческий acoustic.

акушéр obstetrician. акушéрка midwife.

акцéнт accent, stress. акценти́ровать *impf* & *pf* accent; accentuate.

акционéр shareholder. акционéрный joint-stock. а́кция[1] share; *pl* stock. а́кция[2] action.

а́лгебра algebra.

а́либи *neut indecl* alibi.

алимéнты (*pl*; *gen* -ов) (*law*) maintenance.

алкоголи́зм alcoholism. алкогóлик alcoholic. алкогóль *m* alcohol. алкогóльный alcoholic.

аллегóрия allegory.

аллергия allergy.

алле́я avenue; path, walk.

аллига́тор alligator.

аллó hello! (*on telephone*).

алма́з diamond.

алта́рь (-я́) *m* altar; chancel, sanctuary.

алфавит alphabet. алфавитный alphabetical.

алчный greedy, grasping.

алый scarlet.

альбом album; sketch-book.

альманах literary miscellany; almanac.

альпийский Alpine. альпинизм mountaineering. альпинист, альпинистка (mountain-)climber.

альт (-á; pl -ы́) alto; viola.

альтернатива alternative. альтернативный alternative.

альтруистический altruistic.

алюминий aluminium.

амазонка Amazon; horsewoman; riding-habit.

амбар barn; storehouse, warehouse.

амбиция pride; arrogance.

амбулатория out-patients' department; surgery. амбулаторный больной sb outpatient.

Америка America. американец (-нца), американка American. американский American; US.

аминокислота amino acid.

аминь m amen.

аммиак ammonia.

амнистия amnesty.

аморальный amoral; immoral.

амортизатор shock-absorber. амортизация depreciation; shock-absorption.

ампер (gen pl ампер) ampere.

ампутация amputation. ампутировать impf & pf amputate.

амфетамин amphetamine.

амфибия amphibian.

амфитеатр amphitheatre; circle.

анализ analysis; ~ крови blood test. анализировать impf & pf analyse. аналитик analyst. аналитический analytic(al).

аналог analogue. аналогичный analogous. аналогия analogy.

ананас pineapple.

анархист, ~ка anarchist. анархический anarchic. анархия anarchy.

анатомический anatomical. анатомия anatomy.

анахронизм anachronism. анахронический anachronistic.

ангар hangar.

ангел angel. ангельский angelic.

ангина sore throat.

английский English; ~ая булавка safety-pin. англичанин (pl -чане, -чан) Englishman. англичанка Englishwoman. Англия England, Britain.

анекдот anecdote, story; funny thing.

анемия anaemia.

анестезиолог anaesthetist. анестезировать impf & pf anaesthetize. анестезирующее средство anaesthetic. анестезия anaesthesia.

анкета questionnaire, form.

аннексировать impf & pf annex. аннексия annexation.

аннулировать impf & pf annul; cancel, abolish.

аномалия anomaly. аномальный anomalous.

анонимка anonymous letter. анонимный anonymous.

анонсировать impf & pf announce.

анорексия anorexia.

ансамбль m ensemble; company, troupe.

антагонизм antagonism.

Антарктика the Antarctic.

антенна antenna; aerial.

антибиотик antibiotic(s).

антидепрессант antidepressant.

антиквар antiquary; antique-dealer. антиквариат antique-shop. антикварный antiquarian; antique.

антилопа antelope.

антипатия antipathy.

антисемитизм anti-Semitism. антисемитский anti-Semitic.

антисептик antiseptic. антисептический antiseptic.

антитезис (philos) antithesis.

антитело (pl -á) antibody.

антифриз antifreeze.

античность antiquity. античный ancient, classical.

антология anthology.

антракт interval.

антрацит anthracite.

антрекот entrecôte, steak.

антрепренёр impresario.

антресоли (pl; gen -ей) mezzanine; shelf.

антрополог anthropologist. антропологический anthropological. антропология anthropology.

анфилада suite (of rooms).

анчоус anchovy.

аншла́г 'house full' notice.

апарте́йд apartheid.

апати́чный apathetic. апа́тия apathy.

апелли́ровать *impf* & *pf* appeal. апелляцио́нный суд Court of Appeal. апелля́ция appeal.

апельси́н orange; orange-tree. апельси́нный, апельси́новый orange.

аплоди́ровать *impf* +*dat* applaud. аплодисме́нты *m pl* applause.

апло́мб aplomb.

Апока́липсис Revelation. апокалипти́ческий apocalyptic.

апо́стол apostle.

апостро́ф apostrophe.

аппара́т apparatus; machinery, organs. аппарату́ра apparatus, gear; (*comput*) hardware. аппара́тчик operator; apparatchik.

аппе́ндикс appendix. аппендици́т appendicitis.

аппети́т appetite; прия́тного ∼a! bon appétit! аппети́тный appetizing.

апре́ль *m* April. апре́льский April.

апте́ка chemist's. апте́карь *m* chemist. апте́чка medicine chest; first-aid kit.

ара́б, ара́бка Arab. ара́бский Arab, Arabic.

арави́йский Arabian.

аранжи́ровать *impf* & *pf* (*mus*) arrange. аранжиро́вка (*mus*) arrangement.

ара́хис peanut.

арби́тр arbitrator. арбитра́ж arbitration.

арбу́з water-melon.

аргуме́нт argument. аргумента́ция reasoning; arguments. аргументи́ровать *impf* & *pf* argue, (try to) prove.

аре́на arena, ring.

аре́нда lease. аренда́тор tenant. аре́ндная пла́та rent. арендова́ть *impf* & *pf* rent.

аре́ст arrest. арестова́ть *pf*, аре́стовывать *impf* arrest; seize, sequestrate.

аристокра́т, ∼ка aristocrat. аристократи́ческий aristocratic. аристокра́тия aristocracy.

арифме́тика arithmetic. арифмети́-

ческий arithmetical.

а́рия aria.

а́рка arch.

А́рктика the Arctic. аркти́ческий arctic.

армату́ра fittings; reinforcement; armature. армату́рщик fitter.

арме́йский army.

Арме́ния Armenia.

а́рмия army.

армяни́н (*pl* -я́не, -я́н), армя́нка Armenian. армя́нский Armenian.

арома́т scent, aroma. арома́тный aromatic, fragrant.

арсена́л arsenal.

арте́ль artel.

арте́рия artery.

арти́куль *m* (*gram*) article.

артилле́рия artillery.

арти́ст, ∼ка artiste, artist; expert. артисти́ческий artistic.

артри́т arthritis.

а́рфа harp.

архаи́ческий archaic.

арха́нгел archangel.

архео́лог archaeologist. археологи́ческий archaeological. археоло́гия archaeology.

архи́в archives. архиви́ст archivist. архи́вный archive, archival.

архиепи́скоп archbishop. архиере́й bishop.

архипела́г archipelago.

архите́ктор architect. архитекту́ра architecture. архитекту́рный architectural.

арши́н arshin (71 *cm*.).

асбе́ст asbestos.

асимметри́чный asymmetrical. асимметри́я asymmetry.

аске́т ascetic. аскети́зм asceticism. аскети́ческий ascetic.

асоциа́льный antisocial.

аспира́нт, ∼ка post-graduate student. аспиранту́ра post-graduate course.

аспири́н aspirin.

ассамбле́я assembly.

ассигна́ция banknote.

ассимиля́ция assimilation.

ассисте́нт assistant; junior lecturer, research assistant.

ассортиме́нт assortment.

ассоциа́ция association. ассоции́ровать *impf* & *pf* associate.

áстма asthma. астмати́ческий asthmatic.

астро́лог astrologer. астроло́гия astrology.

астрона́вт astronaut. астроно́м astronomer. астрономи́ческий astronomical. астроно́мия astronomy.

асфа́льт asphalt.

ата́ка attack. атакова́ть *impf & pf* attack.

атама́н ataman (*Cossack chieftain*); (gang-)leader.

атеи́зм atheism. атеи́ст atheist.

ателье́ *neut indecl* studio; atelier.

а́тлас[1] atlas.

атла́с[2] satin. атла́сный satin.

атле́т athlete; strong man. атле́тика athletics. атлети́ческий athletic.

атмосфе́ра atmosphere. атмосфе́рный atmospheric.

а́том atom. а́томный atomic.

атташе́ *m indecl* attaché.

аттеста́т testimonial; certificate; pedigree. аттестова́ть *impf & pf* attest; recommend.

аттракцио́н attraction; sideshow; star turn.

ау́ *int* hi, cooee.

аудито́рия auditorium, lecture-room.

аукцио́н auction.

ау́л aul (*Caucasian or Central Asian village*).

аутопси́я autopsy.

афе́ра speculation, trickery. афери́ст speculator, trickster.

афи́ша placard, poster.

афори́зм aphorism.

А́фрика Africa. африка́нец (-нца), африка́нка African. африка́нский African.

аффе́кт fit of passion; temporary insanity.

ах *int* ah, oh. а́хать *impf* (*pf* а́хнуть) sigh; exclaim; gasp.

аэро|вокза́л air terminal. ~дина́мика aerodynamics. ~дро́м aerodrome, air-field. ~зо́ль *m* aerosol. ~по́рт (*loc* -ý) airport.

Б

б *partl: see* бы

ба́ба (*coll*) (old) woman; сне́жная ~ snowman.

ба́бочка butterfly.

ба́бушка grandmother; grandma.

бага́ж (-á) luggage. бага́жник carrier; luggage-rack; boot. бага́жный ваго́н luggage-van.

багор (-грá) boat-hook.

багро́вый crimson, purple.

бадья́ (*gen pl* -де́й) tub.

ба́за base; depot; basis; ~ да́нных database.

база́р market; din.

ба́зис base; basis.

байда́рка canoe.

ба́йка flannelette.

бак[1] tank, cistern.

бак[2] forecastle.

бакала́вр (*univ*) bachelor.

бакале́йный grocery. бакале́я groceries.

ба́кен buoy.

бакенба́рды (*pl; gen* -ба́рд) side-whiskers.

баклажа́н (*gen pl* -ов *or* -жа́н) aubergine.

бакте́рия bacterium.

бал (*loc* -ý; *pl* -ы́) dance, ball.

балага́н farce.

балала́йка balalaika.

бала́нс (*econ*) balance.

баланси́ровать *impf* (*pf* с~) balance; keep one's balance.

балбе́с booby.

балдахи́н canopy.

балери́на ballerina. бале́т ballet.

ба́лка[1] beam, girder.

ба́лка[2] gully.

балко́н balcony.

балл mark (*in school*); degree; force; ве́тер в пять ~ов wind force 5.

балла́да ballad.

балла́ст ballast.

балло́н container, carboy, cylinder; balloon tyre.

баллоти́ровать *impf* vote; put to the vote; ~ся stand, be a candidate (в *or* на+*acc* for).

балова́ть *impf* (*pf* из~) spoil, pamper; ~ся play about, get up to tricks; amuse o.s. баловство́ spoiling; mischief.

Балти́йское мо́ре Baltic (Sea).

бальза́м balsam; balm.

балюстра́да balustrade.

бамбу́к bamboo.

ба́мпер bumper.

банáльность banality; platitude. банáльный banal.

банáн banana.

бáнда band, gang.

бандáж (-á) truss; belt, band.

бандерóль wrapper; printed matter, book-post.

бáнджо neut indecl banjo.

бандúт bandit; gangster.

банк bank.

бáнка jar; tin.

банкéт banquet.

банкúр banker. банкнóта banknote. банкрóт bankrupt. банкрóтство bankruptcy.

бант bow.

бáня bath; bath-house.

бар bar; snack-bar.

барабáн drum. барабáнить impf drum, thump. барабáнная перепóнка ear-drum. барабáнщик drummer.

барáк wooden barrack, hut.

барáн ram; sheep. барáнина mutton.

барáнка ring-shaped roll; (steering-) wheel.

барахлó old clothes, jumble; odds and ends. барахóлка flea market.

барáшек (-шка) young ram; lamb; wing nut; catkin. барáшковый lambskin.

бáржа (gen pl барж(éй)) barge.

бáрин (pl -pe or -ры, бар) landowner; sir.

баритóн baritone.

бáрка barge.

бáрмен barman.

барóкко neut indecl baroque.

барóметр barometer.

барóн baron. баронéсса baroness.

барóчный baroque.

баррикáда barricade.

барс snow-leopard.

бáрский lordly; grand.

барсýк (-á) badger.

бархáн dune.

бáрхат (-у) velvet. бáрхатный velvet.

бáрыня landowner's wife; madam.

барýш (-á) profit. барýшник dealer; (ticket) speculator.

бáрышня (gen pl -шень) young lady; miss.

барьéр barrier; hurdle.

бас (pl -ы) bass.

баскетбóл basket-ball.

баснослóвный mythical, legendary; fabulous. бáсня (gen pl -сен) fable; fabrication.

бáсовый bass.

бассéйн (geog) basin; pool; reservoir.

бастовáть impf be on strike.

батальóн battalion.

батарéйка, батарéя battery; radiator.

батóн long loaf; stick, bar.

бáтька m, бáтюшка m father; priest. бáтюшки int good gracious!

бах int bang!

бахвáльство bragging.

бахромá fringe.

бац int bang! crack!

бацúлла bacillus. бациллоносúтель m carrier.

бачóк (-чкá) cistern.

башкá head.

башлýк (-á) hood.

башмáк (-á) shoe; под ~óм y+gen under the thumb of.

бáшня (gen pl -шен) tower, turret.

баюкать impf (pf y~) sing lullabies (to). бáюшки-баю int hushabye!

баян accordion.

бдéние vigil. бдúтельность vigilance. бдúтельный vigilant.

бег (loc -ý; pl -á) run, running; race. бéгать indet (det бежáть) impf run.

бегемóт hippopotamus.

беглéц (-á), беглянка fugitive. бéглость speed, fluency, dexterity. бéглый rapid, fluent; fleeting, cursory; sb fugitive, runaway. беговóй running; race. бегóм adv running, at the double. беготня running about; bustle бéгство flight; escape. бегýн (-á), бегýнья (gen pl -ний) runner.

бедá (pl -ы) misfortune; disaster; trouble; ~ в том, что the trouble is (that). беднéть impf (pf o~) grow poor. бéдность poverty; the poor. бéдный (-ден, -днá, -дно) poor. беднáга m, беднáжка m & f poor thing. беднáк (-á), беднáчка poor peasant; poor man, poor woman.

бедрó (pl бёдра, -дер) thigh; hip.

бéдственный disastrous. бéдствие disaster. бéдствовать impf live in poverty.

бежáть (бегý det; indet бéгать) impf

(*pf* по~) run; flow; fly; boil over; *impf* & *pf* escape. бе́женец (-нца), бе́женка refugee.

без *prep+gen* without; ~ пяти́ (мину́т) три five (minutes) to three; ~ че́тверти a quarter to.

без-, безъ-, бес- *in comb* in-, un-; non-; -less. без алкого́льный non-alcoholic. ~апелляцио́нный per-emptory, categorical. ~бо́жие athe-ism. ~бо́жный godless; shameless, outrageous. ~боле́зненный pain-less. ~бра́чный celibate. ~бре́ж-ный boundless; obscure. ~ве́стный un-known; obscure. ~вку́сие lack of taste, bad taste. ~вку́сный tasteless. ~вла́стие anarchy. ~во́дный arid. ~возвра́тный irrevocable; irrecov-erable. ~возме́здный free, gratis. ~во́лие lack of will. ~во́льный weak-willed. ~вре́дный harmless. ~вре́менный untimely. ~вы́ход-ный hopeless, desperate; uninter-rupted. ~гла́зый one-eyed; eyeless. ~гра́мотный illiterate. ~грани́ч-ный boundless, infinite. ~да́рный untalented. ~де́йственный in-active. ~де́йствие inertia, idleness; negligence. ~де́йствовать *impf* be idle, be inactive; stand idle.

безде́лица trifle. безделу́шка knick-knack. безде́льник idler; ne'er-do-well. безде́льничать *impf* idle, loaf.

бе́здна abyss, chasm; a huge number, a multitude.

без-. бездоказа́тельный unsub-stantiated. ~до́мный homeless. ~до́нный bottomless; fathomless; ~доро́жье lack of (good) roads; season when roads are impassable. ~ду́мный unthinking. ~ду́шный heartless; inanimate; lifeless. ~жа́лостный pitiless, ruthless. ~жи́зненный lifeless. ~забо́тный carefree; careless. ~заве́тный self-less, wholehearted. ~зако́ние law-lessness; unlawful act. ~зако́нный illegal; lawless. ~засте́нчивый shameless, barefaced. ~защи́тный defenceless. ~зву́чный silent. ~зло́бный good-natured. ~ли́ч-ный characterless; impersonal. ~лю́дный uninhabited; sparsely populated; lonely.

безме́н steelyard.

без-. безме́рный immense; exces-sive. ~мо́лвие silence. ~мо́лвный silent, mute. ~мяте́жный serene, placid. ~надёжный hopeless. ~надзо́рный neglected. ~нака́-занно *adv* with impunity. ~нака́занный unpunished. ~но́гий legless; one-legged. ~нра́вствен-ный immoral.

безо *prep+gen* = без (*used before* весь *and* вся́кий).

безобра́зие ugliness; disgrace, scan-dal. безобра́зничать *impf* make a nuisance of o.s. безобра́зный ugly; disgraceful.

без-. безогово́рочный uncondi-tional. ~опа́сность safety; security. ~опа́сный safe; secure. ~ору́ж-ный unarmed. ~основа́тельный groundless. ~остано́вочный un-ceasing; non-stop. ~отве́тный meek, unanswering; dumb. ~отве́т-ственный irresponsible. ~отка́зно *adv* without a hitch. ~отка́зный trouble-free, smooth-(running). ~отла́га́тельный urgent. ~отно́си-тельно *adv+к+dat* irrespective of. ~отчётный unaccountable. ~оши́-бочный unerring; correct. ~рабо́-тица unemployment. ~рабо́тный unemployed. ~разли́чие indiffer-ence. ~разли́чно *adv* indifferently; it is all the same. ~разли́чный in-different. ~рассу́дный reckless, im-prudent. ~ро́дный alone in the world; without relatives. ~ро́-потный uncomplaining; meek. ~ру-ка́вка sleeveless pullover. ~ру́кий armless; one-armed. ~уда́рный un-stressed. ~уде́ржный unrestrained; impetuous. ~укори́зненный irre-proachable.

безу́мец (-мца) madman. безу́мие madness. безу́мный mad. без-у́мство madness.

без-. безупре́чный irreproachable, faultless. ~усло́вно *adv* uncondi-tionally; of course, undoubtedly. ~усло́вный unconditional, abso-lute; indisputable. ~успе́шный un-successful. ~уста́нный tireless. ~уте́шный inconsolable. ~уча́стие indifference, apathy. ~уча́стный in-different, apathetic. ~ымя́нный nameless, anonymous; ~ымя́нный па́лец ring-finger. ~ыску́сный artless, ingenuous. ~ысхо́дный irreparable; interminable.

бейсбо́л baseball.

бека́р (mus) natural.

бека́с snipe.

беко́н bacon.

Белару́с ↗ Belarus.

беле́ть impf (pf по~) turn white; show white.

белизна́ whiteness. бели́ла (pl; gen -и́л) whitewash; Tippex (propr). бели́ть (бе́ли́шь) impf (pf вы~, на~, по~) whitewash; whiten; bleach.

бе́лка squirrel.

беллетри́ст writer of fiction. беллетри́стика fiction.

бело- in comb white-, leuco-. белогварде́ец (-е́йца) White Guard. ~кро́вие leukaemia. ~ку́рый fair, blonde. ~ру́с, ~ру́ска, ~ру́сский Belorussian. ~сне́жный snow-white.

белови́к (-а́) fair copy. белово́й clean, fair.

бело́к (-лка́) white (of egg, eye); protein.

белошве́йка seamstress. белошве́йный linen.

белу́га white sturgeon. белу́ха white whale.

бе́л|ый (бел, -а́, бело́) white; clean, blank; sb white person; ~ая берёза silver birch; ~ое кале́ние white heat; ~ый медве́дь polar bear; ~ые но́чи white nights, midnight sun.

бельги́ец, -и́йка Belgian. бельги́йский Belgian. Бе́льгия Belgium.

бельё linen; bedclothes; underclothes; washing.

бельмо́ (pl -а) cataract.

бельэта́ж first floor; dress circle.

бемо́ль m (mus) flat.

бенефи́с benefit (performance).

бензи́н petrol.

бензо- in comb petrol. бензоба́к petrol-tank. ~во́з petrol tanker. ~запра́вочная sb filling-station. ~коло́нка petrol pump. ~прово́д petrol pipe, fuel line.

берёг etc.: see бере́чь

бе́рег (loc -у́; pl -а́) bank, shore;

coast; на ~у́ мо́ря at the seaside. берегово́й coast; coastal.

бережёшь etc.: see бере́чь. бережли́вый thrifty. бе́режный careful.

берёза birch. Берёзка hard-currency shop.

бере́менеть impf (pf за~) be(come) pregnant. бере́менная pregnant (+instr with). бере́менность pregnancy; gestation.

бере́т beret.

бере́чь (-регу́, -режёшь; -рёг, -ла́) impf take care of; keep; cherish; husband; be sparing of; ~ся take care; beware (+gen of).

берло́га den, lair.

беру́ etc.: see брать

бес devil, demon.

бес-: see без-

бесе́да talk, conversation. бесе́дка summer-house. бесе́довать impf talk, converse.

беси́ть (бешу́, бе́сишь) impf (pf вз~) enrage; ~ся go mad; be furious.

бес-. бесконе́чность infinity; endlessness. ~коне́чный endless. ~коры́стие disinterestedness. ~коры́стный disinterested. ~кра́йний boundless.

бесо́вский devilish.

бес-. беспа́мятство unconsciousness. ~парти́йный non-party ~перспекти́вный without prospects; hopeless. ~пе́чность carelessness, unconcern. ~пла́тно adv free. ~пла́тный free. ~пло́дие sterility, barrenness. ~пло́дный sterile, barren; futile. ~поворо́тный irrevocable. ~подо́бный incomparable. ~позвоно́чный invertebrate.

беспоко́ить impf (pf о~, по~) disturb, bother; trouble; ~ся worry; trouble. беспоко́йный anxious; troubled; fidgety. беспоко́йство anxiety.

бес-. беспол́е́зный useless. ~по́мощный helpless; feeble. ~поро́дный mongrel, not thoroughbred. ~поря́док (-дка) disorder; untidy state. ~поря́дочный disorderly; untidy. ~поса́дочный nonstop. ~по́чвенный groundless. ~по́шлинный duty-free. ~пощадный merciless. ~пра́вный without rights. ~преде́льный boundless. ~предме́тный aimless; abstract. ~препя́тственный unhindered; unimpeded. ~преры́вный continuous. ~преста́нный continual.

беспризо́рник, -ница waif, homeless child. беспризо́рный neglected; homeless; sb waif, homeless child.

бес-. бесприме́рный unparalleled. ~принци́пный unscrupulous. ~пристра́стие impartiality. ~пристра́стный impartial. ~просве́тный pitch-dark; hopeless; unrelieved. ~пу́тный dissolute. ~свя́зный incoherent. ~серде́чный heartless. ~си́лие impotence; feebleness. ~си́льный impotent, powerless. ~сла́вный inglorious. ~сле́дно adv without trace. ~слове́сный dumb; silent, meek; (theat) walk-on. ~сме́нный permanent, continuous. ~сме́ртие immortality. ~сме́ртный immortal. ~смы́сленный senseless; foolish; meaningless. ~смы́слица nonsense. ~со́вестный unscrupulous; shameless. ~созна́тельный unconscious; involuntary. ~со́нница insomnia. ~спо́рный indisputable. ~сро́чный indefinite; without a time limit. ~стра́стный impassive. ~стра́шный fearless. ~сты́дный shameless. ~та́ктный tactless.

бестолко́вщина confusion, disorder. бестолко́вый muddle-headed, stupid; incoherent.

бес-. бесфо́рменный shapeless. ~хара́ктерный weak, spineless. ~хи́тростный artless; unsophisticated. ~хозя́йственный improvident. ~цве́тный colourless. ~це́льный aimless; pointless. ~це́нный priceless. ~це́нок: за ~це́нок very cheap, for a song. ~церемо́нный unceremonious. ~челове́чный inhuman. ~че́стить (-е́щу) impf (pf о~че́стить) dishonour. ~че́стный dishonourable. ~чи́сленный innumerable, countless.

бесчу́вственный insensible; insensitive. бесчу́вствие insensibility; insensitivity.

бес-. бесшу́мный noiseless.

бето́н concrete. бето́нный concrete.

бетономеша́лка concrete-mixer. бето́нщик concrete-worker.

бечева́ tow-rope; rope. бечёвка cord, string.

бе́шенство rabies; rage. бе́шеный rabid; furious.

бешу́ etc.: see беси́ть

библе́йский biblical. библиографи́ческий bibliographical. библиогра́фия bibliography. библиоте́ка library. библиоте́карь m, -текарша librarian. би́блия bible.

бива́к bivouac, camp.

би́вень (-вня) m tusk.

бигуди́ pl indecl curlers.

бидо́н can; churn.

бие́ние beating; beat.

бижуте́рия costume jewellery.

би́знес business. бизнесме́н businessman.

биле́т ticket; card; pass. биле́тный ticket.

биллио́н billion.

билья́рд billiards.

бино́кль m binoculars.

бинт (-á) bandage. бинтова́ть impf (pf за~) bandage. бинто́вка bandaging.

био́граф biographer. биографи́ческий biographical. биогра́фия biography. био́лог biologist. биологи́ческий biological. биоло́гия biology. биохи́мия biochemistry.

би́ржа exchange.

би́рка name-plate; label.

бирюза́ turquoise.

бис int encore.

би́сер (no pl) beads.

бискви́т sponge cake.

бита́ bat.

би́тва battle.

битко́м adv: ~ наби́т packed.

биту́м bitumen.

бить (бью, бьёшь) impf (pf за~, по~, про~, уда́рить) beat; defeat; sound; thump, bang, smash; ~ в цель hit the target; ~ на+acc strive for; ~ отбо́й beat a retreat; ~ся fight; beat; struggle; break; +instr knock, hit, strike; +над+instr struggle with, rack one's brains over.

бифште́кс beefsteak.

бич (-á) whip, lash; scourge; homeless person. бичева́ть (-чу́ю) impf flog; castigate.

бла́го good; blessing.

бла́го- *in comb* well-, good-. **Благове́щение** Annunciation. **~ви́дный** plausible, specious. **~воле́ние** goodwill; favour. **~воспи́танный** well-brought-up.

благодари́ть (-рю́) *impf* (*pf* по~) thank. **благода́рность** gratitude; не сто́ит благода́рности don't mention it. **благода́рный** grateful. **благодаря́** *prep+dat* thanks to, owing to.

благо-. **благоде́тель** *m* benefactor. **~де́тельница** benefactress. **~де́тельный** beneficial. **~ду́шный** placid; good-humoured. **~жела́тель** *m* well-wisher. **~жела́тельный** well-disposed; benevolent. **~зву́чный** melodious, harmonious. **~надёжный** reliable. **~наме́ренный** well-intentioned. **~получие** well-being; happiness. **~получно** *adv* all right, well; happily; safely. **~получный** happy, successful; safe. **~прия́тный** favourable. **~прия́тствовать** *impf* +*dat* favour. **~разу́мие** sense; prudence. **~разу́мный** sensible. **~ро́дие** ва́ше ~ро́дие Your Honour. **~ро́дный** noble. **~ро́дство** nobility. **~скло́нность** favour, good graces. **~скло́нный** favourable; gracious. **~слови́ть** *pf*, **благословля́ть** *impf* bless. **~состоя́ние** prosperity. **~твори́тель** *m*, **-ница** philanthropist. **~твори́тельный** charitable, charity. **~тво́рный** salutary; beneficial; wholesome. **~устро́енный** well-equipped, well-planned; with all amenities.

блаже́нный blissful; simple-minded. **блаже́нство** bliss.

бланк form.

блат (*sl*) string-pulling; pull, influence. **блатно́й** criminal; soft, cushy.

бледне́ть (-е́ю) *impf* (*pf* по~) (grow) pale. **бле́дность** paleness, pallor. **бле́дный** (-ден, -дна́, -о) pale.

блеск brightness, brilliance, lustre; magnificence.

блесну́ть (-ну́, -нёшь) *pf* flash, gleam; shine. **блесте́ть** (-ещу́, -сти́шь *or* бле́щешь) *impf* shine; glitter.

блёстка sparkle; sequin. **блестя́щий** shining, bright; brilliant.

бле́ять (-е́ет) *impf* bleat.

ближа́йший nearest, closest; next. **бли́же** *comp of* бли́зкий, бли́зко. **бли́жний** near, close; neighbouring; *sb* neighbour. **близ** *prep+gen* near, by. **бли́з**|**кий** (-зок, -зка́, -о) near; close; imminent; ~кие *sb pl* one's nearest and dearest, close relatives. **бли́зко** *adv* near (*от*+*gen* to). **близне́ц** (-а́) twin; *pl* Gemini. **близору́кий** short-sighted. **бли́зость** closeness, proximity.

блик patch of light; highlight.

блин (-а́) pancake.

блинда́ж (-а́) dug-out.

блиста́ть *impf* shine; sparkle.

блок block, pulley, sheave.

блока́да blockade. **блоки́ровать** *impf & pf* blockade; ~ся form a bloc.

блокно́т writing-pad, note-book.

блонди́н, **блонди́нка** blond(e).

блоха́ (*pl* -и, -а́м) flea.

блуд lechery. **блудни́ца** whore.

блужда́ть *impf* roam, wander.

блу́за, **блу́зка** blouse.

блю́дечко saucer; small dish. **блю́до** dish; course. **блю́дце** saucer.

боб (-а́) bean. **бобо́вый** bean.

бобр (-а́) beaver.

Бог (*voc* Бо́же) God; дай ~ God grant; ~ его́ зна́ет who knows? не дай ~ God forbid; Бо́же (мой)! my God! good God!; ра́ди ~а for God's sake; сла́ва ~у thank God.

богате́ть *impf* (*pf* раз~) grow rich. **бога́тство** wealth. **бога́тый** rich, wealthy; *sb* rich man. **бога́ч** (-а́) rich man.

богаты́рь (-я́) *m* hero; strong man.

боги́ня goddess. **Богома́терь** Mother of God. **богомо́лец** (-льца), **богомо́лка** devout person; pilgrim. **богомо́лье** pilgrimage. **богомо́льный** religious, devout. **Богоро́дица** the Virgin Mary. **богосло́в** theologian. **богосло́вие** theology. **богослуже́ние** divine service. **боготвори́ть** *impf* idolize; deify. **богоху́льство** blasphemy.

бодри́ть *impf*. stimulate, invigorate; ~ся try to keep up one's spirits. **бо́дрость** cheerfulness, courage. **бо́дрствовать** be awake; stay awake; keep vigil. бо́дрый (бодр, -á, -о) cheerful, bright.

боеви́к (-á) smash hit. боево́й fighting, battle. боеголо́вка warhead. боеприпа́сы (*pl; gen* -ов) ammunition. боеспосо́бный battle-worthy. бое́ц (бойца́) soldier; fighter, warrior.

Бо́же: *see* Бог. бо́жеский divine; just. боже́ственный divine. божество́ deity; divinity. бо́ж|ий God's; ~ья коро́вка ladybird. бо-жо́к (-жка́) idol.

бой (-ю, *loc* -ю́; *pl* -и́, -ёв) battle, action, fight; fighting; slaughtering; striking; breakage(s).

бо́йкий (бо́ек, бойка́, -о) smart, sharp; glib; lively.

бойко́т boycott.

бо́йня (*gen pl* бо́ен) slaughter-house; butchery.

бок (*loc* -у́; *pl* -á) side; flank; ~ ó ~ side by side; нá ~ to the side; на ~у́ on one side; пóд ~ом near by; с ~у from the side, from the flank; с ~у нá бок from side to side.

бока́л glass; goblet.

боково́й side; lateral. бо́ком *adv* sideways.

бокс boxing. боксёр boxer.

болва́н blockhead. болва́нка pig (*of iron etc.*).

болга́рин (*pl* -га́ры), болга́рка Bulgarian. болга́рский Bulgarian. Болга́рия Bulgaria.

бо́лее *adv* more; ~ всего́ most of all; тем ~, что especially as.

боле́зненный sickly; unhealthy; painful. боле́знь illness, disease; abnormality.

боле́льщик, -щица fan, supporter. боле́ть¹ (-éю) *impf* be ill, suffer. боле́ть² (-ли́т) *impf* ache, hurt.

боло́тистый marshy. боло́то marsh, bog.

болта́ть¹ *impf* stir; shake; dangle; ~ся dangle, swing; hang about.

болта́ть² *impf* chat, natter. болтли́вый talkative; indiscreet. болтовня́ talk; chatter; gossip. болту́н (-á), болту́нья chatterbox.

боль pain; ache. больни́ца hospital. больни́чный hospital; ~ листо́к medical certificate. бо́льно¹ *adv* painfully, badly; *predic*+*dat* it hurts.

бо́льно² *adv* very, terribly. больно́й (-лен, -льна́) ill, sick; diseased; sore; *sb* patient, invalid.

бо́льше *comp of* большо́й, мно́го; bigger, larger; greater; more; ~ не not any more, no longer; ~ того́ and what is more; *adv* for the most part. большеви́к Bolshevik. бо́льш|ий greater, larger; ~ей ча́стью for the most part. большинство́ majority. большо́й big, large; great; grown-up; ~áя бу́ква capital letter; ~óй па́лец thumb; big toe; ~ие *sb pl* grown-ups.

бо́мба bomb. бомбардирова́ть *impf* bombard; bomb. бомбарди́ровка bombardment, bombing. бомбардиро́вщик bomber. бом-бёжка bombing. бомби́ть (-блю́) bomb. бомбоубе́жище bomb shelter.

бор (*loc* -у́; *pl* -ы́) coniferous forest.

бордо́вый wine-red.

бордю́р border.

боре́ц (-рца́) fighter; wrestler.

бо́рзый swift.

бормаши́на (dentist's) drill.

бормота́ть (-очу́, -о́чешь) *impf* (*pf* про~) mutter, mumble.

борода́ (*acc* бо́роду, *pl* бо́роды, -ро́д, -áм) beard. борода́вка wart. борода́тый bearded.

борозда́ (*pl* бо́розды, -óзд, -áм) furrow; fissure. борозди́ть (-зжу́) *impf* (*pf* вз~) furrow; plough.

борона́ (*acc* бо́рону, *pl* бо́роны, -ро́н, -áм) harrow. борони́ть *impf* (*pf* вз~) harrow.

боро́ться (-рю́сь, бо́решься) *impf* wrestle; struggle, fight.

борт (*loc* -у́; *pl* -á, -ов) side, ship's side; front; за ~, за ~ом overboard; на ~, на ~у́ on board. бортпроводни́к (-á) air steward. бортпроводни́ца air hostess.

борщ (-á) borshch (*beetroot soup*).

борьба́ wrestling; struggle, fight.

босико́м *adv* barefoot.

босни́ец (-и́йца), босни́йка Bosnian. босни́йский Bosnian. Бо́сния Bosnia.

босо́й (бос, -á, -о) barefooted. босоно́жка sandal.

бот, бо́тик small boat.

бота́ник botanist. бота́ника botany.

ботани́ческий botanical.
боти́нок (-нка) (*ankle-high*) boot.
бо́цман boatswain
бо́чка barrel. бочо́нок (-нка) keg, small barrel.
боязли́вый timid, timorous. боя́знь fear, dread.
боя́рин (*pl* -я́ре, -я́р) boyar.
боя́рышник hawthorn.
боя́ться (бою́сь) *impf* +*gen* be afraid of, fear; dislike.
брак¹ marriage.
брак² defective goods; waste. бракова́ть *impf* (*pf* за~) reject.
браконье́р poacher.
бракоразво́дный divorce. бракосочета́ние wedding.
брани́ть *impf* (*pf* вы́~) scold; abuse; curse; ~ся (*pf* по~) swear, curse; quarrel. бра́нн|ый abusive; ~ое сло́во swear-word.
брань bad language; abuse.
брасле́т bracelet.
брасс breast stroke.
брат (*pl* -тья, -тьев) brother; comrade; mate; lay brother, monk. брата́ться *impf* (*pf* по~) fraternize. братоуби́йство fratricide. бра́тский brotherly, fraternal. бра́тство brotherhood, fraternity.
брать (беру́, -рёшь; брал, -а́, -о) *impf* (*pf* взять) take; obtain; hire; seize; demand, require; surmount, clear; work; +*instr* succeed by means of; ~ся +за+*acc* touch; seize; get down to; +за+*acc or inf* undertake; appear, come.
бра́чный marriage; mating.
бреве́нчатый log. бревно́ (*pl* брёвна, -вен) log, beam.
бред (*loc* -у́) delirium; raving(s). бре́дить (-е́жу) *impf* be delirious, rave; +*instr* rave about, be infatuated with. бредо́вый delirious; fantastic, nonsensical.
бреду́ *etc.*: *see* брести́. бре́жу *etc.*: *see* бре́дить
бре́згать *impf* (*pf* по~) +*inf or instr* be squeamish about. брезгли́вый squeamish.
брезе́нт tarpaulin.
бре́зжить(ся *impf* dawn; gleam faintly, glimmer.
брёл *etc.*: *see* брести́
брело́к charm, pendant.

бремени́ть *impf* (*pf* о~) burden.
бре́мя (-мени) *neut* burden; load.
бренча́ть (-чу́) *impf* strum; jingle.
брести́ (-еду́, -еде́шь; брёл, -а́) *impf* stroll; drag o.s. along.
брете́ль, брете́лька shoulder strap.
брешь breach; gap.
бре́ю *etc.*: *see* брить
брига́да brigade; crew, team. брига́ди́р brigadier; team-leader; foreman.
бриллиа́нт, брилья́нт diamond.
брита́нец (-нца), брита́нка Briton. брита́нск|ий British; Б~ие острова́ the British Isles.
бри́тва razor. бри́твенный shaving. бри́тый shaved; clean-shaven. брить (бре́ю) *impf* (*pf* по~) shave; ~ся shave (o.s.).
бровь (*pl* -и, -е́й) eyebrow; brow.
брод ford.
броди́ть (-ожу́, -о́дишь) *impf* wander, roam, stroll; ferment. бродя́га *m & f* tramp, vagrant. бродя́жничество vagrancy. бродя́чий vagrant; wandering. броже́ние ferment, fermentation.
броне- *in comb* armoured, armour. броневи́к (-а́) armoured car. ~во́й armoured. ~но́сец (-сца) battleship; armadillo.
бро́нза bronze; bronzes. бро́нзовый bronze; tanned.
брониро́ванный armoured.
брони́ровать *impf & pf* (*pf also* за~) reserve, book.
бронхи́т bronchitis.
бро́ня¹ reservation; commandeering.
броня́² armour.
броса́ть *impf*, бро́сить (-о́шу) *pf* throw (down); leave, desert; give up, leave off; ~ся throw o.s., rush; +*inf* begin; +*instr* squander; pelt one another with; ~ся в глаза́ be striking. бро́ский striking; garish, glaring. бросо́к (-ска́) throw; bound, spurt.
бро́шка, брошь brooch.
брошю́ра pamphlet, brochure.
брус (*pl* -сья, -сьев) squared beam, joist; (паралле́льные) ~ья parallel bars.
брусни́ка red whortleberry; red whortleberries.
брусо́к (-ска́) bar; ingot.
бру́тто *indecl adj* gross.

бры́згать (-зжу or -гаю) *impf*, бры́знуть (-ну) *pf* splash; sprinkle. бры́зги (брызг) *pl* spray, splashes; fragments.

брыка́ть *impf*, брыкну́ть (-ну́, -нёшь) *pf* kick.

брюзга́ *m & f* grumbler. брюзгли́вый grumbling, peevish. брюзжа́ть (-жу́) *impf* grumble.

брю́ква swede.

брю́ки (*pl*; *gen* брюк) trousers.

брюне́т dark-haired man. брюне́тка brunette.

брю́хо (*pl* -и) belly; stomach. брюшно́й abdominal; ~ тиф typhoid.

бряца́ть *impf* rattle; clank, clang.

бу́бен (-бна) tambourine. бубене́ц (-нца́) small bell.

бу́бны (*pl*; *gen* -бён, *dat* -бна́м) (*cards*) diamonds. бубно́вый diamond.

буго́р (-гра́) mound, hillock; bump, lump.

будди́зм Buddhism. будди́йский Buddhist. будди́ст Buddhist.

бу́дет that will do; +*inf* it's time to stop.

буди́льник alarm-clock. буди́ть (бужу́, бу́дишь) *impf* (*pf* про~, раз~) wake; arouse.

бу́дка box, booth; hut; stall.

бу́дни (*pl*; *gen* -ней) *pl* weekdays; working days; humdrum existence. бу́дний, бу́дничный weekday; everyday; humdrum.

бу́дто *conj* as if, as though; ~ (бы), (как) ~ apparently, ostensibly.

бу́ду *etc.*: *see* быть. бу́дучи being. бу́дущий future; next; ~ее *sb* future. бу́дущность future. бу́дь(те): *see* быть

бужу́: *see* буди́ть

бузина́ (*bot*) elder.

буй (*pl* -и́, -ёв) buoy.

бу́йвол buffalo.

бу́йный (бу́ен, буйна́, -о) violent, turbulent; luxuriant, lush. бу́йство unruly behaviour. бу́йствовать *impf* create an uproar, behave violently.

бук beech.

бука́шка small insect.

бу́ква (*gen pl* букв) letter; ~ в бу́кву literally. буква́льно *adv* literally. буква́льный literal. буква́рь (-я́) *m* ABC. буквое́д pedant.

буке́т bouquet; aroma.

букини́ст second-hand bookseller.

бу́кля curl, ringlet.

бу́ковый beech.

букси́р tug-boat; tow-rope. букси́ровать *impf* tow.

була́вка pin.

бу́лка roll. бу́лочная *sb* baker's. бу́лочник baker.

булы́жник cobble-stone, cobbles.

бульва́р avenue; boulevard.

бульдо́г bulldog.

бульдо́зер bulldozer.

бу́лькать *impf* gurgle.

бульо́н broth.

бум (*sport*) beam.

бума́га cotton; paper; document. бума́жка piece of paper; note. бума́жник wallet; paper-maker. бума́жн|ый cotton; paper; ~ змей kite.

бу́нкер bunker.

бунт (*pl* -ы́) rebellion; riot; mutiny. бунта́рь (-я́) *m* rebel; insurgent. бунтова́ть(ся *impf* (*pf* вз~) rebel; riot. бунтовщи́к (-а́), -щи́ца rebel, insurgent.

бур auger.

бура́в (-а́; *pl* -а́) auger; gimlet. бура́вить (-влю) *impf* (*pf* про~) bore, drill.

бура́н snowstorm.

буреве́стник stormy petrel.

буре́ние boring, drilling.

буржуа́ *m indecl* bourgeois. буржуази́я bourgeoisie. буржуа́зный bourgeois.

бури́льщик borer, driller. бури́ть *impf* (*pf* про~) bore, drill.

бурли́ть *impf* seethe.

бу́рный (-рен, -рна́, -о) stormy; rapid; energetic.

буров|о́й boring; ~а́я вы́шка derrick; ~а́я (сква́жина) borehole; ~о́й стано́к drilling rig.

бу́рый (бур, -а́, -о) brown.

бурья́н tall weeds.

бу́ря storm.

бу́сина bead. бу́сы (*pl*; *gen* бус) beads.

бутафо́рия (*theat*) props.

бутербро́д open sandwich.

буто́н bud.

бу́тсы (*pl*; *gen* -ов) *pl* football boots.

бутылка bottle. **бутыль** large bottle; carboy.

буфет snack bar; sideboard; counter. **буфетчик** barman. **буфетчица** barmaid.

бух *int* bang, plonk. **бухать** *impf* (*pf* **бухнуть**) thump, bang; bang down; thunder, thud; blurt out.

буханка loaf.

бухгалтер accountant. **бухгалтерия** accountancy; accounts department.

бухнуть (-ну) *impf* swell.

бухта bay.

бушевать (-шую) *impf* rage, storm.

буян rowdy. **буянить** *impf* create an uproar.

бы, б *partl* I. +*past tense or inf indicates the conditional or subjunctive.* II. (+ **ни**) *forms indef prons and conjs.*

бывалый experienced; former; habitual, familiar. **бывать** *impf* be; happen; be inclined to be; как ни в чём не бывало as if nothing had happened; **бывало** *partl* used to, would; мать бывало часто пела эту песню my mother would often sing this song. **бывший** former, ex-.

бык (-á) bull, ox; pier.

былина ancient Russian epic.

было *partl* nearly, on the point of; (only) just. **былой** past, bygone; ~ое *sb* the past. **быль** true story; fact.

быстрота speed. **быстрый** (быстр, -á, -о) fast, quick.

быт (*loc* -ý) way of life. **бытие** being, existence; objective reality; книга Бытия Genesis. **бытовой** everyday; social.

быть (*pres 3rd sg* есть, *pl* суть; *fut* буду; *past* был, -á, -о; *imper* будь(те)) *impf* be; be situated; happen. **бытьё** way of life.

бычок (-чка) steer.

бью *etc.: see* бить

бюджет budget.

бюллетень *m* bulletin; ballot-paper; doctor's certificate.

бюро *neut indecl* bureau; office; writing-desk. **бюрократ** bureaucrat. **бюрократизм** bureaucracy. **бюрократический** bureaucratic. **бюрократия** bureaucracy; bureaucrats.

бюст bust. **бюстгальтер** bra.

В

в, во *prep* I. +*acc* into, to; on; at; within; through; **быть в** take after; в два раза больше twice as big; в наши дни in our day; войти в дом go into the house; в понедельник on Monday; в течение+*gen* during; в четыре часа at four o'clock; высотой в три метра three metres high; играть в шахматы play chess; поехать в Москву go to Moscow; сесть в вагон get into the carriage; смотреть в окно look out of the window. II. +*prep* in; at; в двадцатом веке in the twentieth century; в театре at the theatre; в трёх километрах от города three kilometres from the town; в этом году this year; в январе in January.

вагон carriage, coach; ~-ресторан restaurant car. **вагонетка** truck, trolley. **вагоновожатый** *sb* tram-driver.

важничать *impf* give o.s. airs; +*instr* plume o.s., pride o.s., on. **важность** importance; pomposity. **важный** (-жен, -жна, -о) important; weighty; pompous.

ваза vase, bowl.

вазелин Vaseline (*propr*).

вакансия vacancy. **вакантный** vacant.

вакса (shoe-)polish.

вакуум vacuum.

вакцина vaccine.

вал[1] (*loc* -ý; *pl* -ы) bank; rampart; billow, roller; barrage.

вал[2] (*loc* -ý; *pl* -ы) shaft.

валенок (-нка; *gen pl* -нок) felt boot.

валет knave, Jack.

валик roller, cylinder.

валить[1] *impf* flock, throng; вали(те)! have a go!

валить[2] (-лю, -лишь) *impf* (*pf* по~, с~) throw down, bring down; pile up; ~ся fall, collapse.

валовой gross; wholesale.

валторна French horn.

валун (-á) boulder.

вальс waltz. **вальсировать** *impf* waltz.

валю́та currency; foreign currency.

валя́ть *impf* (*pf* на~, с~) drag; roll; shape; bungle; ~ дурака́ play the fool; валя́й(те)! go ahead!; ~ся lie, lie about; roll, wallow.

вам, ва́ми: *see* вы

вампи́р vampire.

ванда́л vandal. вандали́зм vandalism.

вани́ль vanilla.

ва́нна bath. ва́нная *sb* bathroom.

ва́рвар barbarian. ва́рварский barbaric. ва́рварство barbarity; vandalism.

ва́режка mitten.

варёный boiled. варе́нье jam. вари́ть (-рю́, -ришь) *impf* (*pf* с~) boil; cook; ~ся boil; cook.

вариа́нт version; option; scenario.

вас: *see* вы

василёк (-лька́) cornflower.

ва́та cotton wool; wadding.

ватерли́ния water-line. ватерпа́с (spirit-)level.

вати́н (sheet) wadding. ва́тник quilted jacket. ва́тный quilted, wadded.

ватру́шка cheese-cake.

ватт (*gen pl* ватт) watt.

ва́учер coupon (*exchangeable for government-issued share*).

ва́фля (*gen pl* -фель) wafer; waffle.

ва́хта (*naut*) watch. вахтёр janitor, porter.

ваш (-его) *m*, ва́ша (-ей) *f*, ва́ше (-его) *neut*, ва́ши (-их) *pl*, *pron* your, yours.

вбега́ть *impf*, вбежа́ть (вбегу́) *pf* run in.

вберу́ *etc.: see* вобра́ть

вбива́ть *impf of* вбить

вбира́ть *impf of* вобра́ть

вбить (вобью́, -бьёшь) *pf* (*impf* вбива́ть) drive in, hammer in.

вблизи́ *adv* (+от+*gen*) close (to), near by.

вбок *adv* sideways, to one side.

вброд *adv*: переходи́ть ~ ford, wade.

вва́ливать *impf*, ввали́ть (-лю́, -лишь) *pf* throw heavily, heave, bundle; ~ся fall heavily; sink, become sunken; burst in.

введе́ние introduction. введу́ *etc.: see* ввести́

ввезти́ (-зу́, -зёшь; ввёз, -ла́) *pf* (*impf* ввози́ть) import; bring in.

вве́рить *pf* (*impf* вверя́ть) entrust, confide; ~ся +*dat* trust in, put one's faith in.

вверну́ть (-ну́, -нёшь) *pf*, ввёртывать *impf* screw in; insert.

вверх *adv* up, upward(s); ~дном upside down; ~ (по ле́стнице) upstairs. вверху́ *adv* above, overhead.

вверя́ть(ся) *impf of* вве́рить(ся)

ввести́ (-еду́, -еде́шь; ввёл, -а́) *pf* (*impf* вводи́ть) bring in; introduce.

ввиду́ *prep*+*gen* in view of.

ввинти́ть (-нчу́) *pf*, вви́нчивать *impf* screw in.

ввод lead-in. вводи́ть (-ожу́, -о́дишь) *impf of* ввести́. вво́дный introductory; parenthetic.

ввожу́ *see* вводи́ть, ввози́ть

ввоз importation; import(s). ввози́ть (-ожу́, -о́зишь) *impf of* ввезти́

вво́лю *adv* to one's heart's content.

ввысь *adv* up, upward.

ввяза́ть (-яжу́, -я́жешь) *pf*, ввя́зывать *impf* knit in; involve; ~ся meddle, get or be mixed up (in).

вглубь *adv* & *prep*+*gen* deep (into), into the depths.

вгляде́ться (-яжу́сь) *pf*, вгля́дываться *impf* peer, look closely (в +*acc* at).

вгоня́ть *impf of* вогна́ть. вда-ва́ться (вдаю́сь, -ёшься) *impf of* вда́ться

вдави́ть (-авлю́, -а́вишь) *pf*, вда́вливать *impf* press in.

вдалеке́, вдали́ *adv* in the distance, far away. вдаль *adv* into the distance.

вда́ться (-а́мся, -а́шься, -а́стся, -ади́мся; -а́лся, -ла́сь) *pf* (*impf* вдава́ться) jut out; penetrate.

вдво́е *adv* twice; double; ~ бо́льше twice as big, as much, as many. вдвоём *adv* (the) two together, both. вдвойне́ *adv* twice as much, double; doubly.

вдева́ть *impf of* вдеть

вде́лать *pf*, вде́лывать *impf* set in, fit in.

вде́ргивать *impf*, вдёрнуть (-ну) *pf* в +*acc* thread through, pull through.

вдеть (-е́ну) *pf* (*impf* вдева́ть) put in, thread.

вдоба́вок *adv* in addition; besides.

вдова́ widow. вдове́ц (-вца́) widower.

вдо́воль *adv* enough; in abundance.

вдого́нку *adv* (за+*instr*) after, in pursuit (of).

вдоль *adv* lengthwise; ~ и поперёк far and wide; in detail; *prep*+*gen* or по+*dat* along.

вдох breath. вдохнове́ние inspiration, вдохнове́нный inspired. вдохнови́ть (-влю́) *pf*, вдохновля́ть *impf* inspire. вдохну́ть (-ну́, -нёшь) *pf* (*impf* вдыха́ть) breathe in.

вдре́безги *adv* to smithereens.

вдруг *adv* suddenly.

вду́маться *pf*, вду́мываться *impf* ponder, meditate; +в+*acc* think over. вду́мчивый thoughtful.

вдыха́ние inhalation. вдыха́ть *impf of* вдохну́ть

вегетариа́нец (-нца), -нка vegetarian. вегетариа́нский vegetarian.

ве́дать *impf* know; +*instr* manage, handle. ве́дение[1] authority, jurisdiction.

ве́дение[2] conducting, conduct; ~ книг book-keeping.

ве́домость (*gen pl* -е́й) list, register. ве́домственный departmental. ве́домство department.

ведро́ (*pl* вёдра, -дер) bucket; vedro (*approx 12 litres*)

веду́ *etc.*: *see* вести́. веду́щий leading.

ведь *partl & conj* you see, you know; isn't it? is it?

ве́дьма witch.

ве́ер (*pl* -á) fan.

ве́жливость politeness. ве́жливый polite.

везде́ *adv* everywhere.

везе́ние luck. везу́чий lucky. везти́ (-зу́, -зёшь; вёз, -ла́) *impf* (*pf* по~) convey; bring, take; *impers*+*dat* be lucky; ему́ не везло́ he had no luck.

век (*loc* -ý; *pl* -á) century; age; life, lifetime. век *adv* for ages.

ве́ко (*pl* -и, век) eyelid.

веково́й ancient, age-old.

ве́ксель (*pl* -я́, -е́й) *m* promissory note, bill (of exchange).

вёл *etc.*: *see* вести́

веле́ть (-лю́) *impf & pf* order; не ~ forbid.

велика́н giant. вели́кий (вели́к, -а *or* -á) great; big, large; too big; ~ пост Lent.

велико- *in comb* great. Великобрита́ния Great Britain. великоду́шие magnanimity. ~ду́шный magnanimous. ~ле́пие splendour. ~ле́пный splendid.

велича́вый stately, majestic. велича́йший greatest, supreme. вели́чественный majestic, grand. вели́чество Majesty. вели́чие greatness, grandeur. величина́ (*pl* -и́ны, -áм) size; quantity, magnitude; value; great figure.

велосипе́д bicycle. велосипеди́ст cyclist.

вельве́т velveteen; ~ в ру́бчик corduroy.

вельмо́жа *m* grandee.

ве́на vein.

венге́рец (-рца), венге́рка Hungarian. венге́рский Hungarian. венгр Hungarian. Ве́нгрия Hungary.

венде́тта vendetta.

венери́ческий venereal.

вене́ц (-нца́) crown; wreath.

ве́ник besom; birch twigs.

вено́к (-нка́) wreath, garland.

ве́нтиль *m* valve.

вентиля́тор ventilator; extractor (fan). вентиля́ция ventilation.

венча́ние wedding; coronation. венча́ть *impf* (*pf* об~, по~, у~) crown; marry; ~ся be married, marry. ве́нчик halo; corolla; rim; ring, bolt.

ве́ра faith, belief.

вера́нда veranda.

ве́рба willow; willow branch. ве́рбн|ый; ~ое воскресе́нье Palm Sunday.

верблю́д camel.

вербова́ть *impf* (*pf* за~) recruit; win over. вербо́вка recruitment.

верёвка rope; string; cord. верёвочный rope.

верени́ца row, file, line, string.

ве́реск heather.

веретено́ (*pl* -тёна) spindle.

вереща́ть (-щу́) *impf* squeal; chirp.

ве́рить *impf* (*pf* по~) believe, have faith; +*dat* or в+*acc* trust (in), believe in.

вермише́ль vermicelli.

вернее *adv* rather. верно *partl* probably, I suppose. верность faithfulness, loyalty.

вернуть (-ну, -нёшь) *pf* (*impf* возвращать) give back, return; ~ся return.

верный (-рен, -рна, -о) faithful, loyal; true; correct; reliable.

верование belief. веровать *impf* believe. вероисповедание religion; denomination. вероломный treacherous, perfidious. вероотступник apostate. веротерпимость (religious) toleration. вероятно probably. вероятность probability. вероятный probable.

версия version.

верста (*pl* версты) verst (*1.06 km.*).

верстак (-а) work-bench.

вертел (*pl* -а) spit, skewer. вертеть (-чу, -тишь) *impf* turn (round); twirl; ~ся turn (round), spin. вертлявый fidgety; flighty.

вертикаль vertical line. вертикальный vertical.

вертолёт helicopter.

вертушка flirt.

верующий *sb* believer.

верфь shipyard.

верх (*loc* -у; *pl* -и) top; summit; height; *pl* upper crust, top brass; high notes. верхний upper; top. верховный supreme. верховой riding; *sb* rider. верховье (*gen pl* -ьев) upper reaches. верхолаз steeplejack. верхом *adv* on horseback; astride. верхушка top, summit; apex; top brass.

верчу *etc.*: see вертеть

вершина top, summit; peak; apex. вершить *impf* +*instr* manage, control.

вершок vershok (*4.4 cm.*); smattering.

вес (*loc* -у; *pl* -а) weight.

веселить *impf* (*pf* раз~) cheer, gladden; ~ся enjoy o.s.; amuse o.s. весело *adv* merrily. весёлый (весел, -а, -о) merry; cheerful. веселье merriment.

весенний spring.

весить (вешу) *impf* weigh. веский weighty, solid.

весло (*pl* вёсла, -сел) oar.

весна (*pl* вёсны, -сен) spring.

весной *adv* in (the) spring. веснушка freckle.

вест (*naut*) west; west wind.

вести (веду, -дёшь; вёл, -а) *impf* (*pf* по~) lead, take; conduct; drive; run; keep; ~ себя behave, conduct o.s.; ~сь be the custom.

вестибюль *m* (entrance) hall, lobby. вестник herald; bulletin. весть[1] (*gen pl* -ей) news; без вести without trace. весть[2]: Бог ~ God knows.

весы (*pl*; *gen* -ов) scales, balance; Libra.

весь (всего *m*, вся, всей *f*, всё, всего *neut*, все, всех *pl*) *pron* all, the whole of; всего хорошего! all the best!; всё everything; без всего without anything; все everybody.

весьма *adv* very, highly.

ветвь (*gen pl* -ей) branch; bough.

ветер (-тра, *loc* -у) wind. ветерок (-рка) breeze.

ветеран veteran.

ветеринар vet.

ветка branch; twig.

вето *neut indecl* veto.

ветошь old clothes, rags.

ветреный windy; frivolous. ветровой wind; ~ое стекло windscreen. ветряк (-а) wind turbine; windmill.

ветхий (ветх, -а, -о) old; dilapidated; В~ завет Old Testament.

ветчина ham.

ветшать *impf* (*pf* об~) decay; become dilapidated.

веха landmark.

вечер (*pl* -а) evening; party. вечеринка party. вечерний evening. вечерня (*gen pl* -рен) vespers. вечером *adv* in the evening.

вечно *adv* for ever, eternally. вечнозелёный evergreen. вечность eternity; ages. вечный eternal.

вешалка peg, rack; tab, hanger. вешать *impf* (*pf* взвесить, повесить, свешать) hang; weigh (out); ~ся hang o.s.

вешу *etc.*: see весить

вещание broadcasting. вещать *impf* broadcast.

вещевой clothing; ~ мешок hold-all, kit-bag. вещественный substantial, material, real. вещество substance, matter. вещь (*gen pl* -ей) thing.

ве́ялка winnowing-machine. ве́яние winnowing; blowing; trend. ве́ять (ве́ю) *impf* (*pf* про~) winnow; blow; flutter.

взад *adv* backwards; ~ и вперёд back and forth.

взаи́мность reciprocity. взаи́мный mutual, reciprocal.

взаимо- *in comb* inter-. взаимоде́йствие interaction; co-operation. ~де́йствовать *impf* interact; cooperate. ~отноше́ние interrelation; *pl* relations. ~по́мощь mutual aid. ~понима́ние mutual understanding. ~связь interdependence, correlation.

взаймы́ *adv*: взять ~ borrow; дать ~ lend.

взаме́н *prep+gen* instead of; in return for.

взаперти́ *adv* under lock and key; in seclusion.

взба́лмошный unbalanced, eccentric.

взбега́ть *impf*, взбежа́ть (-егу́) *pf* run up.

взберу́сь *etc.*: *see* взобра́ться.

вз|беси́ть(ся (-ешу́(сь, -е́сишь(ся) *pf*. взбива́ть *impf of* взбить.

взбира́ться *impf of* взобра́ться

взби́тый whipped, beaten. взбить (взобью́, -бьёшь) *pf* (*impf* взбива́ть) beat (up), whip; shake up.

вз|борозди́ть (-зжу́) *pf*.

вз|бунтова́ться *pf*.

взбуха́ть *impf*, взбу́хнуть (-нет; -ух) *pf* swell (out).

взва́ливать *impf*, взвали́ть (-лю́, -лишь) *pf* load; + на+*acc* saddle with.

взве́сить (-е́шу) *pf* (*impf* ве́шать, взве́шивать) weigh.

взвести́ (-еду́, -едёшь; -ёл, -á) *pf* (*impf* взводи́ть) lead up; raise; cock; + на+*acc* impute to.

взве́шивать *impf of* взве́сить

взвива́ть(ся *impf of* взви́ть(ся

взви́зг scream; yelp. взви́згивать *impf*, взви́згнуть (-ну) *pf* scream; yelp.

взвинти́ть (-нчу́) *pf*, взви́нчивать *impf* excite, work up; inflate. взви́нченный worked up; nervy; inflated.

взвить (взовью́, -ёшь; -ил, -á, -о) *pf* (*impf* взвива́ть) raise; ~ся rise, be hoisted; soar.

взвод[1] platoon, troop.

взвод[2] notch. взводи́ть (-ожу́, -о́дишь) *impf of* взвести́

взволно́ванный agitated; worried. вз|волнова́ть(ся (-ну́ю(сь) *pf*.

взгляд look; glance; opinion. взгля́дывать *impf*, взгляну́ть (-яну́, -я́нешь) *pf* look, glance.

взго́рье hillock.

вздёргивать *impf*, вздёрнуть (-ну) *pf* hitch up; jerk up; turn up.

вздор nonsense. вздо́рный cantankerous; foolish.

вздорожа́ние rise in price. вз|дорожа́ть *pf*.

вздох sigh. вздохну́ть (-ну́, -нёшь) *pf* (*impf* вздыха́ть) sigh.

вздра́гивать *impf* (*pf* вздро́гнуть) shudder, quiver.

вздремну́ть *pf* have a nap, doze.

вздро́гнуть (-ну) *pf* (*impf* вздра́гивать) start; wince.

вздува́ть(ся *impf of* взду́ть[1](ся

взду́мать *pf* take it into one's head; не взду́май(те)! don't you dare!

взду́тие swelling. взду́тый swollen. взду́ть[1] *pf* (*impf* вздува́ть) inflate; ~ся swell.

взду́ть[2] *pf* thrash.

вздыха́ть *impf* (*pf* вздохну́ть) breathe; sigh.

взима́ть *impf* levy, collect.

взла́мывать *impf of* взлома́ть. вз|лелея́ть *pf*.

взлёт flight; take-off. взлета́ть *impf*, взлете́ть (-лечу́) *pf* fly (up); take off. взлётный take-off; взлётно-поса́дочная полоса́ runway.

взлом breaking open, breaking in. взлома́ть *pf* (*impf* взла́мывать) break open; break up. взло́мщик burglar.

взлохма́ченный dishevelled.

взмах stroke, wave, flap. взма́хивать *impf*, взмахну́ть (-ну́, -нёшь) *pf* +*instr* wave, flap.

взмо́рье seaside; coastal waters.

вз|мути́ть (-учу́, -у́тишь) *pf*.

взнос payment; fee, dues.

взнузда́ть *pf*, взну́здывать *impf* bridle.

взобра́ться (взберу́сь, -ёшься; -а́лся, -ла́сь, -а́ло́сь) *pf* (*impf* взбира́ться) climb (up).

взобью́ *etc.*: *see* взбить. взовью́ *etc.*:

see взвить
взойти́ (-йду́, -йдёшь; -ошёл, -шла́) *pf* (*impf* вос-, всходи́ть) rise, go up; на+*acc* mount.
взор look, glance.
взорва́ть (-ву́, -вёшь; -а́л, -а́, -о) *pf* (*impf* взрыва́ть) blow up; exasperate; ~ся burst, explode.
взро́слый *adj & sb* adult.
взрыв explosion; outburst. взрыва́тель *m* fuse. взрыва́ть *impf*, взрыть (-ро́ю) *pf* (*pf also* взорва́ть) blow up; ~ся explode. взрывно́й explosive; blasting. взрывча́тка explosive. взры́вчатый explosive.
взъеро́шенный tousled, dishevelled. взъеро́шивать *impf*, взъеро́шить (-шу) *pf* tousle, rumple.
взыва́ть *impf of* воззва́ть
взыска́ние penalty; exaction. взыска́тельный exacting. взыска́ть (-ыщу́, -ы́щешь) *pf*, взы́скивать *impf* exact, recover; call to account.
взя́тие taking, capture. взя́тка bribe. взя́точничество bribery. взять(ся (возьму́(сь, -мёшь(ся; -я́л(ся, -а́(сь, -о(сь) *pf of* брать(ся
вибра́ция vibration. вибри́ровать *impf* vibrate.
вивисе́кция vivisection.
вид¹ (*loc* -у́) look; appearance; shape, form; condition; view; prospect; sight; де́лать вид pretend; име́ть в ~у́ intend; mean; bear in mind.
вид² kind; species.
вида́ться *impf* (*pf* по~) meet.
виде́ние¹ sight, vision. виде́ние² vision, apparition.
ви́део *neut indecl* video (cassette) recorder; video film; video cassette. видеоигра́ video game. видеока́мера video camera. видеокассе́та video cassette. видеомагнитофо́н video (cassette) recorder.
ви́деть (ви́жу) *impf* (*pf* у~) see; ~ во сне dream (of); ~ся see one another; appear. ви́димо *adv* evidently. ви́димость visibility; appearance. ви́димый visible; apparent, evident. ви́дный (-ден, -дна́, -о) visible; distinguished.
видоизмене́ние modification. видоизмени́ть *pf*, видоизменя́ть *impf* modify.
видоиска́тель *m* view-finder.

ви́жу *see* ви́деть
ви́за visa.
визг squeal; yelp. визжа́ть (-жу́) *impf* squeal, yelp, squeak.
визи́т visit. визи́тка business card.
викторина quiz.
ви́лка fork; plug. ви́лы (*pl; gen* вил) pitchfork.
вильну́ть (-ну́, -нёшь) *pf*, виля́ть *impf* twist and turn; prevaricate; +*instr* wag.
вина́ (*pl* ви́ны) fault, guilt; blame.
винегре́т Russian salad; medley.
вини́тельный accusative. вини́ть *impf* accuse; ~ся (*pf* по~) confess.
ви́нный wine; winy. вино́ (*pl* -а) wine.
винова́тый guilty. вино́вник initiator; culprit. вино́вный guilty.
виногра́д vine; grapes. виногра́дник vineyard. виногра́дный grape; wine. винокуренный заво́д distillery.
винт (-а́) screw. винти́ть (-нчу́) *impf* screw up. винто́вка rifle. винтово́й screw; spiral.
виолонче́ль cello.
вира́ж (-а́) turn; bend.
виртуо́з virtuoso. виртуо́зный masterly.
ви́рус virus. ви́русный virus.
ви́селица gallows. висе́ть (вишу́) *impf* hang. ви́снуть (-ну; вис(нул)) *impf* hang; droop.
ви́ски *neut indecl* whisky.
висо́к (-ска́) temple.
високо́сный год leap-year.
вист whist.
вися́чий hanging; ~ замо́к padlock; ~ мост suspension bridge.
витами́н vitamin.
витиева́тый flowery, ornate. вито́й twisted, spiral. вито́к (-тка́) turn, coil.
витра́ж (-а́) stained-glass window. витри́на shop-window; showcase.
вить (вью, вьёшь; вил, -а́, -о) *impf* (*pf* с~) twist, wind, weave; ~ся wind, twine; curl; twist; whirl.
вихо́р (-хра́) tuft. вихра́стый shaggy.
вихрь *m* whirlwind; vortex; снежный ~ blizzard.
ви́це- *pref* vice-. ви́це-адмира́л vice-admiral. ~президе́нт vice-president.

вицмунди́р (dress) uniform.

ВИЧ (*abbr of* ви́рус иммуно-дефици́та челове́ка) HIV.

вишнёвый cherry. ви́шня (*gen pl* -шен) cherry, cherries; cherry-tree.

вишу́: *see* висе́ть

вишь *partl* look, just look!

вка́лывать *impf* (*sl*) work hard; *impf of* вколо́ть

вка́пывать *impf of* вкопа́ть

вкати́ть (-ачу́, -а́тишь) *pf*, вка́тывать *impf* roll in; administer.

вклад deposit; contribution. вкла́дка supplementary sheet. вкладно́й лист loose leaf, insert. вкла́дчик depositor.

вкла́дывать *impf of* вложи́ть

вкле́ивать *impf*, вкле́ить *pf* stick in.

вкли́ниваться *impf*, вклини́ться *pf* edge one's way in.

включа́тель *m* switch. включа́ть *impf*, включи́ть (-чу́) *pf* include; switch on; plug in; ~ся в+*acc* join in, enter into. включа́я including. включе́ние inclusion, insertion; switching on. включи́тельно *adv* inclusive.

вкола́чивать *impf*, вколоти́ть (-очу́, -о́тишь) *pf* hammer in, knock in.

вколо́ть (-олю́, -о́лешь) *pf* (*impf* вка́лывать) stick (in).

вкопа́ть *pf* (*impf* вка́пывать) dig in.

вкось *adv* obliquely.

вкра́дчивый ingratiating. вкра́дываться *impf*, вкра́сться (-аду́сь, -адёшься) *pf* creep in; insinuate o.s.

вкра́тце *adv* briefly, succinctly.

вкривь *adv* aslant; wrongly, perversely.

вкруг = вокру́г

вкруту́ю *adv* hard(-boiled).

вкус taste. вкуси́ть (-ушу́, -у́сишь) *pf*, вкуша́ть *impf* taste; partake of. вку́сный (-сен, -сна́, -о) tasty, nice.

вла́га moisture.

влага́лище vagina.

владе́лец (-льца), -лица owner. владе́ние ownership; possession; property. владе́тель *m*, -ница possessor; sovereign. владе́ть (-е́ю) *impf* +*instr* own, possess; control.

влады́ка *m* master, sovereign. влады́чество dominion, sway.

вла́жность humidity; moisture.

вла́жный (-жен, -жна́, -о) damp, moist, humid.

вла́мываться *impf of* вломи́ться

вла́ствовать *impf* +(над+) *instr* rule, hold sway over. власте-ли́н ruler; master. вла́стный imperious, commanding; empowered, competent. власть (*gen pl* -е́й) power; authority.

вле́во *adv* to the left (от+*gen* of).

влеза́ть *impf*, влезть (-зу; влез) *pf* climb in; get in; fit in.

влёк *etc*.: *see* влечь

влета́ть *impf*, влете́ть (-ечу́) *pf* fly in; rush in.

влече́ние attraction; inclination. влечь (-еку́, -ечёшь; влёк, -ла́) *impf* draw; attract; ~ за собо́й involve, entail.

влива́ть *impf*, влить (волью́, -ёшь; влил, -а́, -о) *pf* pour in; instil.

влия́ние influence. влия́тельный influential. влия́ть *impf* (*pf* по~) на+*acc* influence, affect.

вложе́ние enclosure; investment. вложи́ть (-ожу́, -о́жишь) *pf* (*impf* вкла́дывать) put in, insert; enclose; invest.

вломи́ться (-млю́сь, -мишься) *pf* (*impf* вла́мываться) break in.

влюби́ть (-блю́, -бишь) *pf*, влюбля́ть *impf* make fall in love (в+*acc* with); ~ся fall in love. влюблённый (-лён, -а́) in love; *sb* lover.

вма́зать (-а́жу) *pf*, вма́зывать *impf* cement, putty in.

вмени́ть *pf*, вменя́ть *impf* impute; impose. вменя́емый (*law*) responsible; sane.

вме́сте *adv* together; ~ с тем at the same time, also.

вмести́лище receptacle. вмести́-мость capacity; tonnage. вмести́тельный capacious. вмести́ть (-ещу́) *pf* (*impf* вмеща́ть) hold, accommodate; put; ~ся go in.

вме́сто *prep*+*gen* instead of.

вмеша́тельство interference; intervention. вмеша́ть *pf*, вме́шивать *impf* mix in; implicate; ~ся interfere, intervene.

вмеща́ть(ся *impf of* вмести́ть(ся

вмиг *adv* in an instant.

вмина́ть *impf*, вмять (вомну́, -нёшь) *pf* press in, dent. вмя́тина dent.

внаём, внаймы́ *adv* to let; for hire.
внача́ле *adv* at first.
вне *prep*+*gen* outside; ~ себя́ beside o.s.
вне- *pref* extra-; outside; -less. внебра́чный extra-marital; illegitimate. ~вре́менный timeless. ~кла́ссный extracurricular. ~очередно́й out of turn; extraordinary. ~шта́тный freelance, casual.
внедре́ние introduction; inculcation. внедри́ть *pf*, внедря́ть *impf* inculcate; introduce; ~ся take root.
внеза́пно *adv* suddenly. внеза́пный sudden.
вне́млю *etc.*: *see* внима́ть
внесе́ние bringing in; deposit. внести́ (-су́, -сёшь; внёс, -ла́) *pf* (*impf* вноси́ть) bring in; introduce; deposit; insert.
вне́шне *adv* outwardly. вне́шний outer; external; outside; foreign. вне́шность exterior; appearance.
вниз *adv* down(wards); ~ по+*dat* down. внизу́ *adv* below; downstairs.
внима́ть *impf*, вни́кнуть (-ну; вник) *pf* +в+*acc* go carefully into, investigate thoroughly.
внима́ние attention. внима́тельный attentive. внима́ть *impf* (*pf* внять) listen to; heed.
вничью́ *adv*: око́нчиться ~ end in a draw; сыгра́ть ~ draw.
вновь *adv* anew, again.
вноси́ть (-ошу́, -о́сишь) *impf of* внести́
внук grandson; *pl* grandchildren, descendants.
вну́тренний inner; internal. вну́тренность interior; *pl* entrails; internal organs. внутри́ *adv* & *prep*+*gen* inside. внутрь *adv* & *prep*+*gen* inside, in; inwards.
внуча́та (*pl*; *gen* -ча́т) grandchildren. внуча́тый second, great-; ~ брат second cousin; ~ племя́нник great-nephew. вну́чка grand-daughter.
внуша́ть *impf*, внуши́ть (-шу́) *pf* instil; +*dat* inspire with. внуше́ние suggestion; reproof. внуши́тельный inspiring; imposing.
вня́тный distinct. внять (*no fut*; -ял, -á, -о) *pf of* внима́ть
во: *see* в
вобра́ть (вберу́, -рёшь; -а́л, -а́, -о)

pf (*impf* вбира́ть) absorb; inhale.
вобью́ *etc.*: *see* вби́ть
вовлека́ть *impf*, вовле́чь (-еку́, -ечёшь; -ёк, -екла́) *pf* draw in, involve.
во́время *adv* in time; on time.
во́все *adv* quite; ~ не not at all.
во-вторы́х *adv* secondly.
вогна́ть (вгоню́, -о́нишь; -гна́л, -á, -о) *pf* (*impf* вгоня́ть) drive in. во́гнутый concave. вогну́ть (-ну́, -нёшь) *pf* (*impf* вгиба́ть) bend or curve inwards.
вода́ (*acc* во́ду, *gen* -ы́; *pl* -ы) water; *pl* the waters; spa.
водвори́ть *pf*, водворя́ть *impf* settle, install; establish.
води́тель *m* driver. води́ть (вожу́, во́дишь) *impf* lead; conduct; take; drive; ~ся be found; associate (with); be the custom.
во́дка vodka. во́дный water; ~ые лы́жи water-skiing; water-skis.
водо- *in comb* water, water-; hydraulic; hydro-. водобоя́знь hydrophobia. ~воро́т whirlpool; maelstrom. ~ём reservoir. ~измеще́ние displacement. ~ка́чка water-tower, pumping station. ~ла́з diver. ~ле́й Aquarius. ~непроница́емый waterproof. ~отво́дный drainage. ~па́д waterfall. ~по́й watering-place. ~прово́д water-pipe, water-main; water supply. ~прово́дчик plumber. ~разде́л watershed. ~ро́д hydrogen. во́доросль water-plant; seaweed. ~снабже́ние water supply. ~сто́к drain, gutter. ~храни́лище reservoir.
водружа́ть *impf*, водрузи́ть (-ужу́) *pf* hoist; erect.
водяни́стый watery. водяно́й water.
воева́ть (вою́ю) *impf* wage war. воево́да *m* voivode; commander.
воедино́ *adv* together.
военко́м military commissar.
военно- *in comb* military; war-. военно-возду́шный air-, air-force. военно-морско́й naval. ~пле́нный *sb* prisoner of war. военно-полево́й суд court-martial. ~слу́жащий *sb* serviceman.
вое́нный military; war; *sb* serviceman; ~ое положе́ние martial law;

~ый суд court-martial.

вожа́к (-á) guide; leader. вожа́тый sb guide; tram-driver.

вожделе́ние desire, lust.

вождь (-я́) m leader, chief.

вожжа́ (pl -и, -ей) rein.

вожу́ etc.: see води́ть, вози́ть

воз (loc -ý; pl -ы) cart; cart-load.

возбуди́мый excitable. возбуди́тель m agent; instigator. возбуди́ть (-ужу́) pf, возбужда́ть impf excite, arouse; incite. возбужда́ющий: ~ее сре́дство stimulant. возбужде́ние excitement. возбуждённый excited.

возвести́ (-еду́, -дёшь, -вёл, -лá) pf (impf возводи́ть) elevate; erect; level; +к +dat trace to.

возвести́ть (-ещу́) pf, возвеща́ть impf proclaim.

возводи́ть (-ожу́, -óдишь) impf of возвести́

возвра́т return; repayment. возврати́ть (-ащу́) pf, возвраща́ть impf (pf also верну́ть) return, give back; ~ся return; go back, come back. возвра́тный return; reflexive. возвраще́ние return.

возвы́сить pf, возвыша́ть impf raise; ennoble; ~ся rise. возвыше́ние rise; raised place. возвы́шенность height; loftiness. возвы́шенный high; elevated.

возгла́вить (-влю) pf, возглавля́ть impf head.

во́зглас exclamation. возгласи́ть (-ашу́) pf, возглаша́ть impf proclaim.

возгора́емый inflammable. возгора́ться impf, возгоре́ться (-рю́сь) pf flare up; be seized (with).

воздава́ть (-даю́, -даёшь) impf, возда́ть (-áм, -áшь, -áст, -ади́м; -áл, -á, -о) pf render.

воздвига́ть impf, воздви́гнуть (-ну; -дви́г) pf raise.

возде́йствие influence. возде́йствовать impf & pf +на +acc influence.

возде́лать pf, возде́лывать impf cultivate, till.

воздержа́ние abstinence; abstention. воздержа́нный abstemious. воздержа́ться (-жу́сь, -жишься) pf, возде́рживаться impf refrain; abstain.

во́здух air. воздухонепроница́емый air-tight. возду́шн|ый air, aerial; airy; flimsy; ~ый змей kite; ~ый шар balloon.

зоззва́ние appeal. воззва́ть (-зову́, -вёшь) pf (impf взыва́ть) appeal (о +prep for).

воззре́ние opinion, outlook.

вози́ть (вожу́, во́зишь) impf convey; carry; bring, take; ~ся romp, play noisily; busy o.s.; potter about.

возлага́ть impf of возложи́ть

во́зле adv & prep+gen by, near; near by; past.

возложи́ть (-жу́, -жишь) pf (impf возлага́ть) lay; place.

возлю́бленный beloved; sb sweetheart.

возме́здие retribution.

возмести́ть (-ещу́) pf, возмеща́ть impf compensate for; refund. возмеще́ние compensation; refund.

возмо́жно adv +comp as ... as possible. возмо́жность possibility; opportunity. возмо́жный possible.

возмужа́лый mature; grown up. возмужа́ть pf grow up; gain strength.

возмути́тельный disgraceful. возмути́ть (-ущу́) pf, возмуща́ть impf disturb; stir up; rouse to indignation; ~ся be indignant. возмуще́ние indignation. возмущённый (-щён, -щенá) indignant.

вознагради́ть (-ажу́) pf, вознагражда́ть impf reward. вознагражде́ние reward; fee.

возненави́деть (-и́жу) pf conceive a hatred for.

вознесе́ние Ascension. вознести́ (-несу́, -несёшь; -нёс, -лá) pf (impf возноси́ть) raise, lift up; ~сь rise; ascend.

возника́ть impf, возни́кнуть (-нет; -ни́к) pf arise, spring up. возникнове́ние rise, beginning, origin.

возни́ца m coachman.

возноси́ть(ся (-ошу́(сь, -о́сишь(ся) impf of вознести́(сь. возноше́ние raising, elevation.

возня́ row, noise; bother.

возобнови́ть (-влю) pf, возобновля́ть impf renew; restore; ~ся begin again. возобновле́ние renewal; revival.

возража́ть *impf*, возрази́ть (-ажу́) *pf* object. возраже́ние objection.

во́зраст age. возраста́ние growth, increase. возраста́ть *impf*, возрасти́ (-тёт; -ро́с, -ла́) *pf* grow, increase.

возроди́ть (-ожу́) *pf*, возрожда́ть *impf* revive; ~ся revive. возрожде́ние revival; Renaissance.

возро́с *etc.*: *see* возрасти́. возро́сший increased.

во́зчик carter, carrier.

возьму́ *etc.*: *see* взять

во́ин warrior; soldier. во́инск|ий military; ~ая пови́нность conscription. во́инственный warlike. во́инствующий militant.

вой howl(ing); wail(ing).

войду́ *etc.*: *see* войти́

во́йлок felt. во́йлочный felt.

война́ (*pl* -ы) war.

во́йско (*pl* -а́) army; *pl* troops, forces. войсково́й military.

войти́ (-йду́, -йдёшь; вошёл, -шла́) *pf* (*impf* входи́ть) go in, come in, enter; get in(to).

вокза́л (railway) station.

во́кмен Walkman (*propr*), personal stereo.

вокру́г *adv & prep+gen* round, around.

вол (-а́) ox, bullock.

вола́н flounce; shuttlecock.

волды́рь (-я́) *m* blister; bump.

волево́й strong-willed.

волейбо́л volleyball.

во́лей-нево́лей *adv* willy-nilly.

волк (*pl* -и, -о́в) wolf. волкода́в wolf-hound.

волна́ (*pl* -ы, во́лнам) wave. волне́ние choppiness; agitation; emotion. волни́стый wavy. волнова́ть *impf* (*pf* вз~) disturb; agitate; excite; ~ся be disturbed; worry, be nervous. волноло́м, волноре́з breakwater. волну́ющий disturbing; exciting.

волоки́та red tape; rigmarole.

волокни́стый fibrous, stringy. воло́кно (*pl* -а) fibre, filament.

волоку́ *etc.*: *see* воло́чь

во́лос (*pl* -ы, -о́с, -а́м) *pl* hair. волоса́тый hairy. волосно́й capillary.

во́лость (*pl* -и, -е́й) volost (*administrative division*).

волочи́ть (-очу́, -о́чишь) *impf* drag; ~ся drag, trail; +за+*instr* run after, court. воло́чь (-оку́, -очёшь; -о́к, -ла́) *impf* drag.

во́лчий wolf's; wolfish. волчи́ха, волчи́ца she-wolf.

волчо́к (-чка́) top; gyroscope.

волчо́нок (-нка; *pl* -ча́та, -ча́т) wolf cub.

волше́бник magician; wizard. волше́бница enchantress. волше́бный magic, magical; enchanting. волше́бство́ magic, enchantment.

вольнонаёмный civilian. во́льность liberty; license. во́льный (-лен, -льна́, -о, во́льны) free; freestyle.

вольт[1] (*gen pl* вольт) volt.

вольт[2] (*loc* -у́) vault.

вольфра́м tungsten.

во́ля will; liberty.

вомну́ *etc.*: *see* вмять

вон *adv* out; off, away.

вон *partl* there, over there.

вонза́ть *impf*, вонзи́ть (-нжу́) *pf* plunge, thrust.

вонь stench. воню́чий stinking. воня́ть stink.

вообража́емый imaginary. вообража́ть *impf*, вообрази́ть (-ажу́) *pf* imagine. воображе́ние imagination. вообрази́мый imaginable.

вообще́ *adv* in general; generally.

воодушеви́ть (-влю́) *pf*, воодушевля́ть *impf* inspire. воодушевле́ние inspiration; fervour.

вооружа́ть *impf*, вооружи́ть (-жу́) *pf* arm, equip; ~ся arm o.s.; take up arms. вооруже́ние arming; arms; equipment. вооружённый (-жён, -а́) armed; equipped.

воо́чию *adv* with one's own eyes.

во-пе́рвых *adv* first, first of all.

вопи́ть (-плю́) *impf* yell, howl. вопию́щий crying; scandalous.

воплоти́ть (-ощу́) *pf*, воплоща́ть *impf* embody. воплоще́ние embodiment.

вопль *m* cry, wail; howling.

вопреки́ *prep+dat* in spite of.

вопро́с question; problem. вопроси́тельный interrogative; questioning; ~ знак question-mark.

вор (pl -ы, -о́в) thief; criminal.

ворва́ться (-ву́сь, -вёшься; -а́лся, -ла́сь, -а́ло́сь) pf (impf врыва́ться) burst in.

воркотня́ grumbling.

воробе́й sparrow.

ворова́тый thievish; furtive. ворова́ть impf (pf c~) steal. воро́вка woman thief. воровско́й adv furtively. воровско́й thieves'. воро́вство́ stealing; theft.

во́рон raven. воро́на crow.

воро́нка funnel; crater.

вороно́й black.

во́рот[1] collar; neckband.

во́рот[2] winch; windlass.

воро́та (pl; gen -ро́т) gate(s); gateway; goal.

вороти́ть (-очу́, -о́тишь) pf bring back, get back; turn back; ~ся return.

воротни́к (-á) collar.

во́рох (pl -á) heap, pile; heaps.

воро́чать impf turn; move; +instr have control of; ~ся move, turn.

ворочу́(сь etc.: see вороти́ть(ся

вороши́ть (-шу́) impf stir up; turn (over).

ворс nap, pile.

ворча́ть (-чу́) impf grumble; growl. ворчли́вый peevish; grumpy.

восвоя́си adv home.

восемна́дцатый eighteenth. восемна́дцать eighteen. во́семь (-сьми́, instr -сьмью́ or -семью́) eight. во́семьдесят eighty. восемьсо́т (-сьмисо́т, -стами́) eight hundred. во́семью adv eight times.

воск wax, beeswax.

воскли́кнуть (-ну) pf, восклица́ть impf exclaim. восклица́ние exclamation. восклица́тельный exclamatory; ~ знак exclamation mark.

восково́й wax; waxy; waxed.

воскреса́ть impf, воскре́снуть (-ну; -éc) pf rise from the dead; revive. воскресе́ние resurrection. воскресе́нье Sunday. воскреси́ть (-ешу́) pf, воскреша́ть impf resurrect; revive. воскреше́ние resurrection; revival.

воспале́ние inflammation. воспалённый (-лён, -á) inflamed. воспали́ть pf, воспаля́ть impf inflame; ~ся become inflamed.

воспита́ние upbringing, education. воспи́танник, -ница pupil. воспи́танный well-brought-up. воспита́тель m tutor; educator. воспита́тельный educational. воспита́ть pf, воспи́тывать impf bring up; foster; educate.

воспламени́ть pf, воспламеня́ть impf ignite; fire; ~ся ignite; flare up. воспламеня́емый inflammable.

вос|по́льзоваться pf.

воспомина́ние recollection, memory; pl memoirs; reminiscences.

вос|препя́тствовать pf.

воспрети́ть (-ещу́) pf, воспреща́ть impf forbid. воспреще́ние prohibition. воспрещённый (-щён, -á) prohibited.

восприи́мчивый impressionable; susceptible. воспринима́ть impf, восприня́ть (-иму́, -и́мешь; -и́нял, -á, -о) pf perceive; grasp. восприя́тие perception.

воспроизведе́ние reproduction. воспроизвести́ (-еду́, -едёшь; -вёл, -á) pf, воспроизводи́ть (-ожу́, -о́дишь) impf reproduce. воспроизводи́тельный reproductive. воспроизво́дство reproduction.

вос|проти́виться (-влюсь) pf.

воссоедине́ние reunification. воссоедини́ть pf, воссоединя́ть impf reunite.

восстава́ть (-таю́, -таёшь) impf of восста́ть.

восста́ние insurrection.

восстанови́ть (-влю́, -вишь) pf (impf восстана́вливать) restore; reinstate; recall; ~ про́тив +gen set against. восстановле́ние restoration.

восста́ть (-а́ну) pf (impf восстава́ть) rise (up).

восто́к east.

восто́рг delight, rapture. восторга́ться +instr be delighted with, go into raptures over. восто́рженный enthusiastic.

восто́чный east, eastern; easterly; oriental.

востре́бование: до востре́бования to be called for, poste restante.

восхвали́ть (-лю́, -лишь) pf, восхваля́ть impf praise, extol.

восхити́тельный entrancing; delightful. восхити́ть (-хищу́) *pf*, восхища́ть *impf* enrapture; ~ся +*instr* be enraptured by. восхище́ние delight; admiration.

восхо́д rising. восходи́ть (-ожу́, -о́дишь) *impf of* взойти́; ~ к+*dat* go back to, date from. восхожде́ние ascent. восходя́щий rising.

восше́ствие accession.

восьма́я *sb* eighth; octave. восьмёрка eight; figure eight; No. 8; figure of eight.

восьми- *in comb* eight-; octo-. восьмигра́нник octahedron. ~деся́тый eightieth. ~ле́тний eight-year; eight-year-old. ~со́тый eight-hundredth. ~уго́льник octagon. ~уго́льный octagonal.

восьмо́й eighth.

вот *partl* here (is); there (is); this (is); ~ и всё and that's all; ~ как! no! really? ~ та́к! that's right!; ~ что! no! not really? вот-во́т *adv* just, on the point of; *partl* that's right!

воткну́ть (-ну́, -нёшь) *pf* (*impf* втыка́ть) stick in, drive in.

вотру́ *etc.*: *see* втере́ть.

воцари́ться *pf*, воцаря́ться *impf* come to the throne; set in.

вошёл *etc.*: *see* войти́.

вошь (вши; *gen pl* вшей) louse.

вошью́ *etc.*: *see* вшить.

во́ю *etc.*: *see* быть.

вою́ю *etc.*: *see* воева́ть.

впада́ть *impf*, впасть (-аду́) *pf* flow; lapse; fall in; +в+*acc* verge on, approximate to. впаде́ние confluence, (river-)mouth. впа́дина cavity, hollow; socket. впа́лый sunken.

впервы́е *adv* for the first time.

вперёд *adv* forward(s), ahead; in future; in advance; иду́т ~ (*of clock*) be fast. впереди́ *adv* in front, ahead; in (the) future; *prep*+*gen* in front of, before.

впечатле́ние impression. впечатли́тельный impressionable.

вписа́ть (-ишу́, -и́шешь) *pf*, впи́сывать *impf* enter, insert; ~ся be enrolled, join.

впита́ть *pf*, впи́тывать *impf* absorb, take in; ~ся soak.

впи́хивать *impf*, впихну́ть (-ну́, -нёшь) *pf* cram in; shove.

вплавь *adv* (by) swimming.

вплести́ (-ету́, -етёшь; -ёл, -а́) *pf*, вплета́ть *impf* plait in, intertwine; involve.

вплотну́ю *adv* close; in earnest. вплоть *adv*; ~ до+*gen* (right) up to.

вполго́лоса *adv* under one's breath.

вполне́ *adv* fully, entirely; quite.

впопыха́х *adv* hastily; in one's haste.

впо́ру *adv* at the right time; just right, exactly.

впосле́дствии *adv* subsequently.

впотьма́х *adv* in the dark.

впра́ве *adv*: быть ~ have a right.

впра́во *adv* to the right (от+*gen* of).

впредь *adv* in (the) future; ~ до+*gen* until.

впро́голодь *adv* half starving.

впро́чем *conj* however, but; though.

впры́скивание injection. впры́скивать *impf*, впры́снуть (-ну) *pf* inject.

впряга́ть *impf* впрячь (-ягу́, -яжёшь; -яг, -ла́) *pf* harness.

впуск admittance. впуска́ть *impf*, впусти́ть (-ущу́, -у́стишь) *pf* admit, let in.

впусту́ю *adv* to no purpose, in vain.

впущу́ *etc.*: *see* впусти́ть

враг (-а́) enemy. вражда́ enmity. вражде́бный hostile. вражде́бный hostile. враждова́ть be at enmity. вра́жеский enemy.

вразбро́д *adv* separately, disunitedly.

вразре́з *adv*: идти́ ~ с+*instr* go against.

вразуми́тельный intelligible, clear; persuasive.

врасплӧх *adv* unawares.

враста́ть *impf*, врасти́ (-тёт; врос, -ла́) *pf* grow in; take root.

врата́рь (-я́) *m* goalkeeper.

врать (вру, врёшь; -ал, -а́, -о) *impf* (*pf* на~, со~) lie, tell lies; talk nonsense.

врач (-а́) doctor. враче́бный medical.

враща́ть *impf* rotate, revolve; ~ся revolve, rotate. враще́ние rotation, revolution.

вред (-а́) harm; damage. вреди́тель *m* pest; wrecker; *pl* vermin. вреди́тельство wrecking, sabotage. вреди́ть (-ежу́) *impf* (*pf* по~) +*dat* harm; damage. вре́дный (-ден, -дна́, -о) harmful.

вре́зать (-е́жу) *pf*, вреза́ть *impf* cut

in; set in; (sl) +dat hit; ~ся cut (into); run (into); be engraved; fall in love.

времена́ми adv at times. вре́менно adv temporarily. временно́й temporal. вре́менный temporary; provisional. вре́мя (-мени; pl -мена́, -мён, -а́м) neut time; tense; ~ го́да season; ~ от вре́мени at times, from time to time; на ~ for a time; ско́лько вре́мени? what is the time?; тем вре́менем meanwhile.

вро́вень adv level, on a level.

вро́де prep+gen like; partl such as, like; apparently.

врождённый (-дён, -á) innate.

врозь, врозь adv separately, apart.

врос etc.: see врасти́. вру etc.: see врать

врун (-á), вру́нья liar.

вруча́ть impf, вручи́ть (-чу́) pf hand, deliver; entrust.

вручну́ю adv by hand.

врыва́ть(ся impf of ворва́ться

вряд (ли) adv it's not likely; hardly, scarcely.

всади́ть (-ажу́, -а́дишь) pf, вса́живать impf thrust in; sink in. вса́дник rider, horseman. вса́дница rider, horsewoman.

вса́сывать impf of всоса́ть

всё, все pron: see весь. всё adv always, all the time; ~ (ещё) still; conj however, nevertheless; ~ же all the same.

все- in comb all-, omni-. всевозмо́жный of every kind; all possible. ~дозво́ленность permissiveness. ~ме́рный of every kind. ~ми́рный world, world-wide. ~могу́щий omnipotent. ~наро́дно adv publicly. ~наро́дный national; nation-wide. ~объе́млющий comprehensive, all-embracing. ~росси́йский All-Russian. ~си́льный omnipotent. ~сторо́нний all-round; comprehensive.

всегда́ always.

всего́ adv in all, all told; only.

вселе́нная sb universe.

всели́ть pf, вселя́ть impf install, lodge; inspire; ~ся move in, install o.s.; be implanted.

всено́щная sb night service.

всео́бщий general, universal.

всерьёз adv seriously, in earnest.

всё-таки conj & partl all the same, still. всеце́ло adv completely.

вска́кивать impf of вскочи́ть

вскачь adv at a gallop.

вскипа́ть impf, вс|кипе́ть (-плю́) pf boil up; flare up.

вс|кипяти́ть(ся (-ячу́(сь) pf.

всколыхну́ть (-ну́, -нёшь) pf stir; stir up.

вскользь adv slightly; in passing.

вско́ре adv soon, shortly after.

вскочи́ть (-очу́, -о́чишь) pf (impf вска́кивать) jump up.

вскри́кивать impf, вскри́кнуть (-ну) pf shriek, scream. вскрича́ть (-чу́) pf exclaim.

вскрыва́ть impf, вскрыть (-ро́ю) pf open; reveal; dissect. вскры́тие opening; revelation; post-mortem.

вслед adv & prep+dat after; ~ за+instr after, following. всле́дствие prep+gen in consequence of.

вслепу́ю adv blindly; blindfold.

вслух adv aloud.

вслу́шаться pf, вслу́шиваться impf listen attentively.

всма́триваться impf, всмотре́ться (-рю́сь, -ришься) pf look closely.

всмя́тку adv soft(-boiled).

всо́вывать impf of всу́нуть

всоса́ть (-су́, -сёшь) pf (impf вса́сывать) suck in; absorb; imbibe.

вс|паха́ть (-ашу́, -а́шешь) pf, вспа́хивать impf plough up. вспа́шка ploughing.

вс|пе́ниться pf.

всплеск splash. всплёскивать impf, всплесну́ть (-ну́, -нёшь) pf splash; ~ рука́ми throw up one's hands.

всплыва́ть impf, всплыть (-ыву́, -ывёшь; -ыл, -á, -о) pf rise to the surface; come to light.

вспомина́ть impf, вспо́мнить pf remember; ~ся impers+dat: мне вспо́мнилось I remembered.

вспомога́тельный auxiliary.

вс|поте́ть pf.

вспры́гивать impf, вспры́гнуть (-ну) pf jump up.

вспуха́ть impf, вс|пу́хнуть (-нет; -ух) pf swell up.

вспы́хнуть pf flare up. вспы́льчивый hot-tempered.

вспы́хивать impf, вспы́хнуть (-ну)

pf blaze up; flare up. **вспы́шка** flash; outburst; outbreak.

встава́ть (-таю́, -таёшь) *impf of* встать

вста́вить (-влю) *pf*, **вставля́ть** *impf* put in, insert. **вста́вка** insertion; framing; mounting; inset. **вставн|о́й** inserted; set in; ~ы́е зу́бы false teeth.

встать (-а́ну) *pf* (*impf* встава́ть) get up; stand up.

встрево́женный *adj* anxious. **вс|трево́жить** (-жу) *pf*.

встрепену́ться (-ну́сь, -нёшься) *pf* rouse o.s.; start (up); beat faster.

встре́тить (-е́чу) *pf*, **встреча́ть** *impf*; ~ся *impf* meet; be found. **встре́ча** meeting. **встре́чный** coming to meet; contrary, head; counter; *sb* person met with; пе́рвый ~ the first person you meet, anybody.

встря́ска shaking; shock. **встря́хивать** *impf*, **встряхну́ть** (-ну́, -нёшь) *pf* shake (up); rouse; ~ся shake o.s.; rouse o.s.

вступа́ть *impf*, **вступи́ть** (-плю́, -пишь) *pf* +в+*acc* enter (into); join (in); +на+*acc* go up, mount; ~ся intervene; +за+*acc* stand up for. **вступи́тельный** introductory. **вступле́ние** entry, joining; introduction.

всу́нуть (-ну) *pf* (*impf* всо́вывать) put in, stick in.

всхли́пнуть (-ну) *pf*, **всхли́пывать** *impf* sob.

всходи́ть (-ожу́, -о́дишь) *impf of* взойти́. **всхо́ды** (*pl; gen* -ов) (corn-) shoots.

всю: *see* весь

всю́ду *adv* everywhere.

вся: *see* весь

вся́к|ий any; every, all kinds of; ~ом слу́чае in any case; на ~ий слу́чай just in case; *pron* anyone. **вся́чески** *adv* in every possible way.

втайне *adv* secretly.

вта́лкивать *impf of* втолкну́ть. **вта́птывать** *impf of* втопта́ть. **вта́скивать** *impf of* втащи́ть (-щу́, -щишь) *pf* drag in.

втере́ть (вотру́, вотрёшь; втёр) *pf* (*impf* втира́ть) rub in; ~ся insinuate o.s., worm o.s.

втира́ть(ся *impf of* втере́ть(ся

вти́скивать *impf*, **вти́снуть** (-ну) *pf* squeeze in; ~ся squeeze (o.s.) in.

втихомо́лку *adv* surreptitiously.

втолкну́ть (-ну́, -нёшь) *pf* (*impf* вта́лкивать) push in.

втопта́ть (-пчу́, -пчешь) *pf* (*impf* вта́птывать) trample in.

вторга́ться *impf*, **вто́ргнуться** (-нусь; вто́ргся, -лась) *pf* invade; intrude. **вторже́ние** invasion; intrusion.

вто́рить *impf* play or sing second part; +*dat* repeat, echo. **втори́чный** second, secondary. **вто́рник** Tuesday. **втор|о́й** second; ~о́е *sb* second course. **второстепе́нный** secondary, minor.

второпя́х *adv* in haste.

в-тре́тьих *adv* thirdly. **втро́е** *adv* three times. **втроём** *adv* three (together). **втройне́** *adv* three times as much.

вту́лка plug.

втыка́ть *impf of* воткну́ть

втя́гивать *impf*, **втяну́ть** (-ну́, -нешь) *pf* draw in; ~ся +в+*acc* enter; get used to.

вуа́ль veil.

вуз *abbr* (*of* вы́сшее уче́бное заведе́ние) higher educational establishment; college.

вулка́н volcano.

вульга́рный vulgar.

вундерки́нд infant prodigy.

вход entrance; entry. **входи́ть** (-ожу́, -о́дишь) *impf of* войти́. **входно́й** entrance.

вхолосту́ю *adv* idle, free.

вцепи́ться (-плю́сь, -пишься) *pf*, **вцепля́ться** *impf* +в+*acc* clutch, catch hold of.

вчера́ *adv* yesterday. **вчера́шний** yesterday's.

вчерне́ in rough.

вче́тверо *adv* four times. **вчетверо́м** *adv* four (together).

вши *etc.: see* вошь

вшива́ть *impf of* вшить

вши́вый lousy.

вширь *adv* in breadth; widely.

вшить (вошью́, -ьёшь) *pf* (*impf* вшива́ть) sew in.

въе́дливый corrosive; caustic.

въезд entry; entrance. **въезжа́ть** *impf*, **въе́хать** (-е́ду, -е́дешь) *pf*

(+в+*acc*) ride in(to); drive in(to); crash into.

вы (вас, вам, ва́ми, вас) *pron* you.

выбега́ть *impf*, вы́бежать (-егу, -ежишь) *pf* run out.

вы́|белить *pf*.

вы́беру *etc.: see* вы́брать. выбива́ть(ся *impf of* вы́бить(ся. выбира́ть(ся *impf of* вы́брать(ся

вы́бить (-бью) *pf* (*impf* выбива́ть) knock out; dislodge; ~ся get out; break loose; come out; ~ся из сил exhaust o.s.

вы́бор choice; selection; *pl* election(s). вы́борный elective; electoral. вы́борочный selective.

вы́|бранить *pf*. выбра́сывать(ся *impf of* вы́бросить(ся

вы́брать (-беру) *pf* (*impf* выбира́ть) choose; elect; take out; ~ся get out.

выбрива́ть *impf*, вы́брить (-рею) *pf* shave.

вы́бросить (-ошу) *pf* (*impf* выбра́сывать) throw out; throw away; ~ся throw o.s. out, leap out.

выбыва́ть *impf*, вы́быть (-буду) *pf* из+*gen* leave, quit.

выва́ливать *impf*, вы́валить *pf* throw out; pour out; ~ся tumble out.

вывози́ть (-зу; -ез) *pf* (*impf* вывози́ть) take, bring, out; export; rescue.

вы́верить *pf* (*impf* выверя́ть) adjust, regulate.

вы́вернуть (-ну) *pf*, вывёртывать *impf* turn inside out; unscrew; wrench.

выверя́ть *impf of* вы́верить

вы́весить (-ешу) *pf* (*impf* выве́шивать) weigh; hang out. вы́веска sign; pretext.

вы́вести (-еду; -ел) *pf* (*impf* выводи́ть) lead, bring, take, out; drive out; remove; exterminate; deduce; hatch; grow, breed; erect; depict; draw; ~сь go out of use; become extinct; come out; hatch out.

выве́тривание airing.

выве́шивать *impf of* вы́весить

вы́вих dislocation. вывихивать *impf*, вы́вихнуть (-ну) *pf* dislocate.

вы́вод conclusion; withdrawal. выводи́ть(ся (-ожу(сь, -о́дишь(ся) *impf of* вы́вести(сь. вы́водок (-дка) brood; litter.

вывожу́ *see* выводи́ть, вывози́ть

вы́воз export; removal. вывози́ть (-ожу́, -о́зишь) *impf of* вы́везти. вывозно́й export.

вы́гадать *pf*, выга́дывать *impf* gain, save.

вы́гиб curve. выгиба́ть *impf of* вы́гнуть

вы́гладить (-ажу) *pf*.

вы́глядеть (-яжу) *impf* look, look like. выгля́дывать *impf*, вы́глянуть (-ну) *pf* look out; peep out.

вы́гнать (-гоню) *pf* (*impf* выгоня́ть) drive out; distil.

вы́гнутый curved, convex. вы́гнуть (-ну) *pf* (*impf* выгиба́ть) bend, arch.

выгова́ривать *impf*, вы́говорить *pf* pronounce, speak; +*dat* reprimand; ~ся speak out. вы́говор pronunciation; reprimand.

вы́года advantage; gain. вы́годный advantageous; profitable.

вы́гон pasture; common. выгоня́ть *impf of* вы́гнать

выгора́ть *impf*, вы́гореть (-рит) *pf* burn down; fade.

вы́|гравировать *pf*.

выгружа́ть *impf*, вы́грузить (-ужу) *pf* unload; disembark. вы́грузка unloading; disembarkation.

выдава́ть (-даю, -даёшь) *impf*, вы́дать (-ам, -ашь, -аст, -адим) *pf* give (out), issue; betray; extradite; +за+*acc* pass off as; ~ся protrude; stand out; present itself. вы́дача issue; payment; extradition. выдаю́щийся prominent.

выдвига́ть *impf*, вы́двинуть (-ну) *pf* move out; pull out; put forward, nominate; ~ся move forward, move out; come out; get on (in the world). выдвиже́ние nomination; promotion.

выделе́ние secretion; excretion; isolation; apportionment. вы́делить *pf*, выделя́ть *impf* pick out; detach; allot; secrete; excrete; isolate; ~ курси́вом italicize; ~ся stand out, be noted (+*instr* for).

выде́ргивать *impf of* вы́дернуть

вы́держанный consistent; self-possessed; firm; matured, seasoned. вы́держать (-жу) *pf*, выде́рживать *impf* bear; endure; contain o.s.; pass (*exam*); sustain. вы́держка[1] endurance; self-possession; exposure.

вы́держка² excerpt.

вы́дернуть *pf* (*impf* выдёргивать) pull out.

вы́дохнуть (-ну) *pf* (*impf* выдыхать) breathe out; ~ся have lost fragrance or smell; be past one's best.

вы́дра otter.

вы́|драть (-деру) *pf.* вы́|дрессировать *pf.*

выдува́ть *impf of* вы́дуть.

вы́думанный made-up, fabricated. вы́думать, вы́думывать *impf* invent; fabricate. вы́думка invention; device; inventiveness.

вы́|дуть (*impf also* выдувать) blow; blow out.

выдыха́ние exhalation. выдыха́ть(ся *impf of* вы́дохнуть(ся

вы́езд departure; exit. вы́ездн|о́й exit; ~ая се́ссия суда́ assizes. выезжа́ть *impf of* вы́ехать.

вы́емка taking out; excavation; hollow.

вы́ехать (-еду) *pf* (*impf* выезжа́ть) go out, depart; drive out, ride out; move (house).

вы́жать (-жму, -жмешь) *pf* (*impf* выжима́ть) squeeze out; wring out.

вы́жечь (-жгу) *pf* (*impf* выжига́ть) burn out; cauterize.

выжива́ние survival. выжива́ть *impf of* вы́жить

выжига́ть *impf of* вы́жечь

выжида́тельный waiting; temporizing.

выжима́ть *impf of* вы́жать

вы́жить (-иву) *pf* (*impf* выжива́ть) survive; hound out; ~ из ума́ become senile.

вы́звать (-зову) *pf* (*impf* вызыва́ть) call (out); send for; challenge; provoke; ~ся volunteer.

выздора́вливать *impf*, вы́здороветь (-ею) *pf* recover. выздоровле́ние recovery; convalescence.

вы́зов call; summons; challenge.

вы́золоченный gilt.

вызу́бривать *impf*, вы́|зубрить *pf* learn by heart.

вызыва́ть(ся *impf of* вы́звать(ся. вызыва́ющий defiant; provocative.

вы́играть *pf*, выи́грывать *impf* win; gain. вы́игрыш win; gain; prize. вы́игрышный winning; lottery; advantageous.

вы́йти (-йду; -шел, -шла) *pf* (*impf* выходи́ть) go out; come out; get out; appear; turn out; be used up; have expired; ~ в свет appear; ~ за́муж (за +*acc*) marry; ~ из себя́ lose one's temper.

выка́лывать *impf of* вы́колоть.

выка́пывать *impf of* вы́копать

выка́рмливать *impf of* вы́кормить

вы́качать *pf*, выка́чивать *impf* pump out.

выки́дывать *impf*, вы́кинуть *pf* throw out, reject; put out; miscarry, abort; ~ флаг hoist a flag. вы́кидыш miscarriage, abortion.

вы́кладка laying out; lay-out; facing; kit; computation, calculation. выкла́дывать *impf of* вы́ложить

выключа́тель *m* switch. выключа́ть *impf*, вы́ключить (-чу) *pf* turn off, switch off; remove, exclude.

выкола́чивать *impf*, вы́колотить (-лочу) *pf* knock out, beat out; beat; extort, wring out.

вы́колоть (-лю) *pf* (*impf* выка́лывать) put out; gouge out; tattoo.

вы́|копать *pf* (*impf also* выка́пывать) dig; dig up, dig out; exhume; unearth.

вы́кормить (-млю) *pf* (*impf* выка́рмливать) rear, bring up.

вы́корчевать (-чую) *pf*, выкорчёвывать *impf* uproot, root out; eradicate.

выкра́ивать *impf of* вы́кроить

вы́|красить (-ашу) *pf*, выкра́шивать *impf* paint; dye.

выкри́кивать *impf*, вы́крикнуть (-ну) *pf* cry out; yell.

вы́кроить (*impf* выкра́ивать) cut out; find (*time etc.*). вы́кройка pattern.

вы́крутить (-учу) *pf*, выкру́чивать *impf* unscrew; twist; ~ся extricate o.s.

вы́куп ransom; redemption.

вы́|купать¹(ся *pf.*

выкупа́ть² *impf*, вы́купить (-плю) *pf* ransom, redeem.

вы́лазка sally, sortie; excursion.

выла́мывать *impf of* вы́ломать

вылеза́ть *impf*, вы́лезти (-зу; -лез) *pf* climb out; come out.

вы́|лепить (-плю) *pf.*

вы́лет flight; take-off. вылета́ть

impf, вы́лететь (-ечу) *pf* fly out; take off.

вылéчивать *impf*, вы́лечить (-чу) *pf* cure; ~ся recover, be cured.

выливáть(ся *pf of* вы́лить(ся вы́|линять *pf*.

вы́лить (-лью) *pf* (*impf* выливáть) pour out; cast, found; ~ся flow (out); be expressed.

вы́ложить (-жу) *pf* (*impf* выклáдывать) lay out.

вы́ломать *pf*, вы́ломить (-млю) *pf* (*impf* вылáмывать) break open.

вы́лупиться (-плюсь) *pf*, вы́лупля́ться *impf* hatch (out).

вы́лью *etc.: see* вы́лить

вы́|мазать (-мажу) *pf*, вымáзывать *impf* smear, dirty.

вымáнивать *impf*, вы́манить *pf* entice, lure.

вы́мереть (-мрет; -мер) *pf* (*impf* вымирáть) die out; become extinct. вы́мерший extinct.

вы́мести (-ету) *pf*, вымета́ть *impf* sweep (out).

вымогáтельство blackmail, extortion. вымогáть *impf* extort.

вымокáть *impf*, вы́мокнуть (-ну; -ок) *pf* be drenched; soak; rot.

вы́молвить (-влю) *pf* say, utter.

вы́|мостить (-ощу) *pf*. вы́мою *etc.: see* вы́мыть

вы́мпел pennant.

вы́мрет *see* вы́мереть. вымывáть(ся *impf of* вы́мыть(ся

вы́мысел (-сла) invention, fabrication; fantasy.

вы́|мыть (-мою) *pf* (*impf also* вымывáть) wash; wash out, off; wash away; ~ся wash o.s.

вы́мышленный fictitious.

вы́мя (-мени) *neut* udder.

вынáшивать *impf of* вы́носить[2]

вы́нести (-су; -нес) *pf* (*impf* выноси́ть[1]) carry out, take out; carry away; endure.

вынимáть(ся *impf of* вы́нуть(ся

вы́нос carrying out. выноси́ть[1] (-ошу́, -óсишь) *impf of* вы́нести. вы́носить[2] *pf* (*impf* вынáшивать) bear; nurture. вы́носка carrying out; removal; footnote. вынóсливость endurance; hardiness.

вы́нудить (-ужу) *pf*, вынуждáть *impf* force, compel. вы́нужденный

forced.

вы́нуть (-ну) *pf* (*impf* вынимáть) take out.

вы́пад attack; lunge. выпадáть *impf of* вы́пасть

выпáливать *impf of* вы́полоть

выпáривать *impf*, вы́парить evaporate; steam.

выпáрывать *impf of* вы́пороть[2]

вы́пасть (-аду; -ал) *pf* (*impf* выпадáть) fall out; fall; occur, turn out; lunge.

выпекáть *impf*, вы́печь (-еку; -ек) *pf* bake.

выпивáть *impf of* вы́пить; enjoy a drink. вы́пивка drinking bout; drinks.

выпúливать *impf*, вы́пилить *pf* saw, cut out.

вы́писать (-ишу) *pf*, выпи́сывать *impf* copy out; write out; order; subscribe to; send for; ~ из больни́цы discharge from hospital; ~ся be discharged. вы́писка writing out; extract; ordering, subscription; discharge.

вы́|пить (-пью) *pf* (*impf also* выпивáть) drink; drink up.

вы́плавить (-влю) *pf*, выплавля́ть *impf* smelt. вы́плавка smelting; smelted metal.

вы́плата payment. вы́платить (-ачу) *pf*, выплáчивать *impf* pay (out); pay off.

выплёвывать *impf of* вы́плюнуть

выплывáть *impf*, вы́плыть (-ыву) *pf* swim out, sail out; emerge; crop up.

вы́плюнуть (-ну) *pf* (*impf* выплёвывать) spit out.

выползáть *impf*, вы́ползти (-зу; -олз) *pf* crawl out.

выполнéние execution, carrying out; fulfilment. вы́полнить *pf*, выполня́ть *impf* execute, carry out; fulfil.

вы́|полоскать (-ощу) *pf*.

вы́|полоть (-лю) *pf* (*impf also* выпáлывать) weed out; weed.

вы́|пороть[1] (-рю) *pf*.

вы́пороть[2] (-рю) *pf* (*impf* выпáрывать) rip out, rip up.

вы́|потрошить (-шу) *pf*.

вы́правка bearing; correction.

выпрáшивать *impf of* вы́просить; solicit.

выпровáживать *impf*, вы́проводить (-ожу) *pf* send packing.

вы́просить (-ошу) *pf* (*impf* выпра́шивать) (ask for and) get.

выпряга́ть *impf of* вы́прячь

вы́прямить (-млю) *pf*, выпрямля́ть *impf* straighten (out); rectify; ~ся become straight; draw o.s. up.

вы́прячь (-ягу; -яг) *pf* (*impf* выпряга́ть) unharness.

вы́пуклый protuberant; bulging; convex.

вы́пуск output; issue; discharge; part, instalment; final-year students; omission. выпуска́ть *impf*, вы́пустить (-ущу) *pf* let out; issue; produce; omit. выпускни́к (-а́), -и́ца final-year student. выпускно́|й discharge; exhaust; ~о́й экза́мен finals, final examination.

вы́путать *pf*, выпу́тывать *impf* disentangle; ~ся extricate o.s.

вы́пью *etc.: see* вы́пить

вырабатывать *impf*, вы́работать *pf* work out; work up; draw up; produce, make; earn. вы́работка working out; production; working out; drawing up; output; make.

выра́внивать(ся *impf of* вы́ровнять(ся

выража́ть *impf*, вы́разить (-ажу) *pf* express; ~ся express o.s. выраже́ние expression. вырази́тельный expressive.

выраста́ть *impf*, вы́расти (-ту; -рос) *pf* grow, grow up. вы́растить (-ащу) *pf*, выра́щивать *impf* bring up; breed; cultivate.

вырва́ть[1] (-ву) *pf* (*impf* вырыва́ть[2]) pull out, tear out; extort; ~ся break loose, break free; escape; shoot.

вы́|рвать[2] (-ву) *pf*.

вы́рез cut; décolletage. вы́резать (-ежу) *pf*, выреза́ть *impf*, вырёзывать *impf* cut (out); engrave. вы́резка cutting out, excision; cutting; fillet.

вы́ровнять *pf* (*impf* выра́внивать) level; straighten (out); draw up; ~ся become level; equalize; catch up.

вы́родиться *pf*, вырожда́ться *impf* degenerate. вы́родок (-дка) degenerate; black sheep. вырожде́ние degeneration.

вы́ронить *pf* drop.

вы́рос *etc.: see* вы́расти

вы́рою *etc.: see* вы́рыть

выруба́ть *impf*, вы́рубить (-блю) *pf* cut down; cut (out); carve (out). вы́рубка cutting down; hewing out.

вы́|ругать(ся *pf*.

выру́ливать *impf*, вы́|рулить *pf* taxi.

выруча́ть *impf*, вы́ручить (-чу) *pf* rescue; help out; gain; make. вы́ручка rescue; gain; proceeds; earnings.

вырыва́ть[1] *impf*, вы́рыть (-рою) *pf* dig up, unearth.

вырыва́ть[2](ся. *impf of* вы́рвать(ся

вы́садить (-ажу) *pf*, выса́живать *impf* set down; put ashore; transplant; smash; ~ся alight; disembark. вы́садка disembarkation; landing; transplanting.

выса́сывать *impf of* вы́сосать

вы́свободить (-божу) *pf*, высвобожда́ть *impf* free; release.

вы́селить *impf of* вы́сечь[2]

выселе́ние eviction. вы́селить *pf*, выселя́ть *impf* evict; evacuate, move; ~ся move, remove.

вы́|сечь[1] (-еку; -сек) *pf* вы́сечь[2] (-еку; -сек) (*impf* высека́ть) cut (out); carve.

вы́сидеть (-ижу) *pf*, выси́живать *impf* sit out; stay; hatch.

вы́ситься *impf* rise, tower.

выска́бливать *impf of* вы́скоблить

вы́сказать (-ажу) *pf*, выска́зывать *impf* express; state; ~ся speak out. выска́зывание utterance; pronouncement.

выска́кивать *impf of* вы́скочить

вы́скоблить *pf* (*impf* выска́бливать) scrape out; erase; remove.

вы́скочить (-чу) *pf* (*impf* выска́кивать) jump out; spring out; ~ c+*instr* come out with. вы́скочка upstart.

вы́слать (вы́шлю) *pf* (*impf* высыла́ть) send (out); exile; deport.

вы́следить (-ежу) *pf*, выслёживать *impf* trace; shadow.

выслу́живать *impf*, вы́служить (-жу) *pf* qualify for; serve (out); ~ся gain promotion; curry favour.

вы́слушать *pf*, выслу́шивать *impf* hear out; sound; listen to.

высме́ивать *impf*, вы́смеять (-ею) *pf* ridicule.

вы́|сморкать(ся *pf*. высо́вывать-(ся *impf of* вы́сунуть(ся

высо́кий (-о́к, -а́, -о́ко́) high; tall; lofty; elevated.

высоко́- *in comb* high-, highly. **высокоблагоро́дие** (your) Honour, Worship. **~во́льтный** high-tension. **~го́рный** mountain. **~ка́чественный** high-quality. **~квалифици́рованный** highly qualified. **~ме́рие** haughtiness. **~ме́рный** haughty. **~па́рный** high-flown; bombastic. **~часто́тный** high-frequency.

вы́сосать (-осу) *pf* (*impf* **выса́сывать**) suck out.

высота́ (*pl* -ы) height, altitude. **высо́тный** high-altitude; high-rise.

вы́сохнуть (-ну; -ох) *pf* (*impf also* **высыха́ть**) dry (out); dry up; wither (away).

вы́спаться (-плюсь, -пишься) *pf* (*impf* **высыпа́ться**[2]) have a good sleep.

вы́ставить (-влю) *pf*, **выставля́ть** *impf* display, exhibit; post; put forward; set down; take out; +*instr* represent as; **~ся** show off. **вы́ставка** exhibition.

выста́ивать *impf of* **вы́стоять**

вы́|**стегать** *pf*. **вы́**|**стирать** *pf*.

вы́стоять (-ою) *pf* (*impf* **выста́ивать**) stand; stand one's ground.

вы́страдать *pf* suffer; gain through suffering.

выстра́ивать(ся *impf of* **вы́строить(ся**

вы́стрел shot; report. **вы́стрелить** *pf* shoot, fire.

вы́|**строгать** *pf*.

вы́строить *pf* (*impf* **выстра́ивать**) build; draw up, order, arrange; form up. **~ся** form up.

вы́ступ protuberance, projection. **выступа́ть** *impf*, **вы́ступить** (-плю) *pf* come forward; come out; perform; speak; + *из* gen go beyond. **выступле́ние** appearance, performance; speech; setting out.

вы́сунуть (-ну) *pf* (*impf* **высо́вывать**) put out, thrust; **~ся** show o.s., thrust o.s. forward.

вы́|**сушить(ся** (-шу(сь) *pf*.

вы́сший highest; high; higher.

высыла́ть *impf of* **вы́слать**. **вы́сылка** sending, dispatch; expulsion; exile.

высыпа́ть (-плю) *pf*, **высыпа́ть**

impf pour out; spill; **~ся**[1] pour out; spill.

высыпа́ться[2] *impf of* **вы́спаться**

высыха́ть *impf of* **вы́сохнуть**

высь height; summit.

выта́лкивать *impf of* **вы́толкать**, **вы́толкнуть**. **выта́скивать** *impf of* **вы́тащить**. **выта́чивать** *impf of* **вы́точить**

вы́тащить (-щу) *pf* (*impf also* **выта́скивать**) drag out; pull out.

вы́|**твердить** (-ржу) *pf*.

вытека́ть *impf* (*pf* **вы́течь**); **~ из** gen flow from, out of; result from.

вы́тереть (-тру; -тер) *pf* (*impf* **вытира́ть**) wipe (up); dry; wear out.

вы́терпеть (-плю) *pf* endure.

вы́тертый threadbare.

вы́теснить *pf*, **вытесня́ть** *impf* force out; oust; displace.

вы́течь (-чет; -ек) *pf* (*impf* **вытека́ть**) flow out, run out.

вытира́ть *impf of* **вы́тереть**

вы́толкать *pf*, **вы́толкнуть** (-ну) *pf* (*impf* **выта́лкивать**) throw out; push out.

вы́точенный turned. **вы́**|**точить** (-чу) *pf* (*impf also* **выта́чивать**) turn; sharpen; gnaw through.

вы́|**травить** (-влю) *pf*, **вытра́вливать** *impf*, **вытравля́ть** *impf* exterminate, destroy; remove; etch; trample down, damage.

вытрезви́тель *m* detoxification centre. **вы́трезвить(ся** -влю(сь) *pf*, **вытрезвля́ть(ся** *impf* sober up.

вы́тру *etc.*: *see* **вы́тереть**

вы́|**трясти** (-су; -яс) *pf* shake out.

вытря́хивать *impf*, **вытряхнуть** (-ну) *pf* shake out.

выть (во́ю) *impf* howl; wail.

вытя́гивать *impf*, **вы́тянуть** (-ну) *pf* stretch (out); extend; extract; endure; **~ся** stretch, stretch out, stretch o.s.; shoot up; draw o.s. up. **вытя́жка** drawing out, extraction; extract.

вы́|**утюжить** (-жу) *pf*.

выу́чивать *impf*, **вы́**|**учить** (-чу) *pf* learn; teach; **~ся** +*dat or inf* learn.

выха́живать *impf of* **вы́ходить**[2]

вы́хватить (-ачу) *pf*, **выхва́тывать** *impf* snatch out, up, away; pull out.

вы́хлоп exhaust. **выхлопно́й** exhaust, discharge.

вы́ход going out; departure; way out;

exit; vent; appearance; yield; ~ за́муж marriage. вы́ходец (-дца) emigrant; immigrant. выходи́ть¹ (-ожу́, -о́дишь) impf of вы́йти; +на +acc look out on.

выходи́ть² (-ожу) pf (impf выха́живать) nurse; rear, bring up. вы́ходка trick; prank.

выходн|о́й exit; going-out, outgoing; discharge; ~о́й день day off; ~о́й sb person off duty; day off. выхожу́ etc.: see выходи́ть¹. выхожу́ etc.: see выходи́ть²

вы́цвести (-ветет) pf, выцвета́ть impf fade. вы́цветший faded.

вычёркивать impf, вы́черкнуть (-ну) pf cross out.

вы́черпать pf, выче́рпывать impf bale out.

вы́честь (-чту, -чел, -чла) pf (impf вычита́ть) subtract. вы́чет deduction.

вычисле́ние calculation. вычисли́тель m calculator. вычисли́тельн|ый calculating, computing; ~ая маши́на computer. вы́числить pf, вычисля́ть impf calculate, compute.

вы́|чистить (-ищу) pf (impf also вычища́ть) clean, clean up.

вычита́ние subtraction. вычита́ть impf of вы́честь

вычища́ть impf of вы́чистить

вы́чту etc.: see вы́честь

вы́швырнуть (-ну) pf, вышвы́ривать impf chuck out.

вы́ше higher, taller; prep +gen beyond; over; adv above.

выше- in comb above-, afore-. вышеизло́женный foregoing. ~на́званный afore-named. ~ска́занный, ~ука́занный aforesaid. ~упомя́нутый afore-mentioned.

вы́шел etc.: see вы́йти

вышиба́ла m chucker-out. вышиба́ть impf, вы́шибить (-бу, -иб) pf knock out; chuck out.

вышива́ние embroidery, needlework. вышива́ть impf of вы́шить. вы́шивка embroidery.

вы́шить (-шью) pf (impf вышива́ть) embroider. вы́шитый embroidered.

вы́шка tower; (бурова́я) ~ derrick.

вышлю etc.: see вы́слать. вы́шью etc.: see вы́шить

вы́явить (-влю) pf, выявля́ть impf

reveal; make known; expose; ~ся come to light, be revealed.

выясне́ние elucidation; explanation. вы́яснить pf, выясня́ть impf elucidate; explain; ~ся become clear; turn out.

Вьетна́м Vietnam. вьетна́мец, -мца Vietnamese. вьетна́мский Vietnamese.

вью etc.: see вить

вью́га snow-storm, blizzard.

вьюно́к (-нка́) bindweed.

вью́чн|ый pack; ~ое живо́тное beast of burden.

вью́щийся climbing; curly.

вяжу́ etc.: see вяза́ть. вя́жущий binding; astringent.

вяз elm.

вяза́ние knitting, crocheting; binding, tying. вяза́нка¹ knitted garment. вяза́нка² bundle. вя́заный knitted, crocheted. вяза́нье knitting; crochet(-work). вяза́ть (вяжу́, вя́жешь) impf (pf c~) tie, bind; knit, crochet; be astringent; ~ся accord; tally. вя́зка tying; knitting, crocheting; bunch.

вя́зкий (-зок, -зка́, -о) viscous; sticky; boggy. вя́знуть (-ну; вяз(нул), -зла) impf (pf за~, у~) stick, get stuck.

вя́зовый elm.

вязь ligature; arabesque.

вя́леный dried; sun-cured.

вя́лый limp; sluggish; slack. вя́нуть (-ну; вял) impf (pf за~, у~) fade, wither; flag.

Г

г. abbr (of год) year; (of го́род) city; (of господи́н) Mr.

г abbr (of грамм) gram.

га abbr (of гекта́р) hectare.

га́вань harbour.

гага́чий пух eiderdown.

гад reptile; repulsive person; pl. vermin.

гада́лка fortune-teller. гада́ние fortune-telling; guess-work. гада́ть impf (pf по~) tell fortunes; guess.

га́дина reptile; repulsive person; pl. vermin. га́дить (га́жу) impf (pf на~) +в +prep, на +acc, prep foul, dirty, defile. га́дкий (-док, -дка́, -о) nasty, vile, repulsive. га́дость filth, muck; dirty trick; pl filthy expressions.

гадю́ка adder, viper; repulsive person.

га́ечный ключ spanner, wrench.

газ¹ gauze.

газ² gas; wind; дать ~ step on the gas; сба́вить ~ reduce speed.

газе́та newspaper. газе́тчик journalist; newspaper-seller.

газиро́ванный aerated. га́зовый gas.

газо́н lawn. газонокоси́лка lawnmower.

газопрово́д gas pipeline; gas-main.

га́йка nut; female screw.

гала́ктика galaxy.

галантере́йный магази́н haberdasher's. галантере́я haberdashery.

гала́нтный gallant.

галере́я gallery. галёрка gallery, gods.

галифе́ indecl pl riding-breeches.

га́лка jackdaw.

галло́п gallop.

галлюцина́ция hallucination.

гало́п gallop.

га́лочка tick.

га́лстук tie; neckerchief.

галу́шка dumpling.

га́лька pebble; pebbles, shingle.

гам din, uproar.

гама́к (-á) hammock.

га́мма scale; gamut; range.

гангре́на gangrene.

га́нгстер gangster.

ганте́ль dumb-bell.

гара́ж (-á) garage.

гаранти́ровать impf & pf guarantee. гара́нтия guarantee.

гардеро́б wardrobe; cloakroom. гардеро́бщик, -щица cloakroom attendant.

гарди́на curtain.

гармонизи́ровать impf & pf harmonize.

гармо́ника accordion, concertina. гармони́ческий, гармони́чный harmonious. гармо́ния harmony; concord. гармо́нь accordion, concertina.

гарнизо́н garrison.

гарни́р garnish; vegetables.

гарниту́р set; suite.

гарь burning; cinders.

гаси́тель m extinguisher; suppressor. гаси́ть (гашу́, га́сишь) impf (pf за~, по~) extinguish; suppress. га́снуть (-ну; гас) impf (pf за~, по~, у~) be extinguished, go out; grow feeble.

гастро́ли f pl tour; guest-appearance, performance. гастроли́ровать impf (be on) tour.

гастроно́м gourmet; provision shop. гастрономи́ческий gastronomic; provision. гастроно́мия gastronomy; provisions; delicatessen.

рауптва́хта guardroom.

гаши́ш hashish.

гварде́ец (-е́йца) guardsman. гварде́йский guards'. гва́рдия Guards.

гво́здик tack. гвозди́ка pink(s), carnation(s); cloves. гво́здики (-ов) pl stilettos. гвоздь (-я́; pl -и, -е́й) m nail; tack; crux; highlight, hit.

гг. abbr (of го́ды) years.

где adv where; ~ бы ни wherever. где́-либо adv anywhere. где́-нибудь adv somewhere; anywhere. где́-то adv somewhere.

гекта́р hectare.

ге́лий helium.

гемоглоби́н haemoglobin.

геморро́й haemorrhoids. гемофили́я haemophilia.

ген gene.

ге́незис origin, genesis.

генера́л general. генера́льн|ый general; ~ая репети́ция dress rehearsal.

генера́тор generator.

генера́ция generation; oscillation.

гене́тика genetics. генети́ческий genetic.

гениа́льный brilliant. ге́ний genius.

гео- in comb geo-. гео́граф geographer. ~графи́ческий geographical. ~гра́фия geography. гео́лог geologist. ~логи́ческий geological. ~ло́гия geology. ~метри́ческий geometric. ~ме́трия geometry.

георги́н dahlia.

геофи́зика geophysics.

гепа́рд cheetah.

гепати́т hepatitis.

гера́нь geranium.

герб arms, coat of arms. ге́рбов|ый heraldic; ~ая печа́ть official stamp.

геркуле́с Hercules; rolled oats.

герма́нец (-нца) ancient German. Герма́ния Germany. герма́нский Germanic.

гермафроди́т hermaphrodite.

ГЕРМЕТИ́ЧНЫЙ hermetic; hermetically sealed; air-tight.

героизм heroism. **геройня** heroine. **геройческий** heroic. **герой** hero. **геройский** heroic.

герц (*gen pl* герц) hertz.

герцог duke. **герцогиня** duchess.

г-жа *abbr* (*of* госпожа) Mrs.; Miss.

гиацинт hyacinth.

гибель death; destruction, ruin; loss; wreck; downfall. **гибельный** disastrous, fatal.

гибкий (-бок, -бка, -бко) flexible, adaptable, versatile; supple. **гибкость** flexibility; suppleness.

гибнуть (-ну; гиб(нул)) *impf* (*pf* по~) perish.

гибрид hybrid.

гигант giant. **гигантский** gigantic.

гигиена hygiene. **гигиенический, -ычный** hygienic, sanitary.

гид guide.

гидравлический hydraulic.

гидро- *pref* hydro-. ~электростанция hydro-electric power-station.

гиена hyena.

гильза cartridge-case; sleeve; (cigarette-)wrapper.

гимн hymn.

гимназия grammar school, high school.

гимнаст gymnast. **гимнастика** gymnastics. **гимнастический** gymnastic.

гинеколог gynaecologist. **гинекология** gynaecology.

гипербола hyperbole.

гипноз hypnosis. **гипнотизёр** hypnotist. **гипнотизировать** *impf* (*pf* за~) hypnotize. **гипнотический** hypnotic.

гипотеза hypothesis. **гипотетический** hypothetical.

гиппопотам hippopotamus.

гипс gypsum, plaster (of Paris); plaster cast. **гипсовый** plaster.

гирлянда garland.

гиря weight.

гистерэктомия hysterectomy.

гитара guitar.

гл. *abbr* (*of* глава) chapter.

глав- *abbr in comb* head, chief, main. **глава** (*pl* -ы) head; chief; chapter; cupola. **главарь** (-я) *m* leader, ringleader. **главк** central directorate. **главнокомандующий** *sb* commander-in-chief. **главн|ый** chief, main; ~ым образом chiefly, mainly,

for the most part; ~ое *sb* the main thing; the essentials.

глагол verb.

гладить (-ажу) *impf* (*pf* вы~, по~) stroke; iron. **гладкий** smooth; plain. **гладко** *adv* smoothly. **гладь** smooth surface.

глаз (*loc* -у; *pl* -á, глаз) eye; в ~á to one's face; за ~á+*gen* behind the back of; смотреть во все ~á be all eyes.

глазированный glazed; glossy; iced; glacé.

глазница eye-socket. **глазной** eye; optic; ~ врач oculist. **глазок** (-зка) peephole.

глазунья fried eggs.

глазурь glaze; syrup; icing.

гланды (гланд) *pl* tonsils.

гласность publicity; glasnost, openness. **гласный** public; vowel; *sb* vowel.

глина clay. **глинистый** clayey. **глиняный** clay; earthenware; clayey.

глиссер speed-boat.

глист (*intestinal*) worm.

глицерин glycerine.

глобус globe.

глотать *impf* swallow. **глотка** gullet; throat. **глоток** (-тка) gulp; mouthful.

глохнуть (-ну; глох) *impf* (*pf* за~, о~) become deaf; die away, subside; grow wild.

глубина (*pl* -ы) depth; heart, interior. **глубокий** (-ок, -á, -óко) deep; profound; late, advanced; extreme. **глубокомыслие** profundity. **глубокоуважаемый** (*in formal letters*) dear.

глумиться (-млюсь) *impf* mock, jeer (над+*instr* at). **глумление** mockery.

глупеть (-ею) *impf* (*pf* по~) grow stupid. **глупец** (-пца) fool. **глупость** stupidity. **глупый** (глуп, -á, -о) stupid.

глухарь (-я) *m* capercaillie. **глух|ой** (глух, -á, -о) deaf; muffled; obscure, vague; dense; wild; remote; deserted; sealed; blank; ~ой, ~áя *sb* deaf man, woman. **глухонемой** deaf and dumb; *sb* deaf mute. **глухота** deafness. **глушитель** *m* silencer. **глушить** (-шу) *impf* (*pf* за~, о~) stun; muffle; dull; jam; extinguish; stifle;

suppress. глушь backwoods.

глы́ба clod; lump, block.

глюко́за glucose.

гляде́ть (-яжу́) *impf* (*pf* по~, гляну́ть) look, gaze, peer; ~ в о́ба be on one's guard; (того́ и) гляди́ it looks as if; I'm afraid; гля́дя по+*dat* depending on.

гля́нец (-нца) gloss, lustre; polish.

гляну́ть (-ну) *pf* (*impf* гляде́ть) glance.

гм *int* hm!

г-н *abbr* (*of* господи́н) Mr.

гнать (гоню́, го́нишь; гнал, -а́, -о) *impf* drive; urge (on); hunt, chase; persecute; distil; ~ся за+*instr* pursue.

гнев anger, rage. гне́ваться *impf* (*pf* раз~) be angry. гне́вный angry.

гнедо́й bay.

гнездо́ (*pl* гнёзда) nest.

гнёт weight; oppression. гнету́щий oppressive.

гни́да nit.

гние́ние decay, putrefaction, rot. гнило́й (-и́л, -а́, -о) rotten; muggy. гнить (-ию́; -иёшь; -ил, -а́, -о) *impf* (*pf* с~) rot. гное́ние suppuration. гнои́ться *impf* (*pf* с~) suppurate, discharge matter. гной pus. гно́йник abscess; ulcer. гно́йный purulent.

гну́сный (-сен, -сна́, -о) vile, foul.

гнуть (гну, гнёшь) *impf* (*pf* со~) bend; aim at; ~ся bend; stoop.

гнуша́ться *impf* (*pf* по~) disdain; +*gen or instr* shun; abhor.

гобеле́н tapestry.

гобо́й oboe.

гове́ть (-е́ю) *impf* fast.

говно́ (*vulg*) shit.

говори́ть *impf* (*pf* по~, сказа́ть) speak, talk; say; tell; ~ся: как говори́тся as they say.

говя́дина beef. говя́жий beef.

го́гот cackle; loud laughter. гогота́ть (-очу́, -о́чешь) *impf* cackle; roar with laughter.

год (*loc* -у́, *pl* -ы *or* -а́, *gen* -о́в *or* лет) year. года́ми *adv* for years (on end).

годи́ться, (-жу́сь) *impf* be fit, suitable; serve.

годи́чный a year's; annual.

го́дный (-ден, -дна́, -о, -ы *or* -ы́) fit, suitable; valid.

годова́лый one-year-old. годово́й

annual. годовщи́на anniversary.

гожу́сь *etc.*: *see* годи́ться

гол goal.

голени́ще (boot-)top. го́лень shin.

голла́ндец (-дца) Dutchman. Голла́ндия Holland. голла́ндка Dutchwoman; tiled stove. голла́ндский Dutch.

голова́ (*acc* го́лову; *pl* го́ловы, -о́в, -а́м) head. голова́стик tadpole.

голо́вка head; cap, nose, tip.

головн|о́й head; leading; ~а́я боль headache; ~о́й мозг brain, cerebrum; ~о́й убо́р headgear, headdress. головокруже́ние giddiness, dizziness. головоло́мка puzzle. головоре́з cut-throat; rascal.

го́лод hunger; famine; acute shortage. голода́ние starvation; fasting. голода́ть *impf* go hungry, starve; fast. голо́дный (го́лоден, -дна́, -о, -ы *or* -ы́) hungry. голодо́вка hunger-strike.

гололёд, гололе́дица (period of) black ice.

го́лос (*pl* -а́) voice; part; vote. голоси́ть (-ошу́) *impf* sing loudly; cry; wail.

голосло́вный unsubstantiated, unfounded.

голосова́ние voting; poll. голосова́ть *impf* (*pf* про~) vote; vote on.

голуба́я pigeon; (my) dear, darling. голубо́й light blue. голу́бчик my dear (fellow); darling. голубь *m* pigeon, dove. голубя́тня (*gen pl* -тен) dovecot, pigeon-loft.

го́лый (гол, -ла́, -ло) naked, bare.

гомоге́нный homogeneous.

го́мон hubbub.

гомосексуали́ст homosexual. гомосексуа́льный homosexual.

гондо́ла gondola.

гоне́ние persecution. го́нка race; dashing; haste.

гонора́р fee.

го́ночный racing.

гонча́р (-а́) potter.

го́нщик racer. гоню́ *etc.*: *see* гнать. гоня́ть *impf* drive; send on errands; ~ся +за+*instr* chase, hunt.

гора́ (*acc* го́ру; *pl* го́ры, -а́м) mountain; hill; в го́ру uphill; под гору downhill.

гора́здо *adv* much, far, by far.

горб (-á, *loc* -ý) hump; bulge. гор-
ба́тый hunchbacked. го́рбить (-блю)
impf (*pf* c~) arch, hunch; ~ся stoop.
горбу́н (-á) *m*, горбу́нья (*gen pl*
-ний) hunchback. горбу́шка (*gen pl*
-шек) crust (*of loaf*).

горди́ться (-ржу́сь) *impf* put on airs;
+*instr* be proud of. го́рдость pride.
го́рдый (горд, -á, -о, го́рды) proud.
горды́ня arrogance.

го́ре grief, sorrow; trouble. горева́ть
(-рю́ю) *impf* grieve.

горе́лка burner. горе́лый burnt.
горе́ние burning, combustion; enthusiasm.

го́рестный sad; mournful. го́ресть
sorrow; *pl* misfortunes.

горе́ть (-рю́) *impf* (*pf* c~) burn.

горе́ц (-рца) mountain-dweller.
го́речь bitterness; bitter taste.

горизо́нт horizon. горизонта́ль horizontal. горизонта́льный horizontal.
гори́стый mountainous, hilly. го́рка
hill; hillock; steep climb.

го́рло throat; neck. горлово́й
throat; guttural; raucous. го́рлышко
neck.

гормо́н hormone.

горн¹ furnace, forge.

горн² bugle.

го́рничная *sb* maid, chambermaid.

горнорабо́чий *sb* miner.

горноста́й ermine.

го́рный mountain; mountainous; mineral; mining. горня́к (-á) *m* miner.

го́род (*pl* -á) town; city. городо́к
(-дка́) small town. городско́й urban; city; municipal. горожа́нин (*pl*
-а́не, -а́н) *m*, -жа́нка town-dweller.

гороско́п horoscope.

горо́х pea, peas. горо́шек (-шка)
spots, spotted pattern; души́стый ~
sweet peas; зелёный ~ green peas.
горо́шина pea.

горсове́т *abbr* (*of* городско́й сове́т)
city soviet, town soviet.

горсть (*gen pl* -éй) handful.

горта́нный guttural. горта́нь larynx.
горчи́ца mustard. горчи́чник mustard plaster.

горшо́к (-шка́) flowerpot; pot; potty;
chamber-pot.

го́рький (-рек, -рька́, -о) bitter.

горю́ч|ий combustible; ~ее *sb* fuel.
горя́чий (-ря́ч, -á) hot; passionate;

ardent.

горячи́ться (-чу́сь) *impf* (*pf* раз~)
get excited. горя́чка fever; feverish
haste. горя́чность zeal.

гос- *abbr in comb* (*of* госуда́рст-
венный) state.

го́спиталь *m* (military) hospital.

го́споди *int* good heavens! господ-
и́н (*pl* -ода́, -о́д, -а́м) master; gentleman; Mr; *pl* ladies and gentlemen.
госпо́дство supremacy. госпо́д-
ствовать *impf* hold sway; prevail.
Госпо́дь (Го́спода, *voc* Го́споди) *m*
God, the Lord. госпожа́ lady; Mrs.

гостеприи́мный hospitable. гостепри-
и́мство hospitality. гости́ная *sb*
drawing-room, sitting-room. гости́-
ница hotel. гости́ть (гощу́) *impf*
stay, be on a visit. гость (*gen pl* -éй)
m, го́стья (*gen pl* -ий) guest, visitor.

госуда́рственный State, public.
госуда́рство State. госуда́рыня
госуда́рь *m* sovereign; Your Majesty.

готи́ческий Gothic.

гото́вить (-влю) *impf* (*pf* c~) prepare; ~ся prepare (o.s.); be at hand.
гото́вность readiness, willingness.
гото́вый ready.

гофриро́ванный corrugated; waved;
pleated.

грабёж robbery; pillage. граби́тель
m robber. граби́тельский predatory; exorbitant. гра́бить (-блю)
impf (*pf* o~) rob, pillage.

гра́бли (-бель *or* -блей) *pl* rake.

граве́р, гравиро́вщик engraver.

гра́вий gravel. гравирова́ть *impf*
(*pf* вы~) engrave; etch. гравиро́вка
engraving.

гравитацио́нный gravitational.

гравю́ра engraving, print; etching.

град¹ city, town.

град² hail; volley. гра́дина hailstone.
гра́дус degree. гра́дусник thermometer.

граждани́н (*pl* гра́ждане, -дан),
гражда́нка citizen. гражда́нский
civil; civic; civilian. гражда́нство
citizenship.

грамза́пись (gramophone) recording.

грамм gram.

грамма́тика grammar. граммати́-
ческий grammatical.

гра́мота reading and writing; official
document; deed. гра́мотность

literacy. гра́мотный literate; competent.

грампласти́нка (gramophone) record.

грана́т pomegranate; garnet. грана́та shell, grenade.

грандио́зный grandiose.

гранёный cut, faceted; cut-glass.

грани́т granite.

грани́ца border; boundary, limit; за грани́цей, за грани́цу abroad. грани́чить impf border.

грань border, verge; side, facet.

граф count; earl.

графа́ column. гра́фик graph; chart; schedule; graphic artist. гра́фика drawing; graphics; script.

графи́н carafe; decanter.

графи́ня countess.

графи́т graphite.

графи́ческий graphic.

графлёный ruled.

гра́фство county.

грацио́зный graceful. гра́ция grace.

грач (-а́) rook.

гребёнка comb. гре́бень (-бня) m comb; crest. гребе́ц (-бца́) rower, oarsman. гребно́й rowing. гребу́ etc.: see грести́

грёза day-dream, dream. гре́зить (-éжу) impf dream.

грек Greek.

гре́лка hot-water bottle.

греме́ть impf (pf про~) thunder; roar; rattle; resound. грему́чая змея́ rattlesnake.

грести́ (-ебу́, -ебёшь; грёб, -бла́) impf row; rake.

греть (-éю) impf warm, heat; ~ся warm o.s., bask.

грех (-а́) sin. грехо́вный sinful. грехопаде́ние the Fall; fall.

Гре́ция Greece. гре́цкий оре́х walnut. греча́нка Greek. гре́ческий Greek, Grecian.

гречи́ха buckwheat. гре́чневый buckwheat.

греши́ть (-шу́) impf (pf по~, со~) sin. гре́шник, -ница sinner. гре́шный (-шен, -шна́, -о) sinful.

гриб (-а́) mushroom. грибно́й mushroom.

гри́ва mane.

гри́венник ten-copeck piece.

грим make-up; grease-paint.

гримирова́ть impf (pf за~) make

up; +instr make up as.

грипп flu.

гриф neck (of violin etc.).

гри́фель m pencil lead.

гроб (loc -у́; pl -ы́ or -á) coffin; grave. гро́бница tomb. гробово́й coffin; deathly. гробовщи́к (-á) coffin-maker; undertaker.

гроза́ (pl -ы) (thunder-)storm.

гроздь (pl -ди or -дья, -де́й or -дьев) cluster, bunch.

грози́ть(ся) (-ожу́(сь) impf (pf по~, при~) threaten. гро́зный (-зен, -зна́, -о) menacing; terrible; severe.

гром (pl -ы, -о́в) thunder.

грома́да mass; bulk, pile. грома́дный huge, colossal.

громи́ть (-млю́) impf destroy; smash, rout.

гро́мкий (-мок, -мка́, -о) loud; famous; notorious; fine-sounding. гро́мко adv loud(ly); aloud. громкоговори́тель m loud-speaker. громово́й thunder; thunderous; crushing. громогла́сный loud; public.

громозди́ть (-зжу́) impf (pf на~) pile up; ~ся tower; clamber up. громо́здкий cumbersome.

гро́мче comp of гро́мкий, гро́мко

гроссме́йстер grand master.

гроте́скный grotesque.

гро́хот crash, din.

грохота́ть (-очу́, -о́чешь) impf (pf про~) crash; rumble; roar.

грош (-á) half-copeck piece; farthing. грошо́вый cheap; trifling.

грубе́ть (-éю) impf (pf за~, о~, по~) grow coarse. груби́ть (-блю́) impf (pf на~) be rude. грубия́н boor. гру́бость rudeness; coarseness; rude remark. гру́бый (груб, -á, -о) coarse; rude.

гру́да heap, pile.

груди́на breastbone. груди́нка brisket; breast. грудно́й breast, chest; pectoral. грудь (-й or -и, instr -ю, loc -и́; pl -и, -éй) breast; chest.

груз load; burden.

грузи́н (gen pl -ин), грузи́нка Georgian. грузи́нский Georgian.

грузи́ть (-ужу́, -у́зишь) impf (pf за~, на~, по~) load, lade, freight; ~ся load, take on cargo.

Гру́зия Georgia.

гру́зный (-зен, -зна́, -о) weighty;

bulky. грузови́к lorry, truck. грузово́й goods, cargo. гру́зчик stevedore; loader.

грунт ground, soil; priming. грунтова́ть *impf* (*pf* за~) prime. грунтово́й soil, earth; priming.

гру́ппа group. группирова́ть *impf* (*pf* с~) group; ~ся group, form groups. группиро́вка grouping. группово́й group; team.

грусти́ть (-ущу́) *impf* grieve, mourn; +по+*dat* pine for. гру́стный (-тен, -тна́, -о) sad. грусть sadness.

гру́ша pear.

гры́жа hernia, rupture.

грызть (-зу́, -зёшь, грыз) *impf* (*pf* раз~) gnaw; nag; ~ся fight; squabble. грызу́н (-а́) rodent.

гряда́ (*pl* -ы, -а́м) ridge; bed; row, series; bank. гря́дка (flower-)bed.

гряду́щий approaching; future.

гря́зный (-зен, -зна́, -о) muddy; dirty. грязь (*loc* -и́) mud; dirt; filth; *pl* mud-cure.

гря́нуть (-ну) *pf* ring out, crash out; strike up.

губа́ (*pl* -ы, -а́м) lip; *pl* pincers.

губерна́тор governor. губе́рния province. губе́рнский provincial.

губи́тельный ruinous; pernicious. губи́ть (-блю́, -бишь) *impf* (*pf* по~) ruin; spoil.

гу́бка sponge.

губна́я пома́да lipstick.

гу́бчатый porous, spongy.

гуверна́нтка governess. гуверне́р tutor.

гуде́ть (гужу́) *impf* (*pf* про~) hum; drone; buzz; hoot. гудо́к (-дка́) hooter, siren, horn, whistle; hoot.

гудро́н tar. гудро́нный tar, tarred.

гул rumble. гу́лкий (-лок, -лка́, -о) resonant; booming.

гуля́нье (*gen pl* -ний) walk; fête; outdoor party. гуля́ть *impf* (*pf* по~) stroll; go for a walk; have a good time.

гуманита́рный of the humanities; humane. гума́нный humane.

гумно́ (*pl* -а, -мен *or* -мён, -ам) threshing-floor; barn.

гурт (-а́) herd; flock. гуртовщи́к (-а́) herdsman. гурто́м *adv* wholesale; en masse.

гуса́к (-а́) gander.

гу́сеница caterpillar; (caterpillar) track. гу́сеничный caterpillar.

гусёнок (-нка; *pl* -ся́та, -ся́т) gosling. гуси́ный goose; ~ая ко́жа goose-flesh.

густе́ть (-е́ет) *impf* (*pf* за~) thicken. густо́й (густ, -а́, -о) thick, dense; rich. густота́ thickness, density; richness.

гусы́ня goose. гусь (*pl* -и, -е́й) *m* goose. гусько́м *adv* in single file.

гутали́н shoe-polish.

гу́ща grounds, sediment; thicket; thick. гу́ще *comp of* густо́й.

ГЭС *abbr* (*of* гидроэлектроста́нция) hydro-electric power station.

Д

д. *abbr* (*of* дере́вня) village; (*of* дом) house.

да *conj* and; but.

да *partl* yes; really? well; +*3rd pers of v*, may, let; да здра́вствует...! long live ..!

дава́ть (даю́, -ёшь) *impf of* дать; дава́й(те) let us, let's; come on; ~ся yield; come easy.

дави́ть (-влю́, -вишь) *impf* (*pf* за~, по~, раз~, у~) press; squeeze; crush; oppress; ~ся choke; hang o.s. да́вка crushing; crush. давле́ние pressure.

да́вний ancient; of long standing. давно́ *adv* long ago; for a long time. да́вность antiquity; remoteness; long standing. давны́м-давно́ *adv* long long ago.

дади́м *etc.*: see дать. даю́ *etc.*: see дава́ть

да́же *adv* even.

да́лее *adv* further; и так ~ and so on, etc. далёкий (-ёк, -а́, -ёко́) distant, remote; far (away). далеко́ *adv* far; far off; by a long way; ~ за long after; ~ не far from. даль (*loc* -и́) distance. дальне́йший further.

да́льний distant, remote; long; ~ Восто́к the Far East. дально-зо́ркий long-sighted. да́льность distance; range. да́льше *adv* further; then, next; longer.

дам *etc.*: see дать

да́ма lady; partner; queen.

да́мба dike; dam.
да́мский ladies'.
Да́ния Denmark.
да́нные sb pl data; facts. да́нный given, present. дань tribute; debt.
данти́ст dentist.
дар (pl -ы́) gift. дари́ть (-рю́, -ришь) impf (pf по~) +dat give, make a present.
дарова́ние talent. дарова́ть impf & pf grant, confer. дарови́тый gifted. даровой free (of charge). да́ром adv free, gratis; in vain.
да́та date.
да́тельный dative.
дати́ровать impf & pf date.
да́тский Danish. датча́нин (pl -а́не, -а́н), датча́нка Dane.
дать (дам, дашь, даст, дади́м; дал, -а́, да́ло́) pf (impf дава́ть) give; grant; let; ~ взаймы́ lend; ~ся pf of дава́ться
да́ча dacha; на да́че in the country. да́чник (holiday) visitor.
два m & neut, две f (двух, -ум, -умя́ -ух) two. двадцатиле́тний twenty-year; twenty-year-old. двадца́т|ый twenti:eth; ~ые го́ды the twenties. два́дцать (-и, instr -ью) twenty. два́жды adv twice; double. двена́дцатый twelfth. двена́дцать twelve.
дверь (loc -и́; pl -и, -е́й, instr -я́ми or -ьми́) door.
две́сти (двухсо́т, -умста́м, -умяста́ми, -ухста́х) two hundred.
дви́гатель m engine, motor; motive force. дви́гать (-аю or -йжу) impf, дви́нуть (-ну) pf move; set in motion; advance; ~ся move; advance; get started. движе́ние movement; motion; exercise; traffic. дви́жимость chattels; personal property. дви́жимый movable; moved. дви́жущий motive.
дво́е (-и́х) two; two pairs.
двое- in comb two-; double(-). двоебо́рье biathlon. ~же́нец (-нца) bigamist. ~же́нство bigamy. ~то́чие colon.
двои́ться impf divide in two; appear double; у него́ двои́лось в глаза́х he saw double. двои́чный binary. дво́йка two; figure 2; No. 2. двойни́к (-а́) double. двойно́й double,

twofold; binary. дво́йня (gen pl -о́ен) twins. дво́йственный two-faced; dual.
двор (-а́) yard; courtyard; homestead; court. дворе́ц (-рца́) palace. дво́рник yard caretaker; windscreen-wiper. дво́рня servants. дворо́вый yard, courtyard; sb house-serf.
дворяни́н (pl -я́не, -я́н), дворя́нка member of the nobility or gentry. дворя́нство nobility, gentry.
двою́родн|ый; ~ый брат, ~ая сестра́ (first) cousin; ~ый дя́дя, ~ая тётка first cousin once removed.
двоя́кий double; two-fold.
дву-, двух- in comb two-; bi-; double. двубо́ртный double-breasted. ~ли́чный two-faced. ~но́гий two-legged. ~ру́чный two-handed; two-handled. ~ру́шник double-dealer. ~смы́сленный ambiguous. ~(х)-спа́льный double. ~сторо́нний double-sided; two-way; bilateral. ~х-годи́чный two-year; ~хле́тний two-year two-year-old; biennial. ~хме́стный two-seater; two-berth. ~хмото́рный twin-engined. ~хсотле́тие bicentenary. ~хсото́й two-hundredth. ~хта́ктный two-stroke. ~хэта́жный two-storey. ~язы́чный bilingual.
дебе́т debit. дебетова́ть impf & pf debit.
дебит yield, output.
де́бри (-ей) pl jungle; thickets; the wilds.
дебю́т début.
де́ва maid, maiden; Virgo.
девальва́ция devaluation.
дева́ться impf of де́ться
деви́з motto; device.
деви́ца spinster; girl. деви́ч|ий girlish, maidenly; ~ья фами́лия maiden name. де́вка wench, lass; tart. де́вочка (little) girl. де́вственник, -ица virgin. де́вственный virgin; innocent. де́вушка girl. девчо́нка girl.
девяно́сто ninety. девяно́стый ninetieth. девя́тка nine; figure 9; No. 9. девятна́дцатый nineteenth. девятна́дцать nineteen. девя́тый ninth. де́вять (-и́, instr -ью) nine. девятьсо́т (-тисо́т, -тиста́м, -тью-

ста́ми, -тиста́х) nine hundred.

дегенери́ровать *impf & pf* degenerate.

дёготь (-гтя) tar.

дегуста́ция tasting.

дед grandfather; grandad. де́душка grandfather; grandad.

дееприча́стие adverbial participle.

дежу́рить *impf* be on duty. дежу́рный duty; on duty; *sb* person on duty. дежу́рство (being on) duty.

дезерти́р deserter. дезерти́ровать *impf & pf* desert.

дезинфе́кция disinfection. дезинфици́ровать *impf & pf* disinfect.

дезодора́нт deodorant; air-freshener.

дезориента́ция disorientation. дезориенти́ровать *impf & pf* disorient; ~ся lose one's bearings.

де́йственный efficacious; effective. де́йствие action; operation; effect; act. действи́тельно *adv* really; indeed. действи́тельность reality; validity; efficacy. действи́тельный actual; valid; efficacious; active. де́йствовать *impf* (*pf* по~) affect, have an effect; act; work. де́йствующий active; in force; working; ~ее лицо́ character; ~ие ли́ца cast.

декабри́ст Decembrist. дека́брь (-я́) *m* December. дека́брьский December.

дека́да ten-day period *or* festival.

дека́н dean. декана́т office of dean.

деклама́ция recitation, declamation. деклами́ровать *impf* (*pf* про~) recite, declaim.

деклара́ция declaration.

декорати́вный decorative. декора́тор scene-painter. декора́ция scenery.

декре́т decree; maternity leave. декре́тный о́тпуск maternity leave.

де́ланный artificial, affected. де́лать *impf* (*pf* с~) make; do; ~ вид pretend; ~ся become; happen.

делега́т delegate. делега́ция delegation; group.

делёж (-а́), делёжка sharing; partition. деле́ние division; point (*on a scale*).

деле́ц (-льца́) smart operator.

делика́тный delicate.

дели́мое *sb* dividend. дели́мость divisibility. дели́тель *m* divisor.

дели́ть (-лю́, -лишь) *impf* (*pf* по~, раз~) divide; share; ~ шесть на́ три divide six by three; ~ся divide; be divisible; +*instr* share.

де́ло (*pl* -а́) business: affair: matter: deed; thing; case; в са́мом де́ле really, indeed; ~ в том the point is; как (ва́ши) дела́? how are things?; на са́мом де́ле in actual fact; по де́лу, по дела́м on business. делови́тый business-like, efficient. делово́й business; business-like. де́льный efficient; sensible.

де́льта delta.

дельфи́н dolphin.

демаго́г demagogue.

демобилиза́ция demobilization. демобилизова́ть *impf & pf* demobilize.

демокра́т democrat. демократиза́ция democratization. демократизи́ровать *impf & pf* democratize. демократи́ческий democratic. демокра́тия democracy.

де́мон demon.

демонстра́ция demonstration. демонстри́ровать *impf & pf* demonstrate.

де́нежный monetary; money; ~ перево́д money order.

день (дня) *m* day; afternoon; днём in the afternoon; на днях the other day; one of these days; че́рез ~ every other day.

де́ньги (-нег, -ьга́м) *pl* money.

департа́мент department.

депо́ *neut indecl* depot.

депорта́ция deportation. депорти́ровать *impf & pf* deport.

депута́т deputy; delegate.

дёргать *impf* (*pf* дёрнуть) pull, tug; pester; ~ся twitch; jerk.

дереве́нский village; rural. дере́вня (*pl* -и, -ве́нь, -вня́м) village; the country. де́рево (*pl* -е́вья, -ьев) tree; wood. деревя́нный wood; wooden.

держа́ва power. держа́ть (-жу́, -жишь) *impf* hold; support; keep; ~ пари́ bet; ~ себя́ behave; ~ся hold; be held up; hold o.s.; hold out; +*gen* keep to.

дерза́ние daring. дерза́ть *impf*, дерзну́ть (-ну́, -нёшь) *pf* dare.

де́рзкий impudent; daring. де́рзость impertinence; daring.

дёрн turf.

дёрнуть(ся (-ну(сь) pf of дёргать(ся

деру́ etc.: see драть

деса́нт landing; landing force.

де́скать partl indicating reported speech.

десна́ (pl дёсны, -сен) gum.

де́спот despot.

десятиле́тие decade; tenth anniversary. десятиле́тка ten-year (secondary) school. десятиле́тний tenyear; ten-year-old. десяти́чный decimal. деся́тка ten; figure 10; No. 10; tenner (10-rouble note). деся́ток (-тка) ten; decade. деся́тый tenth. де́сять (-и, instr -ью) ten.

детдо́м children's home. детса́д kindergarten.

дета́ль detail; part, component. дета́льный detailed; minute.

детекти́в detective story.

детёныш young animal; pl young. де́ти (-те́й, -тям, -тьми́, -тях) pl children.

де́тская sb nursery. де́тский children's; childish. де́тство childhood.

де́ться (де́нусь) pf (impf дева́ться) get to. disappear to.

дефе́кт defect.

дефи́с hyphen.

дефици́т deficit; shortage. дефици́тный scarce.

дешеве́ть (-е́ет) impf (pf по~) fall in price. деше́вле comp of дешёво, дешёвый. дёшево adv cheap, cheaply. дешёвый (дёшев, -á, -о) cheap; empty, worthless.

де́ятель m: госуда́рственный ~ statesman; обще́ственный ~ public figure. де́ятельность activity; work. де́ятельный active, energetic.

джаз jazz.

дже́мпер pullover.

джентельме́н gentleman.

джинсо́вый denim. джи́нсы (-ов) pl jeans.

джо́йстик joystick.

джу́нгли (-ей) pl jungle.

диабе́т diabetes.

диа́гноз diagnosis.

диагона́ль diagonal

диагра́мма diagram.

диале́кт dialect. диале́ктика dialectics.

диало́г dialogue.

диа́метр diameter.

диапазо́н range; band.

диапозити́в slide, transparency.

диафра́гма diaphragm.

дива́н sofa; divan.

диверса́нт saboteur. диве́рсия sabotage.

диви́зия division.

диви́ться (-влюсь) impf (pf по~) marvel (at + dat).

ди́вный marvellous. ди́во wonder, marvel.

дида́ктика didactics.

дие́з (mus) sharp.

дие́та diet. диети́ческий dietetic.

ди́зель m diesel; diesel engine. ди́зельный diesel.

дизентери́я dysentery.

дика́рь (-я́) m, дика́рка savage. ди́кий wild; savage; queer; preposterous. дикобра́з porcupine. дикорасту́щий wild. ди́кость wildness, savagery; absurdity.

дикта́нт dictation. дикта́тор dictator. диктату́ра dictatorship. диктова́ть impf (pf про~) dictate. ди́ктор announcer. ди́кция diction.

диле́мма dilemma.

дилета́нт dilettante.

дина́мика dynamics.

динами́т dynamite.

динами́ческий dynamic.

дина́стия dynasty.

диноза́вр dinosaur.

дипло́м diploma; degree; degree work. диплома́т diplomat. диплома́ти́ческий diplomatic.

директи́ва instructions; directives. дире́ктор (pl ~á) director; principal. дире́кция management.

дирижа́бль m airship, dirigible.

дирижёр conductor. дирижи́ровать impf +instr conduct.

диск disc, disk; dial; discus.

дискант treble.

дискоте́ка discotheque.

дискре́тный discrete; digital.

дискримина́ция discrimination.

диску́ссия discussion, debate.

диспансе́р clinic.

диспе́тчер controller.

ди́спут public debate.

диссерта́ция dissertation, thesis.

дистанцио́нный distance, distant,

remote; remote-control. **дистанция** distance; range; region.

дисциплина discipline.

дитя (-я́ти; *pl* **дети**, -е́й) *neut* child; baby.

дифтери́т diptheria.

дифто́нг diphthong.

диффама́ция libel.

дичь game.

длина́ length. **дли́нный** (-нен, -нна́, -о) long. **дли́тельность** duration. **дли́тельный** long, protracted. **дли́ться** *impf* (*pf* про~) last.

для *prep+gen* for; for the sake of; ~ того́, что́бы... in order to.

дневальный *sb* orderly, man on duty. **дневни́к** (-á) diary, journal. **дневно́й** day; daily. **днём** *adv* in the day time; in the afternoon. **дни** *etc.*: *see* **день**

дни́ще bottom.

ДНК *abbr* (*of* дезоксирибонуклеи́новая кислота́) DNA.

дно (дна; *pl* **до́нья**, -ьев) bottom.

до *prep+gen* (up) to; as far as; until; before; to the point of; до на́шей э́ры BC; до сих пор till now; до тех пор till then, before; до того́, как before; до того́, что to such an extent that; to the point where; мне не до I'm not in the mood for.

доба́вить (-влю) *pf*, **добавля́ть** *impf* (*+acc or gen*) add. **доба́вка** addition; second helping. **добавле́ние** addition; supplement; extra. **доба́вочный** additional.

добега́ть *impf*, **добежа́ть** (-егу́) *pf* +до+gen run to, as far as; reach.

добива́ть *impf*, **доби́ть** (-бью́, -бьёшь) *pf* finish (off); ~ся+gen get; obtain; ~ся своего́ get one's way.

добира́ться *impf of* **добра́ться**

до́блесть valour.

добра́ться (-беру́сь, -ёшься; -а́лся, -ла́сь, -а́ло́сь) *pf* (*impf* **добира́ться**) +до+gen get to, reach.

добро́ good; э́то не к добру́ it is a bad sign.

добро- in comb good, well-. **добро-во́лец** (-льца) volunteer. ~**во́льно** *adv* voluntarily. ~**во́льный** voluntary. ~**де́тель** virtue. ~**де́тельный** virtuous. ~**ду́шие** good nature. ~**ду́шный** good-natured. ~**жела́-тельный** benevolent. ~**ка́чест-**

венный of good quality; benign. ~**со́вестный** conscientious.

доброта́ goodness, kindness. **добро́тный** of good quality. **до́брый** (добр, -á, -о, до́бры) good; kind; бу́дьте добры́+*imper* please; would you be kind enough to.

добыва́ть *impf*, **добы́ть** (-бу́ду; до́бы́л, -á, -о) *pf* get, obtain; procure; mine. **добы́ча** output; mining; booty.

добью́ *etc.*: *see* **доби́ть**. **доведу́** *etc.*: *see* **довести́**

довезти́ (-езу́, -езёшь; -вёз, -ла́) *pf* (*impf* **довози́ть**) take (to), carry (to), drive (to).

дове́ренность warrant; power of attorney. **дове́ренный** trusted; *sb* agent, proxy. **дове́рие** trust, confidence. **дове́рить** (*pf* **доверя́ть**) entrust; ~**ся** +*dat* trust in; confide in.

до́верху *adv* to the top.

дове́рчивый trustful, credulous. **доверя́ть** *impf of* **дове́рить** (+*dat*) to trust.

дове́сок (-ска) makeweight.

довести́ (-еду́, -едёшь; -вёл, -á) *pf*, **доводи́ть** (-ожу́, -о́дишь) *impf* lead, take (to); bring, drive (to). **до́вод** argument, reason.

довое́нный pre-war.

довози́ть (-ожу́, -о́зишь) *impf of* **довезти́**

дово́льно *adv* enough; quite, fairly. **дово́льный** satisfied; pleased. **дово́льство** contentment. **дово́льствоваться** *impf* (*pf* y~) be content.

догада́ться *pf*, **дога́дываться** *impf* guess; suspect. **дога́дка** surmise, conjecture. **дога́дливый** quick-witted.

до́гма dogma.

догна́ть (-гоню́, -го́нишь; -гна́л, -á, -о) *pf* (*impf* **догоня́ть**) catch up (with).

догова́риваться *impf*, **договори́ться** *pf* come to an agreement; arrange. **до́говор** (*pl* -ы *or* -á, -о́в) agreement; contract; treaty. **догово́рный** contractual; agreed.

догоня́ть *impf of* **догна́ть**

догора́ть *impf*, **догоре́ть** (-ри́т) *pf* burn out, burn down.

дое́ду *etc.*: *see* **дое́хать. доезжа́ть** *impf of* **дое́хать**

дое́хать (-е́ду) *pf* (*impf* **доезжа́ть**)

+до +gen reach, arrive at.

дожда́ться (-ду́сь, -дёшься; -а́лся, -ла́сь, -ало́сь) pf +gen wait for, wait until.

дождеви́к (-а́) raincoat. дождево́й rain(y). дождли́вый rainy. дождь (-я́) m rain; ~ идёт it is raining.

дожива́ть impf, дожи́ть (-иву́, -ивёшь; до́жил, -а́, -о) pf live out; spend.

дожида́ться impf +gen wait for.

до́за dose.

дозво́лить pf, дозволя́ть impf permit.

дозвони́ться pf get through, reach by telephone.

дозо́р patrol.

дозрева́ть impf, дозре́ть (-е́ет) pf ripen.

доистори́ческий prehistoric.

дойть impf (pf no~) milk.

дойти́ (дойду́, -дёшь; дошёл, -шла́) pf (impf доходи́ть) +до +gen reach; get through to.

док dock.

доказа́тельный conclusive. доказа́тельство proof, evidence. доказа́ть (-ажу́) pf, дока́зывать impf demonstrate, prove.

докати́ться (-ачу́сь, -а́тишься) pf, дока́тываться impf roll; boom; +до +gen sink into.

докла́д report; lecture. докладна́я (запи́ска) report; memo. докла́дчик speaker, lecturer. докла́дывать impf of доложи́ть

до́красна́ adv to red heat; to redness.

до́ктор (pl -а́) doctor. до́кторский doctoral. до́кторша woman doctor; doctor's wife.

доктри́на doctrine.

докуме́нт document; deed. документа́льный documentary. документа́ция documentation; documents.

долби́ть (-блю́) impf hollow; chisel; repeat; swot up.

долг (loc -у́; pl -и́) duty; debt; взять в ~ borrow; дать в ~ lend.

до́лгий (до́лог, -лга́, -о) long. до́лго adv long, (for) a long time. долгове́чный lasting; durable. долгожда́нный long-awaited. долгоигра́ющая пласти́нка LP.

долголе́тие longevity. долго-

ле́тний of many years; long-standing. долгосро́чный long-term.

долгота́ (pl -ы) length; longitude.

долево́й lengthwise. доле́е adv longer.

долж́ать impf (pf за~) borrow.

до́лжен (-жна́) predic +dat in debt to; +inf obliged, bound; likely; must, have to, ought to; должно́ быть probably. должни́к (-а́), -ни́ца debtor. до́лжное sb due. должностно́й official. до́лжность (gen pl -е́й) post, office; duties. до́лжный due, fitting.

доли́на valley.

до́ллар dollar.

доложи́ть[1] (-ожу́, -о́жишь) pf (impf докла́дывать) add.

доложи́ть[2] (-ожу́, -о́жишь) pf (impf докла́дывать) +acc or о +prep report; announce.

доло́й adv away, off; +acc down with!

долото́ (pl -а) chisel.

до́лька segment; clove.

до́льше adv longer.

до́ля (gen pl -е́й) portion; share; lot, fate.

дом (loc -у́; pl -а́) house; home. до́ма adv at home. дома́шний house; home; domestic; home-made; ~яя хозя́йка housewife.

до́менный blast-furnace; ~ая печь blast-furnace.

домини́ровать impf dominate, predominate.

домкра́т jack.

до́мна blast-furnace.

домовладе́лец (-льца), -ли́ца houseowner; landlord. домово́дство housekeeping; domestic science. домо́вый house; household; housing.

домога́тельство solicitation; bid. домога́ться impf +gen solicit, bid for.

домо́й adv home, homewards. домохозя́йка housewife. домрабо́тница domestic servant, maid.

доне́льзя adv in the extreme.

донесе́ние dispatch, report. донести́ (-су́, -сёшь; -нёс, -сла́) pf (impf доноси́ть) report, announce; +dat inform; +на +acc inform against; ~сь be heard; +до +gen reach.

до́низу adv to the bottom; све́рху ~ from top to bottom.

до́норdonor.

доно́с denunciation, information. доноси́ть(ся(-ношу́(сь, -но́сишь(ся) impf of донести́(сь

доно́счикinformer.

донско́йDon.

доны́неadv hitherto.

до́ньяetc.: see дно

до н.э.abbr (of до на́шей э́ры) BC.

допла́та additional payment, excess fare. доплати́ть (-ачу́, -а́тишь) pf, допла́чивать impf pay in addition; pay the rest.

допо́длинно adv for certain. допо́длинныйauthentic, genuine.

дополне́ние supplement, addition; (gram) object. дополни́тельноadv iл addition. дополни́тельныйsupplementary, additional. допо́лнить pf, дополня́ть impf supplement.

допра́шивать impf, допроси́ть (-ошу́, -о́сишь) pf interrogate. допро́сinterrogation.

до́пуск right of entry, admittance. допуска́тьimpf, допусти́ть (-ущу́, -у́стишь) pf admit; permit; tolerate; suppose. допусти́мый permissible, acceptable. допуще́ниеassumption.

дореволюцио́нный pre-revolutionary.

доро́гаroad; way; journey; route: по доро́геon the way.

до́рого adv dear, dearly. дорогови́знаhigh prices. дорого́й (до́рог, -á, -о) dear.

доро́дный portly.

дорожа́ть impf (pf вз∼, по∼) rise in price, go up. доро́же comp of до́рого, дорого́й. дорожи́ть (-жу́) impf +instr value.

доро́жка path; track; lane; runway; strip, runner, stair-carpet. доро́жныйroad; highway; travelling.

доса́даannoyance. досади́ть (-ажу́) pf, досажда́ть impf +dat annoy. доса́дный annoying. доса́довать be annoyed (на+acc with).

доска́ (acc до́ску; pl -и, -со́к, -ска́м) board; slab; plaque.

досло́вныйliteral; word-for-word.

досмо́трinspection.

доспе́хиpl armour.

досро́чный ahead of time, early.

достава́ть(ся (-таю́(сь, -ёшь(ся) impf of доста́ть(ся

доста́вить (-влю) pf, доставля́ть impf deliver; supply; cause, give. доста́вкаdelivery.

доста́нуetc.: see доста́ть

доста́ток(-тка) sufficiency; prosperity. доста́точно adv enough, sufficiently. доста́точныйsufficient; adequate.

доста́ть (-а́ну) pf (impf достава́ть) take (out); get, obtain; +gen or до+gen touch; reach; impers suffice; ∼ся+dat be inherited by; fall to the lot of; ему́ доста́нетсяhe'll catch it.

достига́ть impf, дости́гнуть, дости́чь (-и́гну; -сти́г) pf +gen reach, achieve; +gen or до+gen reach. достиже́ниеachievement.

достове́рный reliable, trustworthy; authentic.

досто́инство dignity; merit; value. досто́йный deserved; suitable; worthy; +gen worthy of.

достопримеча́тельностьsight, notable place.

достоя́ниеproperty.

до́ступ access. досту́пный accessible; approachable; reasonable; available.

досу́гleisure, (spare) time. досу́жий leisure; idle.

до́сытаadv to satiety.

досье́neut indecl dossier.

досяга́емыйattainable.

дота́ция grant, subsidy.

дотла́utterly; to the ground.

дотра́гиватьсяimpf, дотро́нуться (-нусь) pf +до+gen touch.

дотя́гивать impf, дотяну́ть (-яну́, -я́нешь) pf draw, drag, stretch out; hold out; live; put off; ∼ся stretch, reach; drag on.

до́хлый dead; sickly. до́хнуть[1] (-нет; дох) (pf из∼, по∼, с∼) die; kick the bucket.

дохну́ть[2] (-ну́, -нёшь) pf draw a breath.

дохо́д income; revenue. доходи́ть (-ожу́, -о́дишь) impf of дойти́. дохо́дный profitable. дохо́дчивый intelligible.

доце́нт reader, senior lecturer.

до́чиста adv clean; completely.

до́чка daughter. дочь (-чери, instr -черью; pl -чери, -чере́й, instr -черьми́) daughter.

дошёл etc.: see дойти

дошкольник, -ница child under school age. дошкольный preschool.

дощатый plank, board. дощечка small plank, board; plaque.

доярка milkmaid.

драгоценность jewel; treasure; pl jewellery; valuables. драгоценный precious.

дразнить (-ню, -нишь) impf tease.

драка fight.

дракон dragon.

драма drama. драматический dramatic. драматург playwright. драматургия dramatic art; plays.

драп thick woollen cloth.

драпировка draping; curtain; hangings. драпировщик upholsterer.

драть (деру, -рёшь; драл, -á, -о) impf (pf вы~, за~, со~) tear (up); irritate; make off; flog; ~ся fight.

дребезги pl; в ~ to smithereens. дребезжать (-жит) impf jingle, tinkle.

древесина wood; timber. древесный wood; ~ уголь charcoal.

древко (pl -и, -ов) pole, staff; shaft.

древнегреческий ancient Greek. древнееврейский Hebrew. древнерусский Old Russian. древний ancient; aged. древность antiquity.

дрейф drift; leeway. дрейфовать impf drift.

дремать (-млю, -млешь) impf doze; slumber. дремота drowsiness.

дремучий dense.

дрессированный trained; performing. дрессировать impf (pf вы~) train; school. дрессировка training. дрессировщик trainer.

дробить (-блю) impf (pf раз~) break up, smash; crush; ~ся break to pieces, smash. дробовик (-á) shot-gun. дробь (small) shot; drumming; fraction. дробный fractional.

дрова (дров) pl firewood.

дрогнуть (-ну) pf, дрожать (-жу) impf tremble; shiver; quiver.

дрожжи (-ей) pl yeast.

дрожь shivering, trembling.

дрозд (-á) thrush.

дроссель m throttle, choke.

дротик javelin, dart.

друг[1] (pl -узья, -зей) friend. друг[2]: ~ дру́га (дру́гу) each other, one another. друго́й other, another; different; на ~ день (the) next day.

дру́жба friendship. дружелю́бный, дру́жеский, дру́жественный friendly. дружи́ть (-жу, -жишь) impf be friends; ~ся (pf по~ся) make friends. дру́жный (-жен, -жнá, -о) amicable; harmonious; simultaneous, concerted.

дря́блый (дрябл, -á, -о) flabby.

дрязги (-зг) pl squabbles.

дрянно́й worthless; good-for-nothing. дрянь rubbish.

дряхле́ть (-е́ю) impf (pf о~) become decrepit. дря́хлый (-хл, -лá, -о) decrepit, senile.

дуб (pl -ы) oak; blockhead. дуби́на club, cudgel; blockhead. дуби́нка truncheon, baton.

дублёнка sheepskin coat.

дублёр understudy. дублика́т duplicate. дубли́ровать duplicate; understudy; dub.

дубо́вый oak; coarse; clumsy.

дуга́ (pl -и) arc; arch.

ду́дка pipe, fife.

ду́ло muzzle; barrel.

ду́ма thought; Duma; council. ду́мать impf (pf по~) think; +inf think of, intend. ду́маться impf (impers +dat) seem.

дунове́ние puff, breath. ду́нуть (-ну) pf of дуть

дупло́ (pl -а, -пел) hollow; hole; cavity.

ду́ра, дура́к (-á) fool. дура́чить (-чу) impf (pf о~) fool, dupe; ~ся play the fool.

дуре́ть (-е́ю) impf (pf о~) grow stupid.

дурма́н narcotic; intoxicant. дурма́нить impf (pf о~) stupefy.

дурно́й (-рен, -рнá, -о) bad, evil; ugly; мне ду́рно I feel faint, sick. дурнота́ faintness; nausea.

ду́тый hollow; inflated. дуть (ду́ю) impf (pf вы~, по~, ду́нуть) blow; ду́ет there is a draught. дутьё glass-blowing. ду́ться (ду́юсь) impf pout; sulk.

дух spirit; spirits; heart; mind; breath; ghost; smell; в ~е in a good mood; не в моём ~е not to my taste; ни слу́ху ни ~у no news, not a word.

духи́ (-óв) *pl* scent, perfume. Ду́хов день Whit Monday. духове́нство clergy. духови́дец (-дца) clairvoyant; medium. духо́вка oven. духо́вный spiritual; ecclesiastical. духово́й wind. духота́ stuffiness, closeness.

душ shower(-bath).

душа́ (*acc* -у; *pl* -и) soul; heart; feeling; spirit; inspiration; в душе́ inwardly; at heart; от всей души́ with all one's heart.

душева́я *sb* shower-room.

душевнобольно́й mentally ill, insane; *sb* mental patient; lunatic. душе́вный mental; sincere, cordial.

души́стый fragrant; ~ горо́шек sweet pea(s).

души́ть (-шу́, -шишь) *impf* (*pf* за~) strangle; stifle, smother.

души́ться (-шу́сь, -шишься) *impf* (*pf* на~) use, put on, perfume.

ду́шный (-шен, -шна́, -о) stuffy, close.

дуэ́ль duel.

дуэ́т duet.

ды́бом *adv* on end; у меня́ во́лосы вста́ли ~ my hair stood on end. дыбы́: станови́ться на ~ rear; resist.

дым (*loc* -у́; *pl* -ы́) smoke. дыми́ть (-млю́) *impf* (*pf* на~) smoke; ~ся smoke, steam; billow. ды́мка haze. ды́мный smoky. ~ая труба́ flue, chimney. дымо́к (-мка́) puff of smoke. дымохо́д flue.

ды́ня melon.

дыра́ (*pl* -ы), ды́рка (*gen pl* -рок) hole; gap.

дыха́ние breathing; breath. дыха́тельн|ый respiratory; breathing; ~ое го́рло windpipe. дыша́ть (-шу́, -шишь) *impf* breathe.

дья́вол devil. дья́вольский devilish, diabolical.

дья́кон (*pl* -á) deacon.

дю́жина dozen.

дюйм inch.

дю́на dune.

дя́дя (*gen pl* -ей) *m* uncle.

дя́тел (-тла) woodpecker.

Е

ева́нгелие gospel; the Gospels. евангели́ческий evangelical.

евре́й, евре́йка Jew; Hebrew. евре́йский Jewish.

Евро́па Europe. европе́ец (-е́йца) European. европе́йский European.

Еги́пет Egypt. еги́петский Egyptian. египтя́нин (*pl* -я́не, -я́н), египтя́нка Egyptian.

егó *see* он, онó; *pron* his; its.

еда́ food; meal.

едва́ *adv & conj* hardly; just; scarcely; ~ ли hardly; ~ (ли) не almost, all but.

еди́м *etc.*: *see* есть[1]

едине́ние unity. едини́ца (figure) one; unity; unit; individual. едини́чный single; individual.

едино- *in comb* mono-, uni-; one; co-. единобра́чие monogamy. ~вла́стие autocracy. ~вре́менно *adv* only once; simultaneously. ~гла́сие, ~ду́шие unanimity. ~гла́сный, ~ду́шный unanimous. ~кро́вный брат half-brother. ~мы́слие likemindedness; agreement. ~мы́шленник like-minded person. ~утро́бный брат half-brother.

еди́нственно *adv* only, solely. еди́нственный only, sole. еди́нство unity. еди́ный one; single; united.

е́дкий (е́док, едка́, -о) caustic; pungent.

едо́к (-á) mouth, head; eater.

е́ду *etc.*: *see* éхать

её *see* онá; *pron* her, hers; its.

ёж (ежá) hedgehog.

еже- *in comb* every; -ly. ежего́дник annual, year-book. ~го́дный annual. ~дне́вный daily. ~ме́сячник, ~ме́сячный monthly. ~неде́льник, ~неде́льный weekly.

ежеви́ка (*no pl*; *usu collect*) blackberry; blackberries; blackberry bush.

е́жели *conj* if.

ёжиться (ёжусь) *impf* (*pf* съ~) huddle up; shrink away.

езда́ ride, riding; drive, driving; journey. е́здить (е́зжу) *impf* go; ride, drive; ~ верхо́м ride. ездо́к (-á) rider.

ей *see* онá

ей-бóгу *int* really! truly!

ел *etc.*: *see* есть[1]

éле *adv* scarcely; only just. éле-éле *emphatic variant of* éle ёлка fir-tree, spruce; Christmas tree. ёлочка herring-bone pattern. ёлочный Christmas-tree. ель fir-tree; spruce.

ем *etc.: see* есть[1]

ёмкий capacious. ёмкость capacity.

ему́ *see* он, оно́

епи́скоп bishop.

е́ресь heresy. ерети́к (-á) heretic. еретический heretical.

ёрзать *impf* fidget.

еро́шить (-шу) *impf* (*pf* взъ~) ruffle, rumple.

ерунда́ nonsense.

е́сли *conj* if; ~ бы if only; ~ бы не but for, if it were not for; ~ не unless.

ест *see* есть[1]

есте́ственно *adv* naturally. есте́ственный natural. естество́ nature; essence. естествозна́ние (natural) science.

есть[1] (ем, ешь, ест, еди́м; ел) *impf* (*pf* съ~) eat; corrode, eat away.

есть[2] *see* быть; is, are; there is, there are; у меня́ ~ I have.

ефре́йтор lance-corporal.

е́хать (е́ду) *impf* (*pf* по~) go; ride, drive; travel; ~ верхо́м ride.

ехи́дный malicious, spiteful.

ешь *see* есть[1]

ещё *adv* still; yet; (some) more; any more; yet, further; again; +*comp* still, yet even; всё ~ still; ~ бы! of course! oh yes! can you ask?; ~ не, нет ~ not yet; ~ раз once more, again; пока́ ~ for the present, for the time being.

е́ю *see* она́

Ж

ж *conj: see* же.

жа́ба toad.

жа́бра (*gen pl* -бр) gill.

жа́воронок (-нка) lark.

жа́дничать *impf* be greedy; be mean. жа́дность greed; meanness. жа́дный (-ден, -дна́, -о) greedy; avid; mean.

жа́жда thirst; +*gen* thirst, craving for. жа́ждать (-ду) *impf* thirst, yearn.

жаке́т, жаке́тка jacket.

жале́ть (-е́ю) *impf* (*pf* по~) pity, feel sorry for; regret; +*acc or gen* grudge.

жа́лить *impf* (*pf* у~) sting, bite.

жа́лкий (-лок, -лка́, -о) pitiful. жа́лко *predic: see* жаль.

жа́ло sting.

жа́лоба complaint. жа́лобный plaintive.

жа́лованье salary. жа́ловать *impf* (*pf* по~) +*acc or dat of person, instr or acc of thing* grant, bestow on; ~ся complain (на +*acc* of, about).

жа́лостливый compassionate. жа́лостный piteous, compassionate. жа́лость pity. жаль, жа́лко *predic, impers* (it is) a pity; +*dat* it grieves; +*gen* grudge; как ~ what a pity; мне ~ его́ I'm sorry for him.

жалюзи́ *neut indecl* Venetian blind.

жанр genre.

жар (*loc* -у́) heat; heat of the day; fever; (high) temperature; ardour. жара́ heat; hot weather.

жарго́н slang.

жа́реный roast; grilled; fried. жа́рить *impf* (*pf* за~, из~) roast; grill; fry; scorch, burn; ~ся roast, fry. жа́ркий (-рок, -рка́, -о) hot; passionate; -óe *sb* roast (meat). жаро́вня (*gen pl* -вен) brazier. жар-пти́ца Firebird. жа́рче *comp of* жа́ркий

жа́тва harvest. жать[1] (жну, жнёшь) *impf* (*pf* с~) reap, cut.

жать[2] (жму, жмёшь) *impf* press, squeeze; pinch; oppress.

жва́чка chewing, rumination; cud; chewing-gum. жва́чный ruminant; ~ое *sb* ruminant.

жгу *etc.: see* жечь

жгут (-á) plait; tourniquet.

жгу́чий burning. жёг *etc.: see* жечь

ждать (жду, ждёшь; -ал, -á, -о) *impf* +*gen* wait (for); expect.

же, ж *conj* but; and; however; also; *partl* giving emphasis or expressing identity; мне же ка́жется it seems to me, however; сего́дня же this very day; что же ты де́лаешь? what on earth are you doing?

жева́тельная рези́нка chewing-gum. жева́ть (жую́, жуёшь) *impf* chew; ruminate.

жезл (-á) rod; staff.

жела́ние wish, desire. жела́нный longed-for; beloved. жела́тельный desirable; advisable. жела́ть *impf* желе́ (*pf* по~) +*gen* wish for, desire; want. желе́не *neut indecl* jelly.

железа́ (*pl* же́лезы, -ле́з, -за́м) gland; *pl* tonsils.

железнодоро́жник railwayman. железнодоро́жный railway. желе́зн|ый iron; ~ая доро́га railway. желе́зо iron.

железобето́н reinforced concrete.

жёлоб (*pl* -а́) gutter. желобо́к (-бка́) groove, channel, flute.

желте́ть (-е́ю) *impf* (*pf* по~) turn yellow; be yellow. желто́к (-тка́) yolk. желту́ха jaundice. жёлтый (жёлт, -а́, жёлто) yellow.

желу́док (-дка) stomach. желу́дочный stomach; gastric.

жёлудь (*gen pl* -е́й) *m* acorn.

жёлчный bilious; gall; irritable. жёлчь bile, gall.

жема́ниться *impf* mince, put on airs. жема́нный mincing, affected. жема́нство affectedness.

жёмчуг (*pl* -а́) pearl(s). жемчу́жина pearl. жемчу́жный pear(ly).

жена́ (*pl* жёны) wife. жена́тый married.

жени́ть (-ню́, -нишь) *impf* & *pf* (*pf also* по~) marry. жени́тьба marriage. жени́ться (-ню́сь, -нишься) *impf* & *pf* (+на+*prep*) marry, get married (to). жени́х (-а́) fiancé; bridegroom. же́нский woman's; feminine; female. же́нственный womanly, feminine. же́нщина woman.

жердь (*gen pl* -е́й) pole; stake.

жеребёнок (-нка; *pl* -бя́та, -бя́т) foal. жеребе́ц (-бца́) stallion.

жеребьёвка casting of lots.

жерло́ (*pl* -а) muzzle; crater.

жёрнов (*pl* -а́, -о́в) millstone.

же́ртва sacrifice; victim. же́ртвенный sacrificial. же́ртвовать *impf* (*pf* по~) present, make a donation (of); +*instr* sacrifice.

жест gesture. жестикули́ровать *impf* gesticulate.

жёсткий (-ток, -тка́, -о) hard, tough; rigid, strict.

жесто́кий (-то́к, -а́, -о) cruel; severe. жесто́кость cruelty.

жесть tin(-plate). жестяно́й tin.

жето́н medal; counter; token.

жечь (жгу, жжёшь; жёг, жгла) *impf* (*pf* с~) burn; ~ся burn, sting; burn o.s.

живи́тельный invigorating. жи́вность poultry, fowl. жив|о́й (жив, -а́, -о) living, alive; lively; vivid; brisk; animated; poignant; bright; на ~ую ни́тку hastily, anyhow; шить на ~ую ни́тку tack. живопи́сец (-сца) painter. живопи́сный picturesque. жи́вопись painting. жи́вость liveliness.

живо́т (-а́) abdomen; stomach. животново́дство animal husbandry. живо́тное *sb* animal. живо́тный animal.

живу́ *etc.*: *see* жить. живу́чий hardy. живьём *adv* alive.

жи́дк|ий (-док, -дка́, -о) liquid; watery; weak; sparse; ~ий криста́лл liquid crystal. жи́дкость liquid, fluid; wateriness, weakness. жи́жа sludge; slush; liquid. жи́же *comp of* жи́дкий

жи́зненный life, of life; vital; living; ~ у́ровень standard of living. жизнеописа́ние biography. жизнера́достный cheerful. жизнеспосо́бный capable of living; viable. жизнь life.

жи́ла vein; tendon, sinew.

жиле́т, жиле́тка waistcoat.

жиле́ц (-льца́), жили́ца lodger; tenant; inhabitant.

жили́ще dwelling, abode. жили́щный housing; living.

жи́лка vein; fibre; streak.

жил|о́й dwelling; habitable; ~о́й дом dwelling house; block of flats; ~а́я пло́щадь, жилпло́щадь floor-space; housing, accommodation. жильё habitation; dwelling.

жир (*loc* -у́; *pl* -ы́) fat; grease. жире́ть (-ре́ю) *impf* (*pf* по~, раз~) grow fat. жи́рный (-рен, -рна́, -о) fatty; greasy; rich. жирово́й fatty; fat.

жира́ф giraffe.

жите́йский worldly; everyday. жи́тель *m* inhabitant; dweller. жи́тельство residence. жи́тница granary. жи́то corn, cereal. жить (живу́, -вёшь; жил, -а́, -о) *impf* live. житьё life; existence; habitation.

жму *etc.*: *see* жать[2]

жму́риться *impf* (*pf* за~) screw up one's eyes, frown.

жнивьё (*pl* -ья, -ьев) stubble (-field).

жну *etc.*: *see* жать[1]

жокéй jockey.

жонглёр juggler.

жрать (жру, жрёшь; -ал, -á, -о) guzzle.

жрéбий lot; fate, destiny; ~ брóшен the die is cast.

жрец priest. жрúца priestess.

жужжáть (-жжý) hum, buzz, drone; whiz(z).

жук (-á) beetle.

жýлик petty thief; cheat. жýльничать *impf* (*pf* с~) cheat.

журáвль (-я́) *m* crane.

журúть *impf* reprove.

журнáл magazine, periodical. журналúст journalist. журналúстика journalism.

журчáние babble; murmur. журчáть (-чúт) *impf* babble, murmur.

жýткий (-ток, -ткá, -о) uncanny; terrible, terrifying. жýтко *adv* terrifyingly; terribly, awfully.

жую́ *etc.*: *see* жевáть

жюрú *neut indecl* judges.

З

за *prep* I. +*acc* (*indicating motion or action*) *or instr* (*indicating rest or state*) behind; beyond; across, the other side of; at; to; зá город, зá городом out of town; за рубежóм abroad; сесть за роя́ль sit down at the piano; сидéть за роя́лем be at the piano; зá угол, за угло́м round the corner. II. +*acc* after; over; дýринг, in the space of; by; for; to; за вáше здорóвье! your health!; вестú зá руку lead by the hand; далекó зá пóлночь long after midnight; за два дня до+*gen* two days before; зá три киломéтра от дерéвни three kilometres from the village; платúть за билéт pay for a ticket; за послéднее врéмя lately. III. +*instr* after; for; because of; at, during; год за гóдом year after year; идтú за молокóм go for milk; за обéдом at dinner.

забáва amusement; game; fun. забавля́ть *impf* amuse; ~ся amuse o.s. забáвный amusing, funny.

забастовáть *pf* strike; go on strike. забастóвка strike. забастóвщик striker.

забвéние oblivion.

забéг heat, race. забегáть *impf*, забежáть (-егý) *pf* run up; +к+*dat* drop in on; ~ вперёд run ahead; anticipate.

за|берéменеть (-ею) *pf* become pregnant.

заберý *etc.*: *see* забрáть

забивáние jamming. забивá(ся *impf of* забú́ть(ся[1]

забинтовáть *pf*, забинто́вывать *impf* bandage.

забирáть(ся *impf of* забрáть(ся

забúтый downtrodden. забú́ть[1] (-бью́, -бьёшь) *pf* (*impf* забивáть) drive in, hammer in; score; seal, block up; obstruct; choke; jam; cram; beat up; beat; ~ся hide, take refuge; become cluttered *or* clogged; +в+*acc* get into, penetrate. за|бú́ть(ся[2] *pf* begin to beat. забия́ка *m* & *f* squabbler; bully.

заблаговрéменно *adv* in good time; well in advance. заблаговрéменный timely.

заблестéть (-ещý, -естúшь *or* -éщешь) *pf* begin to shine, glitter, glow.

заблудúться (-ужýсь, -ýдишься) *pf* get lost. заблýдший lost, stray. заблуждáться *impf* be mistaken. заблуждéние error; delusion.

забóй (pit-)face.

заболевáемость sickness rate. заболевáние sickness, illness; falling ill. заболевáть[1] *impf*, заболéть[1] (-éю) *pf* fall ill; +*instr* go down with. заболевáть[2] *impf*, заболéть[2] (-лúт) *pf* (begin to) ache, hurt.

забóр[1] fence.

забóр[2] taking away; obtaining on credit.

забóта concern; care; trouble(s). забóтить (-óчу) *impf* (*pf* о~) trouble, worry; ~ся *impf* (*pf* по~) worry; take care (о+*prep* of); take trouble; care. забóтливый solicitous, thoughtful.

за|браковáть *pf*.

забрáсывать *impf of* забросáть, забросúть

забрáть (-берý, -берёшь; -áл, -á, -о)

pf (*impf* забира́ть) take; take away; seize; appropriate; ∼ся climb; get to, into.

забреда́ть *impf*, **забрести́** (-еду́, -едёшь; -ёл, -á) *pf* stray, wander; drop in.

за|брони́ровать *pf*.

заброса́ть *pf* (*impf* забра́сывать) fill up; bespatter; deluge. **забро́сить** (-о́шу) *pf* (*impf* забра́сывать) throw; abandon; neglect. **забро́шенный** neglected; deserted.

забры́згать *pf*, **забры́згивать** *impf* splash, bespatter.

забыва́ть *impf*, **забы́ть** (-бу́ду) *pf* forget; ∼ся doze off; lose consciousness; forget o.s. **забы́вчивый** forgetful. **забытьё** oblivion; drowsiness.

забью́ *etc.: see* **забить**

зава́ливать *impf*, **завали́ть** (-лю́, -лишь) *pf* block up; pile; cram; overload; knock down; make a mess of; ∼ся collapse; tip up.

зава́ривать *impf*, **завари́ть** (-арю́, -а́ришь) *pf* make; brew; weld. **зава́рка** brewing; brew; welding.

заведе́ние establishment. **заве́довать** *impf* +*instr* manage.

заве́домо *adv* wittingly. **заве́домый** notorious, undoubted.

заведу́ *etc.: see* **завести́**

заве́дующий *sb* (+*instr*) manager; head.

завезти́ (-зу́, -зёшь; -ёз, -ла́) *pf* (*impf* завози́ть) convey, deliver.

за|верболва́ть *pf*.

завери́тель *m* witness. **заве́рить** *pf* (*impf* заверя́ть) assure; certify; witness.

заверну́ть (-ну́, -нёшь) *pf* (*impf* завёртывать, завора́чивать) wrap, wrap up; roll up; screw tight, screw up; turn (off); drop in, call in.

заверте́ться (-рчу́сь, -ртишься) *pf* begin to turn *or* spin; lose one's head.

завёртывать *impf of* **заверну́ть**

заверша́ть *impf*, **заверши́ть** (-шу́) *pf* complete, conclude. **заверше́ние** completion; end.

заверя́ть *impf of* **заве́рить**

заве́са veil, screen. **заве́сить** (-е́шу) *pf* (*impf* заве́шивать) curtain (off).

завести́ (-еду́, -ёшь; -вёл, -á) *pf* (*impf* заводи́ть) take, bring; drop

off; start up; acquire; introduce; wind (up), crank; ∼сь be; appear; be established; start.

заве́т behest, bidding, ordinance; Testament. **заве́тный** cherished; secret.

заве́шивать *impf of* **заве́сить**

завеща́ние will, testament. **завеща́ть** bequeath.

завзя́тый inveterate, out-and-out.

завива́ть(ся *impf of* **завить(ся. зави́вка** waving; curling; wave.

зави́дно *impers*+*dat*: мне ∼ I feel envious. **зави́дный** enviable. **зави́довать** *impf* (*pf* по∼) +*dat* envy.

завинти́ть (-нчу́) *pf*, **зави́нчивать** *impf* screw up.

зави́сеть (-и́шу) *impf* +от+*gen* depend on. **зави́симость** dependence; в зави́симости от depending on, subject to. **зави́симый** dependent.

зави́стливый envious. **за́висть** envy.

завито́й (за́вит, -á, -о) curled; waved. **завито́к** (-тка́) curl, lock; flourish. **зави́ть** (-вью́, -вьёшь; -и́л, -á, -о) *pf* (*impf* завива́ть) curl, wave; ∼ся curl, wave, twine; have one's hair curled.

завладева́ть *impf*, **завладе́ть** (-е́ю) *pf* +*instr* take possession of; seize.

завлека́тельный alluring; fascinating. **завлека́ть** *impf*, **завле́чь** (-еку́, -ечёшь; -лёк, -ла́) *pf* lure; fascinate.

заво́д[1] factory; works; studfarm.

заво́д[2] winding mechanism. **заводи́ть(ся** (-ожу́(сь, -о́дишь(ся *impf of* **завести́(сь. заводно́й** clockwork; winding, cranking.

заводско́й factory; *sb* factory worker. **заво́дчик** factory owner.

за́водь backwater.

завоева́ние winning; conquest; achievement. **завоева́тель** *m* conqueror. **завоева́ть** (-ою́ю) *pf*, **завоёвывать** *impf* conquer; win, gain; try to get.

завожу́ *etc.: see* **заводи́ть, завози́ть**

заво́з delivery; carriage. **завози́ть** (-ожу́, -о́зишь) *impf of* **завезти́**

завора́чивать *impf of* **заверну́ть**.

заворо́т turn, turning; sharp bend.

завою́ *etc.: see* **завы́ть**

завсегда́ *adv* always. **завсегда́тай** habitué, frequenter.

за́втра tomorrow. **за́втрак** breakfast; lunch. за́втракать *impf* (*pf* по~) have breakfast; have lunch. за́втрашний tomorrow's; ~ день tomorrow.

завыва́ть *impf*, завы́ть (-во́ю) *pf* (begin to) howl.

завяза́ть (-яжу́, -я́жешь) *pf* (*impf* завя́зывать) tie, tie up; start; ~ся start; arise; (*of fruit*) set. завя́зка string, lace; start; opening.

за|вя́знуть (-ну; -я́з) *pf*. за-вя́зывать(ся *impf of* завяза́ть(ся

за|вя́нуть (-ну; -я́л) *pf*.

загада́ть *pf*, зага́дывать *impf* think of; plan ahead; guess at the future; ~ зага́дку ask a riddle. зага́дка riddle; enigma. зага́дочный enigmatic, mysterious.

зага́р sunburn, tan.

за|гаси́ть (-ашу́, -а́сишь) *pf*. за|га́снуть (-ну) *pf*.

загво́здка snag; difficulty.

заги́б fold; exaggeration. загиба́ть *impf of* загну́ть

за|гипнотизи́ровать *pf*.

загла́вие title; heading. загла́вный title; ~ая бу́ква capital letter.

загла́дить (-а́жу) *pf*, загла́живать *impf* iron, iron out; make up for; expiate; ~ся iron out, become smooth; fade.

за|гло́хнуть (-ну; -гло́х) *pf*.

заглуша́ть *impf*, за|глуши́ть (-шу́) *pf* drown, muffle; jam; suppress, stifle; alleviate.

загляде́нье lovely sight. загляде́ться (-яжу́сь) *pf*, загля́дываться *impf* на+*acc* stare at; be lost in admiration of. загля́дывать *impf*, загляну́ть (-ну́, -нешь) *pf* peep; drop in.

загна́ть (-гоню́, -го́нишь; -а́л, -а́, -о) *pf* (*impf* загоня́ть) drive in, drive home; drive; exhaust.

загнива́ние decay; suppuration. загнива́ть *impf*, загни́ть (-ию́, -иёшь; -и́л, -а́, -о) *pf* rot; decay; fester.

загну́ть (-ну́, -нёшь) *pf* (*impf* загиба́ть) turn up, turn down; bend.

загова́ривать *impf*, заговори́ть *pf* begin to speak; tire out with talk; cast a spell over; protect with a charm (от+*gen* against). за́говор plot; spell. загово́рщик conspirator.

заголо́вок (-вка) title; heading; headline.

заго́н enclosure, pen; driving in. загоня́ть[1] *impf* of загна́ть. загоня́ть[2] *pf* tire out; work to death.

загора́живать *impf of* загороди́ть

загора́ть *impf*, загоре́ть (-рю́) *pf* become sunburnt; ~ся catch fire; blaze; *impers*+*dat* want very much. загоре́лый sunburnt.

загороди́ть (-рожу́, -ро́ди́шь) *pf* (*impf* загора́живать) enclose, fence in; obstruct. загоро́дка fence, enclosure.

за́городный suburban; country.

загота́вливать *impf*, заготовля́ть *impf*, загото́вить (-влю) *pf* lay in (a stock of); store; prepare. загото́вка (State) procurement, purchase; laying in.

загради́ть (-ажу́) *pf*, загражда́ть *impf* block, obstruct; bar. загражде́ние obstruction; barrier.

заграни́ца abroad, foreign parts. заграни́чный foreign.

загреба́ть *impf*, загрести́ (-ебу́, -ебёшь; -ёб, -ла́) *pf* rake up, gather; rake in.

загри́вок (-вка) withers; nape (of the neck).

за|гримирова́ть *pf*.

загромозжда́ть *impf*, загромозди́ть (-зжу́) *pf* block up, encumber; cram.

загружа́ть *impf*, за|грузи́ть (-ужу́, -у́зи́шь) *pf* load; feed; ~ся +*instr* load up with, take on. загру́зка loading, feeding; charge, load, capacity.

за|грунтова́ть *pf*.

загрусти́ть (-ущу́) *pf* grow sad.

загрязне́ние pollution. за|грязни́ть *pf*, загрязня́ть *impf* soil; pollute; ~ся become dirty.

загс *abbr* (*of* (отде́л) за́писи а́ктов гражда́нского состоя́ния) registry office.

загуби́ть (-блю́, -бишь) *pf* ruin; squander, waste.

загуля́ть *pf*, загу́ливать *impf* take to drink.

за|густе́ть *pf*.

зад (*loc* -у́; *pl* -ы́) back; hindquarters; buttocks; ~ом наперёд back to front.

задава́ть(ся (-даю́(сь) *impf of* зада́ть(ся

задави́ть (-влю́ -вишь) *pf* crush; run over.

задади́м etc., **зада́м** etc.: see **зада́ть**

зада́ние task, job.

зада́тки (-тков) pl abilities, promise.

зада́ток (-тка) deposit, advance.

зада́ть (-а́м, -а́шь, -а́ст, -ади́м; за́дал, -а́, -о) pf (impf **задава́ть**) set; give; ~ вопро́с ask a question; ~ся turn out well; succeed; ~ся мы́слью, це́лью make up one's mind. **зада́ча** problem; task.

задвига́ть impf, **задви́нуть** (-ну) pf bolt; bar; push; ~ся shut; slide. **задви́жка** bolt; catch.

задво́рки (-рок) pl back yard; backwoods.

задева́ть impf of **заде́ть**

заде́лать pf, **заде́лывать** impf do up; block up, close up.

заде́ну etc.: see **заде́ть**. **задёргивать** impf of **задёрнуть**

задержа́ние detention. **задержа́ть** (-жу́, -жишь) pf, **заде́рживать** impf delay; withhold; arrest; ~ся stay too long; be delayed. **заде́ржка** delay.

задёрнуть (-ну) pf (impf **задёргивать**) pull; draw.

задеру́ etc.: see **задра́ть**

заде́ть (-е́ну) pf (impf **задева́ть**) brush (against), graze; offend; catch (against).

задира́ m & f bully; trouble-maker. **задира́ть** impf of **задра́ть**

за́дн|ий back, rear; дать ~ий ход reverse; ~яя мысль ulterior motive; ~ий план background; ~ий прохо́д anus. **за́дник** back; backdrop.

задо́лго adv +до +gen long before.

за|должа́ть pf. **задо́лженность** debts.

задо́р fervour. **задо́рный** provocative; fervent.

задохну́ться (-ну́сь, -нёшься; -о́хся or -у́пся) pf (impf **задыха́ться**) suffocate; choke; pant.

за|дра́ть (-деру́, -дерёшь; -а́л, -а́, -о) pf (impf also **задира́ть**) tear to pieces, kill; lift up; break; provoke; insult.

задрема́ть (-млю́, -млешь) pf doze off.

задрожа́ть (-жу́) pf begin to tremble.

задува́ть impf of **заду́ть**

заду́мать pf, **заду́мывать** impf plan; intend; think of; ~ся become thoughtful; meditate. **заду́мчивость** reverie. **заду́мчивый** pensive.

заду́ть (-у́ю) pf (impf **задува́ть**) blow out; begin to blow.

задуше́вный sincere; intimate.

за|души́ть (-ушу́, -у́шишь) pf.

задыха́ться impf of **задохну́ться**

заеда́ть impf of **зае́сть**

заёзд calling in; lap, heat. **зае́здить** (-зжу) pf override; wear out. **заезжа́ть** impf of **зае́хать**. **зае́зженный** hackneyed; worn out. **зае́зжий** visiting.

заём (за́йма) loan.

зае́сть (-е́м, -е́шь, -е́ст, -еди́м) pf (impf **заеда́ть**) torment; jam; entangle.

зае́хать (-е́ду) pf (impf **заезжа́ть**) call in; enter, ride in, drive in; reach; +за +acc go past; +за +instr call for, fetch.

за|жа́рить(ся pf.

зажа́ть (-жму́, -жмёшь) pf (impf **зажима́ть**) squeeze; grip; suppress.

заже́чь (-жгу́, -жжёшь; -жёг, -жгла́) pf (impf **зажига́ть**) set fire to; kindle; light; ~ся catch fire.

зажива́ть impf of **зажи́ть**. **заживи́ть** (-влю́) pf, **заживля́ть** impf heal. **за́живо** adv alive.

зажига́лка lighter. **зажига́ние** ignition. **зажига́тельный** inflammatory; incendiary. **зажига́ть(ся** impf of **заже́чь(ся**

зажи́м clamp; terminal; suppression. **зажима́ть** impf of **зажа́ть**. **зажимно́й** tight-fisted.

зажи́точный prosperous. **зажи́ть** (-иву́, -ивёшь; -ил, -а́, -о) pf (impf **зажива́ть**) heal; begin to live.

зажму́ etc.: see **зажа́ть**. **за|жму́риться** pf.

звзвене́ть (-и́т) pf begin to ring.

зазелене́ть (-е́ет) pf turn green. **заземле́ние** earthing; earth. **заземли́ть** pf, **заземля́ть** impf earth.

зазнава́ться (-наю́сь, -наёшься) impf, **зазна́ться** pf give o.s. airs.

зазу́брина notch.

за|зубри́ть (-рю́, -у́бри́шь) pf.

заи́грывать impf flirt.

заи́ка m & f stammerer. **заика́ние** stammer. **заика́ться** impf, **заикну́ться** (-ну́сь, -нёшься) pf stammer, stutter; +о +prep mention.

заи́мствование borrowing. **заи́мствовать** impf & pf (pf also по~) borrow.

заинтересо́ванный interested. за-
интересова́ть *pf*, заинтересо́-
вывать *impf* interest; ~ся +*instr*
become interested in.

заи́скивать *impf* ingratiate o.s.

зайду́ *etc.*: *see* зайти́. займу́ *etc.*: *see*
заня́ть

зайти́ (-йду́, -йдёшь; зашёл, -шла́) *pf*
(*impf* заходи́ть) call; drop in; set;
+в+*acc* reach; +за+*acc* go behind,
turn; +за+*instr* call for, fetch.

за́йчик little hare (*esp. as endearment*); reflection of sunlight. зайчи́-
ха doe hare.

закабали́ть *pf*, закабаля́ть *impf*
enslave.

закады́чный intimate, bosom.

зака́з order; на ~ to order. заказа́ть
(-ажу́, -а́жешь) *pf*, зака́зывать *impf*
order; book. заказн|о́й made to or-
der; ~о́е (письмо́) registered letter.
зака́зчик customer, client.

зака́л temper; cast. зака́ливать
impf, закали́ть (-лю́) *pf* (*impf also*
закаля́ть) temper; harden. зака́лка
tempering, hardening.

зака́ливать *impf of* заколо́ть. зака-
ля́ть *impf of* закали́ть. зака́н-
чивать(ся *impf of* зако́нчить(ся

зака́пать (-аю) *pf*, зака́пывать[1] *impf* begin to drip; rain; spot.

зака́пывать[2] *impf of* закопа́ть

зака́т sunset. закати́ть *pf*, зака́-
тывать[1] *impf* begin to roll; roll up;
roll out. закати́ться (-ачу́сь,
-а́тишься) *pf*, зака́тываться *impf* roll;
зака́тывать[2] *impf* roll; ~ся roll;
set.

заква́ска ferment; leaven.

закида́ть *pf*, заки́дывать[1] *impf*
shower; bespatter.

заки́дывать[2] *impf*, заки́нуть (-ну)
pf throw (out, away).

закипа́ть *impf*, закипе́ть (-пи́т) *pf*
begin to boil.

закиса́ть *impf*, заки́снуть (-ну; -ис,
-ла) *pf* turn sour; become apathetic.
за́кись oxide.

закла́д pawn; pledge; bet; би́ться об
~ bet; в ~е in pawn. закла́дка laying; bookmark. закладно́й pawn.
закла́дывать *impf of* заложи́ть

закле́ивать *impf*, закле́ить (-е́ю) *pf* glue
up.

за|клепми́ть (-млю́) *pf*.

заклепа́ть *pf*, заклёпывать *impf*
rivet. заклёпка rivet; riveting.

заклина́ние incantation; spell. за-
клина́ть *impf* invoke; entreat.

заключа́ть *impf*, заключи́ть (-чу́)
pf conclude; enter into; contain; confine. заключа́ться consist; lie, be.
заключе́ние conclusion; decision;
confinement. заключённый *sb* prisoner. заключи́тельный final, concluding.

закля́тие pledge. закля́тый sworn.

закова́ть (-кую́, -куёшь) *pf*, зако́-
вывать *impf* chain; shackle.

зала́чивать *impf of* заколоти́ть

заколдо́ванный bewitched; ~ круг
vicious circle. заколдова́ть *pf* bewitch; lay a spell on.

зако́лка hair-grip; hair-slide.

заколоти́ть (-лочу́, -ло́тишь) *pf*
(*impf* зала́чивать) board up;
knock in; knock insensible.

за|коло́ть (-олю́, -о́лешь) *pf* (*impf
also* зака́лывать) stab; pin up;
(*impers*) у меня́ заколо́ло в боку́ I
have a stitch.

зако́н law. законнорождённый legitimate. зако́нность legality. за-
ко́нный legal; legitimate.

законо- *in comb* law, legal. законо-
ве́дение law, jurisprudence. ~да́-
тельный legislative. ~да́тельство
legislation. ~ме́рность regularity,
normality. ~ме́рный regular, natural. ~прое́кт bill.

за|консерви́ровать . *pf*.   за|кон-
спекти́ровать *pf*.

зако́нченность completeness. за-
ко́нченный finished; accomplished.
зако́нчить (-чу) *pf* (*impf* зака́н-
чивать) end, finish; ~ся end, finish.

закопа́ть *pf* (*impf* зака́пывать) begin to dig; bury.

закопте́лый sooty, smutty. за|коп-
те́ть (-те́ю) *pf*. за|копти́ть (-пчу́) *pf*.

закоренѐлый deep-rooted; inveterate.

закосне́лый incorrigible.

закоу́лок (-лка) alley; nook.

закочене́лый numb with cold.
за|кочене́ть (-е́ю) *pf*.

закра́дываться *impf of* закра́сться

закра́сить (-а́шу) *pf* (*impf* закра́-
шивать) paint over.

закра́сться (-аду́сь, -адёшься) *pf*
(*impf* закра́дываться) steal in,

creep in.

закрáшивать *impf of* **закрáсить**

закрепи́тель *m* fixative. **закрепи́ть** (-плю́) *pf*, **закрепля́ть** *impf* fasten; fix; consolidate; ⊣за +*instr* assign to; ∼ за собóй secure.

закрепости́ть (-ощу́) *pf*, **закрепоща́ть** *impf* enslave. **закрепощéние** enslavement; slavery, serfdom.

закричáть (-чу́) *pf* cry out; begin to shout.

закрóйщик cutter.

закрóю *etc.: see* **закры́ть**

закруглéние rounding; curve. **закругли́ть** (-лю́) *pf*, **закругля́ть** *impf* make round; round off; ∼ся become round; round off.

закружи́ться (-ужу́сь, -у́жи́шься) *pf* begin to whirl *or* go round.

за|крути́ть (-учу́, -у́тишь) *pf*, **закру́чивать** *impf* twist, twirl; wind round; turn; screw in; turn the head of; ∼ся twist, twirl, whirl; wind round.

закрывáть *impf*, **закры́ть** (-рóю) *pf* close, shut; turn off; close down; cover; ∼ся close, shut; end; close down; cover o.s.; shelter. **закры́тие** closing; shutting; closing down; shelter. **закры́тый** closed, shut; private.

закули́сный behind the scenes; backstage.

закупáть *impf*, **закупи́ть** (-плю́, -пишь) *pf* buy up; stock up with. **закýпка** purchase.

закýпоривать *impf*, **закýпорить** *pf* cork; stop up; coop up. **закýпорка** corking; thrombosis.

закýпочный purchase. **закýпщик** buyer.

закýривать *impf*, **закури́ть** (-рю́, -ришь) *pf* light up; begin to smoke.

закуси́ть (-ушу́, -у́сишь) *pf*, **закýсывать** *impf* have a snack; bite. **закýска** hors-d'oeuvre; snack. **закýсочная** *sb* snack-bar.

за|кýтать *pf*, **закýтывать** *impf* wrap up; ∼ся wrap o.s. up.

зал hall; ∼ ожидáния waiting-room.

залегáть *impf of* **залéчь**

за|леденéть (-éю) *pf*.

залежáлый stale, long unused. **залежáться** (-жу́сь) *pf*, **залёживаться** *impf* lie too long; find no market; become stale. **зáлежь** de-

posit, seam; stale goods.

залезáть *impf*, **залéзть** (-зу; -éз) *pf* climb, climb up; get in; creep in.

за|лепи́ть (-плю́, -пишь) *pf*, **залепля́ть** *impf* paste over; glue up.

залетáть *impf*, **залетéть** (-ечу́) *pf* fly; ⊣в +*acc* fly into.

залéчивать *impf*, **залечи́ть** (-чу́, -чишь) *pf* heal, cure; ∼ся heal (up).

залéчь (-ля́гу, -ля́жешь; залёг, -лá) *pf* (*impf* **залегáть**) lie down; lie low; lie, be deposited.

зали́в bay; gulf. **заливáть** *impf*, **зали́ть** (-лью́, -льёшь; зáли́л, -á, -о) *pf* flood, inundate; spill on; extinguish; spread; ∼ся be flooded; pour, spill; +*instr* break into.

залóг deposit; pledge; security, mortgage; token; voice. **заложи́ть** (-жу́, -жишь) *pf* (*impf* **заклáдывать**) lay; put; mislay; pile up; pawn, mortgage; harness; lay in. **залóжник** hostage.

залп volley, salvo; ∼ом without pausing for breath.

залью́ *etc.: see* **зали́ть. заля́гу** *etc.: see* **залéчь**

зам *abbr* (*of* **замести́тель**) assistant, deputy. **зам-** *abbr in comb* (*of* **замести́тель**) assistant, deputy, vice-.

за|мáзать (-áжу) *pf*, **замáзывать** *impf* paint over; putty; smear; soil; ∼ся get dirty. **замáзка** putty; puttying.

замáлчивать *impf of* **замолчáть**

замáнивать *impf*, **замани́ть** (-ню́, -нишь) *pf* entice; decoy. **замáнчивый** tempting.

за|маринoвáть *pf*.

за|маскировáть *pf*, **замаскирóвывать** *impf* mask; disguise; ∼ся disguise o.s.

замáх threatening gesture. **замáхиваться** *impf*, **замахну́ться** (-ну́сь, -нёшься) *pf* +*instr* raise threateningly.

замáчивать *impf of* **замочи́ть**

замедлéние slowing down, deceleration; delay. **замéдлить** *pf*, **замедля́ть** *impf* slow down; slacken; delay; ∼ся slow down.

замёл *etc.: see* **замести́**

замéна substitution; substitute. **замени́мый** replaceable. **замени́тель** *m* (+*gen*) substitute (for). **замени́ть** (-ню́, -нишь) *pf*, **заменя́ть** *impf* re-

place; be a substitute for.
замере́ть (-мру́, -мрёшь; за́мер, -ла́, -о) pf (impf замира́ть) stand still; freeze; die away.
замерза́ние freezing. замерза́ть impf, за|мёрзнуть (-ну) pf freeze (up); freeze to death.
заме́рить pf (impf замеря́ть) measure, gauge.
замеси́ть (-ешу́, -е́сишь) pf (impf заме́шивать[2]) knead.
замести́ (-ету́, -етёшь; -мёл, -а́) pf (impf замета́ть) sweep up; cover.
замести́тель m substitute; assistant, deputy, vice-. замести́ть (-ещу́) pf (impf замеща́ть) replace; deputize for.
замета́ть impf of замести́
заме́тить (-е́чу) pf (impf замеча́ть) notice; note; remark. заме́тка mark; note. заме́тный noticeable; outstanding.
замеча́ние remark; reprimand. замеча́тельный remarkable; splendid. замеча́ть impf of заме́тить
замеша́тельство confusion; embarrassment. замеша́ть pf, заме́шивать[1] impf mix up, entangle. заме́шивать[2] impf of замеси́ть
замеща́ть impf of замести́ть. замеще́ние substitution; filling.
зами́нка hitch; hesitation.
замира́ть impf of замере́ть
за́мкнутый reserved; closed, exclusive. замкну́ть (-ну́, -нёшь) pf (impf замыка́ть) lock; close; ~ся close; shut o.s. up; become reserved.
за́мок[1] (-мка) castle.
замо́к[2] (-мка́) lock; padlock; clasp.
замолка́ть impf, замо́лкнуть (-ну; -мо́лк) pf fall silent; stop.
замолча́ть (-чу́) pf (impf зама́лчивать) fall silent; cease corresponding; hush up.
замора́живать impf, заморо́зить (-о́жу) pf freeze. заморо́женный frozen; iced. заморо́зки (-ов) pl (slight) frosts.
замо́рский overseas.
за|мочи́ть (-чу́, -чишь) pf (impf also зама́чивать) wet; soak; ret.
замо́чная сква́жина keyhole.
замру́ etc.: see замере́ть
за́муж adv: вы́йти ~ (за+acc) marry. за́мужем adv married (за+instr to).

за|му́чить (-чу) pf torment; wear out; bore to tears. за|му́читься (-чусь) pf.
за́мша suede.
замыка́ние locking; short circuit. замыка́ть(ся impf of замкну́ть(ся
за́мысел (-сла) project, plan. замы́слить pf, замышля́ть impf plan; contemplate.
за́навес, занаве́ска curtain.
занести́ (-су́, -сёшь; -ёс, -ла́) pf (impf заноси́ть) bring; note down; (impers) cover with snow etc.; (impers) skid.
занима́ть impf (pf заня́ть) occupy; interest; engage; borrow; ~ся +instr be occupied with; work at; study.
зано́за splinter. занози́ть (-ожу́) pf get a splinter in.
зано́с snow-drift; skid. заноси́ть (-ошу́, -о́сишь) impf of занести́. зано́счивый arrogant.
заня́тие occupation; pl studies. заня́той busy. за́нятый (-нят, -а́, -о) occupied; taken; engaged. заня́ть(ся (займу́(сь, -мёшь(ся; за́нял(ся, за́нял-а́(сь, -о(сь) pf of занима́ть(ся
заодно́ adv in concert; at one; at the same time.
заостри́ть pf, заостря́ть impf sharpen; emphasize.
зао́чник, -ница student taking correspondence course; external student. зао́чно adv in one's absence; by correspondence course. зао́чный курс correspondence course.
за́пад west. за́падный west, western; westerly.
западня́ (gen pl -не́й) trap; pitfall, snare.
за|накова́ть pf, запако́вывать impf pack; wrap up.
запа́л ignition; fuse. запа́ливать impf, запали́ть pf light, kindle; set fire to. запа́льная свеча́ (spark-)plug.
запа́с reserve; supply; hem. запаса́ть(ся impf, запасти́ (-су́, -сёшь; -а́с, -ла́) pf stock, store; lay in a stock of; ~ся +instr provide o.s. with; stock up with. запасно́й sb reservist. запасно́й, запа́сный spare; reserve; ~ вы́ход emergency exit.
за́пах smell.
запа́хивать impf, запахну́ть[2] (-ну́, -нёшь) pf wrap up.
запа́хнуть[1] (-ну; -а́х) pf begin to smell.

за|па́чкать pf.

запека́ть(ся impf of запе́чь(ся.
запеку́ etc.: see запе́чь

за|пелена́ть pf.

запере́ть (-пру́, -прёшь; за́пер, -ла́,
-ло) pf (impf запира́ть) lock; lock
in; bar; ~ся lock o.s. in.

запеча́тать pf, запеча́тывать impf
seal. запечатлева́ть impf, запе-
чатле́ть (-е́ю) pf imprint, engrave.

запе́чь (-еку́, -ечёшь; -пёк, -ла́) pf
(impf запека́ть) bake; ~ся bake;
become parched; clot, coagulate.

запива́ть impf of запи́ть

запина́ться impf of запну́ться.
запи́нка hesitation.

запира́ть impf of запере́ть(ся

записа́ть (-ишу́,   -и́шешь) pf,
запи́сывать impf note; take down;
record; enter; ~ся register, enrol
(в+acc at, in). запи́ска note. за-
писно́й note; inveterate; ~а́я
кни́жка notebook. за́пись recording; registration; record.

запи́ть (-пью́, -пьёшь; за́пил, -а́, -о)
pf (impf запива́ть) begin drinking;
wash down (with).

запиха́ть pf, запи́хивать impf,
запихну́ть (-ну́, -нёшь) pf push in,
cram in.

запишу́ etc.: see записа́ть

запла́кать (-а́чу) pf begin to cry.

за|плани́ровать pf.

запла́та patch.

за|плати́ть (-ачу́, -а́тишь) pf pay
(за+acc for).

заплачу́ etc.: see запла́кать. за-
плачу́ see заплати́ть

заплести́ (-ету́, -етёшь; -ёл, -а́) pf,
заплета́ть impf plait.

за|пломбирова́ть pf.

заплы́в heat, round. заплыва́ть
impf, заплы́ть (-ыву́, -ывёшь; -ыл,
-а́, -о) pf swim in, sail in; swim out,
sail out; be bloated.

запну́ться (-ну́сь, -нёшься) pf (impf
запина́ться) hesitate; stumble.

запове́дник reserve; preserve; госу-
да́рственный ~ national park.
запове́дный prohibited. за́поведь
precept; commandment.

заподо́зривать impf, заподо́зрить
pf suspect (в+prep of).

запозда́лый   belated;   delayed.
запозда́ть pf (impf запа́здывать)

be late.

запо́й hard drinking.

заполза́ть impf, заползти́ pf (-зу́,
-зёшь; -о́лз, -зла́) creep, crawl.

запо́лнить, заполня́ть impf fill
(in, up).

запомина́ть impf, запо́мнить pf remember; memorize; ~ся stay in
one's mind.

за́понка cuff-link; stud.

запо́р bolt; lock; constipation.

за|поте́ть (-е́ет) pf mist over.

запою́ etc.: see запе́ть

запра́вить (-влю) pf, заправля́ть
impf tuck in; prepare; refuel; season,
dress; mix in; ~ся refuel. запра́вка
refuelling; seasoning, dressing.

запра́шивать impf of запроси́ть

запре́т prohibition, ban. запрети́ть
(-ещу́) pf, запреща́ть impf prohibit,
ban. запре́тный forbidden. запре-
ще́ние prohibition.

за|программи́ровать pf.

запро́с inquiry; overcharging; pl
needs. запроси́ть (-ошу́, -о́сишь) pf
(impf запра́шивать) inquire.

за́просто adv without ceremony.

запрошу́ etc.: see запроси́ть. запру́
etc.: see запере́ть

запру́да dam, weir; mill-pond.

запряга́ть impf, запря́чь (-ягу́,
-яжёшь; -яг, -ла́) pf harness; yoke.

запуга́ть pf, запу́гивать impf cow,
intimidate.

за́пуск launching. запуска́ть impf,
запусти́ть (-ущу́, -у́стишь) pf thrust
(in); start; launch; (+acc or instr)
fling; neglect. запусте́лый neglected; desolate. запусте́ние neglect; desolation.

за|пу́тать pf, запу́тывать impf tan-
gle; confuse; ~ся get tangled; get involved.

запущу́ etc.: see запусти́ть

запча́сть (gen pl -е́й) abbr (of
запасна́я часть) spare part.

запыха́ться pf be out of breath.

запью́ etc.: see запи́ть

запя́стье wrist.

запята́я sb comma.

за|пятна́ть pf.

зараба́тывать impf, зарабо́тать pf
earn; start (up). за́работный; ~ая
пла́та wages; pay. за́работок (-тка)
earnings.

заража́ть *impf*, зарази́ть (-ажу́) *pf* infect; ~ся +*instr* be infected with, catch. зара́за infection. зарази́тельный infectious. зара́зный infectious.

зара́нее *adv* in good time; in advance.

зараста́ть *impf*, зарасти́ (-ту́, -тёшь; -ро́с, -ла́) *pf* be overgrown; heal.

за́рево glow.

за|регистри́ровать(ся *pf*.

за|ре́зать (-е́жу) *pf* kill, knife; slaughter.

зарека́ться *impf of* заре́чься

зарекомендова́ть *pf*: ~ себя́ +*instr* show o.s. to be.

заре́чься (-еку́сь, -ечёшься, -ёкся, -екла́сь) *pf* (*impf* зарека́ться) +*inf* renounce.

за|ржа́веть (-еет) *pf*.

зарисо́вка sketching; sketch.

зароди́ть (-ожу́) *pf*, зарожда́ть *impf* generate; ~ся be born; arise. заро́дыш foetus; embryo. зарожде́ние conception; origin.

заро́к vow, pledge.

заро́с *etc.*: *see* зарасти́

заро́ю *etc.*: *see* зары́ть

зарпла́та *abbr* (*of* зарабо́тная пла́та) wages; pay.

заруба́ть *impf of* заруби́ть

зарубе́жный foreign.

заруби́ть (-блю́, -бишь) *pf* (*impf* заруба́ть) kill, cut down; notch. зару́бка notch.

заруча́ться *impf*, заручи́ться (-чу́сь) *pf* +*instr* secure.

зарыва́ть *impf*, зары́ть (-ро́ю) *pf* bury.

заря́ (*pl* зо́ри, зорь) dawn; sunset.

заря́д charge; supply. заряди́ть (-яжу́, -яди́шь) *pf*, заряжа́ть *impf* load; charge; stoke; ~ся be loaded; be charged. заря́дка loading; charging; exercise.

заса́да ambush. засади́ть (-ажу́, -а́дишь) *pf*, заса́живать *impf* plant; drive; set (за+*acc* to); ~ (в тюрьму́) put in prison. заса́живаться *impf of* засе́сть

заса́ливать *impf of* засоли́ть

засвети́ть (-ечу́, -е́тишь) *pf* light; ~ся light up.

за|свиде́тельствовать *pf*.

засе́в sowing; seed; sown area.

засева́ть *impf of* засе́ять

заседа́ние meeting; session. заседа́ть *impf* sit, be in session.

засе́ивать *impf of* засе́ять. засе́к *etc.*: *see* засе́чь. засека́ть *impf of* засе́чь

засекре́тить (-ре́чу) *pf*, засекре́чивать *impf* classify as secret; clear, give access to secret material.

засеку́ *etc.*: *see* засе́чь. засе́л *etc.*: *see* засе́сть

заселе́ние settlement. засели́ть *pf*, заселя́ть *impf* settle; colonize; populate.

засе́сть (-ся́ду; -се́л) *pf* (*impf* заса́живаться) sit down; sit tight; settle; lodge in.

засе́чь (-еку́, -ечёшь, -ёк, -ла́) *pf* (*impf* засека́ть) flog to death; notch.

засе́ять (-е́ю) *pf* (*impf* засева́ть, засе́ивать) sow.

заси́лье dominance, sway.

заслони́ть *pf*, заслоня́ть *impf* cover, screen; push into the background. засло́нка (*furnace, oven*) door.

заслу́га merit, desert; service. заслу́женный deserved, merited; Honoured; time-honoured. заслу́живать *impf*, заслужи́ть (-ужу́, -у́жишь) *pf* deserve; earn; +*gen* be worthy of.

засмея́ться (-ею́сь, -еёшься) begin to laugh.

заснима́ть *impf of* засня́ть

засну́ть (-ну́, -нёшь) *pf* (*impf* засыпа́ть) fall asleep.

засня́ть (-ниму́, -и́мешь; -я́л, -а́, -о) *pf* (*impf* заснима́ть) photograph.

засо́в bolt, bar.

засо́вывать *impf of* засу́нуть

засо́л salting, pickling. засоли́ть (-олю́, -о́лишь) *pf* (*impf* заса́ливать) salt, pickle.

засоре́ние littering; contamination; obstruction. засори́ть *pf*, засоря́ть *impf* litter; get dirt into; clog.

за|со́хнуть (-ну; -со́х) *pf* (*impf also* засыха́ть) dry (up); wither.

заста́ва gate; outpost.

застава́ть (-таю́, -таёшь) *impf of* заста́ть

заста́вить (-влю) *pf*, заставля́ть *impf* make; compel.

заста́иваться *impf of* застоя́ться.

застáну *etc.*: *see* застáть

застáть *impf* (-áну) *pf* (*impf* заставáть) find; catch.

застёгивать *impf*, застегнýть (-нý, -нёшь) *pf* fasten, do up. застёжка fastening; clasp, buckle; ~-мóлния zip.

застеклúть *pf*, застекля́ть *impf* glaze.

застéнок (-нка) torture chamber. застéнчивый shy.

застигáть *impf*, застúгнуть, застúчь (-úгну; -стúг) *pf* catch; take unawares.

застúчь *see* застúгнуть

застóй stagnation. застóйный stagnant.

за|стóпориться *pf*.

застоя́ться (-úтся) *pf* (*impf* застáиваться) stagnate; stand too long.

застрáивать *impf of* застрóить

застрахóванный insured. за|страховáть *pf*, застрахóвывать *impf* insure.

застревáть *impf of* застря́ть

застрелúть (-елю́, -éлишь) *pf* shoot (dead); ~ся shoot o.s.

застрóить (-óю) *pf* (*impf* застрáивать) build over, on, up. застрóйка building.

застря́ть (-я́ну) *pf* (*impf* застревáть) stick; get stuck.

зáступ spade.

заступáться *impf*, заступúться (-плю́сь, -пишься) *pf* + за+*acc* stand up for. застýпник defender. застýпничество protection; intercession.

застывáть *impf*, засты́ть (-ы́ну) *pf* harden, set; become stiff; freeze; be petrified.

засýнуть (-ну) *pf* (*impf* засóвывать) thrust in, push in.

зáсуха drought.

засы́пать (-плю) *pf*, засыпáть *impf* fill up; strew.

засыпáть² *impf of* заснýть

засыхáть *impf of* засóхнуть.

зася́ду *etc.*: *see* засéсть

затаённый (-ён, -енá) secret; repressed. затáивать *impf*, затаúть *pf* suppress; conceal; harbour; ~ дыхáние hold one's breath.

затáпливать *impf of* затопúть.

затáптывать *impf of* затоптáть

затáскивать *impf*, затащúть (-щý, -щишь) *pf* drag in; drag off; drag away.

затвердевáть *impf*, за|твердéть (-éет) *pf* become hard; set. затвердéние hardening; callus.

затвóр bolt; lock; shutter; flood-gate. затворúть (-рю́, -ришь) *pf*, затворя́ть *impf* shut, close; ~ся shut o.s. up, lock o.s. in. затвóрник hermit, recluse.

затевáть *impf of* затéять

затéк *etc.*: *see* затéчь. затекáть *impf of* затéчь

затéм *adv* then, next; ~ что because.

затемнéние darkening, obscuring; blacking out; black-out. затемнúть *pf*, затемня́ть *impf* darken, obscure; black out.

затéривать *impf*, затеря́ть *pf* lose, mislay; ~ся be lost; be mislaid; be forgotten.

затéчь (-ечёт, -екýт; -тёк, -клá) *pf* (*impf* затекáть) pour, flow; swell up; become numb.

затéя undertaking, venture; escapade; joke. затéять *pf* (*impf* затевáть) undertake, venture.

затихáть *impf*, затúхнуть (-ну; -тúх) *pf* die down, abate; fade. затúшье calm; lull.

заткнýть (-нý, -нёшь) *pf* (*impf* затыкáть) stop up; stick, thrust.

затмевáть *impf*, затмúть (-мúшь) *pf* darken; eclipse; overshadow. затмéние eclipse.

затó *conj* but then, but on the other hand.

затонýть (-óнет) *pf* sink, be submerged.

затопúть¹ (-плю́, -пишь) *pf* (*impf* затáпливать) light; turn on the heating.

затопúть² (-плю́, -пишь) *pf*, затопля́ть *impf* flood, submerge; sink.

затоптáть (-пчý, -пчешь) *pf* (*impf* затáптывать) trample (down).

затóр obstruction, jam; congestion.

за|тормозúть (-ожý) *pf*.

заточáть *impf*, заточúть (-чý) *pf* incarcerate. заточéние incarceration.

затрáгивать *impf of* затрóнуть

затрáта expense; outlay. затрáтить (-áчу) *pf*, затрáчивать *impf* spend.

затребовать pf request, require; ask for.

затронуть (-ну) pf (impf затрагивать) affect; touch (on).

затруднение difficulty. затруднительный difficult. затруднить pf, затруднять impf trouble; make difficult; hamper; ~ся +inf or instr find difficulty in.

затупиться (-пится) pf.

затушить (-шу, -шишь) pf extinguish; suppress.

затхлый musty, mouldy; stuffy.

затыкать impf of заткнуть

затылок (-лка) back of the head; scrag-end.

затягивать impf, затянуть (-ну, -нешь) pf tighten; cover; close, heal; spin out; ~ся be covered; close; be delayed; drag on; inhale. затяжка inhaling; prolongation; delaying, putting off; lagging. затяжной long-drawn-out.

заурядный ordinary; mediocre.

заутреня morning service.

заучивать impf, заучить (-чу, -чишь) pf learn by heart.

за|фаршировать pf. за|фиксировать pf. за|фрахтовать pf.

захват seizure, capture. захватить (-ачу, -атишь) pf, захватывать impf take; seize; thrill. захватнический aggressive. захватчик aggressor. захватывающий gripping.

захлебнуться (-нусь, -нёшься) pf, захлёбываться impf choke (от+gen with).

захлестнуть (-ну, -нёшь) pf, захлёстывать impf flow over, swamp, overwhelm.

захлопнуть (-ну) pf, захлопывать impf slam, bang; ~ся slam (to).

заход sunset; calling in. заходить (-ожу, -одишь) impf of зайти

захолустный remote, provincial. захолустье backwoods.

за|хоронить (-ню, -нишь) pf. за|хотеть(ся (-очу(сь, -очешь(ся, -отим(ся) pf.

зацвести (-етёт; -вёл, -а) pf, зацветать impf come into bloom.

зацепить (-плю, -пишь) pf, зацеплять impf hook; engage; sting; catch (за+acc on); ~ся за+acc catch on; catch hold of.

зачастую adv often.

зачатие conception. зачаток (-тка) embryo; rudiment; germ. зачаточный rudimentary. зачать (-чну, -чнёшь; -чал, -á, -о) pf (impf зачинать) conceive.

зачёл etc.: see зачесть

зачем adv why; what for. зачем-то adv for some reason.

зачёркивать impf, зачеркнуть (-ну, -нёшь) pf cross out.

зачерпнуть (-ну, -нёшь) pf, зачерпывать impf scoop up; draw up.

за|черстветь (-éет) pf.

зачесть (-чту, -чтёшь; -чёл, -чла) pf (impf зачитывать) take into account, reckon as credit. зачёт test; получить ~ по+dat pass a test in; поставить ~ по+dat pass in. зачётная книжка (student's) record book.

зачинать impf of зачать. зачинщик instigator.

зачислить pf, зачислять impf include; enter; enlist; ~ся join, enter.

зачитывать impf of зачесть. зачту etc.: see зачесть. зашёл etc.: see зайти

зашивать impf, зашить (-шью, -шьёшь) pf sew up.

за|шифровать pf, зашифровывать impf encipher, encode.

за|шнуровать pf, зашнуровывать impf lace up.

за|шпаклевать (-люю) pf. за|штопать pf. за|штриховать pf. зашью etc.: see зашить

защита defence; protection. защитить (-ищу) pf, защищать impf defend, protect. защитник defender. защитный protective.

заявить (-влю, -вишь) pf, заявлять impf announce, declare; ~ся turn up. заявка claim; demand. заявление statement; application.

заяц (зайца) hare; stowaway; ехать зайцем travel without a ticket.

звание rank; title. званый invited; ~ обед banquet, dinner. звательный vocative. звать (зову, -вёшь; звал, -á, -о) impf (pf по~) call; ask, invite; как вас зовут? what is your name?; ~ся be called.

звезда (pl звёзды) star. звёздный star; starry; starlit; stellar. звёздочка little star; asterisk.

звене́ть (-ню́) *impf* ring; +*instr* jingle, clink.

звено́ (*pl* зве́нья, -ьев) link; team, section; unit; component. звеньево́й *sb* section leader.

звери́нец (-нца) menagerie. зверово́дство fur farming. зве́рский brutal; terrific. зве́рство atrocity. зве́рствовать *impf* commit atrocities. зверь (*pl* -и, -е́й) *m* wild animal.

звон ringing (sound); peal, chink, clink. звони́ть *impf* (*pf* по~) ring; ring up; ~ кому́-нибудь (по телефо́ну) ring s.o. up. звонки́й (-нок, -нка́, -о) ringing, clear. звоно́к (-нка́) bell; (*telephone*) call.

звук sound.

зву́ко- *in comb* sound. звукоза́пись (sound) recording. ~изоля́ция sound-proofing. ~непроница́емый sound-proof. ~снима́тель *m* pick-up.

звуково́й sound; audio; acoustic. звуча́ние sound(ing); vibration. звуча́ть (-чи́т) *impf* (*pf* про~) be heard; sound. зву́чный (-чен, -чна́, -о) sonorous.

зда́ние building.

здесь *adv* here. зде́шний local; не ~ a stranger here.

здоро́ваться *impf* (*pf* по~) exchange greetings. здо́рово *adv* splendidly; very (much); well done!; great! здоро́вый healthy, strong; well; wholesome, sound. здоро́вье health; за ва́ше ~! your health! как ва́ше ~? how are you? здра́вница sanatorium.

здравомы́слящий sensible, judicious. здравоохране́ние public health.

здра́вствовать *impf* be healthy; prosper. здра́вствуй(те) how do you do?; hello! да здра́вствует! long live! здра́вый sensible; ~ смысл common sense.

зе́бра zebra.

зева́ть *impf*, зевну́ть (-ну́, -нёшь) *pf* yawn; gape; (*pf also* про~) miss, let slip, lose. зево́к (-вка́), зево́та yawn.

зелене́ть (-е́ет) *impf* (*pf* по~) turn green; show green. зелёный (зе́лен,

-а́, -о) green; ~ лук spring onions. зе́лень green; greenery; greens.

земе́льный land.

земле- *in comb* land; earth. землевладе́лец (-льца) landowner. ~де́лец (-льца) farmer. ~де́лие farming, agriculture. ~де́льческий agricultural. ~ко́п navvy. ~ро́йный excavating. ~трясе́ние earthquake.

земля́ (*acc* -ю; *pl* -и, земе́ль, -ям) earth; land; soil. земля́к (-а́) fellow-countryman. земляни́ка (*no pl*; *usu collect*) wild strawberry; wild strawberries. земля́нка dug-out; mud hut. земляно́й earthen; earth; earthy. земля́чка country-woman. земно́й earthly; terrestrial; ground; mundane; ~ шар the globe.

зени́т zenith. зени́тный zenith; anti-aircraft.

зе́ркало (*pl* -а́) mirror. зерка́льный mirror; smooth; plate-glass.

зерни́стый grainy. зерно́ (*pl* зёрна, зёрен) grain; seed; kernel, core; ко́фе в зёрнах coffee beans. зерново́й grain. зерновы́е *sb pl* cereals. зернохрани́лище granary.

зигза́г zigzag.

зима́ (*acc* -у; *pl* -ы) winter. зи́мний winter, wintry. зимова́ть *impf* (*pf* пере~, про~) spend the winter; hibernate. зимо́вка wintering; hibernation. зимо́вье winter quarters. зимо́й *adv* in winter.

зия́ть *impf* gape, yawn.

злак grass; cereal.

злить (злю) *impf* (*pf* обо~, о~, разо~) anger; irritate; ~ся be angry, be in a bad temper; rage. зло (*gen pl* зол) evil; harm; misfortune; malice.

зло- *in comb* evil, harm, malice. злове́щий ominous. ~во́ние stink. ~во́нный stinking. ~ка́чественный malignant; pernicious. ~па́мятный rancorous, unforgiving. ~ра́дный malevolent, gloating. ~сло́вие malicious gossip. ~умы́шленник malefactor; plotter. ~язы́чный slanderous.

зло́ба spite; anger; ~ дня topic of the day, latest news. зло́бный malicious. злободне́вный topical. злоде́й villain. злоде́йский villainous. злоде́йство villainy; crime, evil

deed. злодея́ние crime, evil deed.
злой (зол, зла) evil; wicked; malicious; vicious; bad-tempered; severe.
зло́стный malicious; intentional.
злость malice; fury.
злоупотреби́ть (-блю́) *pf*, злоупотребля́ть *impf* +*instr* abuse.
злоупотребле́ние +*instr* abuse of.
змеи́ный snake; cunning. змей snake; dragon; kite. змея́ (*pl* -и) snake.
знак sign; mark; symbol.
знако́мить (-млю) *impf* (*pf* о~, по~) acquaint; introduce; ~ся become acquainted; get to know; +с+*instr* meet, make the acquaintance of. знако́мство acquaintance; (circle of) acquaintances. знако́мый familiar; быть ~ым с +*instr* be acquainted with, know; ~ый, ~ая *sb* acquaintance.
знамена́тель *m* denominator. знамена́тельный significant. зна́мение sign. знамени́тость celebrity. знамени́тый celebrated, famous. зна́мя (-мени; *pl* -мёна) *neut* banner; flag.
зна́ние knowledge.
зна́тный (-тен, -тна́, -о) distinguished; aristocratic; splendid.
знато́к (-а́) expert; connoisseur. знать *impf* know; дать ~ inform, let know.
значе́ние meaning; significance; importance. зна́чит so then; that means. значи́тельный considerable; important; significant. зна́чить (-чу) *impf* mean; signify; be of importance; ~ся be; be mentioned, appear. значо́к (-чка́) badge; mark.
зна́ющий expert; learned.
знобить *impf*, *impers*+*acc*: меня́, *etc.*, знобит I feel shivery.
зной intense heat. зно́йный hot; burning.
зов call, summons. зову́ *etc.*: *see* звать
зо́дчество architecture. зо́дчий *sb* architect.
зол *see* зло, злой
зола́ ashes, cinders.
золо́вка sister-in-law (*husband's sister*).
золоти́стый golden. зо́лото gold. золото́й gold; golden.
золочёный gilt, gilded.

зо́на zone; region.
зонд probe. зонди́ровать *impf* sound, probe.
зонт (-а́), зо́нтик umbrella.
зоо́лог zoologist. зоологи́ческий zoological. зооло́гия zoology. зоопа́рк zoo. зооте́хник livestock specialist.
зо́ри *etc.*: *see* заря́
зо́ркий (-рок, -рка́, -о) sharp-sighted; perspicacious.
зрачо́к (-чка́) pupil (*of the eye*).
зре́лище sight; spectacle.
зре́лость ripeness; maturity; аттеста́т зре́лости school-leaving certificate. зре́лый (зрел, -а́, -о) ripe, mature.
зре́ние (eye)sight, vision; то́чка зре́ния point of view.
зреть (-е́ю) *impf* (*pf* со~) ripen; mature.
зри́мый visible.
зри́тель *m* spectator, observer; *pl* audience. зри́тельный visual; optic; ~ зал hall, auditorium.
зря *adv* in vain.
зуб (*pl* -ы or -бья, -о́в or -бьев) tooth; cog. зуби́ло chisel. зубно́й dental; tooth; ~ врач dentist. зубовраче́бный dentists', dental; ~ кабине́т dental surgery. зубочи́стка toothpick.
зубр (European) bison; die-hard.
зубри́ть (-рю́, зубри́шь) *impf* (*pf* вы~, за~) cram.
зубча́тый toothed; serrated.
зуд itch. зуде́ть (-и́т) itch.
зы́бкий (-бок, -бка́, -о) unsteady, shaky; vacillating. зыбь (*gen pl* -е́й) ripple, rippling.
зюйд (*naut*) south; south wind.
зя́блик chaffinch.
зя́бнуть (-ну; зяб) *impf* suffer from cold, feel the cold.
зябь land ploughed in autumn for spring sowing.
зять (*pl* -тья́, -тьёв) son-in-law; brother-in-law (*sister's husband or husband's sister's husband*).

И, Й

и *conj* and; even; too; (*with neg*) either; и... и both ... and.

йбо *conj* for.

йва willow.

игла́ (*pl* -ы) needle; thorn; spine; quill. **иглоука́лывание** acupuncture.

игнори́ровать *impf & pf* ignore.

йго yoke.

иго́лка needle.

иго́рный gaming, gambling. **игра́** (*pl* -ы) play, playing; game; hand; turn; ~ слов pun. **игра́льн|ый** playing; ~ые ко́сти dice. **игра́ть** *impf* (*pf* **сыгра́ть**) play; act; ~ в+*acc* play (*game*); ~ на+*prep* play (*an instrument*). **игри́вый** playful. **игро́к** (-а́) player; gambler. **игру́шка** toy.

идеа́л ideal. **идеали́зм** idealism. **идеа́льный** ideal.

иде́йный high-principled; acting on principle; ideological. **идеологи́ческий** ideological. **идеоло́гия** ideology.

идёт *etc.*: *see* **идти́**

иде́я idea; concept.

иди́ллия idyll.

идио́т idiot.

идол idol.

идти́ (иду́, идёшь; шёл, шла) *impf* (*pf* **пойти́**) go; come; run, work; pass; go on, be in progress; be on; fall; +(к+)*dat* suit.

иере́й priest.

иждиве́нец (-нца), **-ве́нка** dependant. **иждиве́ние** maintenance; на иждиве́нии at the expense of.

из, изо *prep*+*gen* from, out of, of.

изба́ (*pl* -ы) izba (*hut*).

изба́вить (-влю) *pf*, **избавля́ть** *impf* save, deliver; ~ся be saved, escape; ~ся от get rid of, get out of.

избало́ванный spoilt.

избега́ть *impf*, **избе́гнуть** (-ну; -бе́г(нул)) *pf*, **избежа́ть** (-егу́) *pf* +*gen* or *inf* avoid; escape, evade.

избегу́ *etc.*: *see* **избежа́ть**

избива́ть *impf of* **изби́ть**. **избие́ние** slaughter, massacre; beating, beating-up.

избира́тель *m*, ~ница elector, voter. **избира́тельный** electoral; election. **избира́ть** *impf of* **избра́ть**

изби́тый trite, hackneyed. **изби́ть** (изобью́, -бьёшь) *pf* (*impf* **избива́ть**) beat unmercifully, beat up; massacre.

и́збранн|ый selected; select; ~ые sb

pl the élite. **избра́ть** (-беру́, -берёшь; -а́л, -а́, -о) *pf* (*impf* **избира́ть**) elect; choose.

избы́ток (-тка) surplus; abundance. **избы́точный** surplus; abundant.

и́зверг monster. **изверже́ние** eruption; expulsion; excretion.

изверну́ться (-ну́сь, -нёшься) *pf* (*impf* **изворачиваться**) dodge, be evasive.

изве́стие news; information; *pl* proceedings. **извести́ть** (-ещу́) *pf* (*impf* **извеща́ть**) inform, notify.

изве́стка lime.

изве́стно it is (well) known; of course, certainly. **изве́стность** fame, reputation. **изве́стный** known; well-known, famous; notorious; certain.

известня́к (-а́) limestone. **и́звесть** lime.

извеща́ть *impf of* **извести́ть**. **извеще́ние** notification; advice.

извива́ться *impf* coil; writhe; twist, wind; meander. **изви́лина** bend, twist. **изви́листый** winding; meandering.

извине́ние excuse; apology. **извини́ть** *pf*, **извиня́ть** *impf* excuse; извини́те (меня́) excuse me, (I'm) sorry; ~ся apologize; excuse o.s.

изви́ться (изовью́сь, -вьёшься; -и́лся, -а́сь, -ось) *pf* coil; writhe.

извлека́ть *impf*, **извле́чь** (-еку́ -ечёшь; -ёк, -ла́) *pf* extract; derive, elicit.

извне́ *adv* from outside.

изво́зчик cabman; carrier.

изворачиваться *impf of* **изверну́ться**. **изворо́т** bend, twist; *pl* tricks, wiles. **изворо́тливый** resourceful; shrewd.

изврати́ть (-ащу́) *pf*, **извраща́ть** *impf* distort; pervert. **извраще́ние** perversion; distortion. **извращённый** perverted, unnatural.

изги́б bend, twist. **изгиба́ть(ся** *impf of* **изогну́ть(ся**

изгна́ние banishment; exile. **изгна́нник** exile. **изгна́ть** (-гоню́, -го́нишь; -а́л, -а́, -о) *pf* (*impf* **изгоня́ть**) banish; exile.

изголо́вье bed-head.

изголода́ться be famished, starve; +по+*dat* yearn for.

изгоню́ *etc.*: *see* **изгна́ть**. **изгоня́ть**

impf of изгна́ть

и́згородь fence, hedge.

изгота́вливать *impf*, изгото́вить (-влю) *pf*, изготовля́ть *impf* make, manufacture; ~ся get ready. изготовле́ние making, manufacture.

издава́ть (-даю́, -даёшь) *impf of* изда́ть

и́здавна *adv* from time immemorial; for a very long time.

издади́м *etc.: see* изда́ть

издалека́, и́здали *advs* from afar.

изда́ние publication; edition; promulgation. изда́тель *m* publisher. изда́тельство publishing house. изда́ть (-а́м, -а́шь, -а́ст, -ади́м; -а́л, -а́, -о) *pf* (*impf* издава́ть) publish; promulgate; produce; emit; ~ся be published.

изна́нка wrong side; seamy side.

из|наси́ловать *pf* rape, assault.

изна́шивание wear (and tear). изна́шивать(ся *impf of* износи́ть(ся

изне́женный pampered; delicate; effeminate.

изнемога́ть *impf*, изнемо́чь (-огу́, -о́жешь; -о́г, -ла́) *pf* be exhausted. изнеможе́ние exhaustion.

изно́с wear; wear and tear; deterioration. износи́ть (-ошу́, -о́сишь) *pf* (*impf* изна́шивать) wear out; ~ся wear out; be used up. изно́шенный worn out; threadbare.

изнуре́ние exhaustion. изнурённый (-ён, -ена́) exhausted, worn out; jaded. изнури́тельный exhausting. изнутри́ *adv* from inside, from within.

изо *see* из

изоби́лие abundance, plenty. изоби́ловать *impf* +*instr* abound in, be rich in. изоби́льный abundant.

изоблича́ть *impf*, изобличи́ть (-чу́) *pf* expose; show. изобличе́ние exposure; conviction.

изобража́ть *impf*, изобрази́ть (-ажу́) *pf* represent, depict, portray (+*instr* as); ~ из себя́ +*acc* make o.s. out to be. изображе́ние image; representation; portrayal. изобрази́тельный graphic; decorative; ~ые иску́сства fine arts.

изобрести́ (-ету́, -етёшь; -ёл, -а́) *pf*, изобрета́ть *impf* invent; devise. изобрета́тель *m* inventor. изобрета́тельный inventive. изобрете́ние invention.

изобью́ *etc.: see* изби́ть. изовью́сь *etc.: see* изви́ться

и́здержки (-жек) *pl* expenses; costs; cost.

из|до́хнуть *pf*.

из|жа́рить(ся *pf*.

изжо́га heartburn.

из-за *prep*+*gen* from behind; because of.

излага́ть *impf of* изложи́ть

излече́ние treatment; recovery; cure. излечи́ть (-чу́, -чишь) cure; ~ся be cured; +от+*gen* rid o.s. of.

изли́шек (-шка) surplus; excess. изли́шество excess; over-indulgence. изли́шний (-шен, -шня) superfluous.

изложе́ние exposition; account. изложи́ть (-жу́, -жишь) *pf* (*impf* излага́ть) expound; set forth; word.

изло́м break, fracture; sharp bend. излома́ть *pf* break; smash; wear out; warp.

излуча́ть *impf* radiate, emit. излуче́ние radiation; emanation.

из|ма́зать (-а́жу) *pf* dirty, smear all over; use up; ~ся get dirty, smear o.s. all over.

изме́на betrayal; treason; infidelity. измене́ние change, alteration; inflection. измени́ть[1] (-ню́, -нишь) *pf* (*impf* изменя́ть[1]) change, alter; ~ся change.

измени́ть[2] (-ню́, -нишь) *pf* (*impf* изменя́ть[2]) +*dat* betray; be unfaithful to. изме́нник, -ица traitor.

изменя́емый variable. изменя́ть[1,2](ся *impf of* измени́ть[1,2](ся

измере́ние measurement, measuring. изме́рить, измеря́ть *impf* measure, gauge.

изможде́нный (-ён, -а́) worn out.

из|му́чить (-чу) *pf* torment; tire out, exhaust; ~ся be exhausted. изму́ченный worn out.

измышле́ние fabrication, invention.

измя́тый crumpled, creased; haggard, jaded. из|мя́ть(ся (изомну́(сь, -нёшь(ся) *pf*.

изо́гнутый bent, curved; winding.
изогну́ть(ся (-ну́(сь, -нёшь(ся) *pf* (*impf* изгиба́ть(ся) bend, curve.
изоли́ровать *impf & pf* isolate; insulate. изоля́тор insulator; isolation ward; solitary confinement cell. изоля́ция isolation; quarantine; insulation.
изомну́(сь *etc.: see* измя́ть
изо́рванный tattered, torn. изорва́ть (-ву́, -вёшь; -а́л, -а́, -о) *pf* tear, tear to pieces; ~ся be in tatters.
изощрённый (-рён, -а́) refined; keen. изощри́ться *pf*, изощря́ться *impf* acquire refinement; excel.
из-под *prep+gen* from under.
Изра́иль *m* Israel. изра́ильский Israeli.
изｌрасхо́довать(ся *pf*.
и́зредка *adv* now and then.
изре́зать (-е́жу) *pf* cut up.
изрече́ние dictum, saying.
изры́ть (-ро́ю) *pf* dig up, plough up. изры́тый pitted.
изря́дно *adv* fairly, pretty. изря́дный fair, handsome; fairly large.
изуве́чить (-чу) *pf* maim, mutilate.
изуми́тельный amazing. изуми́ть (-млю́) *pf*, изумля́ть *impf* amaze; ~ся be amazed. изумле́ние amazement.
изумру́д emerald.
изуро́дованный maimed; disfigured. изｌуро́довать *pf*.
изуча́ть *impf*, изучи́ть (-чу́, -чишь) *pf* learn, study. изуче́ние study.
изъе́здить (-зжу) *pf* travel all over; wear out.
изъяви́ть (-влю́, -вишь) *pf*, изъявля́ть *impf* express.
изъя́н defect, flaw.
изъя́тие withdrawal; removal; exception. изъя́ть (изыму́, -мешь) *pf*. изыма́ть *impf* withdraw.
изыска́ние investigation, research; prospecting; survey. изы́сканный refined. изыска́ть (-ыщу́, -ы́щешь) *pf*, изы́скивать *impf* search out; (try to) find.
изю́м raisins.
изя́щество elegance, grace. изя́щный elegant, graceful.
ика́ть *impf*, икну́ть (-ну́, -нёшь) *pf* hiccup.
ико́на icon.
ико́та hiccup, hiccups.

икра́[1] (hard) roe; caviare.
икра́[2] (*pl* -ы) calf (*of leg*).
ил silt; sludge.
и́ли *conj* or; ~... ~ either ... or.
и́листый muddy, silty.
иллюзиони́ст illusionist. иллю́зия illusion.
иллюмина́тор porthole. иллюмина́ция illumination.
иллюстра́ция illustration. иллюстри́ровать *impf & pf* illustrate.
им *see* он, они́, оно́
им. *abbr* (*of* и́мени) named after.
и́мени *etc.: see* и́мя
име́ние estate.
имени́ны (-и́н) *pl* name-day (party).
имени́тельный nominative. и́менно *adv* namely; precisely, precisely; вот ~! exactly!
име́ть (-е́ю) *impf* have; ~ де́ло с+*instr* have dealings with, have to do with; ~ ме́сто take place; ~ся be; be available.
и́ми *see* они́
имита́ция imitation. имити́ровать *impf* imitate.
иммигра́нт, -ка immigrant.
импера́тор emperor. импера́торский imperial. императри́ца empress. империали́зм imperialism. империали́ст imperialist. империалисти́ческий imperialist(ic). импе́рия empire.
и́мпорт import. импорти́ровать *impf & pf* import. и́мпортный import(ed).
импровиза́ция improvisation. импровизи́ровать *impf & pf* improvise.
и́мпульс impulse.
иму́щество property.
и́мя (и́мени; *pl* имена́, -ён) *neut* name; first name; noun; ~ прилага́тельное adjective; ~ существи́тельное noun; ~ числи́тельное numeral.
и́наче *adv* differently, otherwise; так и́ли ~ in any event; *conj* otherwise, or else.
инвали́д disabled person; invalid. инвали́дность disablement, disability.
инвента́рь (-я́) *m* stock; equipment; inventory.
инде́ец (-е́йца) (American) Indian. инде́йка (*gen pl* -е́ек) turkey(-hen).

инде́йский (American) Indian.
йндекс index; code.
индиа́нка Indian; American Indian.
инди́ец (-и́йца) Indian.
индивидуали́зм individualism. индивидуа́льность individuality. индивидуа́льный individual. индиви́дуум individual.
инди́йский Indian. И́ндия India. инду́с, инду́ска Hindu. инду́сский Hindu.
индустриализа́ция industrialization. индустриализи́ровать impf & pf industrialize. индустриа́льный industrial. инду́стрия industry.
индю́к, индю́шка turkey.
и́ней hoar-frost.
ине́ртность inertia; sluggishness. ине́рция inertia.
инжене́р engineer; ~-меха́ник mechanical engineer; ~-строи́тель m civil engineer.
инжи́р fig.
инициа́л initial.
инициати́ва initiative. инициа́тор initiator.
инквизи́ция inquisition.
инкруста́ция inlaid work, inlay.
инкуба́тор incubator.
ино- in comb other, different; hetero-. иногоро́дний of, from, another town. ~ро́дец (-дца) non-Russian. ~ро́дный foreign. ~сказа́тельный allegorical. ~стра́нец (-нца), ~стра́нка (gen pl -нок) foreigner. ~стра́нный foreign. ~язы́чный speaking, of, another language; foreign.
иногда́ adv sometimes.
ино́й different; other; some; ~ раз sometimes.
и́нок monk. и́нокиня nun.
иноотде́л foreign department.
инсектици́д insecticide.
инспе́ктор inspector. инспе́кция inspection; inspectorate.
инста́нция instance.
инсти́нкт instinct. инстинкти́вный instinctive.
институ́т institute.
инстру́ктор instructor. инстру́кция instructions.
инструме́нт instrument; tool.
инсули́н insulin.
инсцениро́вка dramatization, adap-

tation; pretence.
интегра́ция integration.
интелле́кт intellect. интеллектуа́льный intellectual.
интеллиге́нт intellectual. интеллиге́нтный cultured, educated. интеллиге́нция intelligentsia.
интенси́вность intensity. интенси́вный intensive.
интерва́л interval.
интерве́нция intervention.
интервью́ neut indecl interview.
интере́с interest. интере́сный interesting. интересова́ть impf interest; ~ся be interested (+instr in).
интерна́т boarding-school.
интернациона́льный international.
интерни́ровать impf & pf intern.
интерпрета́ция interpretation. интерпрети́ровать impf & pf interpret.
интерье́р interior.
инти́мный intimate.
интона́ция intonation.
интри́га intrigue; plot. интригова́ть impf, (pf за~) intrigue.
интуи́ция intuition.
инфа́ркт infarct; coronary (thrombosis), heart attack.
инфекцио́нный infectious. инфе́кция infection.
инфля́ция inflation.
информа́ция information.
инфракра́сный infra-red.
ио́д etc.: see йод
ио́н ion.
ипохо́ндрик hypochondriac. ипохо́ндрия hypochondria.
ипподро́м racecourse.
Ира́к Iraq. ира́кец (-кца) Iraqi. ира́кский Iraqi.
Ира́н Iran. ира́нец (-нца), ира́нка Iranian. ира́нский Iranian.
ирла́ндец (-дца) Irishman. Ирла́ндия Ireland. ирла́ндка Irishwoman. ирла́ндский Irish.
ирони́ческий ironic. иро́ния irony.
иррига́ция irrigation.
иск suit, action.
искажа́ть impf, исказ́ить (-ажу́) pf distort, pervert; misrepresent. искаже́ние distortion, perversion.
искале́ченный crippled, maimed. искале́чить (-чу) pf cripple, maim; break.

иска́ть (ищу́, и́щешь) *impf* (+*acc or gen*) seek, look for.

исключа́ть *impf*, исключи́ть (-чу́) *pf* exclude; eliminate; expel. исключа́я *prep*+*gen* except. исключе́ние exception; exclusion; elimination; за исключе́нием +*gen* with the exception of. исключи́тельно *adv* exceptionally; exclusively. исключи́тельный exceptional; exclusive.

иско́нный primordial.

ископа́емое *sb* mineral; fossil. ископа́емый fossilized, fossil.

искорени́ть *pf*, искореня́ть *impf* eradicate.

и́скоса *adv* askance; sidelong.

и́скра spark.

и́скренний sincere. и́скренность sincerity.

искривле́ние bend; distortion, warping.

ис|купа́ть¹(ся *pf*.

искупа́ть² *impf*, искупи́ть (-плю́, -пишь) *pf* atone for; make up for. искупле́ние redemption, atonement.

искуси́ть (-ушу́) *pf* о*искуша́ть*.

иску́сный skilful; expert. иску́сственный artificial; feigned. иску́сство art; skill. искусствове́д art historian.

искуша́ть *impf* (*pf* искуси́ть) tempt; seduce. искуше́ние temptation, seduction.

испа́нец (-нца) Spaniard. Испа́ния Spain. испа́нка Spanish woman. испа́нский Spanish.

испаре́ние evaporation; *pl* fumes. испари́ться *pf*, испаря́ться *impf* evaporate.

ис|па́чкать *pf*.ис|пе́чь (-еку́, -ечёшь) *pf*.

испове́довать *impf* & *pf* confess; profess; ~ся confess; make one's confession;+в +*prep* unburden o.s. of. и́споведь confession.

исподтишка́ *adv* in an underhand way; on the quiet.

исполи́н giant.исполи́нский gigantic.

исполко́м *abbr* (*of* исполни́тельный комите́т) executive committee.

исполне́ние fulfilment, execution. исполни́тель *m*,~ница executor;

performer. исполни́тельный executive.исполни́ть *pf*, исполня́ть *impf* carry out, execute; fulfil; perform;~ся be fulfilled.

испо́льзование utilization.испо́льзовать *impf* & *pf* make (good) use of, utilize.

ис|по́ртить(ся (-рчу(сь) *pf*. испо́рченный depraved; spoiled; rotten.

исправи́тельный correctional; corrective. испра́вить (-влю) *pf*, исправля́ть *impf* rectify, correct; mend; reform;~ся improve, reform. исправле́ние repairing; improvement; correction. испра́вленный improved, corrected; revised; reformed. испра́вный in good order; punctual; meticulous.

ис|про́бовать *pf*.

испу́г fright.ис|пуга́ть(ся *pf*.

испуска́ть *impf*,испусти́ть (-ущу́, -у́стишь) *pf* emit, let out.

испыта́ние test, trial; ordeal. испыта́ть *pf*,испы́тывать *impf* test; try; experience.

иссле́дование investigation; research. иссле́дователь *m* researcher; investigator. иссле́довательский research. иссле́довать *impf* & *pf* investigate, examine; research into.

истаска́ться *pf*, иста́скиваться *impf* wear out; be worn out.

истека́ть *impf* о*исте́чь*. исте́кший past.

исте́рика hysterics. истери́ческий hysterical.истери́я hysteria.

истече́ние outflow; expiry. исте́чь (-ечёт; -тёк, -ла́) *pf* (*impf*истека́ть) elapse; expire.

и́стина truth.и́стинный true.

истлева́ть *impf*, истле́ть (-е́ю) *pf* rot, decay; be reduced to ashes.

исто́к source.

истолкова́ть *pf*, истолко́вывать *impf* interpret; comment on.

ис|толо́чь (-лку́, -лчёшь; -ло́к, -лкла́) *pf*.

исто́ма languor.

исторга́ть *impf*,исто́ргнуть (-ну; -о́рг) *pf* throw out.

исто́рик historian. истори́ческий historical; historic.исто́рия history; story; incident.

исто́чник spring; source.

истоща́ть *impf*,истощи́ть (-щу́) *pf*

exhaust; emaciate. **истоще́ние** emaciation; exhaustion.

ис|тра́тить (-а́чу) *pf*.

истреби́тель *m* destroyer; fighter. **истреби́ть** (-блю́) *pf*, **истребля́ть** *impf* destroy; exterminate.

ис|ту́пится (-пится) *pf*.

истяза́ние torture. **истяза́ть** *impf* torture.

исхо́д outcome; end; Exodus. **исходи́ть** (-ожу́, -о́дишь) *impf* (+из *or* от+*gen*) issue (from); come (from); proceed (from). **исхо́дный** initial; departure.

исхуда́лый undernourished, emaciated.

исцеле́ние healing; recovery. **исцели́ть** *pf*, **исцеля́ть** *impf* heal, cure.

исчеза́ть *impf*, **исче́знуть** (-ну; -е́з) *pf* disappear, vanish. **исчезнове́ние** disappearance.

исче́рпать *pf*, **исче́рпывать** *impf* exhaust; conclude. **исче́рпывающий** exhaustive.

исчисле́ние calculation; calculus.

ита́к *conj* thus; so then.

Ита́лия Italy. **италья́нец** (-нца), **италья́нка** Italian. **италья́нский** Italian.

ИТАР-ТА́СС *abbr* (*of* Информацио́нное телегра́фное аге́нтство Росси́и; *see* ТАСС) ITAR-Tass.

и т.д. *abbr* (*of* и так да́лее) etc., and so on.

ито́г sum; total; result. **итого́** *adv* in all, altogether.

и т.п. *abbr* (*of* и тому́ подо́бное) etc., and so on.

иуде́й, иуде́йка Jew. **иуде́йский** Judaic.

их their, theirs; *see* они́.

иша́к (-á) donkey.

ище́йка bloodhound; police dog.

ищу́ *etc.*: *see* иска́ть.

ию́ль *m* July. **ию́льский** July.

ию́нь *m* June. **ию́ньский** June.

йо́га yoga.

йод iodine.

йо́та iota.

К

к, ко *prep*+*dat* to, towards; by; for;

on; on the occasion of; **к пе́рвому января́** by the first of January; **к тому́ вре́мени** by then; **к тому́ же** besides, moreover; **к чему́?** what for?

-ка *partl* modifying force of imper *or* expressing decision *or* intention; **да́йте-ка пройти́** let me pass, please; **скажи́-ка мне** do tell me.

каба́к (-á) tavern.

кабала́ servitude.

каба́н (-á) wild boar.

кабаре́ *neut indecl* cabaret.

кабачо́к (-чка́) marrow.

ка́бель *m* cable. **ка́бельтов** cable, hawser.

каби́на cabin; booth; cockpit; cubicle; cab. **кабине́т** study; surgery; room; office; Cabinet.

каблу́к (-á) heel.

кабота́ж coastal shipping. **кабота́жный** coastal.

кабы́ if.

кавале́р knight; partner, gentleman. **кавалери́йский** cavalry. **кавале́рист** cavalryman. **кавале́рия** cavalry.

ка́верзный tricky.

Кавка́з the Caucasus. **кавка́зец** (-зца), **кавка́зка** Caucasian. **кавка́зский** Caucasian.

кавы́чки (-чек) *pl* inverted commas, quotation marks.

каде́т cadet. **каде́тский ко́рпус** military school.

ка́дка tub, vat.

кадр frame, still; close-up; cadre; *pl* establishment; staff; personnel; specialists. **ка́дровый** (*mil*) regular; skilled, trained.

кады́к (-á) Adam's apple.

каждодне́вный daily, everyday. **ка́ждый** each, every; *sb* everybody.

ка́жется *etc.*: *see* каза́ться

каза́к (-á; *pl* -áки́, -áко́в) **каза́чка** Cossack.

каза́рма barracks.

каза́ться (кажу́сь, ка́жешься) *impf* (*pf* по~) seem, appear; *impers* **ка́жется, каза́лось** apparently; **каза́лось бы** it would seem; +*dat*: **мне ка́жется** it seems to me; I think.

Казахста́н Kazakhstan. **каза́чий** Cossack.

каземáт casemate.

казённый State; government; fiscal;

public; formal; banal, conventional.
казна́ Exchequer, Treasury; public purse; the State. казначе́й treasurer, bursar; paymaster.
казино́ *neut indecl* casino.
казни́ть *impf & pf* execute; punish; castigate. казнь execution.
кайма́ (*gen pl* каём) border, edging.
как *adv* how; what; вот ~! you don't say!; ~ вы ду́маете? what do you think?; ~ его́ зову́т? what is his name?; ~ же naturally, of course; ~ же так? how is that?; ~ ни however. как *conj* as; like; when; since; +*neg* but, except, than; в то вре́мя ~ while, whereas; ~ мо́жно, ~ нельзя́+*comp* as ... as possible; ~ мо́жно скоре́е as soon as possible; ~ нельзя́ лу́чше as well as possible; ~ то́лько as soon as, when; ме́жду тем, ~ while, whereas. как бу́дто *conj* as if; *partl* apparently. как бы how; as if; как бы... не what if, supposing; как бы... ни however. ка́к-либо *adv* somehow; anyhow. ка́к-нибудь *adv* somehow; anyhow. как раз *adv* just, exactly. как-то *adv* somehow; once.
кака́о *neut indecl* cocoa.
како́в (-á, -ó, -ы́) *pron* what, what sort (of); ~ он? what is he like?; ~ он собо́й? what does he look like?; пого́да-то какова́! what weather! каково́ *adv* how. како́й *pron* what (such) as; which; ~... ни whatever, whichever. како́й-либо, како́й-нибудь *prons* some; any; only. како́й-то *pron* some; a kind of.
как раз, ка́к-то *see* как
ка́ктус cactus.
кал faeces, excrement.
каламбу́р pun.
кале́ка *m & f* cripple.
календа́рь (-я́) *m* calendar.
кале́ние incandescence.
кале́чить (-чу) *impf* (*pf* ис~, по~) cripple, maim; ~ся become a cripple.
кали́бр calibre; bore; gauge.
ка́лий potassium.
кали́тка (wicket-)gate.
каллигра́фия calligraphy.
кало́рия calorie.
кало́ша galosh.
ка́лька tracing-paper; tracing.
калькуля́ция calculation.

кальсо́ны (-н) *pl* long johns.
ка́льций calcium.
ка́мбала flat-fish; plaice; flounder.
камени́стый stony, rocky. каменноуго́льный coal; ~ бассе́йн coalfield. ка́менный stone; rock; stony; hard, immovable; ~ век Stone Age; ~ у́голь coal. каменоло́мня (*gen pl* -мен) quarry. ка́менщик (stone) mason; bricklayer. ка́мень (-мня; *pl* -мни, -мне́й) *m* stone.
ка́мера chamber; cell; camera; inner tube, (football) bladder; ~ хране́ния cloak-room, left-luggage office. ка́мерный chamber. камерто́н tuning-fork.
ками́н fireplace; fire.
камко́рдер camcorder.
камо́рка closet, very small room.
кампа́ния campaign; cruise.
камы́ш (-á) reed, rush; cane.
кана́ва ditch; gutter.
Кана́да Canada. кана́дец (-дца) кана́дка Canadian. кана́дский Canadian.
кана́л canal; channel. канализа́ция sewerage (system).
канаре́йка canary.
кана́т rope; cable.
канва́ canvas; groundwork; outline, design.
кандалы́ (-о́в) *pl* shackles.
кандида́т candidate; ~ нау́к person with higher degree. кандидату́ра candidature.
кани́кулы (-ул) *pl* vacation; holidays.
кани́стра can, canister.
канони́ческий canon(ical).
кано́э *neut indecl* canoe.
кант edging; mount. кантова́ть *impf*; «не ~» 'this way up'.
кану́н eve.
ка́нуть (-ну) *pf* drop, sink; как в во́ду ~ vanish into thin air.
канцеля́рия office. канцеля́рский office; clerical. канцеля́рщина red-tape.
ка́нцлер chancellor.
ка́пать (-аю *or* -плю) *impf* (*pf* ка́пнуть, на~) drip, drop; trickle; +*instr* spill.
капе́лла choir; chapel.
ка́пелька small drop; a little; ~ росы́ dew-drop.
капельме́йстер conductor; bandmaster.

капилля́р capillary.

капита́л capital. капитали́зм capitalism. капитали́ст capitalist. капиталисти́ческий capitalist. капита́льный capital; main, fundamental; major.

капита́н captain; skipper.

капитули́ровать impf & pf capitulate. капитуля́ция capitulation.

капка́н trap.

ка́пля (gen pl -пель) drop; bit, scrap. ка́пнуть (-ну) pf of ка́пать

капо́т hood, cowl, cowling; bonnet; house-coat.

капри́з caprice. капри́зничать impf play up. капри́зный capricious.

капу́ста cabbage.

капюшо́н hood.

ка́ра punishment.

кара́бкаться impf (pf вс~) clamber.

карава́н caravan; convoy.

кара́кули f pl scribble.

караме́ль caramel; caramels.

каранда́ш (-á) pencil.

каранти́н quarantine.

кара́т carat.

кара́тельный punitive. кара́ть impf (pf по~) punish.

карау́л guard; watch; ~! help! карау́лить impf guard; lie in wait for. карау́льный guard; sb sentry, sentinel, guard.

карбюра́тор carburettor.

каре́та carriage, coach.

ка́рий brown; hazel.

карикату́ра caricature; cartoon.

карка́с frame; framework.

ка́ркать impf, ка́ркнуть (-ну) pf caw, croak.

ка́рлик, ка́рлица dwarf; pygmy. ка́рликовый dwarf; pygmy.

карма́н pocket. карма́нник pickpocket. карма́нный adj pocket.

карни́з cornice; ledge.

карп carp.

ка́рта map; (playing-)card.

карта́вить (-влю) impf burr.

картёжник gambler.

карте́чь case-shot, grape-shot.

карти́на picture; scene. карти́нка picture; illustration. карти́нный picturesque; picture.

карто́н cardboard. карто́нка cardboard box.

картоте́ка card-index.

карто́фель m potatoes; potato(-plant). карто́фельный potato; ~ое пюре́ mashed potatoes.

ка́рточка card; season ticket; photo. ка́рточный card.

карто́шка potatoes; potato.

карусе́ль merry-go-round.

ка́рцер cell, lock-up.

карье́р[1] full gallop.

карье́р[2] quarry; sand-pit.

карье́ра career. карьери́ст careerist.

каса́ние contact. каса́тельная sb tangent. каса́ться impf (pf косну́ться) +gen or до+gen touch; touch on; concern; что каса́ется as regards.

ка́ска helmet.

каска́д cascade.

каспи́йский Caspian.

ка́сса till; cash-box; booking-office; box-office; cash-desk; cash.

кассе́та cassette. кассе́тный магнитофо́н cassette recorder.

касси́р, касси́рша cashier.

кастра́т eunuch. кастра́ция castration. кастри́ровать impf & pf castrate, geld.

кастрю́ля saucepan.

катало́г catalogue.

ката́ние rolling; driving; ~ верхо́м riding; ~ на конька́х skating.

катапу́льта catapult. катапульти́ровать(ся impf & pf catapult.

ката́р catarrh.

катара́кта cataract.

катастро́фа catastrophe. катастрофи́ческий catastrophic.

ката́ть impf (pf вы́~, с~) roll; (take for a) drive; ~ся roll, roll about; go for a drive; ~ся верхо́м ride, go riding; ~ся на конька́х skate, go skating.

категори́ческий categorical. катего́рия category.

ка́тер (pl -á) cutter; launch.

кати́ть (-ачу́, -а́тишь) impf bowl along, rip, tear; ~ся rush, tear; flow, stream, roll; кати́сь, кати́тесь get out! clear off! като́к (-тка́) skating-rink; roller.

като́лик, католи́чка Catholic. католи́ческий Catholic.

ка́торга penal servitude, hard labour. ка́торжник convict. ка́торжн|ый penal; ~ые работы hard labour; drudgery.

катушка reel, bobbin; spool; coil.

каучук rubber.

кафе neut indecl café.

кафедра pulpit; rostrum; chair; department.

кафель m Dutch tile.

качалка rocking-chair. качание rocking, swinging; pumping. качать impf (pf качнуть) +acc or instr rock, swing; shake; ~ся rock, swing; roll; reel. качели (-ей) pl swing.

качественный qualitative; high-quality. качество quality; в качестве+gen as, in the capacity of.

качка rocking; tossing.

качнуть(ся) (-ну(сь, -нёшь(ся) pf of качать(ся. качу etc.: see катить

каша gruel, porridge; заварить кашу stir up trouble.

кашель (-шля) cough. кашлянуть (-ну) pf, кашлять impf (have a) cough.

каштан chestnut. каштановый chestnut.

каюта cabin, stateroom.

кающийся penitent. каяться (каюсь) impf (pf по~, рас~) repent; confess; каюсь I (must) confess.

кв. abbr (of квадратный) square; (of квартиры) flat.

квадрат square; quad; в квадрате squared; возвести в ~ square. квадратный square; quadratic.

квакать impf, квакнуть (-ну) croak.

квалификация qualification. квалифицированный qualified, skilled.

квант, кванта quantum. квантовый quantum.

квартал block; quarter. квартальный quarterly.

квартет quartet.

квартира flat; apartment(s); quarters. квартирант, -рантка lodger; tenant. квартирная плата, квартплата rent.

кварц quartz.

квас (pl ~ы) kvass. квасить (-ашу) impf sour; pickle. квашеная капуста sauerkraut.

кверху adv up, upwards.

квит, квиты quits.

квитанция receipt. квиток (-тка) ticket, check.

КГБ abbr (of Комитет государственной безопасности) KGB.

кегля skittle.

кедр cedar.

кеды (-ов) pl trainers.

кекс (fruit-)cake.

келья (gen pl -лий) cell.

кем see кто

кемпинг campsite.

кенгуру m indecl kangaroo.

кепка cloth cap.

керамика ceramics.

керогаз stove. керосин paraffin. керосинка paraffin stove.

кета Siberian salmon. кетовый: ~ая икра red caviare.

кефир kefir, yoghurt.

кибернетика cybernetics.

кивать impf, кивнуть (-ну, -нёшь) pf (головой) nod (one's head); (+на+acc) motion (to). кивок (-вка) nod.

кидать impf (pf кинуть) throw, fling; ~ся fling o.s.; rush; +instr throw.

кий (-я; pl -и, -ёв) (billiard) cue.

килевой keel; ~ая качка pitching. кило neut indecl kilo. киловатт kilowatt. килограмм kilogram. километр kilometre.

киль m keel; fin. кильватер wake.

килька sprat.

кинжал dagger.

кино neut indecl cinema.

кино- in comb film-, cine-. киноаппарат cinecamera. ~артист, ~артистка film actor, actress. ~журнал news-reel. ~зал cinema; auditorium. ~звезда film-star. ~зритель m film-goer. ~картина film. ~оператор camera-man. ~плёнка film. ~режиссёр film director. ~театр cinema. ~хроника news-reel.

кинуть(ся (-ну(сь) pf of кидать(ся

киоск kiosk, stall.

кипа pile, stack; bale.

кипарис cypress.

кипение boiling. кипеть (-плю) impf (pf вс~) boil, seethe.

кипучий boiling, seething; ebullient.

кипятильник kettle, boiler. кипятить (-ячу) impf (pf вс~) boil; ~ся boil; get excited. кипяток (-тка) boiling water. кипячёный boiled.

Кирги́зия Kirghizia.

ки́рка pick(axe).

кирпи́ч (-á) brick; bricks. кирпи́чный brick; brick-red.

кисе́ль m kissel, blancmange.

кисе́т tobacco-pouch.

кисея́ muslin.

кислоро́д oxygen. кислота́ (pl -ы) acid; acidity. кисло́тный acid. ки́слый sour; acid. ки́снуть (-ну; кис) impf (pf про~) turn sour.

ки́сточка brush; tassel. кисть (gen pl -éй) cluster, bunch; brush; tassel; hand.

кит (-á) whale.

кита́ец (-а́йца; pl -цы, -цев) Chinese. Кита́й China. кита́йский Chinese. китая́нка Chinese (woman).

китобо́й whaler. кито́вый whale.

кичи́ться (-чу́сь) impf plume o.s.; strut. кичли́вость conceit. кичли́вый conceited.

кише́ть (-ши́т) impf swarm, teem.

кише́чник bowels, intestines. кише́чный intestinal. кишка́ gut, intestine; hose.

клавеси́н harpsichord. клавиату́ра keyboard. кла́виша key. кла́вишный: ~ инструме́нт keyboard instrument.

клад treasure.

кла́дбище cemetery, graveyard.

кла́дка laying; masonry. кладова́я sb pantry; store-room. кладовщи́к (-á) storeman. кладу́ etc.: see класть

кла́няться impf (pf поклони́ться) +dat bow to; greet.

кла́пан valve; vent.

кларне́т clarinet.

класс class; class-room. кла́ссик classic. кла́ссика the classics. классифици́ровать impf & pf classify. класси́ческий classical. кла́ссный class; first-class. кла́ссовый class.

класть (-аду́, -адёшь; -ал) impf (pf положи́ть, сложи́ть) lay; put.

клева́ть (клюю́, клюёшь) impf (pf клю́нуть) peck; bite.

кле́вер (pl -á) clover.

клевета́ slander; libel. клевета́ть (-ещу́, -ещешь) impf (pf на~) +на+acc slander; libel. клеветни́к (-á), -ни́ца slanderer. клеветни́ческий slanderous; libellous.

клеёнка oilcloth. кле́ить impf (pf с~) glue; stick; ~ся stick; become sticky. клей (loc -ю́; pl -и́) glue, adhesive. кле́йкий sticky.

клейми́ть (-млю́) impf (pf за~) brand; stamp; stigmatize. клеймо́ (pl -a) brand; stamp; mark.

кле́йстер paste.

клён maple.

клепа́ть impf rivet.

кле́тка cage; check; cell. кле́точка cellule. кле́точный cellular. клетча́тка cellulose. кле́тчатый checked.

клёш flare.

клешня́ (gen pl -éй) claw.

кле́щи (-éй) pl pincers, tongs.

клие́нт client. клиенту́ра clientèle.

кли́зма enema.

клик cry, call. кли́кать (-и́чу) impf, кли́кнуть (-ну) pf call.

кли́макс menopause.

кли́мат climate. климати́ческий climatic.

клин (pl -нья, -ньев) wedge. клино́к (-нка́) blade.

кли́ника clinic. клини́ческий clinical.

клипс clip-on ear-ring.

клич call. кли́чка name; nickname. кли́чу etc.: see кли́кать

клок (-á; pl -о́чья, -ьев or -и́, -о́в) rag, shred; tuft.

кло́кот bubbling; gurgling. клокота́ть (-о́чет) impf bubble; gurgle; boil up.

клони́ть (-ню́, -нишь) impf bend; incline; +к+dat drive at; ~ся bow, bend; +к+dat near, approach.

клоп (-á) bug.

кло́ун clown.

клочо́к (-чка́) scrap, shred. кло́чья etc.: see клок

клуб[1] club.

клуб[2] (pl -ы́) puff; cloud.

клу́бень (-бня) m tuber.

клуби́ться impf swirl; curl.

клубни́ка (no pl; usu collect) strawberry; strawberries.

клубо́к (-бка́) ball; tangle.

клу́мба (flower-)bed.

клык (-á) fang; tusk; canine (tooth).

клюв beak.

клю́ква cranberry; cranberries.

клю́нуть (-ну) pf of клева́ть

ключ[1] (-á) key; clue; keystone; clef;

wrench, spanner.

ключ² (-а́) spring; source.

ключево́й key. **ключи́ца** collarbone.

клю́шка (hockey) stick; (golf-)club.

клюю́ *etc.: see* **клева́ть**

кля́кса blot, smudge.

кляну́ *etc.: see* **клясть**

кля́нчить (-чу) *impf* (*pf* вы~) beg.

кляп gag.

клясть (-яну́, -яне́шь; -ял, -а́, -о) *impf* curse; ~ся (*pf* по~ся) swear, vow. **кля́тва** oath, vow. **кля́твенный** on oath.

кни́га book.

книго- *in comb* book, biblio-. **книгове́дение¹** bibliography. **~ве́дение²** book-keeping. **~изда́тель** *m* publisher. **~лю́б** bibliophile, book-lover. **~храни́лище** library; book-stack. **кни́жечка** booklet. **кни́жка** book; note-book; bank-book. **кни́жный** book; bookish.

кни́зу *adv* downwards.

кно́пка drawing-pin; press-stud; (push-)button, knob.

кнут (-а́) whip.

княги́ня princess. **кня́жество** principality. **княжна́** (*gen pl* -жо́н) princess. **князь** (*pl* -зья́, -зе́й) *m* prince.

ко *see* **к** *prep.*

коали́ция coalition.

кобура́ holster.

кобы́ла mare; (vaulting-)horse.

ко́ваный forged; wrought; terse.

кова́рный insidious, crafty; perfidious. **кова́рство** insidiousness, craftiness; perfidy.

кова́ть (кую́, -ёшь) *impf* (*pf* под~) forge; hammer; shoe.

ковёр (-вра́) carpet; rug; mat.

коверка́ть *impf* (*pf* ис~) distort, mangle, ruin.

ко́вка forging; shoeing.

коври́жка honeycake, gingerbread.

ко́врик rug; mat.

ковче́г ark.

ковш (-а́) scoop, ladle.

ковы́ль *m* feather-grass.

ковыля́ть *impf* hobble.

ковырну́ть (-ну́, -нёшь) *pf*, **ковыря́ть** *impf* dig into; tinker; ~в+*prep* pick (at); ~ся rummage; tinker.

когда́ *adv* when; ~ (бы) ни whenever; *conj* when; while; as; if. **когда́-**

либо, **когда́-нибудь** *advs* some time; ever. **когда́-то** *adv* once; formerly; some time.

кого́ *see* **кто**

ко́готь (-гтя; *pl* -гти, -гте́й) *m* claw; talon.

код code.

коде́ин codeine.

ко́декс code.

ко́е-где́ *adv* here and there. **ко́е-ка́к** *adv* anyhow; somehow (or other).

ко́е-како́й *pron* some. **ко́е-кто́** *pron* somebody; some people. **ко́е-что́** (-чего́) *pron* something; a little.

ко́жа skin; leather; peel. **ко́жанка** leather jacket. **ко́жаный** leather. **ко́жевенный** leather; tanning. **ко́жный** skin. **кожура́** rind, peel, skin.

коза́ (*pl* -ы) goat, nanny-goat. **козёл** (-зла́) billy-goat. **козеро́г** ibex; Capricorn. **ко́зий** goat; ~ пух angora. **козлёнок** (-нка; *pl* -ля́та, -ля́т) kid. **ко́злы** (-зел) *pl* coach driver's seat; trestle(s); saw-horse.

ко́зни (-ей) *pl* machinations.

козырёк (-рька́) peak.

козырно́й trump. **козырну́ть** (-ну́, -нёшь) *pf*, **козыря́ть** *impf* lead trumps; trump; play one's trump card; salute. **ко́зырь** (*pl* -и, -е́й) *m* trump.

ко́йка (*gen pl* ко́ек) berth, bunk; bed.

кока́ин cocaine.

ко́ка-ко́ла Coca-Cola (*propr*).

коке́тка coquette. **коке́тство** coquetry.

коклю́ш whooping-cough.

ко́кон cocoon.

коко́с coconut.

ко́кс coke.

кокте́йль *m* cocktail.

кол (-а́; *pl* -лья, -ьев) stake, picket.

ко́лба retort.

колбаса́ (*pl* -ы) sausage.

колго́тки (-ток) *pl* tights.

колдова́ть *impf* practise witchcraft. **колдовство́** sorcery. **колду́н** (-а́) sorcerer, wizard. **колду́нья** (*gen pl* -ний) witch, sorceress.

колеба́ние oscillation; variation; hesitation. **колеба́ть** (-е́блю) *impf* (*pf* по~) shake; ~ся oscillate; fluctuate; hesitate.

коле́но (*pl* -и, -ей, -ям) knee; (*in pl*) lap. **коле́нчатый** crank, cranked; bent; ~ вал crankshaft.

колесни́ца chariot. колесо́ (pl -ёса) wheel.

колея́ rut; track, gauge.

ко́лика (usu pl) colic; stitch.

коли́чественн|ый quantitative; ~ое числи́тельное cardinal number. коли́чество quantity; number.

колле́га m & f colleague. колле́гия board; college.

коллекти́в collective. коллективиза́ция collectivization. коллекти́вный collective. коллекционе́р collector. колле́кция collection.

колли́зия clash, conflict.

коло́да block; pack (of cards).

коло́дец (-дца) well.

ко́локол (pl -á, -óв) bell. колоко́льный bell. колоко́льня belltower. колоко́льчик small bell; bluebell.

колониали́зм colonialism. колониа́льный colonial. колониза́тор colonizer. колониза́ция colonization. колонизова́ть impf & pf colonize. коло́ния colony.

коло́нка geyser; (street) water fountain; stand-pipe; column; бензи́новая ~ petrol pump. коло́нна column.

колори́т colouring, colour. колори́тный colourful, graphic.

ко́лос (-óсья, -ьев) ear. колоси́ться impf form ears.

колосса́льный huge; terrific.

колоти́ть (-очу́, -о́тишь) impf (pf по~) beat; pound; thrash; smash; ~ся pound; thump; shake.

коло́ть¹ (-лю́, -лешь) impf (pf рас~) break, chop.

коло́ть² (-лю́, -лешь) impf (pf за~, кольну́ть) prick; stab; sting; slaughter; ~ся prick.

колпа́к (-á) cap; hood, cowl.

колхо́з abbr (of коллекти́вное хозя́йство) kolkhoz, collective farm. колхо́зник, ~ица kolkhoz member. колхо́зный kolkhoz.

колыбе́ль cradle.

колыха́ть (-ы́шу) impf, колыхну́ть (-ну́, -нёшь) pf sway, rock; ~ся sway; flutter.

кольну́ть (-ну́, -нёшь) pf of коло́ть

кольцо́ (pl -а, -ле́ц, -льцам) ring.

колю́ч|ий prickly; sharp; ~ая про́волока barbed wire. колю́чка prickle; thorn.

коля́ска carriage; pram; side-car.

ком (pl -мья, -мьев) lump; ball.

ком see кто

кома́нда command; order; detachment; crew; team. команди́р commander. командирова́ть impf & pf post, send on a mission. командиро́вка posting; mission, business trip. командиро́вочные sb pl travelling expenses. кома́ндование command. кома́ндовать impf (pf c~) give orders; be in command; +instr command. кома́ндующий sb commander.

кома́р (-á) mosquito.

комба́йн combine harvester.

комбина́т industrial complex. комбина́ция combination; manoeuvre; slip. комбинезо́н overalls, boiler suit; dungarees. комбини́ровать impf (pf c~) combine.

коме́дия comedy.

коменда́нт commandant; manager; warden. комендату́ра commandant's office.

коме́та comet.

ко́мик comic actor; comedian. ко́микс comic, comic strip.

комисса́р commissar.

комиссионе́р (commission-)agent, broker. комиссио́нн|ый commission; ~ый магази́н second-hand shop; ~ые sb pl commission. коми́ссия commission; committee.

комите́т committee.

коми́ческий comic; comical. коми́чный comical, funny.

ко́мкать impf (pf c~) crumple.

коммента́рий commentary; pl comment. коммента́тор commentator. комменти́ровать impf & pf comment (on).

коммерса́нт merchant; businessman. комме́рция commerce. комме́рческий commercial.

коммивояжёр commercial traveller.

комму́на commune. коммуна́льный communal; municipal. коммуни́зм communism.

коммуника́ция communication.

коммуни́ст, ~ка a communist. коммунисти́ческий communist.

коммута́тор switchboard.

коммюнике́ neut indecl communiqué.

ко́мната room. ко́мнатный room; indoor.

комо́д chest of drawers.

комо́к (-мка́) lump.

компа́кт-ди́ск compact disc. компа́ктный compact.

компа́ния company. компаньо́н, ~а companion; partner.

компа́ртия Communist Party.

ко́мпас compass.

компенса́ция compensation. компенси́ровать *impf* & *pf* compensate.

ко́мплекс complex. ко́мплексный complex, compound, composite; combined. компле́кт (complete) set; complement; kit. комплектова́ть *impf* (*pf* с~, у~) complete; bring up to strength. компле́кция build; constitution.

комплиме́нт compliment.

компози́тор composer. компози́ция composition.

компоне́нт component.

компо́ст compost.

компо́стер punch. компости́ровать *impf* (*pf* про~) punch.

компо́т stewed fruit.

компре́ссор compressor.

компромети́ровать *impf* (*pf* с~) compromise. компроми́сс compromise.

компью́тер computer.

комсомо́л Komsomol. комсомо́лец (-льца), -лка Komsomol member. комсомо́льский Komsomol.

кому́ *see* кто

комфо́рт comfort.

конве́йер conveyor.

конве́рт envelope; sleeve.

конво́йр escort. конво́йровать *impf* escort. конво́й escort, convoy.

конгре́сс congress.

конденса́тор condenser.

конди́терская *sb* confectioner's, cake shop.

кондиционе́р air-conditioner. кондицио́нный air-conditioning.

конду́ктор (*pl* -а́), -торша conductor; guard.

коне́водство horse-breeding. конёк (-нька́) *dim of* конь; hobby(-horse).

коне́ц (-нца́) end; в конце́ концо́в in the end, after all. коне́чно *adv* of course. коне́чность extremity. ко-

не́чный final, last; ultimate; finite.

кони́ческий conic, conical.

конкре́тный concrete.

конкуре́нт competitor. конкуре́нция competition. конкури́ровать *impf* compete. ко́нкурс competition; contest.

ко́нница cavalry. ко́нный horse; mounted; equestrian; ~ заво́д stud.

конопля́ hemp.

консервати́вный conservative. консерва́тор Conservative.

консервато́рия conservatoire.

консерви́ровать *impf* & *pf* (*pf* also за~) preserve; can, bottle. консе́рвный preserving; ~ая ба́нка tin; ~ый нож tin-opener. консерво-откры́ватель *m* tin-opener. консе́рвы (-ов) *pl* tinned goods.

конси́лиум consultation.

конспе́кт synopsis, summary. конспекти́ровать *impf* (*pf* за~, про~) make an abstract of.

конспирати́вный secret, clandestine. конспира́ция security.

конста́тация ascertaining; establishment. констати́ровать *impf* & *pf* ascertain; establish.

конституцио́нный constitutional. конститу́ция constitution.

констру́ировать *impf* & *pf* (*pf* also с~) construct; design. констру́кти́вный structural; constructional; constructive. констру́ктор designer, constructor. констру́кция construction; design.

ко́нсул consul.

консульта́ция consultation; advice; clinic; tutorial. консульти́ровать *impf* (*pf* про~) advise; +с +*instr* consult; ~ся obtain advice; +с +*instr* consult.

конта́кт contact. конта́ктные ли́нзы *f pl* contact lenses.

конте́йнер container.

конте́кст context.

контине́нт continent.

конто́ра office. конто́рский office.

контраба́нда contraband. контрабанди́ст smuggler.

контраба́с double-bass.

контраге́нт contractor. контра́кт contract.

контра́льто *neut/fem indecl* contralto (*voice/person*).

контрама́рка complimentary ticket.

контрапу́нкт counterpoint.

контра́ст contrast.

контрибу́ция indemnity.

контрнаступле́ние counter-offensive.

контролёр inspector; ticket-collector. контроли́ровать *impf* (*pf* про~) check; inspect. контро́ль *m* control; check; inspection. контро́льн|ый control; ~ая рабо́та test.

контрразве́дка counter-intelligence; security service. контрреволю́ция counter-revolution.

контузия bruising; shell-shock.

ко́нтур contour, outline; circuit.

конура́ kennel.

ко́нус cone.

конфедера́ция confederation.

конфере́нция conference.

конфе́та sweet.

конфискова́ть *impf* & *pf* confiscate.

конфли́кт conflict.

конфо́рка ring (*on stove*).

конфу́з discomfiture, embarrassment. конфу́зить (-у́жу) *impf* (*pf* с~) confuse, embarrass; ~ся feel embarrassed.

концентра́т concentrate. концентраци́онный concentration. концентра́ция concentration. концентри́ровать(ся *impf* (*pf* с~) concentrate.

конце́пция conception.

конце́рт concert; concerto. концертме́йстер leader; soloist. конце́ртный concert.

концла́герь *abbr* (*of* концентраци́онный ла́герь) concentration camp.

конча́ть *impf*, ко́нчить *pf* finish; end; ~ся end, finish; expire. ко́нчик tip. кончи́на decease.

конь (-я́; *pl* -и, -е́й) *m* horse; knight. коньки́ (-о́в) *pl* skates; ~ на ро́ликах roller skates. конькобе́жец (-жца) skater.

конья́к (-а́) cognac.

ко́нюх groom, stable-boy. коню́шня (*gen pl* -шен) stable.

кооперати́в cooperative. кооперати́вный cooperative. коопера́ция cooperation.

координа́та coordinate. координа́ция coordination.

копа́ть *impf* (*pf* копну́ть, вы́~) dig; dig up, dig out; ~ся rummage.

копе́йка copeck.

ко́пи (-ей) *pl* mines.

копи́лка money-box.

копи́рка carbon paper. копирова́льный copying. копи́ровать *impf* (*pf* с~) copy; imitate.

копи́ть (-плю́, -пишь) *impf* (*pf* на~) save (up); accumulate; ~ся accumulate.

ко́пия copy.

копна́ (*pl* -ы, -пён) shock, stook.

копну́ть (-ну́, -нёшь) *pf of* копа́ть.

ко́поть soot.

копте́ть (-пчу́) *impf* swot; vegetate. копти́ть (-пчу́) *impf* (*pf* за~, на~) smoke, cure; blacken with smoke. копче́ние smoking; smoked foods. копчёный smoked.

копы́то hoof.

копьё (*pl* -я, -пий) spear, lance.

кора́ bark, rind; cortex; crust.

корабе́льный ship; naval. кораблевожде́ние navigation. кораблекруше́ние shipwreck. кораблестрое́ние shipbuilding. кора́бль (-я́) *m* ship, vessel; nave.

кора́лл coral.

коре́йский Korean. Коре́я Korea. корена́стый thickset. корени́ться *impf* be rooted. коренно́й radical, fundamental; native. ко́рень (-рня; *pl* -и, -е́й) *m* root; root(let); spine; counterfoil. корешо́к (-шка́) root(let); spine; counterfoil.

корзи́на, корзи́нка basket.

коридо́р corridor.

кори́ца cinnamon.

кори́чневый brown.

ко́рка crust; rind, peel.

корм (*loc* -у́; *pl* -а́) fodder.

корма́ stern.

корми́лец (-льца) bread-winner. корми́ть (-млю́, -мишь) *impf* (*pf* на~, по~, про~) feed; ~ся feed; +*instr* live on, make a living by. кормле́ние feeding. кормово́й[1] fodder.

кормово́й[2] stern.

корнево́й root; radical. корнепло́ды (-ов) root-crops.

коро́бить (-блю) *impf* (*pf* по~) warp; jar upon; ~ся (*pf also* с~ся) warp.

коро́бка box.

коро́ва cow.

короле́ва queen. короле́вский royal. короле́вство kingdom. коро́ль (-я́) *m* king.

коромы́сло yoke; beam; rocking shaft.

коро́на crown.

коронаротромбо́з coronary (thrombosis).

коро́нка crown. коронова́ть *impf & pf* crown.

коро́ткий (ко́роток, -тка́, ко́ротко́, ко́ротки́) short; intimate. ко́ротко *adv* briefly; intimately. коротково́лновый short-wave. коро́че *comp of* коро́ткий, ко́ротко

корпора́ция corporation.

ко́рпус (*pl* -ы, -ов *or* -а́, -о́в) corps; services; building; hull; housing, case; body.

корректи́ровать *impf* (*pf* про~, с~) correct, edit. корре́ктный correct, proper. корре́ктор (*pl* -а́) proof-reader. корректу́ра proof-reading; proof.

корреспонде́нт correspondent. корреспонде́нция correspondence.

корро́зия corrosion.

корру́пция corruption.

корт (tennis-)court.

корте́ж cortège; motorcade.

ко́ртик dirk.

ко́рточки (-чек) *pl*; сиде́ть на ко́рточках squat.

корчева́ть (-чу́ю) *impf* root out.

ко́рчить (-чу) *impf* (*pf* с~) contort; *impers* convulse; ~ из себя́ pose as; ~ся writhe.

ко́ршун kite.

коры́стный mercenary. коры́сть avarice; profit.

коры́то trough; wash-tub.

корь measles.

коса́[1] (*acc* -у; *pl* -ы) plait, tress.

коса́[2] (*acc* ко́су́; *pl* -ы) spit.

коса́[3] (*acc* ко́су́; *pl* -ы) scythe.

ко́свенный indirect.

коси́лка mowing-machine, mower.

коси́ть[1] (кошу́, ко́сишь) *impf* (*pf* с~) cut; mow (down).

коси́ть[2] (кошу́) *impf* (*pf* по~, с~) squint; be crooked; ~ся slant; look sideways; look askance.

косме́тика cosmetics, make-up.

косми́ческий cosmic; space. космо-

дро́м spacecraft launching-site. космона́вт, -на́втка cosmonaut, astronaut. ко́смос cosmos; (outer) space.

косноязы́чный tongue-tied.

косну́ться (-ну́сь, -нёшься) *pf of* каса́ться

косогла́зие squint. косо́й (кос, -а́, -о) slanting; oblique; sidelong; squinting, cross-eyed.

костёр (-тра́) bonfire; camp-fire.

костля́вый bony. ко́стный bone. ко́сточка (small) bone; stone.

косты́ль (-я́) *m* crutch.

кость (*loc* и́; *pl* -и, -е́й) bone; die.

костю́м clothes; suit. костюмиро́-ванный fancy-dress.

костяно́й bone; ivory.

косы́нка (*triangular*) head-scarf, shawl.

кот (-а́) tom-cat.

котёл (-тла́) boiler; copper, cauldron. котело́к (-лка́) pot; mess-tin; bowler (hat). коте́льная *sb* boiler-room, -house.

котёнок (-нка; *pl* -тя́та, -тя́т) kitten. ко́тик fur-seal; sealskin.

котле́та rissole; burger; отбивна́я ~ chop.

котлова́н foundation pit, trench.

кото́мка knapsack.

кото́рый *pron* which, what; who; that; ~ час? what time is it?

котя́та *etc.*: *see* котёнок

ко́фе *m indecl* coffee. кофева́рка percolator. кофеи́н caffeine.

ко́фта, ко́фточка blouse, top.

коча́н (-á *or* -чна́) (cabbage-)head.

кочева́ть (-чу́ю) *impf* be a nomad; wander; migrate. коче́вник nomad. кочево́й nomadic.

кочега́р stoker, fireman. кочега́рка stokehold, stokehole.

кочене́ть *impf* (*pf* за~, о~) grow numb.

кочерга́ (*gen pl* -рёг) poker.

ко́чка hummock.

кошелёк (-лька́) purse.

ко́шка cat.

кошма́р nightmare. кошма́рный nightmarish.

кошу́ *etc.*: *see* коси́ть

кощу́нство blasphemy.

коэффицие́нт coefficient.

КП *abbr* (*of* Коммунисти́ческая па́ртия) Communist Party. КПСС *abbr* (*of* Коммунисти́ческая па́ртия

Сове́тского Сою́за) Communist Party of the Soviet Union, CPSU.
краб crab.
кра́деный stolen. **краду́** *etc.: see* красть
кра́жа theft; ~ со взло́мом burglary.
край (*loc* -ю́; *pl* -я́, -ёв) edge; brink; land; region. **кра́йне** *adv* extremely. **кра́йний** extreme; last; outside, wing; по кра́йней ме́ре at least. **кра́йность** extreme; extremity.
крал *etc.: see* красть
кран tap; crane.
крапи́ва nettle.
краса́вец (-вца) handsome man. **краса́вица** beauty. **краси́вый** beautiful; handsome.
краси́тель *m* dye. **краси́ть** (-а́шу) *impf* (*pf* вы~, о~, по~) paint; colour; dye; stain; ~ся (*pf* на~) make-up. **кра́ска** paint, dye; colour.
красне́ть (-е́ю) *impf* (*pf* по~) blush; redden; show red.
красноарме́ец (-е́йца) Red Army man. **красноарме́йский** Red Army.
красноречи́вый eloquent.
красну́ха German measles. **кра́сный** (-сен, -сна́, -о) red; beautiful; fine; ~ое де́рево mahogany; ~ая сморо́дина (*no pl; usu collect*) redcurrant; redcurrants; ~ая строка́ (first line of) new paragraph.
красова́ться *impf* impress by one's beauty; show off. **красота́** (*pl* -ы) beauty. **кра́сочный** paint; ink; colourful.
красть (-аду́, -адёшь; крал) *impf* (*pf* у~) steal; ~ся creep.
кра́тер crater.
кра́ткий (-ток, -тка́, -о) short; brief. **кратковре́менный** brief; transitory. **краткосро́чный** short-term.
кра́тное *sb* multiple.
кратча́йший *superl of* кра́ткий.
кра́тче *comp of* кра́ткий, кра́тко
крах crash; failure.
крахма́л starch. **крахма́лить** *impf* (*pf* на~) starch.
кра́ше *comp of* краси́вый, краси́во
кра́шеный painted; coloured; dyed; made up. **кра́шу** *etc.: see* кра́сить
креве́тка shrimp; prawn.
креди́т credit. **креди́тный** credit. **кредитоспосо́бный** solvent.

кре́йсер (*pl* -а́, -о́в) cruiser.
крем cream.
кремато́рий crematorium.
креме́нь (-мня́) *m* flint.
кремль (-я́) *m* citadel; Kremlin.
кре́мний silicon.
кре́мовый cream.
крен list, heel; bank. **крени́ться** *impf* (*pf* на~) heel over, list; bank.
крепи́ть (-плю́) *impf* strengthen; support; make fast; constipate; ~ся hold out. **кре́пкий** (-пок, -пка́, -о) strong; firm; ~ие напи́тки spirits. **крепле́ние** strengthening; fastening.
кре́пнуть (-ну; -еп) *impf* (*pf* о~) get stronger.
крепостни́чество serfdom. **крепостно́й** serf; ~ое пра́во serfdom; ~о́й *sb* serf. **кре́пость** fortress; strength. **кре́пче** *comp of* кре́пкий, кре́пко
кре́сло (*gen pl* -сел) arm-chair; stall.
крест (-а́) cross. **крести́ны** (-и́н) *pl* christening. **крести́ть** (крещу́, -е́стишь) *impf & pf* (*pf also* о~, пере~) christen; make sign of the cross over; ~ся cross o.s.; be christened. **крест-на́крест** *adv* crosswise. **кре́стник**, **кре́стница** godchild. **крёстный** (*pl* (мать) godmother; ~ый оте́ц godfather. **кресто́вый похо́д** crusade. **крестоно́сец** (-сца) crusader.
крестья́нин (*pl* -я́не, -я́н), **крестья́нка** peasant. **крестья́нский** peasant. **крестья́нство** peasantry.
креще́ние christening; Epiphany. **крещёный** (-ён, -ена́) baptized; *sb* Christian. **крещу́** *etc.: see* крести́ть
крива́я *sb* curve. **кривизна́** crookedness; curvature. **криви́ть** (-влю́) *impf* (*pf* по~, с~) bend, distort; ~ душо́й go against one's conscience; ~ся become crooked or bent; make a wry face. **кривля́ться** *impf* give o.s. airs. **криво́й** (крив, -а́, -о) crooked; curved; one-eyed.
кри́зис crisis.
крик cry, shout.
кри́кет cricket.
кри́кнуть (-ну) *pf of* крича́ть
криминальный criminal.
криста́лл crystal. **кристалли́ческий** crystal.

критерий criterion.

критик critic. критика criticism; critique. критиковать *impf* (*pf* крикнуть) criticize. критический critical.

кричать (-чу) *impf* (*pf* крикнуть) cry, shout.

кров roof; shelter.

кровавый bloody.

кровать bed. кровать bed.

кровеносный blood-; circulatory.

кровля (*gen pl* -вель) roof.

кровный blood; thoroughbred; vital, intimate.

крово- *in comb* blood. кровожадный bloodthirsty. ~излияние haemorrhage. ~обращение circulation. ~пролитие bloodshed. ~пролитный bloody. ~смешение incest. ~течение bleeding; haemorrhage. ~точить (-чит) *impf* bleed.

кровь (*loc* -й) blood. кровяной blood.

кроить (крою) *impf* (*pf* с~) cut (out). кройка cutting out.

крокодил crocodile.

кролик rabbit.

кроль *m* crawl(-stroke).

крольчиха she-rabbit, doe.

кроме *prep*+*gen* except; besides; ~ того besides, moreover.

кромка edge.

крона crown; top.

кронштейн bracket; corbel.

кропотливый painstaking; laborious.

кросс cross-country race.

кроссворд crossword (puzzle).

крот (-á) mole.

кроткий (-ток, -тка, -тко) meek, gentle. кротость gentleness; mildness.

крохотный, крошечный tiny. крошка crumb; a bit.

круг (*loc* -ý; *pl* -й) circle; circuit; sphere. круглосуточный round-the-clock. круглый (кругл, -á, -о) round; complete; ~ год all the year round. круговой circular; all-round. кругозор prospect; outlook. кругом *adv* around; *prep*+*gen* round. кругосветный round-the-world.

кружевной lacy; lace. кружево (*pl* -á, -ев, -áм) lace.

кружить (-ужу, -ужишь) *impf* whirl, spin round; ~ся whirl, spin round.

кружка mug.

кружок (-жка) circle, group.

круиз cruise.

крупа (*pl* -ы) groats; sleet. крупица grain.

крупный large, big; great; coarse; ~ый план close-up.

крутить (-учу, -ýтишь) *impf* (*pf* за~, с~) twist, twirl; roll; turn, wind; ~ся turn, spin; whirl.

крутой (крут, -á, -о) steep; sudden; sharp; severe; drastic. круча steep slope. круче *comp of* крутой, крутó

кручу *etc.: see* крутить

крушение crash; ruin; collapse.

крыжовник gooseberries; gooseberry bush.

крылатый winged. крыло (*pl* -лья, -льев) wing; vane; mudguard.

крыльцо (*pl* -льца, -лец, -цам) porch; (front, back) steps.

Крым the Crimea. крымский Crimean.

крыса rat.

крыть (крою) *impf* cover; roof; trump; ~ся be, lie; be concealed. крыша roof. крышка lid.

крюк (-á; *pl* -ки, -ков *or* -ючья, -чьев) hook; detour. крючок (-чка) hook.

кряду *adv* in succession.

кряж ridge.

крякать *impf*, крякнуть (-ну) *pf* quack.

кряхтеть (-хчу) *impf* groan.

кстати *adv* to the point; opportunely; at the same time; by the way.

кто (кого, кому, кем, ком) *pron* who; anyone; ~ (бы) ни whoever. кто-либо, кто-нибудь *prons* anyone; someone. кто-то *pron* someone.

куб (*pl* -ы) cube; boiler; в ~е cubed.

кубик brick, block.

кубинский Cuban.

кубический cubic; cube.

кубок (-бка) goblet; cup.

кубометр cubic metre.

кувшин jug; pitcher. кувшинка water-lily.

кувыркаться *impf*, кувыркнуться (-нусь) *pf* turn somersaults. кувырком *adv* head over heels; topsy-turvy.

куда *adv* where (to); what for; +*comp* much, far; ~ (бы) ни wherever. куда-либо, куда-нибудь *adv* anywhere, somewhere. **куда́-то** *adv* somewhere.

ку́дри (-е́й) *pl* curls. **кудря́вый** curly; florid.

кузне́ц (-а́) blacksmith. **кузне́чик** grasshopper. **ку́зница** forge, smithy.

ку́зов (*pl* -а́) basket; body.

ку́кла doll; puppet. **ку́колка** dolly; chrysalis. **ку́кольный** doll's; puppet.

кукуру́за maize.

куку́шка cuckoo.

кула́к (-а́) fist; kulak. **кула́цкий** kulak. **кула́чный** fist.

куле́к (-лька́) bag.

кули́к (-а́) sandpiper.

кулина́рия cookery. **кулина́рный** culinary.

кули́сы (-и́с) wings; за кули́сами behind the scenes.

кули́ч (-а́) Easter cake.

кулуа́ры (-ов) *pl* lobby.

кульмина́ция culmination.

культ cult. **культиви́ровать** *impf* cultivate.

культу́ра culture; standard; cultivation. **культури́зм** body-building. **культу́рно** *adv* in a civilized manner. **культу́рный** cultured; cultivated; cultural.

куми́р idol.

кумы́с koumiss (*fermented mare's milk*).

куни́ца marten.

купа́льный bathing. **купа́льня** bathing-place. **купа́ть** *impf* (*pf* вы́~, ис~) bathe; bath; ~ся bathe; take a bath.

купе́ *neut indecl* compartment.

купе́ц (-пца́) merchant. **купе́ческий** merchant. **купи́ть** (-плю́, -пишь) *pf* (*impf* покупа́ть) buy.

ку́пол (*pl* -а́) cupola, dome.

купо́н coupon.

купоро́с vitriol.

купчи́ха merchant's wife; female merchant.

кура́нты (-ов) *pl* chiming clock; chimes.

курга́н barrow; tumulus.

куре́ние smoking. **кури́льщик, -щица** smoker.

кури́ный hen's; chicken's.

кури́ть (-рю́, -ришь) *impf* (*pf* по~) smoke; ~ся burn; smoke.

ку́рица (*pl* ку́ры, кур) hen, chicken.

куро́к (-рка́) cocking-piece; взвести́ ~ cock a gun; спусти́ть ~ pull the trigger.

куропа́тка partridge.

куро́рт health-resort; spa.

курс course; policy; year; exchange rate. **курса́нт** student.

курси́в italics.

курси́ровать *impf* ply.

ку́ртка jacket.

курча́вый curly(-headed).

ку́ры *etc.*: *see* ку́рица

курьёз a funny thing **курьёзный** curious.

курье́р messenger; courier. **курье́рский** express.

куря́тник hen-house.

куря́щий *sb* smoker.

куса́ть *impf* bite; sting; ~ся bite.

кусо́к (-ска́) piece; lump. **кусо́чек** (-чка) piece.

куст (-а́) bush, shrub. **куста́рник** bush(es), shrub(s).

куста́рный hand-made; handicrafts; primitive; ~ая промы́шленность cottage industry. **куста́рь** (-я́) *m* craftsman.

ку́тать *impf* (*pf* за~) wrap up; ~ся muffle o.s. up.

кути́ть (кучу́, ку́тишь) *impf*, **кутну́ть** (-ну́, -нёшь) *pf* carouse; go on a binge.

кухарка cook. **ку́хня** (*gen pl* -хонь) kitchen; cuisine. **ку́хонный** kitchen.

ку́ча heap; heaps.

ку́чер (*pl* -а́) coachman.

ку́чка small heap *or* group.

кучу́ *see* кути́ть

куша́к (-а́) sash; girdle.

ку́шанье food; dish. **ку́шать** *impf* (*pf* по~, с~) eat.

куше́тка couch.

кую́ *etc.*: *see* кова́ть

Л

лабора́нт, -а́нтка laboratory assistant. **лаборато́рия** laboratory.

ла́ва lava.

лави́на avalanche.

ла́вка bench; shop. **ла́вочка** small shop.

лавр bay tree, laurel.

ла́герный camp. **ла́герь** (*pl* -я́ or -и,

-е́й *or* -ей) *m* camp; campsite.

лад (*loc* -у́; *pl* -ы́, -о́в) harmony; manner, way; stop, fret.

ла́дан incense.

ла́дить (ла́жу) *impf* get on, be on good terms. ла́дно *adv* all right; very well! ла́дный fine, excellent; harmonious.

ладо́нь palm.

ладья́ rook, castle; boat.

ла́жу *etc.*: *see* ла́дить, ла́зить

лазаре́т field hospital; sick-bay.

ла́зать *see* ла́зить. лазе́йка hole; loop-hole.

ла́зер laser.

ла́зить (ла́жу), ла́зать *impf* climb, clamber.

лазу́рный sky-blue, azure. лазу́рь azure.

лазу́тчик scout; spy.

лай bark, barking. ла́йка[1] (Siberian) husky, laika.

ла́йка[2] kid. ла́йковый kid; kidskin.

ла́йнер liner; airliner.

лак varnish, lacquer.

лака́ть *impf* (*pf* вы́~) lap.

лаке́й footman, man-servant; lackey.

лакирова́ть *impf* (*pf* от~) varnish; lacquer.

ла́кмус litmus.

ла́ковый varnished, lacquered.

ла́комиться (-млюсь) *impf* (*pf* по~) +*instr* treat o.s. to. ла́комка *m* & *f* gourmand. ла́комство delicacy. ла́комый dainty, tasty; +до fond of.

лакони́чный laconic.

ла́мпа lamp; valve, tube. лампа́да icon-lamp. ла́мпочка lamp; bulb.

ландша́фт landscape.

ла́ндыш lily of the valley.

лань fallow deer; doe.

ла́па paw; tenon.

ла́поть (-птя; *pl* -и, -е́й) *m* bast shoe.

ла́почка pet, sweetie.

лапша́ noodles; noodle soup.

ларёк (-рька́) stall. ларь (-я́) *m* chest; bin.

ла́ска[1] caress.

ла́ска[2] weasel.

ласка́ть *impf* caress, fondle; ~ся +к+*dat* make up to; fawn upon. ла́сковый affectionate, tender.

ла́сточка swallow.

латви́ец (-и́йца), -и́йка Latvian. латви́йский Latvian. Ла́твия

Latvia.

лати́нский Latin.

лату́нь brass.

ла́ты (лат) *pl* armour.

латы́нь Latin.

латы́ш, латы́шка Latvian, Lett. латы́шский Latvian, Lettish.

лауреа́т prize-winner.

ла́цкан lapel.

лачу́га hovel, shack.

ла́ять (ла́ю) *impf* bark.

лба *etc.*: *see* лоб

лгать (лгу, лжёшь; лгал, -а́, -о) *impf* (*pf* на~, со~) lie; tell lies; +на+*acc* slander. лгун (-а́), лгу́нья liar.

лебеди́ный swan. лебёдка swan, pen; winch. ле́бедь (*pl* -и, -е́й) *m* swan, cob.

лев (льва) lion.

левобере́жный left-bank. левша́ (*gen pl* -е́й) *m* & *f* left-hander. ле́вый *adj* left; left-hand; left-wing.

лёг *etc.*: *see* лечь

лега́льный legal.

леге́нда legend. легенда́рный legendary.

лёг|кий (-гок, -гка́, лёгки́) light; easy; slight, mild; ~ая атле́тика field and track events. легко́ *adv* easily, lightly, slightly.

легко- *in comb* light; easy, easily. легкове́рный credulous. ~вес light-weight. ~мы́сленный thoughtless; flippant, frivolous; superficial. ~мы́слие flippancy, frivolity.

легков|о́й: ~а́я маши́на (private) car. лёгкое *sb* lung. лёгкость lightness; easiness. ле́гче *comp of* лёгкий, легко́

лёд (льда, *loc* -у) ice. леденеть (-е́ю) *impf* (*pf* за~) freeze; grow numb with cold. ледене́ц (-нца́) fruit-drop. леденя́щий chilling, icy.

ле́ди *f indecl* lady.

ле́дник[1] ice-box; refrigerator van. ледни́к[2] (-а́) glacier. леднико́вый glacial; ~ пери́од Ice Age. ледо́вый ice. ледоко́л ice-breaker. ледяно́й ice; icy.

лежа́ть (-жу́) *impf* lie; be, be situated. лежа́чий lying (down).

ле́звие (cutting) edge; razor-blade.

лезть (-зу; лез) *impf* (*pf* по~) climb; clamber, crawl; get, go; fall out.

лейбори́ст Labourite.

лейка watering-can.

лейтенант lieutenant.

лекарство medicine.

лексика vocabulary. лексикон lexicon; vocabulary.

лектор lecturer. лекция lecture.

лелеять (-ею) impf (pf вз~) cherish, foster.

лён (льна) flax.

ленивый lazy.

ленинградский (of) Leningrad. ленинский (of) Lenin; Leninist. лениться (-нюсь, -нишься) impf (pf по~) be lazy; +inf be too lazy to.

лента ribbon; band; tape.

лентяй, -яйка lazy-bones. лень laziness.

лепесток (-тка) petal.

лепет babble; prattle. лепетать (-ечу, -ечешь) impf (pf про~) babble, prattle.

лепёшка scone; tablet, pastille.

лепить (-плю, -пишь) impf (pf вы~, за~, с~) model, fashion; mould; ~ся cling; crawl. лепка modelling. лепной moulded.

лес (loc -у; pl -а) forest, wood; pl scaffolding.

леса (pl лёсы) fishing-line.

лесник (-а) forester. лесничий sb forestry officer; forest warden. лесной forest.

лесо- in comb forest, forestry; timber wood. лесоводство forestry. ~заготовка logging. ~пилка, ~пильня (gen pl -лен) sawmill. ~руб woodcutter.

лестница stairs, staircase; ladder. лестный flattering. лесть flattery.

лёт (loc -у) flight, flying.

лета (лет) pl years; age; сколько вам лет? how old are you?

летательный flying. летать impf, лететь (лечу) impf (pf полететь) fly; rush; fall.

летний summer.

лётный flying, flight.

лето (pl -а) summer; pl years. летом adv in summer.

летопись chronicle.

летосчисление chronology.

летучий flying; passing; brief; volatile; ~ая мышь bat. лётчик, -чица pilot.

лечебница clinic. лечебный medical; medicinal. лечение (medical) treatment. лечить (-чу, -чишь) impf treat (от for); ~ся be given, have treatment (от for).

лечу etc.: see лететь, лечить

лечь (лягу, ляжешь; лёг, -ла) pf (impf ложиться) lie, lie down; go to bed.

лещ (-а) bream.

лжесвидетельство false witness.

лжец (-а) liar. лживый lying; deceitful.

ли, ль interrog partl & conj whether, if; ли,... ли whether ... or; рано ли, поздно ли sooner or later.

либерал liberal. либеральный liberal.

либо conj or; ~... ~ either ... or.

ливень (-вня) m heavy shower, downpour.

ливрея livery.

лига league.

лидер leader. лидировать impf & pf be in the lead.

лизать (лижу, -ешь) impf, лизнуть (-ну, -нёшь) pf lick.

ликвидация liquidation; abolition. ликвидировать impf & pf liquidate; abolish.

ликёр liqueur.

ликование rejoicing. ликовать impf rejoice.

лилия lily.

лиловый lilac, violet.

лиман estuary.

лимит limit.

лимон lemon. лимонад lemonade; squash. лимонный lemon.

лимфа lymph.

лингвист linguist. лингвистика linguistics. лингвистический linguistic.

линейка ruler; line. линейный linear; ~ корабль battleship.

линза lens.

линия line.

линолеум lino(leum).

линять impf (pf вы~, по~, с~) fade; moult.

липа lime tree.

липкий (-пок, -пка, -о) sticky. липнуть (-ну; лип) impf stick.

липовый lime.

лира lyre. лирик lyric poet. лирика lyric poetry. лирический lyric; lyrical.

лиса́ (pl -ы), -си́ца fox.

лист (-á; pl -ы́ or -ья, -о́в or -ьев) leaf; sheet; page; form; игра́ть с ∼á play at sight. листа́ть impf leaf through. листва́ foliage. ли́ственница larch ли́ственный deciduous. листо́вка leaflet. листово́й sheet, plate; leaf. листо́к (-тка́) dim of лист; leaflet; form, pro-forma.

Литва́ Lithuania.

лите́йный founding, casting. литера́тор man of letters. литерату́ра literature. литерату́рный literary.

лито́вец (-вца), лито́вка Lithuanian. лито́вский Lithuanian.

лито́й cast.

литр litre.

лить (лью, льёшь; лил, -á, -о) impf (pf с∼) pour; shed; cast, mould. литьё founding, casting, moulding; castings, mouldings. ли́ться (льётся; ли́лся, -áсь, ли́ло́сь) impf flow; pour.

лиф bodice. ли́фчик bra.

лифт lift.

лихо́й¹ (лих, -á, -о) dashing, spirited. лихо́й² (лих, -á, -о, ли́хи) evil. лихора́дка fever. лихора́дочный feverish.

лицево́й facial; exterior; front. лицеме́р hypocrite. лицеме́рие hypocrisy. лицеме́рный hypocritical. лицо́ (pl -a) face; exterior; right side; person; быть к лицу +dat suit, befit. личи́нка larva, grub; maggot. ли́чно adv personally, in person. ли́чность personality; person. ли́чный personal; private; ∼ состáв staff, personnel.

лиша́й lichen; herpes; shingles. лиша́йник lichen.

лиша́ть(ся impf of лиши́ть(ся лише́ние deprivation; privation. лишённый (-ён, -ená) +gen lacking in, devoid of. лиши́ть(-шу́) pf (impf лиша́ть) +gen deprive of; ∼ся +gen lose, be deprived of. ли́шний superfluous; unnecessary; spare; ∼ раз once more; ∼ с ∼им odd.

лишь adv only; conj as soon as; ∼ бы́ if only, provided that.

лоб (лба, loc лбу) forehead. ло́бзик fret-saw.

лови́ть (-влю́, -вишь) impf (pf пойма́ть) catch, try to catch.

ло́вкий (-вок, -вка́, -о) adroit; cunning. ло́вкость adroitness; cunning. ло́вля (gen pl -вель) catching, hunting; fishing-ground. лову́шка trap.

ло́вче comp of ло́вкий

логари́фм logarithm.

ло́гика logic. логи́ческий, логи́чный logical.

ло́говище, ло́гово den, lair.

ло́дка boat.

ло́дырничать impf loaf, idle about. ло́дырь m loafer, idler.

ло́жа box; (masonic) lodge.

ложби́на hollow.

ло́же couch; bed.

ложи́ться (-жу́сь) impf of лечь

ло́жка spoon.

ло́жный false. ложь (лжи) lie, falsehood.

лоза́ (pl -ы) vine.

ло́зунг slogan, catchword.

лока́тор radar or sonar apparatus. локомоти́в locomotive.

ло́кон lock, curl.

ло́коть (-ктя; pl -и, -ей) m elbow.

лом (pl -ы, -о́в) crowbar; scrap, waste. ло́маный broken. лома́ть impf (pf по∼, с∼) break; cause to ache; ∼ся break; crack; put on airs; be obstinate.

ломба́рд pawnshop.

ло́мберный стол card-table.

ломи́ть (ло́мит) impf break; break through, rush; impers cause to ache; ∼ся be (near to) breaking. ло́мка breaking; pl quarry. ло́мкий (-мок, -мка́, -о) fragile, brittle.

ломо́ть (-мтя́; pl -мти) m large slice; hunk; chunk. ло́мтик slice.

ло́но bosom, lap.

ло́пасть (pl -и, -ей) blade; fan, vane; paddle.

лопа́та spade; shovel. лопа́тка shoulder-blade; shovel; trowel.

ло́паться impf, ло́пнуть (-ну) pf burst; split; break; fail; crash.

лопу́х (-á) burdock.

лорд lord.

лоси́на elk-skin, chamois leather; elk-meat.

лоск lustre, shine.

лоску́т (-á; pl -ы́ or -ья, -о́в or -ьев) rag, shred, scrap.

лосни́ться impf be glossy, shine.

ло́сось m salmon.

лось (pl -и, -е́й) m elk.

лосьо́н lotion; aftershave; cream.

лот lead, plummet.

лотере́я lottery, raffle.

лото́к (-тка́) hawker's stand or tray; chute; gutter; trough.

лохма́тый shaggy; dishevelled.

лохмо́тья (-ьев) pl rags.

ло́цман pilot.

лошади́ный horse; equine. **ло́шадь** (pl -и, -е́й, instr -дьми́ or -дя́ми) horse.

лощёный glossy, polished.

лощи́на hollow, depression.

лоя́льный fair, honest; loyal.

лубо́к (-бка́) splint; popular print.

луг (loc -у́, pl -а́) meadow.

лу́жа puddle.

лужа́йка lawn, glade.

лужёный tin-plated.

лук[1] onions.

лук[2] bow.

лука́вить (-влю) impf (pf с~) be cunning. **лука́вство** craftiness. **лука́вый** crafty, cunning.

лу́ковица onion; bulb

луна́ (pl -ы) moon. **луна́тик** sleep-walker.

лу́нка hole; socket.

лу́нный moon; lunar.

лу́па magnifying-glass.

лупи́ть (-плю́, -пишь) impf (pf от~) flog.

луч (-а́) ray; beam. **лучево́й** ray; beam; radial; radiation. **лучеза́рный** radiant.

лучи́на splinter.

лу́чше better; ~ всего́, ~ всех best of all. **лу́чший** better; best; в ~ем слу́чае at best; всего́ ~его! all the best!

лыжа ski. **лы́жник** skier. **лы́жный** спорт skiing. **лыжня́** ski-track.

лы́ко bast.

лысе́ть (-е́ю) impf (pf об~, по~) grow bald. **лы́сина** bald spot; blaze. **лы́сый** (лыс, -а́, -о) bald.

ль see ли

льва etc.: see лев. **льви́ный** lion, lion's. **льви́ца** lioness.

льго́та privilege; advantage. **льго́тный** privileged; favourable.

льда etc.: see лёд. **льди́на** block of ice; ice-floe.

льна etc.: see лён. **льново́дство** flax-growing.

льнуть (-ну, -нёшь) impf (pf при~) +к+dat cling to; have a weakness for; make up to.

льняно́й flax, flaxen; linen; linseed.

льстец (-а́) flatterer. **льсти́вый** flattering; smooth-tongued. **льстить** (льщу) impf (pf по~) +dat flatter.

лью etc.: see лить

любе́зность courtesy; kindness; compliment. **любе́зный** courteous; obliging; kind; бу́дьте ~ы be so kind (as to).

люби́мец (-мца), **-мица** pet, favourite. **люби́мый** beloved; favourite. **люби́тель** m, **-ница** lover; amateur. **люби́тельский** amateur. **люби́ть** (-блю́, -бишь) impf love; like.

любова́ться impf (pf по~) +instr or на+acc admire.

любо́вник lover. **любо́вница** mistress. **любо́вный** love-; loving. **любо́вь** (-бви́, instr -бо́вью) love.

любозна́тельный inquisitive.

любо́й any; either; sb anyone.

любопы́тный curious; inquisitive. **любопы́тство** curiosity.

лю́бящий loving.

лю́ди (-е́й, -ям, -дьми́, -ях) pl people. **лю́дный** populous; crowded. **людое́д** cannibal; ogre. **людско́й** human.

люк hatch(way); trap; manhole.

лю́лька cradle.

люминесце́нтный luminescent. **люминесце́нция** luminescence.

лю́стра chandelier.

лю́тня (gen pl -тен) lute.

лю́тый (лют, -а́, -о) ferocious.

ляга́ть impf, **лягну́ть** (-ну́, -нёшь) pf kick; ~ся kick.

ля́гу etc.: see лечь

лягу́шка frog.

ля́жка thigh, haunch.

ля́згать impf clank; +instr rattle.

ля́мка strap; тяну́ть ля́мку toil.

M

мавзоле́й mausoleum.

мавр, маврита́нка Moor. **маврита́нский** Moorish.

магази́н shop.

маги́стр (holder of) master's degree.

магистра́ль main; main line, main road.

маги́ческий magic(al). ма́гия magic.

магнети́зм magnetism.

ма́гний magnesium.

магни́т magnet. магни́тный magnetic. магнитофо́н tape-recorder.

мада́м *f indecl* madam, madame.

мажо́р major (key); cheerful mood. мажо́рный major; cheerful.

ма́зать (ма́жу) *impf* (*pf* вы~, за~, из~, на~, по~, про~) oil, grease; smear, spread; soil; ~ся get dirty; make up. мазо́к (-зка́) touch, dab; smear. мазу́т fuel oil. мазь ointment; grease.

маис maize.

май May. ма́йский May.

ма́йка T-shirt.

майо́р major.

мак poppy, poppy-seeds.

макаро́ны (-н) *pl* macaroni.

мака́ть *impf* (*pf* макну́ть) dip.

маке́т model; dummy.

макну́ть (-ну́, -нёшь) *pf of* мака́ть

макре́ль mackerel.

максима́льный maximum. ма́ксимум maximum; at most.

макулату́ра waste paper; pulp literature.

маку́шка top; crown.

мал *etc.: see* ма́лый

малахи́т malachite.

мале́йший least, slightest. ма́ленький little; small.

мали́на (*no pl; usu collect*) raspberry; raspberries; raspberry-bush. мали́новый raspberry.

ма́ло *adv* little, few; not enough; ~ того́ moreover; ~ того́ что... not only ....

мало- *in comb* (too) little. малова́жный of little importance. ~вероя́тный unlikely. ~гра́мотный semi-literate; crude. ~ду́шный faint-hearted. ~иму́щий needy. ~кро́вие anaemia. ~ле́тний young; juvenile; minor. ~о́пытный inexperienced. ~чи́сленный small (in number), few.

мало-ма́льски *adv* in the slightest degree; at all. мало-пома́лу *adv* little by little.

ма́л|ый (мал, -а́) little, (too) small; са́мое ~ое at the least; *sb* fellow;

лад. малы́ш (-а́) kiddy; little boy. ма́льчик boy. мальчи́шка *m* urchin, boy. мальчуга́н little boy. малю́тка *m & f* baby, little one.

маля́р (-а́) painter, decorator.

маляри́я malaria.

ма́ма mother, mummy. мама́ша mummy. ма́мин mother's.

ма́монт mammoth.

мандари́н mandarin, tangerine.

манда́т warrant; mandate.

манёвр manoeuvre; shunting. маневри́ровать *impf* (*pf* с~) manoeuvre; shunt; +*instr* make good use of.

мане́ж riding-school.

манеке́н dummy; mannequin. манеке́нщик, -щица model.

мане́ра manner; style. мане́рный affected.

манже́та cuff.

маникю́р manicure.

манипули́ровать *impf* manipulate. манипуля́ция manipulation; machination.

мани́ть (-ню́, -нишь) *impf* (*pf* по~) beckon; attract; lure.

манифе́ст manifesto. манифеста́ция demonstration.

мани́шка (false) shirt-front.

ма́ния mania; ~ вели́чия megalomania.

ма́нная ка́ша semolina.

маноме́тр pressure-gauge.

ма́нтия cloak; robe, gown.

мануфакту́ра manufacture; textiles.

манья́к maniac.

марафо́нский бег marathon.

ма́рганец (-нца) manganese.

маргари́н margarine.

маргари́тка daisy.

марино́ванный pickled. маринова́ть *impf* (*pf* за~) pickle; put off.

марионе́тка puppet.

ма́рка stamp; counter; brand; trade-mark; grade; reputation.

ма́ркий easily soiled.

маркси́зм Marxism. маркси́ст Marxist. маркси́стский Marxist.

ма́рлевый gauze. ма́рля gauze; cheesecloth.

мармела́д fruit jellies.

ма́рочный high-quality.

Марс Mars.

март March. ма́ртовский March.

марты́шка marmoset; monkey.

марш march.

ма́ршал marshal.

марширова́ть *impf* march.

маршру́т route, itinerary.

ма́ска mask.маскара́д masked ball; masquerade.маскиро́вать *impf (pf за~)* disguise; camouflage. маскиро́вка disguise; camouflage.

Ма́сленица Shrovetide. масле́нка butter-dish; oil-can.масли́на olive. ма́сло (*pl* -а́, ма́сел, -сла́м) butter; oil; oil paints. маслобо́йка churn. маслобо́йня (*gen pl* -о́ен),масло-заво́д dairy. масляни́стый oily. ма́сляный oil.

ма́сса mass; a lot, lots.

масса́ж massage.масси́ровать *impf & pf* massage.

масси́в massif; expanse, tract. масси́вный massive.

ма́ссовый mass.

ма́стер (*pl* -а́),мастери́ца foreman, forewoman; (master) craftsman; expert.мастери́ть *impf (pf с~)* make, build. мастерска́я *sb* workshop. мастерско́й masterly.мастерство́ craft; skill.

масти́ка mastic; putty; floor-polish. масти́тый venerable.

масть (*pl* -и, -е́й) colour; suit.

масшта́б scale.

мат[1] checkmate.

мат[2] mat.

мат[3] foul language.

матема́тик mathematician. матема́тика mathematics. математи́ческий mathematical.

материа́л material. материали́зм materialism. материалисти́ческий materialist. материа́льный material.

матери́к (-а́) continent; mainland. материко́вый continental.

матери́нский maternal, motherly. матери́нство maternity.

мате́рия material; pus; topic.

ма́тка womb; female.

ма́товый matt; frosted.

матра́с, матра́ц mattress.

матрёшка Russian doll.

ма́трица matrix; die, mould.

матро́с sailor, seaman.

матч match.

мать (ма́тери, *instr* -рью; *pl* -тери, -ре́й) mother.

ма́фия Mafia.

мах swing, stroke. маха́ть (машу́, ма́шешь) *impf*,махну́ть (-ну́, -нёшь) *pf +instr* wave; brandish; wag; flap; go; rush.

махина́ция machinations.

махови́к (-а́) fly-wheel.

махро́вый dyed-in-the-wool; terry.

ма́чеха stepmother.

ма́чта mast.

маши́на machine; car. машина́льный mechanical. машини́ст operator; engine-driver; scene-shifter.маши́нистка typist;~-стенографи́стка shorthand-typist. маши́нка machine; typewriter; sewing-machine. машинопи́сный typewritten. маши́нопись typing; typescript.машиностро́ение mechanical engineering.

мая́к (-а́) lighthouse; beacon.

ма́ятник pendulum. ма́яться *impf* toil; suffer; languish.

мгла haze; gloom.

мгнове́ние instant, moment. мгнове́нный instantaneous, momentary.

ме́бель furniture. меблиро́ванный furnished. меблиро́вка furnishing; furniture.

мегава́тт (*gen pl* -а́тт) megawatt.ме-го́м megohm.мегато́нна megaton.

мёд (*loc* -у́; *pl* -ы́) honey.

меда́ль medal. медальо́н medallion.

медве́дица she-bear. медве́дь *m* bear. медве́жий bear('s). медве-жо́нок (-нка; *pl* -жа́та, -жа́т) bear cub.

ме́дик medical student; doctor. медикаме́нты (-ов) *pl* medicines.

медици́на medicine. медици́нский medical.

ме́дленный slow. медли́тельный sluggish; slow.ме́длить *impf* linger; be slow.

ме́дный copper; brass.

медо́вый honey; ~ ме́сяц honey-moon.

медосмо́тр medical examination, check-up. медпу́нкт first aid post. медсестра́ (*pl* -сёстры, -сестёр, -сёстрам) nurse.

меду́за jellyfish.

медь copper.

меж *prep +instr* between.

меж- in comb inter-.

межá (pl -и, меж, -áм) boundary.

междомéтие interjection.

мéжду prep+instr between; among; ~ прóчим incidentally, by the way; ~ тем meanwhile; ~ тем, как while.

между- in comb inter-. **междугорóдный** inter-city. **~нарóдный** international.

межконтинентáльный intercontinental. **межпланéтный** interplanetary.

мезонúн attic (storey); mezzanine (floor).

Мéксика Mexico.

мел (loc -ý) chalk.

мёл etc.: see местú

меланхóлия melancholy.

мелéть (-éет) impf (pf об~) grow shallow.

мелиорáция land improvement.

мéлкий (-лок, -лкá, -о) small; shallow; fine; petty. **мéлко** adv fine, small. **мелкобуржуáзный** petty bourgeois. **мелководный** shallow.

мелодúчный melodious, melodic. **мелóдия** melody.

мéлочный petty. **мéлочь** (pl -и, -éй) small items; (small) change; pl trifles, trivialities.

мель (loc -й) shoal; bank; на мелú aground.

мелькáть impf, **мелькнýть** (-нý, -нёшь) pf be glimpsed fleetingly. **мéльком** adv in passing; fleetingly.

мéльник miller. **мéльница** mill.

мельчáйший superl of мéлкий. **мéльче** comp of мéлкий, мéлко.

мелюзгá small fry.

мелю etc.: see молóть

мембрáна membrane; diaphragm.

меморáндум memorandum.

мемуáры (-ов) pl memoirs.

мéна exchange, barter.

мéнеджер manager.

мéнее adv less; тем не ~ none the less.

мензýрка measuring-glass.

меновóй exchange; barter.

менуэт minuet.

мéньше smaller; less. **меньшевúк** (-á) Menshevik. **мéньший** lesser, smaller; younger. **меньшинствó** minority.

меню neut indecl menu.

меня see я pron

менять impf (pf об~, по~) change; exchange; ~ся change; +instr exchange.

мéра measure.

мерéщиться (-щусь) impf (pf по~) seem, appear.

мерзáвец (-вца) swine, bastard. **мéрзкий** (-зок, -зкá, -о) disgusting.

мерзлотá: вéчная ~ permafrost. **мёрзнуть** (-ну; мёрз) impf (pf за~) freeze.

мéрзость vileness; abomination.

меридиáн meridian.

мéрило standard, criterion.

мéрин gelding.

мéрить impf (pf по~, с~) measure; try on. **мéрка** measure.

мéрный measured; rhythmical. **мероприятие** measure.

мертвéть (-éю) impf (pf о~, по~) grow numb; be benumbed. **мертвéц** (-á) corpse, dead man. **мёртвый** (мёртв, -á, мёртвó) dead.

мерцáть impf twinkle; flicker.

месúть (мешý, мéсишь) impf (pf с~) knead.

мéсса Mass.

местáми adv here and there. **местéчко** (pl -и, -чек) small town.

местú (метý, -тёшь; мёл, -á) impf sweep; whirl.

мéстность locality; area. **мéстный** local; locative. **-мéстный** in comb -berth, -seater. **мéсто** (pl -á) place; site; seat; room; job. **местожúтельство** (place of) residence. **местоимéние** pronoun. **местонахождéние** location, whereabouts. **месторождéние** deposit; layer.

месть vengeance, revenge.

мéсяц month; moon. **мéсячный** monthly; sb pl period.

метáлл metal. **металлúческий** metal, metallic. **металлýргия** metallurgy.

метáн methane.

метáние throwing, flinging. **метáть**[1] (мечý, мéчешь) impf (pf метнýть) throw, fling; ~ся rush about; toss (and turn).

метáть[2] impf (pf на~, с~) tack.

метафúзика metaphysics.

метáфора metaphor.

метёлка panicle.

метель snow-storm.

метеор meteor. метеорит meteorite. метеоролог meteorologist. метеорологический meteorological. метеорология meteorology. метеосводка weather report. метеостанция weather-station.

метить[1] (мечу) impf (pf на~, по~) mark.

метить[2] (мечу) impf (pf на~) aim; mean.

метка marking, mark.

меткий (-ток, -тка, -о) well-aimed, accurate.

метла (pl мётлы, -тел) broom.

метнуть (-ну, -нёшь) pf of метать[1]

метод method. методика method(s); methodology. методичный methodical. методология methodology.

метр metre.

метрика birth certificate. метрический[1]: ~ое свидетельство birth certificate.

метрический[2] metric; metrical.

метро neut indecl, метрополитен Metro; underground.

метý etc.: see мести

мех[1] (loc -ý; pl -á) fur.

мех[2] (pl -и) wine-skin, water-skin; pl bellows.

механизация mechanization. механизм mechanism; gear(ing). механик mechanic. механика mechanics; trick; knack. механический mechanical; mechanistic.

меховой fur.

меч (-á) sword.

меченый marked.

мечеть mosque.

мечта (day-)dream. мечтательный dreamy. мечтать impf dream.

мечý etc.: see метить. мечý etc.: see метать

мешалка mixer.

мешать[1] impf (pf по~) +dat hinder; prevent; disturb.

мешать[2] impf (pf по~, с~) stir; mix; mix up; ~ся (в+acc) interfere (in), meddle (with).

мешок (-шка) bag; sack. мешковина sacking, hessian.

мещанин (pl -áне, -áн) petty bourgeois; Philistine. мещанский bourgeois, narrow-minded; Philistine. мещанство petty bourgeoisie; philistinism, narrow-mindedness.

миг moment, instant.

мигать impf, мигнуть (-ну, -нёшь) pf blink; wink, twinkle.

мигом adv in a flash.

миграция migration.

мигрень migraine.

мизантроп misanthrope.

мизинец (-нца) little finger; little toe.

микроб microbe.

микроволновая печь microwave oven.

микрон micron.

микроорганизм micro-organism.

микроскоп microscope. микроскопический microscopic.

микросхема microchip.

микрофон (gen pl -н) microphone.

миксер (cul) mixer, blender.

микстура medicine, mixture.

миленький pretty; nice; sweet; dear.

милитаризм militarism.

милиционер militiaman, policeman. милиция militia, police force.

миллиард billion, a thousand million. миллиметр millimetre. миллион million. миллионер millionaire.

милосердие mercy, charity. милосердный merciful, charitable.

милостивый gracious, kind. милостыня alms. милость favour, grace. милый (мил, -á, -о) nice; kind; sweet; dear.

миля mile.

мимика (facial) expression; mimicry.

мимо adv & prep +gen by, past. мимолётный fleeting. мимоходом adv in passing.

мина[1] mine; bomb.

мина[2] expression, mien.

миндаль (-я) m almond(-tree); almonds.

минерал mineral. минералогия mineralogy. минеральный mineral.

миниатюра miniature. миниатюрный miniature; tiny.

минимальный minimal. минимум minimum.

министерство ministry. министр minister.

миновать impf & pf pass; impers+dat escape.

миномёт mortar. миноносец (-сца)

torpedo-boat.

минóр minor (key); melancholy.

минýвш|ий past; **~ee** sb the past.

мúнус minus.

минýта minute. **минýтный** minute; momentary.

минýть (-нешь; мúнýл) pf pass.

мир¹ (pl -ы́) world.

мир² peace.

мирáж mirage.

мирú́ть impf (pf по~, при~) reconcile; **~ся** be reconciled. **мúрный** peace; peaceful.

мировоззрéние (world-)outlook; philosophy. **мировóй** world. **мирозд́ание** universe.

миролюбúвый peace-loving.

мúска basin, bowl.

мисс f indecl Miss.

миссионéр missionary.

мúссия mission.

мúстер Mr.

мúстика mysticism.

мистификáция hoax, leg-pull.

мúтинг mass meeting; rally.

митрополúт metropolitan.

миф myth. **мифúческий** mythical. **мифологúческий** mythological. **мифолóгия** mythology.

мúчман warrant officer.

мишéнь target.

мúшка (Teddy) bear.

младéнец (-нца) baby; infant. **млáдший** younger; youngest; junior.

млекопитáющие sb pl mammals. **Млéчный Путь** Milky Way.

мне see я pron

мнéние opinion.

мнúмый imaginary; sham. **мнúтельный** hypochondriac; mistrustful. **мнúть** (мню) impf think.

мнóгие sb pl many (people); **~ое** sb much, a great deal. **мнóго** adv+gen much; many; на ~ by far.

много- in comb many-, poly-, multi-, multiple-. **многобóрье** combined event. **~грáнный** polyhedral; many-sided. **~дéтный** having many children. **~жéнство** polygamy. **~значúтельный** significant. **~крáтный** repeated; frequentative. **~лéтний** lasting, living, many years; of many years' standing; perennial. **~лю́дный** crowded. **~национáльный** multi-national. **~обещáющий** promising. **~обрáзие** diversity. **~слóвный** verbose. **~сторо́нний** multilateral; many-sided; versatile. **~тóчие** dots, omission points. **~уважáемый** respected; Dear. **~угóльный** polygonal. **~цвéтный** multi-coloured; multiflorous. **~чúсленный** numerous. **~этáжный** many-storeyed. **~язычный** polyglot.

мнóжественный plural. **мнóжество** great number. **мнóжить** (-жу) impf (pf y~) multiply; increase.

мной etc.: see я pron. **мну** etc.: see мять

мобилизáция mobilization. **мобилизовáть** impf & pf mobilize.

мог etc.: see мочь

могúла grave. **могúльный** (of the) grave; sepulchral.

могý etc.: see мочь. **могýчий** mighty. **могýщественный** powerful. **могýщество** power, might.

мóда fashion.

моделúровать impf & pf design. **модéль** model; pattern. **модельéр** fashion designer. **модéльный** model; fashionable.

модернизúровать impf & pf modernize.

модúстка milliner.

модификáция modification. **модифицúровать** impf & pf modify.

мóдный (-ден, -днá, -о) fashionable; fashion.

мóжет see мочь

можжевéльник juniper.

мóжно one may, one can; it is permissible; it is possible; как **~**+comp as ... as possible; как **~** скорéе as soon as possible.

мозáика mosaic; jigsaw.

мозг (loc -ý; pl -ú́) brain; marrow. **мозговóй** cerebral.

мозóль corn; callus.

мой (моегó) m, моя́ (моéй) f, моё (моегó) neut, мой (-úх) pl pron my; mine; по-мóему in my opinion; in my way.

мóйка washing.

мóкнуть (-ну; мок) impf get wet; soak. **мокрóта** phlegm. **мóкрый** wet, damp.

мол (loc -ý) mole, pier.

молвá rumour, talk.

молéбен (-бна) church service.

моле́кула molecule. молекуля́р-
ный molecular.

моли́тва prayer. моли́ть (-лю́, -лишь)
impf pray; beg; ~ся (*pf* по~ся) pray.

моллю́ск mollusc.

молниено́сный lightning. мо́лния
lightning; zip(-fastener).

молодёжь youth, young people.
молоде́ть (-е́ю) *impf* (*pf* по~) get
younger, look younger. молоде́ц
(-дца́) fine fellow *or* girl; ~! well
done! молодожёны (-ов) *pl* newly-
weds. молодо́й (мо́лод, -а́, -о)
young. мо́лодость youth. моло́же
comp of молодо́й

молоко́ milk.

мо́лот hammer. молоти́ть (-очу́,
-о́тишь) *impf* (*pf* с~) thresh; hammer. молото́к (-тка́) hammer.
мо́лотый ground. моло́ть (мелю́,
ме́лешь) *impf* (*pf* с~) grind, mill.

моло́чная *sb* dairy. моло́чный milk;
dairy; milky.

мо́лча *adv* silently, in silence. мол-
чали́вый silent, taciturn; tacit. мол-
ча́ние silence. молча́ть (-чу́) *impf*
be *or* keep silent.

моль moth.

мольба́ entreaty.

мольбе́рт easel.

моме́нт moment; feature. момен-
та́льно *adv* instantly. момента́ль-
ный instantaneous.

мона́рх monarch. монархи́ст mon-
archist.

монасты́рь (-я́) *m* monastery; convent. мона́х monk. мона́хиня nun.

монго́л, ~ка Mongol.

моне́та coin.

моногра́фия monograph.

моноли́тный monolithic.

моноло́г monologue.

монопо́лия monopoly.

моното́нный monotonous.

монта́ж (-а́) assembling, mounting;
editing. монта́жник rigger, fitter.
монтёр fitter, mechanic. монти́ро-
вать *impf* (*pf* с~) mount; install, fit;
edit.

монуме́нт monument. монумен-
та́льный monumental.

мора́ль moral; morals, ethics. мо-
ра́льный moral; ethical.

морг morgue.

морга́ть *impf*, моргну́ть (-ну́, -нёшь)

pf blink; wink.

мо́рда snout, muzzle; (ugly) mug.

мо́ре (*pl* -я́, -е́й) sea.

морепла́вание navigation. море-
пла́ватель *m* seafarer. морехо́д-
ный nautical.

морж (-а́), моржи́ха walrus.

Мо́рзе *indecl* Morse; а́збука ~ Morse
code.

мори́ть *impf* (*pf* у~) exhaust; ~
го́лодом starve.

морко́вка carrot. морко́вь carrots.

моро́женое *sb* ice-cream. моро́-
женый frozen, chilled. моро́з frost;
pl intensely cold weather. моро-
зи́лка freezer compartment; freezer.
морози́льник deep-freeze. моро́-
зить (-о́жу) freeze. моро́зный frosty.

мороси́ть *impf* drizzle.

морско́й sea; maritime; marine, nautical; ~а́я сви́нка guinea-pig; ~о́й
флот navy, fleet.

мо́рфий morphine.

морщи́на wrinkle; crease. мо́рщить
(-щу) *impf* (*pf* на~, по~, с~) wrinkle; pucker; ~ся knit one's brow;
wince; crease, wrinkle.

моря́к (-а́) sailor, seaman.

москви́ч (-а́), ~ка Muscovite. мос-
ко́вский (of) Moscow.

мост (мо́ста́, *loc* -у́; *pl* -ы́) bridge.
мо́стик bridge. мости́ть (-ощу́)
impf (*pf* вы́~) pave. мостки́ (-о́в)
pl planked footway. мостова́я *sb*
roadway; pavement. мостово́й
bridge.

мота́ть¹ *impf* (*pf* мотну́ть, на~)
wind, reel.

мота́ть² *impf* (*pf* про~) squander.

мота́ться *impf* dangle; wander; rush
about.

моти́в motive; reason; tune; motif.
мотиви́ровать *impf* & *pf* give rea-
sons for, justify. мотиви́ровка
reason(s); justification.

мотну́ть (-ну́, -нёшь) *pf of* мота́ть

мото- *in comb* motor-, engine-. мото-
го́нки (-нок) *pl* motor-cycle races.
~пе́д moped. ~пехо́та motorized
infantry. ~ро́ллер (motor-)scooter.
~ци́кл motor cycle.

мото́к (-тка́) skein, hank.

мото́р motor, engine. мотори́ст
motor-mechanic. мото́рный motor;
engine.

мотыга hoe, mattock.

мотылёк (-лька) butterfly, moth.

мох (мха or мо́ха, loc мху; pl мхи, мхов) moss. мохна́тый hairy, shaggy.

моча́ urine.

моча́лка loofah.

мочево́й пузы́рь bladder. мочи́ть (-чу́, -чишь) impf (pf за~, на~) wet, moisten; soak; ~ся (pf по~ся) urinate.

мо́чка ear lobe.

мочь (могу́, мо́жешь; мог, -ла́) impf (pf c~) be able; мо́жет (быть) perhaps.

моше́нник rogue. моше́нничать impf (pf c~) cheat, swindle. моше́ннический rascally.

мо́шка midge. мошкара́ (swarm of) midges.

мо́щность power; capacity. мо́щный (-щен, -щна́, -о) powerful.

мощу́ etc.: see мости́ть

мощь power.

мо́ю etc.: see мыть. мо́ющий washing; detergent.

мрак darkness, gloom. мракобе́с obscurantist.

мра́мор marble. мра́морный marble.

мра́чный dark; gloomy.

мсти́тельный vindictive. мстить (мщу) impf (pf ото~) take vengeance on; +за+acc avenge.

мудре́ц (-а́) sage, wise man. му́дрость wisdom. му́дрый (-др, -а́, -о) wise, sage.

муж (pl -жья́ or -и́) husband. мужа́ть impf grow up; mature; ~ся take courage. мужеподо́бный mannish; masculine. му́жественный manly, steadfast. му́жество courage.

мужи́к (-а́) peasant; fellow.

мужско́й masculine; male. мужчи́на m man.

му́за muse.

музе́й museum.

му́зыка music. музыка́льный musical. музыка́нт musician.

му́ка[1] torment.

мука́[2] flour.

мультиплика́ция, мультфи́льм cartoon film.

му́мия mummy.

мунди́р (full-dress) uniform.

мундшту́к (-а́) mouthpiece; cigar-ette-holder.

муниципа́льный municipal.

мураве́й (-вья́) ant. мураве́йник ant-hill.

мурлы́кать (-ы́чу or -каю) impf purr.

муска́т nutmeg.

му́скул muscle. му́скульный muscular.

му́сор refuse; rubbish. му́сорный я́щик dustbin.

мусульма́нин (pl -ма́не, -ма́н), -а́нка Muslim.

мути́ть (мучу́, му́тишь) impf (pf вз~) make muddy; stir up, upset. му́тный (-тен, -тна́, -о) turbid, troubled; dull. муть sediment; murk.

му́ха fly.

муче́ние torment, torture. му́ченик, му́ченица martyr. мучи́тельный agonizing. му́чить (-чу) impf (pf за~, из~) torment; harass; ~ся torment o.s.; suffer agonies.

мучно́й flour, meal; starchy.

мха etc.: see мох

мчать (мчу) impf rush along, whirl along; ~ся rush.

мщу etc.: see мстить

мы (нас, нам, на́ми, нас) pron we; мы с ва́ми you and I.

мы́лить impf (pf на~) soap; ~ся wash o.s. мы́ло (pl -а́) soap. мы́льница soap-dish. мы́льный soap, soapy.

мыс cape, promontory.

мы́сленный mental. мы́слимый conceivable. мы́слитель m thinker. мы́слить impf think; conceive. мысль thought; idea. мы́слящий thinking.

мыть (мо́ю) impf (pf вы́~, по~) wash; ~ся wash (o.s.).

мыча́ть (-чу́) impf (pf про~) low, moo; bellow; mumble.

мышело́вка mousetrap.

мы́шечный muscular.

мышле́ние thinking, thought.

мышца muscle.

мышь (gen pl -е́й) mouse.

мэр mayor. мэ́рия town hall.

мя́гкий (-гок, -гка́, -о) soft; mild; ~ знак soft sign, the letter ь. мя́гче comp of мя́гкий, мя́гко. мя́коть fleshy part, flesh; pulp.

мяси́стый fleshy; meaty. мясни́к (-а́) butcher. мясно́й meat. мя́со meat;

flesh. мясору́бка mincer.

мя́та mint; peppermint.

мяте́ж (-á) mutiny, revolt. мяте́жник mutineer, rebel. мяте́жный rebellious; restless.

мя́тный mint, peppermint.

мять (мну, мнёшь) *impf* (*pf* из~, раз~, с~) work up; knead; crumple; ~ся become crumpled; crush (easily).

мяу́кать *impf* miaow.

мяч (-á), мя́чик ball.

Н

на[1] *prep* I. +*acc* on; on to, to, into; at; till, until; for; by. II. +*prep* on, upon; in; at.

на[2] *partl* here; here you are.

наба́вить (-влю) *pf*, набавля́ть *impf* add (to), increase.

наба́т alarm-bell.

набе́г raid, foray.

набе́крень *adv* aslant.

на|бели́ть (-éлишь) *pf*. на́бело *adv* without corrections.

на́бережная *sb* embankment, quay.

наберу́ *etc.*: *see* набра́ть

набива́ть(ся *impf of* наби́ть(ся. наби́вка stuffing, padding; (textile) printing.

набира́ть(ся *impf of* набра́ть(ся

наби́тый packed, stuffed, crowded. наби́ть (-бью, -бьёшь) *pf* (*impf* набива́ть) stuff, pack, fill; smash; print, hammer, drive; ~ся crowd in.

наблюда́тель *m* observer. наблюда́тельный observant; observation. наблюда́ть *impf* observe, watch; +за+*instr* look after; supervise. наблюде́ние observation; supervision.

на́божный devout, pious.

на́бок *adv* on one side, crooked.

наболе́вший sore, painful.

набо́р recruiting; collection; set; type-setting.

набра́сывать(ся *impf of* набро́са́ть, набро́сить(ся

набра́ть (-беру́, -берёшь; -áл, -á, -о) *pf* (*impf* набира́ть) gather; enlist; compose, set up; ~ но́мер dial a number; ~ся assemble, collect; +*gen* find, acquire, pick up; ~ся сме́лости

pluck up courage.

набрести́ (-еду́, -дёшь; -ёл, -ела́) *pf* +на+*acc* come across.

наброса́ть *pf* (*impf* набра́сывать) throw (down); sketch; jot down. набро́сить (-óшу) *pf* (*impf* набра́сывать) throw; ~ся throw o.s.; ~ся на attack. набро́сок (-ска) sketch, draft.

набуха́ть *impf*, набу́хнуть (-нет; -ýх) *pf* swell.

набью́ *etc.*: *see* наби́ть

наважде́ние delusion.

нава́ливать *impf*, навали́ть (-лю́, -лишь) *pf* heap, pile up; load; ~ся lean; +на+*acc* fall (up)on.

наведе́ние laying (on); placing.

наведу́ *etc.*: *see* навести́

наве́к, наве́ки *adv* for ever.

навёл *etc.*: *see* навести́

наве́рно, наве́рное *adv* probably. наверняка́ *adv* certainly, for sure.

наверста́ть *pf*, навёрстывать *impf* make up for.

наве́рх *adv* up(wards); upstairs. наверху́ *adv* above; upstairs.

наве́с awning.

навести́ (-ешу́) *pf* (*impf* наве́шивать) hang (up). навесно́й hanging.

навести́ (-еду́, -едёшь; -вёл, -á) *pf* (*impf* наводи́ть) direct; aim; cover (with), spread; introduce; bring; make.

навести́ть (-ещу́) *pf* (*impf* навеща́ть) visit.

наве́шать *pf*, наве́шивать[1] *impf* hang (out); weigh out.

наве́шивать[2] *impf of* наве́сить. навеща́ть *impf of* навести́ть

на́взничь *adv* backwards, on one's back.

навзры́д *adv*: пла́кать ~ sob.

навига́ция navigation.

нависа́ть *impf*, нави́снуть (-нет; -вис) *pf* overhang, hang (over); threaten. нави́сший beetling.

навлека́ть *impf*, навле́чь (-еку́, -ечёшь; -ёк, -ла́) *pf* bring, draw; incur.

наводи́ть (-ожу́, -óдишь) *impf of* навести́; наводя́щий вопро́с leading question. наво́дка aiming; applying.

наводне́ние flood. наводни́ть *pf*,

наводня́ть *impf* flood; inundate.

наво́з dung, manure.

на́волочка pillowcase.

на|вра́ть (-ру́, -рёшь; -а́л, -а́, -о) *pf* tell lies, romance; talk nonsense; +в+*prep* make mistake(s) in.

навреди́ть (-ежу́) *pf* +*dat* harm.

навсегда́ *adv* for ever.

навстре́чу *adv* to meet; идти́ ~ go to meet; meet halfway.

навы́ворот *adv* inside out; back to front.

на́вык experience, skill.

навы́нос *adv* to take away.

навы́пуск *adv* worn outside.

навью́чивать *impf*, на|вью́чить (-чу) *pf* load.

навяза́ть (-яжу́, -я́жешь) *pf*, навя́зывать *impf* tie, fasten; thrust, foist; ~ся thrust o.s. навя́зчивый importunate; obsessive.

на|га́дить (-а́жу) *pf*.

нага́н revolver.

нагиба́ть(ся see нагну́ть(ся

нагишо́м *adv* stark naked.

нагле́ц (-а́) impudent fellow. на́глость impudence. на́глый (нагл, -а́, -о) impudent.

нагля́дный clear, graphic; visual.

нагна́ть (-гоню́, -го́нишь; -а́л, -а́, -о) *pf* (*impf* нагоня́ть) overtake, catch up (with); inspire, arouse.

нагнести́ (-ету́, -етёшь) *pf*, нагнета́ть *impf* compress; supercharge. нагное́ние suppuration. нагно́иться *pf* suppurate.

нагну́ть (-ну́, -нёшь) *pf* (*impf* нагиба́ть) bend; ~ся bend, stoop.

нагова́ривать *impf*, наговори́ть *pf* slander; talk a lot (of); record.

наго́й (наг, -а́, -о) naked, bare.

на́голо *adv* naked, bare.

нагоня́ть *impf of* нагна́ть

нагора́ть *impf*, нагоре́ть (-ри́т) *pf* be consumed; impers+*dat* be scolded. наго́рный upland, mountain; mountainous.

нагота́ nakedness, nudity.

награ́бить (-блю) *pf* amass by dishonest means.

награ́да reward; decoration; prize.

наградить (-ажу́) *pf*, награжда́ть *impf* reward; decorate; award prize to.

ва́ть *impf*, нагре́ть (-е́ю) *pf* warm, heat; ~ся get hot, warm up.

нагроможда́ть *impf*, на|громозди́ть (-зжу́) *pf* heap up, pile up. нагроможде́ние heaping up; conglomeration.

на|груби́ть (-блю) *pf*.

нагружа́ть *impf*, на|грузи́ть (-ужу́, -у́зишь) *pf* load; ~ся load o.s. нагру́зка loading; load; work; commitments.

нагря́нуть (-ну) *pf* appear unexpectedly.

над, надо *prep*+*instr* over, above; on, at.

надави́ть (-влю́, -вишь) *pf*, нада́вливать *impf* press; squeeze out; crush.

надба́вка addition, increase.

надвига́ть *impf*, надви́нуть (-ну) *pf* move, pull, push; ~ся approach.

на́двое *adv* in two.

надгро́бие epitaph. надгро́бный (on or over a) grave.

надева́ть *impf of* наде́ть

наде́жда hope. наде́жность reliability. надёжный reliable.

наде́л allotment.

наде́лать *pf* make; cause; do.

надели́ть (-лю́, -лишь) *pf*, наделя́ть *impf* endow, provide.

наде́ть (-е́ну) *pf* (*impf* надева́ть) put on.

наде́яться (-е́юсь) *impf* (*pf* по~) hope; rely.

надзира́тель *m* overseer, supervisor. надзира́ть *impf* +за+*instr* supervise, oversee. надзо́р supervision; surveillance.

надла́мывать(ся *impf of* надло́мить(ся

надлежа́щий fitting, proper, appropriate. надлежи́т (-жа́ло) impers (+*dat*) it is necessary, required.

надло́м break; crack; breakdown. надломи́ть (-млю́, -мишь) *pf* (*impf* надла́мывать) break; crack; breakdown; ~ся break, crack, breakdown. надло́мленный broken.

надме́нный haughty, arrogant.

на́до[1] (+*dat*) it is necessary; I (*etc.*) must, ought to; I (*etc.*) need. на́добность necessity, need.

на́до[2]: *see* над.

надоеда́ть *impf*, надое́сть (-е́м, -е́шь,

-е́ст, -еди́м) pf +dat bore, pester.
надое́дливый boring, tiresome.
надо́лго adv for a long time.
надорва́ть (-ву́, -вёшь; -а́л, -а́, -о)
pf (impf надрыва́ть) tear; strain;
~ся overstrain o.s.
на́дпись inscription.
надре́з cut, incision. надре́зать
(-е́жу) pf, надреза́ть, над-
ре́зывать impf make an incision in.
надруга́тельство outrage. надру-
га́ться pf +над+instr outrage, insult.
надры́в tear; strain; breakdown; outburst. надрыва́ть(ся impf of надо-
рва́ть(ся. надры́вный hysterical;
heartrending.
надста́вить (-влю) pf, надста-
вля́ть impf lengthen.
надстра́ивать impf, надстро́ить
(-о́ю) pf build on top; extend upwards. надстро́йка building upwards; superstructure.
надува́тельство swindle. наду-
ва́ть(ся impf of наду́ть(ся. на-
дувно́й pneumatic, inflatable.
наду́тый swollen; haughty; sulky.
наду́ть (-у́ю) pf (impf надува́ть) inflate; swindle; ~ся swell out; sulk.
наду́шить(ся (-шу́/сь, -шишь(ся) pf.
наеда́ться impf of нае́сться
наедине́ adv privately, alone.
нае́зд flying visit; raid. нае́здник,
-ица rider. наезжа́ть impf of
нае́здить, нае́хать; pay occasional
visits.
наём (на́йма) hire; renting; взять в
~ rent; сдать в ~ let. наёмник hire-
ling; mercenary. наёмный hired,
rented.
нае́сться (-е́мся, -е́шься, -е́стся,
-еди́мся) pf (impf наеда́ться) eat
one's fill; +gen.
нае́хать (-е́ду) pf (impf наезжа́ть)
arrive unexpectedly; +на+acc run
into, collide with.
нажа́ть (-жму́, -жмёшь) pf (impf
нажима́ть) press; put pressure (on).
наждак (-а́) emery. наждачная
бума́га emery paper.
нажи́ва profit, gain.
нажива́ть(ся impf of нажи́ть(ся
нажи́м pressure; clamp. нажима́ть
impf of нажа́ть.
нажи́ть (-иву́, -ивёшь; на́жил, -а́, -о)

pf (impf нажива́ть) acquire; contract, incur; ~ся (-жи́лся, -а́сь) get
rich.
нажму́ etc.: see нажа́ть
наза́втра adv (the) next day.
наза́д adv back(wards); (тому́) ~
ago.
назва́ние name; title. назва́ть (-зову́,
-зовёшь; -а́л, -а́, -о) pf (impf назы-
ва́ть) call, name; ~ся be called.
назе́мный ground, surface.
на́зло adv out of spite; to spite.
назнача́ть impf, назна́чить (-чу) pf
appoint; fix, set; prescribe. назна-
че́ние appointment; fixing, setting;
prescription.
назову́ etc.: see назва́ть
назо́йливый importunate.
назрева́ть impf, назре́ть (-е́ет)
ripen, mature; become imminent.
называ́емый: так ~ so-called. на-
зыва́ть(ся impf of назва́ть(ся.
наибо́лее adv (the) most. наибо́ль-
ший greatest, biggest.
наи́вный naive.
наивы́сший highest.
наигра́ть pf, наи́грывать impf win;
play, pick out.
наизна́нку adv inside out.
наизу́сть adv by heart.
наилу́чший best.
наименова́ние name; title.
на́искось adv obliquely.
найму́ etc.: see наня́ть
найти́ (-йду́, -йдёшь; нашёл, -шла́,
-шло́) pf (impf находи́ть) find; ~сь
be found; be, be situated.
наказа́ние punishment. наказа́ть
(-ажу́, -а́жешь) pf, нака́зывать
impf punish.
нака́л incandescence. нака́ливать
impf, накали́ть pf, накаля́ть impf
heat; make red-hot; strain, make
tense; ~ся glow, become incandescent; become strained.
нака́лывать(ся impf of наколо́ть-
(ся
накану́не adv the day before.
нака́пливать(ся impf of накопи́ть-
(ся
накача́ть pf, нака́чивать impf
pump (up).
наки́дка cloak, cape; extra charge.
наки́нуть (-ну) pf, наки́дывать
impf throw; throw on; ~ся throw

o.s.; ~ся на attack.

нáкипь scum; scale.

накладнáя *sb* invoice. **накладн|óй** laid on; false; ~ые расхóды overheads. **наклáдывать** *impf of* наложи́ть

на|клеветáть (-ещý, -éщешь) *pf.*

наклéивать *impf*, **наклéить** *pf* stick on. **наклéйка** sticking (on, up), label.

наклóн slope, incline. **наклонéние** inclination; mood. **наклони́ть** (-ню́, -нишь) *pf*, **наклоня́ть** *impf* incline, bend; ~ся stoop, bend. **наклóнный** inclined, sloping.

накóлка pinning; (*pinned-on*) ornament for hair; tattoo. **наколóть**[1] (-лю́, -лешь) *pf* (*impf* накáлывать) prick; pin; ~ся prick o.s.

наколóть[2] (-лю́, -лешь) *pf* (*impf* накáлывать) chop.

наконéц *adv* at last. **наконéчник** tip, point.

на|копи́ть (-плю́, -пишь) *pf*, **накопля́ть** *impf* (*impf also* накáпливать) accumulate; ~ся accumulate. **накоплéние** accumulation.

на|копти́ть (-пчу́) *pf.* **на|корми́ть** (-млю́, -мишь) *pf.*

на|крáсить (-áшу) *pf* paint; make up. **на|крáситься** (-áшусь) *pf.*

на|крахмáлить *pf.*

на|крени́ть *pf.* **накрени́ться** (-ни́тся) *pf*, **накреня́ться** *impf* tilt; list.

накричáть (-чý) *pf* (+на+*acc*) shout (at).

накрóю *etc.: see* накры́ть

накрывáть *impf*, **накры́ть** (-рóю) *pf* cover; catch; ~ (на) стол lay the table; ~ся cover o.s.

накури́ть (-рю́, -ришь) *pf* fill with smoke.

налагáть *impf of* наложи́ть

налáдить (-áжу) *pf*, **налáживать** *impf* regulate, adjust; repair; organize; ~ся come right; get going.

на|лгáть (-лгý, -лжёшь; -áл, -á, -о) *pf.*

налéво *adv* to the left.

налёг *etc.: see* налéчь. **налегáть** *impf of* налéчь

налегкé *adv* lightly dressed; without luggage.

налёт raid; flight; thin coating. **налетáть**[1] *pf* have flown. **налетáть**[2] *impf*, **налетéть** (-лечý) *pf*

swoop down; come flying; spring up.

налéчь (-ля́гу, -ля́жешь; -лёг, -лá) *pf* (*impf* налегáть) lean, apply one's weight, lie; apply o.s.

налжёшь *etc.: see* налгáть

наливáть(ся *impf of* нали́ть(ся. **нали́вка** fruit liqueur.

нали́ть (-лью́, -льёшь; нáлил, -á, -о) *pf* (*impf* наливáть) pour (out), fill; ~ся (-и́лся, -áсь, -и́лóсь) pour in; ripen.

налицó *adv* present; available.

нали́чие presence. **нали́чн|ый** on hand; cash; ~ые (дéньги) ready money.

налóг tax. **налогоплатéльщик** taxpayer. **налóженн|ый:** ~ым платежóм C.O.D. **наложи́ть** (-жý, -жишь) *pf* (*impf* наклáдывать, налагáть) lay (in, on), put (in, on); apply; impose.

налью́ *etc.: see* нали́ть

наля́гу *etc.: see* налéчь

нам *etc.: see* мы

на|мáзать (-áжу) *pf*, **намáзывать** *impf* oil, grease; smear, spread.

намáтывать *impf of* намотáть. **намáчивать** *impf of* намочи́ть

намёк hint. **намекáть** *impf*, **намекнýть** (-нý, -нёшь) *pf* hint.

намеревáться *impf* +*inf* intend to. **намéрен** *predic:* я ~(а)+*inf* I intend to. **намéрение** intention. **намéренный** intentional.

на|мéтать *pf.* **на|мéтить**[1] (-éчу) *pf.* **намéтить**[2] (-éчу) *pf* (*impf* намечáть) plan; outline; nominate; ~ся be outlined, take shape.

намнóго *adv* much, far.

намокáть *impf*, **намóкнуть** (-ну) *pf* get wet.

намóрдник muzzle.

на|мóрщить(ся (-щу(сь) *pf.*

на|мотáть *pf* (*impf also* намáтывать) wind, reel.

на|мочи́ть (-очý, -óчишь) *pf* (*impf also* намáчивать) wet; soak; splash, spill.

намы́ливать *impf*, **на|мы́лить** *pf* soap.

нанести́ (-сý, -сёшь; -ёс, -лá) *pf* (*impf* наноси́ть) carry, bring; draw, plot; inflict.

на|низáть (-ижý, -и́жешь) *pf*, **нани́зывать** *impf* string, thread.

нанима́тель *m* tenant; employer. нанима́ть(ся *impf of* наня́ть(ся

наноси́ть (-ошу́, -о́сишь) *impf of* нанести́

наня́ть (найму́, -мёшь; на́нял, -а́, -о) *pf* (*impf* нанима́ть) hire; rent; ~ся get a job.

наоборо́т *adv* on the contrary; back to front; the other, the wrong, way (round); vice versa.

на́отмашь *adv* violently.

наотре́з *adv* flatly, point-blank.

напада́ть *impf of* напа́сть. напада́ющий *sb* forward. нападе́ние attack; forwards.

напа́рник co-driver, (work)mate.

напа́сть (-аду́, -адёшь; -а́л) *pf* (*impf* напада́ть) на+*acc* attack; descend on; seize; come upon. напа́сть misfortune.

напе́в tune. напева́ть *impf of* напе́ть.

наперебо́й *adv* interrupting, vying with, one another.

наперёд *adv* in advance.

наперекор *adv*+*dat* in defiance of, counter to.

наперсток (-тка) thimble.

напе́ть (-пою́, -поёшь) *pf* (*impf* напева́ть) sing; hum, croon.

на|печа́тать(ся *pf.* напива́ться *impf of* напи́ться

напи́льник file.

на|писа́ть (-ишу́, -и́шешь) *pf.*

напи́ток (-тка) drink. напи́ться (-пьюсь, -пьёшься; -и́лся, -а́сь, -и́лось) *pf* (*impf* напива́ться) quench one's thirst, drink; get drunk.

напиха́ть *pf,* напи́хивать *impf* cram, stuff.

на|плева́ть (-люю, -люёшь) *pf;* ~! to hell with it! who cares?

наплы́в influx; accumulation; canker. наплюю́ *etc.: see* наплева́ть

налова́л outright.

наподо́бие *prep*+*gen* like, not unlike.

на|пои́ть (-ою́, -о́ишь) *pf.*

напока́з *adv* for show.

наполни́тель *m* filler. напо́лнить(ся *pf,* наполня́ть(ся *impf* fill. наполови́ну *adv* half.

напомина́ние reminder. напомина́ть *impf,* напо́мнить *pf* (+*dat*) remind.

напо́р pressure. напо́ристый энергетic, pushing.

напосле́док *adv* in the end; after all.

напою́ *etc.: see* напе́ть, напои́ть

напр. *abbr* (*of* например) e.g., for example.

напра́вить (-влю) *pf,* направля́ть *impf* direct; send; sharpen; ~ся make (for), go (towards). направле́ние direction; trend; warrant; order. напра́вленный purposeful.

напра́во *adv* to the right.

напра́сно *adv* in vain, for nothing; unjustly, mistakenly.

напра́шиваться *impf of* напроси́ться

наприме́р for example.

на|прока́зничать *pf.*

напрока́т *adv* for, on, hire.

напролёт *adv* through, without a break.

напроло́м *adv* straight, regardless of obstacles.

напроси́ться (-ошу́сь, -о́сишься) *pf* (*impf* напра́шиваться) thrust o.s.; suggest itself; ~ на ask for, invite.

напро́тив *adv* opposite; on the contrary. напро́тив *prep*+*gen* opposite.

напряга́ть(ся *impf of* напря́чь(ся. напряже́ние tension; exertion; voltage. напряжённый tense; intense; intensive.

напрями́к *adv* straight (out).

напря́чь (-ягу́, -яжёшь; -я́г, -ла́) *pf* (*impf* напряга́ть) strain; ~ся strain o.s.

на|пуга́ть(ся *pf.* на|пу́дрить(ся *pf.*

напуска́ть *impf,* напусти́ть (-ущу́, -у́стишь) *pf* let in; let loose; ~ся +на+*acc* fly at, go for.

напу́тать *pf* +в+*prep* make a mess of.

на|пыли́ть *pf.*

напы́ться *etc.: see* напи́ться

наравне́ *adv* level; equally.

нараспа́шку *adv* unbuttoned.

нараста́ние growth, accumulation. нараста́ть *impf,* нарасти́ (-тёт; -ро́с, -ла́) *pf* grow; increase.

нарасхва́т *adv* very quickly, like hot cakes.

нарва́ть[1] (-рву́, -рвёшь; -а́л, -а́, -о) *pf* (*impf* нарыва́ть) pick; tear up.

нарва́ть[2] (-вёт; -а́л, -а́, -о) *pf* (*impf* нарыва́ть) gather.

нарва́ться (-ву́сь, -вёшься; -а́лся, -а ла́сь, -а́лось) *pf* (*impf* нарыва́ться) +на+*acc* run into, run up against.

наре́зать (-е́жу) *pf*, нареза́ть *impf* cut (up), slice, carve; thread, rifle.

наре́чие[1] dialect.

наре́чие[2] adverb.

на|рисова́ть *pf*.

нарко́з narcosis. наркома́н, -ма́нка drug addict. наркома́ния drug addiction. нарко́тик narcotic.

наро́д people. наро́дность nationality; national character. наро́дный national; folk; popular; people's.

наро́с *etc.*: *see* нарасти́

наро́чно adv on purpose, deliberately. наро́чный *sb* courier.

нару́жность exterior. нару́жный external, outward. нару́жу adv outside.

нару́чник handcuff. нару́чный wrist.

наруше́ние breach; infringement. наруши́тель *m* transgressor. нару́шить (-шу) *pf*, наруша́ть *impf* break; disturb, infringe, violate.

нарци́сс narcissus; daffodil.

на́ры (нар) *pl* plank-bed.

нары́в abscess, boil. нарыва́ть(ся *impf of* нарва́ть(ся

наря́д[1] order, warrant.

наря́д[2] attire; dress. наряди́ть (-яжу́) *pf* (*impf* наряжа́ть) dress (up); ~ся dress up. наря́дный well-dressed.

наряду́ adv alike, equally; side by side.

наряжа́ть(ся *impf of* наряди́ть(ся.

нас *see* мы

насади́ть (-ажу́, -а́дишь) *pf*, насажда́ть *impf* (*impf also* наса́живать) plant; propagate; implant. наса́дка setting, fixing. насажде́ние planting; plantation; propagation. наса́живать *impf of* насади́ть

насеко́мое *sb* insect.

населе́ние population. населённость density of population. населённый populated; ~ пункт settlement; built-up area. насели́ть *pf*, населя́ть *impf* settle, people.

наси́лие violence, force. наси́ловать *impf* (*pf* из~) coerce; rape. наси́лу adv with difficulty. наси́льник aggressor; rapist; violator. наси́льное adv by force. наси́льственный violent, forcible.

наска́кивать *impf of* наскочи́ть

насквозь adv through, throughout.

наско́лько adv how much?, how far?; as far as.

на́скоро adv hastily.

наскочи́ть (-очу́, -о́чишь) *pf* (*impf* наска́кивать) +на +*acc* run into, collide with; fly at.

наску́чить (-чу) *pf* bore.

наслади́ться (-ажу́сь) *pf*, наслажда́ться *impf* (+*instr*) enjoy, take pleasure in. наслажде́ние pleasure, enjoyment.

насле́дие legacy; heritage. на|следи́ть (-ежу́) *pf*. насле́дник heir; successor. насле́дница heiress. насле́дный next in succession. насле́довать *impf & pf* (*pf also* у~) inherit, succeed to. насле́дственность heredity. насле́дственный hereditary, inherited. насле́дство inheritance; heritage.

на́смерть adv to (the) death.

на|смеши́ть (-шу́) *pf* насме́шка mockery; gibe. насме́шливый mocking.

на́сморк runny nose; cold.

на|сори́ть *pf*.

насо́с pump.

на́спех adv hastily.

на|спле́тничать *pf*. настава́ть (-таёт) *impf of* наста́ть

наставле́ние exhortation; directions, manual.

наста́вник tutor, mentor.

наста́ивать[1] *impf of* настоя́ть[1]. наста́ивать[2](ся *impf of* настоя́ть[2](ся

наста́ть (-а́нет) *pf* (*impf* настава́ть) come, begin, set in.

на́стежь adv wide (open).

настелю́ *etc.*: *see* настла́ть

настига́ть *impf*, насти́гнуть, насти́чь (-и́гну; -и́г) *pf* catch up with, overtake.

насти́л flooring, planking. настила́ть *impf of* настла́ть

насти́чь *see* настига́ть

настла́ть (-телю́, -те́лешь) *pf* (*impf* настила́ть) lay, spread.

насто́йка liqueur, cordial.

насто́йчивый persistent; urgent.

насто́лько adv so, so much.

насто́льный table, desk; reference.

настора́живать *impf*, насторожи́ть (-жу́) *pf* set; prick up; ~ся prick up one's ears. настороженный (-ен, -енна) guarded; alert.

настоя́тельный insistent; urgent.

настоя́ть¹ (-ою́) pf (impf наста́ивать¹) insist.

настоя́ть² (-ою́) pf (impf наста́ивать²) brew; ~ся draw, stand.

настоя́щее sb the present. настоя́щий (the) present, this; real, genuine.

настра́ивать(ся impf of настро́ить(ся

настри́чь (-игу́, -ижёшь; -и́г) pf shear, clip.

настрое́ние mood. настро́ить (-о́ю) pf (impf настра́ивать) tune (in); dispose; ~ся dispose o.s. настро́йка tuning. настро́йщик tuner.

на|строчи́ть (-чу́) pf.

наступа́тельный offensive. наступа́ть¹ impf of наступи́ть¹

наступа́ть² impf of наступи́ть². наступа́ющий¹ coming.

наступа́ющий² sb attacker.

наступи́ть¹ (-плю́, -пишь) pf (impf наступа́ть¹) tread; attack; advance.

наступи́ть² (-у́пит) pf (impf наступа́ть²) come, set in. наступле́ние¹ coming.

наступле́ние² offensive, attack.

насу́питься (-плюсь) pf, насу́пливаться impf frown.

на́сухо adv dry. насуши́ть (-шу́, -шишь) pf dry.

насу́щный urgent, vital; хлеб ~ daily bread.

насчёт prep+gen about, concerning; as regards. насчита́ть pf, насчи́тывать impf count; hold; ~ся +gen number.

насы́пать (-плю) pf, насыпа́ть impf pour in, on; fill; spread; heap up. на́сыпь embankment.

насы́тить (-ы́щу) pf, насыща́ть impf satiate; saturate; ~ся be full; be saturated.

ната́лкивать(ся impf of натолкну́ть(ся. ната́пливать impf of натопи́ть

натаска́ть pf, ната́скивать impf train; coach, cram; bring in, lay in.

натвори́ть pf do, get up to.

натере́ть (-тру́, -трёшь; -тёр) pf (impf натира́ть) rub on, in; polish; chafe; grate; ~ся rub o.s.

на́тиск onslaught.

наткну́ться (-ну́сь, -нёшься) pf (impf натыка́ться) +на+acc run into; strike, stumble on.

натолкну́ть (-ну́, -нёшь) pf (impf ната́лкивать) push; lead; ~ся run against, across.

натопи́ть (-плю́, -пишь) pf (impf ната́пливать) heat (up); stoke up; melt.

на|точи́ть (-чу́, -чишь) pf.

натоща́к adv on an empty stomach.

натра́вить (-влю́, -вишь) pf, натра́вливать impf, направля́ть impf set (on); stir up.

на|тренирова́ть(ся pf.

на́трий sodium.

нату́ра nature. натура́льный natural; genuine. нату́рщик, -щица artist's model.

натыка́ть(ся impf of наткну́ть(ся

натюрмо́рт still life.

натя́гивать impf, натяну́ть (-ну́, -нешь) pf stretch; draw; pull (on); ~ся stretch. натя́нутость tension. натя́нутый tight; strained.

науга́д adv at random.

нау́ка science; learning.

нау́тро adv (the) next morning.

на|учи́ть (-чу́, -чишь) pf.

нау́чный scientific; ~ая фанта́стика science fiction.

нау́шник ear-flap; ear-phone; informer.

нафтали́н naphthalene.

наха́л, -халка impudent creature. наха́льный impudent. наха́льство impudence.

нахвата́ть pf, нахва́тывать impf pick up, get hold of; ~ся +gen pick up.

нахле́бник hanger-on.

нахлы́нуть (-нет) pf well up; surge; gush.

на|хму́рить(ся pf.

находи́ть(ся (-ожу́(сь, -о́дишь(ся) impf of найти́(сь. нахо́дка find. нахо́дчивый resourceful, quick-witted.

наце́ливать impf, на|це́лить pf aim; ~ся (take) aim.

наце́нка extra, addition; additional charge.

наци́зм Nazism. национализа́ция nationalization. национализи́ровать impf & pf nationalize.

национали́зм nationalism. националисти́ческий nationalist(ic). национа́льность nationality; ethnic group. национа́льный national. наци́ст, -и́стка Nazi. на́ция nation. нацме́н, -ме́нка *abbr* member of national minority.

нача́ло beginning; origin; principle, basis. нача́льник head, chief; boss. нача́льный initial; primary. нача́льство the authorities; command. нача́ть (-чну́, -чнёшь; на́чал, -а́, -о) *pf* (*impf* начина́ть) begin; ~ся begin.

начерта́ть *pf* trace, inscribe. на|черти́ть (-рчу́, -ртишь) *pf*.

начина́ние undertaking. начина́ть(ся *impf of* нача́ть(ся. начина́ющий *sb* beginner.

начини́ть (-ню́) *pf* (*impf* начиня́ть) stuff, fill. начи́нка stuffing, filling.

начи́стить (-и́щу) *pf* (*impf* начища́ть) clean. на́чисто *adv* clean; flatly, decidedly; openly, frankly. начистоту́ *adv* openly, frankly.

начи́танность learning; wide reading. начи́танный well-read.

начища́ть *impf of* начи́стить

наш (-его) *m*, на́ша (-ей) *f*, на́ше (-его) *neut*, на́ши (-их) *pl*, *pron* our, ours.

нашаты́рный спирт ammonia. нашаты́рь (-я́) *m* sal-ammoniac; ammonia.

нашёл *etc.*: *see* найти́

наше́ствие invasion.

нашива́ть *impf*, наши́ть (-шью, -шьёшь) *pf* sew on. наши́вка stripe, chevron; tab.

нашлёпать *impf* slap.

нашуме́ть (-млю́) *pf* make a din; cause a sensation.

нашью́ *etc.*: *see* наши́ть

нащу́пать *pf*, нащу́пывать *impf* grope for.

на|электризова́ть *pf*.

наяву́ *adv* awake; in reality.

не *partl* not.

не- *pref* un-, in-, non-, mis-, dis-; -less; not. неаккура́тный careless; untidy; unpunctual. небезразли́чный not indifferent. небезызве́стный well-known; notorious; unknown.

небеса́ *etc.*: *see* не́бо[2]. небе́сный heavenly; celestial.

не-. неблагода́рный ungrateful;

thankless. неблагонадёжный unreliable. неблагополу́чный unsuccessful, bad, unfavourable. неблагоприя́тный unfavourable. неблагоразу́мный imprudent. неблагоро́дный ignoble, base.

не́бо[1] palate.

не́бо[2] (*pl* -беса́, -бе́с) sky; heaven.

не-. небога́тый of modest means, modest. небольшо́й small, not great; с небольши́м a little over.

небосво́д firmament. небоскло́н horizon. небоскрёб skyscraper.

небо́сь *adv* I dare say; probably.

не-. небре́жный careless. небыва́лый unprecedented; fantastic. небыли́ца fable, cock-and-bull story. небытие́ non-existence. небью́щийся unbreakable. нева́жно *adv* not too well, indifferently. нева́жный unimportant; indifferent. невдалеке́ *adv* not far away. неве́дение ignorance. неве́домый unknown; mysterious. неве́жа *m* & *f* boor, lout. неве́жда *m* & *f* ignoramus. неве́жественный ignorant. неве́жество ignorance. неве́жливый rude. невели́кий (-и́к, -а́, -и́ко́) small. неве́рие unbelief, atheism; scepticism. неве́рный (-рен, -рна́, -о) incorrect, wrong; inaccurate, unsteady; unfaithful. невероя́тный improbable; incredible. неве́рующий unbelieving; *sb* atheist. невесёлый joyless, sad. невесо́мый weightless; imponderable.

неве́ста fiancée; bride. неве́стка daughter-in-law; brother's wife, sister-in-law.

не-. невзго́да adversity. невзира́я на *prep*+*acc* regardless of. невзнача́й *adv* by chance. невзра́чный unattractive, plain. невида́нный unprecedented, unheard-of. невиди́мый invisible. неви́димость innocence. неви́нный, невино́вный innocent. невменя́емый irresponsible. невмеша́тельство non-intervention; non-interference. невмоготу́, невмо́чь *advs* unbearable, too much (for). невнима́тельный inattentive, thoughtless.

не́вод seine(-net).

не-. невозврати́мый, невозвра́тный irrevocable, irrecoverable. не-

возмо́жный impossible. невозму-
ти́мый imperturbable.

нево́льник, -ница slave. нево́ль-
ный involuntary; unintentional;
forced. нево́ля captivity; necessity.

не-. невообрази́мый unimaginable,
inconceivable. невооружённый
unarmed; ~ным гла́зом with the
naked eye. невоспи́танный ill-bred,
bad-mannered. невоспламеня́ю-
щийся non-flammable. невоспри-
и́мчивый unreceptive; immune.

невралги́я neuralgia.

невреди́мый safe, unharmed.

невро́з neurosis. неврологи́ческий
neurological. невроти́ческий neurotic.

не-. невы́годный disadvantageous;
unprofitable. невы́держанный
lacking self-control; unmatured. не-
выноси́мый unbearable. невыпол-
ни́мый impracticable. невысо́кий
(-со́к, -а́, -о́ко) low; short.

не́га luxury; bliss.

негати́вный negative.

не́где adv (there is) nowhere.

не-. неги́бкий (-бок, -бка́, -о) inflexible, stiff. негла́сный secret. не-
глубо́кий (-о́к, -а́, -о) shallow. не-
глу́пый (-уп, -а) sensible, quite
intelligent. него́дный (-ден, -дна́,
-о) unfit, unsuitable; worthless. не-
годова́ние indignation. негодо-
ва́ть impf be indignant. него́дяй
scoundrel. негостеприи́мный inhospitable.

негр Negro, black man.

негра́мотность illiteracy. негра́-
мотный illiterate.

негритя́нка Negress, black woman.
негритя́нский Negro.

не-. негро́мкий (-мок, -мка́, -о)
quiet. неда́вний recent. неда́вно
adv recently. недалёкий (-ёк, -а́,
-ёко) near; short; not bright, dull-
witted. недалеко́ adv not far, near.
неда́ром adv not for nothing, not
without reason. недви́жимость real
estate. недви́жимый immovable.
недвусмы́сленный unequivocal.
недействи́тельный ineffective;
invalid. недели́мый indivisible.

неде́льный of a week, week's.
неде́ля week.

не-. недёшево adv dear(ly).

недоброжела́тель m ill-wisher.
недоброжела́тельность hostility.
недоброка́чественный of poor
quality. недобросо́вестный unscrupulous; careless. недо́брый (-о́бр,
-бра́, -о) unkind; bad. недове́рие
distrust. недове́рчивый distrustful
недово́льный dissatisfied. недо-
во́льство dissatisfaction. недоеда́-
ние malnutrition. недоеда́ть impf
be undernourished.

не-. недо́лгий (-лог, -лга́, -о) short,
brief. недо́лго adv not long. не-
долгове́чный short-lived. недомо-
га́ние indisposition. недомога́ть
impf be unwell. недомы́слие
thoughtlessness. недоно́шенный
premature. недооце́нивать impf,
недооцени́ть (-ню́, -нишь) pf underestimate; underrate. недооце́нка
underestimation. недопусти́мый
inadmissible, intolerable. недоразу-
ме́ние misunderstanding. недо-
рого́й (-до́рог, -а́, -о) inexpensive.
недосмотре́ть (-рю́,-ришь) pf overlook. недоспа́ть (-плю́ -а́л, -а́, -о)
pf (impf недосыпа́ть) not have
enough sleep.

недостава́ть (-таёт) impf, недо-
ста́ть (-а́нет) pf impers be missing,
be lacking. недоста́ток (-тка) shortage, deficiency. недоста́точный in-
sufficient, inadequate. недоста́ча
lack, shortage.

не-. недостижи́мый unattainable.
недосто́йный unworthy, недо-
сту́пный inaccessible. недо-
счита́ться pf, недосчи́тываться
impf miss, find missing, be short (of).
недоспа́ть impf of недоспа́ть.
недосяга́емый unattainable.

недоумева́ть impf be at a loss, be
bewildered. недоуме́ние bewilderment.

не-. недоу́чка m & f half-educated
person. недочёт deficit; defect.

не́дра (недр) pl depths, heart, bowels.
не-. недру́г enemy. недружелю́б-
ный unfriendly.

неду́г illness, disease.

недурно́й not bad; not bad-looking.

не-. неесте́ственный unnatural. не-
жда́нный unexpected. нежела́ние
unwillingness. нежела́тельный undesirable.

не́жели than.

нежена́тый unmarried.

не́женка m & f mollycoddle.

нежило́й uninhabited; uninhabitable.

не́житься (-жусь) impf luxuriate, bask. **не́жность** tenderness; pl endearments. **не́жный** tender; affectionate.

не-. незабве́нный unforgettable. **незабу́дка** forget-me-not. **незабыва́емый** unforgettable. **незави́симость** independence. **незави́симый** independent. **незадо́лго** adv not long. **незаконноождё́нный** illegitimate. **незако́нный** illegal, illicit; illegitimate. **незако́нченный** unfinished. **незамени́мый** irreplaceable. **незамерза́ющий** icefree; anti-freeze. **незаме́тный** imperceptible. **незаму́жняя** unmarried. **незапа́мятный** immemorial. **незаслу́женный** unmerited. **незауря́дный** uncommon, outstanding.

неза́чем adv there is no need.

не-. незащищё́нный unprotected. **незва́ный** uninvited. **нездоро́виться** impf, impers +dat: мне нездоро́вится I don't feel well. **нездоро́вый** unhealthy. **нездоро́вье** ill health. **незнако́мец** (-мца), **незнако́мка** stranger. **незнако́мый** unknown, unfamiliar. **незна́ние** ignorance. **незначи́тельный** insignificant. **незре́лый** unripe, immature. **незри́мый** invisible. **незы́блемый** unshakable, firm. **неизбе́жность** inevitability. **неизбе́жный** inevitable. **неизве́данный** unknown.

неизве́стность uncertainty; ignorance; obscurity. **неизве́стный** unknown; sb stranger.

не-. неизлечи́мый incurable. **неизме́нный** unchanged, unchanging; devoted. **неизменя́емый** unalterable. **неизмери́мый** immeasurable, immense. **неизу́ченный** unstudied, unexplored. **неиму́щий** poor. **неинтере́сный** uninteresting. **неи́скренний** insincere. **неиску́шённый** inexperienced, unsophisticated. **неиспо́лнимый** impracticable. **неисправи́мый** incorrigible; irreparable. **неиспра́вный** out of order, defect-

ive; careless. **неиссле́дованный** unexplored. **неиссяка́емый** inexhaustible. **ней́ство** fury, frenzy; atrocity. **ней́стовый** furious, frenzied, uncontrolled. **неистощи́мый**, **неисчерпа́емый** inexhaustible. **неисчисли́мый** innumerable.

нейло́н, **нейло́новый** nylon.

нейро́н neuron.

нейтрализа́ция neutralization. **нейтрализова́ть** impf & pf neutralize. **нейтралите́т** neutrality. **нейтра́льный** neutral. **нейтро́н** neutron.

неквалифици́рованный unskilled.

не́кий pron a certain, some.

не́когда[1] adv once, formerly.

не́когда[2] adv there is no time; мне ~ I have no time.

не́кого (не́кому, не́кем, не́ о ком) pron there is nobody.

некомпете́нтный not competent, unqualified.

не́котор|**ый** pron some; ~ые sb pl some (people).

некраси́вый plain, ugly; not nice.

некроло́г obituary.

некста́ти adv at the wrong time, out of place.

не́кто pron somebody; a certain.

не́куда adv there is nowhere.

не-. некульту́рный uncivilized, uncultured. **некуря́щий** sb nonsmoker. **нела́дный** wrong. **нелега́льный** illegal. **нелёгкий** not easy; heavy. **неле́пость** absurdity, nonsense. **неле́пый** absurd. **нело́вкий** awkward. **нело́вкость** awkwardness.

нельзя́ adv it is impossible; it is not allowed.

не-. нелюби́мый unloved. **нелюди́мый** unsociable. **нема́ло** adv quite a lot (of). **нема́лый** considerable. **неме́дленно** adv immediately. **неме́дленный** immediate.

неме́ть (-е́ю) impf (pf о~) become dumb. **не́мец** (-мца) German. **неме́цкий** German.

неминуе́мый inevitable.

не́мка German woman.

немно́гие adj sb pl a few. **немно́го** adv a little; some; a few. **немно́жко** adv a little.

немо́й (нем, -а́, -о) dumb, mute, silent. **немота́** dumbness.

не́мощный feeble.

немы́слимый unthinkable.

ненави́деть (-и́жу) *impf* hate. нена́ви́стный hated; hateful. не́на́висть hatred.

не-. ненагля́дный beloved. ненадёжный unreliable. ненадо́лго *adv* for a short time. нена́стье bad weather. ненасы́тный insatiable. ненорма́льный abnormal. нену́жный unnecessary, unneeded. необду́манный thoughtless, hasty. необеспе́ченный without means, unprovided for. необита́емый uninhabited. необозри́мый boundless, immense. необосно́ванный unfounded, groundless. необрабо́танный uncultivated; crude; unpolished. необразо́ванный uneducated.

необходи́мость necessity. необходи́мый necessary.

не-. необъясни́мый inexplicable. необъя́тный immense. необыкнове́нный unusual. необыча́йный extraordinary. необы́чный unusual. необяза́тельный optional. неограни́ченный unlimited. неоднокра́тный repeated. неодобри́тельный disapproving. неодушевлённый inanimate.

неожи́данность unexpectedness. неожи́данный unexpected, sudden.

неоклассици́зм neoclassicism.

не-. неоко́нченный unfinished. неопла́ченный unpaid. неопра́вданный unjustified. неопределённый indefinite; infinitive; vague. неопрове́ржи́мый irrefutable. неопублико́ванный unpublished. нео́пытный inexperienced. неоргани́ческий inorganic. неоспори́мый incontestable. неосторо́жный careless. неосуществи́мый impracticable. неотврати́мый inevitable.

не́откуда *adv* there is nowhere.

не-. неотло́жный urgent. неотрази́мый irresistible. неотсту́пный persistent. неотъе́млемый inalienable. неофициа́льный unofficial. неохо́та reluctance. неохо́тно *adv* reluctantly. неоцени́мый inestimable, invaluable. непарти́йный nonparty; unbefitting a member of the (Communist) Party. непереводи́мый untranslatable. непереход-

ный intransitive. неплатёжеспосо́бный insolvent.

не-. непло́хо *adv* not badly, quite well. неплохо́й not bad, quite good. непобеди́мый invincible. неповинове́ние insubordination. непово́ротливый clumsy. неповтори́мый inimitable, unique. непого́да bad weather. непогреши́мый infallible. неподалёку *adv* not far (away). неподви́жный motionless, immovable; fixed. неподде́льный genuine; sincere. неподку́пный incorruptible. неподража́емый inimitable. неподходя́щий unsuitable, inappropriate. непоколеби́мый unshakable, steadfast. непоко́рный recalcitrant, unruly.

не-. непола́дки (-док) *pl* defects. неполноце́нность; ко́мплекс неполноце́нности inferiority complex. неполноце́нный defective; inadequate. непо́лный incomplete; not (a) full. непоме́рный excessive. непонима́ние incomprehension, lack of understanding. непоня́тный incomprehensible. непоправи́мый irreparable. непоря́док (-дка) disorder. непоря́дочный dishonourable. непосе́да *m & f* fidget. непоси́льный beyond one's strength. непосле́довательный inconsistent. непослуша́ние disobedience. непослу́шный disobedient. непосре́дственный immediate; spontaneous. непостижи́мый incomprehensible. непостоя́нный inconstant, changeable. непохо́жий unlike; different.

не-. непра́вда untruth. неправдоподо́бный improbable. непра́вильно *adv* wrong. непра́вильный irregular; wrong. непра́вый wrong. непракти́чный unpractical. непревзойдённый unsurpassed. непредви́денный unforeseen. непредубеждённый unprejudiced. непредусмо́тренный unforeseen. непредусмотри́тельный short-sighted. непрекло́нный inflexible; adamant. непрело́жный immutable.

не-. непреме́нно *adv* without fail. непреме́нный indispensable. непреодоли́мый insuperable. непререка́емый unquestionable. непре-

ры́вно *adv* continuously. непре-
ры́вный continuous. непреста́н-
ный incessant. непривѐтливый
unfriendly; bleak. непривлека́тель-
ный unattractive. непривы́чный
unaccustomed. непригля́дный unattractive. неприго́дный unfit, useless. неприе́млемый unacceptable.
неприкоснове́нность inviolability,
immunity. неприкоснове́нный inviolable; reserve. неприли́чный indecent. непримири́мый irreconcilable. непринуждённый unconstrained; relaxed. неприспосо́блен-
ный unadapted; maladjusted. не-
присто́йный obscene. непристу́п-
ный inaccessible. непритяза́тель-
ный, неприхотли́вый unpretentious, simple. неприя́зненный
hostile, inimical. неприя́знь hostility.
неприя́тель *m* enemy. неприя́-
тельский enemy. неприя́тность
unpleasantness; trouble. неприя́т-
ный unpleasant.

не-. непрове́ренный unverified.
непрогля́дный pitch-dark. непро-
е́зжий impassable. непрозра́чный
opaque. непроизводи́тельный unproductive. непроизво́льный involuntary. непромока́емый waterproof. непроница́емый impenetrable. непрости́тельный unforgivable. непроходи́мый impassable. непро́чный (-чен, -чна́, -о)
fragile, flimsy.

не прочь *predic* not averse.

не-. непро́шеный uninvited, unsolicited. неработоспосо́бный disabled. нерабо́чий: ~ день day off.
нера́венство inequality. нерав-
номе́рный uneven. нера́вный unequal. неradи́вый lackadaisical.
неразбери́ха muddle. неразбо́р-
чивый not fastidious; illegible. не-
разви́той (-ра́звит, -а́, -о) undeveloped; backward. неразгово́рчивый
taciturn. неразделённый: ~ая лю-
бо́вь unrequited love. неразли-
чи́мый indistinguishable. неразлу́чный
inseparable. неразреши́мый unsolved; forbidden. неразреши́мый
insoluble. неразры́вный indissolu-
ble. неразу́мный unwise; unreasonable. нераствори́мый insoluble.
нерв nerve. не́рвничать *impf* fret,

be nervous. нервнобольно́й *sb*
neurotic. не́рвный (-вен, -вна́, -о)
nervous; nerve; irritable. нерво́з-
ный nervy, irritable.

не-. нереа́льный unreal; unrealistic.
неред́кий (-док, -дка́, -о) not infrequent, not uncommon. нереши́-
тельность indecision. нереши́-
тельный indecisive, irresolute. не-
ржаве́ющая сталь stainless steel.
неро́вный (-вен, -вна́, -о) uneven,
rough; irregular. неруши́мый inviolable.

неря́ха *m & f* sloven. неря́шливый
slovenly.

не-. несбы́точный unrealizable.
несваре́ние желу́дка indigestion.
несве́жий (-е́ж, -а́) not fresh;
tainted; weary. несвоевре́менный
ill-timed; overdue. несво́йствен-
ный not characteristic. несгора́е-
мый fireproof. несерьёзный not
serious.

несессе́р case.

несимметри́чный asymmetrical.
нескла́дный incoherent; awkward.
несклоня́емый indeclinable.
не́сколько (-их) *pron* some, several;
adv somewhat.

не-. несконча́емый interminable.
нескро́мный (-мен, -мна́, -о) immodest; indiscreet. несло́жный simple. неслы́ханный unprecedented.
неслы́шный inaudible. несме́тный
countless, incalculable. несмолка́е-
мый ceaseless.

несмотря́ на *prep+acc* in spite of.
не-. несно́сный intolerable. несо-
блюде́ние non-observance. несо-
вершеннолѐтний under-age; *sb* minor. несоверше́нный imperfect, incomplete; imperfective. несовер-
ше́нство imperfection. несовме-
сти́мый incompatible. несогла́сие
disagreement. несогласо́ванный
uncoordinated. несозна́тельный irresponsible. несоизмери́мый in-
commensurable. несокруши́мый
indestructible. несомне́нный undoubted, unquestionable. несооб-
ра́зный incongruous. несоотве́т-
ствие disparity. несостоя́тельный
insolvent; of modest means; untenable. неспе́лый unripe. неспоко́й-
ный restless; uneasy. неспосо́бный

not bright; incapable. **несправедли́вость** injustice. **несправедли́вый** unjust, unfair; incorrect. **несравне́нный** (-éнен, -éнна) incomparable. **несравни́мый** incomparable. **нестерпи́мый** unbearable.

нести́ (-су́, -сёшь; нёс, -ла́) *impf* (*pf* по~, с~) carry; bear; bring, take; suffer; incur; lay; ~сь rush, fly; float, be carried.

не-. несто́йкий unstable. **несуще́ственный** immaterial, inessential.

несу́ *etc.: see* нести́

несхо́дный unlike, dissimilar.

несчастли́вый unfortunate, unlucky; unhappy. **несча́стный** unhappy, unfortunate; ~ слу́чай accident. **несча́стье** misfortune; к несча́стью unfortunately.

несчётный innumerable.

нет *partl* no, not; nothing. нет, не́ту there is not, there are not.

не-. нета́ктичный tactless. **нетвёрдый** (-ёрд, -á, -о) unsteady, shaky. **нетерпели́вый** impatient. **нетерпе́ние** impatience. **нетерпи́мый** intolerable, intolerant. **неторопли́вый** leisurely. **нето́чный** (-чен, -чна́, -о) inaccurate, inexact. **нетре́звый** drunk. **нетро́нутый** untouched; chaste, virginal. **нетрудово́й дохо́д** unearned income. **нетрудоспосо́бность** disability.

не́тто *indecl adj & adv* net(t).

не́ту *see* нет

не-. неубеди́тельный unconvincing. **неуваже́ние** disrespect. **неуве́ренность** uncertainty. **неуве́ренный** uncertain. **неувяда́емый, неувяда́ющий** unfading. **неугомо́нный** indefatigable. **неуда́ча** failure. **неуда́чливый** unlucky. **неуда́чник, -ница** unlucky person, failure. **неуда́чный** unsuccessful, unfortunate. **неудержи́мый** irrepressible. **неудо́бный** uncomfortable; inconvenient; embarrassing. **неудо́бство** discomfort; inconvenience; embarrassment. **неудовлетворе́ние** dissatisfaction. **неудовлетворённый** dissatisfied. **неудовлетвори́тельный** unsatisfactory. **неудово́льствие** displeasure.

неуже́ли? *partl* really?

не-. неузнава́емый unrecognizable. **неукло́нный** steady; undeviating. **неуклю́жий** clumsy. **неулови́мый** elusive; subtle. **неуме́лый** inept; clumsy. **неуме́ренный** immoderate. **неуме́стный** inappropriate; irrelevant. **неумоли́мый** implacable, inexorable. **неумы́шленный** unintentional.

не-. неупла́та non-payment. **неуравнове́шенный** unbalanced. **неурожа́й** bad harvest. **неуро́чный** untimely, inopportune. **неуря́дица** disorder, mess. **неуспева́емость** poor progress. **неусто́йка** forfeit. **неусто́йчивый** unstable; unsteady. **неусту́пчивый** unyielding. **неуте́шный** inconsolable. **неутоли́мый** unquenchable. **неутоми́мый** tireless. **неу́ч** ignoramus. **неучти́вый** discourteous. **неуязви́мый** invulnerable.

нефри́т jade.

нефте- *in comb* oil, petroleum. **нефтено́сный** oil-bearing. ~**перего́нный заво́д** oil refinery. ~**прово́д** (oil) pipeline. ~**проду́кты** (-ов) *pl* petroleum products.

нефть oil, petroleum. **нефтяно́й** oil, petroleum.

не-. нехва́тка shortage. **нехорошо́** *adv* badly. **нехоро́ш**|ий (-óш, -á) bad; ~ó it is bad, it is wrong. **не́хотя** *adv* unwillingly; unintentionally. **нецелесообра́зный** inexpedient; pointless. **нецензу́рный** unprintable. **неча́янный** unexpected; accidental.

не́чего (не́чему, -чем, не́ о чем) *pron* (*with separable pref*) (there is) nothing.

нечелове́ческий inhuman, superhuman.

нече́стный dishonest, unfair.

нечётный odd.

нечистопло́тный dirty; slovenly; unscrupulous. **нечистота́** (*pl* -о́ты, -о́т) dirtiness, filth; *pl* sewage. **нечи́стый** (-и́ст, -á, -о) dirty, unclean; impure; unclear. **не́чисть** evil spirits; scum.

нечленоразде́льный inarticulate.

не́что *pron* something.

не-. неэконо́мный uneconomical. **неэффекти́вный** ineffective; inefficient. **нея́вка** failure to appear. **не-**

я́ркий dim, faint; dull, subdued. нея́сный (-сен, -сна́, -о) not clear; vague.

ни *partl* not a; ни оди́н (одна́, одно́) not a single; (*with prons and pronominal advs*) -ever; кто... ни whoever. ни *conj*: ни... ни neither ... nor; ни то ни сё neither one thing nor the other.

ни́ва cornfield, field.

нивели́р level.

нигдé *adv* nowhere.

нидерла́ндец (-дца; *gen pl* -дцев) Dutchman. нидерла́ндка Dutchwoman. нидерла́ндский Dutch. Нидерла́нды (-ов) *pl* the Netherlands.

ни́же *adj* lower, humbler; *adv* below; *prep+gen* below; beneath. нижесле́дующий following. ни́жн|ий lower, under-; ~ее бельё underclothes; ~ий эта́ж ground floor. низ (*loc* -ý; *pl* -ы́) bottom; *pl* lower classes; low notes.

низа́ть (нижу́, ни́жешь) *impf* (*pf* на-) string, thread.

низверга́ть *impf*, низве́ргнуть (-ну; -éрг) *pf* throw down, overthrow; ~ся crash down; be overthrown. низверже́ние overthrow.

низи́на low-lying place. ни́зкий (-зок, -зка́, -о) low; base, mean. низкопокло́нство servility. низкопро́бный base; low-grade. низкоро́слый undersized. низкосо́ртный low-grade.

ни́зменность lowland; baseness. ни́зменный low-lying; base.

низо́вье (*gen pl* -ьев) the lower reaches. ни́зость baseness, meanness. ни́зш|ий lower, lowest; ~ее образова́ние primary education.

никако́й *adv* in no way. никако́й *pron* no; no ... whatever

ни́кель *m* nickel.

нике́м *see* никто́. никогда́ *adv* never. никто́ (-кого́, -кому́, -ке́м, ни о ко́м) *pron* (*with separable pref*) nobody, no one. никуда́ nowhere. никчёмный useless. нима́ло *adv* not in the least.

нимб halo, nimbus.

ни́мфа nymph; pupa.

ниотку́да *adv* from nowhere.

нипочём *adv* it is nothing; dirt cheap;

in no circumstances.

ниско́лько *adv* not at all.

ниспроверга́ть *impf*, ниспрове́ргнуть (-ну; -éрг) *pf* overthrow. ниспроверже́ние overthrow.

нисходя́щий descending.

ни́тка thread; string; до ни́тки to the skin; на живу́ю ни́тку hastily, anyhow. ни́точка thread; filament. нить thread; filament.

ничего́ *etc.: see* ничто́. ничего́ *adv* all right; it doesn't matter, never mind; *as indecl adj* not bad, pretty good. ниче́й (-чья́, -чьё) *pron* nobody's; ничья́ земля́ no man's land. ничья́ *sb* draw; tie.

ничко́м *adv* face down, prone.

ничто́ (-чего́, -чему́, -че́м, ни о чём) *pron* (*with separable pref*) nothing. ничто́жество nonentity, nobody. ничто́жный insignificant; worthless.

ничу́ть *adv* not a bit.

ничьё *etc.: see* ниче́й.

ни́ша niche, recess.

ни́щенка beggar-woman. ни́щенский beggarly. нищета́ poverty. ни́щий (нищ, -á, -е) destitute, poor; *sb* beggar.

но *conj* but; still.

нова́тор innovator. нова́торский innovative. нова́торство innovation. Но́вая Зела́ндия New Zealand.

нове́йший newest, latest.

новéлла short story.

но́венький brand-new.

новизна́ novelty; newness. нови́нка novelty. новичо́к (-чка́) novice.

ново- *in comb* new(ly). новобра́нец (-нца) new recruit. ~бра́чный *sb* newly-wed. ~введе́ние innovation. ~го́дний new year's. ~зела́ндец (-дца; *gen pl* -дцев), ~зела́ндка New-Zealander. ~зела́ндский New Zealand. ~лу́ние new moon. ~прибы́вший newly-arrived; *sb* newcomer. ~рождённый newborn. ~сёл new settler. ~се́лье new home; housewarming. новостро́йка new building.

но́вость news; novelty. но́вшество innovation, novelty. но́вый (нов, -á, -о) new; modern; ~ год New Year's Day.

ногá (*acc* но́гу; *pl* но́ги, ног, нога́м) foot, leg.

но́готь (-гтя; pl -и) m finger-nail, toe-nail.

нож (-á) knife.

но́жка small foot or leg; leg; stem, stalk.

но́жницы (-иц) pl scissors, shears.

но́жны (-жен) pl sheath, scabbard.

ножо́вка saw, hacksaw.

ноздря́ (pl -и, -е́й) nostril.

нока́ут knock-out. нокаути́ровать impf & pf knock out.

нолево́й, нулево́й zero. ноль (-я́), нуль (-я́) m nought, zero, nil.

номенклату́ра nomenclature; top positions in government.

но́мер (pl -á) number; size; (hotel-) room; item; trick. номеро́к (-рка́) tag; label, ticket.

номина́л face value. номина́льный nominal.

нора́ (pl -ы) burrow, hole.

Норве́гия Norway. норве́жец (-жца), норве́жка Norwegian. норве́жский Norwegian.

норд (naut) north; north wind.

но́рка mink.

но́рма standard, norm; rate. нормализа́ция standardization. норма́льно all right, OK. норма́льный normal; standard. нормирова́ние, нормиро́вка regulation; rate-fixing; rationing. нормирова́ть impf & pf regulate, standardize; ration.

нос (loc -ý; pl -ы́) nose; beak; bow, prow. но́сик (small) nose; spout.

носи́лки (-лок) pl stretcher; litter. носи́льщик porter. носи́тель m, ~ница (fig) bearer; (med) carrier. носи́ть (-ошу́, -о́сишь) impf carry, bear; wear; ~ся rush, tear along; fly; float, be carried; wear. но́ска carrying, wearing. но́ский hard-wearing.

носово́й nose; nasal; ~ плато́к (pocket) handkerchief. носо́к (-ска́) little nose; toe; sock. носоро́г rhinoceros.

но́та note; pl music. нота́ция notation; lecture, reprimand.

нота́риус notary.

ночева́ть (-чу́ю) impf (pf пере~) spend the night. ночёвка spending the night. ночле́г place to spend the night; passing the night. ночле́жка doss-house. ночни́к (-á) night-light. ночн|о́й night, nocturnal; ~áя ру-ба́шка nightdress; ~о́й горшо́к potty; chamber-pot. ночь (loc -и́; gen pl -е́й) night. но́чью adv at night.

но́ша burden. но́шеный worn; second-hand.

но́ю etc.: see ныть

ноя́брь (-я́) m November. ноя́брьский November.

нрав disposition, temper; pl customs, ways. нра́виться (-влюсь) impf (pf по~) +dat please; мне нра́вится I like. нра́вственность morality, morals. нра́вственный moral.

ну int & partl well, well then.

ну́дный tedious.

нужда́ (pl -ы) need. нужда́ться impf be in need; +в+prep need, require. ну́жн|ый (-жен, -жна́, -о, ну́жны) necessary; ~о it is necessary; +dat I, etc., must, ought to, need.

нулево́й, нуль see нолево́й, ноль

нумера́ция numeration; numbering. нумерова́ть impf (pf про~) number.

нутро́ inside, interior; instinct(s).

ны́не adv now; today. ны́нешний present; today's. ны́нче adv today; now.

нырну́ть (-ну́, -нёшь) pf, ныря́ть impf dive.

ныть (но́ю) impf ache; whine. нытьё whining.

н.э. abbr (of на́шей э́ры) AD.

нюх scent; flair. ню́хать impf (pf по~) smell, sniff.

ня́нчить (-чу) impf nurse, look after; ~ся c+instr nurse; fuss over. ня́нька nanny. ня́ня (children's) nurse, nanny.

О

о, об, обо prep I. +prep of, about, concerning. II. +acc against; on, upon.

о int oh!

оа́зис oasis.

об see о prep.

о́ба (обо́их) m & neut, о́бе (обе́их) f both.

обалдева́ть impf, обалде́ть (-е́ю) pf go crazy; become dulled; be stunned.

обанкро́титься (-о́чусь) pf go bankrupt.

обая́ние fascination, charm. обая́тельный fascinating, charming.

обва́л fall(ing); crumbling; collapse; caving-in; landslide; (снéжный) ~ avalanche. обвали́ть (-лю́, -лишь) pf (impf обва́ливать) cause to fall or collapse; crumble; heap round; ~ся collapse, cave in; crumble.

обваля́ть pf (impf обва́ливать) roll. обва́ривать impf, обвари́ть (-рю́, -ришь) pf pour boiling water over; scald; ~ся scald o.s.

обве́ду etc.: see обвести́. обвёл etc.: see обвести́. об|венча́ть(ся pf.

обверну́ть (-ну́, -нёшь) pf, обвёртывать impf wrap, wrap up.

обве́с short weight. обве́сить (-е́шу) pf (impf обве́шивать) cheat in weighing.

обвести́ (-еду́, -едёшь; -ёл, -ела́) pf (impf обводи́ть) lead round, take round; encircle; surround; outline; dodge.

обве́тренный weather-beaten.

обветша́лый decrepit. об|ветша́ть pf.

обве́шивать impf of обве́сить. обвива́ть(ся impf of обви́ть(ся

обвине́ние charge, accusation; prosecution. обвини́тель m accuser; prosecutor. обвини́тельный accusatory; ~ акт indictment; ~ пригово́р verdict of guilty. обвини́ть pf, обвиня́ть impf prosecute, indict; +в+prep accuse of, charge with. обвиня́емый sb the accused; defendant.

обви́ть (обовью́, обовьёшь; обви́л, -á, -о) pf (impf обвива́ть) wind round; ~ся wind round.

обводи́ть (-ожу́, -о́дишь) impf of обвести́

обвора́живать impf, обворожи́ть (-жу́) pf charm, enchant. обворожи́тельный charming, enchanting.

обвяза́ть (-яжу́, -я́жешь) pf, обвя́зывать impf tie round; ~ся +instr tie round o.s.

обго́н passing. обгоня́ть impf of обогна́ть

обгора́ть impf, обгоре́ть (-рю́) pf be burnt, be scorched. обгоре́лый burnt, charred, scorched.

обде́лать pf (impf обде́лывать) fin-ish; polish, set; manage, arrange.

обдели́ть (-лю́, -лишь) pf (impf обделя́ть) +instr do out of one's (fair) share of.

обде́лывать impf of обде́лать. обделя́ть impf of обдели́ть

обдеру́ etc.: see ободра́ть. обдира́ть impf of ободра́ть

обду́манный deliberate, well-considered. обду́мать pf, обду́мывать impf consider, think over.

о́бе: see о́ба. обега́ть impf of обежа́ть. обегу́ etc.: see обежа́ть

обе́д dinner, lunch. обе́дать impf (pf по~) have dinner, dine. обе́денный dinner.

обедне́вший impoverished. обедне́ние impoverishment. о|бедне́ть (-е́ю) pf.

обе́дня (gen pl -ден) mass.

обежа́ть (-егу́) pf (impf обега́ть) run round; run past; outrun.

обезбо́ливание anaesthetization. обезбо́ливать impf, обезбо́лить pf anaesthetize.

обезвре́дить (-е́жу) pf, обезвре́живать impf render harmless.

обездо́ленный unfortunate, hapless.

обеззара́живающий disinfectant.

обезли́ченный depersonalized; robbed of individuality.

обезобра́живать impf, о|безобра́зить (-а́жу) pf disfigure.

обезопа́сить (-а́шу) pf secure.

обезору́живать impf, обезору́жить (-жу) pf disarm.

обезу́меть (-ею) pf lose one's senses, lose one's head.

обезья́на monkey; ape.

обели́ть pf, обеля́ть impf vindicate; clear of blame.

оберега́ть impf, обере́чь (-егу́, -ежёшь; -рёг, -ла́) pf guard; protect.

оберну́ть (-ну́, -нёшь) pf, обёртывать impf (impf also обора́чивать) twist; wrap up; turn; ~ся turn (round); turn out; +instr or в+acc turn into. обёртка wrapper; (dust-)jacket, cover. обёрточный wrapping.

оберу́ etc.: see обобра́ть

обескура́живать impf, обескура́жить (-жу) pf discourage; dishearten.

обескро́вить (-влю) pf, обескро́вливать impf drain of blood, bleed white; render lifeless.

обеспечение securing, guaranteeing; ensuring; provision; guarantee; security. обеспеченность security; +instr provision of. обеспеченный well-to-do; well provided for. обеспечивать impf, обеспечить (-чу) pf provide for; secure; ensure; protect; +instr provide with.

о|беспокоить(ся pf.

обессилеть (-ею) pf grow weak, lose one's strength. обессиливать impf, обессилить pf weaken.

о|бесславить (-влю) pf.

обессмертить (-рчу) pf immortalize.

обесценение depreciation. обесценивать impf, обесценить pf depreciate; cheapen; ~ся depreciate.

о|бесчестить (-ещу) pf.

обет vow, promise. обетованный promised. обещание promise. обещать impf & pf (pf also по~) promise.

обжалование appeal. обжаловать pf appeal against.

обжечь (обожгу, обожжёшь; обжёг, обожгла) pf, обжигать impf burn; scorch; bake; ~ся burn o.s.; burn one's fingers.

обжора m & f glutton. обжорство gluttony.

обзавестись (-едусь, -едёшься, -вёлся, -лась) pf, обзаводиться (-ожусь, -одишься) impf +instr provide o.s. with; acquire.

обзову etc.: see обозвать

обзор survey, review.

обзывать impf of обозвать

обивать impf of обить. обивка upholstering; upholstery.

обида offence, insult; nuisance. обидеть (-ижу) pf, обижать impf offend; hurt, wound; ~ся take offence; feel hurt. обидный offensive; annoying. обидчивый touchy. обиженный offended.

обилие abundance. обильный abundant.

обирать impf of обобрать

обитаемый inhabited. обитатель m inhabitant. обитать impf live.

обить (обобью, -ьёшь) pf (impf обивать) upholster; knock off.

обиход custom, (general) use, practice. обиходный everyday.

обкладывать(ся impf of обложить(ся

обкрадывать impf of обокрасть

облава raid; cordon, cordoning off.

облагаемый taxable. облагать(ся impf of обложить(ся: ~ся налогом be liable to tax.

обладание possession. обладатель m possessor. обладать impf +instr possess.

облако (pl -á, -óв) cloud.

обламывать(ся impf of обломать(ся, обломиться

областной regional. область (gen pl -éй) region; field, sphere.

облачность cloudiness. облачный cloudy.

облёг etc.: see облечь. облегать impf of облечь

облегчать impf, облегчить (-чу) pf lighten; relieve; alleviate; facilitate. облегчение relief.

обледенелый ice-covered. обледенение icing over. обледенеть (-ёет) pf become covered with ice.

облезлый shabby; mangy.

облекать(ся impf of облечь²(ся. облеку etc.: see облечь²

облепить (-плю, -пишь) pf, облеплять impf stick to, cling to; throng round; plaster.

облетать impf, облететь (-лечу) pf fly (round); spread (all over); fall.

облечь¹ (-ляжет; -лёг, -ла) pf (impf облегать) cover, envelop; fit tightly.

облечь² (-еку -ечёшь; -ёк, -кла) pf (impf облекать) clothe, invest; ~ся clothe o.s.; +gen take the form of.

обливать(ся impf of облить(ся

облигация bond.

облизать (-ижу, -ижешь) pf, облизывать impf lick (all over); ~ся smack one's lips.

облик look, appearance.

облитый (облит, -á, -о) covered, enveloped. облить (оболью, -льёшь; облил, -ила, -о) pf (impf обливать) pour, sluice, spill; ~ся sponge down, take a shower; pour over o.s.

облицевать (-цую) pf, облицовывать impf face. облицовка facing; lining.

обличать impf, обличить (-чу) pf expose; reveal; point to. обличение exposure, denunciation. обличи-

тельный denunciatory.
обложе́ние taxation; assessment.
обложи́ть (-жу́, -жишь) pf (impf **обкла́дывать, облага́ть**) edge; face; cover; surround; assess; круго́м обло́жило (не́бо) the sky is completely overcast; ~ нало́гом tax; ~ся +instr surround o.s. with. **обло́жка** (dust-) cover; folder.
облока́чиваться impf, **облоко-ти́ться** (-очу́сь, -о́тишься) pf на+acc lean one's elbows on.
обломи́ть (-мит pf (impf **обла́мывать**) break off; ~ся break off. **обло-ми́ться** (-ло́мится) pf (impf **обла́-мываться**) break off. **обло́мок** (-мка) fragment.
облу́пленный chipped.
облучи́ть (-чу́) pf, **облуча́ть** impf irradiate. **облуче́ние** irradiation.
облы́сеть (-ею) pf.
обля́жет etc.: see **обле́чь**[1]
обма́зать (-а́жу) pf, **обма́зывать** impf coat; putty; besmear; ~ся +instr get covered with.
обма́кивать impf, **обмакну́ть** (-ну́, -нёшь) pf dip.
обма́н deceit; illusion; ~ зре́ния optical illusion. **обма́нный** deceitful. **обману́ть** (-ну́, -нешь) pf, **обма́ны-вать** impf deceive; cheat; ~ся be de-ceived. **обма́нчивый** deceptive. **об-ма́нщик** deceiver; fraud.
обма́тывать(ся impf of **обмота́ть(ся**
обма́хивать impf, **обмахну́ть** (-ну́, -нёшь) pf brush off; fan; ~ся fan o.s.
обмёл etc.: see **обмести́**
обмеле́ние shallowing. **об|меле́ть** (-е́ет) pf become shallow.
обме́н exchange; barter; в ~ за+acc in exchange for; ~ веще́ств metabol-ism. **обме́нивать** impf, **обмени́ть** (-ню́, -нишь) pf, **об|меня́ть** pf ex-change; ~ся +instr exchange. **об-ме́нный** exchange.
обме́р measurement; false measure.
обме́реть (обомру́, -рёшь; о́бмер, - ла́, -о) pf (impf **обмира́ть**) faint; ~ от у́жаса be horror-struck.
обме́ривать impf, **обме́рить** pf measure; cheat in measuring.
обмести́ (-ету́, -етёшь; -мёл, -а́) pf, **обмета́ть**[1] impf sweep off, dust.
обмета́ть[2] (-ечу́ or -а́ю, -е́чешь or

-а́ешь) pf (impf **обмётывать**) oversew.
обмету́ etc.: see **обмести́. обмёты-вать** impf of **обмета́ть. обмира́ть** impf of **обмере́ть**
обмо́лвиться (-влюсь) pf make a slip of the tongue; +instr say, utter. **обмо́лвка** slip of the tongue.
обморо́женный frost-bitten.
о́бморок fainting-fit, swoon.
обмота́ть pf (impf **обма́тывать**) wind round; ~ся +instr wrap o.s. in. **обмо́тка** winding; pl puttees.
обмо́ю etc.: see **обмы́ть**
обмунди-рова́ние fitting out (with uniform); uniform. **обмундирова́ть** pf, **обмундиро́вывать** impf fit out (with uniform).
обмыва́ть impf, **обмы́ть** (-мо́ю) pf bathe, wash; ~ся wash, bathe.
обмяка́ть impf, **обмя́кнуть** (-ну; - мя́к) pf become soft or flabby.
обнадёживать impf, **обнадёжить** (-жу) pf reassure.
обнажа́ть impf, **обнажи́ть** (-жу́) pf bare, uncover; reveal. **обнажённый** (-ён, -ена́) naked, bare; nude.
обнаро́довать impf & pf promul-gate.
обнаруже́ние revealing; discovery; detection. **обнару́живать** impf, **обнару́жить** (-жу) pf display; re-veal; discover; ~ся come to light.
обнести́ (-су́, -сёшь; -нёс, -ла́) pf (impf **обноси́ть**) enclose; +instr serve round; pass over, leave out.
обнима́ть(ся impf of **обня́ть(ся. обниму́** etc.: see **обня́ть**
обнища́ние impoverishment.
обнови́ть (-влю́) pf, **обновля́ть** impf renovate; renew. **обно́вка** new acquisition; new garment. **обно-вле́ние** renovation, renewal.
обноси́ть (-ошу́, -о́сишь) impf of **обнести́; ~ся** pf have worn out one's clothes.
обня́ть (-ниму́, -ни́мешь; о́бнял, -а́, -о) pf (impf **обнима́ть**) embrace; clasp; ~ся embrace; hug one another.
обо see **о** prep.
обобра́ть (оберу́, -рёшь; обобра́л, - а́, -о) pf (impf **обира́ть**) rob; pick.
обобща́ть impf, **обобщи́ть** (-щу́) pf generalize. **обобще́ние** generaliza-tion. **обобществи́ть** (-влю́) pf,

обобществля́ть *impf* socialize; collectivize. обобществле́ние socialization; collectivization.

обобью́ *etc.*: *see* оби́ть. обовью́ *etc.*: *see* обви́ть

обогати́ть (-ащу́) *pf*, обогаща́ть *impf* enrich; ~ся become rich; enrich o.s. обогаще́ние enrichment.

обогна́ть (обгоню́, -о́нишь; обогна́л, -а́, -о) *pf* (*impf* обгоня́ть) pass; outstrip.

обогну́ть (-ну́, -нёшь) *pf* (*impf* огиба́ть) round, skirt; bend round.

обогрева́тель *m* heater. обогрева́ть *impf*, обогре́ть (-е́ю) *pf* heat, warm; ~ся warm up.

о́бод (*pl* -о́дья, -ьев) rim. ободо́к (-дка́) thin rim, narrow border.

обо́дранный ragged. ободра́ть (обдеру́, -рёшь; -а́л, -а́, -о) *pf* (*impf* обдира́ть) skin, flay; peel; fleece.

ободре́ние encouragement, reassurance. ободри́тельный encouraging, reassuring. ободри́ть *pf*, ободря́ть *impf* encourage, reassure; ~ся cheer up, take heart.

обожа́ть *impf* adore.

обожгу́ *etc.*: *see* обже́чь

обожестви́ть (-влю́) *pf*, обожествля́ть *impf* deify.

обожжённый (-ён, -ена́) burnt, scorched.

обо́з string of vehicles; transport.

обозва́ть (обзову́, -вёшь; -а́л, -а́, -о) *pf* (*impf* обзыва́ть) call; call names.

обозлённый (-ён, -а́) angered; embittered. обо|зли́ть *pf*, о|зли́ть *pf* anger; embitter; ~ся get angry.

обозна́ться *pf* mistake s.o. for s.o. else.

обознача́ть *impf*, обозна́чить (-чу) *pf* mean; mark; ~ся appear, reveal o.s. обозначе́ние sign, symbol.

обозрева́тель *m* reviewer; columnist. обозрева́ть *impf*, обозре́ть (-рю́) *pf* survey. обозре́ние survey; review; revue. обозри́мый visible.

обо́и (-ев) *pl* wallpaper.

обо́йма (*gen pl* -о́йм) cartridge clip.

обойти́ (-йду́, -йдёшь; -ошёл, -ошла́) *pf* (*impf* обходи́ть) go round; pass; avoid; pass over; ~сь manage, make do; +с+*instr* treat.

обокра́сть (обкраду́, -дёшь) *pf* (*impf* обкра́дывать) rob.

оболо́чка casing; membrane; cover, envelope, jacket; shell.

обольсти́тель *m* seducer. обольсти́тельный seductive. обольсти́ть (-льщу́) *pf*, обольща́ть *impf* seduce. обольще́ние seduction; delusion.

оболью́ *etc.*: *see* обли́ть

обомру́ *etc.*: *see* обмере́ть

обоня́ние (sense of) smell. обоня́тельный olfactory.

обопру́ *etc.*: *see* опере́ть

обора́чивать(ся *impf of* оберну́ть(ся, обороти́ть(ся

обо́рванный torn, ragged. оборва́ть (-ву́, -вёшь; -а́л, -а́, -о) *pf* (*impf* обрыва́ть) tear off; break; snap; cut short; ~ся break; snap; fall; stop suddenly.

обо́рка frill, flounce.

оборо́на defence. оборони́тельный defensive. обороня́ть *impf* defend; ~ся defend o.s. оборо́нный defence, defensive.

оборо́т turn; revolution; circulation; turnover; back; ~ ре́чи (turn of) phrase; смотри́ на ~е P.T.O. обороти́ть (-рочу́, -ро́тишь) *pf* (*impf* обора́чивать) turn; ~ся turn (round); +*instr or* в+*acc* turn into. оборо́тный circulating; reverse; ~ капита́л working capital.

обору́дование equipping; equipment. обору́довать *impf* & *pf* equip.

обоснова́ние basing; basis, ground. обосно́ванный well-founded. обоснова́ть, обосно́вывать *impf* ground, base; substantiate; ~ся settle down.

обосо́бленный isolated, solitary.

обостре́ние aggravation. обострённый keen; strained; sharp, pointed. обостри́ть *pf*, обостря́ть *impf* sharpen; strain; aggravate; ~ся become strained; be aggravated; become acute.

оботру́ *etc.*: *see* обтере́ть

обо́чина verge; shoulder, edge.

обошёл *etc.*: *see* обойти́. обошью́ *etc.*: *see* обши́ть

обою́дный mutual, reciprocal.

обраба́тывать *impf*, обрабо́тать *pf* till, cultivate; work, work up; treat, process. обрабо́тка working (up); processing; cultivation.

об|ра́довать(ся *pf.*

о́браз shape, form; image; manner; way; icon; гла́вным ∼ом mainly; таки́м ∼ом thus. образе́ц (-зца́) model; pattern; sample. о́бразный graphic; figurative. образова́ние formation; education. образо́ванный educated. образова́тельный educational. образова́ть *impf & pf*, образо́вывать *impf* form; ∼ся form; arise; turn out well.

образу́мить (-млю) *pf* bring to reason; ∼ся see reason.

образцо́вый model. обра́зчик specimen, sample.

обра́мить (-млю) *pf*, обрамля́ть *impf* frame.

обраста́ть *impf*, обрасти́ (-ту́, -тёшь; -ро́с, -ла́) *pf* be overgrown.

обрати́мый reversible, convertible. обрати́ть (-ащу́) *pf*, обраща́ть *impf* turn; convert; ∼ внима́ние на+*acc* pay *or* draw attention to; ∼ся turn; appeal; apply; address; +в+*acc* turn into; +с+*instr* treat; handle. обра́тно *adv* back; backwards; conversely; ∼ пропорциона́льный inversely proportional. обра́тный reverse; return; opposite; inverse. обраще́ние appeal, address; conversion; (+с+*instr*) treatment (of); handling (of); use (of).

обре́з edge; sawn-off gun; в ∼+*gen* only just enough. обре́зать (-е́жу) *pf*, обреза́ть *impf* cut (off); clip, trim; pare; prune; circumcise; ∼ся cut o.s. обре́зок (-зка) scrap; *pl* ends; clippings.

обрека́ть *impf of* обре́чь. обреку́ *etc.: see* обре́чь. обрёл *etc.: see* обрести́

обремени́тельный onerous. о|бремени́ть *pf*, обременя́ть *impf* burden.

обрести́ (-ету́, -етёшь; -рёл, -а́) *pf*, обрета́ть *impf* find.

обрече́ние doom. обречённый doomed. обре́чь (-еку́, -ечёшь; -ёк, -ла́) *pf* (*impf* обрека́ть) doom.

обрисова́ть *pf*, обрисо́вывать *impf* outline, depict; ∼ся appear (in outline).

оброни́ть (-ню́, -нишь) *pf* drop; let drop.

обро́с *etc.: see* обрасти́

обруба́ть *impf*, обруби́ть (-блю́, -бишь) *pf* chop off; cut off. обру́бок (-бка) stump.

об|руга́ть *pf.*

о́бруч (*pl* -и, -е́й) hoop. обруча́льный engagement; ∼ое кольцо́ betrothal ring, wedding ring. обруча́ть *impf*, обручи́ть (-чу́) betroth; ∼ся +с+*instr* become engaged to. обруче́ние engagement.

обру́шивать *impf*, об|ру́шить (-шу) *pf* bring down; ∼ся come down, collapse.

обры́в precipice. обрыва́ть(ся *impf of* оборва́ть(ся. обры́вок (-вка) scrap; snatch.

обры́згать *pf*, обры́згивать *impf* splash; sprinkle.

обрю́зглый flabby.

обря́д rite, ceremony.

обсервато́рия observatory.

обслу́живание service; maintenance. обслу́живать *impf*, обслужи́ть (-жу́, -жишь) *pf* serve; service; operate.

обсле́дование inspection. обсле́дователь *m* inspector. обсле́довать *impf & pf* inspect.

обсо́хнуть (-ну; -о́х) *pf* (*impf* обсыха́ть) dry (off).

обста́вить (-влю) *pf*, обставля́ть *impf* surround; furnish; arrange. обстано́вка furniture; situation; conditions; set.

обстоя́тельный thorough, reliable; detailed. обстоя́тельство circumstance. обстоя́ть (-ои́т) *impf* be; go; как обстои́т де́ло? how is it going?

обстре́л firing, fire; под ∼ом under fire. обстре́ливать *impf*, обстреля́ть *pf* fire at; bombard.

обступа́ть *impf*, обступи́ть (-у́пит) *pf* surround.

обсуди́ть (-ужу́, -у́дишь) *pf*, обсужда́ть *impf* discuss. обсужде́ние discussion.

обсчита́ть *pf*, обсчи́тывать *impf* shortchange; ∼ся miscount, miscalculate.

обсы́пать (-плю) *pf*, обсыпа́ть *impf* strew; sprinkle.

обсыха́ть *impf of* обсо́хнуть. обта́чивать *impf of* оботочи́ть

обтека́емый streamlined.

обтере́ть (оботру́, -трёшь; обтёр) pf (impf обтира́ть) wipe; rub; ~ся dry o.s.; sponge down.

о(б)теса́ть (-ешу́, -е́шешь) pf, о(б)тёсывать impf rough-hew; teach good manners to; trim.

обтира́ние sponge-down. обтира́ть(ся pf of обтере́ть(ся

обточи́ть (-чу́, -чишь) pf (impf обта́чивать) grind; machine.

обтрёпанный frayed; shabby.

обтя́гивать impf, обтяну́ть (-ну́, -нешь) pf cover; fit close. обтя́жка cover; skin; в обтя́жку close-fitting.

обува́ть(ся impf of обу́ть(ся. обу́вь footwear; boots, shoes.

обу́гливать impf, обу́глить pf char; carbonize; ~ся char, become charred.

обу́за burden.

обузда́ть pf, обу́здывать impf bridle, curb.

обурева́ть impf grip; possess.

обусло́вить (-влю) pf, обусло́вливать impf cause; +instr make conditional on; ~ся +instr be conditional on; depend on.

обу́тый shod. обу́ть (-у́ю) pf (impf обува́ть) put shoes on; ~ся put on one's shoes.

обу́х butt, back.

обуча́ть impf, об|учи́ть (-чу́, -чишь) pf teach; train; ~ся +dat or inf learn. обуче́ние teaching; training.

обхва́т girth; в ~е in circumference. обхвати́ть (-ачу́, -а́тишь) pf, обхва́тывать impf embrace; clasp.

обхо́д round(s); roundabout way; by-pass. обходи́тельный courteous; pleasant. обходи́ть(ся (-ожу́(сь, -о́дишь(ся) impf of обойти́(сь. обхо́дный roundabout.

обша́ривать impf, обша́рить pf rummage through, ransack.

обшива́ть impf of обши́ть. обши́вка edging; trimming; boarding, panelling; plating.

обши́рный extensive; vast.

обши́ть (обошью́, -шьёшь) pf (impf обшива́ть) edge; trim; make outfit(s) for; plank.

обшла́г (-а́; pl -а́, -о́в) cuff.

обща́ться impf associate.

обще- in comb common(ly), general(ly). общедосту́пный mod-erate in price; popular. ~житие hostel. ~изве́стный generally known. ~наро́дный national, public. ~образова́тельный of general education. ~при́нятый generally accepted. ~сою́зный All-Union. ~челове́ческий common to all mankind; universal.

обще́ние contact; social intercourse. обще́ственность (the) public; public opinion; community. обще́ственный social, public; voluntary. обще́ство society; company. о́бщий general; common; в ~ем on the whole, in general. общи́на community; commune.

об|щипа́ть (-плю́ -пле́шь) pf.

общи́тельный sociable. о́бщность community.

объеда́ть(ся impf of объе́сть(ся

объедине́ние unification; merger; union, association. объединённый (-ён, -а́) united. объедини́тельный unifying. объедини́ть pf, объединя́ть impf unite; join; combine; ~ся unite.

объе́дки (-ов) pl leftovers, scraps.

объе́зд riding round; detour. объе́здить (-зжу, -здишь) pf (impf объезжа́ть) travel over; break in. объезжа́ть impf of объе́здить, объе́хать

объе́кт object; objective; establishment, works. объекти́в lens. объекти́вность objectivity. объекти́вный objective.

объём volume; scope. объёмный by volume, volumetric.

объе́сть (-е́м, -е́шь, -е́ст, -еди́м) pf (impf объеда́ть) gnaw (round), nibble; ~ся overeat.

объе́хать (-е́ду) pf (impf объезжа́ть) drive or go round; go past; travel over.

объяви́ть (-влю́, -вишь) pf, объявля́ть impf declare, announce; ~ся turn up; +instr declare o.s. объявле́ние declaration, announcement; advertisement.

объясне́ние explanation. объясни́мый explainable. объясни́ть pf, объясня́ть impf explain; ~ся be explained; make o.s. understood; +c +instr have it out with.

объя́тие embrace.

обыва́тель *m* Philistine. обыва́тельский narrow-minded.

обыгра́ть *pf*, обы́грывать *impf* beat (*in a game*).

обы́денный ordinary; everyday.

обыкнове́ние habit. обыкнове́нно *adv* usually. обыкнове́нный usual; ordinary.

обы́ск search. обыска́ть (-ыщу́, -ы́щешь) *pf*, обы́скивать *impf* search.

обы́чай custom; usage. обы́чно *adv* usually. обы́чный usual.

обя́занность duty; responsibility. обя́занный (+inf) obliged; +dat indebted to (+instr for). обяза́тельно *adv* without fail. обяза́тельный obligatory. обяза́тельство obligation; commitment. обяза́ть (-яжу́, -я́жешь) *pf*, обя́зывать *impf* bind; commit; oblige; ~ся pledge o.s., undertake.

ова́л oval. ова́льный oval.

ова́ция ovation.

овдове́ть (-е́ю) *pf* become a widow, widower.

овёс (овса́) oats.

ове́чка *dim of* овца́; harmless person.

овладева́ть *impf*, овладе́ть (-е́ю) *pf* +instr seize; capture; master.

о́вод (*pl* -ы *or* -á) gadfly.

о́вощ (*pl* -и, -е́й) vegetable. овощно́й vegetable.

овра́г ravine, gully.

овся́нка oatmeal; porridge. овся́ный oat, oatmeal.

овца́ (*pl* -ы, ове́ц, о́вцам) sheep; ewe. овча́рка sheep-dog. овчи́на sheepskin.

ога́рок (-рка) candle-end.

огиба́ть *impf of* обогну́ть

оглавле́ние table of contents.

огласи́ть (-ашу́) *pf*, оглаша́ть *impf* announce; fill (with sound); ~ся resound. огла́ска publicity. оглаше́ние publication.

огло́бля (gen *pl* -бель) shaft.

о|гло́хнуть (-ну, о|гло́х) *pf*.

оглуша́ть *impf*, о|глуши́ть (-шу́) *pf* deafen; stun. оглуши́тельный deafening.

огляде́ть (-яжу́) *pf*, огля́дывать *impf*, огляну́ть (-ну́, -нешь) *pf* look round; look over; ~ся look round; look back. огля́дка looking back.

огнево́й fire; fiery. о́гненный fiery.

огнеопа́сный inflammable. огнеприпа́сы (-ов) *pl* ammunition. огнесто́йкий fire-proof. огнестре́льный: ~ое ору́жие firearm(s). огнетуши́тель *m* fire-extinguisher. огнеупо́рный fire-resistant.

ого́ *int* oho!

огова́ривать *impf*, оговори́ть *pf* slander; stipulate (for); ~ся make a proviso; make a slip (of the tongue). огово́р slander. огово́рка reservation, proviso; slip of the tongue.

оголённый bare, nude. оголи́ть *pf* (*impf* оголя́ть) bare; strip; ~ся strip o.s.; become exposed.

оголя́ть(ся *impf of* оголи́ть(ся

огонёк (-нька́) (small) light; zest. ого́нь (огня́) *m* fire; light.

огора́живать *impf*, огороди́ть (-рожу́, -ро́дишь) *pf* fence in, enclose; ~ся fence o.s. in. огоро́д kitchen-garden. огоро́дный kitchen-garden.

огорча́ть *impf*, огорчи́ть (-чу́) *pf* grieve, pain; ~ся grieve, be distressed. огорче́ние grief; chagrin.

о|гра́бить (-блю) *pf*. ограбле́ние robbery; burglary.

огра́да fence. огради́ть (-ажу́) *pf*, огражда́ть *impf* guard, protect.

ограниче́ние limitation, restriction. ограни́ченный limited. ограни́чивать *impf*, ограни́чить (-чу) *pf* limit, restrict; ~ся +instr limit *or* confine o.s. to; be limited to.

огро́мный huge; enormous.

о|грубе́ть (-е́ю) *pf*.

огры́зок (-зка) bit, end; stub.

огуре́ц (-рца́) cucumber.

одалжива́ть *impf of* одолжи́ть

одарённый gifted. ода́ривать *impf*, одари́ть *pf*, одаря́ть *impf* give presents (to); +instr endow with.

одева́ть(ся *impf of* оде́ть(ся

оде́жда clothes; clothing.

одеколо́н eau-de-Cologne.

одели́ть *pf*, оделя́ть *impf* (+instr) present (with); endow (with).

оде́ну *etc.*: *see* оде́ть. одёргивать *impf of* одёрнуть

о|деревене́ть (-е́ю) *pf*.

одержа́ть (-жу́, -жишь) *pf*, оде́рживать *impf* gain. одержи́мый possessed.

одёрнуть (-ну) *pf* (*impf* одёргивать) pull down, straighten.

одетый dressed; clothed. одеть (-éну) *pf* (*impf* одевать) dress; clothe; ~ся dress (o.s.). одеяло blanket. одеяние garb, attire.

один (одного), одна (одной), одно (одного), *pl* одни (одних) one; a, an; a certain; alone; only; nothing but; same; одно и то же the same thing; один на один in private; один раз once; одним словом in a word; по одному one by one.

одинаковый identical, the same, equal.

одиннадцатый eleventh. одиннадцать eleven.

одинокий solitary; lonely; single. одиночество solitude; loneliness. одиночка *m* & *f* (one) person alone. одиночный individual; one-man; single; ~ое заключение solitary confinement.

одичалый wild.

однажды *adv* once; one day; once upon a time.

однако *conj* however.

одно- *in comb* single, one; uni-, mono-, homo-. однобокий one-sided. ~временно *adv* simultaneously, at the same time. ~временный simultaneous. ~звучный monotonous. ~значащий synonymous; ~значный synonymous; one-digit. ~именный of the same name. ~классник classmate. ~клеточный unicellular. ~кратный single. ~летний one-year; annual. ~местный single-seater. ~образие, ~образность monotony. ~образный monotonous. ~родность homogeneity, uniformity. ~родный homogeneous; similar. ~сторонний one-sided; unilateral; one-way. ~фамилец (-льца) person of the same surname. ~цветный one-colour; monochrome. ~этажный one-storeyed.

одобрение approval. одобрительный approving. одобрить *pf*, одобрять *impf* approve (of).

одолевать *impf*, одолеть (-ею) *pf* overcome.

одолжать *impf*, одолжить (-жу) *pf* lend; +у+*gen* borrow from. одолжение favour.

о|дряхлеть (-ею) *pf*.

одуванчик dandelion.

одуматься *pf*, одумываться *impf* change one's mind.

одурелый stupid. о|дуреть (-ею) *pf*.

одурманивать *impf*, о|дурманить *pf* stupefy. одурять *impf* stupefy.

одухотворённый inspired; spiritual. одухотворить *pf*, одухотворять *impf* inspire.

одушевить (-влю) *pf*, одушевлять *impf* animate. одушевление animation.

одышка shortness of breath.

ожерелье necklace.

ожесточать *impf*, ожесточить (-чу) *pf* embitter, harden. ожесточение bitterness. ожесточённый bitter; hard.

оживать *impf of* ожить

оживить (-влю) *pf*, оживлять *impf* revive; enliven; ~ся become animated. оживление animation; reviving; enlivening. оживлённый animated, lively.

ожидание expectation; waiting. ожидать *impf* +*gen* wait for; expect.

ожирение obesity. о|жиреть (-ею) *pf*.

ожить (-иву, -ивёшь; ожил, -á, -о) *pf* (*impf* оживать) come to life, revive.

ожог burn, scald.

озабоченность preoccupation; anxiety. озабоченный preoccupied; anxious.

озаглавить (-лю) *pf*, озаглавливать *impf* entitle; head. озадачивать *impf*, озадачить (-чу) *pf* perplex, puzzle.

озарить *pf*, озарять *impf* light up, illuminate; ~ся light up.

оздоровительный бег jogging. оздоровление sanitation.

озеленить *pf*, озеленять *impf* plant (with trees etc.).

озеро (*pl* озёра) lake.

озимые *sb* winter crops. озимый winter. озимь winter crop.

озираться *impf* look round; look back.

о|злить(ся): *see* обозлить(ся

озлобить (-блю) *pf*, озлоблять *impf* embitter; ~ся grow bitter. озлобление bitterness, animosity.

озлобленный embittered.

о|знакомить (-млю) pf, ознакомлять impf c+instr acquaint with; ~ся c+instr familiarize o.s. with.

ознаменовать pf, ознаменовывать impf mark; celebrate.

означать impf mean, signify.

озноб shivering, chill.

озон ozone.

озорник (-á) mischief-maker. озорной naughty, mischievous. озорство mischief.

озябнуть (-ну; озяб) pf be cold, be freezing.

ой int oh.

оказать (-ажу, -ажешь) pf (impf оказывать) render, provide, show; ~ся turn out, prove; find o.s., be found.

оказия unexpected event, funny thing.

оказывать(ся impf of оказать(ся

окаменелость fossil. окаменелый fossilized; petrified. о|каменеть (-éю) pf.

окантовка mount.

оканчивать(ся impf of окончить(ся. окапывать(ся impf of окопать(ся

окаянный damned, cursed.

океан ocean. океанский ocean; oceanic.

окидывать impf, окинуть (-ну) pf; ~ взглядом take in at a glance, glance over.

óкисел (-сла) oxide. окисление oxidation. óкись oxide.

оккупант invader. оккупация occupation. оккупировать impf & pf occupy.

оклад salary scale; (basic) pay.

оклеветать (-ещу, -ещешь) pf slander.

оклеивать impf, оклеить pf cover; paste over; ~ обоями paper.

окно (pl óкна) window.

óко (pl óчи, очей) eye.

оковы (оков) pl fetters.

околдовать pf, околдовывать impf bewitch.

óколо adv & prep+gen by; close (to), near; around; about.

окольный roundabout.

оконный window.

окончание end; conclusion, termination; ending. окончательный

final. окончить (-чу) pf (impf оканчивать) finish, end; ~ся finish, end.

окóп trench. окопать pf (impf окапывать) dig round; ~ся entrench o.s., dig in. окóпный trench.

óкорок (pl.-á, -óв) ham, gammon.

окоченелый stiff with cold. о|коченеть (-éю) pf.

окóшечко, окóшко (small) window.

окраина outskirts, outlying districts.

о|красить (-áшу) pf, окрашивать impf paint, colour; dye. окраска painting; colouring; dyeing; colouration.

о|крепнуть (-ну) pf. о|крестить(ся (-ещу(сь, -éстишь(ся) pf.

окрестности environs. окрестный neighbouring.

óкрик hail; shout. окрикивать impf, окрикнуть (-ну) pf hail, call, shout to.

окровавленный blood-stained.

óкруг (pl ~á) district. округа neighbourhood. округлить pf, округлять impf round; round off. óкруглый rounded. окружать impf, окружить (-жу) pf surround; encircle. окружающий surrounding; ~ее sb environment; ~ие sb pl associates. окружение encirclement; environment. окружной district. окружность circumference.

окрылить pf, окрылять impf inspire, encourage.

октáва octave.

октáн octane.

октябрь (-я) m October. октябрьский October.

окулист oculist.

окунáть impf, окунуть (-ну, -нёшь) pf dip; ~ся dip; plunge; become absorbed.

óкунь (pl -и, -éй) m perch.

окупáть impf, окупить (-плю, -пишь) pf compensate, repay; ~ся be repaid, pay for itself.

окурок (-рка) cigarette-end.

окутать pf, окутывать impf wrap up; shroud, cloak.

окучивать impf, окучить (-чу) pf earth up.

оладья (gen pl -ий) fritter; dropscone.

оледенелый frozen. о|леденеть (-éю) pf. .

оле́ний deer, deer's; reindeer. оле́нина venison. оле́нь *m* deer; reindeer.

оли́ва olive. оли́вковый olive; olive-coloured.

олига́рхия oligarchy.

олимпиа́да olympiad; Olympics. олимпи́йск|ий Olympic; Olympian; ~ие и́гры Olympic games.

оли́фа drying oil (*e.g.* linseed oil).

олицетворе́ние personification; embodiment. олицетвори́ть *pf*, олицетворя́ть *impf* personify, embody.

о́лово tin. оловя́нный tin.

ом ohm.

ома́р lobster.

омерзе́ние loathing. омерзи́тельный loathsome.

омертве́лый stiff, numb; necrotic. о|мертве́ть (-е́ю) *pf.*

омле́т omelette.

омоложе́ние rejuvenation.

омо́ним homonym.

омо́ю *etc.: see* омы́ть

омрача́ть *impf*, омрачи́ть (-чу́) *pf* darken, cloud.

о́мут whirlpool; maelstrom.

омыва́ть *impf*, омы́ть (омо́ю) *pf* wash; ~ся be washed.

он (его́, ему́, им, о нём) *pron* he. она́ (её, ей, ей (е́ю), о ней) *pron* she.

онда́тра musk-rat.

онеме́лый numb. о|неме́ть (-е́ю) *pf.*

они́ (их, им, и́ми, о них) *pron* they. оно́ (его́, ему́, им, о нём) *pron* it; this, that.

опада́ть *impf of* опа́сть.

опа́здывать *impf of* опозда́ть

опа́ла disgrace.

о|пали́ть*pf.*

опа́ловый opal.

опа́лубка casing.

опаса́ться *impf* +gen fear; avoid, keep off. опасе́ние fear; apprehension.

опа́сность danger; peril. опа́сный dangerous.

опа́сть (-адёт) *pf* (*impf* опада́ть) fall, fall off; subside.

опе́ка guardianship; trusteeship. опека́емый *sb* ward. опека́ть*impf* be guardian of; take care of. опеку́н (-а́), -у́нша guardian; tutor; trustee.

о́пера opera.

операти́вный efficient; operative,

surgical; operation(s), operational. опера́тор operator; cameraman. операцио́нн|ый operating; ~ая *sb* operating theatre. опера́ция operation.

опереди́ть (-режу́) *pf*, опережа́ть *impf* outstrip, leave behind.

опере́ние plumage.

опере́тта, -е́тка operetta.

опере́ть (обопру́, -прёшь; опёр, -ла́) *pf* (*impf* опира́ть) +о+acc lean against; ~ся на *or* о+acc lean on, lean against.

опери́ровать *impf* & *pf* operate on; operate, act; +instr use.

о́перный opera; operatic.

о|печа́лить(ся *pf.*

опеча́тать *pf* (*impf* опеча́тывать) seal up.

опеча́тка misprint.

опеча́тывать *impf of* опеча́тать

опеши́ть (-шу) *pf* be taken aback.

опи́лки (-лок) *pl* sawdust; filings.

опира́ть(ся *impf of* опере́ть(ся

описа́ние description. описа́тельный descriptive. описа́ть (-ишу́, -и́шешь) *pf*, опи́сывать *impf* describe; ~ся make a slip of the pen. опи́ска slip of the pen. о́пись inventory.

о́пиум opium.

оплака́ть (-а́чу) *pf*, опла́кивать *impf* mourn for; bewail.

опла́та payment. оплати́ть (-ачу́, -а́тишь) *pf*, опла́чивать *impf* pay (for).

оплачу́ *etc.: see* опла́кать. оплачу́ *etc.: see* оплати́ть

оплеу́ха slap in the face.

оплодотвори́ть *pf*, оплодотворя́ть*impf* impregnate; fertilize.

о|пломбирова́ть*pf.*

опло́т stronghold, bulwark.

опло́шность blunder, mistake.

оповести́ть (-ещу́) *pf*, оповеща́ть *impf* notify. оповеще́ние notification.

опозда́вший*sb* late-comer. опозда́ние lateness; delay. опозда́ть (*impf* опа́здывать) be late; +на+acc miss.

опознава́тельный distinguishing; ~ знак landmark. опознава́ть (-наю́, -наёшь) *impf*, опозна́ть *pf* identify. опозна́ние identification.

о|позо́рить(ся *pf*.

оползáть *impf*, оползти́ (-зёт; -блз, -лá) *pf* slip, slide. о́ползень (-зня) *m* landslide.

ополчéние militia.

опóмниться *pf* come to one's senses.

опóр: во весь ~ at full speed.

опóра support; pier; тóчка опóры fulcrum, foothold.

опорáжнивать *impf of* опорожни́ть

опóрный support, supporting, supported; bearing.

опорожни́ть *pf*, опорожня́ть *impf* (*impf also* опорáжнивать) empty.

о|порóчить (-чу) *pf*.

опохмели́ться *pf*, опохмеля́ться *impf* take a hair of the dog that bit you.

опóшлить *pf*, опошля́ть *impf* vulgarize, debase.

опоя́сать (-я́шу) *pf*, опоя́сывать *impf* gird; girdle.

оппозицио́нный opposition. оппози́ция opposition.

оппортуни́зм opportunism.

опрáва setting, mounting; spectacle frames.

оправдáние justification; excuse; acquittal. оправдáтельный пригово́р verdict of not guilty. оправдáть *pf*, опрáвдывать *impf* justify; excuse; acquit; ~ся justify o.s.; be justified.

опрáвить (-влю) *pf*, оправля́ть *impf* set right, adjust; mount; ~ся put one's dress in order; recover; +от+*gen* get over.

опрáшивать *impf of* опроси́ть

определéние definition; determination; decision. определённый definite; certain. определи́мый definable. определи́ть *pf*, определя́ть *impf* define; determine; appoint; ~ся be formed; be determined; find one's position.

опроверга́ть *impf*, опрове́ргнуть (-ну; -ве́рг) *pf* refute, disprove. опроверже́ние refutation; denial.

опроки́дывать *impf*, опроки́нуть (-ну) *pf* overturn; topple; ~ся overturn; capsize.

опроме́тчивый rash, hasty.

опро́с (cross-)examination; (opinion) poll. опроси́ть (-ошу́, -о́сишь) *pf* (*impf* опрáшивать) question; (cross-)

examine. опро́сный лист questionnaire.

опры́скать *pf*, опры́скивать *impf* sprinkle; spray.

опря́тный neat, tidy.

óптик optician. óптика optics. опти́ческий optic, optical.

оптимáльный optimal. оптими́зм optimism. оптими́ст optimist. оптимисти́ческий optimistic.

опто́вый wholesale. óптом *adv* wholesale.

опубликовáние publication; promulgation. о|публиковáть *pf*, опублико́вывать *impf* publish; promulgate.

опускáть(ся *impf of* опусти́ть(ся опусте́лый deserted. о|пусте́ть (-éет) *pf*.

опусти́ть (-ущу́, -у́стишь) *pf* (*impf* опускáть) lower; let down; turn down; omit; post; ~ся lower o.s.; sink; fall; go down; go to pieces.

опустошáть *impf*, опустоши́ть (-шу́) *pf* devastate. опустоше́ние devastation. опустоши́тельный devastating.

опу́тать *pf*, опу́тывать *impf* entangle; ensnare.

опухáть *impf*, о|пу́хнуть (-ну; опу́х) *pf* swell, swell up. о́пухоль swelling, tumour.

опу́шка edge of a forest; trimming.

опу́щу *etc.: see* опусти́ть

опылéние pollination. опыли́ть *pf*, опыля́ть *impf* pollinate.

о́пыт experience; experiment. о́пытный experienced; experimental.

опьянéние intoxication. о|пьянéть (-éю) *pf*, о|пьяни́ть *pf*, опьяня́ть *impf* intoxicate, make drunk.

опя́ть *adv* again.

орáва crowd, horde.

орáкул oracle.

орангутáн orangutan.

орáнжевый orange. оранжерéя greenhouse, conservatory.

орáтор orator. орато́рия oratorio.

орáть (ору́, орёшь) *impf* yell.

орби́та orbit; (eye-)socket.

о́рган[1] organ; body. орга́н[2] (*mus*) organ. организáтор organizer. организацио́нный organization(al). организáция organization. органи́зм organism. организо́ванный organized. организова́ть *impf & pf* (*pf also* c∼) organize; ∼ся be organized; organize. органи́ческий organic.

óргия orgy.

орда́ (*pl* -ы) horde.

óрден (*pl* -á) order.

óрдер (*pl* -á) order; warrant; writ.

ордина́та ordinate.

ордина́тор house-surgeon.

орёл (орла́) eagle; ∼ и́ли ре́шка? heads or tails?

орео́л halo.

оре́х nut, nuts; walnut. оре́ховый nut; walnut. оре́шник hazel; hazel-thicket.

оригина́л original; eccentric. оригина́льный original.

ориента́ция orientation. ориенти́р landmark; reference point. ориенти́ровать *impf & pf* orient o.s.; +на+*acc* head for; aim at. ориенти́ровка orientation. ориенти́ровочный reference; tentative; approximate.

орке́стр orchestra.

орли́ный eagle; aquiline.

орна́мент ornament; ornamental design.

о|робе́ть (-е́ю) *pf*.

ороси́тельный irrigation. ороси́ть (-ошу́) *pf*, ороша́ть *impf* irrigate. ороше́ние irrigation; поля́ ороше́ния sewage farm.

ору́ *etc.: see* ора́ть

ору́дие instrument; tool; gun. ору́дийный gun. ору́довать *impf* +*instr* handle; run. оруже́йный arms; gun. ору́жие arm, arms; weapons.

орфографи́ческий orthographic(al). орфогра́фия orthography, spelling.

оса́ (*pl* -ы) wasp.

оса́да siege. осади́ть[1] (-ажу́) *pf* (*impf* осажда́ть) besiege.

осади́ть[2] (-ажу́, -а́дишь) *pf* (*impf* оса́живать) check; force back; rein in; take down a peg.

оса́дный siege.

оса́док (-дка) sediment; fall-out; after-taste; *pl* precipitation, fall-out. оса́дочный sedimentary.

осажда́ть *impf of* осади́ть[1]

оса́живать *impf of* осади́ть[2]. осажу́ *see* осади́ть[1,2]

оса́нка carriage, bearing.

осва́ивать(ся *impf of* осво́ить(ся

осведоми́тельный informative; information. осве́домить (-млю) *pf*, осведомля́ть *impf* inform; ∼ся о+*prep* inquire about, ask after.

осведомле́ние notification. осве́домлённый well-informed, knowledgeable.

освежа́ть *impf*, освежи́ть (-жу́) *pf* refresh; air. освежи́тельный refreshing.

освети́тельный illuminating. освети́ть (-ещу́) *pf*, освеща́ть *pf* light up; illuminate; throw light on, ∼ся light up. освеще́ние lighting, illumination. освещённый (-ён, -á) lit.

о|свиде́тельствовать *pf*.

освиста́ть (-ищу́, -и́щешь) *pf*, осви́стывать *impf* hiss; boo.

освободи́тель *m* liberator. освободи́тельный liberation, emancipation. освободи́ть (-ожу́) *pf*, освобожда́ть *impf* liberate; emancipate; dismiss; vacate; empty; ∼ся free o.s.; become free. освобожде́ние liberation; release; emancipation; vacation. освобождённый (-ён, -á) freed, free; exempt.

освое́ние mastery; opening up. осво́ить *pf* (*impf* осва́ивать) master; become familiar with; ∼ся familiarize o.s.

освящённый (-ён, -ена́) consecrated; sanctified; ∼ века́ми time-honoured.

оседа́ть *impf of* осе́сть

о|седла́ть *pf*, осёдлывать *impf* saddle.

осе́длый settled.

оседа́ться *impf of* осе́чься

осёл (-сла́) donkey; ass.

осело́к (-лка́) touchstone; whetstone.

осени́ть (-ню́) *pf* (*impf* осеня́ть) overshadow; dawn upon.

осе́нний autumn(al). óсень autumn. óсенью *adv* in autumn.

осеня́ть *impf of* осени́ть

осе́сть (ося́ду; осе́л) *pf* (*impf* оседа́ть) settle; subside.

осётр (-á) sturgeon. осетри́на sturgeon.

осе́чка misfire. осе́чься (-еку́сь, -ечёшься, -е́кся, -екла́сь) *pf* (*impf* осека́ться) stop short.

оси́ливать *impf*, оси́лить *pf* overpower; master.

оси́на aspen.

о|си́пнуть (-ну; оси́п) get hoarse.

осироте́лый orphaned. осироте́ть (-е́ю) pf be orphaned.

оска́ливать impf, о|ска́лить pf; ~ зу́бы, ~ся bare one's teeth.

о|сканда́лить(ся pf.

оскверни́ть pf, оскверня́ть impf profane; defile.

оско́лок (-лка) splinter; fragment.

оско́мина bitter taste (in the mouth); наби́ть оско́мину set the teeth on edge.

оскорби́тельный insulting, abusive. оскорби́ть (-блю́) pf, оскорбля́ть impf insult; offend; ~ся take offence. оскорбле́ние insult. оскорблённый (-ён, -а́) insulted.

ослабева́ть impf, о|слабе́ть (-е́ю) pf weaken; slacken. осла́бить (-блю) pf, ослабля́ть impf weaken; slacken. ослабле́ние weakening; slackening, relaxation.

ослепи́тельный blinding, dazzling. ослепи́ть (-плю́) pf, ослепля́ть impf blind, dazzle. ослепле́ние blinding, dazzling; blindness. о|слепну́ть (-ну; -е́п) pf.

осли́ный donkey; asinine. осли́ца she-ass.

осложне́ние complication. осложни́ть pf, осложня́ть impf complicate; ~ся become complicated.

ослы́шаться (-шусь) pf mishear.

осма́тривать(ся impf of осмотре́ть(ся. осме́ивать impf of осмея́ть

о|смеле́ть (-е́ю) pf. осме́ливаться impf, осме́литься pf dare; venture. осмея́ть (-ею́, -еёшь) pf (impf осме́ивать) ridicule.

осмо́тр examination, inspection. осмотре́ть (-рю, -ришь) pf (impf осма́тривать) examine, inspect; look round; ~ся look round. осмотри́тельный circumspect.

осмы́сленный sensible, intelligent. осмы́сливать impf, осмы́слить pf, осмысля́ть impf interpret; comprehend.

оснасти́ть (-ащу́) pf, оснаща́ть impf fit out, equip. осна́стка rigging. оснаще́ние fitting out; equipment.

осно́ва base, basis, foundation; pl fundamentals; stem (of a word).

основа́ние founding, foundation; base; basis; reason; на како́м основа́нии? on what grounds? основа́тель m founder. основа́тельный well-founded; solid; thorough. основа́ть, осно́вывать impf found; base; ~ся settle; be founded, be based. основно́й fundamental, basic; main; в основно́м in the main, on the whole. основополо́жник founder.

осо́ба person. осо́бенно adv especially. осо́бенность peculiarity; в осо́бенности in particular. осо́бенный special, particular, peculiar. особня́к (-а́) private residence; detached house. особняко́м adv by o.s. осо́бо adv apart; especially. осо́бый special; particular.

осознава́ть (-наю́, -наёшь) impf, осозна́ть pf realize.

осо́ка sedge.

о́спа smallpox; pock-marks.

оспа́ривать impf, оспо́рить pf dispute; contest.

о|срами́ть(ся (-млю́(сь) pf. остава́ться (-таю́сь, -таёшься) impf of оста́ться

ост (naut) east; east wind.

оста́вить (-влю) pf, оставля́ть impf leave; abandon; reserve.

остально́й the rest of; ~о́е sb the rest; ~ы́е sb pl the others.

остана́вливать(ся impf of останови́ть(ся

оста́нки (-ов) pl remains.

останови́ть (-влю́, -вишь) pf (impf остана́вливать) stop; restrain; ~ся stop, halt; stay; +на +prep dwell on; settle on. остано́вка stop.

оста́ток (-тка) remainder; rest; residue; pl remains; leftovers. оста́ться (-а́нусь) pf (impf остава́ться) remain; stay; impers it remains, it is necessary; нам не остаётся ничего́ друго́го, как we have no choice but.

остекли́ть pf, остекля́ть impf glaze.

остервене́ть pf become enraged.

остерега́ть impf, остере́чь (-регу́, -режёшь; -рёг, -гла́) pf warn; ~ся (+gen) beware (of).

о́стов frame, framework; skeleton.

о|столбене́ть (-е́ю) pf.

осторо́жно adv carefully; ~! look

out! осторо́жность care, caution. осторо́жный careful, cautious.

острига́ть(ся impf of остри́чь(ся

остриё point; spike; (cutting) edge. остри́ть[1] impf sharpen. остри́ть[2] impf (pf c~) be witty.

о|стри́чь (-игу́, -ижёшь; -и́г) pf (impf also острига́ть) cut, clip; ~ся have one's hair cut.

о́стров (pl -á) island. острово́к (-вка́) islet; ~ безопа́сности (traffic) island.

острота́[1] witticism, joke. острота́[2] sharpness; keenness; pungency. остроу́мие wit. остроу́мный witty.

о́стрый (остр, -á, -о) sharp; pointed; acute; keen. остря́к (-á) wit.

о|студи́ть (-ужу́, -у́дишь) pf, остужа́ть impf cool.

оступа́ться impf, оступи́ться (-плю́сь, -пишься) pf stumble.

остыва́ть impf, осты́ть (-ы́ну) pf get cold; cool down.

осуди́ть (-ужу́, -у́дишь) pf, осужда́ть impf condemn; convict. осужде́ние condemnation; conviction. осуждённый (-ён, -á) condemned, convicted; sb convict.

осу́нуться (-нусь) pf grow thin, become drawn.

осуша́ть impf, осуши́ть (-шу́, -шишь) pf drain; dry. осуше́ние drainage.

осуществи́мый feasible. осуществи́ть (-влю́) pf, осуществля́ть impf realize, bring about; accomplish; ~ся be fulfilled, come true. осуществле́ние realization; accomplishment.

осчастли́вить (-влю) pf, осчастли́вливать impf make happy.

осыпа́ть (-плю) pf, осыпа́ть impf strew; shower; ~ся crumble; fall. о́сыпь scree.

ось (gen pl -éй) axis; axle.

осьмино́г octopus.

ося́ду etc.: see осе́сть

осяза́емый tangible. осяза́ние touch. осяза́тельный tactile; tangible. осяза́ть impf feel.

от, ото prep+gen from; of; against.

ота́пливать impf of отопи́ть

ота́ва flock (of sheep).

отба́вить (-влю) pf, отбавля́ть impf pour off; хоть отбавля́й more than enough.

отбега́ть impf, отбежа́ть (-егу́) pf run off.

отберу́ etc.: see отобра́ть

отбива́ть(ся impf of отби́ть(ся

отбивна́я котле́та cutlet, chop.

отбира́ть impf of отобра́ть

отби́ть (отобью́, -ёшь) pf (impf отбива́ть) beat (off), repel; win over; break off; ~ся break off; drop behind; +от+gen defend o.s. against.

о́тблеск reflection.

отбо́й repelling; retreat; ringing off; бить ~ beat a retreat; дать ~ ring off.

отбо́йный молото́к (-тка́) pneumatic drill.

отбо́р selection. отбо́рный choice, select(ed).

отбра́сывать impf, отбро́сить (-о́шу) pf throw off or away; hurl back; reject; ~ тень cast a shadow. отбро́сы (-ов) pl garbage.

отбыва́ть impf, отбы́ть (-бу́ду; о́тбыл, -á, -о) pf depart; serve (a sentence).

отва́га courage, bravery.

отва́живаться impf, отва́житься (-жусь) pf dare. отва́жный courageous.

отва́л dump, slag-heap; casting off; до ~а to satiety. отва́ливать impf, отвали́ть (-лю́, -лишь) pf push aside; cast off; fork out.

отва́р broth; decoction. отва́ривать impf, отвари́ть (-рю́, -ришь) pf boil. отварно́й boiled.

отве́дать pf (impf отве́дывать) taste, try.

отведу́ etc.: see отвести́

отве́дывать impf of отве́дать

отвезти́ (-зу́, -зёшь; -вёз, -лá) pf (impf отвози́ть) take or cart away.

отве́л etc.: see отвести́

отверга́ть impf, отве́ргнуть (-ну; -ве́рг) pf reject; repudiate.

отве́рженный outcast.

отверну́ть (-ну́, -нёшь) pf (impf отвёртывать, отвора́чивать) turn aside; turn down; turn on; unscrew; screw off; ~ся turn away; come unscrewed.

отве́рстие opening; hole.

отверте́ть (-рчу́, -ртишь) pf (impf отвёртывать) unscrew; twist off; ~ся come unscrewed; get off. отвёртка screwdriver.

отвёртывать(ся *impf of* отвернýть(ся, отвертéть(ся

отвéс plumb; vertical slope. отвéсить (-éшу) *pf* (*impf* отвéшивать) weigh out. отвéсный perpendicular, sheer.

отвести́ (-едý, -едёшь; -вёл, -á) *pf* (*impf* отводи́ть) lead, take; draw or take aside; deflect; draw off; reject; allot.

отвéт answer.

ответви́ться *pf*, ответвля́ться *impf* branch off, offshoot. ответвлéние branch, offshoot.

отвéтить (-éчу) *pf*, отвечáть *impf* answer; +на+*acc* reply to; +за+*acc* answer for. отвéтный in reply, return. отвéтственность responsibility. отвéтственный responsible. отвéтчик defendant.

отвéшивать *impf of* отвéсить. отвéшу *etc.: see* отвéсить

отвинти́ть (-нчý) *pf*, отви́нчивать *impf* unscrew.

отвисáть *impf*, отви́снуть (-нет; -и́с) *pf* hang down, sag. отви́слый hanging, baggy.

отвлекáть *impf*, отвлéчь (-екý, -ечёшь; -влёк, -лá) *pf* distract, divert; ~ся be distracted. отвлечённый abstract.

отвóд taking aside; diversion; leading, taking; rejection; allotment. отводи́ть (-ожý, -óдишь) *impf of* отвести́.

отвоевáть (-оюю) *pf*, отвоёвывать *impf* win back; spend in fighting.

отвози́ть (-ожý, -óзишь) *impf of* отвезти́. отворáчивать(ся *impf of* отвороти́ть(ся, отвернýть(ся

отвори́ть (-рю́, -ришь) *pf* (*impf* отворя́ть) open; ~ся open.

отворя́ть(ся *impf of* отвори́ть(ся. отвою́ю *etc.: see* отвоевáть

отврати́тельный disgusting. отвращéние disgust, repugnance.

отвыкáть *impf*, отвы́кнуть (-ну; -вы́к) *pf* +от *or* inf lose the habit of; grow out of.

отвязáть (-яжý, -я́жешь) *pf*, отвя́зывать *impf* untie, unfasten; ~ся come untied, come loose; +от+*gen* get rid of; leave alone.

отгадáть *pf*, отгáдывать *impf* guess. отгáдка answer.

отгибáть(ся *impf of* отогнýть(ся
отглáдить (-áжу) *pf*, отглáживать *impf* iron (out).

отговáривать *impf*, отговори́ть *pf* dissuade; ~ся plead. отговóрка excuse, pretext.

отголóсок (-ска) echo.

отгоня́ть *impf of* отогнáть

отгорáживать *impf*, отгороди́ть (-ожý, -óдишь) *pf* fence off; partition off; ~ся shut o.s. off.

отдавáть[1](ся (-даю́(сь) *impf of* отдáть(ся. отдавáть[2] (-аёт) *impf impers+instr* taste of; smell of; smack of; от него отдаёт вóдкой he reeks of vodka.

отдалéние removal; distance. отдалённый remote. отдали́ть *pf*, отдаля́ть *impf* remove; estrange; postpone; ~ся move away; digress.

отдáть (-áм, -áшь, -áст, -ади́м; óтдал, -á, -о) *pf* (*impf* отдавáть[1]) give back, return; give; give up; give away; recoil; cast off; ~ся give o.s. (up); resound. отдáча return; payment; casting off; efficiency; output; recoil.

отдéл department; section.

отдéлать *pf* (*impf* отдéлывать) finish, put the finishing touches to; trim; ~ся +от+*gen* get rid of; +instr get off with.

отделéние separation; department; compartment; section. отдели́ть (-елю́, -éлишь) *pf* (*impf* отделя́ть) separate; detach; ~ся separate; detach o.s.; get detached.

отдéлка finishing; finish, decoration. отдéлывать(ся *impf of* отдéлать(ся

отдéльно separately; apart. отдéльный separate. отделя́ть(ся *impf of* отдели́ть(ся

отдёргивать *impf*, отдёрнуть (-ну) *pf* draw or pull aside or back.

отдерý *etc.: see* отодрáть. отдирáть *impf of* отодрáть

отдохнýть (-нý, -нёшь) *pf* (*impf* отдыхáть) rest.

отдýшина air-hole, vent.

óтдых rest. отдыхáть *impf* (*pf* отдохнýть) rest; be on holiday.

отдышáться (-шýсь, -ши́шься) *pf* recover one's breath.

отекáть *impf of* отéчь. о|тели́ться (-éлится) *pf*.

отéль*m* hotel.

отесáть *etc.: see* обтесáть

отéц (отцá) father. отéческий fatherly, paternal. отéчественный home, native. отéчество native land, fatherland.

отéчь (-екý, -ечёшь; отёк, -лá) *pf* (*impf* отекáть) swell (up).

отживáть*impf*, отжи́ть (-ивý, -ивёшь; óтжил, -á, -о) *pf* become obsolete *or* outmoded. отжи́вший obsolete; outmoded.

óтзвук echo.

о́тзыв[1] opinion; reference; review; response. отзы́в[2] recall. отзывáть(ся *impf of* отозвáть(ся. отзы́вчивый responsive.

откáз refusal; repudiation; failure; natural. отказáть (-ажý, -áжешь) *pf*, откáзывать *impf* break down; (+*dat* в+*prep*) refuse, deny (*s.o. sth*); ~ся (+ от+*gen or* +*inf*) refuse; turn down; renounce, give up.

откáлывать(ся *impf of* отколóть(ся. откáпывать *impf of* откопáть.

откáрмливать *impf of* откорми́ть.

откати́ть (-ачý, -áтишь) *pf*, откáтывать *impf* roll away; ~ся roll away *or* back; be forced back.

откачáть *pf*, откáчивать *impf* pump out; give artificial respiration to.

откáшливаться *impf*, откáшляться *pf* clear one's throat.

откиднóй folding, collapsible. откúдывать *impf*, отки́нуть (-ну) *pf* fold back; throw aside.

откладывать *impf of* отложи́ть

отклéивать *impf*, отклéить (-éю) *pf* unstick; ~ся come unstuck.

óтклик response; comment; echo. откликáться *impf*, откли́кнуться (-нусь) *pf* answer, respond.

отклонéние deviation; declining, refusal; deflection. отклони́ть (-ню́, -ни́шь) *pf*, отклоня́ть *impf* deflect; decline; ~ся deviate; diverge.

отключáть *impf*, отключи́ть (-чý) *pf* cut off, disconnect.

отколоти́ть (-очý, -óтишь) *pf* knock off; beat up.

отколóть (-лю́, -лешь) *pf* (*impf* откáлывать) break off; chop off; unpin; ~ся break off; come unpinned; break away.

откопáть *pf* (*impf* откáпывать) dig up; exhume.

откорми́ть (-млю́, -мишь) *pf* (*impf* откáрмливать) fatten.

откóс slope.

открепи́ть (-плю́) *pf*, открепля́ть *impf* unfasten; ~ся become unfastened.

открóвéние revelation. откровéнный frank; outspoken; unconcealed.

открóю *etc.: see* откры́ть

открути́ть (-учý, -ýтишь) *pf*, кру́чивать *impf* untwist, unscrew.

открывáть *impf*, откры́ть (-рóю) *pf* open; reveal; discover; turn on; ~ся open; come to light, be revealed. откры́тие discovery; revelation; opening. откры́тка postcard; card. откры́то openly. откры́тый open.

откýда *adv* from where; from which; how; ~ ни возьми́сь from out of nowhere. откýда-либо, -нибудь from somewhere or other. откýда-то from somewhere.

откýпоривать *impf*, откýпорить *pf* uncork.

откуси́ть (-ушý, -ýсишь) *pf*, откýсывать *impf* bite off.

отлагáтельство delay. отлагáть *impf of* отложи́ть

от|лакировáть *pf*. отлáмывать *impf of* отломáть, отломи́ть

отлепи́ть (-плю́, -пишь) *pf* unstick, take off; ~ся come unstuck, come off.

отлёт flying away; departure. отлетáть *impf*, отлетéть (-лечý) *pf*, fly, fly away, fly off; rebound.

отли́в ebb, ebb-tide; tint; play of colours. отливáть *impf*, отли́ть (отолью́; óтлил, -á, -о) *pf* pour off; pump out; cast, found; (*no pf*) +*instr* be shot with. отли́вка casting; moulding.

отличáть *impf*, отличи́ть (-чý) *pf* distinguish; ~ся distinguish o.s.; differ; +*instr* be notable for. отли́чие difference; distinction; знак отли́чия order, decoration; с отли́чием with honours. отли́чник outstanding student, worker, etc. отличи́тельный distinctive; distinguishing. отли́чный different; excellent.

отлóгий sloping.

отложéние sediment; deposit. отложи́ть (-ожý, -óжишь) *pf* (*impf* откла́дывать, отлага́ть) put aside; postpone; deposit.

отлома́ть, отломи́ть (-млю́, -мишь) pf (impf отла́мывать) break off.

от|лупи́ть pf.

отлуча́ть impf, отлучи́ть (-чу́) pf (от це́ркви) excommunicate; ~ся absent o.s. отлу́чка absence.

отлы́нивать impf +от+gen shirk.

отма́хиваться impf, отмахну́ться (-ну́сь, -нёшься) pf от+gen brush off; brush aside.

отмежёвываться (-жу́юсь) pf, отмежёвыва́ться impf от+gen dissociate o.s. from.

о́тмель (sand-)bank.

отме́на abolition; cancellation. отмени́ть (-ню́, -нишь) pf, отменя́ть impf repeal; abolish; cancel.

отмере́ть (отомрёт; о́тмер, -ла́, -ло) pf (impf отмира́ть) die off; die out.

отме́ривать impf, отме́рить pf, отмеря́ть impf measure off.

отмести́ (-ету́, -етёшь; -ёл, -á) pf (impf отмета́ть) sweep aside.

отмета́ть impf of отмести́

отме́тить (-е́чу) pf, отмеча́ть impf mark, note; celebrate; ~ся sign one's name; sign out. отме́тка note; mark.

отмира́ть impf of отмере́ть

отмора́живать impf, отморо́зить (-о́жу) pf injure by frost-bite. отморо́жение frost-bite. отморо́женный frost-bitten.

отмо́ю etc.: see отмы́ть

отмыва́ть impf, отмы́ть (-мо́ю) pf wash clean; wash off; ~ся wash o.s. clean; come out.

отмыка́ть impf of отомкну́ть

отмы́чка master key.

отнести́ (-су́, -сёшь; -нёс, -ла́) pf (impf относи́ть) take; carry away; ascribe, attribute; ~сь к+dat treat; regard; apply to; concern, have to do with.

отнима́ть(ся impf of отня́ть(ся

относи́тельно adv relatively; prep +gen concerning. относи́тельность relativity. относи́тельный relative.

относи́ть(ся (-ошу́(сь, -о́сишь(ся) impf of отнести́(сь. отноше́ние attitude; relation; respect; ratio; в отноше́нии+gen, по отноше́нию к+dat with regard to; в прямо́м (обра́тном) отноше́нии in direct (in-

verse) ratio.

отны́не adv henceforth.

отню́дь not at all.

отня́тие taking away; amputation. отня́ть (-ниму́, -ни́мешь; о́тнял, -á, -о) pf (impf отнима́ть) take (away); amputate; ~ от груди́ wean; ~ся be paralysed.

ото: see от

отобража́ть impf, отобрази́ть (-ажу́) pf reflect; represent. отображе́ние reflection; representation.

отобра́ть (отберу́, -рёшь; отобра́л, -á, -о) pf (impf отбира́ть) take (away); select.

отобью́ etc.: see отби́ть

отовсю́ду adv from everywhere.

отогна́ть (отгоню́, -о́нишь; отогна́л, -á, -о) pf (impf отгоня́ть) drive away, off.

отогну́ть (-ну́, -нёшь) pf (impf отгиба́ть) bend back; ~ся bend.

отогрева́ть impf, отогре́ть (-е́ю) pf warm.

отодвига́ть impf, отодви́нуть (-ну) pf move aside; put off.

отодра́ть (отдеру́, -рёшь; отодра́л, -á, -о) pf (impf отдира́ть) tear off, rip off.

отож(д)естви́ть (-влю́) pf, отож(д)ествля́ть impf identify.

отозва́ть (отзову́, -вёшь; отозва́л, -á, -о) pf (impf отзыва́ть) take aside; recall; ~ся на+acc answer; на+acc or prep tell on; have an affect on.

отойти́ (-йду́, -йдёшь; отошёл, -шла́) pf (impf отходи́ть) move away; depart; withdraw; digress; come out; recover.

отолью́ etc.: see отли́ть. отомрёт etc.: see отмере́ть. ото|мсти́ть (-мщу́) pf.

отомкну́ть (-ну́, -нёшь) pf (impf отмыка́ть) unlock, unbolt.

отопи́тельный heating. отопи́ть (-плю́, -пишь) pf (impf ота́пливать) heat. отопле́ние heating.

отопру́ etc.: see отпере́ть. отопью́ etc.: see отпи́ть

ото́рванный cut off, isolated. оторва́ть (-ву́, -вёшь) pf (impf отрыва́ть) tear off; tear away; ~ся come off, be torn off; be cut off, lose touch; break away; tear o.s. away; ~ся от земли́ take off.

оторопе́ть (-е́ю) pf be struck dumb.

отосла́ть (-ошлю́, -ошлёшь) pf (impf отсыла́ть) send (off); send back; +к+dat refer to.

отоспа́ться (-сплю́сь; -а́лся, -ала́сь, -о́сь) pf (impf отсыпа́ться) catch up on one's sleep.

отошёл etc.: see отойти́. отошлю́ etc.: see отосла́ть

отпада́ть impf of отпа́сть.

от|пари́ровать pf. отпа́рывать impf of отпоро́ть

отпа́сть (-адёт) pf (impf отпада́ть) fall off; fall away; pass.

отпева́ние funeral service.

отпере́ть (отопру́, -прёшь; о́тпер, -ла́, -ло) pf (impf отпира́ть) unlock; ∼ся open; +от+gen deny; disown.

от|печа́тать pf, отпеча́тывать impf print (off); type (out); imprint. отпеча́ток (-тка) imprint, print.

отпива́ть impf of отпи́ть

отпира́тельство denial. отпира́ть(ся impf of отпере́ть(ся

отпи́ть (отопью́, -пьёшь; о́тпил, -а́, -о) pf (impf отпива́ть) take a sip of.

отпи́ливать impf, отпили́ть (-лю́, -лишь) pf saw off.

отпи́хивать impf, отпихну́ть (-ну́, -нёшь) pf push off; shove aside.

отплати́ть (-ачу́, -а́тишь) pf, отпла́чивать impf +dat pay back.

отплыва́ть impf, отплы́ть (-ыву́, -ывёшь; -ы́л, -а́, -о) pf (set) sail; swim off. отплы́тие sailing, departure.

о́тповедь rebuke.

отполза́ть impf, отползти́ (-зу́, -зёшь; -о́лз, -ла́) pf crawl away.

от|полирова́ть pf. от|полоска́ть (-ощу́) pf.

отпо́р repulse; rebuff.

отпоро́ть (-рю́, -решь) pf (impf отпа́рывать) rip off.

отправи́тель m sender. отпра́вить (-влю) pf, отправля́ть impf send, dispatch; ∼ся set off, start. отпра́вка dispatch. отправле́ние sending; departure; performance. отправн|о́й: ∼о́й пункт, ∼а́я то́чка starting-point.

от|пра́здновать pf.

отпра́шиваться impf, отпроси́ться (-ошу́сь, -о́сишься) pf ask for leave, get leave.

отпры́гивать impf, отпры́гнуть (-ну) pf jump or spring back or aside.

о́тпрыск offshoot, scion.

отпряга́ть impf of отпря́чь

отпря́нуть (-ну) pf recoil, start back.

отпря́чь (-ягу́, -яжёшь; -я́г, -ла́) pf (impf отпряга́ть) unharness.

отпу́гивать impf, отпугну́ть (-ну́, -нёшь) pf frighten off.

о́тпуск (pl -á) leave, holiday(s). отпуска́ть impf, отпусти́ть (-ущу́, -у́стишь) pf let go, let off; set free; release; slacken; (let) grow; allot; remit. отпускни́к (-á) person on leave. отпускно́й holiday; leave. отпуще́ние remission; козёл отпуще́ния scapegoat.

отраба́тывать impf, отрабо́тать pf work off; master. отрабо́танный worked out; waste, spent, exhaust.

отра́ва poison. отрави́ть (-влю́, -вишь) pf, отравля́ть impf poison.

отра́да joy, delight. отра́дный gratifying, pleasing.

отража́тель m reflector; scanner. отража́ть impf, отрази́ть (-ажу́) pf reflect; repulse; ∼ся be reflected; +на+prep affect. отраже́ние reflection; repulse.

отраста́ть impf, отрасти́ (-тёт; отро́с, -ла́) pf grow. отрасти́ть (-ащу́) pf, отра́щивать impf (let) grow.

о́трасль branch.

от|реаги́ровать pf. от|регули́ровать pf. от|редакти́ровать pf. отре́з cut; length. отре́зать (-е́жу) pf, отреза́ть impf cut off; snap.

отре́зок (-зка) piece; section; segment.

отрека́ться impf of отре́чься

от|рекомендова́ть(ся pf. отрёкся etc.: see отре́чься. от|ремонти́ровать pf. от|репети́ровать pf. отре́пье, отре́пья (-ьев) pl rags. от|реставри́ровать pf.

отрече́ние renunciation; ∼ от престо́ла abdication. отре́чься (-еку́сь, -ечёшься) pf (impf отрека́ться) renounce.

отреша́ться impf, отреши́ться (-шу́сь) pf renounce; get rid of.

отрица́ние denial; negation. отрица́тельный negative. отрица́ть impf deny.

отрóс etc.: *see* отрасти. отрóсток (-тка) shoot, sprout; appendix. óтрочество adolescence.

отрубáть *impf of* отрубить

óтруби (-ей) *pl* bran.

отрубить (-блю, -бишь) *pf* (*impf* отрубáть) chop off; snap back.

от|ругáть *pf*.

отрыв tearing off; alienation, isolation; в ~e от+gen out of touch with; ~ (от землú) take-off. отрывáть(ся *impf of* оторвáть(ся. отрывистый staccato; disjointed. отрывнóй tear-off. отрывок (-вка) fragment, excerpt. отрывочный fragmentary, scrappy.

отрыжка belch; throw-back.

от|рыть (-рóю) *pf*.

отрáд detachment; order.

отряхивать *impf*, отряхнуть (-ну, -нёшь) *pf* shake down *or* off.

от|салютовáть *pf*.

отсáсывание suction. отсáсывать *impf of* отсосáть

отсвéчивать *impf* be reflected; +instr shine with.

отсéв sifting, selection; dropping out. отсевáть(ся, отсéивать(ся *impf of* отсéять(ся

отсéк compartment. отсекáть *impf*, отсéчь (-еку, -ечёшь; -сёк, -лá) *pf* chop off.

отсéять (-éю) *pf* (*impf* отсевáть, отсéивать) sift, screen; eliminate; ~ся drop out.

отсидéть (-ижу) *pf*, отсиживать *impf* make numb by sitting; sit through; serve out.

отскáкивать *impf*, отскочить (-чу, -чишь) *pf* jump aside *or* away; rebound; come off.

отслуживать *impf*, отслужить (-жу, -жишь) *pf* serve one's time; be worn out.

отсосáть (-осу, -осёшь) *pf* (*impf* отсáсывать) suck off, draw off.

отсóхнуть (-ну) *pf* (*impf* отсыхáть) wither.

отсрóчивать *impf*, отсрóчить *pf* postpone, defer. отсрóчка postponement, deferment.

отставáние lag; lagging behind. отставáть (-таю, -аёшь) *impf of* отстáть

отстáвить (-влю) *pf*, отставлять

impf set *or* put aside. отстáвка resignation; retirement; в отстáвке retired; выйти в отстáвку resign, retire. отставнóй retired.

отстáивать(ся *impf of* отстоять(ся

отстáлость backwardness. отстáлый backward. отстáть (-áну) *pf* (*impf* отставáть) fall behind; lag behind; become detached; lose touch; break (off); be slow. отстающий *sb* backward pupil.

от|стегáть *pf*.

отстёгивать *impf*, отстегнуть (-ну, -нёшь) *pf* unfasten, undo; ~ся come unfastened *or* undone.

отстоять[1] (-ою) *pf* (*impf* отстáивать) defend; stand up for. отстоять[2] (-ойт) *impf* на+acc be ... distant (от+gen from). отстоáться *pf* (*impf* отстáиваться) settle; become stabilized.

отстрáивать(ся *impf of* отстрóить(ся

отстранéние pushing aside; dismissal. отстранить *pf*, отстранять *impf* push aside; remove; suspend; ~ся move away; keep aloof; ~ся от dodge.

отстрéливаться *impf*, отстрелáться *pf* fire back.

отстригáть *impf*, отстричь (-игу, -ижёшь; -рíг) *pf* cut off.

отстрóить *pf* (*impf* отстрáивать) finish building; build up.

отступáть *impf*, отступить (-плю, -пишь) *pf* step back; recede; retreat; back down; ~ от+gen give up; deviate from; ~ся от+gen give up; go back on. отступлéние retreat; deviation; digression. отступн|óй: ~ые дéньги, ~óе *sb* indemnity, compensation. отступя *adv* (farther) off, away (от+gen from).

отсутствие absence; lack. отсутствовать *impf* be absent. отсутствующий absent; *sb* absentee.

отсчитáть *pf*, отсчитывать *impf* count off.

отсылáть *impf of* отослáть

отсыпáть (-плю) *pf*, отсыпáть *impf* pour out; measure off.

отсыпáться *impf of* отоспáться

отсырéлый damp. от|сырéть (-éет) *pf*.

отсыхáть *impf of* отсóхнуть

отсю́да *adv* from here; hence.

отта́ивать *impf of* отта́ять

отта́лкивать *impf of* оттолкну́ть. отта́лкивающий repulsive, repellent.

отта́чивать *impf of* отточи́ть

отта́ять (-а́ю) *pf* (*impf* отта́ивать) thaw out.

отте́нок (-нка) shade, nuance; tint. отте́нивать thaw.

оттесни́ть *pf*, оттесня́ть *impf* drive back; push aside.

о́ттиск impression; off-print, reprint.

оттого́ *adv* that is why; ~, что because.

оттолкну́ть (-ну́, -нёшь) *pf* (*impf* отта́лкивать) push away; antagonize; ~ся push off.

оттопы́ренный protruding. оттопы́ривать *impf*, оттопы́рить *pf* stick out; ~ся protrude; bulge.

отточи́ть (-чу́, -чишь) *pf* (*impf* отта́чивать) sharpen.

отту́да *adv* from there.

оття́гивать *impf*, оттяну́ть (-ну́, -нешь) *pf* draw out; draw off; delay. оття́жка delay.

отупе́ние stupefaction. о|тупе́ть (-е́ю) *pf* sink into torpor.

от|утю́жить (-жу) *pf*.

отуча́ть *impf*, отучи́ть (-чу́, -чишь) *pf* break (of); ~ся break o.s. (of).

отха́ркать *pf*, отха́ркивать *impf* expectorate.

отхвати́ть (-чу́, -тишь) *pf*, отхва́тывать *impf* snip *or* chop off.

отхлебну́ть (-ну́, -нёшь) *pf*, отхлёбывать *impf* sip, take a sip of.

отхлы́нуть (-нет) *pf* flood *or* rush back.

отхо́д departure; withdrawal. отходи́ть (-ожу́, -о́дишь) *impf of* отойти́. отхо́ды (-ов) *pl* waste.

отцеви́ть (-ету́, -етёшь; -ёл, -а́) *pf*, отцвета́ть *impf* finish blossoming, fade.

отцепи́ть (-плю́, -пишь) *pf*, отцепля́ть *impf* unhook; uncouple.

отцо́вский father's; paternal.

отча́иваться *impf of* отча́яться

отча́ливать *impf*, отча́лить *pf* cast off.

отча́сти *adv* partly.

отча́яние despair. отча́янный desperate. отча́яться (-а́юсь) *pf* (*impf* отча́иваться) despair.

отчего́ *adv* why. отчего́-либо, -нибудь *adv* for some reason or other. отчего́-то *adv* for some reason.

от|чека́нить *pf*.

о́тчество patronymic.

отчёт account; отда́ть себе́ ~ в+*prep* be aware of, realize. отчётливый distinct; clear. отчётность bookkeeping; accounts. отчётный *adj*: ~ год financial year, current year; ~ докла́д report.

отчи́зна native land. о́тчий paternal. о́тчим step-father.

отчисле́ние deduction; dismissal. отчи́слить *pf*, отчисля́ть *impf* deduct; dismiss.

отчита́ть *pf*, отчи́тывать *impf* tell off; ~ся report back.

отчужде́ние alienation; estrangement.

отшатну́ться (-ну́сь, -нёшься) *pf*, отша́тываться *impf* start back, recoil; +от+*gen* give up, forsake.

отшвы́ривать *impf*, отшвырну́ть (-ну́, -нёшь) *pf* fling away; throw off.

отше́льник hermit; recluse.

отшлёпать *pf* spank.

от|шлифова́ть *pf*. от|штукату́рить *pf*.

отщепе́нец (-нца) renegade.

отъе́зд departure. отъезжа́ть *impf*, отъе́хать (-е́ду) *pf* drive off, go off.

отъя́вленный inveterate.

отыгра́ть *pf*, оты́грывать *impf* win back; ~ся win back what one has lost.

отыска́ть (-ыщу́, -ы́щешь) *pf*, оты́скивать *impf* find; look for; ~ся turn up, appear.

отяготи́ть (-ощу́) *pf*, отягоща́ть *impf* burden.

офице́р officer. офице́рский officer's, officers'.

официа́льный official.

официа́нт waiter. официа́нтка waitress.

официо́з semi-official organ. официо́зный semi-official.

оформи́тель *m* designer; stage-painter. офо́рмить (-млю) *pf*, оформля́ть *impf* design; put into shape; make official; process; ~ся take shape; go through the formalities. оформле́ние design; mounting; staging; processing.

ох *int* oh! ah!

оха́пка armful.

о|характеризова́ть *pf.*

о́хать *impf* (*pf* **о́хнуть**) moan; sigh.

охва́т scope; inclusion; outflanking.
охвати́ть (-ачу́, -а́тишь) *pf*, **охва́-
тывать** *impf* envelop; seize; comprehend.

охладева́ть *impf*, **охладе́ть** (-е́ю)
pf grow cold. **охлади́ть** (-ажу́) *pf*,
охлажда́ть *impf* cool; ~**ся** become
cool, cool down. **охлажде́ние** cooling; coolness.

о|хмеле́ть (-е́ю) *pf.* **о́хнуть** (-ну) *pf*
of **о́хать**

охо́та[1] hunt, hunting; chase.

охо́та[2] wish, desire.

охо́титься (-о́чусь) *impf* hunt. **охо́т-
ник**[1] hunter.

охо́тник[2] volunteer; enthusiast.

охо́тничий hunting.

охо́тно *adv* willingly, gladly.

о́хра ochre.

охра́на guarding; protection; guard.
охрани́ть *pf*, **охраня́ть** *impf* guard,
protect.

охри́плый, **охри́пший** hoarse.
о|хри́пнуть (-ну; охри́п) *pf* become
hoarse.

о|цара́пать(ся *pf.*

оце́нивать *impf*, **оцени́ть** (-ню́, -нишь)
pf estimate; appraise. **оце́нка** estimation; appraisal; estimate. **оце́н-
щик** valuer.

о|цепене́ть (-е́ю) *pf.*

оцепи́ть (-плю́, -пишь) *pf*, **оцепля́ть**
impf surround; cordon off.

оча́г (-а́) hearth; centre; breeding
ground; hotbed.

очарова́ние charm, fascination. **оча-
рова́тельный** charming. **очаро-
ва́ть** *pf*, **очаро́вывать** *impf* charm,
fascinate.

очеви́дец (-дца) eye-witness. **оче-
ви́дно** *adv* obviously, evidently.
очеви́дный obvious.

о́чень *adv* very; very much.

очередно́й next in turn; usual, regular; routine. **о́чередь** (*gen pl* -е́й)
turn; queue.

о́черк essay, sketch.

о|черни́ть *pf.*

о|черстве́ть (-е́ю) *pf.*

очерта́ние outline(s), contour(s).

очерти́ть (-рчу́, -ртишь) *pf*, **оче́р-
чивать** *impf* outline.

о́чи *etc.: see* **о́ко**

очисти́тельный cleansing. **о|чи́-
стить** (-и́щу) *pf*, **очища́ть** *impf*
clean; refine; clear; peel; ~**ся** clear
o.s.; become clear (**от**+*gen* of).
очи́стка cleaning; purification; clearance. **очи́стки** (-ов) *pl* peelings.
очище́ние cleansing; purification.

очки́ (-о́в) *pl* spectacles. **очко́** (*gen
pl* -о́в) pip; point. **очко́вая змея́** cobra.

очну́ться (-ну́сь, -нёшься) *pf* wake
up; regain consciousness.

о́чный: ~**ое обуче́ние** classroom instruction; ~**ая ста́вка** confrontation.

очути́ться (-у́тишься) *pf* find o.s.

оше́йник collar.

ошеломи́тельный stunning. **ошеломи́ть** (-млю́) *pf*, **ошеломля́ть**
impf stun.

ошиба́ться *impf*, **ошиби́ться** (-бу́сь,
-бёшься; -и́бся) *pf* be mistaken, make
a mistake; be wrong. **оши́бка** mistake; error. **оши́бочный** erroneous.

ошпа́ривать *impf*, **о|шпа́рить** *pf*
scald.

о|штрафова́ть *pf.* **о|штукату́рить**
pf.

ощети́ниваться *impf*, **о|щети́-
ниться** *pf* bristle (up).

о|щипа́ть (-плю́, -плешь) *pf*, **ощи́-
пывать** *impf* pluck.

ощу́пать *pf*, **ощу́пывать** *impf* feel;
grope about. **о́щупь** **на** ~ to the
touch; by touch. **о́щупью** *adv* gropingly; by touch.

ощути́мый, **ощути́тельный** perceptible; appreciable. **ощути́ть** (-ущу́)
pf, **ощуща́ть** *impf* feel, sense. **ощуще́ние** sensation; feeling.

П

па *neut indecl* dance step.

павильо́н pavilion; film studio.

павли́н peacock.

па́водок (-дка) (sudden) flood.

па́вший fallen.

па́губный pernicious, ruinous.

па́даль carrion.

па́дать *impf* (*pf* **пасть**, **упа́сть**) fall;
~ **ду́хом** lose heart. **паде́ж** (-а́) case.

паде́ние fall; degradation; incidence.

па́дкий на+*acc or* до+*gen* having a weakness for.

па́дчерица step-daughter.

паёк (пайка́) ration.

па́зуха bosom; sinus; axil.

пай (*pl* -и́, -ёв) share. па́йщик shareholder.

паке́т package; packet; paper bag.

Пакиста́н Pakistan. пакиста́нец (-нца), -а́нка Pakistani. пакиста́нский Pakistani.

па́кля tow; oakum.

пакова́ть *impf* (*pf* за~, y~) pack.

па́костный dirty, mean. па́кость dirty trick; obscenity.

пакт pact.

пала́та chamber, house. пала́тка tent; stall, booth.

пала́ч (-а́) executioner.

па́лец (-льца) finger; toe.

палиса́дник (*small*) front garden. палиса́ндр rosewood.

пали́тра palette.

пали́ть[1] *impf* (*pf* о~, с~) burn; scorch.

пали́ть[2] *impf* (*pf* вы́~, пальну́ть) fire, shoot.

па́лка stick; walking-stick.

пало́мник pilgrim. пало́мничество pilgrimage.

па́лочка stick; bacillus; wand; baton.

па́луба deck.

пальба́ fire.

па́льма palm(-tree). па́льмовый palm.

пальну́ть (-ну́, -нёшь) *pf of* пали́ть

пальто́ *neut indecl* (over)coat.

паля́щий burning, scorching.

па́мятник monument; memorial. па́мятный memorable; memorial. па́мять memory; consciousness; на ~ as a keepsake.

панаце́я panacea.

пане́ль footpath; panel(ling), wainscot(ing). пане́льный panelling.

па́ника panic. паникёр alarmist. панихи́да requiem.

пани́ческий panic; panicky.

панно́ *neut indecl* panel.

панора́ма panorama.

пансио́н boarding-house; board and lodging. пансиона́т holiday hotel. пансионе́р boarder; guest.

пантало́ны (-о́н) *pl* knickers.

панте́ра panther.

пантоми́ма mime.

па́нцирь *m* armour, coat of mail.

па́па[1] *m* pope.

па́па[2] *m*, папа́ша *m* daddy.

папа́ха tall fur cap.

папиро́са (*Russian*) cigarette.

па́пка file; folder.

па́поротник fern.

пар[1] (*loc* -у́; *pl* -ы́) steam.

пар[2] (*loc* -у́; *pl* -ы́) fallow.

па́ра pair; couple; (two-piece) suit.

пара́граф paragraph.

пара́д parade; review. пара́дн|ый parade; gala; main, front; ~ая фо́рма full dress (uniform).

парадо́кс paradox. парадокса́льный paradoxical.

парази́т parasite.

парализова́ть *impf & pf* paralyse.

парали́ч (-а́) paralysis.

паралле́ль parallel. паралле́льный parallel.

пара́метр parameter.

парано́йя paranoia.

парашю́т parachute.

паре́ние soaring.

па́рень (-рня; *gen pl* -рне́й) *m* lad; fellow.

пари́ *neut indecl* bet; держа́ть ~ bet, lay a bet.

пари́к (-а́) wig. парикма́хер hairdresser. парикма́херская *sb* hairdresser's.

пари́ровать *impf & pf* (*pf also* от~) parry, counter.

парите́т parity.

пари́ть[1] *impf* soar, hover.

па́рить[2] *impf* steam; stew; *impers* па́рит it is sultry; ~ся (*pf* по~ся) steam, sweat; stew.

парк park; depot; stock.

парке́т parquet.

парла́мент parliament. парламента́рный parliamentarian. парламентёр envoy; bearer of flag of truce. парла́ментский parliamentary; ~ зако́н Act of Parliament.

парни́к (-а́) hotbed; seed-bed. парнико́в|ый *adj*: ~ые расте́ния hothouse plants.

парни́шка *m* boy, lad.

парно́й fresh; steamy.

па́рный (forming a) pair; twin.

паро- *in comb* steam-. парово́з

(steam-)engine, locomotive. ~обра́зный vaporous. ~хо́д steamer; steamship. ~хо́дство steamship-line.
паровой steam; steamed.
паро́дия parody.
паро́ль *m* password.
паро́м ferry(-boat).
парт- *abbr in comb* Party. партбиле́т Party (membership) card. ~ко́м Party committee. ~организа́ция Party organization.
па́рта (*school*) desk.
парте́р stalls; pit.
партиза́н (*gen pl* -а́н) partisan; guerilla. партиза́нский partisan, guerilla; unplanned.
парти́йный party; Party; *sb* Party member.
партиту́ра (*mus*) score.
па́ртия party; group; batch; game, set; part.
партнёр partner.
па́рус (*pl* -а́, -о́в) sail. паруси́на canvas. па́русник sailing vessel. па́русный sail; ~ спорт sailing.
парфюме́рия perfumes.
парча́ (*gen pl* -е́й) brocade. парчо́вый brocade.
па́сека apiary, beehive.
пасётся *see* пастись
па́сквиль *m* lampoon; libel.
па́смурный overcast; gloomy.
па́спорт (*pl* -а́) passport.
пасса́ж passage; arcade.
пассажи́р passenger.
пасси́вный passive.
па́ста paste.
па́стбище pasture.
па́ства flock.
пасте́ль pastel.
пастерна́к parsnip.
пасти́ (-су́, -сёшь; пас, -ла́) *impf* graze; tend.
пасти́сь (-сётся; па́сся, -ла́сь) *impf* graze. пасту́х (-а́) shepherd. па́стырь *m* pastor.
пасть[1] mouth; jaws.
пасть[2] (паду́, -дёшь; пал) *pf of* па́дать
Па́сха Easter; Passover.
па́сынок (-нка) stepson, stepchild.
пат stalemate.
пате́нт patent.
патети́ческий passionate.
па́тока treacle; syrup.

патоло́гия pathology.
патриа́рх patriarch.
патрио́т patriot. патриоти́зм patriotism. патриоти́ческий patriotic.
патро́н cartridge; chuck; lamp-socket.
патру́ль (-я́) *m* patrol.
па́уза pause; (*also mus*) rest.
пау́к (-а́) spider. паути́на cobweb; gossamer; web.
па́фос zeal, enthusiasm.
пах (*loc* -у́) groin.
па́харь *m* ploughman. паха́ть (пашу́, па́шешь) *impf* (*pf* вс~) plough.
па́хнуть[1] (-ну; пах) *impf* smell (+*instr* of).
пахну́ть[2] (-нёт) *pf* puff, blow.
па́хота ploughing. па́хотный arable. паху́чий odorous, strong-smelling.
пацие́нт, ~ка patient.
пацифи́зм pacifism. пацифи́ст pacifist.
па́чка bundle; packet, pack; tutu.
па́чкать *impf* (*pf* за~, ис~) dirty, soil, stain.
пашу́ *etc.*: *see* паха́ть. па́шня (*gen pl* -шен) ploughed field.
паште́т pâté.
пая́льная ла́мпа blow-lamp. пая́льник soldering iron. пая́ть (-я́ю) *impf* solder.
пая́ц clown, buffoon.
певе́ц (-вца́), певи́ца singer. певу́чий melodious. пе́вчий singing; *sb* chorister.
пе́гий piebald.
педаго́г teacher; pedagogue. педаго́гика pedagogy. педагоги́ческий pedagogical; educational; ~ институ́т (teachers') training college.
педа́ль pedal.
педиа́тр paediatrician. педиатри́ческий paediatric.
пейза́ж landscape; scenery.
пёк *see* печь. пека́рный baking. пека́рня (*gen pl* -рен) bakery. пе́карь (*pl* -я́, -е́й) *m* baker. пекло́ scorching heat; hell-fire. пеку́ *etc.*: *see* печь
пелена́ (*gen pl* -лён) shroud. пелена́ть *impf* (*pf* за~) swaddle; put a nappy on.
пе́ленг bearing. пеленгова́ть *impf* & *pf* take the bearings of.
пелёнка nappy.
пельме́нь *m* meat dumpling.

пе́на foam; scum; froth.

пена́л pencil-case.

пе́ние singing.

пе́нистый foamy; frothy. пе́ниться *impf* (*pf* вс~) foam.

пе́нка skin. пенопла́ст plastic foam.

пеницилли́н penicillin.

пенсионе́р, пенсионе́рка pensioner. пенсио́нный pensionable. пе́нсия pension.

пень (пня) *m* stump, stub.

пенька́ hemp.

пе́пел (-пла) ash, ashes. пе́пельница ashtray.

перве́йший the first; first-class. пе́рвенец (-нца) first-born. пе́рвенство first place; championship. пе́рвенствовать *impf* take first place; take priority. перви́чный primary.

перво- *in comb* first; prime. первобы́тный primitive; primeval. ~исто́чник source; origin. ~кла́ссный first-class. ~ку́рсник first-year student. ~нача́льный original; primary. ~со́ртный best-quality; first-class. ~сте́пенный paramount.

пе́рвое *sb* first course. пе́рвый first; former.

пергáмент parchment.

перебегáть *impf*, перебежáть (-бегу́) *pf* cross, run across; desert. перебéжчик deserter; turncoat.

переберу́ *etc.: see* перебрáть

перебивáть(ся *impf of* перебить(ся

перебирáть(ся *impf of* перебрáть(ся

перебить (-бью́, -бьёшь) *pf* (*impf* перебивáть) interrupt; slaughter; beat; break; re-upholster; ~ся break; make ends meet. перебо́й interruption; stoppage; irregularity.

перебо́рка sorting out; partition; bulkhead.

переборо́ть (-рю́, -решь) *pf* overcome.

переборщи́ть (-щу́) *pf* go too far; overdo it.

перебрáсывать(ся *impf of* перебро́сить(ся

перебрáть (-беру́, -берёшь; -áл, -á, -о) *pf* (*impf* перебирáть) sort out; look through; turn over in one's mind; finger; ~ся get over, cross; move.

перебро́сить (-о́шу) *pf* (*impf* пере-

брáсывать) throw over; transfer; ~ся fling o.s.; spread. перебро́ска transfer.

перебью́ *etc.: see* перебить

перевáл crossing; pass. перевáливать *impf*, перевали́ть (-лю́, -лишь) *pf* transfer, shift; cross, pass.

перевáривать *impf*, перевари́ть (-рю́, -ришь) *pf* reheat; overcook; digest; tolerate.

переведу́ *etc.: see* перевести́

перевезти́ (-зу́, -зёшь; -вёз, -лá) *pf* (*impf* перевози́ть) take across; transport; (re)move.

переверну́ть (-ну́, -нёшь) *pf*, перевёртывать *impf* (*impf also* перевора́чивать) turn (over); upset; turn inside out; ~ся turn (over).

переве́с preponderance; advantage. переве́сить (-е́шу) *pf* (*impf* переве́шивать) re-weigh; outweigh; tip the scales; hang elsewhere.

перевести́ (-веду́, -ведёшь; -вёл, -á) *pf* (*impf* переводи́ть) take across; transfer, move, shift; translate; convert; ~сь be transferred; run out; become extinct.

переве́шивать *impf of* переве́сить.

перевирáть *impf of* переврáть

перево́д transfer, move, shift; translation; conversion; waste. переводи́ть(ся (-ожу́(сь, -о́дишь(ся) *impf of* перевести́(сь. переводн|о́й: ~а́я бумáга carbon paper; ~а́я картинка transfer. переводн́ый transfer; translated. перево́дчик, ~ица translator; interpreter.

перево́з transporting; ferry. перевози́ть (-ожу́, -о́зишь) *impf of* перевезти́. перево́зка conveyance. перево́зчик ferryman; removal man.

перевооружáть *impf*, перевооружи́ть (-жу́) *pf* rearm; ~ся rearm. перевооруже́ние rearmament.

перевоплоти́ть (-лощу́) *pf*, перевоплощáть *impf* reincarnate; ~ся be reincarnated. перевоплоще́ние reincarnation.

перевора́чивать(ся *impf of* переверну́ть(ся. переворо́т revolution; overturn; cataclysm; госудáрственный ~ coup d'état.

перевоспитáние re-education. перевоспитáть *pf*, перевоспи́тывать *impf* re-educate.

перевра́ть (-ру́, -рёшь; -а́л, -а́, -о) *pf* (*impf* перевира́ть) garble; misquote.

перевыполне́ние over-fulfilment. перевы́полнить *pf*, перевыполня́ть *impf* over-fulfil.

перевяза́ть (-яжу́, -я́жешь) *pf*, перевя́зывать *impf* bandage; tie up; re-tie. перевя́зка dressing, bandage.

переги́б bend; excess, extreme. перегиба́ть(ся *impf of* перегну́ть(ся

перегля́дываться *impf*, перегляну́ться (-ну́сь, -не́шься) *pf* exchange glances.

перегна́ть (-гоню́, -го́нишь; -а́л, -а́, -о) *pf* (*impf* перегоня́ть) outdistance; surpass; drive; distil.

перегно́й humus.

перегну́ть (-ну́, -нёшь) *pf* (*impf* перегиба́ть) bend; ~ па́лку go too far; ~ся bend; lean over.

перегова́ривать *impf*, переговори́ть *pf* talk; out-talk; ~ся (с+*instr*) exchange remarks (with). перегово́ры (-ов) *pl* negotiations, parley. перегово́рный *adj*: ~ пункт public call-boxes; trunk-call office.

перего́н driving; stage. перего́нка distillation. перего́нный distilling, distillation. перегоню́ *etc.*: *see* перегна́ть. перегоня́ть *impf of* перегна́ть

перегора́живать *impf of* перегороди́ть

перегора́ть *impf*, перегоре́ть (-ри́т) *pf* burn out, fuse.

перегороди́ть (-рожу́, -ро́ди́шь) *pf* (*impf* перегора́живать) partition off; block. перегоро́дка partition.

перегре́в overheating. перегрева́ть *impf*, перегре́ть (-е́ю) *pf* overheat; ~ся overheat.

перегружа́ть *impf*, перегрузи́ть (-ужу́, -у́зишь) *pf* overload; transfer. перегру́зка overload; transfer.

перегрыза́ть *impf*, перегры́зть (-зу́, -зёшь; -гры́з) *pf* gnaw through.

пе́ред, пе́редо, пред, пре́до *prep*+*instr* before; in front of; compared to. пе́ред (пе́реда; *pl* -а́) front, forepart.

передава́ть (-даю́, -даёшь) *impf*, переда́ть (-а́м, -а́шь, -а́ст, -ади́м; пе́редал, -а́, -о) *pf* pass, hand, hand over; transfer; hand down; make over; tell; communicate; convey; give too much; ~ся pass; be transmitted; be communicated; be inherited. переда́тчик transmitter. переда́ча passing; transmission; communication; transfer; broadcast; drive; gear, gearing.

передвига́ть *impf*, передви́нуть (-ну) *pf* move, shift; ~ся move, shift. передвиже́ние movement; transportation. передви́жка movement; *in comb* travelling; itinerant. передвижно́й movable, mobile.

переде́лать *pf*, переде́лывать *impf* alter; refashion. переде́лка alteration.

передёргивать(ся *impf of* передёрнуть(ся

передержа́ть (-жу́, -жишь) *pf*, переде́рживать *impf* overdo; overcook; overexpose.

передёрнуть (-ну) *pf* (*impf* передёргивать) pull aside *or* across; cheat; distort; ~ся wince.

пере́дний front; ~ план foreground. пере́дник apron. пере́дняя *sb* (entrance) hall, lobby. пе́редо: *see* пе́ред. передови́к (-а́) exemplary worker. передови́ца leading article. передово́й advanced; foremost; leading.

передохну́ть (-ну́, -нёшь) *pf* pause for breath.

передра́знивать *impf*, передразни́ть (-ню́, -нишь) *pf* mimic.

переду́мать *pf*, переду́мывать *impf* change one's mind.

переды́шка respite.

перее́зд crossing; move. переезжа́ть *impf*, перее́хать (-е́ду) *pf* cross; run over, knock down; move (house).

переже́ривать *impf*, переже́рить *pf* overdo, overcook.

пережда́ть (-жду́, -ждёшь; -а́л, -а́, -о) *pf* (*impf* пережида́ть) wait for the end of.

пережёвывать *impf* chew; repeat over and over again.

пережива́ние experience. пережива́ть *impf of* пережи́ть

пережида́ть *impf of* пережда́ть

пережито́е *sb* the past. пережи́ток (-тка) survival; vestige. пережи́ть

(-иву́, -ивёшь; пёрежи́л, -á, -о) pf
(impf пережива́ть) experience; go
through; endure; outlive.

перезаряди́ть (-яжу́, -яди́шь) pf,
перезаряжа́ть impf recharge, re-
load.

перезва́нивать impf, перезвони́ть
pf +dat ring back.

пере|зимова́ть pf.

перезре́лый overripe.

переигра́ть pf, переи́грывать impf
play again; overact.

переизбира́ть impf, переизбра́ть
(-беру́, -берёшь; -бра́л, -á, -о) pf re-
elect. переизбра́ние re-election.

переиздава́ть (-даю́, -даёшь) impf,
переизда́ть (-áм, -áшь, -áст, -ади́м;
-áл, -á, -о) pf republish, reprint.
переизда́ние republication; new
edition.

переименова́ть pf, переимено́вы-
вать impf rename.

перейму́ etc.: see переня́ть

перейти́ (-йду́, -йдёшь; перешёл,
-шла́) pf (impf переходи́ть) cross;
pass; turn (в+acc to, into).

перекантова́ть pf transfer (a load).

перека́мывать impf of перекопа́ть

перекати́ть (-чу́, -тишь) pf, пере-
ка́тывать impf roll; ~ся roll.

перекача́ть pf, перека́чивать impf
pump (across).

переквалифици́роваться impf &
pf retrain.

переки́дывать impf, переки́нуть
(-ну) pf throw over; ~ся leap.

пе́рекись peroxide.

перекла́дина cross-beam; joist; horizontal bar.

перекла́дывать impf of переложи́ть

перекли́чка roll-call.

переключа́тель m switch. пере-
ключа́ть impf, переключи́ть (-чу́)
pf switch (over); ~ся switch (over).

перекова́ть (-кую́, -куёшь) pf, пере-
ко́вывать impf re-shoe; re-forge.

перекопа́ть pf (impf перека́пы-
вать) dig (all of); dig again.

перекоси́ть (-ошу́, -оси́шь) pf warp;
distort; ~ся warp; become distorted.

перекочева́ть (-чу́ю) pf, переко-
чёвывать impf migrate.

переко́шенный distorted, twisted.

перекра́ивать impf of перекрои́ть

перекра́сить (-áшу) pf, перекра́-
шивать impf (re-)paint; (re-)dye;
~ся change colour; turn one's coat.

пере|крести́ть (-ещу́, -ести́шь) pf,
перекре́щивать impf cross; ~ся
cross, intersect; cross o.s. пере-
крёстн|ый cross; ~ый допро́с
cross-examination; ~ый ого́нь cross-
fire; ~ая ссы́лка cross-reference.

перекрёсток (-тка) cross-roads,
crossing.

перекри́кивать impf, перекрича́ть
(-чу́) pf shout down.

перекро́йть (-ою́) pf (impf пере-
кра́ивать) cut out again; reshape.

перекрыва́ть impf, перекры́ть
(-ро́ю) pf re-cover; exceed. пере-
кры́тие ceiling.

перекую́ etc.: see перекова́ть

перекупа́ть impf, перекупи́ть
(-плю́, -пишь) pf buy up; buy by out-
bidding s.o. переку́пщик second-
hand dealer.

перекуси́ть (-ушу́, -у́сишь) pf, пере-
ку́сывать impf bite through; have a
snack.

перелага́ть impf of переложи́ть

перела́мывать impf of переломи́ть

перелеза́ть impf, переле́зть (-зу;
-éз) pf climb over.

переле́сок (-ска) copse.

перелёт migration; flight. переле-
та́ть impf, перелете́ть (-лечу́) pf
fly over. перелётный migratory.

перелива́ние decanting; transfusion.
перелива́ть impf of перели́ть.
перелива́ться impf of перели́ться;
gleam; modulate.

перелиста́ть pf, перели́стывать
impf leaf through.

перели́ть (-лью́, -льёшь; -и́л, -á, -о)
pf (impf перелива́ть) pour; decant;
let overflow; transfuse. перели́ться
(-льётся; -и́лся, -ила́сь, -и́лось)
pf (impf перелива́ться) flow; overflow.

перелицева́ть (-цу́ю) pf, пере-
лицо́вывать impf turn; have turned.

переложе́ние arrangement. пере-
ложи́ть (-жу́, -жишь) pf (impf пере-
кла́дывать, перелага́ть) put elsewhere; shift; transfer; interlay; put in
too much; set; arrange; transpose.

перело́м breaking; fracture; turning-
point, crisis; sudden change.

переломать pf break; ~ся break, be broken. переломить (-млю, -мишь) pf (impf перелáмывать) break in two; master. перелóмный critical.

перелью etc.: see перелить

переманивать impf, переманить (-ню, -нишь) pf win over; entice.

перемежáться impf alternate.

переме́на change; break. перемени́ть (-ню, -нишь) pf, переменя́ть impf change; ~ся change. переме́нный variable; ~ ток alternating current. переме́нчивый changeable.

переместить (-мещу) pf (impf перемещать) move; transfer; ~ся move.

перемешáть pf, переме́шивать impf mix; mix up; shuffle; ~ся get mixed (up).

перемещáть(ся impf of переместить(ся. перемещение transference; displacement. перемещён|ый displaced; ~ые лица displaced persons.

переми́рие armistice, truce.

перемывáть impf, перемы́ть (-мою) pf wash (up) again.

перенапрягáть impf, перенапря́чь (-ягý, -яжёшь; -яг, -лá) pf overstrain.

перенаселе́ние overpopulation. перенаселённый (-лён, -á) overpopulated; overcrowded.

перенести́ (-сý, -сёшь; -нёс, -лá) pf (impf переноси́ть) carry, move, take; transfer; take over; postpone; endure, bear; ~сь be carried; be carried away.

перенимáть impf of переня́ть

перенóс transfer; word division; знак ~а end-of-line hyphen. перенóсимый endurable. переноси́ть(ся (-ошý(сь, -óсишь(ся) impf of перенести́(сь

перенóсица bridge (of the nose).

перенóска carrying over; transporting; carriage. перенóсный portable; figurative. перенóсчик carrier.

пере|ночевáть (-чýю) pf. переношý etc.: see переноси́ть

переня́ть (-ейму, -еймёшь; пе́ренял, -á, -о) pf (impf перенимáть) imitate; adopt.

переоборýдовать impf & pf re-equip.

переобувáться impf, переобýться (-ýюсь, -ýешься) pf change one's shoes.

переодевáться impf, переоде́ться (-éнусь) pf change (one's clothes).

переосвиде́тельствовать impf & pf re-examine.

переоце́нивать impf, переоцени́ть (-ню, -нишь) pf overestimate; revalue. переоце́нка overestimation; revaluation.

перепáчкать pf make dirty; ~ся get dirty.

пе́репел (pl -á) quail.

перепеленáть pf change (a baby).

перепечáтать pf, перепечáтывать impf reprint. перепечáтка reprint.

перепи́ливать impf, перепили́ть (-лю, -лишь) pf saw in two.

переписáть (-ишý, -и́шешь) pf, перепи́сывать impf copy; re-write; make a list of. перепи́ска copying; correspondence. перепи́сываться impf correspond. пе́репись census.

переплáвить (-влю) pf, переплавля́ть impf smelt.

переплати́ть (-ачý, -áтишь) pf, переплáчивать impf overpay.

переплести́ (-летý, -летёшь; -плёл, -á) pf, переплетáть impf bind; interlace, intertwine; re-plait; ~ся interlace, interweave; get mixed up. переплёт binding. переплётчик bookbinder.

переплывáть impf, переплы́ть (-ывý, -ывёшь; -ы́л, -á, -о) pf swim or sail across.

переподготóвка further training; refresher course.

переползáть impf, переползти́ (-зý, -зёшь; -блз, -лá) pf crawl or creep across.

переполне́ние overfilling; overcrowding. переполненный overcrowded; too full. переполнить pf, переполня́ть impf overfill; overcrowd.

переполóх commotion.

перепóнка membrane; web.

переправа crossing; ford.

переправить (-влю) pf, переправля́ть impf convey; take across; forward; ~ся cross, get across.

перепродавáть (-даю, -даёшь) impf, перепродáть (-áм, -áшь, -áст, -адим; -прóдал, -á, -о) pf re-sell. перепродáжа re-sale.

перепроизвóдство overproduction.

перепры́гивать *impf*, перепры́гнуть (-ну) *pf* jump (over).

перепуга́ть *pf* frighten; scare; ~ся get a fright.

перепу́тать *pf*, перепу́тывать *impf* tangle; confuse, mix up.

перепу́тье cross-roads.

перераба́тывать *impf*, перерабо́тать *pf* convert; treat; re-make; recast; process; work overtime; overwork; ~ся overwork. перерабо́тка processing; reworking; overtime work.

перераспределе́ние redistribution. перераспредели́ть *pf*, перераспределя́ть *impf* redistribute.

перераста́ние outgrowing; escalation; development (into). перераста́ть *impf*, перерасти́ (-ту́, -тёшь; -ро́с, -ла́) *pf* outgrow; develop.

перерасхо́д over-expenditure; overdraft. перерасхо́довать *impf* & *pf* expend too much of.

перерасчёт recalculation.

перерва́ть (-ву́, -вёшь; -а́л, -а́, -о) *pf* (*impf* перерыва́ть) break, tear asunder; ~ся break, come apart.

перере́зать (-е́жу) *pf*, перере́зать *impf*, перере́зывать *impf* cut; cut off; kill.

перероди́ть (-ожу́) *pf*, перерожда́ть *impf* regenerate; ~ся be reborn; be regenerated; degenerate. перерожде́ние regeneration; degeneration.

перерос́ *etc.*: *see* перерасти́. переро́ю *etc.*: *see* перерыть

переруба́ть *impf*, переруби́ть (-блю́, -бишь) *pf* chop in two.

переры́в break; interruption; interval. перерыва́ть¹(ся *impf of* перерва́ть(ся

перерыва́ть² *impf*, перерыть (-ро́ю) *pf* dig up; rummage through.

пересади́ть (-ажу́, -а́дишь) *pf*, переса́живать *impf* transplant; graft; seat somewhere else. переса́дка transplantation; grafting; change.

переса́живаться *impf of* пересе́сть.

переса́ливать *impf of* пересоли́ть

пересдава́ть (-даю́сь) *impf*, пересда́ть (-а́м, -а́шь, -а́ст, -ади́м; -да́л, -а́, -о) *pf* sublet; re-sit.

пересека́ть(ся *impf of* пересе́чь(ся

переселе́нец (-нца) settler; immigrant. переселе́ние migration; im-

migration, resettlement; moving.

пересели́ть *pf*, переселя́ть *impf* move; ~ся move; migrate.

пересе́сть (-ся́ду) *pf* (*impf* переса́живаться) change one's seat; change (*trains etc.*).

пересече́ние crossing, intersection. пересе́чь (-се́ку́, -сечёшь; -се́к, -ла́) *pf* (*impf* пересека́ть) cross; intersect; ~ся cross, intersect.

переси́ливать *impf*, переси́лить *pf* overpower.

переска́з (re)telling; exposition. пересказа́ть (-ажу́, -а́жешь) *pf*, переска́зывать *impf* retell.

переска́кивать *impf*, перескочи́ть (-чу́, -чишь) *pf* jump or skip (over).

пересла́ть (-ешлю́, -шлёшь) *pf* (*impf* пересыла́ть) send; forward.

пересма́тривать *impf*, пересмотре́ть (-трю́, -тришь) *pf* look over; reconsider. пересмо́тр revision; reconsideration; review.

пересоли́ть (-олю́, -о́лишь) *pf* (*impf* переса́ливать) over-salt; overdo it.

пересо́хнуть (-нет; -о́х) *pf* (*impf* пересыха́ть) dry up, become parched.

переспа́ть (-плю́; -а́л, -а́, -о) *pf* oversleep; spend the night.

переспе́лый overripe.

переспра́шивать *impf*, переспроси́ть (-ошу́, -о́сишь) *pf* ask again.

переставА́ть (-таю́, -таёшь) *impf of* переста́ть

переста́вить (-влю) *pf*, переставля́ть *impf* move; re-arrange; transpose. перестано́вка rearrangement; transposition.

переста́ть (-а́ну) *pf* (*impf* перестава́ть) stop, cease.

перестрада́ть *pf* have suffered.

перестра́ивать(ся *impf of* перестро́ить(ся

перестрахо́вка re-insurance; overcautiousness.

перестре́лка exchange of fire. перестреля́ть *pf* shoot (down).

перестро́ить *pf* (*impf* перестра́ивать) rebuild; reorganize; retune; ~ся re-form; reorganize o.s.; switch over (на+*acc* to). перестро́йка reconstruction; reorganization; retuning; perestroika.

переступа́ть *impf*, переступи́ть

(-плю, -пишь) *pf* step over; cross; overstep.

пересчитать *pf*, **пересчитывать** *impf* (*pf also* **перечесть**) re-count; count.

пересылать *impf of* **переслать**. **пересылка** sending, forwarding.

пересыпать *impf*, **пересыпать** (-плю, -плешь) *pf* pour; sprinkle; pour too much.

пересыхать *impf of* **пересохнуть**. **перся́ду** *etc.*: *see* **пересесть**. **перета́пливать** *impf of* **перетопить**

перета́скивать *impf*, **перетащить** (-щу́, -щишь) *pf* drag (over, through); move.

перетере́ть (-тру́, -трёшь; -тёр) *pf*, **перетира́ть** *impf* wear out, wear down; grind; wipe; ~ся wear out *or* through.

перетопить (-плю, -пишь) *pf* (*impf* **перета́пливать**) melt.

перетру́ *etc.*: *see* **перетере́ть**

перетере́ть (пру, прёшь; пёр, -ла) *impf* go; make *or* force one's way; haul; come out.

перетя́гивать *impf*, **перетяну́ть** (-ну́, -нешь) *pf* pull, draw; win over; outweigh.

переубеди́ть *pf*, **переубежда́ть** *impf* make change one's mind.

переу́лок (-лка) side street, alley, lane.

переустро́йство reconstruction, re-organization.

переутоми́ть (-млю́) *pf*, **переутомля́ть** *impf* overtire; ~ся overtire o.s. **переутомле́ние** overwork.

переучивать *impf*, **переучи́ть** (-чу́, -чишь) *pf* teach again.

перефрази́ровать *impf* & *pf* paraphrase.

перехвати́ть (-ачу́, -а́тишь) *pf*, **перехва́тывать** *impf* intercept; snatch a bite (of); borrow.

перехитри́ть *pf* outwit.

перехо́д transition; crossing; conversion. **переходи́ть** (-ожу́, -о́дишь) *impf of* **перейти́**. **перехо́дный** transitional; transitive. **перехо́дящий** transient; intermittent; brought forward.

пе́рец (-рца) pepper.

перече́л *etc.*: *see* **перечесть**

пе́речень (-чня) *m* list, enumeration.

перечёркивать *impf*, **перечеркну́ть** (-ну́, -нёшь) *pf* cross out, cancel.

перече́сть (-чту́, -чтёшь; -чёл, -чла́) *pf*: *see* **пересчитать**, **перечитать**

перечисле́ние enumeration; transfer. **перечи́слить** *pf*, **перечисля́ть** *impf* enumerate; transfer.

перечита́ть *pf*, **перечи́тывать** *impf* (*pf also* **перечесть**) re-read.

перечить (-чу) *impf* contradict; cross, go against.

пе́речница pepper-pot.

перечту́ *etc.*: *see* **перечесть**. **перечу** *etc.*: *see* **перечить**

переша́гивать *impf*, **перешагну́ть** (-ну́, -нёшь) *pf* step over.

переше́ек (-е́йка) isthmus, neck.

перешёл *etc.*: *see* **перейти́**

перешива́ть *impf*, **переши́ть** (-шью, -шьёшь) *pf* alter; have altered.

перешлю́ *etc.*: *see* **переслать**

переэкзаменова́ть *pf*, **переэкзамено́вывать** *impf* re-examine; ~ся retake an exam.

пери́ла (-и́л) *pl* railing(s); banisters. **пери́на** feather-bed.

пери́од period. **перио́дика** periodicals. **периоди́ческий** periodical; recurring.

пери́стый feathery; cirrus.

перифери́я periphery.

перламу́тр mother-of-pearl. **перламу́тровый** mother-of-pearl. **перло́вый**: ~ая крупа́ pearl barley.

перма́нент perm. **перма́нентный** permanent.

перна́тый feathered. **перна́тые** *sb pl* birds. **перо́** (*pl* пе́рья, -ьев) feather; pen. **перочи́нный нож, но́жик** penknife.

перпендикуля́рный perpendicular.

перро́н platform.

перс Persian. **перси́дский** Persian.

пе́рсик peach.

перся́нка Persian woman.

персо́на person; со́бственной персо́ной in person. **персона́ж** character; personage. **персона́л** personnel, staff. **персона́льный** personal.

перспекти́ва perspective; vista; prospect. **перспекти́вный** perspective; long-term; promising.

пе́рстень (-тня) *m* ring.

перфока́рта punched card.
пе́рхоть dandruff.
перча́тка glove.
пе́рчить (-чу) *impf* (*pf* по~) pepper.
пёс (пса) dog.
пе́сенник song-book; (choral) singer; song-writer. пе́сенный song; of songs.
песе́ц (-сца́) (polar) fox.
песнь (*gen pl* -ей) song; canto. пе́сня (*gen pl* -сен) song.
песо́к (-ска́) sand. песо́чный sand; sandy.
пессими́зм pessimism. пессими́ст pessimist. пессимисти́ческий pessimistic.
пестрота́ diversity of colours; diversity. пёстрый variegated; diverse; colourful.
песча́ник sandstone. песча́ный sandy. песчи́нка grain of sand.
петербу́ргский (of) St Petersburg.
пети́ция petition.
петли́ца buttonhole; tab. пе́тля (*gen pl* -тель) loop; noose; buttonhole; stitch; hinge.
петру́шка¹ parsley.
петру́шка² *m* Punch; *f* Punch-and-Judy show.
пету́х (-а́) cock. петушо́к (-шка́) cockerel.
петь (пою́, поёшь) *impf* (*pf* про~, с~) sing.
пехо́та infantry, foot. пехоти́нец (-нца) infantryman. пехо́тный infantry.
печа́лить *impf* (*pf* о~) sadden; ~ся grieve, be sad. печа́ль sorrow. печа́льный sad.
печа́тать *impf* (*pf* на~, от~) print; ~ся write, be published; be at the printer's. печа́тн|ый printing; printer's; printed; ~ые бу́квы block capitals; ~ый стано́к printing-press. печа́ть seal, stamp; print; printing; press.
пече́ние baking.
печёнка liver.
печёный baked.
печень liver.
пече́нье pastry; biscuit. пе́чка stove. печно́й stove; oven; kiln. печь (*loc* -и́; *gen pl* -е́й) stove; oven; kiln. печь (пеку́, -чёшь; пёк, -ла́) *impf* (*pf* ис~) bake; ~ся bake.

пешехо́д pedestrian. пешехо́дный pedestrian; foot-. пе́ший pedestrian; foot. пе́шка pawn. пешко́м *adv* on foot.
пеще́ра cave. пеще́рный cave; ~ челове́к cave-dweller.
пиани́но *neut indecl* (upright) piano. пиани́ст, ~ка pianist.
пивна́я *sb* pub. пивно́й beer. пи́во beer. пивова́р brewer.
пигме́й pygmy.
пиджа́к (-а́) jacket.
пижа́ма pyjamas.
пижо́н dandy.
пик peak; часы́ пик rush-hour.
пи́ка lance.
пика́нтный piquant; spicy.
пика́п pick-up (van).
пике́ *neut indecl* dive.
пике́т picket. пике́тчик picket.
пи́ки (пик) *pl* (*cards*) spades.
пики́ровать *impf* & *pf* (*pf also* с~) dive.
пики́ровщик, пики́рующий бомбарди́ровщик dive-bomber.
пикни́к (-а́) picnic.
пи́кнуть (-ну) *pf* squeak; make a sound.
пи́ковый of spades.
пила́ (*pl* -ы) saw; nagger. пилёный sawed, sawn. пили́ть (-лю́, -лишь) *impf* saw; nag (at). пи́лка sawing; fret-saw; nail-file.
пило́т pilot.
пило́тка forage-cap.
пилоти́ровать *impf* pilot.
пилю́ля pill.
пина́ть *impf* (*pf* пнуть) kick. пино́к (-нка́) kick.
пингви́н penguin.
пинце́т tweezers.
пио́н peony.
пионе́р pioneer. пионе́рский pioneer.
пипе́тка pipette.
пир (*loc* -у́; *pl* -ы́) feast, banquet. пирова́ть *impf* feast.
пирами́да pyramid.
пира́т pirate.
пиро́г (-а́) pie. пиро́жное *sb* cake, pastry. пирожо́к (-жка́) pasty.
пирс pier.
пируэ́т pirouette.
пи́ршество feast; celebration.
пи́саный handwritten. писа́рь (*pl*

-я) *m* clerk. писа́тель *m*, писа́тельница writer, author. писа́ть (пишу́, пи́шешь) *impf* (*pf* на~) write; paint; ~ ма́слом paint in oils; ~ся be spelt.

писк squeak, chirp. писки́вый squeaky. пи́скнуть (-ну) *pf of* пища́ть

пистоле́т pistol; gun; ~-пулемёт sub-machine gun.

писто́н (percussion-)cap; piston.

писчебума́жный stationery. пи́счая бума́га writing paper. пи́сьменно *adv* in writing. пи́сьменность literature. пи́сьменный writing, written. письмо́ (*pl* -а, -сем) letter.

пита́ние nourishment; feeding. пита́тельный nutritious; alimentary; feed. пита́ть *impf* feed; nourish; supply; ~ся be fed, eat; +*instr* feed on.

пито́мец (-мца) charge; pupil; alumnus. пито́мник nursery.

пить (пью, пьёшь; пил, -а́, -о) *impf* (*pf* вы́~) drink. питьё (*pl* -тья́, -тей, -тьям) drinking; drink. питьево́й drinkable; drinking.

пиха́ть *impf*, пихну́ть (-ну́, -нёшь) *pf* push, shove.

пи́хта (silver) fir.

пи́чкать *impf* (*pf* на~) stuff.

пи́шущий writing; ~ая маши́нка typewriter.

пи́ща food.

пища́ть (-щу́) *impf* (*pf* пи́скнуть) squeak; cheep.

пищеваре́ние digestion. пищево́д oesophagus, gullet. пищево́й food.

пия́вка leech.

пла́вание swimming; sailing; voyage. пла́вательный swimming; ~ бассе́йн swimming-pool. пла́вать *impf* swim; float; sail. плавба́за depot ship, factory ship.

пла́вильный melting, smelting. пла́вильня foundry. пла́вить (-влю) *impf* (*pf* рас~) melt, smelt; ~ся melt. пла́вки fusing; melting.

пла́вки (-вок) *pl* bathing trunks.

пла́вкий fusible; fuse. плавле́ние melting.

плавни́к (-а́) fin; flipper. пла́вный smooth, flowing; liquid. плаву́чий floating.

плагиа́т plagiarism. плагиа́тор plagiarist.

пла́зма plasma.

плака́т poster; placard.

пла́кать (-а́чу) *impf* cry, weep; ~ся complain, lament; +на+*acc* complain of; bemoan.

пла́кса cry-baby. плакси́вый whining. плаку́чий weeping.

пла́менный flaming; ardent. пла́мя (-мени) *neut* flame; blaze.

план plan.

планёр glider. планери́зм gliding. планери́ст glider-pilot.

плане́та planet. плане́тный planetary.

плани́рование[1] planning.

плани́рование[2] gliding; glide.

плани́ровать[1] *impf* (*pf* за~) plan.

плани́ровать[2] *impf* (*pf* с~) glide (down).

пла́нка lath, slat.

пла́новый planned, systematic; planning. планоме́рный systematic, planned.

планта́ция plantation.

пласт (-а́) layer; stratum. пласти́на plate. пласти́нка plate; (*gramophone*) record.

пласти́ческий, пласти́чный plastic. пластма́сса plastic. пластма́ссовый plastic.

пла́стырь *m* plaster.

пла́та pay; charge; fee. платёж (-а́) payment. платёжеспосо́бный solvent. платёжный pay.

пла́тина platinum. пла́тиновый platinum.

плати́ть (-ачу́, -а́тишь) *impf* (*pf* за~, у~) pay; ~ся (*pf* по~ся) за+*acc* pay for. пла́тный paid; requiring payment.

плато́к (-тка́) shawl; head-scarf; handkerchief.

платони́ческий platonic.

платфо́рма platform; truck.

пла́тье (*gen pl* -ев) clothes, clothing; dress; gown. платяно́й clothes.

плафо́н ceiling; lamp shade.

плацда́рм bridgehead, beach-head; base; springboard.

плацка́рта reserved-seat ticket.

плач weeping. плаче́вный lamentable. пла́чу *etc.: see* пла́кать

плачу́ *etc.: see* плати́ть

плашмя́ *adv* flat, prone.

плащ (-а́) cloak; raincoat.

плебей plebeian.

плева́тельница spittoon. **плева́ть** (плюю, плюёшь) *impf* (*pf* на~, плю́нуть) spit; *inf+dat*: мне — I don't give a damn (на+*acc* about); ~ся spit. **плево́к** (-вка́) spit, spittle.

плеври́т pleurisy.

плед rug; plaid.

плёл *etc.*: *see* плести́

племенно́й tribal; pedigree. **пле́мя** (-мени, *pl* -мена́, -мён) *neut* tribe. **племя́нник** nephew. **племя́нница** niece.

плен (*loc* -ý) captivity.

плена́рный plenary.

плени́тельный captivating. **плени́ть** *pf* (*impf* пленя́ть) captivate; ~ся be captivated.

плёнка film; tape; pellicle.

пле́нник prisoner. **пле́нный** captive.

пле́нум plenary session.

пленя́ть(ся *impf of* плени́ть(ся

пле́сень mould.

плеск splash, lapping. **плеска́ть** (-ещу́, -ещешь) *impf* (*pf* плесну́ть) splash; lap; ~ся splash; lap.

пле́сневеть (-ет) *impf* (*pf* за~) go mouldy, grow musty.

плесну́ть (-ну, -нёшь) *pf of* плеска́ть

плести́ (-ету́, -етёшь; плёл, -á) *impf* (*pf* с~) plait; weave; ~сь trudge along. **плете́ние** plaiting; wickerwork. **плетёный** wattled; wicker. **плете́нь** (-тня) *m* wattle fencing. **плётка, плеть** (*gen pl* -éй) lash.

пле́чико (*pl* -и, -ов) shoulder-strap; *pl* coat-hanger. **плечи́стый** broad-shouldered. **плечо́** (*pl* -и, -áм) shoulder.

плеши́вый bald. **плешь** bald patch.

плещу́ *etc.*: *see* плеска́ть

пли́нтус plinth; skirting-board.

плис velveteen.

плиссирова́ть *impf* pleat.

плита́ (*pl* -ы) slab; flag(-stone); stove, cooker; моги́льная ~ gravestone. **пли́тка** tile; (thin) slab; stove, cooker; ~ шокола́да bar of chocolate. **пли́точный** tiled.

плове́ц (-вца́), **пловчи́ха** swimmer. **плову́чий** floating; buoyant.

плод (-á) fruit. **плоди́ть** (-ожу́) *impf* (*pf* рас~) produce, procreate; ~ся propagate.

плодо- *in comb* fruit-. **плодови́тый** fruitful, prolific; fertile. ~во́дство fruit-growing. ~но́сный fruit-bearing, fruitful. ~овощно́й fruit and vegetable. ~ро́дный fertile. ~тво́рный fruitful.

пло́мба seal; filling. **пломбирова́ть** *impf* (*pf* за~, о~) fill; seal.

пло́ский (-сок, -ска́, -о) flat; trivial.

плоско- *in comb* flat. **плоского́рье** plateau. ~гу́бцы (-ев) *pl* pliers. ~до́нный flat-bottomed.

пло́скость (*gen pl* -éй) flatness; plane; platitude.

плот (-á) raft.

плоти́на dam; weir; dyke.

пло́тник carpenter.

пло́тность solidity; density. **пло́тный** (-тен, -тна́, -о) thick; compact; dense; solid, strong; hearty.

плотоя́дный carnivorous. **плоть** flesh.

плохо́й bad; poor.

площа́дка area, (sports) ground, court, playground; site; landing; platform. **пло́щадь** (*gen pl* -éй) area; space; square.

плуг (*pl* -и) plough.

плут (-á) cheat, swindler; rogue. **плутова́тый** cunning. **плутовско́й** roguish; picaresque.

плуто́ний plutonium.

плыть (-ыву́, -ывёшь; плыл, -á, -о) *impf* swim; float; sail.

плю́нуть (-ну) *pf of* плева́ть

плюс plus; advantage.

плюш plush.

плющ (-á) ivy.

плюю́ *etc.*: *see* плева́ть

пляж beach.

пляса́ть (-яшу́, -яшешь) *impf* (*pf* с~) dance. **пля́ска** dance; dancing.

пневмати́ческий pneumatic.

пневмони́я pneumonia.

пну́ть (пну, пнёшь) *pf of* пина́ть

пня *etc.*: *see* пень

по *prep* I. +*dat* on; along; round; about; by; over; according to; in accordance with; for; in; at; by (reason of); on account of; from; по понеде́льникам on Mondays; по профе́ссии by profession; по ра́дио over the radio. II. +*dat or acc of cardinal number, forms distributive number*: по́ два, по́ двое in twos, two by two; по пять рубле́й шту́ка at five roubles each. III. +*acc* to, up to; for, to get; идти́ по во́ду go to get water; по пе́рвое сентября́ up to (and including) 1st September. IV. +*prep* on, (immediately) after; по прибы́тии on arrival.

по- *pref* I. *in comb* +*dat of adjs, or with advs in* -и, *indicates manner, use of a named language, or accordance with the opinion or wish of*: говори́ть по-ру́сски speak Russian; жить по-ста́рому live in the old style; по-мо́ему in my opinion. II. *in comb with adjs and nn, indicates situation along or near a thing*: помо́рье seaboard, coastal region. III. *in comb with comp of adjs indicates a smaller degree of comparison*: поме́ньше a little less.

поба́иваться *impf* be rather afraid.
побе́г¹ flight; escape.
побе́г² shoot; sucker.
побегу́шки: быть на побегу́шках run errands.
побе́да victory. победи́тель *m* victor; winner. победи́ть *pf* (*impf* побежда́ть) conquer; win. побе́дный, победоно́сный victorious, triumphant.
по|бежа́ть *pf*.
побежда́ть *impf of* победи́ть
по|беле́ть (-е́ю) *pf*. по|бели́ть *pf*. побе́лка whitewashing.
побере́жный coastal. побере́жье (sea-)coast.
по|беспоко́ить(ся) *pf*.
побира́ться *impf* beg; live by begging.
по|би́ть(ся (-бью́(сь, -бьёшь(ся) *pf*.
по|благодари́ть *pf*.
побла́жка indulgence.
по|бледне́ть (-е́ю) *pf*.
побле́скивать *impf* gleam.
побли́зости *adv* nearby.
побо́и (-ев) *pl* beating. побо́ище slaughter; bloody battle.
побо́рник champion, advocate. поборо́ть (-рю́, -решь) *pf* overcome.
побо́чный secondary; done on the side; ~ проду́кт by-product.
по|брани́ться *pf*.
по|брата́ться *pf*. побрати́м twin town.
по|брезгать *pf*. по|бри́ть(ся (-бре́ю(сь) *pf*.

побуди́тельный stimulating. побуди́ть (-ужу́) *pf*, побужда́ть *impf* induce, prompt. побужде́ние motive; inducement.
побыва́ть *pf* have been, have visited; look in, visit. побы́вка leave. по|бы́ть (-бу́ду, -дешь; по́был, -а́, -о) *pf* stay (for a short time).
побью́(сь *etc.*: *see* поби́ть(ся
пова́диться (-а́жусь) get into the habit (of). пова́дка habit.
по|вали́ть(ся (-лю́(сь, -лишь(ся) *pf*.
пова́льно *adv* without exception. пова́льный general, mass.
по́вар (*pl* -а́) cook, chef. пова́ренный culinary; cookery, cooking.
по-ва́шему *adv* in your opinion.
пове́дать *pf* disclose; relate.
поведе́ние behaviour.
поведу́ *etc.*: *see* повести́. по|везти́ (-зу́, -зёшь; -вёз, -ла́) *pf*. повёл *etc.*: *see* повести́
повелева́ть *impf* +*instr* rule (over); +*dat* command. повеле́ние command. повели́тельный imperious; imperative.
по|венча́ть(ся *pf*.
поверга́ть *impf*, пове́ргнуть (-ну; -ве́рг) *pf* throw down; plunge.
пове́ренная *sb* confidante. пове́ренный *sb* attorney; confidant; ~ в дела́х chargé d'affaires. по|ве́рить¹. пове́рить² *pf* (*impf* поверя́ть) check; confide. пове́рка check; roll-call.
поверну́ть (-ну́, -нёшь) *pf*, повёртывать *impf* (*impf also* повора́чивать) turn; ~ся turn.
по́верх *prep*+*gen* over. пове́рхностный surface, superficial. пове́рхность surface.
пове́рье (*gen pl* -ий) popular belief, superstition. поверя́ть *impf of* пове́рить²
пове́са playboy.
по|весели́ть(ся (-е́ю) *pf*.
повесели́ть *pf* cheer (up), amuse; ~ся turn.
пове́сить(ся (-ве́шу(сь) *pf of* ве́шать(ся
повествова́ние narrative, narration. повествова́тельный narrative. повествова́ть *impf* +*о*+*prep* narrate, relate.
по|вести́ (-еду́, -едёшь; -вёл, -а́) *pf*

(*impf* поводи́ть) +*instr* move.

пове́стка notice; summons; ~ (дня) agenda.

по́весть (*gen pl* -е́й) story, tale.

пове́трие epidemic; craze.

пове́шу *etc.*: *see* пове́сить. по|вздо́рить *pf*.

повзросле́ть (-е́ю) *pf* grow up.

по|вида́ть(ся *pf*.

по-ви́димому apparently.

пови́дло jam.

по|вини́ться *pf*.

пови́нность duty, obligation; во́инская ~ conscription. пови́нный guilty.

повинова́ться *impf & pf* obey. повинове́ние obedience.

повиса́ть *impf*, по|ви́снуть (-ну; -ви́с) *pf* hang (on); hang down, droop.

повле́чь (-еку́, -ечёшь; -ёк, -ла́) (за собо́й) entail, bring in its train.

по|влия́ть *pf*.

по́вод[1] occasion, cause; по ~у+*gen* as regards, concerning.

по́вод[2] (*loc* -у́; *pl* -о́дья, -ьев) rein; быть на ~у́ у+*gen* be under the thumb of. поводи́ть (-ожу́, -о́дишь) *impf of* повести́. поводо́к (-дка́) leash. поводы́рь (-я́) *m* guide.

повя́зка cart; vehicle.

повора́чивать(ся *impf of* поверну́ть(ся, повороти́ть(ся; повора́чивайся, -а́йтесь! get a move on!

поворо́т turn, turning; bend; turning-point. повороти́ть(ся (-рочу́(сь, -ро́тишь(ся) *pf* (*impf* повора́чивать(ся) turn. поворо́тливый agile, nimble; manoeuvrable. поворо́тный turning; rotary; revolving.

по|вреди́ть (-ежу́) *pf*, поврежда́ть *impf* damage; injure; ~ся be damaged; be injured. поврежде́ние damage, injury.

повремени́ть *pf* wait a little; +с+*instr* delay over.

повседне́вный daily; everyday.

повсеме́стно *adv* everywhere. повсеме́стный universal, general.

повста́нец (-нца) rebel, insurgent. повста́нческий rebel; insurgent.

повсю́ду *adv* everywhere.

повторе́ние repetition. повтори́ть *pf*, повторя́ть *impf* repeat; ~ся repeat o.s.; be repeated; recur. по-

вто́рный repeated.

повы́сить (-ы́шу) *pf*, повыша́ть *impf* raise, heighten; ~ся rise. повыше́ние rise; promotion. повы́шенный heightened, high.

повяза́ть (-яжу́, -я́жешь) *pf*, повя́зывать *impf* tie. повя́зка band; bandage.

по|гада́ть *pf*.

пога́нка toadstool. пога́ный foul; unclean.

погаса́ть *impf*, по|га́снуть (-ну) *pf* go out, be extinguished. по|гаси́ть (-ашу́, -а́сишь) *pf*. погаша́ть *impf* liquidate, cancel. пога́шенный used, cancelled, cashed.

погиба́ть *impf*, по|ги́бнуть (-ну; -ги́б) *pf* perish; be lost. поги́бель ruin. поги́бший lost; ruined; killed.

по|гла́дить (-а́жу) *pf*.

поглоти́ть (-ощу́, -о́тишь) *pf*, поглоща́ть *impf* swallow up; absorb. поглоще́ние absorption.

по|глупе́ть (-е́ю) *pf*.

по|гляде́ть (-яжу́) *pf*. погля́дывать *impf* glance (from time to time); +за+*instr* keep an eye on.

погна́ть (-гоню́, -го́нишь; -гна́л, -а́, -о) *pf* drive; ~ся за+*instr* run after; start in pursuit of.

по|гну́ть(ся (-ну́(сь, -нёшь(ся) *pf*. по|гнуша́ться *pf*.

поговори́ть *pf* have a talk.

погово́рка saying, proverb.

пого́да weather.

погоди́ть (-ожу́) *pf* wait a little; немно́го погодя́ a little later.

поголо́вно *adv* one and all. поголо́вный general; capitation. пого́ловье number.

пого́н (*gen pl* -о́н) shoulder-strap. пого́нщик driver. погоню́ *etc.*: *see* погна́ть. пого́ня pursuit, chase. погоня́ть *impf* urge on, drive.

погорячи́ться (-чу́сь) *pf* get worked up.

пого́ст graveyard.

пограни́чник frontier guard. пограни́чный frontier.

по́греб (*pl* -а́) cellar. погреба́льный funeral. погреба́ть *impf of* погрести́. погребе́ние burial.

погрему́шка rattle.

погрести́[1] (-ебу́, -ебёшь; -рёб, -ла́) *pf* (*impf* погреба́ть) bury.

погрести́² (-ебу́, -ебёшь; -рёб, -ла́) *pf* row for a while.

погре́ть (-е́ю) *pf* warm; ∼ся warm o.s.

по|греши́ть (-шу́) *pf* sin; err. погре́шность error, mistake.

по|грози́ть(ся) (-ожу́(сь)) *pf.* по|грубе́ть (-е́ю) *pf.*

погружа́ть *impf*, по|грузи́ть (-ужу́, -у́зишь) *pf* load; ship; dip, plunge, immerse; ∼ся sink, plunge; dive; be plunged, absorbed. погруже́ние submergence; immersion; dive. погру́зка loading; shipment.

погряза́ть *impf*, по|гря́знуть (-ну; -я́з) *pf* be bogged down; wallow.

по|губи́ть (-блю́, -бишь) *pf.* по|гуля́ть *pf.*

под, подо *prep* I. +*acc or instr* under; near, close to; взять под ру́ку+*acc* take the arm of; ∼ ви́дом+*gen* under the guise of; под го́ру downhill; ∼ Москво́й in the environs of Moscow. II. +*instr* occupied by, used as; (meant, implied) by; in, with; говя́дина ∼ хре́ном beef with horse-radish. III. +*acc* towards; to (the accompaniment of); in imitation of; on; for, to serve as; ему́ ∼ пятьдеся́т (лет) he is getting on for fifty.

подава́ть(ся) (-даю́(сь, -даёшь(ся) *impf of* пода́ть(ся

подави́ть (-влю́, -вишь) *pf*, подавля́ть *impf* suppress; depress; overwhelm. по|дави́ться (-влю́сь, -ви́шься) *pf.* подавле́ние suppression; repression. пода́вленность depression. пода́вленный suppressed; depressed. подавля́ющий overwhelming.

пода́вно *adv* all the more.

пода́гра gout.

пода́льше *adv* a little further.

по|дари́ть (-рю́, -ришь) *pf.* пода́рок (-рка) present.

податли́вый pliant, pliable. пода́ть (*gen pl* -е́й) tax. пода́ть (-а́м, -а́шь, -а́ст, -ади́м; по́дал, -а́, -о) *pf* (*impf* подава́ть) serve; put, move, turn; put forward, present, hand in; ∼ся move; give way; yield; +на+*acc* set out for. пода́ча giving, presenting; serve; feed, supply. пода́чка handout, crumb. подаю́ *etc.: see*

подава́ть. подая́ние alms.

подбега́ть *impf*, подбежа́ть (-егу́) *pf* come running (up).

подбива́ть *impf of* подби́ть

подберу́ *etc.: see* подобра́ть. подбира́ть(ся *impf of* подобра́ть(ся

подби́ть (-добью́, -добьёшь) *pf* (*impf* подбива́ть) line; re-sole; bruise; put out of action; incite.

подбодри́ть *pf*, подбодря́ть *impf* cheer up, encourage; ∼ся cheer up, take heart.

подбо́р selection, assortment.

подборо́док (-дка) chin.

подбоче́нившись *adv* with hands on hips.

подбра́сывать *impf*, подбро́сить (-о́шу) *pf* throw up.

подва́л cellar; basement. подва́льный basement, cellar.

подведу́ *etc.: see* подвести́

подвезти́ (-зу́, -зёшь; -вёз, -ла́) *pf* (*impf* подвози́ть) bring, take; give a lift.

подвене́чный wedding.

подверга́ть *impf*, подве́ргнуть (-ну; -ве́рг) *pf* subject; expose; ∼ся +*dat* undergo. подве́рженный subject, liable.

подверну́ть (-ну́, -нёшь) *pf*, подвёртывать *impf* turn up; tuck under; tighten; ∼ся be sprained; be turned up; be tucked under.

подве́сить (-е́шу) *pf* (*impf* подве́шивать) hang up, suspend. подвесно́й hanging, suspended.

подвести́ (-еду́, -едёшь; -вёл, -а́) *pf* (*impf* подводи́ть) lead up, bring up; place (under); bring under, subsume; let down; ∼ ито́ги reckon up; sum up.

подве́шивать *impf of* подве́сить

по́двиг exploit, feat.

подвига́ть(ся *impf of* подви́нуть(ся подви́жник religious ascetic; champion.

подвижно́й mobile; ∼ соста́в rolling-stock. подви́жность mobility. подви́жный mobile; lively; agile.

подвиза́ться *impf* (в *or* на+*prep*) work (in).

подви́нуть (-ну) *pf* (*impf* подвига́ть) move; push; advance; ∼ся move; advance.

подвла́стный +*dat* subject to; under

the control of.

подво́да cart. подводи́ть (-ожу́, -о́дишь) *impf of* подвести́

подво́дный submarine; underwater; ~ая скала́ reef.

подво́з transport; supply. подвози́ть (-ожу́, -о́зишь) *impf of* подвезти́

подворо́тня (*gen pl* -тен) gateway.

подво́х trick.

подвы́пивший tipsy.

подвяза́ть (-яжу́, -я́жешь) *pf*, подвя́зывать *impf* tie up. подвя́зка garter; suspender.

подгиба́ть *impf of* подогну́ть

подгляде́ть (-яжу́) *pf*, подгля́дывать *impf* peep; spy.

подгова́ривать *impf*, подговори́ть *pf* instigate.

подгоню́ *etc.: see* подогна́ть. подгоня́ть *impf of* подогна́ть

подгора́ть *impf*, подгоре́ть (-ри́т) *pf* get a bit burnt. подгоре́лый slightly burnt.

подготови́тельный preparatory. подгото́вить (-влю) *pf*, подготовля́ть *impf* prepare; ~ся prepare, get ready. подгото́вка preparation, training.

поддава́ться (-даю́сь, -даёшься) *impf of* подда́ться

подда́кивать *impf* agree, assent.

по́дданный *sb* subject; citizen. по́дданство citizenship. подда́ться (-а́мся, -а́шься, -а́стся, -ади́мся; -а́лся, -ла́сь) *pf* (*impf* поддава́ться) yield, give way.

подде́лать *pf*, подде́лывать *impf* counterfeit; forge. подде́лка falsification; forgery; imitation. подде́льный false, counterfeit.

поддержа́ть (-жу́, -жишь) *pf*, подде́рживать *impf* support; maintain. подде́ржка support.

по|де́йствовать *pf*.

поде́лать *pf* do; ничего́ не поде́лаешь it can't be helped.

по|дели́ть(ся (-лю́(сь, -лишь(ся) *pf.* поде́лка *pl* small (hand-made) articles.

поде́лом *adv*: ~ ему́ (*etc.*) it serves him (*etc.*) right.

подённый by the day. подёнщик, -ица day-labourer.

подёргиваться *impf* twitch.

поде́ржанный second-hand.

подёрнуть (-нет) *pf* cover.

подеру́ *etc.: see* подра́ть. по|деше-ве́ть (-е́ет) *pf*.

поджа́ривать(ся *impf*, поджа́-рить(ся *pf* fry, roast, grill; toast. поджа́ристый brown(ed).

поджа́рый lean, wiry.

поджа́ть (-дожму́, -дожмёшь) *pf* (*impf* поджима́ть) draw in, draw under; ~ гу́бы purse one's lips.

подже́чь (-дожгу́, -ожжёшь; -жёг, -джгла́) *pf*, поджига́ть *impf* set fire to; burn. поджига́тель *m* arsonist; instigator.

поджида́ть *impf* (+*gen*) wait (for).

поджима́ть *impf of* поджа́ть

поджо́г arson.

подзаголо́вок (-вка) subtitle, subheading.

подзащи́тный *sb* client.

подземе́лье (*gen pl* -лий) cave; dungeon. подзе́мный underground.

подзову́ *etc.: see* подозва́ть

подзо́рная труба́ telescope.

подзыва́ть *impf of* подозва́ть

по|диви́ться (-влю́сь) *pf*.

подка́пывать(ся *impf of* подкопа́ть(ся

подкара́уливать *impf*, подкарау́лить *pf* be on the watch (for).

подкати́ть (-ачу́, -а́тишь) *pf*, подка́тывать *impf* roll up, drive up; roll.

подка́шивать(ся *impf of* подкоси́ть(ся

подки́дывать *impf*, подки́нуть (-ну) *pf* throw up. подки́дыш foundling.

подкла́дка lining. подкла́дывать *impf of* подложи́ть

подкле́ивать *impf*, подкле́ить *pf* glue (up); mend.

подко́ва (horse-)shoe. под|кова́ть (-кую́, -ёшь) *pf*, подко́вывать *impf* shoe.

подко́жный hypodermic.

подкоми́ссия, подкомите́т subcommittee.

подко́п undermining; underground passage. подкопа́ть *pf* (*impf* подка́пывать) undermine; ~ся под+*acc* undermine; burrow under.

подкоси́ть (-ошу́, -оси́шь) *pf* (*impf* подка́шивать) cut down; ~ся give way.

подкра́дываться *impf of* подкра́сться

подкра́сить (-а́шу) *pf* (*impf* подкра́шивать) touch up; ~ся make up lightly.

подкра́дываться (-а́дусь, -а́дёшься) *pf* (*impf* подкра́сться) sneak up.

подкра́шивать(ся *impf of* подкра́сить(ся. подкра́шу *etc.: see* подкра́сить

подкрепи́ть (-плю́) *pf*, подкрепля́ть *impf* reinforce; support; corroborate; fortify; ~ся fortify o.s. **подкрепле́ние** confirmation; sustenance; reinforcement.

подкрути́ть (-учу́, -у́тишь) *pf* (*impf* подкру́чивать) tighten up.

по́дкуп bribery. **подкупа́ть** *impf*, **подкупи́ть** (-плю́, -пишь) *pf* bribe; win over.

подла́диться (-а́жусь) *pf*, подла́живаться *impf* +к+*dat* adapt o.s. to; make up to.

подла́мываться *impf of* подломи́ться

по́дле *prep*+*gen* by the side of, beside.

подлежа́ть (-жу́) *impf* +*dat* be subject to; не подлежи́т сомне́нию it is beyond doubt. **подлежа́щее** *sb* subject. **подлежа́щий**+*dat* subject to.

подлеза́ть *impf*, **подле́зть** (-зу; -е́з) *pf* crawl (under).

подле́сок (-ска) undergrowth.

подле́ц (-а́) scoundrel.

подлива́ть *impf of* подли́ть. подли́вка sauce, dressing; gravy.

подли́за *m & f* toady. подлиза́ться (-ижу́сь, -и́жешься) *pf*, подли́зываться *impf* +к+*dat* suck up to.

по́длинник original. по́длинно *adv* really. по́длинный genuine; authentic; original; real.

подли́ть (-долью́, -дольёшь; по́длил, -á, -o) *pf* (*impf* подлива́ть) pour; add.

подло́г forgery.

подло́дка submarine.

подложи́ть (-жу́, -жишь) *pf* (*impf* подкла́дывать) add; +под+*acc* lay under; line.

подло́жный false, spurious; counterfeit, forged.

подлоко́тник arm (*of chair*).

подломи́ться (-о́мится) *pf* (*impf*

подла́мываться) break; give way.

по́длость meanness, baseness; mean trick. **по́длый** (подл, -а́, -o) mean, base.

подма́зать (-а́жу) *pf*, подма́зывать *impf* grease; bribe.

подмасте́рье (*gen pl* -ьев) *m* apprentice.

подме́н, **подме́на** replacement. **подме́нивать** *impf*, **подмени́ть** (-ню́, -нишь) *pf*, **подменя́ть** *impf* replace.

подмести́ (-ету́, -ете́шь; -мёл, -á) *pf*, подмета́ть[1] *impf* sweep.

подмета́ть[2] *pf* (*impf* подмётывать) tack.

подме́тить (-е́чу) *pf* (*impf* подмеча́ть) notice.

подмётка sole.

подмётывать *impf of* подмета́ть[2]. **подмеча́ть** *impf of* подме́тить

подме́шать *pf*, подме́шивать *impf* mix in, stir in.

подми́гивать *impf*, **подмигну́ть** (-ну́, -нёшь) *pf* +*dat* wink at.

подмо́га help.

подмока́ть *impf*, **подмо́кнуть** (-нет; -мо́к) *pf* get damp, get wet.

подмора́живать *impf*, **подморо́зить** *pf* freeze.

подмоско́вный (situated) near Moscow.

подмо́стки (-ов) *pl* scaffolding; stage.

подмо́ченный damp; tarnished.

подмыва́ть *impf*, **подмы́ть** (-мо́ю) *pf* wash; wash away; его́ так и подмыва́ет he feels an urge (to).

подмы́шка armpit.

поднево́льный dependent; forced.

поднести́ (-су́, -сёшь; -ёс, -ла́) *pf* (*impf* подноси́ть) present; take, bring.

поднима́ть(ся *impf of* подня́ть(ся

поднови́ть (-влю́) *pf*, подновля́ть *impf* renew, renovate.

подного́тная *sb* ins and outs.

подно́жие foot; pedestal. **подно́жка** running-board. **подно́жный корм** pasture.

подно́с tray. **подноси́ть** (-ошу́, -о́сишь) *impf of* поднести́. **подноше́ние** giving; present.

подня́тие raising. **подня́ть** (-ниму́, -ни́мешь; по́днял, -á, -o) *pf* (*impf* поднима́ть, подыма́ть) raise; lift (up); rouse; ~ся rise; go up.

подо see под

подоба́ть impf befit, become. подоба́ющий proper.

подо́бие likeness; similarity. подо́бн|ый like, similar; и тому́ ~ое and so on, and such like; ничего́ ~о́го! nothing of the sort!

подобостра́стие servility. подобостра́стный servile.

подобра́ть (-дберу́, -дберёшь; -бра́л, -а́, -о) pf (impf подбира́ть) pick up; tuck up, put up; pick; ~ся steal up.

подобью́ etc.: see подби́ть

подогна́ть (-дгоню́, -дго́нишь; -а́л, -а́, -о) pf (impf подгоня́ть) drive; urge on; adjust.

подогну́ть (-ну́, -нёшь) pf (impf подгиба́ть) tuck in; bend under.

подогрева́ть impf, подогре́ть (-е́ю) pf warm up.

пододвига́ть impf, пододви́нуть (-ну) pf move up.

пододея́льник blanket cover; top sheet.

подожгу́ etc.: see поджечь

подожда́ть (-ду́, -дёшь; -а́л, -а́, -о) pf wait (+gen or acc for).

подожму́ etc.: see поджа́ть

подозва́ть (-дзову́, -дзовёшь; -а́л, -а́, -о) pf (impf подзыва́ть) call to; beckon.

подозрева́емый suspected; suspect. подозрева́ть impf suspect. подозре́ние suspicion. подозри́тельный suspicious.

по|до́ить (-ою́, -о́ишь) pf.

подойти́ (-йду́, -йдёшь; -ошёл, -шла́) pf (impf подходи́ть) approach; come up; +dat suit, fit.

подоко́нник window-sill.

подо́л hem.

подо́лгу adv for ages; for hours (etc.) on end.

подолью́ etc.: see подли́ть

подо́нки (-ов) pl dregs; scum.

подоплёка underlying cause.

подопру́ etc.: see подпере́ть

подо́пытный experimental.

подорва́ть (-рву́, -рвёшь; -а́л, -а́, -о) pf (impf подрыва́ть) undermine; blow up.

по|дорожа́ть pf.

подоро́жник plantain. подоро́жный roadside.

подосла́ть (-ошлю́, -ошлёшь) pf (impf подсыла́ть) send (secretly).

подоспева́ть impf, подоспе́ть (-е́ю) pf arrive, appear (in time).

подостла́ть (-дстелю́, -дсте́лешь) pf (impf подстила́ть) lay under.

подотде́л section, subdivision.

подотру́ etc.: see подтере́ть

подотчётный accountable.

по|до́хнуть (-ну) pf (impf also подыха́ть).

подохо́дный нало́г income-tax.

подо́шва sole; foot.

подошёл etc.: see подойти́. подошлю́ etc.: see подосла́ть подошвою etc.: see подши́ть.

подпада́ть impf, подпа́сть (-аду́, -адёшь; -а́л) pf под+acc fall under.

подпева́ть impf (+dat) sing along (with).

подпере́ть (-допру́; -пёр) pf (impf подпира́ть) prop up.

подпи́ливать impf, подпили́ть (-лю́, -лишь) pf saw; saw a little off.

подпира́ть impf of подпере́ть

подписа́ние signing. подписа́ть (-ишу́, -и́шешь) pf, подпи́сывать impf sign; ~ся sign; subscribe. подпи́ска subscription. подписно́й subscription. подпи́счик subscriber. по́дпись signature.

подплыва́ть impf, подплы́ть (-ыву́, -ывёшь; -плы́л, -а́, -о) pf к+dat swim or sail up to.

подполза́ть impf, подползти́ (-зу́, -зёшь; -по́лз, -ла́) pf creep up (к+dat to); +под+acc crawl under.

подполко́вник lieutenant-colonel.

подпо́лье cellar; underground. подпо́льный underfloor; underground.

подпо́ра, подпо́рка prop, support.

подпо́чва subsoil.

подпра́вить (-влю) pf, подправля́ть impf touch up, adjust.

подпры́гивать impf, подпры́гнуть (-ну) pf jump up (and down).

подпуска́ть impf, подпусти́ть (-ущу́, -у́стишь) pf allow to approach.

подраба́тывать impf, подрабо́тать pf earn on the side; work up.

подра́внивать impf of подровня́ть

подража́ние imitation. подража́ть impf imitate.

подразделе́ние subdivision. подраздели́ть pf, подразделя́ть impf subdivide.

подразумева́ть *impf* imply, mean; ~ся be meant, be understood.

подраста́ть *impf*, подрасти́ (-ту́, -тёшь; -ро́с, -ла́) *pf* grow.

по|дра́ть(ся (-деру́(сь, -дерёшь(ся, -а́л(ся, -ла́(сь, -о́(сь *or* -о́(сь) *pf*.

подреза́ть (-е́жу) *pf*, подреза́ть *impf* cut; clip, trim.

подро́бно *adv* in detail. подро́бность detail. подро́бный detailed.

подровня́ть *pf* (*impf* подра́внивать) level, even; trim.

подро́с *etc.*: *see* подрасти́. подро́сток (-тка) adolescent; youth.

подро́ю *etc.*: *see* подры́ть

подруба́ть[1] *impf*, подруби́ть (-блю́, -бишь) *pf* chop down; cut short(er).

подруба́ть[2] *impf*, подруби́ть (-блю́, -бишь) *pf* hem.

подру́га friend. по-дру́жески *adv* in a friendly way. по|дружи́ться (-жу́сь) *pf*.

по-друго́му *adv* in a different way.

подру́чный at hand; improvised; *sb* assistant.

подры́в undermining; injury.

подрыва́ть[1] *impf of* подорва́ть

подрыва́ть[2] *impf*, подры́ть (-ро́ю) *pf* undermine, sap. подрывно́й blasting, demolition; subversive.

подря́д[1] *adv* in succession.

подря́д[2] contract. подря́дчик contractor.

подса́живаться *impf of* подсе́сть

подса́ливать *impf of* подсоли́ть

подсве́чник candlestick.

подсе́сть (-ся́ду; -се́л) *pf* (*impf* подса́живаться) sit down (к+*dat* near).

подсказа́ть (-ажу́, -а́жешь) *pf*, подска́зывать *impf* prompt; suggest. подска́зка prompting.

подска́кивать *impf*, подскочи́ть (-чу́, -чишь) *pf* jump (up); soar; come running.

подсласти́ть (-ащу́) *pf*, подсла́щивать *impf* sweeten.

подсле́дственный under investigation.

подслу́шать *pf*, подслу́шивать *impf* overhear; eavesdrop, listen.

подсма́тривать *impf*, подсмотре́ть (-рю́, -ришь) *pf* spy (on).

подсне́жник snowdrop.

подсо́бный subsidiary; auxiliary.

подсо́вывать *impf of* подсу́нуть

подсозна́ние subconscious (mind). подсозна́тельный subconscious.

подсоли́ть (-со́лишь) *pf* (*impf* подса́ливать) add salt to.

подсо́лнечник sunflower. подсо́лнечный sunflower.

подсо́хнуть (-ну) *pf* (*impf* подсыха́ть) dry out a little.

подспо́рье help.

подста́вить (-влю) *pf*, подставля́ть *impf* put (under); bring up; expose; ~ но́жку +*dat* trip up. подста́вка stand; support. подставно́й false.

подстака́нник glass-holder.

подстелю́ *etc.*: *see* подстла́ть

подстерега́ть *impf*, подстере́чь (-егу́, -ежёшь; -рёг, -ла́) *pf* lie in wait for.

подстила́ть *impf of* подостла́ть подсти́лка litter.

подстра́ивать *impf of* подстро́ить

подстрека́тель *m* instigator. подстрека́тельство instigation. подстрека́ть *impf*, подстрекну́ть (-ну́, -нёшь) *pf* instigate, incite.

подстре́ливать *impf*, подстрели́ть (-лю́, -лишь) *pf* wound.

подстрига́ть *impf*, подстри́чь (-игу́, -ижёшь; -йг) *pf* cut; clip, trim; ~ся have a hair-cut.

подстро́ить *pf* (*impf* подстра́ивать) build on; cook up.

подстро́чн|ый literal; ~ое примеча́ние footnote.

подсту́п approach. подступа́ть *impf*, подступи́ть (-плю́, -пишь) *pf* approach; ~ к+*dat* approach.

подсуди́мый *sb* defendant; the accused. подсу́дный+*dat* under the jurisdiction of.

подсу́нуть (-ну) *pf* (*impf* подсо́вывать) put, shove; palm off.

подсчёт calculation; count. подсчита́ть *pf*, подсчи́тывать count (up); calculate.

подсыла́ть *impf of* подосла́ть.

подсыха́ть *impf of* подсо́хнуть.

подся́ду *etc.*: *see* подсе́сть. подта́лкивать *impf of* подтолкну́ть

подта́скивать *impf of* подтащи́ть

подтасова́ть (-су́ю) *pf*, подтасо́вывать *impf* shuffle unfairly; juggle with.

подта́чивать *impf of* подточи́ть

подтащи́ть (-щý, -щишь) *pf* (*impf* **подтáскивать**) drag up.

подтверди́ть (-ржý) *pf*, **подтвержда́ть** *impf* confirm; corroborate. **подтвержде́ние** confirmation, corroboration.

подтёк bruise. **подтекáть** *impf of* **подте́чь**; leak.

подтере́ть (-дотрý, -дотрёшь; подтёр) *pf* (*impf* **подтирáть**) wipe (up).

подте́чь (-ечёт; -тёк, -лá) *pf* (*impf* **подтекáть**) под+*acc* flow under.

подтирáть *impf of* **подтере́ть**

подтолкнýть (-нý, -нёшь) *pf* (*impf* **подтáлкивать**) push; urge on.

подточи́ть (-чý, -чишь) *pf* (*impf* **подтáчивать**) sharpen; eat away; undermine.

подтрýнивать *impf*, **подтруни́ть** *pf* над+*instr* tease.

подтя́гивать *impf*, **подтянýть** (-нý, -нешь) *pf* tighten; pull up; move up; ~ся tighten one's belt *etc.*; move up; pull o.s. together. **подтя́жки** (-жек) *pl* braces, suspenders. **подтя́нутый** smart.

по|дýмать *pf* think (for a while). **подýмывать** *impf+inf* or o+*prep* think about.

по|дýть (-ýю) *pf*.

подýшка pillow; cushion.

подхали́м *m* toady. **подхали́мство** grovelling.

подхвати́ть (-ачý, -áтишь) *pf*, **подхвáтывать** *impf* catch (up), pick up, take up.

подхлестнýть (-нý, -нёшь) *pf*, **подхлёстывать** *impf* whip up.

подхо́д approach. **подходи́ть** (-ожý, -о́дишь) *impf of* **подойти́**. **подходя́щий** suitable.

подцепи́ть (-плю, -пишь) *pf*, **подцепля́ть** *impf* hook on; pick up.

подчáс *adv* sometimes.

подчёркивать *impf*, **подчеркнýть** (-нý, -нёшь) *pf* underline; emphasize.

подчине́ние subordination; submission. **подчинённый** subordinate.

подчини́ть *pf*, **подчиня́ть** *impf* subordinate, subject; ~ся +*dat* submit to.

подшивáть *impf of* **подши́ть**. **подши́вка** hemming; lining; soling. **подши́пник** bearing.

подши́ть (-дошью, -дошьёшь) *pf*

(*impf* **подшивáть**) hem, line; sole.

подшути́ть (-учý, -ýтишь) *pf*, **подшýчивать** *impf* над+*instr* mock; play a trick on.

подъе́ду *etc.*: *see* **подъе́хать**

подъе́зд entrance, doorway; approach. **подъезжáть** *impf of* **подъе́хать**

подъём lifting; raising; ascent; climb; enthusiasm; instep; reveille. **подъёмник** lift, elevator, hoist. **подъёмный** lifting; ~ кран crane; ~ мост drawbridge.

подъе́хать (-е́ду) *pf* (*impf* **подъезжáть**) drive up.

подымáть(ся *impf of* **подня́ть(ся**

подыскáть (-ыщý, -ы́щешь) *pf*, **поды́скивать** *impf* seek (out).

подыто́живать *impf*, **подыто́жить** (-жу) *pf* sum up.

подыхáть *impf of* **подо́хнуть**.

подышáть (-шý, -шишь) *pf* breathe.

поедáть *impf of* **пое́сть**

поеди́нок (-нка) *m* duel.

по́езд (*pl* -á) train. **пое́здка** trip.

пое́сть (-éм, -éшь, -éст, -еди́м; -éл) *pf* (*impf* **поедáть**) eat, eat up; have a bite to eat.

пое́хать (-éду) *pf* go; set off.

по|жале́ть (-éю) *pf*.

по|жáловать(ся *pf*. **пожáлуй** *adv* perhaps. **пожáлуйста** *partl* please; you're welcome.

пожáр fire. **пожáрище** scene of a fire. **пожáрник, пожáрный** *sb* fireman. **пожáрный** fire; ~ая команда fire-brigade; ~ая ле́стница fire-escape; ~ая маши́на fire-engine.

пожáтие handshake. **пожáть¹** (-жмý, -жмёшь) *pf* (*impf* **пожимáть**) press; ~ рýку+*dat* shake hands with; ~ плечáми shrug one's shoulders.

пожáть² (-жнý, -жнёшь) *pf* (*impf* **пожинáть**) reap.

пожелáние wish, desire. **по|желáть** *pf*.

по|желте́ть (-éю) *pf*.

по|жени́ть (-ню, -нишь) *pf*. **пожени́ться** (-женимся) *pf* get married.

поже́ртвование donation. **по|же́ртвовать** *pf*.

поживáть *impf* live; как (вы) поживáете? how are you (getting on)? **пожи́зненный** life(long). **пожило́й** elderly.

пожима́ть impf of пожа́ть[1]. пожина́ть impf of пожа́ть[2]. пожира́ть impf of пожра́ть

пожи́тки (-ов) pl belongings.

пожи́ть (-иву́, -ивёшь; по́жил, -а́, -о) pf. live for a while; stay.

пожму́ etc.: see пожа́ть[1]. пожну́ etc.: see пожа́ть[2]

пожра́ть (-ру́, -рёшь; -а́л, -а́, -о) pf (impf пожира́ть) devour.

по́за pose.

по|забо́титься (-о́чусь) pf.

позаба́вивать impf, позабы́ть (-у́ду) pf forget all about.

по|зави́довать pf. по|за́втракать pf.

позавчера́ adv the day before yesterday.

позади́ adv & prep+gen behind.

по|займствовать pf.

позапро́шлый before last.

по|зва́ть (-зову́, -зовёшь; -а́л, -а́, -о) pf.

позволе́ние permission. позволи́тельный permissible. позво́лить pf, позволя́ть impf +dat or acc allow, permit; позво́ль(те) allow me; excuse me.

по|звони́ть pf.

позвоно́к (-нка́) vertebra. позвоно́чник spine. позвоно́чный spinal; vertebrate; ~ые sb pl vertebrates.

поздне́е adv later. по́здний late; по́здно it is late.

по|здоро́ваться pf. поздра́вить (-влю) pf, поздравля́ть impf c+instr congratulate on. поздравле́ние congratulation.

по|зелене́ть (-е́ет) pf.

по́зже adv later (on).

пози́ровать impf pose.

позити́в positive. позити́вный positive.

пози́ция position.

познава́тельный cognitive. познава́ть (-наю́, -наёшь) impf of позна́ть по|знако́мить(ся) (-млю(сь)) pf.

позна́ние cognition. позна́ть pf (impf познава́ть) get to know.

позоло́та gilding. по|золоти́ть (-лочу́) pf.

позо́р shame, disgrace. позо́рить impf (pf o~) disgrace; ~ся disgrace o.s. позо́рный shameful.

позы́в urge; inclination.

поигра́ть pf play (for a while).

поимённо adv by name.

пои́мка capture.

поинтересова́ться pf be curious.

поиска́ть (-ищу́, -и́щешь) pf look for.

по́иски (-ов) pl search.

пои́стине adv indeed.

по́ить (пою́, по́ишь) impf (pf на~) give something to drink; water.

пойду́ etc.: see пойти́

по́йло swill.

пойма́ть pf of лови́ть. пойму́ etc.: see поня́ть

пойти́ (-йду́, -йдёшь; пошёл, -шла́) pf of идти́, ходи́ть; go, walk; begin to walk; +inf begin; пошёл! off you go! I'm off; пошёл вон! be off!

пока́ adv for the present; cheerio; ~ что in the meanwhile. пока́ conj while; ~ не until.

пока́з showing, demonstration. показа́ние testimony, evidence; reading. показа́тель m index. показа́тельный significant; model; demonstration. показа́ть (-ажу́, -а́жешь) pf, пока́зывать impf show. по|каза́ться (-ажу́сь, -а́жешься) pf, пока́зываться impf show o.s.; appear. показно́й for show; ostentatious. показу́ха show.

по|кале́чить(ся) (-чу(сь)) pf.

пока́мест adv & conj for the present; while; meanwhile.

по|кара́ть pf.

покати́ть (-чу́, -тишь) pf start (rolling); ~ся start rolling.

пока́тый sloping; slanting.

покача́ть pf rock, swing; ~ голово́й shake one's head. пока́чивать rock slightly; ~ся rock; stagger. покачну́ть (-ну́, -нёшь) shake; rock; ~ся sway, totter, lurch.

пока́шливать impf have a slight cough.

покая́ние confession; repentance. по|ка́яться pf.

поквита́ться pf be quits; get even.

покида́ть impf, поки́нуть (-ну) pf leave; abandon. поки́нутый deserted.

покла́дая: не ~ рук untiringly.

покла́дистый complaisant, obliging.

покло́н bow; greeting; regards. поклоне́ние worship. поклони́ться

(-ню́сь, -ни́шься) pf of кла́няться.
покло́нник admirer; worshipper.
поклоня́ться impf +dat worship.
по|кля́сться (-яну́сь, -нёшься; -я́лся, -ла́сь) pf.
поко́иться impf rest, repose. поко́й rest, peace; room. поко́йник, -ица the deceased. поко́йный calm, quiet; deceased.
по|колеба́ть(ся (-е́блю(сь) pf.
поколе́ние generation.
по|колоти́ть(ся (-очу́(сь, -о́тишь(ся) pf.
поко́нчить (-чу) pf c+instr finish; put an end to; ~ c собо́й commit suicide.
покоре́ние conquest. покори́ть pf (impf покоря́ть) subdue; conquer; ~ся submit.
по|корми́ть(ся (-млю́(сь, -мишь(ся) pf.
поко́рный humble; submissive, obedient.
по|коро́бить(ся (-блю(сь) pf.
покоря́ть(ся impf of покори́ть(ся
поко́с mowing; meadow(-land).
покоси́вшийся rickety, ramshackle.
по|коси́ть(ся (-ошу́(сь) pf.
по|кра́сить (-а́шу) pf. покра́ска painting, colouring.
по|красне́ть (-е́ю) pf. по|криви́ть(ся (-влю́(сь) pf.
покро́в cover. покрови́тель m, покрови́тельница patron; sponsor. покрови́тельственный protective; patronizing. покрови́тельство protection, patronage. покрови́тельствовать impf +dat protect, patronize.
покро́й cut.
покроши́ть (-шу́, -шишь) pf crumble; chop.
покрыва́ло cover; bedspread; veil. покрыва́ть impf, по|кры́ть (-ро́ю) pf cover; ~ся cover o.s.; get covered. покры́тие covering; surfacing; payment. покры́шка cover; tyre.
покупа́тель m buyer; customer. по|купа́ть impf of купи́ть. поку́пка purchase. покупно́й bought, purchased; purchase.
по|кури́ть (-рю́, -ришь) pf have a smoke.
по|ку́шать pf.

покуше́ние +на+acc attempted assassination of.
пол¹ (loc -у́, pl -ы́) floor.
пол² sex.
пол- in comb with n in gen, in oblique cases usu полу-, half.
пола́ (pl -ы) flap; из-под полы́ on the sly.
полага́ть impf suppose, think. полага́ться impf of положи́ться. полага́ется impers one is supposed to; +dat it is due to.
по|ла́комить(ся (-млю(сь) pf.
полго́да (полуго́да) m half a year.
по́лдень (-дня or -лу́дня) m noon. полдне́вный adj.
по́ле (pl -я́, -е́й) field; ground; margin; brim. полев|о́й field; ~ы́е цветы́ wild flowers.
полежа́ть (-жу́) pf lie down for a while.
поле́зн|ый useful; helpful; good, wholesome; ~ая нагру́зка payload.
по|ле́зть (-зу; -ле́з) pf.
полемизи́ровать impf debate, engage in controversy. поле́мика controversy; polemics. полеми́ческий polemical.
по|лени́ться (-ню́сь, -нишься) pf.
поле́но (pl -е́нья, -ьев) log.
полёт flight. по|лете́ть (-лечу́) pf.
по́лзать indet impf, ползти́ (-зу́, -зёшь; полз, -ла́) det impf crawl, creep; ooze; fray. ползу́чий creeping.
поли- in comb poly-.
полива́ть(ся impf of поли́ть(ся. поли́вка watering.
полига́мия polygamy.
полигло́т polyglot.
полиграфи́ческий printing. полиграфи́я printing.
полиго́н range.
поликли́ника polyclinic.
полиме́р polymer.
полиня́лый faded. по|линя́ть pf.
полиомиели́т poliomyelitis
полирова́льный polishing. полирова́ть impf (pf от~) polish. полиро́вка polishing; polish. полиро́вщик polisher.
полит- abbr in comb (of полити́ческий) political. политбюро́ neut indecl Politburo. ~заключённый sb political prisoner.
политехни́ческий polytechnic.

поли́тик politician. поли́тика policy; politics. полити́ческий political.

поли́ть (-лью́, -льёшь; по́лил, -á, -о) pf (impf полива́ть) pour over; water; ~ся +instr pour over o.s.

полице́йский police; sb policeman. поли́ция police.

поли́ч|ое sb:c ~ым red-handed.

полк (-á, loc -ý) regiment.

по́лка shelf; berth.

полко́вник colonel. полково́дец (-дца) commander; general. полково́й regimental.

пол-ли́тра half a litre.

полне́ть (-е́ю) impf (pf по~) put on weight.

по́лно adv that's enough! stop it!

по́лно- in comb full; completely. полнолу́ние full moon. ~метра́жный full-length. ~пра́вный enjoying full rights; competent. ~це́нный of full value.

полномо́чие (usu pl) authority, power. полномо́чный plenipotentiary.

по́лностью adv in full; completely. полнота́ completeness; corpulence.

по́лночь (-л(у́)ночи) midnight. по́лный (-лон, -лна́, по́лно́) full; complete; plump.

полови́к (-á) mat, matting.

полови́на half; два с полови́ной two and a half; ~ шесто́го half-past five. полови́нка half.

полови́ца floor-board.

полово́дье high water.

полово́й[1] floor.

полово́й[2] sexual.

поло́гий gently sloping.

положе́ние position; situation; status; regulations; thesis; provisions. поло́женный agreed; determined. поло́жим let us assume; suppose. положи́тельный positive. положи́ть (-жу́, -жишь) pf (impf класть) put; lay (down); ~ся (impf полага́ться) rely.

поло́з (pl -о́зья, -ьев) runner.

поло́|ма́ть(ся pf. поло́мка breakage.

полоса́ (acc по́лосу́; pl по́лосы, -ло́с, -а́м) stripe; strip; band; region; belt; period. полоса́тый striped.

полоска́ть (-ощу́, -о́щешь) impf (pf вы~, от~, про~) rinse; ~ го́рло gargle; ~ся paddle; flap.

по́лость[1] (gen pl -éй) cavity. по́лость[2] (gen pl -éй) travelling rug.

полоте́нце (gen pl -нец) towel.

полотёр floor-polisher.

поло́тнище width; panel. полотно́ (pl -а, -тен) linen; canvas. полотня́ный linen.

поло́ть (-лю́, -лешь) impf (pf вы~) weed.

полощу́ etc.: see полоска́ть

полти́нник fifty copecks.

полтора́ (-лу́тора) m & neut, полторы́ (-лу́тора) f one and a half. полтора́ста (полу́т-) a hundred and fifty.

полу-[1] see пол-

полу-[2] in comb half-, semi-, demi-. полуботи́нок (-нка; gen pl -нок) shoe. ~го́дие half a year. ~годи́чный six months', lasting six months. ~годова́лый six-month-old. ~годово́й half-yearly, six-monthly. ~гра́мотный semi-literate. ~защи́тник half-back. ~кру́г semicircle. ~кру́глый semicircular. ~ме́сяц crescent (moon). ~мра́к semi-darkness. ~но́чный midnight. ~о́стров peninsula. ~откры́тый ajar. ~проводни́к (-á) semi-conductor, transistor. ~стано́к (-нка) halt. ~тьма́ semi-darkness. ~фабрика́т semi-finished product, convenience food. ~фина́л semi-final. ~часово́й half-hourly. ~ша́рие hemisphere. ~шу́бок (-бка) sheepskin coat.

полу́денный midday.

получа́тель m recipient. получа́ть impf, получи́ть (-чу́, -чишь) pf get, receive, obtain; ~ся come, turn up; turn out; из э́того ничего́ не получи́лось nothing came of it. получе́ние receipt. полу́чка receipt; pay(-packet).

полу́чше adv a little better.

полчаса́ (получа́са) m half an hour.

по́лчище horde.

по́лый hollow; flood.

по́лы|се́ть (-е́ю) pf.

по́льза use; benefit; profit; в по́льзу+gen in favour of, on behalf of. по́льзование use. по́льзоваться impf (pf вос~) +instr make use of, utilize; profit by; enjoy.

по́лька Pole; polka. по́льский Polish; *sb* polonaise.

по|льсти́ть(ся (-льщу́(сь) *pf.* польщу́ *etc. see* польсти́ть

По́льша Poland.

полюби́ть (-блю́, -бишь) *pf* come to like; fall in love with.

по|любова́ться (-бу́юсь) *pf.*

полюбо́вный amicable.

по|любопы́тствовать *pf.*

по́люс pole.

поля́к Pole.

поля́на glade, clearing.

поляриза́ция polarization. поля́рник polar explorer. поля́рн|ый polar; ~ая звезда́ pole-star.

пом- *abbr in comb* (of помо́щник) assistant. ~на́ч assistant chief, assistant head.

пома́да pomade; lipstick.

помаза́ние anointment. по|ма́зать(ся (-а́жу(сь) *pf.* помазо́к (-зка́) small brush.

помале́ньку *adv* gradually; gently; modestly; so-so.

пома́лкивать *impf* hold one's tongue.

по|мани́ть (-ню́, -нишь) *pf.*

пома́рка blot; pencil mark; correction.

по|ма́слить *pf.*

помаха́ть (-машу́, -ма́шешь) *pf,* пома́хивать *impf* +*instr* wave; wag.

помедлить *pf* +*c*+*instr* delay.

поме́ньше a little smaller; a little less.

по|меня́ть(ся *pf.*

помере́ть (-мру́, -мрёшь; -мер, -ла́, -ло) *pf* (*impf* помира́ть) die.

по|мере́щиться (-щусь) *pf.* по|ме́рить *pf.*

помертве́лый deathly pale. по|мертве́ть (-е́ю) *pf.*

помести́ть (-ещу́) *pf* (*impf* помеща́ть) accommodate; place, locate; invest; ~ся lodge; find room.

поме́стье (*gen pl* -тий, -тьям) estate.

по́месь cross(-breed), hybrid.

помёт dung; droppings; litter, brood.

поме́та, поме́тка mark, note. по|ме́тить (-е́чу) *pf* (*impf also* помеча́ть) mark; date; ~ га́лочкой tick.

поме́ха hindrance; obstacle; *pl* interference.

помеча́ть *impf of* поме́тить

поме́шанный mad; *sb* lunatic. поме́шательство madness; craze. по|меша́ть *pf.* помеша́ться *pf* go mad.

помеща́ть *impf of* помести́ть. помеща́ться *impf of* помести́ться; be (situated); be accommodated, find room. помеще́ние premises; apartment, room, lodging; location; investment. поме́щик landowner.

помидо́р tomato.

поми́лование forgiveness. поми́ловать *pf* forgive.

поми́мо *prep*+*gen* apart from; besides; without the knowledge of.

помина́ть *impf of* помяну́ть; не ~ ли́хом remember kindly. поми́нки (-нок) *pl* funeral repast.

помира́ть *impf of* помере́ть

по|мири́ть(ся *pf.*

по́мнить *impf* remember.

помога́ть *impf of* помо́чь

по-мо́ему *adv* in my opinion.

помо́и (-ев) *pl* slops. помо́йка (*gen pl* -ек) rubbish dump. помо́йный slop.

помо́л grinding.

помо́лвка betrothal.

по|моли́ться (-люсь, -лишься) *pf.* по|молоде́ть (-е́ю) *pf.*

помолча́ть (-чу́) *pf* be silent for a time.

помо́рье: *see* по- II.

по|мо́рщиться (-щусь) *pf.*

помо́ст dais; rostrum.

по|мочи́ться (-чу́сь, -чишься) *pf.*

помо́чь (-огу́, -о́жешь; -о́г, -ла́) *pf* (*impf* помога́ть) (+*dat*) help. помо́щник, помо́щница assistant. по́мощь help; на ~! help!

помою́ *etc.: see* помы́ть

по́мпа pump.

помутне́ние dimness, clouding.

помча́ться (-чу́сь) *pf* rush; dart off.

помыка́ть *impf* +*instr* order about.

по́мысел (-сла) intention; thought.

по|мы́ть(ся (-мо́ю(сь) *pf.*

помяну́ть (-ну́, -нешь) *pf* (*impf* помина́ть) mention; pray for.

помя́тый crumpled. по|мя́ться (-мнётся) *pf.*

по|наде́яться (-е́юсь) *pf* count, rely.

пона́добиться (-блюсь) *pf* be *or* become necessary; е́сли пона́добится if necessary.

понапра́сну *adv* in vain.

понаслы́шке *adv* by hearsay.

по-настоя́щему *adv* properly, truly.

понача́лу *adv* at first.

понево́ле *adv* willynilly; against one's will.

понеде́льник Monday.

понемно́гу, понемно́жку *adv* little by little.

по|нести́(сь (-су́(сь, -сёшь(ся; -нёс(ся, -ла́(сь) *pf.*

понижа́ть *impf*, пони́зить (-ни́жу) *pf* lower; reduce; ∼ся fall, drop, go down. пониже́ние fall; lowering; reduction.

поника́ть *impf*, по|ни́кнуть (-ну; -ни́к) *pf* droop, wilt.

понима́ние understanding. понима́ть *impf* of поня́ть

по-но́вому *adv* in a new fashion.

поно́с diarrhoea.

поноси́ть[1] (-ошу́, -о́сишь) *pf* carry; wear.

поноси́ть[2] (-ошу́, -о́сишь) *impf* abuse (*verbally*).

поно́шенный worn; threadbare.

по|нра́виться (-влюсь) *pf.*

понто́н pontoon.

пону́дить (-у́жу) *pf*, понужда́ть *impf* compel.

понука́ть *impf* urge on.

пону́рить (-рю) *pf*: ∼ го́лову hang one's head. пону́рый downcast.

по|ню́хать *pf.* поню́шка: ∼ табаку́ pinch of snuff.

поня́тие concept; notion, idea. поня́тливый bright, quick. поня́тный understandable, comprehensible; clear; ∼о naturally; ∼о? (do you) see? поня́ть (пойму́, -мёшь; по́нял, -á, -о) *pf* (*impf* понима́ть) understand; realize.

по|обе́дать *pf.* по|обеща́ть *pf.*

поо́даль *adv* at some distance.

поодино́чке *adv* one by one.

поочерёдно *adv* in turn.

поощре́ние encouragement. поощри́ть (-рю́, поощря́ть *impf* encourage.

поп (-á) priest.

попада́ние hit. попада́ть(ся *impf of* попа́сть(ся

попадья́ priest's wife.

попа́ло: *see* попа́сть. по|па́риться *pf.*

попа́рно *adv* in pairs, two by two.

попа́сть (-аду́, -адёшь; -а́л) *pf* (*impf* попада́ть) +в+*acc* hit; get (in)to, find o.s. in; +на+*acc* hit upon, come on; не туда́ ∼ get the wrong number; ∼ся be caught; find o.s.; turn up; что попадётся anything. попа́ло *with prons & advs*: где ∼ anywhere; как ∼ anyhow; что ∼ the first thing to hand.

попере́к *adv & prep+gen* across.

попереме́нно *adv* in turns.

попере́чник diameter. попере́чн|ый transverse, diametrical; cross; ∼ый разре́з, ∼ое сече́ние cross-section.

поперхну́ться (-ну́сь, -нёшься) *pf* choke.

по|пе́рчить (-чу) *pf.*

попече́ние care; charge; на попече́нии+*gen* in the care of. попечи́тель *m* guardian, trustee.

попира́ть *impf* (*pf* попра́ть) trample on; flout.

попи́ть (-пью́, -пьёшь; по́пил, -ла́, по́пило) *pf* have a drink.

поплаво́к (-вка́) float.

попла́кать (-а́чу) *pf* cry a little.

по|плати́ться (-чу́сь, -тишься) *pf.*

поплы́ть (-ыву́, -ывёшь; -ы́л, -ыла́, -о) *pf.* start swimming.

попо́йка drinking-bout.

попола́м *adv* in two, in half; half-and-half.

поползнове́ние half a mind; pretension(s).

пополне́ние replenishment; reinforcement. по|полне́ть (-е́ю) *pf.* попо́лнить *pf*, пополня́ть *impf* replenish; re-stock; reinforce.

пополу́дни *adv* in the afternoon; p.m.

попо́на horse-cloth.

по|по́тчевать (-чую) *pf.*

поправи́мый rectifiable. попра́вить (-влю) *pf*, поправля́ть *impf* repair; correct, put right; set straight; ∼ся correct o.s.; get better, recover; improve. попра́вка correction; repair; adjustment; recovery.

попра́ть *pf of* попира́ть

по-пре́жнему *adv* as before.

попрёк reproach. попрека́ть *impf*, попрекну́ть (-ну́, -нёшь) *pf* reproach.

по́прище field; walk of life.

по|про́бовать *pf.* по|проси́ть(ся

(-ошу́(сь, -о́сишь(ся) pf.

по́просту adv simply; without ceremony.

попроша́йка m & f cadger. попроша́йничать impf cadge.

попроща́ться pf (+c+instr) say goodbye (to).

попры́гать pf jump, hop.

попуга́й parrot.

популя́рность popularity. популя́рный popular.

попусти́тельство connivance.

по-пусто́му, по́пусту adv in vain.

попу́тно adv at the same time; in passing. попу́тный passing. попу́тчик fellow-traveller.

по|пыта́ться pf. попы́тка attempt.

по|пя́титься (-я́чусь) pf. попя́тный backward; идти́ на ~ go back on one's word.

по́ра¹ pore.

пора́² (acc -y; pl -ы, пор, -а́м) time; it is time; до каки́х пор? till when?; до сих пор till now; с каки́х пор? since when?

порабо́тать pf do some work.

пораб́отить (-о́щу) pf, порабоща́ть impf enslave. порабоще́ние enslavement.

поравня́ться pf come alongside.

по|ра́довать(ся pf.

поража́ть impf, по|рази́ть (-ажу́) pf hit; strike; defeat; affect; astonish; ~ся be astounded. пораже́ние defeat. порази́тельный striking; astonishing.

по-ра́зному adv differently.

пора́нить pf wound; injure.

порва́ть (-ву́, -вёшь; -ва́л, -а́, -о) pf (impf порыва́ть) tear (up); break, break off; ~ся tear; break (off).

по|реде́ть (-е́ет) pf.

поре́з cut. поре́зать (-е́жу) pf cut; ~ся cut o.s.

поре́й leek.

по|рекомендова́ть pf. по|ржа́веть (-еет) pf.

по́ристый porous.

порица́ние censure; blame. порица́ть impf blame; censure.

по́рка flogging.

по́ровну adv equally.

поро́г threshold; rapids.

поро́да breed, race, species. поро́дистый thoroughbred. породи́ть

(-ожу́) pf (impf порожда́ть) give birth to; give rise to.

по|родни́ть(ся pf. поро́дный pedigree.

порожда́ть impf of породи́ть

поро́жний empty.

по́рознь adv separately, apart.

поро́й, поро́ю adv at times.

поро́к vice; defect.

поросёнок (-нка; pl -ся́та, -ся́т) piglet.

по́росль shoots; young wood.

поро́ть¹ (-рю́, -решь) impf (pf вы~) thrash; whip.

поро́ть² (-рю́, -решь) impf (pf рас~) undo, unpick; ~ся come unstitched.

по́рох (pl ~а́) gunpowder, powder. порохово́й powder.

поро́чить (-чу) impf (pf о~) discredit; smear. поро́чный vicious, depraved; faulty.

пороши́ть (-ши́т) impf snow slightly.

порошо́к (-шка́) powder.

порт (loc -у́; pl -ы, -о́в) port.

портати́вный portable.

портве́йн port (wine).

по́ртик portico.

по́ртить (-чу) impf (pf ис~) spoil; corrupt; ~ся deteriorate; go bad.

портни́ха dressmaker. портно́вский tailor's. портно́й sb tailor.

по́ртовый port.

портре́т portrait.

портсига́р cigarette-case.

португа́лец (-льца), -лка Portuguese. Португа́лия Portugal. португа́льский Portuguese.

портфе́ль m brief-case; portfolio.

портье́ра curtain(s), portière.

портя́нка foot-binding.

поруга́ние desecration; humiliation. по́руганный desecrated; outraged. поруга́ть pf scold, swear at; ~ся swear; fall out.

пору́ка bail; guarantee; surety; на пору́ки on bail.

по-ру́сски adv (in) Russian.

поруча́ть impf of поручи́ть. поруче́ние assignment; errand; message.

по́ручень (-чня) m handrail.

поручи́тельство guarantee; bail.

поручи́ть (-чу́, -чишь) pf (impf поруча́ть) entrust; instruct.

поручи́ться (-чу́сь, -чишься) pf of руча́ться

порхáть *impf*, порхнýть (-нý, -нёшь) *pf* flutter, flit.

пóрция portion; helping.

пóрча spoiling; damage; curse.

пóршень (-шня) *m* piston.

поры́в[1] gust; rush; fit

порыв[2] breaking. порывáть(ся)[1] *impf of* порвáть(ся)

порывáться[2] *impf* make jerky movements; endeavour. порывистый gusty; jerky; impetuous; fitful.

поря́дковый ordinal. поря́док (-дка) order; sequence; manner, way; procedure; всё в поря́дке everything is alright; ~ дня agenda, order of the day. поря́дочный decent; honest; respectable; fair, considerable.

посади́ть (-ажý, -áдишь) *pf of* сади́ть, сажáть. посáдка planting; embarkation; boarding; landing. посáдочный planting; landing.

посажý *etc.: see* посади́ть. по|свáтать(ся) *pf* по|свежéть (-éет) *pf*. по|светить (-ечý, -éтишь) *pf*. по|светлéть (-éет) *pf*.

посвистывать *impf* whistle.

по-своéму *adv* (in) one's own way.

посвятить (-ящý) *pf*, посвящáть *impf* devote; dedicate; let in; ordain. посвящéние dedication; initiation; ordination.

посéв sowing; crops. посевнóй sowing; ~áя плóщадь area under crops.

по|седéть (-éю) *pf*.

поселéнец (-нца) settler; exile. поселéние settlement; exile. посели́ть *pf*, поселя́ть *impf* settle; lodge; arouse; ~ся settle, take up residence. посёлок (-лка) settlement; housing estate.

посеребрённый (-рён, -á) silver-plated. по|серебри́ть *pf*.

посереди́не *adv & prep+gen* in the middle (of).

посети́тель *m* visitor. посети́ть (-ещý) *pf* (*impf* посещáть) visit; attend.

по|сéтовать *pf*.

посещáемость attendance. посещáть *impf of* посети́ть. посещéние visit.

по|сéять (-éю) *pf*.

посидéть (-ижý) *pf* sit (for a while).

посильный within one's powers; feasible.

посинéлый gone blue. по|синéть (-éю) *pf*.

по|скакáть (-ачý, -áчешь) *pf*.

поскользнýться (-нýсь, -нёшься) *pf* slip.

поскóльку *conj* as far as, (in) so far as.

по|скрóмничать *pf*. по|скупи́ться (-плюсь) *pf*.

послáнец (-нца) messenger, envoy. послáние message; epistle. послáнник envoy, minister. послáть (-шлю́, -шлёшь) *pf* (*impf* посылáть) send.

пóсле *adv & prep+gen* after; afterwards.

после- *in comb* post-; after-. послевоéнный post-war. ~зáвтра *adv* the day after tomorrow. ~родовóй post-natal. ~слóвие epilogue; concluding remarks.

послéдний last; recent; latest; latter. послéдователь *m* follower. послéдовательность sequence; consistency. послéдовательный consecutive; consistent. по|слéдовать *pf*. послéдствие consequence. послéдующий subsequent; consequent.

послóвица proverb, saying.

по|служи́ть (-жý, -жишь) *pf*. по|служнóй service.

послушáние obedience. по|слýшать(ся) *pf*. послýшный obedient.

по|слы́шаться (-шится) *pf*.

посмáтривать *impf* look from time to time.

посмéиваться *impf* chuckle.

посмéртный posthumous.

по|смéть (-éю) *pf*.

посмеяние ridicule. посмея́ться (-еюсь, -еёшься) *pf* laugh at; +*над+instr* laugh at.

по|смотрéть(ся) (-рю́(сь, -ришь(ся) *pf*.

посóбие aid; allowance, benefit; textbook. посóбник accomplice.

по|совéтовать(ся) *pf*. по|содéйствовать *pf*.

посóл (-слá) ambassador.

по|соли́ть (-олю́, -óлишь) *pf*.

посóльство embassy.

поспáть (-плю́; -áл, -á, -о) *pf* sleep; have a nap.

поспевáть[1] *impf*, по|спéть[1] (-éет) *pf* ripen.

поспевáть[2] *impf*, поспéть[2] (-éю) *pf*

have time; be in time (к+*dat*, на+*acc*
for); +за+*instr* keep up with.

по|спеши́ть (-шу́) *pf.* поспе́шный
hasty, hurried.

по|спо́рить *pf.* по|спосо́бствовать
pf.

посрами́ть (-млю) *pf*, посрамля́ть
impf disgrace.

посреди́, посреди́не *adv* & *prep*+*gen*
in the middle (of). посре́дник mediator. посре́дничество mediation.
посре́дственный mediocre. по-
сре́дством *prep*+*gen* by means of.

по|ссо́рить(ся *pf.*

пост[1] (-á, *loc* -ý) post.

пост[2] (-á, *loc* -ý) fast(ing).

по|ста́вить[1] (-влю) *pf.*

поста́вить[2] (-влю) *pf*, поставля́ть
impf supply. поста́вка delivery.
поставщи́к (-á) supplier.

постаме́нт pedestal.

постанови́ть (-влю, -вишь) *pf* (*impf*
постановля́ть) decree; decide.

постано́вка production; arrangement; putting, placing.

постановле́ние decree; decision.
постановля́ть *impf of* постано-
ви́ть

постано́вщик producer; (film) director.

по|стара́ться *pf.*

по|старе́ть (-е́ю) *pf.* по-ста́рому
adv as before.

посте́ль bed. постелю́ *etc.: see* по-
стла́ть

постепе́нный gradual.

по|стесня́ться *pf.*

постига́ть *impf of* пости́чь. пости́г-
нуть: *see* пости́чь. постиже́ние
comprehension, grasp. постижи́-
мый comprehensible.

постила́ть *impf of* постла́ть

постира́ть *pf* do some washing.

пости́ться (-щу́сь) *impf* fast.

пости́чь, пости́гнуть (-и́гну; -и́г(нул))
pf (*impf* постига́ть) comprehend,
grasp; befall.

по|стла́ть (-стелю́, -сте́лешь) *pf*
(*impf also* постила́ть) spread; make
(*bed*).

по́стный lenten; lean; glum; ~ое
ма́сло vegetable oil.

постово́й on point duty.

посто́й billeting.

посто́льку: ~, поско́льку *conj* to

that extent, insofar as.

по|сторони́ться (-ню́сь, -ни́шься) *pf.*
посторо́нний strange; foreign; extraneous, outside; *sb* stranger, outsider.

постоя́нный permanent; constant;
continual; ~ый ток direct current.
постоя́нство constancy.

по|стоя́ть (-ою́) *pf* stand (for a
while); +за+*acc* stand up for.

пострада́вший *sb* victim. по|стра-
да́ть *pf.*

пострига́ться *impf*, постри́чься
(-игу́сь, -ижёшься; -и́гся) *pf* take monastic vows; get one's hair cut.

постро́ение construction; building;
formation. по|стро́ить(ся (-ро́ю(сь)
pf. постро́йка building.

постскри́птум postscript.

постули́ровать *impf* & *pf* postulate.

поступа́тельный forward. посту-
па́ть *impf*, поступи́ть (-плю́, -пишь)
pf act; do; be received; +в *or* на+*acc*
enter, join; +с+*instr* treat; ~ся +*instr*
waive, forgo. поступле́ние entering;
joining; receipt. посту́пок (-пка) act,
deed. по́ступь gait; step.

по|стуча́ть(ся (-чу́(сь) *pf.*

по|стыди́ться (-ыжу́сь) *pf.* посты́д-
ный shameful.

посу́да crockery; dishes. посу́дный
china; dish.

по|сули́ть *pf.*

посчастли́виться *pf impers* (+*dat*)
be lucky; ей посчастли́вилось +*inf*
she had the luck to.

посчита́ть *pf* count (up). по|счи-
та́ться *pf.*

посыла́ть *impf of* посла́ть. по-
сы́лка sending; parcel; errand;
premise. посы́льный *sb* messenger.

посыпа́ть (-плю, -плешь) *pf*, посы-
па́ть *impf* strew. посыпа́ться
(-плется) *pf* begin to fall; rain down.

посяга́тельство encroachment; infringement. посяга́ть *impf*, посяг-
ну́ть (-ну́, -нёшь) *pf* encroach, infringe.

пот (*loc* -ý; *pl* -ы́) sweat.

потайно́й secret.

потака́ть *impf* +*dat* indulge.

потасо́вка brawl.

пота́ш (-á) potash.

по-тво́ему *adv* in your opinion.

потво́рствовать *impf* (+*dat*) be in-

dulgent (towards), pander (to).
потёк damp patch.
потёмки (-мок) *pl* darkness. **по|темне́ть** (-е́ет) *pf*.
потенциа́л potential. **потенциа́льный** potential.
потерпе́ть *sb* victim. **по|терпе́ть** (-плю́, -пишь) *pf*.
поте́ря loss; waste; *pl* casualties. **по|теря́ть(ся** *pf*.
по|тесни́ть *pf*. **по|тесни́ться** *pf* sit closer, squeeze up.
поте́ть (-е́ю) *impf* (*pf* вс~, за~) sweat; mist over.
поте́ха fun. **по|те́шить(ся** (-шу(сь) *pf*. **поте́шный** amusing.
поте́чь (-чёт, -тёк, -ла́) *pf* begin to flow.
потира́ть *impf* rub.
потихо́ньку *adv* softly; secretly; slowly.
по́тный (-тен, -тна́, -тно) sweaty.
пото́к stream; torrent; flood.
потоло́к (-лка́) ceiling.
по|толсте́ть (-е́ю) *pf*.
пото́м *adv* later (on); then. **пото́мок** (-мка) descendant. **пото́мство** posterity.
потому́ *adv* that is why; ~ что *conj* because.
по|тону́ть (-ну́, -нешь) *pf*. **пото́п** flood, deluge. **по|топи́ть** (-плю́, -пишь) *pf*, **потопля́ть** *impf* sink.
по|топта́ть (-пчу́, -пчешь) *pf*. **по|торопи́ть(ся** (-плю́(сь, -пишь(ся) *pf*.
пото́чный continuous; production-line.
по|тра́тить (-а́чу) *pf*.
потреби́тель *m* consumer, user. **потреби́тельский** consumer; consumers'. **потреби́ть** (-блю́) *pf*, **потребля́ть** *impf* consume. **потребле́ние** consumption. **потре́бность** need, requirement. **по|тре́бовать(ся** *pf*.
потрёпанный shabby; tattered. **по|трепа́ть(ся** (-плю́(сь, -плешь(ся) *pf*.
по|тре́скаться *pf*. **потре́скивать** *impf* crackle.
потро́гать *pf* touch, feel, finger.
потроха́ (-о́в) *pl* giblets. **потроши́ть** (-шу́) *impf* (*pf* вы́~) disembowel, clean.

потруди́ться (-ужу́сь, -у́дишься) *pf* do some work; take the trouble.
потряса́ть *impf*, **потрясти́** (-су́, -сёшь, -яс, -ла́) *pf* shake; rock; stagger; +*acc or instr* brandish, shake. **потряса́ющий** staggering, tremendous. **потрясе́ние** shock.
поту́ги *f pl* vain attempts; родовы́е ~ labour.
по|ту́пить (-плю) *pf*, **потупля́ть** *impf* lower; ~ся look down.
потусторо́нний мир the next world.
потуха́ть *impf*, **по|ту́хнуть** (-нет, -ух) *pf* go out; die out. **поту́хший** extinct; lifeless.
по|туши́ть (-шу́, -шишь) *pf*.
по́тчевать (-чую) *impf* (*pf* по~) +*instr* treat to.
потя́гиваться *impf*, **по|тяну́ться** (-ну́сь, -нешься) *pf* stretch o.s. **по|тяну́ть** (-ну́, -нешь) *pf*.
по|у́жинать *pf*. **по|умне́ть** (-е́ю) *pf*.
поуча́ть *impf* preach at.
поучи́тельный instructive.
поха́бный obscene.
похвала́ praise. **по|хвали́ть(ся** (-лю́(сь, -лишь(ся) *pf*. **похва́льный** laudable; laudatory.
по|хва́стать(ся *pf*.
похити́тель *m* kidnapper; abductor; thief. **похи́тить** (-и́щу) *pf*, **похища́ть** *impf* kidnap; abduct; steal. **похище́ние** theft; kidnapping; abduction.
похлёбка broth, soup.
похло́пать *pf* slap; clap.
по|хлопота́ть (-очу́, -о́чешь) *pf*.
похме́лье hangover.
похо́д campaign; march; hike; excursion.
по|хода́тайствовать *pf*.
походи́ть (-ожу́, -о́дишь) *impf* на +*acc* resemble.
похо́дка gait, walk. **похо́дный** mobile, field; marching. **похожде́ние** adventure.
похо́жий alike; ~ на like.
похолода́ние drop in temperature.
по|хорони́ть (-ню́, -нишь) *pf*. **похоро́нный** funeral. **по́хороны** (-ро́н) *pl* funeral.
по|хороше́ть (-е́ю) *pf*.
по́хоть lust.
по|худе́ть (-е́ю) *pf*.

по|целова́ть(ся pf. поцелу́й kiss.

поча́ток (-тка) ear; (corn) cob.

по́чва soil; ground; basis. по́чвенный soil; ~ покро́в top-soil.

почём adv how much; how; ~ знать? who can tell?; ~ я зна́ю? how should I know?

почему́ adv why. почему́-либо, -нибудь advs for some reason or other. почему́-то adv for some reason.

по́черк hand(writing).

почерне́лый blackened, darkened. по|черне́ть (-е́ю) pf.

почерпну́ть (-ну́, -нёшь) pf draw, scoop up; glean.

по|чеса́ть(ся (-е́ю) pf. по|чеса́ть(ся (-ешу́(сь, -е́шешь(ся) pf.

по́честь honour. почёт honour; respect. почётный of honour; honourable; honorary.

по́чечный renal; kidney.

почива́ть impf of почи́ть

почи́н initiative.

по|чини́ть (-ню́, -нишь) pf, починя́ть impf repair, mend. почи́нка repair.

по|чи́стить(ся (-и́щу(сь) pf.

почита́ть[1] impf honour; revere.

почита́ть[2] pf read for a while.

почи́ть (-и́ю, -и́ешь) pf (impf почива́ть) rest; pass away; ~ на ла́врах rest on one's laurels.

по́чка[1] bud.

по́чка[2] kidney.

по́чта post, mail; post-office. почтальо́н postman. почта́мт (main) post-office.

почте́ние respect. почте́нный venerable; considerable.

почти́ adv almost.

почти́тельный respectful. почти́ть (-чту́) pf honour.

почто́в|ый postal; ~ая ка́рточка postcard; ~ый перево́д postal order; ~ый я́щик letter-box.

по|чу́вствовать pf.

по|чу́диться (-ишься) pf.

пошатну́ть (-ну́, -нёшь) pf shake; ~ся shake; stagger.

по|шевели́ть(ся (-елю́(сь, -е́ли́шь(ся) pf. по|шёл etc.: see пойти́

пошиво́чный sewing.

по́шлина duty.

по́шлость vulgarity; banality. по́шлый vulgar; banal.

пошту́чный by the piece.

по|шути́ть (-учу́, -у́тишь) pf.

поща́да mercy. по|щади́ть (-ажу́) pf.

по|щекота́ть (-очу́, -о́чешь) pf.

пощёчина slap in the face.

по|щу́пать pf.

поэ́зия poetry. поэ́ма poem. поэ́т poet. поэти́ческий poetic.

поэ́тому adv therefore.

пою́ etc.: see петь, пои́ть

появи́ться (-влю́сь, -вишься) pf, появля́ться impf appear. появле́ние appearance.

пра- pref first; great-. прабабушка great-grandmother.

пра́вда (the) truth. правди́вый true; truthful. правдоподо́бный likely; plausible. пра́ведный righteous; just.

пра́вило rule; principle.

пра́вильн|ый right, correct; regular; ~о! that's right!

прави́тель m ruler. прави́тельственный government(al). прави́тельство government. пра́вить[1] (-влю) +instr rule, govern; drive. пра́вить[2] (-влю) impf correct. пра́вка correcting.

правле́ние board; administration; government.

пра́в|внук, ~внучка great-grandson, -granddaughter.

пра́во[1] (pl -а́) law; right; (води́тельские) права́ driving licence; на права́х+gen in the capacity of, as.

пра́во[2] adv really.

право-[1] in comb law; right. правове́рный orthodox. ~ме́рный lawful, rightful. ~мо́чный competent. ~наруше́ние infringement of the law, offence. ~наруши́тель m offender, delinquent. ~писа́ние spelling, orthography. ~сла́вный orthodox; sb member of the Orthodox Church. ~су́дие justice.

право-[2] in comb right, right-hand. правосторо́нний right; right-hand.

правово́й legal.

правота́ rightness; innocence.

пра́вый[1] right; right-hand; right-wing.

пра́вый[2] (прав, -á, -о) right, correct; just.

пра́вящий ruling.

пра́дед great-grandfather; pl ancestors. праде́душка m great-grandfather.

пра́здник (public) holiday. пра́здничный festive. пра́зднование celebration. пра́здновать impf (pf от∼) celebrate. пра́здность idleness. пра́здный idle; useless.

пра́ктика practice; practical work. практикова́ть impf practise; ∼ся (pf на∼ся) be practised; +в +prep practise. практи́ческий, практи́чный practical.

пра́отец (-тца) forefather.

пра́порщик ensign.

прапра́дед great-great-grandfather. прароди́тель m forefather.

прах dust; remains.

пра́чечная sb laundry. пра́чка laundress.

пребыва́ние stay. пребыва́ть impf be; reside.

превзойти́ (-йду́, -йдёшь; -ошёл, -шла́) pf (impf превосходи́ть) surpass; excel.

превозмога́ть impf, превозмо́чь (-огу́, -о́жешь; -о́г, -ла́) pf overcome.

превознести́ (-су́, -сёшь; -ёс, -ла́) pf, превозноси́ть (-ошу́, -о́сишь) impf extol, praise.

превосходи́тельство Excellency. превосходи́ть (-ожу́, -о́дишь) impf of превзойти́. превосхо́дный superlative; superb, excellent. превосхо́дство superiority. превосходя́щий superior.

преврати́ть (-ащу́) pf, превраща́ть impf convert, turn, reduce; ∼ся turn, change. превра́тный wrong; changeful. превраще́ние transformation.

превы́сить (-ы́шу) pf, превыша́ть impf exceed. превыше́ние exceeding, excess.

прегра́да obstacle; barrier. прегради́ть (-ажу́) pf, прегражда́ть impf bar, block.

пред prep+instr: see пе́ред

предава́ть(ся (-даю́(сь, -даёшь(ся

impf of преда́ть(ся

преда́ние legend; tradition; handing over, committal. пре́данность devotion. пре́данный devoted. преда́тель m, ∼ница betrayer, traitor. преда́тельский treacherous. преда́тельство treachery. преда́ть (-áм, -а́шь, -а́ст, -ади́м; пре́дал, -á, -о) pf (impf предава́ть) hand over, commit; betray; ∼ся abandon o.s.; give way, indulge.

предаю́ etc.: see предава́ть

предвари́тельный preliminary; prior. предвари́ть pf, предваря́ть impf forestall, anticipate.

предве́стник forerunner; harbinger. предвеща́ть impf portend; augur.

предвзя́тый preconceived; biased.

предви́деть (-и́жу) impf foresee.

предвкуси́ть (-ушу́, -у́сишь) pf, предвкуша́ть impf look forward to.

предводи́тель m leader. предводи́тельствовать impf +instr lead.

предвое́нный pre-war.

предвосхи́тить (-и́щу) pf, предвосхища́ть impf anticipate.

предвы́борный (pre-)election.

предго́рье foothills.

преддве́рие threshold.

преде́л limit; bound. преде́льный boundary; maximum; utmost.

предзнаменова́ние omen, augury.

предисло́вие preface.

предлага́ть impf of предложи́ть.

предло́г[1] pretext.

предло́г[2] preposition.

предложе́ние[1] sentence; clause.

предложе́ние[2] offer; proposition; proposal; motion; suggestion; supply. предложи́ть (-жу́, -жишь) pf (impf предлага́ть) offer; propose; suggest; order.

предло́жный prepositional.

предме́стье suburb.

предме́т object; subject.

предназнача́ть impf, предназна́чить (-чу) pf destine, intend; earmark.

преднаме́ренный premeditated.

пре́до: see пе́ред

предо́к (-дка) ancestor.

предопределе́ние predetermination. предопредели́ть pf, предопределя́ть impf predetermine, predestine.

предоста́вить (-влю) pf, предоставля́ть impf grant; leave; give.

предостерега́ть impf, предостере́чь (-егу́, -ежёшь; -ёг, -ла́) pf warn. предостереже́ние warning. предосторо́жность precaution.

предосуди́тельный reprehensible.

предотврати́ть (-ащу́) pf, предотвраща́ть impf avert, prevent.

предохране́ние protection; preservation. предохрани́тель m guard; safety device, safety-catch; fuse. предохрани́тельный preservative; preventive; safety. предохрани́ть pf, предохраня́ть impf preserve, protect.

предписа́ние order; pl directions, instructions. предписа́ть (-ишу́, -и́шешь) pf, предпи́сывать impf order, direct; prescribe.

предпле́чье forearm.

предполага́емый supposed. предполага́ется impers it is proposed. предполага́ть impf, предположи́ть (-жу́, -о́жишь) pf suppose, assume. предположе́ние supposition, assumption. предположи́тельный conjectural; hypothetical.

предпосле́дний penultimate, last-but-one.

предпосы́лка precondition; premise.

предпоче́сть (-чту́, -чтёшь; -чёл, -чла́) pf, предпочита́ть impf prefer. предпочте́ние preference. предпочти́тельный preferable.

предприи́мчивый enterprising.

предпринима́тель m owner; entrepreneur; employer. предпринима́тельство: свобо́дное ~ free enterprise. предпринима́ть impf, предприня́ть (-иму́, -и́мешь; -и́нял, -а́, -о) pf undertake. предприя́тие undertaking, enterprise.

предрасположе́ние predisposition.

предрассу́док (-дка) prejudice.

предрека́ть impf, предре́чь (-еку́, -ечёшь; -рёк, -ла́) pf foretell.

предреша́ть impf, предреши́ть (-шу́) pf decide beforehand; predetermine.

председа́тель m chairman.

предсказа́ние prediction. предсказа́ть (-ажу́, -а́жешь) pf, предска́зывать impf predict; prophesy.

предсме́ртный dying.

представа́ть (-таю́, -таёшь) impf of предста́ть

представи́тель m representative. представи́тельный representative; imposing. представи́тельство representation.

предста́вить (-влю) pf, представля́ть impf present; submit; introduce; represent; ~ себе́ imagine; представля́ть собо́й represent, be; ~ся present itself, occur; seem; introduce o.s.; +instr pretend to be. представле́ние presentation; performance; idea, notion.

предста́ть (-а́ну) pf (impf представа́ть) appear.

предстоя́ть (-ои́т) impf be in prospect, lie ahead. предстоя́щий forthcoming; imminent.

предте́ча m & f forerunner, precursor.

предубежде́ние prejudice.

предугада́ть pf, предуга́дывать impf guess; foresee.

предупреди́тельный preventive; warning; courteous, obliging. предупреди́ть (-ежу́) pf, предупрежда́ть impf warn; give notice; prevent; anticipate. предупрежде́ние notice; warning; prevention.

предусма́тривать impf, предусмотре́ть (-рю́, -ришь) pf envisage, foresee; provide for. предусмотри́тельный prudent; far-sighted.

предчу́вствие presentiment; foreboding. предчу́вствовать impf have a presentiment (about).

предше́ственник predecessor. предше́ствовать impf +dat precede.

предъяви́тель m bearer. предъяви́ть (-влю́, -вишь) pf, предъявля́ть impf show, produce; bring (lawsuit); ~ пра́во на+acc lay claim to.

предыду́щий previous.

прее́мник successor. прее́мственность succession; continuity.

пре́жде adv first; formerly; prep+gen before; ~ всего́ first of all; first and foremost; ~ чем conj before. преждевре́менный premature. пре́жний previous, former.

презервати́в condom.

президе́нт president. президе́нтский presidential. прези́диум presidium.

презира́ть *impf* despise. презре́ние contempt. презре́нный contemptible. презри́тельный scornful.

преиму́щественно *adv* mainly, chiefly, principally. преиму́ственный main, primary; preferential. преиму́щество advantage; preference; по преиму́ществу for the most part.

преиспо́дняя *sb* the underworld.

прейскура́нт price list, catalogue.

преклоне́ние admiration. преклони́ть *pf*, преклоня́ть *impf* bow, bend; ~ся bow down; +*dat* or перед +*instr* admire, worship. прекло́нный: ~ во́зраст old age.

прекра́сный beautiful; fine; excellent.

прекрати́ть (-ащу́) *pf*, прекраща́ть *impf* stop, discontinue; ~ся cease, end. прекраще́ние halt; cessation.

преле́стный delightful. пре́лесть charm, delight.

преломи́ть (-млю́, -мишь) *pf*, преломля́ть *impf* refract. преломле́ние refraction.

прельсти́ть (-льщу́) *pf*, прельща́ть *impf* attract; entice; ~ся be attracted; fall (+*instr* for).

прелюбодея́ние adultery.

прелю́дия prelude.

премину́ть (-ну) *pf with neg* not fail.

премирова́ть *impf & pf* award a prize to; give a bonus. пре́мия prize; bonus; premium.

премье́р prime minister; lead(ing actor). премье́ра première. премье́р-мини́стр prime minister. премье́рша leading lady.

пренебрега́ть *impf*, пренебре́чь (-егу́, -ежёшь; -ёг, -ла́) *pf* +*instr* scorn; neglect. пренебреже́ние scorn; neglect. пренебрежи́тельный scornful.

пре́ния (-ий) *pl* debate.

преоблада́ние predominance. преоблада́ть *impf* predominate; prevail.

преобража́ть *impf*, преобрази́ть (-ажу́) *pf* transform. преображе́ние transformation; Transfiguration. преобразова́ние transformation; reform. преобразова́ть *pf*, преобразо́вывать *impf* transform; reform, reorganize.

преодолева́ть *impf*, преодоле́ть (-е́ю) *pf* overcome.

препара́т preparation.

препина́ние: зна́ки препина́ния punctuation marks.

препира́тельство altercation, wrangling.

преподава́ние teaching. преподава́тель *m*, ~ница teacher. преподава́тельский teaching. преподава́ть (-даю́, -даёшь) *impf* teach.

преподнести́ (-су́, -сёшь; -ёс, -ла́) *pf*, преподноси́ть (-ошу́, -о́сишь) present with, give.

препроводи́ть (-вожу́, -во́дишь) *pf*, препровожда́ть *impf* send, forward.

препя́тствие obstacle; hurdle. препя́тствовать *impf* (*pf* вос~) +*dat* hinder.

прерва́ть (-ву́, -вёшь; -а́л, -а́, -о) *pf* (*impf* прерыва́ть) interrupt; break off; ~ся be interrupted; break.

пререка́ние argument. пререка́ться *impf* argue.

прерыва́ть(ся *impf of* прерва́ть(ся

пресека́ть *impf*, пресе́чь (-еку́, -ечёшь; -е́к, -екла́) *pf* stop; put an end to; ~ся stop; break.

пресле́дование pursuit; persecution; prosecution. пресле́довать *impf* pursue; haunt; persecute; prosecute.

пресловутый notorious.

пресмыка́ться *impf* grovel. пресмыка́ющееся *sb* reptile.

пресново́дный freshwater. пре́сный fresh; unleavened; insipid; bland.

пресс press. пре́сса the press. пресс-конфере́нция press-conference.

престаре́лый aged.

прести́ж prestige.

престо́л throne.

преступле́ние crime. престу́пник criminal. престу́пность criminality; crime, delinquency. престу́пный criminal.

пресы́титься (-ы́щусь) *pf*, пресыща́ться *impf* be satiated. пресыще́ние surfeit, satiety.

претвори́ть *pf*, претворя́ть *impf* (в +*acc*) turn, change, convert; ~ в жизнь realize, carry out.

претенде́нт claimant; candidate; преtender. претендова́ть *impf* на+*acc* lay claim to; have pretensions to. прете́нзия claim; pretension; быть в прете́нзии на+*acc* have a grudge, a grievance, against.

претерпева́ть *impf*, претерпе́ть (-плю́, -пишь) *pf* undergo; suffer.

преть (пре́ет) *impf* (*pf* co~) rot.

преувеличе́ние exaggeration. преувели́чивать *impf*, преувели́чить (-чу) *pf* exaggerate.

преуменьша́ть *impf*, преуме́ньшить (-ньшу) *pf* underestimate; understate.

преуспева́ть *impf*, преуспе́ть (-е́ю) *pf* be successful; thrive.

преходя́щий transient.

прецеде́нт precedent.

при *prep* +*prep* by, at; in the presence of; attached to, affiliated to; with; about; on; in the time of; under; during; when, in case of; ~ всём том for all that.

приба́вить (-влю) *pf*, прибавля́ть add; increase; ~ся increase; rise; wax; день прибавля́ется the days are getting longer. приба́вка addition; increase. прибавле́ние addition; supplement, appendix. приба́вочный additional; surplus.

Приба́лтика the Baltic States.

прибау́тка humorous saying.

прибега́ть[1] *impf of* прибежа́ть

прибега́ть[2] *impf*, прибе́гнуть (-ну; -бе́г) *pf* к+*dat* resort to.

прибежа́ть (-егу́) *pf* (*impf* прибега́ть) come running.

прибе́жище refuge.

прибере́гать *impf*, прибере́чь (-егу́, -ежёшь; -ёг, -ла́) *pf* save (up), reserve.

приберу́ *etc.: see* прибра́ть. прибива́ть *impf of* приби́ть. прибира́ть *impf of* прибра́ть

приби́ть (-бью́, -бьёшь) *pf* (*impf* прибива́ть) nail; flatten; drive.

приближа́ть *impf*, прибли́зить (-и́жу) *pf* bring *or* move nearer; ~ся approach; draw nearer. приближе́ние approach. приблизи́тельный approximate.

прибо́й surf, breakers.

прибо́р instrument, device, apparatus; set. прибо́рная доска́ instrument panel; dashboard.

прибра́ть (-беру́, -берёшь; -а́л, -а́, -о) *pf* (*impf* прибира́ть) tidy (up); put away.

прибре́жный coastal; offshore.

прибыва́ть *impf*, прибы́ть (-бу́ду; при́был, -а́, -о) *pf* arrive; increase, grow; rise; wax. при́быль profit, gain; increase, rise. при́быльный profitable. прибы́тие arrival.

прибью́ *etc.: see* приби́ть

прива́л halt.

прива́ривать *impf*, привари́ть (-рю́, -ришь) *pf* weld on.

приватиза́ция privatization. приватизи́ровать *impf & pf* privatize.

приведу́ *etc.: see* привести́

привезти́ (-зу́, -зёшь; -ёз, -ла́) (*impf* привози́ть) bring.

привере́дливый pernickety.

приве́рженец (-нца) adherent. приве́рженный devoted.

приве́сить (-е́шу) *pf* (*impf* приве́шивать) hang up, suspend.

привести́ (-еду́, -едёшь; -ёл, -а́) *pf* (*impf* приводи́ть) bring; lead; take; reduce; cite; put in(to), set.

приве́т greeting(s); regards; hi! приве́тливый friendly; affable. приве́тствие greeting; speech of welcome. приве́тствовать *impf & pf* greet, salute; welcome.

приве́шивать *impf of* приве́сить

привива́ть(ся *impf of* приви́ть(ся.

приви́вка inoculation.

привиде́ние ghost; apparition. приви́деться (-дится) *pf*.

привилегиро́ванный privileged. привиле́гия privilege.

привинти́ть (-нчу́) *pf*, приви́нчивать *impf* screw on.

приви́ть (-вью́, -вьёшь; -и́л, -а́, -о) *pf* (*impf* привива́ть) inoculate; graft; inculcate; foster; ~ся take; become established.

при́вкус after-taste; smack.

привлека́тельный attractive. привлека́ть *impf*, привле́чь (-еку́, -ечёшь; -ёк, -ла́) *pf* attract; draw; draw in, win over; (*law*) have up; ~ к суду́ sue. привлече́ние attraction.

приво́д drive, gear. приводи́ть (-ожу́, -о́дишь) *impf of* привести́. приводно́й driving.

привожу́ *etc.: see* приводи́ть, привози́ть

привоз bringing; importation; load.
привозить (-ожу, -озишь) *impf of* **привезти**. **привозной, привозный** imported.

привольный free.

приставать (-таю, -таёшь) *impf*, **пристать** (-ану) *pf* half-rise; rise.

привыкать *impf*, **привыкнуть** (-ну; -ык) *pf* get accustomed. **привычка** habit. **привычный** habitual, usual.

привью *etc.: see* **привить**

привязанность attachment; affection. **привязать** (-яжу, -яжешь) *pf*, **привязывать** *impf* attach; tie, bind; ~ся become attached; attach o.s.; +к+*dat* pester. **привязчивый** annoying; affectionate. **привязь** tie; lead, leash; tether.

пригибать *impf of* **пригнуть**

пригласить (-ашу) *pf*, **приглашать** *impf* invite. **приглашение** invitation.

приглядеться (-яжусь) *pf*, **приглядываться** *impf* look closely; +к+*dat* scrutinize; get used to.

пригнать (-гоню, -гонишь; -ал, -а, -о) *pf* (*impf* **пригонять**) bring in; fit, adjust.

пригнуть (-ну, -нёшь) *pf* (*impf* **пригибать**) bend down.

приговаривать[1] *impf* keep saying.

приговаривать[2] *impf*, **приговорить** *pf* sentence, condemn. **приговор** verdict, sentence.

пригодиться (-ожусь) *pf* prove useful. **пригодный** fit, suitable.

пригонять *impf of* **пригнать**

пригорать *impf*, **пригореть** (-рит) *pf* be burnt.

пригород suburb. **пригородный** suburban.

пригорок (-рка) hillock.

пригоршня (*gen pl* -ей) handful.

приготовительный preparatory. **приготовить** (-влю) *pf*, **приготовлять** *impf* prepare; ~ся prepare. **приготовление** preparation.

пригревать *impf*, **пригреть** (-ею) *pf* warm; cherish.

при|грозить (-ожу) *pf*.

придавать (-даю, -даёшь) *impf*, **придать** (-ам, -ашь, -аст, -адим; придал, -а, -о) *pf* add; give; attach. **придача** adding; addition; в придачу into the bargain.

придавить (-влю, -вишь) *pf*, **придавливать** *impf* press (down).

приданое *sb* dowry. **придаток** (-тка) appendage.

придвигать *impf*, **придвинуть** (-ну) *pf* move up, draw up; ~ся move up, draw near.

придворный court.

приделать *pf*, **приделывать** *impf* attach.

придерживаться *impf* hold on, hold; +gen keep to.

придерусь *etc.: see* **придраться**.

придираться *impf of* **придраться**. **придирка** quibble; fault-finding. **придирчивый** fault-finding.

придорожный roadside.

придраться (-дерусь, -дерёшься; -ался, -ась, -алось) *pf* (*impf* **придираться**) find fault.

приду *etc.: see* **прийти**

придумать *pf*, **придумывать** *impf* think up, invent.

приеду *etc.: see* **приехать**. **приезд** arrival. **приезжать** *impf of* **приехать**. **приезжий** newly arrived; *sb* newcomer.

приём receiving; reception; surgery; welcome; admittance; dose; go; movement; method, way; trick. **приёмлемый** acceptable. **приёмная** *sb* waiting-room; reception room. **приёмник** (radio) receiver. **приёмный** receiving; reception; entrance; foster, adopted.

приехать (-еду) *pf* (*impf* **приезжать**) arrive, come.

прижать (-жму, -жмёшь) *pf* (*impf* **прижимать**) press; clasp; ~ся nestle up.

прижечь (-жгу, -жжёшь; -жёг, -жгла) *pf* (*impf* **прижигать**) cauterize.

приживаться *impf of* **прижиться**

прижигание cauterization. **прижигать** *impf of* **прижечь**

прижимать(ся *impf of* **прижать(ся**

прижиться (-ивусь, -ивёшься; -жился, -ась) *pf* (*impf* **приживаться**) become acclimatized.

прижму *etc.: see* **прижать**

приз (*pl* -ы) prize.

призвание vocation. **призвать** (-зову, -зовёшь; -ал, -а, -о) *pf* (*impf* **призывать**) call; call upon; call up.

приземистый stocky, squat.

приземление landing. приземлиться *pf*, приземляться *impf* land.

призёр prizewinner.

призма prism.

признавать (-наю, -наёшь) *impf*, признать *pf* recognize; admit; ~ся confess. признак sign, symptom; indication. признание confession, declaration; acknowledgement; recognition. признанный acknowledged, recognized. признательный grateful.

призовый *etc.*: *see* призвать

призрак spectre, ghost. призрачный ghostly; illusory, imagined.

призыв call, appeal; slogan; call-up. призывать *impf of* призвать. призывной conscription.

прииск mine.

прийти (приду, -дёшь; пришёл, -шла) *pf* (*impf* приходить) come; arrive; ~ в себя regain consciousness; ~сь +по+*dat* fit; suit; +на+*acc* fall on; *impers*+*dat* have to; happen (to), fall to the lot (of).

приказ order, command. приказание order, command. приказать (-ажу, -ажешь) *pf*, приказывать *impf* order, command.

прикалывать *impf of* приколоть

прикасаться *impf of* прикоснуться

приканчивать *impf of* прикончить

прикатить (-ачу, -атишь) *pf*, прикатывать *impf* roll up.

прикидывать *impf*, прикинуть (-ну) *pf* throw in, add; weigh; estimate; ~ся +*instr* pretend (to be).

приклад[1] butt.

приклад[2] trimmings. прикладной applied. прикладывать(ся *impf of* приложить(ся

приклеивать *impf*, приклеить *pf* stick; glue.

приключаться *impf*, приключиться *pf* happen, occur. приключение adventure. приключенческий adventure.

приковать (-кую, -куёшь) *pf*, приковывать *impf* chain; rivet.

приколачивать *impf*, приколотить (-очу, -отишь) *pf* nail.

приколоть (-лю, -лешь) *pf* (*impf* прикалывать) pin; stab.

прикомандировать *pf*, прикомандировывать *impf* attach.

прикончить (-чу) *pf* (*impf* приканчивать) use up; finish off.

прикосновение touch; concern. прикоснуться (-нусь, -нёшься) *pf* (*impf* прикасаться) к+*dat* touch.

прикрепить (-плю) *pf*, прикреплять *impf* fasten, attach. прикрепление fastening; registration.

прикрывать *impf*, прикрыть (-рою) *pf* cover; screen; shelter. прикрытие cover; escort.

прикуривать *impf*, прикурить (-рю, -ришь) *pf* get a light.

прикусить (-ушу, -усишь) *pf*, прикусывать *impf* bite.

прилавок (-вка) counter.

прилагательное *sb* adjective. прилагать *impf of* приложить

приладить (-ажу) *pf*, прилаживать *impf* fit, adjust.

приласкать *pf* caress, pet; ~ся snuggle up.

прилегать *impf* (*pf* прилечь) к+*dat* fit; adjoin. прилегающий close-fitting; adjoining, adjacent.

прилежный diligent.

прилепить(ся (-плю(сь, -пишь(ся) *pf*, прилеплять(ся *impf* stick.

прилёт arrival. прилетать *impf*, прилететь (-ечу) *pf* arrive, fly in; come flying.

прилечь (-лягу, -ляжешь; -ёг, -гла) *pf* (*impf* прилегать) lie down.

прилив flow, flood; rising tide; surge. приливать *impf of* прилить. приливный tidal.

прилипать *impf*, прилипнуть (-нет; -лип) *pf* stick.

прилить (-льёт; -ил, -а, -о) *pf* (*impf* приливать) flow; rush.

приличие decency. приличный decent.

приложение application; enclosure; supplement; appendix. приложить (-жу, -жишь) *pf* (*impf* прикладывать, прилагать) put; apply; affix; add; enclose; ~ся take aim; +*instr* put, apply; + к+*dat* kiss.

прильёт *etc.*: *see* прилить. прильнуть (-ну, -нёшь) *pf*. прилягу *etc.*: *see* прилечь

приманивать *impf*, приманить (-ню, -нишь) *pf* lure; entice. приманка bait. lure.

применение application; use. применить (-ню, -нишь) pf, применять impf apply; use; ∼ся adapt o.s., conform.

пример example.

примерить pf (impf also примерять) try on. примерка fitting.

примерно adv approximately. примерный exemplary; approximate.

примерять impf of примерить

примесь admixture.

примета sign, token. приметный perceptible; conspicuous.

примечание note, footnote; pl comments. примечательный notable.

примешать pf, примешивать impf add, mix in.

применять impf of примять

примирение reconciliation. примирительный conciliatory. примирить pf, примирять impf reconcile; conciliate; ∼ся be reconciled.

примитивный primitive.

примкнуть (-ну, -нёшь) pf (impf примыкать) join; fix, attach.

примну etc.: see примять

приморский seaside; maritime. приморье seaside.

примочка wash, lotion.

приму etc.: see принять

примчаться (-чусь) pf come tearing along.

примыкать impf of примкнуть +к+dat adjoin. примыкающий affiliated.

примять (-мну, -мнёшь) pf (impf приминать) crush; trample down.

принадлежать (-жу) impf belong. принадлежность belonging; membership; pl accessories; equipment.

принести (-су, -сёшь) pf (impf приносить) bring; fetch.

принижать impf, принизить (-йжу) pf humiliate; belittle.

принимать(ся impf of принять(ся

приносить (-ошу, -осишь) impf of принести. приношение gift, offering.

принтер (comput) printer.

принудительный compulsory. принудить (-ужу) pf, принуждать impf compel. принуждение compulsion, coercion. принуждённый constrained, forced.

принц prince. принцесса princess.

принцип principle. принципиально adv on principle; in principle. принципиальный of principle; general.

принятие taking; acceptance; admission. принято it is accepted, it is usual; не ∼ it is not done. принять (-иму, -имешь; принял, -á, -о) pf (impf принимать) take; accept; take over; receive; +за+acc take for; ∼ участье take part; ∼ся begin; take; take root; ∼ за работу set to work.

приободрить pf, приободрять impf cheer up; ∼ся cheer up.

приобрести (-ету, -етёшь; -рёл, -á) pf, приобретать impf acquire. приобретение acquisition.

приобщать impf, приобщить (-щу) pf join, attach, unite; ∼ся к+dat join in.

приоритет priority.

приостанавливать impf, приостановить (-влю, -вишь) pf stop, suspend; ∼ся stop. приостановка halt, suspension.

приоткрывать impf, приоткрыть (-рою) pf open slightly.

припадок (-дка) fit; attack.

припасы (-ов) pl stores, supplies.

припев refrain.

приписать (-ишу, -ишешь) pf, приписывать impf add; attribute. приписка postscript; codicil.

приплод offspring; increase.

приплывать impf, приплыть (-ыву, -ывёшь; -ыл, -á, -о) pf swim up; sail up.

приплюснуть (-ну) pf, приплюшивать impf flatten.

приподнимать impf, приподнять (-ниму, -нимешь; -однял, -á, -о) pf raise (a little); ∼ся raise o.s. (a little).

припой solder.

приползать impf, приползти (-зу, -зёшь; -полз, -ла) pf creep up, crawl up.

припоминать impf, припомнить pf recollect.

приправа seasoning, flavouring. приправить (-влю) pf, приправлять impf season, flavour.

припрятать (-ячу) pf, припрятывать impf secrete, put by.

припугивать impf, припугнуть (-ну, -нёшь) pf scare.

прираба́тывать *impf*, прирабо́тать *pf* earn ... extra. при́работок (-тка) additional earnings.

прира́внивать *impf*, приравня́ть *pf* equate (with к+*dat*).

прираста́ть *impf*, прирасти́ (-тёт; -ро́с, -ла́) *pf* adhere; take; increase; accrue.

приро́да nature. приро́дный natural; by birth; innate. прирождённый innate; born.

приро́с *etc.*: *see* прирасти́. приро́ст increase.

прируча́ть *impf*, приручи́ть (-чу́) *pf* tame; domesticate.

приса́живаться *impf of* присе́сть

присва́ивать *impf*, присво́ить *pf* appropriate; award.

приседа́ть *impf*, присе́сть (-ся́ду) *pf* (*impf also* приса́живаться) sit down, take a seat.

приска́кать (-ачу́, -а́чешь) *pf* come galloping.

приско́рбный sorrowful.

присла́ть (-ишлю́, -ишлёшь) *pf* (*impf* присыла́ть) send.

прислони́ть(ся (-оню́(сь, -о́ни́шь(ся) *pf*, прислоня́ть(ся *impf* lean, rest.

прислу́га servant; crew. прислу́живать *impf* (к+*dat*) wait (on), attend.

прислу́шаться *pf*, прислу́шиваться *impf* listen; +к+*dat* listen to; heed.

присма́тривать *impf*, присмотре́ть (-рю́, -ришь) *pf* +за+*instr* look after, keep an eye on; ~ся (к+*dat*) look closely (at). присмо́тр supervision.

при|сни́ться *pf*.

присоедине́ние joining; addition; annexation. присоедини́ть *pf*, присоединя́ть *impf* join; add; annex; ~ся к+*dat* join; subscribe to (*an opinion*).

приспосо́бить (-блю) *pf*, приспособля́ть *impf* fit, adjust, adapt; ~ся adapt o.s. приспособле́ние adaptation; device; appliance. приспосо́бленность adaptability.

пристава́ть (-таю́, -таёшь) *impf of* приста́ть

приста́вить (-влю) *pf* (*impf* приставля́ть) к+*dat* place, set, or lean against; add; appoint to look after. приста́вка prefix.

приставля́ть *impf of* приста́вить

при́стальный intent.

приста́нище refuge, shelter.

при́стань (*gen pl* -е́й) landing-stage; pier; wharf.

приста́ть (-а́ну) *pf* (*impf* пристава́ть) stick, adhere; к+*dat* to); pester.

пристёгивать *impf*, пристегну́ть (-ну́, -нёшь) *pf* fasten.

присто́йный decent, proper.

пристра́ивать(ся *impf of* пристро́ить(ся

пристра́стие predilection, passion; bias. пристра́стный biased.

пристре́ливать *impf*, пристрели́ть *pf* shoot (down).

пристро́ить (-о́ю) *pf* (*impf* пристра́ивать) add, build on; fix up; ~ся be fixed up, get a place. пристро́йка annexe, extension.

при́ступ assault; fit, attack. приступа́ть *impf*, приступи́ть (-плю́, -пишь) *pf* к+*dat* set about, start.

при|стыди́ть (-ыжу́) *pf*.

при|стыкова́ться *pf*.

присуди́ть (-ужу́, -у́дишь) *pf*, присужда́ть *impf* sentence, condemn; award; confer. присужде́ние awarding; conferment.

прису́тствие presence. прису́тствовать *impf* be present, attend. прису́тствующие *sb pl* those present.

прису́щий inherent; characteristic.

присыла́ть *impf of* присла́ть

прися́га oath. присяга́ть *impf*, присягну́ть (-ну́, -нёшь) *pf* swear.

прися́ду *etc.*: *see* присе́сть

прися́жный *sb* juror.

притаи́ться *pf* hide.

прита́птывать *impf of* притопта́ть

прита́скивать *impf*, притащи́ть (-ащу́, -а́щишь) *pf* bring, drag, haul; ~ся drag o.s.

притвори́ться *pf*, притворя́ться *impf* +*instr* pretend to be. притво́рный pretended, feigned. притво́рство pretence, sham. притво́рщик sham; hypocrite.

притека́ть *impf of* прите́чь

притесне́ние oppression. притесни́ть *pf*, притесня́ть *impf* oppress.

прите́чь (-ечёт, -еку́т; -ёк, -ла́) *pf* (*impf* притека́ть) pour in.

притиха́ть *impf*, прити́хнуть (-ну; -и́х) *pf* quiet down.

приток tributary; influx.

притолока lintel.

притом *conj* (and) besides.

притон den, haunt.

притоптать (-пчу, -пчешь) *pf* (*impf* притаптывать) trample down.

приторный sickly-sweet, luscious, cloying.

притрагиваться *impf*, притронуться (-нусь) *pf* touch.

притупить (-плю, -пишь) *pf*, притуплять *impf* blunt, dull; deaden; ~ся become blunt *or* dull.

притча parable.

притягательный attractive, magnetic. притягивать *impf of* притянуть

притяжательный possessive.

притяжение attraction.

притязание claim, pretension. притязательный demanding.

притянутый far-fetched. притянуть (-ну, -нешь) *pf* (*impf* притягивать) attract; drag (up).

приурочивать *impf*, приурочить (-чу) *pf* к+*dat* time for.

приусадебный: ~ участок individual plot (*in kolkhoz*).

приучать *impf*, приучить (-чу, -чишь) *pf* train, school.

прихлебатель *m* sponger.

приход coming, arrival; receipts; parish. приходить(ся) (-ожу(сь), -одишь(ся) *impf of* прийти(сь. приходный receipt. приходящий non-resident; ~ больной outpatient.

прихожанин (*pl* -áне, -áн), -áнка parishioner.

прихожая *sb* hall, lobby.

прихотливый capricious; fanciful; intricate. прихоть whim, caprice.

прихрамывать limp (slightly).

прицел sight; aiming. прицеливаться *impf*, прицелиться *pf* take aim.

прицениваться *impf*, прицениться (-нюсь, -нишься) *pf* к+*dat* ask the price (of).

прицеп trailer. прицепить (-плю, -пишь) *pf*, прицеплять *impf* hitch, hook on; ~ся к+*dat* stick to, cling to. прицепка hitching, hooking on; quibble. прицепной: ~ вагон trailer.

причал mooring; mooring line. причаливать *impf*, причалить *pf*

moor.

причастие¹ participle. причастие² communion. причастить (-ащу) *pf* (*impf* причащать) give communion to; ~ся receive communion.

причастный¹ participial. причастный² concerned; privy.

причащать *impf of* причастить

причём *conj* moreover, and.

причесать (-ешу, -ешешь) *pf*, причёсывать *impf* comb; do the hair (of); ~ся do one's hair, have one's hair done. причёска hair-do; hair-cut.

причина cause; reason. причинить *pf*, причинять *impf* cause.

причислить *pf*, причислять *impf* number, rank (к+*dat* among); add on.

причитание lamentation. причитать *impf* lament.

причитаться *impf* be due.

причмокивать *impf*, причмокнуть (-ну) *pf* smack one's lips.

причуда caprice, whim.

причудиться *pf*.

причудливый odd; fantastic; whimsical.

пришвартовать *pf.* пришёл *etc.*: *see* прийти

пришелец (-ьца) newcomer.

пришествие coming; advent.

пришивать *impf*, пришить (-шью, -шьёшь) *pf* sew on.

пришлю *etc.*: *see* прислать

пришпиливать *impf*, пришпилить *pf* pin on.

пришпоривать *impf*, пришпорить *pf* spur (on).

прищемить (-млю) *pf*, прищемлять *impf* pinch.

прищепка clothes-peg.

прищуриваться *impf*, прищуриться *pf* screw up one's eyes.

приют shelter, refuge. приютить (-ючу) *pf* shelter; ~ся take shelter.

приятель *m*, приятельница friend. приятельский friendly. приятный nice, pleasant.

про *prep+acc* about; for; ~ себя to o.s.

проанализировать *pf.*

проба trial, test; hallmark; sample.

пробег run; race. пробегать *impf*, пробежать (-егу) *pf* run; cover; run past.

пробе́л blank, gap; flaw.

проберу́ etc.: see пробра́ть. про-
бивáть(ся impf of проби́ть(ся.
пробира́ть(ся impf of пробра́ть(ся
проби́рка test-tube. проби́ровать
impf test, assay.

про|би́ть (-бью́, -бьёшь) pf (impf also
пробива́ть) make a hole in; pierce;
punch; ~ся force, make, one's way.

про́бка stopper; cork; fuse; (traffic)
jam, congestion. про́бковый cork.

пробле́ма problem.

про́блеск flash; gleam, ray.

про́бный trial, test; ~ кáмень touchstone. про́бовать impf (pf ис~,
по~) try; attempt.

пробо́ина hole.

пробо́р parting.

про|бормота́ть (-очу́, -о́чешь) pf.

пробра́ть (-беру́, -берёшь; -áл, -á,
-о) pf (impf пробира́ть) penetrate;
scold; ~ся make or force one's way.

пробу́ду etc.: see пробы́ть

про|буди́ть (-ужу́, -у́дишь) pf, про-
бужда́ть impf wake (up); arouse;
~ся wake up. пробужде́ние awak-
ening.

про|бура́вить (-влю) pf, пробура́в-
ливать impf bore (through),
drill.

про|бури́ть pf.

пробы́ть (-бу́ду; про́был, -á, -о) pf
stay; be.

пробью́ etc.: see проби́ть

прова́л failure; downfall; gap. про-
ва́ливать impf, провали́ть (-лю́,
-лишь) pf bring down; ruin; reject,
fail; ~ся collapse; fall in; fail; disappear.

прове́дать pf, прове́дывать impf
call on; learn.

проведе́ние conducting; construction; installation.

провезти́ (-зу́, -зёшь; -ёз, -лá) pf
(impf провози́ть) convey, transport.

прове́рить pf, проверя́ть impf
check; test. прове́рка checking,
check; testing.

про|вести́ (-еду́, -едёшь; -ёл, -á) pf
(impf also проводи́ть) lead, take;
build; install; carry out; conduct; pass;
draw; spend; +instr pass over.

прове́тривать impf, прове́трить pf
air.

про|ве́ять (-е́ю) pf.

провиде́ние Providence.

прови́зия provisions.

провини́ться pf be guilty; do wrong.

провинциáльный provincial. про-
ви́нция province; the provinces.

про́вод (pl -á) wire, lead, line. про-
води́мость conductivity. прово-
ди́ть[1] (-ожу́, -о́дишь) impf of про-
вести́; conduct.

проводи́ть[2] (-ожу́, -о́дишь) pf (impf
провожáть) accompany; see off.

прово́дка leading, taking; building;
installation; wiring, wires.

проводни́к[1] (-á) guide; conductor.

проводни́к[2] (-á) conductor; bearer;
transmitter.

про́воды (-ов) pl send-off. прово-
жáтый sb guide, escort. провожáть impf of проводи́ть

прово́з conveyance, transport.

провозгласи́ть (-ашу́) pf, провоз-
глаша́ть impf proclaim; propose.
провозглаше́ние proclamation.

провози́ть (-ожу́, -о́зишь) impf of
провезти́

провокáтор agent provocateur. про-
вокáция provocation.

про́волока wire. про́волочный
wire.

прово́рный quick; agile. прово́р-
ство quickness; agility.

провоци́ровать impf & pf (pf с~)
provoke.

прогадáть pf, прогáдывать impf
miscalculate.

прогáлина glade; space.

прогибáть(ся impf of прогну́ть(ся

прогла́тывать impf, проглоти́ть
(-очу́, -о́тишь) pf swallow.

прогляде́ть (-яжу́) pf, прогля́ды-
вать[1] impf overlook; look through.

прогляну́ть (-я́нет) pf, прогля́-
дывать[2] impf show, peep through,
appear.

прогнáть (-гоню́, -го́нишь; -áл, -á, -о)
pf (impf прогоня́ть) drive away;
banish; drive; sack.

прогнивáть impf, прогни́ть (-иёт;
-и́л, -á, -о) pf rot through.

прогно́з prognosis; (weather) forecast.

прогну́ть (-ну́, -нёшь) pf (impf про-
гибáть) cause to sag; ~ся sag, bend.

прогова́ривать impf, проговори́ть
pf say, utter; talk; ~ся let the cat

out of the bag.

проголода́ться *pf* get hungry.

про|голосова́ть *pf.*

прого́н purlin; girder; stairwell.

прогоня́ть *impf of* прогна́ть

прогора́ть *impf*, прогоре́ть (-рю́) *pf* burn (through); burn out; go bankrupt.

прого́рклый rancid, rank.

програ́мма programme; syllabus. программи́ровать *impf* (*pf* за~) programme.

прогрева́ть *impf*, прогре́ть (-е́ю) *pf* heat; warm up; ~ся warm up.

про|греме́ть (-млю́) *pf*. про|грохота́ть (-очу́, -о́чешь) *pf.*

прогре́сс progress. прогресси́вный progressive. прогресси́ровать *impf* progress.

прогрыза́ть *impf*, прогры́зть (-зу́, -зёшь; -ы́з) *pf* gnaw through.

про|гуде́ть (-гужу́) *pf.*

прогу́л truancy; absenteeism. прогу́ливать *impf*, прогуля́ть *pf* play truant, be absent, (from); miss; take for a walk; ~ся take a walk. прогу́лка walk, stroll; outing. прогу́льщик absentee, truant.

продава́ть (-даю́, -даёшь) *impf*, прода́ть (-а́м, -а́шь, -а́ст, -ади́м; про́дал, -а́, -о) *pf* sell. продава́ться (-даётся) *impf* be for sale; sell. продаве́ц (-вца́) seller, vendor; salesman. продавщи́ца seller, vendor; saleswoman. прода́жа sale. прода́жный for sale; corrupt.

продвига́ть *impf*, продви́нуть (-ну) *pf* move on, push forward; advance; ~ся advance; move forward; push on. продвиже́ние advancement.

продева́ть *impf of* проде́ть

про|деклами́ровать *pf.*

проде́лать *pf*, проде́лывать *impf* do, perform, make. проде́лка trick; prank.

продемонстри́ровать *pf* demonstrate, show.

продёргивать *impf of* продёрнуть

продержа́ть (-жу́, -жишь) *pf* hold; keep; ~ся hold out.

продёрнуть (-ну, -нешь) *pf* (*impf* продёргивать) pass, run; criticize severely.

проде́ть (-е́ну) *pf* (*impf* продева́ть) pass; ~ ни́тку в иго́лку thread a

needle.

продешеви́ть (-влю́) *pf* sell too cheap.

про|диктова́ть *pf.*

продлева́ть *impf*, продли́ть *pf* prolong. продле́ние extension. про|дли́ться *pf.*

продма́г grocery. продово́льственный food. продово́льствие food; provisions.

продолгова́тый oblong.

продолжа́тель *m* continuer. продолжа́ть *impf*, продо́лжить (-жу) *pf* continue; prolong; ~ся continue, last, go on. продолже́ние continuation; sequel; в ~+*gen* in the course of. продолжи́тельность duration. продолжи́тельный long; prolonged.

продо́льный longitudinal.

продро́гнуть (-ну; -о́г) *pf* be chilled to the bone.

продтова́ры (-ов) *pl* food products.

продува́ть *impf* проду́ть

проду́кт product; *pl* food-stuffs. продукти́вность productivity. продукти́вный productive. продукто́вый food. проду́кция production.

проду́манный well thought-out; considered. проду́мать *pf*, проду́мывать *impf* think over; think out.

проду́ть (-у́ю, -у́ешь) *pf* (*impf* продува́ть) blow through.

продыря́вить (-влю) *pf* make a hole in.

проеда́ть *impf of* прое́сть. прое́ду *etc.*: *see* прое́хать

прое́зд passage, thoroughfare; trip. прое́здить (-зжу) *pf* (*impf* прое́зжа́ть) spend travelling. прое́здн|о́й travelling; ~о́й биле́т ticket; ~а́я пла́та fare; ~ые *sb pl* travelling expenses. проезжа́ть *impf of* прое́здить, прое́хать. прое́зжий passing (by); *sb* passer-by.

прое́кт project, plan, design; draft. проекти́ровать *impf* (*pf* с~) project; plan. прое́ктный planning; planned. прое́ктор projector.

проекцио́нный фона́рь projector. прое́кция projection.

прое́сть (-е́м, -е́шь, -е́ст, -еди́м; -е́л) *pf* (*impf* проеда́ть) eat through, corrode; spend on food.

прое́хать (-е́ду) pf (impf проезжа́ть) pass, ride, drive (by, through); cover.

прожа́ренный (cul) well-done.

прожева́ть (-жую́, -жуёшь) pf, прожёвывать impf chew well.

проже́ктор (pl -ы or -а́) searchlight.

проже́чь (-жгу́, -жжёшь; -жёг, -жгла́) pf (impf прожига́ть) burn (through).

прожива́ть impf of прожи́ть. прожига́ть impf of проже́чь

прожи́точный ми́нимум living wage. прожи́ть (-иву́, -ивёшь; -о́жил, -а́, -о) pf (impf прожива́ть) live; spend. прожо́рливый gluttonous.

про́за prose. проза́ический prose; prosaic.

прозва́ние, про́звище nickname. прозва́ть (-зову́, -зовёшь; -а́л, -а́, -о) pf (impf прозыва́ть) nickname, name.

про|звуча́ть pf.

про|зева́ть pf. про|зимова́ть pf. прозову́ etc.: see прозва́ть

прозорли́вый perspicacious.

прозра́чный transparent.

прозрева́ть impf, прозре́ть pf regain one's sight; see clearly. прозре́ние recovery of sight; insight. прозыва́ть impf of прозва́ть

прозяба́ние vegetation. прозяба́ть impf vegetate.

проигра́ть pf, прои́грывать impf lose; play; ~ся gamble away all one's money. прои́грыватель m record-player. про́игрыш loss.

произведе́ние work; production; product. произвести́ (-еду́, -едёшь; -ёл, -а́) pf, производи́ть (-ожу́, -о́дишь) impf make; carry out; produce; +в+acc/nom pl promote to (the rank of). производи́тель m producer. производи́тельность productivity. производи́тельный productive. произво́дный derivative. произво́дственный industrial; production. произво́дство production. произво́л arbitrariness; arbitrary rule. произво́льный arbitrary.

произнести́ (-су́, -сёшь; -ёс, -ла́) pf, произноси́ть (-ошу́, -о́сишь) impf pronounce; utter. произноше́ние pronunciation.

произойти́ (-ойдёт; -ошёл, -шла́) pf (impf происходи́ть) happen, occur;

result; be descended.

произраста́ть impf, произрасти́ (-ту́; -тёшь; -рос, -ла́) pf sprout; grow.

про́иски (-ов) pl intrigues.

проистека́ть impf, происте́чь (-ечёт; -ёк, -ла́) pf spring, result.

происходи́ть (-ожу́, -о́дишь) impf of произойти́. происхожде́ние origin; birth.

происше́ствие event, incident.

пройдо́ха m & f sly person.

пройти́ (-йду́, -йдёшь; -ошёл, -шла́) pf (impf проходи́ть) pass; go; go past; cover; study; get through; ~сь (impf проха́живаться) take a stroll.

прок use, benefit.

прокажённый sb leper. прока́за[1] leprosy.

прока́за[2] mischief, prank. прока́зничать impf (pf на~) be up to mischief. прока́зник prankster.

прока́лывать impf of проколо́ть прока́пывать impf of прокопа́ть прока́т hire.

прокати́ться (-ачу́сь, -а́тишься) pf roll; go for a drive.

прока́тный rolling; rolled.

прокипяти́ть (-ячу́) pf boil (thoroughly).

прокиса́ть impf, про|ки́снуть (-нет) pf turn (sour).

прокла́дка laying; construction; washer; packing. прокла́дывать impf of проложи́ть

проклама́ция leaflet.

проклина́ть impf, прокля́сть (-яну́, -янёшь; -о́клял. -а́, -о) pf curse, damn. прокля́тие curse; damnation. прокля́тый (-ят, -а́, -о) damned.

проко́л puncture.

проколо́ть (-лю́, -лешь) pf (impf прока́лывать) prick, pierce.

прокомменти́ровать pf comment (upon).

про|компости́ровать pf. про|конспекти́ровать pf. про|консульти́ровать(ся pf. про|контроли́ровать pf.

прокопа́ть pf (impf прока́пывать) dig, dig through.

проко́рм nourishment, sustenance. про|корми́ть(ся (-млю́(сь, -мишь(ся) pf.

про|корректи́ровать pf.

прокра́дываться impf, прокра́сть-

ся (-аду́сь, -адёшься) *pf* steal in.
прокурату́ра office of public prosecutor. прокуро́р public prosecutor.
прокуси́ть (-ушу́, -у́сишь) *pf*, проку́сывать *impf* bite through.
прокути́ть (-учу́, -у́тишь) *pf*, проку́чивать *impf* squander; go on a binge.
пролага́ть *impf of* проложи́ть
прола́мывать *impf of* пролома́ть
пролега́ть *impf* lie, run.
пролеза́ть *impf*, проле́зть (-зу; -лез) *pf* get through, climb through.
про|лепета́ть (-ечу́, -е́чешь) *pf*
пролёт span; stairwell; bay.
пролета́рий proletarian. пролета́рий proletarian. пролета́рский proletarian.
пролета́ть *impf*, пролете́ть (-ечу́) *pf* fly; cover; fly by, past, through.
проли́в strait. пролива́ть *impf*, проли́ть (-лью́, -льёшь; -о́лил, -á, -о) *pf* spill, shed; ~ся be spilt.
проло́г prologue.
проложи́ть (-жу́, -жишь) *pf* (*impf* прокла́дывать, пролага́ть) lay; build; interlay.
проло́м breach, break. пролома́ть, проломи́ть (-млю́, -мишь) *pf* (*impf* прола́мывать) break (through).
пролью́ *etc.*: *see* проли́ть
про|ма́зать (-а́жу) *pf* прома́тывать(ся *impf of* промота́ть(ся
про́мах miss; slip, blunder. промахиваться *impf*, промахну́ться (-ну́сь, -нёшься) *pf* miss; make a blunder.
прома́чивать *impf of* промочи́ть
промедле́ние delay. проме́длить *pf* delay; procrastinate.
промежу́ток (-тка) interval; space. промежу́точный intermediate
промелькну́ть (-ну́, -нёшь) *pf* flash (past, by).
проме́нивать *impf*, променя́ть *pf* exchange.
промерза́ть *impf*, промёрзнуть (-ну; -ёрз) *pf* freeze through. промёрзлый frozen.
промока́ть *impf*, промо́кнуть (-ну; -мо́к) *pf* get soaked; let water in.
промо́лвить (-влю) *pf* say, utter.
промолча́ть (-чу́) *pf* keep silent.
про|мота́ть *pf* (*impf also* прома́тывать) squander.

промочи́ть (-чу́, -чишь) *pf* (*impf* прома́чивать) soak, drench.
промо́ю *etc.*: *see* промы́ть
промтова́ры (-ов) *pl* manufactured goods.
промча́ться (-чу́сь) *pf* rush by.
промыва́ть *impf of* промы́ть
про́мысел (-сла) trade, business; *pl* works. промысло́вый producers'; business; game.
промы́ть (-мо́ю) *pf* (*impf* промыва́ть) wash (thoroughly); bathe; ~ мозги́+*dat* brain-wash.
про|мыча́ть (-чу́) *pf*
промы́шленник industrialist. промы́шленность industry. промы́шленный industrial.
пронести́ (-су́, -сёшь; -ёс, -ла́) *pf* (*impf* проноси́ть) carry (past, through); pass (over); ~сь rush past, through; scud (past); fly; spread.
пронза́ть *impf*, пронзи́ть (-нжу́) *pf* pierce, transfix. пронзи́тельный piercing.
пронизать (-ижу́, -и́жешь) *pf*, прони́зывать *impf* pierce; permeate.
проника́ть *impf*, прони́кнуть (-ну; -и́к) *pf* penetrate; percolate; ~ся be imbued. проникнове́ние penetration; feeling. проникнове́нный heartfelt.
проница́емый permeable. проница́тельный perspicacious.
проноси́ть(ся (-ошу́(сь, -о́сишь(ся *impf of* пронести́(сь. про|нумерова́ть *pf*.
проню́хать *pf*, проню́хивать *impf* smell out, get wind of.
прообраз prototype.
пропага́нда propaganda. пропаганди́ст propagandist.
пропада́ть *impf of* пропа́сть. пропа́жа loss.
пропа́лывать *impf of* прополо́ть
про́пасть precipice; abyss; lots of.
пропа́сть (-аду́, -адёшь) *pf* (*impf* пропада́ть) be missing; be lost; disappear; be done for, die; be wasted. пропа́щий lost; hopeless.
пропека́ть(ся *impf of* пропе́чь(ся. про|пе́ть (-пою́, -поёшь) *pf*
пропе́чь (-еку́, -ечёшь; -ёк, -ла́) *pf* (*impf* пропека́ть) bake thoroughly; ~ся get baked through.
пропива́ть *impf of* пропи́ть

прописа́ть (-ишу́, -и́шешь) *pf*, пропи́сывать *impf* prescribe; register; ~ся register. пропи́ска registration; residence permit. прописн|о́й: ~а́я бу́ква capital letter; ~а́я и́стина truism. про́писью *adv* in words.

пропита́ние subsistence, sustenance. пропита́ть *pf*, пропи́тывать *impf* impregnate, saturate.

пропи́ть (-пью, -пьёшь; -о́пил, -а́, -о) *pf* (*impf* пропива́ть) spend on drink.

проплыва́ть *impf*, проплы́ть (-ыву́, -ывёшь; -ы́л, -а́, -о) *pf* swim, sail, or float past or through.

пропове́дник preacher; advocate. пропове́довать *impf* preach; advocate. про́поведь sermon; advocacy.

прополза́ть *impf*, проползти́ (-зу́, -зёшь; -по́лз, -ла́) *pf* crawl, creep.

пропо́лка weeding. прополо́ть (-лю́, -лешь) *pf* (*impf* пропа́лывать) weed.

про|полоска́ть (-ощу́, -о́щешь) *pf*.

пропорциона́льный proportional, proportionate. пропо́рция proportion.

про́пуск (*pl* -á -и, -о́в or -ов) pass, permit; password; admission; omission; non-attendance; blank, gap. пропуска́ть *impf*, пропусти́ть (-ущу́, -у́стишь) *pf* let pass; let in; pass; leave out; miss. пропускн|о́й: ~а́я спосо́бность capacity.

пропью́ *etc.*: *see* пропи́ть

пропа́б works superintendent.

прораба́тывать *impf*, прорабо́тать *pf* work (through; at); study; pick holes in.

прораста́ние germination; sprouting. прораста́ть *impf*, прорасти́ (-тёт; -ро́с, -ла́) *pf* germinate, sprout.

прорва́ть (-ву́, -вёшь; -а́л, -а́, -о) *pf* (*impf* прорыва́ть) break through; ~ся burst open; break through.

про|реаги́ровать *pf*.

проредить (-ежу́) *pf*, проре́живать *impf* thin out.

проре́з cut; slit, notch. про|ре́зать (-е́жу) *pf*, прореза́ть *impf* (*impf also* прорезывать) cut through; ~ся be cut out, come through.

проре́зывать(ся *impf* of проре́зать(ся. про|репети́ровать *pf*.

проре́ха tear, slit; flies; deficiency.

про|рецензи́ровать *pf*.

проро́к prophet.

пророни́ть *pf* utter.

проро́с *etc.*: *see* прорасти́

проро́ческий prophetic. проро́чество prophecy.

проро́ю *etc.*: *see* проры́ть

проруба́ть *impf*, проруби́ть (-блю́, -бишь) *pf* cut or hack through. про́рубь ice-hole.

проры́в break; break-through; hitch. прорыва́ть¹(ся *impf of* прорва́ть(ся

прорыва́ть² *impf*, проры́ть (-ро́ю) *pf* dig through; ~ся dig one's way through.

проса́чиваться *impf of* просочи́ться

просве́рливать *impf*, просверли́ть *pf* drill, bore; perforate.

просве́т (clear) space; shaft of light; ray of hope; opening. просвети́тельный educational. просвети́ть¹ (-ещу́) *pf* (*impf* просэеща́ть) enlighten.

просвети́ть² (-ечу́, -е́тишь) *pf* (*impf* просве́чивать) X-ray.

просветле́ние brightening (up); lucidity. про|светле́ть (-е́ет) *pf*.

просве́чивание radioscopy. просве́чивать *impf of* просвети́ть; be translucent; be visible.

просвеща́ть *impf of* просвети́ть. просвеще́ние enlightenment.

просви́ра communion bread.

просе́дь streak(s) of grey.

просе́ивать *impf of* просе́ять

про́сека cutting, ride.

просёлок (-лка) country road.

просе́ять (-е́ю) *pf* (*impf* просе́ивать) sift.

про|сигнализи́ровать *pf*.

просиде́ть (-ижу́) *pf*, проси́живать *impf* sit.

проси́тельный pleading. проси́ть (-ошу́, -о́сишь) *impf* (*pf* по~) ask; beg; invite; ~ся ask; apply.

проска́кивать *impf of* проскочи́ть

проска́льзывать *impf*, проскользну́ть (-ну́, -нёшь) *pf* slip, creep.

проскочи́ть (-чу́, -чишь) *pf* (*impf* проска́кивать) rush by; slip through; creep in.

просла́вить (-влю) *pf*, прославля́ть *impf* glorify; make famous; ~ся become famous. просла́вленный renowned.

проследи́ть (-ежу́) *pf*, просле́живать *impf* track (down); trace.

пролезти́ться (-ежу́сь) *pf* shed a few tears.

просло́йка layer, stratum.

прослужи́ть (-жу́, -жишь) *pf* serve (for a certain time).

про|слу́шать *pf*, прослу́шивать *impf* hear; listen to; miss, not catch.

про|слы́ть (-ыву́, -ывёшь; -ы́л, -á, -о) *pf*.

просма́тривать *impf*, просмотре́ть (-рю́, -ришь) *pf* look over; overlook. просмо́тр survey; view, viewing; examination.

просну́ться (-ну́сь, -нёшься) *pf* (*impf* просыпа́ться) wake up.

про́со millet.

просо́вывать(ся *impf* of просу́нуть(ся

про|со́хнуть (-ну; -óх) *pf* (*impf also* просыха́ть) dry out.

просочи́ться (-и́тся) *pf* (*impf* проса́чиваться) percolate; seep (out); leak (out).

проспа́ть (-плю́; -áл, -á, -о) *pf* (*impf* просыпа́ть) sleep (through); oversleep.

проспе́кт avenue.

про|спряга́ть *pf*.

просро́ченный overdue; expired. просро́чить (-чу) *pf* allow to run out; be behind with; overstay. просро́чка delay; expiry of time limit.

простава́ть *impf of* простоя́ть простáк (-á) simpleton.

просте́нок (-нка) pier (*between windows*).

простере́ться (-трётся; -тёрся) *pf*, простира́ть *impf* extend.

прости́тельный pardonable, excusable. прости́ть (-ощу́) *pf* (*impf* проща́ть) forgive; excuse; ~ся (с+*instr*) say goodbye (to).

проститу́тка prostitute. проститу́ция prostitution.

про́сто *adv* simply.

простоволо́сый bare-headed. простоду́шный simple-hearted; ingenuous.

просто́й[1] downtime.

прост|о́й[2] simple; plain; mere; ~ым гла́зом with the naked eye; ~ое число́ prime number.

простоква́ша thick sour milk.

про́сто-на́просто *adv* simply.

простонаро́дный of the common people.

просто́р spaciousness; space. просто́рный spacious.

просторе́чие popular speech. простосерде́чный simple-hearted.

простота́ simplicity.

простоя́ть (-ою́) *pf* (*impf* простáивать) stand (idle).

простра́нный extensive, vast. простра́нственный spatial. простра́нство space.

простре́л lumbago. простре́ливать *impf*, прострели́ть (-лю́, -лишь) *pf* shoot through.

про|строчи́ть (-очу́, -о́чишь) *pf*.

просту́да cold. простуди́ться (-ужу́сь, -у́дишься) *pf*, простужа́ться *impf* catch (a) cold.

проступа́ть *impf*, проступи́ть (-ит) *pf* appear.

просту́пок (-пка) misdemeanour.

простыня́ (*pl* про́стыни, -ы́нь, -ня́м) sheet.

просты́ть (-ы́ну) *pf* get cold.

просу́нуть (-ну) *pf* (*impf* просо́вывать) push, thrust.

просу́шивать *impf*, просуши́ть (-шу́, -шишь) *pf* dry out; ~ся (get) dry.

просуществова́ть *pf* exist; endure.

просчёт error. просчита́ться *pf*, просчи́тываться *impf* miscalculate.

просы́пать (-плю) *pf*, просыпа́ть[1] *impf* spill; ~ся get spilt.

просыпа́ть[2] *impf of* проспа́ть. просыпа́ться *impf of* просну́ться. просыха́ть *impf of* просо́хнуть

про́сьба request.

прота́лкивать *impf of* протолкну́ть

прота́пливать *impf of* протопи́ть

прота́птывать *impf of* протопта́ть

прота́скивать *impf*, протащи́ть (-щу́, -щишь) *pf* drag, push (through).

проте́з artificial limb, prosthesis; зубно́й ~ denture.

протеи́н protein.

протека́ть *impf of* проте́чь

проте́кция patronage.

протере́ть (-тру́, -трёшь; -тёр) *pf* (*impf* протира́ть) wipe (over); wear (through).

проте́ст protest. протеста́нт, ~ка Protestant. протестова́ть *impf & pf* protest.

проте́чь (-ечёт; -тёк, -ла́) pf (impf протека́ть) flow; leak; seep; pass; take its course.

про́тив prep+gen against; opposite; contrary to, as against.

про́тивень (-вня) m baking-tray; meat-pan.

проти́виться (-влюсь) impf (pf вос∼) +dat oppose; resist. проти́вник opponent; the enemy. проти́вный¹ opposite; contrary. проти́вный² nasty, disgusting.

противо- in comb anti-, contra-, counter-. противове́с counterbalance. ∼возду́шный anti-aircraft. ∼га́з gas-mask. ∼де́йствие opposition. ∼де́йствовать impf +dat oppose, counteract. ∼есте́ственный unnatural. ∼зако́нный illegal. ∼зача́точный contraceptive. ∼поло́жность opposition; contrast. ∼поло́жный opposite; contrary. ∼поста́вить (-влю) pf, ∼поставля́ть impf oppose; contrast. ∼речи́вый contradictory; conflicting. ∼ре́чие contradiction. ∼ре́чить (-чу) impf +dat contradict. ∼стоя́ть (-ою́) impf +dat resist, withstand. ∼та́нковый anti-tank. ∼я́дие antidote.

протира́ть impf of протере́ть

проти́скивать impf, проти́снуть (-ну) pf force, squeeze (through, into).

проткну́ть (-ну́, -нёшь) pf (impf протыка́ть) pierce; skewer.

протоко́л minutes; report; protocol.

протолкну́ть (-ну́, -нёшь) pf (impf прота́лкивать) push through.

прото́н proton.

протопи́ть (-плю́ -пишь) pf (impf прота́пливать) heat (thoroughly).

протопта́ть (-пчу́, -пчешь) pf (impf прота́птывать) tread; wear out.

проторённый beaten, well-trodden.

прототи́п prototype.

прото́чный flowing, running.

про|тра́лить pf. протру́ etc.: see протере́ть. про|труби́ть (-блю́) pf.

протрезви́ться (-влюсь) pf, протрезвля́ться impf sober up.

протуха́ть impf, проту́хнуть (-нет; -у́х) pf become rotten; go bad.

протыка́ть impf of проткну́ть

протя́гивать impf, протяну́ть (-ну́, -нешь) pf stretch; extend; hold out;

∼ся stretch out; extend; last. протяже́ние extent, stretch; period. протя́жный long-drawn-out; drawling.

проу́чивать impf, проучи́ть (-чу́, -чишь) pf study; teach a lesson.

профа́н ignoramus.

профана́ция profanation.

профессиона́л professional. профессиона́льный professional; occupational. профе́ссия profession. профе́ссор (pl -á) professor.

профила́ктика prophylaxis; preventive measures.

профиль m profile; type.

про|фильтрова́ть pf.

профсою́з trade-union.

проха́живаться impf of пройти́сь

прохво́ст scoundrel.

прохла́да coolness. прохлади́тельный refreshing, cooling. прохла́дный cool, chilly.

прохо́д passage; gangway, aisle; duct. проходи́мец (-мца) rogue. проходи́мый passable. проходи́ть (-ожу́, -о́дишь) impf of пройти́. проходно́й entrance; communicating. проходя́щий passing. прохо́жий passing, in transit; sb passer-by.

процвета́ние prosperity. процвета́ть impf prosper, flourish.

процеди́ть (-ежу́, -е́дишь) pf (impf проце́живать) filter, strain.

процеду́ра procedure; (usu in pl) treatment.

проце́живать impf of процеди́ть

проце́нт percentage; per cent; interest.

проце́сс process; trial; legal proceedings. проце́ссия procession.

про|цити́ровать pf.

прочёска screening; combing.

проче́сть (-чту́, -чтёшь; -чёл, -чла́) pf of чита́ть

про́чий other.

прочи́стить (-и́щу) pf (impf прочища́ть) clean; clear.

про|чита́ть pf, прочи́тывать impf read (through).

прочища́ть impf of прочи́стить

про́чность firmness, stability, durability. про́чный (-чен, -чна́, -о) firm, sound, solid; durable.

прочте́ние reading. прочту́ etc.: see проче́сть

прочу́вствовать pf feel deeply;

experience, go through.

прочь *adv* away, off; averse to.

прошедший past; last. **прошёл** *etc.*: *see* **пройти**

прошение application, petition.

прошептать (-пчу, -пчешь) *pf* whisper.

прошествие: по прошествии +*gen* after.

прошивать *impf*, **прошить** (-шью, -шьёшь) *pf* sew, stitch.

прошлогодний last year's. **прошлый** past; last; ~ое *sb* the past.

про|шнуровать *pf.* **про|штудировать** *pf.* **прошью** *etc.*: *see* **прошить**

прощай(те) goodbye. **прощальный** parting; farewell. **прощание** farewell; parting. **прощать(ся** *impf of* **простить(ся**

проще simpler, plainer.

прощение forgiveness, pardon.

прощупать *pf*, **прощупывать** *impf* feel.

про|экзаменовать *pf.*

проявитель *m* developer. **проявить** (-влю, -вишь) *pf*, **проявлять** *impf* show, display; develop; ~ся reveal itself. **проявление** display; manifestation; developing.

проясниться *pf*, **проясняться** *impf* clear, clear up.

пруд (-á, *loc* -ý) pond. **прудить** (-ужу, -удишь) *impf* (*pf* за~) dam.

пружина spring. **пружинистый** springy. **пружинный** spring.

прусский Prussian.

прут (-а *or* -á; *pl* -тья) twig.

прыгать *impf*, **прыгнуть** (-ну) *pf* jump, leap; bounce; ~ с шестом pole-vault. **прыгун** (-á), **прыгунья** (*gen pl* -ний) jumper. **прыжок** (-жка) jump; leap; прыжки jumping; прыжки в воду diving; ~ в высоту high jump; ~ в длину long jump.

прыскать *impf*, **прыснуть** (-ну) *pf* spurt; sprinkle; burst out laughing.

прыть speed; energy.

прыщ (-á), **прыщик** pimple.

прядильня spinning. **прядильня** (*gen pl* -лен) (spinning-)mill. **прядильщик** spinner. **пряду** *etc.*: *see* **прясть. прядь** lock; strand. **пряжа** yarn, thread.

пряжка buckle, clasp.

прялка distaff; spinning-wheel.

прямая *sb* straight line. **прямо** *adv* straight; straight on; frankly; really.

прямодушие directness, straightforwardness. ~**душный** direct, straightforward.

прямой (-ям, -á, -о) straight; upright, erect; through; direct; straightforward; real.

прямолинейный rectilinear; straightforward. **прямоугольник** rectangle. **прямоугольный** rectangular.

пряник spice cake. **пряность** spice. **пряный** spicy; heady.

прясть (-яду, -ядёшь; -ял, -яла, -о) *impf* (*pf* с~) spin.

прятать (-ячу) *impf* (*pf* с~) hide; ~ся hide. **прятки** (-ток) *pl* hide-and-seek.

пса *etc.*: *see* **пёс**

псалом (-лма) psalm. **псалтырь** Psalter.

псевдоним pseudonym.

псих madman, lunatic. **психиатрия** psychiatry. **психика** psyche; psychology. **психический** mental, psychical.

психоанализ psychoanalysis. **психоз** psychosis. **психолог** psychologist. **психологический** psychological. **психология** psychology. **психопат** psychopath. **психопатический** psychopathic. **психосоматический** psychosomatic. **психотерапевт** psychotherapist. **психотерапия** psychotherapy. **психотический** psychotic.

птенец (-нца) nestling; fledgeling. **птица** bird. **птицеферма** poultry-farm. **птичий** bird, bird's, poultry. **птичка** bird; bird.

публика public; audience. **публикация** publication; notice, advertisement. **публиковать** *impf* (*pf* о~) publish. **публицистика** writing on current affairs. **публичность** publicity. **публичный** public; ~ дом brothel.

пугало scarecrow. **пугать** *impf* (*pf* на~), ~ся frighten, scare; ~ся (+*gen*) be frightened (of). **пугач** (-á) toy pistol. **пугливый** fearful.

пуговица button.

пуд (*pl* -ы) pood (= *16.38 kg*). **пудовой, пудовый** one pood in weight.

пу́дель *m* poodle.

пу́динг blancmange.

пу́дра powder. пу́дреница powder compact. пу́дреный powdered. пу́дриться *impf* (*pf* на~) powder one's face.

пуза́тый pot-bellied.

пузырёк (-рька́) vial; bubble. пузы́рь (-я́) *m* bubble; blister; bladder.

пук (*pl* -и́) bunch, bundle; tuft.

пу́кать *impf*, пу́кнуть *pf* fart.

пулемёт machine-gun. пулемётчик machine-gunner. пуленепробива́емый bullet-proof.

пульвериза́тор atomizer; spray.

пульс pulse. пульса́р pulsar. пульси́ровать *impf* pulsate.

пульт desk, stand; control panel.

пу́ля bullet.

пункт point; spot; post; item. пункти́р dotted line. пункти́рный dotted, broken.

пунктуа́льный punctual.

пунктуа́ция punctuation.

пунцо́вый crimson.

пуп (-а́) navel. пупови́на umbilical cord. пупо́к (-пка́) navel; gizzard.

пурга́ blizzard.

пурита́нин (*pl* -та́не, -та́н), -а́нка Puritan.

пу́рпур purple, crimson. пурпу́р|ный, ~овый purple.

пуск starting (up). пуска́й *see* пусть. пуска́ть(ся *impf of* пусти́ть(ся. пусково́й starting.

пусте́ть (-е́ет) *impf* (*pf* о~) empty; become deserted.

пусти́ть (пущу́, пу́стишь) *pf* (*impf* пуска́ть) let go; let in; let; start; send; set in motion; throw; put forth; ~ся set out; start.

пустова́ть *impf* be or stand empty.

пусто́й (-ст, -а́, -о) empty; uninhabited; idle; shallow. пустота́ (*pl* -ы) emptiness; void; vacuum; futility. пустоте́лый hollow.

пусты́нный uninhabited; deserted; desert. пусты́ня desert. пусты́рь (-я́) *m* waste land; vacant plot.

пусты́шка blank; hollow object; dummy.

пусть, пуска́й *partl* let; all right; though, even if.

пустя́к (-а́) trifle. пустяко́вый trivial.

пу́таница muddle, confusion. пу́таный muddled, confused. пу́тать *impf* (*pf* за~, пере~, с~) tangle; confuse; mix up; ~ся get confused *or* mixed up.

путёвка pass; place on a group tour.

путеводи́тель *m* guide, guide-book. путево́й travelling; road. путём *prep+gen* by means of. путеше́ственник traveller. путеше́ствие journey; voyage. путеше́ствовать *impf* travel; voyage.

пу́ты (пут) *pl* shackles.

путь (-и́, *instr* -ём, *prep* -и́) way; track; path; course; journey; voyage; means; в пути́ en route, on one's way.

пух (*loc* -у́) down; fluff.

пу́хлый (-хл, -а́, -о) plump. пу́хнуть (-ну; пух) *impf* (*pf* вс~, о~) swell.

пухови́к (-а́) feather-bed. пухо́вка powder-puff. пухо́вый downy.

пучи́на abyss; the deep.

пучо́к (-чка́) bunch, bundle.

пу́шечный gun, cannon.

пуши́нка bit of fluff. пуши́стый fluffy.

пу́шка gun, cannon.

пушни́на furs, pelts. пушно́й fur; fur-bearing.

пу́ще *adv* more; ~ всего́ most of all.

пу́щу *etc.: see* пусти́ть

пчела́ (*pl* -ёлы) bee. пчели́ный bee, bees'. пчелово́д bee-keeper. пче́льник apiary.

пшени́ца wheat. пшени́чный wheat(en).

пшённый millet. пшено́ millet.

пыл (*loc* -у́) heat, ardour. пыла́ть *impf* blaze; burn.

пылесо́с vacuum cleaner. пылесо́сить *impf* vacuum (-clean).

пыли́нка speck of dust. пыли́ть *impf* (*pf* за~) raise a dust; cover with dust; ~ся get dusty.

пы́лкий ardent; fervent.

пыль (*loc* -и́) dust. пы́льный (-лен, -льна́, -о) dusty. пыльца́ pollen.

пыре́й couch grass.

пырну́ть (-ну́, -нёшь) *pf* jab.

пыта́ть *impf* torture. пыта́ться *impf* (*pf* по~) try. пы́тка torture, torment. пытли́вый inquisitive.

пыхте́ть (-хчу́) *impf* puff, pant.

пы́шка bun.

пы́шность splendour. пы́шный

(-шен, -шна́, -шно) splendid; lush.
пьедеста́л pedestal.
пье́са play; piece.
пью *etc.*: *see* пить
пьяне́ть (-е́ю) *impf* (*pf* о~) get drunk. **пьяни́ть** *impf* (*pf* о~) intoxicate, make drunk. **пья́ница** *m & f* drunkard. **пья́нство** drunkenness. **пья́нствовать** *impf* drink heavily. **пья́ный** drunk.
пюпи́тр lectern; stand.
пюре́ *neut indecl* purée.
пядь (*gen pl* -е́й) span; **ни пя́ди** not an inch.
пя́льцы (-лец) *pl* embroidery frame.
пята́ (*pl* -ы, -а́м) heel.
пята́к (-а́), **пятачо́к** (-чка́) five-copeck piece. **пятёрка** five; figure 5; No. 5; fiver (*5-rouble note*).
пяти- *in comb* five; penta-. **пятибо́рье** pentathlon. ~**десятиле́тие** fifty years; fiftieth anniversary, birthday. П~**деся́тница** Pentecost. ~**деся́тый** fiftieth; ~**деся́тые го́ды** the fifties. ~**коне́чный** five-pointed. ~**ле́тие** five years; fifth anniversary. ~**ле́тка** five-year plan. ~**со́тый** five-hundredth. ~**уго́льник** pentagon. ~**уго́льный** pentagonal.
пяти́ться (пя́чусь) *impf* (*pf* по~) move backwards; back.
пя́тка heel.
пятна́дцатый fifteenth. **пятна́дцать** fifteen.
пятна́ть *impf* (*pf* за~) spot, stain. **пятна́шки** (-шек) *pl* tag. **пятни́стый** spotted.
пя́тница Friday.
пятно́ (*pl* -а, -тен) stain; spot; blot; **роди́мое** ~ birth-mark.
пя́тый fifth. **пять** (-и́, *instr* -ью́) five. **пятьдеся́т** (-и́десяти, *instr* -ью́десятью) fifty. **пятьсо́т** (-тисо́т, -тиста́м) five hundred. **пя́тью** *adv* five times.

Р

раб (-а́), **раба́** slave. **рабовладе́лец** (-льца) slave-owner. **раболе́пие** servility. **рабо́лепный** servile. **раболе́пствовать** cringe, fawn.
рабо́та work; job; functioning. **рабо́тать** *impf* work; function; be open;

~ **над**+*instr* work on. **рабо́тник, -ица** worker. **работоспосо́бность** capacity for work, efficiency. **рабо́тоспосо́бный** able-bodied, hardworking. **рабо́тящий** hardworking. **рабо́чий** *sb* worker. **рабо́чий** worker's; -working; ~**ая си́ла** manpower.
ра́бский slave; servile. **ра́бство** slavery. **рабы́ня** female slave.
равви́н rabbi.
ра́венство equality. **равне́ние** alignment. **равни́на** plain.
равно́ *adv* alike; equally; ~ **как** as well as. **равно́** *predic*: *see* ра́вный
равно- *in comb* equi-, iso-. **равнобе́дренный** isosceles. ~**ве́сие** equilibrium; balance. ~**де́нствие** equinox. ~**ду́шие** indifference. ~**ду́шный** indifferent. ~**ме́рный** even; uniform. ~**пра́вие** equality of rights. ~**пра́вный** having equal rights. ~**си́льный** of equal strength; equal, equivalent, tantamount. ~**сторо́нний** equilateral. ~**це́нный** of equal value; equivalent.
ра́вный (-вен, -вна́) equal. **равно́** *predic* make(s), equals; **всё** ~ **о́** (it is) all the same. **равня́ть** *impf* (*pf* с~) make even; treat equally; +с+*instr* compare with, treat as equal to; ~**ся** compete, compare; be equal; be tantamount.
рад (-а, -о) *predic* glad.
рада́р radar.
ра́ди *prep*+*gen* for the sake of.
радиа́тор radiator. **радиа́ция** radiation.
ра́дий radium.
радика́льный radical.
ра́дио *neut indecl* radio.
радио- *in comb* radio-; radioactive. **радиоакти́вный** radioactive. ~**веща́ние** broadcasting. ~**волна́** radiowave. ~**гра́мма** radio-telegram. **радио́лог** radiologist. ~**ло́гия** radiology. ~**лока́тор** radar (set). ~**люби́тель** *m* radio amateur, ham. ~**мая́к** (-а́) radio beacon. ~**переда́тчик** transmitter. ~**переда́ча** broadcast. ~**приёмник** radio (set). ~**связь** radio communication. ~**слу́шатель** *m* listener. ~**ста́нция** radio station. ~**электро́ника** radioelectronics.

радио́ла radiogram.

ради́ровать *impf & pf* radio. **ради́ст** radio operator.

ра́диус radius.

ра́довать *impf* (*pf* об~, по~) gladden, make happy; ~ся be glad, rejoice. **ра́достный** joyful. **ра́дость** gladness, joy.

ра́дуга rainbow. **ра́дужный** iridescent; cheerful; ~ая оболо́чка iris.

раду́шие cordiality. **раду́шный** cordial.

ражу́ *etc.*: *see* рази́ть

раз (*pl* -ы́, раз) time, occasion; one; ещё ~ (once) again; как ~ just, exactly; не ~ more than once; ни ~у not once. **раз** *adv* once, one day. **раз** *conj* if; since.

разба́вить (-влю) *pf*, **разбавля́ть** *impf* dilute.

разбаза́ривать *impf*, **разбаза́рить** *pf* squander.

разба́лтывать(ся *impf of* разболта́ть(ся

разбе́г running start. **разбега́ться** *impf*, **разбежа́ться** (-éгусь) *pf* take a run, run up; scatter.

разберу́ *etc.*: *see* разобра́ть

разбива́ть(ся *impf of* разби́ть(ся. **разби́вка** laying out; spacing (out).

разбинтова́ть *pf*, **разбинто́вывать** *impf* unbandage.

разбира́тельство investigation. **разбира́ть** *impf of* разобра́ть; ~ся *impf of* разобра́ться

разби́ть (-зобью́, -зобьёшь) *pf* (*impf* разбива́ть) break; smash; divide (up); damage; defeat; mark out; space (out); ~ся break, get broken; hurt o.s. **разби́тый** broken; jaded.

раз|богате́ть (-éю) *pf*.

разбо́й robbery. **разбо́йник** robber. **разбо́йничий** robber.

разболе́ться¹ (-ли́тся) *pf* begin to ache badly.

разболе́ться² (-éюсь) *pf* become ill.

разболта́ть¹ *pf* (*impf* разба́лтывать) divulge, give away.

разболта́ть² *pf* (*impf* разба́лтывать) shake up; loosen; ~ся work loose; get out of hand.

разбомби́ть (-блю́) *pf* bomb, destroy by bombing.

разбо́р analysis; critique; discrimination; investigation. **разбо́рка** sorting

out; dismantling. **разбо́рный** collapsible. **разбо́рчивый** legible; discriminating.

разбра́сывать *impf of* разброса́ть

разбреда́ться *impf*, **разбрести́сь** (-едётся; -ёлся, -ла́сь) *pf* disperse; straggle. **разбро́д** disorder.

разбро́санный scattered; disconnected, incoherent. **разброса́ть** *pf* (*impf* разбра́сывать) throw about; scatter.

раз|буди́ть (-ужу́, -у́дишь) *pf*.

разбуха́ть *impf*, **разбу́хнуть** (-нет; -бу́х) *pf* swell.

разбушева́ться (-шу́юсь) *pf* fly into a rage; blow up; rage.

разва́л breakdown, collapse. **разва́ливать** *impf*, **развали́ть** (-лю́, -лишь) *pf* pull down; mess up; ~ся collapse; go to pieces; tumble down; sprawl. **разва́лина** ruin; wreck.

ра́зве *partl* really?; ~ (то́лько), ~ (что) except that, only.

развева́ться *impf* fly, flutter.

разве́дать *pf* (*impf* разве́дывать) find out; reconnoitre.

разведе́ние breeding; cultivation.

разведённый divorced; ~ый, ~ая *sb* divorcee.

разве́дка intelligence (service); reconnaissance; prospecting. **разве́дочный** prospecting, exploratory.

разведу́ *etc.*: *see* развести́

разве́дчик intelligence officer; scout; prospector. **разве́дывать** *impf of* разве́дать

развезти́ (-зу́, -зёшь; -ёз, -ла́) *pf* (*impf* развози́ть) convey, transport; deliver.

развева́ть(ся *impf of* разве́ять(ся. **развёл** *etc.*: *see* развести́

развенча́ть *pf*, **разве́нчивать** *impf* dethrone; debunk.

развёрнутый extensive, all-out; detailed. **разверну́ть** (-ну́, -нёшь) *pf* (*impf* развёртывать, развора́чивать) unfold, unwrap; unroll; unfurl; deploy; expand; develop; turn; scan; display; ~ся unfold, unroll, come unwrapped; deploy; develop; spread; turn.

развёртка allotment, apportionment.

развёртывать(ся *impf of* разверну́ть(ся

раз|весели́ть pf cheer up, amuse; ~ся cheer up.

разве́сить[1] (-е́шу) pf (impf разве́шивать) spread; hang (out).

разве́сить[2] (-е́шу) pf (impf разве́шивать) weigh out. развеска weighing. развесно́й sold by weight.

развести́ (-еду́, -еде́шь; -е́л, -а́) pf (impf разводи́ть) take; separate; divorce; dilute; dissolve; start; breed; cultivate; ~сь get divorced; breed, multiply.

разве́твиться (-ви́тся) pf, разветвля́ться impf branch; fork. разветвле́ние branching, forking; branch; fork.

разве́шать pf, разве́шивать impf hang.

разве́шивать impf of разве́сить, разве́шать. разве́шу etc.: see разве́сить

разве́ять (-е́ю) pf (impf разве́ивать) scatter, disperse; dispel; ~ся disperse; be dispelled.

развива́ть(ся impf of разви́ть(ся

разви́лка fork.

развинти́ть (-нчу́) pf, разви́нчивать impf unscrew.

разви́тие development. развитой (ра́звит, -а́, -о) developed; mature. **разви́ть** (-зовью́; -зовье́шь; -и́л, -а́, -о) pf (impf развива́ть) develop; unwind; ~ся develop.

развлека́ть impf, развле́чь (-еку́, -ече́шь; -е́к, -ла́) pf entertain, amuse; ~ся have a good time; amuse o.s. развлече́ние entertainment, amusement.

разво́д divorce. разводи́ть(ся (-ожу́(сь, -о́дишь(ся) impf of развести́(сь. разво́дка separation. разводно́й: ~ ключ adjustable spanner; ~ мост drawbridge.

развози́ть (-ожу́, -о́зишь) impf of развезти́

разволнова́ть(ся pf get excited, be agitated.

развора́чивать(ся impf of разверну́ть(ся

развороова́ть pf, разворо́вывать impf loot, pillage.

разворо́т U-turn; turn; development. **развра́т** depravity, corruption. **разврати́ть** (-ащу́) pf. развраща́ть impf corrupt; deprave. **разврат-**

ничать impf lead a depraved life. **развра́тный** debauched, corrupt. **развращённый** (-ён, -а́) corrupt.

развяза́ть (-яжу́, -я́жешь) pf, развя́зывать impf untie; unleash; ~ся come untied; ~ся c+instr rid o.s. of. развя́зка dénouement; outcome. развя́зный overfamiliar.

разгада́ть pf, разга́дывать impf solve, guess, interpret. разга́дка solution.

разга́р height, climax.

разгиба́ть(ся impf of разогну́ть(ся

разглаго́льствовать impf hold forth.

разгла́дить (-а́жу) pf, разгла́живать impf smooth out: iron (out).

разгласи́ть (-ашу́) pf, разглаша́ть impf divulge; +o+prep trumpet. разглаше́ние disclosure.

разгляде́ть (-яжу́) pf, разгля́дывать impf make out, discern.

разгне́вать pf anger. раз|гне́ваться pf.

разгова́ривать impf talk, converse. разгово́р conversation. разгово́рник phrase-book. разгово́рный colloquial. разгово́рчивый talkative.

разго́н dispersal; running start; distance. разгоня́ть(ся impf of разогна́ть(ся

разгора́живать impf of разгороди́ть

разгора́ться impf, разгоре́ться (-рю́сь) pf flare up.

разгороди́ть (-ожу́, -о́дишь) pf (impf разгора́живать) partition off.

раз|горячи́ть(ся (-чу́(сь) pf.

разгра́бить (-блю) pf plunder, loot. разграбле́ние plunder, looting.

разграниче́ние demarcation; differentiation. разграни́чивать impf, разграни́чить (-чу) pf delimit; differentiate.

разгреба́ть impf, разгрести́ (-ебу́, -ебе́шь; -е́б, -ла́) pf rake or shovel (away).

разгро́м crushing defeat; devastation; havoc. разгроми́ть (-млю) pf rout, defeat.

разгружа́ть impf, разгрузи́ть (-ужу́, -у́зишь) pf unload; relieve; ~ся unload; be relieved. разгру́зка unloading; relief.

разгрыза́ть *impf*, раз|гры́зть (-зу́, -зёшь; -ы́з) *pf* crack.

разгу́л revelry; outburst. разгу́ливать *impf* stroll about. разгу́ливаться *impf*, разгуля́ться *pf* spread o.s.; become wide awake; clear up. разгу́льный wild, rakish.

раздава́ть(ся (-даю́(сь, -даёшь(ся) *impf of* разда́ть(ся

раз|дави́ть (-влю́, -вишь) *pf*. разда́вливать *impf* crush; run over.

разда́ть (-а́м, -а́шь, -а́ст, -ади́м; ро́*or* ро́здал, -а́, -о) *pf* (*impf* раздава́ть) distribute, give out; ~ся be heard; resound; ring out; make way; expand; put on weight. разда́ча distribution. раздаю́ *etc.*: *see* раздава́ть

раздва́ивать(ся *impf of* раздвои́ть(ся

раздвига́ть *impf*, раздви́нуть (-ну) *pf* move apart; ~ся move apart. раздвижно́й expanding; sliding.

раздвое́ние division; split; ~ ли́чности split personality. раздво́енный forked; cloven; split. раздвои́ть (ся *pf* (*impf* раздва́ивать) divide into two; bisect; ~ся fork; split.

раздева́лка cloakroom. раздева́ть(ся *impf of* разде́ть(ся

разде́л division; section.

раздели́ть *pf* +*instr* finish with; settle accounts with.

разделе́ние division. раздели́мый divisible. раз|дели́ть (-лю́, -лишь) *pf*, разделя́ть *impf* divide; separate; share; ~ся divide; be divided; be divisible; separate. разде́льный separate.

разде́ну *etc.*: *see* разде́ть. раздеру́ *etc.*: *see* разодра́ть

разде́ть (-де́ну) *pf* (*impf* раздева́ть) undress; ~ся undress; take off one's coat.

раздира́ть *impf of* разодра́ть

раздобыва́ть *impf*, раздобы́ть (-бу́ду) *pf* get, get hold of.

раздо́лье expanse; liberty. раздо́льный free.

раздо́р discord.

раздоса́довать *pf* vex.

раздража́ть *impf*, раздражи́ть (-жу́) *pf* irritate; annoy; ~ся get annoyed. раздраже́ние irritation. раздражи́тельный irritable.

раз|дроби́ть (-блю́) *pf*, раздробля́ть *impf* break; smash to pieces.

раздува́ть(ся *impf of* разду́ть(ся

разду́мать *pf*, разду́мывать *impf* change one's mind; ponder. разду́мье meditation; thought.

разду́ть (-у́ю) *pf* (*impf* раздува́ть) blow; fan; exaggerate; whip up; swell; ~ся swell.

разева́ть *impf of* рази́нуть

разжа́лобить (-блю) *pf* move (to pity).

разжа́ловать *pf* demote.

разжа́ть (-зожму́, -мёшь) *pf* (*impf* разжима́ть) unclasp, open; release.

разжева́ть (-жую́, -жуёшь) *pf*, разжёвывать *impf* chew.

разже́чь (-зожгу́, -зожжёшь; -жёг, -зожгла́) *pf*, разжига́ть *impf* kindle; rouse.

разжима́ть *impf of* разжа́ть. раз|жире́ть (-е́ю) *pf*.

рази́нуть (-ну) *pf* (*impf* разева́ть) open; ~ рот gape. рази́ня *m & f* scatter-brain.

рази́тельный striking. рази́ть (ражу́) *impf* (*pf* по~) strike.

разлага́ть(ся *impf of* разложи́ть(ся

разла́д discord; disorder.

разла́мывать(ся *impf of* разлома́ть(ся, разломи́ть(ся. разлёгся *etc.*: *see* разле́чься

разлеза́ться *impf*, разле́зться (-зется; -лёзся) *pf* come to pieces; fall apart.

разлета́ться *impf*, разлете́ться (-лечу́сь) *pf* fly away; scatter; shatter; rush.

разле́чься (-ля́гусь, -ля́жешься, -гла́сь) *pf* stretch out.

разли́в bottling; flood; overflow. разлива́ть *impf*, разли́ть (-золью́, -зольёшь; -и́л, -а́, -о) *pf* pour out; spill; flood (with); ~ся spill; overflow; spread. разливно́й draught.

различа́ть *impf*, различи́ть (-чу́) *pf* distinguish; discern; ~ся differ. разли́чие distinction; difference. различи́тельный distinctive, distinguishing. разли́чный different.

разложе́ние decomposition; decay; disintegration. разложи́ть (-жу́, -жишь) *pf* (*impf* разлага́ть, раскла́дывать) put away; spread (out); distribute; break down; decompose;

resolve; corrupt; ~ся decompose; become demoralized; be corrupted; disintegrate, go to pieces.

разло́м breaking; break. разлома́ть, разломи́ть (-млю́, -мишь) pf (impf разла́мывать) break to pieces; pull down; ~ся break to pieces.

разлу́ка separation. разлуча́ть impf, разлучи́ть (-чу́) pf separate, part; ~ся separate, part.

разлюби́ть (-блю́, -бишь) pf stop loving or liking.

разля́гусь etc.: see разле́чься

разма́зать (-а́жу) pf, разма́зывать impf spread, smear.

размалыва́ть impf of размоло́ть

разма́тывать impf of размота́ть

разма́х sweep; swing; span; scope. разма́хивать impf +instr swing; brandish. разма́хиваться impf, размахну́ться (-ну́сь, -нёшься) pf swing one's arm. разма́шистый sweeping.

размежева́ние demarcation, delimitation. размежева́ть (-жу́ю) pf, размежёвывать impf delimit.

размеёл etc.: see размести́

размельча́ть impf, раз|мельчи́ть (-чу́) pf crush, pulverize.

размело́ etc.: see размоло́ть

разме́н exchange. разме́нивать impf, разменя́ть pf change; ~ся +instr exchange; dissipate. разме́нная моне́та (small) change.

разме́р size; measurement; amount; scale, extent; pl proportions. разме́ренный measured. разме́рить pf, размеря́ть impf measure.

размести́ (-ету́, -ете́шь; -мёл, -а́) pf (impf размета́ть) sweep clear; sweep away.

размести́ть (-ещу́) pf (impf размеща́ть) place, accommodate; distribute; ~ся take one's seat.

размета́ть impf of размести́

разме́тить (-е́чу) pf, размеча́ть impf mark.

разме́шивать pf, разме́шивать impf stir (in).

размеща́ть(ся impf of размести́ть(ся. размеще́ние placing; accommodation; distribution. размещу́ etc.: see размести́ть

размина́ть(ся impf of размя́ть(ся

разми́нка limbering up.

размину́ться (-ну́сь, -нёшься) pf pass; +с +instr pass; miss.

размножа́ть impf, размно́жить (·жу) pf multiply, duplicate; breed; ~ся multiply; breed.

размозжи́ть (-жу́) pf smash.

размо́лвка tiff.

размоло́ть (-мелю́, -ме́лешь) pf (impf разма́лывать) grind.

размора́живать impf, разморо́зить (-о́жу) pf unfreeze, defrost; ~ся unfreeze; defrost.

размота́ть pf (impf разма́тывать) unwind.

размыва́ть impf, размы́ть (-о́ет) pf wash away; erode.

размыка́ть impf of разомкну́ть

размышле́ние reflection; meditation. размышля́ть impf reflect, ponder.

размягча́ть impf, размягчи́ть (-чу́) pf soften; ~ся soften.

размяка́ть impf, размя́кнуть (-ну; -мя́к) pf soften.

раз|мя́ть (-зомну́, -зомнёшь) pf (impf also размина́ть) knead; mash; ~ся stretch one's legs; limber up.

разна́шивать impf of разноси́ть

разнести́ (-су́, -сёшь; -ёс, -ла́) pf (impf разноси́ть) carry; deliver; spread; note down; smash; scold; scatter; impers make puffy, swell.

разнима́ть impf of разня́ть

ра́зниться impf differ. ра́зница difference.

разно- in comb different, vari-, hetero-. разнобо́й lack of co-ordination; difference. ~ви́дность variety. ~гла́сие disagreement; discrepancy. ~обра́зие variety, diversity. ~обра́зный various, diverse. ~речи́вый contradictory. ~ро́дный heterogeneous. ~сторо́нний many-sided; versatile. ~цве́тный variegated. ~шёрстный of different colours; ill-assorted.

разноси́ть[1] (-ошу́, -о́сишь) pf (impf разна́шивать) wear in.

разноси́ть[2] (-ошу́, -о́сишь) impf of разнести́. разно́ска delivery.

ра́зность difference.

разно́счик pedlar.

разношу́ etc.: see разноси́ть

разну́зданный unbridled.

ра́зн|ый different; various; ~ое sb

various things.

разню́хать *pf*, разню́хивать *impf* smell out.

разня́ть (-ниму́, -ни́мешь; ро́з- *or* разня́л, -á, -о) *pf* (*impf* разнима́ть) take to pieces; separate.

разоблача́ть *impf*, разоблачи́ть (-чу́) *pf* expose. разоблаче́ние exposure.

разобра́ть (-зберу́, -рёшь; -áл, -á, -о) *pf* (*impf* разбира́ть) take to pieces; buy up; sort out; investigate; analyse; understand; ∼ся sort things out; +в+*prep* investigate, look into; understand.

разобща́ть *impf*, разобщи́ть (-щу́) *pf* separate; estrange, alienate.

разобью́ *etc.*: *see* разби́ть. разовью́ *etc.*: *see* разви́ть.

ра́зовый single.

разогна́ть (-згоню́, -о́нишь; -гнáл, -á, -о) *pf* (*impf* разгоня́ть) scatter; disperse; dispel; drive fast; ∼ся gather speed.

разогну́ть (-ну́, -нёшь) *pf* (*impf* разгиба́ть) unbend, straighten; ∼ся straighten up.

разогрева́ть *impf*, разогре́ть (-е́ю) *pf* warm up.

разоде́ть(ся (-е́ну(сь) *pf* dress up.

разодра́ть (-здеру́, -рёшь; -áл, -á, -о) *pf* (*impf* раздира́ть) tear (up); lacerate.

разожгу́ *etc.*: *see* разже́чь. разожму́ *etc.*: *see* разжа́ть

разо|зли́ть *pf*.

разойти́сь (-йду́сь, -йдёшься; -ошёлся, -ошла́сь) *pf* (*impf* расходи́ться) disperse; diverge; radiate; differ; conflict; part; be spent; be sold out.

разолью́ *etc.*: *see* разли́ть.

ра́зом *adv* at once, at one go.

разомкну́ть (-ну, -нёшь) *pf* (*impf* размыка́ть) open; break.

разомну́ *etc.*: *see* размя́ть

разорва́ть (-ву́, -вёшь; -áл, -á, -о) *pf* (*impf* разрыва́ть) tear; break (off); blow up; ∼ся tear; break; explode.

разоре́ние ruin; destruction. разори́тельный ruinous; wasteful. разори́ть *pf* (*impf* разоря́ть) ruin; destroy; ∼ся ruin o.s.

разоружа́ть *impf*, разоружи́ть (-жу́) *pf* disarm; ∼ся disarm. разоруже́ние disarmament.

разоря́ть(ся *impf of* разори́ть(ся

разосла́ть (-ошлю́, -ошлёшь) *pf* (*impf* рассыла́ть) distribute, circulate.

разостла́ть, расстели́ть (-сстелю́, -те́лешь) *pf* (*impf* расстила́ть) spread (out); lay; ∼ся spread.

разотру́ *etc.*: *see* растере́ть

разочарова́ние disappointment.

разочарова́ть *pf*, разочаро́вывать *impf* disappoint; ∼ся be disappointed.

разочту́ *etc.*: *see* расчёсть. разошёлся *etc.*: *see* разойти́сь. разошлю́ *etc.*: *see* разосла́ть. разошью́ *etc.*: *see* расши́ть

разраба́тывать *impf*, разрабо́тать *pf* cultivate; work, exploit; work out; develop. разрабо́тка cultivation; exploitation; working out; mining; quarry.

разража́ться *impf*, разрази́ться (-ажу́сь) *pf* break out; burst out.

разраста́ться *impf*, разрасти́сь (-тётся; -ро́сся, -ла́сь) *pf* grow; spread.

разрежённый (-ён, -á) rarefied.

разре́з cut; section; point of view. разре́зать (-е́жу) *pf*, разреза́ть *impf* cut; slit.

разреша́ть *impf*, разреши́ть (-шу́) *pf* (+*dat*) allow; solve; settle; ∼ся be allowed; be solved; be settled. разреше́ние permission; permit; solution; settlement. разреши́мый solvable.

разро́зненный uncoordinated; odd; incomplete.

разро́сся *etc.*: *see* разрасти́сь. разро́ю *etc.*: *see* разры́ть

разруба́ть *impf*, разруби́ть (-блю́, -бишь) *pf* cut; chop up.

разру́ха ruin, collapse. разруша́ть *impf*, разру́шить (-шу) *pf* destroy; demolish; ruin; ∼ся go to ruin, collapse. разруше́ние destruction. разруши́тельный destructive.

разры́в break; gap; rupture; burst. разрыва́ть¹(ся *impf of* разорва́ть(ся

разрыва́ть² *impf of* разры́ть

разрывно́й explosive.

разрыда́ться *pf* burst into tears.

разры́ть (-ро́ю) *pf* (*impf* разрыва́ть) dig up.

разры|рыхли́ть *pf*, разрыхля́ть *impf* loosen; hoe.

разря́д¹ category; class.

разря́д² discharge. разряди́ть (-яжу́, -я́дишь) pf (impf разряжа́ть) unload; discharge; space out; ~ся run down; clear, ease. разря́дка spacing (out); discharging; unloading; relieving.

разряжа́ть(ся impf of разряди́ть(ся

разубеди́ть (-ежу́) pf, разубежда́ть impf dissuade; ~ся change one's mind.

разува́ться impf of разу́ться

разуве́рить pf, разуверя́ть impf dissuade, undeceive; ~ся (в+prep) lose faith (in).

разузнава́ть (-наю́, -наёшь) impf, разузна́ть pf (try to) find out.

разукра́сить (-а́шу) pf, разукра́шивать impf adorn, embellish.

ра́зум reason; intellect. разуме́ться (-е́ется) impf be understood, be meant; (само́ собо́й) разуме́ется of course; it goes without saying. разу́мный rational, intelligent; sensible; reasonable; wise.

разу́ться (-у́юсь) pf (impf разува́ться) take off one's shoes.

разу́чивать impf, разучи́ть (-чу́, -чишь) pf learn (up). разу́чиваться impf, разучи́ться (-чу́сь, -чишься) pf forget (how to).

разъеда́ть impf of разъе́сть

разъедини́ть pf, разъединя́ть impf separate; disconnect.

разъе́здиться etc.: see разъе́хаться

разъе́зд departure; siding (track); mounted patrol; pl travel; journeys. разъездно́й travelling. разъезжа́ть impf drive or ride about; travel; ~ся impf of разъе́хаться

разъе́сть (-е́ст, -едя́т; -е́л) pf (impf разъеда́ть) eat away; corrode.

разъе́хаться (-е́дусь) pf (impf разъезжа́ться) depart; separate; pass (one another); miss one another.

разъярённый (-ён, -а́) furious. разъяри́ть pf, разъяря́ть impf infuriate; ~ся get furious.

разъясне́ние explanation; interpretation. разъясни́тельный explanatory. разъясни́ть pf, разъясня́ть impf explain; interpret; ~ся become clear, be cleared up.

разыгра́ть pf, разы́грывать impf perform; draw; raffle; play a trick on;

~ся get up; run high.

разыска́ть (-ыщу́, -ы́щешь) pf find. разы́скивать impf search for.

рай (loc -ю́) paradise; garden of Eden.

райко́м district committee.

райо́н region. райо́нный district.

ра́йский heavenly.

рак crayfish; cancer; Cancer.

раке́та¹, раке́тка racket.

раке́та² rocket; missile; flare.

ра́ковина shell; sink.

ра́ковый cancer; cancerous.

раку́шка cockle-shell, mussel.

ра́ма frame. ра́мка frame; pl framework.

ра́мпа footlights.

ра́на wound. ране́ние wounding; wound. ра́неный wounded; injured.

ранг rank.

ра́нец (-нца) knapsack; satchel.

ра́нить impf & pf wound; injure.

ра́нний early. ра́но adv early. ра́ньше adv earlier; before; formerly.

рапи́ра foil.

ра́порт report. рапортова́ть impf & pf report.

ра́са race. раси́зм, racism. раси́стский racist.

раска́иваться impf of раска́яться

раскалённый (-ён, -а́) scorching; incandescent. раскали́ть pf (impf раскаля́ть) make red-hot; ~ся become red-hot. раска́лывать(ся impf of расколо́ть(ся. раскаля́ть(ся impf of раскали́ть(ся. раска́пывать impf of раскопа́ть

раска́т roll, peal. раската́ть pf, раска́тывать impf roll (out), smooth out, level; drive or ride (about). раска́тистый rolling, booming. раскати́ться (-ачу́сь, -а́тишься) pf, раска́тываться impf gather speed; roll away; peal, boom.

раскача́ть pf, раска́чивать impf swing; rock; ~ся swing, rock.

раска́яние repentance. рас|ка́яться pf (impf also раска́иваться) repent.

расквита́ться pf settle accounts.

раски́дывать impf, раски́нуть (-ну) pf stretch (out); spread; pitch; ~ся spread out; sprawl.

раскладно́й folding. расклады́шка camp-bed. раскла́дывать impf of разложи́ть раскла́няться *pf* bow; take leave.

раскле́ивать *impf*, раскле́ить *pf* unstick; stick (up); ~ся come unstuck.

раско́л split; schism. рас|коло́ть (-лю́, -лешь) *pf* (*impf also* раска́лывать) split; break; disrupt; ~ся split. раско́льник dissenter.

раскопа́ть *pf* (*impf* раска́пывать) dig up, unearth, excavate. раско́пки (-пок) *pl* excavations.

раско́сый slanting.

раскра́ивать *impf of* раскро́йть

раскра́сить (-а́шу) *pf*, *impf* раскра́шивать paint, colour.

раскрепости́ть (-ощу́) *pf*, раскрепоща́ть *impf* liberate. раскрепоще́ние emancipation.

раскритикова́ть *pf* criticize harshly.

раскро́ить *pf* (*impf* раскра́ивать) cut out.

раскро́ю *etc.*: *see* раскры́ть

раскрути́ть (-учу́, -у́тишь) *pf*, раскру́чивать *impf* untwist; ~ся come untwisted.

раскрыва́ть *impf*, раскры́ть (-о́ю) *pf* open; expose; reveal; discover; ~ся open; uncover o.s.; come to light.

раскупа́ть *impf*, раскупи́ть (-у́пит) *pf* buy up.

раску́поривать *impf*, раску́порить *pf* uncork, open.

раскуси́ть (-ушу́, -у́сишь) *pf*, раску́сывать *impf* bite through; see through.

ра́совый racial.

распа́д disintegration; collapse. распада́ться *impf of* распа́сться

распакова́ть *pf*, распако́вывать *impf* unpack.

распа́рывать(ся *impf of* распоро́ть(ся

распа́сться (-адётся) *pf* (*impf* распада́ться) disintegrate, fall to pieces.

распаха́ть (-ашу́, -а́шешь) *pf*, распа́хивать[1] *impf* plough up.

распа́хивать[2] *impf*, распахну́ть (-ну́, -нёшь) *pf* throw open; ~ся fly open, swing open.

распашо́нка baby's vest.

распева́ть *impf* sing.

распеча́тать *pf*, распеча́тывать *impf* open; unseal.

распи́ливать *impf*, распили́ть (-лю́, -лишь) *pf* saw up.

распина́ть *impf of* распя́ть

расписа́ние time-table. расписа́ть (-ишу́, -и́шешь) *pf*, распи́сывать *impf* enter; assign; paint; ~ся sign; register one's marriage; +в+*prep* sign for; acknowledge. распи́ска receipt. расписно́й painted, decorated.

распиха́ть *pf*, распи́хивать *impf* push, shove, stuff.

рас|пла́вить (-влю) *pf*, расплавля́ть *impf* melt, fuse. распла́вленный molten.

распла́каться (-а́чусь) *pf* burst into tears.

распласта́ть *pf*, распла́стывать *impf* spread; flatten; split; ~ся sprawl.

распла́та payment; retribution. расплати́ться (-ачу́сь, -а́тишься) *pf*, распла́чиваться *impf* (+с+*instr*) pay off; get even; +за+*acc* pay for.

расплеска́ть(ся (-ещу́(сь, -е́щешь(ся *pf*, расплёскивать (ся *impf* spill.

расплести́ (-ету́, -етёшь; -ёл, -а́) *pf*, расплета́ть *impf* unplait; untwist.

рас|плоди́ть(ся (-ожу́(сь) *pf*.

расплыва́ться *impf*, расплы́ться (-ывётся; -ы́лся, -а́сь) *pf* run. расплы́вчатый indistinct; vague.

расплю́щивать *impf*, расплю́щить (-щу) *pf* flatten out, hammer out.

распну́ *etc.*: *see* распя́ть

распознава́ть (-наю́, -наёшь) *impf*, распозна́ть *pf* recognize, identify; diagnose.

располага́ть *impf* (*pf* расположи́ть) +*instr* have at one's disposal. располага́ться *impf of* расположи́ться

расползаться *impf*, расползти́сь (-зётся; -о́лзся, -зла́сь) *pf* crawl (away); give at the seams.

расположе́ние disposition; arrangement; situation; tendency; liking; mood. расположенный disposed, inclined. расположи́ть (-жу́, -жишь) *pf* (*impf* располага́ть) dispose; set out; win over; ~ся settle down.

распо́рка cross-bar, strut.

рас|поро́ть (-рю́, -решь) *pf* (*impf also* распа́рывать) unpick, rip; ~ся rip, come undone.

распоряди́тель *m* manager. распоряди́тельный capable; efficient.

распоряди́ться (-яжу́сь) *pf*, распоряжа́ться *impf* order, give orders; see; +*instr* manage, deal with.

распоря́док (-дка) order; routine. распоряже́ние order; instruction; disposal, command.

распра́ва violence; reprisal.

распра́вить (-влю) *pf*, расправля́ть *impf* straighten; smooth out; spread.

распра́виться (-влюсь) *pf*, расправля́ться *impf* с+*instr* deal with severely; make short work of.

распределе́ние distribution; allocation. распредели́тель *m* distributor. распредели́тельный distributive, distributing; ~ щит switchboard. распредели́ть, распределя́ть *impf* distribute; allocate.

распродава́ть (-даю́, -даёшь) *impf*, распрода́ть (-а́м, -а́шь, -а́ст, -ади́м; -о́дал, -а́, -о) *pf* sell off; sell out. распрода́жа (clearance) sale.

распростёртый outstretched; prostrate.

распростране́ние spreading; dissemination. распространённый (-ён, -а́) widespread, prevalent. распространи́ть *pf*, распространя́ть *impf* spread; ~ся spread.

ра́спря (*gen pl* -ей) quarrel.

распряга́ть *impf*, распря́чь (-ягу́, -яжёшь; -яг, -ла́) *pf* unharness.

распрями́ться *pf*, распрямля́ться *impf* straighten up.

распуска́ть *impf*, распусти́ть (-ущу́, -у́стишь) *pf* dismiss; dissolve; let out; relax; let get out of hand; melt; spread; ~ся open; come loose; dissolve; melt; get out of hand; let o.s. go.

распу́тать *pf* (*impf* распу́тывать) untangle; unravel.

распу́тица season of bad roads.

распу́тный dissolute. распу́тство debauchery.

распу́тывать *impf* of распу́тать

распу́тье crossroads.

распуха́ть *impf*, распу́хнуть (-ну; -ух) *pf* swell (up).

распу́щенный undisciplined; spoilt; dissolute.

распыли́тель *m* spray, atomizer. распыли́ть *pf*, распыля́ть *impf* spray; pulverize; disperse.

распя́тие crucifixion; crucifix. распя́ть (-пну́, -пнёшь) *pf* (*impf* распина́ть) crucify.

расса́да seedlings. рассади́ть (-ажу́, -а́дишь) *pf*, расса́живать *impf* plant out; seat; separate, seat separately.

расса́живаться *impf* of рассе́сться. расса́сываться *impf* of рассоса́ться

рассвести́ (-етёт; -ело́) *pf*, рассвета́ть *impf* dawn. рассве́т dawn.

рас|свирипе́ть (-е́ю) *pf*.

расседла́ть *pf* unsaddle.

рассе́ивание dispersal, scattering. рассе́ивать(ся *impf* of рассе́ять(ся

рассека́ть *impf* of рассе́чь

расселе́ние settling, resettlement; separation.

рассе́лина cleft, fissure.

рассели́ть *pf*, расселя́ть *impf* settle, resettle; separate.

рас|серди́ть(ся (-жу́(сь, -рдишь(ся) *pf*.

рассе́сться (-ся́дусь) *pf* (*impf* расса́живаться) take seats; sprawl.

рассе́чь (-еку́, -ечёшь; -ёк, -ла́) *pf* (*impf* рассека́ть) cut (through); cleave.

рассе́янность absent-mindedness; dispersion. рассе́янный absent-minded; diffused; scattered. рассе́ять (-е́ю) *pf* (*impf* рассе́ивать) disperse, scatter; dispel; ~ся disperse, scatter; clear; divert o.s.

расска́з story; account. рассказа́ть (-ажу́, -а́жешь) *pf*, расска́зывать *impf* tell, recount. расска́зчик story-teller, narrator.

рассла́бить (-блю) *pf*, рассла́бля́ть *impf* weaken.

рассла́ивать(ся *impf* of рассло́ить(ся

рассле́дование investigation, examination; inquiry; произвести́ ~+*gen* hold an inquiry into. рассле́довать *impf* & *pf* investigate, look into, hold an inquiry into.

рассло́ить *pf* (*impf* рассла́ивать) divide into layers; ~ся become stratified; flake off.

рассл́ышать (-шу) *pf* catch.

рассма́тривать *impf* of рассмотре́ть; examine; consider.

рас|смеши́ть (-шу́) *pf*.

рассмея́ться (-ею́сь, -еёшься) *pf*

burst out laughing.

рассмотре́ние examination; consideration. **рассмотре́ть** (-рю́, -ришь) pf (impf **рассма́тривать**) examine, consider; discern, make out.

рассова́ть (-су́ю, -су́ёшь) pf, **рассо́вывать** impf по+dat shove into.

рассо́л brine; pickle.

рассо́риться pf c+instr fall out with. **рас|сортирова́ть** pf, **рассорти-ро́вывать** impf sort out.

рассоса́ться (-сётся) pf (impf **рассса́сываться**) resolve.

рассо́хнуться (-нется; -о́хся) pf (impf **рассыха́ться**) crack.

расспра́шивать impf, **расспроси́ть** (-ошу́, -о́сишь) pf question; make inquiries of.

рассро́чить (-чу) pf spread (over a period). **рассро́чка** instalment.

расстава́ние parting. **расстава́ться** (-таю́сь, -таёшься) impf of **расста́ться**

расста́вить (-влю) pf, **расставля́ть** impf place, arrange; move apart. **расстано́вка** arrangement; pause.

расста́ться (-а́нусь) pf (impf **расстава́ться**) part, separate.

расстёгивать impf, **расстегну́ть** (-ну́, -нёшь) pf undo, unfasten; ~ся come undone; undo one's coat.

расстели́ть(ся, etc.: see **разо-стла́ть(ся. расстила́ть(ся,** -а́ю(сь impf of **разостла́ть(ся**

расстоя́ние distance.

расстра́ивать(ся impf of **расстро́-ить(ся**

расстре́л execution by firing squad. **расстре́ливать** impf, **расстреля́ть** pf shoot.

расстро́енный disordered; upset; out of tune. **расстро́ить** pf (impf **расстра́ивать**) upset; thwart; disturb; throw into confusion; put out of tune; ~ся be upset; get out of tune; fall into confusion; fall through. **расстро́йство** upset; disarray; confusion; frustration.

расступа́ться impf, **расступи́ться** (-у́пится) pf part, make way.

рассуди́тельный reasonable; sensible. **рассуди́ть** (-ужу́, -у́дишь) pf judge; think; decide. **рассу́док (-дка)** reason; intellect. **рассужда́ть** impf reason; +o+prep discuss. **рассу-**

жде́ние reasoning; discussion; argument.

рассую́ etc.: see **рассова́ть**

рассчи́танный deliberate; intended. **рассчита́ть** pf, **рассчи́тывать** impf, **расче́сть** (разочту́, -тёшь; расчёл, разочла́) pf calculate; count; depend; ~ся settle accounts.

рассыла́ть impf of **разосла́ть. рас-сы́лка** distribution. **рассы́льный** sb delivery man.

рассы́пать (-плю) pf, **рассыпа́ть** impf spill; scatter; ~ся spill, scatter; spread out; crumble. **рассы́пчатый** friable; crumbly.

рассыха́ться impf of **рассо́хнуться. расся́дусь** etc.: see **рассе́сться. раста́лкивать** impf of **растолка́ть. раста́пливать(ся** impf of **расто-пи́ть(ся**

раста́скать pf, **раста́скивать** impf, **растащи́ть** (-щу́, -щишь) pf pilfer, filch.

растащи́ть see **раста́скать. рас|та́-ять** (-а́ю) pf.

раство́р[2] opening, span. **раство́р**[1] solution; mortar. **раствори́мый** soluble. **раствори́тель** m solvent. **раствори́ть**[1] pf (impf **растворя́ть**) dissolve; ~ся dissolve. **раствори́ть**[2] (-рю́, -ришь) pf (impf **растворя́ть**) open; ~ся open. **растворя́ть(ся** impf of **раство-ри́ть(ся. растека́ться** impf of **расте́чься**

расте́ние plant.

растере́ть (разотру́, -трёшь; растёр) pf (impf **растира́ть**) grind; spread; rub; massage.

растерза́ть pf, **расте́рзывать** impf tear to pieces.

расте́рянность confusion, dismay. **расте́рянный** confused, dismayed. **растеря́ть** pf lose; ~ся get lost; lose one's head.

расте́чься (-ечётся, -еку́тся; -тёкся, -лась) pf (impf **растека́ться**) run; spread.

расти́ (-ту́, -тёшь; рос, -ла́) impf grow; grow up.

растира́ние grinding; rubbing, massage. **растира́ть(ся** impf of **расте-ре́ть(ся**

расти́тельность vegetation; hair. **расти́тельный** vegetable. **расти́ть**

(ращу́) *impf* bring up; train; grow.

растлева́ть *impf*, растли́ть *pf* seduce; corrupt.

растолка́ть *pf* (*impf* раста́лкивать) push apart; shake.

растолкова́ть *pf*, растолко́вывать *impf* explain.

рас|толо́чь (-лку́ -лчёшь; -ло́к, -лкла́) *pf*.

растолсте́ть (-е́ю) *pf* put on weight.

растопи́ть¹ (-плю́, -пишь) *pf* (*impf* раста́пливать) melt; thaw; ~ся melt.

растопи́ть² (-плю́, -пишь) *pf* (*impf* раста́пливать) light, kindle; ~ся begin to burn.

растопта́ть (-пчу́, -пчешь) *pf* trample, stamp on.

расторга́ть *impf*, расто́ргнуть (-ну; -о́рг) *pf* annul, dissolve. расторже́ние annulment, dissolution.

расторо́пный quick; efficient.

расточа́ть *impf*, расточи́ть (-чу́) *pf* squander, dissipate. расточи́тельный extravagant, wasteful.

растра́вить (-влю́, -вишь) *pf*, растравля́ть *impf* irritate.

растра́та spending; waste; embezzlement. растра́тить (-а́чу) *pf*, растра́чивать *impf* spend; waste; embezzle.

растрёпанный dishevelled; tattered. рас|трепа́ть (-плю́, -плешь) *pf* disarrange; tatter.

растре́скаться *pf*, растре́скиваться *impf* crack, chap.

расторга́ть *pf* move, touch; ~ся be moved.

расту́щий growing.

растя́гивать *impf*, растяну́ть (-ну́, -нешь) *pf* stretch (out); strain, sprain; drag out; ~ся stretch; drag on; sprawl. растяже́ние tension; strain, sprain. растяжи́мый tensile; stretchable. растя́нутый stretched; long-winded.

рас|фасова́ть *pf*.

расформирова́ть *pf*, расформиро́вывать *impf* break up; disband.

расха́живать *impf* walk about; pace up and down.

расхва́ливать *impf*, расхвали́ть (-лю́, -лишь) *pf* lavish praises on.

расхвата́ть *pf*, расхва́тывать *impf* seize on, buy up.

расхити́тель *m* embezzler. расхи́тить (-и́щу) *pf*, расхища́ть *impf* steal, misappropriate. расхище́ние misappropriation.

расхля́банный loose; lax.

расхо́д expenditure; consumption; *pl* expenses, outlay. расходи́ться (-ожу́сь, -о́дишься) *impf of* разойти́сь. расхо́дование expense, expenditure. расхо́довать *impf* (*pf* из~) spend; consume. расхожде́ние divergence.

расхола́живать *impf*, расхолоди́ть (-ожу́) *pf* damp the ardour of.

расхоте́ть (-очу́, -о́чешь, -оти́м) *pf* no longer want.

расхохота́ться (-очу́сь, -о́чешься) *pf* burst out laughing.

расцара́пать *pf* scratch (all over).

расцвести́ (-ету́, -етёшь; -ёл, -а́) *pf*, расцвета́ть *impf* blossom; flourish. расцве́т blossoming (out); flowering, heyday.

расцве́тка colours; colouring.

расце́нивать *impf*, расцени́ть (-ню́, -нишь) *pf* estimate, value; consider. расце́нка valuation; price; (wage-) rate.

расцепи́ть (-плю́, -пишь) *pf*, расцепля́ть *impf* uncouple, unhook.

расчеса́ть (-ешу́, -е́шешь) *pf* (*impf* расчёсывать) comb; scratch. расчёска comb.

расче́сть *etc.*: *see* рассчита́ть. расчёсывать *impf of* расчеса́ть

расчёт¹ calculation; estimate; gain; settlement. расчётливый thrifty; careful. расчётный calculation; pay; accounts; calculated.

расчи́стить (-и́щу) *pf*, расчища́ть *impf* clear; ~ся clear. расчи́стка clearing.

рас|члени́ть *pf*, расчленя́ть *impf* dismember; divide.

расшата́ть *pf*, расша́тывать *impf* shake loose, make rickety; impair.

расшевели́ть (-лю́, -ёли́шь) *pf* stir; rouse.

расшиба́ть *impf*, расшиби́ть (-бу́, -бёшь; -и́б) *pf* smash to pieces; hurt; stub; ~ся hurt o.s.

расшива́ть *impf of* расши́ть

расшире́ние widening; expansion; dilation, dilatation. расши́рить *pf*, расширя́ть *impf* widen; enlarge;

expand; ~ся broaden, widen; expand, dilate.

расши́ть (разошью́, -шьёшь) pf (impf расшива́ть) embroider; unpick.

расшифрова́ть pf, расшифро́вывать impf decipher.

расшнурова́ть pf, расшнуро́вывать impf unlace.

расще́лина crevice.

расщепи́ть (-плю́) pf, расщепля́ть impf split; ~ся split. расщепле́ние splitting; fission.

ратифици́ровать impf & pf ratify.

рать army, battle.

ра́унд round.

рафини́рованный refined.

рацио́н ration.

рационализа́ция rationalization. рационализи́ровать impf & pf rationalize. рациона́льный rational; efficient.

ра́ция walkie-talkie.

рвану́ться (-ну́сь, -нёшься) pf dart, dash.

рва́ный torn; lacerated. рвать¹ (рву, рвёшь; рвал, -á, -о) impf tear (out); pull out; pick; blow up; break off; ~ся break; tear; burst, explode; be bursting.

рвать² (рвёт; рва́ло) impf (pf вы́~) impers+acc vomit.

рвач (-á) self-seeker.

рве́ние zeal.

рво́та vomiting.

реабилита́ция rehabilitation. реабилити́ровать impf & pf rehabilitate.

реаги́ровать impf (pf от~, про~) react.

реакти́в reagent. реакти́вный reactive; jet-propelled. реа́ктор reactor.

реакционе́р reactionary. реакцио́нный reactionary. реа́кция reaction.

реализа́ция realization. реали́зм realism. реализова́ть impf & pf realize. реали́ст realist. реалисти́ческий realistic.

реа́льность reality; practicability. реа́льный real; practicable.

ребёнок (-нка; pl ребя́та, -я́т and де́ти, -е́й) child; infant.

ребро́ (pl рёбра, -бер) rib; edge.

ребя́та (-я́т) pl children; guys; lads. ребя́ческий child's; childish. ребя́чество childishness. ребя́читься

(-чусь) impf be childish.

рёв roar; howl.

рева́нш revenge; return match.

reveráнс curtsey.

реве́ть (-ву́, -вёшь) impf roar; bellow; howl.

ревизио́нный inspection; auditing. реви́зия inspection; audit; revision. ревизо́р inspector.

ревмати́зм rheumatism.

ревни́вый jealous. ревнова́ть impf (pf при~) be jealous. ре́вностный zealous. ре́вность jealousy.

револьве́р revolver.

революционе́р revolutionary. революцио́нный revolutionary. револю́ция revolution.

рега́та regatta.

ре́гби neut indecl rugby.

ре́гент regent.

регио́н region. региона́льный regional.

регистра́тор registrar. регистрату́ра registry. регистра́ция registration. регистри́ровать impf & pf (pf also за~) register, record; ~ся register; register one's marriage.

регла́мент standing orders; time-limit. регламента́ция regulation. регламенти́ровать impf & pf regulate.

регресси́ровать impf regress.

регули́ровать impf (pf от~, у~) regulate; adjust. регулиро́вщик traffic controller. регуля́рный regular. регуля́тор regulator.

редакти́ровать impf (pf от~) edit. реда́ктор editor. реда́кторский editorial. редакцио́нный editorial, editing. реда́кция editorial staff; editorial office; editing.

реде́ть (-е́ет) impf (pf по~) thin (out).

реди́с radishes. реди́ска radish.

ре́дкий (-док, -дка́, -о) thin; sparse; rare. ре́дко adv sparsely; rarely, seldom. ре́дкость rarity.

редколле́гия editorial board.

рее́стр register.

режи́м régime; routine; procedure; regimen; conditions.

режиссёр-(постано́вщик) producer; director.

ре́жущий cutting, sharp. ре́зать (ре́жу) impf (pf за~, про~, с~) cut;

engrave; kill, slaughter.
резви́ться (-влю́сь) *impf* gambol, play. ре́звый frisky, playful.
резе́рв reserve. резе́рвный reserve; back-up.
резервуа́р reservoir.
резе́ц (-зца́) cutter; chisel; incisor.
резиде́нция residence.
рези́на rubber. рези́нка rubber; elastic band. рези́новый rubber.
ре́зкий sharp; harsh; abrupt; shrill. резно́й carved. резня́ carnage.
резолю́ция resolution.
резона́нс resonance; response.
результа́т result.
резьба́ carving, fretwork.
резюме́ *neut indecl* résumé.
рейд¹ roads, roadstead.
рейд² raid.
ре́йка lath, rod.
рейс trip; voyage; flight.
рейту́зы (-у́з) *pl* leggings; riding breeches.
река́ (*acc* ре́ку; *pl* -и, ре́кам) river.
ре́квием requiem.
реквизи́т props.
рекла́ма advertising, advertisement. реклами́ровать *impf & pf* advertise. рекла́мный publicity.
рекоменда́тельный of recommendation. рекоменда́ция recommendation; reference. рекомендова́ть *impf & pf* (*pf also* от~, по~) recommend; ~ся introduce o.s.; be advisable.
реконструи́ровать *impf & pf* reconstruct. реконстру́кция reconstruction.
реко́рд record. реко́рдный record, record-breaking. рекордсме́н, -е́нка record-holder.
ре́ктор principal (*of university*).
реле́ (*electr*) *neut indecl* relay.
религио́зный religious. рели́гия religion.
рели́квия relic.
релье́ф relief. релье́фный relief; raised, bold.
рельс rail.
рема́рка stage direction.
реме́нь (-мня́) *m* strap; belt.
реме́сленник artisan, craftsman. реме́сленный handicraft; mechanical. ремесло́ (*pl* -ёсла, -ёсел) craft; trade.

ремо́нт repair(s); maintenance. ремонти́ровать *impf & pf* (*pf also* от~) repair; recondition. ремо́нтный repair.
ре́нта rent; income. рента́бельный paying, profitable.
рентге́н X-rays. рентге́новский X-ray. рентгено́лог radiologist. рентгеноло́гия radiology.
реорганиза́ция reorganization. реорганизова́ть *impf & pf* reorganize.
ре́па turnip.
репатрии́ровать *impf & pf* repatriate.
репертуа́р repertoire.
репети́ровать *impf* (*pf* от~, про~, с~) rehearse; coach. репети́тор coach. репети́ция rehearsal.
ре́плика retort; cue.
репорта́ж report; reporting. репортёр reporter.
репре́ссия repression.
репроду́ктор loud-speaker. репроду́кция reproduction.
репута́ция reputation.
ресни́ца eyelash.
респу́блика republic. республика́нский republican.
рессо́ра spring.
реставра́ция restoration. реставри́ровать *impf & pf* (*pf also* от~) restore.
рестора́н restaurant.
ресу́рс resort; *pl* resources.
ретрансля́тор (radio-)relay.
рефера́т synopsis, abstract; paper, essay.
рефере́ндум referendum.
рефле́кс reflex. рефле́ктор reflector.
рефо́рма reform. реформи́ровать *impf & pf* reform.
рефрижера́тор refrigerator.
рецензи́ровать *impf* (*pf* про~) review. реце́нзия review.
реце́пт prescription; recipe.
рециди́в relapse. рецидиви́ст recidivist.
речево́й speech; vocal.
ре́чка river. речно́й river.
речь (*gen pl* -е́й) speech.
реша́ть(ся *impf of* реши́ть(ся. реша́ющий decisive, deciding. реше́ние decision; solution.
решётка grating; grille; railing; lattice; trellis; fender, (fire)guard; (fire-)

grate; tail. решето́ (pl -ёта) sieve. решётчатый lattice, latticed.

реши́мость resoluteness; resolve. реши́тельно adv resolutely; definitely; absolutely. реши́тельность determination. реши́тельный definite; decisive. реши́ть (-шу́) pf (impf реша́ть) decide; solve; ~ся make up one's mind.

ржа́веть (-еет) impf (pf за~, по~) rust. ржа́вчина rust. ржа́вый rusty. ржано́й rye.

ржать (ржу, ржёшь) impf neigh.

ри́млянин (pl -яне, -ян), ри́млянка Roman. ри́мский Roman.

ринг boxing ring.

ри́нуться (-нусь) pf rush, dart.

рис rice.

риск risk. риско́ванный risky; risqué. рискова́ть impf run risks; +instr or inf risk.

рисова́ние drawing. рисова́ть impf (pf на~) draw; paint; depict; ~ся be silhouetted; appear; pose.

ри́совый rice.

рису́нок (-нка) drawing; figure; pattern, design.

ритм rhythm. ритми́ческий, ритми́чный rhythmic.

ритуа́л ritual.

риф reef.

ри́фма rhyme. рифмова́ть impf rhyme; ~ся rhyme.

робе́ть (-е́ю) impf (pf о~) be timid. ро́бкий (-бок, -бка́, -о) timid, shy. ро́бость shyness.

ро́бот robot.

ров (рва, loc -у́) ditch.

рове́сник coeval. ро́вно adv evenly; exactly; absolutely. ро́вный flat; even; level; equable; exact; equal. ровня́ть impf (pf с~) even, level.

рог (pl -а́, -о́в) horn; antler. рога́тка catapult. рога́тый horned. рого́вица cornea. огово́й horn; horny; horn-rimmed.

рого́жа bast mat(ting).

род (loc -у́, pl -ы́) family, kin, clan; birth, origin, stock; generation; genus; sort, kind. роди́льный maternity. ро́дина native land; homeland. ро́динка birth-mark. роди́тели (-ей) pl parents. роди́тельный genitive. роди́тельский parental. роди́ть (рожу́, -и́л, -ила́, -о) impf &

pf (impf also рожа́ть, рожда́ть) give birth to; ~ся be born.

родни́к (-а́) spring.

родни́ть (pf по~) make related, link; ~ся become related. родно́й own; native; home; ~о́й брат brother; ~ы́е sb pl relatives. родня́ relative(s); kinsfolk. родово́й tribal; ancestral; generic; gender. родонача́льник ancestor; father. родосло́вный genealogical; ~ая sb genealogy; pedigree. ро́дственник relative. ро́дственный related. родство́ relationship, kinship. ро́ды (-ов) pl childbirth; labour.

ро́жа (ugly) mug.

рожа́ть, рожда́ть(ся impf of роди́ть(ся. рожда́емость birthrate. рожде́ние birth. рождество́ Christmas. Рождество́ Christmas.

рожь (ржи) rye.

ро́за rose.

ро́зга (gen pl -зог) birch.

ро́здал etc.: see разда́ть

розе́тка electric socket; rosette.

ро́зница retail; в ~у retail. ро́зничный retail. рознь difference; dissension.

ро́знял etc.: see разня́ть

ро́зовый pink.

ро́зыгрыш draw; drawn game.

ро́зыск search; inquiry.

ро́йться swarm. рой (loc -ю́; pl -и́, -ёв) swarm.

рок fate.

рокиро́вка castling.

рок-му́зыка rock music.

роково́й fateful; fatal.

ро́кот roar, rumble. рокота́ть (-о́чет) impf roar, rumble.

ро́лик roller; castor; pl roller skates.

роль (gen pl -е́й) role.

ром rum.

рома́н novel; romance. романи́ст novelist.

рома́нс (mus) romance.

рома́нтик romantic. рома́нтика romance. романти́ческий, романти́чный romantic.

рома́шка camomile.

ромб rhombus.

роня́ть impf (pf урони́ть) drop.

ро́пот murmur, grumble. ропта́ть (-пщу́, -пщешь) impf murmur, grumble.

рос *etc.: see* расти́

роса́ (*pl* -ы) dew. роси́стый dewy.

роско́шный luxurious; luxuriant. ро́скошь luxury; luxuriance.

ро́слый strapping.

ро́спись painting(s), mural(s).

ро́спуск dismissal; disbandment.

росси́йский Russian. Росси́я Russia.

ро́ссыпи *f pl* deposit.

рост growth; increase; height, stature.

ро́стбиф roast beef.

ростовщи́к (-а́) usurer, money-lender.

росто́к (-тка́) sprout, shoot.

ро́счерк flourish.

рот (рта, *loc* рту) mouth.

ро́та company.

рота́тор duplicator.

ро́тный company; *sb* company commander.

ротозе́й, -зе́йка gaper, rubberneck; scatter-brain.

ро́ща grove.

ро́ю *etc.: see* рыть

роя́ль *m* (grand) piano.

ртуть mercury.

руба́нок (-нка) plane.

руба́ха, руба́шка shirt.

рубе́ж (-а́) boundary, border(line); line; за ~о́м abroad.

рубе́ц (-бца́) scar; weal; hem; tripe.

руби́н ruby. руби́новый ruby; ruby-coloured.

руби́ть (-блю́, -бишь) *impf* (*pf* с~) fell; hew, chop; mince; build (of logs). ру́бище rags.

ру́бка[1] felling; chopping; mincing.

ру́бка[2] deck house; боева́я ~ conning-tower; рулева́я ~ wheelhouse.

рублёвка one-rouble note. рублёвый (one-)rouble.

ру́бленый minced, chopped; of logs. рубль (-я́) *m* rouble.

ру́брика rubric, heading.

ру́бчатый ribbed. ру́бчик scar; rib.

ру́гань abuse, swearing. руга́тельный abusive. руга́тельство oath, swear-word. руга́ть *impf* (*pf* вы́~, об~, от~) curse, swear at; abuse; ~ся curse, swear; swear at one another.

руда́ (*pl* -ы) ore. рудни́к (-а́) mine, pit. рудни́чный mine, pit; ~ газ fire-damp. рудоко́п miner.

руже́йный rifle, gun. ружьё (*pl* -ья, -жей, -ьям) gun, rifle.

руи́на *usu pl* ruin.

рука́ (*acc* -у; *pl* -и, рук, -а́м) hand; arm; идти́ по́д руку с+*instr* walk arm in arm with; под руко́й at hand; руко́й пода́ть a stone's throw away; э́то мне на́ руку that suits me.

рука́в (-а́; *pl* -а́, -о́в) sleeve. рукави́ца mitten; gauntlet.

руководи́тель *m* leader; manager; instructor; guide. руководи́ть (-ожу́) *impf* +*instr* lead; guide; direct, manage. руково́дство leadership; guidance; direction; guide; handbook, manual; leaders. руково́дствоваться+*instr* follow; be guided by. руководя́щий leading; guiding.

рукоде́лие needlework.

рукомо́йник washstand.

рукопа́шный hand-to-hand.

рукопи́сный manuscript. ру́копись manuscript.

рукоплеска́ние applause. рукоплеска́ть (-ещу́, -е́щешь) *impf* +*dat* applaud.

рукопожа́тие handshake.

рукоя́тка handle.

рулево́й steering; *sb* helmsman.

руле́тка tape-measure; roulette.

рули́ть *impf* (*pf* вы́~) taxi.

руль (-я́) *m* rudder; helm; (steering-)wheel; handlebar.

румы́н (*gen pl* -ы́н), ~ка Romanian. Румы́ния Romania. румы́нский Romanian.

румя́на (-я́н) *pl* rouge. румя́нец (-нца) (high) colour; flush; blush. румя́ный rosy, ruddy.

ру́пор megaphone; mouthpiece.

руса́к (-а́) hare.

руса́лка mermaid.

русифици́ровать *impf & pf* Russify.

ру́сло river-bed, channel; course.

ру́сский Russian; *sb* Russian.

руса́ый light brown.

Русь (*hist*)Russia.

рути́на routine.

ру́хлядь junk.

ру́хнуть (-ну) *pf* crash down.

руча́тельство guarantee. руча́ться *impf* (*pf* поручи́ться) + за+*acc* vouch for, guarantee.

руче́й (-чья́) brook.

ру́чка handle; (door-)knob; (chair-)arm. ручн|о́й hand; arm; manual;

tame; ~ые часы́ wrist-watch.

ру́шить (-у) *impf* (*pf* об~) pull down; ~ся collapse.

ры́ба fish. рыба́к (-а́) fisherman. ры́балка fishing. рыба́цкий, рыба́чий fishing. ры́бий fish; fishy; ~ жир cod-liver oil. ры́бный fish. рыболо́в fisherman. рыболо́вный fishing.

рыво́к (-вка́) jerk.

рыда́ние sobbing. рыда́ть *impf* sob.

ры́жий (рыж, -а́, -е) red, red-haired; chestnut.

ры́ло snout; mug.

ры́нок (-нка) market; market-place. ры́ночный market.

рыса́к (-а́) trotter.

рысь¹ (*loc* -и́) trot; ~ю, на рыся́х at a trot.

рысь² lynx.

ры́твина rut, groove. ры́ть(ся (ро́ю(сь) *impf* (*pf* вы́~, от~) dig; rummage.

рыхли́ть *impf* (*pf* вз~, раз~) loosen. ры́хлый (-л, -а́, -о) friable; loose.

ры́царский chivalrous. ры́царь *m* knight.

рыча́г (-а́) lever.

рыча́ть (-чу́) *impf* growl, snarl.

рья́ный zealous.

рюкза́к rucksack.

рю́мка wineglass.

ряби́на¹ rowan, mountain ash.

ряби́на² pit, pock. ряби́ть (-и́т) *impf impers*: у меня́ ряби́т в глаза́х I am dazzled. рябо́й pock-marked. ря́бчик hazel hen, hazel grouse. рябь ripples; dazzle.

ря́вкать *impf*, ря́вкнуть (-ну) *pf* bellow, roar.

ряд (*loc* -у́; *pl* -ы́) row; line; file, rank; series; number. рядово́й ordinary; common; ~ соста́в rank and file; *sb* private. ря́дом *adv* alongside; close by; ~+*instr* next to.

ря́са cassock.

С

с, со *prep* I. +*gen* from; since; off; for, with; on; by; с ра́дости for joy; с утра́ since morning. II. +*acc* about; the size of; с неде́лю for about a week. III. +*instr* with; and; мы с

ва́ми you and I; что с ва́ми? what is the matter?

са́бля (*gen pl* -бель) sabre.

сабота́ж sabotage. саботи́ровать *impf* & *pf* sabotage.

са́ван shroud; blanket.

с|агити́ровать *pf*.

сад (*loc* -у́; *pl* -ы́) garden. сади́ть (сажу́, са́дишь) *impf* (*pf* по~) plant. сади́ться (сажу́сь) *impf of* сесть. садо́вник, -ница gardener. садо́водство gardening; horticulture. садо́вый garden; cultivated.

сади́зм sadism. сади́ст sadist. сади́стский sadistic.

са́жа soot.

сажа́ть *impf* (*pf* посади́ть) plant; seat; set, put. са́женец (-нца) seedling; sapling.

са́жень (*pl* -и, -жен *or* -же́ней) sazhen (2.13 metres).

сажу́ *etc.: see* сади́ть

са́йка roll.

с|акти́ровать *pf*.

сала́зки (-зок) *pl* toboggan.

сала́т lettuce; salad.

са́ло fat, lard; suet; tallow.

сало́н salon; saloon.

салфе́тка napkin.

са́льный greasy; tallow; obscene.

салю́т salute. салютова́ть *impf* & *pf* (*pf also* от~) +*dat* salute.

сам (-ого́) *m*, сама́ (-о́й, *acc* -оё) *f*, само́ (-ого́) *neut*, са́ми (-и́х) *pl*, *pron* -self, -selves; myself, *etc.*, ourselves, *etc.*; ~ по себе́ in itself; by o.s.; ~ собо́й of itself, of its own accord; ~о́ собо́й (разуме́ется) of course; it goes without saying.

са́мбо *neut indecl abbr* (*of* самозащи́та без ору́жия) unarmed combat.

саме́ц (-мца́) male. са́мка female.

само- *in comb* self-, auto-. самобы́тный original, distinctive. ~внуше́ние auto-suggestion. ~возгора́ние spontaneous combustion. ~во́льный wilful; unauthorized. ~де́льный home-made. ~держа́вие autocracy. ~держа́вный autocratic. ~де́ятельность amateur work, amateur performance; initiative. ~дово́льный self-satisfied. ~ду́р petty tyrant. ~ду́рство high-handedness. ~забве́ние selflessness. ~забве́нный selfless. ~защи́та self-defence. ~зва́нец (-нца) impostor, pretender. ~ка́т scooter. ~кри́тика self-criticism. ~люби́вый proud; touchy. ~лю́бие pride, self-esteem. ~мне́ние conceit, self-importance. ~наде́янный presumptuous. ~облада́ние self-control. ~обма́н self-deception. ~оборо́на self-defence. ~образова́ние self-education. ~обслу́живание self-service. ~определе́ние self-determination. ~отве́рженность selflessness. ~отве́рженный selfless. ~поже́ртвование self-sacrifice. ~ро́док (-дка) nugget; person with natural talent. ~свал tip-up lorry. ~созна́ние (self-)consciousness. ~сохране́ние self-preservation. ~стоя́тельность independence. ~стоя́тельный independent. ~су́д lynch law, mob law. ~тёк drift. ~тёком adv by gravity; of its own accord. ~уби́йственный suicidal. ~уби́йство suicide. ~уби́йца m & f suicide. ~уваже́ние self-respect. ~уве́ренность self-confidence. ~уве́ренный self-confident. ~униже́ние self-abasement. ~управле́ние self-government. ~управля́ющийся self-governing. ~упра́вный arbitrary. ~учи́тель m self-instructor, manual. ~учка m & f self-taught person. ~ходный self-propelled. ~чу́вствие general state; как ва́ше ~чу́вствие? how do you feel?

самова́р samovar.

самого́н home-made vodka.

самолёт aeroplane.

самоцве́т semi-precious stone.

са́мый pron (the) very, (the) right; (the) same; (the) most.

сан dignity, office.

санато́рий sanatorium.

санда́лия sandal.

са́ни (-е́й) pl sledge, sleigh.

санита́р medical orderly; stretcher-bearer. санита́рия sanitation. санита́рка nurse. санита́р|ный medical; health; sanitary; ~ая маши́на ambulance; ~ый у́зел = сануз́ел.

са́нки (-нок) pl sledge; toboggan.

санкциони́ровать impf & pf sanction. са́нкция sanction.

сано́вник dignitary.

санпу́нкт medical centre.

санскри́т Sanskrit.

санте́хник plumber.

сантиме́тр centimetre; tape-measure.

сануз́ел (-зла́) sanitary arrangements; WC.

санча́сть (gen pl -е́й) medical unit.

сапёр sapper.

сапо́г(-а́; gen pl -о́г) boot. сапо́жник shoemaker; cobbler. сапо́жный shoe.

сапфи́р sapphire.

сара́й shed; barn.

саранча́ locust(s).

сарафа́н sarafan; pinafore dress.

сарде́лька small fat sausage.

сарди́на sardine.

сарка́зм sarcasm. саркасти́ческий sarcastic.

сатана́ m Satan. сатани́нский satanic.

сателли́т satellite.

сати́н sateen.

сати́ра satire. сати́рик satirist. сатири́ческий satirical.

Сау́довская Ара́вия Saudi Arabia.

сафья́н morocco. сафья́новый morocco.

са́хар sugar. сахари́н saccharine. са́харистый sugary. са́харница sugar-basin. са́харн|ый sugar; sugary; ~ый заво́д sugar-refinery; ~ый песо́к granulated sugar; ~ая пу́дра castor sugar; ~ая свёкла sugar-beet.

сачо́к (-чка́) net.

сба́вить (-влю) pf, сбавля́ть impf take off; reduce.

с|баланси́ровать pf.

сбе́гать¹ pf run; +за+instr run for. сбега́ть² impf, сбежа́ть (-егу́) pf run down (from); run away; disappear; ~ся come running.

сберега́тельная ка́сса savings bank. сберега́ть impf, сбере́чь (-егу́, -ежёшь; -ёг, -ла́) pf save; save up; preserve. сбереже́ние economy; saving; savings. сберка́сса savings bank.

сбива́ть impf, с|бить (собью, -бьёшь) pf bring down, knock down; knock off; distract; wear down; knock together; churn; whip, whisk; ~ся be dislodged; slip; go wrong; be confused; ~с пути́ lose one's way; ~ся с ног be run off one's feet.

сби́вчивый confused; inconsistent.

сближа́ть *impf*, сбли́зить (-и́жу) *pf* bring (closer), draw together; ~ся draw together; become good friends. сближе́ние rapprochement; closing in.

сбо́ку *adv* from one side; on one side.

сбор collection; duty; fee, toll; takings; gathering. сбо́рище crowd, mob. сбо́рка assembling, assembly; gather. сбо́рник collection. сбо́рный assembly; mixed, combined; prefabricated; detachable. сбо́рочный assembly. сбо́рщик collector; assembler.

сбра́сывать(ся *impf of* сбро́сить(ся

сбрива́ть *impf*, сбрить (сбре́ю) *pf* shave off.

сброд riff-raff.

сброс fault, break. сбро́сить (-о́шу) *pf* (*impf* сбра́сывать) throw down, drop; throw off; shed; discard.

сбру́я (*collect*) (riding) tack.

сбыва́ть *impf*, сбыть (сбу́ду; сбыл, -á, -о) *pf* sell, market; get rid of; ~ся come true, be realized. сбыт (*no pl*) sale; market.

св. *abbr* (*of* свято́й) Saint.

с за́дешным wedding. сва́дьба (*gen pl* -деб) wedding.

. за́ливать *impf*, с|вали́ть (-лю́, -лишь) *pf* throw down; overthrow; pile up; ~ся fall (down); collapse. сва́лка dump; scuffle.

с|валя́ть *pf*.

сва́ривать *impf*, с|вари́ть (-рю́, -ришь) *pf* boil; cook; weld. сва́рка welding.

сва́рливый cantankerous.

сварно́й welded. сва́рочный welding. сва́рщик welder.

сва́стика swastika.

сва́тать *impf* (*pf* по~, со~) propose as a husband or wife; propose to; ~ся к+*dat* or за+*acc* propose to.

сва́я pile.

све́дение piece of information; knowledge; *pl* information, intelligence; knowledge. све́дущий knowledgeable; versed.

сведу́ *etc.: see* свести́

свежезаморо́женный fresh-frozen; chilled. све́жесть freshness. свеже́ть (-е́ет) *impf* (*pf* по~) become cooler; freshen. све́жий (-еж, -á) fresh; new.

свезти́ (-зу́, -зёшь; свёз, -ла́) *pf* (*impf* свози́ть) take; bring *or* take down *or* away.

свёкла beet, beetroot.

свёкор (-кра) father-in-law. свекро́вь mother-in-law.

свёл *etc.: see* свести́

сверга́ть *impf*, све́ргнуть (-ну; сверг) *pf* throw down, overthrow. сверже́ние overthrow.

све́рить *pf* (*impf* сверя́ть) collate.

сверка́ть *impf* sparkle, twinkle; glitter; gleam. сверкну́ть (-ну́, -нёшь) *pf* flash.

сверли́льный drill, drilling; boring. сверли́ть *impf* (*pf* про~) drill; bore (through); nag. сверло́ drill. сверля́щий gnawing, piercing.

сверну́ть (-ну́, -нёшь) *pf* (*impf* свёртывать, свора́чивать) roll (up); turn; curtail, cut down; ~ ше́ю+*dat* wring the neck of; ~ся roll up, curl up; curdle, coagulate; contract.

све́рстник contemporary.

свёрток (-тка) package, bundle.

свёртывание rolling (up); curdling, coagulation; curtailment, cuts. свёртывать(ся *impf of* сверну́ть(ся

сверх *prep*+*gen* over, above, on top of; beyond; in addition to; ~ того́ moreover.

сверх- *in comb* super-, over-, hyper-. сверхзвуково́й supersonic. ~пла́новый over and above the plan. ~при́быль excess profit. ~проводни́к (-á) superconductor. ~секре́тный top secret. ~уро́чный overtime. ~уро́чные *sb pl* overtime. ~челове́к superman. ~челове́ческий superhuman. ~есте́ственный supernatural.

све́рху *adv* from above; ~ до́низу from top to bottom.

сверчо́к (-чка́) cricket.

сверше́ние achievement.

сверя́ть *impf of* све́рить

све́сить (-е́шу) *pf* (*impf* све́шивать) let down, lower; ~ся hang over, lean over.

свести́ (-еду́, -еде́шь; -ёл, -á) *pf* (*impf* своди́ть) take; take down; take away; remove; bring together; reduce, bring; cramp.

свет¹ light; daybreak.

свет² world; society.

светать *impf impers* dawn. светило luminary. светить (-ечý, -éтишь) *impf* (*pf* no~) shine; +*dat* light; light the way for; ~ся shine, gleam. светлéть (-éет) *impf* (*pf* по~, по~) brighten (up); grow lighter. свéтлость brightness; Grace. свéтлый light; bright; joyous. светлячóк (-чкá) glow-worm.

свето- *in comb* light, photo-. светонепроницáемый light-proof. ~фúльтр light filter. ~фóр traffic light(s).

световóй light; luminous; ~ день daylight hours.

светопреставлéние end of the world.

свéтский fashionable; refined; secular.

светящийся luminous, fluorescent. свечá (*pl* -и, -éй) candle; (spark-) plug. свечéние luminescence, fluorescence. свéчка candle. свечý *etc.*: *see* светить

с|вéшать *pf.* свéшивать(ся *impf of* свéсить(ся. свивáть *impf of* свить

свидáние meeting; appointment; до свидáния! goodbye!

свидéтель *m*, -ница witness. свидéтельство evidence; testimony; certificate. свидéтельствовать *impf* (*pf* за~, о~) give evidence, testify; be evidence (of); witness.

свинáрник pigsty.

свинéц (-нцá) lead.

свинúна pork. свúнка mumps. свинóй pig; pork. свúнство despicable act; outrage; squalor.

свинцóвый lead; leaden.

свинья (*pl* -и, -éй, -ям) pig, swine.

свирéль (reed-)pipe.

свирепéть (-éю) *impf* (*pf* рас~) grow savage; become violent. свирéпствовать *impf* rage; be rife. свирéпый fierce, ferocious.

свисáть *impf*, свúснуть (-ну; -ис) *pf* hang down, dangle; trail.

свист whistle; whistling. свистáть (-ищý, -úщешь) *impf* whistle. свистéть (-ищý) *impf*, свúстнуть (-ну *pf* whistle; hiss. свистóк (-ткá) whistle.

свúта suite; retinue.

свúтер sweater.

свúток (-тка) roll, scroll. с|вить

(совью, совьёшь; -ил, -á, -о) *pf* (*impf also* свивáть) twist, wind; ~ся roll up.

свихнýться (-нýсь, -нёшься) *impf* go mad; go astray.

свищ (-á) flaw; (knot-)hole; fistula.

свищý *etc.*: *see* свистáть, свистéть

свобóда freedom. свобóдно *adv* freely; easily; fluently; loose(ly). свобóдный free; easy; vacant; spare; loose; flowing. свободолюбúвый freedom-loving. свободомыслие free-thinking.

свод code; collection; arch, vault.

сводúть (-ожý, -óдишь) *impf of* свести

свóдка summary; report. свóдный composite; step-.

свóдчатый arched, vaulted.

своевóлие self-will, wilfulness. своевóльный wilful.

своеврéменно *adv* in good time; opportunely. своеврéменный timely, opportune.

своенрáвие capriciousness. своенрáвный wilful, capricious.

своеобрáзие originality; peculiarity. своеобрáзный original; peculiar.

свожý *etc.*: *see* сводúть, свозúть. свозúть (-ожý, -óзишь) *impf of* свезти

свой (своегó) *m*, своя (своéй) *f*, своё (своегó) *neut*, свои (своúх) *pl*, *pron* one's (own); my, his, her, its; our, your, their. свóйственный peculiar, characteristic. свóйство property, attribute, characteristic.

свóлочь swine; riff-raff.

свóра leash; pack.

свóрачивать *impf of* свернýть, своротúть. с|ворóвать *pf.*

своротúть (-очý, -óтишь) *pf* (*impf* свóрачивать) dislodge, shift; turn; twist.

своя́к brother-in-law (*husband of wife's sister*). своя́ченица sister-in-law (*wife's sister*).

свыкáться *impf*, свыкнуться (-нусь; -ѝкся) *pf* get used.

свысокá haughtily. свыше *adv* from above. свыше *prep+gen* over; beyond.

связанный constrained; combined; bound; coupled. с|вязáть (-яжý, -я́жешь) *pf*, связывать *impf* tie, bind; connect; ~ся get in touch; get involved. **связи́ст**, **-и́стка** signaller; worker in communication services. **свя́зка** sheaf, bundle; ligament. **свя́зный** connected, coherent. **связь** (*loc* -и́) connection; link, bond; liaison; communication(s).

святи́лище sanctuary. **свя́тки** (-ток) *pl* Christmas-tide. **свя́то** *adv* piously; religiously. **свят|о́й** (-ят, -а́, -о) holy; ~о́й, ~а́я *sb* saint. **святы́ня** sacred object *or* place. **свяще́нник** priest. **свяще́нный** sacred.

сгиб bend. **сгиба́ть** *impf of* **согну́ть**

сгла́дить (-а́жу) *pf*, **сгла́живать** *impf* smooth out; smooth over; soften.

сгла́зить (-а́жу) *pf* put the evil eye on.

сгнива́ть *impf*, **с|гнить** (-ию́, -иёшь; -ил, -а́, -о) *pf* rot.

с|гно́иться *pf*.

сгова́риваться *impf*, **сговори́ться** *pf* come to an arrangement; arrange. **сго́вор** agreement. **сгово́рчивый** compliant.

сгоня́ть *impf of* **согна́ть**

сгора́ние combustion; **дви́гатель вну́треннего сгора́ния** internal-combustion engine. **сгора́ть** *impf of* **сгоре́ть**

с|го́рбить(ся (-блю(сь)) *pf*.

с|горе́ть (-рю́) *pf* (*impf also* **сгора́ть**) burn down; be burnt down; be used up; burn; burn o.s. out. **сгоряча́** *adv* in the heat of the moment.

с|гото́вить(ся (-влю(сь)) *pf*.

сгреба́ть *impf*, **сгрести́** (-ебу́, -ебёшь; -ёб, -ла́) *pf* rake up, rake together.

сгружа́ть *impf*, **сгрузи́ть** (-ужу́, -у́зишь) *pf* unload.

с|группирова́ть(ся *pf*.

сгусти́ть (-ущу́) *pf*, **сгуща́ть** *impf* thicken; condense; ~ся thicken; condense; clot. **сгу́сток** (-тка) clot. **сгуще́ние** thickening, condensation; clotting.

сдава́ть (сдаю́, сдаёшь) *impf of* **сдать**; ~ экза́мен take an examination; ~ся *impf of* **сда́ться**

сдави́ть (-влю́, -вишь) *pf*, **сда́вливать** *impf* squeeze.

сдать (-ам, -ашь, -аст, -ади́м; -ал, -а́, -о) *pf* (*impf* **сдава́ть**) hand over; pass; let, hire out; surrender, give up;

deal; ~ся surrender, yield. **сда́ча** handing over; hiring out; surrender; change; deal.

сдвиг displacement; fault; change, improvement. **сдвига́ть** *impf*, **сдви́нуть** (-ну) *pf* shift, move; move together; ~ся move, budge; come together.

с|де́лать(ся *pf*. **сде́лка** transaction; deal, bargain. **сде́льн|ый** piece-work; ~ая рабо́та piece-work. **сде́льщина** piece-work.

сде́ргивать *impf of* **сдёрнуть**

сде́ржанный restrained, reserved. **сдержа́ть** (-жу́, -жишь) *pf*, **сде́рживать** *impf* hold back; restrain; keep. **сдёрнуть** (-ну) *pf* (*impf* **сде́ргивать**) pull off.

сдеру́ *etc.*: *see* **содра́ть**. **сдира́ть** *impf of* **содра́ть**

сдо́ба shortening; fancy bread, bun(s). **сдо́бный** (-бен, -бна́, -о) rich, short.

с|до́хнуть (-нет, сдох) *pf* die; kick the bucket.

сдружи́ться (-жу́сь) *pf* become friends.

сдува́ть *impf*, **сду́нуть** (-ну) *pf*, **сдуть** (-у́ю) *pf* blow away *or* off.

сеа́нс performance; showing; sitting.

себесто́имость prime cost; cost (price).

себя́ (*dat & prep* себе́, *instr* собо́й *or* собо́ю) *refl pron* oneself; myself, yourself, himself, *etc.*; **ничего́ себе́** not bad; **собо́й** -looking, in appearance.

себялю́бие selfishness.

сев sowing.

се́вер north. **се́верный** north, northern; northerly. **се́веро-восто́к** north-east. **се́веро-восто́чный** north-east(ern). **се́веро-за́пад** north-west. **се́веро-за́падный** north-west(ern). **северя́нин** (*pl* -я́не, -я́н) northerner.

севооборо́т crop rotation.

сего́ *see* **сей**. **сего́дня** *adv* today. **сего́дняшний** of today, today's.

седе́ть (-е́ю) *impf* (*pf* по~) turn grey. **седина́** (*pl* -ы) grey hair(s).

седла́ть *impf* (*pf* о~) saddle. **седло́** (*pl* сёдла, -дел) saddle.

седоборо́дый grey-bearded. **седоволо́сый** grey-haired. **седо́й** (сед, -а́, -о) grey(-haired).

седо́к (-а́) passenger; rider.

седьмо́й seventh.

сезо́н season. сезо́нный seasonal.

сей (сего́) *m*, сия́ (сей) *f*, сие́ (сего́) *neut*, сий (сих) *pl, pron* this; these; сию́ мину́ту at once, instantly.

сейсми́ческий seismic.

сейф safe.

сейча́с *adv* (just) now; soon; immediately.

сёк *etc.*: *see* сечь

секре́т secret.

секретариа́т secretariat.

секрета́рский secretarial. секрета́рша, секрета́рь (-я́) *m* secretary.

секре́тный secret.

секс sex. сексуа́льный sexual; sexy.

сексте́т sextet.

се́кта sect. секта́нт sectarian.

се́ктор sector.

секу́ *etc.*: *see* сечь

секуляриза́ция secularization.

секу́нда second. секунда́нт second. секу́ндный second. секундоме́р stop-watch.

секцио́нный sectional. се́кция section.

селёдка herring.

селезёнка spleen.

се́лезень (-зня) *m* drake.

селе́кция breeding.

селе́ние settlement, village.

сели́тра saltpetre, nitre.

сели́ть(ся *impf* (*pf* по~) settle. село́ (*pl* сёла) village.

сельдере́й celery.

сельдь (*pl* -и, -е́й) herring.

се́льск|ий rural; village; ~ое хозя́йство agriculture. сельскохозя́йственный agricultural.

сельсове́т village soviet.

сема́нтика semantics. семанти́ческий semantic.

семафо́р semaphore; signal.

сёмга (smoked) salmon.

семе́йный family; domestic. семе́йство family.

се́мени *etc.*: *see* се́мя

семени́ть *impf* mince.

семени́ться *impf* seed. семенни́к (-а́) testicle; seed-vessel. семенно́й seed; seminal.

семёрка seven; figure 7; No. 7. се́меро (-ых) seven.

семе́стр term, semester.

се́мечко (*pl* -и) seed; *pl* sunflower seeds.

семидесятиле́тие seventy years; seventieth anniversary, birthday. семидеся́тый seventieth; ~ые го́ды the seventies. семиле́тка seven-year school. семиле́тний seven-year; seven-year-old.

семина́р seminar. семина́рия seminary.

семисо́тый seven-hundredth. семна́дцатый seventeenth. семна́дцать seventeen. семь (-ми́, -мью́) seven. се́мьдесят (-ми́десяти, -мью́десятью) seventy. семьсо́т (-мисо́т, *instr* -мьюста́ми) seven hundred. се́мью *adv* seven times.

семья́ (*pl* -и, -е́й, -ям) family. семьяни́н family man.

се́мя (-мени; *pl* -мена́, -мя́н, -мена́м) seed; semen, sperm.

сена́т senate. сена́тор senator.

се́ни (-е́й) *pl* (entrance-)hall.

се́но hay. сенова́л hayloft. сеноко́с haymaking; hayfield. сенокоси́лка mowing-machine.

сенсацио́нный sensational. сенса́ция sensation.

сенте́нция maxim.

сентимента́льный sentimental.

сентя́брь (-я́) *m* September. сентя́брьский September.

се́псис sepsis.

се́ра sulphur; ear-wax.

серб, ~ка Serb. Се́рбия Serbia. се́рбский Serb(ian). сербохорва́тский Serbo-Croat(ian).

серва́нт sideboard.

серви́з service, set. сервирова́ть *impf* & *pf* serve; lay (a table). сервиро́вка laying; table lay-out.

серде́чник core. серде́чность cordiality; warmth. серде́чный heart; cardiac; cordial; warm(-hearted).

серди́тый angry. серди́ть (-ржу́, -рдишь) *impf* (*pf* рас~) anger; ~ся be angry. сердобо́льный tender-hearted. се́рдце (*pl* -а́, -де́ц) heart; в серда́х in anger; от всего́ се́рдца from the bottom of one's heart. сердцебие́ние palpitation. сердцеви́дный heart-shaped. сердцеви́на core, pith, heart.

серебрённый silver-plated. серебри́стый silvery. серебри́ть *impf* (*pf* по~) silver, silver-plate; ~ся become silvery. серебро́ silver. серебря́ный silver.

середи́на middle.

серёжка earring; catkin.

серена́да serenade.

се́ренький grey; dull.

сержа́нт sergeant.

серий́ный serial; mass. се́рия series; part.

се́рный sulphur; sulphuric.

серогла́зый grey-eyed.

се́рость uncouthness; ignorance.

серп (-á) sickle; ~ луны́ crescent moon.

серпанти́н streamer.

сертифика́т certificate.

се́рый (сер, -á, -о) grey; dull; uneducated.

серьга́ (pl -и, -рёг) earring.

серьёзность seriousness. серьёзный serious.

се́ссия session.

сестра́ (pl сёстры, сестёр, сёстрам) sister.

сесть (ся́ду) pf (impf сади́ться) sit down; land; set; shrink; +на+acc board, get on.

се́тка net, netting; (luggage-)rack; string bag; grid.

се́товать impf (pf по~) complain.

сетча́тка retina. сеть (loc -и́; pl -и, -éй) net; network.

сече́ние section. сечь (секу́, сечёшь; сёк) impf (pf вы́~) cut to pieces; flog; ~ся split.

се́ялка seed drill. се́ять (се́ю) impf (pf по~) sow.

сжа́литься pf take pity (над+instr) on.

сжа́тие pressure; grasp, grip; compression. сжа́тый compressed; compact; concise.

с|жать¹ (сожну́, -нёшь) pf.

сжать² (сожму́, -мёшь) pf (impf сжима́ть) squeeze; compress; grip; clench; ~ся tighten, clench; shrink, contract.

с|жечь (сожгу́, сожжёшь; сжёг, сожгла́) pf (impf сжига́ть) burn (down); cremate.

сжива́ться impf of сжи́ться

сжига́ть impf of сжечь

сжима́ть(ся impf of сжа́ть²(ся

сжи́ться (-иву́сь, -ивёшься; -и́лся, -áсь) pf (impf сжива́ться) c+instr

get used to.

с|жу́льничать pf.

сза́ди adv from behind; behind. сза́ди prep+gen behind.

сзыва́ть impf of созва́ть

сиби́рский Siberian. Сиби́рь Siberia. сибиря́к (-á), сибиря́чка Siberian.

сига́ра cigar. сигаре́та cigarette.

сигна́л signal. сигнализа́ция signalling. сигнализи́ровать impf & pf (pf also про~) signal. сигна́льный signal. сигна́льщик signal-man.

сиде́лка sick-nurse. сиде́ние sitting. сиде́нье seat. сиде́ть (-ижу́) impf sit; be; fit. сидя́чий sitting; sedentary.

сие́ etc.: see сей

си́зый (сиз, -á, -о) (blue-)grey.

сий see сей

си́ла strength; force; power; в си́лу +gen on the strength of, because of; не по ~ам beyond one's powers; си́лой by force. сила́ч (-á) strong man. си́литься impf try, make efforts. силово́й power; of force.

сило́к (-лка́) noose, snare.

си́лос silo; silage.

силуэ́т silhouette.

си́льно adv strongly, violently; very much, greatly. си́льный (-лен or -лён, -льна́, -о) strong; powerful; intense, hard.

симбио́з symbiosis.

си́мвол symbol. символизи́ровать impf symbolize. символи́зм symbolism. символи́ческий symbolic.

симме́трия symmetry.

симпатизи́ровать impf +dat like, sympathize with. симпати́чный likeable, nice. симпа́тия liking; sympathy.

симпо́зиум symposium.

симпто́м symptom.

симули́ровать impf & pf simulate, feign. симуля́нт malingerer, sham. симуля́ция simulation, pretence.

симфо́ния symphony.

синаго́га synagogue.

синева́ blue. синева́тый bluish. синегла́зый blue-eyed. сине́ть (-е́ю) impf (pf по~) turn blue; show blue. си́ний (синь, -ня́ и́, -не) (dark) blue.

сини́ца titmouse.

синод synod. синоним synonym.
синтаксис syntax.

синтез synthesis. синтезировать *impf* & *pf* synthesize. синтетический synthetic.

синус sine; sinus.

синхронизировать *impf* & *pf* synchronize.

синь[1] blue. синь[2] *see* синий. синька blueing; blue-print. синяк (-á) bruise.

сионизм Zionism.

сиплый hoarse, husky. сипнуть (-ну; сип) *impf* (*pf* o~) become hoarse, husky.

сирена siren; hooter.

сиреневый lilac(-coloured). сирень lilac.

Сирия Syria.

сироп syrup.

сирота (*pl* -ы) *m* & *f* orphan. сиротливый lonely. сиротский orphan's, orphans'.

система system. систематизировать *impf* & *pf* systematize. систематический, систематичный systematic.

ситец (-тца) (printed) cotton; chintz. сито sieve.

ситуация situation.

ситцевый print, chintz.

сифилис syphilis.

сифон siphon.

сия *see* сей

сияние radiance. сиять *impf* shine, beam.

сказ tale. сказание story, legend. сказать (-ажу, -ажешь) *pf* (*impf* говорить) say; speak; tell. сказаться (-ажусь, -ажешься) *pf*, сказываться *impf* tell (on); declare o.s. сказитель *m* story-teller. сказка (fairy-)tale; fib. сказочный fairytale; fantastic. сказуемое *sb* predicate.

скакалка skipping-rope. скакать (-ачу, -ачешь) *impf* (*pf* по~) skip, jump; gallop. скаковой race, racing.

скала (*pl* -ы) rock face; cliff. скалистый rocky.

скалить *impf* (*pf* o~); ~ зубы bare one's teeth; grin; ~ся bare one's teeth.

скалка rolling-pin.

скалолаз rock-climber.

скалывать *impf of* сколоть

скальп scalp.

скальпель *m* scalpel.

скамеечка footstool; small bench. скамейка bench. скамья (*pl* скамьи, -ей) bench; ~ подсудимых dock.

скандал scandal; brawl, rowdy scene. скандалист trouble-maker. скандалиться *impf* (*pf* o~) disgrace o.s. скандальный scandalous.

скандинавский Scandinavian.

скандировать *impf* & *pf* declaim.

скапливать(ся *impf of* скопить(ся

скарб goods and chattels.

скаредный stingy.

скарлатина scarlet fever.

скат slope; pitch.

с|катать *pf* (*impf* скатывать) roll (up).

скатерть (*pl* -и, -ей) table-cloth.

скатить (-ачу, -атишь) *pf*, скатывать[1] *impf* roll down; ~ся roll down; slip, slide. скатывать[2] *impf of* скатать

скафандр diving-suit; space-suit.

скачка gallop, galloping. скачки (-чек) *pl* horse-race; races. скачок (-чка) jump, leap.

скашивать *impf of* скосить

скважина slit, chink; well.

сквер public garden.

скверно badly; bad. сквернословить (-влю) *impf* use foul language. скверный foul; bad.

сквозить *impf* be transparent; show through; сквозит *impers* there is a draught. сквозной through; transparent. сквозняк (-á) draught. сквозь *prep+gen* through.

скворец (-рца) starling.

скелет skeleton.

скептик sceptic. скептицизм scepticism. скептический sceptical.

скетч sketch.

скидка reduction. скидывать *impf*, скинуть (-ну) *pf* throw off *or* down; knock off.

скипетр sceptre.

скипидар turpentine.

скирд (-á; *pl* -ы), скирда (*pl* -ы, -áм) stack, rick.

скисать *impf*, скиснуть (-ну; скис) *pf* go sour.

скиталец (-льца) wanderer. скитаться *impf* wander.

скиф Scythian.

склад¹ depot; store.

склад² mould; turn; logical connection; ~ умá mentality.

скла́дка fold; pleat; crease; wrinkle.

скла́дно adv smoothly.

складно́й folding, collapsible.

скла́дный (-ден, -дна, -о) well-knit, well-built; smooth, coherent.

скла́дчина: в ~у in the складчину by clubbing together. скла́дывать(ся impf of сложи́ть(ся

скле́ивать impf, с|кле́ить pf stick together; ~ся stick together.

склеп (burial) vault, crypt.

склепа́ть pf, склёпывать impf rivet. склёпка riveting.

склеро́з sclerosis.

скло́ка squabble.

склон slope; на ~е лет in one's declining years. склоне́ние inclination; declension. склони́ть (-ню́, -нишь) pf, склоня́ть impf incline; bow; win over; decline; ~ся bend, bow; yield; be declined. скло́нность inclination; tendency. скло́нный (-нен, -нна, -нно) inclined, disposed. склоня́емый declinable.

скля́нка phial; bottle; (naut) bell.

скоба́ (pl -ы, -áм) cramp, clamp; staple.

ско́бка dim of скоба́; bracket; pl parenthesis, parentheses.

скобли́ть (-облю́, -о́бли́шь) impf scrape, plane.

ско́ванность constraint. ско́ванный constrained; bound. скова́ть (скую́, скуёшь) pf (impf ско́вывать) forge; chain; fetter; pin down, hold, contain.

сковорода́ (pl ско́вороды, -ро́д, -áм), сковоро́дка frying-pan.

ско́вывать impf of скова́ть

скола́чивать impf, сколоти́ть (-очу́, -о́тишь) pf knock together.

сколо́ть (-лю́, -лешь) pf (impf ска́лывать) chop off; pin together.

скольже́ние sliding, slipping; glide. скользи́ть (-льжу́) impf, сколь-зну́ть (-ну́, -нёшь) pf slide; slip; glide. ско́льзкий (-зок, -зка́, -о) slippery. скользя́щий sliding.

ско́лько adv how much; how many; as far as.

с|кома́ндовать pf. с|комбини́ро-

вать pf. с|ко́мкать pf. с|ком-плектова́ть pf. с|компромети́-ровать pf. с|констру́ировать pf.

сконфу́женный embarrassed, confused, disconcerted. с|конфу́зить-(ся (-у́жу(сь) pf.

сконцентри́ровать pf.

сконча́ться pf pass away, die.

с|копи́ровать pf.

скопи́ть (-плю́, -пишь) pf (impf ска́пливать) save (up); amass; ~ся accumulate. скопле́ние accumulation; crowd.

ско́пом adv in a crowd, en masse.

скорбе́ть (-блю́) impf grieve. ско́рб-ный sorrowful. скорбь (pl -и, -е́й) sorrow.

скоре́е, скоре́й comp of ско́ро, ско́рый; adv rather, sooner; как мо́жно ~ as soon as possible; ~ всего́ most likely.

скорлупа́ (pl -ы) shell.

скорня́к (-á) furrier.

ско́ро adv quickly; soon.

ско́ро- in comb quick-, fast-. скоро-ва́рка pressure-cooker. ~гово́рка patter; tongue-twister. ~пись cursive; shorthand. ~пóртящийся perishable. ~пости́жный sudden. ~спе́лый early; fast-ripening; premature; hasty. ~сшива́тель m binder, file. ~те́чный transient, short-lived.

скоростно́й high-speed. ско́рость (gen pl -е́й) speed; gear.

скорпио́н scorpion; Scorpio.

с|корректи́ровать pf. с|ко́рчить-(ся (-чу(сь) pf.

ско́рый (скор, -á, -о) quick, fast; near; forthcoming; ~ая пóмощь first-aid; ambulance.

с|коси́ть¹ (-ошу́, -óсишь) pf (impf also ска́шивать) mow.

с|коси́ть² (-ошу́) pf (impf also ска́-шивать) squint; cut on the cross.

скот (-á), скоти́на cattle; livestock; beast. ско́тный cattle.

ското- in comb cattle. скотобо́йня (gen pl -óен) slaughter-house. ~вóд cattle-breeder. ~вóдство cattle-raising.

ско́тский cattle; brutish. ско́тство brutish condition; brutality.

скра́сить (-а́шу) pf, скра́шивать impf smooth over; relieve.

скребо́к (-бка́) scraper. **скребу́** etc.: see **скрести́**

скре́жет grating; gnashing. **скрежета́ть** (-ещу́, -е́щешь) *impf* grate; +*instr* gnash.

скре́па clamp, brace; counter-signature.

скрепи́ть (-плю́) *pf*, **скрепля́ть** *impf* fasten (together), make fast; clamp; countersign, ratify; **скрепя́ се́рдце** reluctantly. **скре́пка** paper-clip. **скрепле́ние** fastening; clamping; tie, clamp.

скрести́ (-ебу́, -ебёшь; -ёб, -ла́) *impf* scrape; scratch; ∼сь scratch.

скрести́ть (-ещу́) *pf*, **скре́щивать** *impf* cross; interbreed. **скреще́ние** crossing. **скре́щивание** crossing; interbreeding.

с|криви́ть(ся (-влю́(сь) *pf*.

скрип squeak, creak. **скрипа́ч** (-а́) violinist. **скрипе́ть** (-плю́) *impf*, **скри́пнуть** (-ну) *pf* squeak, creak; scratch. **скри́пичный** violin; ∼ **ключ** treble clef. **скри́пка** violin. **скрипу́чий** squeaky, creaking.

с|кро́ить *pf*.

скро́мничать *impf* (*pf* по∼) be (too) modest. **скро́мность** modesty. **скро́мный** (-мен, -мна́, -о) modest. **скро́ю** etc.: see **скрыть**. **скрою́** etc.: see **скрои́ть**

скрупулёзный scrupulous.

с|крути́ть (-учу́, -у́тишь) *pf*, **скру́чивать** *impf* twist; roll; tie up.

скрыва́ть *impf*, **скрыть** (-бю) *pf* hide, conceal; ∼ся hide, go into hiding, be hidden; steal away; disappear. **скры́тничать** *impf* be secretive. **скры́тный** secretive. **скры́тый** secret, hidden; latent.

скря́га *m* & *f* miser.

ску́дный (-ден, -дна́, -о) scanty; meagre. **ску́дость** scarcity, paucity.

ску́ка boredom.

скула́ (*pl* -ы) cheek-bone. **скула́стый** with high cheek-bones.

скули́ть *impf* whine, whimper.

ску́льптор sculptor. **скульпту́ра** sculpture.

ску́мбрия mackerel.

скунс skunk.

скупа́ть *impf of* **скупи́ть**

скупе́ц (-пца́) miser.

скупи́ть (-плю́, -пишь) *pf* (*impf* скупа́ть) buy (up).

скупи́ться (-плю́сь) *impf* (*pf* по∼) be stingy; skimp; be sparing (of +*на*+*acc*).

ску́пка buying (up).

ску́по *adv* sparingly. **скупо́й** (-п, -а́, -о) stingy, meagre. **ску́пость** stinginess.

скупщи́к buyer(-up).

ску́тер (*pl* -а́) outboard speed-boat.

скуча́ть *impf* be bored; +по+*dat or prep* miss, yearn for.

ску́ченность density, overcrowding. **ску́ченный** dense, overcrowded. **ску́чить** (-чу) *pf* crowd (together); ∼ся cluster; crowd together.

ску́чный (-чен, -чна́, -о) boring; **мне ску́чно** I'm bored.

с|ку́шать *pf*. **скую́** etc.: see **скова́ть**

слабе́ть (-е́ю) *impf* (*pf* о∼) weaken, grow weak. **слаби́тельный** laxative; ∼ое *sb* laxative. **слаби́ть** *impf impers*: его́ сла́бит he has diarrhoea.

слабо- *in comb* weak, feeble, slight. **слабово́лие** weakness of will. ∼**во́льный** weak-willed. ∼**не́рвный** nervy, nervous. ∼**ра́звитый** under-developed. ∼**у́мие** feeble-mindedness. ∼**у́мный** feeble-minded. **сла́бость** weakness. **сла́бый** (-б, -а́, -о) weak.

сла́ва glory; fame; **на сла́ву** wonderfully well. **сла́вить** (-влю) *impf* celebrate, sing the praises of; ∼ся (+*instr*) be famous (for). **сла́вный** glorious, renowned; nice.

славяни́н (*pl* -я́не, -я́н), **славя́нка** Slav. **славянофи́л** Slavophil(e). **славя́нский** Slav, Slavonic.

слага́емое *sb* component, term, member. **слага́ть** *impf of* **сложи́ть**

сла́дить (-а́жу) *pf* c+*instr* cope with, handle; arrange.

сла́дк|ий (-док, -дка́, -о) sweet; ∼ое *sb* sweet course. **сладостра́стник** voluptuary. **сладостра́стный** voluptuous. **сла́дость** joy; sweetness; *pl* sweets.

сла́женность harmony. **сла́женный** co-ordinated, harmonious.

сла́мывать *impf of* **сломи́ть**

сла́нец (-нца) shale, slate.

сластёна *m* & *f* person with a sweet tooth. **сласть** (*pl* -и, -е́й) delight; *pl* sweets, sweet things.

слать (шлю, шлёшь) *impf* send.

слаща́вый sugary, sickly-sweet. **сла́ще** *comp of* **сла́дкий**

сле́ва *adv* from *or* on the left; ~ напра́во from left to right.

слёг *etc.: see* **слечь**

слегка́ *adv* slightly; lightly.

след (следа́, *dat* -у, *loc* -у́; *pl* -ы́) track; footprint; trace. **следи́ть**[1] (-ежу́) *impf* за+*instr* watch; follow; keep up with; look after; keep an eye on. **следи́ть**[2] (-ежу́) *impf* (*pf* на~) leave footprints. **сле́дование** movement. **сле́дователь** *m* investigator. **сле́довательно** *adv* consequently. **сле́довать** *impf* (*pf* по~) I. +*dat or* за+*instr* follow; go, be bound; II. *impers* (+*dat*) ought; be owing, be owed; вам сле́дует +*inf* you ought to; как сле́дует properly; as it should be; ско́лько с меня́ сле́дует? how much do I owe (you)? **сле́дом** *adv* (за+*instr*) immediately after, close behind. **сле́дственный** investigation, inquiry. **сле́дствие**[1] consequence. **сле́дствие**[2] investigation. **сле́дующий** following, next.

слёжка shadowing.

слеза́ (*pl* -ёзы, -а́м) tear.

слеза́ть *impf of* **слезть**

слези́ться (-и́тся) *impf* water. **слези́вый** tearful. **слёзный** tear; tearful. **слезоточи́вый** watering; ~ газ tear-gas.

слезть (-зу; слез) *pf* (*impf* **слеза́ть**) climb *or* get down; dismount; get off; come off.

слепе́нь (-пня́) *m* horse-fly.

слепе́ц (-пца́) blind man. **слепи́ть**[1] *impf* blind; dazzle.

с|лепи́ть[2] (-плю́, -пишь) *pf* stick together.

слепну́ть (-ну; слеп) *impf* (*pf* o~) go blind. **сле́по** *adv* blindly. **слеп|о́й** (-п, -а́, -о) blind; ~ые *sb pl* the blind.

слепо́к (-пка) cast.

слепота́ blindness.

слеса́рь (*pl* -я́ *or* -и́) *m* metalworker, locksmith.

слёт gathering; rally. **слета́ть** *impf*, **слете́ть** (-ечу́) *pf* fly down *or* away; fall down *or* off; ~ся fly together; congregate.

слечь (сля́гу, -я́жешь; слёг, -ла́) *pf* take to one's bed.

сли́ва plum; plum-tree.

слива́ть(ся *impf of* **сли́ть(ся. сли́вки** (-вок) *pl* cream. **сли́вочн|ый** cream; creamy; ~ое ма́сло butter; ~ое моро́женое dairy ice-cream.

сли́зистый slimy. **слизня́к** (-а́) slug.

слизь mucus; slime.

с|лина́ть *pf*.

слипа́ться *impf*, **сли́пнуться** (-нется; -ипся) *pf* stick together.

сли́тно together, as one word. **сли́ток** (-тка) ingot, bar. **с|лить** (солью́, -ьёшь; -ил, -ла́, -о) *pf* (*impf also* **слива́ть**) pour, pour out *or* off; fuse, amalgamate; ~ся flow together; blend; merge.

слича́ть *impf*, **сличи́ть** (-чу́) *pf* collate; check. **сличе́ние** collation, checking.

сли́шком *adv* too; too much.

слия́ние confluence; merging; merger.

слова́к, -а́чка Slovak. **слова́цкий** Slovak.

слова́рный lexical; dictionary. **слова́рь** (-я́) *m* dictionary; vocabulary. **слове́сность** literature; philology. **слове́сный** verbal, oral. **сло́вно** *conj* as if; like, as. **сло́во** (*pl* -а́) word; одни́м ~м in a word. **слово́м** *adv* in a word. **словообразова́ние** word-formation. **словоохо́тливый** talkative. **словосочета́ние** word combination, phrase. **словоупотребле́ние** usage.

слог[1] style.

слог[2] (*pl* -и, -о́в) syllable.

слоёный flaky.

сложе́ние composition; addition; build, constitution. **сложи́ть** (-жу́, -жишь) *pf* (*impf* **класть, скла́дывать, слага́ть**) put *or* lay (together); pile, stack; add, add up; fold (up); compose; take off, put down; lay down; ~ся turn out; take shape; arise; club together. **сло́жность** complication; complexity. **сло́жн|ый** (-жен, -жна́, -о) complicated; complex; compound.

сло́истый stratified; flaky. **слой** (*pl* -и́, -ёв) layer; stratum.

слом demolition, pulling down. **с|лома́ть(ся** *pf*. **сломи́ть** (-млю́, -мишь) *pf* (*impf* **сла́мывать**) break (off); overcome; **сломя́ го́лову** at breakneck speed; ~ся break.

слон (-á) elephant; bishop. слони́ха she-elephant. слонóв|ый elephant; ~ая кость ivory.

слоня́ться *impf* loiter, mooch (about).

слугá (*pl* -и) *m* (man)servant. слу-жáнка servant, maid. служáщий *sb* employee. слу́жба service; work. служéбный office; official; auxiliary; secondary. служéние service, serving. служи́ть (-жу́, -жишь) *impf* (*pf* по~) serve; work.

с|лукáвить (-влю) *pf*.

слух hearing; ear; rumour; по ~у by ear. слуховóй acoustic, auditory, aural; ~óй аппарáт hearing aid; ~óе окнó dormer (window).

слу́чай incident, event; case; opportunity; chance; ни в кóем слу́чае in no circumstances. случáйно *adv* by chance, accidentally; by any chance. случáйность chance. случáйный accidental; chance; incidental. слу-чáться *impf*, случи́ться *pf* happen.

слу́шание listening; hearing. слу́-шатель *m* listener; student; *pl* audience. слу́шать *impf* (*pf* по~, про~) listen (to); hear; attend lectures on; (я) слу́шаю! hello!; very well; ~ся +*gen* obey, listen to.

слыть (-ыву́, -ывёшь; -ыл, -á, -о) *impf* (*pf* про~) have the reputation (+*instr or* за+*acc* for).

слыхáть *impf*, слы́шать (-шу) *impf* (*pf* у~) hear; sense. слы́шаться (-шится) *impf* (*pf* по~) be heard. слы́шимость audibility. слы́ши-мый audible. слы́шный audible.

слюдá mica.

слюнá (*pl* -и, -éй) saliva; spit; *pl* spittle. слюня́вый dribbling.

сля́гу *etc.: see* слечь

сля́коть slush.

см. *abbr* (*of* смотри́) see, *vide*.

смáзать (-áжу) *pf*, смáзывать *impf* lubricate; grease; slur over. смáзка lubrication; greasing; grease. смá-зочный lubricating.

смак relish. смаковáть *impf* relish; savour.

с|маневри́ровать *pf*.

смáнивать *impf*, смани́ть (-ню́, -нишь) *pf* entice.

с|мастери́ть *pf*. смáтывать *impf of*

смотáть

смáхивать *impf*, смахну́ть (-ну́, -нёшь) *pf* brush away *or* off.

смáчивать *impf of* смочи́ть

смéжный adjacent.

смекáлка native wit.

смёл *etc.: see* смести́

смелéть (-éю) *impf* (*pf* о~) grow bolder. смéлость boldness, courage. смéлый bold, courageous. смель-чáк (-á) daredevil.

смелю́ *etc.: see* смолóть

смéна changing; change; replacement(s); relief; shift. смени́ть (-ню́, -нишь) *pf*, сменя́ть[1] *impf* change; replace; relieve; ~ся hand over; be relieved; take turns; +*instr* give place to. смéнный shift; changeable. смéнщик relief; *pl* new shift. сменя́ть[2] *pf* exchange.

с|мéрить *pf*.

смеркáться *impf*, смéркнуться (-нется) *pf* get dark.

смертéльный mortal, fatal, death; extreme. смéртность mortality. смéртный mortal; death; deadly, extreme. смерть (*gen pl* -éй) death.

смерч whirlwind; waterspout; sandstorm.

смеси́тельный mixing. с|меси́ть (- éшу́, -éсишь) *pf*.

смести́ (-ету́, -етёшь; -ёл, -á) *pf* (*impf* сметáть) sweep off, away.

смести́ть (-ещу́) *pf* (*impf* смещáть) displace; remove.

смесь mixture; medley.

смéта estimate.

сметáна sour cream.

с|метáть[1] *pf* (*impf also* смётывать) tack (together).

сметáть[2] *impf of* смести́

смётливый quick, sharp.

смету́ *etc.: see* смести́. смётывать *impf of* сметáть

сметь (-éю) *impf* (*pf* по~) dare.

смех laughter; laugh. смехотвóр-ный laughable.

смéшанный mixed; combined. с|ме-шáть *pf*, смéшивать *impf* mix, blend; confuse; ~ся mix, (inter)-blend; get mixed up. смешéние mixture; mixing up.

смеши́ть (-шу́) *impf* (*pf* на~, рас~) make laugh. смешли́вый given to laughing. смешнóй funny; ridiculous.

смешу́ *etc.*: *see* смеси́ть, смеши́ть

смещáть(ся *impf of* смести́ть(ся. смещéние displacement, removal. смещу́ *etc.*: *see* смести́ть

смея́ться (-ею́сь, -еёшься) *impf* laugh (at +над+*instr*)

смирéние humility, meekness. сми́рённый humble, meek. сми́ри́тельн|ый: ~ая рубáшка strait-jacket. смири́ть *pf*, смиря́ть *impf* restrain, subdue; ~ся submit; resign o.s. сми́рно *adv* quietly; ~! attention! сми́рный quiet; submissive.

смогу́ *etc.*: *see* смочь

смолá (*pl* -ы) resin; pitch, tar; rosin. смоли́стый resinous.

смолкáть *impf*, смо́лкнуть (-ну; -олк) *pf* fall silent.

смо́лоду *adv* from one's youth.

с|молоти́ть (-очу́, -óтишь) *pf*. с|моло́ть (смелю́, смéлешь) *pf*.

смоляно́й pitch, tar, resin.

с|монти́ровать *pf*.

сморкáть *impf* (*pf* вы́~) blow; ~ся blow one's nose.

сморо́дина (*no pl*; *usu collect*) currant; currants; currant-bush.

смо́рщенный wrinkled. с|мо́рщить(ся (-щу(сь) *pf*.

смотáть *pf* (*impf* смáтывать) wind, reel.

смотр (*loc* -ý; *pl* -о́тры) review, inspection. смотрéть (-рю́, -ришь) *impf* (*pf* по~) look (at на+*acc*); see; watch; look through; examine; +за+*instr* look after; +в+*acc*, на+*acc* look on to (like); +*instr* look (like); смотри́(те)! take care!; смотря́ it depends; смотря́ по+*dat* depending on; ~ся look at o.s. смотрово́й observation, inspection.

смочи́ть (-чу́, -чишь) *pf* (*impf* смáчивать) moisten.

с|мочь (-огу́, -óжешь; смог, -лá) *pf*.

с|моше́нничать *pf*. смою́ *etc.*: *see* смыть

смрад stench. смрáдный stinking.

смýглый (-гл, -á, -о) dark-complexioned, swarthy.

смути́ть (-ущу́) *pf*, смущáть *impf* embarrass, confuse; ~ся be embarrassed, be confused. смýтный vague; dim; troubled. смущéние embarrassment, confusion. смущённый (-ён, -á) embarrassed, confused.

смывáть *impf of* смыть

смыкáть(ся *impf of* сомкну́ть(ся

смысл sense; meaning. смы́слить *impf* understand. смыслово́й semantic.

смыть (смо́ю) *pf* (*impf* смывáть) wash off, away.

смычо́к (-чкá) bow.

смышлёный clever.

смягчáть *impf*, смягчи́ть (-чý) *pf* soften; alleviate; ~ся soften; relent; grow mild.

смятéние confusion; commotion.

с|мять(ся (сомну́(сь, -нёшь(ся) *pf*.

снабди́ть (-бжý) *pf*, снабжáть *impf* +*instr* supply with. снабжéние supply, supplying.

снáйпер sniper.

снару́жи *adv* on or from (the) outside.

снаря́д projectile, missile; shell; contrivance; tackle, gear. снаряди́ть (-яжý) *pf*, снаряжáть *impf* equip, fit out. снаряжéние equipment, outfit.

снасть (*gen pl* -éй) tackle; *pl* rigging.

сначáла *adv* at first; all over again.

снáшивать *impf of* сноси́ть

СНГ *abbr* (*of* Содру́жество незави́симых госудáрств) CIS.

снег (*loc* -ý; *pl* -á) snow.

снеги́рь (-я́) bullfinch.

снегово́й snow. снегопáд snowfall. Снегýрочка Snow Maiden. снежи́нка snow-flake. снéжн|ый snow(y); ~ая бáба snowman. снежо́к (-жкá) light snow; snowball.

снести́[1] (-сý, -сёшь; -ёс, -лá) *pf* (*impf* сноси́ть) take; bring together; bring *or* fetch down; carry away; blow off; demolish; endure; ~сь communicate (с+*instr* with).

с|нести́[2](сь (-сý(сь, -сёшь(ся; -нёс-(ся, -лá(сь) *pf*.

снижáть *impf*, сни́зить (-и́жу) *pf* lower; bring down; reduce; ~ся come down; fall. снижéние lowering; loss of height.

снизойти́ (-йдý, -йдёшь; -ошёл, -шлá) *pf* (*impf* снисходи́ть) condescend.

сни́зу *adv* from below.

снимáть(ся *impf of* снять(ся. сни́мок (-мка) photograph. снимý *etc.*: *see* снять

сниска́ть (-ищý, -и́щешь) *pf*, сни́скивать *impf* gain, win.

снисходи́тельность condescension; leniency. снисходи́тельный condescending; lenient. снисходи́ть (-ожу́, -о́дишь) impf of снизойти́.
снисхожде́ние indulgence, leniency.
сни́ться impf (pf при~) impers+dat dream.
сноби́зм snobbery.
сно́ва adv again, anew.
снова́ть (сную́, снуёшь) impf rush about.
сновиде́ние dream.
сноп (-á) sheaf.
сноро́вка knack, skill.
снос demolition; drift; wear. сноси́ть[1] (-ошу́, -о́сишь) pf (impf сна́шивать) wear out. сноси́ть[2](ся (-ошу́(сь, -о́сишь(ся) impf of снести́(сь. сно́ска footnote. сно́сно adv tolerably, so-so. сно́сный tolerable; fair.
снотво́рный soporific.
сноха́ (pl -и) daughter-in-law.
сноше́ние intercourse; relations, dealings.
сношу́ etc.: see сноси́ть
сня́тие taking down; removal; making. снять (сниму́, -и́мешь; -ял, -á, -о) pf (impf снима́ть) take off; take down; gather in; remove; rent; take; make; photograph; ~ся come off; move off; be photographed.
со see с prep.
со- pref co-, joint. соа́втор co-author.
соба́ка dog. соба́чий dog's; canine. соба́чка little dog; trigger.
соберу́ etc.: see собра́ть
собе́с abbr (of социа́льное обеспе́чение) social security (department).
собесе́дник interlocutor, companion. собесе́дование conversation.
собира́тель m collector. собира́ть(ся impf of собра́ть(ся
собла́зн temptation. собла́знитель m, ~ница tempter; seducer. собла́знительный tempting; seductive. соблазни́ть pf, соблазня́ть impf tempt; seduce.
соблюда́ть impf, соблюсти́ (-юду́, -дёшь; -юл, -á) pf observe; keep (to).
соблюде́ние observance; maintenance.
собо́й, собо́ю see себя́

соболе́знование sympathy, condolence(s). соболе́зновать impf +dat sympathize or commiserate with.
со́боль (pl -и or -я) m sable.
собо́р cathedral; council, synod. собо́рный cathedral.
собра́ние meeting; assembly; collection. со́бранный collected; concentrated.
собра́т (pl -ья, -ьев) colleague.
собра́ть (-беру́, -берёшь; -а́л, -á, -о) pf (impf собира́ть) gather; collect; ~ся gather; prepare; intend; be going; +c+instr collect.
со́бственник owner, proprietor. со́бственнический proprietary; proprietorial. со́бственно adv: ~ (говоря́) strictly speaking, as a matter of fact. собственнору́чно adv personally, with one's own hand. со́бственность property; ownership. со́бственный (one's) own; proper; true; и́мя ~ое proper name; ~ой персо́ной in person.
собы́тие event.
собью́ etc.: see сбить
сова́ (pl -ы) owl.
сова́ть (сую́, -ёшь) impf (pf су́нуть) thrust, shove; ~ся push, push in; butt in.
соверша́ть impf, соверши́ть (-шу́) pf accomplish; carry out; commit; complete; ~ся happen; be accomplished. соверше́ние accomplishment; perpetration. соверше́нно adv perfectly; absolutely, completely. совершенноле́тие majority. совершенноле́тний of age. соверше́нный[1] perfect; absolute, complete. соверше́нный[2] perfective соверше́нство perfection. соверше́нствовать impf (pf у~) perfect; improve; ~ся в+instr perfect o.s. in; improve.
со́вестливый conscientious. со́вестно impers+dat be ashamed. со́весть conscience.
сове́т advice, counsel; opinion; council; soviet, Soviet. сове́тник adviser. сове́товать impf (pf по~) advise; ~ся c+instr consult, ask advice of. сове́толог Kremlinologist. сове́тск|ий Soviet; ~ая власть the Soviet

regime; ~ий Сою́з the Soviet Union. сове́тчик adviser.

совеща́ние conference. совеща́-тельный consultative, deliberative. совеща́ться *impf* deliberate; consult.

совлада́ть *pf* c+*instr* control, cope with.

совмести́мый compatible. совме-сти́тель *m* person holding more than one office. совмести́ть (-ещу́) *pf*, совмеща́ть *impf* combine; ~ся coincide; be combined, combine. совме́стно jointly. совме́стный joint, combined.

сово́к (-вка́) shovel; scoop; dust-pan. совокупи́ться (-плю́сь) *pf*, совоку-пля́ться *impf* copulate. совокуп-ле́ние copulation. совоку́пно *adv* jointly. совоку́пность aggre-gate, sum total.

совпада́ть *impf*, совпа́сть (-аде́т) *pf* coincide; agree, tally. совпа-де́ние coincidence.

соврати́ть (-ащу́) *pf* (*impf* совра-ща́ть) pervert, seduce.

со|вра́ть (-вру́, -врёшь; -а́л, -а́, -о) *pf*.

совраща́ть(ся *impf* of соврати́ть(ся. совраще́ние perverting, seduction.

совреме́нник contemporary. совре-ме́нность the present (time); con-temporaneity. совреме́нный con-temporary; modern.

совру́ *etc.: see* совра́ть

совсе́м *adv* quite; entirely.

совхо́з State farm.

совью́ *etc.: see* свить

согла́сие consent; assent; agreement; harmony. согласи́ться (-ашу́сь) *pf* (*impf* соглаша́ться) consent; agree. согла́сно *adv* in accord, in harmony; *prep*+*dat* in accordance with. со-гла́сн|ый[1] agreeable (to); in agree-ment; harmonious. согла́сный[2] consonant(al); *sb* consonant.

согласова́ние co-ordination; agree-ment. согласо́ванность co-ordina-tion. согласова́ть *pf*, согласо́-вывать *impf* co-ordinate; make agree; ~ся conform; agree.

соглаша́ться *impf of* согласи́ться. соглаше́ние agreement. соглашу́ *etc.: see* согласи́ть

согна́ть (сгоню́, сго́нишь; -а́л, -а́, -о)

pf (*impf* сгоня́ть) drive away; drive together.

со|гну́ть (-ну́, -нёшь) *pf* (*impf also* сгиба́ть) bend, curve; ~ся bend (down).

согрева́ть *impf*, согре́ть (-е́ю) *pf* warm, heat; ~ся get warm; warm o.s.

со|греши́ть (-шу́) *pf*.

со́да soda.

соде́йствие assistance. соде́йст-вовать *impf* & *pf* (*pf also* по~) +*dat* assist; promote; contribute to.

содержа́ние maintenance, upkeep; content(s); pay. содержа́тельный rich in content; pithy. содержа́ть (-жу́, -жишь) keep; maintain; contain; ~ся be kept; be maintained; be; be contained. содержи́мое *sb* contents.

со|дра́ть (сдеру́, -рёшь; -а́л, -а́, -о) *pf* (*impf also* сдира́ть) tear off, strip off; fleece.

содрога́ние shudder. содрога́ться *impf*, содрогну́ться (-ну́сь, -нёшься) *pf* shudder.

содру́жество concord; common-wealth.

соедине́ние joining, combination; joint; compound; formation. Соеди-нённое Короле́вство United King-dom. Соединённые Шта́ты (Аме́-рики) *m pl* United States (of Amer-ica). соединённый (-ён, -á) united, joint. соедини́тельный connective, connecting. соедини́ть *pf*, соеди-ня́ть *impf* join, unite; connect; com-bine; ~ся join, unite; combine.

сожале́ние regret; pity; к сожа-ле́нию unfortunately. сожале́ть (-е́ю) *impf* regret, deplore.

сожгу́ *etc.: see* сжечь. сожже́ние burning; cremation.

сожи́тель *m*, ~ница room-mate, flat-mate; lover. сожи́тельство co-habitation.

сожму́ *etc.: see* сжать[2]. сожну́ *etc.: see* сжать[1]. созва́ниваться *impf of* созвони́ться

созва́ть (-зову́, -зовёшь; -а́л, -а́, -о) *pf* (*impf* сзыва́ть, созыва́ть) call to-gether; call; invite.

созве́здие constellation.

созвони́ться *pf* (*impf* созва́ни-ваться) ring up; speak on the tele-phone.

созву́чие accord; assonance. созву́чный harmonious; +dat in keeping with.

создава́ть (-даю́, -даёшь) impf, созда́ть (-а́м, -а́шь, -а́ст, -ади́м; со́здал, -а́, -о) pf create; establish; ~ся be created; arise, spring up. созда́ние creation; work; creature. созда́тель m creator; originator.

созерца́ние contemplation. созерца́тельный contemplative. созерца́ть impf contemplate.

созида́ние creation. созида́тельный creative.

созна́ва́ть (-наю́, -наёшь) impf, созна́ть pf be conscious of, realize; acknowledge; ~ся confess. созна́ние consciousness; acknowledgement; confession. созна́тельность awareness, consciousness. созна́тельный conscious; deliberate.

созову́ etc.: see созва́ть

созрева́ть impf, со|зре́ть (-е́ю) pf ripen, mature.

созы́в summoning, calling. созыва́ть impf of созва́ть

соизмери́мый commensurable.

соиска́ние competition. соиска́тель m, ~ница competitor, candidate.

сойти́ (-йду́, -йдёшь; сошёл, -шла́) pf (impf сходи́ть) go or come down; get off; leave; come off; pass, go off; ~ с ума́ go mad, go out of one's mind; ~сь meet; gather; become friends; become intimate; agree.

сок (loc -у́) juice.

со́кол falcon.

сократи́ть (-ащу́) pf, сокраща́ть impf shorten; abbreviate; reduce; ~ся grow shorter; decrease; contract. сокраще́ние shortening; abridgement; abbreviation; reduction.

сокрове́нный secret; innermost. сокро́вище treasure. сокро́вищница treasure-house.

сокруша́ть impf, сокруши́ть (-шу́) pf shatter; smash; distress; ~ся grieve, be distressed. сокруша́ющий smashing; grief. сокрушённый (-ён, -а́) grief-stricken. сокруши́тельный shattering.

сокры́тие concealment.

со|лга́ть (-лгу́, -лжёшь; -а́л, -а́, -о) pf.

солда́т (gen pl -а́т) soldier. солда́т-

ский soldier's.

соле́ние salting; pickling. солёный (со́лон, -а́, -о) salt(y); salted; pickled. соле́нье salted food(s); pickles.

солида́рность solidarity. соли́дный solid; strong; reliable; respectable; sizeable.

соли́ст, соли́стка soloist.

соли́ть (-лю́, со́лишь) impf (pf по~) salt; pickle.

со́лнечный sun; solar; sunny; ~ свет sunlight; sunshine; ~ уда́р sunstroke. со́лнце sun. солнцепёк: на ~е in the sun. солнцестоя́ние solstice.

со́ло neut indecl solo; adv solo.

солове́й (-вья́) nightingale.

со́лод malt.

солодко́вый liquorice.

соло́ма straw; thatch. соло́менный straw; thatch. соло́минка straw.

со́лон etc.: see солёный. солони́на corned beef. соло́нка salt-cellar. солонча́к (-а́) saline soil; pl salt marshes. соль (pl -и, -е́й) salt.

со́льный solo.

солью́ etc.: see слить

соляно́й, соля́ный salt, saline; соля́ная кислота́ hydrochloric acid.

со́мкнутый close. сомкну́ть (-ну́, -нёшь) pf (impf смыка́ть) close; ~ся close.

сомнева́ться impf doubt, have doubts. сомне́ние doubt. сомни́тельный doubtful.

сомну́ etc.: see смять

сон (сна) sleep; dream. сонли́вость sleepiness; somnolence. сонли́вый sleepy. со́нный sleepy; sleeping.

сона́та sonata.

соне́т sonnet.

соображённый impf, сообрази́ть (-ажу́) pf consider, think out; weigh; understand. соображе́ние consideration; understanding; notion. сообрази́тельный quick-witted.

сообра́зный c+instr conforming to, in keeping with.

сообща́ adv together. сообща́ть impf, сообщи́ть (-щу́) pf communicate, report, announce; impart; +dat inform. сообще́ние communication, report; announcement. соо́бщество association. соо́бщник accomplice.

сооруди́ть (-ужу́) pf, сооружа́ть impf build, erect. сооруже́ние building; structure.

соотве́тственно *adv* accordingly, correspondingly; *prep+dat* according to, in accordance with. **соотве́тственный** corresponding. **соотве́тствие** accordance, correspondence. **соотве́тствовать** *impf* correspond, conform. **соотве́тствующий** corresponding; suitable.

соотéчественник fellow-country-man.

соотноше́ние correlation.

сопе́рник rival. **сопе́рничать** *impf* compete, vie. **сопе́рничество** rivalry.

сопе́ть (-плю́) *impf* wheeze; snuffle.

со́пка hill, mound.

сопли́вый snotty.

сопоста́вить (-влю) *pf*, **сопоставля́ть** *impf* compare. **сопоставле́ние** comparison.

сопреде́льный contiguous.

со|пре́ть *pf*.

соприкаса́ться *impf*, **соприкосну́ться** (-ну́сь, -нёшься) *pf* adjoin; come into contact. **соприкоснове́ние** contact.

сопроводи́тельный accompanying. **сопроводи́ть** (-ожу́) *pf*, **сопровожда́ть** *impf* accompany; escort. **сопровожде́ние** accompaniment; escort.

сопротивле́ние resistance. **сопротивля́ться** *impf +dat* resist, oppose.

сопу́тствовать *impf +dat* accompany.

сопью́сь *etc.*: see **спи́ться**

сор litter, rubbish.

соразме́рить *pf*, **соразмеря́ть** *impf* balance, match. **соразме́рный** proportionate, commensurate.

сора́тник comrade-in-arms.

сорва́ть (-ву́, -вёшь; -а́л, -а́, -о) *pf* (*impf* **срыва́ть**) tear off, away, down; break off; pick; break; ruin, spoil; vent; ~ся break away, break loose; fall, come down; fall through.

с|организова́ть *pf*.

соревнова́ние competition; contest. **соревнова́ться** *impf* compete.

сори́ть *impf* (*pf* **на~**) *+acc or instr* litter; throw about. **со́рн|ый** rubbish; refuse; ~ая трава́ weed(s). **сорня́к** (-á) weed.

со́рок (-á) forty.

соро́ка magpie.

сороков|о́й fortieth; ~ые го́ды the forties.

соро́чка shirt; blouse; shift.

сорт (*pl* -á) grade, quality; sort. **сортирова́ть** *impf* (*pf* **рас~**) sort, grade. **сортиро́вка** sorting. **сортиро́вочн|ый** sorting; ~ая *sb* marshalling-yard. **сортиро́вщик** sorter. **со́ртный** high quality.

соса́ть (-су́, -сёшь) *impf* suck.

со|сва́тать *pf*.

сосе́д (*pl* -и), **сосе́дка** neighbour. **сосе́дний** neighbouring; adjacent, next. **сосе́дский** neighbours'. **сосе́дство** neighbourhood. **соси́ска** frankfurter, sausage.

со́ска (*baby's*) dummy.

соска́кивать *impf of* **соскочи́ть**

соска́льзывать *impf*, **соскользну́ть** (-ну́, -нёшь) *pf* slide down, slide off.

соскочи́ть (-чу́, -чишь) *pf* (*impf* **соска́кивать**) jump off *or* down; come off.

соску́читься (-чусь) *pf* get bored; ~ по+*dat* miss.

сослага́тельный subjunctive.

сосла́ть (сошлю́, -лёшь) *pf* (*impf* **ссыла́ть**) exile, deport; ~ся на+*acc* refer to; cite; plead, allege.

сосло́вие estate; class.

сослужи́вец (-вца) colleague.

сосна́ (*pl* -ы, -сен) pine(-tree). **сосно́вый** pine; deal.

сосо́к (-ска́) nipple, teat.

сосредото́ченный concentrated. **сосредото́чивать** *impf*, **сосредото́чить** (-чу) *pf* concentrate; focus; ~ся concentrate.

соста́в composition; structure; compound; staff; strength; train; в ~е +*gen* consisting of. **соста́витель** *m* compiler. **соста́вить** (-влю) *pf*, **составля́ть** *impf* put together; make (up); draw up; compile; be, constitute; total; ~ся form, be formed. **составно́й** compound; component, constituent.

со|ста́рить(ся *pf*.

состоя́ние state, condition; fortune. **состоя́тельный** well-to-do; well-grounded. **состоя́ть** (-ою́) *impf* be; +из+*gen* consist of; +в+*prep* consist in, be. **состоя́ться** (-ои́тся) *pf* take place.

сострада́ние compassion. сострада́тельный compassionate.

с|остри́ть pf. со|стря́пать pf.

со|стыкова́ть pf, состыко́вывать impf dock; ~ся dock.

состяза́ние competition, contest. состяза́ться impf compete.

сосу́д vessel.

сосу́лька icicle.

сосуществова́ние co-existence.

со|счита́ть pf. сот see сто.

сотворе́ние creation. со|твори́ть pf.

со|тка́ть (-ку́, -кёшь, -а́л, -а́ла́, -о) pf.

со́тня (gen pl -тен) a hundred.

сотру́ etc.: see стере́ть

сотру́дник collaborator; colleague; employee. сотру́дничать impf collaborate; +в+prep contribute to. сотру́дничество collaboration.

сотряса́ть impf, сотрясти́ (-су́, -сёшь, -яс, -ла́) pf shake; ~ся tremble. сотрясе́ние shaking; concussion.

со́ты (-ов) pl honeycomb.

со́тый hundredth.

соумы́шленник accomplice.

со́ус sauce; gravy; dressing.

соуча́стие participation; complicity. соуча́стник participant; accomplice.

софа́ (pl -ы) sofa.

соха́ (pl -и) (wooden) plough.

со́хнуть (-ну; сох) impf (pf вы́~, за~, про~) (get) dry; wither.

сохране́ние preservation; conservation; (safe)keeping; retention. сохрани́ть pf, сохраня́ть impf preserve, keep; ~ся remain (intact); last out; be well preserved. сохра́нный safe.

социа́л-демокра́т Social Democrat. социа́л-демократи́ческий Social Democratic. социали́зм socialism. социали́ст socialist. социалисти́ческий socialist. социа́ль|ный social; ~ое обеспе́чение social security. социо́лог sociologist. социоло́гия sociology.

соцреали́зм socialist realism.

сочета́ние combination. сочета́ть impf & pf combine; ~ся combine; harmonize; match.

сочине́ние composition; work. сочини́ть pf, сочиня́ть impf compose; write; make up.

сочи́ться (-и́тся) impf ooze (out), trickle; ~ кро́вью bleed.

со́чный (-чен, -чна́, -о) juicy; rich.

сочту́ etc.: see счесть

сочу́вствие sympathy. сочу́вствовать impf +dat sympathize with.

сошёл etc.: see сойти́. сошлю́ etc.: see сосла́ть. сошью́ etc.: see сшить

со|щу́ривать impf, со|щу́рить pf screw up, narrow; ~ся screw up one's eyes; narrow.

сою́з[1] union; alliance; league. сою́з[2] conjunction. сою́зник ally. сою́зный allied; Union.

спад recession; abatement. спада́ть impf of спасть

спазм spasm.

спа́ивать impf of спая́ть, спои́ть

спа́йка soldered joint; solidarity, unity.

с|паи́ть pf.

спа́льн|ый sleeping; ~ый ваго́н sleeping car; ~ое ме́сто berth. спа́льня (gen pl -лен) bedroom.

спа́ржа asparagus.

спартакиа́да sports meeting.

спаса́тельный rescue; ~ жиле́т life jacket; ~ круг lifebuoy; ~ по́яс lifebelt. спаса́ть(ся impf of спасти́(сь. спасе́ние rescue, escape; salvation. спаси́бо thank you. спаси́тель m rescuer; saviour. спаси́тельный saving; salutary.

спасти́ (-су́, -сёшь; спас, -ла́) pf (impf спаса́ть) save; rescue; ~сь escape; be saved.

спасть (-адёт) pf (impf спада́ть) fall (down); abate.

спать (сплю; -ал, -а́, -о) impf sleep; лечь ~ go to bed.

спа́янность cohesion, unity. спа́янный united. спая́ть pf (impf спа́ивать) solder, weld; unite.

спекта́кль m performance; show.

спектр spectrum.

спекули́ровать impf speculate. спекуля́нт speculator, profiteer. спекуля́ция speculation; profiteering.

спе́лый ripe.

сперва́ adv at first; first.

спе́реди adv in front, from the front; prep+gen (from) in front of.

спёртый close, stuffy.

спеси́вый arrogant, haughty. спесь arrogance, haughtiness.

спеть[1] (-е́ет) impf (pf по~) ripen.

с|петь[2] (спою́, споёшь) pf.

спец- *abbr in comb* (*of* специа́льный) special. спецко́р special correspondent. ~оде́жда protective clothing; overalls.

специализа́ция specialization. специализи́роваться *impf & pf* specialize. специали́ст, ~ка specialist, expert. специа́льность speciality; profession. специа́льный special; specialist.

специ́фика specific character. специфи́ческий specific.

спе́ция spice.

спецо́вка protective clothing; overall(s).

спеши́ть (-шу́) *impf* (*pf* по~) hurry, be in a hurry; be fast.

спе́шка hurry, haste. спе́шный urgent.

спива́ться *impf of* спи́ться

СПИД *abbr* (*of* синдро́м приобретённого имму́нного дефици́та) Aids.

с|пики́ровать *pf*.

спи́ливать *impf*, спили́ть (-лю́, -лишь) *pf* saw down, off.

спина́ (*acc* -у; *pl* -ы) back. спи́нка back. спинно́й spinal; ~ мозг spinal cord.

спира́ль spiral.

спирт alcohol, spirit(s). спиртно́й alcoholic; ~о́е *sb* alcohol. спиртовка spirit-stove. спиртово́й spirit, alcoholic.

списа́ть (-ишу́, -и́шешь) *pf*, спи́сывать *impf* copy; ~ся exchange letters. спи́сок (-ска) list; record.

спи́ться (сопью́сь, -ьёшься; -и́лся, -а́сь) *pf* (*impf* спива́ться) take to drink.

спи́хивать *impf*, спихну́ть (-ну́, -нёшь) *pf* push aside, down.

спи́ца knitting-needle; spoke.

спи́чечн|ый match; ~ая коро́бка match-box. спи́чка match.

спишу́ *etc.*: *see* списа́ть

сплав[1] floating. сплав[2] alloy. сплавить[1] (-влю) *pf*, сплавля́ть[1] *impf* float; raft; get rid of. сплавить[2] (-влю) *pf*, сплавля́ть[2] *impf* alloy; ~ся fuse.

с|плани́ровать *pf*. сплачивать(ся *impf of* сплоти́ть(ся. сплёвывать *impf of* сплю́нуть

с|плести́ (-ету́, -етёшь; -ёл, -а́) *pf*,

сплета́ть *impf* weave; plait; interlace. сплете́ние interlacing; plexus.

спле́тник, -ница gossip, scandalmonger. спле́тничать *impf* (*pf* на~) gossip. спле́тня (*gen pl* -тен) gossip, scandal.

сплоти́ть (-очу́) *pf* (*impf* спла́чивать) join; unite, rally; ~ся unite, rally; close ranks. сплоче́ние uniting. сплочённость cohesion, unity. сплочённый (-ён, -а́) united; firm; unbroken.

сплошно́й solid; complete; continuous; utter. сплошь *adv* all over; completely; ~ да ря́дом pretty often.

сплю́ *see* спать

сплю́нуть (-ну) *pf* (*impf* сплёвывать) spit; spit out.

сплю́щивать *impf*, сплю́щить (-щу) *pf* flatten; ~ся become flat.

с|пляса́ть (-яшу́, -я́шешь) *pf*.

сподви́жник comrade-in-arms.

спо́ить (-ою́, -о́ишь) *pf* (*impf* спа́ивать) make a drunkard of.

споко́йн|ый quiet; calm; ~ой но́чи good night! споко́йствие quiet; calm, serenity.

спола́скивать *impf of* сполосну́ть

сполза́ть *impf*, сползти́ (-зу́, -зёшь; -олз, -ла́) *pf* climb down; slip (down); fall away.

сполна́ *adv* in full.

сполосну́ть (-ну́, -нёшь) *pf* (*impf* спола́скивать) rinse.

спо́нсор sponsor, backer.

спор argument; controversy; dispute. спо́рить *impf* (*pf* по~) argue; dispute; debate. спо́рный debatable, questionable; disputed; moot.

спо́ра spore.

спорт sport. спорти́вный sports; ~ зал gymnasium. спортсме́н, ~ка athlete, player.

спо́соб way, method; таки́м ~ом in this way. спосо́бность ability, aptitude; capacity. спосо́бный able; clever; capable. спосо́бствовать *impf* (*pf* по~) +*dat* assist; further.

споткну́ться (-ну́сь, -нёшься) *pf*, спотыка́ться *impf* stumble.

спохвати́ться (-ачу́сь, -а́тишься) *pf*, спохва́тываться *impf* remember suddenly.

спою́ *etc.*: *see* спеть, спо́ить

спра́ва *adv* from *or* on the right.

справедли́вость justice; fairness; truth. справедли́вый just; fair; justified.

спра́вить (-влю) *pf*, справля́ть *impf* celebrate. спра́виться[1] (-влюсь) *pf*, справля́ться *impf* c+*instr* cope with, manage. спра́виться[2] (-влюсь) *pf*, справля́ться *impf* inquire; +в+*prep* consult. спра́вка information; reference; certificate; наводи́ть спра́вку make inquiries. спра́вочник reference-book, directory. спра́вочный inquiry, information.

спра́шивать(ся *impf of* спроси́ть(ся

спринт sprint. спри́нтер sprinter.

с|провоци́ровать *pf*. с|проекти́ровать *pf*.

спрос demand; asking; без ~y without permission. спроси́ть (-ошу́, -о́сишь) *pf* (*impf* спра́шивать) ask (for); inquire; ~ся ask permission.

спрут octopus.

спры́гивать *impf*, спры́гнуть (-ну) *pf* jump off, jump down.

спры́скивать *impf*, спры́снуть (-ну) *pf* sprinkle.

спряга́ть *impf* (*pf* про~) conjugate. спряже́ние conjugation.

с|прясть (-яду́, -ядёшь; -ял, -я́ла, -о) *pf* с|пря́тать(ся (-я́чу(сь) *pf*.

спу́гивать *impf*, спугну́ть (-ну́, -нёшь) *pf* frighten off.

спуск lowering; descent; slope. спуска́ть *impf*, спусти́ть (-ущу́, -у́стишь) *pf* let down, lower; let go; release; let out; send out; go down; forgive; squander; ~ кора́бль launch a ship; ~ куро́к pull the trigger; ~ пе́тлю drop a stitch; ~ся go down, descend. спускно́й drain. спусково́й trigger. спустя́ *prep*+*acc* after; later.

с|пу́тать(ся *pf*.

спу́тник satellite, sputnik; (travelling) companion.

спущу́ *etc.: see* спусти́ть

спя́чка hibernation; sleepiness.

ср. *abbr* (*of* сравни́) cf.

сраба́тывать *impf*, срабо́тать *pf* make; work, operate.

сравне́ние comparison; simile. сра́внивать *impf of* сравни́ть, сравня́ть. сравни́мый comparable. сравни́тельно *adv* comparatively. сравни́тельный comparative. срав-

ни́ть *pf* (*impf* сра́внивать) compare; ~ся c+*instr* compare with. с|равня́ть *pf* (*impf also* сра́внивать) make even, equal; level.

сража́ть *impf*, срази́ть (-ажу́) *pf* strike down; overwhelm, crush; ~ся fight. сраже́ние battle.

сра́зу *adv* at once.

срам shame. срами́ть (-млю) *impf* (*pf* о~) shame; ~ся cover o.s. with shame. срамота́ shame.

сраста́ние growing together. сраста́ться *impf*, срасти́сь (-тётся; сро́сся, -ла́сь) *pf* grow together; knit.

среда́[1] (*pl* -ы) environment, surroundings; medium. среда́[2] (*acc* -у; *pl* -ы, -а́м *dat* -а́м) Wednesday. среди́ *prep*+*gen* among; in the middle of; ~ бе́ла дня in broad daylight. средиземномо́рский Mediterranean. сре́дне *adv* so-so. средневеко́вый medieval. средневеко́вье the Middle Ages. сре́дний middle; medium; mean; average; middling; secondary; neuter; ~ее *sb* mean, average. средото́чие focus. сре́дство means; remedy.

срез cut; section; slice. с|ре́зать (-е́жу) *pf*. среза́ть *impf* cut off; slice; fail; ~ся fail.

с|репети́ровать *pf*.

срисова́ть *pf*, срисо́вывать *impf* copy.

с|ровня́ть *pf*.

сродство́ affinity.

срок date; term; time, period; в ~, к ~y in time, to time.

сро́сся *etc.: see* срасти́сь

сро́чно *adv* urgently. сро́чность urgency. сро́чный urgent; for a fixed period.

сро́ю *etc.: see* срыть

сруб felling; framework. сруба́ть *impf*, с|руби́ть (-блю, -бишь) *pf* cut down; build (*of logs*).

срыв disruption; breakdown; ruining. срыва́ть[1](ся *impf of* сорва́ть(ся

срыва́ть[2] *impf*, срыть (сро́ю) *pf* raze to the ground.

сря́ду *adv* running.

сса́дина scratch. ссади́ть (-ажу́, -а́дишь) *pf*, сса́живать *impf* set down; help down; turn off.

ссо́ра quarrel. ссо́рить *impf* (*pf* по~) cause to quarrel; ~ся quarrel.

CCCP abbr (of Сою́з Сове́тских Социалисти́ческих Респу́блик) USSR.

ссу́да loan. ссуди́ть (-ужу́, -у́дишь) pf, ссужа́ть impf lend, loan.

ссыла́ть(ся impf of сосла́ть(ся. ссы́лка[1] exile. ссы́лка[2] reference. ссы́льный, ссы́льная sb exile.

ссыпа́ть (-плю) pf, ссыпа́ть impf pour.

стабилиза́тор stabilizer; tail-plane. стабилизи́ровать(ся impf & pf stabilize. стаби́льность stability. стаби́льный stable, firm.

ста́вень (-вня; gen pl -вней) m, ста́вня (gen pl -вен) shutter.

ста́вить (-влю) impf (pf по~) put, place, set; stand; station; erect; install; apply; present, stage. ста́вка[1] rate; stake. ста́вка[2] headquarters.

ста́вня see ста́вень

стадио́н stadium.

ста́дия stage.

ста́дность herd instinct. ста́дный gregarious. ста́до (pl -á) herd, flock.

стаж length of service; probation. стажёр probationer; student on a special non-degree course. стажиро́вка period of training.

стака́н glass.

сталелите́йный steel-founding; ~ заво́д steel foundry. сталепла́вильный steel-making; ~ заво́д steel works. сталепрока́тный (steel-)rolling; ~ стан rolling-mill.

ста́лкивать(ся impf of столкну́ть(ся

ста́ло быть conj consequently.

сталь steel. стально́й steel.

стаме́ска chisel.

стан[1] figure, torso.

стан[2] camp.

стан[3] mill.

станда́рт standard. станда́ртный standard.

стани́ца Cossack village.

станкострое́ние machine-tool engineering.

станови́ться (-влю́сь, -вишься) impf of стать[1]

стано́к (-нка́) machine tool, machine. ста́ну etc.: see стать[2]

станцио́нный station. ста́нция station.

ста́пель (pl -я́) m stocks.

ста́птывать(ся impf of стопта́ть(ся

стара́ние effort. стара́тельность diligence. стара́тельный diligent.

стара́ться impf (pf по~) try.

старе́ть impf (pf по~, у~) grow old. ста́рец (-рца) elder, (venerable) old man. стари́к (-á) old man. старина́ antiquity, olden times; antique(s); old fellow. стари́нный ancient; old; antique. ста́рить impf (pf со~) age, make old; ~ся age, grow old.

старо- in comb old. старове́р Old Believer. ~жи́л old resident. ~мо́дный old-fashioned. ~славя́нский Old Slavonic.

ста́роста head; monitor; churchwarden. ста́рость old age.

старт start; на ~! on your marks! ста́ртер starter. стартова́ть impf & pf start. ста́ртовый starting.

стару́ха, стару́шка old woman. ста́рческий old man's; senile. ста́рше comp of ста́рый. ста́рш|ий oldest, eldest; senior; head; ~ие sb pl (one's) elders; ~ий sb chief; man in charge. старшина́ m sergeant-major; petty officer; leader, senior representative. ста́рый (-ар, -á, -о) old. старьё old things, junk.

ста́скивать impf of стащи́ть

с|тасова́ть pf.

стати́ст extra.

стати́стика statistics. статисти́ческий statistical.

ста́тный stately.

ста́тский civil, civilian.

ста́тус status. ста́тус-кво neut indecl status quo.

статуэ́тка statuette.

ста́туя statue.

стать[1] (-а́ну) pf (impf станови́ться) stand; take up position; stop; cost; begin; +instr become; +c+instr become of; не ~ impers+gen cease to be; disappear; его́ не ста́ло he is no more; ~ на коле́ни kneel. стать[2] physique, build.

ста́ться (-а́нется) pf happen.

статья́ (gen pl -е́й) article; clause; item; matter.

стациона́р permanent establishment; hospital. стациона́рный stationary; permanent; ~ больно́й in-patient. ста́чечник striker. ста́чка strike.

с|тащи́ть (-щу́, -щишь) pf (impf also

стáскивать) drag off, pull off.

стáя flock; school, shoal; pack.

ствол (-á) trunk; barrel.

ствóрка leaf, fold.

стéбель (-бля; gen pl -блéй) m stem, stalk.

стёган|ый quilted; ~ое одеяло quilt. стегáть[1] impf (pf вы~) quilt.

стегáть[2] impf, стегнýть (-нý) pf (pf also от~) whip, lash.

стежóк (-жкá) stitch.

стезя path, way.

стёк etc.: see стечь. стекáть(ся impf of стéчь(ся

стеклó (pl -ёкла, -кол) glass; lens; (window-)pane.

стеклó- in comb glass. стекловолокнó glass fibre. ~очист
итель m windscreen-wiper. ~рéз glass-cutter. ~ткáнь fibreglass.

стеклянный glass; glassy. стекóльщик glazier.

стелить see стлать

стеллáж (-á) shelves, shelving.

стéлька insole.

стелю etc.: see стлать

с|темнéть (-éет) pf.

стенá (acc -у; pl -ы, -áм) wall. стенгазéта wall newspaper.

стенд stand.

стéнка wall; side. стеннóй wall.

стеногрáмма shorthand record. стенóграф, стенографист, ~ка stenographer. стенографировать impf & pf take down in shorthand. стенографический shorthand. стенография shorthand.

стенокардия angina.

степéнный staid; middle-aged.

стéпень (gen pl -éй) degree; extent; power.

степнóй steppe. степь (loc -и́; gen pl -éй) steppe.

стервятник vulture.

стерегý etc.: see стерéчь

стéрео indecl adj stereo. стéрео- in comb stereo. стереотип stereotype. стереотипный stereotype(d). стереофонический stereo(phonic). ~фóния stereo(phony).

стерéть (сотру, сотрёшь; стёр) pf (impf стирáть[1]) wipe off; rub out, rub sore; ~ся rub off; wear down; be effaced.

стерéчь (-регý, -режёшь; -ёг, -лá)

impf guard; watch for.

стéржень (-жня) m pivot; rod; core.

стерилизовáть impf & pf sterilize. стерильный sterile.

стéрлинг sterling.

стéрлядь (gen pl -éй) sterlet.

стерпéть (-плю, -пишь) pf bear, endure.

стёртый worn, effaced.

стеснéние constraint. стеснительный shy; inconvenient. с|теснить pf, стеснять impf constrain; hamper; inhibit. с|тесниться pf, стесняться impf (pf also по~) +inf feel too shy (to), be ashamed to.

стечéние confluence; gathering; combination. стечь (-чёт; -ёк, -лá) pf (impf стекáть) flow down; ~ся flow together; gather.

стилистический stylistic. стиль m style. стильный stylish; period.

стимул stimulus, incentive. стимулировать impf & pf stimulate.

стипéндия grant.

стирáльный washing.

стирáть[1](ся impf of стерéть(ся

стирáть[2] impf (pf вы~) wash, launder; ~ся wash. стирка washing, wash, laundering.

стискивать impf, стиснуть (-ну) pf squeeze; clench; hug.

стих (-á) verse; line; pl poetry. стихáть impf of стихнуть

стихийный elemental; spontaneous. стихия element.

стихнуть (-ну; стих) pf (impf стихáть) subside; calm down.

стихотворéние poem. стихотворный in verse form.

стлать, стелить (стелю, стéлешь) impf (pf по~) spread; ~ постéль make a bed; ~ся spread; creep.

сто (ста; gen pl сот) a hundred.

стог (loc -е & -ý; pl -á) stack, rick.

стóимость cost; value. стóить impf cost; be worth(while); deserve.

стой see стоять

стóйка counter, bar; prop; upright; strut. стóйкий firm; stable; steadfast. стóйкость firmness, stability; steadfastness. стóйло stall. стоймя adv upright.

сток flow; drainage; drain, gutter; sewer.

стол (-á) table; desk; cuisine.

столб (-á) post, pole, pillar, column. столбене́ть (-е́ю) *impf* (*pf* о~) be rooted to the ground. столбня́к (-á) stupor; tetanus.

столе́тие century; centenary. столе́тний hundred-year-old; of a hundred years.

столи́ца capital; metropolis. столи́чный (of the) capital.

столкнове́ние collision; clash. столкну́ть (-ну́, -нёшь) *pf* (*impf* ста́лкивать) push off, away; cause to collide; bring together; ~ся collide, clash; +c+*instr* run into.

столо́вая *sb* dining-room; canteen. столо́вый table.

столп (-á) pillar. столпи́ться *pf* crowd.

столь *adv* so. сто́лько *adv* so much, so many.

столя́р (-á) joiner, carpenter. столя́рный joiner's.

стомато́лог dentist.

стометро́вка (the) hundred metres.

стон groan. стона́ть (-ну́, -нешь) *impf* groan.

стоп! *int* stop!

стопá[1] foot.

стопá[2] (*pl* -ы) ream; pile.

сто́пка[1] pile.

сто́пка[2] small glass.

сто́пор stop, catch. сто́пориться *impf* (*pf* за~) come to a stop.

стопроце́нтный hundred-per-cent.

стоп-сигна́л brake-light.

стопта́ть (-пчу́, -пчешь) *pf* (*impf* ста́птывать) wear down; ~ся wear down.

с|торгова́ть(ся *pf*.

сто́рож (*pl* -á) watchman, guard. сторожево́й watch; patrol-. сторожи́ть (-жу́) *impf* guard, watch (over).

сторонá (*acc* сто́рону, *pl* сто́роны, -ро́н, -áм) side; direction; hand; feature; part; land; в сто́рону aside; с мое́й стороны́ for my part; с одно́й стороны́ on the one hand. сторони́ться (-ню́сь, -нишься) *impf* (*pf* по~) stand aside; +*gen* avoid. сторо́нник supporter, advocate.

сто́чный sewage, drainage.

стоя́нка stop; parking; stopping place, parking space; stand; rank. стоя́ть (-ою́) *impf* (*pf* по~) stand; be; stay; stop; have stopped; +за+*acc* stand up for; ~ на коле́нях kneel. стоя́чий standing; upright; stagnant. сто́ящий deserving; worthwhile.

стр. *abbr* (of страни́ца) page.

страдá (*pl* -ды) (hard work at) harvest time.

страда́лец (-льца) sufferer. страда́ние suffering. страда́тельный passive. страда́ть (-áю *or* -ра́жду) *impf* (*pf* по~) suffer; ~ за +*gen* feel for.

стра́жа guard, watch; под стра́жей under arrest, in custody; стоя́ть на стра́же +*gen* guard.

странá (*pl* -ы) country; land; ~ све́та cardinal point.

страни́ца page.

стра́нник, стра́нница wanderer. стра́нно *adv* strangely. стра́нность strangeness; eccentricity. стра́нный (-áнен, -анна́, -о) strange. стра́нствие wandering. стра́нствовать *impf* wander.

Страстн|о́й of Holy Week; ~áя пя́тница Good Friday.

стра́стный (-тен, -тна́, -о) passionate. страсть[1] (*gen pl* -éй) passion. страсть[2] *adv* awfully, frightfully.

стратеги́ческий strategic(al). страте́гия strategy.

стратосфе́ра stratosphere.

стра́ус ostrich.

страх fear.

страхова́ние insurance; ~ жи́зни life insurance. страхова́ть *impf* (*pf* за~) insure (от+*gen* against); ~ся insure o.s. страхо́вка insurance.

страши́ться (-шу́сь) *impf* +*gen* be afraid of. стра́шно *adv* awfully. стра́шный (-шен, -шна́, -о) terrible, awful.

стрекозá (*pl* -ы) dragonfly.

стрекота́ть (-очу́, -о́чешь) *impf* chirr.

стрелá (*pl* -ы) arrow; shaft; boom. стреле́ц (-льца́) Sagittarius. стре́лка pointer; hand; needle; arrow; spit; points. стрелко́вый rifle; shooting; infantry. стрело́к (-лка́) shot; rifleman, gunner. стрело́чник points-man. стрельба́ (*pl* -ы) shooting, firing. стре́льчатый lancet; arched. стреля́ть *impf* shoot; fire; ~ся shoot o.s.; fight a duel.

стремгла́в *adv* headlong.

стреми́тельный swift; impetuous.

стреми́ться (-млю́сь) *impf* strive.
стремле́ние striving, aspiration.
стремни́на rapid(s).

стре́мя (-мени, *pl* -мена́, -мя́н, -а́м) *neut* stirrup. **стремя́нка** step-ladder.

стресс stress.

стри́женый short; short-haired, cropped; shorn. **стри́жка** hair-cut; shearing. **стричь** (-игу́, -ижёшь; -иг) *impf* (*pf* о~) cut, clip; cut the hair of; shear; ~ся have one's hair cut.

строга́ть *impf* (*pf* вы́~) plane, shave.

стро́гий strict; severe. **стро́гость** strictness.

строево́й combatant; line; drill. **строе́ние** building; structure; composition.

строжа́йший, **стро́же** *superl* & *comp* of **стро́гий**

строи́тель *m* builder. **строи́тельный** building, construction. **строи́тельство** building, construction; building site. **стро́ить** *impf* (*pf* по~) build; construct; make; base; draw up; ~ся be built, be under construction; draw up; стро́йся! fall in! **строй** (*loc* -ю́; *pl* -и *or* -й, -ёв *or* -ёв) system; régime; structure; pitch; formation. **стро́йка** building; building-site. **стро́йность** proportion; harmony; balance, order. **стро́йный** (-о́ен, -о́йна, -о) harmonious, orderly, well-proportioned, shapely.

строка́ (*acc* -о́ку; *pl* -и, -а́м) line; кра́сная ~ new paragraph.

строп, стро́па sling; shroud line.

стропи́ло rafter, beam.

стропти́вый refractory.

строфа́ (*pl* -ы, -а́м) stanza.

строчи́ть (-чу́, -о́чишь) *impf* (*pf* на~, про~) stitch; scribble, dash off. **стро́чка** stitch; line.

строю́ *etc.*: *see* **стро́ить**

струга́ть *impf* (*pf* вы́~) plane. **стру́жка** shaving.

струи́ться *impf* stream.

структу́ра structure.

струна́ (*pl* -ы) string. **стру́нный** stringed.

струп (*pl* -пья, -пьев) scab.

с|тру́сить (-у́шу) *pf*.

стручо́к (-чка́) pod.

струя́ (*pl* -и, -уй) jet, spurt, stream.

стря́пать *impf* (*pf* со~) cook; concoct. **стряпня́** cooking.

стря́хивать *impf*, **стряхну́ть** (-ну́, -нёшь) *pf* shake off.

студени́стый jelly-like.

студе́нт, студе́нтка student. **студе́нческий** student.

сту́день (-дня) *m* jelly; aspic.

студи́ть (-ужу́, -у́дишь) *impf* (*pf* о~) cool.

сту́дия studio.

сту́жа severe cold, hard frost.

стук knock; clatter. **сту́кать** *impf*, **сту́кнуть** (-ну) *pf* knock; bang; strike; ~ся knock (o.s.), bang. **стука́ч** (-а́) informer.

стул (*pl* -лья, -льев) chair. **стульча́к** (-а́) (*lavatory*) seat. **сту́льчик** stool.

сту́па mortar.

ступа́ть *impf*, **ступи́ть** (-плю́, -пишь) *pf* step; tread. **ступе́нчатый** stepped, graded. **ступе́нь** (*gen pl* -ёней) step, rung; stage, grade. **ступе́нька** step.

ступня́ foot; sole.

стуча́ть (-чу́) *impf* (*pf* по~) knock; chatter; pound; ~ся knock at.

стушева́ться (-шу́юсь) *pf*, **стушёвываться** *impf* efface o.s.

с|туши́ть (-шу́, -шишь) *pf*.

стыд (-а́) shame. **стыди́ть** (-ыжу́) *impf* (*pf* при~) put to shame; ~ся (*pf* по~ся) be ashamed. **стыдли́вый** bashful. **стыдн|ый** shameful; ~o! shame! ~o he is ashamed; как тебе́ не ~o! you ought to be ashamed of yourself!

стык joint; junction. **стыкова́ть** *impf* (*pf* со~) join end to end; ~ся (*pf* при~ся) dock. **стыко́вка** docking.

сты́нуть, стыть (-ы́ну; стыл) *impf* cool; get cold.

сты́чка skirmish; squabble.

стюарде́сса stewardess.

стя́гивать *impf*, **стяну́ть** (-ну́, -нешь) *pf* tighten; pull together; assemble; pull off; steal; ~ся tighten; assemble.

стяжа́тель (-я) *m* money-grubber. **стяжа́ть** *impf* & *pf* gain, win.

суббо́та Saturday.

субсиди́ровать *impf* & *pf* subsidize. **субси́дия** subsidy.

субъе́кт subject; ego; person; character, type. **субъекти́вный** subjective.

сувени́р souvenir.

суверените́т sovereignty. суверénный sovereign.

сугли́нок (-нка) loam.

сугро́б snowdrift.

сугу́бо adv especially.

суд (-á) court; trial; verdict.

суда́ etc.: see суд, су́дно[1]

суда́к (-á) pike-perch.

суде́бный judicial; legal; forensic. суде́йский judge's; referee's, umpire's. суди́мость previous convictions. суди́ть (сужу́, су́дишь) impf judge; try; referee, umpire; foreordain; ~ся go to law.

су́дно[1] (pl -дá, -óв) vessel, craft.

су́дно[2] (gen pl -дéн) bed-pan.

судово́й ship's; marine.

судомо́йка kitchen-maid; scullery.

судопроизво́дство legal proceedings.

су́дорога cramp, convulsion. су́дорожный convulsive.

судостро́ение shipbuilding. судостро́ительный shipbuilding. судохо́дный navigable; shipping.

судьба́ (pl -ы, -дéб) fate, destiny.

судья́ (pl -и, -éй, -ям) m judge; referee; umpire.

суеве́рие superstition. суеве́рный superstitious.

суета́ bustle, fuss. суети́ться (-ечу́сь) impf bustle, fuss. суетли́вый fussy, bustling.

сужде́ние opinion; judgement.

суже́ние narrowing; constriction. су́живать impf, су́зить (-у́жу) pf narrow, contract; ~ся narrow; taper.

сук (-á, loc -ý; pl су́чья, -ьев or -и́, -óв) bough.

су́ка bitch. су́кин adj: ~ сын son of a bitch.

сукно́ (pl -а, -кон) cloth; положи́ть под ~ shelve. суко́нный cloth; clumsy, crude.

сули́ть impf (pf по~) promise.

султа́н plume.

сумасбро́д, сумасбро́дка nutcase. сумасбро́дный wild, mad. сумасбро́дство wild behaviour. сумасше́дш|ий mad; ~ий sb, ~ая sb lunatic. сумасше́ствие madness.

сумато́ха turmoil; bustle.

сумбу́р confusion. сумбу́рный confused.

су́меречный twilight. су́мерки (-рек) pl twilight, dusk.

суме́ть (-éю) pf +inf be able to, manage to.

су́мка bag.

су́мма sum. сумма́рный summary; total. сумми́ровать impf & pf add up; summarize.

су́мрак twilight; murk. су́мрачный gloomy.

су́мчатый marsupial.

сунду́к (-á) trunk, chest.

су́нуть(ся (-ну(сь) pf of сова́ть(ся

суп (pl -ы́) soup.

суперма́ркет supermarket.

суперобло́жка dust-jacket.

супру́г husband, spouse; pl husband and wife, (married) couple. супру́га wife, spouse. супру́жеский conjugal. супру́жество matrimony.

сургу́ч (-á) sealing-wax.

сурди́нка mute; под сурди́нку on the sly.

суро́вость severity, sternness. суро́вый severe, stern; bleak; unbleached.

суро́к (-рка́) marmot.

суррога́т substitute.

су́слик ground-squirrel.

суста́в joint, articulation.

су́тки (-ток) pl twenty-four hours; a day.

суто́лока commotion.

су́точн|ый daily; round-the-clock; ~ые sb pl per diem allowance.

суту́литься impf stoop. суту́лый round-shouldered.

суть essence, main point.

суфлёр prompter. суфли́ровать impf +dat prompt.

су́ффикс suffix.

суха́рь (-я́) m rusk; pl bread-crumbs. су́хо adv drily; coldly.

сухо́й (сух, -á, -о) dry; cold. сухопу́тный land. су́хость dryness; coldness. сухоща́вый lean, skinny.

сучкова́тый knotty; gnarled. сучо́к (-чка́) twig; knot.

су́ша (dry) land. су́ше comp of сухо́й. суше́ный dried. суши́лка dryer; drying-room. суши́ть (-шу́, -шишь) impf (pf вы́~) dry, dry out, up; ~ся (get) dry.

суще́ственный essential, vital. существи́тельное sb noun. существо́ being, creature; essence. существова́ние existence. существова́ть *impf* exist. су́щий absolute, downright. су́щность essence.

сую́ *etc.*: *see* сова́ть. с|фабрикова́ть *pf.* с|фальши́вить (-влю) *pf.*

сфе́ра sphere. сфери́ческий spherical.

сфинкс sphinx.

с|формирова́ть(ся *pf.* с|формова́ть *pf.* с|формули́ровать *pf.* с|фотографи́ровать(ся *pf.*

схвати́ть (-ачу́, -а́тишь) *pf,* схва́тывать *impf* (*impf also* хвата́ть) seize; catch; grasp; ~ся snatch, catch; grapple. схва́тка skirmish; *pl* contractions.

схе́ма diagram; outline, plan; circuit. схемати́ческий schematic; sketchy. схемати́чный sketchy.

с|хитри́ть *pf.*

схлы́нуть (-нет) *pf* (break and) flow back; subside.

сход coming off; descent; gathering. сходи́ть¹(ся (-ожу́(сь, -о́дишь(ся *impf of* сойти́(сь. сходи́ть² (-ожу́, -о́дишь) *pf* go; +*за*+*instr* go to fetch. схо́дка gathering, meeting. схо́дный (-ден, -дна́, -о) similar; reasonable. схо́дня (*gen pl* -ей) (*usu pl*) gang-plank. схо́дство similarity.

с|хорони́ть(ся (-ню́(сь, -нишь(ся *pf.* сцеди́ть (-ежу́, -е́дишь) *pf,* сце́живать *impf* strain off, decant.

сце́на stage; scene. сцена́рий scenario; script. сценари́ст script-writer. сцени́ческий stage.

сцепи́ть (-плю́, -пишь) *pf,* сцепля́ть *impf* couple; ~ся be coupled; grapple. сце́пка coupling. сцепле́ние coupling; clutch.

счастли́вец (-вца), счастли́вчик lucky man. счастли́вица lucky woman. счастли́в|ый (сча́стлив) happy; lucky; ~o! all the best!; ~oгo пути́ bon voyage. сча́стье happiness; good fortune.

счесть(ся (сочту́(сь, -тёшь(ся; счёл(ся, сочла́(сь) *pf of* счита́ть(ся. счёт (*loc* -у́, *pl* -а́) bill; account; counting, calculation; score; expense. счётный calculating; accounts. счетово́д bookkeeper, accountant. счётчик counter; meter. счёты (-ов) *pl* abacus.

счи́стить (-и́щу) *pf* (*impf* счища́ть) clean off; clear away.

счита́ть *impf* (*pf* со~, счесть) count; reckon; consider; ~ся (*pf also* по~ся) settle accounts; be considered; +*c*+*instr* take into consideration; reckon with.

счища́ть *impf of* счи́стить

США *pl indecl abbr* (*of* Соединённые Шта́ты Аме́рики) USA.

сшиба́ть *impf,* сшиби́ть (-бу́, -бёшь; сшиб) *pf* strike, hit, knock (off); ~ с ног knock down; ~ся collide; come to blows.

сшива́ть *impf,* с|шить (сошью́, -ьёшь) *pf* sew (together).

съеда́ть *impf of* съесть. съедо́бный edible; nice.

съе́ду *etc.*: *see* съе́хать

съёживаться *impf,* съ|ёжиться (-жусь) *pf* shrivel, shrink.

съезд congress; conference; arrival. съе́здить (-зжу) *pf* go, drive, travel. съезжа́ть(ся *impf of* съе́хать(ся.

съёмка removal; survey, surveying; shooting. съёмный detachable, removable. съёмщик, съёмщица tenant; surveyor.

съестно́й food; ~о́е *sb* food (supplies). съ|есть (-ем, -ешь, -ест, -еди́м; съел) *pf* (*impf also* съеда́ть).

съе́хать (-е́ду) *pf* (*impf* съезжа́ть) go down; come down; move; ~ся meet; assemble.

съ|язви́ть (-влю́) *pf.*

сы́воротка whey; serum.

сыгра́ть *pf of* игра́ть; ~ся play (well) together.

сын (*pl* сыновья́, -е́й *or* -ы́, -о́в) son. сыно́вний filial. сыно́к (-нка́) little son; sonny.

сы́пать (-плю) *impf* pour; pour forth; ~ся fall; pour out; rain down; fray. сыпно́й тиф typhus. сыпу́чий friable; free-flowing; shifting. сыпь rash, eruption.

сыр (*loc* -у́, *pl* -ы́) cheese.

сыре́ть (-е́ю) *impf* (*pf* от~) become damp.

сыре́ц (-рца́) raw product.

сыр|о́й (сыр, -а́, -о) damp; raw; uncooked; unboiled; unfinished; unripe. сы́рость dampness. сырьё raw material(s).

сыска́ть (сыщу́, сы́щешь) *pf* find.

сы́тный (-тен, -тна́, -о) filling. **сы́тость** satiety. **сы́тый** (сыт, -а́, -о) full.

сыч (-а́) little owl.

сы́щик detective.

с|эконо́мить (-млю) *pf*.

сэр sir.

сюда́ *adv* here, hither.

сюже́т subject; plot; topic. **сюже́тный** subject; having a theme.

сюи́та suite.

сюрпри́з surprise.

сюрреали́зм surrealism. **сюрреали́стический** surrealist.

сюрту́к (-а́) frock-coat.

сяк *adv: see* **так**. **сям** *adv: see* **там**

Т

та *see* **тот**

таба́к (-а́) tobacco. **табаке́рка** snuff-box. **таба́чный** tobacco.

та́бель, (-я; *pl* -и, -ей *or* -я́, -ей) *m* table, list. **та́бельный** table; time.

табле́тка tablet.

табли́ца table; ~ умноже́ния multiplication table.

та́бор (gipsy) camp.

табу́н (-а́) herd.

табуре́т, табуре́тка stool.

тавро́ (*pl* -а, -а́м) brand.

тавтоло́гия tautology.

таджи́к, -и́чка Tadzhik. **Таджикиста́н** Tadzhikistan.

таёжный taiga.

таз (*loc* -у́; *pl* -ы́) basin; pelvis. **тазобе́дренный** hip. **та́зовый** pelvic.

таи́нственный mysterious; secret. **таи́ть** *impf* hide, harbour; ~ся hide; lurk.

Тайва́нь *m* Taiwan.

тайга́ taiga.

тайко́м *adv* secretly, surreptitiously; ~ от+*gen* behind the back of.

тайм half; period of play.

та́йна secret; mystery. **тайни́к** (-а́) hiding-place; *pl* recesses. **та́йный** secret; privy.

тайфу́н typhoon.

так *adv* so; like this; as it should be; just like that; и ~ even so; as it is; и ~ да́лее and so on; ~ и сяк this way and that; не ~ wrong; ~ же in the same way; ~ же... как as ... so;

~ и есть I thought so!; ~ ему́ и на́до serves him right; ~ и́ли ина́че one way or another; ~ себе́ so-so. так *conj* then; so; ~ как as, since.

такела́ж rigging.

та́кже *adv* also, too, as well.

тако́в *m* (-а́ *f*, -о́ *neut*, -ы́ *pl*) *pron* such.

так|о́й *pron* such (a); в ~о́м слу́чае in that case; кто он ~о́й? who is he?; ~о́й же the same; ~и́м о́бразом in this way; что э́то ~о́е? what is this? **тако́й-то** *pron* so-and-so; such-and-such.

та́кса fixed *or* statutory price; tariff.

такси́р taxi-driver. **такси́** *neut indecl* taxi. **такси́ст** taxi-driver. **таксопа́рк** taxi depot.

такт time; bar; beat; tact.

та́к-таки after all, really.

та́ктика tactics. **такти́ческий** tactical.

такти́чность tact. **такти́чный** tactful.

та́ктов|ый time, timing; ~ая черта́ bar-line.

тала́нт talent. **тала́нтливый** talented.

талисма́н talisman.

та́лия waist.

тало́н, тало́нчик coupon.

та́лый thawed, melted.

тальк talc; talcum powder.

там *adv* there; ~ и сям here and there; ~ же in the same place; ibid.

тамада́ *m* toast-master.

та́мбур[1] tambour; lobby; platform. **та́мбур**[2] chain-stitch.

тамо́женник customs official. **тамо́женный** customs. **тамо́жня** custom-house.

та́мошний of that place, local.

тампо́н tampon.

та́нгенс tangent.

та́нго *neut indecl* tango.

та́нец (-нца) dance; dancing.

тани́н tannin.

танк tank. **та́нкер** tanker. **танки́ст** member of a tank crew. **та́нковый** tank, armoured.

танцева́льный dancing; ~ ве́чер dance. **танцева́ть** (-цу́ю) *impf* dance. **танцо́вщик, танцо́вщица** (ballet) dancer. **танцо́р, танцо́рка** dancer.

та́пка, та́почка slipper.

тáра packing; tare.

таракáн cockroach.

тарáн battering-ram.

тарáнтул tarantula.

тарéлка plate; cymbal; satellite dish.

тарúф tariff.

таскáть *impf* drag, lug; carry; pull; take; pull out; swipe; wear; ~ся drag; hang about.

тасовáть *impf* (*pf* с~) shuffle.

ТАСС *abbr* (*of* Телегрáфное агéнтство Совéтского Сою́за) Tass (Telegraph Agency of the Soviet Union).

татáрин, татáрка Tatar.

татуирóвка tattooing, tattoo.

тафтá taffeta.

тахтá ottoman.

тáчка wheelbarrow.

тащúть (-щу́, -щишь) *impf* (*pf* вы́-, с~) pull; drag, lug; carry; take; pull out; swipe; ~ся drag o.s. along; drag.

тáять (тáю) *impf* (*pf* рас~) melt; thaw; dwindle.

тварь creature(s); wretch.

твердéть (-éет) *impf* (*pf* за~) harden, become hard. твердúть (-ржу́) *impf* (*pf* вы́-) repeat, say again and again; memorize. твёрдо *adv* hard; firmly, firm. твердолóбый thick-skulled; diehard. твёрдый hard; firm; solid; steadfast; ~ знак hard sign, ъ; ~ое тéло solid. твердыня stronghold.

твой (-егó) *m*, твоя́ (-éй) *f*, твоё (-егó) *neut*, твой (-úх) *pl* your, yours.

творéние creation, work; creature. творéц (-рцá) creator. творúтельный instrumental. творúть *impf* (*pf* со~) create; do; make; ~ся happen.

творóг (-á) curds; cottage cheese.

твóрческий creative. твóрчество creation; creative work; works.

те *see* тот

т.е. *abbr* (*of* то есть) that is, i.e.

теáтр theatre. театрáльный theatre; theatrical.

тебя́ *etc.*: *see* ты

тéзис thesis.

тёзка *m* & *f* namesake.

тёк *see* течь

текст text; libretto, lyrics.

текстúль *m* textiles. текстúльный textile.

текстýра texture.

текýчий fluid; unstable. текýщий current; routine.

теле- *in comb* tele-; television. телеателье́ *neut indecl* television maintenance workshop. ~вúдение television. ~визиóнный television. ~вúзор television (set). ~грáмма telegram. ~грáф telegraph (office). ~графúровать *impf* & *pf* telegraph. ~грáфный telegraph(ic). ~зрúтель *m* (television) viewer. ~объектúв telephoto lens. ~патúческий telepathic. ~пáтия telepathy. ~скóп telescope. ~стáнция television station. ~стýдия television studio. ~фóн telephone; (telephone) number; (по)звонúть по ~фóну +*dat* ring up. ~фон-автомáт public telephone, call-box. ~фонúст, -úстка (telephone) operator. ~фóнный telephone; ~фóнная кнúга telephone directory; ~фóнная стáнция telephone exchange; ~фóнная трýбка receiver. ~фон-отвéтчик answering machine. ~фотогрáфия telephotography. ~цéнтр television centre.

телéга cart, wagon. телéжка small cart; trolley.

телёнок (-нка; *pl* -я́та, -я́т) calf.

телéсн|ый bodily; corporal; ~ого цвéта flesh-coloured.

Телéц (-льцá) Taurus.

телúться *impf* (*pf* о~) calve. тёлка heifer.

тéло (*pl* -á) body. телогрéйка padded jacket. телосложéние build. телохранúтель *m* bodyguard.

теля́та *etc.*: *see* телёнок. теля́тина veal. теля́чий calf; veal.

тем *conj* (so much) the; ~ лýчше so much the better; ~ не мéнее nevertheless.

тем *see* тот, тьма

тéма subject; theme. темáтика subject-matter; themes. темáтический subject; thematic.

тембр timbre.

темнéть (-éет) *impf* (*pf* по~, с~) become dark. темнúца dungeon. темнó *predic* it is dark. темнокóжий dark-skinned, swarthy. тёмно-сúний dark blue. темнотá darkness. тёмный dark.

темп tempo; rate.

темперáмент temperament. темперáментный temperamental.

температу́ра temperature.

те́мя (-мени) *neut* crown, top of the head.

тенде́нция tendency; bias.

тенево́й, тени́стый shady.

те́ннис tennis. тенниси́ст, -и́стка tennis-player. те́нисн|ый tennis; ~ая площа́дка tennis-court.

те́нор (*pl* -á) tenor.

тент awning.

тень (*loc* -и́; *pl* -и, -е́й) shade; shadow; phantom; ghost; particle, vestige, atom; suspicion; те́ни для век *pl* eyeshadow.

тео́лог theologian. теологи́ческий theological. теоло́гия theology.

теоре́ма theorem. теоре́тик theoretician. теорети́ческий theoretical. тео́рия theory.

тепе́решн|ий present. тепе́рь *adv* now; today.

тепле́ть (-éет) *impf* (*pf* по~) get warm. те́плиться (-ится) *impf* flicker; glimmer. тепли́ца greenhouse, conservatory. тепли́чный hothouse. тепло́ heat; warmth. тепло́ *adv* warmly; *predic* warmth. тепло- *in comb* heat; thermal; thermo-. теплово́з diesel locomotive. ~ёмкость thermal capacity. ~кро́вный warm-blooded. ~обме́н heat exchange. ~прово́дный heat-conducting. ~сто́йкий heat-resistant. ~хо́д motor ship. ~центра́ль heat and power station.

теплово́й heat; thermal. теплота́ heat; warmth. тёплый (-пел, -пла́, тёпло) warm.

терапе́вт therapeutist. терапи́я therapy.

тереби́ть (-блю́) *impf* pull (at); pester.

тере́ть (тру, трёшь; тёр) *impf* rub; grate; ~ся rub o.s.; ~ся о́коло+*gen* hang about, hang around; ~ся среди́ +*gen* mix with.

терза́ть *impf* tear to pieces; torment; ~ся +*instr* suffer; be a prey to.

тёрка grater.

те́рмин term. терминоло́гия terminology.

терми́ческий thermic, thermal. термо́метр thermometer. те́рмос thermos (flask). термоста́т thermostat. термоя́дерный thermonuclear.

терно́вник sloe, blackthorn. терни́стый thorny.

терпели́вый patient. терпе́ние patience. терпе́ть (-плю́, -пишь) *impf* (*pf* по~) suffer; bear, endure. терпе́ться (-пится) *impf impers*+*dat*: ему́ не те́рпится +*inf* he is impatient to. терпи́мость tolerance. терпи́мый tolerant; tolerable.

тёрпкий (-пок, -пка́, -о) astringent; tart.

терра́са terrace.

территориа́льный territorial. террито́рия territory.

терро́р terror. террориэи́ровать *impf* & *pf* terrorize. террори́ст terrorist.

тёртый grated; experienced.

терье́р terrier.

теря́ть *impf* (*pf* по~, у~) lose; shed; ~ся get lost; disappear; fail, decline; become flustered.

тёс boards, planks. теса́ть (тешу́, те́шешь) *impf* cut, hew.

тесёмка ribbon, braid.

тесни́ть *impf* (*pf* по~, с~) crowd; squeeze, constrict; be too tight; ~ся press through; move up; crowd, jostle. теснота́ crowded state; crush. те́сн|ый crowded; (too) tight; close; compact; ~о it is crowded.

тесо́вый board, plank.

тест test.

те́сто dough; pastry.

тесть *m* father-in-law.

тесьма́ ribbon, braid.

те́терев (*pl* -á) black grouse. те́тёрка grey hen.

тётка aunt.

тетра́дка, тетра́дь exercise book.

тётя (*gen pl* -ей) aunt.

тех- *abbr in comb* (*of* техни́ческий) technical.

те́хник technician. те́хника technical equipment; technology; technique. те́хникум technical college. техни́ческ|ий technical; ~ие усло́вия specifications. техно́лог technologist. технологи́ческий technological. техноло́гия technology. техперсона́л technical personnel.

тече́ние flow; course; current, stream; trend.

течь[1] (-чёт; тёк, -ла́) *impf* flow; stream; leak. течь[2] leak.

те́шить (-шу) *impf* (*pf* по~) amuse; gratify; ~ся (+*instr*) amuse o.s. (with).

тешу́ *etc.*: *see* теса́ть

тёща mother-in-law.

тигр tiger. тигри́ца tigress.

тик¹ tic.

тик² teak.

ти́на slime, mud.

тип type. типи́чный typical. типово́й standard; model. типогра́фия printing-house, press. типогра́фский typographical.

тир shooting-range, -gallery. тира́ж (-á) draw; circulation; edition.

тира́н tyrant. тира́нить *impf* tyrannize. тирани́ческий tyrannical. тирани́я tyranny.

тире́ *neut indecl* dash.

ти́скать *impf*, ти́снуть (-ну) *pf* press, squeeze. тиски́ (-о́в) *pl* vice; в тиска́х +*gen* in the grip of. тисне́ние stamping; imprint; design. тиснёный stamped.

тита́н¹ titanian.

тита́н² boiler.

тита́н³ titan.

титр title, sub-title.

ти́тул title; title-page. ти́тульный title.

тиф (*loc* -ý) typhus.

ти́хий (тих, -á, -о) quiet; silent; calm; slow. тихоокеа́нский Pacific. ти́ше *comp* of ти́хий, ти́хо; ти́ше! quiet! тишина́ quiet, silence.

т. к. *abbr* (*of* так как) as, since.

тка́ный woven. ткань fabric, cloth; tissue. ткать (тку, ткёшь; -ал, -ала́, -о) *impf* (*pf* со~) weave. тка́цкий weaving; ~ стано́к loom. ткач, ткачи́ха weaver.

ткну́ть(ся) (-у(сь, -ёшь(ся) *pf of* ты́кать(ся)

тле́ние decay; smouldering. тлеть (-е́ет) *impf* rot, decay; smoulder; ~ся smoulder.

тля aphis.

тмин caraway(-seeds).

то *pron* that; а не то́ or else, otherwise; (да) и то́ and even then, and that; то́ есть that is (to say); то и де́ло every now and then. то *conj* then; не то..., не то́ either ... or; half ..., half то..., то... now ..., now; то ли..., то ли whether ... or.

-то *partl* just, exactly; в то́м-то и де́ло that's just it.

тобо́й *see* ты

това́р goods; commodity.

това́рищ comrade; friend; colleague. това́рищеский comradely; friendly. това́рищество comradeship; company; association.

това́рный goods; commodity.

товаро- *in comb* commodity; goods. товарооборо́т barter. ~оборо́т (sales) turnover. ~отправи́тель *m* consignor. ~получа́тель *m* consignee.

тогда́ *adv* then; ~ как whereas. тогда́шний of that time.

того́ *see* тот

тожде́ственный identical. тожде́ство identity.

то́же *adv* also, too.

ток (*pl* -и) current.

тока́рный turning; ~ стано́к lathe. то́карь (*pl* -я́, -е́й *or* -и, -ей) *m* turner, lathe operator.

токси́ческий toxic.

толк sense; use; без ~у senselessly; знать ~ в +*prep* know well; сбить с ~у confuse; с ~ом intelligently.

толка́ть *impf* (*pf* толкну́ть) push, shove; jog; ~ся jostle.

то́лки (-ов) *pl* rumours, gossip.

толкну́ть(ся) (-ну́(сь, -нёшь(ся) *pf of* толка́ть(ся

толкова́ние interpretation; *pl* commentary. толкова́ть *impf* interpret; explain; talk. толко́вый intelligent; clear; ~ слова́рь defining dictionary. то́лком *adv* plainly; seriously.

толкотня́ crush, squash.

толку́ *etc.*: *see* толо́чь

толку́чка crush, squash; second-hand market.

толокно́ oatmeal.

толо́чь (-лку́ -лчёшь; -ло́к, -лкла́) *impf* (*pf* ис~, рас~) pound, crush.

толпа́ (*pl* -ы) crowd. толпи́ться *impf* crowd; throng.

толсте́ть (-е́ю) *impf* (*pf* по~) grow fat; put on weight. толстоко́жий thick-skinned; pachydermatous. то́лстый (-á, -о) fat; thick. толстя́к (-á) fat man *or* boy.

толчёный crushed; ground. толчёт *etc.*: *see* толо́чь

толчея́ crush, squash.

толчо́к (-чка́) push, shove; (sport) put; jolt; shock, tremor.

то́лща thickness; thick. то́лще comp of то́лстый. толщина́ thickness; fatness.

толь m roofing felt.

то́лько adv only, merely; ~ что (only) just; conj only, but; (как) ~, (лишь) ~ as soon as; ~ бы if only.

том (pl -á) volume. то́мик small volume.

тома́т tomato. тома́тный tomato.

томи́тельный tedious, wearing; agonizing. томи́ть (-млю́) impf (pf ис~) tire; torment; ~ся languish; be tormented. томле́ние languor. то́мный (-мен, -мна́, -о) languid, languorous.

тон (pl -á or -ы, -о́в) tone; note; shade; form. тона́льность key.

то́ненький thin; slim. то́нкий (-нок, -нка́, -о) thin; slim; fine; refined; subtle; keen. то́нкость thinness; slimness; fineness; subtlety.

то́нна ton.

тонне́ль see тунне́ль

то́нус tone.

тону́ть (-ну́, -нешь) impf (pf по~, у~) sink; drown.

то́ньше comp of то́нкий

то́пать impf (pf то́пнуть) stamp.

топи́ть¹ (-плю́, -пишь) impf (pf по~, у~) sink; drown; ruin; ~ся drown o.s.

топи́ть² (-плю́, -пишь) impf stoke; heat; melt (down); ~ся burn; melt. то́пка stoking; heating; melting (down); furnace.

то́пкий boggy, marshy.

то́пливный fuel. то́пливо fuel.

то́пнуть (-ну) pf of то́пать

топографи́ческий topographical. топогра́фия topography.

то́поль (pl -я́ or -и) m poplar.

топо́р (-á) axe. топо́рик hatchet. топо́рище axe-handle. топо́рный axe; clumsy, crude.

то́пот tramp; clatter. топта́ть (-пчу́, -пчешь) impf (pf по~) trample (down); ~ся stamp; ~ся на ме́сте mark time.

топча́н (-á) trestle-bed.

топь bog, marsh.

торг (loc -ý; pl -и́) trading; bargaining; pl auction. торгова́ть impf (pf с~) trade; ~ся bargain, haggle. торго́вец (-вца) merchant; tradesman. торго́вка market-woman; stallholder. торго́вля trade. торго́вый trade, commercial; merchant. торгпре́д abbr trade representative.

торе́ц (-рца́) butt-end; wooden paving-block.

торже́ственный solemn; ceremonial. торжество́ celebration; triumph. торжествова́ть impf celebrate; triumph.

торможе́ние braking. то́рмоз (pl -á or -ы) brake. тормози́ть (-ожу́) impf (pf за~) brake; hamper.

тормоши́ть (-шу́) impf pester; bother.

торопи́ть (-плю́, -пишь) impf (pf по~) hurry; hasten; ~ся hurry. торопли́вый hasty.

торпе́да torpedo.

торс torso.

торт cake.

торф peat. торфяно́й peat.

торча́ть (-чу́) impf stick out; protrude; hang about.

торше́р standard lamp.

тоска́ melancholy; boredom; nostalgia; ~ по+dat longing for. тоскли́вый melancholy; depressed; dreary. тоскова́ть impf be melancholy, depressed; long; ~ по+dat miss.

тост toast.

тот m (та f, то neut, те pl) pron that; the former; the other; the one; the same; the right; и ~ и друго́й both; к тому́ же moreover; не ~ the wrong; ни ~ ни друго́й neither; тот, кто the one who, the person who. то́тчас adv immediately.

тоталитари́зм totalitarianism. тоталита́рный totalitarian.

тота́льный total.

точи́лка sharpener; pencil-sharpener. точи́ло whetstone, grindstone. точи́льный grinding, sharpening; ~ ка́мень whetstone, grindstone. точи́льщик (knife-)grinder. точи́ть (-чу́, -чишь) impf (pf вы́~, на~) sharpen; hone; turn; eat away; gnaw at.

то́чка spot; dot; full stop; point; ~ зре́ния point of view; ~ с запято́й semicolon. то́чно¹ adv exactly, precisely; punctually. то́чно² conj as though, as if. то́чность punctuality; precision; accuracy; в то́чности exactly, precisely. то́чный (-чен, -чна́, -о) exact, precise; accurate; punctual. то́чь-в-то́чь *adv* exactly; word for word.

тошни́ть *impf impers*: меня́ тошни́т I feel sick. тошнота́ nausea. тошнотво́рный sickening, nauseating.

то́щий (тощ, -а́, -е) gaunt, emaciated; skinny; empty; poor.

трава́ (*pl* -ы) grass; herb. трави́нка blade of grass.

трави́ть (-влю́, -вишь) *impf* (*pf* вы́-, за~) poison; exterminate, destroy; etch; hunt; torment; badger. травле́ние extermination; etching. тра́вля hunting; persecution; badgering.

тра́вма trauma, injury.

травоя́дный herbivorous. травяни́стый, травяно́й grass; herbaceous; grassy.

траге́дия tragedy. тра́гик tragedian. траги́ческий, траги́чный tragic.

традицио́нный traditional. тради́ция tradition.

траекто́рия trajectory.

тракта́т treatise; treaty.

тракти́р inn, tavern.

трактова́ть *impf* interpret; treat, discuss. тракто́вка treatment; interpretation.

тра́ктор tractor. тракторист tractor driver.

трал trawl. тра́лить *impf* (*pf* про~) trawl; sweep. тра́льщик trawler; mine-sweeper.

трамбова́ть *impf* (*pf* у~) ram, tamp.

трамва́й tram. трамва́йный tram.

трампли́н spring-board; ski-jump.

транзи́стор transistor; transistor radio.

транзи́тный transit.

транс trance.

трансатланти́ческий transatlantic.

трансли́ровать *impf & pf* broadcast, transmit. трансляцио́нный transmission; broadcasting. трансля́ция broadcast, transmission.

тра́нспорт transport; consignment. транспортёр conveyor. транспорти́р protractor. транспорти́ровать *impf & pf* transport. тра́нспортный transport.

трансформа́тор transformer.

транше́я trench.

трап ladder.

тра́пеза meal.

трапе́ция trapezium; trapeze.

тра́сса line, course, direction; route, road.

тра́та expenditure; waste. тра́тить (-а́чу) *impf* (*pf* ис~, по~) spend, expend; waste.

тра́улер trawler.

тра́ур mourning. тра́урный mourning; funeral; mournful.

трафаре́т stencil; stereotype; cliché. трафаре́тный stencilled; conventional, stereotyped.

тра́чу *etc.*: *see* тра́тить

тре́бование demand; request; requirement; requisition, order; *pl* needs. тре́бовательный demanding. тре́бовать *impf* (*pf* по~) summon; +*gen* demand, require; need; ~ся be needed, be required.

трево́га alarm; anxiety. трево́жить (-жу) *impf* (*pf* вс~, по~) alarm; disturb; worry; ~ся worry, be anxious; trouble o.s. трево́жный worried, anxious; alarming; alarm.

тре́звенник teetotaller. трезве́ть (-е́ю) *impf* (*pf* о~) sober up.

трезво́н peal (*of bells*); rumours; row.

тре́звость sobriety. тре́звый (-зв, -а́, -о) sober; teetotal.

тре́йлер trailer.

трель trill; warble.

тре́нер trainer, coach.

тре́ние friction.

трениро́вать *impf* (*pf* на~) train, coach; ~ся be in training. трениро́вка training, coaching. трениро́вочный training.

трепа́ть (-плю́, -плешь) *impf* (*pf* ис~, по~, рас~) blow about; dishevel; wear out; pat; ~ся fray; wear out; flutter. тре́пет trembling; trepidation. трепета́ть (-ещу́, -е́щешь) *impf* tremble; flicker; palpitate. тре́петный trembling; flickering; palpitating; timid.

треск crack; crackle; fuss.

треска́ cod.

тре́скаться[1] *impf* (*pf* по~) crack; chap.

тре́скаться[2] *impf of* тре́снуться

тре́снуть (-нет) *pf* snap, crackle;

crack; chap; bang; ~ся (*impf* тре́-скаться) +*instr* bang.

трест trust.

тре́т|ий (-ья, -ье) third; ~ье *sb* sweet (course).

трети́ровать *impf* slight.

треть (*gen pl* -е́й) third. тре́тье *etc.*: *see* тре́тий. треуго́льник triangle.

треуго́льный triangular.

тре́фы (треф) *pl* clubs.

трёх- *in comb* three-, tri-. трёхго́дичный three-year. ~голо́сный three-part. ~гра́нный three-edged; trihedral. ~колёсный three-wheeled. ~ле́тний three-year; three-year old. ~ме́рный three-dimensional. ~ме́сячный three-month; quarterly; three-month-old. ~по́лье three-field system. ~со́тый three-hundredth. ~сторо́нний three-sided; trilateral; tripartite. ~этажный three-storeyed.

трещать (-щу́) *impf* crack; crackle; creak; chirr; crack up; chatter. тре́щина crack, split; fissure; chap.

три (трёх, -ём, -емя́, -ёх) three.

трибу́на platform, rostrum; stand. трибуна́л tribunal.

тригономе́трия trigonometry.

тридцатиле́тний thirty-year; thirty-year old. тридца́тый thirtieth. три́дцать (-и́, *instr* -ью́) thirty. три́жды *adv* three times; thrice.

трико́ *neut indecl* tricot; tights; knickers. трикота́ж knitted fabric; knitwear. трикота́жный jersey, tricot; knitted.

трина́дцатый thirteenth. трина́дцать thirteen. трио́ль triplet.

три́ппер gonorrhoea.

три́ста (трёхсо́т, -ёмста́м, -емяста́ми, -ёхста́х) three hundred.

трито́н *zool* triton.

триу́мф triumph.

тро́гательный touching, moving. тро́гать(ся *impf of* тро́нуть(ся

тро́е (-и́х) *pl* three. троебо́рье triathlon. троекра́тный thrice-repeated. Тро́ица Trinity; тро́ица trio. Тро́ицын день Whit Sunday.

тро́йка three; figure 3; troika; No. 3; three-piece suit. тройно́й triple, treble; three-ply. тро́йственный triple; tripartite.

тролле́йбус trolley-bus.

тромб blood clot.

тромбо́н trombone.

трон throne.

тро́нуть (-ну) *pf* (*impf* тро́гать) touch; disturb; affect; ~ся start, set out; be touched; be affected.

тропа́ path.

тро́пик tropic.

тропи́нка path.

тропи́ческий tropical.

трос rope, cable.

тростни́к (-á) reed, rush. тро́сточка, трость (*gen pl* ~е́й) cane, walking-stick.

тротуа́р pavement.

трофе́й trophy; *pl* spoils (*of war*), booty.

трою́родн|ый: ~ый брат, ~ая сестра́ second cousin.

тру *etc.*: *see* тере́ть

труба́ (*pl* -ы) pipe; chimney; funnel; trumpet; tube. труба́ч (-á) trumpeter; trumpet-player. труби́ть (-блю́) *impf* (*pf* про~) blow, sound; blare. тру́бка tube; pipe; (*telephone*) receiver. трубопрово́д pipe-line; piping; manifold. трубочи́ст chimney-sweep. тру́бочный pipe. тру́бчатый tubular.

труд (-á) labour; work; effort; с ~о́м with difficulty. труди́ться (-ужу́сь, -у́дишься) *impf* toil, labour, work; trouble. тру́дно *predic* it is difficult. тру́дность difficulty. тру́дный (-ден, -дна́, -о) difficult; hard.

трудо- *in comb* labour, work. трудодень (-дня́) *m* work-day (*unit*). ~ёмкий labour-intensive. ~люби́вый industrious. ~любие industry. ~спосо́бность ability to work. ~спосо́бный able-bodied; capable of working.

трудово́й work; working; earned; hard-earned. трудя́щийся working; ~иеся *sb pl* the workers. тру́женик, тру́женица toiler.

труп corpse; carcass.

тру́ппа troupe, company.

трус coward.

тру́сики (-ов) *pl* shorts; trunks; pants.

труси́ть¹ (-ушу́) *impf* trot, jog along.

тру́сить² (-у́шу) *impf* (*pf* с~) be a coward; lose one's nerve; be afraid. труси́ха coward. трусли́вый cowardly. тру́сость cowardice.

трусы́ (-о́в) *pl* shorts; trunks; pants.

труха́ dust; trash.

тру́шу *etc.*: *see* труси́ть¹, тру́сить²

трущо́ба slum; godforsaken hole.

трюк stunt; trick.

трюм hold.

трюмо́ *neut indecl* pier-glass.

трюфель (*gen pl* -лéй) *m* truffle.

тря́пка rag; spineless creature; *pl* clothes. тря́пьё rags; clothes.

тряси́на quagmire. тря́ска shaking, jolting. трясти́ (-су́, -сёшь; -яс, -ла́) *impf*, тряхну́ть (-ну́, -нёшь) *pf* (*pf also* вы~) shake; shake out; jolt; ~сь shake; tremble, shiver; jolt.

тсс *int* sh! hush!

туале́т dress; toilet. туале́тный toilet.

туберкулёз tuberculosis.

ту́го *adv* tight(ly), taut; with difficulty. туго́й (туг, -á, -o) tight; taut; tightly filled; difficult.

туда́ *adv* there, thither; that way; to the right place; when ~ ни сюда́ neither one way nor the other; ~ и обра́тно there and back.

ту́же *comp of* ту́го, туго́й

тужу́рка (double-breasted) jacket.

туз (-á, *acc* -á) ace; bigwig.

тузе́мец (-мца), -мка native.

ту́ловище trunk; torso.

тулу́п sheepskin coat.

тума́н fog; mist; haze. тума́нить *impf* (*pf* за~) dim, cloud, obscure; ~ся grow misty; be befogged. тума́нность fog, mist; nebula; obscurity. тума́нный foggy; misty; hazy; obscure, vague.

ту́мба post; bollard; pedestal. ту́мбочка bedside table.

ту́ндра tundra.

тунея́дец (-дца) sponger.

туни́ка tunic.

тунне́ль *m*, тонне́ль *m* tunnel.

тупе́ть (-е́ю) *impf* (*pf* о~) become blunt; grow dull. тупи́к (-á) cul-de-sac, dead end; impasse; поста́вить в ~ stump, nonplus. тупи́ться (-пи́тся) *impf* (*pf* за~, ис~) become blunt. тупи́ца *m* & *f* blockhead, dimwit. тупо́й (туп, -á, -o) blunt; obtuse; dull; vacant, stupid. ту́пость bluntness; vacancy; dullness, slowness.

тур turn; round.

тура́ rook, castle.

турба́за holiday village, campsite.

турби́на turbine.

туре́цкий Turkish; ~ бараба́н bass drum.

тури́зм tourism. тури́ст, -и́стка tourist. тури́ст(иче)ский tourist.

туркме́н (*gen pl* -мéн), ~ка Turkmen. Туркмениста́н Turkmenistan.

турне́ *neut indecl* tour.

турне́пс swede.

турни́р tournament.

ту́рок (-рка) Turk. турча́нка Turkish woman. Ту́рция Turkey.

ту́склый dim, dull; lacklustre. тускне́ть (-éет) *impf* (*pf* по~) grow dim.

тут *adv* here; now; ~ же there and then.

ту́фля shoe.

ту́хлый (-хл, -á, -o) rotten, bad. ту́хнуть¹ (-нет; тух) go bad.

ту́хнуть² (-нет; тух) *impf* (*pf* по~) go out.

ту́ча cloud; storm-cloud.

ту́чный (-чен, -чна́, -чно) fat; rich, fertile.

туш flourish.

ту́ша carcass.

тушева́ть (-шу́ю) *impf* (*pf* за~) shade. тушёный stewed. туши́ть¹ (-шу́, -шишь) *impf* (*pf* с~) stew.

туши́ть² (-шу́, -шишь) *impf* (*pf* за~, по~) extinguish.

тушу́ю *etc.*: *see* тушева́ть. тушь Indian ink; ~ (для ресни́ц) mascara.

тща́тельность care. тща́тельный careful; painstaking.

тщеду́шный feeble, frail.

тщесла́вие vanity, vainglory. тщесла́вный vain. тщета́ vanity. тще́тный vain, futile.

ты (тебя́, тебé, тобо́й, тебé) you; thou; быть на ты с+*instr* be on intimate terms with.

ты́кать (ты́чу) *impf* (*pf* ткнуть) poke; prod; stick.

ты́ква pumpkin; gourd.

тыл (*loc* -у́; *pl* -ы́) back; rear. ты́льный back; rear.

тын paling; palisade.

ты́сяча (*instr* -ей *or* -ью) thousand. тысячеле́тие millennium; thousandth anniversary. ты́сячный thousandth; of (many) thousands.

тычи́нка stamen.

тьма¹ dark, darkness.

тьма² host, multitude.

тюбетейка skull-cap.

тюбик tube.

тюк (-á) bale, package.

тюлень m seal.

тюльпан tulip.

тюремный prison. тюремщик gaoler. тюрьма (pl -ы, -рем) prison, gaol.

тюфяк (-á) mattress.

тяга traction; thrust; draught; attraction; craving. тягаться impf vie, contend. тягач (-á) tractor.

тягостный burdensome; painful. тягость burden. тяготение gravity, gravitation; bent, inclination. тяготеть (-éю) impf gravitate; be attracted; ~ над hang over. тяготить (-ощу) impf be a burden on; oppress. тягучий malleable, ductile; viscous; slow.

тяжба lawsuit; competition.

тяжело adv heavily; seriously. тяжело predic it is hard; it is painful. тяжелоатлет weight-lifter. тяжеловес heavyweight. тяжеловесный heavy; ponderous. тяжёлый (-ёл, -á) heavy; hard; serious; painful. тяжесть gravity; weight; heaviness; severity. тяжкий heavy; severe; grave.

тянуть (-ну, -нешь) impf (pf по~) pull; draw; drag; drag out; weigh; impers attract; be tight; ~ся stretch; extend; stretch out; stretch o.s.; drag on; crawl; drift; move along one after another; last out; reach.

тянучка toffee.

У

у prep+gen by; at; with; from, of; belonging to; у меня (есть) I have; у нас at our place; in our country.

убавить (-влю) pf, убавлять impf reduce, diminish.

у|баюкать pf, убаюкивать impf lull (to sleep).

убегать impf of убежать

убедительный convincing; earnest. убедить (-йшь) pf (impf убеждать) convince; persuade; ~ся be convinced; make certain.

убежать (-егу) pf (impf убегать) run away; escape; boil over.

убеждать(ся impf of убедить(ся.

убеждение persuasion; conviction, belief. убеждённость conviction.

убеждённый (-ён, -á) convinced; staunch.

убежище refuge, asylum; shelter.

уберегать impf, уберечь (-регу, -режёшь; -рёг, -гла) pf protect, preserve; ~ся от+gen protect o.s. against.

уберу etc.: see убрать

убивать(ся impf of убить(ся. убийственный deadly; murderous; killing. убийство murder. убийца m & f murderer.

убирать(ся impf of убрать(ся; убирайся! clear off!

убитый killed; crushed; sb dead man. убить (убью, -ьёшь) pf (impf убивать) kill; murder; ~ся hurt o.s.

убогий wretched. убожество poverty; squalor.

убой slaughter.

убор dress, attire.

уборка harvesting; clearing up. уборная sb lavatory; dressing-room. уборочн|ый harvesting; ~ая машина harvester. уборщик, уборщица cleaner. убранство furniture. убрать (уберу, -рёшь; -ал, -á, -о) pf (impf убирать) remove; take away; put away; harvest; clear up; decorate; ~ постель make a bed; ~ со стола clear the table; ~ся tidy up, clean up; clear off.

убывать impf, убыть (убуду; убыл, -á, -о) pf diminish; subside; wane; leave. убыль diminution; casualties. убыток (-тка) loss; pl damages. убыточный unprofitable.

убью etc.: see убить

уважаемый respected; dear. уважать impf respect. уважение respect; с ~м yours sincerely. уважительный valid; respectful.

уведомить (-млю) pf, уведомлять impf inform. уведомление notification.

уведу etc.: see увести

увезти (-зу, -зёшь; увёз, -ла) pf (impf увозить) take (away); steal; abduct.

увековечивать impf, увековечить (-чу) pf immortalize; perpetuate.

увёл etc.: see увести

увеличение increase; magnification; enlargement. увеличивать impf,

увели́чить (-чу) *pf* increase; magnify; enlarge; ~ся increase, grow.
увеличи́тель *m* enlarger. увеличи́тельный magnifying; enlarging; ~ое стекло́ magnifying glass.
у|венча́ть *impf*, уве́нчивать *impf* crown; ~ся be crowned.
уве́ренность confidence; certainty. уве́ренный confident; sure; certain.
уве́рить *pf* (*impf* уверя́ть) assure; convince; ~ся satisfy o.s.; be convinced.
уверну́ться (-ну́сь, -нёшься) *pf*, увёртываться *impf* от +*gen* evade.
увёртка dodge, evasion; subterfuge; *pl* wiles. увёртливый evasive, shifty.
увертю́ра overture.
уверя́ть(ся *impf* of уве́рить(ся
увеселе́ние amusement, entertainment. увесели́тельный entertainment; pleasure. увеселя́ть *impf* amuse, entertain.
уве́систый weighty.
увести́ (-еду́, -еде́шь; -ёл, -á) *pf* (*impf* уводи́ть) take (away); walk off with.
уве́чить (-чу) *impf* maim, cripple. уве́чный maimed, crippled; *sb* cripple. уве́чье maiming; injury.
уве́шать *pf*, уве́шивать *impf* hang (+*instr* with).
увеща́ть *impf*, увещева́ть *impf* exhort, admonish.
у|ви́дать *pf* see. у|ви́деть(ся (-и́жу-(сь)
уви́ливать *impf*, увильну́ть (-ну́, -нёшь) *pf* от +*gen* dodge; evade.
увлажни́ть *pf*, увлажня́ть *impf* moisten.
увлека́тельный fascinating. увлека́ть *impf*, увле́чь (-еку́, -ечёшь; -ёк, -лá) *pf* carry away; fascinate; ~ся be carried away; become mad (+*instr* about). увлече́ние animation; passion; crush.
уво́д withdrawal; stealing. уводи́ть (-ожу́, -о́дишь) *impf* of увести́
увози́ть (-ожу́, -о́дишь) *impf* of увезти́
уво́лить *pf*, увольня́ть *impf* discharge, dismiss; retire; ~ся be discharged, retire. увольне́ние discharge, dismissal.
увы́ *int* alas!
увяда́ть *impf* of увя́нуть. увя́дший

withered.
увяза́ть[1] *impf* of увя́знуть
увяза́ть[2] (-яжу́, -я́жешь) *pf* (*impf* увя́зывать) tie up; pack up; co-ordinate; ~ся pack; tag along. увя́зка tying up; co-ordination.
у|вя́знуть (-ну; -я́з) *pf* (*impf also* увяза́ть) get bogged down.
увя́зывать(ся *impf* of увяза́ть(ся
у|вя́нуть (-ну) *pf* (*impf also* увяда́ть) fade, wither.
угада́ть *pf*, уга́дывать *impf* guess.
уга́р carbon monoxide (poisoning); ecstasy. уга́рный газ carbon monoxide.
угаса́ть *impf*, у|га́снуть (-нет; -áс) *pf* go out; die down.
угле- *in comb* coal; charcoal; carbon. углево́д carbohydrate. ~водоро́д hydrocarbon. ~добы́ча coal extraction. ~кислота́ carbonic acid; carbon dioxide. ~ки́слый carbonate (of). ~ро́д carbon.
углово́й corner; angular.
углуби́ть (-блю́) *pf*, углубля́ть *impf* deepen; ~ся deepen; delve deeply; become absorbed. углубле́ние depression, dip; deepening. углублённый deepened; profound; absorbed.
угна́ть (угоню́, -о́нишь; -áл, -á, -о) *pf* (*impf* угоня́ть) drive away; despatch; steal; ~ся за +*instr* keep pace with.
угнета́тель *m* oppressor. угнета́ть *impf* oppress; depress. угнете́ние oppression; depression. угнетённый oppressed; depressed.
угова́ривать *impf*, уговори́ть *pf* persuade; ~ся arrange, agree. угово́р persuasion; agreement.
уго́да: в уго́ду +*dat* to please. угоди́ть (-ожу́) *pf*, угожда́ть *impf* fall, get; bang; +*dat* hit; +*dat* or на +*acc* please. уго́дливый obsequious. уго́дно *predic*+*dat*: как вам ~ as you wish; что вам ~? what would you like?; *partl* кто ~ anyone (you like); что ~ anything (you like).
уго́дье (*gen pl* -ий) land.
у́гол (угла́, *loc* -ý) corner; angle.
уголо́вник criminal. уголо́вный criminal.
уголо́к (-лка́, *loc* -ý) corner.
у́голь (у́гля́; *pl* у́гли, -ей *or* -éй) *m* coal; charcoal.

уго́льник set square.

у́гольный coal; carbon(ic).

угомони́ть pf calm down; **~ся** calm down.

уго́н driving away; stealing. **угоня́ть** impf of **угна́ть**

угора́ть impf, **угоре́ть** (-рю́) pf get carbon monoxide poisoning; be mad. **угоре́лый** mad; possessed.

у́горь¹ (угря́) m eel.

у́горь² (угря́) m blackhead.

угости́ть (-ощу́) pf, **угоща́ть** impf entertain; treat. **угоще́ние** entertaining, treating; refreshments.

угрожа́ть impf threaten. **угро́за** threat, menace.

угрозы́ск abbr criminal investigation department.

угрызе́ние pangs.

угрю́мый sullen, morose.

удава́ться (удаётся) impf of **уда́ться**

у|дави́ть(ся (-влю́(сь, -вишь(ся) pf. **уда́вка** running-knot, half hitch.

удале́ние removal; sending away; moving off. **удали́ть** pf (impf **удаля́ть**) remove; send away; move away; **~ся** move off, away; retire.

удало́й, уда́лый (-а́л, -а́, -о) daring, bold. **у́даль, удальство́** daring, boldness.

удаля́ть(ся impf of **удали́ть(ся**

уда́р blow; stroke; attack; kick; thrust; seizure; bolt. **ударе́ние** accent; stress; emphasis. **уда́рить** pf, **ударя́ть** impf (impf also **бить**) strike; hit; beat; **~ся** strike, hit; + в+acc break into; burst into. **уда́рник, -ница** shock-worker. **уда́рный** percussion; shock; stressed; urgent.

уда́ться (-а́стся, -аду́тся; -а́лся, -ла́сь) pf (impf **удава́ться**) succeed, be a success; impers +dat +inf succeed, manage; мне удало́сь найти́ рабо́ту I managed to find a job. **уда́ча** good luck; success. **уда́чный** successful; felicitous.

удва́ивать impf, **удво́ить** (-о́ю) pf double, redouble; **~ся** (re)doubling.

уде́л lot, destiny.

удели́ть pf (impf **уделя́ть**) spare, give.

уделя́ть impf of **удели́ть**

удержа́ние deduction; retention,

keeping. **удержа́ть** (-жу́, -жишь) pf. **уде́рживать** impf hold (on to); retain; restrain; suppress; deduct; **~ся** hold out; stand firm; refrain (from).

удеру́ etc.: see **удра́ть**

удешеви́ть (-влю́) pf, **удешевля́ть** impf reduce the price of.

удиви́тельный surprising, amazing; wonderful. **удиви́ть** (-влю́) pf, **удивля́ть** impf surprise, amaze; **~ся** be surprised, be amazed. **удивле́ние** surprise, amazement.

удила́ (-и́л) pl bit.

уди́лище fishing-rod.

удира́ть impf of **удра́ть**

уди́ть (ужу́, у́дишь) impf fish for; **~ ры́бу** fish; **~ся** bite.

удлине́ние lengthening; extension. **удлини́ть** pf, **удлиня́ть** impf lengthen; extend; **~ся** become longer; be extended.

удо́бно adv comfortably; conveniently. **удо́бный** comfortable; convenient.

удовари́мый digestible.

удобре́ние fertilization; fertilizer. **удо́брить** pf, **удобря́ть** impf fertilize.

удо́бство comfort; convenience.

удовлетворе́ние satisfaction; gratification. **удовлетворённый** (-рён, -а́) satisfied. **удовлетвори́тельный** satisfactory. **удовлетвори́ть** pf, **удовлетворя́ть** impf satisfy; +dat meet; +instr supply with; **~ся** be satisfied.

удово́льствие pleasure. **у|дово́льствоваться** pf.

удо́й milk-yield; milking.

удоста́ивать(ся impf of **удосто́ить(ся**

удостовере́ние certification; certificate; **~ ли́чности** identity card. **удостове́рить** pf, **удостоверя́ть** impf certify, witness; **~ся** make sure (в+prep of), assure o.s.

удосто́ить pf (impf **удоста́ивать**) make an award to; +gen award; +instr favour with; **~ся** +gen be awarded; be favoured with.

у́дочка (fishing-)rod.

удра́ть (удеру́, -ёшь; удра́л, -а́, -о) pf (impf **удира́ть**) make off.

удруча́ть impf, **удручи́ть** (-чу́) pf depress. **удручённый** (-чён, -а́) depressed.

удуша́ть *impf*, удуши́ть (-шу́, -ши́шь) *pf* stifle, suffocate. удуше́ние suffocation. уду́шливый stifling. уду́шье asthma; asphyxia.

уедине́ние solitude; seclusion. уединённый secluded; lonely. едини́ться *pf*, уединя́ться *impf* seclude o.s.

уе́зд uyezd, District.

уезжа́ть *impf*, уе́хать (уе́ду) *pf* go away, depart.

уж[1] (-á) grass-snake.

уж[2]: see уже́[2]. уж[3], уже́[3] *partl* indeed; really.

у|жа́лить *pf*.

у́жас horror, terror; *predic* it is awful. ужаса́ть *impf*, ужасну́ть (-ну́, -нёшь) *pf* horrify; ~ся be horrified, be terrified. ужа́сно *adv* terribly; awfully. ужа́сный awful, terrible.

у́же[1] *comp of* у́зкий

уже́[2], уж[2] *adv* already; ~ не no longer. уже́[3]: see уж[3]

уже́ние fishing.

ужива́ться *impf of* ужи́ться. ужи́вчивый easy to get on with.

ужи́мка grimace.

у́жин supper. у́жинать *impf* (*pf* по~) have supper.

ужи́ться (-иву́сь, -ивёшься, -и́лся, -ла́сь) *pf* (*impf* ужива́ться) get on.

ужу́ *see* уди́ть

узако́нивать *impf*, узако́нить *pf* legalize.

узбе́к, -е́чка Uzbek. Узбекиста́н Uzbekistan.

узда́ (*pl* -ы) bridle.

у́зел (узла́) knot; junction; centre; node; bundle.

у́зкий (у́зок, узка́, -о) narrow; tight; narrow-minded. узкоколе́йка narrow-gauge railway.

узлова́тый knotty. узлов|о́й junction; main, key; ~а́я ста́нция junction.

узнава́ть (-наю́, -наёшь) *impf*, узна́ть *pf* recognize; get to know; find out.

у́зник, у́зница prisoner.

узо́р pattern, design. узо́рчатый patterned.

у́зость narrowness; tightness.

узурпа́тор usurper. узурпи́ровать *impf* & *pf* usurp.

у́зы (уз) *pl* bonds, ties.

уйду́ *etc.: see* уйти́.

у́йма lots (of).

уйму́ *etc.: see* уня́ть

уйти́ (уйду́, -дёшь; ушёл, ушла́) *pf* (*impf* уходи́ть) go away, leave, depart; escape; retire; bury o.s.; be used up; pass away.

ука́з decree; edict. указа́ние indication; instruction. ука́занный appointed, stated. указа́тель *m* indicator; gauge; index; directory. указа́тельный indicating; demonstrative; ~ па́лец index finger. указа́ть (-ажу́, -а́жешь) *pf*, ука́зывать *impf* show; indicate; point; point out. ука́зка pointer; orders.

ука́лывать *impf of* уколо́ть

уката́ть *pf*, ука́тывать[1] *impf* roll; flatten; wear out. укати́ть (-ачу́, -а́тишь) *pf*, ука́тывать[2] *impf* roll away; drive off; ~ся roll away.

укача́ть *pf*, ука́чивать *impf* rock to sleep; make sick.

укла́д structure; style; organization. укла́дка packing; stacking; laying; setting. укла́дчик packer; layer. укла́дывать(ся[1] *impf of* уложи́ть(ся

укла́дываться[2] *impf of* уле́чься

укло́н slope; incline; gradient; bias; deviation. уклоне́ние deviation; digression. уклони́ться *pf*, уклоня́ться *impf* deviate; +от+*gen* turn (off, aside); avoid; evade. укло́нчивый evasive.

уключина rowlock.

уко́л prick; injection; thrust. уколо́ть (-лю́, -лешь) *pf* (*impf* ука́лывать) prick; wound.

у|комплектова́ть *pf*, укомплекто́вывать *impf* complete; bring up to (full) strength; man; +*instr* equip with.

уко́р reproach.

укора́чивать *impf of* укороти́ть

укорени́ть *pf*, укореня́ть *impf* implant, inculcate; ~ся take root.

укори́зна reproach. укори́зненный reproachful. укори́ть *pf* (*impf* укоря́ть) reproach (в+*prep* with).

укороти́ть (-очу́) *pf* (*impf* укора́чивать) shorten.

укоря́ть *impf of* укори́ть

уко́с (hay-)crop.

укра́дкой *adv* stealthily. украду́ *etc.: see* укра́сть

Украи́на Ukraine. украи́нец (-нца), украи́нка Ukrainian. украи́нский Ukrainian.

укра́сить (-а́шу) pf (impf украша́ть) adorn, decorate; ∼ся be decorated; adorn o.s.

у|кра́сть (-аду́, -адёшь) pf.

украша́ть(ся impf of укра́сить(ся. украше́ние decoration; adornment.

укрепи́ть (-плю́) pf, укрепля́ть impf strengthen; fix; fortify; ∼ся become stronger; fortify one's position. укрепле́ние strengthening; reinforcement; fortification.

укро́мный secluded, cosy.

укро́п dill.

укроти́тель m (animal-)tamer. укроти́ть (-ощу́) pf, укроща́ть impf tame; curb; ∼ся become tame; calm down. укроще́ние taming.

укро́ю etc.: see укры́ть

укрупне́ние enlargement; amalgamation. укрупни́ть pf, укрупня́ть impf enlarge; amalgamate.

укрыва́тель m harbourer. укрыва́тельство harbouring; receiving. укрыва́ть impf, укры́ть (-ро́ю) pf cover; conceal, harbour; shelter; receive; ∼ся cover o.s.; take cover. укры́тие cover; shelter.

у́ксус vinegar.

уку́с bite; sting. укуси́ть (-ушу́, -у́сишь) pf bite; sting.

уку́тать pf, уку́тывать impf wrap up; ∼ся wrap o.s. up.

укушу́ etc.: see укуси́ть

ул. abbr (of у́лица) street, road.

ула́вливать impf of улови́ть

ула́дить (-а́жу) pf, ула́живать impf settle, arrange.

у́лей (у́лья) (bee)hive.

улета́ть impf, улете́ть (улечу́) pf fly (away). улету́чиваться, impf, улету́читься (-чусь) pf evaporate; vanish.

уле́чься (уля́гусь, -я́жешься; улёгся, -гла́сь) pf (impf укла́дываться) lie down; settle; subside.

ули́ка clue; evidence.

ули́тка snail.

у́лица street; на у́лице in the street; outside.

улича́ть impf, уличи́ть (-чу́) pf establish the guilt of.

у́личный street.

уло́в catch. улови́мый perceptible; audible. улови́ть (-влю́, -вишь) pf (impf ула́вливать) catch; seize. уло́вка trick, ruse.

уложе́ние code. уложи́ть (-жу́, -жишь) pf (impf укла́дывать) lay; pack; pile; ∼ спать put to bed; ∼ся pack (up); fit in.

улуча́ть impf, улучи́ть (-чу́) pf find, seize.

улучша́ть impf, улу́чшить (-шу) pf improve; better; ∼ся improve; get better. улучше́ние improvement.

улыба́ться impf, улыбну́ться (-ну́сь, -нёшься) pf smile. улы́бка smile.

ультима́тум ultimatum.

ультра- in comb ultra-. ультразвуково́й supersonic. ∼фиоле́товый ultra-violet.

уля́гусь etc.: see уле́чься

ум (-а́) mind, intellect; head; сойти́ с ∼а́ go mad.

умали́ть pf (impf умаля́ть) belittle. умалишённый mad; sb lunatic.

ума́лчивать impf of умолча́ть

умаля́ть impf of умали́ть

уме́лец (-льца) skilled craftsman. уме́лый able, skilful. уме́ние ability, skill.

уменьша́ть impf, уме́ньшить (-шу) pf reduce, diminish, decrease; ∼ся diminish, decrease; abate. уменьше́ние decrease, reduction; abatement. уменьши́тельный diminutive.

уме́ренность moderation. уме́ренный moderate; temperate.

умере́ть (умру́, -рёшь; у́мер, -ла́, -о) pf (impf умира́ть) die.

уме́рить pf (impf умеря́ть) moderate; restrain.

умертви́ть (-рщвлю́, -ртви́шь) pf, умерщвля́ть impf kill, destroy; mortify. у́мерший dead; sb the deceased. умерщвле́ние killing, destruction; mortification.

умеря́ть impf of уме́рить

умести́ть (-ещу́) pf (impf умеща́ть) fit in, find room for; ∼ся fit in. уме́стный appropriate; pertinent; timely.

уме́ть (-е́ю) impf be able, know how.

умеща́ть(ся impf of умести́ть(ся

умиле́ние tenderness; emotion. умили́ть pf, умиля́ть impf move, touch; ~ся be moved.

умира́ние dying. умира́ть *impf of* умере́ть. умира́ющий dying; *sb* dying person.

умиротворе́ние pacification; appeasement. умиротвори́ть *pf*, умиротворя́ть *impf* pacify; appease.

умне́ть *impf* (-е́ю) (*pf* по~) grow wiser. у́мница good girl; *m & f* clever person.

умножа́ть *impf*, у|мно́жить (-жу) *pf* multiply; increase; ~ся increase, multiply. умноже́ние multiplication; increase. умножи́тель *m* multiplier.

у́мный (умён, умна́, у́мно́) clever, wise, intelligent. умозаключе́ние deduction; conclusion.

умоли́ть *pf* (*impf* умоля́ть) move by entreaties.

умолка́ть *impf*, умо́лкнуть (-ну; -о́лк) *pf* fall silent; stop. умолча́ть (-чу́) *pf* (*impf* ума́лчивать) fail to mention; hush up.

умоля́ть *impf of* умоли́ть; beg, entreat.

умопомеша́тельство derangement. умори́тельный incredibly funny, killing. у|мори́ть *pf* kill; exhaust.

умою́ *etc.: see* умы́ть. умру́ *etc.: see* умере́ть

у́мственный mental, intellectual. умудри́ть *pf*, умудря́ть *impf* make wiser; ~ся contrive.

умыва́льная *sb* wash-room. умыва́льник wash-stand, wash-basin. умыва́ть(ся *impf of* умы́ть(ся

у́мысел (-сла) design, intention. умы́ть (умо́ю) *pf* (*impf* умыва́ть) wash; ~ся wash (o.s.).

умы́шленный intentional.

у|насле́довать *pf*.

унести́ (-су́, -сёшь; -ёс, -ла́) *pf* (*impf* уноси́ть) take away; carry off, make off with; ~сь speed away; fly by; be carried (away).

универма́г *abbr* department store. универса́льн|ый universal; all-round; versatile; all-purpose; ~ое сре́дство panacea. универса́м *abbr* supermarket.

университе́т university. университе́тский university.

унижа́ть *impf*, уни́зить (-и́жу) *pf* humiliate; ~ся humble o.s.; stoop.

униже́ние humiliation. уни́женный humble. унизи́тельный humiliating.

уника́льный unique.

унима́ть(ся *impf of* уня́ть(ся

унисо́н unison.

унита́з lavatory pan.

унифици́ровать *impf & pf* standardize.

уничижи́тельный pejorative.

уничтожа́ть *impf*, уничто́жить (-жу) *pf* destroy, annihilate; abolish; do away with. уничтоже́ние destruction, annihilation; abolition.

уноси́ть(ся (-ошу́(сь, -о́сишь(ся) *impf of* унести́(сь

у́нция ounce.

уныва́ть *impf* be dejected. уны́лый dejected; doleful, cheerless. уны́ние dejection, despondency.

уня́ть (уйму́, -мёшь; -я́л, -а́, -о) *pf* (*impf* унима́ть) calm, soothe; ~ся calm down.

упа́док (-дка) decline; decay; ~ ду́ха depression. упа́дочнический decadent. упа́дочный depressive; decadent. упаду́ *etc.: see* упа́сть

у|накова́ть *pf*, упако́вывать *impf* pack (up). упако́вка packing; wrapping. упако́вщик packer.

упа́сть (-аду́, -адёшь) *pf of* па́дать

упере́ть (упру́, -рёшь; упёр) *pf*, упира́ть *impf* rest, lean; ~ на+*acc* stress; ~ся rest, lean; resist; +в+*acc* come up against.

упи́танный well-fed; fattened.

упла́та payment. у|плати́ть (-ачу́, -а́тишь) *pf*, упла́чивать *impf* pay.

уплотне́ние compression; condensation; consolidation; sealing. уплотни́ть *pf*, уплотня́ть *impf* condense; compress; pack more into.

уплыва́ть *impf*, уплы́ть (-ыву́, -ывёшь; -ы́л, -а́, -о) *pf* swim *or* sail away; pass.

упова́ть *impf* +на+*acc* put one's trust in.

уподо́биться (-блюсь) *pf*, уподобля́ться *impf* +*dat* become like.

упое́ние ecstasy, rapture. упои́тельный intoxicating, ravishing.

уполза́ть *impf*, уползти́ (-зу́, -зёшь; -о́лз, -зла́) *pf* creep away, crawl away.

уполномо́ченный *sb* (authorized)

agent, representative; proxy. уполномáчивать, уполномóчивать *impf*, уполномóчить (-чу) *pf* authorize, empower.

упоминáние mention. упоминáть *impf*, упомянýть (-нý, -нешь) *pf* mention, refer to.

упóр prop, support; в ~ point-blank; сдéлать ~ на+*acc or prep* lay stress on. упóрный stubborn; persistent. упóрство stubbornness; persistence. упóрствовать *impf* be stubborn; persist (в+*prep* in).

упорядóчивать *impf*, упорядóчить (-чу) *pf* regulate, put in order.

употребительный (widely-)used; common. употребить (-блю) *pf*, употреблять *impf* use. употреблéние use; usage.

упрáва justice.

управдóм *abbr* manager (*of block of flats*). упрáвиться (-влюсь) *pf*, управляться *impf* cope, manage; +с+*instr* deal with. управлéние management; administration; direction; control; driving, steering; government. управляемый снаряд guided missile. управлять *impf* +*instr* manage, direct, run; govern; be in charge of; operate; drive. управляющий *sb* manager.

упражнéние exercise. упражнять *impf* exercise, train; ~ся practise, train.

упразднить *pf*, упразднять *impf* abolish.

упрáшивать *impf of* упросить

упрёк reproach. упрекáть *impf*, упрекнýть (-нý, -нёшь) *pf* reproach. упросить (-ошý, -óсишь) *pf* (*impf* упрáшивать) entreat; prevail upon.

упростить (-ощý) *pf* (*impf* упрощáть) (over-)simplify.

упрóчивать *impf*, упрóчить (-чу) *pf* strengthen, consolidate; ~ся be firmly established.

упрошý *etc.: see* упросить

упрощáть *impf of* упростить. упрощённый (-щён, -á) (over-)simplified.

упрý *etc.: see* уперéть

упрýгий elastic; springy. упрýгость elasticity; spring. упрýже *comp of* упрýгий

упряжка harness; team. упряжнóй draught. ýпряжь harness.

упрямиться (-млюсь) *impf* be obstinate; persist. упрямство obstinacy. упрямый obstinate; persistent.

упускáть *impf*, упустить (-ущý, -ýстишь) *pf* let go, let slip; miss. упущéние omission; slip; negligence.

урá *int* hurrah!

уравнéние equalization; equation. урáвнивать *impf*, уравнять *pf* equalize. уравнительный equalizing, levelling. уравновéсить (-éшу) *pf*, уравновéшивать *impf* balance; counterbalance. уравновéшенность composure. уравновéшенный balanced, composed.

урагáн hurricane; storm.

урáльский Ural.

урáн uranium; Uranus. урáновый uranium.

урвáть (-вý, -вёшь; -áл, -á, -о) *pf* (*impf* урывáть) snatch.

урегулировáние regulation; settlement. у|регулировáть *pf*.

урезáть (-éжу) *pf*, урезáть, урéзывать *impf* cut off; shorten; reduce.

ýрка *m & f* (*sl*) lag, convict.

ýрна urn; litter-bin.

ýровень (-вня) *m* level; standard.

урóд freak, monster. уродиться (-ожýсь) *pf* ripen; grow. урóдливость deformity; ugliness. урóдливый deformed; ugly; bad. урóдовать *impf* (*pf* из~) disfigure; distort. урóдство disfigurement; ugliness.

урожáй harvest; crop; abundance. урожáйность yield; productivity. урожáйный productive, high-yield. урождённый *née*. уроженéц (-нца), уроженка native. урожýсь *see* уродиться

урóк lesson.

урóн losses; damage. уронить (-ню, -нишь) *pf of* ронять

урчáть (-чý) *impf* rumble.

урывáть *impf of* урвáть. урывками *adv* in snatches, by fits and starts.

ус (*pl* -ы) whisker; tendril; *pl* moustache.

усадить (-ажý, -áдишь) *pf*, усáживать *impf* seat, offer a seat; plant. усáдьба (*gen pl* -деб *or* -дб) country estate; farmstead. усáживаться *impf of* усéсться

усáтый moustached; whiskered.

усва́ивать *impf*, усво́ить *pf* master; assimilate; adopt. усвое́ние mastering; assimilation; adoption.

усе́рдие zeal; diligence. усе́рдный zealous; diligent.

усе́сться (уся́дусь; -е́лся) *pf* (*impf* уса́живаться) take a seat; settle down (to).

усиде́ть (-ижу́) *pf* remain seated; hold down a job. уси́дчивый assiduous.

у́сик tendril; runner; antenna; *pl* small moustache.

усиле́ние strengthening; reinforcement; intensification; amplification. уси́ленный intensified, increased; earnest. уси́ливать *impf*, уси́лить *pf* intensify, increase; amplify; strengthen, reinforce; ~ся increase, intensify; become stronger. уси́лие effort. уси́литель *m* amplifier; booster.

ускака́ть (-ачу́, -а́чешь) *pf* skip off; gallop off.

ускольза́ть *impf*, ускользну́ть (-ну́, -нёшь) *pf* slip off; steal away; escape.

ускоре́ние acceleration. уско́ренный accelerated; rapid; crash. ускори́тель accelerator. уско́рить *pf*, ускоря́ть *impf* quicken; accelerate; hasten; ~ся accelerate, be accelerated; quicken.

усло́вие condition. усло́виться (-влюсь) *pf*, усло́вливаться, усла́вливаться *impf* agree; arrange. усло́вленный agreed, fixed. усло́вность convention. усло́вный conditional; conditioned; conventional; agreed; relative.

усложне́ние complication. усложни́ть *pf*, усложня́ть *impf* complicate; ~ся become complicated.

услу́га service; good turn. услу́жливый obliging.

услыха́ть (-ышу) *pf*, у|слы́шать (-ышу) *pf* hear; sense; scent.

усма́тривать *impf* of усмотре́ть

усмеха́ться *impf*, усмехну́ться (-ну́сь, -нёшься) *pf* smile; grin; smirk. усме́шка smile; grin; sneer.

усмире́ние pacification; suppression. усмири́ть *pf*, усмиря́ть *impf* pacify; calm; suppress.

усмотре́ние discretion, judgement. усмотре́ть (-рю́, -ришь) *pf* (*impf* усма́тривать) perceive; see; regard; +за+*instr* keep an eye on.

усну́ть (-ну́, -нёшь) *pf* go to sleep.

усоверше́нствование advanced studies; improvement, refinement. у|соверше́нствовать(ся *pf*.

усомни́ться *pf* doubt.

успева́емость progress. успева́ть *impf*, успе́ть (-е́ю) *pf* have time; manage; succeed. успе́х success; progress. успе́шный successful.

успока́ивать *impf*, успоко́ить *pf* calm, quiet, soothe; ~ся calm down; abate. успока́ивающий calming, sedative. успокое́ние calming, soothing; calm; peace. успокои́тельный calming; reassuring; ~ое *sb* sedative, tranquillizer.

уста́ (-т, -та́м) *pl* mouth.

уста́в regulations, statutes; charter.

устава́ть (-таю́, -ёшь) *impf of* уста́ть; не устава́я incessantly.

уста́вить (-влю) *pf*, уставля́ть *impf* set, arrange; cover, fill; direct; ~ся find room, go in; stare.

уста́лость tiredness. уста́лый tired.

устана́вливать *impf*, установи́ть (-влю́, -вишь) *pf* put, set up; install; set; establish; fix; ~ся dispose o.s.; be established; set in. устано́вка putting, setting up; installation; setting; plant, unit; directions. установле́ние establishment. устано́вленный established, prescribed.

уста́ну *etc.*: *see* уста́ть

устарева́ть *impf*, у|старе́ть (-е́ю) *pf* become obsolete; become antiquated. устаре́лый obsolete; antiquated, out-of-date.

уста́ть (-а́ну) *pf* (*impf* устава́ть) get tired.

устила́ть *impf*, устла́ть (-телю́, -те́лешь) *pf* cover; pave.

у́стный oral, verbal.

усто́й abutment; foundation; support. усто́йчивость stability, steadiness. усто́йчивый stable, steady. устоя́ть (-ою́) *pf* keep one's balance; stand firm; ~ся settle; become fixed.

устра́ивать(ся *impf of* устро́ить(ся

устране́ние removal, elimination. устрани́ть *pf*, устраня́ть *impf* remove; eliminate; ~ся resign, retire.

устраша́ть *impf*, устраши́ть (-шу́) *pf* frighten; ~ся be frightened.

устреми́ть (-млю́) *pf*, устремля́ть *impf* direct, fix; ~ся rush; be directed; concentrate. устремле́ние rush; aspiration.

у́стрица oyster.

устрои́тель *m*, ~ница organizer. устро́ить *pf* (*impf* устра́ивать) arrange, organize; make; cause; settle, put in order; place, fix up; get; suit; ~ся work out; manage; settle down; be found, get fixed up. устро́йство arrangement; construction; mechanism, device; system.

усту́п shelf, ledge. уступа́ть *impf*, уступи́ть (-плю́, -пишь) *pf* yield; give up; ~ доро́гу make way. усту́пка concession. усту́пчивый pliable; compliant.

устыди́ться (-жу́сь) *pf* (+*gen*) be ashamed (of).

у́стье (*gen pl* -ьев) mouth; estuary.

усугуби́ть (-у́блю) *pf*, усугубля́ть *impf* increase; aggravate.

усы́ *see* ус

усынови́ть (-влю́) *pf*, усыновля́ть *impf* adopt. усыновле́ние adoption.

усыпа́ть (-плю) *pf*, усыпа́ть *impf* strew, scatter.

усыпи́тельный soporific. усыпи́ть (-плю́) *pf*, усыпля́ть *impf* put to sleep; lull; weaken.

уся́дусь *etc.*: *see* усе́сться

ута́ивать *impf*, утаи́ть *pf* conceal; keep secret.

ута́птывать *impf of* утопта́ть

ута́скивать *impf*, утащи́ть (-щу́, -щишь) *pf* drag off.

у́тварь utensils.

утверди́тельный affirmative. утверди́ть (-ржу́) *pf*, утвержда́ть *impf* confirm; approve; ratify; establish; assert; ~ся gain a foothold; become established; be confirmed. утвержде́ние approval; confirmation; ratification; assertion; establishment.

утека́ть *impf of* уте́чь

утёнок (-нка; *pl* утя́та, -я́т) duckling.

утепли́ть *pf*, утепля́ть *impf* warm.

утере́ть (утру́, -рёшь; утёр) *pf* (*impf* утира́ть) wipe (off, dry).

утерпе́ть (-плю́, -пишь) *pf* restrain o.s.

утёс cliff, crag.

уте́чка leak, leakage; escape; loss. уте́чь (-еку́, -ечёшь; утёк, -ла́) *pf*

(*impf* утека́ть) leak, escape; pass.

утеша́ть *impf*, уте́шить (-шу) *pf* console; ~ся console o.s. утеше́ние consolation. утеши́тельный comforting.

утилизи́ровать *impf* & *pf* utilize.

утиль *m*, утильсырьё scrap.

утиный duck's, duck's.

утира́ть *impf of* утере́ть(ся

утиха́ть *impf*,ути́хнуть (-ну; -и́х) *pf* abate, subside; calm down.

у́тка duck; canard.

уткну́ть (-ну́, -нёшь) *pf* bury; fix; ~ся bury o.s.

утоли́ть *pf* (*impf* утоля́ть) quench; satisfy; relieve.

утолще́ние thickening; bulge.

утоля́ть *impf of* утоли́ть

утоми́тельный tedious; tiring. утоми́ть (-млю́) *pf*, утомля́ть *impf* tire, fatigue; ~ся get tired. утомле́ние weariness. утомлённый weary.

у|тону́ть (-ну́, -нешь) *pf* drown, be drowned; sink.

утончённый refined.

у|топи́ть(ся (-плю́(сь, -пишь(ся) *pf*. уто́пленник drowned man.

утопи́ческий utopian. уто́пия Utopia.

утопта́ть (-пчу́, -пчешь) *pf* (*impf* ута́птывать) trample down.

уточне́ние more precise definition; amplification. уточни́ть *pf*, уточня́ть *impf* define more precisely; amplify.

утра́ивать *impf of* утро́ить

у|трамбова́ть *pf*, утрамбо́вывать *impf* ram, tamp; ~ся become flat.

утра́та loss. утра́тить (-а́чу) *pf*, утра́чивать *impf* lose.

у́тренний morning. у́тренник morning performance; early-morning frost.

утри́ровать *impf* & *pf* exaggerate.

у́тро (-а *or* -á, -у *or* -ý, *pl* -а, -ам *or* -áм) morning.

утро́ба womb; belly.

утро́ить *pf* (*impf* утра́ивать) triple, treble.

утру́ *etc.*: *see* утере́ть, у́тро

утружда́ть *impf* trouble, tire.

утю́г (-á) iron. утю́жить (-жу) *impf* (*pf* вы~, от~) iron.

ух *int* oh, ooh, ah.

уха́ fish soup.

уха́б pot-hole. уха́бистый bumpy.

уха́живать *impf* за+*instr* tend; look after; court.

ухвати́ть (-ачу́, -а́тишь) *pf*, ухва́тывать *impf* seize; grasp; ~ся за+*acc* grasp, lay hold of; set to; seize; jump at. ухва́тка grip; skill; trick; manner.

ухитри́ться *pf*, ухитря́ться *impf* manage, contrive. ухищре́ние device, trick.

ухмы́лка smirk. ухмыльну́ться (-ну́сь, -нёшься) *pf*, ухмыля́ться *impf* smirk.

у́хо (*pl* у́ши, уше́й) ear; ear-flap.

ухо́д[1] за+*instr* care of; tending, looking after.

ухо́д[2] leaving, departure. уходи́ть (-ожу́, -о́дишь) *impf of* уйти́

ухудша́ть *impf*, уху́дшить (-шу) *pf* make worse; ~ся get worse. уху́дшение deterioration.

уцеле́ть (-е́ю) *pf* remain intact; survive.

уце́нивать *impf*, уцени́ть (-ню́, -нишь) *pf* reduce the price of.

уцепи́ть (-плю́, -пишь) *pf* catch hold of, seize; ~ся за+*acc* catch hold of, seize; jump at.

уча́ствовать *impf* take part; hold shares. уча́ствующий *sb* participant. уча́стие participation; share; sympathy.

участи́ть (-ащу́) *pf* (*impf* уча́ща́ть) make more frequent; ~ся become more frequent, quicken.

уча́стливый sympathetic. уча́стник participant. уча́сток (-тка) plot; part, section; sector; district; field, sphere. у́часть lot, fate.

учаща́ть(ся *impf of* участи́ть(ся

уча́щийся *sb* student; pupil. учёба studies; course; training. уче́бник text-book. уче́бный educational; school; training. уче́ние learning; studies; apprenticeship; teaching; doctrine; exercise.

учени́к (-а́), учени́ца pupil; apprentice; disciple. учени́ческий pupil('s); apprentice('s); unskilled; crude. учёность learning, erudition. учё́н|ый learned; scholarly; academic; scientific; ~ая сте́пень (*university*) degree; ~ый *sb* scholar; scientist.

уче́сть (учту́, -тёшь; учёл, учла́) *pf* (*impf* учи́тывать) take stock of; take

into account; discount. учёт stock-taking; calculation; taking into account; registration; discount; без ~a +*gen* disregarding; взять на ~ register. учётный registration; discount.

учи́лище (*specialist*) school.

у|чини́ть *pf*, учиня́ть *impf* make; carry out; commit.

учи́тель (*pl* -я́) *m*, учи́тельница teacher. учи́тельск|ий teacher's, teachers'; ~ая *sb* staff-room.

учи́тывать *impf of* уче́сть

учи́ть (учу́, у́чишь) *impf* (*pf* вы́~, на~, об~) teach; be a teacher; learn; ~ся be a student; +*dat or inf* learn, study.

учреди́тельный constituent. учреди́ть (-ежу́) *pf*, учрежда́ть *impf* found, establish. учрежде́ние founding; establishment; institution.

учти́вый civil, courteous.

учту́ *etc.: see* уче́сть

уша́нка hat with ear-flaps.

ушёл *etc.: see* уйти́. у́ши *etc.: see* у́хо

уши́б injury; bruise. ушиба́ть *impf*, ушиби́ть (-бу́, -бёшь; уши́б) *pf* injure; bruise; hurt; ~ся hurt o.s.

ушко́ (*pl* -и́, -о́в) eye; tab.

ушно́й ear, aural.

уще́лье ravine, gorge, canyon.

ущеми́ть (-млю́) *pf*, ущемля́ть *impf* pinch, jam; limit; encroach on; hurt. ущемле́ние pinching, jamming; limitation; hurting.

уще́рб detriment; loss; damage; prejudice. уще́рбный waning.

ущипну́ть (-ну́, -нёшь) *pf of* щипа́ть

Уэ́льс Wales. уэ́льский Welsh.

ую́т coziness, comfort. ую́тный cosy, comfortable.

язви́мый vulnerable. язви́ть (-влю́) *pf*, язвля́ть *impf* wound, hurt.

ясни́ть *pf*, уясня́ть *impf* understand, make out.

Ф

фа́брика factory. фабрика́нт manufacturer. фабрика́т finished product, manufactured product. фабрикова́ть *impf* (*pf* с~) fabricate, forge. фабри́чн|ый factory; manufacturing; factory-made; ~ая ма́рка, ~ое клеймо́ trade-mark.

фа́була plot, story.

фаго́т bassoon.

фа́за phase; stage.

фаза́н pheasant.

фа́зис phase.

файл (*comput*) file.

фа́кел torch, flare.

факс fax.

факси́миле *neut indecl* facsimile.

факт fact; соверши́вшийся ~ fait accompli. факти́чески *adv* in fact; virtually. факти́ческий actual; real; virtual.

фа́ктор factor.

факту́ра texture; style, execution.

факультати́вный optional. факульте́т faculty, department.

фа́лда tail (*of coat*).

фальсифика́тор falsifier, forger. фальсифика́ция falsification; adulteration; forgery. фальсифици́ровать *impf & pf* falsify; forge; adulterate. фальши́вить (-влю) *impf* (*pf* с~) be a hypocrite; sing *or* play out of tune. фальши́вка forged document. фальши́вый false; spurious; forged; artificial; out of tune. фальшь deception; falseness.

фами́лия surname. фамилья́рничать be over-familiar. фамилья́рность (over-)familiarity. фамилья́рный (over-)familiar; unceremonious.

фанати́зм fanaticism. фана́тик fanatic.

фане́ра veneer; plywood.

фантазёр dreamer, visionary. фантази́ровать *impf* (*pf* с~) dream; make up, dream up; improvise. фанта́зия fantasy; fancy; imagination; whim. фанта́стика fiction, fantasy. фантасти́ческий, фантасти́чный fantastic.

фа́ра headlight.

фарао́н pharaoh; faro.

фарва́тер fairway, channel.

фармазо́н freemason.

фармаце́вт pharmacist.

фарс farce.

фа́ртук apron.

фарфо́р china; porcelain. фарфо́ровый china.

фарцо́вщик currency speculator.

фарш stuffing; minced meat. фарширова́ть *impf* (*pf* за~) stuff.

фаса́д façade.

фасова́ть *impf* (*pf* рас~) package.

фасо́ль kidney bean(s), French bean(s); haricot beans.

фасо́н cut; fashion; style; manner. фасо́нный shaped.

фата́ veil.

фатали́зм fatalism. фата́льный fatal.

фаши́зм Fascism. фаши́ст Fascist. фаши́стский Fascist.

фа́янс faience, pottery.

февра́ль (-я́) *m* February. февра́льский February.

федера́льный federal. федера́ция federation.

фееери́ческий fairy-tale.

фейерве́рк firework(s).

фе́льдшер (*pl* -а́), -ери́ца (*partly-qualified*) medical assistant.

фельето́н feuilleton, feature.

фемини́зм feminism. феминисти́ческий, феминисткий feminist.

фен (hair-)dryer.

фено́мен phenomenon. феноме-на́льный phenomenal.

феода́л feudal lord. феодали́зм feudalism. феода́льный feudal.

ферзь (-я́) *m* queen.

фе́рма[1] farm.

фе́рма[2] girder, truss.

ферма́та (*mus*) pause.

ферме́нт ferment.

фе́рмер farmer.

фестива́ль *m* festival.

фетр felt. фе́тровый felt.

фехтова́льщик, -щица fencer. фехтова́ние fencing. фехтова́ть *impf* fence.

фе́я fairy.

фиа́лка violet.

фиа́ско *neut indecl* fiasco.

фи́бра fibre.

фигля́р buffoon.

фигу́ра figure; court-card; (chess-) piece. фигура́льный figurative, metaphorical. фигури́ровать *impf* figure, appear. фигури́ст, -и́стка figure-skater. фигу́рка figurine, statuette; figure. фигу́рн|ый figured; ~ое ката́ние figure-skating.

фи́зик physicist. фи́зика physics. физио́лог physiologist. физиоло-ги́ческий physiological. физиоло́гия physiology. физионо́мия physi-

ognomy; face, expression. **физио-**
терапе́вт physiotherapist. **физи́-**
ческий physical; physics. **физкуль-**
ту́ра abbr P.E., gymnastics. **физ-**
культу́рный abbr gymnastic; athletic; ~ зал gymnasium.

фикса́ж fixer. **фикса́ция** fixing.
фикси́ровать impf & pf (pf also
за~) fix; record.

фикти́вный fictitious. ~ брак marriage of convenience. **фи́кция** fiction.

филантро́п philanthropist. **филан**
тро́пия philanthropy.

филармо́ния philharmonic society;
concert hall.

филатели́ст philatelist.

филе́ neut indecl sirloin; fillet.

филиа́л branch.

фили́стер philistine.

фило́лог philologist. **филологи́че**
ский philological. **филоло́гия** philology.

фило́соф philosopher. **филосо́фия**
philosophy. **филосо́фский** philosophical.

фильм film. **фильмоско́п** projector.
фильтр filter. **фильтрова́ть** impf
(pf про~) filter.

фина́л finale; final. **фина́льный**
final.

финанси́ровать impf & pf finance.
фина́нсовый financial. **фина́нсы**
(-ов) pl finance, finances.

фи́ник date.

фи́ниш finish; finishing post.

фи́нка Finn. **Финля́ндия** Finland.
финля́ндский Finnish. **финн** Finn.
фи́нский Finnish.

фиоле́товый violet.

фи́рма firm; company. **фи́рменное**
блю́до speciality of the house.

фисгармо́ния harmonium.

фити́ль (-я́) m wick; fuse.

флаг flag. **фла́гман** flagship.

флако́н bottle, flask.

фланг flank; wing.

флане́ль flannel.

флегмати́чный phlegmatic.

фле́йта flute.

фле́ксия inflexion. **флекти́вный**
inflected.

фли́гель (pl -я́) m wing; annexe.

флирт flirtation. **флиртова́ть** impf
flirt.

флома́стер felt-tip pen.

фло́ра flora.

флот fleet. **фло́тский** naval.

флю́гер (pl -á) weather-vane.

флюоресце́нтный fluorescent.

флюс[1] gumboil, abscess.

флюс[2] (pl -ы́) flux.

фля́га flask; churn. **фля́жка** flask.

фойе́ neut indecl foyer.

фо́кус[1] trick.

фо́кус[2] focus. **фокуси́ровать** impf
focus.

фо́кусник conjurer, juggler.

фолиа́нт folio.

фольга́ foil.

фолькло́р folklore.

фон background.

фона́рик small lamp; torch. **фона́р**
ный lamp; ~ столб lamp-post. **фо**
на́рь (-я́) m lantern; lamp; light.

фонд fund; stock; reserves.

фоне́тика phonetics. **фонети́че**
ский phonetic.

фонта́н fountain.

форе́ль trout.

фо́рма form; shape; mould, cast; uniform. **форма́льность** formality.
форма́льный formal. **форма́т** format. **форма́ция** structure; stage; formation; mentality. **фо́рменный** uniform; proper, regular. **формирова́**
ние forming; unit, formation. **фор**
мирова́ть impf (pf c~) form; organize; ~ся form, develop. **формова́ть**
impf (pf c~) form, shape; mould,
cast.

фо́рмула formula. **формули́ровать**
impf & pf (pf also c~) formulate.
формулиро́вка formulation; wording; formula. **формуля́р** log-book;
library card.

форси́ровать impf & pf force; speed
up.

форсу́нка sprayer; injector.

фортепья́но neut indecl piano.

фо́рточка small hinged (window-)
pane.

форту́на fortune.

фо́рум forum.

фо́сфор phosphorus.

фо́то neut indecl photo(graph).

фото- in comb photo-, photo-electric.
фотоаппара́т camera. ~**бума́га**
photographic paper. ~**гени́чный**
photogenic. **фото́граф** photographer.

~графировать *impf* (*pf* с~) photograph. ~графироваться be photographed, have one's photograph taken. ~графический photographic. ~графия photography; photograph; photographer's studio. ~копия photocopy. ~любитель *m* amateur photographer. ~объектив (camera) lens. ~репортёр press photographer. ~хроника news in pictures. ~элемент photoelectric cell.

фрагмент fragment.

фраза sentence; phrase. фразеология phraseology.

фрак tail-coat, tails.

фракционный fractional; factional. фракция fraction; faction.

франк franc.

франкмасон Freemason.

франт dandy.

Франция France. француженка Frenchwoman. француз Frenchman. французский French.

фрахт freight. фрахтовать *impf* (*pf* за~) charter.

фрегат frigate.

фрезеровщик milling machine operator.

фреска fresco.

фронт (*pl* -ы, -ов) front. фронтовик (-á) front-line soldier. фронтовой front(-line).

фронтон pediment.

фрукт fruit. фруктовый fruit; ~ сад orchard.

фтор fluorine. фтористый fluorine; fluoride. ~ кальций calcium fluoride.

фу *int* ugh! oh!

фуганок (-нка) smoothing-plane.

фугас landmine. фугасный high-explosive.

фундамент foundation. фундаментальный solid, sound; main; basic.

функциональный functional. функционировать *impf* function. функция function.

фунт pound.

фураж (-á) forage, fodder. фуражка peaked cap, forage-cap.

фургон van; caravan.

фут foot; foot-rule. футбол football. футболист footballer. футболка football jersey, sports shirt. футбольный football; ~ мяч football.

футляр case, container.

футуризм futurism.

фуфайка jersey; sweater.

фыркать *impf*, фыркнуть (-ну) *pf* snort.

фюзеляж fuselage.

X

халат dressing-gown. халатный careless, negligent.

халтура pot-boiler; hackwork; money made on the side. халтурщик hack.

хам boor, lout. хамский boorish, loutish. хамство boorishness, loutishness.

хамелеон chameleon.

хан khan.

хандра depression. хандрить *impf* be depressed.

ханжа hypocrite. ханжеский sanctimonious, hypocritical.

хаос chaos. хаотичный chaotic.

характер character. характеризовать *impf & pf* (*pf also* о~) describe; characterize; ~ся be characterized. характеристика reference; description. характерный characteristic; distinctive; distinctive.

харкать *impf*, харкнуть (-ну) *pf* spit.

хартия charter.

хата peasant hut.

хвала praise. хвалебный laudatory. хвалёный highly-praised. хвалить (-лю, -лишь) *impf* (*pf* по~) praise; ~ся boast.

хвастать(ся *impf* (*pf* по~) boast. хвастливый boastful. хвастовство boasting. хвастун (-á) boaster.

хватать[1] *impf*, хватить (-ачу, -атишь) *pf* (*pf also* схватить) snatch, seize; grab; ~ся remember; +*gen* realize the absence of; +за+*acc* snatch at, clutch at; take up.

хватать[2] *impf*, хватить (-атит) *pf*, *impers* (+*gen*) suffice, be enough; last out; времени не хватало there was not enough time; у нас не хватает денег we haven't enough money; хватит! that will do!; этого ещё не хватало! that's all we needed! хватка grasp, grip; method; skill.

хвойн|ый coniferous; ~ые *sb pl* conifers.

хворáть *impf* be ill.

хвóрост brushwood; (*pastry*) straws. хворости́на stick, switch.

хвост (-á) tail; tail-end. хвóстик tail. хвостовóй tail.

хвóя needle(s); (*coniferous*) branch(es).

херуви́м cherub.

хибáр(к)а shack, hovel.

хи́жина shack, hut.

хи́лый (-л, -á, -о) sickly.

химéра chimera.

хи́мик chemist. химикáт chemical. хими́ческий chemical. хи́мия chemistry.

химчи́стка dry-cleaning; dry-cleaner's.

хи́на, хини́н quinine.

хиру́рг surgeon. хирурги́ческий surgical. хирурги́я surgery.

хитрéц (-á) cunning person. хитри́ть *impf* (*pf* с∼) use cunning, be crafty. хи́трость cunning; ruse; skill; intricacy. хи́трый cunning; skilful; intricate.

хихи́кать *impf*, хихи́кнуть (-ну) *pf* giggle, snigger.

хищéние theft; embezzlement. хи́щник predator, bird *or* beast of prey. хи́щнический predatory; rapacious; ∼ые пти́цы birds of prey.

хладнокрóвие coolness, composure. хладнокрóвный cool, composed.

хлам rubbish.

хлеб (*pl* -ы, -ов *or* -á, -óв) bread; loaf; grain. хлебáть *impf*, хлебну́ть (-ну́, -нёшь) *pf* gulp down. хлéбный bread; baker's; grain. хлебозавóд bakery. хлебопекáрня (*gen pl* -рен) bakery.

хлев (*loc* -ý; *pl* -á) cow-shed.

хлестáть (-ещу́, -éщешь) *impf*, хлестну́ть (-ну́, -нёшь) *pf* lash; whip.

хлоп *int* bang! хлóпать *impf* (*pf* хлóпнуть) bang; slap; ∼ (в ладóши) clap.

хлопкóвый cotton.

хлопкóвый cotton.

хлóпнуть (-ну) *pf of* хлóпать

хлопóк¹ (-пкá) clap.

хлопóк² (-пкá) cotton.

хлопотáть (-очу́, -óчешь) *impf* (*pf* по∼) busy o.s.; bustle about; take trouble; + о+*prep* or за+*acc* petition for. хлопотли́вый troublesome; ex-

acting; busy, bustling. хлóпоты (-óт) *pl* trouble; efforts.

хлопчатобумáжный cotton.

хлóпья (-ьев) *pl* flakes.

хлор chlorine. хлóристый, хлóрный chlorine; chloride. хлóрка bleach. хлорофи́лл chlorophyll. хлорофóрм chloroform.

хлы́нуть (-нет) *pf* gush, pour.

хлыст (-á) whip, switch.

хмелéть (-éю) *impf* (*pf* за∼, о∼) get tipsy. хмель (*loc* -ю́) *m* hop, hops; drunkenness; во хмелю́ tipsy. хмельнóй (-лён, -льнá) drunk; intoxicating.

хму́рить *impf* (*pf* на∼): ∼ брóви knit one's brows; ∼ся frown; become gloomy; be overcast. хму́рый gloomy; overcast.

хны́кать (-ы́чу *or* -аю) *impf* whimper, snivel.

хóбби *neut indecl* hobby.

хóбот trunk. хоботóк (-ткá) proboscis.

ход (*loc* -ý; *pl* -ы, -ов *or* -ы́ *or* -á, -óв) motion; going; speed; course; operation; stroke; move; manoeuvre; entrance; passage; в ∼ý in demand; дать зáдний ∼ reverse; дать ∼ set in motion; на ∼у́ in transit, on the move; in motion; in operation; пóлным ∼ом at full speed; пусти́ть в ∼ start, set in motion; три часá ∼у three hours' journey.

ходáтайство petitioning; application. ходáтайствовать *impf* (*pf* по∼) petition, apply.

ходи́ть (хожу́, хóдишь) *impf* walk; go; run; pass, go round; lead; play; move; +в+*prep* wear; +за+*instr* look after. хóдкий (-док, -дкá, -о) fast; marketable; popular. ходьбá walking; walk. ходя́чий walking; able to walk; popular; current.

хозрасчёт *abbr* (*of* хозя́йственный расчёт) self-financing system.

хозя́ин (*pl* -я́ева, -я́ев) owner, proprietor; master; boss; landlord; host; хозя́ева пóля home team. хозя́йка owner; mistress; hostess; landlady. хозя́йничать *impf* keep house; be in charge; lord it. хозя́йственник financial manager. хозя́йственный economic; household; economical. хозя́йство economy; housekeeping;

equipment; farm; домашнее ~ housekeeping; сельское ~ agriculture.

хоккеист (ice-)hockey-player. хоккей hockey, ice-hockey.

холера cholera.

холестерин cholesterol.

холл hall, vestibule.

холм (-á) hill. холмистый hilly.

холод (pl -á, -óв) cold; coldness; cold weather. холодильник refrigerator. холодно adv coldly. холодн|ый (холоден, -дна, -o) cold; inadequate, thin; ~oe оружие cold steel.

холоп serf.

холостой (холост, -á) unmarried, single; bachelor; idle; blank. холостяк (-á) bachelor.

холст (-á) canvas; linen.

холуй (-луя) m lackey.

хомут (-á) (horse-)collar; burden.

хомяк (-á) hamster.

хор (pl хóры) choir; chorus.

хорват, ~ка Croat. Хорватия Croatia. хорватский Croatian.

хорёк (-рька) polecat.

хореографический choreographic. хореография choreography.

хорист member of a choir or chorus.

хоронить (-ню, -нишь) impf (pf за~, по~, с~) bury.

хорошенький pretty; nice. хорошенько adv properly, thoroughly. хорошеть (-ею) impf (pf по~) grow prettier. хороший (-óш, -á, -ó) good; nice; pretty, nice-looking; хорошо predic it is good; it is nice. хорошо adv well; nicely; all right! good.

хóры (хор or -ов) pl gallery.

хотеть (хочу, хочешь, хотим) impf (pf за~); +gen, acc want; ~ пить be thirsty; ~ сказать mean; ~ся impers +dat want; мне хотелось бы I should like; мне хóчется I want.

хоть although; even if; partl at least, if only; for example; ~ бы if only. хотя conj although; ~ бы even if; if only.

хóхот loud laugh(ter). хохотать (-очу, -óчешь) impf laugh loudly.

хочу etc.: see хотеть

храбрец (-á) brave man. храбриться make a show of bravery; pluck up courage. храбрость brav-

ery. храбрый brave.

храм temple, church.

хранение keeping; storage; камера хранения cloakroom, left-luggage office. хранилище storehouse, depository. хранитель m keeper, custodian; curator. хранить impf keep; preserve; ~ся be, be kept.

храпеть (-плю) impf snore; snort.

хребет (-бта) spine; (mountain) range; ridge.

хрен horseradish.

хрестоматия reader.

хрип wheeze. хрипеть (-плю) impf wheeze. хриплый (-пл, -á, -o) hoarse. хрипнуть (-ну; хрип) impf (pf o~) become hoarse. хрипота hoarseness.

христианин (pl -áне, -áн), христианка Christian. христианский Christian. христианство Christianity. Христос (-иста) Christ.

хром chromium; chrome.

хроматический chromatic.

хромать impf limp; be poor. хромой (хром, -á, -o) lame; sb lame person.

хромосóма chromosome.

хромота lameness.

хронический chronic. хроника chronicle; news items; newsreel. хронический chronic.

хронологический chronological. хронология chronology.

хрупкий (-пок, -пка, -o) fragile; frail. хрупкость fragility; frailness.

хруст crunch; crackle.

хрусталь (-я) m cut glass; crystal. хрустальный cut-glass; crystal; crystal-clear.

хрустеть (-ущу) impf, хрустнуть (-ну) pf crunch; crackle.

хрюкать impf, хрюкнуть (-ну) pf grunt.

хрящ (-á) cartilage, gristle. хрящевой cartilaginous, gristly.

худеть (-ею) impf (pf по~) grow thin.

хýдо harm; evil. хýдо adv ill, badly.

худоба thinness.

худóжественный art, arts; artistic; ~ фильм feature film. художник artist.

худой[1] (худ, -á, -o) thin, lean.

худой[2] (худ, -á, -o) bad; full of holes; worn; емý хýдо he feels bad.

худощавый thin, lean.

ху́дший *superl of* худо́й, плохо́й (the) worst. ху́же *comp of* худо́й, ху́до, плохо́й, пло́хо worse.

хула́ abuse, criticism.

хулига́н hooligan. хулига́нить *impf* behave like a hooligan. хулига́нство hooliganism.

ху́нта junta.

ху́тор (*pl* -á) farm; small village.

Ц

ца́пля (*gen pl* -пель) heron.

цара́пать *impf*, цара́пнуть (-ну) *pf* (*pf also* на~, о~) scratch; scribble; ~ся scratch; scratch one another. цара́пина scratch.

цари́зм tsarism. цари́ть *impf* reign, prevail. цари́ца tsarina; queen. ца́рский tsar's; royal; tsarist; regal. ца́рство kingdom, realm; reign. ца́рствование reign. ца́рствовать *impf* reign. царь (-я́) *m* tsar; king.

цвести́ (-ету́, -ете́шь; -ёл, -á) *impf* flower, bloom; flourish.

цвет[1] (*pl* -á) colour; ~ лица́ complexion.

цвет[2] (*loc* -ý; *pl* -ы́) flower; prime; в цвету́ in blossom. цветни́к (-á) flower-bed, flower-garden.

цветн|о́й coloured; non-ferrous; ~áя капу́ста cauliflower; ~ое стекло́ stained glass.

цветов|о́й colour; ~áя слепота́ colour-blindness.

цвето́к (-тка́; *pl* цветы́ *or* цветки́, -о́в) flower. цвето́чный flower. цвету́щий flowering; prosperous.

цеди́ть (цежу́, це́дишь) *impf* strain, filter.

целе́бный curative, healing.

целево́й earmarked for a specific purpose. целенапра́вленный purposeful. целесообра́зный expedient. целеустремлённый (-ён, -ённа *or* -ена́) purposeful.

целико́м *adv* whole; entirely.

целина́ virgin lands, virgin soil. цели́нн|ый virgin; ~ые зе́мли virgin lands.

цели́тельный healing, medicinal.

це́лить(ся *impf* (*pf* на~) aim, take aim.

целлофа́н cellophane.

целова́ть *impf* (*pf* по~) kiss; ~ся kiss.

це́лое *sb* whole; integer. целому́дренный chaste. целому́дрие chastity. це́лостность integrity. це́лый (цел, -á, -о) whole; safe, intact.

цель target; aim, object, goal.

це́льн|ый (-лен, -льна́, -о) of one piece, solid; whole; integral; single. це́льность wholeness.

цеме́нт cement. цементи́ровать *impf & pf* cement. цеме́нтный cement.

цена́ (*acc* -у; *pl* -ы) price, cost; worth.

ценз qualification. це́нзор censor. цензу́ра censorship.

цени́тель *m* judge, connoisseur. цени́ть (-ню́, -нишь) *impf* value; appreciate. це́нность value; price; *pl* valuables; values. це́нный valuable.

цент cent. це́нтнер centner (*100kg*).

центр centre. централиза́ция centralization. централизова́ть *impf & pf* centralize. центра́льный central. центробе́жный centrifugal.

цепене́ть (-е́ю) *impf* (*pf* о~) freeze; become rigid. це́пкий tenacious; prehensile; sticky; obstinate. це́пкость tenacity. цепля́ться *impf* за+*acc* clutch at; cling to.

цепно́й chain. цепо́чка chain; file. цепь (*loc* -и́, *gen pl* -е́й) chain; series; circuit.

церемо́ниться *impf* (*pf* по~) stand on ceremony. церемо́ния ceremony. церковнославя́нский Church Slavonic. церко́вный church; ecclesiastical. це́рковь (-кви; *gen pl* -е́й) church.

цех (*loc* -ý; *pl* -и *or* -á) shop; section; guild.

цивилиза́ция civilization. цивилизо́ванный civilized. цивилизова́ть *impf & pf* civilize.

циге́йка beaver lamb.

цикл cycle.

цико́рий chicory; top hat.

цили́ндр cylinder; top hat. цилиндри́ческий cylindrical.

цимба́лы (-ál) *pl* cymbals.

цинга́ scurvy.

цини́зм cynicism. ци́ник cynic. цини́чный cynical.

цинк zinc. ци́нковый zinc.

цино́вка mat.

цирк circus.

циркули́ровать *impf* circulate. ци́ркуль *m* (pair of) compasses; dividers. циркуля́р circular. циркуля́ция circulation.

цисте́рна cistern, tank.

цитаде́ль citadel.

цита́та quotation. цити́ровать *impf* (*pf* про~) quote.

ци́трус citrus. ци́трусовый citrous; ~ые *sb pl* citrus plants.

циферблат dial, face.

ци́фра figure; number, numeral. цифрово́й numerical, digital.

цо́коль *m* socle, plinth.

цыга́н (*pl* -е, -а́н *or* -ы, -ов), цыга́нка gipsy. цыга́нский gipsy.

цыплёнок (-нка *pl* -ля́та, -ля́т) chicken; chick.

цы́почки: на ~, на цы́почках on tip-toe.

Ч

чаба́н (-а́) shepherd.

чад (*loc* -у́) fumes, smoke.

чадра́ yashmak.

чай (*pl* -и́, -ёв) tea. чаевы́е (-ы́х) *sb pl* tip.

ча́йка (*gen pl* ча́ек) (sea-)gull.

ча́йная *sb* tea-shop. ча́йник teapot; kettle. ча́йный tea. чайхана́ tea-house.

чалма́ turban.

чан (*loc* -у́, *pl* -ы́) vat, tub.

чарова́ть *impf* bewitch; charm.

час (*with numerals* -а́, *loc* -у́, *pl* -ы́) hour; *pl* guard-duty; кото́рый час? what's the time?; ~ one o'clock; в два ~а́ at two o'clock; стоя́ть на ~а́х stand guard; ~ы пик rush-hour. часо́вня (*gen pl* -вен) chapel. часово́й *sb* sentry. часово́й clock, watch; of one hour, hour-long. часовщи́к (-а́) watchmaker.

части́ца small part; particle. части́чно *adv* partly, partially. части́чный partial.

ча́стник private trader.

ча́стность detail; в ча́стности in particular. ча́стный private; personal; particular, individual.

ча́сто *adv* often; close, thickly. часто-ко́л paling, palisade. частота́ (*pl* -ы)

frequency. часто́тный frequency. часту́шка ditty. ча́стый (част, -а́, -о) frequent; close (together); dense; close-woven; rapid.

часть (*gen pl* -éй) part; department; field; unit.

часы́ (-о́в) *pl* clock, watch.

ча́хлый stunted; sickly, puny. чахо́т-ка consumption.

ча́ша bowl; chalice; ~ весо́в scale, pan. ча́шка cup; scale, pan.

ча́ща thicket.

ча́ще *comp of* ча́сто, ча́стый; ~ всего́ most often, mostly.

ча́яние expectation; hope. ча́ять (ча́ю) *impf* hope, expect.

чва́нство conceit, arrogance.

чего́ *see* что

чей *m*, чья *f*, чьё *neut*, чьи *pl pron* whose. чей-либо, чей-нибудь any-one's. чей-то someone's.

чек cheque; bill; receipt.

чека́нить *impf* (*pf* вы~, от~) mint, coin; stamp, engrave; enunciate. чека́нка coinage, minting. чека́нный stamping, engraving; stamped, engraved; precise, expressive.

чёлка fringe; forelock.

чёлн (-а́; *pl* чёлны) dug-out (canoe); boat. челно́к (-а́) dug-out (canoe); shuttle.

челове́к (*pl* лю́ди; with numerals, *gen* -ве́к, -а́м) man, person.

челове́ко- *in comb* man-, anthropo-. человеколюби́вый philanthropic. ~лю́бие philanthropy. ~ненави́ст-нический misanthropic. челове́ко-ча́с (*pl* -ы́) man-hour.

челове́чек (-чка) little man. челове́ческий human; humane. челове́чество mankind. челове́чность humaneness. челове́чный humane.

че́люсть jaw(-bone); dentures, false teeth.

чем, чём *see* что. чем *conj* than; ~..., тем...+*comp* the more ..., the more.

чемода́н suitcase.

чемпио́н, ~ка champion, title-holder. чемпиона́т championship.

чему́ *see* что

чепуха́ nonsense; trifle.

че́пчик cap; bonnet.

че́рви (-е́й), че́рвы (черв) *pl* hearts. черво́нный of hearts; ~ое зо́лото pure gold.

червь (-я́; *pl* -и, -е́й) *m* worm; bug.
червя́к (-а́) worm.

черда́к (-а́) attic, loft.

черёд (-а́, *loc* -у́) turn; идти́ свои́м ~о́м take its course. **чередова́ние** alternation. **чередова́ть** *impf* alternate; ~ся alternate, take turns.

че́рез, **чрез** *prep+acc* over; through; via; in; after; every other.

черёмуха bird cherry.

черено́к (-нка́) handle; graft, cutting.

че́реп (*pl* -а́) skull.

черепа́ха tortoise; turtle; tortoiseshell. **черепа́ховый** tortoise; turtle; tortoiseshell. **черепа́ший** tortoise, turtle; very slow.

черепи́ца tile. **черепи́чный** tile; tiled.

черепо́к (-пка́) potsherd, fragment of pottery.

чересчу́р *adv* too; too much.

чере́шневый cherry. **чере́шня** (*gen pl* -шен) cherry(-tree).

черке́с, **черке́шенка** Circassian.

черкну́ть (-ну́, -нёшь) *pf* scrape; leave a mark on; scribble.

черне́ть (-е́ю) *impf* (*pf* по~) turn black; show black. **черни́ка** (*no pl; usu collect*) bilberry; bilberries. **черни́ла** (-и́л) *pl* ink. **черни́льный** ink. **черни́ть** *impf* (*pf* о~) blacken; slander.

черно́- *in comb* black; unskilled; rough. **чёрно-бе́лый** black-and-white. **~бу́рый** dark-brown; **~бу́рая лиса́** silver fox. **~воло́сый** black-haired. **~гла́зый** black-eyed. **~зём** chernozem, black earth. **~ко́жий** black; *sb* black. **~мо́рский** Black-Sea. **~рабо́чий** *sb* unskilled worker, labourer. **~сли́в** prunes. **~сморо́-динный** blackcurrant.

чернови́к (-а́) rough copy, draft. **черново́й** rough; draft. **чернота́** blackness; darkness. **чёрн|ый** (-рен, -рна́) black; back; unskilled; ferrous; gloomy; *sb* (*derog*) black person; **~ая сморо́дина** (*no pl; usu collect*) blackcurrant(s).

черпа́к (-а́) scoop. **че́рпать** *impf*, **черпну́ть** (-ну́, -нёшь) *pf* draw; scoop; extract.

черстве́ть (-е́ю) *impf* (*pf* за~, о~, по~) get stale; become hardened. **чёрствый** (чёрств, -а́, -о) stale; hard.

чёрт (*pl* че́рти, -е́й) devil.

черта́ line; boundary; trait, characteristic. **чертёж** (-а́) drawing; blueprint, plan. **чертёжник** draughtsman. **чертёжный** drawing. **черти́ть** (-рчу́, -ртишь) *impf* (*pf* на~) draw.

чёртов *adj* devil's; devilish. **черто́в-ский** devilish.

чертополо́х thistle.

чёрточка line; hyphen. **черче́ние** drawing. **черчу́** *etc.: see* черти́ть

чеса́ть (чешу́, -шешь) *impf* (*pf* по~) scratch; comb; card; ~ся scratch o.s.; itch; comb one's hair.

чесно́к (-а́) garlic.

че́ствование celebration. **че́ствовать** *impf* celebrate; honour. **че́ст-ность** honesty. **че́стный** (-тен, -тна́, -о) honest. **честолюби́вый** ambitious. **честолю́бие** ambition. **честь** (*loc* -и́) honour; отда́ть ~ +*dat* salute.

чета́ pair, couple.

четве́рг (-а́) Thursday. **четвере́нь-ки**: на ~, на четвере́ньках on hands and knees. **четвёрка** four; figure 4; No. 4. **че́тверо** (-ы́х) four. **чет-вероно́г|ий** four-legged; **~ое** *sb* quadruped. **четверости́шие** quatrain. **четвёртый** fourth. **че́тверть** (*gen pl* -е́й) quarter; quarter of an hour; без че́тверти часа́ a quarter to one. **четверть-фина́л** quarter-final.

чёткий (-ток, -тка́, -о) precise; clear-cut; clear; distinct. **чёткость** precision; clarity; distinctness.

чётный even.

четы́ре (-рёх, -рьмя́, -рёх) four. **четы́-реста** (-рёхсо́т, -ьмяста́ми, -ёхста́х) four hundred.

четырёх- *in comb* four-, tetra-. **четы́-рёхкра́тный** fourfold. **~ме́стный** four-seater. **~со́тый** four-hundredth. **~уго́льник** quadrangle. **~уго́ль-ный** quadrangular.

четы́рнадцатый fourteenth. **четы́р-надцать** fourteen.

чех Czech.

чехо́л (-хла́) cover, case.

чечеви́ца lentil; lens.

че́шка Czech. **че́шский** Czech.

чешу́ *etc.: see* чеса́ть

чешу́йка scale. **чешуя́** scales.

чиж (-а́) siskin.

чин (*pl* -ы́) rank.

чини́ть[1] (-ню́, -нишь) *impf* (*pf* по~) repair, mend.

чини́ть² *impf* (*pf* y~) carry out; cause; ~ препя́тствия +*dat* put obstacles in the way of.

чино́вник civil servant; official.

чип (micro)chip.

чи́псы (-ов) *pl* (potato) crisps.

чири́кать *impf*, чири́кнуть (-ну) *pf* chirp.

чи́ркать *impf*, чи́ркнуть (-ну) *pf* +*instr* strike.

чи́сленность numbers; strength. чи́сленный numerical. числи́тель *m* numerator. числи́тельное *sb* numeral. чи́слить *impf* count, reckon; ~ся be; +*instr* be reckoned. число́ (*pl* -а, -сел) number; date, day; в числе́ +*gen* among; в том числе́ including; еди́нственное ~ singular; мно́жественное ~ plural. числово́й numerical.

чи́стилище purgatory.

чи́стильщик cleaner. чи́стить (чи́щу) *impf* (*pf* вы́~, о~, по~) clean; peel; clear. чи́стка cleaning; purge. чи́сто *adv* cleanly; clean; purely; completely. чистово́й fair, clean. чистокро́вный thoroughbred. чистописа́ние calligraphy. чистопло́тный clean; neat; decent. чистосерде́чный frank, sincere. чистота́ cleanness; neatness; purity. чи́стый clean; neat; pure; complete.

чита́емый widely-read, popular. чита́льный reading. чита́тель *m* reader. чита́ть *impf* (*pf* про~, проче́сть) read; recite; ~ ле́кции lecture; ~ся be legible; be discernible. чи́тка reading.

чиха́ть *impf*, чихну́ть (-ну́, -нёшь) *pf* sneeze.

чи́ще *comp of* чи́сто, чи́стый

чи́щу *etc.: see* чи́стить

член member; limb; term; part; article. члени́ть *impf* (*pf* рас~) divide; articulate. член-корреспонде́нт corresponding member, associate. членоразде́льный articulate. чле́нский membership. чле́нство membership.

чмо́кать *impf*, чмо́кнуть (-ну) *pf* smack; squelch; kiss noisily; ~ губа́ми smack one's lips.

чо́каться *impf*, чо́кнуться (-нусь) *pf* clink glasses.

чо́порный prim; stand-offish.

чрева́тый +*instr* fraught with. чре́во belly, womb. чревовеща́тель *m* ventriloquist. чревоуго́дие gluttony.

чрез *see* че́рез. чрезвыча́йный extraordinary; extreme; ~ое положе́ние state of emergency. чрезме́рный excessive.

чте́ние reading. чтец (-а́) reader; reciter.

чтить (чту) *impf* honour.

что, чего́, чему́, чем, о чём *pron* what?; how?; why?; how much?; which, what, who; anything; в чём де́ло? what is the matter? для чего́? what ... for? why?; ~ ему́ до э́того? what does it matter to him?; ~ тобо́й? what's the matter (with you)?; ~ за what? what sort of?; что (а) ..!; что *conj* that; ~ бы (что) ни *pron* whatever, no matter what.

чтоб, что́бы *conj* in order (to), so as; that; to. что́-либо, что́-нибудь *prons* anything. что́-то¹ *pron* something. что́-то² *adv* somewhat, slightly; somehow, for some reason.

чу́вственность sensuality. чувстви́тельность sensitivity; perceptibility; sentimentality. чувстви́тельный sensitive; perceptible; sentimental. чу́вство feeling; sense; senses; прийти́ в ~ come round. чу́вствовать *impf* (*pf* по~) feel; realize; appreciate; ~ся be perceptible; make itself felt.

чугу́н (-а́) cast iron. чугу́нный cast-iron.

чуда́к (-а́), чуда́чка eccentric, crank. чуда́чество eccentricity.

чудеса́ *etc.: see* чу́до. чуде́сный miraculous; wonderful.

чу́диться (-ишься) *impf* (*pf* по~, при~) seem.

чу́дно *adv* wonderfully; wonderful! чудно́й (-ден, -дна́) odd, strange. чу́дный wonderful; magical. чу́до (*pl* -деса́) miracle; wonder. чудо́вище monster. чудо́вищный monstrous. чудоде́йственный miracle-working; miraculous. чу́дом *adv* miraculously. чудотво́рный miraculous, miracle-working.

чужби́на foreign land. чужда́ться *impf* +*gen* avoid; stand aloof from. чу́ждый (-жд, -а, -о) alien (to); +*gen* free from, devoid of. чужезе́мец (-мца), -зе́мка foreigner. чужезе́мный foreign. чужо́й someone else's, others'; strange, alien; foreign.

чула́н store-room; larder.

чуло́к (-лка́; gen pl -ло́к) stocking.

чума́ plague.

чума́зый dirty.

чурба́н block. чу́рка block, lump.

чу́ткий (-ток, -тка́, -о) keen; sensitive; sympathetic; delicate. чу́ткость keenness; delicacy.

чу́точка: ни чу́точки not in the least; чу́точку a little (bit).

чу́тче comp of чу́ткий

чуть adv hardly; just; very slightly; ~ не almost; ~-чуть a tiny bit.

чутьё scent; flair.

чу́чело stuffed animal, stuffed bird; scarecrow.

чушь nonsense.

чу́ять (чу́ю) impf scent; sense.

чьё etc.: see чей

Ш

ша́баш sabbath.

шабло́н template; mould, stencil; cliché. шабло́нный stencil; trite; stereotyped.

шаг (with numerals -á, loc -у́; pl -и́) step; footstep; pace. шага́ть impf, шагну́ть (-ну́, -нёшь) pf step; stride; pace; make progress. ша́гом adv at walking pace.

ша́йба washer; puck.

ша́йка[1] tub.

ша́йка[2] gang, band.

шака́л jackal.

шала́ш (-á) cabin, hut.

шали́ть impf be naughty; play up. шаловли́вый mischievous, playful. ша́лость prank; pl mischief. шалу́н (-á), шалу́нья (gen pl -ний) naughty child.

шаль shawl.

шально́й mad, crazy.

ша́мкать impf mumble.

шампа́нское sb champagne.

шампиньо́н field mushroom.

шампу́нь m shampoo.

шанс chance.

шанта́ж (-á) blackmail. шантажи́ровать impf blackmail.

ша́пка hat; banner headline. ша́почка hat.

шар (with numerals -á; pl -ы́) sphere; ball; balloon.

шара́хать impf, шара́хнуть (-ну) hit; ~ся dash; shy.

шарж caricature.

ша́рик ball; corpuscle. ша́риков|ый: ~ая (авто)ру́чка ball-point pen; ~ый подши́пник ball-bearing. шарикоподши́пник ball-bearing.

ша́рить impf grope; sweep.

ша́ркать impf, ша́ркнуть (-ну) pf shuffle; scrape.

шарлата́н charlatan.

шарма́нка barrel-organ. шарма́нщик organ-grinder.

шарни́р hinge, joint.

шарова́ры (-áр) pl (wide) trousers.

шарови́дный spherical. шарово́й ball; globular. шарообра́зный spherical.

шарф scarf.

шасси́ neut indecl chassis.

шата́ть impf rock, shake; impers +acc его́ шата́ет he is reeling; ~ся sway; reel, stagger; come loose, be loose; be unsteady; loaf about.

шатёр (-трá) tent; marquee.

ша́ткий unsteady; shaky.

шату́н (-á) connecting-rod.

ша́фер (pl -á) best man.

шах check; ~ и мат checkmate. шахма́тист chess-player. ша́хматы (-ат) pl chess; chessmen.

ша́хта mine, pit; shaft. шахтёр miner. шахтёрский miner's; mining.

ша́шка[1] draught; pl draughts.

ша́шка[2] sabre.

шашлы́к (-á) kebab; barbecue.

шва etc.: see шов

шва́бра mop.

шваль rubbish; riff-raff.

шварто́в mooring-line; pl moorings. швартова́ть impf (pf при~) moor; ~ся moor.

швед, ~ка Swede. шве́дский Swedish.

швейн|ый sewing; ~ая маши́на sewing-machine.

швейца́р porter, doorman.

швейца́рец (-рца), -ца́рка Swiss. Швейца́рия Switzerland. швейца́рский Swiss.

Шве́ция Sweden.

швея́ seamstress.

швырну́ть (-ну́, -нёшь) pf, швыря́ть

impf throw, fling; ~ся +*instr* throw (about); treat carelessly.

шевели́ть (-елю́, -éлишь) *impf*, шевельну́ть (-ну́, -нёшь) *pf* (*pf also* по~) (+*instr*) move, stir; ~ся move, stir.

шеде́вр masterpiece.

ше́йка (*gen pl* шéек) neck.

шёл *see* идти́

ше́лест rustle. шелесте́ть (-сти́шь) *impf* rustle.

шёлк (*loc* -ý, *pl* -á) silk. шелкови́стый silky. шелкови́ца mulberry (-tree). шелкови́чный mulberry; ~ червь silkworm. шёлковый silk.

шелохну́ть (-ну́, -нёшь) *pf* stir, agitate; ~ся stir, move.

шелуха́ skin; peelings; pod. шелуши́ть (-шу́) peel; shell; ~ся peel (off), flake off.

шепеля́вить (-влю) *impf* lisp. шепеля́вый lisping.

шепну́ть (-ну́, -нёшь) *pf*, шепта́ть (-пчу́, -пчешь) *impf* whisper; ~ся whisper (together). шёпот whisper. шёпотом *adv* in a whisper.

шере́нга rank; file.

шерохова́тый rough; uneven.

шерсть wool; hair, coat. шерстяно́й wool(len).

шерша́вый rough.

шест (-á) pole; staff.

ше́ствие procession. ше́ствовать process; march.

шестёрка six; figure 6; No. 6.

шестерня́ (*gen pl* -рён) gear-wheel, cogwheel.

ше́стеро (-ы́х) six.

шести- *in comb* six-, hexa-, sex(i)-. шестигра́нник hexahedron. ~дне́вка six-day (*working*) week. ~деся́тый sixtieth. ~ме́сячный six-month; six-month-old. ~со́тый six-hundredth. ~уго́льник hexagon.

шестнадцатиле́тний sixteen-year; sixteen-year-old. шестна́дцатый sixteenth. шестна́дцать sixteen. шесто́й sixth. шесть (-и́, *instr* -ью́) six. шестьдеся́т (-и́десяти, *instr* -ью́десятью) sixty. шестьсо́т (-исо́т, -иста́м, -ьюста́ми, -иста́х) six hundred. ше́стью *adv* six times.

шеф boss, chief; patron, sponsor. шеф-по́вар chef. ше́фство patronage, adoption. ше́фствовать *impf*

+над+*instr* adopt; sponsor.

ше́я neck.

шиворот collar.

шика́рный chic, smart; splendid.

ши́ло (*pl* -ья, -ьев) awl.

шимпанзе́ *m indecl* chimpanzee.

ши́на tyre; splint.

шине́ль overcoat.

шинкова́ть *impf* shred, chop.

ши́нный tyre.

шип (-á) thorn, spike, crampon; pin; tenon.

шипе́ние hissing; sizzling. шипе́ть (-плю́) *impf* hiss; sizzle; fizz.

шипо́вник dog-rose.

шипу́чий sparkling; fizzy. шипу́чка fizzy drink. шипя́щий sibilant.

ши́ре *comp of* широ́кий, широко́.

ширина́ width; gauge. ши́рить *impf* extend, expand; ~ся spread, extend.

ши́рма screen.

широ́к|ий (-о́к, -á, -о́ко́) wide, broad; това́ры ~ого потребле́ния consumer goods. широко́ *adv* wide, widely, broadly.

широко- *in comb* wide-, broad-. широковеща́ние broadcasting. ~веща́тельный broadcasting. ~экра́нный wide-screen.

широта́ (*pl* -ы) width, breadth; latitude. широ́тный of latitude; latitudinal. широча́йший *superl of* широ́кий. ширпотре́б *abbr* consumption; consumer goods. ширь (wide) expanse.

шить (шью, шьёшь) *impf* (*pf* с~) sew; make; embroider. шитьё sewing; embroidery.

ши́фер slate.

шифр cipher, code; shelf-mark. шифро́ванный in cipher, coded. шифрова́ть *impf* (*pf* за~) encipher. шифро́вка enciphering; coded communication.

ши́шка cone; bump; lump; (*sl*) big shot.

шкала́ (*pl* -ы) scale; dial.

шкату́лка box, casket, case.

шкаф (*loc* -ý; *pl* -ы́) cupboard; wardrobe. шка́фчик cupboard, locker.

шквал squall.

шкив (*pl* -ы́) pulley.

шко́ла school. шко́льник schoolboy. шко́льница schoolgirl. шко́льный school.

шкура skin, hide, pelt. шкурка skin; rind; emery paper, sandpaper.

шла *see* идти

шлагбаум barrier.

шлак slag; dross; clinker. шлакоблок breeze-block.

шланг hose.

шлейф train.

шлем helmet.

шлёпать *impf*, шлёпнуть (-ну) *pf* smack, spank; shuffle; tramp; ~ся fall flat, plop down.

шли *see* идти

шлифовальный polishing; grinding. шлифовать *impf* (*pf* от~) polish; grind. шлифовка polishing.

шло *see* идти. шлю *etc.*: *see* слать

шлюз lock, sluice.

шлюпка boat.

шляпа hat. шляпка hat; head.

шмель *m* bumble-bee.

шмон *sl* search, frisking.

шмыгать *impf*, шмыгнуть (-ыгну, -ыгнёшь) *pf* dart, rush; +*instr* rub, brush; ~ носом sniff.

шницель *m* schnitzel.

шнур (-а) cord; lace; flex, cable. шнуровать *impf* (*pf* за~, про~) lace up; tie. шнурок (-рка) lace.

шов (шва) seam; stitch; joint.

шовинизм chauvinism. шовинист chauvinist. шовинистический chauvinistic.

шок shock. шокировать *impf* shock.

шоколад chocolate. шоколадка chocolate, bar of chocolate. шоколадный chocolate.

шорох rustle.

шорты (шорт) *pl* shorts.

шоры (шор) *pl* blinkers.

шоссе *neut indecl* highway.

шотландец (-дца) Scotsman, Scot. Шотландия Scotland. шотландка[1] Scotswoman. шотландка[2] tartan. шотландский Scottish, Scots.

шофёр driver; chauffeur. шофёрский driver's; driving.

шпага sword.

шпагат cord; twine; string; splits.

шпаклевать (-люю) *impf* (*pf* за~) caulk; fill, putty. шпаклёвка filling, puttying; putty.

шпала sleeper.

шпана (*sl*) hooligan(s); riff-raff.

шпаргалка crib.

шпарить *impf* (*pf* о~) scald.

шпат spar.

шпиль *m* spire; capstan. шпилька hairpin; hat-pin; tack; stiletto heel.

шпинат spinach.

шпингалет (vertical) bolt; catch, latch.

шпион spy. шпионаж espionage. шпионить *impf* spy (за+*instr* on). шпионский spy's; espionage.

шпора spur.

шприц syringe.

шпрота sprat.

шпулька spool, bobbin.

шрам scar.

шрапнель shrapnel.

шрифт (*pl* -ы) type, print.

шт. *abbr* (*of* штука) item, piece.

штаб (*pl* -ы) staff; headquarters.

штабель (*pl* -я) *m* stack.

штабной staff; headquarters.

штамп die, punch; stamp; cliché. штампованный punched, stamped, pressed; trite; stock.

штанга bar, rod, beam; weight. штангист weight-lifter.

штанишки (-шек) *pl* (*child's*) shorts.

штаны (-ов) trousers.

штат[1] State.

штат[2], штаты (-ов) *pl* staff, establishment.

штатив tripod, base, stand.

штатный staff; established.

штатск|ий civilian; ~ое (платье) civilian clothes; ~ий *sb* civilian.

штемпель (*pl* -я) *m* stamp; почтовый ~ postmark.

штепсель (*pl* -я) *m* plug, socket.

штиль *m* calm.

штифт (-а) pin, dowel.

штольня (*gen pl* -лен) gallery.

штопать *impf* (*pf* за~) darn. штопка darning; darning wool.

штопор corkscrew; spin.

штора blind.

шторм gale.

штраф fine. штрафной penal; penalty. штрафовать *impf* (*pf* о~) fine.

штрих (-а) stroke; feature. штриховать *impf* (*pf* за~) shade, hatch.

штудировать *impf* (*pf* про~) study.

штука item, one; piece; trick.

штукатур plasterer. штукатурить *impf* (*pf* от~, о~) plaster. штукатурка plastering; plaster.

штурвал (steering-)wheel, helm.

штурм storm, assault.

штурма́н (pl -ы or -á) navigator.

штурмова́ть impf storm, assault.

штурмов|о́й assault; storming; ~áя авиа́ция ground-attack aircraft. штурмовщи́на rushed work.

шту́чный piece, by the piece.

штык (-á) bayonet.

штырь (-я́) m pintle, pin.

шу́ба fur coat.

шу́лер (pl -á) card-sharper.

шум noise; uproar, racket; stir. шуме́ть (-млю) impf make a noise; row; make a fuss. шу́мный (-мен, -мна́, -о) noisy; loud; sensational. шумов|о́й sound; ~ые эффе́кты sound effects. шумо́к (-мка́) noise; под ~ on the quiet.

шу́рин brother-in-law (wife's brother).

шурф prospecting shaft.

шурша́ть (-шу́) impf rustle.

шу́стрый (-тёр, -трá, -о) smart, bright, sharp.

шут (-á) fool; jester. шути́ть (-чу́, -тишь) impf (pf по~) joke; play, trifle; +над+instr make fun of. шу́тка joke, jest. шутли́вый humorous; joking, light-hearted. шу́точный comic; joking. шутя́ adv for fun, in jest; easily.

шушу́каться impf whisper together.

шху́на schooner.

шью etc.: see шить

Щ

щаве́ль (-я́) m sorrel.

щади́ть (щажу́) impf (pf по~) spare.

щебёнка, ще́бень (-бня) m crushed stone, ballast; road-metal.

ще́бет twitter, chirp. щебета́ть (-ечу́, -е́чешь) impf twitter, chirp.

щего́л (-гла́) goldfinch.

щёголь m dandy, fop. щегольну́ть (-ну́, -нёшь) pf, щеголя́ть impf dress fashionably; strut about; +instr show off, flaunt. щегольско́й foppish.

ще́дрость generosity. ще́дрый (-др, -á, -о) generous; liberal.

щека́ (acc щёку; pl щёки, -áм) cheek.

щеко́лда latch, catch.

щекота́ть (-очу́, -о́чешь) impf (pf по~) tickle. щеко́тка tickling, tickle. щекотли́вый ticklish, delicate.

щёлкать impf, щёлкнуть (-ну) pf crack; flick; trill; +instr click, snap, pop.

щёлок bleach. щелочно́й alkaline. щёлочь (gen pl -ей) alkali.

щелчо́к (-чка́) flick; slight; blow.

щель (gen pl -ей) crack; chink; slit; crevice; slit trench.

щеми́ть (-млю) impf constrict; ache; oppress.

щено́к (-нка́; pl -нки́, -óв or -ня́та, -я́т) pup; cub.

щепа́ (pl -ы, -áм), ще́пка splinter, chip; kindling.

щепети́льный punctilious.

ще́пка see щепа́

щепо́тка, ще́поть (gen pl -ей) pinch.

щети́на bristle; stubble. щети́нистый bristly. щети́ниться impf (pf o~) bristle. щётка brush; fetlock.

щи (щей or щец, щам, щáми) pl shchi, cabbage soup.

щи́колотка ankle.

щипа́ть (-плю́, -плешь) impf, щипну́ть (-ну́, -нёшь) pf (pf also об~, о~, ущипну́ть) pinch, nip; sting; burn; pluck; nibble; ~ся pinch. щипко́м adv pizzicato. щипо́к (-пка́) pinch, nip. щипцы́ (-óв) pl tongs, pincers, pliers; forceps.

щит (-á) shield; screen; sluice-gate; (tortoise-)shell; board; panel. щитови́дный thyroid. щито́к (-тка́) dashboard.

щу́ка pike.

щуп probe. щу́пальце (gen pl -лец) tentacle; antenna. щу́пать impf (pf по~) feel, touch.

щу́плый (-пл, -á, -о) weak, puny.

щу́рить impf (pf co~) screw up, narrow; ~ся screw up one's eyes; narrow.

Э

эбе́новый ebony.

эвакуа́ция evacuation. эвакуи́рованный sb evacuee. эвакуи́ровать impf & pf evacuate.

эвкали́пт eucalyptus.

эволюциони́ровать impf & pf evolve. эволюцио́нный evolutionary. эволю́ция evolution.

эги́да aegis.

эгои́зм egoism, selfishness. эгои́ст, ~ка egoist. эгоисти́ческий, эгоисти́чный egoistic, selfish.

эй *int* hi! hey!

эйфори́я euphoria.

эква́тор equator.

эквивале́нт equivalent.

экзальта́ция exaltation.

экза́мен examination; вы́держать, сдать ~ pass an examination. экзамена́тор examiner. экзаменова́ть *impf* (*pf* про~) examine; ~ся take an examination.

экзеку́ция (corporal) punishment.

экзе́ма eczema.

экземпля́р specimen; copy.

экзистенциали́зм existentialism.

экзоти́ческий exotic.

э́кий what (a).

экипа́ж¹ carriage.

экипа́ж² crew. экипирова́ть *impf & pf* equip. экипиро́вка equipping; equipment.

эклекти́зм eclecticism.

экле́р éclair.

экологи́ческий ecological. эколо́гия ecology.

эконо́мика economics; economy. эконо́мист economist. эконо́мить (-млю) *impf* (*pf* с~) use sparingly; save; economize. эконо́мический economic; economical. эконо́мичный economical. эконо́мия economy; saving. эконо́мка housekeeper. эконо́мный economical; thrifty.

экра́н screen. экраниза́ция filming; film version.

экскава́тор excavator.

экскурса́нт tourist. экскурсио́нный excursion. экску́рсия (conducted) tour; excursion. экскурсово́д guide.

экспанси́вный effusive.

экспатриа́нт expatriate. экспатрии́ровать *impf & pf* expatriate.

экспеди́ция expedition; dispatch; forwarding office.

экспериме́нт experiment. эксперимента́льный experimental. эксперименти́ровать *impf* experiment.

экспе́рт expert. экспорти́за (expert) examination; commission of experts.

эксплуата́тор exploiter. эксплуатацио́нный operating. эксплуата́ция exploitation; operation. эксплуати́ровать *impf* exploit; operate, run.

экспози́ция lay-out; exposition; ex-

posure. экспона́т exhibit. экспоно́метр exposure meter.

э́кспорт export. экспорти́ровать *impf & pf* export. э́кспортный export.

экспре́сс express (*train etc.*).

экспро́мт impromptu. экспро́мтом *adv* impromptu.

экспроприа́ция expropriation. экспроприи́ровать *impf & pf* expropriate.

экста́з ecstasy.

экстравага́нтный eccentric, bizarre.

экстра́кт extract.

экстреми́ст extremist. экстреми́стский extremist.

э́кстренный urgent; emergency; special.

эксцентри́чный eccentric.

эксце́сс excess.

эласти́чный elastic; supple.

элева́тор grain elevator; hoist.

элега́нтный elegant, smart.

эле́гия elegy.

электризова́ть *impf* (*pf* на~) electrify. эле́ктрик electrician. электрифика́ция electrification. электрифици́ровать *impf & pf* electrify. электри́ческий electric(al). электри́чество electricity. электри́чка electric train.

электро- *in comb* electric-, electrical. электробытово́й electrical. ~во́з electric locomotive. ~дви́гатель *m* electric motor. электро́лиз electrolysis. ~магни́тный electromagnetic. ~монтёр electrician. ~одея́ло electric blanket. ~по́езд electric train. ~прибо́р electrical appliance. ~про́вод (*pl* -а́) electric cable. ~прово́дка electric wiring. ~ста́нция power-station. ~те́хник electrical engineer. ~те́хника electrical engineering. ~шо́к electric-shock treatment. ~эне́ргия electrical energy.

электро́д electrode.

электро́н electron. электро́ника electronics.

электро́нный electron; electronic.

элеме́нт element; cell; character. элемента́рный elementary.

эли́та élite.

э́ллипс ellipse.

эма́левый enamel. эмалирова́ть

impf enamel. **эма́ль** enamel.

эмансипа́ция emancipation.

эмба́рго *neut indecl* embargo.

эбле́ма emblem.

эмбрио́н embryo.

эмигра́нт emigrant, émigré. **эмигра́ция** emigration. **эмигри́ровать** *impf* & *pf* emigrate.

эмоциона́льный emotional. **эмо́ция** emotion.

эмпири́ческий empirical.

эму́льсия emulsion.

э́ндшпиль *m* end-game.

энерге́тика power engineering. **энергети́ческий** energy. **энерги́чный** energetic. **эне́ргия** energy.

энтомоло́гия entomology.

энтузиа́зм enthusiasm. **энтузиа́ст** enthusiast.

энциклопеди́ческий encyclopaedic. **энциклопе́дия** encyclopaedia.

эпигра́мма epigram. **эпи́граф** epigraph.

эпиде́мия epidemic.

эпизо́д episode. **эпизоди́ческий** episodic; sporadic.

эпиле́псия epilepsy. **эпиле́птик** epileptic.

эпило́г epilogue. **эпита́фия** epitaph. **эпи́тет** epithet. **эпице́нтр** epicentre. **эпопе́я** epic.

эпо́ха epoch, era.

э́ра era; **до на́шей э́ры** BC; **на́шей э́ры** AD.

эре́кция erection.

эро́зия erosion.

эроти́зм eroticism. **эро́тика** sensuality. **эроти́ческий, эроти́чный** erotic, sensual.

эруди́ция erudition.

эска́дра (*naut*) squadron. **эскадри́лья** (*gen pl* -лий) (*aeron*) squadron. **эскадро́н** (*mil*) squadron. **эскадро́нный** squadron.

эскала́тор escalator. **эскала́ция** escalation.

эски́з sketch; draft. **эски́зный** sketch; draft.

эскимо́с, эскимо́ска Eskimo.

эско́рт escort.

эсми́нец (-нца) *abbr* (*of* эска́дренный миноно́сец) destroyer.

эссе́нция essence.

эстака́да trestle bridge; overpass; pier, boom.

эста́мп print, engraving, plate.

эстафе́та relay race; baton.

эсте́тика aesthetics. **эстети́ческий** aesthetic.

эсто́нец (-нца), **эсто́нка** Estonian. **Эсто́ния** Estonia. **эсто́нский** Estonian.

эстра́да stage, platform; variety. **эстра́дный** stage; variety; **~ конце́рт** variety show.

эта́ж (-а́) storey, floor. **этаже́рка** shelves.

э́так *adv* so, thus; about. **э́такий** such (a), what (a).

этало́н standard.

эта́п stage; halting-place.

э́тика ethics.

этике́т etiquette.

этике́тка label.

эти́л ethyl.

этимоло́гия etymology.

эти́ческий, эти́чный ethical.

этни́ческий ethnic. **этногра́фия** ethnography.

э́то *partl* this (is), that (is), it (is). **э́тот** *m*, **э́та** *f*, **э́то** *neut*, **э́ти** *pl pron* this, these.

этю́д study, sketch; étude.

эфеме́рный ephemeral.

эфио́п, ~ка Ethiopian. **эфио́пский** Ethiopian.

эфи́р ether; air. **эфи́рный** ethereal; ether, ester.

эффе́кт effect. **эффекти́вность** effectiveness. **эффекти́вный** effective. **эффе́ктный** effective; striking.

эх *int* eh! oh!

э́хо echo.

эшафо́т scaffold.

эшело́н echelon; special train.

Ю

юбиле́й anniversary; jubilee. **юбиле́йный** jubilee.

ю́бка skirt. **ю́бочка** short skirt.

ювели́р jeweller. **ювели́рный** jeweller's, jewellery; fine, intricate.

юг south; **на ~e** in the south. **ю́го-восто́к** south-east. **ю́го-за́пад** south-west. **югосла́в, ~ка** Yugoslav. **Югосла́вия** Yugoslavia. **югосла́вский** Yugoslav.

юдофо́б anti-Semite. **юдофо́бство**

anti-Semitism.

южа́нин (*pl* -а́не, -а́н), южа́нка southerner. ю́жный south, southern; southerly.

юла́ top; fidget. юли́ть *impf* fidget.

ю́мор humour. юмори́ст humourist. юмористи́ческий humorous.

ю́ность youth. ю́ноша (*gen pl* -шей) *m* youth. ю́ношеский youthful. ю́ношество youth; young people. ю́ный (юн, -á, -о) young; youthful.

юпи́тер floodlight.

юриди́ческий legal, juridical. юрисконсу́льт legal adviser. юри́ст lawyer.

ю́ркий (-рок, -рка́, -рко) quick-moving, brisk; smart.

юро́дивый crazy.

ю́рта yurt, nomad's tent.

юсти́ция justice.

юти́ться (ючу́сь) *impf* huddle (together).

Я

я (меня́, мне, мной (-о́ю), (обо) мне) *pron* I.

я́беда *m & f*, tell-tale; informer.

я́блоко (*pl* -и, -ок) apple; глазно́е ~ eyeball. я́блоневый, я́блочный apple. я́блоня apple-tree.

яви́ться (явлю́сь, я́вишься) *pf*, явля́ться *impf* appear; arise; +*instr* be, serve as. я́вка appearance, attendance; secret rendez-vous. явле́ние phenomenon; appearance; occurrence; scene. я́вный obvious; overt. я́вственный clear. я́вствовать be clear, be obvious.

ягнёнок (-нка; *pl* -ня́та, -я́т) lamb.

я́года berry; berries.

я́годица buttock(s).

ягуа́р jaguar.

яд poison; venom.

я́дерный nuclear.

ядови́тый poisonous; venomous.

ядрёный healthy; bracing; juicy.

ядро́ (*pl* -а, я́дер) kernel, core; nucleus; (cannon-)ball; shot.

я́зва ulcer, sore. я́звенн|ый ulcerous; ~ая боле́знь ulcers. язви́тельный

caustic, sarcastic. язви́ть (-влю́) *impf* (*pf* съ~) be sarcastic.

язы́к (-á) tongue; clapper; language. языкове́д linguist. языкове́дение, языкозна́ние linguistics. языково́й linguistic. языко́вый tongue; lingual. язычко́вый reed. язы́чник heathen, pagan. язычо́к (-чка́) tongue; reed; catch.

яи́чко (*pl* -и, -чек) egg; testicle. яи́чник ovary. яи́чница fried eggs. яйцо́ (*pl* я́йца, яи́ц) egg; ovum.

я́кобы *conj* as if; *partl* supposedly.

я́корн|ый anchor; ~ая стоя́нка anchorage. я́корь (*pl* -я́) *m* anchor.

я́лик skiff.

я́ма pit, hole.

ямщи́к (-á) coachman.

янва́рский January. янва́рь (-я́) *m* January.

янта́рный amber. янта́рь (-я́) *m* amber.

япо́нец (-нца), япо́нка Japanese. Япо́ния Japan. япо́нский Japanese.

ярд yard.

я́ркий (я́рок, ярка́, -о) bright; colourful, striking.

ярлы́к (-á) label; tag.

я́рмарка fair.

ярмо́ (*pl* -а) yoke.

ярово́й spring.

я́ростный furious, fierce. я́рость fury.

я́рус circle; tier; layer.

я́рче *comp of* я́ркий

я́рый fervent; furious; violent.

я́сень *m* ash(-tree).

я́сли (-ей) *pl* manger; crèche, day nursery.

ясне́ть (-е́ет) *impf* become clear, clear. я́сно *adv* clearly. яснови́дение clairvoyance. яснови́дец (-дца), яснови́дица clairvoyant. я́сность clarity; clearness; clear. я́сный (я́сен, ясна́, -о) clear; bright; fine.

я́ства (яств) *pl* victuals.

я́стреб (*pl* -á) hawk.

я́хта yacht.

яче́йка cell.

ячме́нь[1] (-я́) *m* barley.

ячме́нь[2] (-я́) *m* stye.

я́щерица lizard.

я́щик box; drawer.

Test yourself with word games

This section contains a number of short exercises that will help you to use the dictionary more effectively. The answers to all the exercises are given at the end of the section.

1 Identifying Russian nouns and adjectives

Here is an extract from a Russian advertisement for a restaurant. See if you can find ten different nouns and eight different adjectives and make two lists. In each case, give the form of the word as it is found in the dictionary, i.e. the nominative singular of nouns and the nominative masculine singular of adjectives.

РУ́ССКИЙ РЕСТОРА́Н

Большо́й вы́бор ру́сских, англи́йских и интернациона́льных блюд

Прия́тная и дру́жеская атмосфе́ра

Высо́кий у́ровень обслу́живания

Конце́рт популя́рной му́зыки в пя́тницу и суббо́ту

2 Checking the gender of Russian nouns

Here are some English nouns that appear in the English–Russian half of the dictionary. Find out what their Russian equivalents are and make three separate lists, masculine nouns, feminine nouns, and neuter nouns.

book	club	door	England
February	grandfather	hobby	ice
journey	kitchen	life	meat
newspaper	opinion	passport	raincoat
square	tree	wine	word

3 Pronouns

What are the English equivalents of these Russian pronouns?

personal pronouns	interrogative pronouns	demonstrative pronouns	possessive pronouns
я	кто	э́тот	мой
он	что	тот	твой
мы	како́й	э́ти	ваш

4 Recognizing Russian verbs

Underline the verb in each of the following sentences

Он рабо́тает на фа́брике.

В про́шлом году́ мы е́здили во Фра́нцию.

Она́ ду́мала об о́тпуске.

Они́ оста́вили свои́ ве́щи у меня́.

Не беспоко́йтесь!

Ско́лько сто́ит биле́т?

Она́ ничего́ не бои́тся.

5 Find the verb

Some words in English can be both nouns and verbs, e.g. race. Find the following words in the English–Russian half of the dictionary and then give the Russian for the verb only; give both the imperfective and perfective infinitives where both exist:

dance	demand	fly	force
hand	hold	hope	interest
jump	love	name	phone
plan	reply	request	respect
shout	smile	trade	wave

6 Which part of speech?

Use your dictionary to help you to arrange these words in separate lists according to their part of speech (noun, adjective, adverb, etc.):

автобус	быстрый	вы	где
да	éсли	ждать	здрáвствуй
из	кáк-нибудь	лéтом	мéжду
но	онá	принимáть	роя́ль
срáзу	Тýрция	у	францýзский
хотя́	целовáть	четы́ре	шутúть
щётка	электрúческий	ю́бка	я

7 Plural of nouns

Use the tables at the back of the dictionary to help you find the nominative plural of the following nouns:

автóбус	англичáнин	бáбушка	ботúнок
враг	гóлос	гость	день
дéрево	женá	живóтное	здáние
идéя	úмя	кафé	кнúжный магазúн
лицó	мужчúна	недéля	одея́ло
платóк	прáздник	разговóр	сестрá
столéтие	толпá	трамвáй	ýлица
учёный	фамúлия	цветóк	я́блоко

8 Translating phrasal verbs

Use the dictionary to find the correct translation for the following English sentences:

She's given up smoking.

We went back home.

He hung the picture up.

They let him in.

He's moved away.

He put a sweater on.

She ran out of money.

We sat down.

They all stood up.

He took off his coat.

She woke up late.

9 Male or female?

Some nouns have both male and female forms in Russian. This is particularly true of words that denote a person's occupation or nationality, e.g.:

учи́тель/учи́тельница = a teacher

Find out the meaning of the following Russian words by looking them up in the Russian–English half of the dictionary. Then look up the English words in the English–Russian half in order to find out the feminine equivalent:

америка́нец	вегетариа́нец	иностра́нец
не́мец	преподава́тель	продаве́ц
перево́дчик	секрета́рь	сосе́д
студе́нт	учени́к	япо́нец

10 Which meaning?

Some words have more than one meaning and it is important to check that you have chosen the right one. We have given you one meaning of the Russian words listed below. Use your dictionary to find another one.

блю́до	• = dish	• =
ви́лка	• = fork	• =
води́ть	• = to take	• =
дере́вня	• = village	• =
заходи́ть	• = to call in	• =
ка́рта	• = map	• =
купа́ться	• = to bathe	• =
ла́мпочка	• = lamp	• =
ме́рить	• = to measure	• =
мо́лния	• = lightning	• =

ничего́	• = it doesn't matter	• =
носи́ть	• = to carry	• =
опа́здывать	• = to be late	• =
пе́ред	• = in front of	• =
ра́ковина	• = sink	• =
слеза́ть	• = to climb down	• =
сто́ить	• = to cost	• =
сыро́й	• = damp	• =
тень	• = shade	• =
я́щик	• = box	• =

11 Russian reflexive verbs

Use your dictionary to find the Russian equivalents of the following English sentences:

The concert begins at seven o'clock.

He quickly got changed.

She returned late.

It's getting colder.

We quarrel a lot.

What happened to him?

We washed and dressed.

The war's coming to an end.

12 Imperfective/perfective

Most Russian verbs have an imperfective and a perfective form. Use the dictionary to find the perfective infinitives of the following verbs:

выбира́ть	выходи́ть	гляде́ть	гото́вить
объясня́ть	писа́ть	плати́ть	покупа́ть
помога́ть	хоте́ть		

13 Indeterminate/determinate

Some Russian verbs have two imperfective forms, indeterminate and determinate. Use the English–Russian half of the dictionary to find out the two imperfective forms of the Russian equivalents of the following verbs:

to carry (*by hand*)

to carry (*by transport*)

to chase

to fly

to go (*on foot*)

to go (*by transport*)

to run

to swim

Answers

1 Nouns:
рестора́н, вы́бор, блю́до, атмосфе́ра, у́ровень, обслу́живание, конце́рт, му́зыка, пя́тница, суббо́та

Adjectives:
ру́сский, большо́й, англи́йский, интернациона́льный, прия́тный, дру́жеский, высо́кий, популя́рный

2 Masculine nouns:
клуб, февра́ль, де́душка, лёд, па́спорт, плащ

Feminine nouns:
кни́га, дверь, А́нглия, ку́хня, жизнь, газе́та, пло́щадь

Neuter nouns:
хо́бби, путеше́ствие, мя́со, мне́ние, де́рево, вино́, сло́во

3	personal pronouns	interrogative pronouns	demonstrative pronouns	possessive pronouns
	I	who	this	mine
	he	what	that	yours
	we	which	these	yours

4 Verbs:
   рабо́тает, е́здили, ду́мала, оста́вили, беспоко́йтесь, сто́ит, бои́тся

5 Russian verbs:
   танцева́ть, тре́бовать/потре́бовать, лета́ть/лете́ть/полете́ть,
   заставля́ть/заста́вить, передава́ть/переда́ть, держа́ть, наде́яться/
   понаде́яться, интересова́ть, пры́гать/пры́гнуть, люби́ть, называ́ть/
   назва́ть, звони́ть/позвони́ть, плани́ровать/заплани́ровать,
   отвеча́ть/отве́тить, проси́ть/попроси́ть, уважа́ть, крича́ть/
   кри́кнуть, улыба́ться/улыбну́ться, торгова́ть, маха́ть/махну́ть

6 Nouns: авто́бус, роя́ль, Ту́рция, щётка, ю́бка
   Adjectives: бы́стрый, францу́зский, электри́ческий
   Verbs: ждать, принима́ть, целова́ть, шути́ть
   Adverbs: где, ка́к-нибудь, ле́том, сра́зу
   Pronouns: вы, она́, я
   Prepositions: из, ме́жду, у
   Conjunctions: е́сли, но, хотя́
   Exclamation: здра́вствуй
   Number: четы́ре
   Particle: да

7 Nominative plural of nouns:
   авто́бусы, англича́не, ба́бушки, боти́нки, враги́, голоса́, го́сти,
   дни, дере́вья, жёны, живо́тные, зда́ния, иде́и, имена́, кафе́,
   кни́жные магази́ны, ли́ца, мужчи́ны, неде́ли, одея́ла, платки́,
   пра́здники, разгово́ры, сёстры, столе́тия, то́лпы, трамва́и, у́лицы,
   учёные, фами́лии, цветы́, я́блоки

8 Она́ бро́сила кури́ть.
   Мы верну́лись домо́й.
   Он пове́сил карти́ну.
   Они́ впусти́ли его́.
   Он уе́хал.
   Он наде́л сви́тер.
   У неё ко́нчились де́ньги.
   Мы се́ли.
   Они́ все вста́ли.
   Он снял пальто́.
   Она́ просну́лась по́здно.

9 Feminine equivalents:
   америка́нка, вегетариа́нка, иностра́нка, не́мка,
   перево́дчица, преподава́тельница, продавщи́ца,
   секрета́рша, сосе́дка, студе́нтка, учени́ца, япо́нка.

10

блюдо	• = dish	• = course
ви́лка	• = fork	• = plug
води́ть	• = to take	• = to drive
дере́вня	• = village	• = the country(side)
заходи́ть	• = to call in	• = to set
ка́рта	• = map	• = (playing) card
купа́ться	• = to bathe	• = to have a bath
ла́мпочка	• = lamp	• = bulb
ме́рить	• = to measure	• = to try on
мо́лния	• = lightning	• = zip(per)
ничего́	• = it doesn't matter	• = all right
носи́ть	• = to carry	• = to wear
опа́здывать	• = to be late	• = to miss
пе́ред	• = in front of	• = before
ра́ковина	• = sink	• = shell
слеза́ть	• = to climb down	• = to climb off
сто́ить	• = to cost	• = to be worth
сыро́й	• = damp	• = raw
тень	• = shade	• = shadow
я́щик	• = box	• = drawer

11 Конце́рт начина́ется в семь часо́в.

Он бы́стро переоде́лся.

Она́ верну́лась по́здно.

Стано́вится холодне́е.

Мы мно́го ссо́римся

Что с ним случи́лось?

Мы умы́лись и оде́лись.

Война́ конча́ется.

12 Perfective infinitives:

вы́брать, вы́йти, погляде́ть, пригото́вить, объясни́ть, написа́ть, заплати́ть, купи́ть, помо́чь, захоте́ть.

13 носи́ть/нести́

вози́ть/везти́

гоня́ться/гна́ться

лета́ть/лете́ть

ходи́ть/идти́

е́здить/е́хать

бе́гать/бежа́ть

пла́вать/плыть

A

a, an *indef article, not usu translated*; twice a week два ра́за в неде́лю.

aback *adv*: take ~ озада́чивать *impf*, озада́чить *pf*.

abacus *n* счёты *m pl*.

abandon *vt* покида́ть *impf*, поки́нуть *pf*; (*give up*) отка́зываться *impf*, отказа́ться *pf* от+*gen*; ~ o.s. to предава́ться *impf*, преда́ться *pf* +*dat*. **abandoned** *adj* поки́нутый; (*profligate*) распу́тный.

abase *vt* унижа́ть *impf*, уни́зить *pf*. **abasement** *n* униже́ние.

abate *vi* затиха́ть *impf*, зати́хнуть *pf*.

abattoir *n* скотобо́йня.

abbey *n* абба́тство.

abbreviate *vt* сокраща́ть *impf*, сократи́ть *pf*. **abbreviation** *n* сокраще́ние.

abdicate *vi* отрека́ться *impf*, отре́чься *pf* от престо́ла. **abdication** *n* отрече́ние (от престо́ла).

abdomen *n* брюшна́я по́лость. **abdominal** *adj* брюшно́й.

abduct *vt* похища́ть *impf*, похи́тить *pf*. **abduction** *n* похище́ние.

aberration *n* (*mental*) помутне́ние рассу́дка.

abet *vt* подстрека́ть *impf*, подстрекну́ть *pf* (к соверше́нию преступле́ния с.

abhor *vt* ненави́деть *impf*. **abhorrence** *n* отвраще́ние. **abhorrent** *adj* отврати́тельный.

abide *vt* (*tolerate*) выноси́ть *impf*, вы́нести *pf*; ~ by (*rules etc.*) сле́довать *impf*, по~ *pf*.

ability *n* спосо́бность.

abject *adj* (*wretched*) жа́лкий; (*humble*) уни́женный; ~ poverty кра́йняя нищета́.

ablaze *predic* охва́ченный огнём.

able *adj* спосо́бный, уме́лый; be ~ to мочь *impf*, с~ *pf*; (*know how to*) уме́ть *impf*, с~ *pf*.

abnormal *adj* ненорма́льный. **abnormality** *n* ненорма́льность.

aboard *adv* на борт(у́); (*train*) в по́езд(е).

abode *n* жили́ще; of no fixed ~ без постоя́нного местожи́тельства.

abolish *vt* отменя́ть *impf*, отмени́ть *pf*. **abolition** *n* отме́на.

abominable *adj* отврати́тельный. **abomination** *n* ме́рзость.

aboriginal *adj* коренно́й; *n* абориге́н, коренно́й жи́тель *m*. **aborigine** *n* абориге́н, коренно́й жи́тель *m*.

abort *vi* (*med*) выки́дывать *impf*, вы́кинуть *pf*; *vt* (*terminate*) прекраща́ть *impf*, прекрати́ть *pf*. **abortion** *n* або́рт; have an ~ де́лать *impf*, с~ *pf* або́рт. **abortive** *adj* безуспе́шный.

abound *vi* быть в изоби́лии; ~ in изоби́ловать *impf* +*instr*.

about *adv & prep* (*approximately*) о́коло+*gen*; (*concerning*) о+*prep*, насчёт+*gen*; (*up and down*) по+*dat*; (*in the vicinity*) круго́м; be ~ to собира́ться *impf*, собра́ться *pf* +*inf*.

above *adv* наверху́; (*higher up*) вы́ше; from ~ све́рху; свы́ше; *prep* над+*instr*; (*more than*) свы́ше+*gen*. **above-board** *adj* че́стный. **abovementioned** *adj* вышеупомя́нутый.

abrasion *n* истира́ние; (*wound*) сса́дина. **abrasive** *adj* абрази́вный; (*manner*) колю́чий; *n* абрази́вный материа́л.

abreast *adv* в ряд; keep ~ of идти́ в но́гу с+*instr*.

abridge *vt* сокраща́ть *impf*, сократи́ть *pf*. **abridgement** *n* сокраще́ние.

abroad *adv* за грани́цей, за грани́цу; from ~ из-за грани́цы.

abrupt *adj* (*steep*) круто́й; (*sudden*) внеза́пный; (*curt*) ре́зкий.

abscess *n* абсце́сс.

abscond *vi* скрыва́ться *impf*, скры́ться *pf*.

absence *n* отсу́тствие. **absent** *adj* отсу́тствующий; be ~ отсу́тствовать *impf*; *vt*: ~ o.s. отлуча́ться *impf*, отлучи́ться *pf*. **absentee** *n* отсу́тствующий *sb*. **absenteeism** *n* прогу́л. **absent-minded** *adj* рассе́янный.

absolute *adj* абсолю́тный; (*complete*) по́лный, соверше́нный.

absolution *n* отпуще́ние грехо́в. **absolve** *vt* проща́ть *impf*, прости́ть *pf*.

absorb *vt* впи́тывать *impf*, впита́ть *pf*. **absorbed** *adj* поглощённый. **absorbent** *adj* вса́сывающий. **absorption** *n* впи́тывание; (*mental*) погружённость.

abstain *vi* возде́рживаться *impf*, воздержа́ться *pf* (from от+*gen*). **abstemious** *adj* возде́ржанный. **abstention** *n* воздержа́ние; (*person*) воздержа́вшийся *sb*. **abstinence** *n* воздержа́ние.

abstract *adj* абстра́ктный, отвлечённый; *n* рефера́т.

absurd *adj* абсу́рдный. **absurdity** *n* абсу́рд.

abundance *n* оби́лие. **abundant** *adj* оби́льный.

abuse *vt* (*insult*) руга́ть *impf*, вы́~, об~, от~ *pf*; (*misuse*) злоупотребля́ть *impf*, злоупотреби́ть *pf*; *n* (*curses*) ру́гань, руга́тельства *neut pl*; (*misuse*) злоупотребле́ние. **abusive** *adj* оскорби́тельный, руга́тельный.

abut *vi* примыка́ть *impf* (on к+*dat*).

abysmal *adj* (*extreme*) безграни́чный; (*bad*) ужа́сный. **abyss** *n* бе́здна.

academic *adj* академи́ческий. **academician** *n* акаде́мик. **academy** *n* акаде́мия.

accede *vi* вступа́ть *impf*, вступи́ть *pf* (to в, на+*acc*); (*assent*) соглаша́ться *impf*, согласи́ться *pf*.

accelerate *vt & i* ускоря́ть(ся) *impf*, уско́рить(ся) *pf*; (*motoring*) дава́ть *impf*, дать *pf* газ. **acceleration** *n* ускоре́ние. **accelerator** *n* ускори́тель *m*; (*pedal*) акселера́тор.

accent *n* акце́нт; (*stress*) ударе́ние; *vt* де́лать *impf*, с~ *pf* ударе́ние на+*acc*. **accentuate** *vt* акценти́ровать *impf & pf*.

accept *vt* принима́ть *impf*, приня́ть *pf*. **acceptable** *adj* прие́млемый. **acceptance** *n* приня́тие.

access *n* до́ступ. **accessible** *adj* досту́пный. **accession** *n* вступле́ние (на престо́л). **accessories** *n* принадле́жности *f pl*. **accessory** *n* (*accomplice*) соуча́стник, -ица.

accident *n* (*chance*) случа́йность; (*mishap*) несча́стный слу́чай; (*crash*) ава́рия; by ~ случа́йно. **accidental** *adj* случа́йный.

acclaim *vt* (*praise*) восхваля́ть *impf*, восхвали́ть *pf*; *n* восхвале́ние.

acclimatization *n* акклиматиза́ция. **acclimatize** *vt* акклиматизи́ровать *impf & pf*.

accommodate *vt* помеща́ть *impf*, помести́ть *pf*; (*hold*) вмеща́ть *impf*, вмести́ть *pf*. **accommodating** *adj* услу́жливый. **accommodation** *n* (*hotel*) но́мер; (*home*) жильё.

accompaniment *n* сопровожде́ние; (*mus*) аккомпанеме́нт. **accompanist** *n* аккомпаниа́тор. **accompany** *vt* сопровожда́ть *impf*, сопроводи́ть *pf*; (*escort*) провожа́ть *impf*, проводи́ть *pf*; (*mus*) аккомпани́ровать *impf+dat*.

accomplice *n* соуча́стник, -ица.

accomplish *vt* соверша́ть *impf*, соверши́ть *pf*. **accomplished** *adj* зако́нченный. **accomplishment** *n* выполне́ние; (*skill*) соверше́нство.

accord *n* согла́сие; of one's own ~ доброво́льно; of its own ~ сам собо́й, сам по себе́. **accordance** *n*: in ~ with в соотве́тствии с+*instr*, согла́сно+*dat*. **according** *adv*: ~ to по+*dat*, ~ to him по его́ слова́м. **accordingly** *adv* соотве́тственно.

accordion *n* аккордео́н.

accost *vt* пристава́ть *impf*, приста́ть *pf* к+*dat*.

account *n* (*comm*) счёт; (*report*) отчёт; (*description*) описа́ние; on no ~ ни в ко́ем слу́чае; on ~ в счёт причита́ющейся су́ммы; on ~ of из-за+*gen*, по причи́не+*gen*; take into ~ принима́ть *impf*, приня́ть *pf* в расчёт; *vi*: ~ for объясня́ть *impf*, объясни́ть *pf*. **accountable** *adj* отве́тственный.

accountancy *n* бухгалте́рия. **accountant** *n* бухга́лтер.

accrue *vi* нараста́ть *impf*, нарасти́ *pf*.

accumulate *vt & i* нака́пливать(ся)

impf, копи́ть(ся) *impf*, на~ *pf*. **accumulation** *n* накопле́ние. **accumulator** *n* аккумуля́тор.

accuracy *n* то́чность. **accurate** *adj* то́чный.

accusation *n* обвине́ние. **accusative** *adj* (*n*) вини́тельный (паде́ж). **accuse** *vt* обвиня́ть *impf*, обвини́ть *pf* (of в+*prep*); the ~d обвиня́емый *sb*.

accustom *vt* приуча́ть *impf*, приучи́ть *pf* (to к+*dat*). **accustomed** *adj* привы́чный; be, get ~ привыка́ть *impf*, привы́кнуть *pf* (to к+*dat*).

ace *n* туз; (*pilot*) ас.

ache *n* боль; *vi* боле́ть *impf*.

achieve *vt* достига́ть *impf*, дости́чь & дости́гнуть *pf* +*gen*. **achievement** *n* достиже́ние.

acid *n* кислота́; *adj* ки́слый; ~ rain кисло́тный дождь. **acidity** *n* кислота́.

acknowledge *vt* признава́ть *impf*, призна́ть *pf*; (~ *receipt of*) подтвержда́ть *impf*, подтверди́ть *pf* получе́ние+*gen*. **acknowledgement** *n* призна́ние; подтвержде́ние.

acne *n* прыщи́ *m pl*.

acorn *n* жёлудь *m*.

acoustic *adj* акусти́ческий. **acoustics** *n pl* аку́стика.

acquaint *vt* знако́мить *impf*, по~ *pf*. **acquaintance** *n* знако́мство; (*person*) знако́мый *sb*. **acquainted** *adj* знако́мый.

acquiesce *vi* соглаша́ться *impf*, согласи́ться *pf*. **acquiescence** *n* согла́сие.

acquire *vt* приобрета́ть *impf*, приобрести́ *pf*. **acquisition** *n* приобре-те́ние. **acquisitive** *adj* стяжа́тельский.

acquit *vt* опра́вдывать *impf*, оправда́ть *pf*; ~ о.s. вести́ *impf* себя́. **acquittal** *n* оправда́ние.

acre *n* акр.

acrid *adj* е́дкий.

acrimonious *adj* язви́тельный.

acrobat *n* акроба́т. **acrobatic** *adj* акробати́ческий.

across *adv* & *prep* че́рез+*acc*; (*athwart*) поперёк (+*gen*); (*on, other side*) на ту сто́рону (+*gen*), на той стороне́ (+*gen*); (*crosswise*) крест-на́крест.

acrylic *n* акри́л; *adj* акри́ловый.

act *n* (*deed*) акт, посту́пок; (*law*)

акт, зако́н; (*of play*) де́йствие; (*item*) но́мер; *vi* поступа́ть *impf*, поступи́ть *pf*; де́йствовать *impf*, по~ *pf*; *vt* игра́ть *impf*, сыгра́ть *pf*. **acting** *n* игра́; (*profession*) актёрство; *adj* исполня́ющий обя́занности+*gen*. **action** *n* посту́пок; (*law*) иск, проце́сс; (*battle*) бой; ~ replay повто́р; be out of ~ не рабо́тать *impf*. **activate** *vt* приводи́ть *impf*, привести́ *pf* в де́йствие. **active** *adj* акти́вный; ~ service действи́тельная слу́жба; ~ voice действи́тельный зало́г. **activity** *n* де́ятельность. **actor** *n* актёр. **actress** *n* актри́са.

actual *adj* действи́тельный. **actuality** *n* действи́тельность. **actually** *adv* на са́мом де́ле, факти́чески.

acumen *n* проница́тельность.

acupuncture *n* иглоука́лывание.

acute *adj* о́стрый.

AD *abbr* н.э. (на́шей э́ры).

adamant *adj* непрекло́нный.

adapt *vt* приспособля́ть *impf*, приспосо́бить *pf*; (*theat*) инсцени́ровать *impf* & *pf*; ~ о.s. приспособля́ться *impf*, приспосо́биться *pf*. **adaptable** *adj* приспособля́ющийся. **adaptation** *n* приспособле́ние; (*theat*) инсцениро́вка. **adapter** *n* ада́птер.

add *vt* прибавля́ть *impf*, приба́вить *pf*; (*say*) добавля́ть *impf*, доба́вить *pf*; ~ together скла́дывать *impf*, сложи́ть *pf*; ~ up сумми́ровать *impf* & *pf*; ~ up to составля́ть *impf*, соста́вить *pf*; (*fig*) своди́ться *impf*, свести́сь *pf* к+*dat*. **addenda** *n* приложе́ния *pl*.

adder *n* гадю́ка.

addict *n* наркома́н, ~ка. **addicted** *adj*: be ~ to быть рабо́м+*gen*; become ~ to пристрасти́ться *pf* к+*dat*. **addiction** *n* (*passion*) пристра́стие; (*to drugs*) наркома́ния.

addition *n* прибавле́ние; дополне́ние; (*math*) сложе́ние; in ~ вдоба́вок, кро́ме того́. **additional** *adj* доба́вочный. **additive** *n* доба́вка.

address *n* а́дрес; (*speech*) обраще́ние; ~ book записна́я кни́жка; *vt* адресова́ть *impf* & *pf*; (*speak to*) обраща́ться *impf*, обрати́ться *pf* к+*dat*; ~ a meeting выступа́ть *impf*, вы́ступить *pf* на собра́нии. **addressee**

n адреса́т.

adept *adj* све́дущий; *n* ма́стер.

adequate *adj* доста́точный.

adhere *vi* прилипа́ть *impf*, прили́пнуть *pf* (**to** к+*dat*); (*fig*) приде́рживаться *impf* +*gen*. **adherence** *n* приве́рженность. **adherent** *n* приве́рженец. **adhesive** *adj* ли́пкий; *n* кле́йкое вещество́.

ad hoc *adj* специа́льный.

ad infinitum *adv* до бесконе́чности.

adjacent *adj* сме́жный.

adjective *n* (и́мя) прилага́тельное.

adjoin *vt* прилега́ть *impf* к+*dat*.

adjourn *vt* откла́дывать *impf*, отложи́ть *pf*; *vi* объявля́ть *impf*, объяви́ть *pf* переры́в; (*move*) переходи́ть *impf*, перейти́ *pf*.

adjudicate *vi* выноси́ть *impf*, вы́нести *pf* реше́ние (**in** по+*dat*); суди́ть *impf*.

adjust *vt & i* приспособля́ть(ся) *impf*, приспосо́бить(ся) *pf*; *vt* пригоня́ть *impf*, пригна́ть *pf*; (*regulate*) регули́ровать *impf*, от~ *pf*. **adjustable** *adj* регули́руемый. **adjustment** *n* регули́рование, подго́нка.

ad lib *vt & i* импровизи́ровать *impf*, сымпровизи́ровать *pf*.

administer *vt* (*manage*) управля́ть *impf* +*instr*; (*give*) дава́ть *impf*, дать *pf*. **administration** *n* управле́ние; (*government*) прави́тельство. **administrative** *adj* администрати́вный. **administrator** *n* администра́тор.

admirable *adj* похва́льный.

admiral *n* адмира́л.

admiration *n* восхище́ние. **admire** *vt* (*look at*) любова́ться *impf*, по~ *pf* +*instr*, на+*acc*; (*respect*) восхища́ться *impf*, восхити́ться *pf* +*instr*. **admirer** *n* покло́нник.

admissible *adj* допусти́мый. **admission** *n* (*access*) до́ступ; (*entry*) вход; (*confession*) призна́ние. **admit** *vt* (*allow in*) впуска́ть *impf*, впусти́ть *pf*; (*confess*) признава́ть *impf*, призна́ть *pf*. **admittance** *n* до́ступ. **admittedly** *adv* призна́ться.

admixture *n* при́месь.

adolescence *n* о́трочество. **adolescent** *adj* подро́стковый; *n* подро́сток.

adopt *vt* (*child*) усыновля́ть *impf*, усынови́ть *pf*; (*thing*) усва́ивать *impf*, усво́ить *pf*; (*accept*) принима́ть *impf*, приня́ть *pf*. **adoptive** *adj* приёмный. **adoption** *n* усыновле́ние; приня́тие.

adorable *adj* преле́стный. **adoration** *n* обожа́ние. **adore** *vt* обожа́ть *impf*.

adorn *vt* украша́ть *impf*, укра́сить *pf*. **adornment** *n* украше́ние.

adrenalin *n* адренали́н.

adroit *adj* ло́вкий.

adulation *n* преклоне́ние.

adult *adj & n* взро́слый (*sb*).

adulterate *vt* фальсифици́ровать *impf & pf*.

adultery *n* супру́жеская изме́на.

advance *n* (*going forward*) продвиже́ние (вперёд); (*progress*) прогре́сс; (*mil*) наступле́ние; (*of pay etc.*) ава́нс; **in** ~ зара́нее; *pl* (*overtures*) ава́нсы *m pl*; *vi* (*go forward*) продвига́ться *impf*, продви́нуться *pf* вперёд; идти́ *impf* вперёд; (*mil*) наступа́ть *impf*; *vt* продвига́ть *impf*, продви́нуть *pf*; (*put forward*) выдвига́ть *impf*, вы́двинуть *pf*. **advanced** *adj* (*modern*) передово́й. **advancement** *n* продвиже́ние.

advantage *n* преиму́щество; (*profit*) вы́года, по́льза; **take** ~ **of** по́льзоваться *impf*, вос~ *pf* +*instr*. **advantageous** *adj* вы́годный.

adventure *n* приключе́ние. **adventurer** *n* иска́тель *m* приключе́ний. **adventurous** *adj* предприи́мчивый.

adverb *n* наре́чие.

adversary *n* проти́вник. **adverse** *adj* неблагоприя́тный. **adversity** *n* несча́стье.

advertise *vt* (*publicize*) реклами́ровать *impf & pf*; *vt & i* (~ **for**) дава́ть *impf*, дать *pf* объявле́ние о+*prep*. **advertisement** *n* объявле́ние, рекла́ма.

advice *n* сове́т. **advisable** *adj* жела́тельный. **advise** *vt* сове́товать *impf*, по~ *pf* +*dat & inf*; (*notify*) уведомля́ть *impf*, уве́домить *pf*. **advisedly** *adv* наме́ренно. **adviser** *n* сове́тник. **advisory** *adj* совеща́тельный.

advocate *n* (*supporter*) сторо́нник; *vt* выступа́ть *impf*, вы́ступить *pf* за+*acc*; (*advise*) сове́товать *impf*, по~ *pf*.

aegis *n* эги́да.

aerial n антéнна; adj воздýшный.
aerobics n аэрóбика.
aerodrome n аэродрóм. **aerodynamics** n аэродинáмика. **aeroplane** n самолёт. **aerosol** n аэрозóль m.
aesthetic adj эстети́ческий. **aesthetics** n pl эстéтика.
afar adv: from ~ издалекá.
affable adj приве́тливый.
affair n (business) дéло; (love) ромáн.
affect vt влия́ть impf, по~ pf на+acc; (touch) трóгать impf, трóнуть pf; (concern) затрáгивать impf, затрóнуть pf; **affectation** n жемáнство. **affected** adj жемáнный. **affection** n привя́занность. **affectionate** adj нéжный.
affiliated adj свя́занный (to c+instr).
affinity n (relationship) родствó; (resemblance) схóдство; (attraction) влечéние.
affirm vt утверждáть impf. **affirmation** n утверждéние. **affirmative** adj утверди́тельный.
affix vt прикрепля́ть impf, прикрепи́ть pf.
afflict vt постигáть impf, пости́чь pf; be afflicted with страдáть impf +instr. **affliction** n болéзнь.
affluence n богáтство. **affluent** adj богáтый.
afford vt позволя́ть impf, позвóлить pf себé; (supply) предоставля́ть impf, предостáвить pf.
affront n оскорблéние; vt оскорбля́ть impf, оскорби́ть pf.
afield adv: far ~ далекó; farther ~ дáльше.
afloat adv & predic на водé.
afoot predic: be ~ готóвиться impf.
aforesaid adj вышеупомя́нутый.
afraid predic: be ~ боя́ться impf.
afresh adv снóва.
Africa n Áфрика. **African** n африкáнец, -кáнка; adj африкáнский.
after adv потóм; prep пóсле+gen; (time) чéрез+acc; (behind) за+acc, instr; ~ all в концé концóв; conj пóсле тогó, как.
aftermath n послéдствия neut pl.
afternoon n вторáя половúна дня; in the ~ днём. **aftershave** n лосьóн пóсле бритья́. **afterthought** n запоздáлая мысль.
afterwards adv потóм.

again adv опя́ть; (once more) ещё раз; (anew) снóва.
against prep (opposing) прóтив+gen; (touching) к+dat; (hitting) о+acc.
age n вóзраст; (era) век, эпóха; vt стáрить impf, co~ pf; vi старéть impf, по~ pf. **aged** adj престарéлый.
agency n агéнтство. **agenda** n повéстка дня. **agent** n агéнт.
aggravate vt ухудшáть impf, ухýдшить pf; (annoy) раздражáть impf, раздражи́ть pf.
aggregate adj совокýпный; n совокýпность.
aggression n агрéссия. **aggressive** adj агресси́вный. **aggressor** n агрéссор.
aggrieved adj оби́женный.
aghast predic в ýжасе (at от+gen).
agile adj провóрный. **agility** n провóрство.
agitate vt волновáть impf, вз~ pf; vi агити́ровать impf. **agitation** n волнéние; агитáция.
agnostic n агнóстик. **agnosticism** n агностици́зм.
ago adv (тому́) назáд; long ~ давнó.
agonize vi мýчиться impf. **agonizing** adj мучи́тельный. **agony** n агóния.
agrarian adj аграрный.
agree vi соглашáться impf, согласи́ться pf; (arrange) договáриваться impf, договори́ться pf. **agreeable** adj (pleasant) прия́тный. **agreement** n соглáсие; (treaty) соглашéние; in ~ соглáсен (-сна).
agricultural adj сельскохозя́йственный. **agriculture** n сéльское хозя́йство.
aground predic на мели́; adv: run ~ сади́ться impf, сесть pf на мель.
ahead adv (forward) вперёд; (in front) впередú; ~ of time досрóчно.
aid vt помогáть impf, помóчь pf +dat; n пóмощь; (teaching) пособие; in ~ of в пóльзу+gen.
Aids n СПИД.
ailing adj (ill) больнóй.
ailment n недýг.
aim n цель, намéрение; take ~ прицéливаться impf, прицéлиться pf (at в+acc); vi цéлиться impf, на~ pf (at в+acc); (also fig) мéтить impf,

на~ pf (at в+acc); vt нацеливать impf, нацелить pf; (also fig) наводить impf, навести pf. aimless adj бесцельный.

air n воздух; (look) вид; by ~ самолётом; on the ~ в эфире; attrib воздушный; vt (ventilate) проветривать impf, проветрить pf; (make known) выставлять impf, выставить pf напоказ. air-conditioning n кондиционирование воздуха. aircraft n самолёт. aircraft-carrier n авианосец. airfield n аэродром. air force n ВВС (военно-воздушные силы) f pl. air hostess n стюардесса. airless adj душный. airlift n воздушные перевозки f pl; vt перевозить impf, перевезти pf по воздуху. airline n авиалиния. airlock n воздушная пробка. airmail n авиа(почта). airman n лётчик. airport n аэропорт. air raid n воздушный налёт. airship n дирижабль m. airstrip n взлётно-посадочная полоса. airtight adj герметичный. air traffic controller n диспетчер. airwaves n pl радиоволны f pl.

aisle n боковой неф; (passage) проход.

ajar predic приоткрытый.

akin predic (similar) похож; be ~ to быть сродни к+dat.

alabaster n алебастр.

alacrity n быстрота.

alarm n тревога; vt тревожить impf, вс~ pf; ~ clock будильник. alarming adj тревожный. alarmist n паникёр; adj паникёрский.

alas int увы!

album n альбом.

alcohol n алкоголь m, спирт; спиртные напитки m pl. alcoholic adj алкогольный; n алкоголик, -ичка.

alcove n альков.

alert adj бдительный; n тревога; vt предупреждать impf, предупредить pf.

algebra n áлгебра.

alias adv иначе (называемый); ~ кличка, вымышленное имя neut.

alibi n áлиби neut indecl.

alien n иностранец, -нка; adj иностранный; ~ to чуждый +dat. alienate vt отчуждать impf. alienation n отчуждение.

alight[1] vi сходить impf, сойти pf; (bird) садиться impf, сесть pf.

alight[2] predic: be ~ гореть impf; (shine) сиять impf.

align vt выравнивать impf, выровнять pf. alignment n выравнивание.

alike predic похож; adv одинаково.

alimentary adj: ~ canal пищеварительный канал.

alimony n алименты m pl.

alive predic жив, в живых.

alkali n щёлочь. alkaline adj щелочной.

all adj весь; n всё, pl все; adv совсем, совершенно; ~ along всё время; ~ right хорошо, ладно; (not bad) так себе; неплохо; ~ the same всё равно; in ~ всего; two ~ по два; not at ~ нисколько.

allay vt успокаивать impf, успокоить pf.

allegation n утверждение. allege vt утверждать impf. allegedly adv якобы.

allegiance adv верность.

allegorical adj аллегорический. allegory n аллегория.

allergic adj аллергический; be ~ to иметь аллергию к+dat. allergy n аллергия.

alleviate vt облегчать impf, облегчить pf. alleviation n облегчение.

alley n переулок.

alliance n союз. allied adj союзный.

alligator n аллигатор.

allocate vt (distribute) распределять impf, распределить pf; (allot) выделять impf, выделить pf. allocation n распределение; выделение.

allot vt выделять impf, выделить pf; (distribute) распределять impf, распределить pf. allotment n выделение; (land) участок.

allow vt разрешать impf, разрешить pf; (let happen; concede) допускать impf, допустить pf; ~ for учитывать impf, учесть pf. allowance n (financial) пособие; (deduction, also fig) скидка; make ~(s) for учитывать impf, учесть pf.

alloy n сплав.

all-round adj разносторонний.

allude vi ссылаться impf, сослаться pf (to на+acc).

allure vt заманивать impf, заманить

pf. **allure(ment)** *n* прима́нка. **alluring** *adj* зама́нчивый.

allusion *n* ссы́лка.

ally *n* сою́зник; *vt* соединя́ть *impf*, соедини́ть *pf;* ~ oneself with вступа́ть *impf,* вступи́ть *pf* в сою́з c+*instr.*

almighty *adj* всемогу́щий.

almond *n (tree; pl collect)* минда́ль *m; (nut)* минда́льный оре́х.

almost *adv* почти́, едва́ не.

alms *n pl* ми́лостыня.

aloft *adv* наве́рх(-у́).

alone *predic* оди́н; *(lonely)* одино́к; *adv* то́лько; leave ~ оставля́ть *impf,* оста́вить *pf* в поко́е; let ~ не говоря́ уже́ о+*prep.*

along *prep* по+*dat, (position)* вдоль +*gen; adv (onward)* да́льше; all ~ всё вре́мя; ~ with вме́сте с+*instr.* **alongside** *adv & prep* ря́дом (c+*instr*).

aloof *predic & adv (distant)* сде́ржанный; *(apart)* в стороне́.

aloud *adv* вслух.

alphabet *n* алфави́т. **alphabetical** *adj* алфави́тный.

alpine *adj* альпи́йский.

already *adv* уже́.

also *adv* та́кже, то́же.

altar *n* алта́рь *m.*

alter *vt (modify)* переде́лывать *impf,* переде́лать *pf; vt & i (change)* изменя́ть(ся) *impf,* измени́ть(ся) *pf.* **alteration** *n* переде́лка; измене́ние.

alternate *adj* череду́ющийся; *vt & i* чередова́ть(ся) *impf;* alternating current переме́нный ток; on ~ days че́рез день. **alternation** *n* чередова́ние. **alternative** *n* альтернати́ва; *adj* альтернати́вный.

although *conj* хотя́.

altitude *n* высота́.

alto *n* альт.

altogether *adv (fully)* совсе́м; *(in total)* всего́.

altruistic *adj* альтруисти́ческий.

aluminium *n* алюми́ний.

always *adv* всегда́; *(constantly)* постоя́нно.

Alzheimer's disease *n* боле́знь Альцге́ймера.

a.m. *abbr (morning)* утра́; *(night)* но́чи.

amalgamate *vt & i* слива́ть(ся) *impf,*

сли́ть(ся) *pf; (chem)* амальгами́ровать(ся) *impf & pf.* **amalgamation** *n* слия́ние; *(chem)* амальгами́рование.

amass *vt* копи́ть *impf,* на~ *pf.*

amateur *n* люби́тель *m,* ~ница; *adj* люби́тельский. **amateurish** *adj* дилета́нтский.

amaze *vt* изумля́ть *impf,* изуми́ть *pf.* **amazement** *n* изумле́ние. **amazing** *adj* изуми́тельный.

ambassador *n* посо́л.

amber *n* янта́рь *m.*

ambience *n* среда́; атмосфе́ра.

ambiguity *n* двусмы́сленность. **ambiguous** *adj* двусмы́сленный.

ambition *n (quality)* честолю́бие; *(aim)* мечта́. **ambitious** *adj* честолюби́вый.

amble *vi* ходи́ть *indet,* идти́ *det* неторопли́вым ша́гом.

ambulance *n* маши́на ско́рой по́мощи.

ambush *n* заса́да; *vt* напада́ть *impf,* напа́сть *pf* из заса́ды на+*acc.*

ameliorate *vt & i* улучша́ть(ся) *impf,* улу́чшить(ся) *pf.* **amelioration** *n* улучше́ние.

amen *int* ами́нь!

amenable *adj* сгово́рчивый (to +*dat*)

amend *vt (correct)* исправля́ть *impf,* испра́вить *pf; (change)* вноси́ть *impf,* внести́ *pf* попра́вки в+*acc.* **amendment** *n* попра́вка, исправле́ние. **amends** *n pl:* make ~ for загла́живать *impf,* загла́дить *pf.*

amenities *n pl* удо́бства *neut pl.*

America *n* Аме́рика. **American** *adj* америка́нский; *n* америка́нец, -нка. **Americanism** *n* американи́зм.

amiable *adj* любе́зный. **amicable** *adj* дружелю́бный.

amid(st) *prep* среди́+*gen.*

amino acid *n* аминокислота́.

amiss *adv* нела́дный; take ~ обижа́ться *impf,* оби́деться *pf* на+*acc.*

ammonia *n* аммиа́к; *(liquid* ~) наша́тырный спирт.

ammunition *n* боеприпа́сы *m pl.*

amnesia *n* амнези́я.

amnesty *n* амни́стия.

among(st) *prep (amidst)* среди́+*gen,* *(between)* ме́жду+*instr.*

amoral *adj* амора́льный.

amorous *adj* влюбчивый.

amorphous *adj* бесфо́рменный.

amortization *n* амортиза́ция.

amount *n* коли́чество; *vi*: ~ to соста́влять *impf*, соста́вить *pf*; (*be equivalent to*) быть равноси́льным+*dat*.

ampere *n* ампе́р.

amphetamine *n* амфетами́н.

amphibian *n* амфи́бия. **amphibious** *adj* земново́дный; (*mil*) пла́вающий.

amphitheatre *n* амфитеа́тр.

ample *adj* доста́точный. **amplification** *n* усиле́ние. **amplifier** *n* усили́тель *m*. **amplify** *vt* уси́ливать *impf*, уси́лить *pf*. **amply** *adv* доста́точно.

amputate *vt* ампути́ровать *impf & pf*. **amputation** *n* ампута́ция.

amuse *vt* забавля́ть *impf*; развлека́ть *impf*, развле́чь *pf* **amusement** *n* заба́ва, развлече́ние; *pl* аттракцио́ны *m pl*. **amusing** *adj* заба́вный; (*funny*) смешно́й.

anachronism *n* анахрони́зм. **anachronistic** *adj* анахрони́ческий.

anaemia *n* анеми́я. **anaemic** *adj* анеми́чный.

anaesthesia *n* анестези́я. **anaesthetic** *n* обезбо́ливающее сре́дство. **anaesthetist** *n* анестезио́лог. **anaesthetize** *vt* анестези́ровать *impf & pf*.

anagram *n* анагра́мма.

analogous *adj* аналоги́чный. **analogue** *n* ана́лог. **analogy** *n* анало́гия.

analyse *vt* анализи́ровать *impf & pf*. **analysis** *n* ана́лиз. **analyst** *n* анали́тик; психоанали́тик. **analytical** *adj* аналити́ческий.

anarchic *adj* анархи́ческий. **anarchist** *n* анархи́ст, ~ка; *adj* анархи́стский. **anarchy** *n* ана́рхия.

anathema *n* ана́фема.

anatomical *adj* анатоми́ческий. **anatomy** *n* анато́мия.

ancestor *n* пре́док. **ancestry** *n* происхожде́ние.

anchor *n* я́корь *m*; *vt* ста́вить *impf*, по~ *pf* на я́корь; *vi* станови́ться *impf*, стать *pf* на я́корь. **anchorage** *n* я́корная стоя́нка.

anchovy *n* анчо́ус.

ancient *adj* дре́вний, стари́нный.

and *conj* и, (*but*) а; c+*instr*; you ~ I мы с ва́ми; my wife ~ I мы с жено́й.

anecdote *n* анекдо́т.

anew *adv* сно́ва.

angel *n* а́нгел. **angelic** *adj* а́нгельский.

anger *n* гнев; *vt* серди́ть *impf*, рас~ *pf*.

angina *n* стенокарди́я.

angle[1] *n* у́гол; (*fig*) то́чка зре́ния.

angle[2] *vi* уди́ть *impf* ры́бу. **angler** *n* рыболо́в.

angry *adj* серди́тый.

anguish *n* страда́ние, му́ка. **anguished** *adj* отча́янный.

angular *adj* углово́й; (*sharp*) углова́тый.

animal *n* живо́тное *sb*; *adj* живо́тный. **animate** *adj* живо́й. **animated** *adj* оживлённый; ~ cartoon мультфи́льм. **animation** *n* оживле́ние.

animosity *n* вражде́бность.

ankle *n* лоды́жка.

annals *n pl* ле́топись.

annex *vt* аннекси́ровать *impf & pf*. **annexation** *n* анне́ксия. **annexe** *n* пристро́йка.

annihilate *vt* уничтожа́ть *impf*, уничто́жить *pf*. **annihilation** *n* уничтоже́ние.

anniversary *n* годовщи́на.

annotate *vt* коммента́ровать *impf & pf*. **annotated** *adj* снабжённый коммента́риями. **annotation** *n* анно́та́ция.

announce *vt* объявля́ть *impf*, объяви́ть *pf*; заявля́ть *impf*, заяви́ть *pf*; (*radio*) сообща́ть *impf*, сообщи́ть *pf*. **announcement** *n* объявле́ние; сообще́ние. **announcer** *n* ди́ктор.

annoy *vt* досажда́ть *impf*, досади́ть *pf*; раздража́ть *impf*, раздражи́ть *pf*. **annoyance** *n* доса́да. **annoying** *adj* доса́дный.

annual *adj* ежего́дный, (*of a given year*) годово́й; *n* (*book*) ежего́дник; (*bot*) одноле́тник. **annually** *adv* ежего́дно. **annuity** *n* (ежего́дная) ре́нта.

annul *vt* аннули́ровать *impf & pf*. **annulment** *n* аннули́рование.

anoint *vt* пома́зывать *impf*, пома́зать *pf*.

anomalous *adj* анома́льный. **anomaly** *n* анома́лия.

anonymous *adj* анони́мный. **ano-**

nymity *n* анони́мность.
anorak *n* ку́ртка.
anorexia *n* аноре́ксия.
another *adj, pron* друго́й; ~ **one** ещё (оди́н); **in** ~ **ten years** ещё че́рез де́сять лет.
answer *n* отве́т; *vt* отвеча́ть *impf*, отве́тить *pf* (person) +dat, (question) на+acc; ~ **the door** отворя́ть *impf*, отвори́ть *pf* дверь; ~ **the phone** подходи́ть *impf*, подойти́ *pf* к телефо́ну. **answerable** *adj* отве́тственный. **answering machine** *n* телефо́н-отве́тчик.
ant *n* мураве́й.
antagonism *n* антагони́зм. **antagonistic** *adj* антагонисти́ческий. **antagonize** *vt* настра́ивать *impf*, настро́ить *pf* про́тив себя́.
Antarctic *n* Анта́рктика.
antelope *n* антило́па.
antenna *n* у́сик; (also radio) анте́нна.
anthem *n* гимн.
anthology *n* антоло́гия.
anthracite *n* антраци́т.
anthropological *adj* антропологи́ческий. **anthropologist** *n* антропо́лог. **anthropology** антрополо́гия.
anti-aircraft *adj* зени́тный. **antibiotic** *n* антибио́тик. **antibody** *n* антите́ло. **anticlimax** *n* разочарова́ние. **anticlockwise** *adj* & *adv* про́тив часово́й стре́лки. **antidepressant** *n* антидепресса́нт. **antidote** *n* противоя́дие. **antifreeze** *n* антифри́з.
antipathy *n* антипа́тия. **anti-Semitic** *adj* антисеми́тский. **anti-Semitism** *n* антисемити́зм. **antiseptic** *adj* антисепти́ческий; *n* антисе́птик. **antisocial** *adj* асоциа́льный. **anti-tank** *adj* противота́нковый. **antithesis** *n* противополо́жность; (philos) антите́зис.
anticipate *vt* ожида́ть *impf* +gen; (with pleasure) предвкуша́ть *impf*, предвкуси́ть *pf*; (forestall) предупрежда́ть *impf*, предупреди́ть *pf*. **anticipation** *n* ожида́ние; предвкуше́ние; предупрежде́ние.
antics *n* вы́ходки *f pl*.
antiquarian *adj* антиква́рный. **antiquated** *adj* устаре́лый. **antique** *adj* стари́нный; *n* антиква́рная вещь; ~ **shop** антиква́рный магази́н. **antiquity** *n* дре́вность.

antler *n* оле́ний рог.
anus *n* за́дний прохо́д.
anvil *n* накова́льня.
anxiety *n* беспоко́йство. **anxious** *adj* беспоко́йный; **be** ~ беспоко́иться *impf*; тревожиться *impf*.
any *adj, pron* (some) како́й-нибудь; ско́лько-нибудь; (every) вся́кий, любо́й; (anybody) кто́-нибудь, (anything) что́-нибудь; (with neg) никако́й, ни оди́н; ни́сколько; никто́, ничто́; *adv* ско́лько-нибудь; (with neg) ни́сколько, ничу́ть. **anybody**, **anyone** *pron* кто́-нибудь, (everybody) вся́кий, любо́й; (with neg) никто́. **anyhow** *adv* ка́к-нибудь; ко́е-как; (with neg) ника́к; *conj* во вся́ком слу́чае; всё равно́. **anyone** *see* **anybody**. **anything** *pron* что́-нибудь, всё (что уго́дно); (with neg) ничего́. **anyway** *adv* во вся́ком слу́чае; как бы то ни́ было. **anywhere** *adv* где/куда́ уго́дно; (with neg, interrog) где́-нибудь, куда́-нибудь.

apart *adv* (aside) в стороне́, в сто́рону; (separately) врозь; (distant) друг от дру́га; (into pieces) на ча́сти; ~ **from** кро́ме+gen.
apartheid *n* апарте́ид.
apartment *n* (flat) кварти́ра.
apathetic *adj* апати́чный. **apathy** *n* апа́тия.
ape *n* обезья́на; *vt* обезья́нничать *impf*, с~ *pf* c+gen.
aperture *n* отве́рстие.
apex *n* верши́на.
aphorism *n* афори́зм.
apiece *adv* (per person) на ка́ждого; (per thing) за шту́ку; (amount) по+dat or acc with numbers.
aplomb *n* апло́мб.
Apocalypse *n* Апока́липсис. **apocalyptic** *adj* апокалипти́ческий.
apologetic *adj* извиня́ющийся; **be** ~ извиня́ться *impf*. **apologize** *vi* извиня́ться *impf*, извини́ться *pf* (to пе́ред+instr; for за+acc). **apology** *n* извине́ние.
apostle *n* апо́стол.
apostrophe *n* апостро́ф.
appal *vi* ужаса́ть *impf*, ужасну́ть *pf*. **appalling** *adj* ужа́сный.
apparatus *n* аппара́т; прибо́р; (gymnastic) гимнасти́ческие снаря́ды *m pl*.

apparel n одея́ние.

apparent adj (seeming) ви́димый; (manifest) очеви́дный. **apparently** adv ка́жется, по-ви́димому.

apparition n виде́ние.

appeal n (request) призы́в, обраще́ние; (law) апелля́ция, обжа́лование; (attraction) привлека́тельность; ~ court апелляцио́нный суд; vi (request) взыва́ть impf, воззва́ть pf (to к+dat; for о+prep); обраща́ться impf, обрати́ться pf (с призы́вом); (law) апелли́ровать impf & pf; ~ to (attract) привлека́ть impf, привле́чь pf.

appear vi появля́ться impf, появи́ться pf; (in public) выступа́ть impf, вы́ступить pf; (seem) каза́ться impf, по~ pf. **appearance** n появле́ние; выступле́ние; (aspect) вид.

appease vt умиротворя́ть impf, умиротвори́ть pf.

append vt прилага́ть impf, приложи́ть pf. **appendicitis** n аппендици́т. **appendix** n приложе́ние; (anat) аппе́ндикс.

appertain vi: ~ to относи́ться impf +dat.

appetite n аппети́т. **appetizing** adj аппети́тный.

applaud vt аплоди́ровать impf +dat. **applause** n аплодисме́нты m pl.

apple n я́блоко; adj я́блочный; ~ tree я́блоня.

appliance n прибо́р. **applicable** adj примени́мый. **applicant** n кандида́т. **application** n (use) примене́ние; (putting on) наложе́ние; (request) заявле́ние. **applied** adj прикладно́й. **apply** vt (use) применя́ть impf, примени́ть pf; (put on) накла́дывать impf, наложи́ть pf; vi (request) обраща́ться impf, обрати́ться pf (to к+dat; for за+acc); ~ for (job) подава́ть impf, пода́ть pf заявле́ние на+acc; ~ to относи́ться impf к+dat.

appoint vt назнача́ть impf, назна́чить pf. **appointment** n назначе́ние; (job) до́лжность; (meeting) свида́ние.

apposite adj уме́стный.

appraise vt оце́нивать impf, оцени́ть pf.

appreciable adj заме́тный; (consid-erable) значи́тельный. **appreciate** vt цени́ть impf; (understand) понима́ть impf, поня́ть pf; vi повыша́ться impf, повы́ситься pf в цене́. **appreciation** n (estimation) оце́нка; (gratitude) призна́тельность; (rise in value) повыше́ние цены́. **appreciative** adj призна́тельный (of за+acc).

apprehension n (fear) опасе́ние. **apprehensive** adj опаса́ющийся.

apprentice n учени́к; vt отдава́ть impf, отда́ть pf в уче́ние. **apprenticeship** n учени́чество.

approach vt & i приближа́ться impf, подойти́ pf (к+dat); приближа́ться impf, прибли́зиться pf (к+dat); vt (apply to) обраща́ться impf, обрати́ться pf к+dat; n приближе́ние; подхо́д; подъе́зд; (access) по́дступ.

approbation n одобре́ние.

appropriate adj подходя́щий; vt присва́ивать impf, присво́ить pf. **appropriation** n присвое́ние.

approval n одобре́ние; on ~ на про́бу. **approve** vt утвержда́ть impf, утверди́ть pf; vt & i (~ of) одобря́ть impf, одо́брить pf.

approximate adj приблизи́тельный; vi приближа́ться impf (to к+dat). **approximation** n приближе́ние.

apricot n абрико́с.

April n апре́ль m; adj апре́льский.

apron n пере́дник.

apropos adv: ~ of по по́воду+gen.

apt adj (suitable) уда́чный; (inclined) скло́нный. **aptitude** n спосо́бность.

aqualung n аквала́нг. **aquarium** n аква́риум. **Aquarius** n Водоле́й. **aquatic** adj водяно́й; (of sport) во́дный. **aqueduct** n акведу́к.

aquiline adj орли́ный.

Arab n ара́б, ~ка; adj ара́бский. **Arabian** adj арави́йский. **Arabic** adj ара́бский.

arable adj па́хотный.

arbitrary adj произво́льный. **arbitrate** vi де́йствовать impf в ка́честве трете́йского судьи́. **arbitration** n арбитра́ж, трете́йское реше́ние. **arbitrator** n арби́тр, трете́йский судья́ m.

arc n дуга́. **arcade** n арка́да, (shops) пасса́ж.

arch[1] n а́рка, свод; (of foot) свод стопы́; vt & i выгиба́ть(ся) impf, вы́гнуть(ся) pf.

arch² adj игри́вый.

archaeological adj археологи́ческий. archaeologist n архео́лог. archaeology n археоло́гия.

archaic adj архаи́чный.

archangel n арха́нгел.

archbishop n архиепи́скоп.

arched adj сво́дчатый.

arch-enemy n закля́тый враг.

archer n стрело́к из лу́ка. archery n стрельба́ из лу́ка.

archipelago n архипела́г.

architect n архите́ктор. architectural adj архитекту́рный. architecture n архитекту́ра.

archive(s) n архи́в.

archway n сво́дчатый прохо́д.

Arctic adj аркти́ческий; n А́рктика.

ardent adj горя́чий. ardour n пыл.

arduous adj тру́дный.

area n (extent) пло́щадь; (region) райо́н; (sphere) о́бласть.

arena n аре́на.

argue vt (maintain) утвержда́ть impf, дока́зывать impf, vi спо́рить impf, по~ pf. argument n (dispute) спор; (reason) до́вод. argumentative adj лю́бящий спо́рить.

aria n а́рия.

arid adj сухо́й.

Aries n Ове́н.

arise vi возника́ть impf, возни́кнуть pf.

aristocracy n аристокра́тия. aristocrat n аристокра́т, ~ка. aristocratic adj аристократи́ческий.

arithmetic n арифме́тика. arithmetical adj арифмети́ческий.

ark n (Но́ев) ковче́г.

arm¹ n (of body) рука́; (of chair) ру́чка; ~ in ~ под руку; at ~'s length (fig) на почти́тельном расстоя́нии; with open ~s с распростёртыми объя́тиями.

arm² n pl (weapons) ору́жие; pl (coat of ~s) герб; vt вооружа́ть impf, вооружи́ть pf. armaments n pl вооруже́ние.

armchair n кре́сло.

Armenia n Арме́ния. Armenian n армяни́н, армя́нка; adj армя́нский.

armistice n переми́рие.

armour n (for body) доспе́хи m pl; (for vehicles; fig) броня́. armoured

adj брониро́ванный; (vehicles etc.) бронета́нковый, броне-; ~ car брневи́к. armoury n арсена́л.

armpit n подмы́шка.

army n а́рмия; adj арме́йский.

aroma n арома́т. aromatic adj аромати́чный.

around adv круго́м; prep вокру́г+gen; all ~ повсю́ду.

arouse vt (wake up) буди́ть impf, раз~ pf; (stimulate) возбужда́ть impf, возбуди́ть pf.

arrange vt расставля́ть impf, расста́вить pf; (plan) устра́ивать impf, устро́ить pf; (mus) аранжи́ровать impf & pf; vi: ~ to догова́риваться impf, договори́ться pf +inf. arrangement n расположе́ние; устро́йство; (agreement) соглаше́ние; (mus) аранжиро́вка; pl приготовле́ния neut pl.

array vt расставля́ть impf, вы́ставить pf; n (dress) наря́д; (display) колле́кция.

arrears n pl задо́лженность.

arrest vt аресто́вывать impf, арестова́ть pf; n аре́ст.

arrival n прибы́тие, прие́зд; (new ~) вновь прибы́вший sb. arrive vi прибыва́ть impf, прибы́ть pf; приезжа́ть impf, прие́хать pf.

arrogance n высокоме́рие. arrogant adj высокоме́рный.

arrow n стрела́; (pointer) стре́лка.

arsenal n арсена́л.

arsenic n мышья́к.

arson n поджо́г.

art n иску́сство; pl гуманита́рные нау́ки f pl; adj худо́жественный.

arterial adj: ~ road магистра́ль. artery n арте́рия.

artful adj хи́трый.

arthritis n артри́т.

article n (literary) статья́; (clause) пункт; (thing) предме́т; (gram) арти́кль m.

articulate vt произноси́ть impf, произнести́ pf; (express) выража́ть impf, вы́разить pf; adj (of speech) членоразде́льный; be ~ чётко выража́ть impf свои́ мы́сли. articulated lorry n грузово́й автомоби́ль с прице́пом.

artifice n хи́трость. artificial adj иску́сственный.

artillery n артилле́рия.

artisan n ремéсленник.

artist n худóжник. **artiste** n артúст, ~ка. **artistic** adj худóжественный.

artless adj простодýшный.

as adv как; conj (when) когдá; в то врéмя как; (because) так как; (manner) как; (though, however) как ни; rel pron какóй; котóрый; что; **as ... as** так (же)... как; **as for, to** относúтельно+gen; что касáется +gen; **as if** как бýдто; **as it were** кáк бы; так сказáть; **as soon as** тóлько; **as well** тáкже; тóже.

asbestos n асбéст.

ascend vt (go up) поднимáться impf, подня́ться pf по+dat; (throne) всходúть impf, взойтú pf на+acc; vi возносúться impf, вознестúсь pf. **ascendancy** n власть. **Ascension** n (eccl) Вознесéние. **ascent** n восхождéние (of на+acc).

ascertain vt устанáвливать impf, установúть pf.

ascetic adj аскетúческий; n аскéт. **asceticism** n аскетúзм.

ascribe vt припúсывать impf, приписáть pf (to +dat).

ash[1] n (tree) я́сень m.

ash[2], **ashes** n золá, пéпел; (human remains) прах. **ashtray** n пéпельница.

ashamed predic: he is ~ емý сты́дно; be, feel, ~ of стыдúться impf, по~ pf +gen.

ashen adj (pale) мéртвенно-блéдный.

ashore adv на берег(ý).

Asia n Áзия. **Asian, Asiatic** adj азиáтский; n азиáт, ~ка.

aside adv в стóрону.

ask vt & i (enquire of) спрáшивать impf, спросúть pf; (request) просúть impf, по~ pf (for acc, gen, o+prep); (invite) приглашáть impf, приглаьúть pf; (demand) трéбовать impf +gen (of от+gen); ~ **after** осведомля́ться impf, осведóмиться pf o+prep; ~ **a question** задавáть impf, задáть pf вопрóс.

askance adv кóсо.

askew adv крúво.

asleep predic & adv: be ~ спать impf; fall ~ засыпáть impf, заснýть pf.

asparagus n спáржа.

aspect n вид; (side) сторонá.

aspersion n клеветá.

asphalt n асфáльт.

asphyxiate vt удушáть impf, удушúть.

aspiration n стремлéние. **aspire** vi стремúться impf (to к+dat).

aspirin n аспирúн; (tablet) таблéтка аспирúна.

ass n осёл.

assail vt нападáть impf, напáсть pf на+acc; (with questions) забрáсывать impf, забросáть pf вопрóсами. **assailant** n напáдающий sb.

assassin n убúйца m & f. **assassinate** vt убивáть impf, убúть pf. **assassination** n убúйство.

assault n нападéние; (mil) штурм; ~ **and battery** оскорблéние дéйствием; vt нападáть impf, напáсть pf на+acc.

assemblage n сбóрка. **assemble** vt & i собирáть(ся) impf, собрáть(ся) pf. **assembly** n собрáние; (of machine) сбóрка.

assent vi соглашáться impf, согласúться pf (to к+acc); n соглáсие.

assert vt утверждáть impf; ~ **o.s.** отстáивать impf, отстоя́ть pf свои́ правá. **assertion** n утверждéние. **assertive** adj настóйчивый.

assess vt (amount) определя́ть impf, определúть pf; (value) оцéнивать impf, оценúть pf. **assessment** n определéние; оцéнка.

asset n цéнное кáчество; (comm; also pl) актúв.

assiduous adj прилéжный.

assign vt (appoint) назначáть impf, назнáчить pf; (allot) отводúть impf, отвестú pf. **assignation** n свидáние. **assignment** n (task) задáние; (mission) командирóвка.

assimilate vt усвáивать impf, усвóить pf. **assimilation** n усвоéние.

assist vt помогáть impf, помóчь pf +dat. **assistance** n пóмощь. **assistant** n помóщник, ассистéнт.

associate vt ассоцúровать impf & pf; vi общáться impf (with c+instr); n коллéга m & f. **association** n óбщество, ассоциáция.

assorted adj рáзный. **assortment** n ассортимéнт.

assuage vt (calm) успокáивать impf,

успокóить pf; (alleviate) смягчáть impf, смягчи́ть pf.

assume vt (take on) принима́ть impf, приня́ть pf; (suppose) предполага́ть impf, предположи́ть pf; ~d name вы́мышленное и́мя neut; let us ~ допу́стим. **assumption** n (taking on) приня́тие на себя́; (supposition) предположе́ние.

assurance n завере́ние; (self-~) самоуве́ренность; (insurance) страхова́ние. **assure** vt уверя́ть impf, уве́рить pf.

asterisk n звёздочка.

asthma n а́стма. **asthmatic** adj астмати́ческий.

astonish vt удивля́ть impf, удиви́ть pf. **astonishing** adj удиви́тельный. **astonishment** n удивле́ние.

astound vt изумля́ть impf, изуми́ть pf. **astounding** adj изуми́тельный.

astray adv: go ~ сбива́ться impf, сби́ться pf с пути́; lead ~ сбива́ть impf, сбить pf с пути́.

astride prep верхо́м на+prep.

astringent adj вя́жущий; те́рпкий.

astrologer n астро́лог. **astrology** n астроло́гия. **astronaut** n астрона́вт. **astronomer** n астроно́м. **astronomical** adj астрономи́ческий. **astronomy** n астроно́мия.

astute adj проница́тельный.

asunder adv (apart) врозь; (in pieces) на ча́сти.

asylum n сумасше́дший дом; (refuge) убе́жище.

asymmetrical adj асимметри́чный. **asymmetry** n асимметри́я.

at prep (position) на+prep, в+prep, у+gen: at a concert на конце́рте; at the cinema в кино́; at the window у окна́; (time) в+acc: at two o'clock в два часа́; at+acc: at Easter на Па́сху; (price) по+dat: at 5p a pound по пяти́ пе́нсов за фунт; (speed): at 60 mph со ско́ростью шестьдеся́т миль в час; ~ first снача́ла, сперва́; ~ home до́ма; ~ last наконе́ц; ~ least по кра́йней ме́ре; ~ that в том, (moreover) к тому́ же.

atheism n атеи́зм. **atheist** n атеи́ст, ~ка.

athlete n спортсме́н, ~ка. **athletic** adj атлети́ческий. **athletics** n (лёгкая) атле́тика.

atlas n а́тлас.

atmosphere n атмосфе́ра. **atmospheric** adj атмосфе́рный.

atom n а́том; ~ bomb а́томная бо́мба. **atomic** adj а́томный.

atone vi искупа́ть impf, искупи́ть pf (for +acc). **atonement** n искупле́ние.

atrocious adj ужа́сный. **atrocity** n зве́рство.

attach vt (fasten) прикрепля́ть impf, прикрепи́ть pf; (append) прилага́ть impf, приложи́ть pf; (attribute) придава́ть impf, прида́ть pf; attached to (devoted) привя́занный к+dat. **attaché** n атташе́ m indecl. **attachment** n прикрепле́ние; привя́занность; (tech) принадле́жность.

attack vt напада́ть impf, напа́сть pf на+acc; n нападе́ние; (of illness) припа́док.

attain vt достига́ть impf, дости́чь & дости́гнуть pf +gen. **attainment** n достиже́ние.

attempt vt пыта́ться impf, по~ pf +inf; n попы́тка.

attend vt & i (be present at) прису́тствовать impf (на+prep); vt (accompany) сопровожда́ть impf, сопроводи́ть pf; (go to regularly) посеща́ть impf, посети́ть pf; ~ to занима́ться impf, заня́ться pf. **attendance** n (presence) прису́тствие; (number) посеща́емость. **attendant** adj сопровожда́ющий; n дежу́рный sb; (escort) провожа́тый sb.

attention n внима́ние; pay ~ обраща́ть impf, обрати́ть pf внима́ние (to на+acc); int (mil) сми́рно! **attentive** adj внима́тельный; (solicitous) забо́тливый.

attest vt & i (also ~ to) заверя́ть impf, заве́рить pf; свиде́тельствовать impf, за~ pf (o+prep).

attic n черда́к.

attire vt наряжа́ть impf, наряди́ть pf; n наря́д.

attitude n (posture) по́за; (opinion) отноше́ние (towards к+dat).

attorney n пове́ренный sb; power of ~ дове́ренность.

attract vt привлека́ть impf, привле́чь pf. **attraction** n привлека́тельность; (entertainment) аттракцио́н. **attractive** adj привлека́тельный.

attribute vt припи́сывать impf, приписа́ть pf; n (quality) сво́йство.
attribution n припи́сывание. **attributive** adj атрибути́вный.
attrition n: war of ~ война́ на истоще́ние.
aubergine n баклажа́н.
auburn adj тёмно-ры́жий.
auction n аукцио́н; vt продава́ть impf, прода́ть pf с аукцио́на. **auctioneer** n аукциони́ст.
audacious adj (bold) сме́лый; (impudent) де́рзкий. **audacity** n сме́лость; де́рзость.
audible adj слы́шный. **audience** n пу́блика, аудито́рия; (listeners) слу́шатели m pl, (viewers, spectators) зри́тели m pl; (interview) аудие́нция. **audit** n прове́рка счето́в, реви́зия; vt прове́рить impf, прове́рить pf (счета́+gen). **audition** n про́ба; vt устра́ивать impf, устро́ить pf про́бу +gen; vi проверя́ть impf. **auditor** n ревизо́р. **auditorium** n зри́тельный зал.
augment vt увели́чивать impf, увели́чить pf.
augur vt & i предвеща́ть impf.
August n а́вгуст; а́вгустовский.
august adj вели́чественный.
aunt n тётя, тётка.
au pair n домрабо́тница иностра́нного происхожде́ния.
aura n орео́л.
auspices n pl покрови́тельство. **auspicious** adj благоприя́тный.
austere adj стро́гий. **austerity** n стро́гость.
Australia n Австра́лия. **Australian** n австрали́ец, -и́йка; adj австрали́йский.
Austria n А́встрия. **Austrian** n австри́ец, -и́йка; adj австри́йский.
authentic adj по́длинный. **authenticate** vt устана́вливать impf, установи́ть pf по́длинность+gen. **authenticity** n по́длинность.
author, authoress n а́втор.
authoritarian adj авторита́рный. **authoritative** adj авторите́тный. **authority** n (power) власть, полномо́чие; (weight; expert) авторите́т; (source) авторите́тный исто́чник. **authorization** n уполномо́чивание; (permission) разреше́ние. **authorize** vt (action) разреша́ть impf, раз-

реши́ть pf; (person) уполномо́чивать impf, уполномо́чить pf.
authorship n а́вторство.
autobiographical автобиографи́ческий. **autobiography** n автобиогра́фия. **autocracy** n автокра́тия. **autocrat** n автокра́т. **autocratic** adj автократи́ческий. **autograph** n авто́граф. **automatic** adj автомати́ческий. **automation** n автоматиза́ция. **automaton** n автома́т. **automobile** n автомоби́ль m. **autonomous** adj автоно́мный. **autonomy** n автоно́мия. **autopilot** n автопило́т. **autopsy** n вскры́тие; аутопси́я.
autumn n о́сень. **autumn(al)** adj осе́нний.
auxiliary adj вспомога́тельный; n помо́щник, -ица.
avail n: to no ~ напра́сно; vt: ~ o.s. of по́льзоваться impf, вос~ pf +instr. **available** adj досту́пный, нали́чный.
avalanche n лави́на.
avant-garde n аванга́рд; adj аванга́рдный.
avarice n жа́дность. **avaricious** adj жа́дный.
avenge vt мстить impf, ото~ pf за+acc. **avenger** n мсти́тель m.
avenue n (of trees) алле́я; (wide street) проспе́кт; (means) путь m.
average n сре́днее число́, сре́днее sb; on ~ в сре́днем; adj сре́дний; vt де́лать impf в сре́днем; vt & i: ~ (out at) составля́ть impf, соста́вить pf в сре́днем.
averse adj: not ~ to не прочь+inf, не про́тив+gen. **aversion** n отвраще́ние. **avert** vt (ward off) предотвраща́ть impf, предотврати́ть pf; (turn away) отводи́ть impf, отвести́ pf.
aviary n пти́чник.
aviation n авиа́ция.
avid adj жа́дный; (keen) стра́стный.
avocado n авока́до neut indecl.
avoid vt избега́ть impf, избежа́ть pf +gen; (evade) уклоня́ться impf, уклони́ться pf от+gen. **avoidance** n избежа́ние, уклоне́ние.
avowal n призна́ние. **avowed** adj при́знанный.
await vt ждать impf +gen.
awake predic: be ~ не спать impf.

awake(n) vt пробужда́ть impf, пробуди́ть pf; vi просыпа́ться impf, просну́ться pf.

award vt присужда́ть impf, присуди́ть pf (person dat, thing acc); награжда́ть impf, награди́ть pf (person acc, thing instr); n награ́да.

aware predic: be ~ of созна́вать impf; знать impf. **awareness** n созна́ние.

away adv прочь; be ~ отсу́тствовать impf; far ~ (from) далеко́ (от+gen); 5 miles ~ в пяти́ ми́лях отсю́да; ~ game игра́ на чужо́м по́ле.

awe n благогове́йный страх. **awful** adj ужа́сный. **awfully** adv ужа́сно.

awhile adv не́которое вре́мя.

awkward adj нело́вкий. **awkwardness** n нело́вкость.

awning n наве́с, тент.

awry adv ко́со.

axe n топо́р; vt уре́зывать, уреза́ть impf, уре́зать pf.

axiom n аксио́ма. **axiomatic** adj аксиомати́ческий.

axis, axle n ось.

ay int да!; n (in vote) го́лос "за".

Azerbaijan n Азербайджа́н. **Azerbaijani** n азербайджа́нец (-нца), -а́нка; adj азербайджа́нский.

azure n лазу́рь; adj лазу́рный.

B

BA abbr (univ) бакала́вр.

babble n (voices) болтовня́; (water) журча́ние; vi болта́ть impf; (water) журча́ть impf.

baboon n павиа́н.

baby n младе́нец; ~-sit присма́тривать за детьми́ в отсу́тствие роди́телей; ~-sitter приходя́щая ня́ня. **babyish** adj ребя́ческий.

bachelor n холостя́к; (univ) бакала́вр.

bacillus n баци́лла.

back n (of body) спина́; (rear) за́дняя часть; (reverse) оборо́т; (of seat) спи́нка; (sport) защи́тник; adj за́дний; vt (support) подде́рживать impf, поддержа́ть pf; (car) отодвига́ть impf, отодви́нуть pf; (horse) ста́вить impf, по~ pf на+асс; (finance) финанси́ровать impf & pf; vi ото-

дви́гаться impf, отодви́нуться pf наза́д; **backed out of the garage** вы́ехал за́дом из гара́жа; ~ **down** уступа́ть impf, уступи́ть pf; ~ **out** уклоня́ться impf, уклони́ться pf (of от+gen); ~ **up** (support) подде́рживать impf, поддержа́ть pf; (confirm) подкрепля́ть impf, подкрепи́ть pf. **backbiting** n спле́тня.

backbone n позвоно́чник; (support) гла́вная опо́ра; (firmness) твёрдость хара́ктера. **backcloth, backdrop** n за́дник; (fig) фон. **backer** n спо́нсор; (supporter) сторо́нник. **backfire** vi дава́ть impf, дать pf отсе́чку. **background** n фон, за́дний план; (person's) происхожде́ние. **backhand(er)** n уда́р сле́ва. **backhanded** adj (fig) сомни́тельный. **backhander** n (bribe) взя́тка. **backing** n подде́ржка. **backlash** n реа́кция. **backlog** n задо́лженность. **backside** n зад. **backstage** adv за кули́сами; adj закули́сный. **backstroke** n пла́вание на спине́. **back-up** n подде́ржка; (copy) резе́рвная ко́пия; adj вспомога́тельный. **backward** adj отста́лый. **backward(s)** adv наза́д. **backwater** n за́водь. **back yard** n за́дний двор.

bacon n беко́н.

bacterium n бакте́рия.

bad adj плохо́й; (food etc.) испо́рченный; (language) гру́бый; ~-**mannered** невоспи́танный; ~ **taste** безвку́сица; ~-**tempered** раздражи́тельный.

badge n значо́к.

badger n барсу́к; vt трави́ть impf, за~ pf.

badly adv пло́хо; (very much) о́чень.

badminton n бадминто́н.

baffle vt озада́чивать impf, озада́чить pf.

bag n (handbag) су́мка; (plastic ~, sack, under eyes) мешо́к; (paper ~) бума́жный паке́т; pl (luggage) бага́ж.

baggage n бага́ж.

baggy adj мешкова́тый.

bagpipe n волы́нка.

bail[1] n (security) поручи́тельство; **release on** ~ отпуска́ть impf, отпусти́ть pf на пору́ки; vt (~ **out**) брать impf, взять pf на пору́ки; (help) выруча́ть *impf*, вы́ручить *pf*.

ball², **bale²** *vt* вычёрпывать *impf*, вы́черпнуть *pf* (во́ду из+*gen*); ~ **out** *vi* выбра́сываться *impf*, вы́броситься *pf* с парашю́том.

bailiff *n* суде́бный исполни́тель.

bait *n* нажи́вка; прима́нка (*also fig*); *vt* (*torment*) трави́ть *impf*, за~ *pf*.

bake *vt & i* печь(ся) *impf*, ис~ *pf*. **baker** *n* пе́карь *m*, бу́лочник. **bakery** *n* пека́рня; (*shop*) бу́лочная *sb*.

balalaika *n* балала́йка.

balance *n* (*scales*) весы́ *m pl*; (*equilibrium*) равнове́сие; (*econ*) бала́нс; (*remainder*) оста́ток; ~ **sheet** бала́нс; *vt* (*make equal*) уравнове́шивать *impf*, уравнове́сить *pf*; *vt & i* (*econ*; *hold steady*) баланси́ровать *impf*, с~ *pf*.

balcony *n* балко́н.

bald *adj* лы́сый; ~ **patch** лы́сина. **balding** *adj* лысе́ющий. **baldness** *n* плеши́вость.

bale¹ *n* (*bundle*) ки́па.

bale² *see* **bail²**

balk *vi* арта́читься *impf*, за~ *pf*; she balked at the price цена́ её испуга́ла.

ball¹ *n* (*in games*) мяч; (*sphere*; *billiards*) шар; (*wool*) клубо́к; ~**bearing** шарикоподши́пник; ~**point** (pen) ша́риковая ру́чка.

ball² *n* (*dance*) бал.

ballad *n* балла́да.

ballast *n* балла́ст.

ballerina *n* балери́на.

ballet *n* бале́т. **ballet-dancer** *n* арти́ст, ~ка, бале́та.

balloon *n* возду́шный шар.

ballot *n* голосова́ние. **ballot-paper** *n* избира́тельный бюллете́нь *m*; *vt* держа́ть *impf* голосова́ние между́ +*instr*.

balm *n* бальза́м. **balmy** *adj* (*soft*) мя́гкий.

Baltic *n* Балти́йское мо́ре; ~ **States** прибалти́йские госуда́рства, Приба́лтика.

balustrade *n* балюстра́да.

bamboo *n* бамбу́к.

bamboozle *vt* надува́ть *impf*, наду́ть *pf*.

ban *n* запре́т; *vt* запреща́ть *impf*, запрети́ть *pf*.

banal *adj* бана́льный. **banality** *n* бана́льность.

banana *n* бана́н.

band *n* (*stripe*, *strip*) полоса́; (*braid*, *tape*) тесьма́; (*category*) катего́рия; (*of people*) гру́ппа; (*gang*) ба́нда; (*mus*) орке́стр; (*radio*) диапазо́н; *vi*: ~ **together** объединя́ться *impf*, объедини́ться *pf*.

bandage *n* бинт; *vt* бинтова́ть *impf*, за~ *pf*.

bandit *n* банди́т.

bandstand *n* эстра́да для орке́стра.

bandwagon *n*: jump on the ~ по́льзоваться *impf*, вос~ *pf* благоприя́тными обстоя́тельствами.

bandy-legged *adj* кривоно́гий.

bane *n* отра́ва.

bang *n* (*blow*) уда́р; (*noise*) стук; (*of gun*) вы́стрел; *vt* (*strike*) ударя́ть *impf*, уда́рить *pf*; *vi* хло́пать *impf*, хло́пнуть *pf*; (*slam shut*) захло́пываться *impf*, захло́пнуться *pf*; ~ **one's head** ударя́ться *impf*, уда́риться *pf* голово́й; ~ **the door** хло́пать *impf*, хло́пнуть *pf* две́рью.

banish *vt* изгоня́ть *impf*, изгна́ть *pf*.

banister *n* пери́ла *neut pl*.

banjo *n* ба́нджо *neut indecl*.

bank¹ *n* (*of river*) бе́рег; (*of earth*) вал; *vt* сгреба́ть *impf*, сгрести́ *pf* в ку́чу; *vi* (*aeron*) накреня́ть *impf*, накрени́ться *pf*.

bank² *n* (*econ*) банк; ~ **account** счёт в ба́нке; ~ **holiday** устано́вленный пра́здник; *vi* (*keep money*) держа́ть *impf* де́ньги (в ба́нке); *vt* (*put in* ~) класть *impf*, положи́ть *pf* в банк; ~ **on** полага́ться *impf*, положи́ться *pf* на+*acc*. **banker** *n* банки́р. **banknote** *n* банкно́та.

bankrupt *n* банкро́т; *adj* обанкро́тившийся; *vt* доводи́ть *impf*, довести́ *pf* до банкро́тства. **bankruptcy** *n* банкро́тство.

banner *n* зна́мя *neut*.

banquet *n* банке́т, пир.

banter *n* подшу́чивание.

baptism *n* креще́ние. **baptize** *vt* крести́ть *impf*, о~ *pf*.

bar *n* (*beam*) брус; (*of cage*) решётка; (*of chocolate*) пли́тка; (*of soap*) кусо́к; (*barrier*) прегра́да; (*law*) адвокату́ра; (*counter*) сто́йка; (*room*) бар; (*mus*) такт; *vt* (*obstruct*) прегражда́ть *impf*, прегради́ть *pf*;

(*prohibit*) запреща́ть *impf*, запрети́ть *pf*.

barbarian *n* ва́рвар. **barbaric, barbarous** *adj* ва́рварский.

barbecue *n* (*party*) шашлы́к; *vt* жа́рить *impf*, за~ *pf* на ве́ртеле.

barbed wire *n* колю́чая про́волока.

barber *n* парикма́хер; ~'s shop парикма́херская *sb*.

bar code *n* маркиро́вка.

bard *n* бард.

bare *adj* (*naked*) го́лый; (*empty*) пусто́й; (*small*) минима́льный; *vt* обнажа́ть *impf*, обнажи́ть *pf*; ~ one's teeth ска́лить *impf*, о~ *pf* зу́бы. **barefaced** *adj* на́глый. **barefoot** *adj* босо́й. **barely** *adv* едва́.

bargain *n* (*deal*) сде́лка; (*good buy*) вы́годная сде́лка; *vi* торгова́ться *impf*, с~ *pf*; ~ for, on (*expect*) ожида́ть *impf* +*gen*.

barge *n* ба́ржа́; *vi*: ~ into (*room etc.*) вырыва́ться *impf*, ворва́ться *pf* в+*acc*.

baritone *n* барито́н.

bark[1] *n* (*of dog*) лай; *vi* ла́ять *impf*.

bark[2] *n* (*of tree*) кора́.

barley *n* ячме́нь *m*.

barmaid *n* буфе́тчица. **barman** *n* буфе́тчик.

barmy *adj* тро́нутый.

barn *n* амба́р.

barometer *n* баро́метр.

baron *n* баро́н. **baroness** *n* бароне́сса.

baroque *n* баро́кко *neut indecl*; *adj* баро́чный.

barrack[1] *n* каза́рма.

barrack[2] *vt* освисты́вать *impf*, освиста́ть *pf*.

barrage *n* (*in river*) запру́да; (*gunfire*) огнево́й вал; (*fig*) град.

barrel *n* бо́чка; (*of gun*) ду́ло.

barren *adj* беспло́дный.

barricade *n* баррика́да; *vt* баррикади́ровать *impf*, за~ *pf*.

barrier *n* барье́р.

barring *prep* исключа́я.

barrister *n* адвока́т.

barrow *n* теле́жка.

barter *n* товарообме́н; *vi* обме́ниваться *impf*, обменя́ться *pf* това́рами.

base[1] *adj* ни́зкий; (*metal*) неблагоро́дный.

base[2] *n* осно́ва; (*also mil*) ба́за; *vt* осно́вывать *impf*, основа́ть *pf*. **baseball** *n* бейсбо́л. **baseless** *adj* необосно́ванный. **basement** *n* подва́л.

bash *vt* тре́снуть *pf*; *n*: have a ~! попро́буй(те)!

bashful *adj* засте́нчивый.

basic *adj* основно́й. **basically** *adv* в основно́м.

basin *n* таз; (*geog*) бассе́йн.

basis *n* осно́ва, ба́зис.

bask *vi* гре́ться *impf*; (*fig*) наслажда́ться *impf*, наслади́ться *pf* (in +*instr*).

basket *n* корзи́на. **basketball** *n* баскетбо́л.

bass *n* бас; *adj* басо́вый.

bassoon *n* фаго́т.

bastard *n* (*sl*) негодя́й.

baste *vt* (*cul*) полива́ть *impf*, поли́ть *pf* жи́ром.

bastion *n* бастио́н.

bat[1] *n* (*zool*) лету́чая мышь.

bat[2] *n* (*sport*) бита́; *vi* бить *impf*, по~ *pf* по мячу́.

bat[3] *vt*: he didn't ~ an eyelid он и гла́зом не мо́ргнул.

batch *n* па́чка; (*of loaves*) вы́печка.

bated *adj*: with ~ breath затаи́в дыха́ние.

bath *n* (*vessel*) ва́нна; *pl* пла́вательный бассе́йн; have a bath принима́ть *impf*, приня́ть *pf* ва́нну; *vt* купа́ть *impf*, вы́~, ис~ *pf*. **bathe** *vi* купа́ться *impf*, вы́~, ис~ *pf*; *vt* омыва́ть *impf*, омы́ть *pf*. **bather** *n* купа́льщик, -ица. **bath-house** *n* ба́ня. **bathing** *n*: ~ cap купа́льная ша́почка; ~ costume купа́льный костю́м. **bathroom** *n* ва́нная *sb*.

baton *n* (*staff of office*) жезл; (*sport*) эстафе́та; (*mus*) (дирижёрская) па́лочка.

battalion *n* батальо́н.

batten *n* ре́йка.

batter *n* взби́тое те́сто; *vt* колоти́ть *impf*, по~ *pf*.

battery *n* батаре́я.

battle *n* би́тва; (*fig*) борьба́; *vi* боро́ться *impf*. **battlefield** *n* по́ле бо́я. **battlement** *n* зу́бчатая стена́. **battleship** *n* лине́йный кора́бль *m*.

bawdy *adj* непристо́йный.

bawl *vi* ора́ть *impf*.

bay¹ n (bot) лавр; adj лавро́вый.

bay² n (geog) зали́в.

bay³ n (recess) пролёт; ~ window фона́рь m.

bay⁴ vi (bark) ла́ять impf; (howl) выть impf.

bay⁵ adj (colour) гнедо́й.

bayonet n штык.

bazaar n база́р.

BC abbr до н.э. (до на́шей э́ры).

be¹ v 1. быть: usually omitted in pres: he is a teacher он учи́тель. 2. (exist) существова́ть impf. 3. (frequentative) быва́ть impf. 4. (~ situated) находи́ться impf; (stand) стоя́ть impf; (lie) лежа́ть impf. 5. (in general definitions) явля́ться impf +instr: Moscow is the capital of Russia столи́цей Росси́и явля́ется го́род Москва́. 6.: there is, are име́ется, име́ются; (emph) есть.

be² v aux 1. be+inf, expressing duty, plan: до́лжен+inf. 2. be+past participle passive, expressing passive: быть+past participle passive in short form: it was done бы́ло сде́лано; impers construction of 3 pl+acc: I was beaten меня́ би́ли; reflexive construction: music was heard слы́шалась му́зыка. 3. be+pres participle active, expressing continuous tenses: imperfective aspect: I am reading я чита́ю.

beach n пляж.

beacon n мая́к, сигна́льный ого́нь m.

bead n бу́сина; (drop) ка́пля; pl бу́сы f pl.

beak n клюв.

beaker n (child's) ча́шка с но́сиком; (chem) мензу́рка.

beam n ба́лка; (ray) луч; vi (shine) сия́ть impf.

bean n фасо́ль, боб.

bear¹ n медве́дь m.

bear² vt (carry) носи́ть indet, нести́ det, по~ pf; (endure) терпе́ть impf; (child) роди́ть impf & pf; ~ out подтвержда́ть impf, подтверди́ть pf; ~ up держа́ться impf. bearable adj терпи́мый.

beard n борода́. bearded adj борода́тый.

bearer n носи́тель m; (of cheque) предъяви́тель m; (of letter) пода́тель m.

bearing n (deportment) оса́нка; (re-

lation) отноше́ние; (position) пе́ленг; (tech) подши́пник; get one's ~s ориенти́роваться impf & pf; lose one's ~s потеря́ть pf ориенти́ровку.

beast n живо́тное sb; (fig) скоти́на m & f. beastly adj (coll) проти́вный.

beat n бой; (round) обхо́д; (mus) такт; vt бить impf, по~ pf; (cul) взбива́ть impf, взбить pf; vi би́ться impf, ~ off отбива́ть impf, отби́ть pf; ~ up избива́ть impf, изби́ть pf. beating n битьё; (defeat) пораже́ние; (of heart) бие́ние.

beautiful adj краси́вый. beautify vt украша́ть impf украси́ть pf. beauty n красота́; (person) краса́вица.

beaver n бобр.

because conj потому́, что; так как; adv: ~ of из-за+gen.

beckon vt мани́ть impf, по~ pf к себе́.

become vi станови́ться impf, стать pf +instr; ~ of ста́ться pf с+instr. becoming adj (dress) иду́щий к лицу́ +dat.

bed n крова́ть, посте́ль; (garden) гря́дка; (sea) дно; (river) ру́сло; (geol) пласт; go to ~ ложи́ться impf, лечь pf спать; make the ~ стели́ть impf, по~ pf посте́ль. bed and breakfast n (hotel) ма́ленькая гости́ница. bedclothes n pl, bedding n посте́льное бельё. bedridden adj прико́ванный к посте́ли. bedroom n спа́льня. bedside table n ту́мбочка. bedsitter n одноко́мнатная кварти́ра. bedspread n покрыва́ло. bedtime n вре́мя neut ложи́ться спать.

bedevil vt му́чить impf, за~ pf.

bedlam n бедла́м.

bedraggled adj растрёпанный.

bee n пчела́. beehive n у́лей.

beech n бук.

beef n говя́дина. beefburger n котле́та.

beer n пи́во.

beetle n жук.

beetroot n свёкла.

befall vt & i случа́ться impf, случи́ться pf (+dat).

befit vt подходи́ть impf, подойти́ pf +dat.

before adv ра́ньше; prep пе́ред+instr,

до+*gen*; *conj* до того́ как; пре́жде чем; (*rather than*) скоре́е чем; the day ~ yesterday позавчера́. **beforehand** *adv* зара́нее.

befriend *vt* дружи́ться *impf*, по~ *pf* с+*instr*.

beg *vt* (*ask*) о́чень проси́ть *impf*, по~ *pf* (*person+acc*; *thing+acc* or *gen*); *vi* ни́щенствовать *impf*; (*of dog*) служи́ть *impf*; ~ for проси́ть *impf*, по~ *pf* +*acc* or *gen*; ~ pardon проси́ть *impf* проще́ние.

beggar *n* ни́щий *sb*.

begin *vt* (& *i*) начина́ть(ся) *impf*, нача́ть(ся) *pf*. **beginner** *n* начина́ющий *sb*. **beginning** *n* нача́ло.

begrudge *vt* (*give reluctantly*) жале́ть *impf*, со~ *pf* o+*prep*.

beguile *vt* (*charm*) очаро́вывать *impf*, очарова́ть *pf*; (*seduce, delude*) обольща́ть *impf*, обольсти́ть *pf*.

behalf *n*: on ~ of от и́мени+*gen*; (*in interest of*) в по́льзу+*gen*.

behave *vi* вести́ *impf* себя́. **behaviour** *n* поведе́ние.

behest *n* заве́т.

behind *adv*, *prep* сза́ди (+*gen*), позади́ (+*gen*), за (+*acc*, *instr*); *n* зад; be, fall, ~ отстава́ть *impf*, отста́ть *pf*.

behold *vt* смотре́ть *impf*, по~ *pf*. **beholden** *predic*: ~ to обя́зан+*dat*.

beige *adj* бе́жевый.

being *n* (*existence*) бытие́; (*creature*) существо́.

Belarus *n* Белару́сь.

belated *adj* запозда́лый.

belch *vi* рыга́ть *impf*, рыгну́ть *pf*; *vt* изверга́ть *impf*, изве́ргнуть *pf*.

beleaguer *vt* осажда́ть *impf*, осади́ть *pf*.

belfry *n* колоко́льня.

Belgian *n* белги́ец, -ги́йка; *adj* бельги́йский. **Belgium** *n* Бе́льгия.

belie *vt* противоре́чить *impf*+*dat*.

belief *n* (*faith*) ве́ра; (*confidence*) убежде́ние. **believable** *adj* правдоподо́бный. **believe** *vt* ве́рить *impf*, по~ *pf* +*dat*; ~ in ве́рить *impf* в+*acc*. **believer** *n* ве́рующий *sb*.

belittle *vt* умаля́ть *impf*, умали́ть *pf*.

bell *n* ко́локол; (*doorbell*) звоно́к; ~ tower колоко́льня.

bellicose *adj* вои́нственный. **belligerence** *n* вои́нственность. **belligerent** *adj* вою́ющий; (*aggressive*) вои́нственный.

bellow *vt* & *i* реве́ть *impf*.

bellows *n pl* мехи́ *m pl*.

belly *n* живо́т.

belong *vi* принадлежа́ть *impf* (to (к)+*dat*). **belongings** *n pl* пожи́тки (-ков) *pl*.

Belorussian *n* белору́с, ~ка; *adj* белору́сский.

beloved *adj* & *sb* возлю́бленный.

below *adv* (*position*) вниз, (*place*) внизу́, ни́же; *prep* ни́же+*gen*.

belt *n* (*strap*) по́яс, (*also tech*) реме́нь; (*zone*) зо́на, полоса́.

bench *n* скаме́йка; (*for work*) стано́к.

bend *n* изги́б; *vt* (& *i*, *also* ~ down) сгиба́ть(ся) *impf*, согну́ть(ся) *pf*; ~ over склоня́ться *impf*, склони́ться *pf* над+*instr*.

beneath *prep* под+*instr*.

benediction *n* благослове́ние.

benefactor *n* благоде́тель *m*. **benefactress** *n* благоде́тельница

beneficial *adj* поле́зный. **beneficiary** *n* получа́тель *m*; (*law*) насле́дник.

benefit *n* по́льза; (*allowance*) посо́бие; (*theat*) бенефи́с; *vt* приноси́ть *impf*, принести́ *pf* по́льзу +*dat*; *vi* извлека́ть *impf*, извле́чь *pf* вы́году.

benevolence *n* благожела́тельность. **benevolent** *adj* благожела́тельный.

benign *adj* до́брый, мя́гкий; (*tumour*) доброка́чественный.

bent *n* скло́нность.

bequeath *vt* завеща́ть *impf* & *pf* (to+*dat*). **bequest** *n* посме́ртный дар.

berate *vt* руга́ть *impf*, вы́~ *pf*.

bereave *vt* лиша́ть *impf*, лиши́ть *pf* (of +*gen*). **bereavement** *n* тяжёлая утра́та.

berry *n* я́года.

berserk *adj*: go ~ взбеси́ться *pf*.

berth *n* (*bunk*) ко́йка; (*naut*) стоя́нка; *vi* прича́ливать *impf*, прича́лить *pf*.

beseech *vt* умоля́ть *impf*, умоли́ть *pf*.

beset *vt* осажда́ть *impf*, осади́ть *pf*.

beside *prep* о́коло+*gen*, ря́дом с+*instr*; ~ the point некста́ти; ~ o.s. вне себя́. **besides** *adv* кро́ме того́; *prep* кро́ме+*gen*.

besiege vt осажда́ть impf, осади́ть pf.

besotted adj одурма́ненный.

bespoke adj сде́ланный на зака́з.

best adj лу́чший, са́мый лу́чший; adv лу́чше всего́, бо́льше всего́; all the ~! всего́ наилу́чшего! at ~ в лу́чшем слу́чае; do one's ~ де́лать impf, c~ pf всё возмо́жное; ~ **man** ша́фер.

bestial adj зве́рский. **bestiality** n зве́рство.

bestow vt дарова́ть impf & pf.

bestseller n бестсе́ллер.

bet n пари́ neut indecl; (stake) ста́вка; vi держа́ть impf пари́ (on на+acc); vt ста́вить impf, по~ pf; he bet me £5 он поспо́рил со мной 5 фу́нтов.

betray vt изменя́ть impf, измени́ть pf+dat. **betrayal** n изме́на.

better adj лу́чший; adv лу́чше; (more) бо́льше; vt улучша́ть impf, улу́чшить pf; all the ~ тем лу́чше; ~ **off** бо́лее состоя́тельный; ~ o.s. выдвига́ться impf, вы́двинуться pf; get ~ (health) поправля́ться impf, попра́виться pf; get the ~ of брать impf, взять pf верх над+instr; had ~: you had ~ go вам (dat) лу́чше бы пойти́; think ~ of переду́мывать impf, переду́мать pf. **betterment** n улучше́ние.

between prep ме́жду+instr.

bevel vt скла́шивать impf, скоси́ть pf.

beverage n напи́ток.

bevy n ста́йка.

beware vi остерега́ться impf, остере́чься pf (of +gen).

bewilder vt сбива́ть impf, сбить pf с то́лку. **bewildered** adj озада́ченный. **bewilderment** n замеша́тельство.

bewitch vt заколдо́вывать impf, заколдова́ть pf; (fig) очаро́вывать impf, очарова́ть pf. **bewitching** adj очарова́тельный.

beyond prep за+acc & instr; по ту сто́рону+gen; (above) сверх+gen; (outside) вне+gen; the back of ~ край све́та.

bias n (inclination) укло́н; (prejudice) предупрежде́ние. **biased** adj предупреждённый.

bib n нагру́дник.

Bible n Би́блия. **biblical** adj библе́йский.

bibliographical n библиографи́ческий. **bibliography** n библиогра́фия.

bicarbonate (of soda) n питьева́я со́да.

biceps n би́цепс.

bicker vi пререка́ться impf.

bicycle n велосипе́д.

bid n предложе́ние цены́; (attempt) попы́тка; vt & i предлага́ть impf, предложи́ть pf (це́ну) (for за+acc); vt (command) прика́зывать impf, приказа́ть pf +dat. **bidding** n предложе́ние цены́; (command) прика́з.

bide vt: ~ one's time ожида́ть impf благоприя́тного слу́чая.

biennial adj двухле́тний; n двухле́тник.

bier n катафа́лк.

bifocals n pl бифока́льные очки́ pl.

big adj большо́й; (also important) кру́пный.

bigamist n (man) двоежёнец; (woman) двумужница. **bigamy** n двубра́чие.

bigwig n ши́шка. **bike** n велосипе́д. **biker** n мотоцикли́ст.

bikini n бики́ни neut indecl.

bilateral adj двусторо́нний.

bilberry n черни́ка (no pl; usu collect).

bile n жёлчь. **bilious** adj жёлчный.

bilingual adj двуязы́чный.

bill¹ n счёт; (parl) законопрое́кт; (~ of exchange) ве́ксель; (poster) афи́ша; vt (announce) объявля́ть impf, объяви́ть pf в афи́шах; (charge) присыла́ть impf, присла́ть pf счёт +dat.

bill² n (beak) клюв.

billet vt расквартиро́вывать impf, расквартирова́ть pf.

billiards n билья́рд.

billion n биллио́н.

billow n вал; vi вздыма́ться impf.

bin n му́сорное ведро́; (corn) за́кром.

bind vt (tie) свя́зывать impf, связа́ть pf; (oblige) обя́зывать impf, обяза́ть pf; (book) переплета́ть impf, переплести́ pf. **binder** n (person) переплётчик; (*agric*) вязáльщик; (*for papers*) пáпка. **binding** *n* переплёт.

binge *n* кутёж.

binoculars *n pl* бинóкль *m*.

biochemistry *n* биохи́мия. **biographer** *n* биóграф. **biographical** *adj* биографи́ческий. **biography** *n* биогрáфия. **biological** *adj* биологи́ческий. **biologist** *n* биóлог. **biology** *n* биолóгия.

bipartisan *adj* двухпарти́йный.

birch *n* берёза; (*rod*) рóзга.

bird *n* пти́ца; ~ of prey хи́щная пти́ца.

birth *n* рождéние; (*descent*) происхождéние; ~ certificate мéтрика; ~ control противозачáточные мéры *f pl*. **birthday** *n* день рождéния; fourth ~ четырёхлéтие. **birthplace** *n* мéсто рождéния. **birthright** *n* прáво по рождéнию.

biscuit *n* печéнье.

bisect *vt* разрезáть *impf*, разрéзать *pf* попоáм.

bisexual *adj* бисексуáльный.

bishop *n* епи́скоп; (*chess*) слон.

bit^1 *n* (*piece*) кусóчек; a ~ немнóго; not a ~ ничýть.

bit^2 *n* (*tech*) сверлó; (*bridle*) удилá (-л) *pl*.

bitch *n* (*coll*) стéрва. **bitchy** *adj* стервóзный.

bite *n* укýс; (*snack*) закýска; (*fishing*) клёв; *vt* кусáть *impf*, укуси́ть *pf*; *vi* (*fish*) клевáть *impf*, клю́нуть *pf*. **biting** *adj* éдкий.

bitter *adj* гóрький. **bitterness** *n* гóречь.

bitumen *n* битýм.

bivouac *n* бивáк.

bizarre *adj* стрáнный.

black *adj* чёрный; ~ eye подби́тый глаз; ~ market чёрный ры́нок; *v*: ~ out (*vt*) затемня́ть *impf*, затемни́ть *pf*; (*vi*) терять *impf*, по~ *pf* сознáние; (*colour*) чёрный цвет; (~ *person*) негр, ~и́тянка; (*mourning*) трáур. **blackberry** *n* ежеви́ка (*no pl*; *usu collect*). **blackbird** *n* чёрный дрозд. **blackboard** *n* доскá. **blackcurrant** *n* чёрная сморóдина (*no pl*; *usu collect*). **blacken** *vt* (*fig*) черни́ть *impf*, о~ *pf*. **blackleg** *n* штрейкбрéхер. **blacklist** *n* вноси́ть *impf*, внести́ *pf* в чёрный спи́сок. **blackmail** *n* шантáж; *vt* шантажи́ровать *impf*. **blackout** *n* затемнéние; (*faint*) потéря сознáния. **blacksmith** *n* кузнéц.

bladder *n* пузы́рь *m*.

blade *n* (*knife*) лéзвие; (*oar*) лóпасть; (*grass*) были́нка.

blame *n* винá, порицáние; *vt* вини́ть *impf* (for в+*prep*); be to ~ быть винова́тым. **blameless** *adj* безупрéчный.

blanch *vt* (*vegetables*) ошпáривать *impf*, ошпáрить *pf*; *vi* бледнéть *impf*, по~ *pf*.

bland *adj* мя́гкий; (*dull*) прéсный.

blandishments *n pl* лесть.

blank *adj* (*look*) отсýтствующий; (*paper*) чи́стый; *n* (*space*) прóпуск; (*form*) бланк; (*cartridge*) холостóй патрóн; ~ cheque незапóлненный чек.

blanket *n* одея́ло.

blare *vi* труби́ть *impf*, про~ *pf*.

blasé *adj* пресы́щенный.

blasphemous *adj* богохýльный. **blasphemy** *n* богохýльство.

blast *n* (*wind*) порыв вéтра; (*explosion*) взрыв; *vt* взрывáть *impf*, взорвáть *pf*; ~ off стартовáть *impf* & *pf*. **blast-furnace** *n* дóмна.

blatant *adj* я́вный.

blaze *n* (*flame*) плáмя *neut*; (*fire*) пожáр; *vi* пылáть *impf*.

blazer *n* лёгкий пиджáк.

bleach *n* хлóрка, отбéливатель *m*; *vt* отбéливать *impf*, отбели́ть *pf*.

bleak *adj* пусты́нный; (*dreary*) уны́лый.

bleary-eyed *adj* с затумáненными глазáми.

bleat *vi* блéять *impf*.

bleed *vi* кровоточи́ть *impf*.

bleeper *n* персонáльный сигнализáтор.

blemish *n* пятнó.

blend *n* смесь; *vt* смéшивать *impf*, смешáть *pf*; *vi* гармони́ровать *impf*. **blender** *n* ми́ксер.

bless *vt* благословля́ть *impf*, благослови́ть *pf*. **blessed** *adj* благословéнный. **blessing** *n* (*action*) благословéние; (*object*) блáго.

blight *vt* губи́ть *impf*, по~ *pf*.

blind *adj* слепóй; ~ alley тупи́к; *n*

штóра; vt ослепля́ть impf, ослепи́ть pf. **blindfold** vt завя́зывать impf, завяза́ть pf глазá+dat. **blindness** n слепотá.

blink vi мигáть impf, мигнýть pf. **blinkers** n pl шóры (-p) pl.

bliss n блажéнство. **blissful** adj блажéнный.

blister n пузы́рь m, волды́рь m.

blithe adj весёлый; (carefree) беспéчный.

blitz n бомбёжка.

blizzard n метéль.

bloated adj взду́тый.

blob n (liquid) кáпля; (colour) кля́кса.

bloc n блок.

block n (wood) чурбáн; (stone) глы́ба; (flats) жилóй дом; vt прегражда́ть impf, прегради́ть pf; ~ up забивáть impf, заби́ть pf.

blockade n блокáда; vt блоки́ровать impf & pf.

blockage n затóр.

bloke n пáрень m.

blond n блонди́н, ~ка; adj белокýрый.

blood n кровь; ~ donor дóнор; ~-poisoning n заражéние крóви; ~-pressure кровянóе давлéние; ~-relation бли́зкий рóдственник, -ая рóдственница; ~-transfusion перели-вáние крóви. **bloodhound** n ище́й-ка. **bloodshed** n кровопроли́тие. **bloodshot** adj нали́тый крóвью. **bloodthirsty** adj кровожáдный. **bloody** adj кровáвый.

bloom n расцвéт; vi цвести́ pf.

blossom n цвет; in ~ в цветý.

blot n кля́кса, пятнó; vt (dry) промокáть impf, промокнýть pf; (smudge) пáчкать impf, за~ pf.

blotch n пятнó.

blotting-paper n промокáтельная бумáга.

blouse n кóфточка, блýзка.

blow[1] n удáр.

blow[2] vt & i дуть impf; ~ away сноси́ть impf, снести́ pf; ~ down вали́ть impf, по~ pf; ~ one's nose сморкáться impf, сморкнýться pf; ~ out задувáть impf, задýть pf; ~ over (fig) проходи́ть impf, пройти́ pf; ~ up взрывáть impf, взорвáть pf; (inflate) надувáть impf, надýть pf. **blow-lamp** n пая́льная лáмпа.

blubber[1] n ворвань.

blubber[2] vi ревéть impf.

bludgeon n дуби́нка; vt (compel) вынуждáть impf, вы́нудить pf.

blue adj (dark) си́ний; (light) голубóй; n си́ний, голубóй, цвет. **blue-bell** n колокóльчик. **bluebottle** n си́няя мýха. **blueprint** n си́нька, светокóпия; (fig) проéкт.

bluff n блеф; vi блефовáть impf.

blunder n оплом́ность; vi оплошáть pf.

blunt adj тупóй; (person) прямóй; vt тупи́ть impf, за~, ис~ pf.

blur vt затумáнивать impf, затумáнить pf. **blurred** adj расплы́в-чатый.

blurt vi: ~ out выбáлтывать impf, вы́болтать pf.

blush vi краснéть impf, по~ pf.

bluster vi бушевáть impf; n пусты́е словá neut pl.

boar n бóров; (wild) кабáн.

board n доскá; (committee) правлéние, совéт; on ~ на борт(ý); vt сади́ться impf, сесть pf (на корáбль, в пóезд и т.д.); ~ up забивáть impf, заби́ть pf. **boarder** n пансионéр. **boarding-house** n пансиóн. **boarding-school** n интернáт.

boast vi хвáстаться impf, по~ pf; горди́ться impf +instr. **boaster** n хвастýн. **boastful** adj хвастли́вый.

boat n (small) лóдка; (large) корáбль m.

bob vi подпры́гивать impf, подпры́гнуть pf.

bobbin n катýшка.

bobsleigh n бóбслей.

bode vt: ~ well/ill предвещáть impf хорóшее/недóброе.

bodice n лиф, корсáж.

bodily adv целикóм; adj телéсный.

body n тéло, тýловище; (corpse) труп; (group) óрган; (main part) основнáя часть. **bodyguard** n телохрани́тель m. **bodywork** n кýзов.

bog n болóта; get ~ged down увязáть impf, увя́знуть pf. **boggy** adj болóтистый.

bogus adj поддéльный.

boil[1] n (med) фурýнкул.

boil[2] vi кипéть impf, вс~ pf; vt кипяти́ть impf, с~ pf; (cook) вари́ть *impf*, c~ *pf*; ~ **down** to сходи́ться *impf*, сойти́сь *pf* к тому́, что; ~**over** выкипа́ть *impf*, вы́кипеть *pf*; *n* кипе́ние; **bring to the** ~ доводи́ть *impf*, довести́ *pf* до кипе́ния. **boiled** *adj* варёный. **boiler** *n* котёл; ~ **suit** комбинезо́н. **boiling** *adj* кипя́щий; ~ **point** то́чка кипе́ния; ~ **water** кипято́к.

boisterous *adj* шумли́вый.

bold *adj* сме́лый; (*type*) жи́рный.

bollard *n* (*in road*) столб; (*on quay*) пал.

bolster *n* ва́лик; *vt*: ~ **up** подпира́ть *impf*, подпере́ть *pf*.

bolt *n* засо́в; (*tech*) болт; *vt* запира́ть *impf*, запере́ть *pf* на засо́в; скрепля́ть *impf*, скрепи́ть *pf* болта́ми; *vi* (*flee*) удира́ть *impf*, удра́ть *pf*; (*horse*) понести́ *pf*.

bomb *n* бо́мба; *vt* бомби́ть *impf*. **bombard** *vt* бомбарди́ровать *impf*. **bombardment** *n* бомбардиро́вка. **bomber** *n* бомбардиро́вщик.

bombastic *adj* напы́щенный.

bond *n* (*econ*) облига́ция; (*link*) связь; *pl* око́вы (-в) *pl*, (*fig*) у́зы (уз) *pl*.

bone *n* кость.

bonfire *n* костёр.

bonnet *n* ка́пор; (*car*) капо́т.

bonus *n* пре́мия.

bony *adj* кости́стый.

boo *vt* осви́стывать *impf*, освиста́ть *pf*; *vi* улюлю́кать *impf*.

booby trap *n* лову́шка.

book *n* кни́га; *vt* (*order*) зака́зывать *impf*, заказа́ть *pf*; (*reserve*) брони́ровать *impf*, за~ *pf*. **bookbinder** *n* переплётчик. **bookcase** *n* кни́жный шкаф. **booking** *n* зака́з; ~ **office** ка́сса. **bookkeeper** *n* бухга́лтер. **bookmaker** *n* букме́кер. **bookshop** *n* кни́жный магази́н.

boom[1] *n* (*barrier*) бон.

boom[2] *n* (*sound*) гул; (*econ*) бум; *vi* гуде́ть *impf*, (*fig*) процвета́ть *impf*. **boon** *n* бла́го.

boor *n* хам. **boorish** *adj* ха́мский.

boost *n* соде́йствие; *vt* увели́чивать *impf*, увели́чить *pf*.

boot *n* боти́нок; (*high*) сапо́г; (*football*) бу́тса; (*car*) бага́жник.

booth *n* кио́ск, бу́дка; (*polling*) каби́на.

booty *n* добы́ча.

booze *n* вы́пивка; *vi* выпива́ть *impf*.

border *n* (*frontier*) грани́ца; (*trim*) кайма́; (*gardening*) бордю́р; *vi* грани́чить *impf* (**on** c+*instr*). **borderline** *n* грани́ца.

bore[1] *n* (*calibre*) кана́л (ствола́); *vt* сверли́ть *impf*, про~ *pf*.

bore[2] *n* (*thing*) ску́ка; (*person*) ску́чный челове́к; *vt* надоеда́ть *impf*, надое́сть *pf* +*dat*. **boredom** *n* ску́ка. **boring** *adj* ску́чный.

born *adj* прирождённый; **be** ~ роди́ться *impf & pf*.

borough *n* райо́н.

borrow *vt* одолжа́ть *impf*, одолжи́ть *pf* (**from** y+*gen*).

Bosnia *n* Бо́сния. **Bosnian** *n* босни́ец, -и́йка; *adj* босни́йский.

bosom *n* грудь.

boss *n* нача́льник; *vt* кома́ндовать *impf*, c~ *pf* +*instr*. **bossy** *adj* команди́рский.

botanical *adj* ботани́ческий. **botanist** *n* бота́ник. **botany** *n* бота́ника.

botch *vt* зала́тывать *impf*, залата́ть *pf*.

both *adj & pron* о́ба *m & neut*, о́бе *f*; ~ ... **and** и... и.

bother *n* доса́да; *vt* беспоко́ить *impf*.

bottle *n* буты́лка; ~**neck** суже́ние; *vt* разлива́ть *impf*, разли́ть *pf* по буты́лкам; ~ **up** сде́рживать *impf*, сдержа́ть *pf*.

bottom *n* ни́жняя часть; (*of river etc.*) дно; (*buttocks*) зад; **at the** ~ **of** (*stairs*) внизу́+*gen*; **get to the** ~ **of** добира́ться *impf*, добра́ться *pf* до су́ти +*gen*; *adj* са́мый ни́жний. **bottomless** *adj* бездо́нный.

bough *n* сук.

boulder *n* валу́н.

bounce *vi* подпры́гивать *impf*, подпры́гнуть *pf*; (*cheque*) верну́ться *pf*.

bound[1] *n* (*limit*) преде́л; *vt* ограни́чивать *impf*, ограни́чить *pf*.

bound[2] *n* (*spring*) прыжо́к; *vi* пры́гать *impf*, пры́гнуть *pf*.

bound[3] *adj*: **he is** ~ **to be there** он обяза́тельно там бу́дет.

bound[4] *adj*: **to be** ~ **to be directed** направля́ться *impf*, напра́виться *pf* в+*acc*.

boundary *n* грани́ца.

boundless *adj* безграни́чный.

bountiful *adj* (*generous*) ще́дрый;

(*ample*) оби́льный. **bounty** n ще́д-
рость; (*reward*) пре́мия.
bouquet n буке́т.
bourgeois adj буржуа́зный. **bourgeoisie** n буржуази́я.
bout n (*med*) при́ступ; (*sport*) схва́т-
ка.
bow¹ n (*weapon*) лук; (*knot*) бант;
(*mus*) смычо́к.
bow² n (*obeisance*) покло́н; vi кла́-
няться *impf*, поклони́ться *pf*; vt
склоня́ть *impf*, склони́ть *pf*.
bow³ n (*naut*) нос.
bowel n кишка́; (*depths*) не́дра (-р)
pl.
bowl¹ n ми́ска.
bowl² n (*ball*) шар; vi подава́ть *impf*,
пода́ть *pf* мяч. **bowler** n подаю́щий
sb мяч; (*hat*) котело́к. **bowling-al-
ley** n кегельба́н. **bowls** n игра́ в
шары́.
box¹ n коро́бка, я́щик; (*theat*) ло́жа;
~ **office** ка́сса.
box² vi бокси́ровать *impf*. **boxer** n
боксёр. **boxing** n бокс. **Boxing Day**
n второ́й день Рождества́.
boy n ма́льчик. **boyfriend** n моло-
до́й челове́к. **boyhood** n о́тро-
чество. **boyish** adj мальчи́шеский.
boycott n бойко́т; vt бойкоти́ровать
impf & *pf*.
bra n ли́фчик.
brace n (*clamp*) скре́па; *pl* подтя́жки
f *pl*; (*dental*) ши́на; vt скрепля́ть
impf, скрепи́ть *pf*; ~ o.s. соби-
ра́ться *impf*, собра́ться *pf* с си́лами.
bracelet n брасле́т.
bracing adj бодря́щий.
bracket n (*support*) кронште́йн; *pl*
ско́бки f *pl*; (*category*) катего́рия.
brag vi хва́статься *impf*, по~ *pf*.
braid n тесьма́.
braille n шрифт Бра́йля.
brain n мозг. **brainstorm** n припа́док
безу́мия. **brainwash** vt промыва́ть
impf, промы́ть *pf* мозги́+dat. **brain-
wave** n блестя́щая иде́я.
braise vt туши́ть *impf*, с~ *pf*.
brake n то́рмоз; vt тормози́ть *impf*,
за~ *pf*.
bramble n ежеви́ка.
bran n о́труби (-бей) *pl*.
branch n ве́тка; (*fig*) о́трасль;
(*comm*) филиа́л; vi разветвля́ться
impf, разветви́ться *pf*; ~ **out** (*fig*)

расширя́ть *impf*, расши́рить *pf*
де́ятельности.
brand n (*mark*) клеймо́; (*make*) ма́р-
ка; (*sort*) сорт; vt клейми́ть *impf*,
за~ *pf*.
brandish vt разма́хивать *impf*+instr.
brandy n конья́к.
brash adj наха́льный.
brass n лату́нь, жёлтая медь; (*mus*)
ме́дные инструме́нты m *pl*; adj
лату́нный, ме́дный; ~ **band** ме́дный
духово́й орке́стр; **top** ~ вы́сшее на-
ча́льство.
brassière n бюстга́лтер.
brat n чертёнок.
bravado n брава́да.
brave adj хра́брый; vt покоря́ть
impf, покори́ть *pf*. **bravery** n хра́б-
рость.
bravo int бра́во.
brawl n сканда́л; vi дра́ться *impf*,
по~ *pf*.
brawny adj му́скулистый.
bray n крик осла́; vi крича́ть *impf*.
brazen adj бессты́дный.
brazier n жаро́вня.
breach n наруше́ние; (*break*) про-
ло́м; (*mil*) брешь; vt прорыва́ть
impf, прорва́ть *pf*; (*rule*) наруша́ть
impf, нару́шить *pf*.
bread n хлеб; (*white*) бу́лка. **bread-
crumb** n кро́шка. **breadwinner** n
корми́лец.
breadth n ширина́; (*fig*) широта́.
break n проло́м, разры́в; (*pause*)
переры́в, па́уза; vt (& i) лома́ть(ся)
impf, с~ *pf*; разбива́ть(ся) *impf*,
разби́ть(ся) *pf*; vt (*violate*) на-
руша́ть *impf*, нару́шить *pf*; ~ **away**
вырыва́ться *impf*, вы́рваться *pf*; ~
down (vi) (*tech*) лома́ться *impf*, с~
pf; (*talks*) срыва́ться *impf*, со-
рва́ться *pf*; (vt) (*door*) выла́мывать
impf, вы́ломать *pf*; ~ **in(to)** вла́-
мываться *impf*, вломи́ться *pf* в+acc;
~ **off** (vt & i) отла́мывать(ся) *impf*,
отломи́ть(ся) *pf*; (vi) (*speaking*) за-
молча́ть *pf*; (vt) (*relations*) порыва́ть
impf, порва́ть *pf*; ~ **out** вырыва́ться
impf, вы́рваться *pf*; (*fire,
war*) вспы́хнуть *pf*; ~ **through** про-
бива́ться *impf*, проби́ться *pf*; ~ **up**
(vi) (*marriage*) распада́ться *impf*,
распа́сться *pf*; (*meeting*) преры-
ва́ться *impf*, прерва́ться *pf*; (vt)

breast

(*disperse*) разгоня́ть *impf*, разогна́ть *pf*; (*vt & i*) разбива́ть(ся) *impf*, разби́ть(ся) *pf*; ~ with порыва́ть *impf*, порва́ть *pf* с+*instr*. **breakage** *n* поло́мка; (*med*) не́рвный срыв. **breaker** *n* буру́н. **breakfast** *n* за́втрак; *vi* за́втракать *impf*, по~ *pf*. **breakneck** *adj*: at ~ speed сломя́ го́лову. **breakthrough** *n* проры́в. **breakwater** *n* волноре́з.

breast *n* грудь; ~-feeding *n* кормле́ние гру́дью; ~-stroke *n* брасс.

breath *n* дыха́ние; be out of ~ запыха́ться *impf & pf*. **breathe** *vi* дыша́ть *impf*; ~ in вдыха́ть *impf*, вдохну́ть *pf*; ~ out выдыха́ть *impf*, вы́дохнуть *pf*. **breather** *n* переды́шка. **breathless** *adj* запыха́вшийся.

breeches *n pl* бри́джи (-жей) *pl*.

breed *n* поро́да; *vi* размножа́ться *impf*, размно́житься *pf*; *vt* разводи́ть *impf*, развести́ *pf*. **breeder** *n* -вод: cattle ~ скотово́д. **breeding** *n* разведе́ние, -во́дство; (*upbringing*) воспи́танность.

breeze *n* ветеро́к; (*naut*) бриз. **breezy** *adj* све́жий.

brevity *n* кра́ткость.

brew *vt* (*beer*) вари́ть *impf*, с~ *pf*; (*tea*) зава́ривать *impf*, завари́ть *pf*; (*beer*) ва́рка; (*tea*) зава́рка. **brewer** *n* пивова́р. **brewery** *n* пивова́ренный заво́д.

bribe *n* взя́тка; *vt* подкупа́ть *impf*, подкупи́ть *pf*. **bribery** *n* по́дкуп.

brick *n* кирпи́ч; *adj* кирпи́чный. **bricklayer** *n* ка́менщик.

bridal *adj* сва́дебный. **bride** *n* неве́ста. **bridegroom** *n* жени́х. **bridesmaid** *n* подру́жка неве́сты.

bridge[1] *n* мост; (*of nose*) перено́сица; *vt* (*gap*) заполня́ть *impf*, запо́лнить *pf*; (*overcome*) преодолева́ть *impf*, преодоле́ть *pf*.

bridge[2] *n* (*game*) бридж.

bridle *n* узда́; *vi* возмуща́ться *impf*, возмути́ться *pf*.

brief *adj* недо́лгий; (*concise*) кра́ткий; *n* инстру́кция; *vt* инструкти́ровать *impf & pf*. **briefcase** *n* портфе́ль *m*. **briefing** *n* инструкта́ж. **briefly** *adv* кра́тко. **briefs** *n pl* трусы́ (-со́в) *pl*.

brigade *n* брига́да. **brigadier** *n* генера́л-майо́р.

bright *adj* я́ркий. **brighten** (*also* ~ up) *vi* проясня́ться *impf*, проясни́ться *pf*; *vt* оживля́ть *impf*, оживи́ть *pf*. **brightness** *n* я́ркость.

brilliant *adj* блестя́щий.

brim *n* край; (*hat*) поля́ (-ле́й) *pl*.

brine *n* рассо́л.

bring *vt* (*carry*) приноси́ть *impf*, принести́ *pf*; (*lead*) приводи́ть *impf*, привести́ *pf*; (*transport*) привози́ть *impf*, привезти́ *pf*; ~ about приноси́ть *impf*, принести́ *pf*; ~ back возвраща́ть *impf*, возврати́ть *pf*; ~ down сва́ливать *impf*, свали́ть *pf*; ~ round (*unconscious person*) приводи́ть *impf*, привести́ *pf* в себя́; (*deliver*) привози́ть *impf*, привезти́ *pf*; ~ up (*educate*) воспи́тывать *impf*, воспита́ть *pf*; (*question*) поднима́ть *impf*, подня́ть *pf*.

brink *n* край.

brisk *adj* (*lively*) оживлённый; (*air etc.*) све́жий; (*quick*) бы́стрый.

bristle *n* щети́на; *vi* щети́ниться *impf*, о~ *pf*.

Britain *n* Великобрита́ния, А́нглия. **British** *adj* брита́нский, англи́йский; ~ Isles Брита́нские острова́ *m pl*. **Briton** *n* брита́нец, -нка; англича́нин, -а́нка.

brittle *adj* хру́пкий.

broach *vt* затра́гивать *impf*, затро́нуть *pf*.

broad *adj* широ́кий; in ~ daylight средь бе́ла дня; in ~ outline в о́бщих черта́х. **broad-minded** *adj* с широ́кими взгля́дами. **broadly** *adv*: ~ speaking вообще́ говоря́.

broadcast *n* переда́ча; *vt* передава́ть *impf*, переда́ть *pf* по ра́дио, по телеви́дению; (*seed*) се́ять *impf*, по~ *pf* вразбро́с. **broadcaster** *n* ди́ктор. **broadcasting** *n* радио-, теле-, веща́ние.

brocade *n* парча́.

broccoli *n* бро́кколи *neut indecl*.

brochure *n* брошю́ра.

broke *predic* без гроша́. **broken** *adj* сло́манный; ~-hearted с разби́тым се́рдцем.

broker *n* комиссионе́р.

bronchitis *n* бронхи́т.

bronze *n* бро́нза; *adj* бро́нзовый.

brooch *n* брошь, бро́шка.

brood n вы́водок; vi мра́чно размышля́ть impf.
brook¹ n ручёй.
brook² vt терпе́ть impf.
broom n метла́. **broomstick** n (witches') помело́.
broth n бульо́н.
brothel n публи́чный дом.
brother n брат; ~-in-law n (sister's husband) зять; (husband's brother) де́верь; (wife's brother) шу́рин; (wife's sister's husband) своя́к. **brotherhood** n бра́тство. **brotherly** adj бра́тский.
brow n (eyebrow) бровь; (forehead) лоб; (of hill) гре́бень m. **browbeaten** adj запу́ганный.
brown adj кори́чневый; (eyes) ка́рий; n кори́чневый цвет; vt (cul) подрумя́нивать impf, подрумя́нить pf.
browse vi (look around) осма́триваться impf, осмотре́ться pf; (in book) просма́тривать impf просмотре́ть pf кни́гу.
bruise n синя́к; vt ушиба́ть impf, ушиби́ть pf.
brunette n брюне́тка.
brunt n основна́я тя́жесть.
brush n щётка; (paint) кисть; vt (clean) чи́стить impf, вы́~, по~ pf (щёткой); (touch) легко́ каса́ться impf, косну́ться pf +gen; (hair) расчёсывать impf, расчеса́ть pf щёткой; ~ aside, off отма́хиваться impf, отмахну́ться pf от+gen; ~ up сметать impf, смести́ pf; (renew) подчища́ть impf, подчи́стить pf.
brushwood n хво́рост.
Brussels sprouts n pl брюссе́льская капу́ста.
brutal adj жесто́кий. **brutality** n жесто́кость. **brutalize** vt ожесточа́ть impf, ожесточи́ть pf. **brute** n живо́тное sb; (person) скоти́на. **brutish** adj ха́мский.
B.Sc. abbr бакала́вр нау́к.
bubble n пузы́рь m; vi пузы́риться impf; кипе́ть impf, вс~ pf.
buck n саме́ц оле́ня, кро́лика etc.; vi брыка́ться impf.
bucket n ведро́.
buckle n пря́жка; vt застёгивать impf, застегну́ть pf (пря́жкой); vi (warp) коро́биться impf, по~, с~ pf.

bud n по́чка.
Buddhism n будди́зм. **Buddhist** n будди́ст; adj будди́йский.
budge vt & i шевели́ть(ся) impf, по~ pf.
budget n бюдже́т; vi: ~ for предусма́тривать impf, предусмотре́ть pf в бюдже́те.
buff adj све́тло-кори́чневый.
buffalo n бу́йвол.
buffet¹ n буфе́т.
buffet² vt броса́ть impf (impers).
buffoon n шут.
bug n (insect) бука́шка; (germ) инфе́кция; (in computer) оши́бка в програ́мме; (microphone) потайно́й микрофо́н; vt (install ~) устана́вливать impf, установи́ть pf аппарату́ру для подслу́шивания в+prep; (listen) подслу́шивать impf.
bugle n горн.
build n (of person) телосложе́ние; vt стро́ить impf, по~ pf; ~ on пристра́ивать impf, пристро́ить pf (to к+dat); ~ up (vt) создава́ть impf, созда́ть pf; (vi) нака́пливаться impf, накопи́ться pf. **builder** n строи́тель m. **building** n (edifice) зда́ние; (action) строи́тельство; ~ site стро́йка; ~ society жили́щно-строи́тельный кооперати́в.
built-up area n застро́енный райо́н.
bulb n лу́ковица; (electric) ла́мпочка. **bulbous** adj лу́ковичный.
Bulgaria n Болга́рия. **Bulgarian** n болга́рин, -га́рка; adj болга́рский.
bulge n вы́пуклость; vi выпя́чиваться impf; выпира́ть impf. **bulging** adj разбу́хший, оттопы́ривающийся.
bulk n (size) объём; (greater part) бо́льшая часть; in ~ гурто́м. **bulky** adj громо́здкий.
bull n бык; (male) саме́ц. **bulldog** n бульдо́г. **bulldoze** vt расчища́ть impf, расчи́стить pf бульдо́зером. **bulldozer** n бульдо́зер. **bullfinch** n снеги́рь m. **bullock** n вол. **bull's-eye** n я́блоко.
bullet n пу́ля. **bullet-proof** adj пулесто́йкий.
bulletin n бюллете́нь m.
bullion n: gold ~ зо́лото в сли́тках.
bully n задира m & f; vt запу́гивать impf, запуга́ть pf.

bum n зад.

bumble-bee n шмель m.

bump n (blow) уда́р, толчо́к; (swelling) ши́шка; (in road) уха́б; vi ударя́ться impf, уда́риться pf; ~ into натáлкиваться impf, натолкнýться pf на+acc. **bumper** n бáмпер.

bumpkin n деревéнщина m & f.

bumptious adj самоувéренный.

bumpy adj ухáбистый.

bun n сдóбная бýлка; (hair) пучóк.

bunch n (of flowers) букéт; (grapes) гроздь; (keys) свя́зка.

bundle n ýзел; vt свя́зывать impf, связáть pf в ýзел; ~ off спровáживать impf, спровадить pf.

bungalow n бýнгало neut indecl.

bungle vt пóртить impf, ис~ pf.

bunk n кóйка.

bunker n бýнкер.

buoy n буй. **buoyancy** n плавýчесть; (fig) бóдрость. **buoyant** adj плавýчий; (fig) бóдрый.

burden n брéмя neut; vt обременя́ть impf, обремени́ть pf.

bureau n бюрó neut indecl. **bureaucracy** n бюрокра́тия. **bureaucrat** n бюрокра́т. **bureaucratic** adj бюрократи́ческий.

burger n котлéта.

burglar n взлóмщик. **burglary** n крáжа со взлóмом. **burgle** vt грáбить impf, о~ pf.

burial n погребéние.

burlesque n бурлéск.

burly adj здоровéнный.

burn n жечь impf, с~ pf; vt & i (injure) обжигáть(ся) impf, обжéчь(ся) pf; vi горéть impf, с~ pf; (by sun) загорáть impf, загорéть pf; n ожóг. **burner** n горéлка.

burnish vt полировáть impf, от~ pf.

burp vi рыгáть impf, рыгнýть pf.

burrow n норá; vi рыть impf, вы́~ pf норý; (fig) ры́ться pf.

bursar n казначéй. **bursary** n стипéндия.

burst n разры́в, вспы́шка; vi разрывáться impf, разорвáться pf; (bubble) лóпаться impf, лóпнуть pf; vt разрывáть impf, разорвáть pf; ~ into tears расплáкаться pf.

bury vt (dead) хорони́ть impf, по~ pf; (hide) зарывáть impf, зары́ть pf.

bus n автóбус.

bush n куст. **bushy** adj густóй.

busily adv энерги́чно.

business n (affair, dealings) дéло; (firm) предприя́тие; mind your own ~ не вáше дéло; on ~ по дéлу. **businesslike** adj делово́й. **businessman** n бизнесмéн.

busker n ýличный музыкáнт.

bust n бюст; (bosom) грудь.

bustle n суетá; vi суети́ться impf.

busy adj занятóй; vt: ~ o.s. занимáться impf, заня́ться pf (with +instr). **busybody** n назóйливый человéк.

but conj но, а; ~ then затó; prep крóме+gen.

butcher n мясни́к; vt рéзать impf, за~ pf; ~'s shop мяснáя sb.

butler n дворéцкий sb.

butt[1] n (cask) бóчка.

butt[2] n (of gun) приклáд; (cigarette) окýрок.

butt[3] n (target) мишéнь.

butt[4] vt бодáть impf, за~ pf; ~ in вмéшиваться impf, вмешáться pf.

butter n (сли́вочное) мáсло; vt намáзывать impf, намáзать pf мáслом; ~ up льсти́ть impf, по~ pf. **buttercup** n лю́тик. **butterfly** n бáбочка.

buttock n я́годица.

button n пýговица; (knob) кнóпка; vt застёгивать impf, застегнýть pf. **buttonhole** n пéтля.

buttress n контрфóрс; vt подпирáть impf, подперéть pf.

buxom adj полногрýдая.

buy n покýпка; vt покупáть impf, купи́ть pf. **buyer** n покупáтель m.

buzz n жужжáние; vi жужжáть impf.

buzzard n каню́к.

buzzer n зýммер.

by adv ми́мо; prep (near) óколо+gen, y+gen; (beside) ря́дом c+instr; (past) ми́мо+gen; (time) к+dat; (means) instr without prep; ~ and large в цéлом.

bye int покá!

by-election n дополни́тельные вы́боры m pl.

Byelorussian see Belorussian

bygone adj мину́вший; let ~s be ~s что прошлó, то прошлó. **by-law** n постановлéние. **bypass** n обхóд; vt обходи́ть impf, обойти́ pf. **by-product** n побóчный продýкт. **byroad** n

небольша́я доро́га. **bystander** n свиде́тель m. **byway** n просёлочная доро́га. **byword** n олицетворе́ние (for+gen).
Byzantine adj византи́йский.

C

cab n (taxi) такси́ neut indecl; (of lorry) каби́на.
cabaret n кабаре́ neut indecl.
cabbage n капу́ста.
cabin n (hut) хи́жина; (aeron) каби́на; (naut) каю́та.
cabinet n шкаф; (Cabinet) кабине́т; ~-**maker** краснодере́вец; ~-**minister** мини́стр-член кабине́та.
cable n (rope) кана́т; (electric) ка́бель m; (cablegram) телегра́мма; vt & i телеграфи́ровать impf & pf.
cache n потайно́й склад.
cackle vi гогота́ть impf.
cactus n ка́ктус.
caddy n (box) ча́йница.
cadet n новобра́нец.
cadge vt стреля́ть impf, стрельну́ть pf.
cadres n pl ка́дры m pl.
Caesarean (section) n ке́сарево сече́ние.
cafe n кафе́ neut indecl. **cafeteria** n кафете́рий.
caffeine n кофеи́н.
cage n кле́тка.
cajole vt зада́бривать impf, задобрить pf.
cake n (large) торт, (small) пиро́жное sb; (fruit-~) кекс; vt: ~d обле́пленный (in+instr).
calamitous adj бе́дственный. **calamity** n бе́дствие.
calcium n ка́льций.
calculate vt вычисля́ть impf, вы́числить pf; vi рассчи́тывать impf, рассчита́ть pf (on на+acc). **calculation** n вычисле́ние, расчёт. **calculator** n калькуля́тор.
calendar n календа́рь m.
calf[1] n (cow) телёнок.
calf[2] n (leg) икра́.
calibrate vt калиброва́ть impf. **calibre** n кали́бр.
call v звать impf, по~ pf; (name) называ́ть impf, назва́ть pf; (cry) крича́ть impf, кри́кнуть pf; (wake) буди́ть impf, раз~ pf; (visit) заходи́ть impf, зайти́ pf (on к+dat; at в+acc); (stop at) остана́вливаться impf, останови́ться pf (at в, на, +prep); (summon) вызыва́ть impf, вы́звать pf; (ring up) звони́ть impf, по~ pf +dat; ~ for (require) тре́бовать impf, по~ pf +gen; (fetch) заходи́ть impf, зайти́ pf за+instr; ~ off отменя́ть impf, отмени́ть pf; ~ out вскри́кивать impf, вскри́кнуть pf; ~ up призыва́ть impf, призва́ть pf; n (cry) крик; (summons) зов, призы́в; (telephone) (телефо́нный) вы́зов, разгово́р; (visit) визи́т; (signal) сигна́л; ~-**box** телефо́н-автома́т; ~-**up** призы́в. **caller** n посети́тель, ~ница; (tel) позвони́вший sb. **calling** n (vocation) призва́ние.
callous adj (person) чёрствый.
callus n мозо́ль.
calm adj споко́йный; n споко́йствие; vt & i (~ down) успока́ивать(ся) impf, успоко́ить(ся) pf.
calorie n кало́рия.
camber n скат.
camcorder n камко́рдер.
camel n верблю́д.
camera n фотоаппара́т. **cameraman** n кинооперáтор.
camouflage n камуфля́ж; vt маскирова́ть impf, за~ pf.
camp n ла́герь m; vi (set up ~) располага́ться impf, расположи́ться pf ла́герем; (go camping) жить impf в пала́тках; ~-**bed** раскладу́шка; ~-**fire** костёр.
campaign n кампа́ния; vi проводи́ть impf, провести́ pf кампа́нию.
campsite n ла́герь m, ке́мпинг.
campus n университе́тский городо́к.
can[1] n ба́нка; vt консерви́ровать impf, за~ pf.
can[2] n (pl) aux (be able) мочь impf, c~ pf +inf; (know how) уме́ть impf, c~ pf +inf.
Canada n Кана́да. **Canadian** n кана́дец, -дка; adj кана́дский.
canal n кана́л.
canary n канаре́йка.
cancel vt (make void) аннули́ровать impf & pf; (call off) отменя́ть impf, отмени́ть pf; (stamp) гаси́ть impf, по~ pf. **cancellation** n аннули́рова-

ние; отмéна.
cancer n рак; (C∼) Рак. **cancerous** adj páковый.
candelabrum n канделя́бр.
candid adj открове́нный.
candidate n кандида́т.
candied adj заса́харенный.
candle n свеча́. **candlestick** n подсве́чник.
candour n открове́нность.
candy n сла́дости f pl.
cane n (plant) тростни́к; (stick) трость, пáлка; vt бить impf, по∼ pf пáлкой.
canine adj собáчий; n (tooth) клык.
canister n бáнка, коро́бка.
canker n рак.
cannabis n гаши́ш.
cannibal n людоéд. **cannibalism** n людоéдство.
cannon n пу́шка; ∼-ball пу́шечное ядро́.
canoe n канóэ neut indecl; vi плáвать indet, плыть det на канóэ.
canon n канóн; (person) канóник. **canonize** vt канонизовáть impf & pf.
canopy n балдахи́н.
cant n (hypocrisy) хáнжество; (jargon) жаргóн.
cantankerous adj сварли́вый.
cantata n кантáта.
canteen n столóвая sb.
canter n лёгкий галóп; vi (rider) éздить indet, éхать det лёгким галóпом; (horse) ходи́ть indet, идти́ det лёгким галóпом.
canvas n (art) холст; (naut) паруси́на; (tent material) брезéнт.
canvass vi агити́ровать impf, c∼ pf (for за+acc); n собирáние голосóв; агитáция. **canvasser** n собирáтель m голосóв.
canyon n каньóн.
cap n (of uniform) фурáжка; (cloth) кéпка; (woman's) чепéц; (lid) крышка; vt превосходи́ть impf, превзойти́ pf.
capability n спосóбность. **capable** adj спосóбный (of на+acc).
capacious adj вмести́тельный. **capacity** n ёмкость; (ability) спосóбность; in the ∼ of в кáчестве +gen.
cape¹ n (geog) мыс.
cape² n (cloak) накидка.

caper vi скакáть impf.
capers¹ n pl (cul) кáперсы m pl.
capillary adj капилля́рный.
capital adj (letter) прописнóй; ∼ punishment смéртная казнь; n (town) столи́ца; (letter) прописнáя бýква; (econ) капитáл. **capitalism** n капитали́зм. **capitalist** n капитали́ст; adj капиталисти́ческий. **capitalize** vt извлекáть impf, извлéчь pf выгоду (on из+gen).
capitulate vi капитули́ровать impf & pf. **capitulation** n капитуля́ция.
caprice n капри́з. **capricious** adj капри́зный.
Capricorn n Козерóг.
capsize vt & i опроки́дывать(ся) impf, опроки́нуть(ся) pf.
capsule n кáпсула.
captain n капитáн; vt быть капитáном +gen.
caption n пóдпись; (cin) титр.
captious adj приди́рчивый.
captivate vt пленя́ть impf, плени́ть pf. **captivating** adj плени́тельный.
captive adj & n плéнный. **captivity** n невóля; (esp mil) плен. **capture** n взя́тие, захвáт, поймка; vt (person) брать impf, взять pf в плен; (seize) захвáтывать impf, захвати́ть pf.
car n маши́на; автомоби́ль m; ∼ park стоя́нка.
carafe n графи́н.
caramel(s) n карамéль.
carat n карáт.
caravan n фургóн; (convoy) каравáн.
caraway (seeds) n тмин.
carbohydrate n углевóд. **carbon** n углерóд; ∼ copy кóпия; ∼ dioxide углекислотá; ∼ monoxide óкись углерóда; ∼ paper копировáльная бумáга.
carburettor n карбюрáтор.
carcass n тýша.
card n (stiff paper) картóн; (visiting ∼) кáрточка; (playing ∼) кáрта; (greetings ∼) открытка; (ticket) билéт. **cardboard** n картóн; adj картóнный.
cardiac adj сердéчный.
cardigan n кардигáн.
cardinal adj кардинáльный; ∼ number коли́чественное числи́тельное sb; n кардинáл.

care n (trouble) забо́та; (caution) осторо́жность; (tending) ухо́д; **in the ~ of** на попече́нии +gen; **take ~** осторо́жно!; смотри́(те)!; **take ~ of** забо́титься impf, по~ pf o+prep; vi: **I don't ~** мне всё равно́; **~ for** (look after) уха́живать impf за+instr; (like) нра́виться impf, по~ pf impers +dat.

career n карье́ра.

carefree adj беззабо́тный. **careful** adj (cautious) осторо́жный; (thorough) тща́тельный. **careless** adj (negligent) небре́жный; (incautious) неосторо́жный.

caress n ла́ска; vt ласка́ть impf.

caretaker n смотри́тель m, ~ница; attrib вре́менный.

cargo n груз.

caricature n карикату́ра; vt изобража́ть impf, изобрази́ть pf в карикату́рном ви́де.

carnage n резня́.

carnal adj пло́тский.

carnation n гвозди́ка.

carnival n карнава́л.

carnivorous adj плотоя́дный.

carol n (рожде́ственский) гимн.

carouse vi кути́ть impf, кутну́ть pf.

carp[1] n карп.

carp[2] vi придира́ться impf, придра́ться pf (at к+dat).

carpenter n пло́тник. **carpentry** n пло́тничество.

carpet n ковёр; vt покрыва́ть impf, покры́ть pf ковро́м.

carping adj приди́рчивый.

carriage n (vehicle) каре́та; (rly) ваго́н; (conveyance) перево́зка; (bearing) оса́нка. **carriageway** n прое́зжая часть доро́ги. **carrier** n (on bike) бага́жник; (firm) тра́нспортная компа́ния; (med) бациллоноси́тель m.

carrot n морко́вка; pl морко́вь (collect).

carry vt (by hand) носи́ть indet, нести́ det; переноси́ть impf, перенести́ pf; (in vehicle) вози́ть indet, везти́ det; (sound) передава́ть impf, переда́ть pf; vi (sound) быть слы́шен; **be carried away** увлека́ться impf, увле́чься pf; **~ on** (continue) продолжа́ть impf; **~ out** выполня́ть impf, вы́полнить pf; **~ over** пере-

носи́ть impf, перенести́ pf.

cart n теле́га; vt (lug) тащи́ть impf.

cartilage n хрящ.

carton n карто́нка.

cartoon n карикату́ра; (cin) мультфи́льм. **cartoonist** n карикатури́ст, ~ка.

cartridge n патро́н; (of record player) звукоснима́тель m.

carve vt ре́зать impf по+dat; (in wood) выреза́ть impf, вы́резать pf; (in stone) высека́ть impf, вы́сечь; (slice) нареза́ть impf, наре́зать pf. **carving** n резьба́; **~ knife** нож для нареза́ния мя́са.

cascade n каска́д; vi па́дать impf.

case[1] n (instance) слу́чай; (law) де́ло; (med) больно́й sb; (gram) паде́ж; **in ~** (в слу́чае) е́сли; **in any ~** во вся́ком слу́чае; **in no ~** не в ко́ем слу́чае; **just in ~** на вся́кий слу́чай.

case[2] n (box) я́щик; (suitcase) чемода́н; (small box) футля́р; (cover) чехо́л; (display ~) витри́на.

cash n нали́чные sb; (money) де́ньги pl; **~ on delivery** нало́женным платежо́м; **~ desk, register** ка́сса; vt: **~ a cheque** получа́ть impf, получи́ть pf де́ньги по че́ку. **cashier** n касси́р.

casing n (tech) кожу́х.

casino n казино́ neut indecl.

cask n бо́чка.

casket n шкату́лка.

casserole n (pot) ла́тка; (stew) рагу́ neut indecl.

cassette n кассе́та; **~ recorder** кассе́тный магнитофо́н.

cassock n ря́са.

cast vt (throw) броса́ть impf, бро́сить pf; (shed) сбра́сывать impf, сбро́сить pf; (theat) распределя́ть impf, распредели́ть pf ро́ли +dat; (found) лить impf, с~ pf; **~ off** (knitting) спуска́ть impf, спусти́ть pf пе́тли; (naut) отплыва́ть impf, отплы́ть pf; **~ on** (knitting) набира́ть impf, набра́ть pf пе́тли; n (of mind etc.) склад; (mould) фо́рма; (moulded object) сле́пок; (med) ги́псовая повя́зка; (theat) де́йствующие ли́ца (-ц) pl. **castaway** n потерпе́вший sb кораблекруше́ние. **cast iron** n чугу́н. **cast-iron** adj чугу́нный. **castoffs** n pl но́шеное пла́тье.

castanet n кастаньéта.

caste n кáста.

castigate vt бичевáть impf.

castle n зáмок; (chess) ладья́.

castor n (wheel) рóлик; ~ sugar сáхарная пýдра.

castrate vt кастри́ровать impf & pf. **castration** n кастрáция.

casual adj (chance) случáйный; (offhand) небрéжный; (clothes) обы́денный; (unofficial) неофициáльный; (informal) лёгкий; (labour) подённый; ~ labourer подёнщик, -ица.

casualty n (wounded) рáненый sb; (killed) уби́тый sb; pl потéри (-рь) pl; ~ ward палáта скóрой пóмощи.

cat n кóшка; (tom) кот; ~'s-eye (on road) (дорóжный) рефлéктор.

catalogue n каталóг; (price list) прейскурáнт; vt каталогизи́ровать impf & pf.

catalyst n катализáтор. **catalytic** adj каталити́ческий.

catapult n (toy) рогáтка; (hist, aeron) катапýльта; vt & i катапульти́ровать(ся) impf & pf.

cataract n (med) катарáкта.

catarrh n катáр.

catastrophe n катастрóфа. **catastrophic** adj катастрофи́ческий.

catch vt (ball, fish, thief) лови́ть impf, пойма́ть pf; (surprise) застава́ть impf, застáть pf; (disease) заража́ться impf, зарази́ться pf +instr; (be in time for) успевáть impf, успéть pf на+acc; vt & i (snag) зацепля́ть(ся) impf, зацепи́ть(ся) pf (on за+acc); ~ on (become popular) прививáться impf, приви́ться pf; ~ up with догоня́ть impf, догнáть pf; n (of fish) улóв; (trick) улóвка; (on door etc.) защёлка. **catching** adj зарáзный. **catchword** n мóдное словéчко. **catchy** adj прили́пчивый.

categorical adj категори́ческий. **category** n категóрия.

cater vi: ~ for поставля́ть impf, постáвить pf прови́зию для+gen; (satisfy) удовлетворя́ть impf, удовлетвори́ть pf. **caterer** n поставщи́к (прови́зии).

caterpillar n гýсеница.

cathedral n собóр.

catheter n катéтер.

Catholic adj католи́ческий; n като-

лик, -и́чка. **Catholicism** n католи́чество.

cattle n скот.

Caucasus n Кавкáз.

cauldron n котёл.

cauliflower n цветнáя капýста.

cause n причи́на, пóвод; (law etc.) дéло; vt причиня́ть impf, причини́ть pf; вызывáть impf, вы́звать pf; (induce) заставля́ть impf, застáвить pf.

caustic adj éдкий.

cauterize vt прижигáть impf, прижéчь pf.

caution n осторóжность; (warning) предостережéние; vt предостерегáть impf, предостерéчь pf. **cautious** adj осторóжный. **cautionary** adj предостерегáющий.

cavalcade n кавалькáда. **cavalier** adj бесцеремóнный. **cavalry** n кавалéрия.

cave n пещéра; vi: ~ in обвáливаться impf, обвали́ться pf; (yield) сдавáться impf, сдáться pf. **caveman** n пещéрный человéк. **cavern** n пещéра. **cavernous** adj пещéристый.

caviare n икрá.

cavity n впáдина, пóлость; (in tooth) дуплó.

cavort vi скакáть impf.

caw vi кáркать impf, кáркнуть pf.

CD abbr (of compact disc) компáкт-ди́ск; ~ player прои́грыватель m компáкт-ди́сков.

cease vt & i прекращáть(ся) impf, прекрати́ть(ся) pf; vt перестава́ть impf, перестáть pf (+inf); ~-fire прекращéние огня́. **ceaseless** adj непрестáнный.

cedar n кедр.

cede vt уступáть impf, уступи́ть pf.

ceiling n потолóк; (fig) максимáльный урóвень m.

celebrate vt & i прáздновать impf, от~ pf; (extol) прославля́ть impf, прослáвить pf. **celebrated** adj знамени́тый. **celebration** n прáзднование. **celebrity** n знамени́тость.

celery n сельдерéй.

celestial adj небéсный.

celibacy n безбрáчие. **celibate** adj холостóй; n холостя́к.

cell n (prison) кáмера; (biol) клéтка.

cellar n подвáл.

cello n виолончель.

cellophane n целлофан. cellular adj клеточный. celluloid n целлулоид. Celt n кельт. Celtic adj кельтский.

cement n цемент; vt цементировать impf, за~ pf.

cemetery n кладбище.

censor n цензор; vt подвергать impf, подвергнуть pf цензуре. censorious adj сверхкритический. censorship n цензура. censure n порицание; vt порицать impf.

census n перепись.

cent n цент; per ~ процент.

centenary n столетие. centennial adj столетний. centigrade adj: 10° ~ 10° по Цельсию. centimetre n сантиметр. centipede n сороконожка.

central adj центральный; ~ heating центральное отопление. centralization n централизация. centralize vt централизовать impf & pf. centre n центр; середина; ~ forward центр нападения; vi & i: ~ on сосредоточить(ся) impf, сосредоточить(ся) pf на+prep. centrifugal adj центробежный.

century n столетие, век.

ceramic adj керамический. ceramics n pl керамика.

cereals n pl хлебные злаки m pl; breakfast ~ зерновые хлопья (-ев) pl.

cerebral adj мозговой.

ceremonial adj церемониальный; n церемониал. ceremonious adj церемонный. ceremony n церемония.

certain adj (confident) уверен (-нна); (undoubted) несомненный; (unspecified) известный; (inevitable) верный; for ~ наверняка. certainly adv (of course) конечно, безусловно; (without doubt) несомненно; ~ not! ни в коем случае. certainty n (conviction) уверенность; (fact) несомненный факт.

certificate n свидетельство; сертификат. certify vt удостоверять impf, удостоверить pf.

cervical adj шейный. cervix n шейка матки.

cessation n прекращение.

cf. abbr ср., сравни.

CFCs abbr (of chlorofluorocarbons)

хлорированные фторуглероды m pl.

chafe vt (rub) тереть impf; (rub sore) натирать impf, натереть pf.

chaff n (husks) мякина; (straw) сечка.

chaffinch n зяблик.

chagrin n огорчение.

chain n цепь; ~ reaction цепная реакция; ~ smoker заядлый курильщик.

chair n стул, (armchair) кресло; (univ) кафедра; vt (preside) председательствовать impf на+prep. chairman, -woman n председатель m, ~ница.

chalice n чаша.

chalk n мел. chalky adj меловой.

challenge n (summons, fig) вызов; (sentry's) оклик; (law) отвод; vt вызывать impf, вызвать pf; (sentry) окликать impf, окликнуть pf; (law) отводить impf, отвести pf. challenger n претендент. challenging adj интригующий.

chamber n (cavity) камера; (hall) зал; (polit) палата; pl (law) адвокатская контора, (judge's) кабинет (судьи); ~ music камерная музыка; ~ pot ночной горшок. chambermaid n горничная sb.

chameleon n хамелеон.

chamois n (animal) серна; (~ leather) замша.

champagne n шампанское sb.

champion n чемпион, ~ка; (upholder) поборник, -ица; vt бороться impf за +acc. championship n первенство, чемпионат.

chance n случайность; (opportunity) возможность, (favourable) случай; (likelihood) шанс (usu pl) sg; ~ чайно; adj случайный; vi: ~ it рискнуть pf.

chancellery n канцелярия. chancellor n канцлер; (univ) ректор; С~ of the Exchequer канцлер казначейства.

chancy adj рискованный.

chandelier n люстра.

change n перемена; изменение; (of clothes etc.) смена; (money) сдача; (of trains etc.) пересадка; for ~ для разнообразия; vt & i менять(ся) impf; изменять(ся) impf, изме-

ни́ть(ся) *pf*; *vi* (*one's clothes*)
переодева́ться *impf*, переоде́ться
pf; (*trains etc.*) переса́живаться
impf, пересе́сть *pf*; *vt* (*a baby*) пере-
пелёнывать *impf*, перепелена́ть *pf*;
(*money*) обме́нивать *impf*, обме́-
ня́ть *pf*; ~ (*give* ~ *for*) разме́нивать
impf, разменя́ть *pf*; ~ into превра-
ща́ться *impf*, преврати́ться *pf*
в+*acc*; ~ over to переходи́ть *impf*,
перейти́ *pf* на+*acc*. **changeable** *adj*
изме́нчивый.

channel *n* (*water*) проли́в; (*also TV*)
кана́л; (*fig*) путь *m*; the (English) C~
Ла-Ма́нш; (*fig*) направля́ть *impf*.

chant *n* (*eccl*) песнопе́ние; *vt & i*
петь *impf*; (*slogans*) сканди́ровать
impf & pf.

chaos *n* ха́ос. **chaotic** *adj* хаоти́чный.

chap *n* (*person*) па́рень *m*.

chapel *n* часо́вня; (*Catholic*) капе́л-
ла.

chaperone *n* компаньо́нка.

chaplain *n* капелла́н.

chapped *adj* потреска́вшийся.

chapter *n* глава́.

char *vt & i* обу́гливать(ся) *impf*,
обу́глить(ся) *pf*.

character *n* хара́ктер; (*theat*) дей-
ствующее лицо́; (*letter*) бу́ква; (*Chinese etc.*) иеро́глиф. **characteristic**
adj характе́рный; *n* свойство; (*of
person*) черта́ хара́ктера. **characterize** *vt* характеризова́ть *impf &
pf*.

charade *n* шара́да.

charcoal *n* древе́сный у́голь *m*.

charge *n* (*for gun; electr*) заря́д; (*fee*)
пла́та; (*person*) пито́мец, -мица;
(*accusation*) обвине́ние; (*mil*) ата́ка;
be in ~ **of** заве́довать *impf* +*instr*;
in the ~ **of** на попече́нии +*gen*; *vt*
(*gun; electr*) заряжа́ть *impf*, заря-
ди́ть *pf*; (*accuse*) обвиня́ть *impf*,
обвини́ть *pf* (**with** в+*prep*); (*mil*)
атакова́ть *impf & pf*; *vi* броса́ться
impf, бро́ситься *pf* в ата́ку; (~ for)
брать *impf*, взять *pf* (за+*acc*); ~ **to**
(**the account of**) запи́сывать *impf*,
записа́ть *pf* на счёт+*gen*.

chariot *n* колесни́ца.

charisma *n* обая́ние. **charismatic** *adj*
обая́тельный.

charitable *adj* благотвори́тельный;
(*kind, merciful*) милосе́рдный. **char-**

ity *n* (*kindness*) милосе́рдие; (*organization*) благотвори́тельная ор-
ганиза́ция.

charlatan *n* шарлата́н.

charm *n* очарова́ние; пре́лесть;
(*spell*) за́говор; *pl* ча́ры (чар) *pl*;
(*amulet*) талисма́н; (*trinket*) брело́к;
vt очаро́вывать *impf*, очарова́ть *pf*.
charming *adj* очарова́тельный, пре-
ле́стный.

chart *n* (*naut*) морска́я ка́рта; (*table*) гра́фик; *vt* наноси́ть *impf*,
нанести́ *pf* на гра́фик. **charter** *n*
(*document*) ха́ртия; (*statutes*) уста́в;
vt нанима́ть *impf*, наня́ть *pf*.

charwoman *n* приходя́щая убо́р-
щица.

chase *vt* гоня́ться *indet*, гна́ться *det*
за+*instr*; *n* пого́ня; (*hunting*) охо́та.

chasm *n* (*abyss*) бе́здна.

chassis *n* шасси́ *neut indecl*.

chaste *adj* целому́дренный.

chastise *vt* кара́ть *impf*, по~ *pf*.

chastity *n* целому́дрие.

chat *n* бесе́да; *vi* бесе́довать *impf*;
~ **show** телевизио́нная бесе́да-
интервью́ *f*.

chatter *n* болтовня́; *vi* болта́ть *impf*;
(*teeth*) стуча́ть *impf*. **chatterbox** *n*
болту́н. **chatty** *adj* разгово́рчивый.

chauffeur *n* шофёр.

chauvinism *n* шовини́зм. **chauvinist** *n* шовини́ст; *adj* шовинисти́-
ческий.

cheap *adj* дешёвый. **cheapen** *vt* (*fig*)
опошля́ть *impf*, опошли́ть *pf*.
cheaply *adv* дёшево.

cheat *vt* обма́нывать *impf*, обману́ть
pf; *vi* плутова́ть *impf*, с~ *pf*; *n*
(*person*) обма́нщик, -ица; плут;
(*act*) обма́н.

check[1] *n* контро́ль *m*, прове́рка;
(*chess*) шах; ~**mate** шах и мат; *vt*
(*examine*) проверя́ть *impf*, прове́-
рить *pf*; контроли́ровать *impf*,
про~ *pf*; (*restrain*) сде́рживать *impf*,
сдержа́ть *pf*; ~ **in** регистри́ро-
ваться *impf*, за~ *pf*; ~ **out**
выпи́сываться *impf*, вы́писаться *pf*;
~**-out** ка́сса; ~**-up** осмо́тр.

check[2] *n* (*pattern*) кле́тка. **check(ed)**
adj кле́тчатый.

cheek *n* щека́; (*impertinence*) на́-
глость. **cheeky** *adj* на́глый.

cheep *vi* пища́ть *impf*, пи́скнуть *pf*.

cheer *n* ободря́ющий во́зглас; ~s! за (ва́ше) здоро́вье!; *vt* (*applaud*) приве́тствовать *impf* & *pf*; ~ up ободри́ть(ся) *impf*, ободри́ть(ся) *pf*. **cheerful** *adj* весёлый. **cheerio** *int* пока́. **cheerless** *adj* уны́лый.

cheese *n* сыр; ~-cake ватру́шка.

cheetah *n* гепа́рд.

chef *n* (шеф-)по́вар.

chemical *adj* хими́ческий; *n* химика́т. **chemist** *n* хи́мик; (*druggist*) апте́карь *m*; ~'s (shop) апте́ка. **chemistry** *n* хи́мия.

cheque *n* чек; ~-book че́ковая кни́жка.

cherish *vt* (*foster*) леле́ять *impf*; (*hold dear*) дорожи́ть *impf* +*instr*; (*love*) нёжно люби́ть *impf*.

cherry *n* ви́шня; *adj* вишнёвый.

cherub *n* херуви́м.

chess *n* ша́хматы (-т) *pl*; ~-board ша́хматная доска́; ~-men *n* ша́хматы (-т) *pl*.

chest *n* сунду́к; (*anat*) грудь; ~ of drawers комо́д.

chestnut *n* кашта́н; (*horse*) гнеда́я *sb*.

chew *vt* жева́ть *impf*. **chewing-gum** *n* жева́тельная рези́нка.

chic *adj* элега́нтный.

chick *n* цыплёнок. **chicken** *n* ку́рица; цыплёнок; *adj* трусли́вый; ~ out тру́сить *impf*, c~ *pf*. **chicken-pox** *n* ветря́нка.

chicory *n* цико́рий.

chief *n* глава́ *m* & *f*; (*boss*) нача́льник; (*of tribe*) вождь *m*; *adj* гла́вный. **chiefly** *adv* гла́вным о́бразом. **chieftain** *n* вождь *m*.

chiffon *n* шифо́н.

child *n* ребёнок; ~-birth ро́ды (-ов) *pl*. **childhood** *n* де́тство. **childish** *adj* де́тский. **childless** *adj* безде́тный. **childlike** *adj* де́тский. **childrens'** *adj* де́тский.

chili *n* стручко́вый пе́рец.

chill *n* хо́лод; (*ailment*) просту́да; *vt* охлажда́ть *impf*, охлади́ть *pf*. **chilly** *adj* прохла́дный.

chime *n* (*set of bells*) набо́р колоко́лов; *pl* (*sound*) перезво́н; (*of clock*) бой; *vt* & *i* (*clock*) бить *impf*, про~ *pf*; *vi* (*bell*) звони́ть *impf*, по~ *pf*.

chimney *n* труба́; ~-sweep трубочи́ст.

chimpanzee *n* шимпанзе́ *m indecl*.

chin *n* подборо́док.

china *n* фарфо́р.

China *n* Кита́й. **Chinese** *n* кита́ец, -а́янка; *adj* кита́йский.

chink¹ *n* (*sound*) звон; *vi* звене́ть *impf*, про~ *pf*.

chink² *n* (*crack*) щель.

chintz *n* си́тец.

chip *vt* & *i* отка́лывать(ся) *impf*, отколо́ть(ся) *pf*; *n* (*of wood*) ще́пка; (*in cup*) щерби́на; (*in games*) фи́шка; *pl* картофель-соло́мка (*collect*); (*electron*) чип, микросхе́ма.

chiropodist *n* челове́к, занима́ющийся педикю́ром. **chiropody** *n* педикю́р.

chirp *vi* чири́кать *impf*.

chisel *n* (*wood*) стаме́ска; (*masonry*) зуби́ло; *vt* высека́ть *impf*, вы́сечь *pf*.

chit *n* (*note*) запи́ска.

chivalrous *adj* ры́царский. **chivalry** *n* ры́царство.

chlorine *n* хлор. **chloroform** *n* хлорофо́рм. **chlorophyll** *n* хлорофи́лл.

chock-full *adj* битко́м наби́тый.

chocolate *n* шокола́д; (*sweet*) шокола́дка.

choice *n* вы́бор; *adj* отбо́рный.

choir *n* хор *m*; ~-boy пе́вчий *sb*.

choke *n* (*valve*) дро́ссель *m*; *vi* дави́ться *impf*, по~ *pf*; (*with anger etc.*) задыха́ться *impf*, задохну́ться *pf* (with от+*gen*); *vt* (*suffocate*) души́ть *impf*, за~ *pf*; (*of plants*) заглуша́ть, глуши́ть *impf*, заглуши́ть *pf*.

cholera *n* холе́ра.

cholesterol *n* холестери́н.

choose *vt* (*select*) выбира́ть *impf*, вы́брать *pf*; (*decide*) реша́ть *impf*, реши́ть *pf*. **choosy** *adj* разбо́рчивый.

chop *vt* (*also* ~ down) руби́ть *impf*, рубну́ть, рубану́ть *pf*; ~ off отруба́ть *impf*, отруби́ть *pf*; *n* (*cul*) отбивна́я котле́та.

chopper *n* топо́р. **choppy** *adj* бурли́вый.

chop-sticks *n* па́лочки *f pl* для еды́.

choral *adj* хорово́й. **chorale** *n* хора́л.

chord *n* (*mus*) акко́рд.

chore *n* обя́занность.

choreographer *n* хорео́граф. **chore-**

ography *n* хореогра́фия.
chorister *n* пе́вчий *sb*.
chortle *vi* фы́ркать *impf*, фы́ркнуть *pf*.
chorus *n* хор; (*refrain*) припе́в.
christen *vt* крести́ть *impf* & *pf*. **Christian** *n* христиани́н, -а́нка; *adj* христиа́нский; ~ **name** и́мя *neut*. **Christianity** *n* христиа́нство. **Christmas** *n* Рождество́; ~ **Day** пе́рвый день Рождества́; ~ **Eve** соче́льник; ~ **tree** ёлка.
chromatic *adj* хромати́ческий. **chrome** *n* хром. **chromium** *n* хром. **chromosome** *n* хромосо́ма.
chronic *adj* хрони́ческий.
chronicle *n* хро́ника, ле́топись.
chronological *adj* хронологи́ческий.
chrysalis *n* ку́колка.
chrysanthemum *n* хризанте́ма.
chubby *adj* пу́хлый.
chuck *vt* броса́ть *impf*, бро́сить *pf*; ~ **out** вышиба́ть *impf*, вы́шибить *pf*.
chuckle *vi* посме́иваться *impf*.
chum *n* това́рищ.
chunk *n* ломо́ть *m*.
church *n* це́рковь. **churchyard** *n* кла́дбище.
churlish *adj* гру́бый.
churn *n* маслобо́йка; *vt* сбива́ть *impf*, сбить *pf*; *vi* (*foam*) пе́ниться *impf*, вс~ *pf*; (*stomach*) крути́ть *impf*; ~ **out** выпека́ть *impf*, вы́печь *pf*; ~ **up** взбить *pf*.
chute *n* жёлоб.
cider *n* сидр.
cigar *n* сига́ра. **cigarette** *n* сигаре́та; папиро́са; ~ **lighter** зажига́лка.
cinder *n* шлак; *pl* зола́.
cine-camera *n* киноаппара́т. **cinema** *n* кино́ *neut indecl*.
cinnamon *n* кори́ца.
cipher *n* нуль *m*; (*code*) шифр.
circle *n* круг; (*theatre*) я́рус; *vi* кружи́ться *impf*, *vt* (*walking*) обходи́ть *impf*, обойти́ *pf*; (*flying*) облета́ть *impf*, облете́ть *pf*. **circuit** *n* кругооборо́т; объе́зд, обхо́д; (*electron*) схе́ма; (*electr*) цепь. **circuitous** *adj* окру́жный. **circular** *adj* кру́глый; (*moving in a circle*) кругово́й; *n* циркуля́р. **circulate** *vi* циркули́ровать *impf*; *vt* распространя́ть *impf*, распространи́ть *pf*. **circulation** *n* (*air*)

циркуля́ция; (*distribution*) распростране́ние; (*of newspaper*) тира́ж; (*med*) кровообраще́ние.
circumcise *vt* обреза́ть *impf*, обре́зать *pf*. **circumcision** *n* обреза́ние.
circumference *n* окру́жность.
circumspect *adj* осмотри́тельный.
circumstance *n* обстоя́тельство; under the ~s при да́нных обстоя́тельствах, в тако́м слу́чае; under no ~s ни при каки́х обстоя́тельствах, ни в ко́ем слу́чае.
circumvent *vt* обходи́ть *impf*, обойти́ *pf*.
circus *n* цирк.
cirrhosis *n* цирро́з.
CIS *abbr* (*of* **Commonwealth of Independent States**) СНГ.
cistern *n* бачо́к.
citadel *n* цитаде́ль.
cite *vt* ссыла́ться *impf*, сосла́ться *pf* на+*acc*.
citizen *n* граждани́н, -а́нка. **citizenship** *n* гражда́нство.
citrus *n* ци́трус; *adj* ци́трусовый.
city *n* го́род.
civic *adj* гражда́нский. **civil** *adj* гражда́нский; (*polite*) ве́жливый; ~ **engineer** гражда́нский инжене́р; ~ **engineering** гражда́нское строи́тельство; **C~ Servant** госуда́рственный служа́щий *sb*; чино́вник; **C~ Service** госуда́рственная слу́жба. **civilian** *n* шта́тский *sb*; *adj* шта́тский. **civility** *n* ве́жливость. **civilization** *n* цивилиза́ция. **civilize** *vt* цивилизова́ть *impf* & *pf*. **civilized** *adj* цивилизо́ванный.
clad *adj* оде́тый.
claim *n* (*demand*) тре́бование, притяза́ние; (*assertion*) утвержде́ние; *vt* (*demand*) тре́бовать *impf* +*gen*; (*assert*) утвержда́ть *impf*, утверди́ть *pf*. **claimant** *n* претенде́нт.
clairvoyant *n* яснови́дец, -дица; *adj* яsnovи́дящий.
clam *n* моллю́ск; *vi*: ~ **up** отка́зываться *impf*, отказа́ться *pf* разгова́ривать.
clamber *vi* кара́бкаться *impf*, вс~ *pf*.
clammy *adj* вла́жный.
clamour *n* шум; *vi*: ~ **for** шу́мно тре́бовать *impf*, по~ *pf* +*gen*.
clamp *n* зажи́м; *vt* скрепля́ть *impf*, скрепи́ть *pf*; ~ **down on** прижа́ть *impf*,

clan n клан.

clandestine adj тайный.

clang, clank n лязг; vt & i лязгать impf, лязгнуть pf (+instr).

clap vt & i хлóпать impf, хлóпнуть pf +dat; n хлопóк; (thunder) удáр.

claret n бордó neut indecl.

clarification n (explanation) разъяснéние. clarify vt разъяснять impf, разъяснить pf.

clarinet n кларнéт.

clarity n ясность.

clash n (conflict) столкновéние; (disharmony) дисгармóния; vi стáлкиваться impf, столкнýться pf; (coincide) совпадáть impf, совпáсть pf; не гармонировать impf.

clasp n застёжка; (embrace) объятие; vt обхвáтывать impf, обхватить pf; ~ one's hands сплести pf пáльцы рук.

class n класс; ~-room класс; vt классифицировать impf & pf.

classic adj классический; n клáссик; pl (literature) клáссика; (Latin and Greek) классические языки m pl. classical adj классический.

classification n классификáция. classified adj засекрéченный. classify vt классифицировать impf & pf.

classy adj клáссный.

clatter n стук; vi стучáть impf, по~ pf.

clause n статья; (gram) предложéние.

claustrophobia n клаустрофóбия.

claw n кóготь; vt царáпать impf когтями.

clay n глина; adj глиняный.

clean adj чистый; adv (fully) совершéнно; ~-shaven глáдко выбритый; vt чистить impf, вы~, по~ pf. cleaner n убóрщик, -ица. cleaner's n химчистка. clean(li)ness ~n чистотá. cleanse vt очищáть impf, очистить pf.

clear adj ясный; (transparent) прозрáчный; (distinct) отчётливый; (free) свобóдный (of от+gen); (pure) чистый; vt & i очищáть(ся) impf, очистить(ся) pf; vt (jump over) перепрыгивать impf, перепрыгнуть pf; (acquit) опрáвдывать impf, оправдáть pf; ~ away убирáть

убрáть pf со столá; ~ off (go away) убирáться impf, убрáться pf; ~ out (vt) вычищáть impf, вычистить pf; (vi) (make off) убирáться impf, убрáться pf; ~ up (tidy (away)) убирáть impf, убрáть pf; (weather) проясняться impf, проясниться pf; (explain) выяснять impf, выяснить pf. clearance n расчистка; (permission) разрешéние. clearing n (glade) поляна. clearly adv ясно.

cleavage n разрéз груди.

clef n (mus) ключ.

cleft n трéщина.

clemency n милосéрдие.

clench vt (fist) сжимáть impf, сжáть pf; (teeth) стискивать impf, стиснуть pf.

clergy n духовéнство. clergyman n свящéнник. clerical adj (eccl) духóвный; (of clerk) канцелярский. clerk n контóрский служащий sb.

clever adj ýмный. cleverness n умéние.

cliche n клишé neut indecl.

click vt щёлкать impf, щёлкнуть pf +instr.

client n клиéнт. clientele n клиентýра.

cliff n утёс.

climate n климáт. climatic adj климатический.

climax n кульминáция.

climb vt & i лáзить indet, лезть det на+acc; влезáть impf, влезть pf на+acc; поднимáться impf, подняться pf на+acc; ~ down (tree) слезáть impf, слезть pf (c+gen); (mountain) спускáться impf, спуститься pf (c+gen); (give in) отступáть impf, отступить pf; n подъём. climber n альпинист, ~ка; (plant) вьющееся растéние. climbing n альпинизм.

clinch vt: ~ a deal закрепить pf сдéлку.

cling vi (stick) прилипáть impf, прилипнуть pf (to к+dat); (grasp) цепляться impf, цепиться pf (to за+acc).

clinic n клиника. clinical adj клинический.

clink vt & i звенéть impf, про~ pf (+instr); ~ glasses чóкаться impf, чóкнуться pf; n звон.

clip[1] n скрéпка; зажим; vt скрепля́ть

impf, скрепи́ть *pf*.

clip² *n* (*cut*) подстрига́ть *impf*, подстри́чь *pf*. clippers *n pl* но́жницы *f pl*. clipping *n* (*extract*) вы́резка.

clique *n* кли́ка.

cloak *n* плащ. cloakroom *n* гардеро́б; (*lavatory*) убо́рная *sb*.

clock *n* часы́ *m pl*; ~wise по часово́й стре́лке; ~work часово́й механи́зм; *vi*: ~ in, out отмеча́ться *impf*, отме́титься *pf* приходя́ на рабо́ту/ уходя́ с рабо́ты.

clod *n* ком.

clog *vt*: ~ up засоря́ть *impf*, засори́ть *pf*.

cloister *n* арка́да.

close *adj* (*near*) бли́зкий; (*stuffy*) ду́шный; *vt & i* (*also* ~ down) закрыва́ть(ся) *impf*, закры́ть(ся) *pf*; (*conclude*) зака́нчивать *impf*, зако́нчить *pf*; *adv* бли́зко (to от+*gen*).

closed *adj* закры́тый. closeted *adj*: be ~ together совеща́ться *impf* наедине́. close-up *n* фотогра́фия сня́тая кру́пным пла́ном. closing *n* закры́тие; *adj* заключи́тельный. closure *n* закры́тие.

clot *n* сгу́сток; *vi* сгуща́ться *impf*, сгусти́ться *pf*.

cloth *n* ткань; (*duster*) тря́пка; (*table-*~) ска́терть.

clothe *vt* одева́ть *impf*, оде́ть (in +*instr*, в+*acc*) *pf*. clothes *n pl* оде́жда, пла́тье.

cloud *n* о́блако; (*rain* ~) ту́ча; *vt* затемня́ть *impf*, затемни́ть *pf*; омрача́ть *impf*, омрачи́ть *pf*; ~ over покрыва́ться *impf*, покры́ться *pf* облака́ми, ту́чами. cloudy *adj* о́блачный; (*liquid*) му́тный.

clout *n* уда́р; *vt* ударя́ть *impf*, уда́рить *pf*; *n* затре́щина; (*fig*) влия́ние.

clove *n* гвозди́ка; (*of garlic*) зубо́к.

cloven *adj* раздвое́нный.

clover *n* кле́вер.

clown *n* клоу́н.

club *n* (*stick*) дуби́нка; *pl* (*cards*) тре́фы (треф) *pl*; (*association*) клуб; *vt* колоти́ть *impf*, по~ *pf* дуби́нкой; *vi*: ~ together скла́дываться *impf*, сложи́ться *pf*.

cluck *vi* куда́хтать *impf*.

clue *n* (*evidence*) ули́ка; (*to puzzle*) ключ; (*hint*) намёк.

clump *n* гру́ппа.

clumsiness *n* неуклю́жесть. clumsy *adj* неуклю́жий.

cluster *n* гру́ппа; *vi* собира́ться *impf*, собра́ться *pf* гру́ппами.

clutch *n* (*grasp*) хва́тка; ко́гти *m pl*; (*tech*) сцепле́ние; *vt* зажима́ть *impf*, зажа́ть *pf*; *vi*: ~ at хвата́ться *impf*, хвати́ться *pf* за+*acc*.

clutter *n* беспоря́док; *vt* загроможда́ть *impf*, загромозди́ть *pf*.

c/o *abbr* (*of care of*) по а́дресу +*gen*; че́рез+*acc*.

coach *n* (*horse-drawn*) каре́та; (*rly*) ваго́н; (*bus*) авто́бус; (*tutor*) репети́тор; (*sport*) тре́нер; *vt* репети́ровать *impf*; тренирова́ть *impf*, на~ *pf*.

coagulate *vi* сгуща́ться *impf*, сгусти́ться *pf*.

coal *n* у́голь *m*; ~mine у́гольная ша́хта.

coalition *n* коали́ция.

coarse *adj* гру́бый.

coast *n* побере́жье, бе́рег; ~ guard берегова́я охра́на; *vi* (*move without power*) дви́гаться *impf*, дви́нуться *pf* по ине́рции. coastal *adj* берегово́й, прибре́жный.

coat *n* пальто́ *neut indecl*; (*layer*) слой; (*animal*) шерсть, мех; ~ of arms герб; *vt* покрыва́ть *impf*, покры́ть *pf*.

coax *vt* угова́ривать *impf*, уговори́ть *pf*.

cob *n* (*corn-*~) поча́ток кукуру́зы.

cobble *n* булы́жник (*also collect*). cobbled *adj* булы́жный.

cobbler *n* сапо́жник.

cobweb *n* паути́на.

Coca-Cola *n* (*propr*) ко́ка-ко́ла.

cocaine *n* кокаи́н.

cock *n* (*bird*) пету́х; (*tap*) кран; (*of gun*) куро́к; *vt* (*gun*) взводи́ть *impf*, взвести́ *pf* куро́к+*gen*.

cockerel *n* петушо́к.

cockle *n* серде́ви́дка.

cockpit *n* (*aeron*) каби́на.

cockroach *n* тарака́н.

cocktail *n* кокте́йль *m*.

cocky *adj* чва́нный.

cocoa *n* кака́о *neut indecl*.

coco(a)nut *n* коко́с.

cocoon *n* ко́кон.

cod *n* треска́.

code *n* (*of laws*) ко́декс; (*cipher*) код;

vt шифровать *impf*, за~ *pf*. **codify** *vt* кодифицировать *impf & pf*.

co-education *n* совместное обучение.

coefficient *n* коэффициент.

coerce *vt* принуждать *impf*, принудить *pf*. **coercion** *n* принуждение.

coexist *vi* сосуществовать *impf*. **coexistence** *n* сосуществование.

coffee *n* кофе *m indecl*; ~**-mill** *n* кофейница; ~**-pot** *n* кофейник.

coffer *n pl* казна.

coffin *n* гроб.

cog *n* зубец. **cogwheel** *n* зубчатое колесо.

cogent *adj* убедительный.

cohabit *vi* сожительствовать *impf*.

coherent *adj* связный. **cohesion** *n* сплочённость. **cohesive** *adj* сплочённый.

coil *vt & i* свёртывать(ся) *impf*, свернуть(ся) *pf* кольцом; *n* кольцо; (*electr*) катушка.

coin *n* монета; *vt* чеканить *impf*, от~ *pf*.

coincide *vi* совпадать *impf*, совпасть *pf*. **coincidence** *n* совпадение. **coincidental** *adj* случайный.

coke *n* кокс.

colander *n* дуршлаг.

cold *n* холод; (*med*) простуда, насморк; *adj* холодный; ~**-blooded** *adj* жестокий; (*zool*) холоднокровный.

colic *n* колики *f pl*.

collaborate *vi* сотрудничать *impf*. **collaboration** *n* сотрудничество. **collaborator** *n* сотрудник, -ица; (*traitor*) коллаборационист, -истка.

collapse *vi* рухнуть *pf*; *n* падение; крушение.

collar *n* воротник; (*dog's*) ошейник; ~**-bone** ключица.

colleague *n* коллега *m & f*.

collect *vt* собирать *impf*, собрать *pf*; (*as hobby*) коллекционировать *impf*; (*fetch*) забирать *impf*, забрать *pf*. **collected** *adj* (*calm*) собранный; ~ **works** собрание сочинений. **collection** *n* (*stamps etc.*) коллекция; (*church etc.*) сбор; (*post*) выемка. **collective** *n* коллектив; *adj* коллективный; ~ **farm** колхоз; ~ **noun** собирательное существительное *sb*. **collectivization** *n* коллективиза-

ция. **collector** *n* сборщик; коллекционер.

college *n* колледж, училище.

collide *vi* сталкиваться *impf*, столкнуться *pf*. **collision** *n* столкновение.

colliery *n* каменноугольная шахта.

colloquial *adj* разговорный. **colloquialism** *n* разговорное выражение.

collusion *n* тайный сговор.

colon¹ *n* (*anat*) толстая кишка.

colon² *n* (*gram*) двоеточие.

colonel *n* полковник.

colonial *adj* колониальный. **colonialism** *n* колониализм. **colonize** *vt* колонизовать *impf & pf*. **colony** *n* колония.

colossal *adj* колоссальный.

colour *n* цвет, краска; (*pl*) (*flag*) знамя *neut*; ~**-blind** страдающий дальтонизмом; ~ **film** цветная плёнка; *vt* раскрашивать *impf*, раскрасить *pf*; *vi* краснеть *impf*, по~ *pf*. **coloured** *adj* цветной. **colourful** *adj* яркий. **colourless** *adj* бесцветный.

colt *n* жеребёнок.

column *n* (*archit, mil*) колонна; (*of smoke etc.*) столб; (*of print*) столбец. **columnist** *n* журналист.

coma *n* кома.

comb *n* гребёнка; *vt* причёсывать *impf*, причесать *pf*.

combat *n* бой; *vt* бороться *impf* с+*instr*, против+*gen*.

combination *n* сочетание; комбинация. **combine** *n* комбинат; (~**-harvester**) комбайн; *vt & i* совмещать(ся) *impf*, совместить(ся) *pf*. **combined** *adj* совместный.

combustion *n* горение.

come *vi* (*on foot*) приходить *impf*, прийти *pf*; (*by transport*) приезжать *impf*, приехать *pf*; ~ **about** случаться *impf*, случиться *pf*; ~ **across** случайно наталкиваться *impf*, натолкнуться *pf* на+*acc*; ~ **back** возвращаться *impf*, возвратиться *pf*; ~ **in** входить *impf*, войти *pf*; ~ **out** выходить *impf*, выйти *pf*; ~ **round** (*revive*) приходить *impf*, прийти *pf* в себя; (*visit*) заходить *impf*, зайти *pf*; (*agree*) соглашаться *impf*, согласиться *pf*; ~ **up to** (*approach*) подходить *impf*, подойти *pf* к+*dat*;

(*reach*) доходи́ть *impf*, дойти́ *pf* до+*gen*. **come-back** *n* возвраще́ние. **come-down** *n* униже́ние.

comedian *n* комедиа́нт. **comedy** *n* коме́дия.

comet *n* коме́та.

comfort *n* комфо́рт; (*convenience*) удо́бство; (*consolation*) утеше́ние; *vt* утеша́ть *impf*, уте́шить *pf*. **comfortable** *adj* удо́бный.

comic *adj* коми́ческий; *n* ко́мик; (*magazine*) ко́микс. **comical** *adj* смешно́й.

coming *adj* сле́дующий.

comma *n* запята́я *sb*.

command *n* (*order*) прика́з; (*order, authority*) кома́нда; have ~ of (*master*) владе́ть *impf* +*instr*; *vt* прика́зывать *impf*, приказа́ть *pf* +*dat*; (*mil*) кома́ндовать *impf*, с~ *pf* +*instr*. **commandant** *n* команда́нт. **commandeer** *vt* реквизи́ровать *impf* & *pf*. **commander** *n* команди́р; ~-in-chief главнокома́ндующий *sb*. **commandment** *n* за́поведь. **commando** *n* деса́нтник.

commemorate *vt* ознамено́вывать *impf*, ознаменова́ть *pf*. **commemoration** *n* ознаменова́ние. **commemorative** *adj* па́мятный.

commence *vt* & *i* начина́ть(ся) *impf*, нача́ть(ся) *pf*. **commencement** *n* нача́ло.

commend *vt* хвали́ть *impf*, по~ *pf*; (*recommend*) рекомендова́ть *impf* & *pf*. **commendable** *adj* похва́льный. **commendation** *n* похвала́.

commensurate *adj* соразме́рный.

comment *n* замеча́ние; *vi* де́лать *impf*, с~ *pf* замеча́ния, о~ на комменти́ровать *impf* & *pf*, про~ *pf*. **commentary** *n* коммента́рий. **commentator** *n* коммента́тор.

commerce *n* комме́рция. **commercial** *adj* торго́вый; *n* рекла́ма.

commiserate *vi*: ~ with соболе́зновать *impf* +*dat*. **commiseration** *n* соболе́знование.

commission *n* (*order for work*) зака́з; (*agent's fee*) комиссио́нные *sb*; (*of inquiry etc*.) коми́ссия; (*mil*) офице́рское зва́ние; *vt* зака́зывать *impf*, заказа́ть *pf*. **commissionaire** *n* швейца́р. **commissioner** *n* комисса́р.

commit *vt* соверша́ть *impf*, соверши́ть *pf*; ~ o.s. обя́зываться *impf*, обяза́ться *pf*. **commitment** *n* обяза́тельство.

committee *n* комите́т.

commodity *n* това́р.

commodore *n* (*officer*) коммодо́р.

common *adj* о́бщий; (*ordinary*) просто́й; *n* общи́нная земля́; ~ sense здра́вый смысл. **commonly** *adv* обы́чно. **commonplace** *adj* бана́льный. **commonwealth** *n* содру́жество.

commotion *n* сумато́ха.

communal *adj* общи́нный, коммуна́льный. **commune** *n* комму́на; *vi* обща́ться *impf*.

communicate *vt* передава́ть *impf*, переда́ть *pf*; сообща́ть *impf*, сообщи́ть *pf*. **communication** *n* сообще́ние; связь. **communicative** *adj* разгово́рчивый.

communion *n* (*eccl*) прича́стие.

communiqué *n* коммюнике́ *neut indecl*.

Communism *n* коммуни́зм. **Communist** *n* коммуни́ст, ~ка; *adj* коммунисти́ческий.

community *n* общи́на.

commute *vt* заменя́ть *impf*, замени́ть *pf*; (*travel*) добира́ться *impf*, добра́ться *pf* тра́нспортом. **commuter** *n* регуля́рный пассажи́р.

compact[1] *n* (*agreement*) соглаше́ние. **compact**[2] *adj* компа́ктный; ~ disc компа́кт-диск; *n* пу́дреница.

companion *n* това́рищ; (*handbook*) спра́вочник. **companionable** *adj* общи́тельный. **companionship** *n* дру́жеское обще́ние. **company** *n* о́бщество; (*also firm*) компа́ния; (*theat*) тру́ппа; (*mil*) ро́та.

comparable *adj* сравни́мый. **comparative** *adj* сравни́тельный; *n* сравни́тельная сте́пень. **compare** *vt* & *i* сра́внивать(ся) *impf*, сравни́ть(ся) *pf* (to, with с+*instr*). **comparison** *n* сравне́ние.

compartment *n* отделе́ние; (*rly*) купе́ *neut indecl*.

compass *n* ко́мпас; *pl* ци́ркуль *m*.

compassion *n* сострада́ние. **compassionate** *adj* сострада́тельный.

compatibility *n* совмести́мость. **compatible** *adj* совмести́мый.

compatriot *n* соотéчественник, -ица.

compel vt заставля́ть impf, заста́-
вить pf.

compensate vt компенси́ровать
impf & pf (for за+acc). compensation n компенса́ция.

compete vi конкури́ровать impf;
соревнова́ться impf.

competence n компете́нтность. competent adj компете́нтный.

competition n (contest) соревно-
ва́ние, состяза́ние; (rivalry) конку-
ре́нция. competitive adj (comm)
конкурентоспосо́бный. competitor
n конкуре́нт, ~ка.

compilation n (result) компиля́ция;
(act) составле́ние. compile vt состав-
ля́ть impf, соста́вить pf. compiler
n состави́тель m, ~ница.

complacency n самодово́льство.
complacent adj самодово́льный.

complain vi жа́ловаться impf, по~
pf. complaint n жа́лоба.

complement n допо́лне́ние; (full
number) (ли́чный) соста́в); vt дополн-
я́ть impf, допо́лнить pf. comple-
mentary adj дополни́тельный.

complete vt заверша́ть impf, за-
верши́ть pf; adj (entire, thorough)
по́лный; (finished) зако́нченный.
completion n заверше́ние.

complex adj сло́жный; n ко́мплекс.
complexity n сло́жность.

complexion n цвет лица́.

compliance n усту́пчивость. compliant adj усту́пчивый.

complicate vt осложня́ть impf, осло-
жни́ть pf. complicated adj сло́ж-
ный. complication n осложне́ние.

complicity n соуча́стие.

compliment n комплиме́нт; pl при-
ве́т; vt говори́ть impf компли-
ме́нт(ы) +dat; хвали́ть impf, по~ pf.
complimentary adj ле́стный; (free)
беспла́тный.

comply vi: ~ with (fulfil) исполня́ть
impf, испо́лнить pf; (submit to)
подчиня́ться impf, подчини́ться pf
+dat.

component n дета́ль; adj составно́й.

compose vt (music etc.) сочиня́ть
impf, сочини́ть pf; (draft; constitute)
составля́ть impf, соста́вить pf.
composed adj споко́йный; be ~ of
состоя́ть impf из+gen. composer n
компози́тор. composition n сочи-

не́ние; (make-up) соста́в.

compost n компо́ст.

composure n самооблада́ние.

compound¹ n (chem) соедине́ние;
adj сло́жный.

compound² n (enclosure) огоро́жен-
ное ме́сто.

comprehend vt понима́ть impf, по-
ня́ть pf. comprehensible adj поня́т-
ный. comprehension n понима́ние.

comprehensive adj всеобъе́млю-
щий; ~ school общеобразова́тель-
ная шко́ла.

compress vt сжима́ть impf, сжать
pf. compressed adj сжа́тый. compression n сжа́тие. compressor n
компре́ссор.

comprise vt состоя́ть impf из+gen.

compromise n компроми́сс; vt ком-
промети́ровать impf, c~ pf; vi идти́
impf, пойти́ pf на компроми́сс.

compulsion n принужде́ние. compulsory adj обяза́тельный.

compunction n угрызе́ние со́вести.

computer n компью́тер.

comrade n това́рищ. comradeship
n това́рищество.

con¹ see pro¹

con² vt надува́ть impf, наду́ть pf.

concave adj во́гнутый.

conceal vt скрыва́ть impf, скрыть pf.

concede vt уступа́ть impf, уступи́ть
pf; (admit) признава́ть impf, приз-
на́ть pf; (goal) пропуска́ть impf,
пропусти́ть pf.

conceit n самомне́ние. conceited
adj самолюби́вый.

conceivable adj мы́слимый. conceive vt (plan, imagine) заду́мывать
impf, заду́мать pf; (biol) зачина́ть
impf зача́ть pf; vi забере́менеть pf.

concentrate vt & vi сосредото́чи-
вать(ся) impf, сосредото́чить(ся) pf
(on на+prep); vt (also chem)
концентри́ровать impf, c~ pf. concentration n сосредото́ченность,
концентра́ция.

concept n поня́тие. conception n
поня́тие; (biol) зача́тие.

concern n (worry) забо́та; (comm)
предприя́тие; vt каса́ться impf +gen;
~ o.s. with занима́ться impf, за-
ня́ться pf +instr. concerned adj
озабо́ченный; as far as I'm ~ что
каса́ется меня́. concerning prep

относи́тельно+*gen.*

concert *n* конце́рт. **concerted** *adj* согласо́ванный.

concertina *n* гармо́ника.

concession *n* усту́пка; (*econ*) конце́ссия. **concessionary** *adj* концесси́онный.

conciliation *n* примире́ние. **conciliatory** *adj* примири́тельный.

concise *adj* кра́ткий. **conciseness** *n* сжа́тость, кра́ткость.

conclude *vt* заключа́ть *impf*, заключи́ть *pf*. **concluding** *adj* заключи́тельный. **conclusion** *n* заключе́ние; (*deduction*) вы́вод. **conclusive** *adj* реша́ющий.

concoct *vt* стря́пать *impf*, со~ *pf*. **concoction** *n* стряпня́.

concourse *n* зал.

concrete *n* бето́н; *adj* бето́нный; (*fig*) конкре́тный.

concur *vi* соглаша́ться *impf*, согласи́ться *pf*. **concurrent** *adj* одновре́менный.

concussion *n* сотрясе́ние.

condemn *vt* осужда́ть *impf*, осуди́ть *pf*; (*as unfit for use*) бракова́ть *impf*, за~ *pf*. **condemnation** *n* осужде́ние.

condensation *n* конденса́ция. **condense** *vt* (*liquid etc.*) конденси́ровать *impf & pf*; (*text etc.*) сокраща́ть *impf*, сократи́ть *pf*. **condensed** *adj* сжа́тый; (*milk*) сгущённый. **condenser** *n* конденса́тор.

condescend *vi* снисходи́ть *impf*, снизойти́ *pf*. **condescending** *adj* снисходи́тельный. **condescension** *n* снисхожде́ние.

condiment *n* припра́ва.

condition *n* усло́вие; (*state*) состоя́ние; *vt* (*determine*) обусло́вливать *impf*, обусло́вить *pf*; (*psych*) приуча́ть *impf*, приучи́ть *pf*. **conditional** *adj* усло́вный.

condolence *n*: *pl* соболе́знование.

condom *n* презервати́в.

condone *vt* закрыва́ть *impf*, закры́ть *pf* глаза́ на+*acc*.

conducive *adj* способству́ющий (to +*dat*).

conduct *n* (*behaviour*) поведе́ние; *vt* вести́ *impf*, по~, про~ *pf*; (*mus*) дирижи́ровать *impf* +*instr*; (*phys*) проводи́ть *impf*. **conduction** *n* про-

води́мость. **conductor** *n* (*bus*) конду́ктор; (*phys*) проводни́к; (*mus*) дирижёр.

conduit *n* трубопрово́д.

cone *n* ко́нус; (*bot*) ши́шка.

confectioner *n* конди́тер; ~'s (*shop*) конди́терская *sb*. **confectionery** *n* конди́терские изде́лия *neut pl*.

confederation *n* конфедера́ция.

confer *vt* присужда́ть *impf*, присуди́ть (on +*dat*) *pf*; *vi* совеща́ться *impf*. **conference** *n* совеща́ние; конфере́нция.

confess *vt & i* (*acknowledge*) признава́ть(ся) *impf*, призна́ть(ся) *pf* (to в+*prep*); (*eccl*) испове́довать *impf & pf*. **confession** *n* призна́ние; и́споведь. **confessor** *n* духовни́к.

confidant(e) *n* бли́зкий собесе́дник.

confide *vt* доверя́ть *impf*, дове́рить *pf*; ~ in дели́ться *impf*, по~ *pf* c+*instr*. **confidence** *n* (*trust*) дове́рие; (*certainty*) уве́ренность; (*self*~) самоуве́ренность. **confident** *adj* уве́ренный. **confidential** *adj* секре́тный.

confine *vt* ограни́чивать *impf*, ограни́чить *pf*; (*shut in*) заключа́ть *impf*, заключи́ть *pf*. **confinement** *n* заключе́ние. **confines** *n pl* преде́лы *m pl*.

confirm *vt* подтвержда́ть *impf*, подтверди́ть *pf*. **confirmation** *n* подтвержде́ние; (*eccl*) конфирма́ция. **confirmed** *adj* закоренéлый.

confiscate *vt* конфискова́ть *impf & pf*. **confiscation** *n* конфиска́ция.

conflict *n* конфли́кт; противоре́чие; *vi*: ~ with противоре́чить *impf* +*dat*. **conflicting** *adj* противоре́чивый.

conform *vi*: ~ to подчиня́ться *impf*, подчини́ться *pf* +*dat*. **conformity** *n* соотве́тствие; (*compliance*) подчине́ние.

confound *vt* сбива́ть *impf*, сбить *pf* с то́лку. **confounded** *adj* прокля́тый.

confront *vt* стоя́ть *impf* лицо́м к лицу́ c+*instr*; ~ (*person*) with ста́вить *impf*, по~ *pf* лицо́м к лицу́ c+*instr*. **confrontation** *n* конфронта́ция.

confuse *vt* смуща́ть *impf*, смути́ть *pf*; (*also mix up*) пу́тать *impf*, за~, с~ *pf*. **confusion** *n* смуще́ние;

пу́таница.

congeal vt густе́ть impf, за~ pf; (blood) свёртываться impf, свернуться pf.

congenial adj прия́тный.

congenital adj врождённый.

congested adj перепо́лненный. **congestion** n (traffic) зато́р.

congratulate vt поздравля́ть impf, поздра́вить pf (on c+instr). **congratulation** n поздравле́ние; ~s! поздравля́ю!

congregate vi собира́ться impf, собра́ться pf. **congregation** n (eccl) прихожа́не (-н) pl.

congress n съезд. **Congressman** n конгрессме́н.

conic(al) adj кони́ческий.

conifer n хво́йное де́рево. **coniferous** adj хво́йный.

conjecture n дога́дка; vt гада́ть impf.

conjugal adj супру́жеский.

conjugate vt спряга́ть impf, про~ pf. **conjugation** n спряже́ние.

conjunction n (gram) сою́з; in ~ with совме́стно c+instr.

conjure vi: ~ up (in mind) вызыва́ть impf, вы́звать pf в воображе́нии. **conjurer** n фо́кусник. **conjuring trick** n фо́кус.

connect vt & i связа́ть(ся) impf, связа́ть(ся) pf; соединя́ть(ся) impf, соедини́ть(ся) pf. **connected** adj свя́занный. **connection, -exion** n связь; (rly etc.) переса́дка.

connivance n попусти́тельство. **connive** vi: ~ at попусти́тельствовать impf +dat.

connoisseur n знато́к.

conquer vt (country) завоёвывать impf, завоева́ть pf; (enemy) побежда́ть impf, победи́ть pf; (habit) преодолева́ть impf, преодоле́ть pf. **conqueror** n завоева́тель m. **conquest** n завоева́ние.

conscience n со́весть. **conscientious** adj добросо́вестный. **conscious** adj созна́тельный; predic в созна́нии; **be ~ of** сознава́ть impf +acc. **consciousness** n созна́ние.

conscript vt призыва́ть impf, призва́ть pf на вое́нную слу́жбу; n призывни́к. **conscription** n во́инская пови́нность.

consecrate vt освяща́ть impf, освя-

ти́ть pf. **consecration** n освяще́ние.

consecutive adj после́довательный.

consensus n согла́сие.

consent vi соглаша́ться impf, согласи́ться pf (to +inf, на+acc); n согла́сие.

consequence n после́дствие; of great ~ большо́го значе́ния; of some ~ дово́льно ва́жный. **consequent** adj вытека́ющий. **consequential** adj ва́жный. **consequently** adv сле́довательно.

conservation n сохране́ние; (of nature) охра́на приро́ды. **conservative** adj консервати́вный; n консерва́тор. **conservatory** n оранжере́я. **conserve** vt сохраня́ть impf, сохрани́ть pf.

consider vt (think over) обду́мывать impf, обду́мать pf; (examine) рассма́тривать impf, рассмотре́ть pf; (regard as, be of opinion that) счита́ть impf, счесть pf +instr, за+acc, что; (take into account) счита́ться impf c+instr. **considerable** adj значи́тельный. **considerate** adj внима́тельный. **consideration** n рассмотре́ние; внима́ние; (factor) фа́ктор; **take into** ~ принима́ть impf, приня́ть pf во внима́ние. **considering** prep принима́я +acc во внима́ние.

consign vt передава́ть impf, переда́ть pf. **consignment** n (goods) па́ртия; (consigning) отпра́вка това́ров.

consist vi: ~ of состоя́ть impf из +gen. **consistency** n после́довательность; (density) консисте́нция. **consistent** adj после́довательный; ~ with совмести́мый c+instr.

consolation n утеше́ние. **console**[1] vt утеша́ть impf, уте́шить pf.

console[2] n (control panel) пульт управле́ния.

consolidate vt укрепля́ть impf, укрепи́ть pf. **consolidation** n укрепле́ние.

consonant n согла́сный sb.

consort n супру́г, ~а.

conspicuous adj заме́тный.

conspiracy n за́говор. **conspirator** n загово́рщик, -ица. **conspiratorial** adj загово́рщицкий. **conspire** vi устра́ивать impf, устро́ить pf за́говор.

constable n полицейский sb.

constancy n постоянство. **constant** adj постоянный. **constantly** adv постоянно.

constellation n созвездие.

consternation n тревога.

constipation n запор.

constituency n избирательный округ. **constituent** n (component) составная часть; (voter) избиратель m; adj составной. **constitute** vt составлять impf, составить pf. **constitution** n (polit, med) конституция; (composition) составление. **constitutional** adj (polit) конституционный.

constrain vt принуждать impf, принудить pf. **constrained** adj (inhibited) стеснённый. **constraint** n принуждение; (inhibition) стеснение.

constrict vt (compress) сжимать impf, сжать pf; (narrow) суживать impf, сузить pf. **constriction** n сжатие; сужение.

construct vt строить impf, по~ pf. **construction** n строительство; (also gram) конструкция; (interpretation) истолкование; ~ site стройка. **constructive** adj конструктивный.

construe vt истолковывать impf, истолковать pf.

consul n консул. **consulate** n консульство.

consult vt советоваться impf, по~ pf c+instr. **consultant** n консультант. **consultation** n консультация.

consume vt потреблять impf, потребить pf; (eat or drink) съедать impf, съесть pf. **consumer** n потребитель m; ~ **goods** товары m pl широкого потребления.

consummate vt завершать impf, завершить pf; ~ **a marriage** осуществлять impf, осуществить pf брачные отношения. **consummation** n завершение; (of marriage) осуществление.

consumption n потребление.

contact n контакт; (person) связь; ~ **lens** контактная линза; vt связываться impf, связаться pf c+instr.

contagious adj заразный.

contain vt содержать impf; (restrain) сдерживать impf, сдержать pf. **con-**

tainer n (vessel) сосуд; (transport) контейнер.

contaminate vt загрязнять impf, загрязнить pf. **contamination** n загрязнение.

contemplate vt (gaze) созерцать impf; размышлять impf; (consider) предполагать impf, предположить pf. **contemplation** n созерцание; размышление. **contemplative** adj созерцательный.

contemporary n современник; adj современный.

contempt n презрение; ~ **of court** неуважение к суду; **hold in** ~ презирать impf. **contemptible** adj презренный. **contemptuous** adj презрительный.

contend vi (compete) состязаться impf; ~ **for** оспаривать impf; ~ **with** справляться impf, справиться pf c+instr; vt утверждать impf. **contender** n претендент.

content[1] n содержание; pl содержимое sb; (table of) ~s оглавление.

content[2] predic доволен (-льна); vt: ~ **o.s. with** довольствоваться impf, у~ pf +instr. **contented** adj довольный.

contention n (claim) утверждение. **contentious** adj спорный.

contest n состязание; vt (dispute) оспаривать impf, оспорить pf. **contestant** n участник, -ица, состязания.

context n контекст.

continent n материк. **continental** adj материковый.

contingency n возможный случай; ~ **plan** вариант плана. **contingent** adj случайный; n контингент.

continual adj непрестанный. **continuation** n продолжение. **continue** vt & i продолжать(ся) impf, продолжить(ся) pf. **continuous** adj непрерывный.

contort vt искажать impf, исказить pf. **contortion** n искажение.

contour n контур; ~ **line** горизонталь.

contraband n контрабанда.

contraception n предупреждение зачатия. **contraceptive** n противозачаточное средство; adj противозачаточный.

contract *n* контра́кт, догово́р; *vi* (make a ~) заключа́ть *impf*, заключи́ть *pf* контра́кт; *vt & i* (shorten, reduce) сокраща́ть(ся) *impf*, сократи́ть(ся) *pf*; *vt* (illness) заболева́ть *impf*, заболе́ть *pf* +*instr*.

contraction *n* сокраще́ние; *pl* (med) схва́тки *f pl*. **contractor** *n* подря́дчик.

contradict *vt* противоре́чить *impf* +*dat*. **contradiction** *n* противоре́чие. **contradictory** *adj* противоречи́вый.

contraflow *n* встре́чное движе́ние.

contralto *n* контра́льто (voice) neut & (person) *f indecl*.

contraption *n* приспособле́ние.

contrary *adj* (opposite) противополо́жный; (perverse) капри́зный; ~ to вопреки́+*dat*; *n*: on the ~ наоборо́т.

contrast *n* контра́ст, противополо́жность; *vt* противопоставля́ть *impf*, противопоста́вить *pf* (with +*dat*); *vi* контрасти́ровать *impf*.

contravene *vt* наруша́ть *impf*, нару́шить *pf*. **contravention** *n* наруше́ние.

contribute *vt* (to fund etc.) же́ртвовать *impf*, по~ *pf* (to в+*acc*); ~ to (further) соде́йствовать *impf & pf*, по~ *pf* +*dat*; (write for) сотру́дничать *impf* в+*prep*. **contribution** *n* (money) поже́ртвование; (fig) вклад. **contributor** *n* (donor) же́ртвователь *m*; (writer) сотру́дник.

contrite *adj* ка́ющийся.

contrivance *n* приспособле́ние. **contrive** *vt* ухитря́ться *impf*, ухитри́ться *pf* +*inf*.

control *n* (mastery) контро́ль *m*; (operation) управле́ние; *pl* управле́ния *pl*; *vt* (dominate; verify) контроли́ровать *impf*, про~ *pf*; (regulate) управля́ть *impf* +*instr*; ~ o.s. сде́рживаться *impf*, сдержа́ться *pf*.

controversial *adj* спо́рный. **controversy** *n* спор.

convalesce *vi* выздора́вливать *impf*. **convalescence** *n* выздоровле́ние.

convection *n* конве́кция. **convector** *n* конве́ктор.

convene *vt* созыва́ть *impf*, созва́ть *pf*.

convenience *n* удо́бство; (public ~)

убо́рная *sb*. **convenient** *adj* удо́бный.

convent *n* же́нский монасты́рь *m*.

convention *n* (assembly) съезд; (agreement) конве́нция; (custom) обы́чай; (conventionality) усло́вность. **conventional** *adj* общепри́нятый; (also mil) обы́чный.

converge *vi* сходи́ться *impf*, сойти́сь *pf*. **convergence** *n* сходи́мость.

conversant *predic*: ~ with знако́м с+*instr*.

conversation *n* разгово́р. **conversational** *adj* разгово́рный. **converse**[1] *vi* разгова́ривать *impf*.

converse[2] *n* обра́тное *sb*. **conversely** *adv* наоборо́т. **conversion** *n* (change) превраще́ние; (of faith) обраще́ние; (of building) перестро́йка. **convert** *vt* (change) превраща́ть *impf*, преврати́ть *pf* (into в+*acc*); (to faith) обраща́ть *impf*, обрати́ть *pf* (to в+*acc*); (a building) перестра́ивать *impf*, перестро́ить *pf*. **convertible** *adj* обрати́мый; *n* автомоби́ль *m* со снима́ющейся кры́шей.

convex *adj* вы́пуклый.

convey *vt* (transport) перевози́ть *impf*, перевезти́ *pf*; (communicate) передава́ть *impf*, переда́ть *pf*. **conveyance** *n* перево́зка; переда́ча. **conveyancing** *n* нотариа́льная переда́ча. **conveyor belt** *n* транспортёрная ле́нта.

convict *n* осуждённый *sb*; *vt* осужда́ть *impf*, осуди́ть *pf*. **conviction** *n* (law) осужде́ние; (belief) убежде́ние. **convince** *vt* убежда́ть *impf*, убеди́ть *pf*. **convincing** *adj* убеди́тельный.

convivial *adj* весёлый.

convoluted *adj* изви́листый; (fig) запу́танный.

convoy *n* конво́й.

convulse *vt*: be ~d with содрога́ться *impf*, содрогну́ться *pf* от+*gen*. **convulsion** *n* (med) конву́льсия.

cook *n* куха́рка, по́вар; *vt* гото́вить *impf*; *vi* вари́ться *impf*; с~ *pf*. **cooker** *n* плита́, печь. **cookery** *n* кулина́рия.

cool *adj* прохла́дный; (calm) хладнокро́вный; (unfriendly) холо́дный; *vt* охлажда́ть *impf*, охлади́ть *pf*; ~

down, off остыва́ть *impf*, осты́-
(ну)ть *pf*. **coolness** *n* прохла́да;
(*calm*) хладнокро́вие; (*manner*) хо-
лодо́к.

coop *n* куря́тник; *vt*: ~ **up** держа́ть
impf взаперти́.

cooperate *vi* сотру́дничать *impf*. **co-
operation** *n* сотру́дничество. **cooperative** *n* кооперати́в; *adj* ко-
операти́вный; (*helpful*) услу́жливый.

co-opt *vt* коопти́ровать *impf & pf*.

coordinate *vt* координи́ровать *impf
& pf*; *n* координа́та. **coordination**
n координа́ция.

cope *vi*: ~ **with** справля́ться *impf*,
спра́виться *pf* c+*instr*.

copious *adj* оби́льный.

copper *n* (*metal*) медь; *adj* ме́дный.

coppice, copse *n* ро́щица.

copulate *vi* совокупля́ться *impf*,
совокупи́ться *pf*.

copy *n* ко́пия; (*book*) экземпля́р; *vt*
(*reproduce*) копи́ровать *impf*, c~ *pf*;
(*transcribe*) перепи́сывать *impf*,
переписа́ть *pf*; (*imitate*) подража́ть
impf +*dat*. **copyright** *n* а́вторское
пра́во.

coral *n* кора́лл.

cord *n* (*string*) верёвка; (*electr*) шнур.

cordial *adj* серде́чный.

corduroy *n* ру́бчатый вельве́т.

core *n* сердцеви́на; (*fig*) суть.

cork *n* (*material; stopper*) про́бка;
(*float*) поплаво́к. **corkscrew** *n* што́-
пор.

corn[1] *n* зерно́; (*wheat*) пшени́ца;
(*maize*) кукуру́за. **cornflakes** *n pl*
кукуру́зные хло́пья (-пьев) *pl*.
cornflour *n* кукуру́зная мука́. **corny**
adj (*coll*) бана́льный.

corn[2] *n* (*med*) мозо́ль.

cornea *n* рогова́я оболо́чка.

corner *n* у́гол; ~**-stone** *n* краеуго́ль-
ный ка́мень *m*; *vt* загоня́ть *impf*,
загна́ть *pf* в у́гол.

cornet *n* (*mus*) корне́т; (*ice-cream*)
рожо́к.

cornice *n* карни́з.

coronary (thrombosis) *n* коронаро-
тромбо́з. **coronation** *n* корона́ция.
coroner *n* ме́дик суде́бной экспер-
ти́зы.

corporal[1] *n* капра́л.

corporal[2] *adj* теле́сный; ~ **punishment** теле́сное наказа́ние.

corporate *adj* корпорати́вный. **corporation** *n* корпора́ция.

corps *n* ко́рпус.

corpse *n* труп.

corpulent *adj* ту́чный.

corpuscle *n* кровяно́й ша́рик.

correct *adj* пра́вильный; (*conduct*)
корре́ктный; *vt* исправля́ть *impf*,
испра́вить *pf*. **correction** *n* испра-
вле́ние.

correlation *n* соотноше́ние.

correspond *vi* соотве́тствовать *impf*
(**to, with** +*dat*); (*by letter*) пере-
пи́сываться *impf*. **correspondence**
n соотве́тствие; (*letters*) корреспон-
де́нция. **correspondent** *n* корре-
спонде́нт. **corresponding** *adj* соот-
ве́тствующий (**to** +*dat*).

corridor *n* коридо́р.

corroborate *vt* подтвержда́ть *impf*,
подтверди́ть *pf*.

corrode *vt* разъеда́ть *impf*, разъе́сть
pf. **corrosion** *n* корро́зия. **corrosive**
adj е́дкий.

corrugated iron *n* рифлёное желе́зо.

corrupt *adj* (*person*) развращённый;
(*government*) прода́жный; *vt* раз-
враща́ть *impf*, разврати́ть *pf*. **corruption** *n* развраще́ние; корру́пция.

corset *n* корсе́т.

cortège *n* корте́ж.

cortex *n* кора́.

corundum *n* кору́нд.

cosmetic *adj* космети́ческий. **cosmetics** *n pl* косме́тика.

cosmic *adj* косми́ческий. **cosmonaut** *n* космона́вт.

cosmopolitan *adj* космополити́че-
ский.

cosmos *n* ко́смос.

Cossack *n* каза́к, -а́чка.

cosset *vt* не́жить *impf*.

cost *n* сто́имость, цена́; *vt* сто́ить
impf.

costly *adj* дорого́й.

costume *n* костю́м.

cosy *adj* ую́тный.

cot *n* де́тская крова́тка.

cottage *n* котте́дж; ~ **cheese** тво-
ро́г.

cotton *n* хло́пок; (*cloth*) хлопчато-
бума́жная ткань; (*thread*) ни́тка; ~
wool ва́та; *adj* хло́пковый; хлоп-
чатобума́жный.

couch *n* дива́н.

couchette *n* спа́льное ме́сто.

cough *n* ка́шель *m*; *vi* ка́шлять *impf*.

council *n* сове́т; ~ **tax** ме́стный нало́г; ~ **house** жильё из обще́ственного фо́нда. **councillor** *n* член сове́та.

counsel *n* (*advice*) сове́т; (*lawyer*) адвока́т; *vt* сове́товать *impf*, по~ *pf* +*dat*.

count[1] *vt* счита́ть *impf*, со~, счесть *pf*; ~ **on** рассчи́тывать *impf* на+*acc*; *n* счёт. **countdown** *n* отсчёт вре́мени.

count[2] *n* (*title*) граф.

countenance *n* лицо́; *vt* одобря́ть *impf*, одо́брить *pf*.

counter *n* прила́вок; (*token*) фи́шка; *adv*: **run** ~ **to** идти́ *impf* вразре́з с+*instr*; *vt* пари́ровать *impf*, от~ *pf*. **counteract** *vt* противоде́йствовать *impf* +*dat*. **counterbalance** *n* противове́с; *vt* уравнове́шивать *impf*, уравнове́сить *pf*. **counterfeit** *adj* подде́льный. **counterpart** *n* соотве́тственная часть. **counterpoint** *n* контрапу́нкт. **counter-revolutionary** *n* контрреволюционе́р; *adj* контрреволюцио́нный. **countersign** *vt* ста́вить *impf*, по~ *pf* втору́ю по́дпись на+*prep*.

countess *n* графи́ня.

countless *adj* бесчи́сленный.

country *n* (*nation*) страна́; (*native land*) ро́дина; (*rural areas*) дере́вня; *adj* дереве́нский, се́льский. **countryman** *n* (*compatriot*) соотече́ственник; се́льский жи́тель *m*. **countryside** *n* приро́дный ландша́фт.

county *n* гра́фство.

coup *n* (*polit*) переворо́т.

couple *n* па́ра; (*a few*) не́сколько +*gen*; *vt* сцепля́ть *impf*, сцепи́ть *pf*.

coupon *n* купо́н; тало́н; ва́учер.

courage *n* хра́брость. **courageous** *adj* хра́брый.

courier *n* (*messenger*) курье́р; (*guide*) гид.

course *n* курс; (*process*) ход, тече́ние; (*of meal*) блю́до; **of** ~ коне́чно.

court *n* двор; (*sport*) корт, площа́дка; (*law*) суд; ~ **martial** вое́нный суд; *vt* уха́живать *impf* за+*instr*.

courteous *adj* ве́жливый. **courtesy** *n* ве́жливость. **courtier** *n* придво́рный *sb*. **courtyard** *n* двор.

cousin *n* двою́родный брат, -ная сестра́.

cove *n* бу́хточка.

covenant *n* догово́р.

cover *n* (*covering*; *lid*) покры́шка; (*shelter*) укры́тие; (*chair* ~; *soft case*) чехо́л; (*bed*) покрыва́ло; (*book*) переплёт, обло́жка; **under separate** ~ в отде́льном конве́рте; *vt* покрыва́ть *impf*, покры́ть *pf*; (*hide*, *protect*) закрыва́ть *impf*, закры́ть *pf*. **coverage** *n* освеще́ние.

covert *adj* скры́тый.

covet *vt* пожела́ть *pf* +*gen*.

cow[1] *n* коро́ва. **cowboy** *n* ковбо́й. **cowshed** *n* хлев.

cow[2] *vt* запу́гивать *impf*, запуга́ть *pf*.

coward *n* трус. **cowardice** *n* тру́сость. **cowardly** *adj* трусли́вый.

cower *vi* съёживаться *impf*, съёжиться *pf*.

cox(swain) *n* рулево́й *m*.

coy *adj* жема́нно стыдли́вый.

crab *n* краб.

crack *n* (*in cup, ice*) тре́щина; (*in wall*) щель; (*noise*) треск; *adj* первокла́ссный; *vt* (*break*) коло́ть *impf*, рас~ *pf*; (*china*) де́лать *impf*, с~ *pf* тре́щину в+*acc*; *vi* тре́снуть *pf*. **crackle** *vi* потре́скивать *impf*.

cradle *n* колыбе́ль.

craft *n* (*trade*) ремесло́; (*boat*) су́дно. **craftiness** *n* хи́трость. **craftsman** *n* реме́сленник. **crafty** *adj* хи́трый.

crag *n* утёс. **craggy** *adj* скали́стый.

cram *vt* (*fill*) набива́ть *impf*, наби́ть *pf*; (*stuff in*) впи́хивать *impf*, впихну́ть *pf*; *vi* (*study*) зубри́ть *impf*.

cramp[1] *n* (*med*) су́дорога.

cramp[2] *vt* стесня́ть *impf*, стесни́ть *pf*. **cramped** *adj* те́сный.

cranberry *n* клю́ква.

crane *n* (*bird*) жура́вль *m*; (*machine*) кран; *vt* (*one's neck*) вытя́гивать *impf*, вы́тянуть *pf* (ше́ю).

crank[1] *n* заводна́я ру́чка; ~**-shaft** коле́нчатый вал; *vt* заводи́ть *impf*, завести́ *pf*.

crank[2] *n* (*eccentric*) чуда́к. **cranky** *adj* чуда́ческий.

cranny *n* щель.

crash *n* (*noise*) гро́хот, треск; (*accident*) ава́рия; (*financial*) крах; ~ **course** уско́ренный курс; ~ **helmet**

защи́тный шлем; ~ landing авари́йная поса́дка; vi (~ into) вреза́ться impf, вре́заться pf в+acc; (aeron) разбива́ться impf, разби́ться pf; (fall with ~) гро́хнуться impf; vt (bang down) гро́хнуть pf.

crass adj грубый.

crate n я́щик.

crater n кра́тер.

crave vi: ~ for жа́ждать impf +gen. **craving** n стра́стное жела́ние.

crawl vi по́лзать indet, ползти́ det; ~ with кише́ть+instr; n (sport) кроль m.

crayon n цветно́й каранда́ш.

craze n ма́ния. **crazy** adj поме́шанный (**about** на+prep).

creak n скрип; vi скрипе́ть impf.

cream n сли́вки (-вок) pl; (cosmetic; cul) крем; ~ cheese сли́вочный сыр; **soured** ~ смета́на; vt сбива́ть impf, сбить pf; adj (of cream) сли́вочный; (colour) кре́мовый. **creamy** adj сли́вочный, кре́мовый.

crease n скла́дка; vt мять impf, из~, с~ pf. **creased** adj мя́тый.

create vt создава́ть impf, созда́ть pf. **creation** n созда́ние. **creative** adj тво́рческий. **creator** n созда́тель m. **creature** n созда́ние.

crèche n (де́тские) я́сли (-лей) pl.

credence n ве́ра; **give** ~ ве́рить impf (**to** +dat). **credentials** n pl удостовере́ние; (diplomacy) вери́тельные гра́моты f pl. **credibility** n правдоподо́бие; (of person) спосо́бность вызыва́ть дове́рие. **credible** adj (of thing) правдоподо́бный; (of person) заслу́живающий дове́рия.

credit n дове́рие; (comm) креди́т; (honour) честь; **give** ~ кредитова́ть impf & pf +acc; отдава́ть impf, отда́ть pf до́лжное+dat; ~ **card** креди́тная ка́рточка; vt: ~ **with** припи́сывать impf, приписа́ть pf +dat. **creditable** adj похва́льный. **creditor** n кредито́р.

credulity n легкове́рие. **credulous** adj легкове́рный.

creed n убежде́ния neut pl; (eccl) вероисповеда́ние.

creep vi по́лзать indet, ползти́ det. **creeper** n (plant) ползу́чее расте́ние.

cremate vt кремирова́ть impf & pf.

cremation n крема́ция. **crematorium** n кремато́рий.

crêpe n креп.

crescendo adv, adj, & n креще́ндо indecl.

crescent n полуме́сяц.

crest n гребе́нь m; (heraldry) герб.

crevasse, **crevice** n расще́лина, рассе́лина.

crew n брига́да; (of ship, plane) экипа́ж.

crib n (bed) де́тская крова́тка; vi спи́сывать impf, списа́ть pf.

crick n растяже́ние мышц.

cricket[1] n (insect) сверчо́к.

cricket[2] n (sport) крике́т; ~ **bat** бита́.

crime n преступле́ние.

Crimea n Крым. **Crimean** adj кры́мский.

criminal n престу́пник; adj престу́пный; (of crime) уголо́вный.

crimson adj мали́новый.

cringe vi (cower) съёживаться impf, съёжиться pf.

crinkle n морщи́на; vt & i мо́рщить(ся) impf, на~, с~ pf.

cripple n кале́ка m & f; vt кале́чить impf, ис~ pf; (fig) расша́тывать impf, расшата́ть pf.

crisis n кри́зис.

crisp adj (brittle) хрустя́щий; (fresh) све́жий. **crisps** n pl хрустя́щий карто́фель m.

criss-cross adv крест-на́крест.

criterion n крите́рий.

critic n кри́тик. **critical** adj крити́ческий. **critically** adv (ill) тяжело́. **criticism** n кри́тика. **criticize** vt критикова́ть impf. **critique** n кри́тика.

croak vi ква́кать impf, ква́кнуть pf; хрипе́ть impf.

Croat n хорва́т, ~ка. **Croatia** n Хорва́тия. **Croatian** adj хорва́тский.

crochet n вяза́ние крючко́м; vt вяза́ть impf, с~ pf (крючко́м).

crockery n посу́да.

crocodile n крокоди́л.

crocus n кро́кус.

crony n закады́чный друг.

crook n (staff) по́сох; (swindler) моше́нник. **crooked** adj криво́й; (dishonest) нече́стный.

crop n (yield) урожа́й; pl культу́ры

f pl; (*bird's*) зоб; *vt* (*cut*) подстригáть *impf*, подстри́чь *pf*; ~ up возникáть *impf*, возни́кнуть *pf*.

croquet *n* крокéт.

cross *n* крест; (*biol*) пóмесь; *adj* (*angry*) злой; *vt* пересекáть *impf*, пересéчь *pf*; (*biol*) скрéщивать *impf*, скрести́ть *pf*; ~ off, out вычёркивать *impf*, вы́черкнуть *pf*; ~ o.s. крести́ться *impf*, пере~ *pf*; ~ over переходи́ть *impf*, перейти́ *pf* (чéрез) +*acc*. ~bar поперéчина. ~breed пóмесь; ~country race кросс; ~examination перекрёстный допрóс; ~examine, ~question подвергáть *impf*, подвéргнуть *pf* перекрёстному допрóсу; ~eyed косоглáзый; ~legged: sit ~ сидéть *impf* по-турéцки; ~reference перекрёстная ссы́лка; ~road(s) перекрёсток; (*fig*) распýтье; ~section перекрёстное сечéние; ~wise *adv* крест-нáкрест; ~word (puzzle) кроссвóрд. **crossing** *n* (*intersection*) перекрёсток; (*foot*) перехóд; (*transport; rly*) перéзд.

crotch *n* (*anat*) промéжность.

crotchet *n* (*mus*) четвертнáя нóта.

crotchety *adj* раздражи́тельный.

crouch *vi* приседáть *impf*, присéсть *pf*.

crow *n* ворóна; as the ~ flies по прямóй ли́нии; *vi* кукарéкать *impf*. **crowbar** *n* лом.

crowd *n* толпá; *vi* тесни́ться *impf*, с~ *pf*; ~ into вти́скиваться *impf*, вти́снуться *pf*. **crowded** *adj* перепóлненный.

crown *n* корóна; (*tooth*) корóнка; (*head*) тéмя; (*hat*) тулья́; *vt* коронóвать *impf & pf*.

crucial *adj* (*important*) óчень вáжный; (*decisive*) решáющий; (*critical*) крити́ческий.

crucifix, crucifixion *n* распя́тие. **crucify** *vt* распинáть *impf*, распя́ть *pf*.

crude *adj* (*rude*) грýбый; (*raw*) сырóй. **crudeness, crudity** *n* грýбость.

cruel *adj* жестóкий. **cruelty** *n* жестóкость.

cruise *n* крýиз; *vi* крейси́ровать *impf*. **cruiser** *n* крéйсер.

crumb *n* крóшка.

crumble *vt* кроши́ть *impf*, рас~ *pf*; *vi* обвáливаться *impf*, обвали́ться

pf. **crumbly** *adj* рассы́пчатый.

crumple *vt* мять *impf*, с~ *pf*; (*intentionally*) кóмкать *impf*, с~ *pf*.

crunch *n* (*fig*) решáющий момéнт; *vt* грызть *impf*, раз~ *pf*; *vi* хрустéть *impf*, хру́стнуть *pf*.

crusade *n* крестóвый похóд; (*fig*) кампáния. **crusader** *n* крестонóсец; (*fig*) борéц (for за+*acc*).

crush *n* дáвка; (*infatuation*) си́льное увлечéние; *vt* дави́ть *impf*, за~, раз~ *pf*; (*crease*) мять *impf*, с~ *pf*; (*fig*) подавля́ть *impf*, подави́ть *pf*.

crust *n* (*of earth*) корá; (*bread etc.*) кóрка.

crutch *n* косты́ль *m*.

crux *n*: ~ of the matter суть дéла.

cry *n* крик; a far ~ from далекó от+*gen*; *vi* (*weep*) плáкать *impf*; (*shout*) кричáть *impf*.

crypt *n* склеп. **cryptic** *adj* загáдочный.

crystal *n* кристáлл; (*glass*) хрустáль *m*. **crystallize** *vt & i* кристаллизовáть(ся) *impf & pf*.

cub *n* детёныш; bear ~ медвежóнок; fox ~ лисёнок; lion ~ львёнок; wolf ~ волчóнок.

cube *n* куб. **cubic** *adj* куби́ческий.

cubicle *n* каби́на.

cuckoo *n* куку́шка.

cucumber *n* огурéц.

cuddle *vt* обнимáть *impf*, обня́ть *pf*; *vi* обнимáться *impf*, обня́ться *pf*; ~ up прижимáться *impf*, прижáться *pf* (to к+ *dat*).

cudgel *n* дуби́нка.

cue[1] *n* (*theat*) рéплика.

cue[2] *n* (*billiards*) кий.

cuff[1] *n* манжéта; off the ~ экспрóмтом; ~link зáпонка.

cuff[2] *vt* (*hit*) шлёпать *impf*, шлёпнуть *pf*.

cul-de-sac *n* тупи́к.

culinary *adj* кулинáрный.

cull *vt* (*select*) отбирáть *impf*, отобрáть *pf*; (*slaughter*) бить *impf*.

culminate *vi* кончáться *impf*, кóнчиться *pf* (in +*instr*). **culmination** *n* кульминацио́нный пункт.

culpability *n* вино́вность. **culpable** *adj* вино́вный. **culprit** *n* вино́вник.

cult *n* культ.

cultivate *vt* (*land*) обрабáтывать *impf*, обрабóтать *pf*; (*crops*) вырáщивать

impf; вы́растить *impf*; (*develop*) развива́ть *impf*, разви́ть *pf*.
cultural *adj* культу́рный. **culture** *n* культу́ра. **cultured** *adj* культу́рный.
cumbersome *adj* громо́здкий.
cumulative *adj* кумуляти́вный.
cunning *n* хи́трость; *adj* хи́трый.
cup *n* ча́шка; (*prize*) ку́бок.
cupboard *n* шкаф.
cupola *n* ку́пол.
curable *adj* излечи́мый.
curative *adj* целе́бный.
curator храни́тель *m*.
curb *vt* обу́здывать *impf*, обузда́ть *pf*.
curd (*cheese*) *n* творо́г. **curdle** *vt & i* свёртывать(ся) *impf*, сверну́ть(ся) *pf*.
cure *n* сре́дство (**for** про́тив+*gen*); *vt* выле́чивать *impf*, вы́лечить *pf*; (*smoke*) копти́ть *impf*, за~ *pf*; (*salt*) соли́ть *impf*, по~ *pf*.
curfew *n* коменда́нтский час.
curiosity *n* любопы́тство. **curious** *adj* любопы́тный.
curl *n* ло́кон; *vt* завива́ть *impf*, зави́ть *pf*; ~ **up** свёртываться *impf*, сверну́ться *pf*. **curly** *adj* кудря́вый.
currants *n pl* (*dried*) изю́м (*collect*).
currency *n* валю́та; (*prevalence*) хожде́ние. **current** *adj* теку́щий; *n* тече́ние; (*air*) струя́; (*water*; *electr*) ток.
curriculum *n* курс обуче́ния; ~ **vitae** автобиогра́фия.
curry[1] *n* ка́рри *neut indecl*.
curry[2] *vt*: ~ **favour with** заи́скивать *impf* пе́ред+*instr*, у+*gen*.
curse *n* прокля́тие; (*oath*) руга́тельство; *vt* проклина́ть *impf*, прокля́сть *pf*; *vi* руга́ться *impf*, по~ *pf*.
cursory *adj* бе́глый.
curt *adj* ре́зкий.
curtail *vt* сокраща́ть *impf*, сократи́ть *pf*.
curtain *n* занаве́ска.
curts(e)y *n* ревера́нс; *vi* де́лать *impf*, с~ *pf* ревера́нс.
curve *n* изги́б; (*line*) крива́я *sb*; *vi* изгиба́ться *impf*, изогну́ться *pf*.
cushion *n* поду́шка; *vt* смягча́ть *impf*, смягчи́ть *pf*.
custard *n* сла́дкий заварно́й крем.
custodian *n* храни́тель *m*. **custody** *n* опе́ка; (*of police*) аре́ст; **to take**

into ~ аресто́вывать *impf*, арестова́ть *pf*.
custom *n* обы́чай; (*comm*) клиенту́ра; *pl* (*duty*) таможенные пошлины *f pl*; **go through** ~**s** проходи́ть *impf*, пройти́ *pf* тамо́женный осмо́тр; ~**-house** тамо́жня; ~ **officer** тамо́женник. **customary** *adj* обы́чный. **customer** *n* клие́нт; покупа́тель *m*.
cut *vt* ре́зать *impf*, по~ *pf*; (*hair*) стричь *impf*, о~ *pf*; (*mow*) коси́ть *impf*, с~ *pf*; (*price*) снижа́ть *impf*, сни́зить *pf*; (*cards*) снима́ть *impf*, снять *pf* коло́ду; ~ **back** (*prune*) подреза́ть *impf*, подре́зать *pf*; (*reduce*) сокраща́ть *impf*, сократи́ть *pf*; ~ **down** сруба́ть *impf*, сруби́ть *pf*; (*interrupt*) прерыва́ть *impf*, прерва́ть *pf*; (*disconnect*) отключа́ть *impf*, отключи́ть *pf*; ~ **out** выре́зывать *impf*, вы́резать *pf*; ~ **out for** со́здан(ный) для+*gen*; ~ **up** разреза́ть *impf*, разре́зать *pf*; *n* (*gash*) поре́з; (*clothes*) покро́й; (*reduction*) сниже́ние; ~ **glass** хруста́ль *m*.
cute *adj* симпати́чный.
cutlery *n* ножи́, ви́лки и ло́жки *pl*.
cutlet *n* отбивна́я котле́та.
cutting *n* (*press*) вы́резка; (*plant*) черено́к; *adj* ре́зкий.
CV *abbr* (*of curriculum vitae*) автобиогра́фия.
cycle *n* цикл; (*bicycle*) велосипе́д; *vi* е́здить *impf* на велосипе́де. **cyclic(al)** *adj* цикли́ческий. **cyclist** *n* велосипеди́ст.
cylinder *n* цили́ндр. **cylindrical** *adj* цилиндри́ческий.
cymbals *n pl* таре́лки *f pl*.
cynic *n* ци́ник. **cynical** *adj* цини́чный. **cynicism** *n* цини́зм.
cypress *n* кипари́с.
Cyrillic *adj* кири́ллица.
cyst *n* киста́.
Czech *n* чех, че́шка; *adj* че́шский; ~ **Republic** Че́шская Респу́блика.

D

dab *n* мазо́к; *vt* (*eyes etc.*) прикла́дывать *impf* плато́к к+*dat*; ~ **on** накла́дывать *impf*, наложи́ть *pf* мазка́ми.

dabble vi: ~ in пове́рхностно занима́ться impf, заня́ться pf +instr.

dachshund n та́кса.

dad, **daddy** n па́па; **~-long-legs** n долгоно́жка.

daffodil n жёлтый нарци́сс.

daft adj глу́пый.

dagger n кинжа́л.

dahlia n георги́н.

daily adv ежедне́вно; adj ежедне́вный; n (charwoman) приходя́щая убо́рщица; (newspaper) ежедне́вная газе́та.

dainty adj изя́щный.

dairy n маслобо́йня; (shop) моло́чная sb; adj моло́чный.

dais n помо́ст.

daisy n маргари́тка.

dale n доли́на.

dally vi (dawdle) ме́шкать impf; (toy) игра́ть impf +instr; (flirt) флиртова́ть impf.

dam n (barrier) плоти́на; vt запру́живать impf, запруди́ть pf.

damage n поврежде́ние; pl убы́тки m pl; vt поврежда́ть impf, повреди́ть pf.

damn vt (curse) проклина́ть impf, прокля́сть pf; (censure) осужда́ть impf, осуди́ть pf; int чёрт возьми́!; **I don't give a ~** мне наплева́ть. **damnation** n прокля́тие. **damned** adj прокля́тый.

damp n сы́рость; adj сыро́й; vt (also **dampen**) сма́чивать impf, смочи́ть pf; (fig) охлажда́ть impf, охлади́ть pf.

dance vi танцева́ть impf; n та́нец; (party) танцева́льный ве́чер. **dancer** n танцо́р, ~ка; (ballet) танцо́вщик, -ица; балери́на.

dandelion n одува́нчик.

dandruff n пе́рхоть.

Dane n датча́нин, -а́нка; **Great ~** дог. **Danish** adj да́тский.

danger n опа́сность. **dangerous** adj опа́сный.

dangle vt &i пока́чивать(ся) impf.

dank adj промо́зглый.

dapper adj вы́холенный.

dare vi (have courage) осме́ливаться impf, осме́литься pf; (have impudence) сметь impf, по~ pf; vt вызыва́ть impf, вы́звать pf; n вы́зов. **daredevil** n лиха́ч; adj отча́янный.

daring n отва́га; adj отча́янный.

dark adj тёмный; **~ blue** тёмно-си́ний; n темнота́. **darken** vt затемня́ть impf, затемни́ть pf; vi темне́ть impf, по~ pf. **darkly** adv мра́чно. **darkness** n темнота́.

darling n дорого́й sb, ми́лый sb; adj дорого́й.

darn vt што́пать impf, за~ pf.

dart n стрела́; (for game) мета́тельная стрела́; (tuck) вы́тачка; vi бро́ситься pf.

dash n (hyphen) тире́ neut indecl; (admixture) при́месь; vt швыря́ть impf, швырну́ть pf; vi броса́ться impf, бро́ситься pf. **dashboard** n прибо́рная доска́. **dashing** adj лихо́й.

data n pl да́нные sb pl. **database** n ба́за да́нных.

date¹ n (fruit) фи́ник.

date² n число́, да́та; (engagement) свида́ние; **out of ~** устаре́лый; **up to ~** совреме́нный; **в ку́рсе де́ла**; vt дати́ровать impf & pf; (go out with) встреча́ться impf c+instr; vi (originate) относи́ться impf (**from** к+instr).

dative adj (n) да́тельный (паде́ж).

daub vt ма́зать impf, на~ pf (**with** +instr).

daughter n дочь; **~-in-law** неве́стка (in relation to mother), сноха́ (in relation to father).

daunting adj угрожа́ющий.

dawdle vi ме́шкать impf.

dawn n рассве́т; (also fig) заря́; vi (day) рассвета́ть impf, рассвести́ pf impers; ~ (**up)on** осеня́ть impf, осени́ть pf; **it ~ed on me** меня́ осени́ло.

day n день m; (24 hours) су́тки pl; pl (period) пери́од, вре́мя neut; **~ after ~** изо дня в день; **the ~ after tomorrow** послеза́втра; **the ~ before** накану́не; **the ~ before yesterday** позавчера́; **the other ~** на днях; **by ~** днём; **every other ~** че́рез день; **~ off** выходно́й день m; **one ~** одна́жды; **these ~s** в на́ши дни. **daybreak** n рассве́т. **day-dreams** n pl мечты́ f pl. **daylight** n дневно́й свет; **in broad ~** средь бе́ла дня. **daytime** n: **in the ~** днём.

daze n: **in a ~**, **dazed** adj оглушён (-ена́).

dazzle vt ослепля́ть impf, ослепи́ть pf.

deacon n дья́кон.

dead adj мёртвый; (animals) до́хлый; (plants) увя́дший; (numb) онемёвший; n: the ~ мёртвые sb pl; at ~ of night глубо́кой но́чью; adv соверше́нно; ~ end тупи́к; ~ heat одновреме́нный фи́ниш; ~line преде́льный срок; ~lock тупи́к.

deaden vt заглуша́ть impf, заглуши́ть pf.

deadly adj смерте́льный.

deaf adj глухо́й; ~ and dumb глухонемо́й. **deafen** vt оглуша́ть impf, оглуши́ть pf. **deafness** n глухота́.

deal[1] n: a great, good, ~ мно́го (+gen); (with comp) гора́здо.

deal[2] n (bargain) сде́лка; (cards) сда́ча; vt (cards) сдава́ть impf, сдать pf; (blow) наноси́ть impf, нанести́ pf; ~ in торгова́ть impf +instr; ~ out распределя́ть impf, распределя́ть pf; ~ with (take care of) занима́ться impf, заня́ться pf +instr; (handle a person) поступа́ть impf, поступи́ть pf с+instr; (treat a subject) рассма́тривать impf, рассмотре́ть pf; (cope with) справля́ться impf, спра́виться pf с+instr. **dealer** n торго́вец (in +instr).

dean n дека́н.

dear adj дорого́й; (also n) ми́лый (sb).

dearth n недоста́ток.

death n смерть; put to ~ казни́ть impf & pf; ~bed n сме́ртное ло́же; ~ certificate свиде́тельство о сме́рти; ~ penalty сме́ртная казнь. **deathly** adj смерте́льный.

debar vt: ~ from не допуска́ть impf до+gen.

debase vt унижа́ть impf, уни́зить pf; (coinage) понижа́ть impf, пони́зить pf ка́чество +gen.

debatable adj спо́рный. **debate** n пре́ния (-ий) pl; vt обсужда́ть impf, обсуди́ть pf.

debauched adj развращённый. **debauchery** n развра́т.

debilitate vt ослабля́ть impf, осла́бить pf. **debility** n сла́бость.

debit n де́бет; vt дебетова́ть impf & pf.

debris n обло́мки m pl.

debt n долг. **debtor** n должни́к.

début n дебю́т; make one's ~ дебюти́ровать impf & pf.

decade n десятиле́тие.

decadence n декаде́нтство. **decadent** adj декаде́нтский.

decaffeinated adj без кофеи́на.

decant vt перелива́ть impf, перели́ть pf. **decanter** n графи́н.

decapitate vt обезгла́вливать impf, обезгла́вить pf.

decay vi гнить impf, с~ pf; (tooth) разруша́ться impf, разру́шиться pf; n гние́ние; (tooth) разруше́ние.

decease n кончи́на. **deceased** adj поко́йный; n поко́йник, -ица.

deceit n обма́н. **deceitful** adj лжи́вый. **deceive** vt обма́нывать impf, обману́ть pf.

deceleration n замедле́ние.

December n дека́брь m; adj дека́брьский.

decency n прили́чие. **decent** adj прили́чный.

decentralization n децентрализа́ция. **decentralize** vt децентрализова́ть impf & pf.

deception n обма́н. **deceptive** adj обма́нчивый.

decibel n деци́бел.

decide vt реша́ть impf, реши́ть pf. **decided** adj реши́тельный.

deciduous adj листопа́дный.

decimal n десяти́чная дробь; adj десяти́чный; ~ point запята́я sb.

decimate vt (fig) коси́ть impf, с~ pf.

decipher vt расшифро́вывать impf, расшифрова́ть pf.

decision n реше́ние. **decisive** adj (firm) реши́тельный, (deciding) реша́ющий.

deck n па́луба; (bus etc.) эта́ж; ~chair n шезло́нг; vt: ~ out украша́ть impf, укра́сить pf.

declaim vt деклами́ровать impf, про~ pf.

declaration n объявле́ние; (document) деклара́ция. **declare** vt (proclaim) объявля́ть impf, объяви́ть pf; (assert) заявля́ть impf, заяви́ть pf.

declension n склоне́ние. **decline** n упа́док; vi приходи́ть impf, прийти́ pf в упа́док; vt отклоня́ть impf, отклони́ть pf; (gram) склоня́ть impf, про~ pf.

302

decode vt расшифровывать impf, расшифровать pf.

decompose vi разлагаться impf, разложиться pf.

décor n эстетическое оформление.

decorate vt украшать impf, украсить pf; (room) ремонтировать impf, от~ pf; (with medal etc.) награждать impf, наградить pf. decoration n украшение; (medal) орден. decorative adj декоративный. decorator n маляр.

decorous adj приличный. decorum n приличие.

decoy n (bait) приманка; vt заманивать impf, заманить pf.

decrease vt & i уменьшать(ся) impf, уменьшить(ся) pf; n уменьшение.

decree n указ; vt постановлять impf, постановить pf.

decrepit adj дряхлый.

dedicate vt посвящать impf, посвятить pf. dedication n посвящение.

deduce vt заключать impf, заключить pf.

deduct vt вычитать impf, вычесть pf. deduction n (subtraction) вычет; (inference) вывод.

deed n поступок; (heroic) подвиг; (law) акт.

deem vt считать impf, счесть pf +acc & instr.

deep adj глубокий; (colour) тёмный; (sound) низкий; ~ freeze морозильник. deepen vt & i углублять(ся) impf, углубить(ся) pf.

deer n олень m.

deface vt обезображивать impf, обезобразить pf.

defamation n диффамация. defamatory adj клеветнический.

default n (failure to pay) неуплата; (failure to appear) неявка; (comput) автоматический выбор; vi не выполнять impf обязательств.

defeat n поражение; vt побеждать impf, победить pf. defeatism n пораженчество. defeatist n пораженец; adj пораженческий.

defecate vi испражняться impf, испражниться pf.

defect n дефект; vi перебегать impf, перебежать pf. defective adj неисправный. defector n перебежчик.

defence n защита. defenceless adj беззащитный. defend vt защищать impf, защитить pf. defendant n подсудимый sb. defender n защитник. defensive adj оборонительный.

defer¹ vt (postpone) отсрочивать impf, отсрочить pf.

defer² vi: ~ to подчиняться impf +dat. deference n уважение. deferential adj почтительный.

defiance n неповиновение; in ~ of вопреки+dat. defiant adj вызывающий.

deficiency n недостаток. deficient adj недостаточный. deficit n дефицит.

defile vt осквернять impf, осквернить pf.

define vt определять impf, определить pf. definite adj определённый. definitely adv несомненно. definition n определение. definitive adj окончательный.

deflate vt & i спускать impf, спустить pf; vt (person) сбивать impf, сбить pf спесь с+gen. deflation n дефляция.

deflect vt отклонять impf, отклонить pf.

deforestation n обезлесение.

deformed adj уродливый. deformity n уродство.

defraud vt обманывать impf, обмануть pf; ~ of выманивать impf, выманить pf +acc & y+gen (of person).

defray vt оплачивать impf, оплатить pf.

defrost vt размораживать impf, разморозить pf.

deft adj ловкий.

defunct adj больше не существующий.

defy vt (challenge) вызывать impf, вызвать pf; (disobey) идти impf, по~ pf против+acc; (fig) не поддаваться impf +dat.

degenerate vi вырождаться impf, выродиться pf; adj выродившийся.

degradation n унижение. degrade vt унижать impf, унизить pf. degrading adj унизительный.

degree n степень; (math etc.) градус; (univ) учёная степень.

dehydrate vt обезвоживать impf,

обезво́дить *pf.* **dehydration** *n* обезво́живание.

deign *vi* снисходи́ть *impf*, снизойти́ *pf.*

deity *n* божество́.

dejected *adj* удручённый.

delay *n* заде́ржка; **without** ~ неме́дленно; *vt* заде́рживать *impf*, задержа́ть *pf.*

delegate *n* делега́т; *vt* делеги́ровать *impf & pf.* **delegation** *n* делега́ция.

delete *vt* вычёркивать *impf*, вы́черкнуть *pf.*

deliberate *adj* (*intentional*) преднаме́ренный; (*careful*) осторо́жный; *vt & i* размышля́ть *impf*, размы́слить *pf* (o+*prep*); (*discuss*) совеща́ться *impf* (o+*prep*). **deliberation** *n* размышле́ние; (*discussion*) совеща́ние.

delicacy *n* (*tact*) делика́тность; (*dainty*) ла́комство. **delicate** *adj* то́нкий; (*tactful, needing tact*) делика́тный; (*health*) боле́зненный.

delicatessen *n* гастроно́м.

delicious *adj* о́чень вку́сный.

delight *n* наслажде́ние; (*delightful thing*) пре́лесть. **delightful** *adj* преле́стный.

delinquency *n* престу́пность. **delinquent** *n* правонаруши́тель *m*, ~ница; *adj* вино́вный.

delirious *adj*: be ~ бре́дить *impf*. **delirium** *n* бред.

deliver *vt* (*goods*) доставля́ть *impf*, доста́вить *pf*; (*save*) избавля́ть *impf*, изба́вить *pf* (from от+*gen*); (*lecture*) прочита́ть *impf*, прочесть *pf*; (*letters*) разноси́ть *impf*, разнести́ *pf*; (*speech*) произноси́ть *impf*, произнести́ *pf*; (*blow*) наноси́ть *impf*, нанести́ *pf*. **deliverance** *n* избавле́ние. **delivery** *n* доста́вка.

delta *n* де́льта.

delude *vt* вводи́ть *impf*, ввести́ *pf* в заблужде́ние.

deluge *n* (*flood*) пото́п; (*rain*) ли́вень *m*; (*fig*) пото́к.

delusion *n* заблужде́ние; ~s of grandeur ма́ния вели́чия.

de luxe *adj* -люкс (added to noun).

delve *vi* углубля́ться *impf*, углуби́ться *pf* (into в+*acc*).

demand *n* тре́бование; (*econ*) спрос (for на+*acc*); *vt* тре́бовать *impf*, по~

pf +*gen*. **demanding** *adj* тре́бовательный.

demarcation *n* демарка́ция.

demean *vt*: ~ o.s. унижа́ться *impf*, уни́зиться *pf.*

demeanour *n* мане́ра вести́ себя́.

demented *adj* сумасше́дший. **dementia** *n* слабоу́мие.

demise *n* кончи́на.

demobilize *vt* демобилизова́ть *impf & pf.*

democracy *n* демокра́тия. **democrat** *n* демокра́т. **democratic** *adj* демократи́ческий. **democratization** *n* демократиза́ция.

demolish *vt* (*destroy*) разруша́ть *impf*, разру́шить *pf*; (*building*) сноси́ть *impf*, снести́ *pf*; (*refute*) опроверга́ть *impf*, опрове́ргнуть *pf.* **demolition** *n* разруше́ние; снос.

demon *n* де́мон.

demonstrable *adj* доказу́емый. **demonstrably** *adv* нагля́дно. **demonstrate** *vt* демонстри́ровать *impf & pf*; *vi* уча́ствовать *impf* в демонстра́ции. **demonstration** *n* демонстра́ция. **demonstrative** *adj* экспанси́вный; (*gram*) указа́тельный. **demonstrator** *n* демонстра́тор; (*polit*) демонстра́нт.

demoralize *vt* деморализова́ть *impf & pf.*

demote *vt* понижа́ть *impf*, пони́зить *pf* в до́лжности.

demure *adj* скро́мный.

den *n* берло́га.

denial *n* отрица́ние; (*refusal*) отка́з.

denigrate *vt* черни́ть *impf*, о~ *pf.*

denim *adj* джи́нсовый; *n* джи́нсовая ткань.

Denmark *n* Да́ния.

denomination *n* (*money*) досто́инство; (*relig*) вероиспове́дание. **denominator** *n* знамена́тель *m.*

denote *vt* обознача́ть *impf*, означа́ть *pf.*

denounce *vt* (*condemn*) осужда́ть *impf*, осуди́ть *pf*; (*inform on*) доноси́ть *impf*, донести́ *pf* на+*acc.*

dense *adj* густо́й; (*stupid*) тупо́й. **density** *n* пло́тность.

dent *n* вмя́тина; *vt* де́лать *impf*, с~ *pf* вмя́тину в+*prep.*

dental *adj* зубно́й. **dentist** *n* зубно́й врач. **dentures** *n pl* зубно́й проте́з.

denunciation n (*condemnation*) осужде́ние; (*informing*) доно́с.

deny vt отрица́ть *impf*; (*refuse*) отка́зывать *impf*, отказа́ть *pf* +dat (*person*) в+*prep*.

deodorant n дезодора́нт.

depart vi отбыва́ть *impf*, отбы́ть *pf*; (*deviate*) отклоня́ться *impf*, отклони́ться *pf* (from от+gen).

department n отде́л; (*univ*) ка́федра; ~ **store** универма́г.

departure n отбы́тие; (*deviation*) отклоне́ние.

depend vi зави́сеть *impf* (on от+gen); (*rely*) полага́ться *impf*, положи́ться *pf* (on на+acc). **dependable** adj надёжный. **dependant** n иждиве́нец. **dependence** n зави́симость. **dependent** adj зави́симый.

depict vt изобража́ть *impf*, изобрази́ть *pf*.

deplete vt истоща́ть *impf*, истощи́ть *pf*. **depleted** adj истощённый. **depletion** n истоще́ние.

deplorable adj плаче́вный. **deplore** vt сожале́ть *impf* o+prep.

deploy vt развёртывать *impf*, разверну́ть *pf*. **deployment** n развёртывание.

deport vt депорти́ровать *impf* & pf; высыла́ть *impf*, вы́слать *pf*. **deportation** n депорта́ция; вы́сылка.

deportment n оса́нка.

depose vt сверга́ть *impf*, све́ргнуть *pf*. **deposit** n (*econ*) вклад; (*advance*) зада́ток; (*sediment*) оса́док; (*coal etc.*) месторожде́ние; vt (*econ*) вноси́ть *impf*, внести́ pf.

depot n (*transport*) депо́ neut indecl; (*store*) склад.

deprave vt развраща́ть *impf*, разврати́ть *pf*. **depraved** adj развращённый. **depravity** n разврат.

deprecate vt осужда́ть *impf*, осуди́ть pf.

depreciate vt & i (*econ*) обесце́нивать(ся) *impf*, обесце́нить(ся) pf. **depreciation** n обесце́нение.

depress vt (*dispirit*) удруча́ть *impf*, удручи́ть pf. **depressed** adj удручённый. **depressing** adj угнета́ющий. **depression** n (*hollow*) впа́дина; (*econ*, *med*, *meteorol*, *etc.*) депре́ссия.

deprivation n лише́ние. **deprive** vt

лиша́ть *impf*, лиши́ть pf (of +gen)

depth n глубина́; in the ~ of winter в разга́ре зимы́.

deputation n депута́ция. **deputize** vi замеща́ть *impf*, замести́ть pf (for +acc). **deputy** n замести́тель m; (*parl*) депута́т.

derail vt: be derailed сходи́ть *impf*, сойти́ pf с ре́льсов. **derailment** n сход с ре́льсов.

deranged adj сумасше́дший.

derelict adj забро́шенный.

deride vt высме́ивать *impf*, вы́смеять pf. **derision** n высме́ивание. **derisive** adj (*mocking*) насме́шливый. **derisory** adj (*ridiculous*) смехотво́рный.

derivation n происхожде́ние. **derivative** n произво́дное sb; adj произво́дный. **derive** vt извлека́ть *impf*, извле́чь pf; vi: ~ from происходи́ть *impf*, произойти́ pf от+gen.

derogatory adj отрица́тельный.

descend vi (& t) (*go down*) спуска́ться *impf*, спусти́ться pf (c+gen); be descended from происходи́ть *impf*, произойти́ pf из, от, +gen. **descendant** n пото́мок. **descent** n спуск; (*lineage*) происхожде́ние.

describe vt опи́сывать *impf*, описа́ть pf. **description** n описа́ние. **descriptive** adj описа́тельный.

desecrate vt оскверня́ть *impf*, оскве́рни́ть pf. **desecration** n оскверне́ние.

desert[1] n (*waste*) пусты́ня.

desert[2] vt покида́ть *impf*, поки́нуть pf; (*mil*) дезерти́ровать *impf* & pf; **deserter** n дезерти́р. **desertion** n дезерти́рство.

deserts n pl заслу́ги f pl. **deserve** vt заслу́живать *impf*, заслужи́ть pf. **deserving** adj досто́йный.

design n (*pattern*) узо́р; (*of car etc.*) констру́кция, прое́кт; (*industrial*) дизайн; (*aim*) у́мысел; vt проекти́ровать *impf*, с~ pf; (*intend*) предназнача́ть *impf*, предназна́чить pf. **designate** vt (*indicate*) обознача́ть *impf*, обозна́чить pf; (*appoint*) назнача́ть *impf*, назна́чить pf. **designer** n (*tech*) констру́ктор; (*industrial*) дизайнер; (*of clothes*) моде́льер.

desirable adj жела́тельный. **desire**

n жела́ние; *vt* жела́ть *impf*, по~ *pf* +*gen*.

desist *vi* (*refrain*) возде́рживаться *impf*, воздержа́ться *pf* (from от+*gen*).

desk *n* пи́сьменный стол; (*school*) па́рта.

desolate *adj* забро́шенный. **desolation** *n* забро́шенность.

despair *n* отча́яние; *vi* отча́иваться *impf*, отча́яться *pf* **desperate** *adj* отча́янный. **desperation** *n* отча́яние.

despicable *adj* презре́нный. **despise** *vt* презира́ть *impf*, презре́ть *pf*.

despite *prep* несмотря́ на+*acc*.

despondency *n* уны́ние. **despondent** *adj* уны́лый.

despot *n* де́спот.

dessert *n* десе́рт.

destination *n* (*of goods*) ме́сто назначе́ния; (*of journey*) цель. **destiny** *n* судьба́.

destitute *adj* без вся́ких средств.

destroy *vt* разруша́ть *impf*, разру́шить *pf*. **destroyer** *n* (*naut*) эсми́нец. **destruction** *n* разруше́ние. **destructive** *adj* разруши́тельный.

detach *vt* отделя́ть *impf*, отдели́ть *pf*. **detached** *adj* отде́льный; (*objective*) беспристра́стный; ~ **house** особня́к. **detachment** *n* (*objectivity*) беспристра́стие; (*mil*) отря́д.

detail *n* дета́ль, подро́бность; **in detail** подро́бно; *vt* подро́бно расска́зывать *impf*, рассказа́ть *pf*. **detailed** *adj* подро́бный.

detain *vt* заде́рживать *impf*, задержа́ть *pf*. **detainee** *n* заде́ржанный *sb*.

detect *vt* обнару́живать *impf*, обнару́жить *pf*. **detection** *n* обнаруже́ние; (*crime*) рассле́дование. **detective** *n* детекти́в; ~ **film, story, etc.** детекти́в. **detector** *n* дете́ктор.

detention *n* задержа́ние; (*school*) заде́ржка в наказа́ние.

deter *vt* уде́рживать *impf*, удержа́ть *pf* (from от+*gen*).

detergent *n* мо́ющее сре́дство.

deteriorate *vi* ухудша́ться *impf*, уху́дшиться *pf*. **deterioration** *n* ухудше́ние.

determination *n* реши́мость. **determine** *vt* (*ascertain*) устана́вливать *impf*, установи́ть *pf*; (*be decisive fac-*

tor) определя́ть *impf*, определи́ть *pf*; (*decide*) реша́ть *impf*, реши́ть *pf*. **determined** *adj* реши́тельный.

deterrent *n* сре́дство устраше́ния.

detest *vt* ненави́деть *impf*. **detestable** *adj* отврати́тельный.

detonate *vt* & *i* взрыва́ть(ся) *impf*, взорва́ть(ся) *pf*. **detonator** *n* детона́тор.

detour *n* объе́зд.

detract *vi*: ~ **from** умаля́ть *impf*, умали́ть *pf* +*acc*.

detriment *n* уще́рб. **detrimental** *adj* вре́дный.

deuce *n* (*tennis*) ра́вный счёт.

devaluation *n* девальва́ция. **devalue** *vt* девальви́ровать *impf* & *pf*.

devastate *vt* опустоша́ть *impf*, опустоши́ть *pf*. **devastated** *adj* потрясённый. **devastating** *adj* уничтожа́ющий. **devastation** *n* опустоше́ние.

develop *vt* & *i* развива́ть(ся) *impf*, разви́ть(ся) *pf*; *vt* (*phot*) проявля́ть *impf*, прояви́ть *pf*. **developer** *n* (*of land etc.*) застро́йщик. **development** *n* разви́тие.

deviant *adj* ненорма́льный. **deviate** *vi* отклоня́ться *impf*, отклони́ться *pf* (from от+*gen*). **deviation** *n* отклоне́ние.

device *n* прибо́р.

devil *n* чёрт. **devilish** *adj* черто́вский.

devious *adj* (*circuitous*) окружно́й; (*person*) непоря́дочный.

devise *vt* приду́мывать *impf*, приду́мать *pf*.

devoid *adj* лишённый (of +*gen*).

devolution *n* переда́ча (вла́сти).

devote *vt* посвяща́ть *impf*, посвяти́ть *pf*. **devoted** *adj* пре́данный. **devotee** *n* покло́нник. **devotion** *n* пре́данность.

devour *vt* пожира́ть *impf*, пожра́ть *pf*.

devout *adj* на́божный.

dew *n* роса́.

dexterity *n* ло́вкость. **dext(e)rous** *adj* ло́вкий.

diabetes *n* диабе́т. **diabetic** *n* диабе́тик; *adj* диабети́ческий.

diabolic(al) *adj* дья́вольский.

diagnose *vt* диагности́ровать *impf* & *pf*. **diagnosis** *n* диа́гноз.

diagonal *n* диагона́ль; *adj* диаго-
на́льный. **diagonally** *adv* по диа-
гона́ли.

diagram *n* диагра́мма.

dial *n* (*clock*) цифербла́т; (*tech*) шка-
ла́; *vt* набира́ть *impf*, набра́ть *pf*.

dialect *n* диале́кт.

dialogue *n* диало́г.

diameter *n* диа́метр. **diametric(al)**
adj диаметра́льный; ~ly opposed
диаметра́льно противополо́жный.

diamond *n* алма́з; (*shape*) ромб; *pl*
(*cards*) бу́бны (-бён, -бна́м) *pl*.

diaper *n* пелёнка.

diaphragm *n* диафра́гма.

diarrhoea *n* поно́с.

diary *n* дневни́к.

dice *see* **die¹**

dicey *adj* риско́ванный.

dictate *vt* диктова́ть *impf*, про~ *pf*.
dictation *n* дикто́вка. **dictator** *n*
дикта́тор. **dictatorial** *adj* дикта́тор-
ский. **dictatorship** *n* диктату́ра.

diction *n* ди́кция.

dictionary *n* слова́рь *m*.

didactic *adj* дидакти́ческий.

die¹ *n* (*pl* **dice**) игра́льная кость; (*pl*
dies) (*stamp*) штамп.

die² *vi* (*person*) умира́ть *impf*, уме-
ре́ть *pf*; (*animal*) до́хнуть *impf*, из~,
по~ *pf*; (*plant*) вя́нуть *impf*, за~ *pf*;
be dying to о́чень хоте́ть *impf*; ~
down (*fire, sound*) угаса́ть *impf*,
уга́снуть *pf*; ~ **out** вымира́ть *impf*,
вы́мереть *pf*.

diesel *n* (*engine*) ди́зель *m*; *attrib*
ди́зельный.

diet *n* дие́та; (*habitual food*) пи́ща;
vi быть на дие́те. **dietary** *adj* диети́-
ческий.

differ *vi* отлича́ться *impf*; разли-
ча́ться *impf*; (*disagree*) расходи́ться
impf, разойти́сь *pf*. **difference** *n*
ра́зница; (*disagreement*) разногла́-
сие. **different** *adj* разли́чный, ра́з-
ный. **differential** *n* (*math, tech*)
дифференциа́л; (*difference*) ра́зни-
ца. **differentiate** *vt* различа́ть *impf*,
различи́ть *pf*.

difficult *adj* тру́дный. **difficulty** *n*
тру́дность; (*difficult situation*) за-
трудне́ние; **without** ~ без труда́.

diffidence *n* неуве́ренность в себе́.
diffident *adj* неуве́ренный в себе́.

diffused *adj* рассе́янный.

dig *n* (*archaeol*) раско́пки *f pl*; (*poke*)
тычо́к; (*gibe*) шпи́лька; *pl* (*lodg-
ings*) кварти́ра; **give a** ~ **in the ribs**
ткнуть *pf* ло́ктем под ребро́; *vt* ко-
па́ть *impf*, вы́~ *pf*; рыть *impf*, вы́~
pf; ~ **up** (*bone*) выка́пывать *impf*,
вы́копать *pf*; (*land*) вска́пывать
impf, вскопа́ть *pf*.

digest *vt* перева́ривать *impf*, пере-
вари́ть *pf*. **digestible** *adj* удобова-
ри́мый. **digestion** *n* пищеваре́ние.

digger *n* (*tech*) экскава́тор.

digit *n* (*math*) знак.

dignified *adj* велича́вый. **dignitary**
n сано́вник. **dignity** *n* досто́инство.

digress *vi* отклоня́ться *impf*, откло-
ни́ться *pf*. **digression** *n* отклоне́-
ние.

dike *n* да́мба; (*ditch*) ров.

dilapidated *adj* ве́тхий.

dilate *vt* & *i* расширя́ть(ся) *impf*,
расши́рить(ся) *pf*.

dilemma *n* диле́мма.

dilettante *n* дилета́нт.

diligence *n* прилежа́ние. **diligent** *adj*
приле́жный.

dilute *vt* разбавля́ть *impf*, разба́вить
pf.

dim *adj* (*not bright*) ту́склый; (*vague*)
сму́тный; (*stupid*) тупо́й.

dimension *n* (*pl*) разме́ры *m pl*;
(*math*) измере́ние. **-dimensional** *in
comb* -ме́рный; **three-**~ трёхме́р-
ный.

diminish *vt* & *i* уменьша́ть(ся) *impf*,
уме́ньшить(ся) *pf*. **diminutive** *adj*
ма́ленький; *n* уменьши́тельное *sb*.

dimness *n* ту́склость.

dimple *n* я́мочка.

din *n* гро́хот; (*voices*) гам.

dine *vi* обе́дать *impf*, по~ *pf*. **diner**
n обе́дающий *sb*.

dinghy *n* шлю́пка; (*rubber* ~) на-
дувна́я ло́дка.

dingy *adj* (*drab*) ту́склый; (*dirty*)
гря́зный.

dining-car *n* ваго́н-рестора́н. **dining-
room** *n* столо́вая *sb*. **dinner** *n* обе́д;
~**-jacket** смо́кинг.

dinosaur *n* диноза́вр.

diocese *n* епа́рхия.

dip *vt* (*immerse*) окуна́ть *impf*, оку-
ну́ть *pf*; (*partially*) обма́кивать *impf*,
обмакну́ть *pf*; *vi* (*slope*) понижа́ть-
ся *impf*, пони́зиться *pf*; *n* (*depres-*

sion) впа́дина; (*slope*) укло́н; have a ~ (*bathe*) купа́ться *impf*, вы́~ *pf*.

diphtheria *n* дифтери́я.

diphthong *n* дифто́нг.

diploma *n* дипло́м. **diplomacy** *n* диплома́тия. **diplomat** *n* диплома́т. **diplomatic** *adj* дипломати́ческий.

dire *adj* стра́шный; (*ominous*) злове́щий.

direct *adj* прямо́й; ~ current постоя́нный ток; *vt* направля́ть *impf*, напра́вить *pf*; (*guide, manage*) руководи́ть *impf* +*instr*; (*film*) режисси́ровать *impf*. **direction** *n* направле́ние; (*guidance*) руково́дство; (*instruction*) указа́ние; (*film*) режиссу́ра; ~ stage ~ рема́рка. **directive** *n* директи́ва. **directly** *adv* пря́мо; (*at once*) сра́зу. **director** *n* дире́ктор; (*film etc.*) режиссёр(-постано́вщик). **directory** *n* спра́вочник, указа́тель *m*; (*tel*) телефо́нная кни́га.

dirt *n* грязь. **dirty** *adj* гря́зный; *vt* па́чкать *impf*, за~ *pf*.

disability *n* физи́ческий/психи́ческий недоста́ток; (*disablement*) инвали́дность; **disabled** *adj*: he is ~ он инвали́д.

disadvantage *n* невы́годное положе́ние; (*defect*) недоста́ток. **disadvantageous** *adj* невы́годный.

disaffected *adj* недово́льный.

disagree *vi* не соглаша́ться *impf*, согласи́ться *pf*; (*not correspond*) не соотве́тствовать *impf* +*dat*. **disagreeable** *adj* неприя́тный. **disagreement** *n* разногла́сие; (*quarrel*) ссо́ра.

disappear *vi* исчеза́ть *impf*, исче́знуть *pf*. **disappearance** *n* исчезнове́ние.

disappoint *vt* разочаро́вывать *impf*, разочарова́ть *pf*. **disappointed** *adj* разочаро́ванный. **disappointing** *adj* разочаро́вывающий. **disappointment** *n* разочарова́ние.

disapproval *n* неодобре́ние. **disapprove** *vt & i* не одобря́ть *impf*.

disarm *vt* (*mil*) разоружа́ть *impf*, разоружи́ть *pf*; (*criminal; also fig*) обезору́живать *impf*, обезору́жить *pf*. **disarmament** *n* разоруже́ние.

disarray *n* беспоря́док.

disaster *n* бе́дствие. **disastrous** *adj* катастрофи́ческий.

disband *vt* распуска́ть *impf*, распусти́ть *pf*; *vi* расходи́ться *impf*, разойти́сь *pf*.

disbelief *n* неве́рие.

disc, disk *n* диск; ~ jockey веду́щий *sb* переда́чу.

discard *vt* отбра́сывать *impf*, отбро́сить *pf*.

discern *vt* различа́ть *impf*, различи́ть *pf*. **discernible** *adj* различи́мый. **discerning** *adj* проница́тельный.

discharge *vt* (*ship etc.*) разгружа́ть *impf*, разгрузи́ть *pf*; (*gun; electr*) разряжа́ть *impf*, разряди́ть *pf*; (*dismiss*) увольня́ть *impf*, уво́лить *pf*; (*prisoner*) освобожда́ть *impf*, освободи́ть *pf*; (*debt; duty*) выполня́ть *impf*, вы́полнить *pf*; (*from hospital*) выпи́сывать *impf*, вы́писать *pf*; *n* разгру́зка; (*electr*) разря́д; увольне́ние; освобожде́ние; выполне́ние; (*matter discharged*) выделе́ния *neut pl*.

disciple *n* учени́к.

disciplinarian *n* сторо́нник дисципли́ны. **disciplinary** *adj* дисциплина́рный. **discipline** *n* дисципли́на; *vt* дисциплини́ровать *impf & pf*.

disclaim *vt* (*deny*) отрица́ть *impf*; ~ responsibility слага́ть *impf*, сложи́ть *pf* с себя́ отве́тственность.

disclose *vt* обнару́живать *impf*, обнару́жить *pf*. **disclosure** *n* обнаруже́ние.

discoloured *adj* обесцве́ченный.

discomfit *vt* смуща́ть *impf*, смути́ть *pf*. **discomfiture** *n* смуще́ние.

discomfort *n* неудо́бство.

disconcert *vt* смуща́ть *impf*, смути́ть *pf*.

disconnect *vt* разъединя́ть *impf*, разъедини́ть *pf*; (*switch off*) выключа́ть *impf*, вы́ключить *pf*. **disconnected** *adj* (*incoherent*) бессвя́зный.

disconsolate *adj* неуте́шный.

discontent *n* недово́льство. **discontented** *adj* недово́льный.

discontinue *vt* прекраща́ть *impf*, прекрати́ть *pf*.

discord *n* разногла́сие; (*mus*) диссона́нс. **discordant** *adj* несогласу́ющийся; диссони́рующий.

discotheque *n* дискоте́ка.

discount n скидка; vt (disregard) не принимать impf, принять pf в расчёт.

discourage vt обескураживать impf, обескуражить pf; (dissuade) отговаривать impf, отговорить pf.

discourse n речь.

discourteous adj невежливый.

discover vt открывать impf, открыть pf; (find out) обнаруживать impf, обнаружить pf. **discovery** n открытие.

discredit n позор; vt дискредитировать impf & pf.

discreet adj тактичный. **discretion** n (judgement) усмотрение; (prudence) благоразумие; at one's ~ по своему усмотрению.

discrepancy n несоответствие.

discriminate vt различать impf, различить pf; ~ against дискриминировать impf & pf. **discrimination** n (taste) разборчивость; (bias) дискриминация.

discus n диск.

discuss vt обсуждать impf, обсудить pf. **discussion** n обсуждение.

disdain n презрение. **disdainful** adj презрительный.

disease n болезнь. **diseased** adj больной.

disembark vi высаживаться impf, высадиться pf.

disenchantment n разочарование.

disengage vt освобождать impf, освободить pf; (clutch) отпускать impf, отпустить pf.

disentangle vt распутывать impf, распутать pf.

disfavour n немилость.

disfigure vt уродовать impf, из~ pf.

disgrace n позор; (disfavour) немилость; vt позорить impf, о~ pf. **disgraceful** adj позорный.

disgruntled adj недовольный.

disguise n маскировка; vt маскировать impf, за~ pf; (conceal) скрывать impf, скрыть pf. **disguised** adj замаскированный.

disgust n отвращение; vt внушать impf, внушить pf отвращение +dat. **disgusting** adj отвратительный.

dish n блюдо; pl посуда collect; ~washer (посудо)моечная машина; vt: ~ up подавать impf, подать pf.

dishearten vt обескураживать impf, обескуражить pf.

dishevelled adj растрёпанный.

dishonest adj нечестный. **dishonesty** n нечестность. **dishonour** n бесчестье; vt бесчестить impf, о~ pf. **dishonourable** adj бесчестный.

disillusion vt разочаровывать impf, разочаровать pf. **disillusionment** n разочарованность.

disinclination n несклонность, неохота. **disinclined** adj be ~ не хотеться impers+dat.

disinfect vt дезинфицировать impf & pf. **disinfectant** n дезинфицирующее средство.

disingenuous adj неискренный.

disinherit vt лишать impf, лишить pf наследства.

disintegrate vi распадаться impf, распасться pf. **disintegration** n распад.

disinterested adj бескорыстный.

disjointed adj бессвязный.

disk see disc

dislike n нелюбовь (for к+dat); vt не любить impf.

dislocate vt (med) вывихнуть pf.

dislodge vt смещать impf, сместить pf.

disloyal adj нелояльный. **disloyalty** n нелояльность.

dismal adj мрачный.

dismantle vt разбирать impf, разобрать pf.

dismay vt смущать impf, смутить pf; n смущение.

dismiss vt (sack) увольнять impf, уволить pf; (disband) распускать impf, распустить pf. **dismissal** n увольнение; роспуск.

dismount vi спешиваться impf, спешиться pf.

disobedience n непослушание. **disobedient** adj непослушный. **disobey** vt и не слушаться impf +gen.

disorder n беспорядок. **disorderly** adj (untidy) беспорядочный; (unruly) буйный.

disorganized adj неорганизованный.

disorientation n дезориентация. **disoriented** adj: I am/was ~ я потерял(а) направление.

disown vt отказываться impf, отказаться pf от+gen.

disparaging adj оскорбительный.
disparity n неравенство.
dispassionate adj беспристрастный.
dispatch vt (send) отправлять impf, отправить pf; (deal with) расправляться impf, расправиться pf c+instr; n отправка; (message) донесение; (rapidity) быстрота; ~-rider мотоциклист связи.
dispel vt рассеивать impf, рассеять pf.
dispensable adj необязательный.
dispensary n аптека.
dispensation n (exemption) освобождение (от обязательства). **dispense** vt (distribute) раздавать impf, раздать pf; ~ with обходиться impf, обойтись pf без+gen.
dispersal n распространение. **disperse** vt (drive away) разгонять impf, разогнать pf; (scatter) рассеивать impf, рассеять pf; vi расходиться impf, разойтись pf.
dispirited adj удручённый.
displaced adj: ~ persons перемещённые лица neut pl.
display n показ; vt показывать impf, показать pf.
displeased predic недоволен (-льна).
displeasure n недовольство.
disposable adj одноразовый. **disposal** n удаление; at your ~ в вашем распоряжении. **dispose** vi: ~ of избавляться impf, избавиться pf от+gen. **disposed** predic: ~ to расположен (-ена) к+dat or +inf. **disposition** n расположение; (temperament) нрав.
disproportionate adj непропорциональный.
disprove vt опровергать impf, опровергнуть pf.
dispute n (debate) спор; (quarrel) ссора; vt оспаривать impf, оспорить pf.
disqualification n дисквалификация. **disqualify** vt дисквалифицировать impf & pf.
disquieting adj тревожный.
disregard n пренебрежение +instr; vt игнорировать impf & pf; пренебрегать impf, пренебречь pf +instr.
disrepair n неисправность.
disreputable adj пользующийся дурной славой. **disrepute** n дурная слава.

disrespect n неуважение. **disrespectful** adj непочтительный.
disrupt vt срывать impf, сорвать pf. **disruptive** adj подрывной.
dissatisfaction n недовольство. **dissatisfied** adj недовольный.
dissect vt разрезать impf, разрезать pf; (med) вскрывать impf, вскрыть pf.
disseminate vt распространять impf, распространить pf; **dissemination** n распространение.
dissension n раздор. **dissent** n расхождение; (eccl) раскол.
dissertation n диссертация.
disservice n плохая услуга.
dissident n диссидент.
dissimilar adj несходный.
dissipate vt (dispel) рассеивать impf, рассеять pf; (squander) проматывать impf, промотать pf. **dissipated** adj распутный.
dissociate vt: ~ o.s. отмежёвываться impf, отмежеваться pf (from от+gen).
dissolute adj распутный. **dissolution** n расторжение; (parl) роспуск. **dissolve** vt & i (in liquid) растворять(ся) impf, растворить(ся) pf; vt (annul) расторгать impf, расторгнуть pf; (parl) распускать impf, распустить pf.
dissonance n диссонанс. **dissonant** adj диссонирующий.
dissuade vt отговаривать impf, отговорить pf.
distance n расстояние; from a ~ издали; in the ~ вдалеке. **distant** adj далёкий, (also of relative) дальний; (reserved) сдержанный.
distaste n отвращение. **distasteful** adj противный.
distended adj надутый.
distil vt (whisky) перегонять impf, перегнать pf; (water) дистиллировать impf & pf. **distillation** n перегонка; дистилляция. **distillery** n перегонный завод.
distinct adj (different) отличный; (clear) отчётливый; (evident) заметный. **distinction** n (difference; excellence) отличие; (discrimination) различие. **distinctive** adj отличительный. **distinctly** adv ясно.
distinguish vt различать impf,

различи́ть pf; ~ o.s. отлича́ться impf, отличи́ться pf. **distinguished** adj выдаю́щийся.

distort vt искажа́ть impf, искази́ть pf; (misrepresent) извраща́ть impf, изврати́ть pf. **distortion** n искаже́ние; извраще́ние.

distract vt отвлека́ть impf, отвле́чь pf. **distraction** n (amusement) развлече́ние; (madness) безу́мие.

distraught adj обезу́мевший.

distress n (suffering) огорче́ние; (danger) бе́дствие; vt огорча́ть impf, огорчи́ть pf.

distribute vt распределя́ть impf, распредели́ть pf. **distribution** n распределе́ние. **distributor** n распредели́тель m.

district n райо́н.

distrust n недове́рие; vt не доверя́ть impf. **distrustful** adj недове́рчивый.

disturb vt беспоко́ить impf, o~ pf. **disturbance** n наруше́ние поко́я; pl (polit etc.) беспоря́дки m pl.

disuse n неупотребле́ние; fall into ~ выходи́ть impf, вы́йти pf из употребле́ния. **disused** adj вы́шедший из употребле́ния.

ditch n кана́ва, ров.

dither vi колеба́ться impf.

ditto n то же са́мое; adv так же.

divan n дива́н.

dive vi ныря́ть impf, нырну́ть pf; (aeron) пики́ровать impf & pf; n ныро́к, прыжо́к в во́ду. **diver** n водола́з.

diverge vi расходи́ться impf, разойти́сь pf. **divergent** adj расходя́щийся.

diverse adj разнообра́зный. **diversification** n расшире́ние ассорти́мента. **diversify** vt разнообра́зить impf. **diversion** n (detour) объе́зд; (amusement) развлече́ние. **diversity** n разнообра́зие. **divert** vt отклоня́ть impf, отклони́ть pf; (amuse) развлека́ть impf, развле́чь pf. **diverting** adj заба́вный.

divest vt (deprive) лиша́ть impf, лиши́ть pf (of +gen); ~ o.s. отка́зываться impf, отказа́ться pf (of от+gen).

divide vt (share; math) дели́ть impf, по~ pf; (separate) разделя́ть impf, раздели́ть pf. **dividend** n дивиде́нд.

divine adj боже́ственный.

diving n ныря́ние; ~-board трампли́н.

divinity n (quality) боже́ственность; (deity) божество́; (theology) богосло́вие.

divisible adj дели́мый. **division** n (dividing) деле́ние, разделе́ние; (section) отде́л; (mil) диви́зия.

divorce n разво́д; vi разводи́ться impf, развести́сь pf. **divorced** adj разведённый.

divulge vt разглаша́ть impf, разгласи́ть pf.

DIY abbr (of do-it-yourself): he is good at ~ у него́ золоты́е ру́ки; ~ shop магази́н «сде́лай сам».

dizziness n головокруже́ние. **dizzy** adj (causing dizziness) головокружи́тельный; I am ~ у меня́ кру́жится голова́.

DNA abbr (of deoxyribonucleic acid) ДНК.

do vt де́лать impf, c~ pf; vi (be suitable) годи́ться impf; (suffice) быть доста́точным; ~-it-yourself see DIY; that will ~ хва́тит!; how ~ you ~? здра́вствуйте!; как вы пожива́ете?; ~ away with (abolish) уничтожа́ть impf, уничто́жить pf; ~ in (kill) убива́ть impf, уби́ть pf; ~ up (restore) ремонти́ровать impf, от~ pf; (wrap up) завёртывать impf, заверну́ть pf; (fasten) застёгивать impf, застегну́ть pf; ~ without обходи́ться impf, обойти́сь pf без+gen.

docile adj поко́рный. **docility** n поко́рность.

dock[1] n (naut) док; vt ста́вить impf, по~ pf в док; vi входи́ть impf, войти́ pf в док; vi (spacecraft) стыкова́ться impf, co~ pf. **docker** n до́кер. **dockyard** n верфь.

dock[2] n (law) скамья́ подсуди́мых.

docket n квита́нция; (label) ярлы́к.

doctor n врач; (also univ) до́ктор; vt (castrate) кастри́ровать impf & pf; (spay) удаля́ть impf, удали́ть pf яи́чники y+gen; (falsify) фальсифици́ровать impf & pf. **doctorate** n сте́пень до́ктора.

doctrine n доктри́на.

document n докуме́нт; vt документи́ровать impf & pf. **documentary** n документа́льный фильм. **docu-**

mentation *n* документа́ция.
doddery *adj* дря́хлый.
dodge *n* уве́ртка; *vt* уклоня́ться *impf*, уклони́ться *pf* от+*gen*; (*jump to avoid*) отска́кивать *impf*, отско-чи́ть *pf* (от+*gen*). **dodgy** *adj* ка́верзный.
doe *n* са́мка.
dog *n* соба́ка, пёс; (*fig*) пресле́довать *impf*. **dog-eared** *adj* захва́танный.
dogged *adj* упо́рный.
dogma *n* до́гма. **dogmatic** *adj* догмати́ческий.
doings *n pl* дела́ *neut pl*.
doldrums *n*: be in the ~ хандри́ть *impf*.
dole *n* посо́бие по безрабо́тице; *vt* (~ *out*) выдава́ть *impf*, вы́дать *pf*. **doleful** *adj* ско́рбный.
doll *n* ку́кла.
dollar *n* до́ллар.
dollop *n* соли́дная по́рция.
dolphin *n* дельфи́н.
domain *n* (*estate*) владе́ние; (*field*) о́бласть.
dome *n* ку́пол.
domestic *adj* (*of household*; *animals*) дома́шний; (*of family*) семе́йный; (*polit*) вну́тренний; *n* прислу́га. **domesticate** *vt* прируча́ть *impf*, приручи́ть *pf*. **domesticity** *n* дома́шняя, семе́йная, жизнь.
domicile *n* местожи́тельство.
dominance *n* госпо́дство. **dominant** *adj* преоблада́ющий; госпо́дствующий. **dominate** *vt* госпо́дствовать *impf* над+*instr*. **domineering** *adj* вла́стный.
dominion *n* влады́чество; (*realm*) владе́ние.
domino *n* кость домино́; *pl* (*game*) домино́ *neut indecl*.
don *vt* надева́ть *impf*, наде́ть *pf*.
donate *vt* же́ртвовать *impf*, по~ *pf*. **donation** *n* поже́ртвование.
donkey *n* осёл.
donor *n* же́ртвователь *m*; (*med*) до́нор.
doom *n* (*ruin*) ги́бель; *vt* обрека́ть *impf*, обре́чь *pf*.
door *n* дверь. **doorbell** *n* (дверно́й) звоно́к. **doorman** *n* швейца́р. **doormat** *n* полови́к. **doorstep** *n* поро́г.
doorway *n* дверно́й проём.

dope *n* (*drug*) нарко́тик; *vt* дурма́нить *impf*, о~ *pf*.
dormant *adj* (*sleeping*) спя́щий; (*inactive*) безде́йствующий.
dormer window *n* слухово́е окно́.
dormitory *n* о́бщая спа́льня.
dormouse *n* со́ня.
dorsal *adj* спинно́й.
dosage *n* дозиро́вка. **dose** *n* до́за.
dossier *n* досье́ *neut indecl*.
dot *n* то́чка; *vt* ста́вить *impf*, по~ *pf* то́чки на+*acc*; (*scatter*) усе́ивать *impf*, усе́ять *pf* (with +*instr*); ~ted line пункти́р.
dote *vi*: ~ on обожа́ть *impf*.
double *adj* двойно́й; (*doubled*) удво́енный; ~-bass контраба́с; ~ bed двуспа́льная крова́ть; ~-breasted двубо́ртный; ~-cross обма́нывать *impf*, обману́ть *pf*; ~-dealer двуру́шник; ~-dealing двуру́шничество; ~-decker двухэта́жный автобус; ~-edged обоюдоо́стрый; ~ glazing двойны́е ра́мы *f pl*; ~ room ко́мната на двои́х; *adv* вдвоём; (*two together*) вдвоём; *n* двойно́е коли́чество; (*person's*) двойни́к; *pl* (*sport*) па́рная игра́; *vt* & *i* удва́ивать(ся) *impf*, удво́ить(ся) *pf*; ~ back возвраща́ться *impf*, верну́ться *pf* наза́д; ~ up (*in pain*) скрю́чиваться *impf*, скрю́читься *pf*; (*share a room*) помеща́ться *impf*, помести́ться *pf* вдвоём в одно́й ко́мнате; (~ *up as*) рабо́тать *impf* + *instr* по совмести́тельству.
doubt *n* сомне́ние; *vt* сомнева́ться *impf* в+*prep*. **doubtful** *adj* сомни́тельный. **doubtless** *adv* несомне́нно.
dough *n* те́сто. **doughnut** *n* по́нчик.
douse *vt* (*drench*) залива́ть *impf*, зали́ть *pf*.
dove *n* го́лубь *m*. **dovetail** *n* ла́сточкин хвост.
dowdy *adj* неэлега́нтный.
down[1] *n* (*fluff*) пух.
down[2] *adv* (*motion*) вниз; (*position*) внизу́; be ~ with (*ill*) боле́ть *impf* +*instr*; *prep* вниз с+*gen*, по+*dat*; (*along*) (вдоль) по+*dat*; *vt*: (*gulp*) опроки́дывать *impf*, опроки́нуть *pf*; ~-and-out бродя́га *m*; ~-cast, ~-hearted уны́лый. **downfall** *n* ги́бель. **downhill** *adv* под го́ру. **downpour**

n ли́вень *m*. **downright** *adj* я́вный; *adv* соверше́нно. **downstairs** *adv* (*motion*) вниз; (*position*) внизу́. **downstream** *adv* вниз по тече́нию. **down-to-earth** *adj* реалисти́ческий. **downtrodden** *adj* угнетённый.

dowry *n* прида́ное *sb*.

doze *vi* дрема́ть *impf*.

dozen *n* дю́жина.

drab *adj* бесцве́тный; (*boring*) ску́чный.

draft *n* (*outline, rough copy*) набро́сок; (*document*) прое́кт; (*econ*) тра́тта; *see also* **draught**; *vt* составля́ть *impf*, соста́вить *pf* план, прое́кт, +*gen*.

drag *vt* тащи́ть *impf*; (*river etc.*) драги́ровать *impf* & *pf*; ~ **on** (*vi*) затя́гиваться *impf*, затяну́ться *pf*; *n* (*burden*) обу́за; (*on cigarette*) затя́жка; **in** ~ в же́нской оде́жде.

dragon *n* драко́н. **dragonfly** *n* стрекоза́.

drain *n* водосто́к; (*leakage; fig*) уте́чка; *vt* осуша́ть *impf*, осуши́ть *pf*; *vi* спуска́ться *impf*, спусти́ться *pf*. **drainage** *n* дрена́ж; (*system*) канализа́ция.

drake *n* се́лезень *m*.

drama *n* дра́ма; (*quality*) драмати́зм. **dramatic** *adj* драмати́ческий. **dramatist** *n* драмату́рг. **dramatize** *vt* драматизи́ровать *impf* & *pf*.

drape *vt* драпирова́ть *impf*, за~ *pf*; *n* драпиро́вка.

drastic *adj* радика́льный.

draught *n* (*air*) сквозня́к; (*traction*) тя́га; *pl* (*game*) ша́шки *f pl*; *see also* **draft**; **there is a** ~ сквози́т; ~ **beer** пи́во из бо́чки. **draughtsman** *n* черте́жник. **draughty** *adj*: **it is** ~ **here** здесь ду́ет.

draw *n* (*in lottery*) ро́зыгрыш; (*attraction*) прима́нка; (*drawn game*) ничья́; *vt* (*pull*) тяну́ть *impf*, по~ *pf*; таска́ть *indet*, тащи́ть *det*; (*curtains*) задёргивать *impf*, задёрнуть *pf* (*занаве́ски*); (*attract*) привлека́ть *impf*, привле́чь *pf*; (*pull out*) выта́скивать *impf*, вы́тащить *pf*; (*sword*) обнажа́ть *impf*, обнажи́ть *pf*; (*lots*) броса́ть *impf*, бро́сить *pf* (*жре́бий*); (*water; inspiration*) че́рпать *impf*, черпну́ть *pf*; (*evoke*) вызыва́ть *impf*, вы́звать *pf*; (*conclusion*) выводи́ть

impf, вы́вести *pf* (*заключе́ние*); (*diagram*) черти́ть *impf*, на~ *pf*; (*picture*) рисова́ть *impf*, на~ *pf*; *vi* (*sport*) сыгра́ть *pf* вничью́; ~ **aside** отводи́ть *impf*, отвести́ *pf* в сто́рону; ~ **back** (*withdraw*) отступа́ть *impf*, отступи́ть *pf*; ~ **in** втя́гивать *impf*, втяну́ть *pf*; (*train*) входи́ть *impf*, войти́ *pf* в ста́нцию; (*car*) подходи́ть *impf*, подойти́ *pf* (**to** к + *dat*); (*days*) станови́ться *impf* коро́че; ~ **out** вытя́гивать *impf*, вы́тянуть *pf*; (*money*) выпи́сывать *impf*, вы́писать *pf*; (*train/car*) выходи́ть *impf*, вы́йти *pf* (*со ста́нции/на доро́гу*); ~ **up** (*car*) подходи́ть *impf*, подойти́ *pf* (**to** к + *dat*); (*document*) составля́ть *impf*, соста́вить *pf*. **drawback** *n* недоста́ток. **drawbridge** *n* подъёмный мост. **drawer** *n* я́щик. **drawing** *n* (*action*) рисова́ние, черче́ние; (*object*) рису́нок, чертёж; ~**board** чертёжная доска́; ~**pin** кно́пка; ~**room** гости́ная *sb*.

drawl *n* протя́жное произноше́ние.

dread *n* страх; *vt* боя́ться *impf* +*gen*. **dreadful** *adj* ужа́сный.

dream *n* сон; (*fantasy*) мечта́; *vi* ви́деть *impf*, у~ *pf* сон; ~ **of** ви́деть *impf*, у~ *pf* во сне́; (*fig*) мечта́ть *impf* о+*prep*.

dreary *adj* (*weather*) па́смурный; (*boring*) ску́чный.

dredge *vt* (*river etc.*) драги́ровать *impf* & *pf*. **dredger** *n* дра́га.

dregs *n pl* оса́дки (-ков) *pl*.

drench *vt* прома́чивать *impf*, промочи́ть *pf*; **get** ~**ed** промока́ть *impf*, промо́кнуть *pf*.

dress *n* пла́тье; (*apparel*) оде́жда; ~ **circle** бельэта́ж; ~**maker** портни́ха; ~ **rehearsal** генера́льная репети́ция; *vt* & *i* одева́ть(ся) *impf*, оде́ть(ся) *pf*; *vt* (*cul*) приправля́ть *impf*, припра́вить *pf*; (*med*) перевя́зывать *impf*, перевяза́ть *pf*; ~ **up** наряжа́ться *impf*, наряди́ться *pf* (**as** + *instr*). **dresser** *n* ку́хонный шкаф.

dressing *n* (*cul*) припра́ва; (*med*) перевя́зка; ~**gown** хала́т; ~**room** убо́рная *sb*; ~**table** туале́тный сто́лик.

dribble *vi* (*person*) пуска́ть *impf*, пусти́ть *pf* слю́ни; (*sport*) вести́ *impf* мяч.

dried *adj* сушёный. **drier** *n* суши́лка.

drift *n* (*meaning*) смысл; (*snow*) сугро́б; *vi* плыть *impf* по тече́нию; (*naut*) дрейфова́ть *impf*; (*snow etc.*) скопля́ться *impf*, скопи́ться *pf*; ~ **apart** расходи́ться *impf*, разойти́сь *pf*.

drill[1] *n* сверло́; (*dentist's*) бур; *vt* сверли́ть *impf*, про~ *pf*.

drill[2] *vt* (*mil*) обуча́ть *impf*, обучи́ть *pf* стро́ю; *vi* проходи́ть *impf*, пройти́ *pf* строеву́ю подгото́вку; *n* строева́я подгото́вка.

drink *n* напи́ток; *vt* пить *impf*, вы́~ *pf*; ~**-driving** вожде́ние в нетре́звом состоя́нии. **drinking-water** *n* питьева́я вода́.

drip *n* (*action*) ка́панье; (*drop*) ка́пля; *vi* ка́пать *impf*, ка́пнуть *pf*.

drive *n* (*journey*) езда́; (*excursion*) прогу́лка; (*campaign*) похо́д, кампа́ния; (*energy*) эне́ргия; (*tech*) при́вод; (*driveway*) подъездна́я доро́га; *vt* (*urge*; *chase*) гоня́ть *indet*, гнать *det*; (*vehicle*) води́ть *indet*, вести́ *det*; управля́ть *impf* +*instr*; (*convey*) вози́ть *indet*, везти́ *det*, по~ *pf*; *vi* (*travel*) е́здить *indet*, е́хать *det*, по~ *pf*; *vt* доводи́ть *impf*, довести́ *pf* (**to** до+*gen*); (*nail etc.*) вбива́ть *impf*, вбить *pf* (**into** в+*acc*); ~ **away** прогоня́ть *impf*, прогна́ть *pf*; *vi* уезжа́ть *impf*, уе́хать *pf*; ~ **up** подъезжа́ть *impf*, подъе́хать *pf* (**to** к+*dat*).

driver *n* (*of vehicle*) води́тель *m*, шофёр. **driving** *adj* (*force*) дви́жущий; (*rain*) проливно́й; ~**-licence** води́тельские права́ *neut pl*; ~**-test** экза́мен на получе́ние води́тельских прав; ~**-wheel** веду́щее колесо́.

drizzle *n* ме́лкий дождь *m*; *vi* мороси́ть *impf*.

drone *n* (*bee*; *idler*) тру́тень *m*; (*of voice*) жужжа́ние; (*of engine*) гул; *vi* (*buzz*) жужжа́ть *impf*; (~ **on**) бубни́ть *impf*.

drool *vi* пуска́ть *impf*, пусти́ть *pf* слю́ни.

droop *vi* поника́ть *impf*, пони́кнуть *pf*.

drop *n* (*of liquid*) ка́пля; (*fall*) паде́ние, пониже́ние; *vt & i* (*price*) снижа́ть(ся) *impf*, сни́зить(ся) *pf*; *vi* (*fall*) па́дать *impf*, упа́сть *pf*; *vt* (*let fall*) роня́ть *impf*, урони́ть *pf*; (*aban-*

don) броса́ть *impf*, бро́сить *pf*; ~ **behind** отстава́ть *impf*, отста́ть *pf*; ~ **in** заходи́ть *impf*, зайти́ *pf* (**on** к+*dat*); ~ **off** (*fall asleep*) засыпа́ть *impf*, засну́ть *pf*; (*from car*) выса́живать *impf*, вы́садить *pf*; ~ **out** выбыва́ть *impf*, вы́быть *pf* (**of** из+*gen*). **droppings** *n pl* помёт.

drought *n* за́суха.

droves *n pl*: **in** ~ толпа́ми.

drown *vt* топи́ть *impf*, у~ *pf*; (*sound*) заглуша́ть *impf*, заглуши́ть *pf*; *vi* тону́ть *impf*, у~ *pf*.

drowsy *adj* сонли́вый.

drudgery *n* ну́дная рабо́та.

drug *n* (*medicament*) медикаме́нт; (*narcotic*) нарко́тик; ~ **addict** наркома́н, ~ка; *vt* дава́ть *impf*, дать *pf* нарко́тик+*dat*.

drum *n* бараба́н; *vi* бить *impf* в бараба́н; бараба́нить *impf*; ~ **sth into s.o.** вда́лбливать *impf*, вдолби́ть *pf* + *dat of person* в го́лову. **drummer** *n* бараба́нщик.

drunk *adj* пья́ный. **drunkard** *n* пья́ница *m & f*. **drunken** *adj* пья́ный; ~ **driving** вожде́ние в нетре́звом состоя́нии. **drunkenness** *n* пья́нство.

dry *adj* сухо́й; ~ **land** су́ша; *vt* суши́ть *impf*, вы́~ *pf*; (*wipe dry*) вытира́ть *impf*, вы́тереть *pf*; *vi* со́хнуть *impf*, вы́~, про~ *pf*. **dry-cleaning** *n* химчи́стка. **dryness** *n* су́хость.

dual *adj* двойно́й; (*joint*) совме́стный; ~**-purpose** двойно́го назначе́ния.

dub[1] *vt* (*nickname*) прозыва́ть *impf*, прозва́ть *pf*.

dub[2] *vt* (*cin*) дубли́ровать *impf & pf*.

dubious *adj* сомни́тельный.

duchess *n* герцоги́ня. **duchy** *n* ге́рцогство.

duck[1] *n* (*bird*) у́тка.

duck[2] *vt* (*immerse*) окуна́ть *impf*, окуну́ть *pf*; (*one's head*) нагну́ть *pf*; (*evade*) увёртываться *impf*, уверну́ться *pf* от+*gen*; (~ **down**) наклоня́ться *impf*, наклони́ться *pf*. **duckling** *n* утёнок.

duct *n* прохо́д; (*anat*) прото́к.

dud *n* (*forgery*) подде́лка; (*shell*) неразорва́вшийся снаря́д; *adj* подде́льный; (*worthless*) него́дный.

due *n* (*credit*) до́лжное *sb*; *pl* взно́сы *m pl*; *adj* (*proper*) до́лжный, надлежа́щий; *predic* (*expected*) до́лжен

(-жна́); in ~ course со вре́менем; ~ south пря́мо на юг; ~ to благодаря́ +dat.

duel n дуэ́ль.

duet n дуэ́т.

duke n ге́рцог.

dull adj (tedious) ску́чный; (colour) ту́склый; (weather) па́смурный; (not sharp; stupid) тупо́й; vt притупля́ть impf, притупи́ть pf.

duly adv надлежа́щим о́бразом; (punctually) своевре́менно.

dumb adj немо́й. **dumbfounded** adj ошара́шенный.

dummy n (tailor's) манеке́н; (baby's) со́ска; ~ run испыта́тельный рейс.

dump n сва́лка; vt сва́ливать impf, свали́ть pf.

dumpling n клёцка.

dumpy adj призе́мистый.

dune n дю́на.

dung n наво́з.

dungarees n pl комбинезо́н.

dungeon n темни́ца.

dunk vt мака́ть impf, макну́ть pf.

duo n па́ра; (mus) дуэ́т.

dupe vt надува́ть impf, наду́ть pf; n простофи́ля m & f.

duplicate n ко́пия; in ~ в двух экземпля́рах; adj (double) двойно́й; (identical) иденти́чный; vt размножа́ть impf, размно́жить pf **duplicity** n двули́чность.

durability n про́чность. **durable** adj про́чный. **duration** n продолжи́тельность.

duress n принужде́ние; under ~ под давле́нием.

during prep во вре́мя +gen; (throughout) в тече́ние +gen.

dusk n су́мерки (-рек) pl.

dust n пыль; ~bin му́сорный я́щик; ~-jacket суперобло́жка; ~man му́сорщик; ~pan сово́к; vt & i (clean) стира́ть impf, стере́ть pf пыль (c+gen); (sprinkle) посыпа́ть impf, посы́пать pf sth +acc, with +instr. **duster** n пы́льная тря́пка. **dusty** adj пы́льный.

Dutch adj голла́ндский; n: the ~ голла́ндцы m pl. **Dutchman** n голла́ндец. **Dutchwoman** n голла́ндка.

dutiful adj послу́шный. **duty** n (obligation) долг; обя́занность; (office) дежу́рство; (tax) по́шлина; be on ~

дежу́рить impf; ~-free adj беспо́шлинный.

dwarf n ка́рлик; vt (tower above) возвыша́ться impf, возвы́ситься pf над +instr.

dwell vi обита́ть impf; ~ upon остана́вливаться impf на+prep. **dweller** n жи́тель m. **dwelling** n жили́ще.

dwindle vi убыва́ть impf, убы́ть pf.

dye n краси́тель m; vt окра́шивать impf, окра́сить pf.

dynamic adj динами́ческий. **dynamics** n pl дина́мика.

dynamite n динами́т.

dynamo n дина́мо neut indecl.

dynasty n дина́стия.

dysentery n дизентери́я.

dyslexia n дисле́ксия. **dyslexic** adj: he is ~ он дисле́ктик.

E

each adj & pron ка́ждый; ~ other друг дру́га (dat -гу, etc.).

eager adj (pupil) усе́рдный; I am ~ to мне не те́рпится +inf; о́чень жела́ю +inf. **eagerly** adv с нетерпе́нием; жа́дно. **eagerness** n си́льное жела́ние.

eagle n орёл.

ear[1] n (corn) ко́лос.

ear[2] n (anat) у́хо; (sense) слух; ~-ache боль в у́хе; ~drum бараба́нная перепо́нка; ~mark (assign) предназнача́ть impf, предназна́чить pf; ~phone нау́шник; ~ring серьга́; (clip-on) клипс; ~shot: within ~ в преде́лах слы́шимости; out of ~ вне преде́лов слы́шимости.

earl n граф.

early adj ра́нний; adv ра́но.

earn vt зараба́тывать impf, зарабо́тать pf; (deserve) заслу́живать impf, заслужи́ть pf. **earnings** n pl за́работок.

earnest adj серьёзный; n: in ~ всерьёз.

earth n земля́; (soil) по́чва; vt земля́ть impf, заземли́ть pf. **earthenware** adj гли́няный. **earthly** adj земно́й. **earthquake** n землетрясе́ние. **earthy** adj земли́стый; (coarse) гру́бый.

earwig n уховёртка.

ease n (*facility*) лёгкость; (*unconstraint*) непринуждённость; with ~ легко; vt облегчать impf, облегчить pf; vi успокаиваться impf, успокоиться pf.

easel n мольберт.

east n восток; (*naut*) ост; adj восточный. **easterly** adj восточный. **eastern** adj восточный. **eastward(s)** adv на восток, к востоку.

Easter n Пасха.

easy adj лёгкий; (*unconstrained*) непринуждённый; ~-going уживчивый.

eat vt есть impf, съ~ pf; (*breakfast etc.*) по~, с~ pf; ~ away разъедать impf, разъесть pf; ~ into доедать impf, доесть pf. **eatable** adj съедобный.

eaves n pl стреха. **eavesdrop** vi подслушивать impf.

ebb n (*tide*) отлив; (*fig*) упадок.

ebony n чёрное дерево.

ebullient adj кипучий.

EC abbr (*of European Community*) Европейское сообщество.

eccentric n чудак; adj эксцентричный.

ecclesiastical adj церковный.

echo n э́хо; vi (*resound*) отражаться impf, отразиться pf; vt (*repeat*) повторять impf, повторить pf.

eclipse n затмение; vt затмевать impf, затмить pf.

ecological adj экологический. **ecology** n экология.

economic adj экономический. **economical** adj экономный. **economist** n экономист. **economize** vt & i экономить impf, с~ pf. **economy** n экономика; (*saving*) экономия.

ecstasy n экстаз. **ecstatic** adj экстатический.

eddy n водоворот.

edge n край; (*blade*) лезвие; on ~ в нервном состоянии; have the ~ on иметь impf преимущество над+instr; vt (*border*) окаймлять impf, окаймить pf; vi пробираться impf, пробраться pf. **edging** n кайма. **edgy** adj раздражительный.

edible adj съедобный.

edict n указ.

edifice n здание. **edifying** adj назидательный.

edit vt редактировать impf, от~ pf; (*cin*) монтировать impf, с~ pf. **edition** n издание; (*number of copies*) тираж. **editor** n редактор. **editorial** n передовая статья; adj редакторский, редакционный.

educate vt давать impf, дать pf образование +dat; where was he educated? где он получил образование? **educated** adj образованный. **education** n образование. **educational** adj образовательный; (*instructive*) учебный.

eel n угорь m.

eerie adj жуткий.

effect n (*result*) следствие; (*validity*) influence) действие; (*impression*; theat) эффект; in ~ фактически; vt вступать impf, вступить pf в силу; (*medicine*) начинать impf, начать pf действовать; vt производить impf, произвести pf. **effective** adj эффективный; (*striking*) эффектный; (*actual*) фактический. **effectiveness** n эффективность. **effeminate** adj женоподобный. **effervescent** adj пузыриться impf. **effervescent** adj (*fig*) искрящийся.

efficiency n эффективность. **efficient** adj эффективный; (*person*) организованный.

effigy n изображение.

effort n усилие.

effrontery n наглость.

effusive adj экспансивный.

e.g. abbr напр.

egalitarian adj эгалитарный.

egg[1] n яйцо; ~-cup рюмка для яйца; ~-shell яичная скорлупа.

egg[2] vt: ~ on подстрекать impf, подстрекнуть pf.

ego n «Я». **egocentric** adj эгоцентрический. **egoism** n эгоизм. **ego(t)ist** n эгоист, ~ка. **ego(t)istical** adj эгоцентрический. **egotism** n эготизм.

Egypt n Египет. **Egyptian** n египтянин, -янка; adj египетский.

eiderdown n пуховое одеяло.

eight adj & n восемь; (*number 8*) восьмёрка. **eighteen** adj & n восемнадцать. **eighteenth** adj & n восемнадцатый. **eighth** adj & n восьмой; (*fraction*) восьмая sb. **eightieth** adj & n восьмидесятый.

eighty adj & n во́семьдесят; pl (decade) восьмидеся́тые го́ды (-до́в) m pl.

either adj & pron (one of two) оди́н из двух, тот и́ли друго́й; (both) и тот, и друго́й; оба; (one or other) любо́й; adv & conj: ~ ... or и́ли... и́ли, ли́бо... ли́бо.

eject vt выбра́сывать impf, вы́бросить pf; vi (pilot) катапульти́роваться impf & pf.

eke vt: ~ out a living перебива́ться impf, переби́ться pf ко́е-как.

elaborate adj (ornate) витиева́тый; (detailed) подро́бный; vt разраба́тывать impf, разрабо́тать pf; (detail) уточня́ть impf, уточни́ть pf.

elapse vi проходи́ть impf, пройти́ pf; (expire) истека́ть impf, исте́чь pf.

elastic n рези́нка; adj эласти́чный, ~ band рези́нка. **elasticity** n эласти́чность.

elated adj в восто́рге. **elation** n восто́рг.

elbow n ло́коть m; vt: ~ (one's way) through прота́лкиваться impf, протолкну́ться pf че́рез+acc.

elder[1] n (tree) бузина́.

elder[2] n (person) ста́рец; pl ста́ршие sb; adj ста́рший. **elderly** adj пожило́й. **eldest** adj ста́рший.

elect adj и́збранный; vt избира́ть impf, избра́ть pf. **election** n вы́боры m pl. **elector** n избира́тель m. **electoral** adj избира́тельный. **electorate** n избира́тели m pl.

electric(al) adj электри́ческий; ~ shock уда́р электри́ческим то́ком. **electrician** n эле́ктрик. **electricity** n электри́чество. **electrify** vt (convert to electricity) электрифици́ровать impf & pf; (charge with electricity; fig) электризова́ть impf, на~ pf. **electrode** n электро́д. **electron** n электро́н. **electronic** adj электро́нный. **electronics** n электро́ника.

electrocute vt убива́ть impf, уби́ть pf электри́ческим то́ком; (execute) казни́ть impf & pf на электри́ческом сту́ле. **electrolysis** n электро́лиз.

elegance n элега́нтность. **elegant** adj элега́нтный.

elegy n эле́гия.

element n элеме́нт; (earth, wind, etc.) стихи́я; be in one's ~ быть в свое́й стихи́и. **elemental** adj стихи́йный. **elementary** adj элемента́рный; (school etc.) нача́льный.

elephant n слон.

elevate vt поднима́ть impf, подня́ть pf. **elevated** adj возвы́шенный. **elevation** n (height) высота́. **elevator** n (lift) лифт.

eleven adj & n оди́ннадцать. **eleventh** adj & n оди́ннадцатый; at the ~ hour в после́днюю мину́ту.

elf n эльф.

elicit vt (obtain) выявля́ть impf, вы́явить pf; (evoke) вызыва́ть impf, вы́звать pf.

eligible adj име́ющий пра́во (for на+acc); (bachelor) подходя́щий.

eliminate vt (do away with) устраня́ть impf, устрани́ть pf; (rule out) исключа́ть impf, исключи́ть pf.

élite n эли́та.

ellipse n э́ллипс. **elliptic(al)** adj эллипти́ческий.

elm n вяз.

elocution n ора́торское иску́сство.

elongate vt удлиня́ть impf, удлини́ть pf.

elope vi бежа́ть det (с возлю́бленным).

eloquence n красноре́чие. **eloquent** adj красноречи́вый.

else adv (besides) ещё; (instead) друго́й; (with neg) бо́льше; nobody ~ никто́ бо́льше; or ~ и́на́че; a (не) то; и́ли же; s.o. ~ кто-нибудь друго́й; something ~? ещё что-нибудь? **elsewhere** adv (place) в друго́м ме́сте; (direction) в друго́е ме́сто.

elucidate vt разъясня́ть impf, разъясни́ть pf.

elude vt избега́ть impf +gen. **elusive** adj неулови́мый.

emaciated adj истощённый.

emanate vi исходи́ть impf (from из, от, +gen).

emancipate vt эмансипи́ровать impf & pf. **emancipation** n эмансипа́ция.

embankment n (river) на́бережная sb; (rly) на́сыпь.

embargo n эмба́рго neut indecl.

embark vi сади́ться impf, сесть pf на кора́бль; ~ upon предпринима́ть impf, предприня́ть pf. **embarkation**

n поса́дка (на кора́бль).

embarrass *vt* смуща́ть *impf*, смути́ть *pf*; be ~ed чу́вствовать *impf* себя́ неудо́бно. **embarrassing** *adj* неудо́бный. **embarrassment** *n* смуще́ние.

embassy *n* посо́льство.

embedded *adj* вре́занный.

embellish *vt* (*adorn*) украша́ть *impf*, укра́сить *pf*; (*story*) прикра́шивать *impf*, прикра́сить *pf*. **embellishment** *n* украше́ние.

embers *n pl* тле́ющие уголки́ *m pl*.

embezzle *vt* растра́чивать *impf*, растра́тить *pf*. **embezzlement** *n* растра́та.

embitter *vt* ожесточа́ть *impf*, ожесточи́ть *pf*.

emblem *n* эмбле́ма.

embodiment *n* воплоще́ние. **embody** *vt* воплоща́ть *impf*, воплоти́ть *pf*.

emboss *vt* чека́нить *impf*, вы́~, от~ *pf*.

embrace *n* объя́тие; *vi* обнима́ться *impf*, обня́ться *pf*; *vt* обнима́ть *impf*, обня́ть *pf*; (*accept*) принима́ть *impf*, приня́ть *pf*; (*include*) охва́тывать *impf*, охвати́ть *pf*.

embroider *vt* вышива́ть *impf*, вы́шить *pf*; (*story*) прикра́шивать *impf*, прикра́сить *pf*. **embroidery** *n* вы́шивка.

embroil *vt* впу́тывать *impf*, впу́тать *pf*.

embryo *n* эмбрио́н.

emerald *n* изумру́д.

emerge *vi* появля́ться *impf*, появи́ться *pf*. **emergence** *n* появле́ние. **emergency** *n* кра́йняя необходи́мость; state of ~ чрезвыча́йное положе́ние; ~ exit запасно́й вы́ход.

emery paper *n* нажда́чная бума́га.

emigrant *n* эмигра́нт, ~ка. **emigrate** *vi* эмигри́ровать *impf & pf*. **emigration** *n* эмигра́ция.

eminence *n* (*fame*) знамени́тость. **eminent** *adj* выдаю́щийся. **eminently** *adv* чрезвыча́йно.

emission *n* испуска́ние. **emit** *vt* испуска́ть *impf*, испусти́ть *pf*; (*light*) излуча́ть *impf*, излучи́ть *pf*; (*sound*) издава́ть *impf*, изда́ть *pf*.

emotion *n* эмо́ция, чу́вство. **emotional** *adj* эмоциона́льный.

empathize *vt* сопережива́ть *impf*, сопережи́ть *pf*. **empathy** *n* эмпа́тия.

emperor *n* импера́тор.

emphasis *n* ударе́ние. **emphasize** *vt* подчёркивать *impf*, подчеркну́ть *pf*. **emphatic** *adj* вырази́тельный; категори́ческий.

empire *n* импе́рия.

empirical *adj* эмпири́ческий.

employ *vt* (*use*) по́льзоваться *impf* +*instr*; (*person*) нанима́ть *impf*, наня́ть *pf*. **employee** *n* сотру́дник, рабо́чий *sb*. **employer** *n* работода́тель *m*. **employment** *n* рабо́та, слу́жба; (*use*) испо́льзование.

empower *vt* уполномо́чивать *impf*, уполномо́чить *pf* (to на+*acc*).

empress *n* императри́ца.

emptiness *n* пустота́. **empty** *adj* пусто́й; ~-headed пустоголо́вый; *vt* (*container*) опорожня́ть *impf*, опорожни́ть *pf*; (*solid*) высыпа́ть *impf*, вы́сыпать *pf*; (*liquid*) вылива́ть *impf*, вы́лить *pf*; *vi* пусте́ть *impf*, о~ *pf*.

emulate *vt* достига́ть *impf*, дости́гнуть, дости́чь *pf* +*gen*; (*copy*) подража́ть *impf* +*dat*.

emulsion *n* эму́льсия.

enable *vt* дава́ть *impf*, дать *pf* возмо́жность +*dat & inf*.

enact *vt* (*law*) принима́ть *impf*, приня́ть *pf*; (*theat*) разы́грывать *impf*, разыгра́ть *pf*. **enactment** *n* (*law*) постановле́ние; (*theat*) игра́.

enamel *n* эма́ль; *adj* эма́левый; *vt* эмали́ровать *impf & pf*.

encampment *n* ла́герь *m*.

enchant *vt* очаро́вывать *impf*, очарова́ть *pf*. **enchanting** *adj* очарова́тельный. **enchantment** *n* очарова́ние.

encircle *vt* окружа́ть *impf*, окружи́ть *pf*.

enclave *n* анкла́в.

enclose *vt* огора́живать *impf*, огороди́ть *pf*; (*in letter*) прикла́дывать *impf*, приложи́ть *pf*; please find ~d прилага́ется (-а́ются) +*nom*. **enclosure** *n* огоро́женное ме́сто; (*in letter*) приложе́ние.

encode *vt* шифрова́ть *impf*, за~ *pf*.

encompass *vt* (*encircle*) окружа́ть *impf*, окружи́ть *pf*; (*contain*) заключа́ть *impf*, заключи́ть *pf*.

encore *int* бис!; *n* вы́зов на бис.

encounter *n* встре́ча; (*in combat*) столкнове́ние; *vt* встреча́ть *impf*, встре́тить *pf*; (*fig*) ста́лкиваться *impf*, столкну́ться *pf* c+*instr*.

encourage *vt* ободря́ть *impf*, ободри́ть *pf*. **encouragement** *n* ободре́ние. **encouraging** *adj* ободри́тельный.

encroach *vt* вторга́ться *impf*, вто́ргнуться *pf* (**on** в+*acc*). **encroachment** *n* вторже́ние.

encumber *vt* обременя́ть *impf*, обремени́ть *pf* **encumbrance** *n* обу́за.

encyclopaedia *n* энциклопе́дия. **encyclopaedic** *adj* энциклопеди́ческий.

end *n* коне́ц; (*death*) смерть; (*purpose*) цель; **an ~ in itself** самоце́ль; **in the ~** в конце́ концо́в; **make ~s meet** своди́ть *impf*, свести́ *pf* концы́ с конца́ми; **no ~ of** ма́сса+*gen*; **on ~** (*upright*) стоймя́, ды́бом; (*continuously*) подря́д; **put an ~ to** класть *impf*, положи́ть *pf* коне́ц +*dat*; коне́ц; ко́нчить *pf*; (*halt*) прекраща́ть *impf*, прекрати́ть *pf*; *vi* конча́ться *impf*, ко́нчиться *pf*.

endanger *vt* подверга́ть *impf*, подве́ргнуть *pf* опа́сности.

endearing *adj* привлека́тельный. **endearment** *n* ла́ска.

endeavour *n* попы́тка; (*exertion*) уси́лие; (*undertaking*) де́ло; *vi* стара́ться *impf*, по~ *pf*.

endemic *adj* энdemeический.

ending *n* оконча́ние. **endless** *adj* бесконе́чный.

endorse *vt* (*document*) подпи́сывать *impf*, подписа́ть *pf*; (*support*) подде́рживать *impf*, поддержа́ть *pf*. **endorsement** *n* по́дпись; подде́ржка; (*on driving licence*) проко́л.

endow *vt* обеспе́чивать *impf*, обеспе́чить *pf* постоя́нным дохо́дом; (*fig*) одаря́ть *impf*, одари́ть *pf* **endowment** *n* поже́ртвование; (*talent*) дарова́ние.

endurance *n* (*of person*) выно́сливость; (*of object*) про́чность. **endure** *vt* выноси́ть *impf*, вы́нести *pf*; терпе́ть *impf*, по~ *pf*; *vi* продолжа́ться *impf*, продо́лжиться *pf*.

enemy *n* враг; *adj* вра́жеский.

energetic *adj* энерги́чный. **energy** *n*

энэ́ргия; *pl* си́лы *f pl*.

enforce *vt* (*law etc.*) следи́ть *impf* за выполне́нием +*gen*. **enforcement** *n* наблюде́ние за выполне́нием +*gen*.

engage *vt* (*hire*) нанима́ть *impf*, наня́ть *pf*; (*tech*) зацепля́ть *impf*, зацепи́ть *pf*. **engaged** *adj* (*occupied*) за́нятый; **be ~ in** занима́ться *impf*; **~** заня́ться *pf* +*instr*; **become ~** обруча́ться *impf*, обручи́ться *pf* (**to** с+*instr*). **engagement** *n* (*appointment*) свида́ние; (*betrothal*) обруче́ние; (*battle*) бой; **~ ring** обруча́льное кольцо́. **engaging** *adj* привлека́тельный.

engender *vt* порожда́ть *impf*, породи́ть *pf*.

engine *n* дви́гатель *m*; (*rly*) локомоти́в; **~-driver** (*rly*) машини́ст. **engineer** *n* инжене́р; *vt* (*fig*) организова́ть *impf* & *pf*. **engineering** *n* инжене́рное де́ло, те́хника.

England *n* А́нглия. **English** *adj* англи́йский; *n*: **the ~** *pl* англича́не (-н) *pl*. **Englishman** **-woman** *n* англича́нин, -а́нка.

engrave *vt* гравирова́ть *impf*, вы́-*pf*; (*fig*) вреза́ть *impf*, вре́зать *pf*. **engraver** *n* гравёр. **engraving** *n* гравю́ра.

engross *vt* поглоща́ть *impf*, поглоти́ть *pf*; **be ~ed in** быть поглощённым +*instr*.

engulf *vt* поглоща́ть *impf*, поглоти́ть *pf*.

enhance *vt* увели́чивать *impf*, увели́чить *pf*.

enigma *n* зага́дка. **enigmatic** *adj* зага́дочный.

enjoy *vt* получа́ть *impf*, получи́ть *pf* удово́льствие от+*gen*; наслажда́ться *impf*, наслади́ться *pf* +*instr*; (*health etc.*) облада́ть *impf* +*instr*; **~ o.s.** хорошо́ проводи́ть *impf*, провести́ *pf* вре́мя. **enjoyable** *adj* прия́тный. **enjoyment** *n* удово́льствие.

enlarge *vt* увели́чивать *impf*, увели́чить *pf*; **~** распространя́ться *impf*, распространи́ться *pf* o+*prep*. **enlargement** *n* увеличе́ние.

enlighten *vt* просвеща́ть *impf*, просвети́ть *pf*. **enlightenment** *n* просвеще́ние.

enlist *vi* поступа́ть *impf*, поступи́ть *pf* на вое́нную слу́жбу; *vt* (*mil*) вербова́ть *impf*, за~ *pf*; (*support etc.*) заруча́ться *impf*, заручи́ться *pf* +*instr*.

enliven *vt* оживля́ть *impf*, оживи́ть *pf*.

enmity *n* вражда́.

ennoble *vt* облагора́живать *impf*, облагоро́дить *pf*.

ennui *n* тоска́.

enormity *n* чудо́вищность. **enormous** *adj* огро́мный. **enormously** *adv* чрезвыча́йно.

enough *adj* доста́точно +*gen*; *adv* доста́точно, дово́льно; be хвата́ть *impf*, хвати́ть *pf impers*+*gen*.

enquire, enquiry *see* **inquire, inquiry**

enrage *vt* беси́ть *impf*, вз~ *pf*.

enrapture *vt* восхища́ть *impf*, восхити́ть *pf*.

enrich *vt* обогаща́ть *impf*, обогати́ть *pf*.

enrol *vt & i* запи́сывать(ся) *impf*, записа́ть(ся) *pf*. **enrolment** *n* за́пись.

en route *adv* по пути́ (to, for в+*acc*).

ensconce *vt*: ~ **o.s.** заса́живаться *impf*, засе́сть *pf* (with за+*acc*).

ensemble *n* (*mus*) анса́мбль *m*.

enshrine *vt* (*fig*) охраня́ть *impf*, охрани́ть *pf*.

ensign *n* (*flag*) флаг.

enslave *vt* порабоща́ть *impf*, поработи́ть *pf*.

ensue *vi* сле́довать *impf*. **ensuing** *adj* после́дующий.

ensure *vt* обеспе́чивать *impf*, обеспе́чить *pf*.

entail *vt* (*necessitate*) влечь *impf* за собо́й.

entangle *vt* запу́тывать *impf*, запу́тать *pf*.

enter *vt & i* входи́ть *impf*, войти́ *pf* в+*acc*; (*by transport*) въезжа́ть *impf*, въе́хать *pf* в+*acc*; *vt* (*join*) поступа́ть *impf*, поступи́ть *pf* в, на, +*acc*; (*competition*) вступа́ть *impf*, вступи́ть *pf* в+*acc*; (*in list*) вноси́ть *impf*, внести́ *pf* в+*acc*.

enterprise *n* (*undertaking*) предприя́тие; (*initiative*) предприи́мчивость. **enterprising** *adj* предприи́мчивый.

entertain *vt* (*amuse*) развлека́ть *impf*, развле́чь *pf*; (*guests*) принима́ть *impf*, приня́ть *pf*; угоща́ть *impf*, угости́ть *pf* (to +*instr*); (*hopes*) пита́ть *impf*. **entertaining** *adj* зани-

ма́тельный. **entertainment** *n* развлече́ние; (*show*) представле́ние.

enthral *vt* порабоща́ть *impf*, поработи́ть *pf*.

enthusiasm *n* энтузиа́зм. **enthusiast** *n* энтузиа́ст. ~ка. **enthusiastic** *adj* восто́рженный; по́лный энтузиа́зма.

entice *vt* зама́нивать *impf*, замани́ть *pf*. **enticement** *n* прима́нка. **enticing** *adj* зама́нчивый.

entire *adj* по́лный, це́лый, весь. **entirely** *adv* вполне́, соверше́нно; (*solely*) исключи́тельно. **entirety** *n*: **in its** ~ по́лностью.

entitle *vt* (*authorize*) дава́ть *impf*, дать *pf* пра́во+*dat* (to на+*acc*); be ~d (*book*) называ́ться *impf*; be ~d to име́ть *impf* пра́во на+*acc*.

entity *n* объе́кт; феноме́н.

entomology *n* энтомоло́гия.

entourage *n* сви́та.

entrails *n pl* вну́тренности (-тей) *pl*.

entrance[1] *n* вход, въезд; (*theat*) вы́ход; ~ **exam** вступи́тельный экза́мен; ~ **hall** вестибю́ль *m*.

entrance[2] *vt* (*charm*) очаро́вывать *impf*, очарова́ть *pf*. **entrancing** *adj* очарова́тельный.

entrant *n* уча́стник (for +*gen*).

entreat *vt* умоля́ть *impf*, умоли́ть *pf*. **entreaty** *n* мольба́.

entrench *vt* be, become ~ed (*fig*) укореня́ться *impf*, укорени́ться *pf*.

entrepreneur *n* предпринима́тель *m*.

entrust *vt* (*secret*) вверя́ть *impf*, вве́рить *pf* (to +*dat*); (*object*; *person*) поруча́ть *impf*, поручи́ть *pf* (to +*dat*).

entry *n* вход, въезд; вступле́ние; (*theat*) вы́ход; (*note*) за́пись; (*in reference book*) статья́.

entwine *vt* (*interweave*) сплета́ть *impf*, сплести́ *pf*; (*wreathe*) обвива́ть *impf*, обви́ть *pf*.

enumerate *vt* перечисля́ть *impf*, перечи́слить *pf*.

enunciate *vt* (*express*) излага́ть *impf*, изложи́ть *pf*; (*pronounce*) произноси́ть *impf*, произнести́ *pf*. **enunciation** *n* изложе́ние; произноше́ние.

envelop *vt* оку́тывать *impf*, оку́тать *pf*. **envelope** *n* конве́рт.

enviable *adj* зави́дный. **envious** *adj* зави́стливый.

environment n среда́; (the ~) окружа́ющая среда́. environs n pl окре́стности f pl.

envisage vt предусма́тривать impf, предусмотре́ть pf.

envoy n посла́нник, аге́нт.

envy n за́висть; vt зави́довать impf, по~ pf +dat.

enzyme n энзи́м.

ephemeral adj эфеме́рный.

epic n эпопе́я; adj эпи́ческий.

epidemic n эпиде́мия.

epilepsy n эпиле́псия. epileptic n эпиле́птик; adj эпилепти́ческий.

epilogue n эпило́г.

episode n эпизо́д. episodic adj эпизоди́ческий.

epistle n посла́ние.

epitaph n эпита́фия.

epithet n эпи́тет.

epitome n воплоще́ние. epitomize vt воплоща́ть impf, воплоти́ть pf.

epoch n эпо́ха.

equal adj ра́вный, одина́ковый; (capable of) спосо́бный (to на+acc, +inf); n ра́вный sb; vt равня́ться impf +dat. equality n ра́венство. equalize vt ура́внивать impf, уравня́ть pf; (sport) равня́ть impf, c~ pf счёт. equally adv равно́, ра́вным о́бразом.

equanimity n хладнокро́вие.

equate vt прира́внивать impf, приравня́ть pf (with к+dat).

equation n (math) уравне́ние.

equator n эква́тор. equatorial adj экваториа́льный.

equestrian adj ко́нный.

equidistant adj равностоя́щий. equilibrium n равнове́сие.

equip vt обору́довать impf & pf; (person) снаряжа́ть impf, снаряди́ть pf; (fig) вооружа́ть impf, вооружи́ть pf. equipment n обору́дование, снаряже́ние.

equitable adj справедли́вый. equity n справедли́вость; pl (econ) обыкнове́нные а́кции f pl.

equivalent adj эквивале́нтный; n эквивале́нт.

equivocal adj двусмы́сленный.

era n э́ра.

eradicate vt искореня́ть impf, искорени́ть pf.

erase vt стира́ть impf, стере́ть pf;

(from memory) вычёркивать impf, вы́черкнуть pf (из па́мяти). eraser n ла́стик.

erect adj прямо́й; vt сооружа́ть impf, соору́ди́ть pf. erection n сооруже́ние; (biol) эре́кция.

erode vt разруша́ть impf, разру́шить pf. erosion n эро́зия; (fig) разруше́ние.

erotic adj эроти́ческий.

err vi ошиба́ться impf, ошиби́ться pf; (sin) греши́ть impf, co~ pf.

errand n поруче́ние; run ~s быть на посы́лках (for y+gen).

erratic adj неро́вный.

erroneous adj оши́бочный. error n оши́бка.

erudite adj учёный. erudition n эруди́ция.

erupt vi взрыва́ться impf, взорва́ться pf; (volcano) изверга́ться impf, изве́ргнуться pf. eruption n изверже́ние.

escalate vi возраста́ть impf, возрасти́ pf; vt интенсифици́ровать impf & pf.

escalator n эскала́тор.

escapade n вы́ходка. escape n (from prison) побе́г; (from danger) спасе́ние; (leak) уте́чка; have a narrow ~ едва́ спасти́сь; vi (flee) бежа́ть impf & pf, убега́ть impf, убежа́ть pf; (save o.s.) спаса́ться impf, спасти́сь pf; (leak) утека́ть impf, уте́чь pf; vt избега́ть impf, избежа́ть pf +gen; (groan) вырыва́ться impf, вы́рваться pf из, y, +gen.

escort n (mil) эско́рт; (of lady) кавале́р; vt сопровожда́ть impf, сопроводи́ть pf; (mil) эскорти́ровать impf & pf.

Eskimo n эскимо́с, ~ка.

esoteric adj эзотери́ческий.

especially adv осо́бенно.

espionage n шпиона́ж.

espousal n подде́ржка. espouse vt (fig) подде́рживать impf, поддержа́ть pf.

essay n о́черк.

essence n (philos) су́щность; (gist) суть; (extract) эссе́нция. essential adj (fundamental) существе́нный; (necessary) необходи́мый; n pl (necessities) необходи́мое sb; (crux) суть; (fundamentals) осно́вы f pl.

essentially adv по существу́.

establish vt (set up) учрежда́ть impf, учреди́ть pf; (fact etc.) устана́вливать impf, установи́ть pf. **establishment** n (action) учрежде́ние, установле́ние; (institution) учрежде́ние.

estate n (property) име́ние; (after death) насле́дство; (housing ~) жило́й масси́в; ~ agent аге́нт по прода́же недви́жимости; ~ car автомоби́ль m с ку́зовом «универса́л».

esteem n уваже́ние; vt уважа́ть impf. **estimate** n (of quality) оце́нка; (of cost) сме́та; vt оце́нивать impf, оцени́ть pf. **estimation** n оце́нка, мне́ние.

Estonia n Эсто́ния. **Estonian** n эсто́нец, -нка; adj эсто́нский.

estranged adj отчуждённый. **estrangement** n отчужде́ние.

estuary n у́стье.

etc. abbr и т.д. **etcetera** и так да́лее.

etch vt трави́ть impf, вы́~ pf. **etching** n (action) травле́ние; (object) офо́рт.

eternal adj ве́чный. **eternity** n ве́чность.

ether n эфи́р. **ethereal** adj эфи́рный.

ethical adj эти́ческий, эти́чный. **ethics** n э́тика.

ethnic adj этни́ческий.

etiquette n этике́т.

etymology n этимоло́гия.

EU abbr (of European Union) ЕС.

eucalyptus n эвкали́пт.

Eucharist n прича́стие.

eulogy n похвала́.

euphemism n эвфеми́зм. **euphemistic** adj эвфемисти́ческий.

Europe n Евро́па. **European** n европе́ец; adj европе́йский; ~ Community Европе́йское соо́бщество; ~ Union Европе́йский сою́з.

evacuate vt (person, place) эвакуи́ровать impf & pf. **evacuation** n эвакуа́ция.

evade vt уклоня́ться impf, уклони́ться pf от+gen.

evaluate vt оце́нивать impf, оцени́ть pf. **evaluation** n оце́нка.

evangelical adj ева́нгельский. **evangelist** n евангели́ст.

evaporate vt & i испаря́ть(ся) impf, испари́ть(ся) pf. **evaporation** n испаре́ние.

evasion n уклоне́ние (of от+gen). **evasive** adj укло́нчивый.

eve n кану́н; on the ~ накану́не.

even adj ро́вный; (number) чётный; get ~ расквита́ться pf (with c+instr); adv да́же; (just) как раз; (with comp) ещё; ~ if да́же е́сли; ~ though хотя́; ~ so всё-таки; not ~ да́же не; vt выра́внивать impf, вы́ровнять pf.

evening n ве́чер; adj вече́рний; ~ class вече́рние ку́рсы m pl.

evenly adv по́ровну, ро́вно. **evenness** n ро́вность.

event n собы́тие, происше́ствие; in the ~ в слу́чае+gen; in any ~ во вся́ком слу́чае; in the ~ в коне́чном счёте. **eventful** adj по́лный собы́тий. **eventual** adj коне́чный. **eventuality** n возмо́жность. **eventually** adv в конце́ концо́в.

ever adv (at any time) когда́-либо, когда́-нибудь; (always) всегда́; (emph) же; ~ since с тех пор (как); ~ so о́чень; for ~ навсегда́; hardly ~ почти́ никогда́. **evergreen** adj вечнозелёный; n вечнозелёное расте́ние. **everlasting** adj ве́чный. **evermore** adv: for ~ навсегда́.

every adj ка́ждый, вся́кий, все (pl); ~ now and then вре́мя от вре́мени; ~ other ка́ждый второ́й; ~ other day че́рез день. **everybody**, **everyone** pron ка́ждый, все (pl). **everyday** adj (daily) ежедне́вный; (commonplace) повседне́вный. **everything** pron всё. **everywhere** adv всю́ду, везде́.

evict vt выселя́ть impf, вы́селить pf. **eviction** n выселе́ние.

evidence n свиде́тельство, доказа́тельство; give ~ свиде́тельствовать impf (o+prep; +acc +что). **evident** adj очеви́дный.

evil n зло; adj злой.

evoke vt вызыва́ть impf, вы́звать pf.

evolution n эволю́ция. **evolutionary** adj эволюцио́нный. **evolve** vt & i развива́ть(ся) impf, разви́ть(ся) pf.

ewe n овца́.

ex- in comb бы́вший.

exacerbate vt обостря́ть impf, обостри́ть pf.

exact adj то́чный; vt взы́скивать

impf, взыска́ть *pf* (from, of c+gen).
exacting *adj* тре́бовательный. **exactitude, exactness** *n* то́чность.
exactly *adv* то́чно; (*just*) как раз; (*precisely*) и́менно.
exaggerate *vt* преувели́чивать *impf*, преувели́чить *pf*. **exaggeration** *n* преувеличе́ние.
exalt *vt* возвыша́ть *impf*, возвы́сить *pf*; (*extol*) превозноси́ть *impf*, превознести́ *pf*.
examination *n* (*inspection*) осмо́тр; (*exam*) экза́мен; (*law*) допро́с. **examine** *vt* (*inspect*) осма́тривать *impf*, осмотре́ть *pf*; (*test*) экзаменова́ть *impf*, про~ *pf*; (*law*) допра́шивать *impf*, допроси́ть *pf*. **examiner** *n* экзамена́тор.
example *n* приме́р; **for ~** наприме́р.
exasperate *vt* раздража́ть *impf*, раздражи́ть *pf*. **exasperation** *n* раздраже́ние.
excavate *vt* раска́пывать *impf*, раскопа́ть *pf*. **excavations** *n pl* раско́пки *f pl*. **excavator** *n* экскава́тор.
exceed *vt* превыша́ть *impf*, превы́сить *pf*. **exceedingly** *adv* чрезвыча́йно.
excel *vt* превосходи́ть *impf*, превзойти́ *pf*; *vi* отлича́ться *impf*, отличи́ться *pf* (at, in в+*prep*). **excellence** *n* превосхо́дство. **excellency** *n* превосходи́тельство. **excellent** *adj* отли́чный.
except *vt* исключа́ть *impf*, исключи́ть *pf*; *prep* кро́ме+*gen*. **exception** *n* исключе́ние; **take ~ to** возража́ть *impf*, возрази́ть *pf* про́тив+*gen*. **exceptional** *adj* исключи́тельный.
excerpt *n* отры́вок.
excess *n* избы́ток. **excessive** *adj* чрезме́рный.
exchange *n* обме́н (of +*instr*); (of currency) разме́н; (building) би́ржа; (telephone) центра́льная телефо́нная ста́нция; **~ rate** курс; *vt* обме́нивать *impf*, обменя́ть *pf* (for на+*acc*); обме́ниваться *impf*, обменя́ться *pf* +*instr*.
Exchequer *n* казначе́йство.
excise[1] *n* (duty) акци́з(ный сбор).
excise[2] *vt* (cut out) выреза́ть *impf*, вы́резать *pf*.
excitable *adj* возбуди́мый. **excite** *vt* (cause, arouse) возбужда́ть *impf*,

возбуди́ть *pf*; (thrill, agitate) волнова́ть *impf*, вз~ *pf*. **excitement** *n* возбужде́ние; волне́ние.
exclaim *vi* восклица́ть *impf*, воскли́кнуть *pf*. **exclamation** *n* восклица́ние; **~ mark** восклица́тельный знак.
exclude *vt* исключа́ть *impf*, исключи́ть *pf*. **exclusion** *n* исключе́ние. **exclusive** *adj* исключи́тельный.
excommunicate *vt* отлуча́ть *impf*, отлучи́ть *pf* (от це́ркви).
excrement *n* экскреме́нты (-тов) *pl*.
excrete *vt* выделя́ть *impf*, вы́делить *pf*. **excretion** *n* выделе́ние.
excruciating *adj* мучи́тельный.
excursion *n* экску́рсия.
excusable *adj* прости́тельный. **excuse** *n* оправда́ние; (pretext) отгово́рка; *vt* (forgive) извиня́ть *impf*, извини́ть *pf*; (justify) опра́вдывать *impf*, оправда́ть *pf*; (release) освобожда́ть *impf*, освободи́ть *pf* (from от+*gen*); **~ me!** извини́те!; прости́!
execute *vt* исполня́ть *impf*, испо́лнить *pf*; (criminal) казни́ть *impf* & *pf*. **execution** *n* исполне́ние; казнь.
executioner *n* пала́ч. **executive** *n* исполни́тельный о́рган; (person) руководи́тель *m*; *adj* исполни́тельный.
exemplary *adj* приме́рный. **exemplify** *vt* (illustrate by example) приводи́ть *impf*, привести́ *pf* приме́р +*gen*; (serve as example) служи́ть *impf*, по~ *pf* приме́ром +*gen*.
exempt *adj* освобождённый; *vt* освобожда́ть *impf*, освободи́ть *pf* (from от+*gen*). **exemption** *n* освобожде́ние.
exercise *n* (use) примене́ние; (physical ~; task) упражне́ние; **take ~** упражня́ться *impf*; **~ book** тетра́дь; *vt* (use) применя́ть *impf*, примени́ть *pf*; (dog) прогу́ливать *impf*; (train) упражня́ть *impf*.
exert *vt* ока́зывать *impf*, оказа́ть *pf*; **~ o.s.** стара́ться *impf*, по~ *pf*. **exertion** *n* напряже́ние.
exhale *vt* выдыха́ть *impf*, вы́дохнуть *pf*.
exhaust *n* вы́хлоп; **~ fumes** выхлопны́е га́зы *m pl*; **~ pipe** выхлопна́я труба́; *vt* (use up) истоща́ть *impf*,

exhibit 323 export

истощать pf; (person) изнурять impf, изнурить pf; (subject) исчерпывать impf, исчерпать pf. **exhausted** adj: be ~ (person) быть измождённым. **exhausting** adj изнурительный. **exhaustion** n изнурение; (depletion) истощение. **exhaustive** adj исчерпывающий.

exhibit n экспонат; (law) вещественное доказательство; vt (manifest) проявлять impf, проявить pf; (publicly) выставлять impf, выставить pf. **exhibition** n проявление; (public ~) выставка. **exhibitor** n экспонент.

exhilarated adj в приподнятом настроении. **exhilarating** adj возбуждающий. **exhilaration** n возбуждение.

exhort vt увещевать impf. **exhortation** n увещевание.

exhume vt выкапывать impf, выкопать pf.

exile n изгнание; (person) изгнанник; vt изгонять impf, изгнать pf.

exist vi существовать impf. **existence** n существование. **existing** adj существующий.

exit n выход; (theat) уход (со сцены); ~ **visa** выездная виза; vi уходить impf, уйти pf.

exonerate vt оправдывать impf, оправдать pf.

exorbitant adj непомерный.

exorcize vt (spirits) изгонять impf, изгнать pf.

exotic adj экзотический.

expand vt & i расширять(ся) impf, расширить(ся) pf; ~ **on** распространяться impf, распространиться pf o+prep. **expanse** n пространство. **expansion** n расширение. **expansive** adj экспансивный.

expatriate n экспатриант, ~ка.

expect vt (await) ожидать impf +gen; ждать impf +gen, что; (suppose) полагать impf; (require) требовать impf +gen, чтобы. **expectant** adj выжидательный; ~ **mother** беременная женщина. **expectation** n ожидание.

expediency n целесообразность. **expedient** n приём; adj целесообразный. **expedite** vt ускорять impf, ускорить pf. **expedition** n экспе-

диция. **expeditionary** adj экспедиционный.

expel vt (drive out) выгонять impf, выгнать pf; (from school etc.) исключать impf, исключить pf; (from country etc.) изгонять impf, изгнать pf.

expend vt тратить impf, ис~, по~ pf. **expendable** adj необязательный. **expenditure** n расход. **expense** n расход; pl расходы m pl, at the ~ of за счёт+gen; (fig) ценою+gen. **expensive** adj дорогой.

experience n опыт; (incident) переживание; vt испытывать impf, испытать pf; (undergo) переживать impf, пережить pf. **experienced** adj опытный.

experiment n эксперимент; vi экспериментировать impf (on, with над, c+instr). **experimental** экспериментальный.

expert n эксперт; adj опытный. **expertise** n специальные знания neut pl.

expire vi (period) истекать impf, истечь pf. **expiry** n истечение.

explain vt объяснять impf, объяснить pf. **explanation** n объяснение. **explanatory** adj объяснительный.

expletive n (oath) бранное слово.

explicit adj явный; (of person) прямой.

explode vt & i взрывать(ся) impf, взорвать(ся) pf; vt (discredit) опровергать impf, опровергнуть pf; vi (with anger etc.) разражаться impf, разразиться pf.

exploit n подвиг; vt эксплуатировать impf; (use to advantage) использовать impf & pf. **exploitation** n эксплуатация. **exploiter** n эксплуататор.

exploration n исследование. **exploratory** adj исследовательский. **explore** vt исследовать impf & pf. **explorer** n исследователь m.

explosion n взрыв. **explosive** n взрывчатое вещество; adj взрывчатый; (fig) взрывной.

exponent n (interpreter) истолкователь m; (advocate) сторонник.

export n вывоз, экспорт; vt вывозить impf, вывезти pf; экспортировать impf & pf. **exporter** n экспортёр.

expose vt (bare) раскрыва́ть impf, раскры́ть pf; (subject) подверга́ть impf, подве́ргнуть pf (to +dat); (discredit) разоблача́ть impf, разоблачи́ть pf; (phot) экспони́ровать impf & pf.

exposition n изложе́ние.

exposure n подверга́ние (to +dat); (phot) вы́держка; (unmasking) разоблаче́ние; (med) хо́лод.

expound vt излага́ть impf, изложи́ть pf.

express n (train) экспре́сс; adj (clear) то́чный; (purpose) специа́льный; (urgent) сро́чный; vt выража́ть impf, вы́разить pf. **expression** n выраже́ние; (expressiveness) вырази́тельность. **expressive** adj вырази́тельный. **expressly** adv (clearly) я́сно; (specifically) специа́льно.

expropriate vt экспроприи́ровать impf & pf. **expropriation** n экспроприа́ция.

expulsion n (from school etc.) исключе́ние; (from country etc.) изгна́ние.

exquisite adj утончённый.

extant adj сохрани́вшийся.

extempore adv экспро́мптом. **extemporize** vt & i импровизи́ровать impf, сымпровизи́ровать impf.

extend vt (stretch out) протя́гивать impf, протяну́ть pf; (enlarge) расширя́ть impf, расши́рить pf; (prolong) продлева́ть impf, продли́ть pf; vi простира́ться impf, простере́ться pf. **extension** n (enlarging) расшире́ние; (time) продле́ние; (to house) пристро́йка; (tel) доба́вочный. **extensive** adj обши́рный. **extent** n (degree) сте́пень.

extenuating adj: ~ circumstances смягча́ющие вину́ обстоя́тельства neut pl.

exterior n вне́шность; adj вне́шний.

exterminate vt истребля́ть impf, истреби́ть pf. **extermination** n истребле́ние.

external adj вне́шний.

extinct adj (volcano) поту́хший; (species) вы́мерший; **become** ~ вымира́ть impf, вы́мереть pf. **extinction** n вымира́ние.

extinguish vt гаси́ть impf, по~ pf. **extinguisher** n огнетуши́тель m.

extol vt превозноси́ть impf, превознести́ pf.

extort vt вымога́ть impf (from у+gen). **extortion** n вымога́тельство. **extortionate** adj вымога́тельский.

extra n (theat) стати́ст, ~ка; (payment) припла́та; adj дополни́тельный; (special) осо́бый; adv осо́бенно.

extract n экстра́кт; (from book etc.) вы́держка; vt извлека́ть impf, извле́чь pf. **extraction** n извлече́ние; (origin) происхожде́ние. **extradite** vt выдава́ть impf, вы́дать pf. **extradition** n вы́дача.

extramarital adj внебра́чный.

extraneous adj посторо́нний.

extraordinary adj чрезвыча́йный.

extrapolate vt & i экстраполи́ровать impf & pf.

extravagance adj расточи́тельность. **extravagant** adj расточи́тельный; (fantastic) сумасбро́дный.

extreme n кра́йность; adj кра́йний. **extremity** n (end) край; (adversity) кра́йность; pl (hands & feet) коне́чности f pl.

extricate vt выпу́тывать impf, вы́путать pf.

exuberance n жизнера́достность. **exuberant** adj жизнера́достный.

exude vt & i выделя́ть(ся) impf, вы́делить(ся) pf; (fig) излуча́ть(ся) impf, излучи́ть(ся) pf.

exult vi ликова́ть impf. **exultant** adj лику́ющий. **exultation** n ликова́ние.

eye n глаз; (needle etc.) ушко́; vt разгля́дывать impf, разгляде́ть pf. **eyeball** n глазно́е я́блоко. **eyebrow** n бровь. **eyelash** n ресни́ца. **eyelid** n ве́ко. **eyeshadow** n те́ни f pl для век. **eyesight** n зре́ние. **eyewitness** n очеви́дец.

F

fable n ба́сня.

fabric n (structure) структу́ра; (cloth) ткань. **fabricate** vt (invent) выду́мывать impf, вы́думать pf. **fabrication** n вы́думка.

fabulous adj ска́зочный.

façade n фаса́д.

face n лицо́; (expression) выраже́ние;

(*grimace*) грима́са; (*side*) сторона́; (*surface*) пове́рхность; (*clock etc.*) цифербла́т; make ~s ко́рчить *impf* ро́жи; ~ down лицо́м вниз; ~ to ~ лицо́м к лицу́; the ~ of пе́ред лицо́м+*gen*, вопреки́+*dat*; on the ~ of it на пе́рвый взгляд; *vt* (*be turned towards*) быть обращённым к+*dat*; (*of person*) стоя́ть *impf* лицо́м к+*dat*; (*meet firmly*) смотре́ть *impf* в лицо́+*dat*; (*cover*) облицо́вывать *impf*, облицева́ть *pf*; I can't ~ it я да́же ду́мать об э́том не могу́. face-less *adj* безли́чный.

facet *n* грань; (*fig*) аспе́кт.

facetious *adj* шутли́вый.

facial *adj* лицево́й.

facile *adj* пове́рхностный. **facilitate** *vt* облегча́ть *impf*, облегчи́ть *pf*. **facility** *n* (*ease*) лёгкость; (*ability*) спосо́бность; *pl* (*conveniences*) удо́бства *neut pl*, (*opportunities*) возмо́жности *f pl*.

facing *n* облицо́вка; (*of garment*) отде́лка.

facsimile *n* факси́миле *neut indecl*.

fact *n* факт; the ~ is that ... де́ло в том, что...; as a matter of ~ со́бственно говоря́; in ~ на са́мом де́ле.

faction *n* фра́кция.

factor *n* фа́ктор.

factory *n* фа́брика, заво́д.

factual *adj* факти́ческий.

faculty *n* спосо́бность; (*univ*) факульте́т.

fade *vi* (*wither*) вя́нуть *impf*, за~ *pf*; (*colour*) выцвета́ть *impf*, вы́цвести *pf*; (*sound*) замира́ть *impf*, замере́ть *pf*.

faeces *n pl* кал.

fag *n* (*cigarette*) сигаре́тка.

fail *vi*: without ~ обяза́тельно; *vi* (*weaken*) слабе́ть *impf*; (*break down*) отка́зывать *impf*, отказа́ть *pf*; (*not succeed*) терпе́ть *impf*, по~ *pf* неуда́чу; не удава́ться *impf*, уда́ться *pf impers*+*dat*; *vt & i* (*exam*) прова́ливать(ся) *impf*, провали́ть(ся) *pf.*; *vt* (*disappoint*) подводи́ть *impf*, подвести́ *pf*. **failing** *n* недоста́ток; *prep* за неиме́нием +*gen*. **failure** *n* неуда́ча; (*person*) неуда́чник, -ица.

faint *n* о́бморок; *adj* (*weak*) сла́бый; (*pale*) бле́дный; I feel ~ мне ду́рно;

~-hearted малоду́шный; *vi* па́дать *impf*, упа́сть *pf* в о́бморок.

fair[1] *n* я́рмарка.

fair[2] *adj* (*hair, skin*) све́тлый; (*weather*) я́сный; (*just*) справедли́вый; (*average*) сно́сный; a ~ amount дово́льно мно́го +*gen*. **fairly** *adv* дово́льно.

fairy *n* фе́я; ~-tale ска́зка.

faith *n* ве́ра; (*trust*) дове́рие. **faithful** *adj* ве́рный; yours ~ly с уваже́нием.

fake *n* подде́лка; *vt* подде́лывать *impf*, подде́лать *pf*.

falcon *n* со́кол.

fall *n* паде́ние; *vi* па́дать *impf*, (у)па́сть *pf*; ~ apart распада́ться *impf*, распа́сться *pf*; ~ asleep засыпа́ть *impf*, засну́ть *pf*; ~ back on прибега́ть *impf*, прибе́гнуть *pf* к+*dat*; ~ down упа́сть *pf*; (*building*) разва́ливаться *impf*, развали́ться *pf*; ~ in ру́хнуть *pf*; ~ in love with влюбля́ться *impf*, влюби́ться *pf* в+*acc*; ~ off отпада́ть *impf*, отпа́сть *pf*; ~ out выпада́ть *impf*, вы́пасть *pf*; (*quarrel*) поссо́риться *pf*; ~ over опроки́дываться *impf*, опроки́нуться *pf*; ~ through прова́ливаться *impf*, провали́ться *pf*. ~-out радиоакти́вные оса́дки (-ков) *pl*.

fallacy *n* оши́бка.

fallible *adj* подве́рженный оши́бкам.

fallow *n*: lie ~ лежа́ть *impf* под па́ром.

false *adj* ло́жный; (*teeth*) иску́сственный; ~ start неве́рный старт. **falsehood** *n* ложь. **falsification** *n* фальсифика́ция. **falsify** *vt*. **falsity** *n* ло́жность.

falter *vi* спотыка́ться *impf*, споткну́ться *pf*; (*stammer*) запина́ться *impf*, запну́ться *pf*.

fame *n* сла́ва. **famed** *adj* изве́стный.

familiar *adj* (*well known*) знако́мый; (*usual*) обы́чный; (*informal*) фамилья́рный. **familiarity** *n* знако́мство; фамилья́рность. **familiarize** *vt* ознакомля́ть *impf*, ознако́мить *pf* (with c+*instr*).

family *n* семья́; *attrib* семе́йный; ~-tree родосло́вная *sb*.

famine *n* го́лод. **famished** *adj*: be ~ голода́ть *impf*.

famous *adj* знамени́тый.

fan[1] *n* ве́ер; (*ventilator*) вентиля́тор;

~-belt ремéнь *m* вентилятора; *vt* обмáхивать *impf*, обмахнýть *pf*; (*flame*) раздувáть *impf*, разду́ть *pf*.

fan² *n* покло́нник, -ица; (*sport*) боле́льщик. fanatic *n* фанáтик. fanatical *adj* фанати́ческий.

fanciful *adj* причудливый. fancy *n* фантáзия; (*whim*) причуда; take a ~ to увлекáться *impf*, увлéчься *pf* +*instr*; *adj* витиевáтый; *vt* (*imagine*) представля́ть *impf*, предстáвить *pf* себé; (*suppose*) полагáть *impf*; (*like*) нрáвиться *impf*, по~ *pf impers*+*dat*; ~ dress маскарáдный костю́м; ~-dress костюми́рованный.

fanfare *n* фанфáра.

fang *n* клык; (*serpent's*) ядови́тый зуб.

fantasize *vi* фантази́ровать *impf*. fantastic *adj* фантасти́ческий. fantasy *n* фантáзия.

far *adj* дáльний; Russia is ~ away Росси́я óчень далекó; *adv* далекó; (*fig*) намнóго; as ~ as (*prep*) до +*gen*; (*conj*) поскóльку; by ~ намнóго; (*in*) so ~ as поскóльку; so ~ до сих пор; ~-fetched притя́нутый зá волосы; ~-reaching далекó иду́щий; ~-sighted дальновидный.

farce *n* фарс. farcical *adj* смехотвóрный.

fare *n* (*price*) проездная плáта; (*food*) пи́ща; *vi* поживáть *impf*. farewell *int* прощáй(те)!; *n* прощáние; *attrib* прощáльный; bid ~ прощáться *impf*, прости́ться *pf* (*to* с+*instr*).

farm *n* фéрма. farmer *n* фéрмер. farming *n* сéльское хозя́йство.

fart (*vulg*) *n* пукáние; *vi* пукáть *impf*, пукнуть *pf*.

farther see further. farthest see farthest.

fascinate *vt* очарóвывать *impf*, очарóвать *pf*. fascinating *adj* очаровáтельный. fascination *n* очаровáние.

Fascism *n* фаши́зм. Fascist *n* фаши́ст, ~ка; *adj* фаши́стский.

fashion *n* мóда; (*manner*) манéра; after a ~ нéкоторым óбразом; *vt* придавáть *impf*, придáть *pf* фóрму +*dat*. fashionable *adj* мóдный.

fast¹ *n* пост; *vi* пости́ться *impf*.

fast² *adj* (*rapid*) скóрый, бы́стрый;

(*colour*) стóйкий; (*shut*) плóтно закры́тый; be ~ (*timepiece*) спеши́ть *impf*.

fasten *vt* (*attach*) прикрепля́ть *impf*, прикрепи́ть *pf* (*to* к+*dat*); (*tie*) привя́зывать *impf*, привязáть *pf* (*to* к+*dat*); (*garment*) застёгивать *impf*, застегнýть *pf*. fastener, fastening *n* запóр, задви́жка; (*on garment*) застёжка.

fastidious *adj* брезгли́вый.

fat *n* жир; *adj* (*greasy*) жи́рный; (*plump*) тóлстый; get ~ толстéть *impf*, по~ *pf*.

fatal *adj* роковóй; (*deadly*) смертéльный. fatalism *n* фатали́зм. fatality *n* (*death*) смертéльный слýчай. fate *n* судьбá. fateful *adj* роковóй.

father *n* отéц; ~-in-law (*husband's* ~) свёкор; (*wife's* ~) тесть *m*. fatherhood *n* отцóвство. fatherland *n* отéчество. fatherly *adj* отéческий.

fathom *n* морскáя сáжень; *vt* (*fig*) понимáть *impf*, поня́ть *pf*.

fatigue *n* утомлéние; *vt* утомля́ть *impf*, утоми́ть *pf*.

fatten *vt* откáрмливать *impf*, откорми́ть *pf*; *vi* толстéть *impf*, по~ *pf*. fatty *adj* жи́рный.

fatuous *adj* глýпый.

fault *n* недостáток; (*blame*) винá; (*geol*) сброс. faultless *adj* безупрéчный. faulty *adj* дефéктный.

fauna *n* фáуна.

favour *n* (*kind act*) любéзность; (*goodwill*) благосклóнность; in (s.o.'s) ~ в пóльзу +*gen*; be in ~ of быть за+*acc*; *vt* (*support*) благоприя́тствовать *impf* +*dat*; (*treat with partiality*) окáзывать *impf*, оказáть *pf* предпочтéние +*dat*. favourable *adj* (*propitious*) благоприя́тный; (*approving*) благосклóнный. favourite *n* люби́мец, -мица; (*also sport*) фавори́т, ~ка; *adj* люби́мый.

fawn¹ *n* оленёнок; *adj* желтовáто-кори́чневый.

fawn² *vi* подли́зываться *impf*, подлизáться *pf* (*on* к+*dat*).

fax *n* факс; *vt* посылáть *impf*, послáть *pf* по фáксу.

fear *n* страх, бóязнь, опасéние; *vt* & *i* боя́ться *impf* +*gen*; опасáться *impf* +*gen*. fearful *adj* (*terrible*) стрáшный; (timid) пугли́вый. **fearless** adj бесстра́шный. **fearsome** adj гро́зный.

feasibility n осуществи́мость. **feasible** adj осуществи́мый.

feast n (meal) пир; (festival) пра́здник; vi пирова́ть impf.

feat n по́двиг.

feather n перо́.

feature n черта́; (newspaper) (темати́ческая) статья́; ~ film худо́жественный фильм; vt помеща́ть impf, помести́ть pf на ви́дном ме́сте; (in film) пока́зывать impf, показа́ть pf; vi игра́ть impf сыгра́ть pf роль.

February n февра́ль m; adj февра́льский.

feckless adj безала́берный.

federal adj федера́льный. **federation** n федера́ция.

fee n гонора́р; (entrance ~ etc.) взнос; pl (regular payment, school, etc.) пла́та.

feeble adj сла́бый.

feed n корм; vt корми́ть impf, на~, по~ pf; vi корми́ться impf, по~ pf; ~ up отка́рмливать impf, откорми́ть pf; I am fed up with мне надое́л (-а, -о; -и) +nom. **feedback** n обра́тная связь.

feel vt чу́вствовать impf, по~ pf; (think) счита́ть impf, счесть pf; vi (~ bad etc.) чу́вствовать impf, по~ pf себя́ +adv, +instr; ~ like хоте́ться impf impers+dat. **feeling** n (sense) ощуще́ние; (emotion) чу́вство; (impression) впечатле́ние; (mood) настрое́ние.

feign vt притворя́ться impf, притвори́ться pf +instr. **feigned** adj притво́рный.

feline adj коша́чий.

fell vt (tree) сруба́ть impf, сруби́ть pf; (person) сбива́ть impf, сбить pf с ног.

fellow n па́рень m; (of society etc.) член; ~ countryman соотече́ственник. **fellowship** n това́рищество.

felt n фетр; adj фе́тровый; ~-tip pen флома́стер.

female n (animal) са́мка; (person) же́нщина; adj же́нский. **feminine** adj же́нский, же́нственный; (gram) же́нского ро́да. **femininity** n же́нст-

венность. **feminism** n фемини́зм. **feminist** n фемини́ст, ~ка; adj фемини́стский.

fence n забо́р; vt: ~ in огора́живать impf, огороди́ть pf; ~ off отгора́живать impf, отгороди́ть pf; vi (sport) фехтова́ть impf. **fencer** n фехтова́льщик, -ица. **fencing** n (enclosure) забо́р; (sport) фехтова́ние.

fend vt: ~ off отража́ть impf, отрази́ть pf; vi: ~ for o.s. забо́титься impf, по~ pf о себе́. **fender** n решётка.

fennel n фе́нхель m.

ferment n броже́ние; vi броди́ть impf; vt ква́сить impf, за~ pf; (excite) возбужда́ть impf, возбуди́ть pf. **fermentation** n броже́ние; (excitement) возбужде́ние.

fern n па́поротник.

ferocious adj свире́пый. **ferocity** n свире́пость.

ferret n хорёк; vt: ~ out (search out) разню́хивать impf, разню́хать pf; vi: ~ about (rummage) ры́ться impf.

ferry n паро́м; vt перевози́ть impf, перевезти́ pf.

fertile adj плодоро́дный. **fertility** n плодоро́дие. **fertilize** vt (soil) удобря́ть impf, удо́брить pf; (egg) оплодотворя́ть impf, оплодотвори́ть pf. **fertilizer** n удобре́ние.

fervent adj горя́чий. **fervour** n жар.

fester vi гнои́ться impf.

festival n пра́здник; (music etc.) фестива́ль m. **festive** adj пра́здничный. **festivities** n pl торжества́ neut pl.

festoon vt украша́ть impf, укра́сить pf.

fetch vt (carrying) приноси́ть impf, принести́ pf; (leading) приводи́ть impf, привести́ pf; go and come back with) (on foot) идти́ impf, по~ pf за+instr; (by vehicle) заезжа́ть impf, зае́хать pf за+instr; (price) выруча́ть impf, вы́ручить pf. **fetching** adj привлека́тельный.

fetid adj злово́нный.

fetish n фети́ш.

fetter vtско́вывать impf, скова́ть pf; n: pl кандалы́ (-ло́в) pl; (fig) око́вы (-в) pl.

fettle n состоя́ние.

feud n кро́вная месть.

feudal adj феода́льный. **feudalism** n феодали́зм.

fever n лихора́дка. **feverish** adj лихора́дочный.

few adj & pron немно́гие pl; ма́ло +gen; a ~ не́сколько +gen; quite a ~ нема́ло +gen.

fiancé n жени́х. **fiancée** n неве́ста.

fiasco n прова́л.

fib n враньё; vi привира́ть impf, привра́ть pf.

fibre n волокно́. **fibreglass** n стекловолокно́. **fibrous** adj волокни́стый.

fickle adj непостоя́нный.

fiction n худо́жественная литерату́ра; (invention) вы́думка. **fictional** adj беллетристи́ческий. **fictitious** adj вы́мышленный.

fiddle n (violin) скри́пка; (swindle) обма́н; vi: ~ about безде́льничать impf; ~ with верте́ть impf; vt (falsify) подде́лывать impf, подде́лать pf; (cheat) жи́лить impf, y~ pf.

fidelity n ве́рность.

fidget n непосе́да m & f; vi ёрзать impf; не́рвничать impf. **fidgety** adj непосе́дливый.

field n по́ле; (sport) площа́дка; (sphere) о́бласть f. ~glasses полево́й бино́кль m. ~work полевы́е рабо́ты f pl.

fiend n дья́вол. **fiendish** adj дья́вольский.

fierce adj свире́пый; (strong) си́льный.

fiery adj о́гненный.

fifteen adj & n пятна́дцать. **fifteenth** adj & n пятна́дцатый. **fifth** adj & n пя́тый; (fraction) пя́тая sb. **fiftieth** adj & n пятидеся́тый. **fifty** adj & n пятьдеся́т; pl (decade) пятидеся́тые го́ды (-до́в) m pl.

fig n инжи́р.

fight n дра́ка; (battle) бой; (fig) борьба́; vt боро́ться c+instr; vi дра́ться impf; vt & i (wage war) воева́ть impf c+instr. **fighter** n бое́ц; (aeron) истреби́тель m. **fighting** n бой m pl.

figment n плод воображе́ния.

figurative adj перено́сный. **figure** n (form, body, person) фигу́ра; (number) ци́фра; (diagram) рису́нок; (image) изображе́ние; (of speech) оборо́т ре́чи; ~-head (naut) носово́е украше́ние; (person) номина́льная глава́; vt (think) полага́ть impf; vi фигури́ровать impf; ~ out вычисля́ть impf, вы́числить pf.

filament n волокно́; (electr) нить.

file[1] n (tool) напи́льник; vt подпи́ливать impf, подпили́ть pf.

file[2] n (folder) па́пка; (comput) файл; vt подшива́ть impf, подши́ть pf; (complaint) поддава́ть impf, подда́ть pf.

file[3] n (row) ряд; in (single) ~ гусько́м.

filigree n филигра́нь; adj филигра́нный.

fill vt & i (also ~ up) наполня́ть(ся) impf, напо́лнить(ся) pf; vt заполня́ть impf, запо́лнить pf; (tooth) пломбирова́ть impf, за~ pf; (occupy) занима́ть impf, заня́ть pf; (satiate) насыща́ть impf, насы́тить pf; ~ in (vt) заполня́ть impf, запо́лнить pf; (vi) замеща́ть impf, замести́ть pf.

fillet n (cul) филе́ neut indecl.

filling n (tooth) пло́мба; (cul) начи́нка.

filly n кобы́лка.

film n (layer; phot) плёнка; (cin) фильм; ~ star кинозвезда́; vt снима́ть impf, снять pf.

filter n фильтр; vt фильтрова́ть impf, про~ pf; ~ through, out проса́чиваться impf, просочи́ться pf.

filth n грязь. **filthy** adj гря́зный.

fin n плавни́к.

final n фина́л; pl выпускны́е экза́мены m pl; adj после́дний; (decisive) оконча́тельный. **finale** n фина́л. **finalist** n финали́ст. **finality** n зако́нченность. **finalize** vt (complete) заверша́ть impf, заверши́ть pf; (settle) ула́живать impf, ула́дить pf. **finally** adv наконе́ц.

finance n фина́нсы (-сов) pl; vt финанси́ровать impf & pf. **financial** adj фина́нсовый. **financier** n финанси́ст.

finch n see comb, e.g. bullfinch

find n нахо́дка; vt находи́ть impf, найти́ pf; (person) заставля́ть impf, заста́ть pf; ~ out узнава́ть impf, узна́ть pf; ~ fault with придира́ться impf, придра́ться pf к+dat. **finding**

n pl (of inquiry) вы́воды *m pl.*

fine[1] *n (penalty)* штраф; *vt* штрафова́ть *impf*, о~ *pf.*

fine[2] *adj (weather)* я́сный; *(excellent)* прекра́сный; *(delicate)* то́нкий; *(of sand etc.)* ме́лкий; ~ **arts** изобрази́тельные иску́сства *neut pl*; *adv* хорошо́. **finery** *n* наря́д. **finesse** *n* то́нкость.

finger *n* па́лец; ~**nail** но́готь; ~**print** отпеча́ток па́льца; ~**tip** ко́нчик па́льца; **have at (one's)** ~**s** знать *impf* как свои́ пять па́льцев; *vt* щу́пать *impf*, по~ *pf.*

finite *adj* коне́чный.

Finland *n* Финля́ндия. **Finn** *n* финн, фи́нка. **Finnish** *adj* фи́нский.

fir *n* ель, пи́хта.

fire *vt (bake)* обжига́ть *impf*, обже́чь *pf*; *(excite)* воспламеня́ть *impf*, воспламени́ть *pf*; *(gun)* стреля́ть *impf* из+*gen* (at в+*acc*, по+*dat*); *(dismiss)* увольня́ть *impf*, уво́лить *pf*; *n* ого́нь *m*; *(grate)* ками́н; *(conflagration)* пожа́р; *(bonfire)* костёр; *(fervour)* пыл; **be on** ~ горе́ть *impf*; **catch** ~ загора́ться *impf*, загоре́ться *pf*; **set** ~ **to**, **set on** ~ поджига́ть *impf*, подже́чь *pf*; ~**-alarm** пожа́рная трево́га; ~**arm(s)** огнестре́льное ору́жие; ~ **brigade** пожа́рная кома́нда; ~**engine** пожа́рная маши́на; ~**escape** пожа́рная ле́стница; ~**extinguisher** огнетуши́тель *m*; ~**guard** ками́нная решётка; ~**man** пожа́рный *sb*; ~ **place** ками́н; ~**side** ме́сто у ками́на; ~ **station** пожа́рное депо́ *neut indecl*; ~**wood** дрова́ (-в) *pl*; ~**work** фейерве́рк. **firing** *n (shooting)* стрельба́.

firm[1] *n (business)* фи́рма.

firm[2] *adj* твёрдый. **firmness** *n* твёрдость.

first *adj* пе́рвый; *n* пе́рвый *sb*; *adv* сперва́, снача́ла; *(for the ~ time)* впервы́е; **in the** ~ **place** во-пе́рвых; ~ **of all** пре́жде всего́; **at** ~ **sight** на пе́рвый взгляд; ~ **aid** пе́рвая по́мощь; ~**class** первокла́ссный; ~**hand** из пе́рвых рук; ~**rate** первокла́ссный.

fiscal *adj* фина́нсовый.

fish *n* ры́ба; *adj* ры́бный; *vi* лови́ть *impf* ры́бу; ~ **for** *(compliments etc.)* напра́шиваться *impf*, напроси́ться *pf* на+*acc*; ~ **out** выта́скивать *impf*, вы́тащить *pf.* **fisherman** *n* рыба́к. **fishery** *n* ры́бный про́мысел. **fishing** *n* ры́бная ло́вля; ~ **boat** рыболо́вное су́дно; ~ **line** леса́; ~ **rod** удочка. **fishmonger** *n* торго́вец ры́бой. **fishy** *adj* ры́бный; *(dubious)* подозри́тельный.

fissure *n* тре́щина.

fist *n* кула́к.

fit[1] *n*: **be a good** ~ хорошо́ сиде́ть *impf*; *adj (suitable)* подходя́щий, го́дный; *(healthy)* здоро́вый; *vt (be suitable)* годи́ться *impf +dat*, на+*acc*, для+*gen*; *vt & i (be right size for)* подходи́ть *impf*, подойти́ *pf* (+*dat*); *(adjust)* прила́живать *impf*, прила́дить *pf* (to к+*dat*); *(be small enough for)* входи́ть *impf*, войти́ *pf* в+*acc*; ~ **out** снабжа́ть *impf*, снабди́ть *pf.*

fit[2] *n (attack)* припа́док; *(fig)* поры́в. **fitful** *adj* поры́вистый.

fitter *n* монтёр. **fitting** *n (of clothes)* приме́рка; *pl* армату́ра; *adj* подходя́щий.

five *adj & n* пять; *(number 5)* пятёрка; ~**year plan** пятиле́тка.

fix *n (dilemma)* переде́лка; *(drugs)* уко́л; *vt (repair)* чини́ть *impf*, по~ *pf*; *(settle)* назнача́ть *impf*, назна́чить *pf*; *(fasten)* укрепля́ть *impf*, укрепи́ть *pf*; ~ **up** *(organize)* организова́ть *impf & pf*; *(install)* устана́вливать *impf*, установи́ть *pf.* **fixation** *n* фикса́ция. **fixed** *adj* устано́вленный. **fixture** *n (sport)* предстоя́щее спорти́вное мероприя́тие; *(fitting)* приспособле́ние.

fizz, fizzle *vi* шипе́ть *impf*; **fizzle out** выдыха́ться *impf*, вы́дохнуться *pf.* **fizzy** *adj* шипу́чий.

flabbergasted *adj* ошеломлённый.

flabby *adj* дря́блый.

flag[1] *n* флаг, зна́мя *neut*; *vt*: ~ **down** остана́вливать *impf*, останови́ть *pf.*

flag[2] *vi (weaken)* ослабева́ть *impf*, ослабе́ть *pf.*

flagon *n* кувши́н.

flagrant *adj* вопию́щий.

flagship *n* фла́гман.

flagstone n плита.

flair n чутьё.

flake n слой; pl хлопья (-ьев) pl; vi шелушиться impf. **flaky** adj слоистый.

flamboyant adj цветистый.

flame n пламя neut, огонь m; vi пылать impf.

flange n фланец.

flank n (of body) бок; (mil) фланг; vt быть сбоку +gen.

flannel n фланель; (for face) мочалка для лица.

flap n (board) откидная доска; (pocket, tent ~) клапан; (panic) паника; vt взмахивать impf, взмахнуть pf +instr; vi развеваться impf.

flare n вспышка; (signal) сигнальная ракета; vi вспыхивать impf, вспыхнуть pf; ~ up (fire) возгораться impf, возгореться pf; (fig) вспылить pf.

flash n вспышка; in a ~ мигом; vi сверкать impf, сверкнуть pf. **flashback** n ретроспекция. **flashy** adj показной.

flask n фляжка.

flat[1] n (dwelling) квартира.

flat[2] n (mus) бемоль m; (tyre) спущенная шина; on the ~ на плоскости; adj плоский; ~-fish камбала. **flatly** adv наотрез. **flatten** vt & i выравнивать(ся) impf, выровнять(ся) pf.

flatmate n сосед, ~ка по квартире.

flatter vt льстить impf, по~ pf +dat. **flattering** adj льстивый. **flattery** n лесть.

flaunt vt щеголять impf, щегольнуть pf +instr.

flautist n флейтист.

flavour n вкус; (fig) привкус; vt приправлять impf, приправить pf.

flaw n изъян.

flax n лён. **flaxen** adj (colour) соломенный.

flea n блоха; ~ market барахолка.

fleck n крапинка.

flee vi бежать impf & pf (from от+gen); vt бежать impf из+gen.

fleece n руно; vt (fig) обдирать impf, ободрать pf. **fleecy** adj шерстистый.

fleet n флот; (vehicles) парк.

fleeting adj мимолётный.

flesh n (as opposed to mind) плоть; (meat) мясо; in the ~ во плоти. **fleshy** adj мясистый.

flex n шнур; vt сгибать impf, согнуть pf. **flexibility** adj гибкость. **flexible** adj гибкий.

flick vt & i щёлкать impf, щёлкнуть pf (+instr); ~ through пролистать pf.

flicker n мерцание; vi мерцать impf.

flight[1] n (fleeing) бегство; put (take) to ~ обращать(ся) impf, обратить(ся) pf в бегство.

flight[2] n (flying) полёт; (trip) рейс; ~ of stairs лестничный марш. **flighty** adj ветреный.

flimsy adj (fragile) непрочный; (dress) лёгкий; (excuse) слабый.

flinch vi (recoil) отпрядывать impf, отпрянуть pf; (fig) уклоняться impf, уклониться pf (from от+gen).

fling n швырять impf, швырнуть pf; vi (also ~ o.s.) бросаться impf, броситься pf.

flint n кремень m.

flip vt щёлкать impf, щёлкнуть pf +instr.

flippant adj легкомысленный.

flipper n ласт.

flirt n кокетка; vi флиртовать impf (with c+instr). **flirtation** n флирт.

flit vi порхать impf, порхнуть pf.

float n поплавок; vi плавать impf, плыть det; vt (company) пускать impf, пустить pf в ход.

flock n (animals) стадо; (birds) стая; vi стекаться impf, стечься pf.

flog vt сечь impf, вы~ pf.

flood n наводнение; (bibl) потоп; (fig) поток; vi (river etc.) выступать impf, выступить pf из берегов; vt затоплять impf, затопить pf. **floodgate** n шлюз. **floodlight** n прожектор.

floor n пол; (storey) этаж; ~board половица; vt (confound) ставить impf, по~ pf в тупик.

flop vi (fall) плюхаться impf, плюхнуться pf; (fail) проваливаться impf, провалиться pf.

flora n флора. **floral** adj цветочный. **florid** adj (ruddy) румяный. **florist** n торговец цветами.

flounce[1] vi бросаться impf, броситься pf.

flounce[2] n (of skirt) обо́рка.
flounder[1] n (fish) ка́мбала.
flounder[2] vi бара́хтаться impf.
flour n мука́.
flourish n (movement) разма́хивание (+instr); (of pen) ро́счерк; vi (thrive) процвета́ть impf; vt (wave) разма́хивать impf, размахну́ть pf +instr.
flout vt попира́ть impf, попра́ть pf.
flow vi течь impf; ли́ться impf; n тече́ние.
flower n цвето́к; ~-bed клу́мба; ~-pot цвето́чный горшо́к; vi цвести́ impf. **flowery** adj цвети́стый.
fluctuate vi колеба́ться impf, по~ pf. **fluctuation** n колеба́ние.
flue n дымохо́д.
fluent adj бе́глый. **fluently** adv свобо́дно.
fluff n пух. **fluffy** adj пуши́стый.
fluid n жи́дкость; adj жи́дкий.
fluke n случа́йная уда́ча.
fluorescent adj флюоресце́нтный.
fluoride n фтори́д.
flurry n (squall) шквал; (fig) волна́.
flush n (redness) румя́нец; vi (redden) красне́ть impf, по~ pf; vt спуска́ть impf, спусти́ть pf во́ду в+acc.
flustered adj сконфу́женный.
flute n фле́йта.
flutter vi (flit) порха́ть impf, порхну́ть pf; (wave) развева́ться impf.
flux n: in a state of ~ в состоя́нии измене́ния.
fly[1] n (insect) му́ха.
fly[2] vi лета́ть indet, лете́ть det, по~ pf; (flag) развева́ться impf; (hasten) нести́сь impf, по~ pf; vt (aircraft) управля́ть impf +instr; (transport) перевози́ть impf, перевезти́ pf (самолётом); (flag) поднима́ть impf, подня́ть pf. **flyer, flier** n лётчик. **flying** n полёт.
foal n (horse) жеребёнок.
foam n пе́на; ~ plastic пенопла́ст; ~ rubber пенорези́на; vi пе́ниться impf, вс~ pf. **foamy** adj пе́нистый.
focal adj фо́кусный. **focus** n фо́кус; (fig) центр; vt фокуси́ровать impf, с~ pf; (concentrate) сосредото́чивать impf, сосредото́чить pf.
fodder n корм.
foe n враг.
foetus n заро́дыш.
fog n тума́н. **foggy** adj тума́нный.

foible n сла́бость.
foil[1] n (metal) фольга́; (contrast) контра́ст.
foil[2] vt (thwart) расстра́ивать impf, расстро́ить pf.
foil[3] n (sword) рапи́ра.
foist vt навя́зывать impf, навяза́ть pf (on +dat).
fold[1] n (sheep-~) овча́рня.
fold[2] n скла́дка, сгиб; vt скла́дывать impf, сложи́ть pf. **folder** n па́пка. **folding** adj складно́й.
foliage n листва́.
folk n наро́д, лю́ди pl; pl (relatives) родня́ collect; attrib наро́дный. **folklore** n фолькло́р.
follow vt сле́довать impf, по~ pf +dat, за+instr; (walk behind) идти́ det за+instr; (fig) понима́ть impf за+instr. **follower** n после́дователь m. **following** adj сле́дующий.
folly n глу́пость.
fond adj не́жный; be ~ of люби́ть impf +acc.
fondle vt ласка́ть impf.
fondness n любо́вь.
font n (eccl) купе́ль.
food n пи́ща, еда́. **foodstuff** n пищево́й проду́кт.
fool n дура́к; vt дура́чить impf, о~ pf; vi: ~ about дура́читься impf. **foolhardy** adj безрассу́дно хра́брый. **foolish** adj глу́пый. **foolishness** n глу́пость. **foolproof** adj абсолю́тно надёжный.
foot n нога́; (measure) фут; (of hill etc.) подно́жие; on ~ пешко́м; put one's ~ in it сесть pf в лу́жу. **football** n футбо́л; attrib футбо́льный. **footballer** n футболи́ст. **foothills** n pl предго́рье. **footing** n (fig) ба́зис; lose one's ~ оступи́ться pf; on an equal ~ на ра́вной ноге́. **footlights** n pl ра́мпа. **footman** n лаке́й. **footnote** n сно́ска. **footpath** n тропи́нка; (pavement) тротуа́р. **footprint** n след. **footstep** n (sound) шаг; (footprint) след. **footwear** n о́бувь.
for prep (of time) в тече́ние +gen, на +acc; (of purpose) для+gen, за+acc, +instr; (price) за+acc; (on account of) из-за +gen; (in place of) вме́сто+gen; ~ the sake of ра́ди+gen; as ~ что каса́ется+gen; conj так как.

forage n фура́ж; vi: ~ for разы́скивать impf.

foray n набе́г.

forbearance n возде́ржанность.

forbid vt запреща́ть impf, запрети́ть pf (+dat (person) & acc (thing)). **forbidding** adj гро́зный.

force n (strength, validity) си́ла; (meaning) смысл; pl (armed ~) вооружённые си́лы f pl; by ~ си́лой; vt (compel) заставля́ть impf, заста́вить pf; (lock etc.) взла́мывать impf, взлома́ть pf. **forceful** adj си́льный; (speech) убеди́тельный. **forcible** adj наси́льственный.

forceps n щипцы́ (-цо́в) pl.

ford n брод; vt переходи́ть impf, перейти́ pf вброд+acc.

fore n: come to the ~ выдвига́ться impf, вы́двинуться pf на пере́дний план.

forearm n предпле́чье. **foreboding** n предчу́вствие. **forecast** n предсказа́ние; (of weather) прогно́з; vt предска́зывать impf, предсказа́ть pf. **forecourt** n пере́дний двор. **forefather** n пре́док. **forefinger** n указа́тельный па́лец. **forefront** n (foreground) пере́дний план; (leading position) аванга́рд. **foregone** adj: ~ conclusion предрешённый исхо́д. **foreground** n пере́дний план. **forehead** n лоб.

foreign adj (from abroad) иностра́нный; (alien) чу́ждый; (external) вне́шний; ~ body иноро́дное те́ло; ~ currency валю́та. **foreigner** n иностра́нец, -нка.

foreman n ма́стер.

foremost adj выдаю́щийся; first and ~ пре́жде всего́.

forename n и́мя.

forensic adj суде́бный.

forerunner n предве́стник. **foresee** vt предви́деть impf. **foreshadow** vt предвеща́ть impf. **foresight** n предви́дение; (caution) предусмотри́тельность.

forest n лес.

forestall vt предупрежда́ть impf, предупреди́ть pf.

forester n лесни́чий sb. **forestry** n лесово́дство.

foretaste n предвкуше́ние; vt предвкуша́ть impf, предвкуси́ть pf. **foretell** vt предска́зывать impf, предсказа́ть pf. **forethought** n предусмотри́тельность. **forewarn** vt предостерега́ть impf, предостере́чь pf. **foreword** n предисло́вие.

forfeit n (in game) фант; vt лиша́ться impf, лиши́ться pf +gen.

forge[1] n (smithy) ку́зница; (furnace) горн; vt кова́ть impf, вы́~ pf; (fabricate) подде́лывать impf, подде́лать pf.

forge[2] vi: ~ ahead продвига́ться impf, продви́нуться pf вперёд.

forger n фальшивомоне́тчик. **forgery** n подде́лка.

forget vt забыва́ть impf, забы́ть pf. **forgetful** adj забы́вчивый.

forgive vt проща́ть impf, прости́ть pf. **forgiveness** n проще́ние.

forgo vt возде́рживаться impf, воздержа́ться pf от+gen.

fork n (eating) ви́лка; (digging) ви́лы (-л) pl; (in road) разветвле́ние; vi (road) разветвля́ться impf, разветви́ться pf.

forlorn adj жа́лкий.

form n (shape; kind) фо́рма; (class) класс; (document) анке́та; vt (make, create) образо́вывать impf, образова́ть pf; (develop; make up) составля́ть impf, соста́вить pf; vi образо́вываться impf, образова́ться pf. **formal** adj форма́льный; (official) официа́льный. **formality** n форма́льность. **format** n форма́т. **formation** n образова́ние. **formative** adj: ~ years молоды́е го́ды (-до́в) m pl.

former adj (earlier) пре́жний; (ex) бы́вший; the ~ (of two) пе́рвый. **formerly** adv пре́жде.

formidable adj (dread) гро́зный; (arduous) тру́дный.

formless adj бесфо́рменный.

formula n фо́рмула. **formulate** vt формули́ровать impf, с~ pf. **formulation** n формулиро́вка.

forsake vt (desert) покида́ть impf, поки́нуть pf; (renounce) отка́зываться impf, отказа́ться pf от+gen.

fort n форт.

forth adv вперёд, да́льше; back and ~ взад и вперёд; and so ~ и так да́лее. **forthcoming** adj предстоя́щий; be ~ (available) поступа́ть

impf, поступи́ть *pf*. **forthwith** *adv* неме́дленно.
fortieth *adj & n* сороково́й.
fortification *n* укрепле́ние. **fortify** *vt* укрепля́ть *impf*, укрепи́ть *pf*; *(fig)* подкрепля́ть *impf*, подкрепи́ть *pf*. **fortitude** *n* сто́йкость.
fortnight *n* две неде́ли *f pl*. **fortnightly** *adj* двухнеде́льный; *adv* раз в две неде́ли.
fortress *n* кре́пость.
fortuitous *adj* случа́йный.
fortunate *adj* счастли́вый. **fortunately** *adv* к сча́стью. **fortune** *n* *(destiny)* судьба́; *(good ~)* сча́стье; *(wealth)* состоя́ние.
forty *adj & n* со́рок; *pl (decade)* сороковы́е го́ды (-до́в) *m pl*.
forward *adj* пере́дний; *(presumptuous)* развя́зный; *n* *(sport)* напада́ющий *sb*; *adv* вперёд; *vt* *(letter)* пересыла́ть *impf*, пересла́ть *pf*.
fossil *n* ископа́емое *sb*; *adj* ископа́емый. **fossilized** *adj* ископа́емый.
foster *vt* *(child)* приюти́ть *pf*; *(idea)* вына́шивать *impf*, вы́носить *pf*; *(create)* создава́ть *impf*, созда́ть *pf*; *(cherish)* леле́ять *impf*; ~-child приёмыш.
foul *adj* *(dirty)* гря́зный; *(repulsive)* отврати́тельный; *(obscene)* непристо́йный; *n* *(sport)* наруше́ние пра́вил; *vt* *(dirty)* па́чкать *impf*, за~, ис~ *pf*; *(entangle)* запу́тывать *impf*, запу́тать *pf*.
found *vt* осно́вывать *impf*, основа́ть *pf*.
foundation *n* *(of building)* фунда́мент; *(basis)* осно́ва; *(institution)* учрежде́ние; *(fund)* фонд. **founder**[1] *n* основа́тель *m*.
founder[2] *vi* *(naut, fig)* тону́ть *impf*, по~ *pf*.
foundry *n* лите́йная *sb*.
fountain *n* фонта́н; ~-pen авторучка.
four *adj & n* четы́ре; *(number 4)* четвёрка; on all ~s на четвере́ньках. **fourteen** *adj & n* четы́рнадцать. **fourteenth** *adj & n* четы́рнадцатый. **fourth** *adj & n* четвёртый; *(quarter)* че́тверть.
fowl *n* *(domestic)* дома́шняя пти́ца; *(wild)* дичь *collect*.
fox *n* лиса́, лиси́ца; *vt* озада́чивать

impf, озада́чить *pf*.
foyer *n* фойе́ *neut indecl*.
fraction *n* *(math)* дробь; *(portion)* части́ца.
fractious *adj* раздражи́тельный.
fracture *n* перело́м; *vt & i* лома́ть(ся) *impf*, с~ *pf*.
fragile *adj* ло́мкий.
fragment *n* обло́мок; *(of conversation)* отры́вок; *(of writing)* фрагме́нт. **fragmentary** *adj* отры́вочный.
fragrance *n* арома́т. **fragrant** *adj* арома́тный, души́стый.
frail *adj* хру́пкий.
frame *n* о́стов; *(build)* телосложе́ние; *(picture)* ра́ма; *(cin)* кадр; ~ of mind настрое́ние; *vt* *(devise)* создава́ть *impf*, созда́ть *pf*; *(formulate)* формули́ровать *impf*, с~ *pf*; *(picture)* вставля́ть *impf*, вста́вить *pf* в ра́му; *(incriminate)* фабрикова́ть *impf*, с~ *pf* обвине́ние про́тив+*gen*. **framework** *n* о́стов; *(fig)* ра́мки *f pl*.
franc *n* франк.
France *n* Фра́нция.
franchise *n* *(comm)* привиле́гия; *(polit)* пра́во го́лоса.
frank[1] *adj* открове́нный.
frank[2] *vt* *(letter)* франки́ровать *impf & pf*.
frantic *adj* неи́стовый.
fraternal *adj* бра́тский. **fraternity** *n* бра́тство.
fraud *n* обма́н; *(person)* обма́нщик. **fraudulent** *adj* обма́нный.
fraught *adj*: ~ with чрева́тый +*instr*.
fray[1] *vt & i* обтрёпывать(ся) *impf*, обтрепа́ть(ся) *pf*.
fray[2] *n* бой.
freak *n* уро́д; *attrib* необы́чный.
freckle *n* весну́шка. **freckled** *adj* весну́шчатый.
free *adj* свобо́дный; *(gratis)* беспла́тный; ~ kick штрафно́й уда́р; ~ speech свобо́да сло́ва; *vt* освобожда́ть *impf*, освободи́ть *pf*. **freedom** *n* свобо́да. **freehold** *n* неограни́ченное пра́во со́бственности на недви́жимость. **freelance** *adj* внешта́тный. **Freemason** *n* франкмасо́н.
freeze *vi* замерза́ть *impf*, мёрзнуть *impf*, замёрзнуть *pf*; *vt* замора́живать *impf*, заморо́зить *pf*. **freezer** *n*

морози́льник; (*compartment*) моро́зилка. **freezing** *adj* моро́зный; *below* ~ ни́же нуля́.

freight *n* фрахт. **freighter** *n* (*ship*) грузово́е су́дно.

French *adj* францу́зский; ~ **bean** фасо́ль; ~ **horn** валто́рна; ~ **windows** двуство́рчатое окно́ до по́ла. **Frenchman** *n* францу́з. **Frenchwoman** *n* францу́женка.

frenetic *adj* неи́стовый.

frenzied *adj* неи́стовый. **frenzy** *n* неи́стовство.

frequency *n* частота́. **frequent** *adj* ча́стый; *vt* ча́сто посеща́ть *impf*.

fresco *n* фре́ска.

fresh *adj* све́жий; (*new*) но́вый; ~ **water** пре́сная вода́. **freshen** *vt* освежа́ть *impf*, освежи́ть *pf*; *vi* свеже́ть *impf*, по~ *pf*. **freshly** *adv* свежо́; (*recently*) неда́вно. **freshness** *n* све́жесть. **freshwater** *adj* пресново́дный.

fret[1] *vi* му́читься *impf*. **fretful** *adj* раздражи́тельный.

fret[2] *n* (*mus*) лад.

fretsaw *n* ло́бзик.

friar *n* мона́х.

friction *n* тре́ние; (*fig*) тре́ния *neut pl*.

Friday *n* пя́тница.

fridge *n* холоди́льник.

fried *adj*: ~ **egg** яи́чница.

friend *n* друг, подру́га; прия́тель *m*, ~ница. **friendly** *adj* дру́жеский. **friendship** *n* дру́жба.

frieze *n* фриз.

frigate *n* фрега́т.

fright *n* испу́г. **frighten** *vt* пуга́ть *impf*, ис~, на~ *pf*. **frightful** *adj* стра́шный.

frigid *adj* холо́дный.

frill *n* обо́рка.

fringe *n* бахрома́; (*of hair*) чёлка; (*edge*) край.

frisk *vi* (*frolic*) резви́ться *impf*; *vt* (*search*) шмона́ть *impf*. **frisky** *adj* резвый.

fritter *vt*: ~ **away** растра́чивать *impf*, растра́тить *pf*.

frivolity *n* легкомы́сленность. **frivolous** *adj* легкомы́сленный.

fro *adv*: **to and** ~ взад и вперёд.

frock *n* пла́тье.

frog *n* лягу́шка.

frolic *vi* резви́ться *impf*.

from *prep* от+*gen*; (~ **off**, **down** ~; *in time*) с+*gen*; (*out of*) из+*gen*; (*according to*) по+*dat*; (*because of*) из-за+*gen*; ~ **above** све́рху; ~ **abroad** из-за грани́цы; ~ **afar** и́здали; ~ **among** из числа́+*gen*; ~ **behind** из-за+*gen*; ~ **day to day** изо дня́ в день; ~ **everywhere** отовсю́ду; ~ **here** отсю́да; ~ **memory** по па́мяти; ~ **now on** отны́не; ~ **there** отту́да; ~ **time to time** вре́мя от вре́мени; ~ **under** из-под+*gen*.

front *n* фаса́д, пере́дняя сторона́; (*mil*) фронт; **in** ~ **of** впереди́+*gen*, пе́ред+*instr*; *adj* пере́дний; (*first*) пе́рвый.

frontier *n* грани́ца.

frost *n* моро́з; ~-**bite** отмороже́ние; ~-**bitten** отморо́женный. **frosted** *adj*: ~ **glass** ма́товое стекло́. **frosty** *adj* моро́зный; (*fig*) ледяно́й.

froth *n* пе́на; *vi* пе́ниться *impf*, вс~ *pf*. **frothy** *adj* пе́нистый.

frown *n* хму́рый взгляд; *vi* хму́риться *impf*, на~ *pf*.

frugal *adj* (*careful*) бережли́вый; (*scanty*) ску́дный.

fruit *n* плод; *collect* фру́кты *m pl*; *adj* фрукто́вый. **fruitful** *adj* плодотво́рный. **fruition** *n*: **come to** ~ осуществи́ться *pf*. **fruitless** *adj* беспло́дный.

frustrate *vt* фрустри́ровать *impf* & *pf*. **frustrating** *adj* фрустри́рующий. **frustration** *n* фрустра́ция.

fry[1] *n*: **small** ~ мелюзга́.

fry[2] *vt* & *i* жа́рить(ся) *impf*, за~, из~ *pf*. **frying-pan** *n* сковорода́.

fuel *n* то́пливо.

fugitive *n* бегле́ц.

fulcrum *n* то́чка опо́ры.

fulfil *vt* (*perform*) выполня́ть *impf*, вы́полнить *pf*; (*dreams*) осуществля́ть *impf*, осуществи́ть *pf*. **fulfilling** *adj* удовлетворя́ющий. **fulfilment** *n* выполне́ние; осуществле́ние; удовлетворе́ние.

full *adj* по́лный; (*of* +*gen*, *instr*); (*replete*) сы́тый; ~ **stop** то́чка; ~ **time**: **I work** ~ **time** я рабо́таю на по́лную ста́вку; *n*: **in** ~ по́лностью; **to the** ~ в по́лной ме́ре. **fullness** *n* полнота́. **fully** *adv* вполне́.

fulsome *adj* чрезме́рный.

fumble *vi*: ~ for нащу́пывать *impf* +*acc*; ~ with вози́ться *impf* c+*instr*.

fume *vi* (with anger) кипе́ть *impf*, вс~ *pf* гне́вом. fumes *n pl* испаре́ния *neut pl*. fumigate *vt* оку́ривать *impf*, окури́ть *pf*.

fun *n* заба́ва; it was ~ бы́ло заба́вно; have ~ забавля́ться *impf*; make ~ of смея́ться *impf*, по~ *pf* над+*instr*.

function *n* фу́нкция; (event) ве́чер; *vi* функциони́ровать *impf*; де́йствовать *impf*. functional *adj* функциона́льный. functionary *n* чино́вник.

fund *n* фонд; (store) запа́с.

fundamental *adj* основно́й; *n*: *pl* осно́вы *f pl*.

funeral *n* по́хороны (-о́н, -она́м) *pl*.

fungus *n* гриб.

funnel *n* воро́нка; (chimney) дымова́я труба́.

funny *adj* смешно́й; (odd) стра́нный.

fur *n* мех; ~ coat шу́ба.

furious *adj* бе́шеный.

furnace *n* горн, печь.

furnish *vt* (provide) снабжа́ть *impf*, снабди́ть *pf* (with c+*instr*); (house) обставля́ть *impf*, обста́вить *pf*. furniture *n* ме́бель.

furrow *n* борозда́.

furry *adj* пуши́стый.

further, farther *comp adj* дальне́йший; *adv* да́льше; *vt* продвига́ть *impf*, продви́нуть *pf*. furthermore *adv* к тому́ же. furthest, farthest *superl adj* са́мый да́льний.

furtive *adj* скры́тый, та́йный.

fury *n* я́рость.

fuse[1] *vt* & *i* (of metal) сплавля́ть(ся) *impf*, спла́вить(ся) *pf*.

fuse[2] *n* (in bomb) запа́л; (detonating device) взрыва́тель *m*.

fuse[3] *n* (electr) про́бка; *vi* перегора́ть *impf*, перегоре́ть *pf*.

fuselage *n* фюзеля́ж.

fusion *n* пла́вка, слия́ние.

fuss *n* суета́; *vi* суети́ться *impf*. fussy *adj* суетли́вый; (fastidious) разбо́рчивый.

futile *adj* тще́тный. futility *n* тще́тность.

future *n* бу́дущее *sb*; (gram) бу́дущее вре́мя *neut*; *adj* бу́дущий. futuristic *adj* футуристи́ческий.

fuzzy *adj* (hair) пуши́стый; (blurred) расплы́вчатый.

G

gabble *vi* тарато́рить *impf*.

gable *n* щипе́ц.

gad *vi*: ~ about шата́ться *impf*.

gadget *n* приспособле́ние.

gaffe *n* опло́шность.

gag *n* кляп; *vt* засо́вывать *impf*, засу́нуть *pf* кляп в рот+*dat*.

gaiety *n* весёлость. gaily *adv* ве́село.

gain *n* при́быль; *pl* дохо́ды *m pl*; (increase) приро́ст; *vt* (acquire) получа́ть *impf*, получи́ть *pf*; ~ on нагоня́ть *impf*, нагна́ть *pf*.

gait *n* похо́дка.

gala *n* пра́зднество; *adj* пра́здничный.

galaxy *n* гала́ктика; (fig) плея́да.

gale *n* бу́ря, шторм.

gall[1] *n* (bile) жёлчь; (cheek) на́глость; ~-bladder жёлчный пузы́рь *m*.

gall[2] *vt* (vex) раздража́ть *impf*, раздражи́ть *pf*.

gallant *adj* (brave) хра́брый; (courtly) гала́нтный. gallantry *n* хра́брость; гала́нтность.

gallery *n* галере́я.

galley *n* (ship) гале́ра; (kitchen) ка́мбуз.

gallon *n* галло́н.

gallop *n* гало́п; *vi* галопи́ровать *impf*.

gallows *n pl* ви́селица.

gallstone *n* жёлчный ка́мень *m*.

galore *adv* в изоби́лии.

galvanize *vt* гальванизи́ровать *impf* & *pf*.

gambit *n* гамби́т.

gamble *n* (undertaking) риско́ванное предприя́тие; *vi* игра́ть *impf* в аза́ртные и́гры; (fig) рискова́ть *impf* (with +*instr*); ~ away прои́грывать *impf*, проигра́ть *pf*. gambler *n* игро́к. gambling *n* аза́ртные и́гры *f pl*.

game *n* игра́; (single ~) па́ртия; (collect, animals) дичь; *adj* (ready) гото́вый. gamekeeper *n* лесни́к.

gammon *n* о́корок.

gamut *n* га́мма.

gang *n* ба́нда; (workmen) брига́да.

gangrene *n* гангре́на.

gangster *n* га́нгстер.

gangway *n* (passage) прохо́д; (naut) схо́дни (-ней) *pl*.

gaol n тюрьма; vt заключать impf, заключить pf в тюрьму. **gaoler** n тюрéмщик.

gap n (empty space; deficiency) пробéл; (in wall etc.) брешь; (fig) разрыв.

gape vi (person) зевать impf (at на +acc); (chasm) зиять impf.

garage n гараж.

garb n одеяние.

garbage n мусор.

garbled adj искажённый.

garden n сад; attrib садóвый. **gardener** n садóвник. **gardening** n садовóдство.

gargle vi полоскáть impf, про~ pf гóрло.

gargoyle n горгýлья.

garish adj кричáщий.

garland n гирлянда.

garlic n чеснóк.

garment n предмéт одéжды.

garnish n гарнир; vt гарнировать impf & pf.

garret n мансáрда.

garrison n гарнизóн.

garrulous adj болтлйвый.

gas n газ; attrib гáзовый; vt отравлять impf, отравить pf гáзом. **gaseous** adj газообрáзный.

gash n порéз; vt порéзать pf.

gasket n проклáдка.

gasp vi задыхáться impf, задохнýться pf.

gastric adj желýдочный.

gate n (large) ворóта (-т) pl; (small) калйтка. **gateway** n (gate) ворóта (-т) pl; (entrance) вход.

gather vt & i собирáть(ся) impf, собрáть(ся) pf; vt заключáть impf, заключить pf. **gathering** n (assembly) собрáние.

gaudy adj кричáщий.

gauge n (measure) мéра; (instrument) калйбр, измерйтельный прибóр; (rly) колея; (criterion) критéрий; vt измерять impf, измéрить pf; (estimate) оцéнивать impf, оценйть pf.

gaunt adj тóщий.

gauntlet n рукавйца.

gauze n мáрля.

gay adj весёлый; (bright) пёстрый; (homosexual) гомосексуáльный.

gaze n прйстальный взгляд; vt прйстально глядéть impf (at на+acc).

gazelle n газéль.

GCSE abbr (of General Certificate of Secondary Education) аттестáт о срéднем образовáнии.

gear n (equipment) принадлéжности f pl; (in car) скóрость; ~ lever рычáг; vt приспособлять impf, приспосóбить pf (to к+dat). **gearbox** n корóбка передáч.

gel n космети́ческое желé neut indecl. **gelatine** n желатйн.

gelding n мéрин.

gelignite n гелигнйт.

gem n драгоцéнный кáмень m.

Gemini n Близнецы́ m pl.

gender n род.

gene n ген.

genealogy n генеалóгия.

general n генерáл; adj óбщий; (nationwide) всеóбщий; in ~ вообщé. **generalization** n обобщéние. **generalize** vi обобщáть impf, обобщйть pf. **generally** adv (usually) обы́чно; (in general) вообщé.

generate vt порождáть impf, породйть pf. **generation** n (in descent) поколéние. **generator** n генерáтор.

generic adj родовóй; (general) óбщий.

generosity n (magnanimity) великодýшие; (munificence) щéдрость. **generous** adj великодýшный; щéдрый.

genesis n происхождéние; (G~) Кнйга Бытия́.

genetic adj генетйческий. **genetics** n генéтика.

genial adj (of person) добродýшный.

genital adj половóй. **genitals** n pl половы́е óрганы m pl.

genitive adj (n) родйтельный (падéж).

genius n (person) гéний; (ability) гениáльность.

genocide n геноцйд.

genre n жанр.

genteel adj благовоспйтанный.

gentile adj нееврéйский; n нееврéй, ~ка.

gentility n благовоспйтанность.

gentle adj (mild) мя́гкий; (quiet) тйхий; (light) лёгкий. **gentleman** n джентльмéн. **gentleness** n мя́гкость. **gents** n pl мужскáя убóрная sb.

genuine adj (authentic) пóдлинный;

(*sincere*) и́скренний.
genus *n* род.

geographical *adj* географи́ческий. **geography** *n* геогра́фия. **geological** *adj* геологи́ческий. **geologist** *n* гео́лог. **geology** *n* геоло́гия. **geometric(al)** *adj* геометри́ческий. **geometry** *n* геоме́трия.

Georgia *n* Гру́зия. **Georgian** *n* грузи́н, ~ка; *adj* грузи́нский.

geranium *n* гера́нь.

geriatric *adj* гериатри́ческий.

germ *m* микро́б.

German *n* не́мец, не́мка; *adj* неме́цкий; ~ **measles** красну́ха.

germane *adj* уме́стный.

Germanic *adj* герма́нский.

Germany *n* Герма́ния.

germinate *vi* прораста́ть *impf*, прорасти́ *pf*.

gesticulate *vi* жестикули́ровать *impf*. **gesture** *n* жест.

get *vt* (*obtain*) достава́ть *impf*, доста́ть *pf*; (*receive*) получа́ть *impf*, получи́ть *pf*; (*understand*) понима́ть *impf*, поня́ть *pf*; (*disease*) заража́ться *impf*, зарази́ться *pf* +*instr*; (*induce*) угова́ривать *impf*, уговори́ть *pf* (**to do** +*inf*); (*fetch*) приноси́ть *impf*, принести́ *pf*; *vi* (*become*) станови́ться *impf*, стать *pf* +*instr*; **have got** (*have*) име́ть *impf*; **have got to** быть до́лжен (-жна́) +*inf*; ~ **about** (*spread*) распространя́ться *impf*, распространи́ться *pf*; (*move around*) передвига́ться *impf*; (*travel*) разъезжа́ть *impf*; ~ **at** (*mean*) хоте́ть *impf* сказа́ть; ~ **away** (*slip off*) ускольза́ть *impf*, ускользну́ть *pf*; (*escape*) убега́ть *impf*, убежа́ть *pf*; (*leave*) уезжа́ть *impf*, уе́хать *pf*; ~ **away with** избега́ть *impf*, избежа́ть *pf* отве́тственности за+*acc*; ~ **back** (*recover*) получа́ть *impf*, получи́ть *pf* обра́тно; (*return*) возвраща́ться *impf*, верну́ться *pf*; ~ **by** (*manage*) справля́ться *impf*, спра́виться *pf*; ~ **down** сходи́ть *impf*, сойти́ *pf*; ~ **down to** принима́ться *impf*, приня́ться *pf* за+*acc*; ~ **off** слеза́ть *impf*, слезть *pf* с+*gen*; ~ **on** сади́ться *impf*, сесть *pf* в, на, +*acc*; (*prosper*) преуспева́ть *impf*, преуспе́ть *pf*; ~ **on with** (*person*) ужи-

ва́ться *impf*, ужи́ться *pf* с+*instr*; ~ **out of** (*avoid*) избавля́ться *impf*, изба́виться *pf* от+*gen*; (*car*) выходи́ть *impf*, вы́йти *pf* из+*gen*; ~ **round to** успева́ть *impf*, успе́ть *pf*; ~ **to** (*reach*) достига́ть *impf*, дости́гнуть & дости́чь *pf* +*gen*; ~ **up** (*from bed*) встава́ть *impf*, встать *pf*.

geyser *n* (*spring*) ге́йзер; (*water-heater*) коло́нка.

ghastly *adj* ужа́сный.

gherkin *n* огуре́ц.

ghetto *n* ге́тто *neut indecl*.

ghost *n* привиде́ние. **ghostly** *adj* при́зрачный.

giant *n* гига́нт; *adj* гига́нтский.

gibberish *n* тарабарщина.

gibbet *n* ви́селица.

gibe *n* насме́шка; *vi* насмеха́ться *impf* (**at** над+*instr*).

giblets *n pl* потроха́ (-хо́в) *pl*.

giddiness *n* головокруже́ние. **giddy** *predic*: **I feel** ~ у меня́ кру́жится голова́.

gift *n* (*present*) пода́рок; (*donation*, *ability*) дар. **gifted** *adj* одарённый.

gig *n* (*theat*) выступле́ние.

gigantic *adj* гига́нтский.

giggle *n* хихи́канье; *vi* хихи́кать *impf*, хихи́кнуть *pf*.

gild *vt* золоти́ть *impf*, вы́~, по~ *pf*.

gill *n* (*of fish*) жа́бра.

gilt *n* позоло́та; *adj* золочённый.

gimmick *n* трюк.

gin *n* (*spirit*) джин.

ginger *n* имби́рь *m*; *adj* (*colour*) ры́жий.

gingerly *adv* осторо́жно.

gipsy *n* цыга́н, ~ка.

giraffe *n* жира́ф.

girder *n* ба́лка. **girdle** *n* по́яс.

girl *n* (*child*) де́вочка; (*young woman*) де́вушка. **girlfriend** *n* подру́га. **girlish** *adj* деви́чий.

girth *n* обхва́т; (*on saddle*) подпру́га.

gist *n* суть.

give *vt* дава́ть *impf*, дать *pf*; ~ **away** выдава́ть *impf*, вы́дать *pf*; ~ **back** возвраща́ть *impf*, возврати́ть *pf*; ~ **in** (*yield*, *vi*) уступа́ть *impf*, уступи́ть *pf* (**to** +*dat*); (*hand in*, *vt*) вруча́ть *impf*, вручи́ть *pf*; ~ **out** (*emit*) издава́ть *impf*, изда́ть *pf*; (*distribute*) раздава́ть *impf*, разда́ть *pf*; ~ **up** отка́зываться *impf*, отказа́ться *pf* от+*gen*; (*habit etc.*) броса́ть *impf*, бро́сить *pf*; ~ o.s. up сдава́ться *impf*, сда́ться *pf*. given *predic* (*inclined*) скло́нен (-онна́, -о́нно) (to к+*dat*).

glacier *n* ледни́к.

glad *adj* ра́достный; *predic* рад. gladden *vt* ра́довать *impf*, об~ *pf*.

glade *n* поля́на.

gladly *adv* охо́тно.

glamorous *adj* я́ркий; (*attractive*) привлека́тельный.

glamour *n* я́ркость; привлека́тельность.

glance *n* (*look*) бе́глый взгляд; *vi* ~ at взгля́дывать *impf*, взгляну́ть *pf* на+*acc*.

gland *n* железа́. glandular *adj* желе́зистый.

glare *n* (*light*) ослепи́тельный блеск; (*look*) свире́пый взгляд; *vi* свире́по смотре́ть *impf* (at на+*acc*). glaring *adj* (*dazzling*) ослепи́тельный; (*mistake*) гру́бый.

glasnost *n* гла́сность.

glass *n* (*substance*) стекло́; (*drinking vessel*) стака́н; (*wine* ~) рю́мка; (*mirror*) зе́ркало; *pl* (*spectacles*) очки́ (-ко́в) *pl*; *attrib* стекля́нный. glassy *adj* (*look*) ту́склый.

glaze *n* глазу́рь; *vt* (*with glass*) застекля́ть *impf*, застекли́ть *pf*; (*pottery*) глазурова́ть *impf* & *pf*; (*cul*) глази́ровать *impf* & *pf*. glazier *n* стеко́льщик.

gleam *n* про́блеск; *vi* свети́ться *impf*.

glean *vt* собира́ть *impf*, собра́ть *pf* по крупи́цам.

glee *n* весе́лье. gleeful *adj* лику́ющий.

glib *adj* бо́йкий.

glide *vi* скользи́ть *impf*; (*aeron*) плани́ровать *impf*, с~ *pf*. glider *n* планёр.

glimmer *n* мерца́ние; *vi* мерца́ть *impf*. glimpse *vt* с мелько́м ви́деть *impf*, у~ *pf*.

glint *n* блеск; *vi* блесте́ть *impf*.

glisten, glitter *vi* блесте́ть *impf*.

gloat *vi* злора́дствовать *impf*.

global *adj* (*world-wide*) мирово́й; (*total*) всео́бщий. globe *n* (*sphere*) шар; (*the earth*) земно́й шар; (*chart*) гло́бус. globule *n* ша́рик.

gloom *n* мрак. gloomy *adj* мра́чный.

glorify *vt* прославля́ть *impf*, просла́вить *pf*. glorious *adj* сла́вный; (*splendid*) великоле́пный. glory *n* сла́ва; *vi* торжествова́ть *impf*.

gloss *n* лоск; *vi*: ~ over зама́зывать *impf*, зама́зать *pf*.

glossary *n* глосса́рий.

glove *n* перча́тка.

glow *n* за́рево; (*of cheeks*) румя́нец; *vi* (*incandesce*) накаля́ться *impf*, накали́ться *pf*; (*shine*) сия́ть *impf*.

glucose *n* глюко́за.

glue *n* клей; *vt* прикле́ивать *impf*, прикле́ить *pf* (to к+*dat*).

glum *adj* угрю́мый.

glut *n* избы́ток.

glutton *n* обжо́ра *m* & *f*. gluttonous *adj* обжо́рливый. gluttony *n* обжо́рство.

gnarled *adj* (*hands*) шишкова́тый; (*tree*) сучкова́тый.

gnash *vt* скрежета́ть *impf* +*instr*.

gnat *n* кома́р.

gnaw *vt* грызть *impf*.

gnome *n* гном.

go *n* (*energy*) эне́ргия; (*attempt*) попы́тка; be on the ~ быть в движе́нии; have a ~ пыта́ться *impf*, по~ *pf*; *vi* (*on foot*) ходи́ть *indet*, идти́ *det*, пойти́ *pf*; (*by transport*) е́здить *indet*, е́хать *det*, по~ *pf*; (*work*) рабо́тать *impf*; (*become*) станови́ться *impf*, стать *pf* +*instr*; (*belong*) идти́ *impf*; be ~ing (*to do*) собира́ться *impf*, собра́ться *pf* (+*inf*); ~ about (*set to work at*) бра́ться *impf*, взя́ться *pf* за+*acc*; (*wander*) броди́ть *indet*; ~ away (*on foot*) уходи́ть *impf*, уйти́ *pf*; (*by transport*) уезжа́ть *impf*, уе́хать *pf*; ~ down спуска́ться *impf*, спусти́ться *pf* (c+*gen*); ~ in(to) (*enter*) входи́ть *impf*, войти́ *pf* (в+*acc*); (*investigate*) рассле́довать *impf* & *pf*; ~ off (*go away*) уходи́ть *impf*, уйти́ *pf*; (*deteriorate*) по́ртиться *impf*, ис~ *pf*; ~ on (*continue*) продолжа́ть(ся) *impf*, продо́лжить(ся) *pf*; ~ out выходи́ть *impf*, вы́йти *pf*; (*flame etc.*) га́снуть *impf*, по~ *pf*; ~ over (*inspect*) пересма́тривать *impf*, пересмотре́ть *pf*; (*rehearse*) повторя́ть *impf*, повтори́ть *pf*; (*change allegiance etc.*) переходи́ть *impf*, перейти́ *pf* (to в, на, +*acc*, к+*dat*);

~ **through** (*scrutinize*) разбира́ть *impf*, разобра́ть *pf*; ~ **through with** доводи́ть *impf*, довести́ *pf* до конца́; ~ **without** обходи́ться *impf*, обойти́сь *pf* без+*gen*;~**ahead** предприи́мчивый;~**between** посре́дник.

goad *vt* (*instigate*) подстрека́ть *impf*, подстрекну́ть *pf* (**into** k+*dat*); (*taunt*) раздража́ть *impf*.

goal *n* (*aim*) цель; (*sport*) воро́та (-т) *pl*; (*point won*) гол. **goalkeeper** *n* врата́рь *m*.

goat *n* коза́; (*male*) козёл.

gobble *vt* (*eat*) жрать *impf*; ~ **up** пожра́ть *pf*, пожра́ть *pf*.

goblet *n* бока́л, ку́бок.

god *n* бог; (G~) Бог. **godchild** *n* кре́стник, -ица. **god-daughter** *n* кре́стница. **goddess** *n* боги́ня. **godfather** *n* кре́стный *sb*. **God-fearing** *adj* богобоя́зненный. **godless** *adj* безбо́жный. **godly** *adj* на́божный. **godmother** *n* кре́стная *sb*. **godparent** *n* кре́стный *sb*. **godsend** *n* бо́жий дар. **goose** *n* гусь *m*; ~**-flesh** гуси́ная ко́жа.

goggle *vi* тара́щить *impf* глаза́ (**at** на+*acc*); *n*: *pl* защи́тные очки́ (-ко́в) *pl*.

going *adj* де́йствующий. **goings-on** *n pl* дела́ *neut pl*.

gold *n* зо́лото; *adj* золото́й;~**-plated** накладно́го зо́лота; ~**-smith** золоты́х дел ма́стер. **golden** *adj* золото́й; ~ **eagle** бе́ркут. **goldfish** *n* золота́я ры́бка.

golf *n* гольф; ~ **club** (*implement*) клю́шка; ~ **course** площа́дка для го́льфа. **golfer** *n* игро́к в гольф.

gondola *n* гондо́ла.

gong *n* гонг.

gonorrhoea *n* три́ппер.

good *n* добро́; *pl* (*wares*) това́р(ы); do ~ (*benefit*) идти́ *impf*, пойти́ *pf* на по́льзу +*dat*; *adj* хоро́ший, до́брый; ~**-humoured** доброду́шный; ~**-looking** краси́вый; ~ **morning** до́брое у́тро!; ~ **night** споко́йной но́чи! **goodbye** *int* проща́й(те)!; до свида́ния! **goodness** *n* добро́та.

goose *n* гусь *m*; ~**-flesh** гуси́ная ко́жа.

gooseberry *n* крыжо́вник.

gore[1] *n* (*blood*) запёкшаяся кровь.

gore[2] *vt* (*pierce*) бода́ть *impf*, за~ *pf*.

gorge *n* (*geog*) уще́лье; *vi* & *t* объ-

еда́ться *impf*, объе́сться *pf* (**on** +*instr*).

gorgeous *adj* великоле́пный.

gorilla *n* гори́лла.

gorse *n* утёсник.

gory *adj* крова́вый.

gosh *int* бо́же мой!

Gospel *n* Ева́нгелие.

gossip *n* спле́тня; (*person*) спле́тник, -ица; *vi* спле́тничать *impf*, на~ *pf*.

Gothic *adj* готи́ческий.

gouge *vt*:~ **out** выда́лбливать *impf*, вы́долбить *pf*; (*eyes*) выка́лывать *impf*, вы́колоть *pf*.

goulash *n* гуля́ш.

gourmet *n* гурма́н.

gout *n* пода́гра.

govern *vt* пра́вить *impf* +*instr*; (*determine*) определя́ть *impf*, определи́ть *pf*. **governess** *n* гуверна́нтка. **government** *n* прави́тельство. **governmental** *adj* прави́тельственный. **governor** *n* губерна́тор; (*of school etc.*) член правле́ния.

gown *n* пла́тье; (*official's*) ма́нтия.

grab *vt* захва́тывать *impf*, захвати́ть *pf*.

grace *n* (*gracefulness*) гра́ция; (*refinement*) изя́щество; (*favour*) ми́лость; (*at meal*) моли́тва; **have the** ~ **to** быть насто́лько такти́чен, что; **with bad** ~ нелюбе́зно; **with good** ~ с досто́инством; *vt* (*adorn*) украша́ть *impf*, укра́сить *pf*; (*favour*) удоста́ивать *impf*, удосто́ить *pf* (**with** +*gen*). **graceful** *adj* грацио́зный.

gracious *adj* ми́лостивый.

gradation *n* града́ция.

grade *n* (*level*) сте́пень; (*quality*) сорт; *vt* сортирова́ть *impf*, рас~ *pf*.

gradient *n* укло́н.

gradual *adj* постепе́нный.

graduate *n* око́нчивший *sb* университе́т, вуз; *vi* конча́ть *impf*, око́нчить *pf* (университе́т, вуз); *vt* градуи́ровать *impf* & *pf*.

graffiti *n* на́дписи *f pl*.

graft *n* (*bot*) черено́к; (*med*) переса́дка (живо́й тка́ни); *vt* (*bot*) привива́ть *impf*, приви́ть *pf* (**to** +*dat*); (*med*) переса́живать *impf*, пересади́ть *pf*.

grain *n* (*seed; collect*) зерно́; (*particle*)

крупи́нка; (*of sand*) песчи́нка; (*of wood*) (древе́сное) волокно́; **against the ~** не по нутру́.
gram(me) *n* грамм.
grammar *n* грамма́тика; **~ school** гимна́зия. **grammatical** *adj* граммати́ческий.
gramophone *n* прои́грыватель *m*; **~ record** грампласти́нка.
granary *n* амба́р.
grand *adj* великоле́пный; **~ piano** роя́ль *m*. **grandchild** *n* внук, вну́чка. **granddaughter** *n* вну́чка. **grandfather** *n* де́душка *m*. **grandmother** *n* ба́бушка. **grandparents** *n* ба́бушка и де́душка. **grandson** *n* внук.
grandstand *n* трибу́на.
grandeur *n* вели́чие.
grandiose *adj* грандио́зный.
granite *n* грани́т.
granny *n* ба́бушка.
grant *n* (*financial*) дота́ция; (*univ*) стипе́ндия; *vt* дарова́ть *impf* & *pf*; (*concede*) допуска́ть *impf*, допусти́ть *pf*; **take for ~ed** (*assume*) счита́ть *impf*, счесть *pf* само́ собо́й разуме́ющимся; (*not appreciate*) принима́ть *impf* как до́лжное.
granular *adj* зерни́стый.
granulated *adj*: **~ sugar** са́харный песо́к.
granule *n* зёрнышко.
grape *n* виногра́д. **grapefruit** *n* грейпфру́т.
graph *n* гра́фик.
graphic *adj* графи́ческий; (*vivid*) я́ркий.
graphite *n* графи́т.
grapple *vi* (*struggle*) боро́ться *impf* (**with** c+*instr*).
grasp *n* (*grip*) хва́тка; (*comprehension*) понима́ние; *vt* (*clutch*) хвата́ть *impf*, схвати́ть *pf*; (*comprehend*) понима́ть *impf*, поня́ть *pf*. **grasping** *adj* жа́дный.
grass *n* трава́. **grasshopper** *n* кузне́чик. **grassy** *adj* травяни́стый.
grate[1] *n* (*in fireplace*) решётка.
grate[2] *vt* (*rub*) тере́ть *impf*, на~ *pf*; *vi* (*sound*) скрипе́ть *impf*; **~ (up)on** (*irritate*) раздража́ть *impf*, раздражи́ть *pf*.
grateful *n* благода́рный.
grater *n* тёрка.
gratify *vt* удовлетворя́ть *impf*, удо-

влетвори́ть *pf*.
grating *n* решётка.
gratis *adv* беспла́тно.
gratitude *n* благода́рность.
gratuitous *adj* (*free*) дарово́й; (*motiveless*) беспричи́нный.
gratuity *n* (*tip*) чаевы́е *sb pl*.
grave[1] *n* моги́ла. **gravedigger** *n* моги́льщик. **gravestone** *n* надгро́бный ка́мень *m*. **graveyard** *n* кла́дбище.
grave[2] *adj* серьёзный.
gravel *n* гра́вий.
gravitate *vi* тяготе́ть *impf* (**towards** к+*dat*). **gravitational** *adj* гравитацио́нный. **gravity** *n* (*seriousness*) серьёзность; (*force*) тя́жесть.
gravy *n* (*мясна́я*) подли́вка.
graze[1] *vi* (*feed*) пасти́сь *impf*.
graze[2] *n* (*abrasion*) цара́пина; *vt* (*touch*) задева́ть *impf*, заде́ть *pf*; (*abrade*) цара́пать *impf*, о~ *pf*.
grease *n* жир; (*lubricant*) сма́зка; **~ paint** грим; *vt* сма́зывать *impf*, сма́зать *pf*. **greasy** *adj* жи́рный.
great *adj* (*large*) большо́й; (*eminent*) вели́кий; (*splendid*) замеча́тельный; **to a ~ extent** в большо́й сте́пени; **a ~ deal** мно́го (+*gen*); **a ~ many** мно́гие; **~-aunt** двою́родная ба́бушка; **~-granddaughter** пра́внучка; **~-grandfather** пра́дед; **~-grandmother** праба́бушка; **~-grandson** пра́внук; **~-uncle** двою́родный де́душка *m*. **greatly** *adv* о́чень.
Great Britain *n* Великобрита́ния.
Greece *n* Гре́ция.
greed *n* жа́дность (**for** к+*dat*). **greedy** *adj* жа́дный (**for** к+*dat*).
Greek *n* грек, греча́нка; *adj* гре́ческий.
green *n* (*colour*) зелёный цвет; (*piece of land*) лужо́к; *pl* зе́лень *collect*; *adj* зелёный; (*inexperienced*) нео́пытный. **greenery** *n* зе́лень. **greenfly** *n* тля. **greengrocer** *n* зеле́нщик. **greenhouse** *n* тепли́ца; **~ effect** парнико́вый эффе́кт.
greet *vt* здоро́ваться *impf*, по~ *pf* c +*instr*; (*meet*) встреча́ть *impf*, встре́тить *pf*. **greeting** *n* приве́т(ствие).
gregarious *adj* общи́тельный.
grenade *n* грана́та.
grey *adj* се́рый; (*hair*) седо́й.
greyhound *n* борза́я *sb*.

grid n (grating) решётка; (electr) сеть; (map) координа́тная се́тка.

grief n го́ре; **come to ~** терпе́ть impf, по~ pf неуда́чу.

grievance n жа́лоба, оби́да.

grieve vt огорча́ть impf, огорчи́ть pf; vi горева́ть impf (**for** o+prep).

grievous adj тя́жкий.

grill n ра́шпер; vt (cook) жа́рить impf, за~, из~ pf (на ра́шпере); (question) допра́шивать impf, допроси́ть pf.

grille n (grating) решётка.

grim adj (stern) суро́вый; (unpleasant) неприя́тный.

grimace n грима́са; vi грима́сничать impf.

grime n грязь. **grimy** adj гря́зный.

grin n усме́шка; vi усмеха́ться impf, усмехну́ться pf.

grind vt (flour etc.) моло́ть impf, с~ pf; (axe) точи́ть impf, на~ pf; **one's teeth** скрежета́ть impf зуба́ми.

grip n хва́тка; vt схва́тывать impf, схвати́ть pf.

gripe vi ворча́ть impf.

gripping adj захва́тывающий.

grisly adj жу́ткий.

gristle n хрящ.

grit n песо́к; (for building) гра́вий; (firmness) вы́держка.

grizzle vi хны́кать impf.

groan n стон; vi стона́ть impf.

grocer n бакале́йщик; **~'s (shop)** бакале́йная ла́вка, гастроно́м. **groceries** n pl бакале́я collect.

groggy adj разби́тый.

groin n (anat) пах.

groom n ко́нюх; (bridegroom) жени́х; vt (horse) чи́стить impf, по~ pf; (prepare) гото́вить impf, под~ pf (**for** к+dat); **well-groomed** хорошо́ вы́глядящий.

groove n желобо́к.

grope vi нащу́пывать impf (**for**, **after** +acc).

gross[1] n (12 dozen) гросс.

gross[2] adj (fat) ту́чный; (coarse) гру́бый; (total) валово́й; **~ weight** вес бру́тто.

grotesque adj гроте́скный.

grotto n грот.

ground n земля́; (earth) по́чва; pl (dregs) гу́ща; (sport) площа́дка; pl (of house) парк; (reason) основа́ние;

~ floor пе́рвый эта́ж; vt (instruct) обуча́ть impf, обучи́ть pf осно́вам (**in** +gen); (aeron) запреща́ть impf, запрети́ть pf полёты +gen; vi (naut) сади́ться impf, сесть pf на мель.

groundless adj необосно́ванный.

groundwork n фунда́мент.

group n гру́ппа; vt & i группирова́ть(ся) impf, c~ pf.

grouse[1] n шотла́ндская куропа́тка.

grouse[2] vi (grumble) ворча́ть impf.

grove n ро́ща.

grovel vi пресмыка́ться impf (**before** пе́ред+instr).

grow vi расти́ impf; (become) станови́ться impf, стать pf +instr; vt (cultivate) выра́щивать impf, вы́растить pf; (hair) отра́щивать impf, отрасти́ть pf; **~ up** (person) выраста́ть impf, вы́расти pf, (custom) возника́ть impf, возни́кнуть pf.

growl n ворча́ние; vi ворча́ть impf (**at** на+acc).

grown-up adj взро́слый sb.

growth n рост; (med) о́пухоль.

grub n (larva) личи́нка; (food) жратва́; vi: **~ about** ры́ться impf. **grubby** adj запа́чканный.

grudge n зло́ба; **have a ~ against** име́ть impf зуб про́тив+gen; vt жале́ть impf, по~ pf +acc, +gen.

grudgingly adv неохо́тно.

gruelling adj изнури́тельный.

gruesome adj жу́ткий.

gruff adj (surly) грубова́тый; (voice) хри́плый.

grumble vi ворча́ть impf (**at** на+acc).

grumpy adj брюзгли́вый.

grunt n хрю́канье; vi хрю́кать impf, хрю́кнуть pf.

guarantee n гара́нтия; vt гаранти́ровать impf & pf (**against** от+gen).

guarantor n поручи́тель.

guard n (device) предохрани́тель; (watch; soldiers) карау́л; (sentry) часово́й sb; (watchman) сто́рож; (rly) конду́ктор; pl (prison) надзира́тель; vt охраня́ть impf, охрани́ть pf; vi: **~ against** остерега́ться impf, остере́чься pf +gen, inf.

guardian n храни́тель m; (law) опеку́н.

guer(r)illa n партиза́н; **~ warfare** партиза́нская война́.

guess n дога́дка; vt & i дога́дываться

impf, догада́ться *pf* (o+*prep*); *vt* (~ *correctly*) уга́дывать *impf*, угада́ть *pf*. **guesswork** *n* дога́дки *f pl*.

guest *n* гость *m*; ~ **housemáid** ена́льшая гости́ница.

guffaw *n* хо́хот; *vi* хохота́ть *impf*.

guidance *n* руково́дство. **guide** *n* проводни́к, гид; (*guidebook*) путеводи́тель *m*; *vt* води́ть *indet*, вести́ *det*; (*direct*) руководи́ть *impf* +*instr*; ~ed missile управля́емая раке́та. **guidelines** *n pl* инстру́кции *f pl*; (*advice*) сове́т.

guild *n* ги́льдия, цех.

guile *n* кова́рство. **guileless** *adj* простоду́шный.

guillotine *n* гильоти́на.

guilt *n* вина́; (*guiltiness*) вино́вность. **guilty** *adj* (*of crime*) вино́вный (of в+*prep*); (*of wrong*) винова́тый.

guinea-pig *n* морска́я сви́нка; (*fig*) подо́пытный кро́лик.

guise *n*: under the ~ of под ви́дом +*gen*.

guitar *n* гита́ра. **guitarist** *n* гитари́ст.

gulf *n* (*geog*) зали́в; (*chasm*) про́пасть.

gull *n* ча́йка.

gullet *n* (*oesophagus*) пищево́д; (*throat*) го́рло.

gullible *adj* легкове́рный.

gully *n* (*ravine*) овра́г.

gulp *n* глото́к; *vt* жа́дно глота́ть *impf*.

gum¹ *n* (*anat*) десна́.

gum² *n* каме́дь; (*glue*) клей; *vt* скле́ивать *impf*, скле́ить *pf*.

gumption *n* инициати́ва.

gun *n* (*piece of ordnance*) ору́дие, пу́шка; (*rifle etc.*) ружьё; (*pistol*) пистоле́т; *vt*: ~ down расстре́ливать *impf*, расстреля́ть *pf*. **gunner** *n* артиллери́ст. **gunpowder** *n* по́рох.

gurgle *vi* бу́лькать *impf*.

gush *vi* хлы́нуть *pf*.

gusset *n* клин.

gust *n* поры́в. **gusty** *adj* поры́вистый.

gusto *n* смак.

gut *n* кишка́; *pl* (*entrails*) кишки́ *f pl*; *pl* (*bravery*) му́жество; *vt* потроши́ть *impf*, вы́~ *pf*; (*devastate*) опустоша́ть *impf*, опустоши́ть *pf*.

gutter *n* (*of roof*) (водосто́чный) жёлоб; (*of road*) сто́чная кана́ва.

guttural *adj* горта́нный.

guy¹ *n* (*rope*) оття́жка.

guy² *n* (*fellow*) па́рень *m*.

guzzle *vt* (*food*) пожира́ть *impf*, пожра́ть *pf*; (*liquid*) хлеба́ть *impf*, хлебну́ть *pf*.

gym *n* (*gymnasium*) гимнасти́ческий зал; (*gymnastics*) гимна́стика. **gymnasium** *n* гимнасти́ческий зал. **gymnast** *n* гимна́ст. **gymnastic** *adj* гимнасти́ческий. **gymnastics** *n* гимна́стика.

gynaecologist *n* гинеко́лог. **gynaecology** *n* гинеколо́гия.

gyrate *vi* враща́ться *impf*.

H

haberdashery *n* галантере́я; (*shop*) галанте́рейный магази́н.

habit *n* привы́чка; (*monk's*) ря́са.

habitable *adj* приго́дный для жилья́. **habitat** *n* есте́ственная среда́. **habitation** *n*: unfit for ~ неприго́дный для жилья́.

habitual *adj* привы́чный.

hack¹ *vt* руби́ть *impf*; ~saw ножо́вка.

hack² *n* (*hired horse*) наёмная ло́шадь; (*writer*) халту́рщик. **hackneyed** *adj* изби́тый.

haddock *n* пи́кша.

haemophilia *n* гемофили́я. **haemorrhage** *n* кровотече́ние. **haemorrhoids** *n pl* геморро́й *collect*.

hag *n* карга́.

haggard *adj* измождённый.

haggle *vi* торгова́ться *impf*, c~ *pf*.

hail¹ *n* град; *vi* it is ~ing идёт град. **hailstone** *n* гра́дина.

hail² *vt* (*greet*) приве́тствовать *impf* (& *pf* in *past*); (*taxi*) подзыва́ть *impf*, подозва́ть *pf*.

hair *n* (*single* ~) во́лос; *collect* (*human*) во́лосы (-о́с, -оса́м) *pl*; (*animal*) шерсть. **hairbrush** *n* щётка для воло́с. **haircut** *n* стри́жка; have a ~ постри́чься *pf*. **hair-do** *n* причёска. **hairdresser** *n* парикма́хер. **hairdresser's** *n* парикма́херская *sb*. **hair-dryer** *n* фен. **hairstyle** *n* причёска. **hairy** *adj* волоса́тый.

hale *adj*: ~ and hearty здоро́вый и бо́дрый.

half *n* полови́на; (*sport*) тайм; *adj*

полови́нный; in ~ попола́м; one and a ~ полтора́; ~ past (one etc.) полови́на (второ́го и т.д.); ~-hearted равноду́шный; ~ an hour полчаса́; ~-time переры́в ме́жду та́ймами; ~way на полпути́; ~-witted слабоу́мный.

hall n (large room) зал; (entrance ~) холл, вестибю́ль m; (~ of residence) общежи́тие. hallmark n пробу́рное клеймо́; (fig) при́знак.

hallo int здра́сте, приве́т; (on telephone) алло́.

hallucination n галлюцина́ция.

halo n (around Saint) нимб; (fig) орео́л.

halt n остано́вка; vt & i остана́вливать(ся) impf, останови́ть(ся) pf; int (mil) стой(те)! halting adj запина́ющий.

halve vt дели́ть impf, раз~ pf попола́м.

ham n (cul) ветчина́.

hamlet n дереву́шка.

hammer n молото́к; vt бить impf молотко́м.

hammock n гама́к.

hamper¹ n (basket) корзи́на с кры́шкой.

hamper² vt (hinder) меша́ть impf, по~ pf +dat.

hamster n хомя́к.

hand n рука́; (worker) рабо́чий sb; (writing) по́черк; (clock ~) стре́лка; at ~ под руко́й; on ~s and knees на четвере́ньках; vt передава́ть impf, переда́ть pf; ~ in подава́ть impf, пода́ть pf; ~ out раздава́ть impf, разда́ть pf. handbag n су́мка. handbook n руково́дство. handcuffs n pl нару́чники m pl. handful n горсть.

handicap n (sport) гандика́п; (hindrance) поме́ха. handicapped adj: ~ person инвали́д.

handicraft n ремесло́.

handiwork n ручна́я рабо́та.

handkerchief n носово́й плато́к.

handle n ру́чка, рукоя́тка; vt (people) обраща́ться impf c+instr; (situations) справля́ться impf, спра́виться pf c+instr; (touch) тро́гать impf, тро́нуть pf руко́й, рука́ми. handlebar(s) n руль m.

handmade adj ручно́й рабо́ты.

handout n пода́чка; (document) лифле́т.

handrail n пери́ла (-л) pl.

handshake n рукопожа́тие.

handsome adj краси́вый; (generous) ще́дрый.

handwriting n по́черк.

handy adj (convenient) удо́бный; (skilful) ло́вкий; come in ~ пригоди́ться pf.

hang vt ве́шать impf, пове́сить pf; vi висе́ть impf; ~ about слоня́ться impf; ~ on (cling) держа́ться impf; (tel) не ве́шать impf тру́бку; (persist) упо́рствовать impf; ~ out выве́шивать impf, вы́весить pf; (spend time) болта́ться impf; ~ up ве́шать impf, пове́сить pf; (tel) ве́шать impf, пове́сить pf тру́бку. hanger n ве́шалка. hanger-on n прилипа́ла m & f. hangman n пала́ч.

hangar n анга́р.

hangover n похме́лье.

hang-up n ко́мплекс.

hanker vi: ~ after мечта́ть impf о+prep.

haphazard adj случа́йный.

happen vi (occur) случа́ться impf, случи́ться pf; происходи́ть impf, произойти́ pf; (~ to be somewhere) ока́зываться impf, оказа́ться pf; ~ upon натка́ливаться impf, натолкну́ться pf на+acc.

happiness n сча́стье. happy adj счастли́вый; ~-go-lucky беззабо́тный.

harass vt (pester) дёргать impf; (persecute) пресле́довать impf. harassment n тра́вля; пресле́дование.

harbinger n предве́стник.

harbour n га́вань, порт; vt (person) укрыва́ть impf, укры́ть pf; (thoughts) зата́ивать impf, затаи́ть pf.

hard adj твёрдый; (difficult) тру́дный; (difficult to bear) тяжёлый; (severe) суро́вый; ~-boiled egg яйцо́ вкруту́ю; ~-headed практи́чный; ~-hearted жестокосерде́чный; ~-up стеснённый в сре́дствах; ~-working трудолюби́вый. hardboard n строи́тельный карто́н.

harden vi затвердева́ть impf, затверде́ть pf; (fig) ожесточа́ться impf, ожесточи́ться pf.

hardly adv едва́ (ли).

hardship n (*privation*) нужда́.

hardware n скобяны́е изде́лия neut pl; (*comput*) аппарату́ра.

hardy adj (*robust*) выно́сливый; (*plant*) морозосто́йкий.

hare n за́яц.

hark vi: ~ **back to** возвраща́ться impf, верну́ться pf k+dat; int слу́шай(те)!

harm n вред; vt вреди́ть impf, по~ pf +dat. **harmful** adj вре́дный. **harmless** adj безвре́дный.

harmonic adj гармони́ческий. **harmonica** n губна́я гармо́ника. **harmonious** adj гармони́чный. **harmonize** vi гармони́ровать impf (**with** c+instr). **harmony** n гармо́ния.

harness n упря́жь; vt запряга́ть impf, запря́чь pf; (*fig*) испо́льзовать impf & pf.

harp n а́рфа; vi: ~ **on** тверди́ть impf o+prep.

harpoon n гарпу́н.

harpsichord n клавеси́н.

harrow n борона́. **harrowing** adj душераздира́ющий.

harsh adj (*sound, colour*) ре́зкий; (*cruel*) суро́вый.

harvest n жа́тва, сбор (плодо́в); (*yield*) урожа́й; (*fig*) плоды́ m pl; vt & abs собира́ть impf, собра́ть pf (урожа́й).

hash n: **make a ~ of** напу́тать pf +acc, в+prep.

hashish n гаши́ш.

hassle n беспоко́йство.

hassock n поду́шечка.

haste n спе́шка. **hasten** vi спеши́ть impf, по~ pf; vt & i торопи́ть(ся) impf, по~ pf; vt ускоря́ть impf, уско́рить pf. **hasty** adj (*hurried*) поспе́шный; (*quick-tempered*) вспы́льчивый.

hat n ша́пка; (*stylish*) шля́па.

hatch[1] n люк; ~**back** маши́на-пика́п.

hatch[2] vi вылу́пливаться, вылупля́ться impf, вы́лупиться pf.

hatchet n топо́рик.

hate vt ненави́деть impf, возненави́деть impf. **hateful** adj ненави́стный. **hatred** n не́нависть.

haughty adj надме́нный.

haul n (*fish*) уло́в; (*loot*) добы́ча; (*distance*) езда́; vt (*drag*) тяну́ть impf; таска́ть indet, тащи́ть det. **haulage** n перево́зка.

haunt n люби́мое ме́сто; vt (*ghost*) обита́ть impf; (*memory*) пресле́довать impf; ~ **house** дом с привиде́ниями. **haunting** adj навя́зчивый.

have vt име́ть impf; **I** ~ (*possess*) у меня́ (есть; был, -а́, -о) +nom; **I** ~ **not** у меня́ нет (*past* не́ было) +gen; **I** ~ (**got**) **to** я до́лжен +inf; **you had better** вам лу́чше бы +inf; ~ **on** (*wear*) быть оде́тым в +prep; (*be engaged in*) быть за́нятым +instr.

haven n (*refuge*) убе́жище.

haversack n рюкза́к.

havoc n (*devastation*) опустоше́ние; (*disorder*) беспоря́док.

hawk[1] n (*bird*) я́стреб.

hawk[2] vt (*trade*) торгова́ть impf вразно́с+instr. **hawker** n разно́счик.

hawser n трос.

hawthorn n боя́рышник.

hay n се́но; **make** ~ коси́ть impf, с~ pf се́но; ~ **fever** се́нная лихора́дка. **haystack** n стог.

hazard n риск; vt рискова́ть impf +instr. **hazardous** adj риско́ванный.

haze n ды́мка.

hazel n лещи́на. **hazelnut** n лесно́й оре́х.

hazy adj тума́нный; (*vague*) сму́тный.

he pron он.

head n голова́; (*mind*) ум; (~ **of coin**) лицева́я сторона́ моне́ты; ~**s or tails?** орёл и́ли ре́шка?; (*chief*) глава́ m, нача́льник; attrib гла́вный; vt (*lead*) возглавля́ть impf, возгла́вить pf; (*ball*) забива́ть impf, заби́ть pf голово́й; vi: ~ **for** направля́ться impf, напра́виться pf в, на, +acc, k+dat. **headache** n головна́я боль. **head-dress** n головно́й убо́р. **header** n уда́р голово́й. **heading** n (*title*) заголо́вок. **headland** n мыс. **headlight** n фа́ра. **headline** n заголо́вок. **headlong** adv стремгла́в. **headmaster, -mistress** n дире́ктор шко́лы. **head-on** adj головно́й; adv в лоб. **headphone** n нау́шник. **headquarters** n штаб-кварти́ра. **headscarf** n косы́нка. **headstone** n надгро́бный ка́мень m. **headstrong** adj своево́льный. **headway** n движе́ние вперёд. **heady** adj опьяня́ющий.

heal vt изле́чивать impf, излечи́ть

pf; vi зажива́ть *impf*, зажи́ть *pf*.

healing *adj* целе́бный.

health *n* здоро́вье; ~ **care** здравоохране́ние. **healthy** *adj* здоро́вый; *(beneficial)* поле́зный.

heap *n* ку́ча; *vt* нагроможда́ть *impf*, нагромозди́ть *pf*.

hear *vt* слы́шать *impf*, y~ *pf*; *(listen to)* слу́шать *impf*, по~ *pf*; ~ **out** выслу́шивать *impf*, вы́слушать *pf*.

hearing *n* слух; *(law)* слу́шание.

hearsay *n* слух.

hearse *n* катафа́лк.

heart *n* се́рдце; *(essence)* суть; *pl (cards)* че́рви (-ве́й) *pl*; **by** ~ наизу́сть; ~ **attack** серде́чный при́ступ. **heartburn** *n* изжо́га. **hearten** *vt* ободря́ть *impf*, ободри́ть *pf*. **heartfelt** *adj* серде́чный. **heartless** *adj* бессерде́чный. **heart-rending** *adj* душераздира́ющий. **hearty** *adj (cordial)* серде́чный; *(vigorous)* здоро́вый.

hearth *n* оча́г.

heat *n* жара́; *(phys)* теплота́; *(of feeling)* пыл; *(sport)* забе́г, зае́зд; *vt & i (heat up)* нагрева́ть(ся) *impf*, нагре́ть(ся) *pf; vt (house)* топи́ть *impf*. **heater** *n* нагрева́тель *m*. **heating** *n* отопле́ние.

heath *n* пу́стошь.

heathen *n* язы́чник; *adj* язы́ческий.

heather *n* ве́реск.

heave *vt (lift)* поднима́ть *impf*, подня́ть *pf; (pull)* тяну́ть *impf*, по~ *pf*.

heaven *n (sky)* не́бо; *(paradise)* рай; *pl* небеса́ *neut pl*. **heavenly** *adj* небе́сный; *(divine)* боже́ственный.

heavy *adj* тяжёлый; *(strong, intense)* си́льный. **heavyweight** *n* тяжелове́с.

Hebrew *adj* (дре́вне)евре́йский.

heckle *vt* пререка́ться *impf* c+*instr*.

hectic *adj* лихора́дочный.

hedge *n* живая и́згородь. **hedgerow** *n* шпале́ра.

hedgehog *n* ёж.

heed *vt* обраща́ть *impf*, обрати́ть *pf* внима́ние на+*acc*. **heedless** *adj* небре́жный.

heel[1] *n (of foot)* пята́; *(of foot, sock)* пя́тка; *(of shoe)* каблу́к.

heel[2] *vi* крени́ться *impf*, на~ *pf*.

hefty *adj* дю́жий.

heifer *n* тёлка.

height *n* высота́; *(of person)* рост. **heighten** *vt (strengthen)* уси́ливать *impf*, уси́лить *pf*.

heinous *adj* гну́сный.

heir *n* насле́дник. **heiress** *n* насле́дница. **heirloom** *n* фами́льная вещь.

helicopter *n* вертолёт.

helium *n* ге́лий.

hell *n* ад. **hellish** *adj* а́дский.

hello *see* **hallo**

helm *n* руль.

helmet *n* шлем.

help *n* по́мощь; *vt* помога́ть *impf*, помо́чь *pf* +*dat; (can't ~)* не мочь *impf* не +*inf*; ~ **o.s.** брать *impf*, взять *pf* себе́; ~ **yourself!** бери́те! **helpful** *adj* поле́зный; *(obliging)* услу́жливый. **helping** *n (of food)* по́рция. **helpless** *adj* беспо́мощный.

helter-skelter *adv* как попа́ло.

hem *n* рубе́ц; *vt* подруба́ть *impf*, подруби́ть *pf*; ~ **in** окружа́ть *impf*, окружи́ть *pf*.

hemisphere *n* полуша́рие.

hemp *n (plant)* конопля́; *(fibre)* пенька́.

hen *n (female bird)* са́мка; *(domestic fowl)* ку́рица.

hence *adv (from here)* отсю́да; *(as a result)* сле́довательно; **3 years** ~ че́рез три го́да. **henceforth** *adv* отны́не.

henchman *n* приспе́шник.

henna *n* хна.

hepatitis *n* гепати́т.

her *poss pron* её; *pron* её.

herald *n* ве́стник; *vt* возвеща́ть *impf*, возвести́ть *pf*.

herb *n* трава́. **herbaceous** *adj* травяно́й; ~ **border** цвето́чный бордю́р. **herbal** *adj* травяно́й.

herd *n* ста́до; *(people)* толпи́ться *impf*, c~ *pf; vt (tend)* пасти́ *impf; (drive)* загоня́ть *impf*, загна́ть *pf* в ста́до.

here *adv (position)* здесь, тут; *(direction)* сюда́; ~ **is ...** вот (+*nom*); ~ **and there** там и сям; ~ **you are!** пожа́луйста. **hereabout(s)** *adv* побли́зости. **hereafter** *adv* в бу́дущем. **hereby** *adv* э́тим. **hereupon** *adv (in consequence)* вследствие э́того; *(after)* после э́того. **herewith** *adv* при сём.

hereditary *adj* насле́дственный. **heredity** *n* насле́дственность.

heresy *n* е́ресь. **heretic** *n* ерети́к. **heretical** *adj* ерети́ческий.

heritage *n* насле́дие.

hermetic *adj* гермети́ческий.

hermit *n* отше́льник.

hernia *n* гры́жа.

hero *n* геро́й. **heroic** *adj* герои́ческий.

heroin *n* герои́н.

heroine *n* герои́ня. **heroism** *n* герои́зм.

heron *n* ца́пля.

herpes *n* лиша́й.

herring *n* сельдь; (*food*) селёдка.

hers *poss pron* её; свой.

herself *pron* (*emph*) (она́) сама́; (*refl*) себя́.

hertz *n* герц.

hesitant *adj* нереши́тельный. **hesitate** *vi* колеба́ться *impf*, по~ *pf*; (*in speech*) запина́ться *impf*, запну́ться *pf*. **hesitation** *n* колеба́ние.

hessian *n* мешкови́на.

heterogeneous *adj* разноро́дный.

heterosexual *adj* гетеросексуа́льный.

hew *vt* руби́ть *impf*.

hexagon *n* шестиуго́льник.

hey *int* эй!

heyday *n* расцве́т.

hi *int* приве́т!

hiatus *n* пробе́л.

hibernate *vi* быть *impf* в спя́чке; впада́ть *impf*, впасть *pf* в спя́чку. **hibernation** *n* спя́чка.

hiccup *n* ика́ть *impf*, икну́ть *pf*; *n; pl* ико́та.

hide[1] *n* (*skin*) шку́ра.

hide[2] *vt & i* (*conceal*) пря́тать(ся) *impf*, с~ *pf*; скрыва́ть(ся) *impf*, скрыть(ся) *pf*.

hideous *adj* отврати́тельный.

hideout *n* укры́тие.

hiding *n* (*flogging*) по́рка.

hierarchy *n* иера́рхия.

hieroglyphics *n pl* иеро́глифы *m pl*.

hi-fi *n* прои́грыватель *m* с высокока́чественным воспроизведе́нием зву́ка за́писи.

higgledy-piggledy *adv* как придётся.

high *adj* высо́кий; (*wind*) си́льный; (*on drugs*) в наркоти́ческом дурма́не; ~er education вы́сшее образова́ние; ~-handed своево́льный; ~-heeled на высо́ких каблука́х; ~ jump прыжо́к в высоту́; ~-minded благоро́дный; иде́йный; ~-pitched высо́кий; ~-rise высо́тный. **highbrow** *adj* интеллектуа́льный. **highland(s)** *n* го́рная страна́. **highlight** *n* (*fig*) вы́сшая то́чка; *vt* обраща́ть *impf*, обрати́ть *pf* внима́ние на+*acc*. **highly** *adv* весьма́; ~-strung легко́ возбужда́емый. **highness** *n* (*title*) высо́чество. **highstreet** *n* гла́вная у́лица. **highway** *n* магистра́ль.

hijack *vt* похища́ть *impf*, похи́тить *pf*. **hijacker** *n* похити́тель *m*.

hike *n* похо́д.

hilarious *adj* умори́тельный. **hilarity** *n* весе́лье.

hill *n* холм. **hillock** *n* хо́лмик. **hillside** *n* склон холма́. **hilly** *adj* холми́стый.

hilt *n* руко́ятка.

himself *pron* (*emph*) (он) сам; (*refl*) себя́.

hind *adj* (*rear*) за́дний.

hinder *vt* меша́ть *impf*, по~ *pf* +*dat.* **hindrance** *n* поме́ха.

Hindu *n* инду́с; *adj* инду́сский.

hinge *n* шарни́р; *vi* (*fig*) зави́сеть *impf* от+*gen.*

hint *n* намёк; *vi* намека́ть *impf*, намекну́ть *pf* (at на+*acc*)

hip *n* (*anat*) бедро́.

hippie *n* хи́ппи *neut indecl.*

hippopotamus *n* гиппопота́м.

hire *n* наём, прока́т; ~-purchase поку́пка в рассро́чку; *vt* нанима́ть *impf*, наня́ть *pf*; ~ out сдава́ть *impf*, сдать *pf* напрока́т.

his *poss pron* его́; свой.

hiss *n* шипе́ние; *vi* шипе́ть *impf*; *vt* (*performer*) освистывать *impf*, освиста́ть *pf.*

historian *n* исто́рик. **historic(al)** *adj* истори́ческий. **history** *n* исто́рия. **histrionic** *adj* театра́льный.

hit *n* (*blow*) уда́р; (*on target*) попада́ние (в цель); (*success*) успе́х; *vt* (*strike*) ударя́ть *impf*, уда́рить *pf*; (*target*) попада́ть *impf*, попа́сть *pf* (в цель); ~ (up)on находи́ть *impf*, найти́ *pf.*

hitch *n* (*stoppage*) заде́ржка; *vt* (*fasten*) привя́зывать *impf*, привяза́ть *pf*; ~ up подтя́гивать *impf*, подтяну́ть *pf*; ~-hike *v* е́здить *indet*, е́хать *det*, по~ *pf* автостопом.

hither *adv* сюда. **hitherto** *adv* до сих пор.

HIV *abbr* (*of* human immunodeficiency virus) ВИЧ.

hive *n* улей.

hoard *n* запас; *vt* скапливать *impf*, скопить *pf*.

hoarding *n* рекламный щит.

hoarse *adj* хриплый.

hoax *n* надувательство.

hobble *vi* ковылять *impf*.

hobby *n* хобби *neut indecl*.

hock *n* (*wine*) рейнвейн.

hockey *n* хоккей.

hoe *n* мотыга; *vt* мотыжить *impf*.

hog *n* боров.

hoist *n* подъёмник; *vt* поднимать *impf*, поднять *pf*.

hold¹ *n* (*naut*) трюм.

hold² *n* (*grasp*) захват; (*influence*) влияние (on на+*acc*); catch ~ of ухватиться *pf* за+*acc*; *vt* (*grasp*) держать *impf*; (*contain*) вмещать *impf*, вместить *pf*; (*possess*) владеть *impf* +*instr*; (*conduct*) проводить *impf*, провести *pf*; (*consider*) считать *impf*, счесть *pf* (+*acc & instr*, за+*acc*); *vi* держаться *impf*; (*weather*) продерживаться *impf*, продержаться *pf*; ~ back сдерживать(ся) *impf*, сдержать(ся) *pf*; ~ forth разглагольствовать *impf*; ~ on (*wait*) подождать *pf*; (*tel*) не вешать *impf* трубку; (*grip*) держаться *impf* (to за+*acc*); ~ out (*stretch out*) протягивать *impf*, протянуть *pf*; (*resist*) не сдаваться *impf*; ~ up (*support*) поддерживать *impf*, поддержать *pf*; (*impede*) задерживать *impf*, задержать *pf*. **holdall** *n* сумка. **hold-up** *n* (*robbery*) налёт; (*delay*) задержка.

hole *n* дыра; (*animal's*) нора; (*golf*) лунка.

holiday *n* (*day off*) выходной день; (*festival*) праздник; (*annual leave*) отпуск; *pl* (*school*) каникулы (-л) *pl*; ~-maker турист; on ~ в отпуске.

holiness *n* святость.

Holland *n* Голландия.

hollow *n* впадина; (*valley*) лощина; *adj* пустой; (*sunken*) впалый; (*sound*) глухой; *vt* (~ out) выдалбливать *impf*, выдолбить *pf*.

holly *n* остролист.

holocaust *n* массовое уничтожение.

holster *n* кобура.

holy *adj* святой, священный.

homage *n* почтение; pay ~ to преклоняться *impf*, преклониться *pf* перед+*instr*.

home *n* дом; (*native land*) родина; at ~ дома; feel at ~ чувствовать *impf* себя как дома; *adj* домашний; (*native*) родной; H~ Affairs внутренние дела *neut pl*; *adv* (*direction*) домой; (*position*) дома. **homeland** *n* родина. **homeless** *adj* бездомный. **home-made** *adj* (*food*) домашний; (*object*) самодельный. **homesick** *adj*: be ~ скучать *impf* по дому. **homewards** *adv* домой, восвояси.

homely *adj* простой.

homicide *n* (*action*) убийство.

homogeneous *adj* однородный.

homosexual *n* гомосексуалист; *adj* гомосексуальный.

honest *n* честный. **honesty** *n* честность.

honey *n* мёд. **honeymoon** *n* медовый месяц. **honeysuckle** *n* жимолость.

honk *vi* гудеть *impf*.

honorary *adj* почётный.

honour *n* честь; *vt* (*respect*) почитать *impf*; (*confer*) удостаивать *impf*, удостоить *pf* (with +*gen*); (*fulfil*) выполнять *impf*, выполнить *pf*. **honourable** *adj* честный.

hood *n* капюшон; (*tech*) капот.

hoodwink *vt* обманывать *impf*, обмануть *pf*.

hoof *n* копыто.

hook *n* крючок; *vt* (*hitch*) зацеплять *impf*, зацепить *pf*; (*fasten*) застёгивать *impf*, застегнуть *pf*.

hooligan *n* хулиган.

hoop *n* обруч.

hoot *vi* (*owl*) ухать *impf*, ухнуть *pf*; (*horn*) гудеть *impf*. **hooter** *n* гудок.

hop¹ *n* (*plant*; *collect*) хмель *m*.

hop² *n* (*jump*) прыжок; *vi* прыгать *impf*, прыгнуть *pf* (on одной ноге).

hope *n* надежда; *vi* надеяться *impf*, по~ *pf* (for на+*acc*). **hopeful** *adj* (*promising*) обнадёживающий; I am ~ я надеюсь. **hopefully** *adv* с надеждой; (*it is hoped*) надо надеяться. **hopeless** *adj* безнадёжный.

horde *n* (*hist*; *fig*) орда.

Hummingbird—'kolibri'

horizon n горизо́нт. **horizontal** adj горизонта́льный.

hormone n гормо́н.

horn n рог; (*French horn*) валто́рна; (*car*) гудо́к.

hornet n ше́ршень m.

horny adj (*calloused*) мозо́листый.

horoscope n гороско́п.

horrible, horrid adj ужа́сный. **horrify** vt ужаса́ть impf, ужасну́ть pf. **horror** n у́жас.

hors-d'oeuvre n заку́ска.

horse n ло́шадь. **horse-chestnut** n ко́нский кашта́н. **horseman, -woman** n вса́дник, -ица. **horseplay** n возня́. **horsepower** n лошади́ная си́ла. **horse-racing** n ска́чки (-чек) pl. **horse-radish** n хрен. **horseshoe** n подко́ва.

horticulture n садово́дство.

hose n (~-*pipe*) шланг.

hosiery n чуло́чные изде́лия neut pl.

hospitable adj гостеприи́мный.

hospital n больни́ца.

hospitality n гостеприи́мство.

host[1] n (*multitude*) мно́жество.

host[2] n (*entertaining*) хозя́ин.

hostage n зало́жник.

hostel n общежи́тие.

hostess n хозя́йка; (*air* ~) стюарде́сса.

hostile adj вражде́бный. **hostility** n вражде́бность; pl вое́нные де́йствия neut pl.

hot adj горя́чий, жа́ркий; (*pungent*) о́стрый; ~**-headed** вспы́льчивый; ~**water bottle** гре́лка. **hotbed** n (*fig*) оча́г. **hothouse** n тепли́ца. **hotplate** n пли́тка.

hotel n гости́ница.

hound n охо́тничья соба́ка; vt трави́ть impf, за~ pf.

hour n час. **hourly** adj ежеча́сный.

house n дом; (*parl*) пала́та; attrib дома́шний; vt помеща́ть impf, помести́ть pf. **household** n семья́; adj хозя́йственный; дома́шний. **house-keeper** n эконо́мка. **house-warming** n новосе́лье. **housewife** n хозя́йка. **housework** n дома́шняя рабо́та. **housing** n (*accommodation*) жильё; (*casing*) кожу́х; ~ **estate** жило́й масси́в.

hovel n лачу́га.

hover vi (*bird*) пари́ть impf; (*heli-* copter) висе́ть impf; (*person*) ма́ячить impf. **hovercraft** n су́дно на возду́шной поду́шке, СВП.

how adv как, каки́м о́бразом: ~ **do you do?** здра́вствуйте!; ~ **many, ~ much** ско́лько (+gen). **however** adv как бы ни (+past); conj одна́ко, тем не ме́нее; ~ **much** ско́лько бы ни (+gen & past).

howl n вой; vi выть impf. **howler** n гру́бейшая оши́бка.

hub n (*of wheel*) ступи́ца; (*fig*) центр, средото́чие.

hubbub n шум, гам.

huddle vi: ~ **together** прижима́ться impf, прижа́ться pf друг к дру́гу.

hue n (*tint*) отте́нок.

huff n: **in a** ~ оскорблённый.

hug n объя́тие; vt (*embrace*) обнима́ть impf, обня́ть pf.

huge adj огро́мный.

hulk n ко́рпус (корабля́). **hulking** adj (*bulky*) грома́дный; (*clumsy*) неуклю́жий.

hull n (*of ship*) ко́рпус.

hum n жужжа́ние; vi (*buzz*) жужжа́ть impf, vt & i (*person*) напева́ть impf.

human adj челове́ческий, людско́й; n челове́к. **humane, humanitarian** adj челове́чный. **humanity** n (*human race*) челове́чество; (*humaneness*) гума́нность; **the Humanities** гуманита́рные нау́ки f pl.

humble adj (*person*) смире́нный; (*abode*) скро́мный; vt унижа́ть impf, уни́зить pf.

humdrum adj однообра́зный.

humid adj вла́жный. **humidity** n вла́жность.

humiliate vt унижа́ть impf, уни́зить pf. **humiliation** n униже́ние.

humility n смире́ние.

humorous adj юмористи́ческий. **humour** n ю́мор; (*mood*) настрое́ние; vt потака́ть impf +dat.

hump n горб; (*of earth*) буго́р.

humus n перегно́й.

hunch n (*idea*) предчу́вствие; vt го́рбить impf, с~ pf. **hunchback** n (*person*) горбу́н, ~ья. **hunchbacked** adj горба́тый.

hundred adj & n сто; ~**s of** со́тни f pl +gen; **two** ~ две́сти; **three** ~ три́ста; **four** ~ четы́реста; **five** ~ пятьсо́т. **hundredth** adj & n со́тый.

Hungarian n венгр, венге́рка; adj венге́рский. **Hungary** n Ве́нгрия.

hunger n го́лод; (fig) жа́жда (for +gen); ~ **strike** голодо́вка; vi голода́ть impf; ~ **for** жа́ждать impf +gen.

hungry adj голо́дный.

hunk n ломо́ть m.

hunt n охо́та; (fig) по́иски m pl (for +gen); vt охо́титься impf на+acc, за+instr; (persecute) трави́ть impf, за~ pf; ~ **down** вы́следить pf; ~ **for** иска́ть impf +acc or gen; ~ **out** отыска́ть pf. **hunter** n охо́тник.

hunting n охо́та.

hurdle n (sport; fig) барье́р. **hurdler** n барьери́ст. **hurdles** n pl (sport) барье́рный бег.

hurl vt швыря́ть impf, швырну́ть pf.

hurly-burly n сумато́ха.

hurrah, hurray int ура́!

hurricane n урага́н.

hurried adj торопли́вый. **hurry** n спе́шка; **be in a** ~ спеши́ть impf; vt & i торопи́ть(ся) impf, по~ pf; vi спеши́ть impf, по~ pf.

hurt n уще́рб; vi боле́ть impf; vt поврежда́ть impf, повреди́ть pf; (offend) обижа́ть impf, оби́деть pf.

hurtle vi нести́сь impf, по~ pf.

husband n муж.

hush n тишина́; vt: ~ **up** замина́ть impf, замя́ть pf; int ти́ше!

husk n шелуха́.

husky adj (voice) хри́плый.

hustle n толкотня́; vt (push) затолка́ть impf, затолкну́ть pf; (herd people) загоня́ть impf, загна́ть pf; vt & i (hurry) торопи́ть(ся) impf, по~ pf.

hut n хи́жина.

hutch n кле́тка.

hyacinth n гиаци́нт.

hybrid n гибри́д; adj гибри́дный.

hydrangea n горте́нзия.

hydrant n гидра́нт.

hydraulic adj гидравли́ческий.

hydrochloric acid n соля́ная кислота́. **hydroelectric** adj гидроэлектри́ческий; ~ **power station** гидроэлектроста́нция, ГЭС f indecl. **hydrofoil** n су́дно на подво́дных кры́льях, СПК.

hydrogen n водоро́д.

hyena n гие́на.

hygiene n гигие́на. **hygienic** adj гиги-

ени́ческий.

hymn n гимн.

hyperbole n гипе́рбола.

hyphen n дефи́с. **hyphen(ate)** vt писа́ть impf, на~ pf че́рез дефи́с.

hypnosis n гипно́з. **hypnotic** adj гипноти́ческий. **hypnotism** n гипноти́зм. **hypnotist** n гипнотизёр. **hypnotize** vt гипнотизи́ровать impf, за~ pf.

hypochondria n ипохо́ндрия. **hypochondriac** n ипохо́ндрик.

hypocrisy n лицеме́рие. **hypocrite** n лицеме́р. **hypocritical** adj лицеме́рный.

hypodermic adj подко́жный.

hypothesis n гипо́теза. **hypothesize** vi стро́ить impf, по~ pf гипо́тезу. **hypothetical** adj гипотети́ческий.

hysterectomy n гистерэктоми́я, удале́ние ма́тки.

hysteria n истери́я. **hysterical** adj истери́ческий. **hysterics** n pl исте́рика.

I

I pron я.

ibid(em) adv там же.

ice n лёд; ~**age** леднико́вый пери́од; ~**axe** ледору́б; ~**cream** моро́женое sb; ~ **hockey** хокке́й (с ша́йбой); ~ **rink** като́к; ~ **skate** конёк; vi ката́ться impf на конька́х; vt (chill) замора́живать impf, заморо́зить pf; (cul) глазирова́ть impf & pf; vi: ~ **over, up** обледенева́ть impf, обледене́ть pf. **iceberg** n а́йсберг. **icicle** n сосу́лька. **icing** n (cul) глазу́рь. **icy** adj ледяно́й.

icon n ико́на.

ID abbr (of **identification**) удостовере́ние ли́чности.

idea n иде́я, мысль; (conception) поня́тие.

ideal n идеа́л; adj идеа́льный. **idealism** n идеали́зм. **idealist** n идеали́ст. **idealize** vt идеализи́ровать impf & pf.

identical adj тожде́ственный, одина́ковый. **identification** n (recognition) опозна́ние; (of person) установле́ние ли́чности. **identify** vt опознава́ть impf, опозна́ть pf. **identity** n (of person) ли́чность; ~ card удостовере́ние ли́чности.

ideological adj идеологи́ческий. **ideology** n идеоло́гия.

idiom n идио́ма. **idiomatic** adj идиомати́ческий.

idiosyncrasy n идиосинкрази́я.

idiot n идио́т. **idiotic** adj идио́тский.

idle adj (unoccupied; lazy; purposeless) пра́здный; (vain) тще́тный; (empty) пусто́й; (machine) неде́йствующий; vi безде́льничать impf; (engine) рабо́тать impf вхолосту́ю; vt: ~ away проводи́ть impf, провести́ pf. **idleness** n пра́здность.

idol n и́дол. **idolatry** n идолопокло́нство; (fig) обожа́ние. **idolize** vt боготвори́ть impf.

idyll n иди́ллия. **idyllic** adj идилли́ческий.

i.e. abbr т.е., то есть.

if conj е́сли, е́сли бы; (whether) ли; as ~ как бу́дто; even ~ да́же е́сли; ~ only е́сли бы то́лько.

ignite vt зажига́ть impf, заже́чь pf; vi загора́ться impf, загоре́ться pf. **ignition** n зажига́ние.

ignoble adj ни́зкий.

ignominious adj позо́рный.

ignoramus n невежда m. **ignorance** n неве́жество, (of certain facts) неве́дение. **ignorant** adj неве́жественный; (uninformed) несве́дущий (of в+prep).

ignore vt не обраща́ть impf внима́ния на+acc; игнори́ровать impf & pf.

ilk n: of that ~ тако́го ро́да.

ill n (evil) зло; (harm) вред; pl (misfortunes) несча́стья (-тий) pl; adj (sick) больно́й; (bad) дурно́й; adv пло́хо, ду́рно; fall ~ заболева́ть impf, заболе́ть pf; ~-advised неблагоразу́мный; ~-mannered неве́жливый; ~-treat vt пло́хо обраща́ться impf c+instr.

illegal adj нелега́льный. **illegality** n незако́нность, нелега́льность.

illegible adj неразбо́рчивый.

illegitimacy n незако́нность; (of child) незаконнорождённость. **illegitimate** adj незако́нный; незаконнорождённый.

illicit adj незако́нный, недозво́ленный.

illiteracy n негра́мотность. **illiterate** adj негра́мотный.

illness n боле́знь.

illogical adj нелоги́чный.

illuminate vt освеща́ть impf, освети́ть pf. **illumination** n освеще́ние.

illusion n иллю́зия. **illusory** adj иллюзо́рный.

illustrate vt иллюстри́ровать impf & pf, про~ pf. **illustration** n иллюстра́ция. **illustrative** adj иллюстрати́вный.

illustrious adj знамени́тый.

image n (phys; statue etc.) изображе́ние; (optical ~) отраже́ние; (likeness) ко́пия; (metaphor; conception) о́браз; (reputation) репута́ция. **imagery** n о́бразность.

imaginable adj воображи́мый. **imaginary** adj вообража́емый. **imagination** n воображе́ние. **imagine** vt вообража́ть impf, вообрази́ть pf; (conceive) представля́ть impf, предста́вить pf себе́.

imbecile n слабоу́мный sb; (fool) глупе́ц.

imbibe vt (absorb) впи́тывать impf, впита́ть pf.

imbue vt внуша́ть impf, внуши́ть pf +dat (with +acc).

imitate vt подража́ть impf +dat. **imitation** n подража́ние (of +dat); attrib иску́сственный. **imitative** adj подража́тельный.

immaculate adj безупре́чный.

immaterial adj (unimportant) несуще́ственный.

immature adj незре́лый.

immeasurable adj неизмери́мый.

immediate adj (direct) непосре́дственный; (swift) неме́дленный. **immediately** adv то́тчас, сра́зу.

immemorial adj: from time ~ с незапа́мятных времён.

immense adj огро́мный.

immerse vt погружа́ть impf, погрузи́ть pf. **immersion** n погруже́ние.

immigrant n иммигра́нт, ~ка. **immigration** n иммигра́ция.

imminent adj надвига́ющийся; (danger) грозя́щий.

immobile adj неподви́жный. **immobilize** vt парализова́ть impf & pf.

immoderate adj неуме́ренный.

immodest adj нескро́мный.

immoral *adj* безнра́вственный. **immorality** *n* безнра́вственность.

immortal *adj* бессме́ртный. **immortality** *n* бессме́ртие. **immortalize** *vt* обессме́ртить *pf*.

immovable *adj* неподви́жный; (*fig*) непоколеби́мый.

immune *adj* (*to illness*) невосприи́мчивый (*to* к+*dat*); (*free from*) свобо́дный (*from* от+*gen*). **immunity** *n* иммуните́т (*from* к+*dat*); освобожде́ние (*from* от+*gen*). **immunize** *vt* иммунизи́ровать *impf & pf*.

immutable *adj* неизме́нный.

imp *n* бесёнок.

impact *n* уда́р; (*fig*) влия́ние.

impair *vt* вреди́ть *impf*, по~ *pf*.

impale *vt* протыка́ть *impf*, проткну́ть *pf*.

impart *vt* дели́ться *impf*, по~ *pf* +*instr* (*to* с+*instr*).

impartial *adj* беспристра́стный.

impassable *adj* непроходи́мый; (*for vehicles*) непрое́зжий.

impasse *n* тупи́к.

impassioned *adj* стра́стный.

impassive *adj* бесстра́стный.

impatience *n* нетерпе́ние. **impatient** *adj* нетерпели́вый.

impeach *vt* обвиня́ть *impf*, обвини́ть *pf* (*for* в+*prep*).

impeccable *adj* безупре́чный.

impecunious *adj* безде́нежный.

impedance *n* по́лное сопротивле́ние. **impede** *vt* препя́тствовать *impf*, вос~ *pf* +*dat*. **impediment** *n* препя́тствие; (*in speech*) заика́ние.

impel *vt* побужда́ть *impf*, побуди́ть *pf* (*to* +*inf*, к+*dat*).

impending *adj* предстоя́щий.

impenetrable *adj* непроница́емый.

imperative *adj* необходи́мый; *n* (*gram*) повели́тельное наклоне́ние.

imperceptible *adj* незаме́тный.

imperfect *n* имперфе́кт; *adj* несоверше́нный. **imperfection** *n* несоверше́нство; (*fault*) недоста́ток. **imperfective** *adj* (*n*) несоверше́нный (вид).

imperial *adj* импе́рский. **imperialism** *n* империали́зм. **imperialist** *n* империали́ст; *attrib* империалисти́ческий.

imperil *vt* подверга́ть *impf*, подве́ргнуть *pf* опа́сности.

imperious *adj* вла́стный.

impersonal *adj* безли́чный.

impersonate *vt* (*imitate*) подража́ть *impf*; (*pretend to be*) выдава́ть *impf*, вы́дать *pf* себя́ за+*acc*. **impersonation** *n* подража́ние.

impertinence *n* де́рзость. **impertinent** *adj* де́рзкий.

imperturbable *adj* невозмути́мый.

impervious *adj* (*fig*) глухо́й (*to* к +*dat*).

impetuous *adj* стреми́тельный.

impetus *n* дви́жущая си́ла.

impinge *vi*: ~ **(up)on** ока́зывать *impf*, оказа́ть *pf* (отрица́тельный) эффе́кт на+*acc*.

implacable *adj* неумоли́мый.

implant *vt* вводи́ть *impf*, ввести́ *pf*; (*fig*) се́ять *impf*, по~ *pf*.

implement[1] *n* ору́дие, инструме́нт.

implement[2] *vt* (*fulfil*) выполня́ть *impf*, вы́полнить *pf*.

implicate *vt* впу́тывать *impf*, впу́тать *pf*. **implication** *n* (*inference*) намёк; *pl* значе́ние.

implicit *adj* подразумева́емый; (*absolute*) безогово́рочный.

implore *vt* умоля́ть *impf*.

imply *vt* подразумева́ть *impf*.

impolite *adj* неве́жливый.

imponderable *adj* неопределённый.

import *n* (*meaning*) значе́ние; (*of goods*) и́мпорт; *vt* импорти́ровать *impf & pf*. **importer** *n* импортёр.

importance *n* ва́жность. **important** *adj* ва́жный.

impose *vt* (*tax*) облага́ть *impf*, обложи́ть *pf* +*instr* (*on* +*acc*); (*obligation*) налага́ть *impf*, наложи́ть *pf* (*on* на+*acc*); ~ **(o.s.)** он налега́ть *impf* на+*acc*. **imposing** *adj* внуши́тельный. **imposition** *n* обложе́ние, наложе́ние.

impossibility *n* невозмо́жность. **impossible** *adj* невозмо́жный.

impostor *n* самозва́нец.

impotence *n* бесси́лие; (*med*) импоте́нция. **impotent** *adj* бесси́льный; (*med*) импоте́нтный.

impound *vt* (*confiscate*) конфискова́ть *impf & pf*.

impoverished *adj* обедне́вший.

impracticable *adj* невыполни́мый.

imprecise *n* нето́чный.

impregnable *adj* непристу́пный.

impregnate vt (fertilize) оплодотворя́ть impf, оплодотвори́ть pf; (saturate) пропи́тывать impf, пропита́ть pf.

impresario n аге́нт.

impress vt производи́ть impf, произвести́ pf (како́е-либо) впечатле́ние на+acc; ~ upon (s.o.) внуша́ть impf, внуши́ть pf (+dat). **impression** n впечатле́ние; (imprint) отпеча́ток; (reprint) (стереоти́пное) изда́ние.

impressionism n импрессиони́зм. **impressionist** n импрессиони́ст.

impressive adj впечатля́ющий.

imprint n отпеча́ток; vt отпеча́тывать impf, отпеча́тать pf; (on memory) запечатлева́ть impf, запечатле́ть pf.

imprison vt заключа́ть impf, заключи́ть pf (в тюрьму́). **imprisonment** n тюре́мное заключе́ние.

improbable adj невероя́тный.

impromptu adj импровизи́рованный; adv без подгото́вки, экспро́мтом.

improper adj (incorrect) непра́вильный; (indecent) неприли́чный. **impropriety** n неуме́стность.

improve vt & i улучша́ть(ся) impf, улу́чшить(ся) pf. **improvement** n улучше́ние.

improvisation n импровиза́ция. **improvise** vt импровизи́ровать impf, сымпровизи́ровать pf.

imprudent adj неосторо́жный.

impudence n на́глость. **impudent** adj на́глый.

impulse n толчо́к, и́мпульс; (sudden tendency) поры́в. **impulsive** adj импульси́вный.

impunity n: with ~ безнака́занно.

impure adj нечи́стый.

impute vt припи́сывать impf, приписа́ть pf (to +dat).

in prep (place) в+prep, на+prep; (into) в+acc, на+acc; (point in time) в+prep, на+prep; **in the morning** (etc.) у́тром (instr); **in spring** (etc.) весно́й (instr); (at some stage in; throughout) во вре́мя +gen; (duration) за+acc; (at interval of) че́рез+acc; (during course of) в тече́ние+gen; (circumstance) в+prep, при+prep; adv (place) внутри́; (motion) внутрь; (at home) до́ма; (in

fashion) в мо́де; **in here, there** (place) здесь, там; (motion) сюда́, туда́; adj вну́тренний; (fashionable) мо́дный; n: **the ins and outs** все ходы́ и вы́ходы.

inability n неспосо́бность.

inaccessible adj недосту́пный.

inaccurate adj нето́чный.

inaction n безде́йствие. **inactive** adj безде́йственный. **inactivity** n безде́йственность.

inadequate adj недоста́точный.

inadmissible adj недопусти́мый.

inadvertent adj неча́янный.

inalienable adj неотъе́млемый.

inane adj глу́пый.

inanimate adj неодушевлённый.

inappropriate adj неуме́стный.

inarticulate adj (person) косноязы́чный; (indistinct) невня́тный.

inasmuch adv: ~ **as** так как; ввиду́ того́, что.

inattentive adj невнима́тельный.

inaudible adj неслы́шный.

inaugural adj вступи́тельный. **inaugurate** vt (admit to office) торже́ственно вводи́ть impf, ввести́ pf в до́лжность; (open) открыва́ть impf, откры́ть pf; (introduce) вводи́ть impf, ввести́ pf. **inauguration** n введе́ние в до́лжность; откры́тие; нача́ло.

inauspicious adj неблагоприя́тный.

inborn, inbred adj врождённый.

incalculable adj неисчисли́мый.

incandescent adj накалённый.

incantation n заклина́ние.

incapability n неспосо́бность. **incapable** adj неспосо́бный (of к+dat, на+acc).

incapacitate vt де́лать impf, с~ неспосо́бным **incapacity** n неспосо́бность.

incarcerate vt заключа́ть impf, заключи́ть pf (в тюрьму́). **incarceration** n заключе́ние (в тюрьму́).

incarnate adj воплощённый. **incarnation** n воплоще́ние.

incendiary adj зажига́тельный.

incense[1] n фимиа́м, ла́дан.

incense[2] vt разгнева́ть pf.

incentive n побужде́ние.

inception n нача́ло.

incessant adj непреста́нный.

incest n кровосмеше́ние.

inch n дюйм; ~ **by** ~ ма́ло-пома́лу; vi ползти́ impf.

incidence n (phys) паде́ние; (prevalence) распростране́ние. **incident** n слу́чай, инциде́нт. **incidental** adj (casual) случа́йный; (inessential) несуще́ственный. **incidentally** adv ме́жду про́чим.

incinerate vt испепеля́ть impf, испепели́ть pf. **incinerator** n мусоросжига́тельная печь.

incipient adj начина́ющийся.

incision n надре́з (на+acc). **incisive** adj (fig) о́стрый. **incisor** n резе́ц.

incite vt подстрека́ть impf, подстрекну́ть pf (**to** к+dat). **incitement** n подстрека́тельство.

inclement adj суро́вый.

inclination n (slope) накло́н; (propensity) скло́нность (**for, to** к+dat). **incline** n накло́н; vt & i склоня́ть(ся) impf, склони́ть(ся) pf. **inclined** predic (disposed) скло́нен (-онна́, -о́нно) (**to** к+dat).

include vt включа́ть impf, включи́ть pf (**in** в+acc); (contain) заключа́ть impf, заключи́ть pf в себе́. **including** prep включа́я+acc. **inclusion** n включе́ние. **inclusive** adj включа́ющий (в себе́); adv включи́тельно.

incognito adv инко́гнито.

incoherent adj бессвя́зный.

income n дохо́д; ~ **tax** подохо́дный нало́г.

incommensurate adj несоразме́рный.

incomparable adj несравни́мый (**to, with** c+instr); (matchless) несравне́нный.

incompatible adj несовмести́мый.

incompetence n некомпете́нтность. **incompetent** adj некомпете́нтный.

incomplete adj непо́лный, незако́нченный.

incomprehensible adj непоня́тный.

inconceivable adj невообрази́мый.

inconclusive adj (evidence) недоста́точный; (results) неопределённый.

incongruity n несоотве́тствие. **incongruous** adj несоотве́тствующий.

inconsequential adj незначи́тельный.

inconsiderable adj незначи́тельный. **inconsiderate** adj невнима́тельный.

inconsistency n непосле́довательность. **inconsistent** adj непосле́довательный.

inconsolable adj безуте́шный.

inconspicuous adj незаме́тный.

incontinence n (med) недержа́ние. **incontinent** adj: **be** ~ страда́ть impf недержа́нием.

incontrovertible adj неопровержи́мый.

inconvenience n неудо́бство; vt затрудня́ть impf, затрудни́ть pf. **inconvenient** adj неудо́бный.

incorporate vt (include) включа́ть impf, включи́ть pf; (unite) объединя́ть impf, объедини́ть pf.

incorrect adj непра́вильный.

incorrigible adj неисправи́мый.

incorruptible adj неподку́пный.

increase n рост, увеличе́ние; (in pay etc.) приба́вка; vt & i увели́чивать(ся) impf, увели́чить(ся) pf.

incredible adj невероя́тный.

incredulous adj недове́рчивый.

increment n приба́вка.

incriminate vt изоблича́ть impf, изобличи́ть pf.

incubate vt (eggs) выводи́ть impf, вы́вести pf (в инкуба́торе). **incubator** n инкуба́тор.

inculcate vt внедря́ть impf, внедри́ть pf.

incumbent adj (in office) стоя́щий у вла́сти; **it is** ~ (**up**)**on you** вы обя́заны.

incur vt навлека́ть impf, навле́чь pf на себя́.

incurable adj неизлечи́мый.

incursion n (invasion) вторже́ние; (attack) набе́г.

indebted predic в долгу́ (**to** y+gen).

indecency n неприли́чие. **indecent** adj неприли́чный.

indecision n нереши́тельность. **indecisive** adj нереши́тельный.

indeclinable adj несклоня́емый.

indeed adv в са́мом де́ле, действи́тельно; (interrog) неуже́ли?

indefatigable adj неутоми́мый.

indefensible adj не име́ющий оправда́ния.

indefinable adj неопредели́мый. **indefinite** adj неопределённый.

indelible adj несмыва́емый.

indemnify vt: ~ **against** страхова́ть

impf, за~ pf от+gen; ~ for (compensate) компенсировать impf & pf.

indemnity n (against loss) гарантия от убытков; (compensation) компенсация.

indent vt (printing) писать impf, с~ pf с отступом. indentation n (notch) зубец; (printing) отступ.

independence n независимость, самостоятельность. independent adj независимый, самостоятельный.

indescribable adj неописуемый.

indestructible adj неразрушимый.

indeterminate adj неопределённый.

index n (alphabetical) указатель m; (econ) индекс; (pointer) стрелка; ~ finger указательный палец.

India n Индия. Indian n индиец, индианка; (American) индеец, индианка; adj индийский; (American) индейский; ~ summer бабье лето.

indicate vt указывать impf, указать pf; (be a sign of) свидетельствовать impf o+prep. indication n указание; (sign) признак. indicative adj указывающий; (gram) изъявительный; n изъявительное наклонение. indicator n указатель m.

indict vt обвинять impf, обвинить pf (for в+prep).

indifference n равнодушие. indifferent adj равнодушный; (mediocre) посредственный.

indigenous adj туземный.

indigestible adj неудобоваримый. indigestion n несварение желудка.

indignant adj негодующий; be ~ негодовать impf (with на+acc). indignation n негодование.

indignity n оскорбление.

indirect adj непрямой; (econ; gram) косвенный.

indiscreet adj нескромный. indiscretion n нескромность.

indiscriminate adj неразборчивый. indiscriminately adv без разбора.

indispensible adj необходимый.

indisposed predic adj (unwell) нездоров.

indisputable adj бесспорный.

indistinct adj неясный.

indistinguishable adj неразличимый.

individual n личность; adj индивидуальный. individualism n индивидуализм. individualist n индивидуалист. individualistic adj индивиду-

алистический. individuality n индивидуальность.

indivisible adj неделимый.

indoctrinate vt внушать impf, внушить pf +dat (with +acc).

indolence n леность. indolent adj ленивый.

indomitable adj неукротимый.

Indonesia n Индонезия.

indoor adj комнатный. indoors adv (position) в доме; (motion) в дом.

induce vt (prevail on) убеждать impf, убедить pf; (bring about) вызывать impf, вызвать pf. inducement n побуждение.

induction n (logic, electr) индукция; (in post) введение в должность.

indulge vt потворствовать impf +dat; vi предаваться impf, предаться pf (in +dat). indulgence n потворство; (tolerance) снисходительность. indulgent adj снисходительный.

industrial adj промышленный. industrialist n промышленник. industrious adj трудолюбивый. industry n промышленность; (zeal) трудолюбие.

inebriated adj пьяный.

inedible adj несъедобный.

ineffective, ineffectual adj безрезультатный; (person) неспособный.

inefficiency n неэффективность. inefficient adj неэффективный.

ineligible adj не имеющий право (for на+acc).

inept adj неумелый.

inequality n неравенство.

inert adj инертный. inertia n (phys) инерция; (sluggishness) инертность.

inescapable adj неизбежный.

inevitability n неизбежность. inevitable adj неизбежный.

inexact adj неточный.

inexcusable adj непростительный.

inexhaustible adj неистощимый.

inexorable adj неумолимый.

inexpensive adj недорогой.

inexperience n неопытность. inexperienced adj неопытный.

inexplicable adj необъяснимый.

infallible adj непогрешимый.

infamous adj позорный. infamy n позор.

infancy n младенчество. infant n младенец. infantile adj детский.

infantry n пехо́та.

infatuate vt вскружи́ть pf го́лову +dat. **infatuation** n увлече́ние.

infect vt заража́ть impf, зарази́ть pf (with+instr). **infection** n зара́за, инфе́кция. **infectious** adj зара́зный; (fig) зарази́тельный.

infer vt заключа́ть impf, заключи́ть pf. **inference** n заключе́ние.

inferior adj (in rank) ни́зший; (in quality) ху́дший, плохо́й; n подчинённый sb. **inferiority** n бо́лее ни́зкое ка́чество; ~ complex ко́мплекс неполноце́нности.

infernal adj а́дский. **inferno** n ад.

infertile adj неплодоро́дный.

infested adj: be ~ with кише́ть impf +instr.

infidelity n неве́рность.

infiltrate vt постепе́нно проника́ть impf, прони́кнуть pf в+acc.

infinite adj бесконе́чный. **infinitesimal** adj бесконе́чно ма́лый. **infinitive** n инфинити́в. **infinity** n бесконе́чность.

infirm adj не́мощный. **infirmary** n больни́ца. **infirmity** n не́мощь.

inflame vt & i (excite) возбужда́ть(ся) impf, возбуди́ть(ся) pf; (med) воспаля́ть(ся) impf, воспали́ть(ся) pf. **inflammable** adj огнеопа́сный. **inflammation** n воспале́ние. **inflammatory** adj подстрека́тельский.

inflate vt надува́ть impf, наду́ть pf. **inflation** n (econ) инфля́ция.

inflection n (gram) фле́ксия.

inflexible adj неги́бкий; (fig) непреклонный.

inflict vt (blow) наноси́ть impf, нанести́ pf ((up)on +dat); (suffering) причиня́ть impf, причини́ть pf ((up)on +dat); (penalty) налага́ть impf, наложи́ть pf ((up)on на+acc); ~ o.s. (up)on навя́зываться impf, навяза́ться pf +dat.

inflow n втека́ние, прито́к.

influence n влия́ние; vt влия́ть impf, по~ pf на+acc. **influential** adj влия́тельный.

influenza n грипп.

influx n (fig) наплы́в.

inform vt сообща́ть impf, сообщи́ть pf +dat (of, about +acc, o+prep); vi доноси́ть impf, донести́ pf (against на+acc).

informal adj (unofficial) неофициа́льный; (casual) обы́денный.

informant n осведоми́тель m. **information** n информа́ция. **informative** adj поучи́тельный. **informer** n доно́счик.

infra-red adj инфракра́сный.

infrequent adj ре́дкий.

infringe vt (violate) наруша́ть impf, нару́шить pf; vi: ~ (up)on посяга́ть impf, посягну́ть pf на+acc. **infringement** n наруше́ние; посяга́тельство.

infuriate vt разъяря́ть impf, разъяри́ть pf.

infuse vt (fig) внуша́ть impf, внуши́ть pf (into+dat). **infusion** n (fig) внуше́ние; (herbs etc) насто́й.

ingenious adj изобрета́тельный. **ingenuity** n изобрета́тельность.

ingenuous adj бесхи́тростный.

ingot n сли́ток.

ingrained adj закоренелый.

ingratiate vt ~ o.s. вкра́дываться impf, вкра́сться pf в ми́лость (with +dat).

ingratitude n неблагода́рность.

ingredient n ингредие́нт, составля́ющее sb.

inhabit vt жить impf в, на, +prep; обита́ть impf в, на, +prep. **inhabitant** n жи́тель m, ~ница.

inhalation n вдыха́ние. **inhale** vt вдыха́ть impf, вдохну́ть pf.

inherent adj прису́щий (in+dat).

inherit vt насле́довать impf & pf, у~ pf. **inheritance** n насле́дство.

inhibit vt стесня́ть impf, стесни́ть pf. **inhibited** adj стесни́тельный. **inhibition** n стесне́ние.

inhospitable adj негостеприи́мный; (fig) недружелю́бный.

inhuman(e) adj бесчелове́чный.

inimical adj вражде́бный; (harmful) вре́дный.

inimitable adj неподража́емый.

iniquity n несправедли́вость.

initial adj (перво)нача́льный; n нача́льная бу́ква; pl инициа́лы m pl; vt ста́вить impf, по~ pf инициа́лы на+acc. **initially** adv в нача́ле.

initiate vt вводи́ть impf, ввести́ pf (into в+acc). **initiation** n введе́ние.

initiative n инициати́ва.

inject vt вводи́ть impf, ввести́ pf (person +dat, substance +acc). **injection** n укол; (*fig*) инъе́кция.

injunction *n* (*law*) суде́бный запре́т.

injure *vt* поврежда́ть *impf*, повреди́ть *pf*. **injury** *n* ра́на.

injustice *n* несправедли́вость.

ink *n* черни́ла (*-л*).

inkling *n* представле́ние.

inland *adj* вну́тренний; *adv* (*motion*) внутрь страны́; (*place*) внутри́ страны́; **I~ Revenue** управле́ние нало́говых сбо́ров.

in-laws *n pl* ро́дственники *m pl* супру́га, -ги.

inlay *n* инкруста́ция; *vt* инкрусти́ровать *impf* & *pf*.

inlet *n* (*of sea*) у́зкий зали́в.

inmate *n* (*prison*) заключённый *sb*; (*hospital*) больно́й *sb*.

inn *n* гости́ница.

innate *adj* врождённый.

inner *adj* вну́тренний. **innermost** *adj* глубоча́йший; (*fig*) сокрове́нней-ший.

innocence *n* неви́нность; (*guiltless-ness*) невино́вность. **innocent** *adj* неви́нный; (*not guilty*) невино́вный (**of** в+*prep*).

innocuous *adj* безвре́дный.

innovate *vi* вводи́ть *impf*, ввести́ *pf* но́вшества. **innovation** *n* нововведе́ние. **innovative** *adj* нова́торский. **innovator** *n* нова́тор.

innuendo *n* намёк, инсинуа́ция.

innumerable *adj* бесчи́сленный.

inoculate *vt* привива́ть *impf*, приви́ть *pf* +*dat* (**against** +*acc*). **inoculation** *n* приви́вка.

inoffensive *adj* безоби́дный.

inopportune *adj* несвоевре́менный.

inordinate *adj* чрезме́рный.

inorganic *adj* неоргани́ческий.

in-patient *n* стациона́рный больно́й *sb*.

input *n* ввод.

inquest *n* суде́бное сле́дствие, дозна́ние.

inquire *vt* спра́шивать *impf*, спроси́ть *pf*; *vi* справля́ться *impf*, спра́виться *pf* (**about** о+*prep*); рассле́довать *impf* & *pf* (**into** +*acc*). **inquiry** *n* вопро́с, спра́вка; (*investigation*) рассле́дование.

inquisition *n* инквизи́ция. **inquisitive** *adj* пытли́вый, любозна́тельный.

inroad *n* (*attack*) набе́г; (*fig*) посяга́тельство (**on, into** на+*acc*).

insane *adj* безу́мный. **insanity** *n* безу́мие.

insatiable *adj* ненасы́тный.

inscribe *vt* надпи́сывать *impf*, надписа́ть *pf*; (*engrave*) выреза́ть *impf*, вы́резать *pf*. **inscription** *n* на́дпись.

inscrutable *adj* непостижи́мый, непроница́емый.

insect *n* насеко́мое *sb*. **insecticide** *n* инсектици́д.

insecure *adj* (*unsafe*) небезопа́сный; (*not confident*) неуве́ренный (в себе́).

insemination *n* оплодотворе́ние.

insensible *adj* (*unconscious*) потеря́вший созна́ние.

insensitive *adj* нечувстви́тельный.

inseparable *adj* неотдели́мый; (*people*) неразлу́чный.

insert *vt* вставля́ть *impf*, вста́вить *pf*; вкла́дывать *impf*, вложи́ть *pf*; (*coin*) опуска́ть *impf*, опусти́ть *pf*. **insertion** *n* (*inserting*) вставле́ние, вкла́дывание; (*thing inserted*) вста́вка.

inshore *adj* прибре́жный; *adv* бли́зко к бе́регу.

inside *n* вну́тренняя часть; *pl* (*anat*) вну́тренности *f pl*; **turn ~ out** вывёртывать *impf*, вы́вернуть *pf* наизна́нку; *adj* вну́тренний; *adv* (*place*) внутри́; (*motion*) внутрь; *prep* (*place*) внутри́+*gen*, в+*prep*; (*motion*) внутрь+*gen*, в+*acc*.

insidious *adj* кова́рный.

insight *n* проница́тельность.

insignia *n* зна́ки *m pl* разли́чия.

insignificant *adj* незначи́тельный.

insincere *adj* нейскренний.

insinuate *vt* (*hint*) намека́ть *impf*, намекну́ть *pf* на+*acc*. **insinuation** *n* инсинуа́ция.

insipid *adj* пре́сный.

insist *vt* & *i* наста́ивать *impf*, настоя́ть *pf* (**on** на+*prep*). **insistence** *n* насто́йчивость. **insistent** *adj* насто́йчивый.

insolence *n* на́глость. **insolent** *adj* на́глый.

insoluble *adj* (*problem*) неразреши́мый; (*in liquid*) нераствори́мый.

insolvent *adj* несостоя́тельный.

insomnia *n* бессо́нница.

inspect *vt* инспекти́ровать *impf*,

про~ *pf.* **inspection** *n* инспе́кция.
inspector *n* инспе́ктор; (*ticket ~*) контролёр.
inspiration *n* вдохнове́ние. **inspire** *vt* вдохновля́ть *impf*, вдохнови́ть *pf*; внуша́ть *impf*, внуши́ть *pf* +*dat* (*with* +*acc*).
instability *n* неусто́йчивость; (*of character*) неуравнове́шенность.
install *vt* (*person in office*) вводи́ть *impf*, ввести́ *pf* в до́лжность; (*apparatus*) устана́вливать *impf*, установи́ть *pf*. **installation** *n* введе́ние в до́лжность; устано́вка; *pl* сооруже́ния *neut pl*.
instalment *n* (*comm*) взнос; (*publication*) вы́пуск; часть; **by ~s** в рассро́чку.
instance *n* (*example*) приме́р; (*case*) слу́чай; **for ~** наприме́р.
instant *n* мгнове́ние, моме́нт; *adj* неме́дленный; (*coffee etc.*) раствори́мый. **instantaneous** *adj* мгнове́нный. **instantly** *adv* неме́дленно, то́тчас.
instead *adv* вме́сто (**of** +*gen*); **~ of going** вме́сто того́, что́бы пойти́.
instep *n* подъём.
instigate *vt* подстрека́ть *impf*, подстрекну́ть *pf* (**to** к+*dat*). **instigation** *n* подстрека́тельство. **instigator** *n* подстрека́тель *m*, ~ница.
instil *vt* (*ideas etc.*) внуша́ть *impf*, внуши́ть *pf* (**into** +*dat*).
instinct *n* инсти́нкт. **instinctive** *adj* инстинкти́вный.
institute *n* институ́т; *vt* (*establish*) устана́вливать *impf*, установи́ть *pf*; (*introduce*) вводи́ть *impf*, ввести́ *pf*; (*reforms*) проводи́ть *impf*, провести́ *pf*. **institution** *n* учрежде́ние.
instruct *vt* (*teach*) обуча́ть *impf*, обучи́ть *pf* (**in** +*dat*); (*inform*) сообща́ть *impf*, сообщи́ть *pf* +*dat*; (*command*) прика́зывать *impf*, приказа́ть *pf* +*dat*. **instruction** *n* (*in pl*) инстру́кция; (*teaching*) обуче́ние. **instructive** *adj* поучи́тельный. **instructor** *n* инстру́ктор.
instrument *n* ору́дие, инструме́нт. **instrumental** *adj* (*mus*) инструмента́льный; (*gram*) твори́тельный; **be ~ in** спосо́бствовать *impf*, по~ *pf* +*dat*; *n* (*gram*) твори́тельный падеж. **instrumentation**

(*mus*) инструменто́вка.
insubordinate *adj* неподчиня́ющийся.
insufferable *adj* невыноси́мый.
insular *adj* (*fig*) ограни́ченный.
insulate *vt* изоли́ровать *impf* & *pf*. **insulation** *n* изоля́ция. **insulator** *n* изоля́тор.
insulin *n* инсули́н.
insult *n* оскорбле́ние; *vt* оскорбля́ть *impf*, оскорби́ть *pf*. **insulting** *adj* оскорби́тельный.
insuperable *adj* непреодоли́мый.
insurance *n* страхова́ние; *attrib* страхово́й. **insure** *vt* страхова́ть *impf*, за~ *pf* (**against** от+*gen*).
insurgent *n* повста́нец.
insurmountable *adj* непреодоли́мый.
insurrection *n* восста́ние.
intact *adj* це́лый.
intake *n* (*of persons*) набо́р; (*consumption*) потребле́ние.
intangible *adj* неосяза́емый.
integral *adj* неотъе́млемый. **integrate** *vt* & *i* интегри́роваться *impf* & *pf*. **integration** *n* интегра́ция.
integrity *n* (*honesty*) че́стность.
intellect *n* интелле́кт. **intellectual** *n* интеллиге́нт; *adj* интеллектуа́льный.
intelligence *n* (*intellect*) ум; (*information*) све́дения *neut pl*; (**~ service**) разве́дка. **intelligent** *adj* у́мный. **intelligentsia** *n* интеллиге́нция. **intelligible** *adj* поня́тный.
intemperate *adj* невозде́ржанный.
intend *vt* собира́ться *impf*, собра́ться *pf*; (*design*) предназнача́ть *impf*, предназна́чить *pf* (**for** для +*gen*, на+*acc*).
intense *adj* си́льный. **intensify** *vt* & *i* уси́ливать(ся) *impf*, уси́лить(ся) *pf*. **intensity** *n* интенси́вность, си́ла. **intensive** *adj* интенси́вный.
intent *n* наме́рение; *adj* (*resolved*) стремя́щийся (**on** к+*dat*); (*occupied*) погружённый (**on** в+*acc*); (*earnest*) внима́тельный. **intention** *n* наме́рение. **intentional** *adj* наме́ренный.
inter *vt* хорони́ть *impf*, по~ *pf*.
interact *vi* взаимоде́йствовать *impf*. **interaction** *n* взаимоде́йствие.
intercede *vi* хода́тайствовать *impf*, по~ *pf* (**for** за+*acc*; **with** пе́ред+*instr*).
intercept *vt* перехва́тывать *impf*,

перехвати́ть *pf*. interception *n* перехва́т.

interchange *n* обме́н (of +*instr*); (*junction*) тра́нспортная развя́зка; *vi* обме́ниваться *impf*, обменя́ться *pf* +*instr*. interchangeable *adj* взаимозаменя́емый.

inter-city *adj* междугоро́дный.

intercom *n* вну́тренняя телефо́нная связь.

interconnected *adj* взаимосвя́занный. interconnection *n* взаимосвя́зь.

intercourse *n* (*social*) обще́ние; (*trade*; *sexual*) сноше́ния *neut pl*.

interdisciplinary *adj* межотраслево́й.

interest *n* интере́с (in к+*dat*); (*econ*) проце́нты *m pl*; *vt* интересова́ть *impf*; (~ *person* in) заинтересо́вывать *impf*, заинтересова́ть *pf* (in +*instr*); be ~ed in интересова́ться *impf* +*instr*. interesting *adj* интере́сный.

interfere *vi* вме́шиваться *impf*, вмеша́ться *pf* (in в+*acc*). interference *n* вмеша́тельство; (*radio*) поме́хи *f pl*.

interim *n*: in the ~ тем вре́менем; *adj* промежу́точный; (*temporary*) вре́менный.

interior *n* вну́тренность; *adj* вну́тренний.

interjection *n* восклица́ние; (*gram*) междоме́тие.

interlock *vt* & *i* сцепля́ть(ся) *impf*, сцепи́ть(ся) *pf*.

interloper *n* незва́ный гость *m*.

interlude *n* (*theat*) антра́кт; (*mus*, *fig*) интерлю́дия.

intermediary *n* посре́дник.

intermediate *adj* промежу́точный.

interminable *adj* бесконе́чный.

intermission *n* переры́в; (*theat*) антра́кт.

intermittent *adj* преры́вистый.

intern *vt* интерни́ровать *impf* & *pf*.

internal *adj* вну́тренний; ~ combustion engine дви́гатель *m* вну́треннего сгора́ния.

international *adj* междунаро́дный; *n* (*contest*) междунаро́дные состяза́ния *neut pl*.

internment *n* интерни́рование.

interplay *n* взаимоде́йствие.

interpret *vt* (*explain*) толкова́ть *impf*; (*understand*) истолко́вывать *impf*, истолкова́ть *pf*; *vi* переводи́ть *impf*, перевести́ *pf*. interpretation *n* толкова́ние. interpreter *n* перево́дчик, -ица.

interrelated *adj* взаимосвя́занный. interrelationship *n* взаи́мная связь.

interrogate *vt* допра́шивать *impf*, допроси́ть *pf*. interrogation *n* допро́с. interrogative *adj* вопроси́тельный.

interrupt *vt* прерыва́ть *impf*, прерва́ть *pf*. interruption *n* переры́в.

intersect *vt* & *i* пересека́ть(ся) *impf*, пересе́чь(ся) *pf*. intersection *n* пересече́ние.

intersperse *vt* (*scatter*) рассыпа́ть *impf*, рассы́пать *pf* (between, among ме́жду+*instr*, среди́+*gen*).

intertwine *vt* & *i* переплета́ть(ся) *impf*, переплести́(сь) *pf*.

interval *n* интерва́л; (*theat*) антра́кт.

intervene *vi* (*occur*) происходи́ть *impf*, произойти́ *pf*; ~ in вме́шиваться *impf*, вмеша́ться *pf* в+*acc*. intervention *n* вмеша́тельство; (*polit*) интерве́нция.

interview *n* интервью́ *neut indecl*; *vt* интервью́и́ровать *impf* & *pf*, про~ *pf*. interviewer *n* интервью́ер.

interweave *vt* вотка́ть *pf*.

intestate *adj* без завеща́ния.

intestine *n* кишка́; *pl* кише́чник.

intimacy *n* инти́мность. intimate[1] *adj* инти́мный.

intimate[2] *vt* (*hint*) намека́ть *impf*, намекну́ть *pf* на+*acc*. intimation *n* намёк.

intimidate *vt* запу́гивать *impf*, запуга́ть *pf*.

into *prep* в, во+*acc*, на+*acc*.

intolerable *adj* невыноси́мый. intolerance *n* нетерпи́мость. intolerant *adj* нетерпи́мый.

intonation *n* интона́ция.

intoxicated *adj* пья́ный. intoxication *n* опьяне́ние.

intractable *adj* непода́тливый.

intransigent *adj* непримири́мый.

intransitive *adj* непереходный.

intrepid *adj* неустраши́мый.

intricacy *n* запу́танность. intricate *adj* запу́танный.

intrigue *n* интри́га; *vi* интригова́ть *impf*; *vt* интригова́ть *impf*, за~ *pf*.

intrinsic adj прису́щий; (value) вну́тренний.

introduce vt вводи́ть impf, ввести́ pf; (person) представля́ть impf, предста́вить pf. **introduction** n введе́ние; представле́ние; (to book) предисло́вие. **introductory** adj вступи́тельный.

introspection n интроспе́кция.

intrude vi вторга́ться impf, вто́ргнуться pf (into в+acc); (disturb) меша́ть impf, по~ pf. **intruder** n (burglar) граби́тель m. **intrusion** n вторже́ние.

intuition n интуи́ция. **intuitive** adj интуити́вный.

inundate vt наводня́ть impf, наводни́ть pf. **inundation** n наводне́ние.

invade vt вторга́ться impf, вто́ргнуться pf в+acc. **invader** n захва́тчик.

invalid[1] n (person) инвали́д.

invalid[2] adj недействи́тельный. **invalidate** vt де́лать impf, с~ pf недействи́тельным.

invaluable adj неоцени́мый.

invariable adj неизме́нный.

invasion n вторже́ние.

invective n брань.

invent vt изобрета́ть impf, изобрести́ pf; (think up) выду́мывать impf, вы́думать pf. **invention** n изобрете́ние; вы́думка. **inventive** adj изобрета́тельный. **inventor** n изобрета́тель m.

inventory n инвента́рь m.

inverse adj обра́тный; n противополо́жность. **invert** vt перевора́чивать impf, переверну́ть pf. **inverted commas** n pl кавы́чки f pl.

invest vt & i (econ) вкла́дывать impf, вложи́ть pf (де́ньги) (in в+acc).

investigate vt иссле́довать impf & pf; (law) рассле́довать impf & pf. **investigation** n иссле́дование; рассле́дование.

investment n (econ) вклад. **investor** n вкла́дчик.

inveterate adj закорене́лый.

invidious adj оскорби́тельный.

invigorate vt оживля́ть impf, оживи́ть pf.

invincible adj непобеди́мый.

inviolable adj неруши́мый.

invisible adj неви́димый.

invitation n приглаше́ние. **invite** vt приглаша́ть impf, пригласи́ть pf. **inviting** adj привлека́тельный.

invoice n факту́ра.

invoke vt обраща́ться impf, обрати́ться pf к+dat.

involuntary adj нево́льный.

involve vt (entangle) вовлека́ть impf, вовле́чь pf; (entail) влечь impf за собо́й. **involved** adj сло́жный.

invulnerable adj неуязви́мый.

inward adj вну́тренний. **inwardly** adv внутри́. **inwards** adv внутрь.

iodine n йод.

iota n: not an ~ ни на йо́ту.

IOU n долгова́я распи́ска.

Iran n Ира́н. **Iranian** n ира́нец, -нка; adj ира́нский.

Iraq n Ира́к. **Iraqi** n ира́кец; жи́тель m, ~ница Ира́ка; adj ира́кский.

irascible adj раздражи́тельный.

irate adj гне́вный.

Ireland n Ирла́ндия.

iris n (anat) ра́дужная оболо́чка; (bot) каса́тик.

Irish adj ирла́ндский. **Irishman** n ирла́ндец. **Irishwoman** n ирла́ндка.

irk vt раздража́ть impf, раздражи́ть pf +dat. **irksome** adj раздражи́тельный.

iron n желе́зо; (for clothes) утю́г; adj желе́зный; vt гла́дить impf, вы́~ pf. **ironic(al)** adj ирони́ческий. **irony** n иро́ния.

irradiate vt (subject to radiation) облуча́ть impf, облучи́ть pf. **irradiation** n облуче́ние.

irrational adj неразу́мный.

irreconcilable adj непримири́мый.

irrefutable adj неопроверж́имый.

irregular adj нерегуля́рный; (gram) непра́вильный; (not even) неро́вный.

irrelevant adj неуме́стный.

irreparable adj непопра́вимый.

irreplaceable adj незамени́мый.

irrepressible adj неудержи́мый.

irreproachable adj безупре́чный.

irresistible adj неотрази́мый.

irresolute adj нереши́тельный.

irrespective adj: ~ of несмотря́ на +acc.

irresponsible adj безотве́тственный.

irretrievable adj непопра́вимый.

irreverent adj непочти́тельный.

irreversible adj необрати́мый.
irrevocable adj неотменя́емый.
irrigate vt ороша́ть impf, ороси́ть pf. **irrigation** n ороше́ние.
irritable adj раздражи́тельный. **irritate** vt раздража́ть impf, раздражи́ть pf. **irritation** n раздраже́ние.
Islam n исла́м. **Islamic** adj мусульма́нский.
island, isle n о́стров. **islander** n острови́тянин, -я́нка.
isolate vt изоли́ровать impf & pf. **isolation** n изоля́ция.
Israel n Изра́иль m. **Israeli** n израильтя́нин, -я́нка; adj изра́ильский.
issue n (question) (спо́рный) вопро́с; (of bonds etc.) вы́пуск; (of magazine) но́мер; vi выходи́ть impf, вы́йти pf; (flow) вытека́ть impf, вы́течь pf; vt выпуска́ть impf, вы́пустить pf; (give out) выдава́ть impf, вы́дать pf.
isthmus n переше́ек.
it pron он, она́, оно́; demonstrative э́то.
Italian n италья́нец, -нка; adj италья́нский.
italics n pl курси́в; in ~ курси́вом. **italicize** vt выделя́ть impf, вы́делить pf курси́вом.
Italy n Ита́лия.
ITAR-Tass abbr ИТАР-ТА́СС.
itch n зуд; vi чеса́ться impf.
item n (on list) предме́т; (in account) статья́; (on agenda) пункт; (in programme) но́мер. **itemize** vt перечисля́ть impf, перечи́слить pf.
itinerant adj стра́нствующий. **itinerary** n маршру́т.
its poss pron его́, её; свой.
itself pron (emph) (он(о́)) сам(о́), (она́) сама́; (refl) себя́; -ся (suffixed to vt).
ivory n слоно́вая кость.
ivy n плющ.

J

jab n толчо́к; (injection) уко́л; vt ты́кать impf, ткнуть pf.
jabber vi тарато́рить impf.
jack n (cards) вале́т; (lifting device) домкра́т; vt (~ up) поднима́ть impf, подня́ть pf домкра́том.

jackdaw n га́лка.
jacket n (tailored) пиджа́к; (anorak) ку́ртка; (on book) (супер)обло́жка.
jackpot n банк.
jade n (mineral) нефри́т.
jaded adj утомлённый.
jagged adj зазу́бренный.
jaguar n ягуа́р.
jail see gaol
jam[1] n (crush) да́вка; (in traffic) про́бка; vt (thrust) впи́хивать impf, впихну́ть pf (into в+acc); (wedge open; block) закли́нивать impf, закли́нить pf; (radio) заглуша́ть impf, заглуши́ть pf; vi (machine) закли́ниваться impf, закли́ниться pf impers+acc.
jam[2] n (conserve) варе́нье, джем.
jangle vi (& t) звя́кать (+instr).
janitor n привра́тник.
January n янва́рь; adj янва́рский.
Japan n Япо́ния. **Japanese** n япо́нец, -нка; adj япо́нский.
jar[1] n (container) ба́нка.
jar[2] vi (irritate) раздража́ть impf, раздражи́ть pf (upon +acc).
jargon n жарго́н.
jasmin(e) n жасми́н.
jaundice n желту́ха. **jaundiced** adj (fig) цини́чный.
jaunt n прогу́лка. **jaunty** adj бо́дрый.
javelin n копьё.
jaw n че́люсть; pl пасть, рот.
jay n со́йка.
jazz n джаз; adj джа́зовый.
jealous adj ревни́вый; (envious) зави́стливый; **be ~ of** (person) ревнова́ть impf; (thing) зави́довать impf, по~ pf +dat; (rights) ревни́во оберега́ть impf, обере́чь pf. **jealousy** n ре́вность; за́висть.
jeans n pl джи́нсы (-сов) pl.
jeer n насме́шка; vt & i насмеха́ться impf (at над+instr).
jelly n (sweet) желе́ neut indecl; (aspic) сту́день m. **jellyfish** n меду́за.
jeopardize vt подверга́ть impf, подве́ргнуть pf опа́сности. **jeopardy** n опа́сность.
jerk n рыво́к; vt дёргать impf +instr; vi (twitch) дёргаться impf, дёрнуться pf. **jerky** adj неро́вный.
jersey n (garment) дже́мпер; (fabric) джерси́ neut indecl.
jest n шу́тка; in ~ в шу́тку; vi шути́ть

impf, по~ *pf*. **jester** *n* шут.

jet¹ *n* (*stream*) струя́; (*nozzle*) сопло́; ~ **engine** реакти́вный дви́гатель *m*; ~ **plane** реакти́вный самолёт.

jet² *n* (*mineralogy*) гага́т; ~**-black** чёрный как смоль.

jettison *vt* выбра́сывать *impf*, вы́бросить *pf* за́ борт.

jetty *n* при́стань.

Jew *n* евре́й, евре́йка. **Jewish** *adj* евре́йский.

jewel *n* драгоце́нность, драгоце́нный ка́мень *m*. **jeweller** *n* ювели́р. **jewellery** *n* драгоце́нности *f pl*.

jib *n* (*naut*) кли́вер; *vi*: ~ **at** уклоня́ться *impf* от+*gen*.

jigsaw *n* (*puzzle*) мозаи́ка.

jingle *n* зва́канье; *vi* (& *t*) зва́кать *impf*, звя́кнуть *pf* (+*instr*).

job *n* (*work*) рабо́та; (*task*) зада́ние; (*position*) ме́сто. **jobless** *adj* безрабо́тный.

jockey *n* жоке́й; *vi* оттира́ть *impf* друг дру́га.

jocular *adj* шутли́вый.

jog *n* (*push*) толчо́к; *vt* подта́лкивать *impf*, подтолкну́ть *pf*; *vi* бе́гать *impf* трусцо́й. **jogger** *n* занима́ющийся оздорови́тельным бе́гом. **jogging** *n* оздорови́тельный бег.

join *vt* & *i* соединя́ть(ся) *impf*, соедини́ть(ся) *pf*; *vt* (*a group of people*) присоединя́ться *impf*, присоедини́ться *pf* к+*dat*; (*as member*) вступа́ть *impf*, вступи́ть *pf* в+*acc*; *vi*: ~ **in** принима́ть *impf*, приня́ть *pf* уча́стие (в+*prep*); ~ **up** вступа́ть *impf*, вступи́ть *pf* в а́рмию.

joiner *n* столя́р.

joint *n* соедине́ние; (*anat*) суста́в; (*meat*) кусо́к; *adj* совме́стный; (*common*) о́бщий.

joist *n* перекла́дина.

joke *n* шу́тка; *vi* шути́ть *impf*, по~ *pf*. **joker** *n* шутни́к; (*cards*) джо́кер.

jollity *n* весе́лье. **jolly** *adj* весёлый; *adv* о́чень.

jolt *n* толчо́к; *vt* & *i* трясти́(сь) *impf*.

jostle *vt* & *i* толка́ть(ся) *impf*, толкну́ть(ся) *pf*.

jot *n* йо́та; **not a** ~ ни на йо́ту; *vt* (~ *down*) запи́сывать *impf*, записа́ть *pf*.

journal *n* журна́л; (*diary*) дневни́к.

journalese *n* газе́тный язы́к. **journalism** *n* журнали́стика. **journalist** *n* журнали́ст.

journey *n* путеше́ствие; *vi* путеше́ствовать *impf*.

jovial *adj* весёлый.

joy *n* ра́дость. **joyful, joyous** *adj* ра́достный. **joyless** *adj* безра́достный. **joystick** *n* рыча́г управле́ния; (*comput*) джо́йстик.

jubilant *adj* лику́ющий; **be** ~ ликова́ть *impf*. **jubilation** *n* ликова́ние.

jubilee *n* юбиле́й.

Judaism *n* юдаи́зм.

judge *n* судья́ *m*; (*connoisseur*) цени́тель *m*; *vt* & *i* суди́ть *impf*. **judgement** *n* (*legal decision*) реше́ние; (*opinion*) мне́ние; (*discernment*) рассуди́тельность.

judicial *adj* суде́бный. **judiciary** *n* судья́ *m pl*. **judicious** *adj* здравомы́слящий.

judo *n* дзюдо́ *neut indecl*.

jug *n* кувши́н.

juggernaut *n* (*lorry*) многото́нный грузови́к; (*fig*) неумоли́мая си́ла.

juggle *vi* жонгли́ровать *impf*. **juggler** *n* жонглёр.

jugular *n* яре́мная ве́на.

juice *n* сок. **juicy** *adj* со́чный.

July *n* ию́ль *m*; *adj* ию́льский.

jumble *n* (*disorder*) беспоря́док; (*articles*) барахло́; *vt* перепу́тывать *impf*, перепу́тать *pf*.

jump *n* прыжо́к, скачо́к; *vi* пры́гать *impf*, пры́гнуть *pf*; скака́ть *impf*; (*from shock*) вздра́гивать *impf*, вздро́гнуть *pf*; *vt* (~ *over*) перепры́гивать *impf*, перепры́гнуть *pf*; ~ **at** (*offer*) ухва́тываться *impf*, ухвати́ться *pf* за+*acc*; ~ **up** вска́кивать *impf*, вскочи́ть *pf*.

jumper *n* джэ́мпер.

jumpy *adj* не́рвный.

junction *n* (*rly*) у́зел; (*roads*) перекрёсток.

juncture *n*: **at this** ~ в э́тот моме́нт.

June *n* ию́нь *m*; *adj* ию́ньский.

jungle *n* джу́нгли (-лей) *pl*.

junior *adj* мла́дший; ~ **school** нача́льная шко́ла.

juniper *n* можжеве́льник.

junk *n* (*rubbish*) барахло́.

jurisdiction *n* юрисди́кция.

jurisprudence *n* юриспруде́нция.

juror n присяжный sb. **jury** n присяжные sb; (in competition) жюри neut indecl.

just adj (fair) справедливый; (deserved) заслуженный; adv (exactly) как раз, именно; (simply) просто; (barely) едва; (very recently) только что; ~ in case на всякий случай.

justice n (proceedings) правосудие; (fairness) справедливость; do ~ to отдавать impf, отдать pf должное +dat.

justify vt оправдывать impf, оправдать pf (of food) согреть. **justification** n оправдание.

jut vi (~ out) выдаваться impf, выступать impf.

juvenile n & adj несовершеннолетний sb & adj.

juxtapose vt помещать impf, поместить pf рядом; (for comparison) сопоставлять impf, сопоставить pf (with c+instr).

K

kaleidoscope n калейдоскоп.
kangaroo n кенгуру m indecl.
Kazakhstan n Казахстан.
keel n киль m; vi: ~ over опрокидываться impf, опрокинуться pf.
keen adj (enthusiastic) полный энтузиазма; (sharp) острый; (strong) сильный; be ~ on увлекаться impf, увлечься pf +instr; (want to do) очень хотеть impf +inf.
keep[1] n (tower) главная башня; (maintenance) содержание.
keep[2] vt (possess, maintain) держать impf; хранить impf; (observe) соблюдать impf, соблюсти pf (the law); сдерживать impf, сдержать pf (one's word); (family) содержать impf; (diary) вести impf; (detain) задерживать impf, задержать pf; (retain, reserve) сохранять impf, сохранить pf; vi (remain) оставаться impf, остаться pf; (of food) не портиться impf; ~ back (vt) (hold back) удерживать impf, удержать pf; (stay behind) сзади; ~ doing sth всё +verb: she ~s giggling она всё хихикает; ~ from удерживаться impf, удержаться pf от+gen; ~ on продолжать impf, продол-

жить pf (+inf); ~ up (with) (vi) не отставать impf (от+gen).
keepsake n подарок на память.
keg n бочонок.
kennel n конура.
kerb n край тротуара.
kernel n (nut) ядро; (grain) зерно; (fig) суть.
kerosene n керосин.
kettle n чайник.
key n ключ; (piano, typewriter) клавиш(а); (mus) тональность; attrib ведущий, ключевой. **keyboard** n клавиатура. **keyhole** n замочная скважина.
KGB abbr КГБ.
khaki n & adj хаки neut, adj indecl.
kick n удар ногой, пинок; vt ударять impf, ударить pf ногой; пинать impf, пнуть pf; vi (of horse etc.) лягаться impf. **kick-off** n начало (игры).
kid[1] n (goat) козлёнок; (child) малыш.
kid[2] vt (deceive) обманывать impf, обмануть pf; vi (joke) шутить impf, по~ pf.
kidnap vt похищать impf, похитить pf.
kidney n почка.
kill vt убивать impf, убить pf. **killer** n убийца m & f. **killing** n убийство; adj (murderous, fig) убийственный; (amusing) уморительный.
kiln n обжиговая печь.
kilo n кило neut indecl. **kilohertz** n килогерц. **kilogram(me)** n килограмм. **kilometre** n километр. **kilowatt** n киловатт.
kilt n шотландская юбка.
kimono n кимоно neut indecl.
kin n (family) семья; (collect, relatives) родня.
kind[1] n сорт, род; a ~ of что-то вроде+gen; this ~ of такой; what ~ of что (это, он, etc.) за +nom; ~ of (adv) как будто, как-то.
kind[2] adj добрый.
kindergarten n детский сад.
kindle vt зажигать impf, зажечь pf.
kindling n растопка.
kindly adj добрый; adv любезно; (with imper) (request) будьте добры, +imper. **kindness** n доброта.
kindred adj: ~ spirit родная душа.

kinetic adj кинети́ческий.

king n коро́ль m (also chess, cards, fig); (draughts) да́мка. kingdom n коро́левство; (fig) ца́рство. kingfisher n зиморо́док.

kink n переги́б.

kinship n родство́; (similarity) схо́дство. kinsman, -woman n ро́дственник, -ица.

kiosk n кио́ск; (telephone) бу́дка.

kip n сон; vi дры́хнуть impf.

kipper n копчёная селёдка.

Kirghizia n Кирги́зия.

kiss n поцелу́й; vt & i целова́ть(ся) impf, по~ pf.

kit n (clothing) снаряже́ние; (tools) набо́р, компле́кт; vt: ~ out снаряжа́ть impf, снаряди́ть pf. kitbag n вещево́й мешо́к.

kitchen n ку́хня; attrib ку́хонный; ~ garden огоро́д.

kite n (toy) змей.

kitsch n дешёвка.

kitten n котёнок.

knack n сноро́вка.

knapsack n рюкза́к.

knead vt меси́ть impf, с~ pf.

knee n коле́но. kneecap n коле́нная ча́шка.

kneel vi стоя́ть impf на коле́нях; (~ down) станови́ться impf, стать pf на коле́ни.

knickers n pl тру́сики (-ов) pl.

knick-knack n безделу́шка.

knife n нож; vt коло́ть impf, за~ pf ножо́м.

knight n (hist) ры́царь m; (holder of order) кавале́р; (chess) конь m. knighthood n ры́царское зва́ние.

knit vt (garment) вяза́ть impf, с~ pf; vi (bones) сраста́ться impf, срасти́сь pf; ~ one's brows хму́рить impf, на~ pf бро́ви. knitting n (action) вяза́ние; (object) вяза́нье; ~-needle спи́ца. knitwear n трикота́ж.

knob n ши́шка, кно́пка; (door handle) ру́чка. knobb(l)y adj шишкова́тый.

knock n (noise) стук; (blow) уда́р; vt & i (strike) ударя́ть impf, уда́рить pf; (strike door etc.) стуча́ть impf, по~ pf (at в+acc); ~ about (treat roughly) колоти́ть impf, по~ pf; (wander) шата́ться impf; ~ down (person) сбива́ть impf, сбить pf c

ног; (building) сноси́ть impf, снести́ pf; ~ off сбива́ть impf, сбить pf; (stop work) шаба́шить impf (рабо́ту); ~ out выбива́ть impf, вы́бить pf; (sport) нокаути́ровать impf & pf; ~-out нока́ут; ~ over опроки́дывать impf, опроки́нуть impf. knocker n дверно́й молото́к.

knoll n буго́р.

knot n у́зел; vt завя́зывать impf, завяза́ть pf узло́м. knotty adj (fig) запу́танный.

know vt знать impf; (~ how to) уме́ть impf, с~ pf +inf; ~-how уме́ние. knowing adj многозначи́тельный. knowingly adv созна́тельно.

knowledge n зна́ние; to my ~ наско́лько мне изве́стно.

knuckle n суста́в па́льца; vi: ~ down to впряга́ться impf, впря́чься pf в+acc; ~ under уступа́ть impf, уступи́ть pf (to +dat).

Korea n Коре́я.

ko(w)tow vi (fig) раболе́пствовать impf (to пе́ред+instr).

Kremlin n Кремль m.

kudos n сла́ва.

L

label n этике́тка, ярлы́к; vt прикле́ивать impf, прикле́ить pf ярлы́к к+dat.

laboratory n лаборато́рия.

laborious adj кропотли́вый.

labour n труд; (med) ро́ды (-дов) pl; attrib трудово́й; ~ force рабо́чая си́ла; ~-intensive трудоёмкий; L~ Party лейбори́стская па́ртия; vi труди́ться impf; vt: ~ a point входи́ть impf, войти́ pf в изли́шние подро́бности. laboured adj затруднённый; (style) вы́мученный. labourer n чернорабо́чий sb. labourite n лейбори́ст.

labyrinth n лабири́нт.

lace n (fabric) кру́жево; (cord) шнуро́к; vt (~ up) шнурова́ть impf, за~ pf.

lacerate vt (also fig) терза́ть impf, ис~ pf. laceration n (wound) рва́ная ра́на.

lack n недоста́ток (of +gen, в+prep),

отсу́тствие; *vt & i* не хвата́ть *impf*, хвати́ть *pf impers* +*dat* (*person*), +*gen* (*object*).
lackadaisical *adj* то́мный.
laconic *adj* лакони́чный.
lacquer *n* лак; *vt* лакирова́ть *impf*, от~ *pf*.
lad *n* па́рень *m*.
ladder *n* ле́стница.
laden *adj* нагружённый.
ladle *n* (*spoon*) поло́вник; *vt* че́рпать *impf*, черпну́ть *pf*.
lady *n* да́ма, ле́ди *f indecl*. **ladybird** *n* бо́жья коро́вка.
lag[1] *vi*: ~ **behind** отстава́ть *impf*, отста́ть *pf* (от+*gen*).
lag[2] *vt* (*insulate*) изоли́ровать *impf & pf*.
lagoon *n* лагу́на.
lair *n* ло́говище.
laity *n* (*in religion*) миря́не (-н) *pl*.
lake *n* о́зеро.
lamb *n* ягнёнок.
lame *adj* хромо́й; **be** ~ хрома́ть *impf*; **go** ~ хроме́ть *impf*, о~ *pf*; *vt* кале́чить *impf*, о~ *pf*.
lament *n* плач; *vt* сожале́ть *impf* о+*prep*. **lamentable** *adj* приско́рбный.
laminated *adj* сло́истый.
lamp *n* ла́мпа; (*in street*) фона́рь *m*. **lamp-post** *n* фона́рный столб. **lamp-shade** *n* абажу́р.
lance *n* пи́ка; *vt* (*med*) вскрыва́ть *impf*, вскрыть *pf* (ланце́том).
land *n* земля́; (*dry* ~) су́ша; (*country*) страна́; *vi* (*naut*) прича́ливать *impf*, прича́лить *pf*; *vt & i* (*aeron*) приземля́ть(ся) *impf*, приземли́ть(ся) *pf*; (*find o.s.*) попада́ть *impf*, попа́сть *pf* (to+*dat*). **landing** *n* (*aeron*) поса́дка; (*on stairs*) площа́дка; ~**stage** при́стань. **landlady** *n* хозя́йка. **landlord** *n* хозя́ин. **landmark** *n* (*conspicuous object*) ориенти́р; (*fig*) ве́ха. **landowner** *n* землевладе́лец. **landscape** *n* ландша́фт; (*also picture*) пейза́ж. **landslide** *n* о́ползень *m*.
lane *n* (*in country*) доро́жка; (*street*) переу́лок; (*passage*) прохо́д; (*on road*) ряд; (*in race*) доро́жка.
language *n* язы́к; (*style, speech*) речь.
languid *adj* то́мный.
languish *vi* томи́ться *impf*.
languor *n* то́мность.

lank *adj* (*hair*) гла́дкий. **lanky** *adj* долговя́зый.
lantern *n* фона́рь *m*.
lap[1] *n* (*of person*) коле́ни (-ней) *pl*; (*sport*) круг.
lap[2] *vt* (*drink*) лака́ть *impf*, вы́~ *pf*; *vi* (*water*) плеска́ться *impf*.
lapel *n* отворо́т.
lapse *n* (*mistake*) оши́бка; (*interval*) промежу́ток; (*expiry*) истече́ние; *vi* впада́ть *impf*, впасть *pf* (**into** в+*acc*); (*expire*) истека́ть *impf*, исте́чь *pf*.
lapwing *n* чи́бис.
larch *n* ли́ственница.
lard *n* свино́е са́ло.
larder *n* кладова́я *sb*.
large *adj* большо́й; *n*: **at** ~ (*free*) на свобо́де; **by and** ~ вообще́ говоря́. **largely** *adv* в значи́тельной сте́пени.
largesse *n* ще́дрость.
lark[1] *n* (*bird*) жа́воронок.
lark[2] *n* прока́за; *vi* (~ **about**) рези́ться *impf*.
larva *n* личи́нка.
laryngitis *n* ларинги́т. **larynx** *n* горта́нь.
lascivious *adj* похотли́вый.
laser *n* ла́зер.
lash *n* (*blow*) уда́р пле́тью; (*eyelash*) ресни́ца; *vt* (*beat*) хлеста́ть *impf*, хлестну́ть *pf*; (*tie*) привя́зывать *impf*, привяза́ть *pf* (to к+*dat*).
last[1] *n* (*cobbler's*) коло́дка.
last[2] *adj* (*final*) после́дний; (*most recent*) про́шлый; **the year** (*etc.*) **before** ~ позапро́шлый год (и т.д.); ~ **but one** предпосле́дний; ~ **night** вчера́ ве́чером; **at** ~ наконе́ц; *adv* (*after all others*) по́сле всех; (*on the last occasion*) в после́дний раз; (*lastly*) наконе́ц.
last[3] *vi* (*go on*) продолжа́ться *impf*, продо́лжиться *pf*; дли́ться *impf*, про~ *pf*; (*be preserved*) сохраня́ться *impf*, сохрани́ться *pf*; (*suffice*) хвата́ть *impf*, хвати́ть *pf*. **lasting** *adj* (*permanent*) постоя́нный; (*durable*) про́чный.
lastly *adv* в заключе́ние; наконе́ц.
latch *n* щеко́лда.
late *adj* по́здний; (*recent*) неда́вний; (*dead*) поко́йный; **be** ~ **for** опа́здывать *impf*, опозда́ть *pf* на+*acc*; *adv* по́здно; *n*: **of** ~ за после́днее вре́мя.
lately *adv* за после́днее вре́мя.

latent adj скры́тый.

lateral adj боково́й.

lath n ре́йка, дра́нка (also collect).

lathe n тока́рный стано́к.

lather n (мы́льная) пе́на; vt & i мы́лить(ся) impf, на~ pf.

Latin adj лати́нский; n лати́нский язы́к; ~-**American** латиноамерика́нский.

latitude n свобо́да; (geog) широта́.

latter adj после́дний; ~-**day** совреме́нный. **latterly** adv за после́днее вре́мя.

lattice n решётка.

Latvia n Ла́твия. **Latvian** n латви́ец, -и́йка; латы́ш, -ка; adj латви́йский, латы́шский.

laud vt хвали́ть impf, по~ pf. **laudable** adj похва́льный.

laugh n смех; vi смея́ться impf (at над+instr); ~ **it off** отшу́чиваться impf, отшути́ться pf; ~**ing-stock** посме́шище. **laughable** adj смешно́й. **laughter** n смех.

launch[1] vt (ship) спуска́ть impf, спусти́ть pf на во́ду; (rocket) запуска́ть impf, запусти́ть pf; (undertake) начина́ть impf, нача́ть pf; n спуск на во́ду; за́пуск. **launcher** n (for rocket) пускова́я устано́вка. **launching pad** n пускова́я площа́дка.

launch[2] n (naut) ка́тер.

launder vt стира́ть impf, вы́~ pf.

laund(e)rette n пра́чечная sb самообслу́живания. **laundry** n (place) пра́чечная sb; (articles) бельё.

laurel n ла́вр(овое де́рево).

lava n ла́ва.

lavatory n убо́рная sb.

lavender n лава́нда.

lavish adj ще́дрый; (abundant) оби́льный; vt расточа́ть impf (upon +dat).

law n зако́н; (system) пра́во; ~ **and order** правопоря́док. **law-court** n суд. **lawful** adj зако́нный. **lawless** adj беззако́нный.

lawn n газо́н; ~-**mower** газонокоси́лка.

lawsuit n проце́сс.

lawyer n адвока́т, юри́ст.

lax adj сла́бый. **laxative** n слаби́тельное sb. **laxity** n сла́бость.

lay[1] adj (non-clerical) све́тский.

lay[2] vt (place) класть impf, положи́ть pf; (cable, pipes) прокла́дывать impf, проложи́ть pf; (carpet) стлать impf, по~ pf; (trap etc.) устра́ивать impf, устро́ить pf; (eggs) класть impf, положи́ть pf; v abs (lay eggs) нести́сь impf, c~ pf; ~ **aside** откла́дывать impf, отложи́ть pf; ~ **bare** раскрыва́ть impf, раскры́ть pf; ~ **a bet** держа́ть impf пари́ (on на+acc); ~ **down** (relinquish) отка́зываться impf, отказа́ться pf от +gen; (rule etc.) устана́вливать impf, установи́ть pf; ~ **off** (workmen) увольня́ть impf, уво́лить pf; ~ **out** (spread) выкла́дывать impf, вы́ложить pf; (garden) разбива́ть impf, разби́ть pf; ~ **the table** накрыва́ть impf, накры́ть pf стол (for (meal) к+dat); ~ **up** запаса́ть impf, запасти́ pf +acc, +gen; **be laid up** быть прико́ванным к посте́ли. **layabout** n безде́льник.

layer n слой, пласт.

layman n миря́нин; (non-expert) неспециали́ст.

laze vi безде́льничать impf. **laziness** n лень. **lazy** adj лени́вый; ~-**bones** лентя́й, -ка.

lead[1] n (example) приме́р; (leadership) руково́дство; (position) пе́рвое ме́сто; (theat) гла́вная роль; (electr) про́вод; (dog's) поводо́к; vt води́ть indet, вести́ det; (be in charge of) руководи́ть impf +instr; (induce) побужда́ть impf, побуди́ть pf; vt & i (cards) ходи́ть impf (c+gen); vi (sport) занима́ть impf, заня́ть pf пе́рвое ме́сто; ~ **away** уводи́ть impf, увести́ pf; ~ **to** (result in) приводи́ть impf, привести́ pf к+dat.

lead[2] n (metal) свине́ц. **leaden** adj свинцо́вый.

leader n руководи́тель m, ~ница, ли́дер; (mus) пе́рвая скри́пка; (editorial) передова́я статья́. **leadership** n руково́дство.

leading adj веду́щий, выдаю́щийся; ~ **article** передова́я статья́.

leaf n лист; (of table) откидна́я доска́; vi: ~ **through** перели́стывать impf, перелиста́ть pf. **leaflet** n листо́вка.

league n ли́га; **in** ~ **with** в сою́зе с +instr.

leak n течь, уте́чка; vi (escape) течь impf; (allow water to ~) пропуска́ть *impf* во́ду; ~ out проса́чиваться *impf*, просочи́ться *pf*.

lean² *adj* (*thin*) худо́й; (*meat*) по́стный.

lean² *vt & i* прислоня́ть(ся) *impf*, прислони́ть(ся) *pf* (against к+*dat*); *vi* (~ on, rely on) опира́ться *impf*, опере́ться *pf* (on на+*acc*); (be inclined) быть скло́нным (to(wards) к+*dat*); ~ back отки́дываться *impf*, отки́нуться *pf*; ~ out of высо́вываться *impf*, вы́сунуться *pf* в +*acc*. leaning *n* скло́нность.

leap *n* прыжо́к, скачо́к; *vi* пры́гать *impf*, пры́гнуть *pf*; скака́ть *impf*; ~ year високо́сный год.

learn *vt* учи́ться *impf*, об~ *pf* +*dat*; (find out) узнава́ть *impf*, узна́ть *pf*. learned *adj* учёный. learner *n* учени́к, -и́ца. learning *n* (studies) уче́ние; (erudition) учёность.

lease *n* аре́нда; *vt* (of owner) сдава́ть *impf*, сдать *pf* в аре́нду; (of tenant) брать *impf*, взять *pf* в аре́нду. leaseholder *n* аренда́тор.

leash *n* при́вязь.

least *adj* наиме́ньший, мале́йший; *adv* ме́нее всего́; at ~ по кра́йней ме́ре; not in the ~ ничу́ть.

leather *n* ко́жа; *attrib* ко́жаный.

leave¹ *n* (permission) разреше́ние; (holiday) о́тпуск; on ~ в о́тпуске; take (one's) ~ проща́ться *impf*, прости́ться *pf* (of c+*instr*).

leave² *vt & i* оставля́ть *impf*, оста́вить *pf*; (abandon) покида́ть *impf*, поки́нуть *pf*; (go away) уходи́ть *impf*, уйти́ *pf* (from от+*gen*); уезжа́ть *impf*, уе́хать *pf* (from от+*gen*); (go out of) выходи́ть *impf*, вы́йти *pf* из+*gen*; (entrust) предоставля́ть *impf*, предоста́вить *pf* (to +*dat*); ~ out пропуска́ть *impf*, пропусти́ть *pf*.

lecherous *adj* развра́тный.

lectern *n* анало́й; (in lecture room) пюпи́тр.

lecture *n* (discourse) ле́кция; (reproof) нота́ция; *vi* (deliver ~(s)) чита́ть *impf*, про~ *pf* ле́кцию (-ии) (on по+*dat*); *vt* (admonish) чита́ть *impf*, про~ *pf* нота́цию+*dat*; ~ room аудито́рия. lecturer *n* ле́ктор; (univ) преподава́тель *m*, ~ница.

ledge *n* вы́ступ; (shelf) по́лочка.

ledger *n* гла́вная кни́га.

lee *n* защи́та; *adj* подве́тренный.

leech *n* (worm) пия́вка.

leek *n* лук-порей.

leer *vi* криви́ться *impf*, с~ *pf*.

leeward *n* подве́тренная сторона́; *adj* подве́тренный.

leeway *n* (fig) свобо́да де́йствий.

left *n* ле́вая сторона́; (the L~; polit) ле́вые *sb* *pl*; *adj* ле́вый; *adv* нале́во, сле́ва (of от+*gen*); ~-hander левша́ *m & f*; ~-wing ле́вый.

left-luggage office *n* ка́мера хране́ния.

leftovers *n* *pl* оста́тки *m* *pl*; (food) объе́дки (-ков) *pl*.

leg *n* нога́; (of furniture etc.) но́жка; (of journey etc.) эта́п.

legacy *n* насле́дство.

legal *adj* (of the law) правово́й; (lawful) лега́льный. legality *n* лега́льность. legalize *vt* легализи́ровать *impf & pf*.

legend *n* леге́нда. legendary *adj* легенда́рный.

leggings *n* *pl* вя́заные рейту́зы (-з) *pl*.

legible *adj* разбо́рчивый.

legion *n* легио́н.

legislate *vi* издава́ть *impf*, изда́ть *pf* зако́ны. legislation *n* законода́тельство. legislative *adj* законода́тельный. legislator *n* законода́тель *m*. legislature *n* законода́тельные учрежде́ния *neut* *pl*.

legitimacy *n* зако́нность; (of child) законнорождённость. legitimate *adj* зако́нный; (child) законнорождённый. legitimize *vt* узако́нивать *impf*, узако́нить *pf*.

leisure *n* свобо́дное вре́мя, досу́г; at ~ на досу́ге. leisurely *adj* нетороли́вый.

lemon *n* лимо́н. lemonade *n* лимона́д.

lend *vt* дава́ть *impf*, дать *pf* взаймы́ (to +*dat*); ода́лживать *impf*, одолжи́ть *pf* (to +*dat*).

length *n* длина́; (of time) продолжи́тельность; (of cloth) отре́з; at ~ подро́бно. lengthen *vt & i* удлиня́ть(ся) *impf*, удлини́ть(ся) *pf*. lengthways *adv* в длину́, вдоль. lengthy *adj* дли́нный.

leniency *n* снисходи́тельность. lenient *adj* снисходи́тельный.

lens n ли́нза; (phot) объекти́в; (anat) хруста́лик.
Lent n вели́кий пост.
lentil n чечеви́ца.
Leo n Лев.
leopard n леопа́рд.
leotard n трико́ neut indecl.
leper n прокажённый sb. **leprosy** n прока́за.
lesbian n лесбия́нка; adj лесби́йский.
lesion n поврежде́ние.
less adj ме́ньший; adv ме́ньше, ме́нее; prep за вы́четом +gen.
lessee n аренда́тор.
lessen vt & i уменьша́ть(ся) impf, уме́ньшить(ся) pf.
lesser adj ме́ньший.
lesson n уро́к.
lest conj (in order that not) чтобы не; (that) как бы не.
let n (lease) сда́ча в наём; vt (allow) позволя́ть impf, позво́лить pf +dat; разреша́ть impf, разреши́ть pf +dat; (rent out) сдава́ть impf, сдать pf внаём (to +dat); v aux (imperative) (1st person) дава́й(те); (3rd person) пусть; ~ **alone** не говоря́ уже́ о+prep; (that) как бы не. ~ **down** (lower) опуска́ть impf, опусти́ть pf; (fail) подводи́ть impf, подвести́ pf; (disappoint) разочаро́вывать impf, разочарова́ть pf; ~ **go** выпуска́ть impf, вы́пустить pf; пойдёмте!; пошли́!; поеха́ли!; ~'s **go** (in(to) (admit) впуска́ть impf, впусти́ть pf в+acc; (into secret) посвяща́ть impf, посвяти́ть pf в+acc; ~ **know** дава́ть impf, дать pf знать +dat; ~ **off** (gun) вы́стрелить pf из+gen; (not punish) отпуска́ть impf, отпусти́ть pf без наказа́ния; ~ **out** (release, loosen) выпуска́ть impf, вы́пустить pf; ~ **through** пропуска́ть impf, пропусти́ть pf; ~ **up** затиха́ть impf, зати́хнуть pf.
lethal adj (fatal) смерте́льный; (weapon) смертоно́сный.
lethargic adj летарги́ческий. **lethargy** n летарги́я.
letter n письмо́; (symbol) бу́ква; (printing) ли́тера; ~**box** почто́вый я́щик. **lettering** n шрифт.
lettuce n сала́т.
leukaemia n лейкеми́я.

level n у́ровень; adj ро́вный; ~ **crossing** (железнодоро́жный) перее́зд; ~**headed** уравнове́шенный; vt (make ~) выра́внивать impf, вы́ровнять pf; (sport) сра́внивать impf, сравня́ть pf; (gun) наводи́ть impf, навести́ pf (at в, на, +acc); (criticism) направля́ть impf, напра́вить pf (at про́тив+gen).
lever n рыча́г. **leverage** n де́йствие рычага́; (influence) влия́ние.
levity n легкомы́слие.
levy n (tax) сбор; vt (tax) взима́ть impf (from c+gen).
lewd adj (lascivious) похотли́вый; (indecent) са́льный.
lexicon n словарь m.
liability n (responsibility) отве́тственность (for за+acc); (burden) обу́за.
liable adj отве́тственный (for за+acc); (susceptible) подве́рженный (to +dat).
liaise vi подде́рживать impf связь (c+instr). **liaison** n связь; (affair) любо́вная связь.
liar n лгун, ~ья.
libel n клевета́; vt клевета́ть impf, на~ pf на+acc. **libellous** adj клеветни́ческий.
liberal n либера́л; adj либера́льный; (generous) ще́дрый.
liberate vt освобожда́ть impf, освободи́ть pf. **liberation** n освобожде́ние. **liberator** n освободи́тель m.
libertine n распу́тник.
liberty n свобо́да; at ~ на свобо́де.
Libra n Весы́ (-со́в) pl.
librarian n библиоте́карь m. **library** n библиоте́ка.
libretto n либре́тто neut indecl.
licence[1] n (permission, permit) разреше́ние, лице́нзия; (liberty) (изли́шняя) во́льность. **license, -ce**[2] vt (allow) разреша́ть impf, разреши́ть pf +dat; дава́ть impf, дать pf пра́во +dat.
licentious adj распу́щенный.
lichen n лиша́йник.
lick n лиза́ние; vt лиза́ть impf, лизну́ть pf.
lid n кры́шка; (eyelid) ве́ко.
lie[1] n (untruth) ложь; vi лгать impf, со~ pf.
lie[2] n: ~ **of the land** (fig) положе́ние веще́й; vi лежа́ть impf; (be situated)

находи́ться *impf*; ~ **down** ложи́ться *impf*, лечь *pf*; ~ **in** оставля́ться *impf* в посте́ли.

lieu *n*: **in** ~ **of** вме́сто+*gen*.

lieutenant *n* лейтена́нт.

life *n* жизнь; (*way of* ~) о́браз жи́зни; (*energy*) жи́вость. **lifebelt** *n* спаса́тельный по́яс. **lifeboat** *n* спаса́тельная ло́дка. **lifebuoy** *n* спаса́тельный круг. **lifeguard** *n* спаса́тель *m*, -ница. **life-jacket** *n* спаса́тельный жиле́т. **lifeless** *adj* безжи́зненный. **lifelike** *adj* реалисти́чный. **lifeline** *n* спаса́тельный коне́ц. **lifelong** *adj* пожи́зненный. **life-size(d)** *adj* в натура́льную величину́. **lifetime** *n* жизнь.

lift *n* (*machine*) лифт, подъёмник; (*force*) подъёмная си́ла; *vt* ~ подвози́ть *impf*, подвезти́ *pf*; *vt & i* поднима́ть(ся) *impf*, подня́ть(ся) *pf*.

ligament *n* свя́зка.

light[1] *n* свет, освеще́ние; (*source of* ~) ого́нь *m*, ла́мпа, фона́рь *m*; *pl* (*traffic* ~) светофо́р; **can I have a** ~? мо́жно прикури́ть?; ~-**bulb** ла́мпочка; *adj* (*bright*) све́тлый; (*pale*) бле́дный; *vt & i* (*ignite*) зажига́ть(ся) *impf*, заже́чь(ся) *pf*; *vt* (*illuminate*) освеща́ть *impf*, освети́ть *pf*; ~ **up** освеща́ть(ся) *impf*, освети́ть(ся) *pf*; (*begin to smoke*) закури́ть *pf*.

light[2] *adj* (*not heavy*) лёгкий; ~-**hearted** беззабо́тный.

lighten[1] *vt* (*make lighter*) облегча́ть *impf*, облегчи́ть *pf*; (*mitigate*) смягча́ть *impf*, смягчи́ть *pf*.

lighten[2] *vt* (*illuminate*) освеща́ть *impf*, освети́ть *pf*; *vi* (*grow bright*) светле́ть *impf*, по~ *pf*.

lighter *n* зажига́лка.

lighthouse *n* мая́к.

lighting *n* освеще́ние.

lightning *n* мо́лния.

lightweight *n* (*sport*) легкове́с; *adj* легкове́сный.

like[1] *adj* (*similar*) похо́жий (на+*acc*); **what is he** ~? что он за челове́к?

like[2] *vt* нра́виться *impf*, по~ *pf impers*+*dat*: **I** ~ **him** он мне нра́вится; люби́ть *impf*; *vi* (*wish*) хоте́ть *impf*; **if you** ~ е́сли хоти́те; **I should** ~ я хоте́л бы; мне хоте́лось бы. **likeable** *adj* симпати́чный.

likelihood *n* вероя́тность. **likely** *adj* (*probable*) вероя́тный; (*suitable*) подходя́щий.

liken *vt* уподобля́ть *impf*, уподо́бить *pf* (**to**+*dat*).

likeness *n* (*resemblance*) схо́дство; (*portrait*) портре́т.

likewise *adv* (*similarly*) подо́бно; (*also*) то́же, та́кже.

liking *n* вкус (**for** к+*dat*).

lilac *n* сире́нь; *adj* сире́невый.

lily *n* ли́лия; ~ **of the valley** ла́ндыш.

limb *n* член.

limber *vi*: ~ **up** размина́ться *impf*, размя́ться *pf*.

limbo *n* (*fig*) состоя́ние неопределённости.

lime[1] *n* (*mineralogy*) и́звесть. **limelight** *n*: **in the** ~ (*fig*) в це́нтре внима́ния. **limestone** *n* известня́к.

lime[2] *n* (*fruit*) лайм.

lime[3] *n* (~-*tree*) ли́па.

limit *n* грани́ца, преде́л; *vt* ограни́чивать *impf*, ограни́чить *pf*. **limitation** *n* ограниче́ние. **limitless** *adj* безграни́чный.

limousine *n* лимузи́н.

limp[1] *n* хромота́; *vi* хрома́ть *impf*.

limp[2] *adj* мя́гкий; (*fig*) вя́лый.

limpid *adj* прозра́чный.

linchpin *n* чека́.

line[1] *n* (*long mark*) ли́ния, черта́; (*transport, tel*) ли́ния; (*cord*) верёвка; (*wrinkle*) морщи́на; (*limit*) грани́ца; (*row*) ряд; (*of words*) строка́; (*of verse*) стих; *vt* (*paper*) линова́ть *impf*, раз~ *pf*; *vt & i* (~ **up**) выстра́ивать(ся) *impf*, вы́строить(ся) *pf* в ряд.

line[2] *vt* (*clothes*) класть *impf*, положи́ть *pf* на подкла́дку.

lineage *n* происхожде́ние.

linear *adj* лине́йный.

lined[1] *adj* (*paper*) лино́ванный; (*face*) морщи́нистый.

lined[2] *adj* (*garment*) на подкла́дке.

linen *n* полотно́; *collect* бельё.

liner *n* ла́йнер.

linesman *n* боково́й судья́ *m*.

linger *vi* заде́рживаться *impf*, задержа́ться *pf*.

lingerie *n* да́мское бельё.

lingering *adj* (*illness*) затяжно́й.

lingo *n* жарго́н.

linguist *n* лингви́ст. linguistic *adj* лингвисти́ческий. linguistics *n* лингви́стика.

lining *n* (*clothing etc.*) подкла́дка; (*tech*) облицо́вка.

link *n* (*of chain*) звено́; (*connection*) связь; *vt* соединя́ть *impf*, соедини́ть *pf*; свя́зывать *impf*, связа́ть *pf*.

lino(leum) *n* лино́леум.

lintel *n* перемы́чка.

lion *n* лев. lioness *n* льви́ца.

lip *n* губа́; (*of vessel*) край. lipstick *n* губна́я пома́да.

liquefy *vt & i* превраща́ть(ся) *impf*, преврати́ть(ся) *pf* в жи́дкое состоя́ние.

liqueur *n* ликёр.

liquid *n* жи́дкость; *adj* жи́дкий.

liquidate *vt* ликвиди́ровать *impf & pf*. liquidation *n* ликвида́ция; go into ~ ликвиди́роваться *impf & pf*.

liquor *n* (спиртно́й) напи́ток.

liquorice *n* лакри́ца.

list¹ *n* спи́сок; *vt* составля́ть *impf*, соста́вить *pf* спи́сок +*gen*; (*enumerate*) перечисля́ть *impf*, перечи́слить *pf*.

list² *vi* (*naut*) накреня́ть *impf*, крени́ться *impf*, накрени́ться *pf*.

listen *vi* слу́шать *impf*, по~ *pf* (to +*acc*). listener *n* слу́шатель *m*.

listless *adj* апати́чный.

litany *n* лита́ния.

literacy *n* гра́мотность.

literal *adj* буква́льный.

literary *adj* литерату́рный.

literate *adj* гра́мотный.

literature *n* литерату́ра.

lithe *adj* ги́бкий.

lithograph *n* литогра́фия.

Lithuania *n* Литва́. Lithuanian *n* лито́вец, -вка; *adj* лито́вский.

litigation *n* тя́жба.

litre *n* литр.

litter *n* (*rubbish*) сор; (*brood*) помёт; *vt* (*make untidy*) сори́ть *impf*, на~ *pf* (with +*instr*).

little *adj* немно́гое; ~ by ~ ма́лопома́лу; a ~ немно́го +*gen*; *adj* ма́ленький, небольшо́й; (*in height*) небольшо́го ро́ста; (*in distance, time*) коро́ткий; *adv* ма́ло, немно́го.

liturgy *n* литурги́я.

live¹ *adj* живо́й; (*coals*) горя́щий; (*mil*) боево́й; (*electr*) под напряже́нием; (*broadcast*) прямо́й.

live² *vi* жить *impf*; ~ down загла́живать *impf*, загла́дить *pf*; ~ on (*feed on*) пита́ться *impf* +*instr*; ~ through пережива́ть *impf*, пережи́ть *pf*; ~ until, to see дожива́ть *impf*, дожи́ть *pf* до+*gen*; ~ up to жить *impf* согла́сно +*dat*.

livelihood *n* сре́дства *neut pl* к жи́зни.

lively *adj* живо́й.

liven (up) *vt & i* оживля́ть(ся) *impf*, оживи́ть(ся) *pf*.

liver *n* пе́чень; (*cul*) печёнка.

livery *n* ливре́я.

livestock *n* скот.

livid *adj* (*angry*) взбешённый.

living *n* сре́дства *neut pl* к жи́зни; earn a ~ зараба́тывать *impf*, зарабо́тать *pf* на жизнь; *adj* живо́й; ~-room гости́ная *sb*.

lizard *n* я́щерица.

load *n* груз; (*also fig*) бре́мя *neut*; (*electr*) нагру́зка; *pl* (*lots*) ку́ча; *vt* (*goods*) грузи́ть *impf*, по~ *pf*; (*vehicle*) грузи́ть *impf*, на~ *pf*; (*fig*) обременя́ть *impf*, обремени́ть *pf*; (*gun, camera*) заряжа́ть *impf*, заряди́ть *pf*.

loaf¹ *n* буха́нка.

loaf² *vi* безде́льничать *impf*. loafer *n* безде́льник.

loan *n* заём; *vt* дава́ть *impf*, дать *pf* взаймы́.

loath, loth *predic*: be ~ to не хоте́ть *impf* +*inf*.

loathe *vt* ненави́деть *impf*. loathing *n* отвраще́ние. loathsome *adj* отврати́тельный.

lob *vt* высоко́ подбра́сывать *impf*, подбро́сить *pf*.

lobby *n* вестибю́ль *m*; (*parl*) кулуа́ры (-ров) *pl*.

lobe *n* (*of ear*) мо́чка.

lobster *n* ома́р.

local *adj* ме́стный.

locality *n* ме́стность.

localized *adj* локализо́ванный.

locate *vt* (*place*) помеща́ть *impf*, помести́ть *pf*; (*find*) находи́ть *impf*, найти́ *pf*; be ~d находи́ться *impf*.

location *n* (*position*) местонахожде́ние; on ~ (*cin*) на нату́ре.

locative *adj* (*n*) ме́стный (паде́ж).

lock¹ *n* (*of hair*) ло́кон; *pl* во́лосы (-о́с, -оса́м) *pl*.

lock² n замо́к; (canal) шлюз; vt & i запира́ть(ся) impf, запере́ть(ся) pf; ~ out не впуска́ть impf; ~ up (imprison) сажа́ть impf, посади́ть pf; (close) закрыва́ть(ся) impf, закры́ть(ся) pf.

locker n шка́фчик.

locket n медальо́н.

locksmith n сле́сарь m.

locomotion n передвиже́ние. locomotive n локомоти́в.

lodge n (hunting) (охо́тничий) до́мик; (porter's) сторо́жка; (Masonic) ло́жа; vt (accommodate) помеща́ть impf, помести́ть pf; (complaint) подава́ть impf, пода́ть pf; vi (reside) жить impf (with у+gen); (stick) заса́живать impf, засе́сть pf. lodger n жиле́ц, жили́ца. lodging n (also pl) кварти́ра, (снима́емая) ко́мната.

loft n (attic) черда́к.

lofty adj о́чень высо́кий; (elevated) возвы́шенный.

log n бревно́; (for fire) поле́но; ~book (naut) ва́хтенный журна́л.

logarithm n логари́фм.

loggerhead n: be at ~s быть в ссо́ре.

logic n ло́гика. logical adj (of logic) логи́ческий; (consistent) логи́чный.

logistics n pl материа́льно-техни́ческое обеспе́чение; (fig) пробле́мы f pl организа́ции.

logo n эмбле́ма.

loin n (pl) поясни́ца; (cul) филе́йная часть.

loiter vi слоня́ться impf.

lone, lonely adj одино́кий. loneliness n одино́чество.

long¹ vi (want) стра́стно жела́ть impf, по~ pf (for +gen); (miss) тоскова́ть impf (for по+dat).

long² adj (space) дли́нный; (time) до́лгий; (in measurements) длино́й в+acc; in the ~ run в коне́чном счёте; ~-sighted дальнозо́ркий; ~-suffering долготерпели́вый; ~-term долгосро́чный; ~-winded многоречи́вый; adv до́лго; ~ ago (уже́) давно́; as ~ as пока́; ~ before задо́лго до+gen.

longevity n долове́чность.

longing n стра́стное жела́ние (for +gen); тоска́ (for по+dat); adj тоску́ющий.

longitude n долгота́.

longways adv в длину́.

look n (glance) взгляд; (appearance) вид; (expression) выраже́ние; vi смотре́ть impf, по~ pf (at на, в, +acc); (appear) вы́глядеть impf +instr; (face) выходи́ть impf (towards, onto на+acc); ~ about осма́триваться impf, осмотре́ться pf; ~ after (attend to) присма́тривать impf, присмотре́ть pf за+instr; ~ down on презира́ть impf; ~ for иска́ть impf +acc, +gen; ~ forward to предвкуша́ть impf, предвкуси́ть pf; ~ in on загля́дывать impf, загляну́ть pf к+dat; ~ into (investigate) рассма́тривать impf, рассмотре́ть pf; ~ like быть похо́жим на+acc; it ~s like rain похо́же на (то, что бу́дет) дождь; ~ on (regard) счита́ть impf, счесть pf (as +instr, за+instr); ~ out выгля́дывать impf, вы́глянуть pf (in в окно́); быть насторо́же; imper осторо́жно!; ~ over, through просма́тривать impf, просмотре́ть pf; ~ round (inspect) осма́тривать impf, осмотре́ть pf; ~ up (raise eyes) поднима́ть impf, подня́ть pf глаза́; (in dictionary etc.) иска́ть impf; (improve) улучша́ться impf, улу́чшиться pf; ~ up to уважа́ть impf.

loom¹ n тка́цкий стано́к.

loom² vi вырисо́вываться impf, вы́рисоваться pf; (fig) надвига́ться impf.

loop n пе́тля; vi образо́вывать impf, образова́ть pf пе́тлю; (fasten with loop) закрепля́ть impf, закрепи́ть pf пе́тлей; (wind) обма́тывать impf, обмота́ть pf (around вокру́г+gen).

loophole n бойни́ца; (fig) лазе́йка.

loose adj (free; not tight) свобо́дный; (not fixed) неприкреплённый; (connection, screw) сла́бый; (lax) распу́щенный; at a ~ end без де́ла. loosen vt & i ослабля́ть(ся) impf, осла́бить(ся) pf.

loot n добы́ча; vt гра́бить impf, о~ pf.

lop vt (tree) подреза́ть impf, подре́зать pf; (~ off) отруба́ть impf, отруби́ть pf.

lope vi бе́гать indet, бежа́ть det вприпры́жку.

lopsided adj кривобо́кий.

loquacious adj болтли́вый.

lord n (master) господи́н; (eccl) Госпо́дь; (peer; title) лорд; vt: ~ it over помыка́ть impf +instr. **lordship** n (title) све́тлость.

lore n зна́ния neut pl.

lorry n грузови́к.

lose vt теря́ть impf, по~ pf; vt & i (game etc.) прои́грывать impf, проигра́ть pf; vi (clock) отстава́ть impf, отста́ть pf. **loss** n поте́ря; (monetary) убы́ток; (in game) про́игрыш.

lot n жре́бий; (destiny) у́часть; (of goods) па́ртия; а ~, ~s мно́го; the ~ всё, все pl.

loth see **loath**

lotion n лосьо́н.

lottery n лотере́я.

loud adj (sound) гро́мкий; (noisy) шу́мный; (colour) крича́щий; out ~ вслух. **loudspeaker** n громкогово-ри́тель m.

lounge n гости́ная sb; vi сиде́ть impf развали́сь; (idle) безде́льничать impf.

louse n вошь. **lousy** adj (coll) парши́вый.

lout n балбе́с, у́вален m.

lovable adj ми́лый. **love** n любо́вь (of, for k+dat); in ~ with влюблён-ный в+acc; vt люби́ть impf. **lovely** adj прекра́сный; (delightful) преле́стный. **lover** n любо́вник, -ица.

low adj ни́зкий, невысо́кий; (quiet) ти́хий.

lower[1] vt опуска́ть impf, опусти́ть pf; (price, voice, standard) понижа́ть impf, пони́зить pf.

lower[2] adj ни́жний.

lowland n ни́зменность.

lowly adj скро́мный.

loyal adj ве́рный. **loyalty** n ве́рность. **LP** abbr (of long-playing record) долгоигра́ющая пласти́нка. **Ltd.** abbr (of Limited) с ограни́чен-ной отве́тственностью.

lubricant n сма́зка. **lubricate** vt сма́-зывать impf, сма́зать pf. **lubrication** n сма́зка.

lucid adj я́сный. **lucidity** n я́сность.

luck n (chance) слу́чай; (good ~) сча́стье, уда́ча; (bad ~) неуда́ча. **luckily** adv к сча́стью. **lucky** adj счастли́вый; be ~ везти́ imp, по~ pf impers +dat: I was ~ мне повезло́.

lucrative adj при́быльный.

ludicrous adj смехотво́рный.

lug vt (drag) таска́ть indet, тащи́ть det.

luggage n бага́ж.

lugubrious adj печа́льный.

lukewarm adj теплова́тый; (fig) прохла́дный.

lull n (in storm) зати́шье; (interval) переры́в; vt (to sleep) убаю́кивать impf, убаю́кать pf; (suspicions) усыпля́ть impf, усыпи́ть pf. **lullaby** n колыбе́льная пе́сня.

lumbar adj поясни́чный.

lumber[1] vi (move) брести́ impf.

lumber[2] n (domestic) ру́хлядь; vt обременя́ть impf, обремени́ть pf. **lumberjack** n лесору́б.

luminary n свети́ло.

luminous adj светя́щийся.

lump n ком; (swelling) о́пухоль; vt: ~ together сме́шивать impf, сме-ша́ть pf (в одно́). **lunacy** n безу́мие.

lunar adj лу́нный.

lunatic adj (n) сумасше́дший (sb).

lunch n обе́д; ~-hour, ~-time обе́-денный переры́в; vi обе́дать impf, по~ pf.

lung n лёгкое sb.

lunge vi де́лать impf, с~ pf вы́пад (at про́тив+gen).

lurch[1] n: leave in the ~ покида́ть impf, поки́нуть pf в беде́.

lurch[2] vi (stagger) ходи́ть indet, идти́ det шата́ясь.

lure n прима́нка; vt прима́нивать impf, примани́ть pf.

lurid adj (gaudy) крича́щий; (details) жу́ткий.

lurk vi зата́иваться impf, затаи́ться pf.

luscious adj со́чный.

lush adj пы́шный, со́чный.

lust n по́хоть (of, for k+dat); vi стра́стно жела́ть impf, по~ pf (for +gen). **lustful** adj похотли́вый.

lustre n гля́нец. **lustrous** adj глянце-ви́тый.

lusty adj (healthy) здоро́вый; (lively) живо́й.

lute n (mus) лю́тня.

luxuriant adj пы́шный.

luxuriate vi наслажда́ться impf, на-слади́ться pf (in+instr).

luxurious adj роско́шный. **luxury** n ро́скошь.

lymph *attrib* лимфати́ческий.

lynch *vt* линчева́ть *impf & pf*.

lyric *n* ли́рика; *pl* слова́ *neut pl* пе́сни. lyrical *adj* лири́ческий.

M

MA *abbr* (*of Master of Arts*) маги́стр гуманита́рных нау́к.

macabre *adj* жу́ткий.

macaroni *n* макаро́ны (-н) *pl*.

mace *n* (*of office*) жезл.

machination *n* махина́ция.

machine *n* маши́на; (*state ~*) аппара́т; *attrib* маши́нный; ~-gun пулемёт; ~ tool стано́к; *vt* обраба́тывать *impf*, обрабо́тать *pf* на станке́; (*sew*) шить *impf*, с~ *pf* (на маши́не). machinery *n* (*machines*) маши́ны *f pl*; (*of state*) аппара́т. machinist *n* машини́ст; (*sewing*) швейни́к, -и́ца, швея́.

mackerel *n* ску́мбрия, макре́ль.

mackintosh *n* плащ.

mad *adj* сумасше́дший. madden *vt* беси́ть *impf*, вз~ *pf*. madhouse *n* сумасше́дший дом. madly *adv* безу́мно. madman *n* сумасше́дший *sb*. madness *n* сумасше́ствие. madwoman *n* сумасше́дшая *sb*.

madrigal *n* мадрига́л.

maestro *n* маэ́стро *m indecl*.

Mafia *n* ма́фия.

magazine *n* журна́л; (*of gun*) магази́н.

maggot *n* личи́нка.

magic *n* ма́гия, волшебство́; *adj* (*also* magical) волше́бный. magician *n* волше́бник; (*conjurer*) фо́кусник.

magisterial *adj* авторите́тный.

magistrate *n* судья́ *m*.

magnanimity *n* великоду́шие. magnanimous *adj* великоду́шный.

magnate *n* магна́т.

magnesium *n* ма́гний.

magnet *n* магни́т. magnetic *adj* магни́тный; (*attractive*) притяга́тельный. magnetism *n* магнети́зм; притяга́тельность. magnetize *vt* намагни́чивать *impf*, намагни́тить *pf*.

magnification *n* увеличе́ние.

magnificence *n* великоле́пие. magnificent *adj* великоле́пный.

magnify *vt* увели́чивать *impf*, увели́чить *pf*; (*exaggerate*) преувели́чивать *impf*, преувели́чить *pf*. magnifying glass *n* увеличи́тельное стекло́.

magnitude *n* величина́; (*importance*) ва́жность.

magpie *n* соро́ка.

mahogany *n* кра́сное де́рево.

maid *n* прислу́га. maiden *adj* (*aunt etc.*) незаму́жняя; (*first*) пе́рвый; ~ name де́вичья фами́лия.

mail *n* (*letters*) по́чта; ~ order почто́вый зака́з; *vt* посыла́ть *impf*, посла́ть *pf* по по́чте.

maim *vt* кале́чить *impf*, ис~ *pf*.

main *n* (*gas ~*; *pl*) магистра́ль; in the ~ в основно́м; *adj* основно́й, гла́вный; (*road*) магистра́льный. mainland *n* матери́к. mainly *adv* в основно́м. mainstay *n* (*fig*) гла́вная опо́ра.

maintain *vt* (*keep up*) подде́рживать *impf*, поддержа́ть *pf*; (*family*) содержа́ть *impf*; (*machine*) обслу́живать *impf*, обслужи́ть *pf*; (*assert*) утвержда́ть *impf*. maintenance *n* подде́ржка; содержа́ние; обслу́живание.

maize *n* кукуру́за.

majestic *adj* вели́чественный. majesty *n* вели́чественность; (*title*) вели́чество.

major¹ *n* (*mil*) майо́р.

major² *adj* (*greater*) бо́льший; (*more important*) бо́лее ва́жный; (*main*) гла́вный; (*mus*) мажо́рный; *n* (*mus*) мажо́р. majority *n* большинство́; (*full age*) совершенноле́тие.

make *vt* де́лать *impf*, с~ *pf*; (*produce*) производи́ть *impf*, произвести́ *pf*; (*prepare*) гото́вить *impf*, при~ *pf*; (*amount to*) равня́ться *impf* +*dat*; (*earn*) зараба́тывать *impf*, зарабо́тать *pf*; (*compel*) заставля́ть *impf*, заста́вить *pf*; (*reach*) добира́ться *impf*, добра́ться *pf* до+*gen*; (*be in time for*) успева́ть *impf*, успе́ть *pf* на+*acc*; be made of состоя́ть *impf* из+*gen*; ~ as if, though де́лать *impf*, с~ *pf* вид, что; ~ a bed стели́ть *impf*, по~ *pf* посте́ль; ~ believe притворя́ться *impf*, притвори́ться *pf*; ~-believe притво́рство; ~ do with дово́льствоваться *impf*, у~ *pf* +*instr*; ~ off удира́ть *impf*, удра́ть *pf*; ~ out (*cheque*) выпи́сывать *impf*, вы́писать *pf*; (*assert*) утвержда́ть *impf*, утверди́ть *pf*; (*understand*) разбира́ть *impf*, разобра́ть *pf*; ~ over передава́ть *impf*, переда́ть *pf*; ~ up (*form, compose, complete*) составля́ть *impf*, соста́вить *pf*; (*invent*) выду́мывать *impf*, вы́думать *pf*; (*theat*) гримирова́ть(ся) *impf*, за~ *pf*; ~-up (*theat*) грим; (*cosmetics*) косме́тика; (*composition*) соста́в; ~ it up мири́ться *impf*, по~ *pf* (with c+*instr*); ~ up for возмеща́ть *impf*, возмести́ть *pf*; ~ up one's mind реша́ться *impf*, реши́ться *pf*. make *n* ма́рка. makeshift *adj* вре́менный.

malady *n* боле́знь.

malaise *n* (*fig*) беспоко́йство.

malaria *n* маля́рия.

male *n* (*animal*) саме́ц; (*person*) мужчи́на *m*; *adj* мужско́й.

malevolence *n* недоброжела́тельность. **malevolent** *adj* недоброжела́тельный.

malice *n* зло́ба. **malicious** *adj* зло́бный.

malign *vt* клевета́ть *impf*, на~ *pf* на+*acc*. **malignant** *adj* (*harmful*) зловре́дный; (*malicious*) зло́бный; (*med*) злока́чественный.

malinger *vi* притворя́ться *impf*, притвори́ться *pf* больны́м. **malingerer** *n* симуля́нт.

mallard *n* кря́ква.

malleable *adj* ко́вкий; (*fig*) пода́тливый.

mallet *n* (деревя́нный) молото́к.

malnutrition *n* недоеда́ние.

malpractice *n* престу́пная небре́жность.

malt *n* со́лод.

maltreat *vt* пло́хо обраща́ться *impf* c+*instr*.

mammal *n* млекопита́ющее *sb*.

mammoth *adj* грома́дный.

man *n* (*human, person*) челове́к; (*human race*) челове́чество; (*male*) мужчи́на *m*; (*labourer*) рабо́чий *sb*; *pl* (*soldiers*) солда́ты *m pl*; *vt* (*furnish with men*) укомплекто́вывать *impf*, укомплектова́ть *pf* ли́чным соста́вом; ста́вить *impf*, по~ *pf* люде́й к+*dat*; (*stall etc.*) обслужи-

вать *impf*, обслужи́ть *pf*; (*gate, checkpoint*) стоя́ть *impf* на+*prep*.

manacle *n* нару́чник; *vt* надева́ть *impf*, наде́ть *pf* нару́чники на+*acc*.

manage *vt* (*control*) управля́ть *impf* +*instr*; *vi*(&t) (*cope*) справля́ться *impf*, спра́виться *pf* (с+*instr*); (*succeed*) суме́ть *pf*. **management** *n* управле́ние (*of* +*instr*); (*the* ~) администра́ция. **manager** *n* управля́ющий *sb* (*of* +*instr*); ме́неджер. **managerial** *adj* администрати́вный. **managing director** *n* дире́ктор-распоряди́тель *m*.

mandarin *n* мандари́н.

mandate *n* манда́т. **mandated** *adj* подманда́тный. **mandatory** *adj* обяза́тельный.

mane *n* гри́ва.

manful *adj* му́жественный.

manganese *n* ма́рганец.

manger *n* я́сли (-лей) *pl*; dog in the ~ соба́ка на се́не.

mangle *vt* (*mutilate*) кале́чить *impf*, ис~ *pf*.

mango *n* ма́нго *neut indecl*.

manhandle *vt* гру́бо обраща́ться *impf* c+*instr*.

manhole *n* смотрово́й коло́дец.

manhood *n* возму́жалость.

mania *n* ма́ния. **maniac** *n* манья́к, -я́чка. **manic** *adj* маниака́льный.

manicure *n* маникю́р; *vt* де́лать *impf*, с~ *pf* маникю́р +*dat*. **manicurist** *n* маникю́рша.

manifest *adj* очеви́дный; *vt* (*display*) проявля́ть *impf*, прояви́ть *pf*; *n* манифе́ст. **manifestation** *n* проявле́ние. **manifesto** *n* манифе́ст.

manifold *adj* разнообра́зный.

manipulate *vt* манипули́ровать *impf* +*instr*. **manipulation** *n* манипуля́ция.

manly *adj* му́жественный.

mankind *n* челове́чество.

manner *n* (*way*) о́браз; (*behaviour*) мане́ра; *pl* мане́ры *f pl*. **mannerism** *n* мане́ра.

mannish *adj* мужеподо́бный.

manoeuvrable *adj* мане́вренный.

manoeuvre *n* манёвр; *vt & i* маневри́ровать *impf*.

manor *n* поме́стье; (*house*) поме́щичий дом.

manpower *n* челове́ческие ресу́рсы *m pl*.

manservant n слуга m.

mansion n особняк.

manslaughter n непредумышленное убийство.

mantelpiece n каминная доска.

manual adj ручной; n руководство. manually adv вручную.

manufacture n производство; vt производить impf, произвести pf. manufacturer n фабрикант.

manure n навоз.

manuscript n рукопись.

many adj & n много +gen, многие pl; how ~ сколько +gen.

map n карта; (of town) план; vt: ~ out намечать impf, наметить pf.

maple n клён.

mar vt портить impf, ис~ pf.

marathon n марафон.

marauder n мародёр. marauding adj мародёрский.

marble n мрамор; (toy) шарик; attrib мраморный.

March n март; adj мартовский.

march vi маршировать impf, про~ pf; n марш.

mare n кобыла.

margarine n маргарин.

margin n (on page) поле; (edge) край; profit ~ прибыль; safety ~ запас прочности.

marigold n ноготки (-ков) pl.

marijuana n марихуана.

marina n марина.

marinade n маринад; vt мариновать impf, за~ pf.

marine adj морской; n (soldier) солдат морской пехоты; pl морская пехота. mariner n моряк.

marionette n марионетка.

marital adj супружеский, брачный.

maritime adj морской; (near sea) приморский.

mark¹ n (coin) марка.

mark² n (for distinguishing) метка; (sign) знак; (school) отметка; (trace) след; on your ~s на старт!; vt (indicate; celebrate) отмечать impf, отметить pf; (school etc.) проверять impf, проверить pf; (stain) пачкать impf, за~ pf; (stain) закрывать impf, закрыть pf; ~ my words попомни(те) мои слова!; ~ out размечать impf, разметить pf. marker n знак; (in book) закладка.

market n рынок; ~ garden огород; ~-place базарная площадь; vt продавать impf, продать pf.

marksman n стрелок.

marmalade n апельсиновый джем.

maroon¹ adj (n) (colour) тёмно-бордовый (цвет).

maroon² vt (put ashore) высаживать impf, высадить pf (на необитаемом острове); (cut off) отрезать impf, отрезать pf.

marquee n тэнт.

marquis n маркиз.

marriage n брак; (wedding) свадьба; attrib брачный. marriageable adj: ~ age брачный возраст. married adj (man) женатый; (woman) замужняя, замужем; (to each other) женаты; (of persons) супружеский.

marrow n костный мозг; (vegetable) кабачок.

marry vt (of man) жениться impf & pf на +prep; (of woman) выходить impf, выйти pf замуж за +acc; vi (of couple) пожениться pf.

marsh n болото. marshy adj болотистый.

marshal n маршал; vt выстраивать impf, выстроить pf; (fig) собирать impf, собрать pf.

marsupial n сумчатое животное sb.

martial adj военный; ~ law военное положение.

martyr n мученик, -ица; vt мучить impf, за~ pf. martyrdom n мученичество.

marvel n чудо; vi изумляться impf, изумиться pf. marvellous adj чудесный.

Marxist n марксист; adj марксистский. Marxism n марксизм.

marzipan n марципан.

mascara n тушь.

mascot n талисман.

masculine adj мужской; (gram) мужского рода; (of woman) мужеподобный.

mash n картофельное пюре neut indecl; vt разминать impf, размять pf.

mask n маска; vt маскировать impf, за~ pf.

masochism n мазохизм. masochist n мазохист. masochistic adj мазохистский.

mason n ка́менщик; (M~) масо́н. **Masonic** adj масо́нский. **masonry** n ка́менная кла́дка.

masquerade n маскара́д; vi: ~ as выдава́ть impf, вы́дать pf себя́ за +acc.

Mass n (eccl) ме́сса.

mass n ма́сса; (majority) большинство́; attrib ма́ссовый; ~ media сре́дства neut pl ма́ссовой информа́ции; ~-produced ма́ссового произво́дства; ~ production ма́ссовое произво́дство; vt масси́ровать impf & pf.

massacre n резня́; vt выреза́ть impf, вы́резать pf.

massage n масса́ж; vt масси́ровать impf & pf. **masseur, -euse** n масса́жи́ст, ~ка.

massive adj масси́вный.

mast n ма́чта.

master n (owner) хозя́ин; (of ship) капита́н; (teacher) учи́тель m; (M~, univ) маги́стр; (workman; artist) ма́стер; (original) по́длинник, оригина́л; be ~ of владе́ть impf +instr; ~-key отмы́чка; vt (overcome) преодолева́ть impf, преодоле́ть pf; справля́ться impf, спра́виться pf c+instr; (a subject) овладева́ть impf, овладе́ть pf +instr. **masterful** adj вла́стный. **masterly** adj мастерско́й. **masterpiece** n шеде́вр. **mastery** n (of a subject) владе́ние (of +instr).

masturbate vi мастурби́ровать impf.

mat n ко́врик, (at door) полови́к; (on table) подста́вка.

match[1] n спи́чка. **matchbox** n спи́чечная коро́бка.

match[2] n (equal) ро́вня m & f; (contest) матч, состяза́ние; (marriage) па́ртия; vi & t (go well (with)) гармони́ровать impf (c+instr); ~ подходи́ть impf, подойти́ pf (к+dat).

mate[1] n (chess) мат.

mate[2] n (one of pair) саме́ц, са́мка; (fellow worker) това́рищ; (naut) помо́щник капита́на; vi (of animals) спа́риваться impf, спа́риться pf.

material n материа́л; (cloth) мате́рия; pl (necessary articles) принадле́жности f pl. **materialism** n материали́зм. **materialistic** adj материалисти́ческий. **materialize** vi осуществ-

вля́ться impf, осуществи́ться pf.

maternal adj матери́нский; ~ grandfather де́душка с матери́нской стороны́. **maternity** n матери́нство; ~ leave декре́тный о́тпуск; ~ ward роди́льное отделе́ние.

mathematical adj математи́ческий. **mathematician** n матема́тик. **mathematics, maths** n матема́тика.

matinée n дневно́й спекта́кль m.

matriarchal adj матриарха́льный. **matriarchy** n матриарха́т.

matriculate vi быть при́нятым в вуз. **matriculation** n зачисле́ние в вуз.

matrimonial adj супру́жеский. **matrimony** n брак.

matrix n ма́трица.

matron n (hospital) ста́ршая сестра́.

matt adj ма́товый.

matted adj спу́танный.

matter n (affair) де́ло; (question) вопро́с; (substance) вещество́; (philos; med) мате́рия; (printed) материа́л; a ~ of life and death вопро́с жи́зни и сме́рти; a ~ of opinion спо́рное де́ло; a ~ of taste де́ло вку́са; as a ~ of fact факти́чески; со́бственно говоря́; what's the ~? в чём де́ло?; what's the ~ with him? что с ним?; ~-of-fact прозаи́чный; vi име́ть impf значе́ние; it doesn't ~ э́то не име́ет значе́ния; it ~s a lot to me меня́ э́то о́чень ва́жно.

matting n рого́жа.

mattress n матра́с.

mature adj зре́лый; vi зреть impf, со~ pf. **maturity** n зре́лость.

maul vt терза́ть impf.

mausoleum n мавзоле́й.

mauve adj (n) розова́то-лило́вый (цвет).

maxim n сенте́нция.

maximum n ма́ксимум; adj максима́льный.

may v aux (possibility, permission) мочь impf, с~ pf; (possibility) возмо́жно, что +indicative; (wish) пусть +indicative.

May n (month) май; adj ма́йский ~ Day Пе́рвое sb ма́я.

maybe adv мо́жет быть.

mayonnaise n майоне́з.

mayor n мэр. **mayoress** n жена́ мэ́ра; же́нщина-мэр.

maze n лабири́нт.

meadow n луг.

meagre adj скудный.

meal¹ n еда; at ~times во время еды.

meal² n (grain) мука. mealy adj: ~-mouthed сладкоречивый.

mean¹ adj (average) средний; n (middle point) середина; pl (method) средство, способ; pl (resources) средства neut pl; by all ~s пожалуйста; by ~s of при помощи +gen, посредством +gen; by no ~s совсем не; ~s test проверка нуждаемости.

mean² adj (ignoble) подлый; (miserly) скупой; (poor) убогий.

mean³ vt (have in mind) иметь impf в виду; (intend) намереваться impf +inf; (signify) значить impf.

meander vi (stream) извиваться impf; (person) бродить impf. meandering adj извилистый.

meaning n значение. meaningful adj (много)значительный. meaningless adj бессмысленный.

meantime, meanwhile adv между тем.

measles n корь. measly adj ничтожный.

measurable adj измеримый. measure n мера; made to ~ сшитый по мерке; (made) сделанный на заказ; vt измерять impf, измерить pf; (for clothes) снимать impf, снять pf мерку c+gen; vi иметь impf +acc: the room ~s 30 feet in length комната имеет тридцать футов в длину; ~ off, out отмерять impf, отмерить pf; ~ up to соответствовать impf +dat. measured adj (rhythmical) мерный. measurement n (action) измерение; pl (dimensions) размеры m pl.

meat n мясо. meatball n котлета. meaty adj мясистый; (fig) содержательный.

mechanic n механик. mechanical adj механический; (fig; automatic) машинальный. mechanic n инженер-механик; ~ engineering машиностроение. mechanics n механика. mechanism n механизм. mechanization n механизация. mechanize vt механизировать impf & pf.

medal n медаль. medallion n медальон. medallist n медалист.

meddle vi вмешиваться impf, вме-

шаться pf (in, with в+acc).

media pl of medium

mediate vi посредничать impf. mediation n посредничество. mediator n посредник.

medical adj медицинский; ~ student медик, -ичка. medicated (impregnated) пропитанный лекарством. medicinal adj (of medicine) лекарственный; (healing) целебный. medicine n медицина; (substance) лекарство.

medieval adj средневековый.

mediocre adj посредственный. mediocrity n посредственность.

meditate vi размышлять impf. meditation n размышление. meditative adj задумчивый.

Mediterranean adj средиземноморский; n Средиземное море.

medium n (means) средство; (phys) среда; (person) медиум; pl (mass media) средства neut pl массовой информации; adj средний; happy ~ золотая середина.

medley n смесь; (mus) попурри neut indecl.

meek adj кроткий.

meet vt & i встречать(ся) impf, встретить(ся) pf; vt (make acquaintance) знакомиться impf, по~ pf c+instr; vi (assemble) собираться impf, собраться pf. meeting n встреча; (of committee) заседание, митинг.

megalomania n мегаломания.

megaphone n мегафон.

melancholic adj меланхолический. melancholy n грусть; adj унылый, грустный.

mellow adj (colour, sound) сочный; (person) добродушный; vi смягчаться impf, смягчиться pf.

melodic adj мелодический. melodious adj мелодичный. melody n мелодия.

melodrama n мелодрама. melodramatic adj мелодраматический.

melon n дыня; (water-~) арбуз.

melt vt & i растапливать(ся) impf, растопить(ся) pf; (smelt) плавить(ся) impf, рас~ pf; (dissolve) растворять(ся) impf, растворить(ся) pf; vi (thaw) таять impf, рас~ pf; ~ing point точка плавления.

member n член. membership n чле́нство; (number of ~) коли́чество чле́нов; attrib чле́нский.

membrane n перепо́нка.

memento n сувени́р. memoir n мемуа́ры (-ров) pl; воспомина́ния neut pl. memorable adj достопа́мятный. memorandum n запи́ска. memorial adj мемориа́льный; n па́мятник. memorize vt запомина́ть impf, запо́мнить pf. memory n па́мять; (recollection) воспомина́ние.

menace n угро́за; vt угрожа́ть impf +dat. menacing adj угрожа́ющий.

menagerie n звери́нец.

mend vt чини́ть impf, по~ pf; (clothes) што́пать impf, за~ pf; ~ one's ways исправля́ться impf, испра́виться pf.

menial adj ни́зкий, чёрный.

meningitis n менинги́т.

menopause n кли́макс.

menstrual adj менструа́льный. menstruation n менструа́ция.

mental adj у́мственный; (of ~ illness) психи́ческий; ~ arithmetic счёт в уме́. mentality n ум; (character) склад ума́.

mention vt упомина́ть impf, упомяну́ть pf; don't ~ it не́ за что!; not to ~ не говоря́ уже́ о+prep.

menu n меню́ neut indecl.

mercantile adj торго́вый.

mercenary adj коры́стный; (hired) наёмный; n наёмник.

merchandise n това́ры m pl. merchant n купе́ц; торго́вец; ~ navy торго́вый флот.

merciful adj милосе́рдный. mercifully adv к сча́стью. merciless adj беспоща́дный.

mercurial adj (person) изме́нчивый. mercury n ртуть.

mercy n милосе́рдие; at the ~ of во вла́сти +gen.

mere adj просто́й; a ~ £40 всего́ лишь со́рок фу́нтов. merely adv то́лько, про́сто.

merge vt & i слива́ть(ся) impf, слить(ся) pf. merger n объедине́ние.

meridian n меридиа́н.

meringue n меренга.

merit n заслу́га, досто́инство; vt за-

слу́живать impf, заслужи́ть pf +gen.

mermaid n руса́лка.

merrily adv ве́село. merriment n весе́лье. merry adj весёлый; ~-go-round карусе́ль; ~-making весе́лье.

mesh n сеть; vi сцепля́ться impf, сцепи́ться pf.

mesmerize vt гипнотизи́ровать impf, за~ pf.

mess n (disorder) беспоря́док; (trouble) беда́; (eating-place) столо́вая sb; vi: ~ about вози́ться impf; ~ up по́ртить impf, ис~ pf.

message n сообще́ние. messenger n курье́р.

Messiah n месси́я m. Messianic adj мессиа́нский.

Messrs abbr господа́ (gen -д) m pl.

messy adj (untidy) беспоря́дочный; (dirty) гря́зный.

metabolism n обме́н веще́ств.

metal n мета́лл; adj металли́ческий. metallic adj металли́ческий. metallurgy n металлу́ргия.

metamorphosis n метаморфо́за.

metaphor n мета́фора. metaphorical adj метафори́ческий.

metaphysical adj метафизи́ческий. metaphysics n метафи́зика.

meteor n метео́р. meteoric adj метеори́ческий. meteorite n метеори́т. meteorological adj метеорологи́ческий. meteorology n метеороло́гия.

meter n счётчик; vt измеря́ть impf, изме́рить pf.

methane n мета́н.

method n ме́тод. methodical adj методи́чный.

Methodist n методи́ст; adj методи́стский.

methodology n методоло́гия.

methylated adj: ~ spirit(s) денату́рат.

meticulous adj тща́тельный.

metre n метр. metric(al) adj метри́ческий.

metronome n метроно́м.

metropolis n столи́ца. metropolitan adj столи́чный; n (eccl) митрополи́т.

mettle n хара́ктер.

Mexican adj мексика́нский; n мексика́нец, -а́нка. Mexico n Ме́ксика.

mezzanine n антресо́ли f pl.

miaow *int* мя́у; *n* мя́уканье; *vi* мя́у-
кать *impf*, мя́укнуть *pf.*

mica *n* слюда́.

microbe *n* микро́б. **microchip** *n* чип,
микросхе́ма. **microcomputer** *n* ми-
крокомпью́тер. **microcosm** *n* мик-
роко́см. **microfilm** *n* микрофи́льм.
micro-organism *n* микроорганизм.
microphone *n* микрофо́н. **micro-**
scope *n* микроско́п. **microscopic**
adj микроскопи́ческий. **microwave**
n микроволна́; ~ **oven** микроволно́-
вая печь.

mid *adj*: ~ **May** середи́на ма́я. **mid-**
day *n* по́лдень *m*; *attrib* полу́ден-
ный. **middle** *n* середи́на; *adj* сре́д-
ний; ~**-aged** сре́дних лет; M~ **Ages**
сре́дние века́ *m pl*; ~**-class** бур-
жуа́зный; ~**man** посре́дник; ~**-sized**
сре́днего разме́ра. **middleweight** *n*
сре́дний вес.

midge *n* мо́шка.

midget *n* ка́рлик, -ица.

midnight *n* по́лночь; *attrib* полу́ноч-
ный. **midriff** *n* диафра́гма. **midst** *n*
середи́на. **midsummer** *n* середи́на
ле́та. **midway** *adv* на полпути́. **mid-**
week *n* середи́на неде́ли. **midwin-**
ter *n* середи́на зимы́.

midwife *n* акуше́рка. **midwifery** *n*
акуше́рство.

might *n* мощь; **with all one's** ~ изо
всех сил. **mighty** *adj* мо́щный.

migraine *n* мигре́нь.

migrant *adj* кочу́ющий; (*bird*) перелётный; *n* (*person*) переселе́нец;
(*bird*) перелётная пти́ца. **migrate** *vi*
мигри́ровать *impf & pf.* **migration**
n мигра́ция. **migratory** *adj* кочу́-
ющий; (*bird*) перелётный.

mike *n* микрофо́н.

mild *adj* мя́гкий.

mildew *n* пле́сень.

mile *n* ми́ля. **mileage** *n* расстоя́ние
в ми́лях; (*of car*) пробе́г. **milestone**
n верстово́й столб; (*fig*) ве́ха.

militancy *n* во́инственность. **militant**
adj во́инствующий; *n* активи́ст.
military *adj* вое́нный; *n* вое́нные *sb*
pl. **militate** *vi*: ~ **against** говори́ть
impf про́тив+*gen*. **militia** *n* мили́ция.
militiaman *n* милиционе́р.

milk *n* молоко́; *attrib* моло́чный; *vt*
дои́ть *impf*, по~ *pf.* **milkman** *n* про-
даве́ц молока́. **milky** *adj* моло́чный;

M~ **Way** Мле́чный Путь *m.*

mill *n* ме́льница; (*factory*) фа́брика;
vt (*grain etc.*) моло́ть *impf*, с~ *pf*;
(*metal*) фрезерова́ть *impf*, от~ *pf*;
(*coin*) гурти́ть *impf*; *vi*: ~ **around**
толпи́ться *impf.* **miller** *n* ме́льник.

millennium *n* тысячеле́тие.

millet *n* (*plant*) про́со; (*grain*) пшено́.

milligram(me) *n* миллигра́мм. **milli-**
metre *n* миллиме́тр.

million *n* миллио́н. **millionaire** *n*
миллионе́р. **millionth** *adj* миллио́н-
ный.

millstone *n* жёрнов; (*fig*) ка́мень *m*
на ше́е.

mime *n* мим; (*dumb-show*) панто-
ми́ма; *vt* изобража́ть *impf*, изобра-
зи́ть *pf* мими́чески. **mimic** *n* ми-
ми́ст; *vt* передра́знивать *impf*, пере-
дразни́ть *pf.* **mimicry** *n* имита́ция.

minaret *n* минаре́т.

mince *n* (*meat*) фарш; *vt* руби́ть
impf; (*in machine*) пропуска́ть *impf*,
пропусти́ть *pf* че́рез мясору́бку; *vi*
(*walk*) семени́ть *impf*; **not** ~ **mat-**
ters говори́ть *impf* без обиняко́в.
mincemeat *n* начи́нка из изю́ма,
минда́ля и т.п.

mind *n* ум; **bear in** ~ име́ть *impf* в
виду́; **change one's** ~ переду́мы-
вать *impf*, переду́мать *pf*; **make up**
one's ~ реша́ться *impf*, реши́ться
pf; **you're out of your** ~ вы с ума́
сошли́; *vt* (*give heed to*) обраща́ть
impf, обрати́ть *pf* внима́ние на+*acc*;
(*look after*) присма́тривать *impf*,
присмотре́ть *pf* за+*instr*; **I don't** ~ я
ничего́ не име́ю про́тив; **don't** ~ **me**
не обраща́й(те) внима́ния на меня́!;
~ **you don't forget** смотри́ не за-
бу́дь!; ~ **your own business** не вме́-
шивайтесь в чужи́е дела́!; **never** ~
ничего́! **mindful** *adj* по́мнящий.
mindless *adj* бессмы́сленный.

mine[1] *poss pron* мой; свой.

mine[2] *n* ша́хта, рудни́к; (*fig*) исто́ч-
ник; (*mil*) ми́на; *vt* (*obtain from* ~)
добыва́ть *impf*, добы́ть *pf*; (*mil*)
мини́ровать *impf & pf.* **minefield** *n*
ми́нное по́ле. **miner** *n* шахтёр.

mineral *n* минера́л; *adj* минера́ль-
ный; ~ **water** минера́льная вода́.
mineralogy *n* минерало́гия.

mingle *vt & i* сме́шивать(ся) *impf*,
смеша́ть(ся) *pf.*

miniature n миниатюра; adj миниатюрный.

minibus n микроавтобус.

minim n (mus) половинная нота.

minimal adj минимальный. **minimize** vt (reduce) доводить impf, довести pf до минимума. **minimum** n минимум; adj минимальный.

mining n горное дело.

minister n министр; (eccl) священник. **ministerial** adj министерский. **ministration** n помощь. **ministry** n (polit) министерство; (eccl) духовенство.

mink n норка; attrib норковый.

minor adj (unimportant) незначительный; (less important) второстепенный; (mus) минорный; (person under age) несовершеннолетний n; (mus) минор. **minority** n меньшинство; (age) несовершеннолетие.

minstrel n менестрель m.

mint[1] n (plant) мята; (peppermint) перечная мята.

mint[2] n (econ) монетный двор; **in ~ condition** новенький; vt чеканить impf, от~, вы~ pf.

minuet n менуэт.

minus prep минус+acc; без+gen; n минус.

minuscule adj малюсенький.

minute[1] n минута; pl протокол.

minute[2] adj мелкий. **minutiae** n pl мелочи (-чей) f pl.

miracle n чудо. **miraculous** adj чудесный.

mirage n мираж.

mire n (mud) грязь; (swamp) болото.

mirror n зеркало; vt отражать impf, отразить pf.

mirth n веселье.

misadventure n несчастный случай.

misapprehension n недопонимание.

misappropriate vt незаконно присваивать impf, присвоить pf. **misbehave** vi дурно вести impf себя. **misbehaviour** n дурное поведение.

miscalculate vt неправильно рассчитывать impf, рассчитать pf; (fig, abs) просчитываться impf, просчитаться pf. **miscalculation** n просчёт. **miscarriage** n (med) выкидыш; ~ **of justice** судебная ошибка. **miscarry** vi (med) иметь impf выкидыш;

miscellaneous adj разный, разнообразный. **miscellany** n смесь.

mischief n (harm) вред; (naughtiness) озорство. **mischievous** adj озорной. **misconception** n неправильное представление. **misconduct** n дурное поведение. **misconstrue** vt неправильно истолковывать impf, истолковать pf.

misdeed n преступление. **misdemeanour** n проступок. **misdirect** vt неправильно направлять impf, направить pf; (letter) неправильно адресовать impf & pf.

miser n скупец. **miserable** adj (unhappy, wretched) несчастный, жалкий; (weather) скверный. **miserly** adj скупой. **misery** n страдание.

misfire vi давать impf, дать pf осечку. **misfit** n (person) неудачник. **misfortune** n несчастье. **misgiving** n опасение. **misguided** adj обманутый.

mishap n неприятность. **misinform** vt неправильно информировать impf & pf. **misinterpret** vt неверно истолковывать impf, истолковать pf. **misjudge** vt неверно оценивать impf, оценить pf. **misjudgement** n неверная оценка. **mislay** vt затерять pf. **mislead** vt вводить impf, ввести pf в заблуждение. **mismanage** vt плохо управлять impf +instr. **mismanagement** n плохое управление. **misnomer** n неправильное название.

misogynist n женоненавистник. **misogyny** n женоненавистничество.

misplaced adj неуместный. **misprint** n опечатка. **misquote** vt неправильно цитировать impf, про~ pf. **misread** vt (fig) неправильно истолковывать impf, истолковать pf. **misrepresent** vt искажать impf, исказить pf. **misrepresentation** n искажение.

Miss n (title) мисс.

miss n промах; vi промахиваться impf, промахнуться pf; vt (fail to hit, see, hear) пропускать impf, пропустить pf; (train) опаздывать impf, опоздать pf на+acc; (regret absence of) скучать impf по+dat; ~ **out** пропускать impf, пропустить pf; ~ **the point** не понимать impf, понять pf сути.

misshapen adj уро́дливый.

missile n снаря́д, раке́та.

missing adj отсу́тствующий, недоста́ющий; (person) пропа́вший без ве́сти.

mission n ми́ссия; командиро́вка. missionary n миссионе́р. missive n посла́ние.

misspell vt непра́вильно писа́ть impf, на~ pf. misspelling n непра́вильное написа́ние.

mist n тума́н; vt & i затума́нивать(ся) impf, затума́нить(ся) pf.

mistake vt непра́вильно понима́ть impf, поня́ть pf; ~ for принима́ть impf, приня́ть pf за+acc; n оши́бка; make a ~ ошиба́ться impf, ошиби́ться pf. mistaken adj оши́бочный; be ~ ошиба́ться impf, ошиби́ться pf.

mister n ми́стер, господи́н.

mistletoe n оме́ла.

mistress n хозя́йка; (teacher) учи́тельница; (lover) любо́вница.

mistrust vt не доверя́ть impf +dat; n недове́рие. mistrustful adj недове́рчивый.

misty adj тума́нный.

misunderstand vt непра́вильно понима́ть impf, поня́ть pf. misunderstanding n непонима́ние.

misuse vt непра́вильно употребля́ть impf, употреби́ть pf; (ill treat) ду́рно обраща́ться impf с+instr; n непра́вильное употребле́ние.

mite n (insect) клещ; (child) кро́шка; widow's ~ ле́пта вдови́цы; not a ~ ничу́ть.

mitigate vt смягча́ть impf, смягчи́ть pf. mitigation n смягче́ние.

mitre n ми́тра.

mitten n рукави́ца.

mix vt меша́ть impf, с~ pf; vi сме́шиваться impf, смеша́ться pf; (associate) обща́ться impf; ~ up (confuse) пу́тать impf, с~ pf; get ~ed up in заме́шиваться impf, замеша́ться pf в+acc; n смесь; mixer n смеси́тель m; (cul) ми́ксер. mixture n смесь; (medicine) миксту́ра.

moan n стон; vi стона́ть impf, про~ pf.

moat n (крепостно́й) ров.

mob n толпа́; vt (attack) напада́ть impf, напа́сть pf толпо́й на+acc.

mobster n банди́т.

mobile adj подвижно́й, передвижно́й. mobility n подви́жность. mobilization n мобилиза́ция. mobilize vt & i мобилизова́ть(ся) impf & pf.

moccasin n мокаси́н (gen pl -н).

mock vt & i издева́ться impf над +instr; adj (sham) (pretended) мни́мый; ~up n маке́т. mockery n издева́тельство; (travesty) паро́дия.

mode n (manner) о́браз; (method) ме́тод.

model n (representation) моде́ль; (pattern, ideal) образе́ц; (artist's) нату́рщик, -ица; (fashion) манеке́нщик, -ица; (make) моде́ль; adj образцо́вый; vt лепи́ть impf, вы́~, с~ pf; (clothes) демонстри́ровать impf & pf; vi (act as ~) быть нату́рщиком, -ицей; быть манеке́нщиком, -ицей; ~ after, on создава́ть impf, созда́ть pf по образцу́ +gen.

moderate adj (various senses; polit) уме́ренный; (medium) сре́дний; vt умеря́ть impf, уме́рить pf; vi стиха́ть impf, сти́хнуть pf. moderation n уме́ренность; in ~ уме́ренно.

modern adj совреме́нный; (language, history) но́вый. modernization n модерниза́ция. modernize vt модернизи́ровать impf & pf.

modest adj скро́мный. modesty n скро́мность.

modification n модифика́ция. modify vt модифици́ровать impf & pf.

modish adj мо́дный.

modular adj мо́дульный. modulate vt модули́ровать impf & pf. modulation n модуля́ция. module n мо́дуль m.

mohair n мохе́р.

moist adj вла́жный. moisten vt & i увлажня́ть(ся) impf, увлажни́ть(ся) pf. moisture n вла́га.

molar n (tooth) коренно́й зуб.

mole¹ n (on skin) ро́динка.

mole² n (animal; agent) крот.

molecular adj молекуля́рный. molecule n моле́кула.

molest vt пристава́ть impf, приста́ть pf к+dat.

mollify vt смягча́ть impf, смягчи́ть pf.

mollusc n моллю́ск.

molten adj распла́вленный.

moment n моме́нт, миг; at the ~

сейча́с; at the last ~ в после́днюю мину́ту; just a ~ сейча́с! momentarily adv на мгнове́нии. momentary adj мгнове́нный. momentous adj ва́жный. momentum n коли́чество движе́ния; (impetus) дви́жущая си́ла; gather ~ набира́ть impf, набра́ть pf ско́рость.

monarch n мона́рх. **monarchy** n мона́рхия.

monastery n монасты́рь m. **monastic** adj мона́шеский.

Monday n понеде́льник.

monetary adj де́нежный. **money** n де́ньги (-нег, -нга́м) pl; ~-lender ростовщи́к.

mongrel n дворня́жка.

monitor n (naut, TV) монито́р; vt проверя́ть impf, прове́рить pf.

monk n мона́х.

monkey n обезья́на.

mono n мо́но neut indecl. **monochrome** adj одноцве́тный. **monogamous** adj единобра́чный. **monogamy** n единобра́чие. **monogram** n моногра́мма. **monograph** n моногра́фия. **monolith** n моноли́т. **monolithic** adj моноли́тный. **monologue** n моноло́г. **monopolize** vt монополизи́ровать impf & pf. **monopoly** n монопо́лия. **monosyllabic** adj односло́жный. **monosyllable** n односло́жное сло́во. **monotone** n моното́нность; in a ~ моното́нно. **monotonous** adj моното́нный. **monotony** n моното́нность.

monsoon n (wind) муссо́н; (rainy season) дождли́вый сезо́н.

monster n чудо́вище. **monstrosity** n чудо́вище. **monstrous** adj чудо́вищный; (huge) грома́дный.

montage n монта́ж.

month n ме́сяц. **monthly** adj ме́сячный; n ежеме́сячник; adv ежеме́сячно.

monument n па́мятник. **monumental** adj монумента́льный.

moo vi мыча́ть impf.

mood[1] n (gram) наклоне́ние.

mood[2] n настрое́ние. **moody** adj капри́зный.

moon n луна́. **moonlight** n лу́нный свет; vi халту́рить impf. **moonlit** adj лу́нный.

moor[1] n ме́стность, поро́сшая ве́реском. **moorland** n ве́ресковая пу́стошь.

moor[2] vt & i швартова́ть(ся) impf, при~ pf. **mooring** n (place) прича́л; pl (cables) шварто́вы m pl.

Moorish adj маврита́нский.

moose n америка́нский лось m.

moot adj спо́рный.

mop n шва́бра; vt протира́ть impf, протере́ть pf (шва́брой); ~ one's brow вытира́ть impf, вы́тереть pf лоб; ~ up вытира́ть impf, вы́тереть pf.

mope vi хандри́ть impf.

moped n мопе́д.

moraine n море́на.

moral adj мора́льный; n мора́ль; pl нра́вы m pl. **morale** n мора́льное состоя́ние. **morality** n нра́вственность, мора́ль. **moralize** vi морализи́ровать impf.

morass n боло́то.

moratorium n морато́рий.

morbid adj боле́зненный.

more adj (greater quantity) бо́льше +gen; (additional) ещё; adv бо́льше; (forming comp) бо́лее; and what is ~ и бо́льше того́; ~ or less бо́лее и́ли ме́нее; once ~ ещё раз. **moreover** adv сверх того́; кро́ме того́.

morgue n морг.

moribund adj умира́ющий.

morning n у́тро; in the ~ у́тром; in the ~s по утра́м; attrib у́тренний.

moron n слабоу́мный sb.

morose adj угрю́мый.

morphine n мо́рфий.

Morse (code) n а́збука Мо́рзе.

morsel n кусо́чек.

mortal adj сме́ртный; (fatal) смерте́льный; n сме́ртный sb. **mortality** n сме́ртность.

mortar n (vessel) сту́п(к)а; (cannon) миномёт; (cement) (известко́вый) раство́р.

mortgage n ссу́да на поку́пку до́ма; vt закла́дывать impf, заложи́ть pf.

mortify vt унижа́ть impf, уни́зить pf.

mortuary n морг.

mosaic n моза́ика; adj моза́ичный.

mosque n мече́ть.

mosquito n кома́р.

moss n мох. **mossy** adj мши́стый.

most adj наибо́льший; n наибо́льшее коли́чество; adj & n (majority) большинство +gen; бо́льшая часть +gen; adv бо́льше всего́, наибо́лее; (forming superl) са́мый. **mostly** adv гла́вным о́бразом.

MOT (test) n техосмо́тр.

motel n моте́ль m.

moth n мотылёк; (clothes-~) моль.

mother n мать; vt относи́ться impf по-матери́нски к +dat; ~-**in-law** (wife's ~) тёща; (husband's ~) свекро́вь; ~-**of-pearl** перламу́тр; adj перламу́тровый; ~ **tongue** родно́й язы́к. **motherhood** n матери́нство. **motherland** n ро́дина. **motherly** adj матери́нский.

motif n моти́в.

motion n движе́ние; (gesture) жест; (proposal) предложе́ние; vt пока́зывать impf, показа́ть pf +dat же́стом, что́бы +past. **motionless** adj неподви́жный. **motivate** vt побужда́ть impf, побуди́ть pf. **motivation** n побужде́ние. **motive** n моти́в; adj движу́щий.

motley adj пёстрый.

motor n дви́гатель m, мото́р; ~ **bike** мотоци́кл; ~ **boat** мото́рная ло́дка; ~ **car** автомоби́ль m; ~ **cycle** мотоци́кл; ~**cyclist** мотоцикли́ст; ~ **racing** автомоби́льные го́нки f pl; ~ **scooter** мотороллер; ~ **vehicle** автомаши́на. **motoring** n автомобили́зм. **motorist** n автомобили́ст, ~ка. **motorize** vt моторизова́ть impf & pf. **motorway** n автостра́да.

mottled adj кра́пчатый.

motto n деви́з.

mould[1] n (shape) фо́рма, фо́рмочка; vt формова́ть impf, с~ pf. **moulding** n (archit) ле́пное украше́ние.

mould[2] n (fungi) пле́сень. **mouldy** adj заплесневе́лый.

moulder vi разлага́ться impf, разложи́ться pf.

moult vi линя́ть impf, вы́~ pf.

mound n холм; (heap) на́сыпь.

Mount n (in names) гора́.

mount vt (ascend) поднима́ться impf, подня́ться pf на+acc; (~ a horse etc.) сади́ться impf, сесть pf на+acc; (picture) накле́ивать impf, накле́ить pf на карто́н; (gun) устана́вливать impf, установи́ть pf; ~ **up** (accumulate) нака́пливаться impf, накопи́ться pf; n (for picture) карто́н;

(horse) верхова́я ло́шадь.

mountain n гора́; attrib го́рный. **mountaineer** n альпини́ст, ~ка. **mountaineering** n альпини́зм. **mountainous** adj гори́стый.

mourn vt опла́кивать impf, опла́кать pf; vi скорбе́ть impf (over о+prep). **mournful** adj ско́рбный. **mourning** n тра́ур.

mouse n мышь.

mousse n мусс.

moustache n усы́ (усо́в) pl.

mousy adj мыши́ный; (timid) ро́бкий.

mouth n рот; (poetical) уста́ (-т) pl; (entrance) вход; (of river) у́стье; vt говори́ть impf, сказа́ть pf одни́ми губа́ми. **mouthful** n глото́к. **mouth-organ** n губна́я гармо́ника. **mouthpiece** n мундшту́к; (person) ру́пор.

movable adj подвижно́й.

move n (in game) ход; (change of residence) перее́зд; (movement) движе́ние; (step) шаг; vt & i дви́гать(ся) impf, дви́нуть(ся) pf; vt (affect) тро́гать impf, тро́нуть pf; (propose) вноси́ть impf, внести́ pf; vi (develop) развива́ться impf, разви́ться pf; (~ house) переезжа́ть impf, перее́хать pf; ~ **away** (vt & i) удаля́ть(ся) impf, удали́ть(ся) pf; (vi) уезжа́ть impf, уе́хать pf; ~ **in** въезжа́ть impf, въе́хать pf; ~ **on** идти́ impf, пойти́ pf да́льше; ~ **out** съезжа́ть impf, съе́хать pf (of c+gen). **movement** n движе́ние; (mus) часть. **moving** n дви́жущийся; (touching) тро́гательный.

mow vt (also ~ **down**) коси́ть impf, с~ pf. **mower** n коси́лка.

MP abbr (of Member of Parliament) член парла́мента.

Mr abbr ми́стер, господи́н. **Mrs** abbr ми́ссис f indecl, госпожа́. **Ms** abbr миз, госпожа́.

much adj & n мно́го +gen; мно́гое sb; adv о́чень; (with comp adj) гора́здо.

muck n (dung) наво́з; (dirt) грязь; ~ **about** вози́ться impf; ~ **out** чи́стить impf, вы́~ pf; ~ **up** изга́живать impf, изга́дить pf.

mucous adj сли́зистый. **mucus** n слизь.

mud n грязь. **mudguard** n крыло́.

muddle vt пу́тать impf, с~ pf; vi: ~ **through** ко́е-ка́к справля́ться impf, спра́виться pf; n беспоря́док.

muddy adj гря́зный; vt обры́згивать impf, обры́згать pf гря́зью.

muff n му́фта.

muffle vt (for warmth) заку́тывать impf, заку́тать pf; (sound) глуши́ть impf, за~ pf.

mug n (vessel) кру́жка; (face) мо́рда.

muggy adj сыро́й и тёплый.

mulch n му́льча; vt мульчи́ровать impf & pf.

mule n мул.

mull vt: ~ **over** обду́мывать impf, обду́мать pf. **mulled** adj: ~ **wine** глинтве́йн.

mullet n (grey ~) кефа́ль; (red ~) бараба́лька.

multicoloured adj многокра́сочный.

multifarious adj разнообра́зный.

multilateral adj многосторо́нний.

multimillionaire n мультимиллионе́р. **multinational** adj многонациона́льный.

multiple adj составно́й; (numerous) многочи́сленный; ~ **sclerosis** рассе́янный склеро́з; n кра́тное число́; **least common** ~ о́бщее наиме́ньшее кра́тное sb. **multiplication** n умноже́ние. **multiplicity** n многочи́сленность. **multiply** vt (math) умножа́ть impf, умно́жить pf; vi размножа́ться impf, размно́житься pf.

multi-storey adj многоэта́жный.

multitude n мно́жество; (crowd) толпа́.

mum[1] adj: **keep** ~ молча́ть impf.

mum[2] n (mother) ма́ма.

mumble vt & i бормота́ть impf, про~ pf.

mummy[1] n (archaeol) му́мия.

mummy[2] n (mother) ма́ма, ма́мочка.

mumps n сви́нка.

munch vt жева́ть impf.

mundane adj земно́й.

municipal adj муниципа́льный. **municipality** n муниципалите́т.

munitions n pl вое́нное иму́щество.

mural n стенна́я ро́спись.

murder n уби́йство; vt убива́ть impf, уби́ть pf; (language) кове́ркать impf, ис~ pf. **murderer, murderess** n уби́йца m & f. **murderous** adj уби́йственный.

murky adj тёмный, мра́чный.

murmur n шёпот; vt & i шепта́ть impf, шепну́ть pf.

muscle n му́скул. **muscular** adj мы́шечный; (person) му́скулистый.

Muscovite n москви́ч, ~ка.

muse vi размышля́ть impf.

museum n музе́й.

mush n ка́ша.

mushroom n гриб.

music n му́зыка; (sheet ~) но́ты f pl; ~-**hall** мюзи́к-хо́лл; ~ **stand** пюпи́тр. **musical** adj музыка́льный; n опере́тта. **musician** n музыка́нт.

musk n му́скус.

musket n мушке́т.

Muslim n мусульма́нин, -а́нка; adj мусульма́нский.

muslin n мусли́н.

mussel n ми́дия.

must v aux (obligation) до́лжен (-жна́) predic+inf; на́до impers+dat & inf; (necessity) ну́жно impers+dat & inf; ~ **not** (prohibition) нельзя́ impers +dat & inf.

mustard n горчи́ца.

muster vt собира́ть impf, собра́ть pf; (courage etc.) собира́ться impf, собра́ться pf c+instr.

musty adj за́тхлый.

mutation n мута́ция.

mute adj немо́й; n немо́й sb; (mus) сурди́нка. **muted** adj приглушённый.

mutilate vt уве́чить impf, из~ pf. **mutilation** n уве́чье.

mutineer n мяте́жник. **mutinous** adj мяте́жный. **mutiny** n мяте́ж; vi бунтова́ть impf, взбунтова́ться pf.

mutter vi бормота́ть impf; impf; n бормота́ние.

mutton n бара́нина.

mutual adj взаи́мный; (common) о́бщий.

muzzle n (animal's) мо́рда; (on animal) намо́рдник; (of gun) ду́ло; vt надева́ть impf, наде́ть pf намо́рдник на+acc; (fig) заставля́ть impf, заста́вить pf молча́ть.

my poss pron мой; свой. **myopic** adj близору́кий.

myopia n близору́кость. **myopic** adj близору́кий.

myriad n мириа́ды (-д) pl; adj бесчи́сленный.

myrtle n мирт; attrib ми́ртовый.

myself pron (emph) (я) сам, сама́; (refl) себя́; -ся (suffixed to vt).

mysterious adj таи́нственный. **mystery** n та́йна.

mystic(al) adj мисти́ческий; n ми́стик. **mysticism** n мистици́зм. **mystification** n озада́ченность. **mystify** vt озада́чивать impf, озада́чить pf.

myth n миф. **mythical** adj мифи́ческий. **mythological** adj мифологи́ческий. **mythology** n мифоло́гия.

N

nag¹ n (horse) ло́шадь.

nag² vt (also ~ at) пили́ть impf +acc; vi (of pain) ныть impf.

nail n (finger-, toe-~) но́готь m; (metal spike) гвоздь m; ~ varnish лак для ногте́й; vt прибива́ть impf, приби́ть pf (гвоздя́ми).

naive adj наи́вный. **naivety** n наи́вность.

naked adj го́лый; ~ eye невооружённый глаз. **nakedness** n нагота́.

name n назва́ние; (forename) и́мя neut; (surname) фами́лия; (reputation) репута́ция; what is his ~? как его́ зову́т?; ~-plate доще́чка с фами́лией; ~sake тёзка m & f; vt называ́ть impf, назва́ть pf; (appoint) назнача́ть impf, назна́чить pf. **nameless** adj безымя́нный. **namely** adv (a) и́менно; то есть.

nanny n ня́ня.

nap n коро́ткий сон; vi вздремну́ть pf.

nape n загри́вок.

napkin n салфе́тка.

nappy n пелёнка.

narcissus n нарци́сс.

narcotic adj наркоти́ческий; n нарко́тик.

narrate vt расска́зывать impf, рассказа́ть pf. **narration** n расска́з. **narrative** n расска́з; adj повествова́тельный. **narrator** n расска́зчик.

narrow adj у́зкий; vt & i сужива́ть(ся) impf, су́зить(ся) pf. **narrowly** adv (hardly) чуть, еле-е́ле; he ~ escaped drowning он чуть не утону́л. **narrow-minded** adj ограни́ченный. **narrowness** n у́зость.

nasal adj носово́й; (voice) гнуса́вый.

nasturtium n насту́рция.

nasty adj неприя́тный, проти́вный; (person) злой.

nation n (people) наро́д; (country) страна́. **national** adj национа́льный, наро́дный; (of the state) госуда́рственный; n по́дданный sb. **nationalism** n национали́зм. **nationalist** n национали́ст, ~ка. **nationalistic** adj националисти́ческий. **nationality** n национа́льность; (citizenship) гражда́нство, по́дданство. **nationalization** n национализа́ция. **nationalize** vt национализи́ровать impf & pf.

native n (~ of) уроже́нец, -нка (+gen); (aborigine) тузе́мец, -мка; adj (innate) приро́дный; (of one's birth) родно́й; (indigenous) тузе́мный; ~ land родна́я земля́; ~ language родно́й язы́к; ~ speaker носи́тель m языка́.

nativity n Рождество́ (Христо́во).

natter vi болта́ть impf.

natural adj есте́ственный, приро́дный; ~ resources приро́дные бога́тства neut pl; ~ selection есте́ственный отбо́р; n (mus) бека́р. **naturalism** n натурали́зм. **naturalist** n натурали́ст. **naturalistic** adj натуралисти́ческий. **naturalization** n натурализа́ция. **naturalize** vt натурализи́ровать impf & pf. **naturally** adv есте́ственно. **nature** n приро́да; (character) хара́ктер; by ~ по приро́де.

naught n: come to ~ своди́ться impf, свести́сь pf к нулю́.

naughty adj шаловли́вый.

nausea n тошнота́. **nauseate** vt тошни́ть impf impers от +gen. **nauseating** adj тошнотво́рный. **nauseous** adj: I feel ~ меня́ тошни́т.

nautical n морско́й.

naval adj (вое́нно-)морско́й.

nave n неф.

navel n пупо́к.

navigable adj судохо́дный. **navigate** vt (ship) вести́ impf; (sea) пла́вать impf по+dat. **navigation** n навига́ция. **navigator** n шту́рман.

navvy n землеко́п.

navy n вое́нно-морско́й флот; ~ blue тёмно-си́ний.

Nazi n наци́ст, ~ка; adj наци́стский. **Nazism** n наци́зм.

NB *abbr* нотабе́не.

near *adv* бли́зко; ~ at hand под руко́й; ~ by ря́дом; *prep* во́зле+*gen*, о́коло+*gen*, у+*gen*; *adj* бли́зкий; ~-sighted близору́кий; *vt & i* приближа́ться *impf*, прибли́зиться *pf* к +*dat*. **nearly** *adv* почти́.

neat *adj* (*tidy*) опря́тный, аккура́тный; (*clear*) чёткий; (*undiluted*) неразба́вленный.

nebulous *adj* нея́сный.

necessarily *adv* обяза́тельно. **necessary** *adj* необходи́мый; (*inevitable*) неизбе́жный. **necessitate** *vt* де́лать *impf*, с~ *pf* необходи́мым. **necessity** *n* необходи́мость; неизбе́жность; (*object*) предме́т пе́рвой необходи́мости.

neck *n* ше́я; (*of garment*) вы́рез; ~ and ~ голова́ в го́лову. **necklace** *n* ожере́лье. **neckline** *n* вы́рез.

née *adj* урождённая.

need *n* нужда́; *vt* нужда́ться *impf* в+*prep*; I (*etc.*) ~ мне (*dat*) ну́жен (-жна́, -жно, -жны́) +*nom*; I ~ five roubles мне ну́жно пять рубле́й.

needle *n* игла́, иго́лка; (*knitting*) спи́ца; (*pointer*) стре́лка; *vt* придира́ться *impf*, придра́ться *pf* к+*dat*.

needless *adj* нену́жный; ~ to say разуме́ется. **needy** *adj* нужда́ющийся.

negation *n* отрица́ние. **negative** *adj* отрица́тельный; *n* отрица́ние; (*phot*) негати́в.

neglect *vt* пренебрега́ть *impf*, пренебре́чь *pf* +*instr*; не забо́титься *impf* о+*prep*; *n* пренебреже́ние; (*condition*) забро́шенность. **neglectful** *adj* небре́жный, невнима́тельный (of к+*dat*). **negligence** *n* небре́жность. **negligent** *adj* небре́жный. **negligible** *adj* незначи́тельный.

negotiate *vi* вести́ *impf* перегово́ры; *vt* (*arrange*) заключа́ть *impf*, заключи́ть *pf*; (*overcome*) преодолева́ть *impf*, преодоле́ть *pf*. **negotiation** *n* (*discussion*) перегово́ры *m pl*.

Negro *n* негр; *adj* негритя́нский.

neigh *n* ржа́ние; *vi* ржать *impf*.

neighbour *n* сосе́д, ~ка. **neighbourhood** *n* ме́стность; in the ~ of

о́коло+*gen*. **neighbouring** *adj* сосе́дний. **neighbourly** *adj* доброссосе́дский.

neither *adv* та́кже не, то́же не; *pron* ни тот, ни друго́й; ~ ... nor ни... ни.

neon *n* нео́н; *attrib* нео́новый.

nephew *n* племя́нник.

nepotism *n* кумовство́.

nerve *n* нерв; (*courage*) сме́лость; (*impudence*) на́глость; get on the ~s of де́йствовать *impf*, по~ *pf* +*dat* на не́рвы. **nervous** *adj* не́рвный; ~ breakdown не́рвное расстро́йство. **nervy** *adj* нерво́зный.

nest *n* гнездо́; ~ egg сбереже́ния *neut pl*; *vi* гнезди́ться *impf*. **nestle** *vi* льнуть *impf*, при~ *pf*.

net[1] *n* сеть, се́тка; *vt* (*catch*) лови́ть *impf*, пойма́ть *pf* сетя́ми.

net[2], **nett** *adj* чи́стый; *vt* получа́ть *impf*, получи́ть *pf* ... чи́стого дохо́да.

Netherlands *n* Нидерла́нды (-ов) *pl*.

nettle *n* крапи́ва.

network *n* сеть.

neurologist *n* невро́лог. **neurology** *n* невроло́гия. **neurosis** *n* невро́з. **neurotic** *adj* невроти́ческий.

neuter *adj* сре́дний, сре́днего ро́да; *n* сре́дний род; *vt* кастри́ровать *impf & pf*. **neutral** *adj* нейтра́льный; *n* (*gear*) нейтра́льная ско́рость. **neutrality** *n* нейтралите́т. **neutralize** *vt* нейтрализова́ть *impf & pf*. **neutron** *n* нейтро́н.

never *adv* никогда́; ~ again никогда́ бо́льше; ~ mind ничего́!; ~ all равно́!; ~ once ни ра́зу. **nevertheless** *conj, adv* тем не ме́нее.

new *adj* но́вый; (*moon, potatoes*) молодо́й. **new-born** *adj* новорождённый. **newcomer** *n* прише́лец. **newfangled** *adj* новомо́дный. **newly** *adv* то́лько что, неда́вно. **newness** *n* новизна́.

news *n* но́вость, -ти *pl*, изве́стие, -ия *pl*. **newsagent** *n* продаве́ц газе́т. **newsletter** *n* информацио́нный бюллете́нь *m*. **newspaper** *n* газе́та. **newsprint** *n* газе́тная бума́га. **newsreel** *n* кинохро́ника.

newt *n* трито́н.

New Zealand *n* Но́вая Зела́ндия; *adj* новозела́ндский.

next *adj* сле́дующий, бу́дущий; *adv*

(~ time) в сле́дующий раз; (then) пото́м, зате́м; ~ door (house) в сосе́днем до́ме; (flat) в сосе́дней кварти́ре; ~ of kin ближа́йший ро́дственник; ~ to ря́дом c+instr; (fig) почти́. next-door adj сосе́дний; ~ neighbour ближа́йший сосе́д.

nib n перо́.

nibble vt & i грызть impf; vt обгрыза́ть impf, обгры́зть pf; (grass) щипа́ть impf; (fish) клева́ть impf.

nice adj (pleasant) прия́тный, хоро́ший; (person) ми́лый. **nicety** n то́нкость.

niche n ни́ша; (fig) своё ме́сто.

nick n (scratch) цара́пина; (notch) зару́бка; in the ~ of time в са́мый после́дний моме́нт; vt (scratch) цара́пать impf, o~ pf; (steal) сти́брить pf.

nickel n ни́кель m.

nickname n про́звище; vt прозыва́ть impf, прозва́ть pf.

nicotine n никоти́н.

niece n племя́нница.

niggardly adj скупо́й.

niggling adj ме́лочный.

night n ночь; (evening) ве́чер; at ~ но́чью; last ~ вчера́ ве́чером; attrib ночно́й; ~-club ночно́й клуб. **nightcap** n ночно́й колпа́к; (drink) стака́нчик спиртно́го на́ ночь. **nightdress** n ночна́я руба́шка. **nightfall** n наступле́ние но́чи. **nightingale** n солове́й. **nightly** adj ежено́щный; adv ежено́щно. **nightmare** n кошма́р. **nightmarish** adj кошма́рный.

nil n нуль m.

nimble adj прово́рный.

nine adj & n де́вять; (number 9) девя́тка. **nineteen** adj & n девятна́дцать. **nineteenth** adj & n девятна́дцатый. **ninetieth** adj & n девяно́стый. **ninety** adj & n девяно́сто; pl (decade) девяно́стые го́ды (-до́в) m pl. **ninth** adj & n девя́тый.

nip vt (pinch) щипа́ть impf, щипну́ть pf; (bite) куса́ть impf, укуси́ть pf; in the bud пресека́ть impf, пресе́чь pf в заро́дыше; n щипо́к; уку́с; there's a ~ in the air во́здух па́хнет моро́зцем.

nipple n сосо́к.

nirvana n нирва́на.

nit n гни́да.

nitrate n нитра́т. **nitrogen** n азо́т.

no adj (not any) никако́й, не оди́н; (not a (fool etc.)) (совсе́м) не; adv нет; (ниско́лько) не+comp; n отрица́ние, отка́з; (in vote) го́лос „про́тив"; ~ doubt коне́чно, несомне́нно; ~ longer уже́ не, бо́льше не; no one никто́; ~ wonder не удиви́тельно.

Noah's ark n Но́ев ковче́г.

nobility n (class) дворя́нство; (quality) благоро́дство. **noble** adj дворя́нский; благоро́дный. **nobleman** n дворяни́н.

nobody pron никто́; n ничто́жество.

nocturnal adj ночно́й.

nod vi кива́ть impf, кивну́ть pf голово́й; n киво́к.

nodule n узело́к.

noise n шум. **noiseless** adj бесшу́мный. **noisy** adj шу́мный.

nomad n коче́вник. **nomadic** adj кочево́й.

nomenclature n номенклату́ра. **nominal** adj номина́льный. **nominate** vt (propose) выдвига́ть impf, вы́двинуть pf; (appoint) назнача́ть impf, назна́чить pf. **nomination** n выдвиже́ние; назначе́ние. **nominative** adj (n) имени́тельный (паде́ж). **nominee** n кандида́т.

non-alcoholic adj безалкого́льный. **non-aligned** adj неприсоедини́вшийся.

nonchalance n беззабо́тность. **nonchalant** n беззабо́тный.

non-commissioned adj: ~ officer у́нтер-офице́р. **non-committal** adj укло́нчивый.

non-conformist n нонконформи́ст; adj нонконформи́стский.

nondescript adj неопределённый.

none pron (no one) никто́; (nothing) ничто́; (not one) не оди́н; adv ниско́лько не; ~ the less тем не ме́нее.

nonentity n ничто́жество.

non-existent adj несуществу́ющий. **non-fiction** n документа́льный. **non-intervention** n невмеша́тельство. **non-party** adj беспарти́йный. **non-payment** n неплатёж.

nonplus vt ста́вить impf, по~ pf в тупи́к.

non-productive adj непроизводи́тельный. **non-resident** adj не проживу́ющий (где́-нибудь).

nonsense n ерунда́. **nonsensical** adj бессмы́сленный.

non-smoker n (person) некуря́щий sb; (compartment) купе́ neut indecl, для некуря́щих. **non-stop** adj безостано́вочный; (flight) беспоса́дочный; adv без остано́вок; без поса́док. **non-violent** adj ненаси́льственный.

noodles n pl лапша́.

nook n уголо́к.

noon n по́лдень m.

no one see no

noose n пе́тля.

nor conj и не; то́же; **neither ... ~** ни... ни.

norm n но́рма. **normal** adj норма́льный. **normality** n норма́льность. **normalize** vt нормализова́ть impf & pf.

north n се́вер; (naut) норд; adj се́верный; adv к се́веру, на се́вер; **~-east** се́веро-восто́к; **~-easterly, -eastern** се́веро-восто́чный; **~-west** се́веро-за́пад; **~-westerly, -western** се́веро-за́падный. **northerly** adj се́верный. **northern** adj се́верный. **northerner** n северя́нин, -я́нка. **northward(s)** adv на се́вер, к се́веру.

Norway n Норве́гия. **Norwegian** adj норве́жский; n норве́жец, -жка.

nose n нос; vi: **~ about, out** разню́хивать impf, разню́хать pf. **nosebleed** n кровотече́ние и́з носу. **nosedive** n пике́ neut indecl.

nostalgia n ностальги́я. **nostalgic** adj ностальги́ческий.

nostril n ноздря́.

not adv не; нет; ни; **~ at all** ниско́лько, ничу́ть; (reply to thanks) не сто́ит (благода́рности); **~ once** ни ра́зу; **~ that** не то, что́бы; **~ too** дово́льно +neg; **~ to say** что́бы не сказа́ть; **~ to speak of** не говоря́ уже́ о+prep.

notable adj заме́тный; (remarkable) замеча́тельный. **notably** adv (especially) осо́бенно; (perceptibly) заме́тно.

notary (public) n нота́риус.

notation n нота́ция; (mus) но́тное письмо́.

notch n зару́бка; vt: **~ up** вы́игры-

вать impf, вы́играть pf.

note n (record) заме́тка, за́пись; (annotation) примеча́ние; (letter) запи́ска; (banknote) банкно́т; (mus) но́та; (tone) тон; (attention) внима́ние; vt отмеча́ть impf, отме́тить pf; **~down** запи́сывать impf, записа́ть pf. **notebook** n записна́я кни́жка. **noted** adj знамени́тый; изве́стный (for +instr). **notepaper** n почто́вая бума́га. **noteworthy** adj досто́йный внима́ния.

nothing n ничто́, ничего́; **~ but** ничего́ кро́ме+gen, то́лько; **~ of the kind** ничего́ подо́бного; **come to ~** конча́ться impf, ко́нчиться pf ниче́м; **for ~** (free) да́ром; (in vain) зря, напра́сно; **have ~ to do with** не име́ть impf никако́го отноше́ния к+dat; **there is (was) ~ for it (but to)** ничего́ друго́го не оста́ётся (оста́валось) (как); **to say ~ of** не говоря́ уже́ о+prep.

notice n (sign) объявле́ние; (warning) предупрежде́ние; (attention) внима́ние; (review) о́тзыв; **give (in) one's ~** подава́ть impf, пода́ть pf заявле́ние об ухо́де с рабо́ты; **give s.o. ~** предупрежда́ть impf, предупреди́ть pf об увольне́нии; **take ~ of** обраща́ть impf, обрати́ть pf внима́ние на+acc; **~-board** доска́ для объявле́ний; vt замеча́ть impf, заме́тить pf. **noticeable** adj заме́тный. **notification** n извеще́ние. **notify** vt извеща́ть impf, извести́ть pf (of +prep).

notion n поня́тие.

notoriety n дурна́я сла́ва. **notorious** adj пресловутый.

notwithstanding prep несмотря́ на+acc; adv тем не ме́нее.

nought n (nothing) see naught; (zero) нуль m; (figure 0) ноль m.

noun n (úмя neut) существи́тельное sb.

nourish vt пита́ть impf, на~ pf. **nourishing** adj пита́тельный. **nourishment** n пита́ние.

novel adj но́вый; (unusual) необыкнове́нный; n рома́н. **novelist** n романи́ст. **novelty** n (newness) новизна́; (new thing) нови́нка.

November n ноя́брь m; adj ноя́брьский.

novice n (*eccl*) послушник, -ица; (*beginner*) новичо́к.

now adv тепе́рь, сейча́с; (*immediately*) то́тчас же; (*next*) тогда́; conj: ~ (that) раз, когда́; (*every*) ~ and again, then вре́мя от вре́мени; by ~ уже́; from ~ on впредь. **nowadays** adv в на́ше вре́мя.

nowhere adv (*place*) нигде́; (*direction*) никуда́; pron: I have ~ to go мне не́куда пойти́.

noxious adj вре́дный.

nozzle n сопло́.

nuance n нюа́нс.

nuclear adj я́дерный. **nucleus** n ядро́.

nude adj обнажённый, наго́й; n обнажённая фигу́ра.

nudge vt подта́лкивать impf, подтолкну́ть pf ло́ктем; n толчо́к ло́ктем.

nudity n нагота́.

nugget n саморо́док.

nuisance n доса́да; (*person*) раздража́ющий челове́к.

null adj: ~ and void недействи́тельный. **nullify** vt аннули́ровать impf & pf. **nullity** n недействи́тельность.

numb adj онеме́лый; (*from cold*) окочене́лый; go ~ онеме́ть pf; (*from cold*) окочене́ть pf.

number n (*total*) коли́чество; (*total; symbol; math; gram*) число́; (*identifying numeral; item*) но́мер; ~-plate номерна́я доще́чка; vt (*assign to*) нумерова́ть impf, за~, про~ pf; (*contain*) насчи́тывать impf: ~ among причисля́ть impf, причи́слить pf к+dat; his days are ~ed его́ дни сочтены́.

numeral n ци́фра; (*gram*) (и́мя neut) числи́тельное sb. **numerical** adj числово́й. **numerous** adj многочи́сленный; (*many*) мно́го +gen pl.

nun n мона́хиня. **nunnery** n (*женский*) монасты́рь m.

nuptial adj сва́дебный; n: pl сва́дьба.

nurse n (*child's*) ня́ня; (*medical*) медсестра́; vt (*suckle*) корми́ть impf, на~, по~ pf; (*tend sick*) уха́живать impf за+instr; **nursing home** санато́рий; дом престаре́лых. **nursery** n (*room*) де́тская sb; (*day* ~) я́сли (-лей) pl; (*for plants*) пито́мник; ~ rhyme де́тские приба́утки f pl; ~ school де́тский сад.

nut n оре́х; (*for bolt etc.*) га́йка. **nutshell** n: in a ~ в двух слова́х.

nutmeg n муска́тный оре́х.

nutrient n пита́тельное вещество́. **nutrition** n пита́ние. **nutritious** adj пита́тельный.

nylon n нейло́н; pl нейло́новые чулки́ (-ло́к) pl.

nymph n ни́мфа.

O

O int o!; ах!

oaf n неуклю́жий челове́к.

oak n дуб; attrib дубо́вый.

oar n весло́. **oarsman** n гребе́ц.

oasis n оа́зис.

oath n прися́га; (*expletive*) руга́тельство.

oatmeal n овся́нка. **oats** n pl овёс (овса́) collect.

obdurate adj упря́мый.

obedience n послуша́ние. **obedient** adj послу́шный.

obese adj ту́чный. **obesity** n ту́чность.

obey vt слу́шаться impf, по~ pf +gen; (*law, order*) подчиня́ться impf, подчини́ться pf +dat.

obituary n некроло́г.

object n (*thing*) предме́т; (*aim*) цель; (*gram*) дополне́ние; vt & i возража́ть impf, возрази́ть pf (to про́тив+gen); I don't ~ я не про́тив. **objection** n возраже́ние; I have no ~ я не возража́ю. **objectionable** adj неприя́тный. **objective** adj объекти́вный; n цель. **objectivity** n объекти́вность. **objector** n возража́ющий sb.

obligation n обяза́тельство; I am under an ~ я обя́зан(а). **obligatory** adj обяза́тельный. **oblige** vt обя́зывать impf, обяза́ть pf; be ~d to (*grateful*) быть обя́занным+dat. **obliging** adj услу́жливый.

oblique adj косо́й; (*fig; gram*) ко́свенный.

obliterate vt (*efface*) стира́ть impf, стере́ть pf; (*destroy*) уничтожа́ть impf, уничто́жить pf. **obliteration** n стира́ние; уничтоже́ние.

oblivion n забве́ние. **oblivious** adj (*forgetful*) забы́вчивый; to be ~ of не замеча́ть impf +gen.

oblong adj продолгова́тый.

obnoxious *adj* проти́вный.

oboe *n* гобо́й.

obscene *adj* непристо́йный. **obscenity** *n* непристо́йность.

obscure *adj* (*unclear*) нея́сный; (*little known*) малоизве́стный; *vt* затемня́ть *impf*, затемни́ть *pf*; де́лать *impf*, с~ *pf* нея́сным. **obscurity** *n* нея́сность; неизве́стность.

obsequious *adj* подобостра́стный.

observance *n* соблюде́ние; (*rite*) обря́д. **observant** *adj* наблюда́тельный. **observation** *n* наблюде́ние; (*remark*) замеча́ние. **observatory** *n* обсервато́рия. **observe** *vt* (*law etc.*) соблюда́ть *impf*, соблюсти́ *pf*; (*watch*) наблюда́ть *impf*; (*remark*) замеча́ть *impf*, заме́тить *pf*. **observer** *n* наблюда́тель *m*.

obsess *vt* пресле́довать *impf*; **obsessed by** одержи́мый +*instr*. **obsession** *n* одержи́мость; (*idea*) навя́зчивая иде́я. **obsessive** *adj* навя́зчивый.

obsolete *adj* устаре́лый, вы́шедший из употребле́ния.

obstacle *n* препя́тствие.

obstetrician *n* акуше́р. **obstetrics** *n* акуше́рство.

obstinacy *n* упря́мство. **obstinate** *adj* упря́мый.

obstreperous *adj* бу́йный.

obstruct *vt* загражда́ть *impf*, загради́ть *pf*; (*hinder*) препя́тствовать *impf*, вос~ *pf* +*dat*. **obstruction** *n* загражде́ние; (*obstacle*) препя́тствие. **obstructive** *adj* загражда́ющий; препя́тствующий.

obtain *vt* получа́ть *impf*, получи́ть *pf*; достава́ть *impf*, доста́ть *pf*.

obtrusive *adj* навя́зчивый; (*thing*) броса́ющийся в глаза́.

obtuse *adj* тупо́й.

obviate *vt* устраня́ть *impf*, устрани́ть *pf*.

obvious *adj* очеви́дный.

occasion *n* слу́чай; (*cause*) по́вод; (*occurrence*) собы́тие; *vt* причиня́ть *impf*, причини́ть *pf*. **occasional** *adj* ре́дкий. **occasionally** *adv* иногда́, вре́мя от вре́мени.

occult *adj* окку́льтный; *n*: the ~ окку́льт.

occupancy *n* заня́тие. **occupant** *n* жи́тель *m*, ~ница. **occupation** *n*

заня́тие; (*military* ~) оккупа́ция; (*profession*) профе́ссия. **occupational** *adj* профессиона́льный; ~ **therapy** трудотерапи́я. **occupy** *vt* занима́ть *impf*, заня́ть *pf*; (*mil*) оккупи́ровать *impf & pf*.

occur *vi* (*happen*) случа́ться *impf*, случи́ться *pf*; (*be found*) встреча́ться *impf*, ~ся *pf*; **to** прийти́ *pf* в го́лову+*dat*. **occurrence** *n* слу́чай, происше́ствие.

ocean *n* океа́н. **oceanic** *adj* океа́нский.

o'clock *adv*: (at) six ~ (в) шесть часо́в.

octagonal *adj* восьмиуго́льный.

octave *n* (*mus*) окта́ва.

October *n* октя́брь *m*; *adj* октя́брьский.

octopus *n* осьмино́г.

odd *adj* (*strange*) стра́нный; (*not in a set*) разро́зненный; (*number*) нечётный; (*not paired*) непа́рный; (*casual*) случа́йный; **five hundred ~** пятьсо́т с ли́шним; **~ job** случа́йная рабо́та. **oddity** *n* стра́нность; (*person*) чуда́к, -а́чка. **oddly** *adv* стра́нно; ~ **enough** как э́то ни стра́нно. **oddment** *n* оста́ток. **odds** *n pl* ша́нсы *m pl*; **be at ~ with** (*person*) не ла́дить с+*instr*; (*things*) не соотве́тствовать *impf* +*dat*; **long** (**short**) ~ нера́вные (почти́ ра́вные) ша́нсы *m pl*; **the ~ are that** вероя́тнее всего́, что; **~ and ends** обры́вки *m pl*.

ode *n* о́да.

odious *adj* ненави́стный.

odour *n* за́пах.

oesophagus *n* пищево́д.

of *prep expressing* **1.** *origin*: из+*gen*: **he comes ~ a working-class family** он из рабо́чей семьи́; **2.** *cause*: ot +*gen*: **he died ~ hunger** он у́мер от го́лода; **3.** *authorship*: *gen*: **the works ~ Pushkin** сочине́ния Пу́шкина; **4.** *material*: из+*gen*: **made ~ wood** сде́ланный из де́рева; **5.** *reference*: o+*prep*: **he talked ~ Lenin** он говори́л о Ле́нине; **6.** *partition*: *gen* (*often in -у́(-ю)*): **a glass ~ milk, tea** стака́н молока́, ча́ю; из+*gen*: **one ~ them** оди́н из них; **7.** *belonging*: *gen*: **the capital ~ England** столи́ца А́нглии.

off adv: in phrasal vv, see v, e.g. clear ~ убира́ться; prep (from surface of) c+gen; (away from) от+gen; ~ and on вре́мя от вре́мени; ~-white не совсе́м бе́лый.

offal n требуха́.

offence n (insult) оби́да; (against law) просту́пок, преступле́ние; take ~ обижа́ться impf, оби́деться pf (at на+acc). **offend** vt обижа́ть impf, оби́деть pf; ~ against наруша́ть impf, нару́шить pf. **offender** n правонаруши́тель m, ~ница. **offensive** adj (attacking) наступа́тельный; (insulting) оскорби́тельный; (repulsive) проти́вный; n нападе́ние.

offer vt предлага́ть impf, предложи́ть pf; n предложе́ние; on ~ в прода́же.

offhand adj бесцеремо́нный.

office n (position) до́лжность; (place, room etc.) бюро́ neut indecl, конто́ра, канцеля́рия. **officer** n должностно́е лицо́; (mil) офице́р. **official** adj служе́бный; (authorized) официа́льный; n должностно́е лицо́. **officiate** vi (eccl) соверша́ть impf, соверши́ть pf богослуже́ние. **officious** adj (intrusive) навя́зчивый.

offing n: be in the ~ предстоя́ть impf.

off-licence n ви́нный магази́н. **off-load** vt разгружа́ть impf, разгрузи́ть pf. **off-putting** adj отта́лкивающий. **offset** vt возмеща́ть impf, возмести́ть pf. **offshoot** n о́тпрыск. **offshore** adj прибре́жный. **offside** adv вне игры́. **offspring** n пото́мок; (collect) пото́мки m pl.

often adv ча́сто.

ogle vt & i смотре́ть impf с вожделе́нием на+acc.

ogre n велика́н-людое́д.

oh int о!; ах!

ohm n ом.

oil n ма́сло; (petroleum) нефть; (paint) ма́сло, ма́сляные кра́ски f pl; vt сма́зывать impf, сма́зать pf; ~-painting карти́на, напи́санная ма́сляными кра́сками; ~ rig нефтяна́я вы́шка; ~-tanker та́нкер; ~-well нефтяна́я сква́жина. **oilfield** n месторожде́ние не́фти. **oilskin** n клеёнка; pl непромока́емый костю́м.

oily adj масляни́стый.

ointment n мазь.

OK adv & adj хорошо́, норма́льно; int ла́дно!; vt одобря́ть impf, одо́брить pf.

old adj ста́рый; (ancient; of long standing) стари́нный; (former) бы́вший; how ~ are you? ско́лько тебе́, вам, (dat) лет?; ~ age ста́рость; ~-age pension пе́нсия по ста́рости; old-fashioned старомо́дный; ~ maid ста́рая де́ва; ~ man (also father, husband) стари́к; ~-time стари́нный; ~ woman старуха; (coll) стару́шка.

olive n (fruit) оли́вка; (colour) оли́вковый цвет; adj оли́вковый; ~ oil оли́вковое ма́сло.

Olympic adj олимпи́йский; ~ games Олимпи́йские и́гры f pl.

omelette n омле́т.

omen n предзнаменова́ние. **ominous** adj злове́щий.

omission n про́пуск; (neglect) упуще́ние. **omit** vt (leave out) пропуска́ть impf, пропусти́ть pf; (neglect) упуска́ть impf, упусти́ть pf.

omnibus n (bus) авто́бус; (collection) колле́кция.

omnipotence n всемогу́щество. **omnipotent** adj всемогу́щий. **omnipresent** adj вездесу́щий. **omniscient** adj всеве́дущий.

on prep (position) на+prep; (direction) на+acc; (time) в+acc; ~ the next day на сле́дующий день; ~ Mondays (repeated action) по понеде́льникам (dat pl); ~ the first of June пе́рвого ию́ня (gen); (concerning) по+prep, о+prep, на+acc; (about) да́льше, вперёд; in phrasal vv, see vv, e.g. move ~ идти́ да́льше; and so ~ и так да́лее, и т.д.; be ~ (film etc.) идти́ impf; further ~ да́льше; later ~ по́зже.

once adv (один) раз; (on past occasion) одна́жды; (formerly) не́когда; all at ~ неожи́данно; at ~ сра́зу, неме́дленно; (if, when) как то́лько; ~ again, more ещё раз; ~ and for all раз и навсегда́; ~ or twice не́сколько раз; ~ upon a time there lived ... жил-был... .

oncoming adj: ~ traffic встре́чное движе́ние.

one adj оди́н (одна́, -нό); (only, single) еди́нственный; n оди́н; pron: not usu translated; v translated in 2nd pers sg or by impers construction: ~ never knows никогда́ не зна́ешь; where can ~ buy this book? где мо́жно купи́ть э́ту кни́гу? ~ after another оди́н за други́м; ~ and all все до одного́; все как оди́н; ~ and only еди́нственный; ~ and the same оди́н и тот же; ~ another друг дру́га (dat -гу, etc.); ~ fine day в оди́н прекра́сный день; ~ o'clock час; ~ parent family семья́ с одни́м роди́телем; ~-sided, -track, -way односторо́нний; ~-time бы́вший; ~-way street у́лица односторо́ннего движе́ния.

onerous adj тя́гостный.

oneself pron себя́; -ся (suffixed to vt).

onion n (plant; pl collect) лук; (single ~) лу́ковица.

onlooker n наблюда́тель m.

only adj еди́нственный; adv то́лько; it ~ если бы то́лько; ~ just то́лько что; conj но.

onset n нача́ло.

onslaught n на́тиск.

onus n отве́тственность.

onward(s) adv вперёд.

ooze vt & i сочи́ться impf.

opal n опа́л.

opaque adj непрозра́чный.

open adj откры́тый; (frank) открове́нный; in the ~ air на откры́том во́здухе; ~-minded adj непредупреждённый; vt & i открыва́ть(ся) impf, откры́ть(ся) pf; vi (begin) начина́ть impf, нача́ться pf; (flowers) распуска́ться impf, распусти́ться pf. **opening** n откры́тие; (aperture) отве́рстие; (beginning) нача́ло; adj нача́льный, пе́рвый; (introductory) вступи́тельный.

opera n о́пера; attrib о́перный; ~house о́перный теа́тр.

operate vi де́йствовать impf (upon на+acc); (med) опери́ровать impf & pf (on +acc); vt управля́ть impf +instr.

operatic adj о́перный.

operating-theatre n операцио́нная sb. **operation** n де́йствие; (med; mil) опера́ция. **operational** adj (in use) де́йствующий; (mil) операти́вный. **operative** adj де́йствующий. **oper-**

ator n опера́тор; (telephone ~) телефони́ст, ~ка.

operetta n опере́тта.

ophthalmic adj глазно́й.

opinion n мне́ние; in my ~ по-мо́ему; ~ poll опро́с обще́ственного мне́ния. **opinionated** adj догмати́чный.

opium n о́пиум.

opponent n проти́вник.

opportune adj своевре́менный. **opportunism** n оппортуни́зм. **opportunist** n оппортуни́ст. **opportunistic** n оппортунисти́ческий. **opportunity** n слу́чай, возмо́жность.

oppose vt (resist) проти́виться impf, вос~ pf +dat; (speak etc. against) выступа́ть impf, вы́ступить pf про́тив+gen. **opposed** adj про́тив (to +gen); as ~ to в противополо́жность+dat. **opposing** adj проти́вный; (opposite) противополо́жный. **opposite** adj противополо́жный; (reverse) обра́тный; n противополо́жность; just the ~ как раз наоборо́т; adv напро́тив; prep (на)про́тив+gen. **opposition** n (resistance) сопротивле́ние; (polit) оппози́ция.

oppress vt угнета́ть impf. **oppression** n угнете́ние. **oppressive** adj угнета́ющий. **oppressor** n угнета́тель m.

opt vi выбира́ть impf, вы́брать pf (for +acc); ~ out не принима́ть impf уча́стия (of в+prep).

optic adj зри́тельный. **optical** adj опти́ческий. **optician** n о́птик. **optics** n о́птика.

optimism n оптими́зм. **optimist** n оптими́ст. **optimistic** adj оптимисти́ческий. **optimum** adj оптима́льный.

option n вы́бор. **optional** adj необяза́тельный.

opulence n бога́тство. **opulent** adj бога́тый.

opus n о́пус.

or conj и́ли; ~ else ина́че; ~ so приблизи́тельно.

oracle n ора́кул.

oral adj у́стный; n у́стный экза́мен.

orange n (fruit) апельси́н; (colour) ора́нжевый цвет; attrib апельси́новый; adj ора́нжевый.

oration n речь. orator n ора́тор.

oratorio n орато́рия.

oratory n (speech) красноре́чие.

orbit n орби́та; vt враща́ться impf по орби́те вокру́г+gen. orbital adj орбита́льный.

orchard n фрукто́вый сад.

orchestra n орке́стр. orchestral adj оркестро́вый. orchestrate vt оркестрова́ть impf & pf. orchestration n оркестро́вка.

orchid n орхиде́я.

ordain vt предпи́сывать impf, предписа́ть pf; (eccl) посвяща́ть impf, посвяти́ть pf (в духо́вный сан).

ordeal n тяжёлое испыта́ние.

order n поря́док; (command) прика́з; (for goods) зака́з; (insignia, medal; fraternity) о́рден; (archit) о́рдер; n (holy ~) духо́вный сан; in ~ to (для того́) чтобы +inf; vt (command) прика́зывать impf, приказа́ть pf +dat; (goods etc.) зака́зывать impf, заказа́ть pf. orderly adj аккура́тный; (quiet) ти́хий; n (med) санита́р; (mil) ордина́рец.

ordinance n декре́т.

ordinary adj обыкнове́нный, обы́чный.

ordination n посвяще́ние.

ore n руда́.

organ n о́рган; (mus) орга́н. organic adj органи́ческий. organism n органи́зм. organist n органи́ст. organization n организа́ция. organize vt организо́вывать impf (pres not used), организова́ть impf (in pres) & pf; устра́ивать impf, устро́ить pf. organizer n организа́тор.

orgy n о́ргия.

Orient n Восто́к. oriental adj восто́чный.

orient, orientate vt ориенти́ровать impf &pf (o.s. -ся). orientation n ориента́ция.

orifice n отве́рстие.

origin n происхожде́ние, нача́ло. original adj оригина́льный; (initial) первонача́льный; (genuine) по́длинный; n оригина́л. originality n оригина́льность. originate vt порожда́ть impf, породи́ть pf; vi брать impf, взять pf нача́ло (from, in в+prep, от+gen); (arise) возника́ть impf, возни́кнуть pf. originator n

а́втор, инициа́тор.

ornament n украше́ние; vt украша́ть impf, укра́сить pf. ornamental adj декорати́вный.

ornate adj витиева́тый.

ornithologist n орнито́лог. ornithology n орнитоло́гия.

orphan n сирота́ m & f; vt: be ~ed сироте́ть impf, o~ pf. orphanage n сиро́тский дом. orphaned adj осироте́лый.

orthodox adj ортодокса́льный; (eccl, O~) правосла́вный. orthodoxy n ортодо́ксия; (O~) правосла́вие.

orthopaedic adj ортопеди́ческий.

oscillate vi колеба́ться impf, по~ pf. oscillation n колеба́ние.

osmosis n о́смос.

ostensible adj мни́мый. ostensibly adv я́кобы.

ostentation n выставле́ние напока́з. ostentatious adj показно́й.

osteopath n остеопа́т. osteopathy n остеопа́тия.

ostracize vt подверга́ть impf, подве́ргнуть pf остраки́зму.

ostrich n стра́ус.

other adj друго́й, ино́й; тот; every ~ ка́ждый второ́й; every ~ day че́рез день; on the ~ hand с друго́й стороны́; on the ~ side на той стороне́, по ту сто́рону; one or the ~ тот и́ли ино́й; the ~ day на дня́х, неда́вно; the ~ way round наоборо́т; the ~s остальны́е sb pl. otherwise adv & conj ина́че, а то.

otter n вы́дра.

ouch int ой!, ай!

ought v aux до́лжен (-жна́) (бы) +inf.

ounce n у́нция.

our, ours poss pron наш; свой. ourselves pron (emph) (мы) са́ми; (refl) себя́; -ся (suffixed to vt).

oust vt вытесня́ть impf, вы́теснить pf.

out adv 1. in phrasal vv often rendered by pref вы-; 2.: to be ~ in various senses: he is ~ (not at home) его́ нет до́ма; (not in office etc.) он вы́шел; (sport) выходи́ть impf, вы́йти pf из игры́; (of fashion) вы́йти pf из мо́ды; (be published) вы́йти pf из печа́ти; (of candle etc.) поту́хнуть pf; (of flower) распусти́ться pf; (be unconscious) потеря́ть pf созна́ние; 3.: ~-and-~ отъя́вленный; 4.: ~ of из+gen, вне+gen; ~ of date устаре́лый, старомо́дный; ~ of doors на откры́том во́здухе; ~ of work безрабо́тный.

outbid vt предлага́ть impf, предложи́ть pf бо́лее высо́кую це́ну, чем+nom. **outboard** adj: ~ motor подвесно́й мото́р m. **outbreak** n (of anger, disease) вспы́шка; (of war) нача́ло. **outbuilding** n надво́рная постро́йка. **outburst** n взрыв. **outcast** n изгна́нник. **outcome** n результа́т. **outcry** n (шу́мный) проте́сты m pl. **outdated** adj устаре́лый. **outdo** vt превосходи́ть impf, превзойти́ pf.

outdoor adj, **outdoors** adv на откры́том во́здухе, на у́лице.

outer adj (external) вне́шний, нару́жный; (far from centre) да́льний. **outermost** adj са́мый да́льний.

outfit n (equipment) снаряже́ние; (set of things) набо́р; (clothes) наря́д. **outgoing** adj уходя́щий; (sociable) общи́тельный. **outgoings** n pl изде́ржки f pl. **outgrow** vt выраста́ть impf, вы́расти pf из+gen. **outhouse** n надво́рная постро́йка.

outing n прогу́лка, экску́рсия.

outlandish adj дико́винный. **outlaw** n лицо́ вне зако́на; банди́т; vt объявля́ть impf, объяви́ть pf вне зако́на. **outlay** n изде́ржки f pl. **outlet** n выходно́е отве́рстие; (fig) вы́ход; (market) ры́нок; (shop) торго́вая то́чка. **outline** n очерта́ние, ко́нтур; (sketch, summary) набро́сок; vt оче́рчивать impf, очерти́ть pf; (plans etc.) набра́сывать impf, наброса́ть pf. **outlive** vt пережи́ть pf. **outlook** n перспекти́вы f pl; (attitude) кругозо́р. **outlying** adj перифери́йный. **outmoded** adj старомо́дный. **outnumber** vt чи́сленно превосходи́ть impf, превзойти́ pf. **out-patient** n амбулато́рный больно́й sb. **outpost** n форпо́ст. **output** n вы́пуск, проду́кция.

outrage n безобра́зие; (indignation) возмуще́ние; vt оскорбля́ть impf, оскорби́ть pf. **outrageous** adj возмути́тельный.

outright adv (entirely) вполне́; (once for all) раз (и) навсегда́; (openly)

откры́то; adj прямо́й. **outset** n нача́ло; at the ~ внача́ле; from the ~ с са́мого нача́ла.

outside n нару́жная сторона́; at the ~ са́мое бо́льшее; from the ~ извне́; on the ~ снару́жи; adj нару́жный, вне́шний; (sport) кра́йний; adv (on the ~) снару́жи; (to the ~) нару́жу; (out of doors) на откры́том во́здухе, на у́лице; prep вне+gen; за преде́лами+gen. **outsider** n посторо́нний sb; (sport) аутса́йдер.

outsize adj бо́льше станда́ртного разме́ра. **outskirts** n pl окра́ина. **outspoken** adj прямо́й. **outstanding** adj (remarkable) выдаю́щийся; (unpaid) неупла́ченный. **outstay** vt: ~ one's welcome заси́живаться impf, засиде́ться pf. **outstretched** adj распростёртый. **outstrip** vt обгоня́ть impf, обогна́ть pf.

outward adj (external) вне́шний, нару́жный. **outwardly** adv вне́шне, на вид. **outwards** adv нару́жу.

outweigh vt переве́шивать impf, переве́сить pf. **outwit** vt перехитри́ть pf.

oval adj ова́льный; n ова́л.

ovary n яи́чник.

ovation n ова́ция.

oven n (industrial) печь; (domestic) духо́вка.

over adv & prep with vv: see vv; prep (above) над+instr; (through; covering) по+dat; (concerning) о+prep; (across) че́рез+acc; (on the other side of) по ту сто́рону+gen; (more than) свы́ше+gen; бо́лее+gen; (with age) за+acc; all ~ (finished) всё ко́нчено; (everywhere) повсю́ду; all ~ the country по всей стране́; ~ again ещё раз; ~ against по сравне́нию с+instr; ~ and above не говоря́ уже́ о+prep; ~ the telephone по телефо́ну; ~ there вон там.

overall n хала́т; pl комбинезо́н; adj о́бщий. **overawe** vt внуша́ть impf, внуши́ть pf благогове́йный страх +dat. **overbalance** vi теря́ть impf, по~ pf равнове́сие. **overbearing** adj вла́стный. **overboard** adv (motion) за́ борт; (position) за бо́ртом. **overcast** adj о́блачный. **overcoat** n пальто́ neut indecl. **overcome** vt преодолева́ть impf, преодоле́ть pf;

adj охва́ченный. **overcrowded** *adj* перепо́лненный. **overcrowding** *n* переполне́ние. **overdo** *vt* (*cook*) пережа́ривать *impf*, пережа́рить *pf*; ~ **it, things** (*work too hard*) переутомля́ться *impf*, переутоми́ться *pf*; (*go too far*) перебарщивать *impf*, переборщи́ть *pf*.

overdose *n* чрезме́рная до́за. **overdraft** *n* превыше́ние креди́та; (*amount*) долг ба́нку. **overdraw** *vi* превыша́ть *impf*, превы́сить *pf* креди́т (в ба́нке). **overdue** *adj* просро́ченный; be ~ (*late*) запа́здывать *impf*, запозда́ть *pf*. **overestimate** *vt* переоце́нивать *impf*, переоцени́ть *pf*. **overflow** *vi* перелива́ться *impf*, перели́ться *pf*; (*river etc.*) разлива́ться *impf*, разли́ться *pf*; (*outlet*) перели́в. **overgrown** *adj* заро́сший. **overhang** *vt & i* выступа́ть *impf* над+*instr*; *n* свес, вы́ступ.

overhaul *vt* ремонти́ровать *impf & pf*; *n*: ремо́нт. **overhead** *adv* наверху́, над голово́й; *adj* возду́шный, подвесно́й; *n*: *pl* накладны́е расхо́ды *m pl.* **overhear** *vt* нечая́нно слы́шать *impf*, y~ *pf.* **overheat** *vt & i* перегрева́ть(ся) *impf*, перегре́ть(ся) *pf.* **overjoyed** *adj* в восто́рге (at от+*gen*). **overland** *adj* сухопу́тный; *adv* по су́ше. **overlap** *vt* части́чно покрыва́ть *impf*, покры́ть *pf*; *vi* части́чно совпада́ть *impf*, совпа́сть *pf.*

overleaf *adv* на оборо́те. **overload** *vt* перегружа́ть *impf*, перегрузи́ть *pf.* **overlook** *vt* (*look down on*) смотре́ть *impf* све́рху на+*acc*; (*of window*) выходи́ть *impf* на, в, +*acc*; (*not notice*) не замеча́ть *impf*, заме́тить *pf* +*gen*; (~ *offence etc.*) проща́ть *impf*, прости́ть *pf.*

overly *adv* сли́шком.

overnight *adv* (*during the night*) за́ ночь; (*suddenly*) неожи́данно; stay ~ ночева́ть *impf*, пере~ *pf*; *adj* ночно́й. **overpay** *vt* перепла́чивать *impf*, переплати́ть *pf.*

over-populated *adj* перенаселённый. **over-population** *n* перенаселённость. **overpower** *vt* одолева́ть *impf*, одоле́ть *pf.* **overpriced** *adj* завы́шенный в цене́. **over-production** *n* перепроизво́дство. **overrate**

vt переоце́нивать *impf*, переоцени́ть *pf.* **override** *vt* (*fig*) отверга́ть *impf*, отве́ргнуть *pf.* **overriding** *adj* гла́вный, реша́ющий. **overrule** *vt* отверга́ть *impf*, отве́ргнуть *pf.* **overrun** *vt* (*conquer*) завоёвывать *impf*, завоева́ть *pf*; be ~ **with** кише́ть *impf* +*instr.*

overseas *adv* за мо́рем, че́рез мо́ре; *adj* замо́рский. **oversee** *vt* надзира́ть *impf* за+*instr*. **overseer** *n* надзира́тель *m*, -ница. **overshadow** *vt* затмева́ть *impf*, затми́ть *pf.* **overshoot** *vi* переходи́ть *impf*, перейти́ *pf* грани́цу. **oversight** *n* случа́йный недосмо́тр. **oversleep** *vi* просыпа́ть *impf*, проспа́ть *pf.* **overspend** *vi* тра́тить *impf* сли́шком мно́го. **overstate** *vt* преувели́чивать *impf*, преувели́чить *pf.* **overstep** *vt* переступа́ть *impf*, переступи́ть *pf* +*acc*, че́рез+*acc.*

overt *adj* я́вный, откры́тый.

overtake *vt* обгоня́ть *impf*, обогна́ть *pf.* **overthrow** *vt* сверга́ть *impf*, све́ргнуть *pf.* **overtime** *n* (*work*) сверхуро́чная рабо́та; (*payment*) сверхуро́чное *sb*; *adv* сверхуро́чно.

overtone *n* скры́тый намёк. **overture** *n* предложе́ние; (*mus*) увертю́ра. **overturn** *vt & i* опроки́дывать(ся) *impf*, опроки́нуть(ся) *pf.* **overwhelm** *vt* подавля́ть *impf*, подави́ть *pf.* **overwhelming** *adj* подавля́ющий. **overwork** *vt & i* переутомля́ть(ся) *impf*, переутоми́ть(ся) *pf*; *n* переутомле́ние.

owe *vt* (~ *money*) быть до́лжным +*acc & dat*; (*be indebted*) быть обя́занным +*instr & dat*; he, she, ~s me three roubles он до́лжен, она́ должна́, мне три рубля́; she ~s him her life она́ обя́зана ему́ жи́знью. **owing** *adj*: be ~ причита́ться *impf* (to +*dat*); ~ to из-за+*gen*, по причи́не+*gen.*

owl *n* сова́.

own *adj* свой; (*own*) со́бственный; on one's ~ самостоя́тельно; (*alone*) оди́н; *vt* (*possess*) владе́ть *impf* +*instr*; (*admit*) признава́ть *impf*, призна́ть *pf*; ~ up признава́ться *impf*, призна́ться *pf.* **owner** *n* владе́лец. **ownership** *n* владе́ние

(of +instr), сóбственность.
oxn вол.

oxidationn окислéние. **oxide**n óкись.
oxidize vt & i окисля́ть(ся) impf,
окисли́ть(ся) pf. **oxygen** n кислорóд.

oystern ýстрица.

ozonen озóн.

P

pacen шаг; (fig) темп; keep ~ with
идти́ impf в нóгу c+instr; set the ~
задава́ть темп, зада́ть pf темп; vi:
~ up and down ходи́ть indet взад и
вперёд. **pacemaker** n (med) электрóнный стимуля́тор.

pacifismn пацифи́зм. **pacifist**n пацифи́ст; adj пацифи́стский. **pacify** vt усмиря́ть impf,
усмири́ть pf.

packn ýзел, вьюк; (soldier's) рáнец;
(hounds) свóра; (wolves) стáя; (cards)
колóда; vt (& i) упакóвывать(ся)
impf, упаковáть(ся) pf; (cram) набивáть impf, набить pf. **package** n
посы́лка, пакéт; ~ holiday организóванная туристи́ческая поéздка.
packaging n упакóвка. **packet** n
пакéт; пáчка; (large sum of money)
кýча дéнег. **packing-case** n я́щик.

pactn пакт.

padn (cushion) подýшечка; (shin
etc.) щитóк; (of paper) блокнóт; vt
подбивáть impf, подби́ть pf. **padding** n набивка.

paddle[1] (oar) веслó; vi (row) грести́ impf.

paddle[2] vi (wade) ходи́ть indet, идти́
det, пойти́ pf босикóм по водé.

paddockn вы́гон.

padlockn вися́чий замóк; vt запирáть impf, запере́ть pf на вися́чий
замóк.

paediatric adj педиатри́ческий.
paediatrician n педиáтор.

pagann язы́чник, -ица; adj язы́ческий. **paganism** n язы́чество.

page[1] n (~-boy) паж; vt (summon)
вызывáть impf, вы́звать pf.

page[2] n (of book) страни́ца.

pageantn пы́шная процéссия. **pageantry** n пы́шность.

pailn ведрó.

painn боль; pl (efforts) уси́лия neut

pl; ~-killer болеутоля́ющее срéдство; vt (fig) огорчáть impf, огорчи́ть pf. **painful** adj болéзненный;
be ~ (part of body) болéть impf.
painless adj безболéзненный. **painstaking** adj старáтельный.

paintn крáска; vt крáсить impf, по~
pf; (portray) писáть impf, на~ pf
крáсками. **paintbrush** n кисть.
painter n (artist) худóжник, -ица;
(decorator) маля́р. **painting** n (art)
жи́вопись; (picture) карти́на.

pairn пáра; often not translated with
nn denoting a single object, e.g. a ~
of scissors нóжницы (-ц) pl; a ~ of
trousers пáра брюк; vt спáривать
impf, спáрить pf; ~ off разделя́ться
impf, раздели́ться pf по пáрам.

Pakistan n Пакистáн. **Pakistani** n
пакистáнец, -áнка; adj пакистáнский.

paln прия́тель m, ~ница.

palacen дворéц.

palatable adj вкýсный; (fig) прия́тный. **palate** n нёбо; (fig) вкус.

palatial adj великолéпный.

palaver n (trouble) беспокóйство;
(nonsense) чепухá.

pale[1] n (stake) кол; beyond the ~
невообрази́мый.

pale[2] adj блéдный; vi бледнéть impf,
по~ pf.

paletten пали́тра.

pall[1]n покрóв.

pall[2] vi: ~ on надоедáть impf, надоéсть pf +dat.

palliative adj паллиати́вный; n паллиати́в.

pallid adj блéдный. **pallor** n блéдность.

palm[1] n (tree) пáльма; P~ Sunday
Вéрбное воскресéнье.

palm[2] n (of hand) ладóнь; vt: ~ off
всýчивать impf, всучи́ть pf (on +dat).

palpable adj осяза́емый.

palpitations n pl сердцебиéние.

paltry adj ничтóжный.

pamper vt балóвать impf, из~ pf.

pamphletn брошю́ра.

pan[1] n (saucepan) кастрю́ля; (frying-
~) сковородá; (of scales) чáшка; vt:
~ out промывáть impf, промы́ть pf;
(fig) выходи́ть impf, вы́йти pf.

pan[2] vi (cin) панорами́ровать impf
& pf.

panacea *n* панаце́я.

panache *n* рисо́вка.

pancake *n* блин.

pancreas *n* поджелу́дочная железа́.

panda *n* па́нда.

pandemonium *n* гвалт.

pander *vi*: to ~ потво́рствовать *impf* +*dat.*

pane *n* око́нное стекло́.

panel *n* пане́ль; (*control-~*) щит управле́ния; (*of experts*) гру́ппа специали́стов; (*of judges*) жюри́ *neut indecl.* panelling *n* пане́льная обши́вка.

pang *n pl* му́ки (-к) *pl.*

panic *n* па́ника; ~-stricken охва́ченный па́никой; *vi* впада́ть *impf,* впасть *pf* в па́нику. panicky *adj* пани́ческий.

pannier *n* корзи́нка.

panorama *n* панора́ма. panoramic *adj* панора́мный.

pansy *n* аню́тины гла́зки (-зок) *pl.*

pant *vi* дыша́ть *impf* с оды́шкой.

panther *n* панте́ра.

panties *n pl* тру́сики (-ков) *pl.*

pantomime *n* рожде́ственское представле́ние; (*dumb show*) пантоми́ма.

pantry *n* кладова́я *sb.*

pants *n pl* трусы́ (-со́в) *pl*; (*trousers*) брю́ки (-к) *pl.*

papal *adj* па́пский.

paper *n* бума́га; *pl* докуме́нты *m pl*; (*newspaper*) газе́та; (*wallpaper*) обо́и (-бе́в) *pl*; (*treatise*) докла́д; *adj* бума́жный; *vt* окле́ивать *impf,* окле́ить *pf* обо́ями. paperback *n* кни́га в бума́жной обло́жке. paperclip *n* скре́пка. paperwork *n* канцеля́рская рабо́та.

par *n*: feel below ~ чу́вствовать *impf* себя́ нева́жно; on a ~ with наравне́ с+*instr.*

parable *n* при́тча.

parabola *n* пара́бола.

parachute *n* парашю́т; *vi* спуска́ться *impf,* спусти́ться *pf* с парашю́том. parachutist *n* парашюти́ст.

parade *n* пара́д; *vi* шество́вать *impf*; *vt* (*show off*) выставля́ть *impf,* вы́ставить *pf* напока́з.

paradigm *n* паради́гма.

paradise *n* рай.

paradox *n* парадо́кс. paradoxical *adj* парадокса́льный.

paraffin *n* (~ *oil*) кероси́н.

paragon *n* образе́ц.

paragraph *n* абза́ц.

parallel *adj* паралле́льный; *n* паралле́ль; *vt* соотве́тствовать *impf* +*dat.*

paralyse *vt* парализова́ть *impf* & *pf.* paralysis *n* парали́ч.

parameter *n* пара́метр.

paramilitary *adj* полувое́нный.

paramount *adj* первостепе́нный.

paranoia *n* парано́йя paranoid *adj*: he is ~ он парано́ик.

parapet *n* (*mil*) бру́ствер.

paraphernalia *n* принадле́жности *f pl.*

paraphrase *n* переска́з; *vt* переска́зывать *impf,* пересказа́ть *pf.*

parasite *n* парази́т. parasitic *adj* парази́тический.

parasol *n* зо́нтик.

paratrooper *n* парашюти́ст-деса́нтник.

parcel *n* паке́т, посы́лка.

parch *vt* иссуша́ть *impf,* иссуши́ть *pf*; become ~ed пересыха́ть *impf,* пересо́хнуть *pf.*

parchment *n* перга́мент.

pardon *n* проще́ние; (*law*) поми́лование; *vt* проща́ть *impf,* прости́ть *pf*; (*law*) поми́ловать *pf.*

pare *vt* (*fruit*) чи́стить *impf,* о~ *pf*; ~ away, down уре́зывать *impf,* уре́зать *pf.*

parent *n* роди́тель *m,* ~ница. parentage *n* происхожде́ние. parental *adj* роди́тельский.

parentheses *n pl* (*brackets*) ско́бки *f pl.*

parish *n* прихо́д. parishioner *n* прихожа́нин, -а́нка.

parity *n* ра́венство.

park *n* парк; (*for cars etc.*) стоя́нка; *vt* & *abs* ста́вить *impf,* по~ *pf* (маши́ну). parking *n* стоя́нка.

parliament *n* парла́мент. parliamentarian *n* парламента́рий. parliamentary *adj* парла́ментский.

parlour *n* гости́ная *sb.*

parochial *adj* прихо́дский; (*fig*) ограни́ченный. parochialism *n* ограни́ченность.

parody *n* паро́дия; *vt* паро́дировать *impf* & *pf.*

parole *n* че́стное сло́во: on ~ освобождённый под че́стное сло́во.

paroxysm n пароксизм.

parquet n паркет; *attrib* паркетный.

parrot n попугай.

parry vt парировать *impf & pf*, от~ *pf*.

parsimonious *adj* скупой.

parsley n петрушка.

parsnip n пастернак.

parson n священник.

part n часть; (*in play*) роль; (*mus*) партия; for the most ~ большей частью; in ~ частью; for my ~ что касается меня; take ~ in участвовать *impf* в+*prep*; ~-time (занятый) неполный рабочий день; *vt & i* (*divide*) разделять(ся) *impf*, разделить(ся) *pf*; *vi* (*leave*) расставаться *impf*, расстаться *pf* (from, with c+*instr*); ~ one's hair делать *impf*, с~ *pf* себе пробор.

partake vi принимать *impf*, принять *pf* участие (**in**, of в+*prep*); (*eat*) есть *impf*, съ~ *pf* (of +*acc*).

partial *adj* частичный; (*biased*) пристрастный; ~ to неравнодушный к+*dat*. **partiality** n (*bias*) пристрастность. **partially** *adv* частично.

participant n участник, -ица (**in** +*gen*). **participate** vi участвовать *impf* (**in** в+*prep*). **participation** n участие.

participle n причастие.

particle n частица.

particular *adj* особый, особенный; (*fussy*) разборчивый; n подробность; **in** ~ в частности.

parting n (*leave-taking*) прощание; (*of hair*) пробор.

partisan n (*adherent*) сторонник; (*mil*) партизан; *attrib* (*biased*) пристрастный; партизанский.

partition n (*wall*) перегородка; (*polit*) раздел; *vt* разделять *impf*, разделить *pf*; ~ **off** отгораживать *impf*, отгородить *pf*.

partly *adv* частично.

partner n (*in business*) компаньон; (*in dance, game*) партнёр, ~ша. **partnership** n товарищество.

partridge n куропатка.

party n (*polit*) партия; (*group*) группа; (*social gathering*) вечеринка; (*law*) сторона; be a ~ to принимать *impf*, принять *pf* участие в+*prep*; *attrib* партийный; ~ **line** (*polit*)

линия партии; (*telephone*) общий телефонный провод; ~ **wall** общая стена.

pass vt & i (go past; of time) проходить *impf*, пройти *pf* (**by** мимо +*gen*); (*travel past*) проезжать *impf*, проехать *pf* (**by** мимо+*gen*); (~ examination) сдавать *impf*, сдать *pf* (экзамен); *vt* (*sport*) пасовать *impf*, паснуть *pf*; (*overtake*) обгонять *impf*, обогнать *pf*; (*time*) проводить *impf*, провести *pf*; (*hand on*) передавать *impf*, передать *pf*; (*law, resolution*) утверждать *impf*, утвердить *pf*; (*sentence*) выносить *impf*, вынести *pf* (upon +*dat*); ~ **as, for** слыть *impf*, про~ *pf* +*instr*, за+*acc*; ~ **away** (*die*) скончаться *pf*; ~ **o.s. off as** выдавать *impf*, выдать *pf* себя за+*acc*; ~ **out** терять *impf*, по~ *pf* сознание; ~ **over** (*in silence*) обходить *impf*, обойти *pf* молчанием; ~ **round** передавать *impf*, передать *pf*; ~ **up** подавать *impf*, подать *pf*; (*miss*) пропускать *impf*, пропустить *pf*; n (*permit*) пропуск; (*sport*) пас; (*geog*) перевал; **come to** ~ случаться *impf*, случиться *pf*; **make a** ~ **at** приставать *impf*, пристать *pf* к+*dat*.

passable *adj* проходимый, проезжий; (*not bad*) неплохой.

passage n (*passing*) проход; (*of time*) течение; (*sea trip*) рейс; (*in house*) коридор; (*in book*) отрывок; (*mus*) пассаж.

passenger n пассажир.

passer-by n прохожий sb.

passing *adj* (*transient*) мимолётный; n: **in** ~ мимоходом.

passion n страсть (**for** к+*dat*) **passionate** *adj* страстный.

passive *adj* пассивный; (*gram*) страдательный; n страдательный залог. **passivity** n пассивность.

Passover n еврейская Пасха.

passport n паспорт.

password n пароль m.

past *adj* прошлый; (*gram*) прошедший; n прошлое sb; (*gram*) прошедшее время neut; prep мимо +*gen*; (*beyond*) за+*instr*, за+*acc*; около +*gen*.

pasta n макаронные изделия neut pl.

paste n (*of flour*) тесто; (*creamy mixture*) паста; (*glue*) клей; (*jewellery*) страз; vt наклеивать impf, наклеить pf.

pastel n (crayon) пастель; (drawing) рисунок пастелью; attrib пастельный.

pasteurize vt пастеризовать impf & pf.

pastime n времяпрепровождение.

pastor n пастор. **pastoral** adj (bucolic) пасторальный; (of pastor) пасторский.

pastry n (dough) тесто; (cake) пирожное sb.

pasture n (land) пастбище.

pasty¹ n пирожок.

pasty² adj (~-faced) бледный.

pat n шлепок; (of butter etc.) кусок; vt хлопать impf, по~ pf.

patch n заплата; (over eye) повязка (на глаз); (spot) пятно; (of land) участок земли; vt ставить impf, по~ pf заплату на+acc; ~ **up** (fig) улаживать impf, уладить pf. **patchwork** n лоскутная работа; attrib лоскутный **patchy** adj неровный.

pâté n паштет.

patent adj явный; ~ **leather** лакированная кожа; n патент; vt патентовать impf, за~ pf.

paternal adj отцовский. **paternity** n отцовство.

path n тропинка, тропа; (way) путь m.

pathetic adj жалкий.

pathological adj патологический. **pathologist** n патолог.

pathos n пафос.

pathway n тропинка, тропа.

patience n терпение; (cards) пасьянс. **patient** adj терпеливый; n больной sb, пациент, ~ка.

patio n терраса.

patriarch n патриарх. **patriarchal** adj патриархальный.

patriot n патриот, ~ка. **patriotic** adj патриотический. **patriotism** n патриотизм.

patrol n патруль m; **on** ~ на дозоре; vt & i патрулировать impf.

patron n покровитель m; (of shop) клиент. **patronage** n покровительство. **patroness** n покровительница. **patronize** vt (treat condescendingly) снисходительно относиться impf, к+dat. **patronizing** adj покровительственный.

patronymic n отчество.

patter¹ vi (sound) барабанить impf; n постукивание.

patter² n (speech) скороговорка.

pattern n (design) узор; (model) образец; (sewing) выкройка.

paunch n брюшко.

pauper n бедняк.

pause n пауза, перерыв; (mus) фермата; vi останавливаться impf, остановиться pf.

pave vt мостить impf, вы~ pf; ~ **the way** подготовлять impf, подготовить pf почву (for для+gen). **pavement** n тротуар.

pavilion n павильон.

paw n лапа; vt трогать impf лапой; (horse) бить impf копытом.

pawn¹ n (chess) пешка.

pawn² n: **in** ~ в закладе; vt закладывать impf, заложить pf. **pawnbroker** n ростовщик. **pawnshop** n ломбард.

pay vt платить impf, за~, у~ pf (for за+acc); (bill etc.) оплачивать impf, оплатить pf; vi (be profitable) окупаться impf, окупиться pf; n жалованье, зарплата; ~ **packet** получка; ~**roll** платёжная ведомость. **payable** adj подлежащий уплате. **payee** n получатель m. **payload** n полезная нагрузка. **payment** n уплата, платёж.

pea n (also pl, collect) горох.

peace n мир; **in** ~ в покое; ~ **and quiet** мир и тишина. **peaceable**, **peaceful** adj мирный.

peach n персик.

peacock n павлин.

peak n (of cap) козырёк; (summit; fig) вершина; ~ **hour** часы m pl пик.

peal n (sound) звон, трезвон; (of laughter) взрыв.

peanut n арахис.

pear n груша.

pearl n (also fig) жемчужина; pl (collect) жемчуг.

peasant n крестьянин, -янка; attrib крестьянский.

peat n торф.

pebble n галька.

peck vt & i клевать impf, клюнуть pf; n клевок.

pectoral adj грудной.

peculiar adj (distinctive) своеобра́зный; (strange) стра́нный; ~ to сво́йственный +dat. **peculiarity** n осо́бенность; стра́нность.

pecuniary adj де́нежный.

pedagogical adj педагоги́ческий.

pedal n педа́ль; vi нажима́ть impf, нажа́ть pf педа́ль; (ride bicycle) е́хать impf, по~ pf на велосипе́де.

pedant n педа́нт. **pedantic** adj педанти́чный.

peddle vt торгова́ть impf вразно́с +instr.

pedestal n пьедеста́л.

pedestrian adj пешехо́дный; (prosaic) прозаи́ческий; n пешехо́д; ~ **crossing** перехо́д.

pedigree n родосло́вная sb; adj поро́дистый.

pedlar n разно́счик.

pee n пи-пи́ neut indecl; vi мочи́ться impf, по~ pf.

peek vi (~ in) загля́дывать impf, загляну́ть pf; (~ out) выгля́дывать impf, вы́глянуть pf.

peel n кожура́; vt очища́ть impf, очи́стить pf; vi (skin) шелуши́ться impf; (paint, ~ off) сходи́ть impf, сойти́ pf. **peelings** n pl очи́стки (-ков) pl.

peep vi (~ in) загля́дывать impf, загляну́ть pf; (~ out) выгля́дывать impf, вы́глянуть pf; n (glance) бы́стрый взгляд; ~**hole** глазо́к.

peer[1] vi всма́триваться impf, всмотре́ться pf (at в+acc).

peer[2] n (noble) пэр; (person one's age) све́рстник.

peeved adj раздражённый. **peevish** adj раздражи́тельный.

peg n ко́лышек; (clothes ~) крючо́к; (for hat etc.) ве́шалка; off the ~ гото́вый; vt прикрепля́ть impf, прикрепи́ть pf ко́лышком, -ками.

pejorative adj уничижи́тельный.

pelican n пелика́н.

pellet n ша́рик; (shot) дроби́на.

pelt[1] n (skin) шку́ра.

pelt[2] vt забра́сывать impf, заброса́ть pf; vi (rain) бараба́нить impf.

pelvis n таз.

pen[1] n (for writing) ру́чка; ~**friend** друг по перепи́ске.

pen[2] n (enclosure) заго́н.

penal adj уголо́вный. **penalize** vt

штрафова́ть impf, о~ pf. **penalty** n наказа́ние; (sport) штраф; ~ **area** штрафна́я площа́дка; ~ **kick** штрафно́й уда́р. **penance** n епитимья́.

penchant n скло́нность (for к+dat).

pencil n каранда́ш; ~**sharpener** точи́лка.

pendant n подве́ска.

pending adj (awaiting decision) ожида́ющий реше́ния; prep (until) в ожида́нии +gen, до+gen.

pendulum n ма́ятник.

penetrate vt проника́ть impf, прони́кнуть pf в+acc. **penetrating** adj прони́цательный; (sound) пронзи́тельный. **penetration** n проникнове́ние; (insight) проница́тельность.

penguin n пингви́н.

penicillin n пеницилли́н.

peninsula n полуо́стров.

penis n пе́нис.

penitence n раска́яние. **penitent** adj раска́ивающийся; n ка́ющийся гре́шник.

penknife n перочи́нный нож.

pennant n вы́мпел.

penniless adj без гроша́.

penny n пе́нни neut indecl, пенс.

pension n пе́нсия; vt: ~ **off** увольня́ть impf, уво́лить pf на пе́нсию. **pensionable** adj (age) пенсио́нный. **pensioner** n пенсионе́р, ~ка.

pensive adj заду́мчивый.

pentagon n пятиуго́льник; the P~ Пентаго́н.

Pentecost n Пятидеся́тница.

penthouse n шика́рная кварти́ра на ве́рхнем этаже́.

pent-up adj (anger etc.) сде́рживаемый.

penultimate adj предпосле́дний.

penury n нужда́.

peony n пио́н.

people n pl (persons) лю́ди pl; sg (nation) наро́д; vt населя́ть impf, насели́ть pf.

pepper n пе́рец; vt пе́рчить impf, на~, по~ pf. **peppercorn** n перчи́нка.

peppermint n пе́речная мя́та; (sweet) мя́тная конфе́та.

per prep (for each) (person) на+acc; as ~ согла́сно+dat; ~ **annum** в год; ~ **capita** на челове́ка; ~ **hour** в час; ~ **se** сам по себе́.

perceive vt воспринима́ть impf, восприня́ть pf.

per cent adv & n проце́нт. **percentage** n проце́нт; (part) часть.

perceptible adj заме́тный. **perception** n восприя́тие; (quality) понима́ние. **perceptive** adj то́нкий.

perch[1] n (fish) о́кунь m.

perch[2] n (roost) насе́ст; vi сади́ться impf, сесть pf. **perched** adj высоко́ сидя́щий, располо́женный.

percussion n (~ instruments) уда́рные инструме́нты m pl.

peremptory adj повели́тельный.

perennial adj (enduring) ве́чный; n (bot) многоле́тнее расте́ние.

perestroika n перестро́йка.

perfect adj соверше́нный; (gram) перфе́ктный; n перфе́кт; vt соверше́нствовать impf, y~ pf. **perfection** n соверше́нство. **perfective** adj (n) соверше́нный (вид).

perforate vt перфори́ровать impf & pf. **perforation** n перфора́ция.

perform vt (carry out) исполня́ть impf, испо́лнить pf; (theat, mus) игра́ть impf, сыгра́ть pf; vi выступа́ть impf, вы́ступить pf; (function) рабо́тать impf. **performance** n исполне́ние; (of person, device) де́йствие; (of play etc.) представле́ние, спекта́кль m; (of engine etc.) эксплуатацио́нные ка́чества neut pl. **performer** n исполни́тель m.

perfume n духи́ (-хо́в) pl; (smell) арома́т.

perfunctory adj пове́рхностный.

perhaps adv мо́жет быть.

peril n опа́сность, риск. **perilous** adj опа́сный, риско́ванный.

perimeter n вне́шняя грани́ца; (geom) пери́метр.

period n пери́од; (epoch) эпо́ха; (menstrual) ме́сячные sb pl. **periodic** adj периоди́ческий. **periodical** adj периоди́ческий; n периоди́ческое изда́ние.

peripheral adj перифери́йный. **periphery** n перифери́я.

periscope n периско́п.

perish vi погиба́ть impf, поги́бнуть pf; (spoil) по́ртиться impf, ис~ pf. **perishable** adj скоропо́ртящийся.

perjure v: ~ o.s. наруша́ть impf, нару́шить pf кля́тву. **perjury** n лже-

свиде́тельство.

perk[1] n льго́та.

perk[2] vi: ~ up оживля́ться impf, оживи́ться pf. **perky** adj бо́йкий.

perm n пермане́нт. **permanence** n постоя́нство. **permanent** adj постоя́нный.

permeable adj проница́емый. **permeate** vt проника́ть impf, прони́кнуть pf в+acc.

permissible adj допусти́мый. **permission** n разреше́ние. **permissive** adj (сли́шком) либера́льный; ~ **society** о́бщество вседозво́ленности. **permissiveness** n вседозво́ленность. **permit** vt разреша́ть impf, разреши́ть pf +dat; n про́пуск.

permutation n переста́новка.

pernicious adj па́губный.

perpendicular adj перпендикуля́рный; n перпендикуля́р.

perpetrate vt соверша́ть impf, соверши́ть pf. **perpetrator** n вино́вник.

perpetual adj ве́чный. **perpetuate** vt увекове́чивать impf, увекове́чить pf. **perpetuity** n ве́чность; in ~ навсегда́, наве́чно.

perplex vt озада́чивать impf, озада́чить pf. **perplexity** n озада́ченность.

persecute vt пресле́довать impf. **persecution** n пресле́дование.

perseverance n насто́йчивость. **persevere** vi насто́йчиво, продолжа́ть impf (in, at etc. +acc, inf).

Persian n перс, ~ия́нка; adj перси́дский.

persist vi упо́рствовать impf (in в+prep); насто́йчиво продолжа́ть impf (in +acc, inf). **persistence** n упо́рство. **persistent** adj упо́рный.

person n челове́к; (in play; gram) лицо́; in ~ ли́чно. **personable** adj привлека́тельный. **personage** n ли́чность. **personal** adj ли́чный. **personality** n ли́чность. **personally** adv ли́чно. **personification** n олицетворе́ние. **personify** vt олицетворя́ть impf, олицетвори́ть pf.

personnel n ка́дры (-ров) pl, персона́л; ~ **department** отде́л ка́дров.

perspective n перспекти́ва.

perspiration n пот. **perspire** vi поте́ть impf, вс~ pf.

persuade vt (convince) убежда́ть impf, убеди́ть pf (of в+prep); (induce) угова́ривать *impf*, уговори́ть *pf*. **persuasion** *n* убежде́ние. **persuasive** *adj* убеди́тельный.

pertain *vi*: ~ **to** относи́ться *impf* отнести́сь *pf* к+*dat*.

pertinent *adj* уме́стный.

perturb *vt* трево́жить *impf*, вс~ *pf*.

peruse *vt* (*read*) внима́тельно чита́ть *impf*, про~ *pf*; (*fig*) рассма́тривать *impf*, рассмотре́ть *pf*.

pervade *vt* наполня́ть *impf*. **pervasive** *adj* распространённый.

perverse *adj* капри́зный. **perversion** *n* извраще́ние. **pervert** *vt* извраща́ть *impf*, изврати́ть *pf*; *n* извращённый челове́к.

pessimism *n* пессими́зм. **pessimist** *n* пессими́ст. **pessimistic** *adj* пессими́стический.

pest *n* вреди́тель *m*; (*fig*) зану́да. **pester** *vt* пристава́ть *impf*, приста́ть *pf* к+*dat*. **pesticide** *n* пестици́д.

pet *n* (*animal*) дома́шнее живо́тное *sb*; (*favourite*) люби́мец, -мица; ~ **shop** зоомагази́н; *vt* ласка́ть *impf*.

petal *n* лепесто́к.

peter *vi*: ~ **out** (*road*) исчеза́ть *impf*, исче́знуть *pf*; (*stream; enthusiasm*) иссяка́ть *impf*, исся́кнуть *pf*.

petite *adj* ма́ленькая.

petition *n* пети́ция; *vt* подава́ть *impf*, пода́ть *pf* проше́ние +*dat*. **petitioner** *n* проси́тель *m*.

petrified *adj* окамене́лый; **be** ~ (*fig*) оцепене́ть *pf* (**with** от+*gen*).

petrol *n* бензи́н; ~ **pump** бензоколо́нка; ~ **station** бензозапра́вочная ста́нция; ~ **tank** бензоба́к. **petroleum** *n* нефть.

petticoat *n* ни́жняя ю́бка.

petty *adj* ме́лкий; ~ **cash** де́ньги (де́нег, -ньга́м) *pl* на ме́лкие расхо́ды.

petulant *adj* раздражи́тельный.

pew *n* (церко́вная) скамья́.

phallic *adj* фалли́ческий. **phallus** *n* фа́ллос.

phantom *n* фанто́м.

pharmaceutical *adj* фармацевти́ческий. **pharmacist** *n* фармаце́вт. **pharmacy** *n* фармаци́я; (*shop*) апте́ка.

phase *n* фа́за; *vt*: ~ **in, out** постепе́нно вводи́ть *impf*, упраздня́ть

Ph.D. *abbr* (*of Doctor of Philosophy*)

кандида́т нау́к.

pheasant *n* фаза́н.

phenomenal *adj* феномена́льный. **phenomenon** *n* феноме́н.

phial *n* пузырёк.

philanderer *n* воло́кита *m*.

philanthropic *adj* филантропи́ческий. **philanthropist** *n* филантро́п. **philanthropy** *n* филантро́пия.

philately *n* филатели́я.

philharmonic *adj* филармони́ческий.

Philistine *n* (*fig*) филисте́р.

philosopher *n* фило́соф. **philosophical** *adj* филосо́фский. **philosophize** *vi* филосо́фствовать *impf*. **philosophy** *n* филосо́фия.

phlegm *n* мокро́та. **phlegmatic** *adj* флегмати́ческий.

phobia *n* фо́бия.

phone *n* телефо́н; *vt & i* звони́ть *impf*, по~ *pf*+*dat*. *See also* **telephone**

phonetic *adj* фонети́ческий. **phonetics** *n* фоне́тика.

phoney *n* подде́льный.

phosphorus *n* фо́сфор.

photo *n* фо́то *neut indecl*. **photocopier** *n* копирова́льная маши́на. **photocopy** *n* фотоко́пия; *vt* де́лать *impf*, с~ *pf* фотоко́пию +*gen*. **photogenic** *adj* фотогени́чный. **photograph** *n* фотогра́фия; *vt* фотографи́ровать *impf*, с~ *pf*. **photographer** *n* фотогра́ф. **photographic** *adj* фотографи́ческий. **photography** *n* фотогра́фия.

phrase *n* фра́за; *vt* формули́ровать *impf*, с~ *pf*.

physical *adj* физи́ческий; ~ **education** физкульту́ра; ~ **exercises** заря́дка. **physician** *n* врач. **physicist** *n* фи́зик. **physics** *n* фи́зика.

physiological *adj* физиологи́ческий. **physiologist** *n* физио́лог. **physiology** *n* физиоло́гия. **physiotherapist** *n* физиотерапе́вт. **physiotherapy** *n* физиотерапи́я.

physique *n* телосложе́ние.

pianist *n* пиани́ст, ~ка. **piano** *n* форте́пьяно *neut indecl*; (*grand*) роя́ль *m*; (*upright*) пиани́но *neut indecl*.

pick[1] *vt* (*flower*) срыва́ть *impf*, сорва́ть *pf*; (*gather*) собира́ть *impf*, собра́ть *pf*; (*select*) выбира́ть *impf*, вы́брать *pf*; ~ **one's nose, teeth** ковыря́ть *impf*, ковырну́ть *pf* в носу́, в зубáх; ~ a quarrel искáть *impf* ссóры (with c+*instr*); ~ one's way выбирáть *impf*, вы́брать *pf* дорóгу; ~ on (nag) придирáться *impf* к+*dat*; ~ out отбирáть *impf*, отобрáть *pf*; ~ up (lift) поднимáть *impf*, подня́ть *pf*; (acquire) приобретáть *impf*, приобрести́ *pf*; (fetch) (on foot) захóдить *impf*, зайти́ *pf* за+*instr*; (in vehicle) заезжáть *impf*, заéхать *pf* за+*instr*; (a cold; a girl) подцепля́ть *impf*, подцепи́ть *pf*; ~ o.s. up поднимáться *impf*, подня́ться *pf*; ~-up (truck) пикáп; (electron) звукосни-мáтель *m*.

pick[2] *n* вы́бор; (best part) лýчшая часть; take your ~ выбирáй(те)!

pick[3], **pickaxe** *n* кирка́.

picket *n* (person) пикéтчик, -ица; (collect) пикéт; *vt* пикети́ровать *impf*.

pickle *n* солéнье; *vt* соли́ть *impf*, по~ *pf*. **pickled** *adj* солёный.

pickpocket *n* карма́нник.

picnic *n* пикни́к.

pictorial *adj* изобрази́тельный; (illustrated) иллюстри́рованный. **picture** *n* карти́на; (of health etc.) воплощéние; (film) фильм; the ~s кинó *neut indecl*; (to o.s.) представля́ть *impf*, предста́вить *pf* себé. **picturesque** *adj* живопи́сный.

pie *n* пирóг.

piece *n* кусóк, часть; (one of set) шту́ка; (of paper) листóк; (mus, literature) произведéние; (chess) фигу́ра; (coin) монéта; take to ~s разбирáть *impf*, разобрáть *pf* (на чáсти); ~ of advice совéт; ~ of information свéдение; ~ of news нóвость; ~-work сдéльщина; ~-worker сдéль-щик; *vt*: ~ together воссоздавáть *impf*, воссоздáть *pf* карти́ну +*gen*. **piecemeal** *adv* по частя́м.

pier *n* (mole) мол; (projecting into sea) пирс; (of bridge) бык; (between windows etc.) простéнок.

pierce *vt* пронзáть *impf*, пронзи́ть *pf*; (ears) прокáлывать *impf*, проколóть *pf*. **piercing** *adj* пронзи́тельный.

piety *n* нáбожность.

pig *n* свинья́. **pigheaded** *adj* упря́мый. **piglet** *n* поросёнок. **pigsty** *n* свина́рник. **pigtail** *n* коси́чка.

pigeon *n* гóлубь; ~-hole отделéние для бумáг.

pigment *n* пигмéнт. **pigmentation** *n* пигментáция.

pike[1] *n* (fish) щýка.

pilchard *n* сарди́н(к)а.

pile[1] *n* (heap) кýча, ки́па; *vt*: ~ up свáливать *impf*, свали́ть *pf* в кýчу; (load) нагружáть *impf*, нагрузи́ть *pf* (with +*instr*); *vi*: ~ in(to), on забирáться *impf*, забрáться *pf* в+*acc*; ~ up накопля́ть *impf*, накáпливаться *impf*, накопи́ться *pf*.

pile[2] *n* (on cloth etc.) ворс.

piles *n pl* геморрóй *collect*.

pilfer *vt* воровáть *impf*.

pilgrim *n* пилигри́м. **pilgrimage** *n* палóмничество.

pill *n* пилю́ля; the ~ противозачá-точная пилю́ля.

pillage *vt* грáбить *impf*, о~ *pf*; *v abs* мародёрствовать *impf*.

pillar *n* столб; ~-box стоя́чий почтóвый я́щик.

pillion *n* зáднее сидéнье (мотоци́кла).

pillory *n* позóрный столб; *vt* (fig) пригвождáть *impf*, пригвозди́ть *pf* к позóрному столбу́.

pillow *n* подýшка. **pillowcase** *n* нáволочка.

pilot *n* (naut) лóцман; (aeron) пилóт; *adj* óпытный, прóбный; *vt* пилоти́-ровать *impf*.

pimp *n* свóдник.

pimple *n* прыщ.

pin *n* булáвка; (peg) пáлец; ~-point тóчно определя́ть *impf*, определи́ть *pf*; ~-stripe тóнкая полóска; *vt* прикáлывать *impf*, приколóть *pf*; (press) прижимáть *impf*, прижáть *pf* (against к+*dat*).

pinafore *n* перéдник.

pincers *n pl* (tool) клéщи (-щéй) *pl*, пинцéт; (claw) клешни́ *f pl*.

pinch *vt* щипáть *impf*, (у)щипнýть *pf*; (finger in door etc.) прищемля́ть *impf*, прищеми́ть *pf*; (of shoe) жать *impf*; (steal) стянýть *pf*; *n* (of salt) щепóтка; at a ~ в крáйнем слýчае.

pine[1] *vi* томи́ться *impf*; ~ for тосковáть *impf* по+*dat*, *prep*.

pine[2] *n* (tree) соснá.

pineapple *n* ананáс.

ping-pong n пинг-по́нг.

pink n (colour) ро́зовый цвет; adj ро́зовый.

pinnacle n верши́на.

pint n пи́нта.

pioneer n пионе́р, ~ка; vt прокла́дывать impf, проложи́ть pf путь к+dat.

pious adj набо́жный.

pip[1] n (seed) зёрнышко.

pip[2] n (sound) бип.

pipe n труба́; (mus) ду́дка; (for smoking) тру́бка; ~-dream пуста́я мечта́; vt пуска́ть impf, пусти́ть pf по трубе́м; vi ~ down затиха́ть impf, зати́хнуть pf. **pipeline** n трубопрово́д; (oil ~) нефтепрово́д. **piper** n волы́нщик. **piping** adj: ~ hot с пы́лу.

piquant adj пика́нтный.

pique n: in a fit of ~ в поры́ве раздраже́ния.

pirate n пира́т.

pirouette n пируэ́т; vi де́лать impf, с~ pf пируэ́т(ы).

Pisces n Ры́бы f pl.

pistol n пистоле́т.

piston n по́ршень m.

pit n я́ма; (mine) ша́хта; (orchestra ~) оркестр; (motor-racing) запра́вочно-ремо́нтный пункт; vt: ~ against выставля́ть impf, вы́ставить pf про́тив +gen.

pitch[1] n (resin) смола́; ~-black чёрный как смоль; ~-dark о́чень тёмный.

pitch[2] vt (camp, tent) разбива́ть impf, разби́ть pf; (throw) броса́ть impf, бро́сить pf; vi (fall) па́дать impf, (у)па́сть pf; (ship) кача́ть impf, n (football ~ etc.) площа́дка; (degree) у́ровень m; (mus) высота́; (slope) укло́н.

pitcher n (vessel) кувши́н.

pitchfork n ви́лы (-л) pl.

piteous adj жа́лкий.

pitfall n западня́.

pith n сердцеви́на; (essence) суть.

pithy adj (fig) содержа́тельный.

pitiful adj жа́лкий. **pitiless** adj безжа́лостный.

pittance n жа́лкие гроши́ (-ше́й) pl.

pity n жа́лость; it's a ~ жа́лко, жаль; take ~ on сжа́литься pf над+instr; what a ~ как жа́лко!; vt жале́ть impf, по~ pf; I ~ you мне жаль тебя́.

pivot n сте́ржень m; (fig) центр; vi враща́ться impf.

pixie n эльф.

pizza n пи́цца.

placard n афи́ша, плака́т.

placate vt умиротворя́ть impf, умиротвори́ть pf.

place n ме́сто; in ~ of вме́сто+gen; in the first, second, ~ во-пе́рвых, во-вторы́х; out of ~ не на ме́сте; (unsuitable) неуме́стный; take ~ случа́ться impf, случи́ться pf; (pre-arranged event) состоя́ться pf; take the ~ of заменя́ть impf, замени́ть pf; vt (stand) ста́вить impf, по~ pf; (lay) класть impf, положи́ть pf; (an order etc.) помеща́ть impf, помести́ть pf.

placenta n плаце́нта.

placid adj споко́йный.

plagiarism n плагиа́т. **plagiarize** vt займствовать impf & pf.

plague n чума́; vt му́чить impf, за~, из~ pf.

plaice n ка́мбала.

plain n равни́на; adj (clear) я́сный; (simple) просто́й; (ugly) некраси́вый; ~-clothes policeman переоде́тый полице́йский sb.

plaintiff n исте́ц, исти́ца.

plaintive adj жа́лобный.

plait n коса́; vt плести́ impf, с~ pf.

plan n план; vt плани́ровать impf, за~, с~ pf; (intend) намерева́ться impf +inf.

plane[1] n (tree) плата́н.

plane[2] n (tool) руба́нок; vt строга́ть impf, вы́~ pf.

plane[3] n (surface) пло́скость; (level) у́ровень m; (aeroplane) самолёт.

planet n плане́та.

plank n доска́.

plant n расте́ние; (factory) заво́д; vt сажа́ть impf, посади́ть pf; (fix firmly) про́чно ста́вить impf, по~ pf; (garden etc.) заса́живать impf, засади́ть pf (with +instr).

plantation n (of trees) (лесо)насажде́ние; (of cotton etc.) планта́ция.

plaque n доще́чка.

plasma n пла́зма.

plaster n пла́стырь m; (for walls etc.) штукату́рка; (of Paris) гипс; vt (wall) штукату́рить impf, от~, о~ pf; (cover) облепля́ть impf, облепи́ть *pf.* **plasterboard** *n* сухáя штукатýрка. **plasterer** *n* штукатýр.

plastic *n* пластмáсса; *adj (malleable)* пластíчный; *(made of ~)* пластмáссовый; ~ **surgery** пластíческая хирургíя.

plate *n* тарéлка; *(metal sheet)* лист; *(in book)* (вкладнáя) иллюстрáция; *(name ~ etc.)* дощéчка.

plateau *n* платó *neut indecl.*

platform *n* платфóрма; *(rly)* перрóн.

platinum *n* плáтина.

platitude *n* банáльность.

platoon *n* взвод.

plausible *adj* правдоподóбный.

play *vt & i* игрáть *impf*, сыгрáть *pf (game)* в+*acc*, *(instrument)* на+*prep*, *(record)* стáвить *impf*, по~ *pf*; ~ **down** преуменьшáть *impf*, преумéньшить *pf*; ~ **a joke, trick, on** подшýчивать *impf*, подшутíть *pf* над +*instr*; ~ **off** игрáть *impf*, сыгрáть *pf* решáющую пáртию; ~**off** решáющая встрéча; ~ **safe** дéйствовать *impf* навернякá; *n* игрá; *(theat)* пьéса. **player** *n* игрóк; *(actor)* актёр, актрíса; *(musician)* музыкáнт. **playful** *adj* игрíвый. **playground** *n* плошáдка для игр. **playgroup, playschool** *n* дéтский сад. **playing** *n*: ~-**card** игрáльная кáрта; ~-**field** игровáя плошáдка. **playmate** *n* друг дéтства. **plaything** *n* игрýшка. **playwright** *n* драматýрг.

plea *n (entreaty)* мольбá; *(law)* заявлéние. **plead** *vi* умолять *impf (with* +*acc*; *for* о+*prep)*; *vt (offer as excuse)* ссылáться *impf*, сослáться *pf* на+*acc*; ~ **(not) guilty** (не) признавáть *impf*, признáть *pf* себя винóвным.

pleasant *adj* приятный. **pleasantry** *n* любéзность. **please** *vt* нрáвиться *impf*, по~ *pf* +*dat*; *imper* пожáлуйста; бýдьте добры. **pleased** *adj* довóльный; *predic* рад. **pleasing, pleasurable** *adj* приятный. **pleasure** *n* удовóльствие.

pleat *n* склáдка; *vt* плиссировáть *impf*.

plebiscite *n* плебисцит.

plectrum *n* плектр.

pledge *n (security)* залóг; *(promise)* зарóк, обешáние; *vt* отдавáть *impf*, отдáть *pf* в залóг; ~ **o.s.** обязывáться *impf*, обязáться *pf*; ~ **one's**

word давáть *impf*, дать *pf* слóво.

plentiful *adj* обильный. **plenty** *n* изобилие; ~ **of** мнóго+*gen.*

plethora *n (fig)* изобилие.

pleurisy *n* плеврит.

pliable *adj* гибкий.

pliers *n pl* плоскогýбцы (-цев) *pl.*

plight *n* незавидное положéние.

plimsolls *n pl* спортивные тáпочки *f pl.*

plinth *n* плинтус.

plod *vi* тащиться *impf.*

plonk *vi* плюхнуть *pf.*

plot *n (of land)* учáсток; *(of book etc.)* фáбула; *(conspiracy)* зáговор; *vt (on graph, map, etc.)* наносить *impf*, нанести на грáфик, на кáрту; *v abs (conspire)* составлять *impf*, состáвить *pf* зáговор.

plough *n* плуг; *vt* пахáть *impf*, вс~ *pf*; *vi:* ~ **through** пробивáться *impf*, пробиться *pf* сквозь+*acc.*

ploy *n* улóвка.

pluck *n (courage)* смéлость; *vt (chicken)* щипáть *impf*, об~ *pf*; *(flower)* срывáть *impf*, сорвáть *pf*; ~ **up courage** собирáться *impf*, собрáться *pf* с дýхом; *vi:* ~ **at** дёргать *impf*, дёрнуть *pf.* **plucky** *adj* смéлый.

plug *n (stopper)* прóбка; *(electr)* вилка; *(electr socket)* розéтка; *vt (~ up)* затыкáть *impf*, заткнýть *pf*; ~ **in** включáть *impf*, включить *pf.*

plum *n* слива.

plumage *n* оперéние.

plumb *n (feather)* лот; *adv* вертикáльно; *(fig)* тóчно; *vt* измерять *impf*, измéрить *pf* глубинý+*gen*; *(fig)* проникáть *impf*, проникнуть *pf* в+*acc*; ~ **in** подключáть *impf*, подключить *pf.* **plumber** *n* водопровóдчик. **plumbing** *n* водопровóд.

plume *n (feather)* перó; *(on hat etc.)* султáн.

plummet *vi* пáдать *impf*, (у)пáсть *pf.*

plump[1] *adj* пýхлый.

plump[2] *vi:* ~ **for** выбирáть *impf*, вýбрать *pf.*

plunder *vt* грáбить *impf*, о~ *pf*; *n* добыча.

plunge *vt & i (immerse)* погружáть(ся) *impf*, погрузить(ся) *pf (into* в+*acc)*; *vi (dive)* нырять *impf*, нырнýть *pf*; *(rush)* брóсáться *impf*, брóситься *pf.* **plunger** *n* плу́нжер.

pluperfect *n* давнопроше́дшее вре́мя *neut.*

plural *n* мно́жественное число́. **pluralism** *n* плюрали́зм. **pluralistic** *adj* плюралисти́ческий.

plus *prep* плюс+*acc; n* (знак) плюс.

plushy *adj* шика́рный.

plutonium *n* плуто́ний.

ply *vt* (*tool*) рабо́тать *impf* +*instr;* (*task*) занима́ться *impf* +*instr;* (*keep supplied*) по́тчевать *impf* (**with** +*instr*); ~ **with questions** засыпа́ть *impf,* засы́пать *pf* вопро́сами.

plywood *n* фане́ра.

p.m. *adv* по́сле полу́дня.

pneumatic *adj* пневмати́ческий; ~ **drill** отбо́йный молото́к.

pneumonia *n* воспале́ние лёгких.

poach[1] *vt* (*cook*) вари́ть *impf;* ~**ed egg** яйцо́-пашо́т.

poach[2] *vi* браконье́рствовать *impf.* **poacher** *n* браконье́р.

pocket *n* карма́н; **out of** ~**в** убы́тке; ~ **money** карма́нные де́ньги (-не́г, -ньга́м) *pl; vt* класть *impf,* положи́ть *pf.* в карма́н.

pock-marked *adj* рябо́й.

pod *n* стручо́к.

podgy *adj* то́лстенький.

podium *n* трибу́на; (*conductor's*) пульт.

poem *n* стихотворе́ние; (*longer* ~) поэ́ма. **poet** *n* поэ́т. **poetess** *n* поэте́сса. **poetic(al)** *adj* поэти́ческий. **poetry** *n* поэ́зия, стихи́ *m pl.*

pogrom *n* погро́м.

poignancy *n* острота́. **poignant** *adj* о́стрый.

point[1] *n* то́чка; (*place; in list*) пункт; (*in score*) очко́; (*in time*) моме́нт; (*in space*) ме́сто; (*essence*) суть; (*sense*) смысл; (*sharp* ~) остриё; (*tip*) ко́нчик; (*power* ~) штепсель *m; pl* (*rly*) стре́лка; **be on the** ~ **of** (*doing*) собира́ться *impf,* собра́ться *pf* +*inf;* **beside, off, the** ~нéкста́ти; **that is the** ~**в** э́том и де́ло; **the** ~ **is that**де́ло в том, что; **there is no** ~ (*in doing*) не име́ет смы́сла (+*inf*); **to the** ~**кста́ти;** ~**blank**прямо́й; ~ **of view**то́чка зре́ния.

point[2]*vt* (*wall*) расши́вать *impf,* расши́ть *pf* швы+*gen;* (*gun etc.*) наводи́ть *impf,* навести́ *pf* (**at**на+*acc*);

vi по-, у-, ка́зывать *impf,* по-, у-каза́ть *pf* (**at, to** на+*acc*). **pointed** *adj* (*sharp*) о́стрый. **pointer** *n* указа́тель *m,* стре́лка. **pointless** *adj* бессмы́сленный.

poise *n* уравнове́шенность. **poised** *adj* (*composed*) уравнове́шенный; (*ready*) гото́вый (**to** к+*dat*).

poison *n*-яд; *vt* отравля́ть *impf,* отрави́ть *pf.* **poisonous** *adj* ядови́тый.

poke *vt* (*prod*) ты́кать *impf,* ткнуть *pf;* ~ **fun at** подшу́чивать *impf,* подшути́ть *pf* над+*instr;* (*thrust*) сова́ть *impf,* су́нуть *pf;* ~ **the fire** меша́ть *impf,* по-~*pf* у́гли в ками́не; *n* тычо́к. **poker**[1] *n* (*rod*) кочерга́.

poker[2] *n* (*cards*) по́кер.

poky *adj* те́сный.

Poland *n* По́льша.

polar *adj* поля́рный; ~ **bear** бе́лый медве́дь *m.* **polarity** *n* поля́рность. **polarize** *vt* поляризова́ть *impf & pf.*

pole[1] *n* (*geog; phys*) по́люс; ~**star** Поля́рная звезда́.

pole[2] *n* (*rod*) столб, шест; ~**vaulting**прыжо́к с шесто́м.

Pole *n* поля́к, по́лька.

polecat *n* хорёк.

polemic *adj* полеми́ческий; *n* поле́мика.

police *n* поли́ция; (*as pl*) полице́йские *sb;* (*in Russia*) мили́ция; ~ **station** полице́йский уча́сток. **policeman** *n* полице́йский *sb,* полисме́н; (*in Russia*) милиционе́р. **policewoman** *n* же́нщина-полице́йский *sb;* (*in Russia*) же́нщина-милиционе́р.

policy[1] *n* поли́тика.

policy[2] *n* (*insurance*) по́лис.

polio *n* полиомиели́т.

Polish *adj* по́льский.

polish *n* (*gloss, process*) полиро́вка; (*substance*) политу́ра; (*fig*) лоск; *vt* полирова́ть *impf,* от-~*pf;* ~**off**расправля́ться *impf,* распра́виться *pf* с+*instr.* **polished** *adj* отто́ченный.

polite *adj* ве́жливый. **politeness** *n* ве́жливость.

political *adj* полити́чный. **political** *adj* полити́ческий; ~ **economy** политэконо́мика; ~ **prisoner** политзаключённый *sb.* **politician** *n* поли́тик. **politics** *n* поли́тика.

poll *n* (*voting*) голосова́ние; (*opinion* ~) опро́с; **go to the** ~**s**голосова́ть *impf*, про~ *pf*; *vt* получа́ть *impf*, получи́ть *pf*.

pollen *n* пыльца́. **pollinate** *vt* опыля́ть *impf*, опыли́ть *pf*.

polling *attrib*: ~ **booth** каби́на для голосова́ния; ~ **station** избира́тельный уча́сток.

pollutant *n* загрязни́тель *m*. **pollute** *vt* загрязня́ть *impf*, загрязни́ть *pf*. **pollution** *n* загрязне́ние.

polo *n* по́ло *neut indecl*; ~-**neck sweater** водола́зка.

polyester *n* полиэфи́р. **polyethylene** *n* полиэтиле́н. **polyglot** *n* полигло́т; *adj* многоязы́чный. **polygon** *n* многоуго́льник. **polymer** *n* полиме́р. **polystyrene** *n* полистиро́л. **polytechnic** *n* техни́ческий вуз. **polythene** *n* полиэтиле́н. **polyunsaturated** *adj*: ~ **fats** полиненасы́щенные жиры́ *m pl*. **polyurethane** *n* полиурета́н.

pomp *n* пы́шность. **pomposity** *n* напы́щенность. **pompous** *adj* напы́щенный.

pond *n* пруд.

ponder *vt* обду́мывать *impf*, обду́мать *pf*; *vi* размышля́ть *impf*, размы́слить *pf*.

ponderous *adj* тяжелове́сный.

pony *n* по́ни *m indecl*.

poodle *n* пу́дель *m*.

pool[1] *n* (*of water*) прудо́к; (*puddle*) лу́жа; (*swimming* ~) бассе́йн.

pool[2] *n* (*collective stakes*) совоку́пность ста́вок; (*common fund*) о́бщий фонд; *vt* объединя́ть *impf*, объедини́ть *pf*.

poor *adj* бе́дный; (*bad*) плохо́й; *n*: **the** ~ бедняки́ *m pl*. **poorly** *predic* нездоро́в.

pop[1] *vi* хло́пать *impf*, хло́пнуть *pf*; *vt* (*put*) бы́стро всу́нуть *pf* (**into** в+*acc*); ~ **in on** забега́ть *impf*, забежа́ть *pf* к+*dat*; *n* хлопо́к.

pop[2] *adj* поп-; ~ **concert** поп-конце́рт; ~ **music** поп-му́зыка.

pope *n* Па́па *m*.

poplar *n* то́поль *m*.

poppy *n* мак.

populace *n* просто́й наро́д. **popular** *adj* наро́дный; (*liked*) популя́рный. **popularity** *n* популя́рность. **popularize** *vt* популяризи́ровать *impf* & *pf*. **populate** *vt* населя́ть *impf*, насе-

ля́ть *pf*. **population** *n* населе́ние. **populous** *adj* (мно́го)лю́дный.

porcelain *n* фарфо́р.

porch *n* крыльцо́.

porcupine *n* дикобра́з.

pore[1] *n* по́ра.

pore[2] *vi*: ~ **over** погружа́ться *impf*, погрузи́ться *pf* в+*acc*.

pork *n* свини́на.

pornographic *adj* порнографи́ческий. **pornography** *n* порногра́фия.

porous *adj* по́ристый.

porpoise *n* морска́я свинья́.

porridge *n* овся́ная ка́ша.

port[1] *n* (*harbour*) порт; (*town*) порто́вый го́род.

port[2] *n* (*naut*) ле́вый борт.

port[3] *n* (*wine*) портве́йн.

portable *adj* портати́вный.

portend *vt* предвеща́ть *impf*. **portent** *n* предзнаменова́ние. **portentous** *adj* злове́щий.

porter[1] *n* (*at door*) швейца́р.

porter[2] *n* (*carrier*) носи́льщик.

portfolio *n* портфе́ль *m*; (*artist's*) па́пка.

porthole *n* иллюмина́тор.

portion *n* часть, до́ля; (*of food*) по́рция.

portly *adj* доро́дный.

portrait *n* портре́т. **portray** *vt* изобража́ть *impf*, изобрази́ть *pf*. **portrayal** *n* изображе́ние.

Portugal *n* Португа́лия. **Portuguese** *n* португа́лец, -лка; *adj* португа́льский.

pose *n* по́за; *vt* (*question*) ста́вить *impf*, по~ *pf*; (*a problem*) представля́ть *impf*, предста́вить *pf*; *vi* пози́ровать *impf*; ~ **as** выдава́ть *impf*, вы́дать *pf* себя́ за+*acc*.

posh *adj* шика́рный.

posit *vt* постули́ровать *impf* & *pf*.

position *n* положе́ние, пози́ция; **in a** ~ **to** в состоя́нии +*inf*; *vt* ста́вить *impf*, по~ *pf*.

positive *adj* положи́тельный; (*convinced*) уве́ренный; (*proof*) несомне́нный; *n* (*phot*) позити́в.

possess *vt* облада́ть *impf* +*instr*; владе́ть *impf* +*instr*; (*of feeling etc.*) овладева́ть *impf*, овладе́ть *pf* +*instr*. **possessed** *adj* одержи́мый. **possession** *n* владе́ние (**of** +*instr*); *pl* со́бственность. **possessive** *adj* со́бственнический. **possessor** n облада́тель m.

possibility n возмо́жность. **possible** adj возмо́жный; **as much as** ~ ско́лько возмо́жно; **as soon as** ~ как мо́жно скоре́е. **possibly** adv возмо́жно, мо́жет (быть).

post[1] n (pole) столб; vt (~ up) вы́вешивать impf, вы́весить pf.

post[2] n (station) пост; (job) до́лжность; vt (station) расставля́ть impf, расста́вить pf; (appoint) назнача́ть impf, назна́чить pf.

post[3] n (letters, ~ office) по́чта; by ~ по́чтой; attrib почто́вый; ~-box почто́вый я́щик; ~-code почто́вый и́ндекс; ~ office по́чта; vt (send by ~) отправля́ть impf, отпра́вить pf по по́чте; (put in ~-box) опуска́ть impf, опусти́ть pf в почто́вый я́щик.

postage n почто́вый сбор, почто́вые расхо́ды m pl; ~ stamp почто́вая ма́рка. **postal** adj почто́вый; ~-order почто́вый перево́д. **postcard** n откры́тка.

poster n афи́ша, плака́т.

poste restante n до востре́бования.

posterior adj за́дний; n зад.

posterity n пото́мство.

post-graduate n аспира́нт.

posthumous adj посме́ртный.

postman n почтальо́н. **postmark** n почто́вый ште́мпель m.

post-mortem n вскры́тие тру́па.

postpone vt отсро́чивать impf, отсро́чить pf. **postponement** n отсро́чка.

postscript n постскри́птум.

postulate vt постули́ровать impf & pf.

posture n по́за, положе́ние.

post-war adj послевое́нный.

posy n буке́тик.

pot n горшо́к; (cooking ~) кастрю́ля; ~-shot вы́стрел наугад; vt (food) консерви́ровать impf, за~ pf; (plant) сажа́ть impf, посади́ть pf в горшо́к; (billiards) загоня́ть impf, загна́ть pf в лу́зу.

potash n пота́ш. **potassium** n ка́лий.

potato n (also collect) карто́шка (no pl); (plant; also collect) карто́фель m (no pl).

potency n си́ла. **potent** adj си́льный. **potential** adj потенциа́льный; n потенциа́л. **potentiality** n потенци-

а́льность.

pot-hole n (in road) вы́боина.

potion n зе́лье.

potter[1] vi: ~ about вози́ться impf.

potter[2] n гонча́р. **pottery** n (goods) гонча́рные изде́лия neut pl; (place) гонча́рная sb.

potty[1] adj (crazy) поме́шанный (about на+prep).

potty[2] n ночно́й горшо́к.

pouch n су́мка.

poultry n дома́шняя пти́ца.

pounce vi: ~ (up)on набра́сываться impf, набро́ситься pf на+acc.

pound[1] n (measure) фунт; ~ sterling фунт сте́рлингов.

pound[2] vt (strike) колоти́ть impf, по~ pf по+dat, в+acc; vi (heart) колоти́ться impf, по~ pf; (~ along) (run) мча́ться impf с гро́хотом.

pour vt лить impf; ~ out налива́ть impf, нали́ть pf; vi ли́ться impf; it is ~ing (with rain) дождь льёт как из ведра́.

pout vi ду́ть(ся) impf, на~ pf.

poverty n бе́дность; ~-stricken убо́гий.

POW abbr военнопле́нный sb.

powder n порошо́к; (cosmetic) пу́дра; vt пу́дрить impf, на~ pf. **powdery** adj порошкообра́зный.

power n (vigour) си́ла; (might) могу́щество; (ability) спосо́бность; (control) власть; (authorization) полномо́чие; (State) держа́ва; ~ cut переры́в электропита́ния; ~ point розе́тка; ~ station электроста́нция. **powerful** adj си́льный. **powerless** adj бесси́льный.

practicable adj осуществи́мый. **practical** adj практи́ческий. **practically** adv практи́чески. **practice** n пра́ктика; (custom) обы́чай; (mus) заня́тия neut pl; in ~ на пра́ктике; put into ~ осуществля́ть impf, осуществи́ть pf. **practise** vt (also abs of doctor etc.) практикова́ть impf; упражня́ться impf в+prep; (mus) занима́ться impf, заня́ться pf на +prep. **practised** adj о́пытный. **practitioner** n (doctor) практи́кующий врач; **general** ~ врач о́бщей пра́ктики.

pragmatic adj прагмати́ческий. **pragmatism** n прагмати́зм. **pragmatist** n прагма́тик.

prairie n пре́рия.

praise vt хвали́ть impf, по~ pf; n похвала́. **praiseworthy** adj похва́льный.

pram n де́тская коля́ска.

prance vi (horse) гарцева́ть impf; (fig) задава́ться impf.

prank n вы́ходка.

prattle vi лепета́ть; n ле́пет.

prawn n креве́тка.

pray vi моли́ться impf, по~ pf (to +dat; for o+prep). **prayer** n моли́тва.

preach vt & i пропове́довать impf. **preacher** n пропове́дник.

preamble n преа́мбула.

pre-arrange vt зара́нее организо́вывать impf, организова́ть pf.

precarious adj ненадёжный; опа́сный.

precaution n предосторо́жность. **precautionary** adj: ~ measures ме́ры предосторо́жности.

precede vt предше́ствовать impf +dat. **precedence** n предпочте́ние. **precedent** n прецеде́нт. **preceding** adj предыду́щий.

precept n наставле́ние.

precinct n двор; pl окре́стности f pl. **pedestrian** ~ уча́сток для пешехо́дов; **shopping** ~ торго́вый пасса́ж.

precious adj драгоце́нный; (style) мане́рный; adv о́чень.

precipice n обры́в. **precipitate** adj (person) опроме́тчивый; vt (throw down) низверга́ть impf, низве́ргнуть pf; (hurry) ускоря́ть impf, ускори́ть pf. **precipitation** n (meteorol) оса́дки m pl. **precipitous** adj обры́вистый.

précis n конспе́кт.

precise adj то́чный. **precisely** adv то́чно; (in answer) и́менно. **precision** n то́чность.

preclude vt предотвраща́ть impf, предотврати́ть pf.

precocious adj ра́но разви́вшийся.

preconceived adj предвзя́тый. **preconception** n предвзя́тое мне́ние.

pre-condition n предпосы́лка.

precursor n предше́ственник.

predator n хи́щник. **predatory** adj хи́щный.

predecessor n предше́ственник.

predestination n предопределе́ние.

predetermine vt предреша́ть impf, предреши́ть pf.

predicament n затрудни́тельное положе́ние.

predicate n (gram) сказу́емое sb. **predicative** adj предикати́вный.

predict vt предска́зывать impf, предсказа́ть pf. **predictable** adj предска́зуемый. **prediction** n предсказа́ние.

predilection n пристра́стие (for к +dat).

predispose vt предрасполага́ть impf, предрасположи́ть pf (to к+dat). **predisposition** n предрасположе́ние (to к+dat).

predominance n преоблада́ние. **predominant** adj преоблада́ющий. **predominate** vi преоблада́ть impf.

pre-eminence n превосхо́дство. **pre-eminent** adj выдаю́щийся.

pre-empt vt (fig) завладева́ть impf, завладе́ть pf +instr пре́жде други́х. **pre-emptive** adj (mil) упрежда́ющий.

preen vt (of bird) чи́стить impf, по~ pf клю́вом; ~ o.s. (be proud) горди́ться impf собо́й.

pre-fab n сбо́рный дом. **pre-fabricated** adj сбо́рный.

preface n предисло́вие.

prefect n префе́кт; (school) ста́роста m.

prefer vt предпочита́ть impf, предпоче́сть pf. **preferable** adj предпочти́тельный. **preference** n предпочте́ние. **preferential** adj предпочти́тельный.

prefix n приста́вка.

pregnancy n бере́менность. **pregnant** adj бере́менная.

prehistoric adj доистори́ческий.

prejudice n предубежде́ние; (detriment) уще́рб; vt наноси́ть impf, нанести́ pf уще́рб+dat; ~ against предубежда́ть impf, предубеди́ть pf про́тив+gen; be ~d against име́ть impf предубежде́ние про́тив +gen.

preliminary adj предвари́тельный.

prelude n прелю́дия.

premarital adj добра́чный.

premature adj преждевре́менный.

premeditated adj преднаме́ренный.

premier adj пе́рвый; n премье́р-мини́стр. **première** n премье́ра.

premise, premiss *n* (*logic*) (пред)-посы́лка. **premises** *n pl* помеще́-ние.

premium *n* пре́мия.

premonition *n* предчу́вствие.

preoccupation *n* озабо́ченность; (*absorbing subject*) забо́та. **preoccupied** *adj* озабо́ченный. **preoccupy** *vt* поглоща́ть *impf*, поглоти́ть *pf*.

preparation *n* приготовле́ние; *pl* подгото́вка (for к+*dat*); (*substance*) препара́т. **preparatory** *adj* подготови́тельный. **prepare** *vt* & *i* при-, под-, гота́вливать(ся) *impf*, при-, под-, гото́вить(ся) *pf* (for к+*dat*). **prepared** *adj* гото́вый.

preponderance *n* переве́с.

preposition *n* предло́г.

prepossessing *adj* привлека́тельный.

preposterous *adj* неле́пый.

prerequisite *n* предпосы́лка.

prerogative *n* прерогати́ва.

presage *vt* предвеща́ть *impf*.

Presbyterian *n* пресвитериа́нин, -а́нка; *adj* пресвитериа́нский.

prescribe *vt* предпи́сывать *impf*, предписа́ть *pf*; (*med*) пропи́сывать *impf*, прописа́ть *pf*. **prescription** *n* (*med*) реце́пт.

presence *n* прису́тствие; ~ of mind прису́тствие ду́ха. **present** *adj* прису́тствующий; (*being dealt with*) да́нный; (*existing now*) ны́нешний; (*also gram*) настоя́щий; *predic* налицо́; be ~ прису́тствовать *impf* (at на+*prep*); ~-day ны́нешний; *n*: the настоя́щее *sb*; (*gram*) настоя́щее вре́мя *neut*; (*gift*) пода́рок; at ~ в настоя́щее вре́мя *neut*; for the ~ пока́; *vt* (*introduce*) представля́ть *impf*, предста́вить *pf* (to +*dat*); (*award*) вруча́ть *impf*, вручи́ть *pf*; (*a play*) ста́вить *impf*, по~ *pf*; (*a gift*) преподноси́ть *impf*, преподнести́ *pf* +*dat* (with +*acc*); ~ o.s. явля́ться *impf*, яви́ться *pf*. **presentable** *adj* прили́чный. **presentation** *n* (*introducing*) представле́ние; (*awarding*) подноше́ние.

presentiment *n* предчу́вствие.

presently *adv* вско́ре.

preservation *n* сохране́ние. **preservative** *n* консерва́нт. **preserve** *vt*

(*keep safe*) сохраня́ть *impf*, сохрани́ть *pf*; (*maintain*) храни́ть *impf*; (*food*) консерви́ровать *impf*, за~ *pf*; (*for game etc*) запове́дник; (*jam*) варе́нье.

preside *vi* председа́тельствовать *impf* (at на+*prep*). **presidency** *n* президе́нтство. **president** *n* президе́нт. **presidential** *adj* президе́нтский. **presidium** *n* прези́диум.

press *n* (*machine*) пресс; (*printing firm*) типогра́фия; (*publishing house*) изда́тельство; (*the* ~) пре́сса, печа́ть; ~ conference пресс-конфере́нция; *vt* (*button etc*) нажима́ть *impf*, нажа́ть *pf*; (*clasp*) прижима́ть *impf*, прижа́ть *pf* (to к+*dat*); (*iron*) гла́дить *impf*, вы́~ *pf*; (*insist on*) наста́ивать *impf*, настоя́ть *pf* на +*prep*; ~ угова́ривать *impf*; ~ on (*make haste*) потора́пливаться *impf*.

pressing *adj* неотло́жный. **pressure** *n* давле́ние; ~-cooker скорова́рка; ~ group инициати́вная гру́ппа. **pressurize** *vt* (*fig*) ока́зывать *impf*, оказа́ть *pf* давле́ние на+*acc*. **pressurized** *adj* гермети́ческий.

prestige *n* прести́ж. **prestigious** *adj* прести́жный.

presumably *adv* предположи́тельно. **presume** *vt* полага́ть *impf*; (*venture*) позволя́ть *impf*, позво́лить *pf* себе́. **presumption** *n* предположе́ние; (*arrogance*) самонаде́янность. **presumptuous** *adj* самонаде́янный.

presuppose *vt* предполага́ть *impf*.

pretence *n* притво́рство. **pretend** *vt* притворя́ться *impf*, притвори́ться *pf* (to be +*instr*); де́лать *impf*, с~ *pf* вид (что); *vi*: ~ to претендова́ть *impf* на+*acc*. **pretender** *n* претенде́нт. **pretension** *n* прете́нзия. **pretentious** *adj* претенцио́зный.

pretext *n* предло́г.

prettiness *n* милови́дность. **pretty** *adj* хоро́шенький; *adv* дово́льно.

prevail *vi* (*predominate*) преоблада́ть *impf*; ~ (up)on угова́ривать *impf*, уговори́ть *pf*. **prevalence** *n* распростране́ние. **prevalent** *adj* распростране́нный.

prevaricate *vi* уви́ливать *impf* увильну́ть *pf*.

prevent *vt* (*stop from happening*)

предупрежда́ть *impf*, предупреди́ть *pf*; (*stop from doing*) меша́ть *impf*, по~ *pf* +*dat*. **prevention** *n* преду-преже́ние. **preventive** *adj* преду-преди́тельный.

preview *n* предвари́тельный про-смо́тр.

previous *adj* преды́дущий; *adv*: ~ to до+*gen*; пре́жде чем +*inf*. **previ-ously** *adv* ра́ньше.

pre-war *adj* довое́нный.

prey *n* (*animal*) добы́ча; (*victim*) же́ртва (to +*gen*); bird of ~ хи́щная пти́ца; *vi*: ~ (up)on (*emotion etc.*) му́чить *impf*.

price *n* цена́; ~-list прейскура́нт; *vt* назнача́ть *impf*, назна́чить *pf* це́ну +*gen*. **priceless** *adj* бесце́нный.

prick *vt* коло́ть *impf*, у~ *pf*; (*con-science*) му́чить *impf*; ~ up one's ears навостри́ть *pf* у́ши; *n* уко́л.

prickle *n* (*thorn*) колю́чка; (*spine*) игла́. **prickly** *adj* колю́чий.

pride *n* го́рдость; ~ o.s. on горди́ться *impf* +*instr*.

priest *n* свяще́нник; (*non-Christian*) жрец.

prig *n* педа́нт.

prim *adj* чо́порный.

primarily *adv* первонача́льно; (*above all*) пре́жде всего́. **primary** *adj* основно́й; ~ school нача́льная шко́ла. **prime** *n*: in one's ~ в расцве́те сил; *adj* (*chief*) гла́вный; ~ minister премье́р-мини́стр; *vt* (*en-gine*) заправля́ть *impf*, запра́вить *pf*; (*bomb*) активизи́ровать *impf* & *pf*; (*with facts*) инструкти́ровать *impf* & *pf*; (*with paint etc.*) грунтова́ть *impf*, за~ *pf*. **primer** *n* (*paint etc.*) грунт. **prim(a)eval** *adj* первобы́тный. **primitive** *adj* первобы́тный; (*crude*) примити́вный. **primordial** *adj* иско́нный.

primrose *n* первоцве́т; (*colour*) бле́дно-жёлтый цвет.

prince *n* принц; (*in Russia*) князь. **princely** *adj* кня́жеский; (*sum*) огро́мный. **princess** *n* принце́сса; (*wife*) княги́ня; (*daughter*) княжна́.

principal *n* гла́вный; *n* дире́ктор. **principality** *n* кня́жество. **princi-pally** *adv* гла́вным о́бразом.

principle *n* при́нцип; in ~ в при́н-ципе; on ~ принципиа́льно. **prin-**cipled *adj* принципиа́льный.

print *n* (*mark*) след; (*also phot*) отпеча́ток; (*printing*) печа́ть; (*pic-ture*) о́ттиск; in ~ в прода́же; out of ~ распро́данный; *vt* (*impress*) запечатлева́ть *impf*, запечатле́ть *pf*; (*book etc.*) печа́тать *impf*, на~ *pf*; (*write*) писа́ть *impf*, на~ *pf* печа́тными бу́квами; (*phot*: ~ out, off) отпеча́тывать *impf*, отпеча́тать *pf*; ~ out (*of computer etc.*) распеча́тывать *impf*, распеча́тать *pf*; ~-out распеча́тка. **printer** *n* (*per-son*) печа́тник, типо́граф; (*of com-puter*) при́нтер. **printing** *n* печа́та-ние; ~-press печа́тный стано́к.

prior *adj* пре́жний; *adv*: ~ to до+*gen*. **priority** *n* приорите́т. **priory** *n* монасты́рь *m*.

prise *vt*: ~ open взла́мывать *impf*, взлома́ть *pf*.

prism *n* при́зма.

prison *n* тюрьма́; *attrib* тюре́мный; ~ camp ла́герь *m*. **prisoner** *n* за-ключённый *sb*; ~ of war (вое́н-но)пле́нный *sb*.

pristine *adj* нетро́нутый.

privacy *n* уедине́ние; (*private life*) ча́стная жизнь. **private** *adj* (*per-sonal*) ча́стный, ли́чный; (*confiden-tial*) конфиденциа́льный; in ~ на-едине́; в ча́стной жи́зни; *n* рядово́й *sb*.

privation *n* лише́ние.

privilege *n* привиле́гия. **privileged** *adj* привилегиро́ванный.

privy *adj*: ~ to посвящённый в+*acc*.

prize *n* пре́мия, приз; ~-winner призёр; *vt* высоко́ цени́ть *impf*.

pro[1] *n*: ~s and cons до́воды *m pl* за и про́тив.

pro[2] *n* (*professional*) профессиона́л.

probability *n* вероя́тность. **probable** *adj* вероя́тный. **probably** *adv* вероя́тно.

probate *n* утвержде́ние завеща́ния.

probation *n* испыта́тельный срок; (*law*) усло́вный пригово́р; got two years ~ получи́л два го́да усло́вно. **probationary** *adj* испыта́тельный.

probe *n* (*med*) зонд; (*fig*) рассле́-дование; *vt* зонди́ровать *impf*; (*fig*) рассле́довать *impf* & *pf*.

probity *n* че́стность.

problem *n* пробле́ма, вопро́с; (*math*)

зада́ча. **problematic** *adj* проблема-
ти́чный.

procedural *adj* процеду́рный. **procedure** *n* процеду́ра. **proceed** *vi* (*go
further*) идти́ *impf*, пойти́ *pf* да́ль-
ше; (*act*) поступа́ть *impf*, поступи́ть
pf; (*abs*, ~ *to say*; *continue*) про-
должа́ть *impf*, продо́лжить *pf*; (*of
action*) продолжа́ться *impf*, продол-
жи́ться *pf*; ~ **from** исходи́ть *impf*.
из, от+*gen*; ~ **to** (*begin to*) при-
нима́ться *impf*, приня́ться *pf* +*inf*.
proceedings *n pl* (*activity*) де́ятель-
ность; (*legal* ~) судопроизво́дство;
(*published report*) труды́ *m pl*,
запи́ски *f pl*. **proceeds** *n pl* вы́руч-
ка. **process** *n* проце́сс; *vt* обраба́-
тывать *impf*, обрабо́тать *pf*. **procession** *n* проце́ссия, ше́ствие.
proclaim *vt* провозглаша́ть *impf*,
провозгласи́ть *pf*. **proclamation** *n*
провозглаше́ние.
procure *vt* достава́ть *impf*, доста́ть *pf*.
prod *vt* ты́кать *impf*, ткнуть *pf*; *n*
тычо́к.
prodigal *adj* расточи́тельный.
prodigious *adj* огро́мный. **prodigy**
n: **child** ~ вундерки́нд.
produce *vt* (*evidence etc.*) представ-
ля́ть *impf*, предста́вить *pf*; (*ticket
etc.*) предъявля́ть *impf*, предъяви́ть
pf; (*play etc.*) ста́вить *impf*, по~ *pf*;
(*manufacture; cause*) производи́ть
impf, произвести́ *pf*; *n* (*collect*)
проду́кты *m pl*. **producer** *n* (*econ*)
производи́тель *m*; (*of play etc.*) режиссёр. **product** *n* проду́кт; (*result*)
результа́т. **production** *n* произво́д-
ство; (*of play etc.*) постано́вка. **productive** *adj* продукти́вный; (*fruitful*) плодотво́рный. **productivity** *n*
производи́тельность.
profane *adj* све́тский; (*blasphemous*)
богоху́льный. **profanity** *n* бого-
ху́льство.
profess *vt* (*pretend*) притворя́ться
impf, притвори́ться *pf* (**to be** +*instr*);
(*declare*) заявля́ть *impf*, заяви́ть *pf*;
(*faith*) испове́довать *impf*. **profession** *n* (*job*) профе́ссия. **professional**
adj профессиона́льный; *n* профес-
сиона́л. **professor** *n* профе́ссор.
proffer *vt* предлага́ть *impf*, пред-
ложи́ть *pf*.
proficiency *n* уме́ние. **proficient** *adj*

уме́лый.
profile *n* про́филь *m*.
profit *n* (*benefit*) по́льза; (*monetary*)
при́быль; *vt* приноси́ть *impf*, при-
нести́ *pf* по́льзу +*dat*; *vi*: ~ **from**
по́льзоваться *impf*, вос~ *pf* +*instr*;
(*financially*) получа́ть *impf*, полу-
чи́ть *pf* при́быль на+*prep*. **profitable** *adj* (*lucrative*) при́быльный;
(*beneficial*) поле́зный. **profiteering**
n спекуля́ция.
profligate *adj* распу́тный.
profound *adj* глубо́кий.
profuse *adj* оби́льный. **profusion** *n*
изоби́лие.
progeny *n* пото́мство.
prognosis *n* прогно́з.
program(m)e *n* програ́мма; *vt* про-
грамми́ровать *impf*, за~ *pf*. **pro-
grammer** *n* программи́ст.
progress *n* прогре́сс; (*success*) успе́-
хи *m pl*; **make** ~ де́лать *impf*, с~ *pf*
успе́хи; *vi* продвига́ться *impf*, про-
дви́нуться *pf* вперёд. **progression**
n продвиже́ние. **progressive** *adj*
прогресси́вный.
prohibit *vt* запреща́ть *impf*, запре-
ти́ть *pf*. **prohibition** *n* запреще́ние;
(*on alcohol*) сухо́й зако́н. **prohibit-
ive** *adj* запрети́тельный; (*price*) не-
досту́пный.
project *vt* (*plan*) проекти́ровать
impf, с~ *pf*; (*a film*) демонстри́-
ровать *impf*, про~ *pf*; *vi* (*jut out*)
выступа́ть *impf*, *n* прое́кт. **projectile** *n* снаря́д. **projection** *n* (*cin*)
прое́кция; (*protrusion*) вы́ступ; (*forecast*) прогно́з. **projector** *n* прое́к-
тор.
proletarian *adj* пролета́рский. **pro-
letariat** *n* пролетариа́т.
proliferate *vi* распространя́ться
impf, распространи́ться *pf*. **prolif-
eration** *n* распростране́ние.
prolific *adj* плодови́тый.
prologue *n* проло́г.
prolong *vt* продлева́ть *impf*, про-
дли́ть *pf*.
promenade *n* ме́сто для гуля́нья; (*at
seaside*) на́бережная *sb*; *vi* прогу́-
ливаться *impf*, прогуля́ться *pf*.
prominence *n* изве́стность. **prominent** *adj* выступа́ющий; (*distinguished*) выдаю́щийся.
promiscuity *n* лёгкое поведе́ние.

promiscuous adj лёгкого поведе-
ния.

promise n обещание; vt обещать
impf & pf. promising adj много-
обещающий.

promontory n мыс.

promote vt (in rank) продвигать
impf, продвинуть pf; (assist) спо-
собствовать impf & pf +dat; (publicize) рекламировать impf. pro-
moter n (of event etc.) агент. promotion n (in rank) продвижение;
(comm) реклама.

prompt adj быстрый, немедленный;
adv ровно; vt (incite) побуждать
impf, побудить pf to k+dat; +inf);
(speaker; also fig) подсказывать
impf, подсказать pf +dat; (theat)
суфлировать impf +dat; n под-
сказка. prompter n суфлёр.

prone adj (лежащий) ничком;
predic: ~ to склонен (-онна, -онно)
k+dat.

prong n зубец.

pronoun n местоимение.

pronounce vt (declare) объявлять
impf, объявить pf; (articulate) про-
износить impf, произнести pf. pro-
nounced adj явный; заметный. pronouncement n заявление. pronunciation n произношение.

proof n доказательство; (printing)
корректура; ~reader корректор;
adj (impenetrable) непроницаемый
(against для+gen); (not yielding) не-
поддающийся (against +dat).

prop¹ n (support) подпорка; (fig)
опора; vt (~ open, up) подпирать
impf, подпереть pf; (fig) поддерживать impf, поддержать pf.

prop² n (theat) see props

propaganda n пропаганда.

propagate vt & i размножать(ся)
impf, размножить(ся) pf; (disseminate) распространять(ся) impf, рас-
пространить(ся) pf. propagation n
размножение; распространение.

propel vt приводить impf, привести
pf в движение. propeller n винт.

propensity n наклонность (to k+dat;
+inf).

proper adj (correct) правильный;
(suitable) подходящий; (decent) при-
стойный; ~ noun имя собственное.

properly adv как следует.

property n (possessions) собствен-
ность, имущество; (attribute) свойство; pl (theat) реквизит.

prophecy n пророчество. prophesy
vt пророчить impf, на~ pf. prophet
n пророк. prophetic adj проро-
ческий.

propitious adj благоприятный.

proponent n сторонник.

proportion n пропорция; (due relation) соразмерность; pl размеры m
pl. proportional adj пропорци-
ональный. proportionate adj сораз-
мерный (to +dat; c+instr).

proposal n предложение. propose
vt предлагать impf, предложить pf;
(intend) предполагать impf; vi (~
marriage) делать impf, с~ pf предложение (to +dat). proposition n
предложение.

propound vt предлагать impf, предложить pf на обсуждение.

proprietor n собственник, хозяин.

propriety n приличие.

props n pl (theat) реквизит.

propulsion n движение вперёд.

prosaic adj прозаический.

proscribe vt (forbid) запрещать impf,
запретить pf.

prose n проза.

prosecute vt преследовать impf.
prosecution n судебное преследо-
вание; (prosecuting party) обвине-
ние. prosecutor n обвинитель m.

prospect n вид; (fig) перспектива;
vi: ~ for искать impf. prospective
adj будущий. prospector n развед-
чик. prospectus n проспект.

prosper vi процветать impf. prosperity n процветание. prosperous
adj процветающий; (wealthy) зажи-
точный.

prostate (gland) n простата.

prostitute n проститутка. prostitution n проституция.

prostrate adj распростёртый, (лежащий) ничком; (exhausted) обесси-
ленный; (with grief) убитый (with
+instr).

protagonist n главный герой; (in
contest) протагонист.

protect vt защищать impf, защитить pf. protection n защита. protective adj защитный. protector n защитник.

protégé(e) *n* протеже́ *m & f indecl.*

protein *n* бело́к.

protest *n* проте́ст; *vi* протестова́ть *impf & pf*; *vt* (*affirm*) утвержда́ть *impf*.

Protestant *n* протеста́нт, ~ка; *adj* протеста́нтский.

protestation *n* (торже́ственное) заявле́ние (о+*prep*; что); (*protest*) проте́ст.

protocol *n* протоко́л.

proton *n* прото́н.

prototype *n* прототи́п.

protract *vt* тяну́ть *impf*. **protracted** *adj* дли́тельный.

protrude *vi* выдава́ться *impf*, вы́даться *pf*.

proud *adj* го́рдый; **be ~ of** горди́ться *impf+instr*.

prove *vt* дока́зывать *impf*, доказа́ть *pf*; *vi* ока́зываться *impf*, оказа́ться *pf* (**to be** +*instr*). **proven** *adj* дока́занный.

provenance *n* происхожде́ние.

proverb *n* посло́вица. **proverbial** *adj* воше́дший в погово́рку; (*well-known*) общеизве́стный.

provide *vt* (*supply person*) снабжа́ть *impf*, снабди́ть *pf* (**with** +*instr*); (*supply thing*) предоставля́ть *impf*, предоста́вить *pf* (**to, for** +*dat*); дава́ть *impf*, дать *pf* (**to, for** +*dat*); *vi*: ~ **for** предусма́тривать *impf*, предусмотре́ть *pf* +*acc*; (~ **for family etc.**) содержа́ть *impf* +*acc*. **provided** (**that**) *conj* при усло́вии, что; е́сли то́лько.

providence *n* провиде́ние; (*foresight*) предусмотри́тельность

provident *adj* предусмотри́тельный. **providential** *adj* счастли́вый.

providing *see* **provided** (**that**)

province *n* о́бласть; *pl* (**the ~**) прови́нция. **provincial** *adj* провинциа́льный.

provision *n* снабже́ние; *pl* (*food*) прови́зия; (*in agreement etc.*) положе́ние; **make ~ against** принима́ть *impf*, приня́ть *pf* ме́ры про́тив+*gen*. **provisional** *adj* вре́менный. **proviso** *n* усло́вие.

provocation *n* провока́ция. **provocative** *adj* провокацио́нный. **provoke** *vt* провоци́ровать *impf*, с~ *pf*; (*call forth, cause*) вызыва́ть *impf*, вы́звать *pf*.

prow *n* нос.

prowess *n* уме́ние.

prowl *vi* ры́скать *impf*.

proximity *n* бли́зость.

proxy *n* полномо́чие; (*person*) уполномо́ченный *sb*, замести́тель *m*; **by ~** по дове́ренности; **be ~ for** быть *impf* замести́телем +*gen*.

prudence *n* благоразу́мие. **prudent** *adj* благоразу́мный.

prudery *n* притво́рная стыдли́вость. **prudish** *adj* ни в ме́ру стыдли́вый.

prune[1] *n* (*plum*) черносли́в.

prune[2] *vt* (*trim*) об-, под-, реза́ть *impf*, об-, под-, ре́зать *pf*.

pry *vi* сова́ть *impf* нос (**into** в+*acc*).

PS *abbr* (*of* **postscript**) постскри́птум.

psalm *n* псало́м.

pseudonym *n* псевдони́м.

psyche *n* пси́хика. **psychiatric** *adj* психиатри́ческий. **psychiatrist** *n* психиа́тр. **psychiatry** *n* психиатри́я. **psychic** *adj* яснови́дящий. **psychoanalysis** *n* психоана́лиз. **psychoanalyst** *n* психоанали́тик. **psychoanalytic(al)** *adj* психоаналити́ческий. **psychological** *adj* психологи́ческий. **psychologist** *n* психо́лог. **psychology** *n* психоло́гия. **psychopath** *n* психопа́т. **psychopathic** *adj* психопати́ческий. **psychosis** *n* психо́з. **psychotherapy** *n* психотерапи́я.

PTO *abbr* (*of* **please turn over**) см. на об., смотри́ на оборо́те.

pub *n* пивна́я *sb*.

puberty *n* полова́я зре́лость.

public *adj* обще́ственный; (*open*) публи́чный, откры́тый; **~ school** ча́стная сре́дняя шко́ла; *n* пу́блика, обще́ственность; **in ~** откры́то, публи́чно. **publication** *n* изда́ние. **publicity** *n* рекла́ма. **publicize** *vt* реклами́ровать *impf & pf*. **publicly** *adv* публи́чно, откры́то. **publish** *vt* публикова́ть *impf*, о~ *pf*; (*book*) издава́ть *impf*, изда́ть *pf*. **publisher** *n* изда́тель *m*. **publishing** *n* (*business*) изда́тельское де́ло; **~ house** изда́тельство.

pucker *vt & i* мо́рщить(ся) *impf*, с~ *pf*.

pudding *n* пу́динг, запека́нка; (*dessert*) сла́дкое *sb*.

puddle n лу́жа.

puff n (of wind) поры́в; (of smoke) дымо́к; ~ **pastry** сло́ёное те́сто; vi пыхте́ть impf; ~ **at** (pipe etc.) попы́хивать impf +instr; vt: ~ **up, out** (inflate) надува́ть impf, наду́ть pf.

pugnacious adj драчли́вый.

puke vi рвать impf, вы́~ pf impers +acc.

pull vt тяну́ть impf, по~ pf; таска́ть indet, тащи́ть det, по~ pf; (a muscle) растя́гивать impf, растяну́ть pf; vt & i дёргать impf, дёрнуть pf (at (за)+acc); ~ **s.o's leg** разы́грывать impf, разыгра́ть pf; ~ **the trigger** спуска́ть impf, спусти́ть pf курок; ~ **apart, to pieces** разрыва́ть impf, разорва́ть pf; (fig) раскритикова́ть pf; ~ **down** (demolish) сноси́ть impf, снести́ pf; ~ **in** (of train) прибыва́ть impf, прибы́ть pf; (of vehicle) подъезжа́ть impf, подъе́хать pf к обо́чине (доро́ги); ~ **off** (garment) стя́гивать impf, стяну́ть pf; (achieve) успе́шно заверша́ть impf, заверши́ть pf; ~ **on** (garment) натя́гивать impf, натяну́ть pf; ~ **out** (vt) (remove) выта́скивать impf, вы́тащить pf; (vi) (withdraw) отка́зываться impf, отказа́ться pf от уча́стия (of в+prep); (of vehicle) отъезжа́ть impf, отъе́хать pf от обо́чины (доро́ги); (of train) отходи́ть impf, отойти́ pf (от ста́нции); ~ **through** выжива́ть impf, вы́жить pf; ~ **o.s. together** брать impf, взять pf себя́ в ру́ки; ~ **up** (vt) подтя́гивать impf, подтяну́ть pf; (vt & i) (stop) остана́вливать(ся) impf, останови́ть(ся) pf; n тя́га; (fig) блат.

pulley n блок.

pullover n пуло́вер.

pulp n пу́льпа.

pulpit n ка́федра.

pulsate vi пульси́ровать impf. **pulse** n пульс.

pulses n pl (food) бобо́вые sb.

pulverize vt размельча́ть impf, размельчи́ть pf.

pummel vt колоти́ть impf, по~ pf.

pump n насо́с; vt кача́ть impf; ~ **in(to)** вка́чивать impf, вкача́ть pf; ~ **out** выка́чивать impf, вы́качать pf; ~ **up** нака́чивать impf, накача́ть pf.

pumpkin n ты́ква.

pun n каламбу́р.

punch[1] vt (with fist) ударя́ть impf, уда́рить pf кулако́м; (hole) пробива́ть impf, проби́ть pf; (a ticket) компости́ровать impf, про~ pf; ~ **up** дра́ка; n (blow) уда́р кулако́м; (for tickets) компо́стер; (for piercing) перфора́тор.

punch[2] n (drink) пунш.

punctilious adj щепети́льный.

punctual adj пунктуа́льный. **punctuality** n пунктуа́льность.

punctuate vt ста́вить impf, по~ pf зна́ки препина́ния в+acc; (fig) прерыва́ть impf, прерва́ть pf. **punctuation** n пунктуа́ция; ~ **marks** зна́ки m pl препина́ния.

puncture n проко́л; vt прока́лывать impf, проколо́ть pf.

pundit n (fig) знато́к.

pungent adj е́дкий.

punish vt нака́зывать impf, наказа́ть pf. **punishable** adj наказу́емый. **punishment** n наказа́ние. **punitive** adj кара́тельный.

punter n (gambler) игро́к; (client) клие́нт.

puny adj хи́лый.

pupil n учени́к, -и́ца; (of eye) зрачо́к.

puppet n марионе́тка, ку́кла.

puppy n щено́к.

purchase n поку́пка; (leverage) то́чка опо́ры; vt покупа́ть impf, купи́ть pf. **purchaser** n покупа́тель m.

pure adj чи́стый.

purée n пюре́ neut indecl.

purely adv чи́сто.

purgatory n чисти́лище; (fig) ад. **purge** vt очища́ть impf, очи́стить pf; n очище́ние; (polit) чи́стка.

purification n очи́стка. **purify** vt очища́ть impf, очи́стить pf.

purist n пури́ст.

puritan, P., n пурита́нин, -а́нка. **puritanical** adj пурита́нский.

purity n чистота́.

purple adj (n) пу́рпурный, фиоле́товый (цвет).

purport vt претендова́ть impf.

purpose n цель, наме́рение; **on** ~ наро́чно; **to no** ~ напра́сно. **purposeful** adj целеустремлённый. **purposeless** adj бесце́льный. **purposely** adv наро́чно.

purr vi мурлы́кать impf.
purse n кошелёк; vt поджима́ть impf, поджа́ть pf.
pursue vt пресле́довать impf. **pursuit** n пресле́дование; (pastime) заня́тие.
purveyor n поставщи́к.
pus n гной.
push vt толка́ть impf, толкну́ть pf; (press) нажима́ть impf, нажа́ть pf; (urge) подта́лкивать impf, подтолкну́ть pf; vi толка́ться impf, подтолкну́ть pf; be ~ed for име́ть impf ма́ло+gen; he is ~ing fifty ему́ ско́ро сту́кнет пятьдеся́т; ~ one's way проти́скиваться impf, проти́снуться pf; ~ around (person) помыка́ть impf+instr; ~ aside (also fig) отстраня́ть impf, отстрани́ть pf; ~ away отта́лкивать impf, оттолкну́ть pf; ~ off (vi) (in boat) отта́лкиваться impf, оттолкну́ться pf (от бе́рега); (go away) убира́ться impf, убра́ться pf; ~ on (vi) продолжа́ть impf путь; n толчо́к; (energy) эне́ргия. **pushchair** n коля́ска. **pusher** n (drugs) продаве́ц нарко́тиков. **pushy** adj напо́ристый.
puss, pussy(-cat) n ки́ска.
put vt класть impf, положи́ть pf; (upright) ста́вить impf, по~ pf; (into specified state) приводи́ть impf, привести́ pf; (express) выража́ть impf, вы́разить pf; (a question) задава́ть impf, зада́ть pf; ~ an end, a stop, to класть impf, положи́ть pf коне́ц +dat; ~ o.s. in another's place ста́вить impf, по~ pf себя́ на ме́сто +gen; ~ about (rumour etc.) распространя́ть impf, распространи́ть pf; ~ away (tidy) убира́ть impf, убра́ть pf; (save) откла́дывать impf, отложи́ть pf; ~ back (in place) ста́вить impf, по~ pf на ме́сто; (clock) переводи́ть impf, перевести́ pf наза́д; ~ by (money) откла́дывать impf, отложи́ть pf; ~ down класть impf, положи́ть pf; (suppress) подавля́ть impf, подави́ть pf; (write down) запи́сывать impf, записа́ть pf; (passengers) выса́живать impf, вы́садить pf; (attribute) припи́сывать impf, приписа́ть pf (to +dat); ~ forward (proposal) предлага́ть impf, предложи́ть pf; (clock) переводи́ть

impf, перевести́ pf вперёд; ~ in (install) устана́вливать impf, установи́ть pf; (a claim) предъявля́ть impf, предъяви́ть pf; (interpose) вставля́ть impf, вста́вить pf; ~ in an appearance появля́ться impf, появи́ться pf; ~ off (postpone) откла́дывать impf, отложи́ть pf; (repel) отта́лкивать impf, оттолкну́ть pf; (dissuade) отгова́ривать impf, отговори́ть pf от+gen, +inf; ~ on (clothes) надева́ть impf, наде́ть pf; (kettle, a record, a play) ста́вить impf, по~ pf; (turn on) включа́ть impf, включи́ть pf; (add to) прибавля́ть impf, приба́вить pf; ~ on airs ва́жничать impf; ~ on weight толсте́ть impf, по~ pf; ~ out (vex) обижа́ть impf, оби́деть pf; (inconvenience) затрудня́ть impf, затрудни́ть pf; (a fire etc.) туши́ть impf, по~ pf; ~ through (tel) соединя́ть impf, соедини́ть pf по телефо́ну; ~ up (building) стро́ить impf, по~ pf; (hang up) ве́шать impf, пове́сить pf; (price) повыша́ть impf, повы́сить pf; (a guest) дава́ть impf, дать pf ночле́г +dat; (as guest) ночева́ть impf, пере~ pf; ~ up to (instigate) подбива́ть impf, подби́ть pf на+acc; ~ up with терпе́ть impf.
putative adj предполага́емый.
putrefy vi гнить impf, с~ pf. **putrid** adj гнило́й.
putty n зама́зка.
puzzle n (enigma) зага́дка; (toy etc.) головоло́мка; (jigsaw) моза́ика; vt озада́чивать impf, озада́чить pf; ~ out разга́дывать impf, vi: ~ over лома́ть impf себе́ го́лову над+instr.
pygmy n пигме́й.
pyjamas n pl пижа́ма.
pylon n пило́н.
pyramid n пирами́да.
pyre n погреба́льный костёр.
python n пито́н.

Q

quack¹ n (sound) кря́канье; vi кря́кать impf, кря́кнуть pf.
quack² n шарлата́н.
quad n (court) четырёхуго́льный двор; pl (quadruplets) че́тверо близнецо́в. **quadrangle** n (figure)

четырёхуго́льник; (court) четырёхуго́льный двор. **quadrant** n квадра́нт.

quadruped n четвероно́гое живо́тное sb. **quadruple** adj четверно́й; vt & i учетверя́ть(ся) impf, учетвери́ть(ся) pf. **quadruplets** n pl четверо близнецо́в.

quagmire n боло́то.

quail n (bird) пе́репел.

quaint adj причу́дливый.

quake vi дрожа́ть impf (with от +gen).

Quaker n ква́кер, ~ка.

qualification n (for post etc.) квалифика́ция; (reservation) огово́рка. **qualified** adj компете́нтный; (limited) ограни́ченный. **qualify** vt & i (prepare for job) гото́вить(ся) impf (for к+dat; +inf); vt (render fit) де́лать impf, с~ pf приго́дным; (entitle) дава́ть impf, дать pf пра́во +dat (to на+acc); (limit): ~ what one says сде́лать pf огово́рку; ~ получа́ть impf, получи́ть pf дипло́м; ~ for (be entitled to) име́ть impf пра́во на+acc.

qualitative adj ка́чественный. **quality** n ка́чество.

qualm n сомне́ние; (of conscience) угрызе́ние со́вести.

quandary n затрудни́тельное положе́ние.

quantify vt определя́ть impf, определи́ть pf коли́чество +gen. **quantitative** adj коли́чественный. **quantity** n коли́чество.

quarantine n каранти́н.

quarrel n ссо́ра; vi ссо́риться impf, по~ pf (with c+instr; about, for из-за+gen). **quarrelsome** adj вздо́рный.

quarry[1] n (for stone etc.) каменоло́мня; vt добыва́ть impf, добы́ть pf.

quarry[2] n (prey) добы́ча.

quart n ква́рта. **quarter** n че́тверть; (of year; of town) кварта́л; pl кварти́ры f pl; **a** ~ **to one** без че́тверти час; ~**-final** че́тверть-фина́л; vt (divide) дели́ть impf, раз~ pf на четы́ре ча́сти; (lodge) раскварти́ровывать impf, расквартирова́ть pf. **quarterly** adj кварта́льный; adv раз в кварта́л. **quartet** n кварте́т. **quartz** n кварц.

quash vt (annul) аннули́ровать impf & pf; (crush) подавля́ть impf, подави́ть pf.

quasi- in comb квази-.

quaver vi дрожа́ть impf; n (mus) восьма́я sb но́ты.

quay n на́бережная sb.

queasy adj: **I feel** ~ меня́ тошни́т.

queen n короле́ва; (cards) да́ма; (chess) ферзь m.

queer adj стра́нный.

quell vt подавля́ть impf, подави́ть pf.

quench vt (thirst) утоля́ть impf, утоли́ть pf; (fire, desire) туши́ть impf, по~ pf.

query n вопро́с; vt (express doubt) выража́ть impf вы́разить pf сомне́ние в+prep. **quest** n по́иски m pl; **in** ~ **of** в по́исках+gen. **question** n вопро́с; **beyond** ~ вне сомне́ния; **it is a** ~ **of** э́то вопро́с+gen; **it is out of the** ~ об э́том не мо́жет быть и ре́чи; **the person in** ~ челове́к, о кото́ром идёт речь; **the** ~ **is this** де́ло в э́том; ~ **mark** вопроси́тельный знак; vt расспра́шивать impf, расспроси́ть pf; (interrogate) допра́шивать impf допроси́ть pf; (doubt) сомнева́ться impf в+prep. **questionable** adj сомни́тельный. **questionnaire** n вопро́сник.

queue n о́чередь; vi стоя́ть impf в о́череди.

quibble n софи́зм; (minor criticism) приди́рка; vi придира́ться impf; (argue) спо́рить impf.

quick adj ско́рый, бы́стрый; ~**-tempered** вспы́льчивый; ~**-witted** нахо́дчивый; n: **to the** ~ за живо́е; adv ско́ро, бы́стро; as imper скоре́й! **quicken** vt & i ускоря́ть(ся) impf, уско́рить(ся) pf. **quickness** n быстрота́. **quicksand** n зыбу́чий песо́к. **quicksilver** n ртуть.

quid n фунт.

quiet n (silence) тишина́; (calm) споко́йствие; adj ти́хий; споко́йный; int ти́ше!; vt & i успока́ивать(ся) impf, успоко́ить(ся) pf.

quill n перо́; (spine) игла́.

quilt n (стёганое) одея́ло; vt стега́ть impf, вы́~ pf. **quilted** adj стёганый.

quintessential adj наибо́лее суще́ственный.

quintet n квинте́т. **quins, quintuplets**

n pl пять близнецо́в.

quip *n* острота́; остри́ть *impf*, c~ *pf*.

quirk *n* причу́да. **quirky** *adj* с причу́дами.

quit *vt* (*leave*) покида́ть *impf*, поки́нуть *pf*; (*stop*) переставáть *impf*, переста́ть *pf*; (*give up*) броса́ть *impf*, бро́сить *pf*; (*resign*) уходи́ть *impf*, уйти́ *pf* c+gen.

quite *adv* (*wholly*) совсе́м; (*rather*) дово́льно; ~ a few дово́льно мно́го.

quits *predic*: we are ~ мы с тобо́й кви́ты; I am ~ with him я расквита́лся (*past*) с ним.

quiver *vi* (*tremble*) трепета́ть *impf*; *n* тре́пет.

quiz *n* виктори́на. **quizzical** *adj* насме́шливый.

quorum *n* кво́рум.

quota *n* но́рма.

quotation *n* цита́та; (*of price*) цена́; ~ marks кавы́чки (-чек) *pl*. **quote** *vt* цити́ровать *impf*, про~ *pf*; ссыла́ться *impf*, сосла́ться *pf* на+acc; (*price*) назнача́ть *impf*, назна́чить *pf*.

R

rabbi *n* равви́н.

rabbit *n* кро́лик.

rabble *n* сброд.

rabid *adj* бе́шеный. **rabies** *n* бе́шенство.

race[1] *n* (*ethnic* ~) ра́са; род.

race[2] *n* (*contest*) (*on foot*) бег; (*of cars etc., fig*) го́нка, го́нки *f pl*; (*of horses*) ска́чки *f pl*; ~-track трек; (*for horse*) скакова́я доро́жка; *vi* (*compete*) состяза́ться *impf* в ско́рости; (*rush*) мча́ться *impf*; *vt* бежа́ть *impf* наперегонки́ c+instr. **racecourse** *n* ипподро́м. **racehorse** *n* скакова́я ло́шадь.

racial *adj* ра́совый. **rac(ial)ism** *n* раси́зм. **rac(ial)ist** *n* раси́ст, ~ка; *adj* раси́стский.

racing *n* (*horses*) ска́чки *f pl*; (*cars*) го́нки *f pl*; ~ car го́ночный автомоби́ль *m*; ~ driver го́нщик.

rack *n* (*for hats etc.*) ве́шалка; (*for plates etc.*) стелла́ж; (*in train etc.*) се́тка; *vt*: ~ one's brains лома́ть *impf* себе́ го́лову.

racket[1] *n* (*bat*) раке́тка.

racket[2] *n* (*uproar*) шум; (*illegal activity*) ра́кет. **racketeer** *n* рэке́тир.

racy *adj* колори́тный.

radar *n* (*system*) радиолока́ция; (*apparatus*) радиолока́тор, рада́р; *attrib* рада́рный.

radiance *n* сия́ние. **radiant** *adj* сия́ющий. **radiate** *vt & i* излуча́ть(ся) *impf*, излучи́ть(ся) *pf*. **radiation** *n* излуче́ние. **radiator** *n* батаре́я; (*in car*) радиа́тор.

radical *adj* радика́льный; *n* радика́л.

radio *n* ра́дио *neut indecl*; (*set*) радиоприёмник; *vt* ради́ровать *impf & pf* +dat.

radioactive *adj* радиоакти́вный. **radioactivity** *n* радиоакти́вность. **radiologist** *n* радио́лог; рентгено́лог. **radiotherapy** *n* радиотерапи́я.

radish *n* реди́ска.

radius *n* ра́диус.

raffle *n* лотере́я; *vt* разы́грывать *impf*, разыгра́ть *pf* в лотере́е.

raft *n* плот.

rafter *n* (*beam*) стропи́ло.

rag *n* тря́пка; *pl* (*clothes*) лохмо́тья (-ьев) *pl*.

rage *n* я́рость; all the ~ после́дний крик мо́ды; *vi* беси́ться *impf*; (*storm etc.*) бушева́ть *impf*.

ragged *adj* (*jagged*) зазу́бренный; (*of clothes*) рва́ный.

raid *n* налёт; (*by police*) обла́ва; *vt* де́лать *impf*, c~ *pf* налёт на+acc.

rail *n* пери́ла (-л) *pl*; (*rly*) рельс; by ~ по́ездом. **railing** *n* пери́ла (-л) *pl*.

railway *n* желе́зная доро́га; *attrib* железнодоро́жный. **railwayman** *n* железнодоро́жник.

rain *n* дождь *m*; *v impers*: it is (was) ~ing идёт (шёл) дождь; *vt* осыпа́ть *impf*, осы́пать *pf* +instr (upon +acc); *vi* осыпа́ться *impf*, осы́паться *pf*. **rainbow** *n* ра́дуга. **raincoat** *n* плащ. **raindrop** *n* дождева́я ка́пля. **rainfall** *n* (*amount of rain*) коли́чество оса́дков. **rainy** *adj* дождли́вый; ~ day чёрный день *m*.

raise *vt* (*lift*) поднима́ть *impf*, подня́ть *pf*; (*heighten*) повыша́ть *impf*, повы́сить *pf*; (*provoke*) вызыва́ть *impf*, вы́звать *pf*; (*money*) собира́ть *impf*, собра́ть *pf*; (*children*) расти́ть *impf*.

raisin *n* изю́минка; *pl* (*collect*) изю́м.

rake n (*tool*) гра́бли (-бель & -блей) pl; vt грести́ impf; (~ *together*, *up*) сгреба́ть impf, сгрести́ pf.

rally vt & i спла́чивать(ся) impf, сплоти́ть(ся) pf; vi (*after illness etc.*) оправля́ться impf, опра́виться pf; n (*meeting*) слёт; ми́тинг; (*motoring* ~) (а́вто)ра́лли neut indecl; (*tennis*) обме́н уда́рами.

ram n (*sheep*) бара́н; vt (*beat down*) трамбова́ть impf, y~ pf; (*drive in*) вбива́ть impf, вбить pf.

ramble vi (*walk*) прогу́ливаться impf, прогуля́ться pf; (*speak*) бубни́ть impf; n прогу́лка. **rambling** adj (*incoherent*) бессвя́зный.

ramification n (*fig*) после́дствие.

ramp n скат.

rampage vi бу́йствовать impf.

rampant adj (*plant*) бу́йный; (*unchecked*) безуде́ржный.

rampart n вал.

ramshackle adj ве́тхий.

ranch n ра́нчо neut indecl.

rancid adj прого́рклый.

rancour n зло́ба.

random adj случа́йный; at ~ науда́чу.

range n (*of mountains*) цепь; (*artillery* ~) полиго́н; (*of voice*) диапазо́н; (*scope*) круг, преде́лы m pl; (*operating distance*) да́льность; vi (*vary*) колеба́ться impf, по~ pf; (*wander*) броди́ть impf; ~ over (*include*) охва́тывать impf, охвати́ть pf.

rank[1] n (*row*) ряд; (*taxi* ~) стоя́нка такси́; (*grade*) зва́ние, чин, ранг; vt (*classify*) классифици́ровать impf & pf; (*consider*) счита́ть impf (as +instr); vi: ~ with быть в числе́+gen.

rank[2] adj (*luxuriant*) бу́йный; (*in smell*) злово́нный; (*gross*) я́вный.

rankle vi боле́ть impf.

ransack vt (*search*) обша́ривать impf, обша́рить pf; (*plunder*) гра́бить impf, o~ pf.

ransom n вы́куп; vt выкупа́ть impf, вы́купить pf.

rant vi вопи́ть impf.

rap n стук; vt (*резко*) ударя́ть impf, уда́рить pf; vi стуча́ть impf, сту́кнуть pf.

rape[1] vt наси́ловать impf, из~ pf; n изнаси́лование.

rape[2] n (*plant*) рапс.

rapid adj бы́стрый; n: pl поро́г, быстрина́. **rapidity** n быстрота́.

rapt adj восхищённый; (*absorbed*) поглощённый. **rapture** n восто́рг. **rapturous** adj восто́рженный.

rare[1] adj (*of meat*) недожа́ренный.

rare[2] adj ре́дкий. **rarity** n ре́дкость.

rascal n плут.

rash[1] n сыпь.

rash[2] adj опроме́тчивый.

rasher n ло́мтик (беко́на).

rasp n (*file*) ра́шпиль m; (*sound*) скре́жет; vt: ~ out га́ркнуть pf.

raspberry n мали́на (no pl; usu collect).

rasping adj (*sound*) скрипу́чий.

rat n кры́са; ~ race го́нка за успе́хом.

ratchet n храпови́к.

rate n но́рма, ста́вка; (*speed*) ско́рость; pl ме́стные нало́ги m pl; at any ~ во вся́ком слу́чае; vt оце́нивать impf, оцени́ть pf; (*consider*) счита́ть impf; vi счита́ться impf (as +instr).

rather adv скоре́е; (*somewhat*) дово́льно; he (she) had (would) ~ он (она́) предпочёл (-чла́) бы+inf.

ratification n ратифика́ция. **ratify** vt ратифици́ровать impf & pf.

rating n оце́нка.

ratio n пропо́рция.

ration n паёк, рацио́н; vt норми́ровать impf & pf; be ~ed выдава́ться impf, вы́даться pf по ка́рточкам.

rational adj разу́мный. **rationalism** n рационали́зм. **rationality** n разу́мность. **rationalize** vt обосно́вывать impf, обоснова́ть pf; (*industry etc.*) рационализи́ровать impf & pf.

rattle vi & t (*sound*) греме́ть impf (+instr); ~ along (*move*) грохота́ть impf; ~ off (*utter*) отбараба́нить pf; n (*sound*) треск, гро́хот; (*toy*) погрему́шка. **rattlesnake** n грему́чая змея́.

raucous adj ре́зкий.

ravage vt опустоша́ть impf, опустоши́ть pf; n: pl разруши́тельное де́йствие.

rave vi бре́дить impf; ~ about быть в восто́рге от+gen.

raven n во́рон.

ravenous adj голо́дный как волк.

ravine n уще́лье.

ravishing adj восхити́тельный.
raw adj сыро́й; (inexperienced) не́опытный; ~ material(s) сырьё (no pl).
ray n луч.
raze vt: ~ to the ground ровня́ть impf, с~ pf с землёй.
razor n бри́тва; ~-blade ле́звие.
reach vt (attain, extend to, arrive at) достига́ть impf, дости́чь & достигну́ть pf +gen, до+gen; доходи́ть impf, дойти́ pf до+gen; (with hand) дотя́гиваться impf, дотяну́ться pf до+gen; vi (extend) простира́ться impf; n досяга́емость; (pl, of river) тече́ние.
react vi реаги́ровать impf, от~, про~ pf (to на+acc). **reaction** n реа́кция.
reactionary adj реакцио́нный; n реакционе́р. **reactor** n реа́ктор.
read vt чита́ть impf, про~, прочесть pf; (mus) разбира́ть impf, разобра́ть pf; (~ a meter etc.) снима́ть impf, снять pf показа́ния +gen; (univ) изуча́ть impf; (interpret) толкова́ть impf. **readable** adj интере́сный. **reader** n чита́тель m, ~ница; (book) хрестома́тия.
readily adv (willingly) охо́тно; (easily) легко́. **readiness** n гото́вность.
reading n чте́ние; (on meter) показа́ние.
ready adj гото́вый (for к+dat, на+acc); get ~ гото́виться impf; ~-made гото́вый; ~ money нали́чные де́ньги (-ёг, -ьга́м) pl.
real adj настоя́щий, реа́льный; ~ estate недви́жимость. **realism** n реали́зм. **realist** n реали́ст. **realistic** adj реалисти́чный, -и́ческий. **reality** n действи́тельность; in ~ действи́тельно. **realization** n (of plan etc.) осуществле́ние; (of assets) реализа́ция; (understanding) осозна́ние. **realize** vt (plan etc.) осуществля́ть impf, осуществи́ть pf; (apprehend) осознава́ть impf, осозна́ть pf. **really** adv действи́тельно, в са́мом де́ле.
realm n (kingdom) короле́вство; (sphere) о́бласть.
reap vt жать impf, сжать pf; (fig) пожина́ть impf, пожа́ть pf.
rear¹ vt (lift) поднима́ть impf, подня́ть pf; (children) воспи́тывать

impf, воспита́ть pf; vi (of horse) станови́ться impf, стать pf на дыбы́.
rear² n за́дняя часть; (mil) тыл; bring up the ~ замыка́ть impf, замкну́ть pf ше́ствие; adj за́дний; (also mil) ты́льный. **rearguard** n арьерга́рд; ~ action арьерга́рдный бой.
rearmament n перевооруже́ние.
rearrange vt меня́ть impf.
reason n (cause) причи́на, основа́ние; (intellect) ра́зум, рассу́док; vi рассужда́ть impf; ~ with уговора́ивать impf +acc. **reasonable** adj разу́мный; (inexpensive) недорого́й.
reassurance n успока́ивание. **reassure** vt успока́ивать impf, успоко́ить pf.
rebate n ски́дка.
rebel n повста́нец; vi восстава́ть impf, восста́ть pf. **rebellion** n восста́ние. **rebellious** adj мяте́жный.
rebound vi отска́кивать impf, отскочи́ть pf; n рикоше́т.
rebuff n отпо́р; vt дава́ть impf, дать pf +dat отпо́р.
rebuild vt перестра́ивать impf, перестро́ить pf.
rebuke vt упрека́ть impf, упрекну́ть pf; n упрёк.
rebuttal n опроверже́ние.
recalcitrant adj непоко́рный.
recall vt (an official) отзыва́ть impf, отозва́ть pf; (remember) вспомина́ть impf, вспо́мнить pf; n о́тзыв; (memory) па́мять.
recant vi отрека́ться impf, отре́чься pf.
recapitulate vt резюми́ровать impf & pf.
recast vt переде́лывать impf, переде́лать pf.
recede vi отходи́ть impf, отойти́ pf.
receipt n (receiving) получе́ние; pl (amount) вы́ручка; (written ~) квита́нция. **receive** vt (admit, entertain) принима́ть impf, приня́ть pf; (get, be given) получа́ть impf, получи́ть pf. **receiver** n (radio, television) приёмник; (tel) тру́бка.
recent adj неда́вний; (new) но́вый. **recently** adv неда́вно.
receptacle n вмести́лище. **reception** n приём; ~ room приёмная sb. **receptionist** n секрета́рь m, -рша, в

приёмной. **receptive** adj восприи́мчивый.

recess n (parl) кани́кулы (-л) pl; (niche) ни́ша. **recession** n спад.

recipe n реце́пт.

recipient n получа́тель m.

reciprocal adj взаи́мный. **reciprocate** vt отвеча́ть impf (взаи́мностью) на+acc.

recital n (со́льный) конце́рт. **recitation** n публи́чное чте́ние. **recite** vt деклами́ровать impf, про~ pf; (list) перечисля́ть impf, перечи́слить pf.

reckless adj (rash) опроме́тчивый; (careless) неосторо́жный.

reckon vt подсчи́тывать impf, подсчита́ть pf; (also regard as) счита́ть impf, счесть pf (to be +instr); vi: ~ on рассчи́тывать impf, рассчита́ть pf на+acc; ~ with счита́ться impf с+instr. **reckoning** n счёт; day of ~ час распла́ты.

reclaim vt тре́бовать impf, по~ pf обра́тно; (land) осва́ивать impf, осво́ить pf.

recline vi полулежа́ть impf.

recluse n затво́рник.

recognition n узнава́ние; (acknowledgement) призна́ние. **recognize** vt узнава́ть impf, узна́ть pf; (acknowledge) признава́ть impf, призна́ть pf.

recoil vi отпря́дывать impf, отпря́нуть pf.

recollect vt вспомина́ть impf, вспо́мнить pf. **recollection** n воспомина́ние.

recommend vt рекомендова́ть impf & pf. **recommendation** n рекоменда́ция.

recompense n вознагражде́ние; vt вознагражда́ть impf, вознагради́ть pf.

reconcile vt примиря́ть impf, примири́ть pf; ~ o.s. примиря́ться impf, примири́ться pf (to с+instr). **reconciliation** n примире́ние.

reconnaissance n разве́дка. **reconnoitre** vt разве́дывать impf, разве́дать pf.

reconstruct vt перестра́ивать impf, перестро́ить pf. **reconstruction** n перестро́йка.

record vt запи́сывать impf, записа́ть pf; n за́пись; (minutes) протоко́л; (gramophone ~) граммпласти́нка;

(sport etc.) реко́рд; off the ~ неофициа́льно; adj реко́рдный; ~breaker, -holder рекордсме́н, ~ка; ~-player проигрыватель m. **recorder** n (mus) блок-фле́йта. **recording** n за́пись.

recount¹ vt (narrate) переска́зывать impf, пересказа́ть pf.

re-count² vt (count again) пересчи́тывать impf, пересчита́ть pf; n пересчёт.

recoup vt возвраща́ть impf, верну́ть pf (losses поте́рянное).

recourse n: have ~ to прибега́ть impf, прибе́гнуть pf к+dat.

recover vt (regain possession) получа́ть impf, получи́ть pf обра́тно; возвраща́ть impf, верну́ть pf; vi (~ health) поправля́ться impf, попра́виться pf (from по́сле+gen). **recovery** n возвраще́ние; выздоровле́ние.

recreate vt воссоздава́ть impf, воссозда́ть pf.

recreation n развлече́ние, о́тдых.

recrimination n взаи́мное обвине́ние.

recruit n новобра́нец; vt вербова́ть impf, за~ pf. **recruitment** n вербо́вка.

rectangle n прямоуго́льник. **rectangular** adj прямоуго́льный.

rectify vt исправля́ть impf, испра́вить pf.

rector n (priest) прихо́дский свяще́нник; (univ) ре́ктор. **rectory** n дом прихо́дского свяще́нника.

rectum n пряма́я кишка́.

recuperate vi поправля́ться impf, попра́виться pf. **recuperation** n выздоровле́ние.

recur vi повторя́ться impf, повтори́ться pf. **recurrence** n повторе́ние. **recurrent** adj повторя́ющийся.

recycle vt перераба́тывать impf, перерабо́тать pf.

red adj кра́сный; (of hair) ры́жий; n кра́сный цвет; (polit) кра́сный sb; in the ~ в долгу́; ~-handed с поли́чным; ~ herring ло́жный след; ~-hot раскалённый докрасна́; R~ Indian инде́ец, индиа́нка; ~ tape волоки́та. **redcurrant** n кра́сная сморо́дина (no pl; usu collect). **redden** vt окра́шивать impf, окра́сить pf в кра́сный цвет; *vi* красне́ть *impf*, по~ *pf*. **reddish** *adj* красно́ватый; (*hair*) рыжева́тый.

redecorate *vt* отде́лывать *impf*, отде́лать *pf*.

redeem *vt* (*buy back*) выкупа́ть *impf*, вы́купить *pf*; (*from sin*) искупа́ть *impf*, искупи́ть *pf*. **redeemer** *n* искупи́тель *m*. **redemption** *n* вы́куп; искупле́ние.

redeploy *vt* передислоци́ровать *impf* & *pf*.

redo *vt* переде́лывать *impf*, переде́лать *pf*.

redouble *vt* удва́ивать *impf*, удво́ить *pf*.

redress *vt* исправля́ть *impf*, испра́вить *pf*; ~ **the balance** восстана́вливать *impf*, восстанови́ть *pf* равнове́сие; *n* возмеще́ние.

reduce *vt* (*decrease*) уменьша́ть *impf*, уме́ньшить *pf*; (*lower*) снижа́ть *impf*, сни́зить *pf*; (*shorten*) сокраща́ть *impf*, сократи́ть *pf*; (*bring to*) доводи́ть *impf*, довести́ *pf* (**to** в+*acc*). **reduction** *n* уменьше́ние, сниже́ние, сокраще́ние; (*discount*) ски́дка.

redundancy *n* (*dismissal*) увольне́ние. **redundant** *adj* изли́шний; **make** ~ увольня́ть *impf*, уво́лить *pf*.

reed *n* (*plant*) тростни́к; (*in oboe etc.*) язычо́к.

reef *n* риф.

reek *n* вонь; *vi*: ~ (**of**) воня́ть *impf* (+*instr*).

reel¹ *n* кату́шка; *vt*: ~ **off** (*story etc.*) отбараба́нить *pf*.

reel² *vi* (*stagger*) пошату́ваться *impf*, пошатну́ться *pf*.

refectory *n* (*monastery*) тра́пезная *sb*; (*univ*) столо́вая *sb*.

refer *vt* (*direct*) отсыла́ть *impf*, отосла́ть *pf* (**to** к+*dat*); *vi*: ~ **to** (*cite*) ссыла́ться *impf*, сосла́ться *pf* на +*acc*; (*mention*) упомина́ть *impf*, упомяну́ть *pf* +*acc*. **referee** *n* судья́ *m*; *vt* суди́ть *impf*. **reference** *n* (*to book etc.*) ссы́лка; (*mention*) упомина́ние; (*testimonial*) характери́стика; ~ **book** спра́вочник. **referendum** *n* рефере́ндум.

refine *vt* очища́ть *impf*, очи́стить *pf*. **refined** *adj* (*in style etc.*) утончённый; (*in manners*) культу́рный. **re-**

finement *n* утончённость. **refinery** *n* (*oil* ~) нефтеочисти́тельный заво́д.

refit *vt* переобору́довать *impf* & *pf*.

reflect *vt* отража́ть *impf*, отрази́ть *pf*; *vi* размышля́ть *impf*, размы́слить *pf* (**on** о+*prep*). **reflection** *n* отраже́ние; размышле́ние; **on** ~ поду́мав. **reflective** *adj* (*thoughtful*) серьёзный. **reflector** *n* рефле́ктор. **reflex** *n* рефле́кс; *adj* рефлекто́рный. **reflexive** *adj* (*gram*) возвра́тный.

reform *vt* реформи́ровать *impf* & *pf*; *vt* & *i* (*of people*) исправля́ть(ся) *impf*, испра́вить(ся) *pf*; *n* рефо́рма; исправле́ние. **Reformation** *n* Реформа́ция.

refract *vt* преломля́ть *impf*, преломи́ть *pf*.

refrain¹ *n* припе́в.

refrain² *vi* возде́рживаться *impf*, воздержа́ться *pf* (**from** от+*gen*).

refresh *vt* освежа́ть *impf*, освежи́ть *pf*. **refreshments** *n pl* напи́тки *m pl*.

refrigerate *vt* охлажда́ть *impf*, охлади́ть *pf*. **refrigeration** *n* охлажде́ние. **refrigerator** *n* холоди́льник.

refuge *n* убе́жище; **take** ~ находи́ть *impf*, найти́ *pf* убе́жище. **refugee** *n* бе́женец, -нка.

refund *vt* возвраща́ть *impf*, возврати́ть *pf*; (*expenses*) возмеща́ть *impf*, возмести́ть *pf*; *n* возвраще́ние (де́нег); возмеще́ние.

refusal *n* отка́з. **refuse**¹ *vt* отка́зывать *impf*, отказа́ть *pf*.

refuse² *n* му́сор.

refute *vt* опроверга́ть *impf*, опрове́ргнуть *pf*.

regain *vt* возвраща́ть *impf*, верну́ть *pf*.

regal *adj* короле́вский.

regale *vt* угоща́ть *impf*, угости́ть *pf* (**with** +*instr*).

regalia *n pl* рега́лии *f pl*.

regard *vt* смотре́ть *impf*, по~ *pf* на+*acc*; (*take into account*) счита́ться *impf* с+*instr*; ~ **as** счита́ть *impf* +*instr*, за+*instr*; **as** ~**s** что каса́ется+*gen*; *n* (*esteem*) уваже́ние; (*attention*) внима́ние; *pl* приве́т. **regarding** *prep* относи́тельно+*gen*. **regardless** *adv* не обраща́я внима́ния; ~ **of** не счита́ясь с+*instr*.

regatta *n* регáта.

regenerate *vt* перерождáть *impf*, переродить *pf*. **regeneration** *n* перерождéние.

regent *n* рéгент.

régime *n* режим.

regiment *n* полк. **regimental** *adj* полковóй. **regimentation** *n* регламентáция.

region *n* региóн. **regional** *adj* регионáльный.

register *n* реéстр; (*also mus*) регистр; *vt* регистрировать *impf*, за~ *pf*; (*a letter*) отправлять *impf*, отпрáвить *pf* закáзным. **registered** *adj* (*letter*) заказнóй. **registrar** *n* регистрáтор. **registration** *n* регистрáция; ~ **number** нóмер машины. **registry** *n* регистратýра; ~ **office** загс.

regression *n* регрéсс. **regressive** *adj* регрессивный.

regret *vt* сожалéть *impf* о+*prep*; *n* сожалéние. **regretful** *adj* пóлный сожалéния. **regrettable** *adj* прискóрбный. **regrettably** *adv* к сожалéнию.

regular *adj* регулярный; (*also gram*) прáвильный; *n* (*coll*) завсегдáтай. **regularity** *n* регулярность. **regulate** *vt* регулировать *impf*, у~ *pf*. **regulation** *n* регулировáние; *pl* прáвила *neut pl*.

rehabilitate *vt* реабилитировать *impf* & *pf*. **rehabilitation** *n* реабилитáция.

rehearsal *n* репетиция. **rehearse** *vt* репетировать *impf*, от~ *pf*.

reign *n* цáрствование; *vi* цáрствовать *impf*; (*fig*) царить *impf*.

reimburse *vt* возмещáть *impf*, возместить *pf* (+*dat of person*). **reimbursement** *n* возмещéние.

rein *n* пóвод.

reincarnation *n* перевоплощéние.

reindeer *n* сéверный олéнь *m*.

reinforce *vt* подкреплять *impf*, подкрепить *pf*. **reinforcement** *n* (*also pl*) подкреплéние.

reinstate *vt* восстанáвливать *impf*, восстановить *pf*. **reinstatement** *n* восстановлéние.

reiterate *vt* повторять *impf*, повторить *pf*.

reject *vt* отвергáть *impf*, отвéргнуть

pf; (*as defective*) бракóвать *impf*, за~ *pf*; *n* брак. **rejection** *n* откáз (*of* от+*gen*).

rejoice *vi* рáдоваться *impf*, об~ *pf* (*in, at* +*dat*). **rejoicing** *n* рáдость.

rejoin *vt* (*вновь*) присоединять *impf*, присоединиться *pf* к+*dat*.

rejuvenate *vt* омолáживать *impf*, омолодить *pf*.

relapse *n* рецидив; *vi* снóва впадáть *impf*, впасть *pf* (*into* в+*acc*); (*into illness*) снóва заболевáть *impf*, заболéть *pf*.

relate *vt* (*tell*) рассказывать *impf*, рассказáть *pf*; (*connect*) связывать *impf*, связáть *pf*; *vi* относиться *impf* (*to* к+*dat*). **related** *adj* рóдственный.

relation *n* отношéние; (*person*) рóдственник, -ица. **relationship** *n* (*connection; liaison*) связь; (*kinship*) родствó. **relative** *adj* относительный; *n* рóдственник, -ица. **relativity** *n* относительность.

relax *vt* ослаблять *impf*, ослáбить *pf*; *vi* (*rest*) расслабляться *impf*, расслáбиться *pf*. **relaxation** *n* ослаблéние; (*rest*) óтдых.

relay *n* (*shift*) смéна; (*sport*) эстафéта; (*electr*) релé *neut indecl*; *vt* передавáть *impf*, передáть *pf*.

release *vt* (*set free*) освобождáть *impf*, освободить *pf*; (*unfasten, let go*) отпускáть *impf*, отпустить *pf*; (*film etc.*) выпускáть *impf*, выпустить *pf*; *n* освобождéние; выпуск.

relegate *vt* переводить *impf*, перевести *pf* (в низшую грýппу). **relegation** *n* перевóд (в низшую грýппу).

relent *vi* смягчáться *impf*, смягчиться *pf*. **relentless** *adj* непрестáнный.

relevance *n* умéстность. **relevant** *adj* относящийся к дéлу; умéстный.

reliability *n* надёжность. **reliable** *adj* надёжный. **reliance** *n* довéрие. **reliant** *adj*: be ~ **upon** зависеть *impf* от+*gen*.

relic *n* остáток, реликвия.

relief[1] *n* (*art, geol*) рельéф.

relief[2] *n* (*alleviation*) облегчéние; (*assistance*) пóмощь; (*in duty*) смéна. **relieve** *vt* (*alleviate*) облегчáть *impf*, облегчить *pf*; (*replace*) сменять *impf*, сменить *pf*; (*unburden*) освобождáть *impf*, освободить *pf* (*of* от+*gen*).

religion n рели́гия. **religious** adj
религио́зный.

relinquish vt оставля́ть impf, оста́-
вить pf; (right etc.) отка́зываться
impf, отказа́ться pf от+gen.

relish n (enjoyment) смак; (cul) при-
пра́ва; vt смакова́ть impf.

relocate vt & i перемеща́ть(ся) impf,
перемести́ть(ся) pf.

reluctance n неохо́та. **reluctant** adj
неохо́тный; **be ~** то не жела́ть impf
+inf.

rely vi полага́ться impf, положи́ться
pf (on на+acc).

remain vi остава́ться impf, оста́ться
pf. **remainder** n оста́ток. **remains**
n pl оста́тки m pl; (human ~) оста́н-
ки (-ков) pl.

remand vt содержа́ть impf под стра́-
жей; **be on ~** содержа́ться impf под
стра́жей.

remark vt замеча́ть impf, заме́тить
pf; n замеча́ние. **remarkable** adj
замеча́тельный.

remarry vi вступа́ть impf, вступи́ть
pf в но́вый брак.

remedial adj лече́бный. **remedy** n
сре́дство (for от, про́тив+gen); vt
исправля́ть impf, испра́вить pf.

remember vt по́мнить impf, вспоми-
на́ть impf, вспо́мнить pf; (greet)
передава́ть impf, переда́ть pf при-
ве́т от+gen (to +dat). **remembrance**
n па́мять.

remind vt напомина́ть impf, напо́м-
нить pf +dat (of +acc, o+prep). **reminder** n напомина́ние.

reminiscence n воспомина́ние. **rem-
iniscent** adj напомина́ющий.

remiss predic небре́жный. **remission** n (pardon) отпуще́ние; (med)
реми́ссия. **remit** vt пересыла́ть
impf, пересла́ть pf. **remittance** n
перево́д де́нег; (money) де́нежный
перево́д.

remnant n оста́ток.

remonstrate vi: **~ with** увещева́ть
impf +acc.

remorse n угрызе́ния neut pl со́ве-
сти. **remorseful** adj по́лный раска́я-
ния. **remorseless** adj безжа́лост-
ный.

remote adj отдалённый; **~ control**
дистанцио́нное управле́ние.

removal n (taking away) удале́ние;

(of obstacles) устране́ние. **remove**
vt (take away) убира́ть impf, убра́ть
pf; (get rid of) устраня́ть impf,
устрани́ть pf.

remuneration n вознагражде́ние. **re-
munerative** adj вы́годный.

renaissance n возрожде́ние; **the R~**
Возрожде́ние.

render vt воздава́ть impf, возда́ть pf;
(help etc.) ока́зывать impf, оказа́ть
pf; (role etc.) исполня́ть impf, ис-
по́лнить pf; (stone) штукату́рить
impf, о~, от~ pf. **rendering** n
исполне́ние.

rendezvous n (meeting) свида́ние.

renegade n ренега́т, ~ка.

renew vt (extend; continue) возоб-
новля́ть impf, возобнови́ть pf; (replace) обновля́ть impf, обнови́ть pf.
renewal n (воз)обновле́ние.

renounce vt отверга́ть impf, отве́рг-
нуть pf; (claim) отка́зываться impf,
отказа́ться pf от+gen.

renovate vt ремонти́ровать impf,
от~ pf. **renovation** n ремо́нт.

renown n сла́ва. **renowned** adj из-
ве́стный; **be ~ for** сла́виться impf
+instr.

rent n (for home) квартпла́та; (for
premises) (аре́ндная) пла́та; vt (of
tenant) арендова́ть impf & pf; (of
owner) сдава́ть impf, сдать pf.

renunciation n (repudiation) отри-
ца́ние; (of claim) отка́з.

rep n (comm) аге́нт.

repair vt ремонти́ровать impf, от~
pf; n (also pl) ремо́нт (only sg);
почи́нка; **in good/bad** в хоро́шем/
плохо́м состоя́нии.

reparations n pl репара́ции f pl.

repatriate vt репатрии́ровать impf &
pf. **repatriation** n репатриа́ция.

repay vt отпла́чивать impf, отпла-
ти́ть pf (person +dat). **repayment** n
отпла́та.

repeal vt отменя́ть impf, отмени́ть
pf; n отме́на.

repeat vt & i повторя́ть(ся) impf,
повтори́ть(ся) pf; n повторе́ние. **re-
peatedly** adv неоднокра́тно.

repel vt отта́лкивать impf, оттолк-
ну́ть pf; (enemy) отража́ть impf,
отрази́ть pf.

repent vi раска́иваться impf, раска́-
яться pf. **repentance** n раска́яние.

repentant adj раскаивающийся.

repercussion n после́дствие.

repertoire n репертуа́р. **repertory** n (store) запа́с; (repertoire) репертуа́р; ~ **company** постоя́нная тру́ппа.

repetition n повторе́ние. **repetitious, repetitive** adj повторя́ющийся.

replace vt (put back) класть impf, положи́ть pf обра́тно; (substitute) заменя́ть impf, замени́ть pf (by +instr). **replacement** n заме́на.

replay n переигро́вка.

replenish vt пополня́ть impf, пополни́ть pf.

replete adj насы́щенный; (sated) сы́тый.

replica n ко́пия.

reply vt & i отвеча́ть impf, отве́тить pf (to на+acc); n отве́т.

report vt сообща́ть impf, сообщи́ть pf; vi докла́дывать impf, доложи́ть pf; (present o.s.) явля́ться impf, яви́ться pf; n сообще́ние; докла́д; (school) та́бель m; (sound) звук взры́ва, вы́стрела. **reporter** n корреспонде́нт.

repose n (rest) о́тдых; (peace) поко́й.

repository n храни́лище.

repossess vt изыма́ть impf, изъя́ть pf за непла́тёж.

reprehensible adj предосуди́тельный.

represent vt представля́ть impf; (portray) изобража́ть impf, изобрази́ть pf. **representation** n (being represented) представи́тельство; (statement of case) представле́ние; (portrayal) изображе́ние. **representative** adj изобража́ющий (of +acc); (typical) типи́чный; n представи́тель m.

repress vt подавля́ть impf, подави́ть pf. **repression** n подавле́ние, репре́ссия. **repressive** adj репресси́вный.

reprieve vt отсро́чивать impf, отсро́чить pf +dat приведе́ние в исполне́ние (сме́ртного) пригово́ра; n отсро́чка приведе́ния в исполне́ние (сме́ртного) пригово́ра; (fig) переды́шка.

reprimand n вы́говор; vt де́лать impf, c~ pf вы́говор +dat.

reprint vt переиздава́ть impf, пере-

изда́ть pf; n переизда́ние.

reprisal n отве́тная ме́ра.

reproach vt упрека́ть impf, упрекну́ть pf (with в+prep). **reproachful** adj укори́зненный.

reproduce vt воспроизводи́ть impf, воспроизвести́ pf; vi размножа́ться impf, размно́житься pf. **reproduction** n (action) воспроизведе́ние; (object) репроду́кция; (of offspring) размноже́ние. **reproductive** adj воспроизводи́тельный.

reproof n вы́говор. **reprove** vt де́лать impf c~ pf вы́говор +dat.

reptile n пресмыка́ющееся sb.

republic n респу́блика. **republican** adj республика́нский; n республика́нец, -нка.

repudiate vt (renounce) отка́зываться impf, отказа́ться pf от+gen; (reject) отверга́ть impf, отве́ргнуть pf. **repudiation** n отка́з (of от+gen).

repugnance n отвраще́ние. **repugnant** adj проти́вный.

repulse vt отража́ть impf, отрази́ть pf. **repulsion** n отвраще́ние. **repulsive** adj отврати́тельный.

reputable adj по́льзующийся хоро́шей репута́цией. **reputation, repute** n репута́ция. **reputed** adj предполага́емый. **reputedly** adv по о́бщему мне́нию.

request n про́сьба; **by, on,** ~ по про́сьбе; vt проси́ть impf, по~ pf +acc, +gen (person +acc).

requiem n ре́квием.

require vt (demand; need) тре́бовать impf, по~ pf +gen; (need) нужда́ться impf в+prep. **requirement** n тре́бование; (necessity) потре́бность. **requisite** adj необходи́мый; n необходи́мая вещь. **requisition** n реквизи́ция; vt реквизи́ровать impf & pf.

resale n перепрода́жа.

rescind vt отменя́ть impf, отмени́ть pf.

rescue vt спаса́ть impf, спасти́ pf; n спасе́ние. **rescuer** n спаси́тель m.

research n иссле́дование (+gen); (occupation) иссле́довательская рабо́та; vi: **into** иссле́довать impf & pf +acc. **researcher** n иссле́дователь m.

resemblance n схо́дство. **resemble**

vt походи́ть *impf* на+*acc*.

resent *vt* возмуща́ться *impf*, возмути́ться *pf*. **resentful** *adj* возмущённый. **resentment** *n* возмуще́ние.

reservation *n* (*doubt*) огово́рка; (*booking*) предвари́тельный зака́з; (*land*) резерва́ция. **reserve** *vt* (*keep*) резерви́ровать *impf & pf*; (*book*) зака́зывать *impf*, заказа́ть *pf*; *n* (*stock; mil*) запа́с, резе́рв; (*sport*) запасно́й игро́к; (*nature ~ etc.*) запове́дник; (*proviso*) огово́рка; (*self-restraint*) сде́ржанность; *attrib* запасно́й. **reserved** *adj* (*person*) сде́ржанный. **reservist** *n* резерви́ст. **reservoir** *n* (*for water*) водохрани́лище; (*for other fluids*) резервуа́р.

resettle *vt* переселя́ть *impf*, пересели́ть *pf*. **resettlement** *n* переселе́ние.

reshape *vt* видоизменя́ть *impf*, видоизмени́ть *pf*.

reshuffle *n* переста́новка.

reside *vi* прожива́ть *impf*. **residence** *n* (*residing*) прожива́ние; (*abode*) местожи́тельство; (*official ~ etc.*) резиде́нция. **resident** *n* (*постоя́нный*) жи́тель *m*, ~ница; *adj* прожива́ющий; (*population*) постоя́нный. **residential** *adj* жило́й.

residual *adj* оста́точный. **residue** *n* оста́ток.

resign *vt* отка́зываться *impf*, отказа́ться *pf* от+*gen*; *vi* уходи́ть *impf*, уйти́ *pf* в отста́вку; ~ **o.s. to** покоря́ться *impf*, покори́ться *pf* +*dat*. **resignation** *n* отста́вка, заявле́ние об отста́вке; (*being resigned*) поко́рность. **resigned** *adj* поко́рный.

resilient *adj* выно́сливый.

resin *n* смола́.

resist *vt* сопротивля́ться *impf* +*dat*; (*temptation*) устоя́ть *pf* пе́ред+*instr*. **resistance** *n* сопротивле́ние. **resistant** *adj* сто́йкий.

resolute *adj* реши́тельный. **resolution** *n* (*character*) реши́тельность; (*vow*) заро́к; (*at meeting etc.*) резолю́ция; (*of problem*) разреше́ние. **resolve** *vt* (*decide*) реша́ть *impf*, реши́ть *pf*; (*settle*) разреша́ть *impf*, разреши́ть *pf*; *n* реши́тельность; (*decision*) реше́ние.

resonance *n* резона́нс. **resonant** *adj*

зву́чный.

resort *vi*: ~ **to** прибега́ть *impf*, прибе́гнуть *pf* к+*dat*; *n* (*place*) куро́рт; **in the last** ~ в кра́йнем слу́чае.

resound *vi* (*of sound etc.*) раздава́ться *impf*, разда́ться *pf*; (*of place*) оглаша́ться *impf*, огласи́ться *pf* (*with* +*instr*).

resource *n* (*usu pl*) ресу́рс. **resourceful** *adj* нахо́дчивый.

respect *n* (*relation*) отноше́ние; (*esteem*) уваже́ние; **with** ~ **to** что каса́ется+*gen*; *vt* уважа́ть *impf*. **respectability** *n* респекта́бельность. **respectable** *adj* прили́чный. **respectful** *adj* почти́тельный. **respective** *adj* свой. **respectively** *adv* соотве́тственно.

respiration *n* дыха́ние. **respirator** *n* респира́тор. **respiratory** *adj* дыха́тельный.

respite *n* переды́шка.

resplendent *adj* блиста́тельный.

respond *vi*: ~ **to** отвеча́ть *impf*, отве́тить *pf* на+*acc*; (*react*) реаги́ровать *impf*, про~, от~ *pf* на+*acc*. **response** *n* отве́т; (*reaction*) о́тклик. **responsibility** *n* отве́тственность; (*duty*) обя́занность. **responsible** *adj* отве́тственный (**to** пе́ред +*instr*; **for** за+*acc*); (*reliable*) надёжный. **responsive** *adj* отзы́вчивый.

rest[1] *vi* отдыха́ть *impf*, отдохну́ть *pf*; *vt* (*place*) класть *impf*, положи́ть *pf*; (*allow to* ~) дава́ть *impf*, дать *pf* о́тдых+*dat*; *n* (*repose*) о́тдых; (*peace*) поко́й; (*mus*) па́уза; (*support*) опо́ра.

rest[2] *n* (*remainder*) оста́ток; (*the others*) остальны́е *sb pl*.

restaurant *n* рестора́н.

restful *adj* успока́ивающий.

restitution *n* возвраще́ние.

restive *adj* беспоко́йный.

restless *adj* беспоко́йный.

restoration *n* реставра́ция; (*return*) восстановле́ние. **restore** *vt* реставри́ровать *impf & pf*; (*return*) восстана́вливать *impf*, восстанови́ть *pf*.

restrain *vt* уде́рживать *impf*, удержа́ть *pf* (**from** от+*gen*). **restraint** *n* сде́ржанность.

restrict *vt* ограни́чивать *impf*, ограни́чить *pf*. **restriction** *n* ограниче́ние. **restrictive** *adj* ограничи́тельный.

result *vi* сле́довать *impf*; происходи́ть *impf* (from из+*gen*); ~ in конча́ться *impf*, ко́нчиться *pf* +*instr*; *n* результа́т; as a ~ в результа́те (of +*gen*).

resume *vt & i* возобновля́ть(ся) *impf*, возобнови́ть(ся) *pf*. **résumé** *n* резюме́ *neut indecl*. **resumption** *n* возобновле́ние.

resurrect *vt* (*fig*) воскреша́ть *impf*, воскреси́ть *pf*. **resurrection** *n* (of the dead) воскресе́ние; (*fig*) воскреше́ние.

resuscitate *vt* приводи́ть *impf*, привести́ *pf* в созна́ние.

retail *n* ро́зничная прода́жа; *attrib* ро́зничный; *adv* в ро́зницу; *vt* продава́ть *impf*, прода́ть *pf* в ро́зницу; *vi* продава́ться *impf* в ро́зницу. **retailer** *n* ро́зничный торго́вец.

retain *vt* уде́рживать *impf*, удержа́ть *pf*.

retaliate *vi* отпла́чивать *impf*, отплати́ть *pf* тем же. **retaliation** *n* отпла́та, возме́здие.

retard *vt* замедля́ть *impf*, заме́длить *pf*. **retarded** *adj* отста́лый.

retention *n* удержа́ние. **retentive** *adj* (*memory*) хоро́ший.

reticence *n* сде́ржанность. **reticent** *adj* сде́ржанный.

retina *n* сетча́тка.

retinue *n* сви́та.

retire *vi* (*withdraw*) удаля́ться *impf*, удали́ться *pf*; (from office *etc.*) уходи́ть *impf*, уйти́ *pf* в отста́вку. **retired** *adj* в отста́вке. **retirement** *n* отста́вка. **retiring** *adj* скро́мный.

retort[1] *vt* отвеча́ть *impf*, отве́тить *pf* ре́зко; *n* возраже́ние.

retort[2] *n* (*vessel*) рето́рта.

retrace *vt*: ~ one's steps возвраща́ться *impf*, возврати́ться *pf*.

retract *vt* (*draw in*) втя́гивать *impf*, втяну́ть *pf*; (*take back*) брать *impf*, взять *pf* наза́д.

retreat *vi* отступа́ть *impf*, отступи́ть *pf*; *n* отступле́ние; (*withdrawal*) уедине́ние; (*place*) убе́жище.

retrenchment *n* сокраще́ние расхо́дов.

retrial *n* повто́рное слу́шание де́ла.

retribution *n* возме́здие.

retrieval *n* возвраще́ние; (*comput*) по́иск (информа́ции); *vt* брать *impf*,

взять *pf* обра́тно.

retrograde *adj* (*fig*) реакцио́нный.

retrospect *n*: in ~ ретроспекти́вно.

retrospective *adj* (*law*) име́ющий обра́тную си́лу.

return *vt & i* (*give back*; come back) возвраща́ть(ся) *impf*, возврати́ть(ся) *impf*, верну́ть(ся) *pf*; *vt* (*elect*) избира́ть *impf*, избра́ть *pf*; *n* возвраще́ние; возвра́т; (*profit*) при́быль; by ~ обра́тной по́чтой; in ~ взаме́н (for +*gen*); many happy ~s! с днём рожде́ния!; ~ match отве́тный матч; ~ ticket обра́тный биле́т.

reunion *n* встре́ча (друзе́й и т. п.); family ~ сбор всей семьи́. **reunite** *vt* воссоединя́ть *impf*, воссоедини́ть *pf*.

reuse *vt* сно́ва испо́льзовать *impf & pf*.

rev *n* оборо́т; *vt & i*: ~ up рвану́ть(ся) *pf*.

reveal *vt* обнару́живать *impf*, обнару́жить *pf*. **revealing** *adj* показа́тельный.

revel *vi* пирова́ть *impf*; ~ in наслажда́ться *impf* +*instr*.

revelation *n* открове́ние.

revenge *vt*: ~ o.s. мстить *impf*, ото~ *pf* (for за+*acc*; on +*dat*); *n* месть.

revenue *n* дохо́д.

reverberate *vi* отража́ться *impf*. **reverberation** *n* отраже́ние; (*fig*) о́тзвук.

revere *vt* почита́ть *impf*. **reverence** *n* почте́ние. **Reverend** *adj* (in title) (его́) преподо́бие. **reverent(ial)** *adj* почти́тельный.

reverie *n* мечта́ние.

reversal *n* (*change*) измене́ние; (of decision) отме́на. **reverse** *adj* обра́тный; ~ gear за́дний ход; *vt* (*change*) изменя́ть *impf*, измени́ть *pf*; (*decision*) отменя́ть *impf*, отмени́ть *pf*; *vi* дава́ть *impf*, дать *pf* за́дний ход; *n* (the ~) обра́тное *sb*, противополо́жное *sb*; (~ gear) за́дний ход; (~ side) обра́тная сторона́. **reversible** *adj* обрати́мый; (*cloth*) двусторо́нний. **reversion** *n* возвраще́ние. **revert** *vi* возвраща́ться *impf* (to в+*acc*, к+*dat*); (*law*) переходи́ть *impf*, перейти́ *pf* (to к+*dat*).

review *n* (*re-examination*) пересмо́тр; (*mil*) пара́д; (*survey*) обзо́р;

(*criticism*) реце́нзия; *vt* (*re-examine*) пересма́тривать *impf*, пересмотре́ть *pf*; (*survey*) обозрева́ть *impf*, обозре́ть *pf*; (*troops etc.*) принима́ть *impf*, приня́ть *pf* пара́д+*gen*; (*book etc.*) рецензи́ровать *impf*, про~ *pf*. **reviewer** *n* рецензе́нт.

revise *vt* пересма́тривать *impf*, пересмотре́ть *pf*; исправля́ть *impf*, испра́вить *pf*; *vi* (*for exam*) гото́виться *impf* (*for* к+*dat*). **revision** *n* пересмо́тр, исправле́ние.

revival *n* возрожде́ние; (*to life etc.*) оживле́ние. **revive** *vt* возрожда́ть *impf*, возроди́ть *pf*; (*resuscitate*) оживля́ть *impf*, оживи́ть *pf*; *vi* ожива́ть *impf*, ожи́ть *pf*.

revoke *vt* отменя́ть *impf*, отмени́ть *pf*.

revolt *n* бунт; *vt* вызыва́ть *impf*, вы́звать *pf* отвраще́ние y+*gen*; *vi* бунтова́ть *impf*, взбунтова́ться *pf*. **revolting** *adj* отврати́тельный.

revolution *n* (*single turn*) оборо́т; (*polit*) револю́ция. **revolutionary** *adj* революцио́нный; *n* революционе́р. **revolutionize** *vt* революционизи́ровать *impf* & *pf*. **revolve** *vt* & *i* враща́ть(ся) *impf*. **revolver** *n* револьве́р.

revue *n* ревю́ *neut indecl*.

revulsion *n* отвраще́ние.

reward *n* вознагражде́ние; *vt* (воз)награжда́ть *impf*, (воз)награди́ть *pf*.

rewrite *vt* перепи́сывать *impf*, переписа́ть *pf*; (*recast*) переде́лывать *impf*, переде́лать *pf*.

rhapsody *n* рапсо́дия.

rhetoric *n* рито́рика. **rhetorical** *adj* ритори́ческий.

rheumatic *adj* ревмати́ческий. **rheumatism** *n* ревмати́зм.

rhinoceros *n* носоро́г.

rhododendron *n* рододе́ндрон.

rhubarb *n* реве́нь *m*.

rhyme *n* ри́фма; *pl* (*verse*) стихи́ *m pl*; *vt* & *i* рифмова́ть(ся) *impf*.

rhythm *n* ритм. **rhythmic(al)** *adj* ритми́ческий, -чный.

rib *n* ребро́.

ribald *adj* непристо́йный.

ribbon *n* ле́нта.

rice *n* рис.

rich *adj* бога́тый; (*soil*) ту́чный;

(*food*) жи́рный. **riches** *n pl* бога́тство. **richly** *adv* (*fully*) вполне́.

rickety *adj* (*shaky*) расша́танный.

ricochet *vi* рикошети́ровать *impf* & *pf*.

rid *vt* освобожда́ть *impf*, освободи́ть *pf* (*of* от+*gen*); **get** ~ избавля́ться *impf*, изба́виться *pf* от+*gen*. **riddance** *n*: **good** ~! ска́тертью доро́га!

riddle *n* (*enigma*) зага́дка.

riddled *adj*: ~ **with** изрешечённый; (*fig*) прони́занный.

ride *vi* е́здить *indet*, е́хать *det*, по~ *pf* (*on horseback* верхо́м); *vt* е́здить *indet*, е́хать *det*, по~ *pf* в, на+*prep*; *n* пое́здка, езда́. **rider** *n* вса́дник, -ица; (*clause*) дополне́ние.

ridge *n* хребе́т; (*on cloth*) ру́бчик; (*of roof*) конёк.

ridicule *n* насме́шка; *vt* осме́ивать *impf*, осмея́ть *pf*. **ridiculous** *adj* смешно́й.

riding *n* (*horse-~*) (верхова́я) езда́.

rife *predic* распространённый.

riff-raff *n* подо́нки (-ков) *pl*.

rifle *n* винто́вка; *vt* (*search*) обы́скивать *impf*, обыска́ть *pf*.

rift *n* тре́щина (*also fig*).

rig *vt* оснаща́ть *impf*, оснасти́ть *pf*; ~ **out** наряжа́ть *impf*, наряди́ть *pf*; ~ **up** скола́чивать *impf*, сколоти́ть *pf*; *n* бурова́я устано́вка. **rigging** *n* такела́ж.

right *adj* (*position; justified; polit*) пра́вый; (*correct*) пра́вильный; (*the one wanted*) тот; (*suitable*) подходя́щий; ~ **angle** прямо́й у́гол; *vt* исправля́ть *impf*, испра́вить *pf*; *n* пра́во; (*what is just*) справедли́вость; (~ *side*) пра́вая сторона́; (*the* R~; *polit*) пра́вые *sb pl*; **be in the** ~ быть пра́вым; **by** ~**s** по пра́ву; ~ **of way** пра́во прохо́да, прое́зда; *adv* (*straight*) пря́мо; (*exactly*) то́чно, как раз; (*to the full*) соверше́нно; (*correctly*) пра́вильно, как сле́дует; (*on the* ~) спра́ва (*of* от+*gen*); (*to the* ~) напра́во; ~ **away** сейча́с.

righteous *adj* (*person*) пра́ведный; (*action*) справедли́вый.

rightful *adj* зако́нный.

rigid *adj* жёсткий; (*strict*) стро́гий. **rigidity** *n* жёсткость; стро́гость.

rigmarole *n* кани́тель.

rigorous adj стро́гий. **rigour** n стро́гость.

rim n (of wheel) о́бод; (spectacles) опра́ва. **rimless** adj без опра́вы.

rind n кожура́.

ring[1] n кольцо́; (circle) круг; (boxing) ринг; (circus) (циркова́я) аре́на; ~ **road** кольцева́я доро́га; vt (encircle) окружа́ть impf, окружи́ть pf.

ring[2] vi (sound) звони́ть impf, по~ pf; (ring out, of shot etc.) раздава́ться impf, разда́ться pf; (of place) оглаша́ться impf, огласи́ться pf (with +instr); vt звони́ть impf, по~ pf в+асс; ~ **back** перезва́нивать impf, перезвони́ть pf; ~ **off** пове́сить pf тру́бку; ~ **up** звони́ть impf, по~ pf +dat; n звон, звоно́к.

ringleader n глава́рь m.

rink n като́к.

rinse vt полоска́ть impf, вы́~ pf; n полоска́ние.

riot n бунт; vi бу́йствовать impf; (of plants) бу́йно разраста́ться impf, разрасти́сь pf; vi бунтова́ть impf, взбунтова́ться pf. **riotous** adj бу́йный.

rip vt & i рва́ть(ся) impf; разо~ pf; ~ **up** разрыва́ть impf, разорва́ть pf; n проре́ха, разре́з.

ripe adj зре́лый, спе́лый. **ripen** vt де́лать impf, с~ pf зре́лым; vi созрева́ть impf, созре́ть pf. **ripeness** n зре́лость.

ripple n рябь; vt & i покрыва́ть(ся) impf, покры́ть(ся) pf ря́бью.

rise vi поднима́ться impf, подня́ться pf; повыша́ться impf, повы́ситься pf; (get up) встава́ть impf, встать pf; (rebel) восстава́ть impf, восста́ть pf; (sun etc.) вз(о)ходи́ть impf, взойти́; n подъём, возвыше́ние; (in pay) приба́вка; (of sun etc.) восхо́д. **riser** n: **he is an early** ~ он ра́но встаёт. **rising** n (revolt) восста́ние.

risk n риск; vt рискова́ть impf, рискну́ть pf +instr. **risky** adj риско́ванный. **risqué** adj непристо́йный.

rite n обря́д. **ritual** n ритуа́л; adj ритуа́льный.

rival n сопе́рник, -ица; adj сопе́рничающий; vt сопе́рничать impf с+instr. **rivalry** n сопе́рничество.

river n река́. **riverside** attrib прибре́жный.

rivet n заклёпка; vt заклёпывать impf, заклепа́ть pf; (fig) прико́вывать impf, прикова́ть pf (on к+dat).

road n доро́га; (street) у́лица; ~**block** загражде́ние на доро́ге; ~**map** (доро́жная) ка́рта; ~ **sign** доро́жный знак. **roadside** n обо́чина; attrib придоро́жный. **roadway** n мостова́я sb.

roam vt & i броди́ть impf (по+dat).

roar n (animal's) рёв; vi реве́ть impf.

roast vt & i жа́рить(ся) impf, за~, из~ pf; adj жа́реный; ~ **beef** ро́стбиф; n жарко́е sb.

rob vt гра́бить impf, о~ pf; красть impf, у~ pf у+gen (of +acc); (deprive) лиша́ть impf, лиши́ть pf (of +gen). **robber** n граби́тель m. **robbery** n грабёж.

robe n (also pl) ма́нтия.

robin n мали́новка.

robot n ро́бот.

robust adj кре́пкий.

rock[1] n (geol) (го́рная) поро́да; (cliff etc.) скала́; (large stone) большо́й ка́мень m; **on the ~s** (in difficulty) на мели́; (drink) со льдом.

rock[2] vt & i кача́ть(ся) impf, качну́ть(ся) pf; n (mus) рок; ~**ing-chair** кача́лка; ~ **and roll** рок-н-ро́лл.

rockery n альпина́рий.

rocket n раке́та; vi подска́кивать impf, подскочи́ть pf.

rocky adj скали́стый; (shaky) ша́ткий.

rod n (stick) прут; (bar) сте́ржень m; (fishing-~) у́дочка.

rodent n грызу́н.

roe[1] n икра́; (soft) моло́ки (-о́к) pl.

roe[2] (-deer) n косу́ля.

rogue n плут.

role n роль.

roll[1] n (cylinder) руло́н; (register) рее́стр; (bread) бу́лочка; ~**-call** перекли́чка.

roll[2] vt & i ката́ть(ся) indet, кати́ть(ся) det, по~ pf; (~ **up**) свёртывать(ся) impf, сверну́ть(ся) pf; vt (~ **out**) (dough) раска́тывать impf, раската́ть pf; vi (sound) греме́ть impf; ~ **over** перевора́чиваться impf, переверну́ться pf; n (of drums) бараба́нная дробь; (of thunder) раска́т.

roller n (small) ро́лик; (large) като́к;

(*for hair*) бигуди́ *neut indecl*; ~-**skates** коньки́ *m pl* на ро́ликах.
rolling *adj* (*of land*) холми́стый; ~-**pin** ска́лка. ~**stock** подвижно́й соста́в.
Roman *n* ри́млянин, -янка; *adj* ри́мский; ~ **Catholic** (*n*) като́лик, -и́чка; (*adj*) ри́мско-католи́ческий.
romance *n* (*tale*; *love affair*) рома́н; (*quality*) рома́нтика.
Romanesque *adj* рома́нский.
Romania *n* Румы́ния. **Romanian** *n* румы́н, ~ка; *adj* румы́нский.
romantic *adj* романти́чный, -ческий. **romanticism** *n* романти́зм.
romp *vi* вози́ться *impf*.
roof *n* кры́ша; ~ **of the mouth** нёбо; *vt* крыть *impf*, покры́ть *pf*.
rook[1] *n* (*chess*) ладья́.
rook[2] *n* (*bird*) грач.
room *n* ко́мната; (*in hotel*) но́мер; (*space*) ме́сто. **roomy** *adj* просто́рный.
roost *n* насе́ст.
root[1] *n* ко́рень *m*; **take** ~ укореня́ться *impf*, укорени́ться *pf*; *vi* пуска́ть *impf*, пусти́ть *pf* ко́рни; ~ **out** вырыва́ть *impf*, вы́рвать *pf* с ко́рнем; **rooted to the spot** прико́ванный к ме́сту.
root[2] *vi* (*rummage*) ры́ться *impf*; ~ **for** боле́ть *impf* за +*acc*.
rope *n* верёвка; ~-**ladder** верёвочная ле́стница; *vt*: ~ **in** (*enlist*) втя́гивать *impf*, втяну́ть *pf*; ~ **off** о(т)гора́живать *impf*, о(т)городи́ть *pf* верёвкой.
rosary *n* чётки (-ток) *pl*.
rose *n* ро́за; (*nozzle*) се́тка.
rosemary *n* розмари́н.
rosette *n* розе́тка.
rosewood *n* ро́зовое де́рево.
roster *n* расписа́ние дежу́рств.
rostrum *n* трибу́на.
rosy *adj* ро́зовый; (*cheeks*) румя́ный.
rot *n* гниль; (*nonsense*) вздор; *vi* гнить *impf*, с~ *pf*; *vt* гнои́ть *impf*, с~ *pf*.
rota *n* расписа́ние дежу́рств. **rotary** *adj* враща́тельный, ротацио́нный. **rotate** *vt* & *i* враща́ть(ся) *impf*. **rotation** *n* враще́ние; **in** ~ по о́череди.
rote *n*: **by** ~ наизу́сть.
rotten *adj* гнило́й; (*fig*) отврати́тельный.
rotund *adj* (*round*) кру́глый; (*plump*)

по́лный.
rouble *n* рубль *m*.
rough *adj* (*uneven*) неро́вный; (*coarse*) гру́бый; (*sea*) бу́рный; (*approximate*) приблизи́тельный; ~ **copy** чернови́к; *n*: **the** ~ тру́дности *f pl*; *vt*: ~ **it** жить *impf* без удо́бств. **roughage** *n* гру́бая пи́ща. **roughly** *adv* гру́бо; (*approximately*) приблизи́тельно.
roulette *n* руле́тка.
round *adj* кру́глый; ~-**shouldered** суту́лый; *n* (~ *object*) круг; (*circuit; also pl*) обхо́д; (*sport*) тур, ра́унд; (*series*) ряд; (*ammunition*) патро́н; (*of applause*) взрыв; *adv* вокру́г; (*in a circle*) по кру́гу; **all** ~ круго́м; **all the year** ~ кру́глый год; *prep* вокру́г+*gen*; круго́м+*gen*; по+*dat*; ~ **the corner** (*motion*) за́ угол, (*position*) за угло́м; *vt* (*go* ~) огиба́ть *impf*, обогну́ть *pf*; ~ **off** (*complete*) заверша́ть *impf*, заверши́ть *pf*; ~ **up** сгоня́ть *impf*, согна́ть *pf*; ~**up** заго́н; (*raid*) обла́ва. **roundabout** *n* (*merry-go-round*) карусе́ль; (*road junction*) кольцева́я тра́нспортная развя́зка; *adj* око́льный.
rouse *vt* буди́ть *impf*, раз~ *pf*; (*to action etc.*) побужда́ть *impf*, побуди́ть *pf* (**to** к+*dat*). **rousing** *adj* восто́рженный.
rout *n* (*defeat*) разгро́м.
route *n* маршру́т, путь *m*.
routine *n* заведённый поря́док, режи́м; *adj* устано́вленный; очередно́й.
rove *vi* скита́ться *impf*.
row[1] *n* (*line*) ряд.
row[2] *vi* (*in boat*) грести́ *impf*.
row[3] *n* (*dispute*) ссо́ра; (*noise*) шум; *vi* ссо́риться *impf*, по~ *pf*.
rowdy *adj* бу́йный.
royal *adj* короле́вский; (*majestic*) великоле́пный. **royalist** *n* рояли́ст; *adj* роялисти́ческий. **royalty** *n* член, чле́ны *pl*, короле́вской семьи́; (*fee*) а́вторский гонора́р.
rub *vt* & *i* тере́ть(ся) *impf*; *vt* (*polish; chafe*) натира́ть *impf*, натере́ть *pf*; (~ *dry*) вытира́ть *impf*, вы́тереть *pf*; ~ **in**, втира́ть *impf*, втере́ть *pf*; ~ **out** стира́ть *impf*, стере́ть *pf*; ~ **it in** растравля́ть *impf*, растрави́ть *pf* ра́ну.

rubber n резѝна; (*eraser, also ~ band*) резѝнка; *attrib* резѝновый; ~-**stamp** (*fig*) штамповáть *impf*.
rubbish n мýсор; (*nonsense*) чепухá.
rubble n щéбень *m*.
rubella n краснýха.
ruby n рубѝн.
ruck vt (~ *up*) мять *impf*, из~, с~ *pf*.
rucksack n рюкзáк.
rudder n руль *m*.
ruddy adj (*face*) румя́ный; (*damned*) прокля́тый.
rude adj грýбый. **rudeness** n грýбость.
rudimentary adj рудиментáрный. **rudiments** n pl оснóвы f pl.
rueful adj печáльный.
ruff n (*frill*) брѝжи (-жей) pl; (*of feathers, hair*) кольцó (пéрьев, шéрсти) вокрýг шéи.
ruffian n хулигáн.
ruffle n обóрка; vt (*hair*) ерóшить *impf*, взъ~ *pf*; (*water*) ря́бить *impf*; (*person*) смущáть *impf*, смутѝть *pf*.
rug n (*mat*) ковёр; (*wrap*) плед.
rugby n рéгби *neut indecl*.
rugged adj (*rocky*) скалѝстый.
ruin n (*downfall*) гѝбель; (*building, ruins*) развáлины f pl, руѝны f pl; vt губѝть *impf*, по~ *pf*. **ruinous** adj губѝтельный.
rule n прáвило; (*for measuring*) линéйка; (*government*) правлéние; **as a ~** как прáвило; vt & i прáвить *impf* (+*instr*); (*decree*) постановля́ть *impf*, постановѝть *pf*; ~ **out** исключáть *impf*, исключѝть *pf* **ruled** adj линóванный. **ruler** n (*person*) правѝтель *m*, ~ница; (*object*) линéйка. **ruling** n (*of court etc.*) постановлéние.
rum n (*drink*) ром.
Rumania(n) *see* **Romania(n)**
rumble vi громыхáть *impf*; n громыхáние.
ruminant n жвáчное (*животное*) sb.
ruminate vi (*fig*) размышля́ть *impf* (*over, on* o+*prep*).
rummage vi рýться *impf*.
rumour n слух; vt: **it is ~ed that** хóдят слýхи (pl), что.
rump n крестéц; ~ **steak** ромштéкс.
rumple vt мять *impf*, из~, с~ *pf*; (*hair*) ерóшить *impf*, взъ~ *pf*.

run vi бéгать *indet*, бежáть *det*, по~ *pf*; (*work, of machines*) рабóтать *impf*; (*ply, of bus etc.*) ходѝть *indet*, идтѝ *det*; (*seek election*) выставля́ть *impf*, вы́ставить *pf* свою́ кандидатýру; (*of play etc.*) идтѝ *impf*; (*of ink, dye*) расплывáться *impf*, расплы́ться *pf*; (*flow*) течь *impf*; (*of document*) гласѝть *impf*; vt (*manage; operate*) управля́ть *impf* +*instr*; (*a business etc.*) вестѝ *impf*; ~ **dry**, low иссякáть *impf*, исся́кнуть *pf*; ~ **risks** рисковáть *impf*; ~ **across, into** (*meet*) встречáться *impf*, встрéтиться с+*instr*; ~ **away** (*flee*) убегáть *impf*, убежáть *pf*; ~ **down** (*knock down*) задавѝть *pf*; (*disparage*) принижáть *impf*, принѝзить *pf*; be ~ **down** (*of person*) переутомѝться *pf* (*in past tense*); ~-**down** (*decayed*) запýщенный; ~ **in** (*engine*) обкáтывать *impf*, обкатáть *pf*; ~ **into** *see* ~ **across**; ~ **out** кончáться *impf*, кóнчиться *pf*; ~ **out of** истощáть *impf*, истощѝть *pf* свой запáс +*gen*; ~ **over** (*glance over*) бéгло просмáтривать *impf*, просмотрéть *pf*; (*injure*) задавѝть *pf*; ~ **through** (*pierce*) прокáлывать *impf*, проколóть *pf*; (*money*) промáтывать *impf*, промотáть *pf*; (*review*) повторя́ть *impf*, повторѝть *pf*; ~ **to** (*reach*) хватáть *impf*, хватѝть *pf* (*of money*) +*gen* на+*acc*; **the money won't** ~ **to a car** э́тих дéнег не хвáтит на машѝну; ~ **up against** натáлкиваться *impf*, натолкнýться *pf* на +*acc*; n бег; (*sport*) перебéжка; (*journey*) поéздка; (*period*) полосá; **at a** ~ бегóм; **on the** ~ в бегáх; **on big** ~ большóй спрос на+*acc*; **in the long** ~ в концé концóв.
rung n ступéнька.
runner n (*also tech*) бегýн; (*of sledge*) пóлоз; (*bot*) побéг; ~ **bean** фасóль; ~-**up** учáстник, заня́вший вторóе мéсто. **running** n бег; (*management*) управлéние (*of* +*instr*); be in the ~ имéть *impf* шáнсы; adj бегýщий; (*of* ~) беговóй; (*after* pl n, *in succession*) подря́д; ~ **commentary** репортáж; ~ **water** водопровóд. **runway** n взлётно-посáдочная полосá.
rupee n рýпия.
rupture n разры́в; vt & i проры-

ва́ть(ся) *impf*, прорва́ть(ся) *pf*.

rural *adj* се́льский.

ruse *n* уло́вка.

rush[1] *n* (*bot*) тростни́к.

rush[2] *vt & i* (*hurry*) торопи́ть(ся) *impf*, по~ *pf*; *vi* (*dash*) броса́ться *impf*, бро́ситься *pf*; (*of water*) нести́сь *impf*; по~ *pf*; *vt* (*to hospital etc*.) умча́ть *pf*; *n* (*of blood etc*.) прили́в; (*hurry*) спе́шка; be in a ~ торопи́ться *impf*; ~-hour(s) часы́ *m pl* пик.

Russia *n* Росси́я. **Russian** *n* ру́сский *sb*; *adj* (*of ~ nationality, culture*) ру́сский; (*of ~ State*) росси́йский.

rust *n* ржа́вчина; *vi* ржаве́ть *impf*, за~ *pf*.

rustic *adj* дереве́нский.

rustle *n* ше́лест, шо́рох, шурша́ние; *vi & t* шелесте́ть *impf* (+*instr*); ~ up раздобыва́ть *impf*; раздобы́ть *pf*.

rusty *adj* ржа́вый.

rut *n* колея́.

ruthless *adj* безжа́лостный.

rye *n* рожь; *attrib* ржано́й.

S

Sabbath *n* (*Jewish*) суббо́та; (*Christian*) воскресе́нье. **sabbatical** *n* годи́чный о́тпуск.

sable *n* со́боль.

sabotage *n* диве́рсия; *vt* саботи́ровать *impf & pf*. **saboteur** *n* диверса́нт.

sabre *n* са́бля.

sachet *n* упако́вка.

sack[1] *vt* (*plunder*) разгра́бить *pf*.

sack[2] *n* мешо́к; (*dismissal*): get the ~ быть уво́ленным; *vt* увольня́ть *impf*, уво́лить *pf*. **sacking** *n* (*hessian*) мешкови́на.

sacrament *n* та́инство; (*Eucharist*) прича́стие. **sacred** *adj* свяще́нный, свято́й. **sacrifice** *n* же́ртва; *vt* же́ртвовать *impf*, по~ *pf* +*instr*. **sacrilege** *n* святота́тство. **sacrosanct** *adj* свяще́нный.

sad *adj* печа́льный, гру́стный. **sadden** *vt* печа́лить *impf*, о~ *pf*.

saddle *n* седло́; *vt* седла́ть *impf*, о~ *pf*; (*burden*) обременя́ть *impf*, обремени́ть *pf* (with +*instr*).

sadism *n* сади́зм. **sadist** *n* сади́ст.

sadistic *adj* сади́стский.

sadness *n* печа́ль, грусть.

safe *n* сейф; *adj* (*unharmed*) невреди́мый; (*out of danger*) в безопа́сности; (*secure*) безопа́сный; (*reliable*) надёжный; ~ and sound цел и невреди́м. **safeguard** *n* предохрани́тельная ме́ра; *vt* предохраня́ть *impf*, предохрани́ть *pf*. **safety** *n* безопа́сность; ~-belt реме́нь *m* безопа́сности; ~ pin англи́йская була́вка; ~-valve предохрани́тельный кла́пан.

sag *vi* (*of rope, curtain*) провиса́ть *impf*, прови́снуть *pf*; (*of ceiling*) прогиба́ться *impf*, прогну́ться *pf*.

saga *n* са́га.

sage[1] *n* (*herb*) шалфе́й.

sage[2] *n* (*person*) мудре́ц; *adj* му́дрый.

Sagittarius *n* Стреле́ц.

sail *n* па́рус; *vt* (*a ship*) управля́ть *impf* +*instr*; *vi* пла́вать *indet*, плыть *det*; (*depart*) отплыва́ть *impf*, отплы́ть *pf*. **sailing** *n* (*sport*) па́русный спорт; ~-ship па́русное су́дно. **sailor** *n* матро́с, моря́к.

saint *n* свято́й *sb*. **saintly** *adj* свято́й.

sake *n*: for the ~ of ра́ди+*gen*.

salad *n* сала́т; ~-dressing припра́ва к сала́ту.

salami *n* саля́ми *f indecl*.

salary *n* жа́лованье.

sale *n* прода́жа; (*also amount sold*) сбыт (*no pl*); (*with reduced prices*) распрода́жа; be for ~ продава́ться *impf*. **saleable** *adj* хо́дкий. **salesman** *n* продаве́ц. **saleswoman** *n* продавщи́ца.

salient *adj* основно́й.

saliva *n* слюна́.

sallow *adj* желтова́тый.

salmon *n* ло́сось *m*.

salon *n* сало́н. **saloon** *n* (*on ship*) сало́н; (*car*) седа́н; (*bar*) бар.

salt *n* соль; ~-cellar соло́нка; ~ water морска́я вода́; ~-water *adj* солёный; *vt* соли́ть *impf*, по~ *pf*. **salty** *adj* солёный.

salutary *adj* благотво́рный. **salute** *n* отда́ча че́сти; (*with guns*) салю́т; *vt & i* отдава́ть *impf*, отда́ть *pf* честь (+*dat*).

salvage *n* спасе́ние; *vt* спаса́ть *impf*, спасти́ *pf*.

salvation n спасе́ние; S~ Army А́рмия спасе́ния.

salve n мазь; vt: ~ one's conscience успока́ивать impf, успоко́ить pf со́весть.

salvo n залп.

same adj: the ~ тот же (са́мый); (applying to both or all) оди́н; (identical) одина́ковый; pron: the ~ одно́ и то́ же, то же са́мое; adv: the ~ таки́м же о́бразом, так же; all the ~ всё-таки, тем не ме́нее. **sameness** n однообра́зие.

samovar n самова́р.

sample n образе́ц; vt про́бовать impf, по~ pf.

sanatorium n санато́рий.

sanctify vt освяща́ть impf, освяти́ть pf. **sanctimonious** adj ха́нжеский. **sanction** n са́нкция; vt санкциони́ровать impf & pf. **sanctity** n (holiness) свя́тость; (sacredness) свяще́нность. **sanctuary** n святи́лище; (refuge) убе́жище; (for wild life) запове́дник.

sand n песо́к; vt (~ down) шку́рить impf, по~ pf; ~-dune дю́на.

sandal n санда́лия.

sandalwood n санда́ловое де́рево.

sandbank n о́тмель.

sandpaper n шку́рка; vt шлифова́ть impf, от~ pf шку́ркой.

sandstone n песча́ник.

sandwich n бутербро́д; vt: ~ between вти́скивать impf, всти́снуть pf ме́жду+instr.

sandy adj (of sand) песча́ный; (like sand) песо́чный; (hair) рыжева́тый.

sane adj норма́льный; (sensible) разу́мный.

sang-froid n самооблада́ние.

sanguine adj оптимисти́ческий.

sanitary adj санита́рный; гигиени́ческий; ~ towel гигиени́ческая поду́шка. **sanitation** n (conditions) санита́рные усло́вия neut pl; (system) водопрово́д и канализа́ция. **sanity** n психи́ческое здоро́вье; (good sense) здра́вый смысл.

sap n (bot) сок; vt (exhaust) истоща́ть impf, истощи́ть pf.

sapling n са́женец.

sapphire n сапфи́р.

sarcasm n сарка́зм. **sarcastic** adj сарка́стический.

sardine n сарди́на.

sardonic adj сардони́ческий.

sash[1] n (scarf) куша́к.

sash[2] n (frame) скользя́щая ра́ма; ~-window подъёмное окно́.

satanic adj сатани́нский.

satchel n ра́нец, су́мка.

satellite n спу́тник, сателли́т (also fig); ~ dish параболи́ческая анте́нна; таре́лка (coll); ~ TV спу́тниковое телеви́дение.

satiate vt насыща́ть impf, насы́тить pf.

satin n атла́с.

satire n сати́ра. **satirical** adj сатири́ческий. **satirist** n сати́рик. **satirize** vt высме́ивать impf, вы́смеять pf.

satisfaction n удовлетворе́ние. **satisfactory** adj удовлетвори́тельный. **satisfy** vt удовлетворя́ть impf, удовлетвори́ть pf; (hunger, curiosity) утоля́ть impf, утоли́ть pf. **saturate** vt насыща́ть impf, насы́тить pf; I got ~d (by rain) я промо́к до ни́тки. **saturation** n насыще́ние.

Saturday n суббо́та.

sauce n со́ус; (cheek) на́глость. **saucepan** n кастрю́ля. **saucer** n блю́дце. **saucy** adj на́глый.

Saudi n сау́довец, -вка; adj сау́довский. **Saudi Arabia** n Сау́довская Ара́вия.

sauna n фи́нская ба́ня.

saunter vi прогу́ливаться impf.

sausage n соси́ска; (salami-type) колбаса́.

savage adj ди́кий; (fierce) свире́пый; (cruel) жесто́кий; n дика́рь m; vt искуса́ть pf. **savagery** n ди́кость; жесто́кость.

save vt (rescue) спаса́ть impf, спасти́ pf; (money) копи́ть impf, на~ pf; (put aside, keep) бере́чь impf; (avoid using) эконо́мить impf, с~ pf; vi: ~ up копи́ть impf, на~ pf де́ньги. **savings** n pl сбереже́ния neut pl; ~ bank сберега́тельная ка́сса. **saviour** n спаси́тель m.

savour vt смакова́ть impf.

savoury adj пика́нтный; (fig) поря́дочный.

saw n пила́; vt пили́ть impf; ~ up распи́ливать impf, распили́ть pf. **sawdust** n опи́лки (-лок) pl.

saxophone n саксофо́н.

say vt говори́ть impf, сказа́ть pf; to ~ nothing of не говоря́ уже́ о+prep; that is to ~ то есть; (let us) ~ ска́жем; it is said (that) говоря́т pf; n (opinion) мне́ние; (influence) влия́ние; have one's ~ вы́сказаться pf. **saying** n погово́рка.

scab n (on wound) струп; (polit) штрейкбре́хер.

scabbard n но́жны (gen -жен) pl.

scaffold n эшафо́т. **scaffolding** n леса́ (-со́в) pl.

scald vt обва́ривать impf, обвари́ть pf.

scale n (ratio) масшта́б; (grading) шкала́; (mus) га́мма; vt (climb) взбира́ться impf, взобра́ться pf на+acc; ~ down понижа́ть impf, пони́зить pf.

scales[1] n pl (of fish) чешуя́ (collect).

scales[2] n pl весы́ (-со́в) pl.

scallop n гребешо́к; (decoration) фесто́н.

scalp n ко́жа головы́.

scalpel n ска́льпель m.

scaly adj чешу́йчатый; (of boiler etc.) покры́тый на́кипью.

scamper vi бы́стро бе́гать impf; (frolic) резви́ться impf.

scan vt & i (verse) сканди́ровать(ся) impf; vt (intently) рассма́тривать impf; (quickly) просма́тривать impf, просмотре́ть pf; (med) просве́чивать impf, просвети́ть pf; n просве́чивание.

scandal n сканда́л; (gossip) спле́тни (-тен) pl. **scandalize** vt шоки́ровать impf & pf. **scandalous** adj сканда́льный.

Scandinavia n Скандина́вия. **Scandinavian** adj скандина́вский.

scanty adj ску́дный.

scapegoat n козёл отпуще́ния.

scar n шрам; vt оставля́ть impf, оста́вить pf шрам на+prep.

scarce adj дефици́тный; (rare) ре́дкий. **scarcely** adv едва́. **scarcity** n дефици́т; ре́дкость.

scare vt пуга́ть impf, ис~, на~ pf; ~ away, off отпу́гивать impf, отпугну́ть pf; n па́ника. **scarecrow** n пу́гало.

scarf n шарф.

scarlet adj (n) а́лый (цвет).

scathing adj уничтожа́ющий.

scatter vt & i рассыпа́ть(ся) impf, рассы́пать(ся) pf; (disperse) рассе́ивать(ся) impf, рассе́ять(ся) pf; ~brained adj ве́треный. **scattered** adj разбро́санный; (sporadic) отде́льный.

scavenge vi ры́ться impf в отбро́сах. **scavenger** n (person) мусо́рщик; (animal) живо́тное sb, пита́ющееся па́далью.

scenario n сцена́рий. **scene** n (place of disaster etc.) ме́сто; (place of action) ме́сто де́йствия; (view) вид, пейза́ж; (picture) карти́на; (theat) сце́на, явле́ние; (incident) сце́на; behind the ~s за кули́сами; make a ~ устра́ивать impf, устро́ить pf сце́ну. **scenery** n (theat) декора́ция; (landscape) пейза́ж. **scenic** adj живопи́сный.

scent n (smell) арома́т; (perfume) духи́ (-хо́в) pl; (trail) след. **scented** adj души́стый.

sceptic n ске́птик. **sceptical** adj скепти́ческий. **scepticism** n скептици́зм.

schedule n (timetable) расписа́ние; vt составля́ть impf, соста́вить pf расписа́ние +gen.

schematic adj схемати́ческий. **scheme** n (plan) прое́кт; (intrigue) махина́ция; vi интригова́ть impf.

schism n раско́л.

schizophrenia n шизофрени́я. **schizophrenic** adj шизофрени́ческий; n шизофре́ник.

scholar n учёный sb: **scholarly** adj учёный. **scholarship** n учёность; (payment) стипе́ндия.

school n шко́ла; attrib шко́льный; vt (train) приуча́ть impf, приучи́ть pf (to к+dat, +inf). **school-book** n уче́бник. **schoolboy** n шко́льник. **schoolgirl** n шко́льница. **schooling** n обуче́ние. **school-leaver** n вы́пускник, -и́ца. **school teacher** n учи́тель m, -ница. **school-book** n уче́бник.

schooner n шху́на.

sciatica n и́шиас.

science n нау́ка; ~ fiction нау́чная фанта́стика. **scientific** adj нау́чный. **scientist** n учёный sb.

scintillating adj блиста́тельный.

scissors n pl но́жницы (-ц) pl.

scoff vi (mock) смея́ться impf (at над+instr).

scold vt брани́ть impf, вы́~ pf.

scoop n (large) черпа́к; (ice-cream ~) ло́жка для моро́женого; vt (~ out, up) вычёрпывать impf, вы́черпать pf.

scooter n (motor ~) моторо́ллер.

scope n (range) преде́лы m pl; (chance) возмо́жность.

scorch vt (fingers) обжига́ть impf, обже́чь pf; (clothes) сжига́ть impf, сжечь pf.

score n (of points etc.) счёт; (mus) партиту́ра; pl (great numbers) мно́жество; vt (notch) де́лать impf, с~ pf зару́бки на+prep; (points etc.) получа́ть impf, получи́ть pf; (mus) оркестрова́ть impf & pf; vi (keep ~) вести́ impf, с~ pf счёт. **scorer** n счётчик.

scorn n презре́ние; vt презира́ть impf презре́ть pf. **scornful** adj презри́тельный.

Scorpio n Скорпио́н.

scorpion n скорпио́н.

Scot n шотла́ндец, -дка. **Scotch** n (whisky) шотла́ндское ви́ски neut indecl. **Scotland** n Шотла́ндия. **Scots, Scottish** adj шотла́ндский.

scoundrel n подле́ц.

scour¹ vt (cleanse) отчища́ть impf, отчи́стить pf.

scour² vt & i (rove) ры́скать impf (по+dat).

scourge n бич.

scout n разве́дчик; (S~) бойска́ут; vi: ~ about разы́скивать impf (for +acc).

scowl vi хму́риться impf, на~ pf; n хму́рый взгляд.

scrabble vi: ~ about ры́ться impf.

scramble vi кара́бкаться impf, вс~ pf; (struggle) дра́ться impf (for за +acc); ~d eggs яи́чница-болту́нья.

scrap¹ n (fragment etc.) кусо́чек; pl оста́тки m pl; pl (of food) объе́дки (-ков) pl; ~ metal металлоло́м; vt сдава́ть impf, сдать pf в утиль.

scrap² n (fight) дра́ка; vi дра́ться impf.

scrape vt скрести́ impf; (graze) цара́пать impf, о~ pf; ~ off отскреба́ть impf, отскрести́ pf; ~ through (exam) с трудо́м выде́рживать impf, вы́держать pf; ~ together наскреба́ть impf, наскрести́ pf.

scratch vt цара́пать impf, о~ pf; vt & i (when itching) чеса́ть(ся) impf, по~ pf; n цара́пина.

scrawl n кара́кули f pl; vt писа́ть impf, на~ pf кара́кулями.

scrawny adj сухопа́рый.

scream n крик; vi крича́ть impf, кри́кнуть pf.

screech n визг; vi визжа́ть impf.

screen n ши́рма; (cin, TV) экра́н; ~-play сцена́рий; vt (protect) защища́ть impf, защити́ть pf; (hide) укрыва́ть impf, укры́ть pf; (show film etc.) демонстри́ровать impf & pf; (check on) проверя́ть impf, прове́рить pf; ~ off отгора́живать impf, отгороди́ть pf ши́рмой.

screw n винт; vt (~ on) приви́нчивать impf, привинти́ть pf; (~ up) зави́нчивать impf, завинти́ть pf; (crumple) ко́мкать impf, с~ pf; ~ up one's eyes щу́риться impf, со~ pf. **screwdriver** n отвёртка.

scribble vt строчи́ть impf, на~ pf; n кара́кули f pl.

script n (of film etc.) сцена́рий; (of speech etc.) текст; (writing system) письмо́; ~-writer сцена́рист.

Scripture n свяще́нное писа́ние.

scroll n сви́ток; (design) завито́к.

scrounge vt (cadge) стреля́ть impf, стрельну́ть pf; vi попроша́йничать impf.

scrub¹ n (brushwood) куста́рник; (area) за́росли f pl.

scrub² vt мыть impf, вы́~ pf щёткой.

scruff n: by the ~ of the neck за ши́ворот.

scruffy adj обо́дранный.

scrum n схва́тка вокру́г мяча́.

scruple n (also pl) колеба́ния neut pl; угрызе́ния neut pl со́вести. **scrupulous** adj скрупулёзный.

scrutinize vt рассма́тривать impf. **scrutiny** n рассмотре́ние.

scuffed adj поца́рапанный.

scuffle n потасо́вка.

sculpt vt вая́ть impf, из~ pf. **sculptor** n ску́льптор. **sculpture** n скульпту́ра.

scum n на́кипь.

scurrilous adj непристо́йный.

scurry vi поспе́шно бе́гать indet, бежа́ть det.

scuttle¹ n (coal ~) ведёрко для угля.

scuttle² vi (run away) удирать impf, удрать pf.

scythe n коса.

sea n море; attrib морской; ~ front набережная sb; ~-gull чайка; ~-level уровень m моря; ~-lion морской лев; ~-shore побережье. seaboard n побережье. seafood n продукты m pl моря.

seal¹ n (on document etc.) печать; vt скреплять impf, скрепить pf печатью; (close) запечатывать impf, запечатать pf; ~ up заделывать impf, заделать pf

seal² n (zool) тюлень m; (fur-~) котик.

seam n шов; (geol) пласт.

seaman n моряк, матрос.

seamless adj без шва.

seamstress n швея.

seance n спиритический сеанс.

seaplane n гидросамолёт.

searing adj палящий.

search vt обыскивать impf, обыскать pf; vi искать impf (for +acc); n поиски m pl; обыск; ~-party поисковая группа. searching adj (look) испытующий. searchlight n прожектор.

seasick adj: I was ~ меня укачало. seaside n берег моря.

season n сезон; (one of four) время neut года; ~ ticket сезонный билет; vt (flavour) приправлять impf, приправить pf. seasonable adj по сезону; (timely) своевременный. seasonal adj сезонный. seasoning n приправа.

seat n (place) место; (of chair) сиденье; (chair) стул; (bench) скамейка; (of trousers) зад; ~ belt привязной ремень m; vt сажать impf, посадить pf; (of room etc.) вмещать impf, вместить pf; be ~ed садиться impf, сесть pf.

seaweed n морская водоросль.

secateurs n pl секатор.

secede vi откалываться impf, отколоться pf. secession n откол.

secluded adj укромный. seclusion n укромность.

second¹ adj второй; ~-class второклассный; ~-hand подержанный; (of information) из вторых рук; ~-

rate второразрядный; ~ sight ясновидение; on ~ thoughts взвесив всё ещё раз; have ~ thoughts передумывать impf, передумать pf (about +acc); n второй sb; (date) второе (число) sb; (time) секунда; pl (comm) товар второго сорта; ~-hand (of clock) секундная стрелка; vt (support) поддерживать impf, поддержать pf; (transfer) откомандировывать impf откомандировать pf. secondary adj вторичный, второстепенный; (education) средний.

secondly adv во-вторых.

secrecy n секретность. secret n тайна, секрет; adj тайный, секретный; (hidden) потайной.

secretarial adj секретарский. secretariat n секретариат. secretary n секретарь m, -рша; (minister) министр.

secrete vt (conceal) укрывать impf, укрыть pf; (med) выделять impf, выделить pf. secretion n укрывание; (med) выделение.

secretive adj скрытный.

sect n секта. sectarian adj сектантский.

section n секция; (of book) раздел; (geom) сечение. sector n сектор.

secular adj светский. secularization n секуляризация.

secure adj (safe) безопасный; (firm) надёжный; (emotionally) уверенный; vt (fasten) закреплять impf, закрепить pf; (guarantee) обеспечивать impf, обеспечить pf; (obtain) доставать impf, достать pf. security n безопасность; (guarantee) залог; pl ценные бумаги f pl.

sedate adj степенный.

sedation n успокоение. sedative n успокаивающее средство.

sedentary adj сидячий.

sediment n осадок.

seduce vt соблазнять impf, соблазнить pf. seduction n обольщение. seductive adj соблазнительный.

see vt & i видеть impf, y~ pf; vt (watch, look) смотреть impf, по~ pf; (find out) узнавать impf, узнать pf; (understand) понимать impf, понять pf; (meet) видеться impf, y~ pf c+instr; (imagine) представлять impf, представить pf себе; (escort,

~ off) провожа́ть *impf*, проводи́ть *pf*; ~ about (attend to) забо́титься *impf*, по~ *pf* o+prep; ~ through (fig) ви́деть *impf*, наскво́зь+acc.

seed n се́мя neut. **seedling** n се́янец; pl расса́да. **seedy** adj (shabby) потрёпанный.

seeing (that) conj ввиду́ того́, что.

seek vt иска́ть *impf* +acc, gen.

seem vi каза́ться *impf*, по~ *pf* (+instr). **seemingly** adv по-ви́димому.

seemly adj прили́чный.

seep vi проса́чиваться *impf*, просочи́ться *pf*.

seethe vi кипе́ть *impf*, вс~ *pf*.

segment n отре́зок; (of orange etc.) до́лька; (geom) сегме́нт.

segregate vt отделя́ть *impf*, отдели́ть *pf*. **segregation** n сегрега́ция.

seismic adj сейсми́ческий.

seize vt хвата́ть *impf*, схвати́ть *pf*; vi: ~ up заеда́ть *impf*, зае́сть *pf* impers+acc; ~ upon ухва́тываться *impf*, ухвати́ться *pf* за+acc. **seizure** n захва́т; (med) припа́док.

seldom adv ре́дко.

select adj и́збранный; vt отбира́ть *impf*, отобра́ть *pf*. **selection** n (choice) вы́бор. **selective** adj разбо́рчивый.

self n со́бственное «я» neut indecl.

self- in comb само-; ~-absorbed эгоцентри́чный; ~-assured самоуве́ренный; ~-catering (accommodation) жильё с ку́хней; ~-centred эгоцентри́чный; ~-confessed открове́нный; ~-confidence самоуве́ренность; ~-confident самоуве́ренный; ~-conscious засте́нчивый; ~-contained (person) незави́симый; (flat etc.) отде́льный; ~-control самооблада́ние; ~-defence самозащи́та; ~-denial самоотрече́ние; ~-determination самоопределе́ние; ~-effacing скро́мный; ~-employed person незави́симый предпринима́тель m; ~-esteem самоуваже́ние; ~-evident очеви́дный; ~-governing самоуправля́ющий; ~-help самопо́мощь; ~-importance самомне́ние; ~-imposed доброво́льный; ~-indulgent изба́лованный; ~-interest со́бственный интере́с; ~-pity жа́лость к себе́; ~-portrait автопортре́т; ~-preservation самосохране́ние; ~-reliance самостоя́тельность; ~-respect самоуваже́ние; ~-righteous adj ха́нжеский; ~-sacrifice самопоже́ртвование; ~-satisfied самодово́льный; ~-service самообслу́живание (attrib: in gen after n); ~-styled самозва́нный; ~-sufficient самостоя́тельный.

selfish adj эгоисти́чный. **selfless** adj самоотве́рженный.

sell vt & i продава́ть(ся) *impf*, прода́ть(ся) *pf*; vt (deal in) торгова́ть *impf* +instr; ~ out распродава́ть *impf*, распрода́ть *pf*. **seller** n продаве́ц. **selling** n прода́жа. **sell-out** n: the play was a ~ пье́са прошла́ с аншла́гом.

Sellotape n (propr) ли́пкая ле́нта.

semantic adj семанти́ческий. **semantics** n сема́нтика.

semblance n ви́димость.

semen n се́мя neut.

semi- in comb полу-; ~-detached house дом, разделённый о́бщей стено́й. **semibreve** n це́лая но́та. **semicircle** n полукру́г. **semicircular** adj полукру́глый. **semicolon** n то́чка с запято́й. **semiconductor** n полупроводни́к. **semifinal** n полуфина́л.

seminar n семина́р. **seminary** n семина́рия.

semiquaver n шестна́дцатая но́та.

semitone n полуто́н.

senate n сена́т; (univ) сове́т. **senator** n сена́тор.

send vt посыла́ть *impf*, посла́ть *pf* (for за+instr); ~ off отправля́ть *impf*, отпра́вить *pf*; ~-off про́воды (-дов) pl. **sender** n отправи́тель m.

senile adj ста́рческий. **senility** n ста́рческое слабоу́мие.

senior adj (n) ста́рший (sb); ~ citizen стари́к, стару́ха. **seniority** n старшинство́.

sensation n сенса́ция; (feeling) ощуще́ние. **sensational** adj сенсацио́нный.

sense n чу́вство; (good ~) здра́вый смысл; (meaning) смысл; pl (sanity) ум; vt чу́вствовать *impf*. **senseless** adj бессмы́сленный.

sensibility n чувстви́тельность; pl самолю́бие. **sensible** adj благоразу́мный. **sensitive** adj чувстви́тельный; (touchy) оби́дчивый. **sensitiv-**

ity *n* чувстви́тельность.
sensory *adj* чувстви́тельный.
sensual, sensuous *adj* чу́вственный.
sentence *n* (*gram*) предложе́ние; (*law*) пригово́р; *vt* пригова́ривать *impf*, приговори́ть *pf* (to k+*dat*).
sentiment *n* (*feeling*) чу́вство; (*opinion*) мне́ние. **sentimental** *adj* сентимента́льный. **sentimentality** *n* сентимента́льность.
sentry *n* часово́й *sb*.
separable *adj* отдели́мый. **separate** *adj* отде́льный; *vt & i* отделя́ть(ся) *impf*, отдели́ть(ся) *pf*. **separation** *n* отделе́ние. **separatism** *n* сепарати́зм. **separatist** *n* сепарати́ст.
September *n* сентя́брь *m*; *adj* сентя́брьский.
septic *adj* септи́ческий.
sepulchre *n* моги́ла.
sequel *n* (*result*) после́дствие; (*continuation*) продолже́ние. **sequence** *n* после́довательность; ~ of events ход собы́тий.
sequester *vt* секвестрова́ть *impf & pf*.
sequin *n* блёстка.
Serb(ian) *adj* се́рбский; *n* серб, ~ка. **Serbia** *n* Се́рбия. **Serbo-Croat(ian)** *adj* сербскохорва́тский.
serenade *n* серена́да.
serene *adj* споко́йный. **serenity** *n* споко́йствие.
serf *n* крепостно́й *sb*. **serfdom** *n* крепостно́е пра́во.
sergeant *n* сержа́нт.
serial *adj*: ~ number серийный но́мер; *n* (*story*) рома́н с продолже́нием; (*broadcast*) серийная постано́вка. **serialize** *vt* ста́вить *impf*, по~ *pf* в не́скольких частя́х. **series** *n* (*succession*) ряд; (*broadcast*) се́рия переда́ч.
serious *adj* серьёзный. **seriousness** *n* серьёзность.
sermon *n* про́поведь.
serpent *n* змей.
serrated *adj* зазу́бренный.
serum *n* сы́воротка.
servant *n* слуга́ *m*, служа́нка. **serve** *vt* служи́ть *impf*, по~ *pf* +*dat* (as, for +*instr*); (*attend to*) обслу́живать *impf*, обслужи́ть *pf*; (*food; ball*) подава́ть *impf*, пода́ть *pf*; (*sentence*)

отбыва́ть *impf*, отбы́ть *pf*; (*writ etc.*) вруча́ть *impf*, вручи́ть *pf* (on +*dat*); *vi* (*be suitable*) годи́ться (for на+*acc*, для+*gen*); (*sport*) подава́ть *impf*, пода́ть *pf* мяч; it ~s him right поде́лом ему́ (*dat*). **service** *n* (*act of serving; branch of public work*; *eccl*) слу́жба; (*quality of* ~) обслу́живание; (*of car etc.*) техобслу́живание; (*set of dishes*) серви́з; (*sport*) пода́ча; (*transport*) сообще́ние; at your ~ к ва́шим услу́гам; *vt* (*car*) проводи́ть *impf*, провести́ *pf* техобслу́живание +*gen*; ~ charge пла́та за обслу́живание; ~ station ста́нция обслу́живания. **serviceable** *n* (*useful*) поле́зный; (*durable*) про́чный. **serviceman** *n* военнослу́жащий *sb*.
serviette *n* салфе́тка.
servile *adj* раболе́пный.
session *n* заседа́ние, се́ссия.
set¹ *vt* (*put*; ~ *clock, trap*) ста́вить *impf*, по~ *pf*; (*table*) накрыва́ть *impf*, накры́ть *pf*; (*bone*) вправля́ть *impf*, впра́вить *pf*; (*hair*) укла́дывать *impf*, уложи́ть *pf*; (*gem*) оправля́ть *impf*, опра́вить *pf*; (*bring into state*) приводи́ть *impf*, привести́ *pf* (in, to в+*acc*); (*example*) подава́ть *impf*, пода́ть *pf*; (*task*) задава́ть *impf*, зада́ть *pf*; *vi* (*solidify*) тверде́ть *impf*, за~ *pf*; застыва́ть *impf*, засты́(ну)ть *pf*; (*sun etc.*) заходи́ть *impf*, зайти́ *pf*; садиться *impf*, сесть *pf*; ~ about (*begin*) начина́ть *impf*, нача́ть *pf*; (*attack*) напада́ть *impf*, напа́сть *pf* на+*acc*; ~ back (*impede*) препя́тствовать *impf*, вос~ *pf* +*dat*; ~-back неуда́ча; ~ in *impf*, наступи́ть *pf*; ~ off (on journey) отправля́ться *impf*, отпра́виться *pf*; (*enhance*) оттеня́ть *impf*, оттени́ть *pf*; ~ out (*state*) излага́ть *impf*, изложи́ть *pf*; (*on journey*) see ~ off; ~ up (*business*) осно́вывать *impf*, основа́ть *pf*.
set² *n* набо́р, компле́кт; (*of dishes*) серви́з; (*radio*) приёмник; (*television*) телеви́зор; (*tennis*) сет; (*theat*) декора́ция; (*cin*) съёмочная площа́дка.
set³ *adj* (*established*) устано́вленный.
settee *n* дива́н.

setting n (*frame*) опра́ва; (*surroundings*) обстано́вка; (*of mechanism etc.*) устано́вка; (*of sun etc.*) захо́д.

settle vt (*decide*) реша́ть impf, реши́ть pf; (*reconcile*) ула́живать impf, ула́дить pf; (*a bill etc.*) опла́чивать impf, оплати́ть pf; (*calm*) успока́ивать impf, успоко́ить pf; vi поселя́ться impf, посели́ться pf; (*subside*) оседа́ть impf, осе́сть pf; ~ down усажи́ваться impf, усе́сться pf (*to* за+acc). **settlement** n поселе́ние; (*agreement*) соглаше́ние; (*payment*) упла́та. **settler** n поселе́нец.

seven adj & n семь; (*number 7*) семёрка. **seventeen** adj & n семна́дцать. **seventeenth** adj & n семна́дцатый. **seventh** adj & n седьмо́й; (*fraction*) седьма́я sb. **seventieth** adj & n семидеся́тый. **seventy** adj & n се́мьдесят; pl (*decade*) семидеся́тые го́ды (-до́в) m pl.

sever vt (*cut off*) отреза́ть impf, отре́зать pf; (*relations*) разрыва́ть impf, разорва́ть pf.

several pron (adj) не́сколько (+gen).

severance n разры́в; ~ pay выходно́е посо́бие.

severe adj стро́гий, суро́вый; (*pain, frost*) си́льный; (*illness*) тяжёлый. **severity** n стро́гость, суро́вость.

sew vt шить impf, с~ pf; ~ on приши́ва́ть impf, приши́ть pf; (*a bill etc.*) ~ up заши́вать impf, заши́ть pf.

sewage n сто́чные во́ды f pl; ~-farm поля́ neut pl ороше́ния. **sewer** n сто́чная труба́. **sewerage** n канализа́ция.

sewing n шитьё; ~-machine швейная маши́на.

sex n (*gender*) пол; (*sexual activity*) секс; have ~ име́ть impf сноше́ние. **sexual** adj полово́й, сексуа́льный; ~ intercourse полово́е сноше́ние. **sexuality** n сексуа́льность. **sexy** adj эроти́ческий.

sh int ти́ше!; тсс!

shabby adj ве́тхий.

shack n лачу́га.

shackles n pl око́вы (-в) pl.

shade n тень; (*of colour, meaning*) отте́нок; (*lamp-~*) абажу́р; a ~ чуть-чу́ть; vt затеня́ть impf, затени́ть pf; (*eyes etc.*) заслоня́ть impf, заслони́ть pf; (*drawing*) тушева́ть impf, за~ pf. **shadow** n тень; vt (*follow*) та́йно следи́ть impf за+instr. **shadowy** adj тёмный. **shady** adj те-ни́стый; (*suspicious*) подозри́тельный.

shaft n (*of spear*) дре́вко; (*arrow; fig*) стрела́; (*of light*) луч; (*of cart*) огло́-бля; (*axle*) вал; (*mine, lift*) ша́хта.

shaggy adj лохма́тый.

shake vt & i трясти́(сь) impf; vi (*tremble*) дрожа́ть impf; vt (*weaken*) колеба́ть impf, по~ pf; (*shock*) потряса́ть impf потрясти́ pf; ~ hands пожима́ть impf, пожа́ть pf ру́ку (*with* +dat); ~ one's head пока́чивать pf голово́й; ~ off стря́хивать impf, стряхну́ть pf; (*fig*) избавля́ться impf, изба́виться pf от+gen.

shaky adj ша́ткий.

shallow adj ме́лкий; (*fig*) пове́рхностный.

sham vt & i притворя́ться impf, притвори́ться pf +instr; n притво́рство; (*person*) притво́рщик, -ица; adj притво́рный.

shambles n хао́с.

shame n (*guilt*) стыд; (*disgrace*) позо́р; what a ~! как жаль!; vt стыди́ть impf, при~ pf. **shameful** adj позо́рный. **shameless** adj бессты́дный.

shampoo n шампу́нь m.

shanty[1] n (*hut*) хиба́рка; ~ town трущо́ба.

shanty[2] n (*song*) матро́сская пе́сня.

shape n фо́рма; vt придава́ть impf, прида́ть pf фо́рму+dat; vi: ~ up скла́дываться impf, сложи́ться pf. **shapeless** adj бесфо́рменный. **shapely** adj стро́йный.

share n до́ля; (*econ*) а́кция; vt дели́ть impf, по~ pf; (*opinion etc.*; ~ out) разделя́ть impf, раздели́ть pf. **shareholder** n акционе́р.

shark n аку́ла.

sharp adj о́стрый; (*steep*) круто́й; (*sudden; harsh*) ре́зкий; n (*mus*) дие́з; adv (*with time*) ро́вно; (*of angle*) кру́то. **sharpen** vt точи́ть impf, на~ pf.

shatter vt & i разбива́ть(ся) impf, разби́ть(ся) pf вдре́безги; vt (*hopes etc.*) разруша́ть impf, разру́шить pf.

shave vt & i бри́ть(ся) impf, по~ pf; n бритьё. **shaver** n электри́ческая бри́тва.

shawl n шаль.

she pron она́.

sheaf n сноп; (of papers) свя́зка.

shear vt стричь impf, o~ pf. **shears** n pl но́жницы (-ц) pl.

sheath n но́жны (gen -жен) pl.

shed[1] n сара́й.

shed[2] vt (tears, blood, light) пролива́ть impf, проли́ть pf; (skin, clothes) сбра́сывать impf, сбро́сить pf.

sheen n блеск.

sheep n овца́. **sheepish** adj сконфу́женный. **sheepskin** n овчи́на; ~ **coat** дублёнка.

sheer adj (utter) су́щий; (textile) прозра́чный; (rock etc.) отве́сный.

sheet n (on bed) простыня́; (of glass, paper, etc.) лист.

sheikh n шейх.

shelf n по́лка.

shell n (of mollusc etc.) ра́ковина; (of tortoise) щит; (of egg, nut) скорлупа́; (of building etc.) о́стов; (explosive ~) снаря́д; vt (peas etc.) лущи́ть impf, об~ pf; (bombard) обстре́ливать impf, обстреля́ть pf. **shellfish** n (mollusc) моллю́ск; (crustacean) ракообра́зное sb.

shelter n убе́жище; (provide with refuge) приюти́ть pf; vt & i укрыва́ть(ся) impf, укры́ть(ся) pf.

shelve[1] vt (defer) откла́дывать impf, отложи́ть pf.

shelve[2] vi (slope) отло́го спуска́ться impf.

shelving n (shelves) стелла́ж.

shepherd n пасту́х; vt проводи́ть, провести́ pf.

sherry n хе́рес.

shield n щит; vt защища́ть impf, защити́ть pf.

shift vt & i (change position) переща́ть(ся) impf, перемести́ть(ся) pf; (change) меня́ть(ся) impf, n переме́ще́ние; перемена; (of workers) сме́на; ~ **work** сме́нная рабо́та. **shifty** adj ско́льзкий.

shimmer vi мерца́ть impf; n мерца́ние.

shin n го́лень.

shine vi свети́ть(ся) impf; (glitter) блесте́ть impf; (excel) блиста́ть impf; (sun, eyes) сия́ть impf; vt (a light) освеща́ть impf, освети́ть pf

фонарём (on +acc); n гля́нец.

shingle n (pebbles) га́лька.

shingles n опоя́сывающий лиша́й.

shiny adj блестя́щий.

ship n кора́бль m; су́дно; vt (transport) перевози́ть impf, перевезти́ pf; (dispatch) отправля́ть impf, отпра́вить pf. **shipbuilding** n судострои́тельство. **shipment** n (dispatch) отпра́вка; (goods) па́ртия. **shipping** n суда́ (-до́в) pl. **shipshape** adv в по́лном поря́дке. **shipwreck** n кораблекруше́ние; be ~ed терпе́ть impf, по~ pf кораблекруше́ние. **shipyard** n верфь.

shirk vt увиливать impf, увильну́ть pf от+gen.

shirt n руба́шка.

shit (vulg) n говно́; vi срать impf, по~ pf.

shiver vi (tremble) дрожа́ть impf; n дрожь.

shoal n (of fish) ста́я.

shock n (emotional) потрясе́ние; (impact) уда́р, толчо́к; (electr) уда́р то́ком; (med) шок; vt шоки́ровать impf. **shocking** adj (outrageous) сканда́льный; (awful) ужа́сный.

shoddy adj халту́рный.

shoe n ту́фля; vt подко́вывать impf, подкова́ть pf. **shoe-lace** n шнуро́к. **shoemaker** n сапо́жник. **shoe-string** n: on a ~ с небольши́ми сре́дствами.

shoo int кш!; vt прогоня́ть impf, прогна́ть pf.

shoot vt & i (discharge) стреля́ть impf (a gun из+gen; at в+acc, по +dat); (arrow) пуска́ть impf, пусти́ть pf; (kill) застре́ливать impf, застрели́ть pf; (execute) расстре́ливать impf, расстреля́ть pf; (hunt) охо́титься impf на+acc; (football) бить impf по воро́там; (cin) снима́ть impf, снять pf (фильм); vi (go swiftly) проноси́ться impf, пронести́сь pf; ~ **down** (aircraft) сбива́ть impf, сбить pf; ~ **up** (grow) бы́стро расти́ impf, по~ pf; (prices) подска́кивать impf, подскочи́ть pf; n (branch) росто́к, побе́г; (hunt) охо́та. **shooting** n стрельба́; (hunting) охо́та; ~**-gallery** тир.

shop n магази́н; (workshop) мастерска́я sb, цех; ~ **assistant** продаве́ц,

-вщи́ца; ~-lifter магази́нный вор; ~-lifting воровство́ в магази́нах; ~ steward цехово́й ста́роста m; ~-window витри́на; vi де́лать impf, с~ pf поку́пки (f pl). shopkeeper n ла́вочник. shopper n покупа́тель m, ~ница. shopping n поку́пки f pl; go, do one's ~ де́лать impf, с~ pf поку́пки; ~ centre торго́вый центр.

shore¹ n бе́рег.

shore² vt: ~ up подпира́ть impf, подпере́ть pf.

short adj коро́ткий; (not tall) ни́зкого ро́ста; (deficient) недоста́точный; be ~ of испы́тывать impf, испыта́ть pf недоста́ток в+prep; (curt) ре́зкий; in ~ одни́м сло́вом; ~-change обсчи́тывать impf, обсчита́ть pf; ~ circuit коро́ткое замыка́ние; ~ cut коро́ткий путь m; ~ list оконча́тельный спи́сок; ~-list включа́ть impf, включи́ть pf в оконча́тельный спи́сок; ~-lived недолгове́чный; ~-sighted близору́кий; (fig) недальнови́дный; ~ story расска́з; in ~ supply дефици́тный; ~-tempered вспы́льчивый; ~-term краткосро́чный; ~ wave коротково́лновый. shortage n недоста́ток.

shortcoming n недоста́ток. shorten vt & i укора́чивать(ся) impf, укороти́ть(ся) pf. shortfall n дефици́т. shorthand n стеногра́фия; ~-typist машини́стка-стенографи́стка. shortly adv: ~ after вско́ре (по́сле +gen); ~ before незадо́лго (до+gen). shorts n pl шо́рты (-т) pl.

shot n (discharge of gun) вы́стрел; (pellets) дробь; (person) стрело́к; (attempt) попы́тка; (phot) сни́мок; (cin) кадр; (sport) (stroke) уда́р; (throw) бросо́к; like a ~ неме́дленно; ~-gun дробови́к.

should v aux (ought) до́лжен (бы) +inf: you ~ know that вы должны́ э́то знать; he ~ be here soon он до́лжен бы быть тут ско́ро; (conditional) бы +past: I ~ say я бы сказа́л(а); I ~ like я бы хоте́л(а).

shoulder n плечо́; ~-blade лопа́тка; ~-strap брете́лька; взва́ливать impf, взвали́ть pf на пле́чи; (fig) брать impf, взять pf на себя́.

shout n крик; vi крича́ть impf, кри́кнуть pf; ~ down перекри́кивать

impf, перекрича́ть pf.

shove n толчо́к; vt & i толка́ть(ся) impf, толкну́ть pf; ~ off (coll) убира́ться impf, убра́ться pf.

shovel n лопа́та; vt (~ up) сгреба́ть impf, сгрести́ pf.

show vt пока́зывать impf, показа́ть pf; (exhibit) выставля́ть impf, вы́ставить pf; (film etc.) демонстри́ровать impf, про~ pf; vi (also ~ up) быть ви́дным, заме́тным; ~ off (vi) привлека́ть impf, привле́чь pf к себе́ внима́ние; ~ up see vi; (appear) появля́ться impf, появи́ться pf; n (exhibition) вы́ставка; (theat) спекта́кль m; (effect) ви́димость; ~ of hands голосова́ние подня́тием руки́; ~-case витри́на; ~-jumping соревнова́ние по ска́чкам; ~-room сало́н. showdown n развя́зка.

shower n (rain) до́ждик; (hail; fig) град; (~-bath) душ; vt осыпа́ть impf, осы́пать pf +instr (on +acc); vi принима́ть impf, приня́ть pf душ. showery adj дождли́вый.

showpiece n образе́ц. showy adj показно́й.

shrapnel n шрапне́ль.

shred n клочо́к; not a ~ ни ка́пли; vt мельчи́ть impf, из~ pf.

shrewd adj проница́тельный.

shriek vi визжа́ть impf, взви́гнуть pf.

shrill adj пронзи́тельный.

shrimp n креве́тка.

shrine n святы́ня.

shrink vi сади́ться impf, сесть pf; (recoil) отпря́нуть pf; vt вызыва́ть impf, вы́звать pf уса́дку (from ~ from избега́ть impf +gen. shrinkage n уса́дка.

shrivel vi смо́рщиваться impf, смо́рщиться pf.

shroud n са́ван; vt (fig) оку́тывать impf, оку́тать pf (in +instr).

Shrove Tuesday вто́рник на ма́сленой неде́ле.

shrub n куст. shrubbery n куста́рник.

shrug vt & i пожима́ть impf, пожа́ть pf (плеча́ми).

shudder n содрога́ние; vi содрога́ться impf, содрогну́ться pf.

shuffle vt & i (one's feet) ша́ркать impf (нога́ми); vt (cards) тасова́ть impf, с~ pf; n тасо́вка.

shun *vt* избегáть *impf* +*gen*.

shunt *vi* (*rly*) маневрúровать *impf*, c~ *pf*; *vt* (*rly*) переводúть *impf*, перевестú *pf* на запаснóй путь.

shut *vt* & *i* (*also* ~ *down*) закрывáть(ся) *impf*, закры́ть(ся) *pf*; ~ out (*exclude*) исключáть *impf*, исключúть *pf*; (*fence off*) загорáживать *impf*, загородúть *pf*; (*keep out*) не пускáть *impf*, пустúть *pf*; ~ up (*vi*) замолчáть *pf*; (*imper*) заткнúсь!

shutter *n* стáвень *m*; (*phot*) затвóр.

shuttle *n* челнóк.

shy[1] *adj* застéнчивый.

shy[2] *vi* (*in alarm*) отпрáдывать *impf*, отпрáнуть *pf*.

Siberia *n* Сибúрь. **Siberian** *adj* сибúрский; *n* сибирáк, -áчка.

sick *adj* больнóй; be ~ (*vomit*) рвать *impf*, вы́~ *pf impers* +*acc*: he was ~ егó вы́рвало; feel ~ тошнúть *impf impers* +*acc*; be ~ of надоедáть *impf*, надоéсть *pf* +*nom* (*object*) & *dat* (*subject*): I'm ~ of her онá мне надоéла; ~-leave óтпуск по болéзни. **sicken** *vt* вызывáть *impf*, вы́звать *pf* тошнотý, (*disgust*) отвращéние, y+*gen*; *vi* заболевáть *impf*, заболéть *pf*. **sickening** *adj* отвратúтельный.

sickle *n* серп.

sickly *adj* болéзненный; (*nauseating*) тошнотвóрный. **sickness** *n* болéзнь; (*vomiting*) тошнотá.

side *n* сторонá; (*of body*) бок; ~ by ~ рáдом (with c+*instr*); on the ~ на сторонé; *vi*: ~ with вставáть *impf*, встать *pf* на стóрону+*gen*; ~-effect побóчное дéйствие; ~-step (*fig*) уклонáться *impf*, уклонúться *pf* от+*gen*; ~-track (*distract*) отвлекáть *impf*, отвлéчь *pf*. **sideboard** *n* буфéт; *pl* бáки (-к) *pl*. **sidelight** *n* бокóвой фонáрь *m*. **sideline** *n* (*work*) побóчная рабóта.

sidelong *adj* (*glance*) косóй.

sideways *adv* бóком.

siding *n* запаснóй путь *m*.

sidle *vi*: ~ up to подходúть *impf*, подойтú *pf* к (+*dat*) бочкóм.

siege *n* осáда; lay ~ to осаждáть *impf*, осадúть *pf*; raise the ~ of снимáть *impf*, снять *pf* осáду с+*gen*.

sieve *n* сúто; *vt* просéивать *impf*, просéять *pf*.

sift *vt* просéивать *impf*, просéять *pf*; (*fig*) тщáтельно рассмáтривать *impf*, рассмотрéть *pf*.

sigh *vi* вздыхáть *impf*, вздохнýть *pf*; *n* вздох.

sight *n* (*faculty*) зрéние; (*view*) вид; (*spectacle*) зрéлище; *pl* достопримечáтельности *f pl*; (*on gun*) прицéл; at first ~ с пéрвого взглáда; catch ~ of увúдеть *pf*; know by ~ знать *impf* в лицó; lose ~ of терáть *impf*, по~ *pf* úз виду; (*fig*) упускáть *impf*, упустúть *pf* úз виду.

sign *n* знак; (*indication*) прúзнак; (~*board*) вы́веска; *vt* & *abs* подпúсывать(ся) *impf*, подписáть(ся) *pf*; *vi* (*give* ~) подавáть *impf*, подáть *pf* знак; ~ on (*as unemployed*) запúсываться *impf*, записáться *pf* в спúски безрабóтных; (~ *up*) нанимáться *impf*, нанáться *pf*.

signal *n* сигнáл; *vt* & *i* сигнализúровать *impf* & *pf*. **signal-box** *n* сигнáльная бýдка. **signalman** *n* сигнáльщик.

signatory *n* подписáвший *sb*; (*of treaty*) сторонá, подписáвшая догóвор.

signature *n* пóдпись.

significance *n* значéние. **significant** *adj* значúтельный. **signify** *vt* означáть *impf*.

signpost *n* указáтельный столб.

silage *n* сúлос.

silence *n* молчáние, тишинá; *vt* застáвить *pf* замолчáть. **silencer** *n* глушúтель *m*. **silent** *adj* (*not speaking*) безмóлвный; (*of film*) немóй; (*without noise*) тúхий; be ~ молчáть *impf*.

silhouette *n* силуэ́т; *vt*: be ~d вырисóвываться *impf*, вы́рисоваться *pf* (*against* на фóне+*gen*).

silicon *n* крéмний. **silicone** *n* силикóн.

silk *n* шёлк; *attrib* шёлковый. **silky** *adj* шелковúстый.

sill *n* подокóнник.

silly *adj* глýпый.

silo *n* сúлос.

silt *n* ил.

silver *n* серебрó; (*cutlery*) столóвое серебрó; *adj* (*of* ~) серéбряный; (*silvery*) серебрúстый; ~-plated посеребрённый. **silversmith** *n* серéбряных дел мáстер. **silverware** *n* столо́вое серебро́. **silvery** adj сере́бристый.

similar adj подо́бный (to +dat). **similarity** n схо́дство. **similarly** adv подо́бным о́бразом.

simile n сравне́ние.

simmer vt кипяти́ть impf на ме́дленном огне́; vi кипе́ть impf на ме́дленном огне́; ~ **down** успока́иваться impf, успоко́иться pf.

simper vi жема́нно улыба́ться impf, улыбну́ться pf.

simple adj просто́й; ~-**minded** тупова́тый. **simplicity** n простота́. **simplify** vt упроща́ть impf, упрости́ть pf. **simply** adv про́сто.

simulate vt притворя́ться impf, притвори́ться pf +instr; (conditions etc.) модели́ровать impf & pf. **simulated** adj (pearls etc.) иску́сственный.

simultaneous adj одновреме́нный.

sin n грех; vi греши́ть impf, со~ pf.

since adv с тех пор; prep c+gen; conj с тех пор как; (reason) так как.

sincere adj и́скренний. **sincerely** adv и́скренне; **yours** ~ и́скренне Ваш. **sincerity** n и́скренность.

sinew n сухожи́лие.

sinful adj гре́шный.

sing vt & i петь impf, про~, с~ pf.

singe vt пали́ть impf, о~ pf.

singer n певе́ц, -ви́ца.

single adj оди́н; (unmarried) (of man) жена́тый; (of woman) незаму́жняя; (bed) односпа́льный; ~-**handed** без посторо́нней по́мощи; ~-**minded** целеустремлённый; ~ **parent** мать/оте́ц-одино́чка; ~ **room** ко́мната на одного́; n (ticket) биле́т в оди́н коне́ц; pl (tennis etc.) одино́чная игра́; vt: ~ **out** выделя́ть impf, вы́делить pf. **singly** adv по-одному́.

singular n еди́нственное число́; adj еди́нственный; (unusual) необыча́йный. **singularly** adv необыча́йно.

sinister adj злове́щий.

sink vi (descend slowly) опуска́ться impf, опусти́ться pf; (in mud etc.) погружа́ться impf, погрузи́ться pf; (in water) тону́ть impf, по~ pf; vt (ship) топи́ть impf, по~ pf; (pipe, post) вка́пывать impf, вкопа́ть pf; n ра́ковина.

sinner n гре́шник, -ица.

sinus n па́зуха.

sip vt пить impf, ма́ленькими глотка́ми; n ма́ленький глото́к.

siphon n сифо́н; ~ **off** (also fig) перека́чивать impf, перекача́ть pf.

sir n сэр.

siren n сире́на.

sister n сестра́; ~-**in-law** (husband's sister) золо́вка; (wife's sister) своя́ченица; (brother's wife) неве́стка.

sit vi (be sitting) сиде́ть impf; (~ down) сади́ться impf, сесть pf; (parl, law) заседа́ть impf; vt уса́живать impf, усади́ть pf; (exam) сдава́ть impf; ~ **back** отки́дываться impf, откину́ться pf; ~ **down** сади́ться impf, сесть pf; ~ **up** приподнима́ться impf, приподня́ться pf; (not go to bed) не ложи́ться impf спать.

site n (where a thing takes place) ме́сто; (where a thing is) местоположе́ние.

sitting n (parl etc.) заседа́ние; (for meal) сме́на; ~-**room** гости́ная sb.

situated adj: be ~ находи́ться impf. **situation** n местоположе́ние; (circumstances) положе́ние; (job) ме́сто.

six adj & n шесть; (number 6) шестёрка. **sixteen** adj & n шестна́дцать. **sixteenth** adj & n шестна́дцатый. **sixth** adj & n шесто́й; (fraction) шеста́я sb. **sixtieth** adj & n шестидеся́тый. **sixty** adj & n шестьдеся́т; pl (decade) шестидеся́тые го́ды (-до́в) m pl.

size n разме́р; vt: ~ **up** оце́нивать impf, оцени́ть pf. **sizeable** adj значи́тельный.

sizzle vi шипе́ть impf.

skate[1] n (fish) скат.

skate[2] n (ice-~) конёк; (roller-~) конёк на ро́ликах; vi ката́ться impf на конька́х; **skating-rink** като́к.

skeleton n скеле́т.

sketch n зарисо́вка; (theat) скетч; vt & i зарисо́вывать impf, зарисова́ть pf. **sketchy** adj схемати́ческий; (superficial) пове́рхностный.

skew adj косо́й; on the ~ ко́со.

skewer n ве́ртел.

skin n лы́жа; ~-**jump** трампли́н; vi ходи́ть impf на лы́жах.

skid n зано́с; vi заноси́ть impf, занести́ pf impers+acc.

skier n лы́жник. **skiing** n лы́жный спорт.

skilful adj иску́сный. **skill** n мастерство́; (countable) поле́зный на́вык.
skilled adj иску́сный; (trained) квалифици́рованный.

skim vt снима́ть impf, снять pf (cream сли́вки pl, scum на́кипь) c+gen; vi скользи́ть impf (over, along no+dat); ~ **through** бе́гло просма́тривать impf, просмотре́ть pf; adj: ~ **milk** снято́е молоко́.

skimp vt & i скупи́ться impf (на+acc). **skimpy** adj ску́дный.

skin n ко́жа; (hide) шку́ра; (of fruit etc.) кожура́; (on milk) пе́нка; vt сдира́ть impf, содра́ть pf ко́жу, шку́ру, c+gen; (fruit) снима́ть impf, снять pf кожуру́ c+gen. **skinny** adj то́щий.

skip[1] vi скака́ть impf; (with rope) пры́гать impf че́рез скака́лку; vt (omit) пропуска́ть impf, пропусти́ть pf.

skip[2] n (container) скип.

skipper n (naut) шки́пер.

skirmish n схва́тка.

skirt n ю́бка; vt обходи́ть impf, обойти́ pf стороно́й; ~**ing-board** пли́нтус.

skittle n ке́гля; pl ке́гли f pl.

skulk vi (hide) скрыва́ться impf; (creep) кра́сться impf.

skull n че́реп.

skunk n скунс.

sky n не́бо. **skylark** n жа́воронок. **skylight** n окно́ в кры́ше. **skyline** n горизо́нт. **skyscraper** n небоскрёб.

slab n плита́; (of cake etc.) кусо́к.

slack adj (loose) сла́бый; (sluggish) вя́лый; (negligent) небре́жный; n (of rope) слабина́; pl брю́ки (-к) pl.

slacken vt ослабля́ть impf, осла́бить pf; vt & i (slow down) замедля́ть(ся) impf, заме́длить(ся) pf; vi ослабева́ть impf, ослабе́ть pf.

slag n шлак.

slam vt & i захло́пывать(ся) impf, захло́пнуть(ся) pf.

slander n клевета́; vt клевета́ть impf, на~ pf на+acc. **slanderous** adj клеветни́ческий.

slang n жарго́н. **slangy** adj жарго́нный.

slant vt & i наклоня́ть(ся) impf, наклони́ть(ся) pf; n укло́н. **slanting** adj косо́й.

slap vt шлёпать impf, шлёпнуть pf; n шлепо́к; adv пря́мо. **slapdash** adj небре́жный. **slapstick** n фарс.

slash vt (cut) поро́ть impf, рас~ pf; (fig) уре́зывать impf, уре́зать pf; n разре́з; (sign) дробь.

slat n пла́нка.

slate[1] n сла́нец; (for roofing) (кро́вельная) пли́тка.

slate[2] vt (criticize) разноси́ть impf, разнести́ pf.

slaughter n (of animals) убо́й; (massacre) резня́; vt (animals) ре́зать impf, за~ pf; (people) убива́ть impf, уби́ть pf. **slaughterhouse** n бо́йня.

Slav n славяни́н, -я́нка; adj славя́нский.

slave n раб, раба́/ня; vi рабо́тать impf как раб. **slavery** n ра́бство.

Slavic adj славя́нский.

slavish adj ра́бский.

Slavonic adj славя́нский.

slay vt убива́ть impf, уби́ть pf.

sleazy adj убо́гий.

sledge n са́ни (-не́й) pl.

sledge-hammer n кува́лда.

sleek adj гла́дкий.

sleep n сон; **go to** ~ засыпа́ть impf, засну́ть pf; vi спать impf (spend the night) ночева́ть impf, пере~ pf. **sleeper** n спя́щий sb; (on track) шпа́ла; (sleeping-car) спа́льный ваго́н. **sleeping** adj спя́щий; ~**bag** спа́льный мешо́к; ~**car** спа́льный ваго́н; ~**pill** снотво́рная табле́тка. **sleepless** adj бессо́нный. **sleepy** adj со́нный.

sleet n мо́крый снег.

sleeve n рука́в; (of record) конве́рт.

sleigh n са́ни (-не́й) pl.

sleight-of-hand n ло́вкость рук.

slender adj (slim) то́нкий; (meagre) ску́дный; (of hope etc.) сла́бый.

sleuth n сы́щик.

slice n кусо́к; vt (~ up) нареза́ть impf, наре́зать pf.

slick adj (dextrous) ло́вкий; (crafty) хи́трый; n нефтяна́я плёнка.

slide vi скользи́ть impf; vt (drawer etc.) задвига́ть impf, задви́нуть pf; n (children's ~) го́рка; (microscope ~) предме́тное стекло́; (phot) диапозити́в, слайд; (for hair) зако́лка.

sliding adj (door) задвижно́й.

slight[1] *adj* (*slender*) тóнкий; (*inconsiderable*) небольшóй; (*light*) лёгкий; not the ~est ни малéйшего, -шей (*gen*); not in the ~est ничýть.

slight[2] *vt* пренебрегáть *impf*, пренебрéчь *pf* +*instr*; *n* обúда.

slightly *adv* слегкá, немнóго.

slim *adj* тóнкий; (*chance etc.*) слáбый; *vi* худéть *impf*, по~ *pf*.

slime *n* слизь. **slimy** *adj* слúзистый; (*person*) скóльзкий.

sling *vt* (*throw*) швырять *impf*, швырнýть *pf*; (*suspend*) подвéшивать *impf*, подвéсить *pf*; *n* (*med*) пéревязь.

slink *vi* крáсться *impf*.

slip *n* (*mistake*) ошúбка; (*garment*) комбинáция; (*pillowcase*) нáволочка; (*paper*) листóчек; ~ of the tongue обмóлвка; give the ~ ускользнýть *pf* от+*gen*; *vi* скользúть *impf*, скользнýть *pf*; (*fall over*) поскользнýться *pf*; (*from hands etc.*) выскáльзывать *impf*, выскользнуть *pf*; *vt* (*insert*) совáть *impf*, сýнуть *pf*; ~ off (*depart*) ускользáть *impf*, ускользнýть *pf*; ~ up (*make mistake*) ошибáться *impf*, ошибúться *pf*. **slipper** *n* тáпка. **slippery** *adj* скóльзкий.

slit *vt* разрезáть *impf*, разрéзать *pf*; (*throat*) перерéзать *pf*; *n* щель; (*cut*) разрéз.

slither *vi* скользúть *impf*.

sliver *n* щéпка.

slob *n* неряха *m & f*.

slobber *vi* пускáть *impf*, пустúть *pf* слюни.

slog *vt* (*hit*) сúльно ударять *impf*, удáрить *pf*; (*work*) упóрно рабóтать *impf*.

slogan *n* лóзунг.

slop *n*: *pl* помóи (-óев) *pl*; *vt & i* выплéскивать(ся) *impf*, выплескать(ся) *pf*.

slope *n* (*artificial*) наклóн; (*geog*) склон; *vi* имéть *impf* наклóн. **sloping** *adj* наклóнный.

sloppy *adj* (*work*) неряшливый; (*sentimental*) сентиментáльный.

slot *n* отвéрстие; ~-machine автомáт; *vt*: ~ in вставлять *impf*, встáвить *pf*.

sloth *n* лень.

slouch *vi* (*stoop*) сутýлиться *impf*.

slovenly *adj* неряшливый.

slow *adj* мéдленный; (*tardy*) медлúтельный; (*stupid*) тупóй; (*business*) вялый; be ~ (*clock*) отставáть *impf*, отстáть *pf*; *adv* мéдленно; *vt & i* (~ down, up) замедлять(ся) *impf*, замéдлить(ся) *pf*.

sludge *n* (*mud*) грязь; (*sediment*) отстóй.

slug *n* (*zool*) слизнáк.

sluggish *adj* вялый.

sluice *n* шлюз.

slum *n* трущóба.

slumber *n* сон; *vi* спать *impf*.

slump *n* спад; *vi* рéзко пáдать *impf*, (у)пáсть *pf*; (*of person*) свáливаться *impf*, свалúться *pf*.

slur *vt* говорúть *impf* невнятно; *n* (*stigma*) пятнó.

slush *n* слякоть.

slut *n* (*sloven*) неряха; (*trollop*) потаскýха.

sly *adj* хúтрый; on the ~ тайкóм.

smack[1] *vi*: ~ of пáхнуть *impf* +*instr*.

smack[2] *n* (*slap*) шлепóк; *vt* шлёпать *impf*, шлёпнуть *pf*.

small *adj* мáленький, небольшóй, мáлый; (*of agent, particles; petty*) мéлкий; ~ change мéлочь; ~-scale мелкомасштáбный; ~ talk свéтская бесéда.

smart[1] *vi* сáднить *impf impers*.

smart[2] *adj* элегáнтный; (*brisk*) быстрый; (*cunning*) лóвкий; (*sharp*) смекáлистый (*coll*).

smash *vt & i* разбивáть(ся) *impf*, разбúть(ся) *pf*; *vi*: ~ into врезáться *impf*, врéзаться *pf* в+*acc*; *n* (*crash*) грóхот; (*collision*) столкновéние; (*blow*) сúльный удáр.

smattering *n* повéрхностное знáние.

smear *vt* смáзывать *impf*, смáзать *pf*; (*dirty*) пáчкать *impf*, за~, ис~ *pf*; (*discredit*) порóчить *impf*, о~ *pf*; *n* (*spot*) пятнó; (*slander*) клеветá; (*med*) мазóк.

smell *n* (*sense*) обоняние; (*odour*) зáпах; *vt* чýвствовать *impf* зáпах+*gen*; (*sniff*) нюхать *impf*, по~ *pf*; *vi*: ~ of пáхнуть *impf* +*instr*. **smelly** *adj* вонючий.

smelt *vt* (*ore*) плáвить *impf*; (*metal*) выплавлять *impf*, выплавить *pf*.

smile *vi* улыбáться *impf*, улыбнýться *pf*; *n* улыбка.

smirk vi ухмыля́ться impf, ухмыль-
ну́ться pf; n ухмы́лка.
smith n кузне́ц.
smithereens n: (in)to ~ вдре́безги.
smithy n ку́зница.
smock n блу́за.
smog n тума́н (с ды́мом).
smoke n дым; ~-screen дымова́я за-
ве́са; vt & i (cigarette etc.) кури́ть
impf, по~ pf; vt (cure; colour) коп-
ти́ть impf, за~ pf; vi (abnormally)
дыми́ть impf; (of fire) дыми́ться
impf. **smoker** n кури́льщик, -ица,
куря́щий sb. **smoky** adj ды́мный.
smooth adj (surface etc.) гла́дкий;
(movement etc.) пла́вный; vt при-
гла́живать impf, пригла́дить pf; ~
over сгла́живать impf, сгла́дить pf.
smother vt (stifle, also fig) души́ть
impf, за~ pf; (cover) покрыва́ть
impf, покры́ть pf.
smoulder vi тлеть impf.
smudge n пятно́; vt сма́зывать impf,
сма́зать pf.
smug adj самодово́льный.
smuggle vt провози́ть impf, про-
везти́ pf контраба́ндой; (convey secretly) проноси́ть impf, пронести́ pf.
smuggler n контрабанди́ст. **smug-
gling** n контраба́нда.
smut n са́жа; (indecency) непристо́й-
ность. **smutty** adj гря́зный; непри-
сто́йный.
snack n заку́ска; ~ bar заку́сочная
sb, (within institution) буфе́т.
snag n (fig) загво́здка; vt зацепля́ть
impf, зацепи́ть pf.
snail n ули́тка.
snake n змея́.
snap vi (of dog or person) огрыза́ть-
ся impf, огрызну́ться pf (at на+acc);
vt & i (break) обрыва́ть(ся) impf,
оборва́ть(ся) pf; vt (make sound)
щёлкать impf, щёлкнуть pf +instr;
~ up (buy) расхва́тывать impf, рас-
хвата́ть pf; n (sound) щёлк; (photo)
сни́мок; adj (decision) скоропали́-
тельный. **snappy** adj (brisk) живо́й;
(stylish) шика́рный. **snapshot** n
сни́мок.
snare n лову́шка.
snarl vi рыча́ть impf, за~ pf; n ры-
ча́ние.
snatch vt хвата́ть impf, (с)хвати́ть
pf; vi: ~ at хвата́ться impf, (с)хва-

ти́ться pf за+acc; n (fragment)
обры́вок.
sneak vi (slink) кра́сться impf; vt
(steal) стащи́ть pf; n я́бедник, -ица
(coll). **sneaking** adj та́йный. **sneaky**
adj лука́вый.
sneer vi насмеха́ться impf (at над
+instr).
sneeze vi чиха́ть impf, чихну́ть pf;
n чиха́нье.
snide adj еха́дный.
sniff vi шмы́гать impf, шмыгну́ть pf
но́сом; vt ню́хать impf, по~ pf.
snigger vi хихи́кать impf, хихи́кнуть
pf; n хихи́канье.
snip vt ре́зать impf (но́жницами); ~
off среза́ть impf, сре́зать pf.
snipe vi стреля́ть impf из укры́тия
(at в+acc); (fig) напада́ть impf, на-
па́сть pf на+acc. **sniper** n сна́йпер.
snippet n отре́зок; pl (of news etc.)
обры́вки m pl.
snivel vi (run at nose) распуска́ть
impf, распусти́ть pf со́пли; (whimper) хны́кать impf.
snob n сноб. **snobbery** n сноби́зм.
snobbish adj сноби́стский.
snoop vi шпио́нить impf; ~ about
разню́хивать impf, разню́хать pf.
snooty adj чва́нный.
snooze vi вздремну́ть pf; n коро́т-
кий сон.
snore vi храпе́ть impf.
snorkel n шно́ркель m.
snort vi фы́ркать impf, фы́ркнуть pf.
snot n со́пли (-ле́й) pl.
snout n ры́ло, мо́рда.
snow n снег; ~-white белосне́жный;
vi: it is ~ing, it snows идёт снег;
~ed under зава́ленный рабо́той; we
were ~ed up, нас занесло́ сне́гом.
snowball n снежо́к. **snowdrop** n
подсне́жник. **snowflake** n снежи́нка.
snowman n сне́жная ба́ба. **snow-
storm** n мете́ль. **snowy** adj сне́ж-
ный; (snow-white) белосне́жный.
snub vt игнори́ровать impf & pf.
snuff[1] n (tobacco) ню́хательный
таба́к.
snuff[2] vt: ~ out туши́ть impf, по~
pf.
snuffle vi сопе́ть impf.
snug adj ую́тный.
snuggle vi: ~ up to прижима́ться
impf, прижа́ться pf к+dat.

so adv так; (in this way) так, таки́м о́бразом; (thus, at beginning of sentence) ита́к; (also) та́кже, то́же; conj (therefore) поэ́тому; and ~ on и так да́лее; if ~ в тако́м слу́чае; ~ ... as так(о́й)... как; ~ **as to** с тем что́бы; ~-**called** так называ́емый; (in) ~ **far as** насто́лько; ~ **long!** пока́!; ~ **long as** поско́льку; ~ **much** насто́лько; ~ **much** – до тако́й сте́пени; ~ **much the better** тем лу́чше; ~ **that** что́бы; ~-... **that** так... что; ~ **to say**, speak так сказа́ть; ~ **what?** ну и что?

soak vt мочи́ть impf, на~ pf; (drench) прома́чивать impf, промочи́ть pf; ~ **up** впи́тывать impf, впита́ть pf; vi: ~ **through** проса́чиваться impf, просочи́ться pf; **get** ~ed промока́ть impf, промо́кнуть pf.

soap n мы́ло; vt мы́лить impf, на~ pf; ~ **opera** многосери́йная переда́ча; ~ **powder** стира́льный порошо́к. **soapy** adj мы́льный.

soar vi пари́ть impf; (prices) подска́кивать impf, подскочи́ть pf.

sob vi рыда́ть impf; n рыда́ние.

sober adj тре́звый; vt & i: ~ **up** отрезвля́ть(ся) impf, отрезви́ть(ся) pf. **sobriety** n тре́звость.

soccer n футбо́л.

sociable adj общи́тельный. **social** adj обще́ственный, социа́льный; **S**~ **Democrat** социа́л-демокра́т; ~ **sciences** обще́ственные нау́ки f pl; ~ **security** социа́льное обеспе́чение. **socialism** n социали́зм. **socialist** n социали́ст; adj социалисти́ческий. **socialize** vt обща́ться impf. **society** n о́бщество. **sociological** adj социологи́ческий. **sociologist** n социо́лог. **sociology** n социоло́гия.

sock n носо́к.

socket n (eye) впа́дина; (electr) штепсель m; (for bulb) патро́н.

soda n со́да; ~-**water** со́довая вода́.

sodden adj промо́кший.

sodium n на́трий.

sodomy n педера́стия.

sofa n дива́н.

soft adj мя́гкий; (sound) ти́хий; (colour) нея́ркий; (malleable) ко́вкий; (tender) не́жный; ~ **drink** безалкого́льный напи́ток. **soften** vt & i

смягча́ть(ся) impf, смягчи́ть(ся) pf. **softness** n мя́гкость. **software** n програ́ммное обеспе́чение.

soggy adj сыро́й.

soil[1] n по́чва.

soil[2] vt па́чкать impf, за~, ис~ pf.

solace n утеше́ние.

solar adj со́лнечный.

solder n припо́й; vt пая́ть impf; (~ **together**) спа́ивать impf, спая́ть pf. **soldering iron** n пая́льник.

soldier n солда́т.

sole[1] n (of foot, shoe) подо́шва.

sole[2] n (fish) морско́й язы́к.

sole[3] adj еди́нственный.

solemn adj торже́ственный. **solemnity** n торже́ственность.

solicit vt проси́ть impf, по~ pf +acc, gen, o+prep; vi (of prostitute) пристава́ть impf к мужчи́нам. **solicitor** n адвока́т. **solicitous** adj забо́тливый.

solid adj (not liquid) тве́рдый; (not hollow; continuous) сплошно́й; (firm) про́чный; (pure) чи́стый; n тве́рдое те́ло; pl тве́рдая пи́ща. **solidarity** n солида́рность. **solidify** vi затвердева́ть impf, затверде́ть pf. **solidity** n тве́рдость; про́чность.

soliloquy n моноло́г.

solitary adj одино́кий, уединённый; ~ **confinement** одино́чное заключе́ние. **solitude** n одино́чество, уедине́ние.

solo n со́ло neut indecl; adj со́льный; adv со́ло. **soloist** n соли́ст, ~ка.

solstice n солнцестоя́ние.

soluble adj раствори́мый. **solution** n раство́р; (of puzzle etc.) реше́ние. **solve** vt реша́ть impf, реши́ть pf. **solvent** adj растворя́ющий; (financially) платёжеспосо́бный; n раствори́тель m.

sombre adj мра́чный.

some adj & pron (any) како́й-нибудь; (a certain) како́й-то; (a certain amount or number of) не́который, or often expressed by noun in (partitive) gen; (several) не́сколько+gen; (~ people, things) не́которые pl; ~ **day** когда́-нибудь; ~ **more** ещё; ~ ... **others** одни́... други́е. **somebody, someone** n, pron кто́-то; (indef) кто́-нибудь. **somehow** adv ка́к-то; ка́к-нибудь; (for *some reason*) почему́-то; ~ or other так и́ли ина́че.

somersault *n* са́льто *neut indecl*; *vi* кувырка́ться *impf*, кувыр(к)ну́ться *pf*.

something *n & pron* (*def*) что́-то; (*indef*) что́-нибудь; ~ like (*approximately*) приблизи́тельно; (*a thing like*) что́-то вро́де+*gen*. **sometime** *adv* не́когда; *adj* бы́вший. **sometimes** *adv* иногда́. **somewhat** *adv* не́сколько, дово́льно. **somewhere** *adv* (*position*) (*def*) где́-то; (*indef*) где́-нибудь; (*motion*) куда́-то; куда́-нибудь.

son *n* сын; ~-in-law зять *m*.

sonata *n* сона́та.

song *n* пе́сня.

sonic *adj* звуково́й.

sonnet *n* соне́т.

soon *adv* ско́ро; (*early*) ра́но; as ~ as как то́лько; as ~ as possible как мо́жно скоре́е; ~er or later ра́но и́ли по́здно; the ~er the better чем ра́ньше, тем лу́чше.

soot *n* са́жа, ко́поть.

soothe *vt* успока́ивать *impf*, успоко́ить *pf*; (*pain*) облегча́ть *impf*, облегчи́ть *pf*.

sophisticated *adj* (*person*) иску́шённый; (*equipment*) сло́жный.

soporific *adj* снотво́рный.

soprano *n* сопра́но (*voice*) *neut & (person*) *f indecl*.

sorcerer *n* колду́н. **sorcery** *n* колдовство́.

sordid *adj* гря́зный.

sore *n* боля́чка; *adj* больно́й; my throat is ~ у меня́ боли́т го́рло.

sorrow *n* печа́ль. **sorrowful** *adj* печа́льный. **sorry** *adj* жа́лкий; *predic*: be ~ жале́ть *impf*, (*about* o+*prep*); жаль *impers*+*dat* (*for* +*gen*); ~! извини́(те)!

sort *n* род, вид, сорт; *vt* (*also* ~ out) сорти́ровать *impf*, рас~ *pf*; (*also fig*) разбира́ть *impf*, разобра́ть *pf*.

sortie *n* вы́лазка.

SOS *n* (ра́дио)сигна́л бе́дствия.

soul *n* душа́.

sound[1] *adj* (*healthy, thorough*) здоро́вый; (*in good condition*) испра́вный; (*logical*) здра́вый, разу́мный; (*of sleep*) кре́пкий.

sound[2] *n* (*noise*) звук, шум; *attrib*

звуково́й; ~ effects звуковы́е эффе́кты *m pl*; *vi* звуча́ть *impf*, про~ *pf*.

sound[3] *vt* (*naut*) измеря́ть *impf*, изме́рить *pf* глубину́+*gen*; (*fig*) зонди́ровать *impf*, по~ *pf*; *n* зонд.

sound[4] *n* (*strait*) проли́в.

soup *n* суп; *vt*: ~ed up форси́рованный.

sour *adj* ки́слый; ~ cream смета́на; *vt & i* (*fig*) озло́бить(ся) *impf*, озлобля́ть(ся) *pf*.

source *n* исто́чник; (*of river*) исто́к.

south *n* юг; (*naut*) зюйд; *adj* ю́жный; *adv* к ю́гу, на юг; ~east юго-восто́к; ~west юго-за́пад. **southerly** *adj* ю́жный. **southern** *adj* ю́жный. **southerner** *n* южа́нин, -а́нка. **southward(s)** *adv* на юг, к ю́гу.

souvenir *n* сувени́р.

sovereign *adj* суверéнный; *n* мона́рх. **sovereignty** *n* суверените́т.

soviet *n* сове́т; S~ Union Сове́тский Сою́з; *adj* (S~) сове́тский.

sow[1] *n* свинья́.

sow[2] *vt* (*seed*) се́ять *impf*, по~ *pf*; (*field*) засе́ивать *impf*, засе́ять *pf*.

soya *n*: ~ bean со́евый боб.

spa *n* куро́рт.

space *n* (*place, room*) ме́сто; (*expanse*) простра́нство; (*interval*) промежу́ток; (*outer* ~) ко́смос; *attrib* косми́ческий; *vt* расставля́ть *impf*, расста́вить *pf* с промежу́тками. **spacecraft, -ship** *n* косми́ческий кора́бль *m*. **spacious** *adj* просто́рный.

spade *n* (*tool*) лопа́та; *pl* (*cards*) пи́ки (пик) *pl*.

spaghetti *n* спаге́тти *neut indecl*.

Spain *n* Испа́ния.

span *n* (*of bridge*) пролёт; (*aeron*) разма́х; *vt* (*of bridge*) соединя́ть *impf*, соедини́ть *pf* сто́роны +*gen*, (*river*) берега́ +*gen*; (*fig*) охва́тывать *impf*, охвати́ть *pf*.

Spaniard *n* испа́нец, -нка. **Spanish** *adj* испа́нский.

spank *vt* шлёпать *impf*, шлёпнуть *pf*.

spanner *n* га́ечный ключ.

spar[1] *n* (*aeron*) лонжеро́н.

spar[2] *vi* бокси́ровать *impf*; (*fig*) препира́ться *impf*.

spare *adj* (*in reserve*) запасно́й; (*extra, to* ~) ли́шний; (*of seat, time*) свобо́дный; ~ parts запасны́е ча́сти *f pl*; ~ room ко́мната для госте́й; *n*: *pl* запча́сти *f pl*; *vt* (*grudge*) жале́ть *impf*, по~ *pf* +*acc*, *gen*; he ~d no pains on it (*do without*) обходи́ться *impf*, обойти́сь *pf* без+*gen*; (*time*) уделя́ть *impf*, удели́ть *pf*; (*show mercy towards*) щади́ть *impf*, по~ *pf*; (*save from*) избавля́ть *impf*, изба́вить *pf* от+*gen*: ~ me the details изба́вьте меня́ от подро́бностей.

spark *n* и́скра; ~plug запа́льная свеча́; *vt* (~ *off*) вызыва́ть *impf*, вы́звать *pf*.

sparkle *vi* сверка́ть *impf*.

sparrow *n* воробе́й.

sparse *adj* ре́дкий.

Spartan *adj* спарта́нский.

spasm *n* спазм. **spasmodic** *adj* спазмоди́ческий.

spastic *n* парали́тик.

spate *n* разли́в; (*fig*) пото́к.

spatial *adj* простра́нственный.

spatter, splatter *vt* (*liquid*) бры́згать *impf* +*instr*; (*person etc.*) забры́згивать *impf*, забры́згать *pf* (*with* +*instr*); *vi* плеска́ть(ся) *impf*, плесну́ть *pf*.

spatula *n* шпа́тель *m*.

spawn *vt* & *i* мета́ть *impf* (икру́); *vt* (*fig*) порожда́ть *impf*, породи́ть *pf*.

speak *vt* & *i* говори́ть *impf*, сказа́ть *pf*; *vi* (*make speech*) выступа́ть *impf*, вы́ступить *pf* (с ре́чью); (~ *out*) выска́зываться *impf*, вы́сказаться *pf* (for за+*acc*; against про́тив+*gen*). **speaker** *n* говоря́щий *sb*; (*giving speech*) выступа́ющий *sb*; (*orator*) ора́тор; (S~, parl) спи́кер; (*loud-*~) громкоговори́тель *m*.

spear *n* копьё; *vt* пронза́ть *impf*, пронзи́ть *pf* копьём. **spearhead** *vt* возглавля́ть *impf*, возгла́вить *pf*.

special *adj* осо́бый, специа́льный. **specialist** *n* специали́ст, ~ка. **speciality** *n* специа́льность. **specialization** *n* специализа́ция. **specialize** *vt* & *i* специализи́ровать(ся) *impf* & *pf*. **specially** *adv* осо́бенно.

species *n* вид.

specific *adj* осо́бенный. **specification(s)** *n* специфика́ция. **specify** *vt* уточня́ть *impf*, уточни́ть *pf*.

specimen *n* образе́ц, экземпля́р.

speck *n* кра́пинка, пя́тнышко. **speckled** *adj* кра́пчатый.

spectacle *n* зре́лище; *pl* очки́ (-ко́в) *pl*.

spectacular *adj* эффе́ктный; (*amazing*) потряса́ющий.

spectator *n* зри́тель *m*.

spectre *n* при́зрак.

spectrum *n* спектр.

speculate *vi* (*meditate*) размышля́ть *impf*, размы́слить *pf* (on о+*prep*); (*conjecture*) гада́ть *impf*; (*comm*) спекули́ровать *impf*. **speculation** *n* (*conjecture*) дога́дка; (*comm*) спекуля́ция. **speculative** *adj* гипотети́ческий; спекуляти́вный. **speculator** *n* спекуля́нт.

speech *n* речь. **speechless** *adj* (*fig*) онеме́вший.

speed *n* ско́рость; *vi* мча́ться *impf*, про~ *pf*; (*illegally*) превыша́ть *impf*, превы́сить *pf* ско́рость; *vt*: ~ up ускоря́ть *impf*, уско́рить *pf*. **speedboat** *n* быстрохо́дный ка́тер. **speedometer** *n* спидо́метр. **speedy** *adj* бы́стрый, ско́рый.

spell[1] *n* (*charm*) загово́р.

spell[2] *vt* (*say*) произноси́ть *impf*, произнести́ *pf* по бу́квам; (*write*) пра́вильно писа́ть *impf*, на~ *pf*; how do you ~ that word? как пи́шется э́то сло́во?

spell[3] *n* (*period*) пери́од.

spellbound *adj* зачаро́ванный.

spelling *n* правописа́ние.

spend *vt* (*money; effort*) тра́тить *impf*, ис~, по~ *pf*; (*time*) проводи́ть *impf*, провести́ *pf*.

sperm *n* спе́рма.

sphere *n* сфе́ра; (*ball*) шар. **spherical** *adj* сфери́ческий.

spice *n* пря́ность; *vt* приправля́ть *impf*, припра́вить *pf*. **spicy** *adj* пря́ный; (*fig*) пика́нтный.

spider *n* пау́к.

spike *n* (*point*) остриё; (*on fence*) зубе́ц; (*on shoes*) шип.

spill *vt* & *i* (*liquid*) пролива́ть(ся) *impf*, проли́ть(ся) *pf*; (*dry substance*) рассыпа́ть(ся) *impf*, рассы́пать(ся) *pf*.

spin *vt* (*thread etc.*) прясть *impf*, с~ *pf*; (*coin*) подбра́сывать *impf*, подбро́сить *pf*; *vt* & *i* (*turn*) кружи́ть(ся) *impf*; ~ out (*prolong*) затягивать *impf*, затяну́ть *pf*.

spinach *n* шпина́т.

spinal *adj* спинно́й; ~ column спинно́й хребе́т; ~ cord спинно́й мозг.

spindle *n* ось *m*. **spindly** *adj* дли́нный и то́нкий.

spine *n* (*anat*) позвоно́чник, хребе́т; (*prickle*) игла́; (*of book*) корешо́к. **spineless** *adj* (*fig*) бесхара́ктерный.

spinning *n* пряде́ние; ~-wheel пря́лка.

spinster *n* незаму́жняя же́нщина.

spiral *adj* спира́льный; (*staircase*) винтово́й; *n* спира́ль; *vi* (*rise sharply*) ре́зко возраста́ть *impf*, возрасти́ *pf*.

spire *n* шпиль *m*.

spirit *n* дух, душа́; *pl* (*mood*) настрое́ние; *pl* (*drinks*) спиртно́е *sb*; ~ level ватерпа́с; *vt*: ~ away та́йно уноси́ть *impf*, унести́ *pf*. **spirited** *adj* живо́й. **spiritual** *adj* духо́вный. **spiritualism** *n* спирити́зм. **spiritualist** *n* спири́т.

spit[1] *n* (*skewer*) ве́ртел.

spit[2] *vi* плева́ть *impf*, плю́нуть *pf*; (*of rain*) мороси́ть *impf*; (*of fire*) разбры́згивать *impf*, разбры́згать *pf* и́скры; (*sizzle*) шипе́ть *impf*; *vt*: ~ out выплёвывать *impf*, вы́плюнуть *pf*; ~ing image то́чная ко́пия; *n* слюна́.

spite *n* злоба; in ~ of несмотря́ на +*acc*. **spiteful** *adj* зло́бный.

spittle *n* слюна́.

splash *vt* (*person*) забры́згивать *impf*, забры́згать *pf* (with +*instr*); (~ liquid) бры́згать *impf* +*instr*; *vi* плеска́ть(ся) *impf*, плесну́ть *pf*; (*move*) шлёпать *impf*, шлёпнуть *pf* (through по+*dat*); *n* (*act, sound*) плеск; (*mark made*) пятно́.

splatter *see* spatter

spleen *n* селезёнка.

splendid *adj* великоле́пный. **splendour** *n* великоле́пие.

splice *vt* (*ropes etc.*) сра́щивать *impf*, срасти́ть *pf*; (*film, tape*) скле́ивать *impf*, скле́ить *pf* концы́+*gen*.

splint *n* ши́на.

splinter *n* оско́лок; (*in skin*) заноза; *vt* & *i* расщепля́ть(ся) *impf*, расщепи́ть(ся) *pf*.

split *n* расще́лина, расще́п; (*schism*) раско́л; *pl* шпага́т; *vt* & *i* расщепля́ть(ся) *impf*, расщепи́ть(ся) *pf*;

раска́лывать(ся) *impf*, расколо́ть(ся) *pf*; *vt* (*divide*) дели́ть *impf*, раз~ *pf*; ~ second мгнове́ние о́ка; ~ up (*part company*) расходи́ться *impf*, разойти́сь *pf*.

splutter *vi* бры́згать *impf* слюно́й; *vt* (*utter*) говори́ть *impf* захлёбываясь.

spoil *n* (*booty*) добы́ча; *vt* & *i* (*damage, decay*) по́ртить(ся) *impf*, ис~ *pf*; *vt* (*indulge*) балова́ть *impf*, из~ *pf*.

spoke *n* спи́ца.

spokesman, -woman *n* представи́тель *m*, ~ница.

sponge *n* гу́бка; ~ cake бискви́т; *vt* (*wash*) мыть *impf*, вы́~, по~ *pf* гу́бкой; *vi*: ~ on жить *impf* на счёт+*gen*. **sponger** *n* прижива́льщик. **spongy** *adj* гу́бчатый.

sponsor *n* спо́нсор; *vt* финанси́ровать *impf* & *pf*.

spontaneity *n* спонта́нность. **spontaneous** *adj* спонта́нный.

spoof *n* паро́дия.

spooky *adj* жу́ткий.

spool *n* кату́шка.

spoon *n* ло́жка; *vt* че́рпать *impf*, черпну́ть *pf* ло́жкой. **spoonful** *n* ло́жка.

sporadic *adj* споради́ческий.

sport *n* спорт; ~s car спорти́вный автомоби́ль *m*; *vi* щеголя́ть *impf*, щегольну́ть *pf* +*instr*. **sportsman** *n* спортсме́н. **sporty** *adj* спорти́вный.

spot *n* (*place*) ме́сто; (*mark*) пятно́; (*pimple*) пры́щик; on the ~ на ме́сте; (*at once*) сра́зу; ~ check вы́борочная прове́рка; *vt* (*notice*) замеча́ть *impf*, заме́тить *pf*. **spotless** *adj* абсолю́тно чи́стый. **spotlight** *n* проже́ктор; (*fig*) внима́ние. **spotty** *adj* прыщева́тый.

spouse *n* супру́г, ~а.

spout *vi* бить *impf* струёй; хлы́нуть *pf*; (*pontificate*) ора́торствовать *impf*; *vt* изверга́ть *impf*, изве́ргнуть *pf*; (*verses etc.*) деклами́ровать *impf*, про~ *pf*; *n* (*tube*) но́сик; (*jet*) струя́.

sprain *vt* растя́гивать *impf*, растяну́ть *pf*; *n* растяже́ние.

sprawl *vi* (*of person*) разва́ливаться *impf*, развали́ться *pf*; (*of town*) раски́дываться *impf*, раски́нуться *pf*.

spray¹ n (flowers) вéт(оч)ка.

spray² n бры́зги (-г) pl; (atomizer) пульверизáтор; vt опры́скивать impf, опры́скать pf (with +instr); (cause to scatter) распыля́ть impf, распыли́ть pf.

spread vt & i (news, disease, etc.) распространя́ть(ся) impf, распространи́ть(ся) pf; vt (~ out) расстила́ть impf, разостла́ть pf; (unfurl, unroll) развёртывать impf, разверну́ть pf; (bread etc. +acc; butter etc. +instr) намáзывать impf, намáзать pf; n (expansion) распространéние; (span) размáх; (feast) пир; (paste) пáста.

spree n кутёж; go on a ~ кути́ть impf, кутну́ть pf.

sprig n вéточка.

sprightly adj бóдрый.

spring vi (jump) пры́гать impf, пры́гнуть pf; vt (tell unexpectedly) неожи́данно сообщáть impf, сообщи́ть pf (on +dat); ~ a leak давáть impf, дать pf течь; ~ from (originate) происходи́ть impf, произойти́ pf из+gen; n (jump) прыжóк; (season) веснá, attrib весéнний; (water) истóчник; (elasticity) упрýгость; (coil) пружи́на; ~-clean генерáльная убóрка. **springboard** n трамплин.

sprinkle vt (with liquid) опры́скивать impf, опры́скать pf (with +instr); (with solid) посыпáть impf, посы́пать pf (with +instr). **sprinkler** n разбры́згиватель m.

sprint vi бежáть impf на корóткую дистáнцию; (rush) рвану́ться pf; n спринт. **sprinter** n спринтер.

sprout vi пускáть impf, пусти́ть pf ростки́; n росток; pl брюссéльская капýста.

spruce¹ adj наря́дный, элегáнтный; vt: ~ o.s. up приводи́ть impf, привести́ pf себя́ в поря́док.

spruce² n ель.

spur n шпóра; (fig) сти́мул; on the ~ of the moment под влия́нием мину́ты; vt: ~ on подхлёстывать impf, подхлестну́ть pf.

spurious adj поддéльный.

spurn vt отвергáть impf, отвéргнуть pf.

spurt n (jet) струя́; (effort) рывóк; vi бить impf струёй; (make an effort) дéлать impf, с~ pf рывóк.

spy n шпиóн; vi шпиóнить impf (on за+instr). **spying** n шпионáж.

squabble n перебрáнка; vi вздóрить impf, по~ pf.

squad n комáнда, грýппа.

squadron n (mil) эскадрóн; (naut) эскáдра; (aeron) эскадри́лья.

squalid adj убóгий.

squall n шквал.

squalor n убóжество.

squander vt растрáчивать impf, растрáтить pf.

square n (shape) квадрáт; (in town) плóщадь; (on paper, material) клéтка; (instrument) наугóльник; adj квадрáтный; (meal) плóтный; ~ root квадрáтный кóрень m; vt (accounts) своди́ть impf, свести́ pf; (math) возводи́ть impf, возвести́ pf в квадрáт; vi (correspond) соотвéтствовать impf (with +dat).

squash n (crowd) толкýчка; (drink) сок; vt раздáвливать impf, раздави́ть pf; (suppress) подавля́ть impf, подави́ть pf; vi вти́скиваться impf, вти́снуться pf.

squat adj призéмистый; vi сидéть impf на корточках; ~ down сади́ться impf, сесть pf на кóрточки.

squatter n незакóнный жилéц.

squawk n клёкот; vi клекотáть impf.

squeak n писк; (of object) скрип; vi пищáть impf, пи́скнуть pf; (of object) скрипéть impf, скри́пнуть pf.

squeaky adj пискли́вый, скрипýчий.

squeal n визг; vi визжáть impf, ви́згнуть pf.

squeamish adj брезгли́вый.

squeeze n (crush) дáвка; (pressure) сжáтие; (hand) пожáтие; vt дави́ть impf; (hand) жать impf, сжать pf; ~ in впи́хивать(ся) impf, впихну́ть(ся) pf; ~ out выжимáть impf, вы́жать pf; ~ through проти́скивать(ся) impf, проти́снуть(ся) pf.

squelch vi хлю́пать impf, хлю́пнуть pf.

squid n кальмáр.

squint n косоглáзие; vi коси́ть impf; (screw up eyes) щýриться impf.

squire n сквайр, помéщик.

squirm vi (wriggle) извивáться impf, изви́ться pf.

squirrel *n* бе́лка.

squirt *n* струя́; *vi* бить *impf* струёй; *vt* пусти́ть *impf*, пусти́ть *pf* струю́ (*substance* +*gen*; **at** на+*acc*).

St. *abbr* (*of* **Street**) ул., у́лица; (*of* **Saint**) св., Свято́й, -а́я.

stab *n* уда́р (ножо́м *etc.*); (*pain*) внеза́пная о́страя боль; *vt* наноси́ть *impf*, нанести́ *pf* уда́р (ножо́м *etc.*) (*person* +*dat*).

stability *n* усто́йчивость, стаби́льность. **stabilize** *vt* стабилизи́ровать *impf* & *pf*.

stable *adj* усто́йчивый, стаби́льный; (*psych*) уравнове́шенный; *n* коню́шня.

staccato *n* стакка́то *neut indecl*; *adv* стакка́то; *adj* отры́вистый.

stack *n* ку́ча; *vt* скла́дывать *impf*, сложи́ть *pf* в ку́чу.

stadium *n* стадио́н.

staff *n* (*personnel*) штат, сотру́дники *m pl*; (*stick*) по́сох, жезл; *adj* шта́тный; (*mil*) штабно́й.

stag *n* саме́ц-оле́нь *m*.

stage *n* (*theat*) сце́на; (*period*) ста́дия; *vt* (*theat*) ста́вить *impf*, по~ *pf*; (*organize*) организова́ть *impf* & *pf*; ~**-manager** режиссёр.

stagger *vi* шата́ться *impf*, шатну́ться *pf*; *vt* (*hours of work etc.*) распределя́ть *impf*, распредели́ть *pf*. **be staggered** *vi* поража́ться *impf*, порази́ться *pf*. **staggering** *adj* потряса́ющий.

stagnant *adj* (*water*) стоя́чий; (*fig*) засто́йный. **stagnate** *vi* застаива́ться *impf*, застоя́ться *pf*; (*fig*) косне́ть *impf*, за~ *pf*.

staid *adj* степе́нный.

stain *n* пятно́; (*dye*) кра́ска; *vt* па́чкать *impf*, за~, ис~ *pf*; (*dye*) окра́шивать *impf*, окра́сить *pf*; ~**ed glass** цветно́е стекло́. **stainless** *adj*: ~ **steel** нержаве́ющая сталь.

stair *n* ступе́нька. **staircase, stairs** *n pl* ле́стница.

stake *n* (*stick*) кол; (*bet*) ста́вка; (*comm*) до́ля; **be at** ~ быть поста́вленным на ка́рту; *vt* (*mark out*) огора́живать *impf*, огороди́ть *pf* ко́льями; (*support*) укрепля́ть *impf*, укрепи́ть *pf* колом; (*risk*) ста́вить *impf*, по~ *pf* на ка́рту.

stale *adj* несве́жий; (*musty, damp*)

за́тхлый; (*hackneyed*) изби́тый.

stalemate *n* пат; (*fig*) тупи́к.

stalk *n* сте́бель *m*; *vt* высле́живать *impf*; *vi* (& *t*) (*stride*) ше́ствовать *impf* (по+*dat*).

stall *n* сто́йло; (*booth*) ларёк; *pl* (*theat*) парте́р; *vi* (*of engine*) гло́хнуть *impf*, за~ *pf*; (*play for time*) отта́гивать *impf*, оття́нуть *pf* вре́мя; *vt* (*engine*) неча́янно заглуша́ть *impf*, заглуши́ть *pf*.

stallion *n* жеребе́ц.

stalwart *adj* сто́йкий; *n* сто́йкий приве́рженец.

stamina *n* выно́сливость.

stammer *vi* заика́ться *impf*; *n* заика́ние.

stamp *n* печа́ть; (*postage*) (почто́вая) ма́рка; *vt* штемпелева́ть *impf*; *vi* то́пать *impf*, то́пнуть *pf* (нога́ми); ~ **out** поборо́ть *pf*.

stampede *n* пани́ческое бе́гство; *vi* обраща́ться *impf* в пани́ческое бе́гство.

stance *n* пози́ция.

stand *n* (*hat, coat*) ве́шалка; (*music*) пюпи́тр; (*umbrella, support*) подста́вка; (*booth*) ларёк; (*taxi*) стоя́нка; (*at stadium*) трибу́на; (*position*) пози́ция; (*resistance*) сопротивле́ние; *vi* стоя́ть *impf*; (~ **up**) встава́ть *impf*, встать *pf*; (*remain in force*) остава́ться *impf*, оста́ться в си́ле; *vt* (*put*) ста́вить *impf*, по~ *pf*; (*endure*) терпе́ть *impf*, по~ *pf*; ~ **back** отходи́ть *impf*, отойти́ *pf* (**from** от+*gen*); (*not go forward*) держа́ться *impf* позади́; ~ **by** (*vi*) (*not interfere*) не вме́шиваться *impf*, вме́шаться *pf*; (*be ready*) быть на гото́ве; (*vt*) (*support*) подде́рживать *impf*, поддержа́ть *pf*; (*stick to*) приде́рживаться *impf* +*gen*; ~ **down** (*resign*) уходи́ть *impf*, уйти́ *pf* с по́ста (**as** +*gen*); ~ **for** (*signify*) озна́чить *impf*; (*tolerate*) **I shall not** ~ **for it** я не потерплю́; ~**-in** замести́тель *m*; ~ **in** (*for*) замеща́ть *impf*, замести́ть *pf*; ~ **out** выделя́ться *impf*, вы́делиться *pf*; ~ **up** встава́ть *impf*, встать *pf*; ~ **up for** (*defend*) отста́ивать *impf*, отстоя́ть *pf*; ~ **up to** (*endure*) выде́рживать *impf*, вы́держать *pf*; (*not give in to*) противостоя́ть *impf* +*dat*.

standard n (norm) стандáрт, норм; (flag) знáмя neut; ~ of living жúзненный ýровень m; adj нормáльный, стандáртный. **standardization** n нормализáция, стандартизáция. **standardize** vt стандартизúровать impf & pf; нормализовáть impf & pf.

standing n положéние; adj (upright) стоячий; (permanent) постоянный.

standpoint n тóчка зрéния.

standstill n остановка, застóй, пáуза; be at a ~ стоять impf на мёртвой тóчке; bring (come) to a ~ остановáливать(ся) impf, остановúть(ся) pf.

stanza n строфá.

staple[1] n (metal bar) скобá; (for paper) скрéпка; vt скреплять impf, скрепúть pf.

staple[2] n (product) глáвный продýкт; adj основнóй.

star n звездá. (asterisk) звёздочка; vi игрáть impf, сыгрáть pf глáвную роль. **starfish** n морскáя звездá.

starboard n прáвый борт.

starch n крахмáл; vt крахмáлить impf, на~ pf. **starchy** adj крахмáлистый; (prim) чóпорный.

stare n прúстальный взгляд; vi прúстально смотрéть impf (at на+acc).

stark adj (bare) гóлый; (desolate) пустынный; (sharp) рéзкий; adv совершéнно.

starling n скворéц.

starry adj звёздный.

start n начáло; (sport) старт; vi начинáться impf, начáться pf; (engine) заводúться impf, завестúсь pf; (set out) отправляться impf, отпрáвиться pf; (shudder) вздрáгивать impf, вздрóгнуть pf; (sport) стартовáть impf & pf; vt начинáть impf, начáть pf (gerund, inf, +inf; by, +gerund с тогó, что...); with +instr, с +gen); (car, engine) заводúть impf, завестú pf; (fire, rumour) пускáть impf, пустúть pf; (found) основáвать impf, основáть pf. **starter** n (tech) стáртёр; (cul) закýска. **starting-point** n отправнóй пункт.

startle vt испугáть pf.

starvation n гóлод. **starve** vi голодáть impf; (to death) умирáть impf, умерéть с гóлоду; vt морúть impf,

по~, у~ pf гóлодом. **starving** adj голодáющий; (hungry) óчень голóдный.

state n (condition) состояние; (polit) госудáрство, штат; adj (ceremonial) торжéственный; парáдный; (polit) госудáрственный; vt (announce) заявлять impf, заявúть impf; (expound) излагáть impf, изложúть pf. **stateless** adj не имéющий граждáнства. **stately** adj велúчественный. **statement** n заявлéние; (comm) отчёт. **statesman** n госудáрственный дéятель m.

static adj неподвúжный.

station n (rly) вокзáл, стáнция; (social) общéственное положéние; (meteorological, hydro-electric power, radio etc.) стáнция; (post) пост; vt размещáть impf, размéстить pf. **stationary** adj неподвúжный.

stationery n канцелярские принадлéжности f pl; (writing-paper) почтóвая бумáга; ~ shop канцелярский магазúн.

statistic n статистúческое дáнное. **statistical** adj статистúческий. **statistician** n статúстик. **statistics** n статúстика.

statue n стáтуя. **statuette** n статуэ́тка.

stature n рост; (merit) калúбр.

status n стáтус. **status quo** n стáтус-квó neut indecl.

statute n статýт. **statutory** adj устанóвленный закóном.

staunch adj вéрный.

stave vt: ~ off предотвращáть impf, предотвратúть pf.

stay n (time spent) пребывáние; vi (remain) оставáться impf, остáться pf (to dinner обéдать); (put up) останáвливаться impf, остановúться pf (at place) в+prep; at (friends' etc.) у+gen; (live) жить; ~ behind оставáться impf, остáться pf; ~ in оставáться impf, остáться pf дóма; ~ up не ложúться спать; (trousers) держáться impf. **staying-power** n выносливость.

stead n: stand s.o. in good ~ окáзываться impf, оказáться pf полéзным комý-л.

steadfast adj стóйкий, непоколебúмый.

steady adj (firm) усто́йчивый; (continuous) непреры́вный; (wind, temperature) ро́вный; (speed) постоя́нный; (unshakeable) непоколеби́мый; vt (boat etc.) приводи́ть impf, привести́ pf в равнове́сие.

steak n бифште́кс.

steal vt & abs ворова́ть impf, с~ pf; красть impf, y~ pf; vi (creep) кра́сться impf; подкра́дываться impf, подкра́сться pf. **stealth** n: by ~ укра́дкой. **stealthy** adj ворова́тый, та́йный, скры́тый.

steam n пар; at full ~ на всех пара́х; let off ~ (fig) дава́ть impf, дать pf вы́ход свои́м чу́вствам; vt па́рить impf; vi па́риться impf, по~ pf; (vessel) ходи́ть indet, идти́ det на пара́х; ~ up (mist over) запотева́ть impf, запоте́ть pf; поте́ть impf, за~, от~ pf; ~ engine парова́я маши́на. **steamer**, **steamship** n парохо́д. **steamy** adj напо́лненный па́ром; (passionate) горя́чий.

steed n конь m.

steel n сталь f; adj стально́й; vt: ~ o.s. ожесточа́ться impf, ожесточи́ться pf; ~ works сталелите́йный заво́д. **steely** adj стально́й.

steep[1] adj круто́й; (excessive) чрезме́рный.

steep[2] vt (immerse) погружа́ть impf, погрузи́ть pf (in в+acc); (saturate) пропи́тывать impf, пропита́ть pf (in +instr).

steeple n шпиль m. **steeplechase** n ска́чки f pl с препя́тствиями.

steer vt управля́ть impf, пра́вить impf +instr; v abs рули́ть impf; ~ clear of избега́ть impf, избежа́ть pf +gen. **steering-wheel** n руль m.

stem[1] n сте́бель m; (of wine-glass) но́жка; (ling) осно́ва; vi: ~ from происходи́ть impf, произойти́ pf от+gen.

stem[2] vt (stop) остана́вливать impf, останови́ть pf.

stench n злово́ние.

stencil n трафаре́т; (tech) шабло́н; vt наноси́ть impf, нанести́ pf по трафаре́ту. **stencilled** adj трафаре́тный.

step n (pace, action) шаг; (dance) па neut indecl; (of stairs, ladder) ступе́нь; ~ by ~ шаг за ша́гом; in ~ в но́гу; out of ~ не в но́гу; take ~s

принима́ть impf, приня́ть pf ме́ры vi шага́ть impf, шагну́ть pf; ступа́ть impf, ступи́ть pf; ~ back отступа́ть impf, отступи́ть pf; ~ down (resign) уходи́ть impf, уйти́ pf в отста́вку; ~ forward выступа́ть impf, вы́ступить pf; ~ in (intervene) вме́шиваться impf, вмеша́ться pf; ~ on наступа́ть impf, наступи́ть pf на +acc (s.o.'s foot кому́-л. на́ ногу); ~ over перешага́ть impf, перешагну́ть pf +acc, че́рез+acc; ~ up (increase) повыша́ть impf, повы́сить pf. **step-ladder** n стремя́нка. **stepping-stone** n ка́мень m для перехо́да; (fig) сре́дство. **steps** n pl ле́стница.

stepbrother n сво́дный брат. **stepdaughter** n па́дчерица. **stepfather** n о́тчим. **stepmother** n ма́чеха. **stepsister** n сво́дная сестра́. **stepson** n па́сынок.

steppe n степь f.

stereo n (system) стереофони́ческая систе́ма; (stereophony) стереофо́ния; adj (recorded in ~) сте́рео indecl. **stereophonic** adj стереофони́ческий. **stereotype** n стереоти́п. **stereotyped** adj стереоти́пный.

sterile adj стери́льный. **sterility** n стери́льность. **sterilization** n стерилиза́ция. **sterilize** vt стерилизова́ть impf & pf.

sterling n сте́рлинг; pound ~ фунт сте́рлингов; adj сте́рлинговый.

stern[1] n корма́.

stern[2] adj суро́вый, стро́гий.

stethoscope n стетоско́п.

stew n (cul) мя́со тушёное вме́сте с овоща́ми; vt & i (cul) туши́ть(ся) impf, с~ pf; (fig) томи́ть(ся) impf.

steward n бортпроводни́к. **stewardess** n стюарде́сса.

stick[1] n па́лка; (of chalk etc.) па́лочка; (hockey) клю́шка.

stick[2] vt (spear) зака́лывать impf, заколо́ть pf; (make adhere) прикле́ивать impf, прикле́ить pf (to к+dat); (coll) (put) ста́вить impf, по~ pf; (lay) класть impf, положи́ть pf; (endure) терпе́ть impf, вы́~ pf; vi (adhere) ли́пнуть impf (to к+dat); прилипа́ть impf, прили́пнуть pf (to к+dat); ~ in (thrust in) втыка́ть *impf*, воткну́ть *pf*; (*into opening*) всо́вывать *impf*, всу́нуть *pf*; ~ on (*glue on*) накле́ивать *impf*, накле́ить *pf*; ~ out (*thrust out*) высо́вывать *impf*, вы́сунуть *pf* (*from* из+*gen*); (*project*) торча́ть *impf*; ~ to (*keep to*) приде́рживаться *impf*, придержа́ться *pf* +*gen*; (*remain at*) не отвлека́ться *impf* от+*gen*; ~ together держа́ться *impf* вме́сте; ~ up for защища́ть *impf*, защити́ть *pf*; be, get, stuck застрева́ть *impf*, застря́ть *pf*. sticker *n* накле́йка.

sticky *adj* ли́пкий.

stiff *adj* жёсткий, негну́щийся; (*prim*) чо́порный; (*difficult*) тру́дный; (*penalty*) суро́вый; be ~ (*ache*) боле́ть *impf*. **stiffen** *vt* де́лать *impf*, с~ *pf* жёстким; *vi* станови́ться *impf*, стать *pf* жёстким. **stiffness** *n* жёсткость; (*primness*) чо́порность.

stifle *vt* души́ть *impf*, за~ *pf*; (*suppress*) подавля́ть *impf*, подави́ть *pf*; (*sound*) заглуша́ть *impf*, заглуши́ть *pf*; *vi* задыха́ться *impf*, задохну́ться *pf*. **stifling** *adj* уду́шливый.

stigma *n* клеймо́.

stile *n* перела́з (*coll*).

stilettos *n pl* ту́фли *f pl* на шпи́льках.

still *adv* (всё) ещё; (*nevertheless*) тем не ме́нее; (*motionless*) неподви́жно; stand ~ не дви́гаться *impf*, дви́нуться *pf*; *n* (*quiet*) тишина́; *adj* ти́хий; (*immobile*) неподви́жный. **still-born** *adj* мертворождённый. **still life** *n* натюрмо́рт. **stillness** *n* тишина́.

stilted *adj* ходу́льный.

stimulant *n* возбужда́ющее сре́дство. **stimulate** *vt* возбужда́ть *impf*, возбуди́ть *pf*. **stimulating** *adj* возбуди́тельный. **stimulation** *n* возбужде́ние. **stimulus** *n* сти́мул.

sting *n* (*wound*) уку́с; (*stinger*; *fig*) жа́ло; *vt* жа́лить *impf*, у~ *pf*; *vi* (*burn*) жечь *impf*. **stinging** *adj* (*caustic*) язви́тельный.

stingy *adj* скупо́й.

stink *n* вонь; *vi* воня́ть *impf* (*of* +*instr*). **stinking** *adj* воню́чий.

stint *n* срок; *vi*: ~on скупи́ться *impf*, по~ *pf* на+*acc*.

stipend *n* (*salary*) жа́лование; (*grant*) стипе́ндия.

stipulate *vt* обусло́вливать *impf*, обусло́вить *pf*. **stipulation** *n* усло́вие.

stir *n* (*commotion*) шум; *vt* (*mix*) меша́ть *impf*, по~ *pf*; (*excite*) возбужда́ть *impf*, вз~ *pf*; *vi* (*move*) шевели́ться *impf*, шевельну́ться *pf*; ~ up возбужда́ть *impf*, возбуди́ть *pf*. **stirring** *adj* волну́ющий.

stirrup *n* стре́мя *neut*.

stitch *n* стежо́к; (*knitting*) пе́тля; (*med*) шов; (*pain*) ко́лики *f pl*; *vt* (*embroider*, make line of ~es) строчи́ть *impf*, про~ *pf*; (*join by sewing*, make, suture) сшива́ть *impf*, сшить *pf*; ~ up зашива́ть *impf*, заши́ть *pf*. **stitching** *n* (*stitches*) стро́чка.

stoat *n* горноста́й.

stock *n* (*store*) запа́с; (*of shop*) ассортиме́нт; (*live~*) скот; (*cul*) бульо́н; (*lineage*) семья́; (*fin*) а́кции *f pl*; in ~ в нали́чии; out of ~ распро́дан; take ~ of крити́чески оце́нивать *impf*, оцени́ть *pf*; *adj* станда́ртный; *vt* име́ть в нали́чии; ~ up запаса́ться *impf*, запасти́сь *pf* (*with* +*instr*). **stockbroker** *n* биржево́й ма́клер. **stock-exchange** *n* би́ржа. **stockpile** *n* запа́с; *vt* нака́пливать *impf*, накопи́ть *pf*. **stock-taking** *n* переучёт.

stocking *n* чуло́к.

stocky *adj* призе́мистый.

stodgy *adj* тяжёлый.

stoic(al) *adj* стои́ческий. **stoicism** *n* стоици́зм.

stoke *vt* топи́ть *impf*.

stolid *adj* флегмати́чный.

stomach *n* желу́док, (*also surface of body*) живо́т; *vt* терпе́ть *impf*, по~ *pf*. **stomach ache** *n* боль в животе́.

stone *n* ка́мень *m*; (*of fruit*) ко́сточка; *adj* ка́менный; *vt* побива́ть *impf*, поби́ть *pf* камня́ми; (*fruit*) вынима́ть *impf*, вы́нуть *pf* ко́сточки из+*gen*. **Stone Age** *n* ка́менный век. **stone-deaf** *adj* соверше́нно глухо́й. **stone-mason** *n* ка́менщик. **stonily** *adv* с ка́менным выраже́нием, хо́лодно. **stony** *adj* камени́стый; (*fig*) ка́менный.

stool *n* табуре́т, табуре́тка.

stoop *n* суту́лость; *vt* & *i* суту́лить(ся) *impf*, с~ *pf*; (*bend* (*down*)) наклоня́ть(ся) *impf*, наклони́ть(ся) *pf*; ~ **to** (*abase o.s.*) унижа́ться *impf*, уни́зиться *pf* до+*gen*; (*condescend*) снисходи́ть *impf*, снизойти́ *pf* до +*gen*. **stooped, stooping** *adj* суту́лый.

stop *n* остано́вка; **put a** ~ **to** положи́ть *pf* коне́ц +*dat*; *vt* остана́вливать *impf*, останови́ть *pf*; (*discontinue*) прекраща́ть *impf*, прекрати́ть *pf*; (*restrain*) уде́рживать *impf*, удержа́ть *pf* (**from** от+*gen*); *vi* остана́вливаться *impf*, останови́ться *pf*; (*discontinue*) прекраща́ться *impf*, прекрати́ться *pf*; (*cease*) переставать *impf*, переста́ть *pf* (+*inf*); ~ **up** зати́кать *impf*, заткну́ть *pf*. **stoppage** *n* остано́вка; (*strike*) забасто́вка. **stopper** *n* про́бка. **stop-press** *n* э́кстренное сообще́ние в газе́те. **stop-watch** *n* секундоме́р.

storage *n* хране́ние. **store** *n* запа́с; (*storehouse*) склад; (*shop*) магази́н; **set** ~ **by** цени́ть *impf*; **what is in** ~ **for me?** что ждёт меня́ впереди́?; *vt* запаса́ть *impf*, запасти́ *pf*; (*put into storage*) сдава́ть *impf*, сдать *pf* на хране́ние. **storehouse** *n* склад. **store-room** кладова́я *sb*.

storey *n* эта́ж.

stork *n* а́ист.

storm *n* бу́ря, (*thunder* ~) гроза́; *vt* (*mil*) штурмова́ть *impf*; *vi* бушева́ть *impf*. **stormy** *adj* бу́рный.

story *n* расска́з, по́весть; (*anecdote*) анекдо́т; (*plot*) фа́була; ~-**teller** расска́зчик.

stout *adj* (*strong*) кре́пкий; (*staunch*) сто́йкий; (*portly*) доро́дный.

stove *n* (*with fire inside*) печь; (*cooker*) плита́.

stow *vt* укла́дывать *impf*, уложи́ть *pf*. **stowaway** *n* безбиле́тный пассажи́р.

straddle *vt* (*sit astride*) сиде́ть *impf* верхо́м на+*prep*; (*stand astride*) стоя́ть *impf*, расста́вив но́ги над+*instr*.

straggle *vi* отстава́ть *impf*, отста́ть *pf*. **straggler** *n* отста́вший *sb*. **straggling** *adj* разбро́санный. **straggly** *adj* растрёпанный.

straight *adj* прямо́й; (*undiluted*) неразба́вленный; *predic* (*in order*) в поря́дке; *adv* пря́мо; ~ **away** сра́зу. **straighten** *vt* & *i* выпрямля́ть(ся) *impf*, вы́прямить(ся) *pf*; *vt* (*put in*

order) поправля́ть *impf*, попра́вить *pf*. **straightforward** *adj* прямо́й; (*simple*) просто́й.

strain[1] *n* (*tension*) натяже́ние; (*sprain*) растяже́ние; (*effort, exertion*) напряже́ние; (*tendency*) скло́нность; (*sound*) звук; *vt* (*stretch*) натя́гивать *impf*, натяну́ть *pf*; (*sprain*) растя́гивать *impf*, растяну́ть *pf*; (*exert*) напряга́ть *impf*, напря́чь *pf*; (*filter*) проце́живать *impf*, процеди́ть *pf*; *vi* (*also exert o.s.*) напряга́ться *impf*, напря́чься *pf*. **strained** *adj* натя́нутый. **strainer** *n* (*tea* ~) си́течко; (*sieve*) си́то.

strain[2] *n* (*breed*) поро́да.

strait(s) *n* (*geog*) проли́в. **strait-jacket** *n* смири́тельная руба́шка. **straits** *n pl* (*difficulties*) затрудни́тельное положе́ние.

strand[1] *n* (*hair, rope*) прядь; (*thread, also fig*) нить.

strand[2] *vt* сажа́ть *impf*, посади́ть *pf* на мель. **stranded** *adj* на мели́.

strange *adj* стра́нный; (*unfamiliar*) незнако́мый; (*alien*) чужо́й. **strangely** *adv* стра́нно. **strangeness** *n* стра́нность. **stranger** *n* незнако́мец.

strangle *vt* души́ть *impf*, за~ *pf*. **stranglehold** *n* мёртвая хва́тка. **strangulation** *n* удуше́ние.

strap *n* реме́нь *m*; *vt* (*tie up*) стя́гивать *impf*, стяну́ть *pf* ремнём. **strapping** *adj* ро́слый.

stratagem *n* хи́трость. **strategic** *adj* стратеги́ческий. **strategist** *n* страте́г. **strategy** *n* страте́гия.

stratum *n* слой.

straw *n* соло́ма; (*drinking*) соло́минка; **the last** ~ после́дняя ка́пля; *adj* соло́менный.

strawberry *n* клубни́ка (*no pl*; *usu collect*); (*wild* ~) земляни́ка (*no pl*; *usu collect*).

stray *vi* сбива́ться *impf*, сби́ться *pf*; (*digress*) отклоня́ться *impf*, отклони́ться *pf*; *adj* (*lost*) заблуди́вшийся; (*homeless*) бездо́мный; *n* (*from flock*) отби́вшееся от ста́да живо́тное *sb*; ~ **bullet** шальна́я пу́ля.

streak *n* полоса́ (*of luck* везе́ния); (*tendency*) жи́лка; (*rush*) проноси́ться *impf*, пронести́сь *pf*. **streaked** *adj* с поло́сами (**with**

+gen). streaky adj полоса́тый; (meat) с просло́йками жи́ра.

stream n (brook, tears) руче́й; (brook, flood, tears, people etc.) пото́к; (current) тече́ние; up/down ~ вверх/вниз по тече́нию; vi течь impf, струи́ться impf; (rush) проноси́ться impf, пронести́сь pf; (blow) развева́ться impf. streamer n вы́мпел. stream-lined adj обтека́емый; (fig) хорошо́ нала́женный.

street n у́лица; adj у́личный; ~ lamp у́личный фона́рь m.

strength n си́ла; (numbers) чи́сленность; on the ~ of в си́лу+gen. strengthen vt уси́ливать impf, уси́лить pf.

strenuous adj (work) тру́дный; (effort) напряжённый.

stress n напряже́ние; (mental) стресс; (emphasis) ударе́ние; vt (accent) ста́вить impf, по~ pf ударе́ние на+acc; (emphasize) подчёркивать impf подчеркну́ть pf. stressful adj стре́ссовый.

stretch n (expanse) отре́зок; at a ~ (in succession) подря́д; vt & i (widen, spread out) растя́гивать(ся) impf, растяну́ть(ся) pf; (in length, ~ out limbs) вытя́гивать(ся) impf, вы́тянуть(ся) pf; (tauten) натя́гивать(ся) impf, натяну́ть(ся) pf; (extend, e.g. rope, ~ forth limbs) протя́гивать(ся) impf, протяну́ть(ся) pf; vi (material, land) тяну́ться impf; ~ one's legs (coll) размина́ть impf, размя́ть pf но́ги. stretcher n носи́лки (-лок) pl.

strew n t разбра́сывать impf, разброса́ть pf; ~ with посыпа́ть impf, посы́пать pf +instr.

stricken adj поражённый.

strict adj стро́гий. stricture(s) n (стро́гая) кри́тика.

stride n (большо́й) шаг; pl (fig) успе́хи m pl; to take sth in one's ~ преодолева́ть impf, преодоле́ть pf что-л. без уси́лий; vi шага́ть impf.

strident adj ре́зкий.

strife n раздо́р.

strike n (refusal to work) забасто́вка; (mil) уда́р; vi (be on ~) бастова́ть impf; (go on ~) забастова́ть pf; (attack) ударя́ть impf, уда́рить pf; (the hour) бить impf, про~ pf; vt (hit)

ударя́ть impf, уда́рить pf; (impress) поража́ть impf, порази́ть pf; (discover) открыва́ть impf, откры́ть pf; (match) зажига́ть impf, заже́чь pf; (the hour) бить impf, про~ pf; (occur to) приходи́ть impf, прийти́ pf в го́лову+dat; ~ off вычёркивать impf, вы́черкнуть pf; ~ up начина́ть impf, нача́ть pf. striker n забасто́вщик. striking adj порази́тельный.

string n бечёвка; (mus) струна́; (series) ряд; pl (mus) стру́нные инструме́нты m pl; ~ bag, ~ vest се́тка; vt (thread) низа́ть impf, на~ pf; ~ along (coll) води́ть impf за нос; ~ out (prolong) растя́гивать impf, растяну́ть pf; strung up (tense) напряжённый. stringed adj стру́нный. stringy adj (fibrous) волокни́стый; (meat) жи́листый.

stringent adj стро́гий.

strip[1] n полоса́, поло́ска.

strip[2] vt (undress) раздева́ть impf, разде́ть pf; (deprive) лиша́ть impf, лиши́ть pf (of +gen); ~ off (tear off) сдира́ть impf, содра́ть pf; vi раздева́ться impf, разде́ться pf. striptease n стрипти́з.

stripe n полоса́. striped adj полоса́тый.

strive vi (endeavour) стреми́ться impf (for к+dat); (struggle) боро́ться impf (for за+acc; against про́тив +gen).

stroke n (blow, med) уда́р; (of oar) взмах; (swimming) стиль m; (of pen etc.) штрих; (piston) ход; vt гла́дить impf, по~ pf.

stroll n прогу́лка; vi прогу́ливаться impf, прогуля́ться pf.

strong adj си́льный; (stout; of drinks) кре́пкий; (healthy) здоро́вый; (opinion etc.) твёрдый. stronghold n кре́пость. strong-minded, strong-willed adj реши́тельный.

structural adj структу́рный. structure n структу́ра; (building) сооруже́ние; vt организова́ть impf & pf.

struggle n борьба́; vi боро́ться (for за+acc; against про́тив+gen); (writhe, ~ with (fig) би́ться (with над+instr).

strum vi бренча́ть impf (on на +prep).

strut[1] n (vertical) сто́йка; (horizontal) распо́рка.

strut[2] vi ходи́ть indet, идти́ det го́голем.

stub n огры́зок; (cigarette) оку́рок; (counterfoil) корешо́к; vt: ~ one's toe ударя́ться impf, уда́риться pf ного́й (on на+acc); ~ out гаси́ть impf, по~ pf.

stubble n жнивьё; (hair) щети́на.

stubborn adj упря́мый. **stubbornness** n упря́мство.

stucco n штукату́рка.

stud[1] n (collar, cuff) за́понка; (nail) гвоздь m с большо́й шля́пкой; vt (bestrew) усе́ивать impf, усе́ять pf (with +instr).

stud[2] n (horses) ко́нный заво́д.

student n студе́нт, ~ка.

studied adj напускно́й.

studio n сту́дия.

studious adj любя́щий нау́ку; (diligent) стара́тельный.

study n изуче́ние; pl заня́тия neut pl; (investigation) иссле́дование; (art, mus) этю́д; (room) кабине́т; vt изуча́ть impf, изучи́ть pf; учи́ться impf, об~ pf +dat; (scrutinize) рассма́тривать impf, рассмотре́ть pf; vi (take lessons) учи́ться impf, об~ pf; (do one's studies) занима́ться impf.

stuff n (material) материа́л; (things) ве́щи f pl; vt набива́ть impf, наби́ть pf; (cul) начиня́ть impf, начини́ть pf; (cram into) запи́хивать impf, запиха́ть pf (into в+acc); (shove into) сова́ть impf, су́нуть pf (into в+acc); vi (overeat) объеда́ться impf, объе́сться pf. **stuffiness** n духота́. **stuffing** n наби́вка; (cul) начи́нка. **stuffy** adj ду́шный.

stumble vi (also fig) спотыка́ться impf, споткну́ться pf (over о+acc); ~ upon натыка́ться impf, наткну́ться ся pf на+acc. **stumbling-block** n ка́мень m преткнове́ния.

stump n (tree) пень m; (pencil) огры́зок; (limb) культя́; vt (perplex) ста́вить impf, по~ pf в тупи́к.

stun vt (also fig) оглуша́ть impf, оглуши́ть pf. **stunning** adj потряса́ющий.

stunt[1] n трюк.

stunt[2] vt заде́рживать impf, заде́ржать pf рост+gen. **stunted** adj низ-

коросло́й.

stupefy vt оглуша́ть impf, оглуши́ть pf. **stupendous** adj колосса́льный.

stupid adj глу́пый. **stupidity** n глу́пость. **stupor** n оцепене́ние.

sturdy adj кре́пкий.

stutter n заика́ние; vi заика́ться impf.

sty[1] n (pig~) свина́рник.

sty[2] n (on eye) ячме́нь m.

style n стиль m; (taste) вкус; (fashion) мо́да; (sort) род; (of hair) причёска. **stylish** adj мо́дный. **stylist** n (of hair) парикма́хер. **stylistic** adj стилисти́ческий. **stylize** vt стилизова́ть impf & pf.

stylus n игла́ звукоснима́теля.

suave adj обходи́тельный.

subconscious adj подсозна́тельный; n подсозна́ние. **subcontract** vt дава́ть impf, дать pf подря́дчику. **subcontractor** n подря́дчик. **subdivide** vt подразделя́ть impf, подраздели́ть pf. **subdivision** n подразделе́ние. **subdue** vt покоря́ть impf, покори́ть pf. **subdued** adj (suppressed, dispirited) пода́вленный; (soft) мя́гкий; (indistinct) приглушённый. **sub-editor** n помо́щник реда́ктора.

subject n (theme) те́ма; (discipline, theme) предме́т; (question) вопро́с; (thing on to which action is directed) объе́кт; (gram) подлежа́щее sb; (national) по́дданный sb; adj: ~ to (susceptible to) подве́рженный+dat; (on condition that) при усло́вии, что...; е́сли; be ~ to (change etc.) подлежа́ть impf +dat; vt: ~ to подверга́ть impf, подве́ргнуть pf +dat. **subjection** n подчине́ние. **subjective** adj субъекти́вный. **subjectivity** n субъекти́вность. **subject-matter** n (of book, lecture) содержа́ние, те́ма; (of discussion) предме́т.

subjugate vt покоря́ть impf, покори́ть pf. **subjugation** n покоре́ние. **subjunctive (mood)** n сослага́тельное наклоне́ние.

sublet vt передава́ть impf, переда́ть pf в суборе́нду.

sublimate vt сублими́ровать impf & pf. **sublimation** n сублима́ция. **sublime** adj возвы́шенный.

subliminal adj подсозна́тельный.

sub-machine-gun *n* автома́т. **submarine** *n* подво́дная ло́дка. **submerge** *vt* погружа́ть *impf*, погрузи́ть *pf*. **submission** *n* подчине́ние; (*for inspection*) представле́ние. **submissive** *adj* поко́рный. **submit** *vi* подчиня́ться *impf*, подчини́ться *pf* (to +*dat*); *vt* представля́ть *impf*, предста́вить *pf*. **subordinate** *n* подчинённый *sb*; *adj* подчинённый; (*secondary*) второстепе́нный; (*gram*) прида́точный; *vt* подчиня́ть *impf*, подчини́ть *pf*. **subscribe** *vi* подпи́сываться *impf*, подписа́ться *pf* (to на+*acc*); ~ **to** (*opinion*) присоединя́ться *impf*, присоедини́ться *pf* к+*dat*. **subscriber** *n* подпи́счик; абоне́нт. **subscription** *n* подпи́ска, абонеме́нт; (*fee*) взнос. **subsection** *n* подразде́л. **subsequent** *adj* после́дующий. **subsequently** *adv* впосле́дствии. **subservient** *adj* рабо́лепный. **subside** *vi* убыва́ть *impf*, убы́ть *pf*; (*soil*) оседа́ть *impf*, осе́сть *pf*. **subsidence** *n* (*soil*) оседа́ние. **subsidiary** *adj* вспомога́тельный; (*secondary*) второстепе́нный; *n* филиа́л. **subsidize** *vt* субсиди́ровать *impf* & *pf*. **subsidy** *n* субси́дия. **subsist** *vi* (*live*) жить *impf* (on +*instr*). **substance** *n* вещество́; (*essence*) су́щность, суть; (*content*) содержа́ние. **substantial** *adj* (*durable*) про́чный; (*considerable*) значи́тельный; (*food*) пло́тный. **substantially** *adv* (*basically*) в основно́м; (*considerably*) значи́тельно. **substantiate** *vt* обосно́вывать *impf*, обоснова́ть *pf*. **substitute** *n* (*person*) замести́тель *m*; (*thing*) заме́на; *vt* заменя́ть *impf*, замени́ть *pf* +*instr* (for +*acc*); I ~ **water for milk** заменя́ю молоко́ водо́й. **substitution** *n* заме́на. **subsume** *vt* относи́ть *impf*, отнести́ *pf* к како́й-л. катего́рии. **subterfuge** *n* уве́ртка. **subterranean** *adj* подзе́мный. **subtitle** *n* подзаголо́вок; (*cin*) субти́тр. **subtle** *adj* то́нкий. **subtlety** *n* то́нкость.

subtract *vt* вычита́ть *impf*, вы́честь *pf*. **subtraction** *n* вычита́ние. **suburb** *n* при́город. **suburban** *adj* при́городный. **subversion** *n* подрывна́я де́ятельность. **subversive** *adj* подрывно́й. **subway** *n* подзе́мный перехо́д.

succeed *vi* удава́ться *impf*, уда́ться *pf*; **the plan will ~** план уда́стся; **he ~ed in buying the book** ему́ удало́сь купи́ть кни́гу; (*be successful*) преуспева́ть *impf*, преуспе́ть *pf* (in в+*prep*); (*follow*) сменя́ть *impf*, смени́ть *pf*; (*be heir*) насле́довать *impf* & *pf* (to +*dat*). **succeeding** *adj* после́дующий. **success** *n* успе́х. **successful** *adj* успе́шный. **succession** *n* (*series*) ряд; (*to throne*) престолонасле́дие; **right of ~** пра́во насле́дования; **in ~** подря́д, оди́н за други́м. **successive** *adj* (*consecutive*) после́довательный. **successor** *n* прее́мник.

succinct *adj* сжа́тый.

succulent *adj* со́чный.

succumb *vi* (*to pressure*) уступа́ть *impf*, уступи́ть *pf* (to +*dat*); (*to temptation*) поддава́ться *impf*, подда́ться *pf* (to +*dat*).

such *adj* тако́й; ~ **people** таки́е лю́ди; ~ **as** (*for example*) так наприме́р; (*of a kind as*) тако́й как; ~ **beauty as yours** така́я красота́ как ва́ша; (*that which*) тот, кото́рый; I **shall read ~ books as I like** я бу́ду чита́ть те кни́ги, кото́рые мне нра́вятся; ~ **as to**, тако́й, что́бы; **his illness was not ~ as to cause anxiety** его́ боле́знь была́ не тако́й (серьёзной), что́бы вы́звать беспоко́йство; ~ **and** ~ тако́й-то; *pron* тако́в; ~ **was his character** тако́в был его́ хара́ктер; **as ~** сам по себе́; ~ **is not the case** э́то не так. **suchlike** *pron* (*inanimate*) тому́ подо́бное; (*people*) таки́е лю́ди *pl*.

suck *vt* соса́ть *impf*; ~ **in** вса́сывать *impf*, всоса́ть *pf*; (*engulf*) заса́сывать *impf*, засоса́ть *pf*; ~ **out** выса́сывать *impf*, вы́сосать *pf*; ~ **up to** (*coll*) подли́зываться *impf*, подлиза́ться *pf* к+*dat*. **sucker** *n* (*biol*, *rubber device*) присо́ска; (*bot*) корнево́й побе́г. **suckle** *vt* корми́ть *impf*, на~ *pf* гру́дью. **suction** *n* вса́сывание.

sudden *adj* внеза́пный. **suddenly** *adv* вдруг. **suddenness** *n* внеза́пность.

sue *vt* & *i* подава́ть *impf*, пода́ть *pf*

в суд (на+*acc*); ~ **s.o. for damages** предъявля́ть *impf*, предъяви́ть *pf* (к) кому́-л. иск о возмеще́нии уще́рба.

suede *n* за́мша; *adj* за́мшевый.

suet *n* нутряно́е са́ло.

suffer *vt* страда́ть *impf*, по~ *+instr*, от+*gen*; (*loss, defeat*) терпе́ть *impf*, по~ *pf*; (*tolerate*) терпе́ть *impf*; *vi* страда́ть *impf*, по~ *pf* (from *+instr*, от+*gen*). **sufferance** *n*: he is here on ~ его́ здесь те́рпят. **suffering** *n* страда́ние.

suffice *vi* & *t* быть доста́точным (для+*gen*); хвата́ть *impf*, хвати́ть *pf impers+gen* (+*dat*). **sufficient** *adj* доста́точный.

suffix *n* су́ффикс.

suffocate *vt* удуша́ть *impf*, удуши́ть *pf*; *vi* задыха́ться *impf*, задохну́ться *pf*. **suffocating** *adj* уду́шливый. **suffocation** *n* удуше́ние.

suffrage *n* избира́тельное пра́во.

suffuse *vt* залива́ть *impf*, зали́ть *pf* (with +*instr*).

sugar *n* са́хар; *adj* са́харный; *vt* подсла́щивать *impf*, подсласти́ть *pf*; ~ **basin** са́харница; ~ **beet** са́харная свёкла; ~ **cane** са́харный тро́стник. **sugary** *adj* са́харный, (*fig*) слаща́вый.

suggest *vt* предлага́ть *impf*, предложи́ть *pf*; (*evoke*) напомина́ть *impf*, напо́мнить *pf*; (*imply*) намека́ть *impf*, намекну́ть *pf* на+*acc*; (*indicate*) говори́ть *impf* о+*prep*. **suggestion** *n* предложе́ние; (*psych*) внуше́ние. **suggestive** *adj* вызыва́ющий мы́сли (of о+*prep*); (*indecent*) соблазни́тельный.

suicidal *adj* самоуби́йственный; (*fig*) губи́тельный. **suicide** *n* самоуби́йство; **commit** ~ соверша́ть *impf*, соверши́ть *pf* самоуби́йство.

suit *n* (*clothing*) костю́м; (*law*) иск; (*cards*) масть; **follow** ~ (*fig*) сле́довать *impf*, по~ *pf* приме́ру; *vt* (*be convenient for*) устра́ивать *impf*, устро́ить *pf*; (*adapt*) приспоса́бливать *impf*, приспосо́бить *pf*; (*be ~able for, match*) подходи́ть *impf*, подойти́ *pf* (+*dat*); (*look attractive on*) идти́ *impf* +*dat*. **suitability** *n* приго́дность. **suitable** *adj* (*fitting*) подходя́щий; (*convenient*) удо́бный.

suitably *adv* соотве́тственно. **suitcase** *n* чемода́н.

suite *n* (*retinue*) сви́та; (*furniture*) гарниту́р; (*rooms*) апартаме́нты *m pl*; (*mus*) сюи́та.

suitor *n* покло́нник.

sulk *vi* ду́ться *impf*. **sulky** *adj* наду́тый.

sullen *adj* угрю́мый.

sully *vt* пятна́ть *impf*, за~ *pf*.

sulphur *n* се́ра. **sulphuric** *adj*: ~ **acid** се́рная кислота́.

sultana *n* (*raisin*) изю́минка; *pl* кишми́ш (*collect*).

sultry *adj* зно́йный.

sum *n* су́мма; *v*: (*arithmetical problem*) арифмети́ческая зада́ча; *pl* арифме́тика; *v*: ~ **up** *vi* & *t* (*summarize*) подводи́ть *impf*, подвести́ *pf* ито́ги (+*gen*); *vt* (*appraise*) оце́нивать *impf*, оцени́ть *pf*.

summarize *vt* сумми́ровать *impf* & *pf*. **summary** *n* резюме́ *neut indecl*, сво́дка; *adj* сумма́рный; (*dismissal*) бесцеремо́нный.

summer *n* ле́то; *attrib* ле́тний. **summer-house** *n* бесе́дка.

summit *n* верши́на; ~ **meeting** встре́ча на верха́х.

summon *vt* вызыва́ть *impf*, вы́звать *pf*; ~ **up one's courage** собира́ться *impf*, собра́ться *pf* с ду́хом. **summons** *n* вы́зов; (*law*) пове́стка в суд; *vt* вызыва́ть *impf*, вы́звать *pf* в суд.

sumptuous *adj* роско́шный.

sun *n* со́лнце; **in the** ~ на со́лнце. **sunbathe** *vi* загора́ть *impf*. **sunbeam** *n* со́лнечный луч. **sunburn** *n* зага́р; (*inflammation*) со́лнечный ожо́г. **sunburnt** *adj* загоре́лый; **become** ~ загора́ть *impf*, загоре́ть *pf*.

Sunday *n* воскресе́нье.

sundry *adj* ра́зный; **all and** ~ все и вся.

sunflower *n* подсо́лнечник. **sunglasses** *n pl* очки́ (-ко́в) *pl* от со́лнца.

sunken *adj* (*cheeks, eyes*) впа́лый; (*submerged*) погружённый; (*ship*) затопле́нный; (*below certain level*) ни́же (како́-л. у́ровня).

sunlight *n* со́лнечный свет. **sunny** *adj* со́лнечный. **sunrise** *n* восхо́д со́лнца. **sunset** *n* зака́т. **sunshade**

n (*parasol*) зо́нтик; (*awning*) наве́с. sunshine *n* со́лнечный свет. sunstroke *n* со́лнечный уда́р. suntan *n* зага́р. sun-tanned *adj* загоре́лый.

super *adj* замеча́тельный. superb *adj* превосхо́дный. supercilious *adj* высокоме́рный. superficial *adj* пове́рхностный. superficiality *n* пове́рхностность. superfluous *adj* ли́шний. superhuman *adj* сверхчелове́ческий. superintendent *n* заве́дующий *sb* (*of* +*instr*); (*police*) ста́рший полице́йский офице́р. superior *n* ста́рший *sb*; *adj* (*better*) превосхо́дный; (*in rank*) ста́рший; (*haughty*) высокоме́рный. superiority *n* превосхо́дство. superlative *adj* превосхо́дный; *n* (*gram*) превосхо́дная сте́пень. superman *n* сверхчелове́к. supermarket *n* универса́м. supernatural *adj* сверхъесте́ственный. superpower *n* сверхдержа́ва. supersede *vt* заменя́ть *impf*, замени́ть *pf*. supersonic *adj* сверхзвуково́й. superstition *n* суеве́рие. superstitious *adj* суеве́рный. superstructure *n* надстро́йка. supervise *vt* наблюда́ть *impf* за+*instr*. supervision *n* надзо́р. supervisor *n* нача́льник; (*of studies*) руководи́тель *m*.

supper *n* у́жин; have ~ у́жинать *impf*, по~ *pf*.

supple *adj* ги́бкий. suppleness *n* ги́бкость.

supplement *n* (*to book*) дополне́ние; (*to periodical*) приложе́ние; *vt* дополня́ть *impf*, допо́лнить *pf*. supplementary *adj* дополни́тельный.

supplier *n* поставщи́к. supply *n* (*stock*) запа́с; (*econ*) предложе́ние; *pl* (*mil*) припа́сы (-ов) *pl*, *vt* снабжа́ть *impf*, снабди́ть *pf* (*with* +*instr*).

support *n* подде́ржка; *vt* подде́рживать *impf*, поддержа́ть *pf*; (*family*) содержа́ть *impf*. supporter *n* сторо́нник; (*sport*) боле́льщик. supportive *adj* уча́стливый.

suppose *vt* (*think*) полага́ть *impf*; (*presuppose*) предполага́ть *impf*, предположи́ть *pf*; (*assume*) допуска́ть *impf*, допусти́ть *pf*. supposed *adj* (*assumed*) предполага́емый. supposition *n* предположе́ние.

suppress *vt* подавля́ть *impf*, пода-

ви́ть *pf*. suppression *n* подавле́ние.

supremacy *n* госпо́дство. supreme *adj* верхо́вный.

surcharge *n* наце́нка.

sure *adj* уве́ренный (*of* в+*prep*; *that* что); (*reliable*) ве́рный; ~ enough действи́тельно; he is ~ to come он обяза́тельно придёт; make ~ of (*convince o.s.*) убежда́ться *impf*, убеди́ться *pf* в+*prep*; make ~ that (*check up*) проверя́ть *impf*, прове́рить *pf* что. surely *adv* наверняка́.

surety *n* пору́ка; stand ~ for руча́ться *impf*, поручи́ться *pf* за+*acc*.

surf *n* прибо́й; *vi* занима́ться *impf*, заня́ться *pf* сёрфингом.

surface *n* пове́рхность; (*exterior*) вне́шность; on the ~ (*fig*) вне́шне; under the ~ (*fig*) по существу́; *adj* пове́рхностный; *vi* всплыва́ть *impf*, всплыть *pf*.

surfeit *n* (*surplus*) изли́шек.

surge *n* волна́; *vi* (*rise, heave*) взды-ма́ться *impf*; (*emotions*) нахлы́нуть *pf*; ~ forward ри́нуться *pf* вперёд.

surgeon *n* хиру́рг. surgery *n* (*treatment*) хирурги́я; (*place*) кабине́т; (~ *hours*) приёмные часы́ *m pl* (врача́). surgical *adj* хирурги́ческий.

surly *adj* (*morose*) угрю́мый; (*rude*) гру́бый.

surmise *vt* & *i* предполага́ть *impf*, предположи́ть *pf*.

surmount *vt* преодолева́ть *impf*, преодоле́ть *pf*.

surname *n* фами́лия.

surpass *vt* превосходи́ть *impf*, превзойти́ *pf*.

surplus *n* изли́шек; *adj* изли́шний.

surprise *n* (*astonishment*) удивле́ние; (*surprising thing*) сюрпри́з; *vt* удивля́ть *impf*, удиви́ть *pf*; (*come upon suddenly*) застава́ть *impf*, заста́ть *pf* враспло́х; be ~d (*at*) удивля́ться *impf*, удиви́ться *pf* (+*dat*). surprising *adj* удиви́тельный.

surreal *adj* сюрреалисти́ческий. surrealism *n* сюрреали́зм. surrealist *n* сюрреали́ст; *adj* сюрреалисти́ческий.

surrender *n* сда́ча; (*renunciation*) отка́з; *vt* сдава́ть *impf*, сдать *pf*; (*give up*) отка́зываться *impf*, отказа́ться *pf* от+*gen*; *vi* сдава́ться *impf*, сда́ть-ся *pf*; ~ o.s. to предава́ться *impf*, преда́ться *pf* +*dat.*

surreptitious *adj* та́йный.

surrogate *n* замени́тель *m.*

surround *vt* окружа́ть *impf,* окру-
жи́ть *pf* (with +*instr*). **surrounding**
adj окружа́ющий. **surroundings** *n*
(*environs*) окре́стности *f pl;* (*milieu*)
среда́.

surveillance *n* надзо́р.

survey *n* (*review*) обзо́р; (*inspection*)
инспе́кция; (*poll*) опро́с; *vt* (*review*)
обозрева́ть *impf,* обозре́ть *pf;* (*inspect*) инспекти́ровать *impf,* про~
pf; (*poll*) опра́шивать *impf,* опро-
си́ть *pf.* **surveyor** *n* инспе́ктор.

survival *n* (*surviving*) выжива́ние;
(*relic*) пережи́ток. **survive** *vt* пере-
жива́ть *impf,* пережи́ть *pf; vi* вы-
жива́ть *impf,* вы́жить *pf.* **survivor**
n уцеле́вший *sb;* (*fig*) боре́ц.

susceptible *adj* подве́рженный (to
влия́нию +*gen*); (*sensitive*) чувстви́-
тельный (to к+*dat*); (*impressionable*) впечатли́тельный.

suspect *n* подозрева́емый *sb; adj*
подозри́тельный; *vt* подозрева́ть
impf (of в+*prep*); (*assume*) полага́ть
impf (that что).

suspend *vt* (*hang up*) подве́шивать
impf, подве́сить *pf;* приостана́вли-
вать *impf,* приостанови́ть *pf;* (*debar temporarily*) вре́менно отстра-
ня́ть *impf,* отстрани́ть *pf;* ~ed sentence усло́вный пригово́р. **suspender** *n* (*stocking*) подвя́зка. **sus-
pense** *n* неизве́стность. **suspension**
n (*halt*) приостано́вка; (*of car*) рес-
со́ры *f pl;* ~ bridge вися́чий мост.

suspicion *n* подозре́ние; on ~ по
подозре́нию (of в+*loc*); (*trace*) отте́-
нок. **suspicious** *adj* подозри́тель-
ный.

sustain *vt* (*support*) подде́рживать
impf, поддержа́ть *pf;* (*suffer*) потер-
пе́ть *pf.* **sustained** *adj* (*uninter-
rupted*) непреры́вный. **sustenance**
n пи́ща.

swab *n* (*mop*) шва́бра; (*med*) там-
по́н; (*specimen*) мазо́к.

swagger *vi* расха́живать *impf* с ва́ж-
ным ви́дом.

swallow[1] *n* глото́к; *vt* прогла́тывать
impf, проглоти́ть *pf;* ~ up погло-
ща́ть *impf,* поглоти́ть *pf.*

swallow[2] *n* (*bird*) ла́сточка.

swamp *n* боло́та; *vt* залива́ть *impf,*
зали́ть *pf;* (*fig*) зава́ливать *impf,*
завали́ть *pf* (with +*instr*). **swampy**
adj боло́тистый.

swan *n* ле́бедь *m.*

swap *n* обме́н; *vt* (*for different thing*)
меня́ть *impf,* об~, по~ *pf* (for на
+*acc*); (*for similar thing*) обме́ни-
ваться *impf,* обменя́ться *pf* +*instr.*

swarm *n* рой; (*crowd*) толпа́; *vi*
рои́ться *impf;* толпи́ться *impf;*
(*teem*) кише́ть *impf* (with +*instr*).

swarthy *adj* сму́глый.

swastika *n* сва́стика.

swat *vt* прихло́пывать *impf,* при-
хло́пнуть *pf.*

swathe *n* (*expanse*) простра́нство; *vt*
(*wrap*) заку́тывать *impf,* заку́тать *pf.*

sway *n* (*influence*) влия́ние; (*power*)
власть *vt & i* кача́ть(ся) *impf,* кач-
ну́ть(ся) *pf; vt* (*influence*) име́ть
impf влия́ние на+*acc.*

swear *vi* (*vow*) кля́сться *impf,* по~
pf; (*curse*) руга́ться *impf,* ругну́ться
pf; ~-word руга́тельство.

sweat *n* пот; *vi* поте́ть *impf,* вс~ *pf.*
sweater *n* сви́тер. **sweaty** *adj* по́т-
ный.

swede *n* брю́ква.

Swede *n* швед, ~дка. **Sweden** *n*
Шве́ция. **Swedish** *adj* шве́дский.

sweep *n* (*span*) разма́х; (*chimney-~*)
трубочи́ст; *vt* подмета́ть *impf,*
подмести́ *pf; vi* (*go majestically*)
ходи́ть *indet,* идти́ *det,* пойти́ *pf* ве-
лича́во; (*move swiftly*) мча́ться
impf; ~ away смета́ть *impf,* смести́
pf. **sweeping** *adj* (*changes*) ради-
ка́льный; (*statement*) огу́льный.

sweet *n* (*sweetmeat*) конфе́та; (*dessert*) сла́дкое *sb; adj* сла́дкий; (*fragrant*) души́стый; (*dear*) ми́лый.
sweeten *vt* подсла́щивать *impf,*
подсласти́ть *pf.* **sweetheart** *n* воз-
лю́бленный, -нная *sb.* **sweetness** *n*
сла́дость.

swell *vi* (*up*) опуха́ть *impf,* опу́хнуть
pf; vt & i (*a sail*) надува́ть(ся) *impf,*
наду́ть(ся) *pf; vt* (*increase*) увели́-
чивать *impf,* увели́чить *pf; n* (*of
sea*) зыбь. **swelling** *n* о́пухоль.

swelter *vi* изнемога́ть *impf* от жары́.
sweltering *adj* зно́йный.

swerve *vi* ре́зко свёртывать, свора́-
чивать *impf,* сверну́ть *pf.*

swift adj бы́стрый.

swig n глото́к; vt хлеба́ть impf.

swill n пойло; vt (rinse) полоска́ть impf, вы́~ pf.

swim vi пла́вать indet, плыть det; vt (across) переплыва́ть impf, переплы́ть pf +acc, че́рез+acc. **swimmer** n плове́ц, пловчи́ха. **swimming** n пла́вание. **swimming-pool** n бассе́йн для пла́вания. **swim-suit** n купа́льный костю́м.

swindle vt обма́нывать impf, обману́ть pf; n обма́н. **swindler** n моше́нник.

swine n свинья́.

swing vi кача́ться impf, качну́ться pf; vt кача́ть impf, качну́ть pf +acc, instr; (arms) разма́хивать impf +instr, n кача́ние; (shift) крен; (seat) каче́ли (-лей) pl; in full ~ в по́лном разга́ре.

swingeing adj (huge) грома́дный; (forcible) си́льный.

swipe n си́льный уда́р; vt с си́лой ударя́ть impf, уда́рить pf.

swirl vi крути́ться impf; n (of snow) вихрь m.

swish vi (cut the air) рассека́ть impf, рассе́чь pf во́здух со сви́стом; (rustle) шелесте́ть impf; vt (tail) взма́хивать impf, взмахну́ть pf +instr, (brandish) разма́хивать impf +instr, n (of whip) свист; (rustle) ше́лест.

Swiss n швейца́рец, -ца́рка; adj швейца́рский.

switch n (electr) выключа́тель m; (change) измене́ние; vt & i (also ~ over) переключа́ть(ся) impf, переключи́ть(ся) pf; vt (swap) меня́ться impf, об~, по~ pf +instr; ~ off выключа́ть impf, вы́ключить pf; ~ on включа́ть impf, включи́ть pf. **switchboard** n коммута́тор.

Switzerland n Швейца́рия.

swivel vt & i враща́ть(ся) impf.

swollen adj взду́тый.

swoon n о́бморок; vi па́дать impf, упа́сть pf в о́бморок.

swoop vi: ~ down налета́ть impf, налете́ть pf (on на+acc); n налёт; at one fell ~ одни́м уда́ром.

sword n меч.

sycophantic adj льсти́вый.

syllable n слог.

syllabus n програ́мма.

symbol n си́мвол. **symbolic(al)** adj символи́ческий. **symbolism** n символи́зм. **symbolize** vt символизи́ровать impf.

symmetrical adj симметри́ческий. **symmetry** n симметри́я.

sympathetic adj сочу́вственный. **sympathize** vi сочу́вствовать impf (with +dat). **sympathizer** n сторо́нник. **sympathy** n сочу́вствие.

symphony n симфо́ния.

symposium n симпо́зиум.

symptom n симпто́м. **symptomatic** adj симтомати́чный.

synagogue n синаго́га.

synchronization n синхрониза́ция. **synchronize** vt синхронизи́ровать impf & pf.

syndicate n синдика́т.

syndrome n синдро́м.

synonym n сино́ним. **synonymous** adj синоними́ческий.

synopsis n конспе́кт.

syntax n си́нтаксис.

synthesis n си́нтез. **synthetic** adj синтети́ческий.

syphilis n си́филис.

Syria n Си́рия. **Syrian** n сири́ец, сири́йка; adj сири́йский.

syringe n шприц; vt спринцева́ть impf.

syrup n сиро́п; (treacle) па́тока.

system n систе́ма; (network) сеть; (organism) органи́зм. **systematic** adj системати́ческий. **systematize** vt систематизи́ровать impf & pf.

T

tab n (loop) пе́телька; (on uniform) петли́ца; (of boot) ушко́; keep ~s on следи́ть impf за+instr.

table n стол; (chart) табли́ца; ~cloth ска́терть; ~spoon столо́вая ло́жка; ~ tennis насто́льный те́ннис; vt (for discussion) предлага́ть impf, предложи́ть pf на обсужде́ние.

tableau n жива́я карти́на.

tablet n (pill) табле́тка; (of stone) плита́; (memorial ~) мемориа́льная доска́; (name plate) доще́чка.

tabloid n (newspaper) малоформа́тная газе́та; (derog) бульва́рная газе́та.

taboo n табу́ neut indecl; adj запрещённый.

tacit adj молчали́вый. **taciturn** adj неразгово́рчивый.

tack[1] n (nail) гвоздик; (stitch) намётка; (naut) галс; (fig) курс; vt (fasten) прикрепля́ть impf, прикрепи́ть pf гвоздиками; (stitch) смётывать impf, смета́ть pf на живу́ю ни́тку; (fig) добавля́ть impf, доба́вить pf ((on)to +dat); vi (naut; fig) лави́ровать impf.

tack[2] n (riding) сбру́я (collect).

tackle n (requisites) снасть (collect); (sport) блокиро́вка; vt (problem) бра́ться impf, взя́ться pf за+acc; (sport) блоки́ровать impf & pf.

tacky adj ли́пкий.

tact n такт(и́чность). **tactful** adj такти́чный.

tactical adj такти́ческий. **tactics** n pl та́ктика.

tactless adj беста́ктный.

tadpole n голова́стик.

Tadzhikistan n Таджикиста́н.

tag n (label) ярлы́к; (of lace) наконе́чник; vt (label) прикрепля́ть impf, прикрепи́ть pf ярлы́к на+acc; vi: ~ along (follow) тащи́ться impf сза́ди; may I ~ along? мо́жно с ва́ми?

tail n (of shirt) ни́жний коне́ц; (of coat) фа́лда; (of coin) обра́тная сторона́ моне́ты; **heads or ~s?** орёл и́ли ре́шка?; pl (coat) фрак; vt (shadow) высле́живать impf; ~ away, off постепе́нно уменьша́ться impf, (grow silent, abate) затиха́ть impf. **tailback** n хвост. **tailcoat** n фрак.

tailor n портно́й sb; ~made сши́тый на зака́з; (fig) сде́ланный индивидуа́льно.

taint vt по́ртить impf, ис~ pf.

Taiwan n Тайва́нь m.

take vt (various senses) брать impf, взять pf; (also seize, capture) захва́тывать impf, захвати́ть pf; (receive, accept; ~ breakfast; ~ medicine; ~ steps) принима́ть impf, приня́ть pf; (convey, escort) провожа́ть impf, проводи́ть pf; (public transport) е́здить indet, е́хать det, по~ pf +instr, на+prep; (photograph) снима́ть impf, снять pf; (occupy; ~

time) занима́ть impf, заня́ть pf; (impers) **how long does it ~?** ско́лько вре́мени ну́жно?; (size in clothing) носи́ть impf; (exam) сдава́ть impf; vi (be successful) име́ть impf успе́х (of injection) привива́ться impf, приви́ться pf; ~ **after** походи́ть impf на+acc; ~ **away** (remove) убира́ть impf, убра́ть pf; (subtract) вычита́ть impf, вы́честь pf; ~**away** магази́н, где продаю́т на вы́нос; ~ **back** (return) возвраща́ть impf, возврати́ть pf; (retrieve, retract) брать impf, взять pf наза́д; ~ **down** (in writing) запи́сывать impf, записа́ть pf; (remove) снима́ть impf, снять pf; ~ **s.o., sth for, to be** принима́ть impf, приня́ть pf за+acc; ~ **from** (remove), отня́ть pf у, от+gen; ~ **in** (carry in) вноси́ть impf, внести́ pf; (lodgers; work) брать impf, взять pf; (clothing) ушива́ть impf, уши́ть pf; (understand) понима́ть impf, поня́ть pf; (deceive) обма́нывать impf, обману́ть pf; ~ **off** (clothing) снима́ть impf, снять pf; (mimic) передра́знивать impf, передразни́ть pf; (aeroplane) взлета́ть impf, взлете́ть pf; ~**-off** (imitation) подража́ние; (aeron) взлёт; ~ **on** (undertake; hire) брать impf, взять pf на себя́; (acquire) приобрета́ть impf, приобрести́ pf; (at game) сража́ться impf, срази́ться pf c+instr (at в+acc); ~ **out** вынима́ть impf, вы́нуть pf; (dog) выводи́ть impf, вы́вести pf (for a walk на прогу́лку); (to theatre, restaurant etc.) приглаша́ть impf, пригласи́ть pf (to в+acc); **we take them out every night** мы приглаша́ли их куда́-нибудь ка́ждый ве́чер; ~ **it out on** срыва́ть impf, сорва́ть pf всё на+prep; ~ **over** принима́ть impf, приня́ть pf руково́дство +instr; ~ **to** (thing) пристрасти́ться pf к+dat; (person) привя́зываться impf, привяза́ться pf к +dat; (begin) станови́ться impf, стать pf +inf; ~ **up** (interest oneself in) занима́ться impf, заня́ться pf; (with an official etc.) обраща́ться impf, обрати́ться pf c+instr, к+dat; (challenge) принима́ть impf, приня́ть pf; (time, space) занима́ть impf,

заня́ть pf; ~ **up with** (person) свя́зываться impf, связа́ться pf c+instr; n (cin) дубль m.
taking adj привлека́тельный.
takings n pl сбор.
talcum powder n тальк.
tale n расска́з.
talent n тала́нт. **talented** adj тала́нтливый.

talk vi разгова́ривать impf (**to, with** c+instr); (gossip) спле́тничать impf, на~ pf; vt & i говори́ть impf, по~ pf; ~ **down to** говори́ть impf свысока́ c+instr; ~ **into** угова́ривать impf, уговори́ть pf +inf; ~ **out of** отгова́ривать impf, отговори́ть pf +inf, от+gen; ~ **over** (discuss) обсужда́ть impf, обсуди́ть pf; ~ **round** (persuade) переубежда́ть impf, переубеди́ть pf; n (conversation) разгово́р; (lecture) бесе́да; pl перегово́ры (-ров) pl. **talkative** adj разгово́рчивый; (derog) болтли́вый. **talker** n говоря́щий sb; (chatterer) болту́н (coll); (orator) ора́тор. **talking-to** n (coll) вы́говор.
tall adj высо́кий; (in measurements) ро́стом в+acc.
tally n (score) счёт; vi соотве́тствовать (**with** +dat).
talon n ко́готь m.
tambourine n бу́бен.
tame adj ручно́й; (insipid) пре́сный; vt прируча́ть impf, приручи́ть pf. **tamer** n укроти́тель m.
tamper vi: ~ **with** (meddle) тро́гать impf, тро́нуть pf; (forge) подде́лывать impf, подде́лать pf.
tampon n тампо́н.
tan n (sun~) зага́р; adj желтова́токори́чневый; vt (hide) дуби́ть impf, вы́~ pf; (beat) (coll) дуба́сить impf, от~ pf; vi загора́ть impf, загоре́ть pf; (of sun): **tanned** загоре́лый.
tang n (taste) ре́зкий при́вкус; (smell) о́стрый за́пах.
tangent n (math) каса́тельная sb; (trigonometry) та́нгенс; **go off at a** ~ отклоня́ться impf, отклони́ться pf от те́мы.
tangerine n мандари́н.
tangible adj осяза́емый.
tangle vt & i запу́тывать(ся) impf, запу́тать(ся) pf; n пу́таница.
tango n та́нго neut indecl.

tangy adj о́стрый; ре́зкий.
tank n бак; (mil) танк.
tankard n кру́жка.
tanker n (sea) та́нкер; (road) автоцисте́рна.
tantalize vt дразни́ть impf.
tantamount predic равноси́лен (-льна) (**to** +dat).
tantrum n при́ступ раздраже́ния.
tap[1] n кран; vt (resources) испо́льзовать impf & pf; (telephone conversation) подслу́шивать impf.
tap[2] n (knock) стук; vt стуча́ть impf, по~ pf в+acc, по+dat; ~**-dance** (vi) отбива́ть impf, отби́ть pf чечётку; (n) чечётка; ~**-dancer** чечёточник, -ица.
tape n (cotton strip) тесьма́; (adhesive, magnetic, measuring, etc.) ле́нта; ~**-measure** руле́тка; ~ **recorder** магнитофо́н; ~ **recording** за́пись; vt (seal) закле́ивать impf, закле́ить pf; (record) запи́сывать impf, записа́ть pf на ле́нту.
taper vt & i су́живать(ся) impf, су́зить(ся) pf.
tapestry n гобеле́н.
tar n дёготь m.
tardy adj (slow) медли́тельный; (late) запозда́лый.
target n мише́нь, цель.
tariff n тари́ф.
tarmac n (material) гудро́н; (road) гудрони́рованное шоссе́ neut indecl; (runway) бето́ни́рованная площа́дка; vt гудрони́ровать impf & pf.
tarnish vt де́лать impf, с~ pf ту́склым, с~ pf в+acc, по+dat; (fig) пятна́ть impf, за~ pf; vi тускне́ть impf, по~ pf.
tarpaulin n брезе́нт.
tarragon n эстраго́н.
tart[1] adj (taste) ки́слый; (fig) ко́лкий.
tart[2] n (pie) сла́дкий пиро́г.
tart[3] n (prostitute) шлю́ха.
tartan n шотла́ндка.
tartar n ви́нный ка́мень m.
task n зада́ча; **take to** ~ де́лать impf, с~ pf вы́говор+dat; ~ **force** операти́вная гру́ппа.
Tass abbr ТАСС, Телегра́фное аге́нтство Сове́тского Сою́за.
tassel n ки́сточка.
taste n (also fig) вкус; **take a** ~ **of** про́бовать impf, по~ pf; vt чу́вствовать impf, по~ pf вкус+gen;

(*sample*) пробовать *impf*, по~ *pf*;
(*fig*) вкушать *impf*, вкусить *pf*;
(*wine etc.*) дегустировать *impf* & *pf*;
vi иметь *impf* вкус, привкус (*of*
+*gen*). **tasteful** *adj* (сделанный) со
вкусом. **tasteless** *adj* безвкусный.
tasting *n* дегустация. **tasty** *adj*
вкусный.

tatter *n* *pl* лохмотья (-ьев) *pl.* **tattered** *adj* оборванный.

tattoo *n* (*design*) татуировка; *vt*
татуировать *impf* & *pf*.

taunt *n* насмешка; *vt* насмехаться
impf над+*instr*.

Taurus *n* Телец.

taut *adj* туго натянутый; тугой.

tavern *n* таверна.

tawdry *adj* мишурный.

tawny *adj* рыжевато-коричневый.

tax *n* налог; ~**free** освобождённый
от налога; *vt* облагать *impf*, обло-
жить *pf* налогом; (*strain*) напрягать
impf, напрячь *pf*; (*patience*) испытывать *impf*, испытать *pf*. **taxable**
adj подлежащий обложению налогом. **taxation** *n* обложение налогом. **taxing** *adj* утомительный. **tax-
payer** *n* налогоплательщик.

taxi *n* такси *neut indecl*; ~**driver**
водитель *m* такси; ~ **rank** стоянка
такси; *vi* (*aeron*) рулить *impf*.

tea *n* чай; ~ **bag** пакетик с сухим
чаем; ~ **cloth**, ~ **towel** полотенце
для посуды; ~ **cosy** чехольчик
(для чайника); ~**cup** чайная чашка;
~**leaf** чайный лист; ~**pot** чайник;
~**spoon** чайная ложка; ~ **strainer**
чайное ситечко.

teach *vt* учить *impf*, на~ *pf* (*person*
+*acc*; *subject* +*dat*, *inf*); преподавать
impf (*subject* +*acc*); (*coll*) проучи-
вать *impf*, проучить *pf*. **teacher** *n*
учитель *m*, ~ница; преподаватель
m, ~ница; ~**training college** педа-
гогический институт; *n*
(*instruction*) обучение; (*doctrine*)
учение.

teak *n* тик; *attrib* тиковый.

team *n* (*sport*) команда; (*of people*)
бригада; (*of horses etc.*) упряжка;
~**mate** член той же команды; ~**work**
сотрудничество; *vi* (~ *up*) объ-
единяться *impf*, объединиться *pf*.

tear[1] *n* (*rent*) прореха; *vt* (*also* ~ *up*)
рвать *impf*; (*also* ~ *up*) разрывать

impf, разорвать *pf*; *vi* рваться *impf*;
(*rush*) мчаться *impf*; ~ **down, off**
срывать *impf*, сорвать *pf*; ~ **out** вы-
рывать *impf*, вырвать *pf*.

tear[2] *n* (~**drop**) слеза; ~**gas** слезо-
точивый газ. **tearful** *adj* слезливый.

tease *vt* дразнить *impf*.

teat *n* сосок.

technical *adj* технический; ~ **college**
техническое училище. **technicality**
n формальность. **technically** *adv*
(*strictly*) формально. **technician** *n*
техник. **technique** *n* техника;
(*method*) технология, техника. **technological** *adj*
технологический. **technologist** *n*
технолог.

teddy-bear *n* медвежонок.

tedious *adj* скучный. **tedium** *n* скука.

teem[1] *vi* (*swarm*) кишеть *impf* (*with*
+*instr*).

teem[2] *vi*: **it is** ~**ing** (*with rain*) дождь
льёт как из ведра.

teenage *adj* юношеский. **teenager** *n*
подросток. **teens** *n* *pl* возраст от
тринадцати до девятнадцати лет.

teeter *vi* качаться *impf*, качнуться *pf*.

teethe *vi*: **the child is teething** у ре-
бёнка прорезываются зубы; **teeth-
ing troubles** (*fig*) начальные проб-
лемы *f pl*.

teetotal *adj* трезвый. **teetotaller** *n*
трезвенник.

telecommunication(s) *n* дальняя
связь. **telegram** *n* телеграмма. **telegraph** *n* телеграф; ~ **pole** теле-
графный столб. **telepathic** *adj*
телепатический. **telepathy** *n* теле-
патия. **telephone** *n* телефон; *vt*
(*message*) телефонировать *impf* &
pf +*acc*, o+*prep*; (*person*) звонить
impf, по~ *pf* (по телефону) +*dat*;
~ **box** телефонная будка; ~ **directory** телефонная книга; ~ **exchange**
телефонная станция; ~ **number**
номер телефона. **telephonist** *n* те-
лефонист, ~ка. **telephoto lens** *n*
телеобъектив. **telescope** *n* теле-
скоп. **telescopic** *adj* телескопиче-
ский. **televise** *vt* показывать *impf*,
показать *pf* по телевидению. **television** *n* телевидение; (*set*) телеви-
зор; *attrib* телевизионный. **telex** *n*
телекс.

tell *vt* & *i* (*relate*) рассказывать *impf*,

рассказа́ть *pf* (*thing told* +*acc*, o+*prep*; *person told* +*dat*); *vt* (*utter*, *inform*) говори́ть *impf*, сказа́ть *pf* (*thing uttered* +*acc*; *thing informed about* o+*prep*; *person informed* +*dat*); (*order*) веле́ть *impf* & *pf* +*dat*; ~ one thing from another отлича́ть *impf*, отличи́ть +*acc* от+*gen*; *vi* (*have an effect*) ска́зываться *impf*, сказа́ться *pf* (on на+*prep*); ~ off отчи́тывать *impf*, отчита́ть *pf*; ~ on, ~ tales about ябе́дничать *impf*, на~ *pf* на+*acc*. teller *n* (*of story*) расска́зчик; (*of votes*) счётчик; (*in bank*) касси́р. telling *adj* (*effective*) эффекти́вный; (*significant*) многозначи́тельный. telltale *n* спле́тник; *adj* преда́тельский.

temerity *n* дёрзость.

temp *n* рабо́тающий *sb* вре́менно; *vi* рабо́тать *impf* вре́менно.

temper *n* (*character*) нрав; (*mood*) настрое́ние; (*anger*) гнев; lose one's ~ выходи́ть *impf*, вы́йти *pf* из себя́; *vt* (*fig*) смягча́ть *impf*, смягчи́ть *pf*.

temperament *n* темпера́мент. **temperamental** *adj* темпера́ментный.

temperance *n* (*moderation*) уме́ренность; (*sobriety*) тре́звенность.

temperate *adj* уме́ренный.

temperature *n* температу́ра; (*high* ~) повы́шенная температу́ра; take s.o.'s ~ измеря́ть *impf*, изме́рить *pf* температу́ру +*dat*.

tempest *n* бу́ря. **tempestuous** *adj* бу́рный.

template *n* шабло́н.

temple[1] *n* (*religion*) храм.

temple[2] *n* (*anat*) висо́к.

tempo *n* темп.

temporal *adj* (*of time*) временно́й; (*secular*) мирско́й.

temporary *adj* вре́менный.

tempt *vt* соблазня́ть *impf*, соблазни́ть *pf*; ~ fate испы́тывать *impf*, испыта́ть *pf* судьбу́. **temptation** *n* собла́зн. **tempting** *adj* соблазни́тельный.

ten *adj* & *n* де́сять; (*number 10*) деся́тка. **tenth** *adj* & *n* деся́тый.

tenable *adj* (*logical*) разу́мный.

tenacious *adj* це́пкий. **tenacity** *n* це́пкость.

tenancy *n* (*renting*) наём помеще́ния; (*period*) срок аре́нды. **tenant** *n* аренда́тор.

tend[1] *vi* (*be apt*) име́ть скло́нность (to к+*dat*, +*inf*).

tend[2] *vt* (*look after*) уха́живать *impf* за+*instr*.

tendency *n* тенде́нция. **tendentious** *adj* тенденцио́зный.

tender[1] *vt* (*offer*) предлага́ть *impf*, предложи́ть *pf*; *vi* (*make* ~ for) подава́ть *impf*, пода́ть *pf* зая́вку (на торга́х); *n* предложе́ние; legal ~ зако́нное платёжное сре́дство.

tender[2] *adj* (*delicate*, *affectionate*) не́жный. **tenderness** *n* не́жность.

tendon *n* сухожи́лие.

tendril *n* у́сик.

tenement *n* (*dwelling-house*) жило́й дом; ~-house многокварти́рный дом.

tenet *n* до́гмат, при́нцип.

tennis *n* те́ннис.

tenor *n* (*direction*) направле́ние; (*purport*) смысл; (*mus*) те́нор.

tense[1] *n* вре́мя *neut*.

tense[2] *vt* напряга́ть *impf*, напря́чь *pf*; *adj* напряжённый. **tension** *n* напряже́ние.

tent *n* пала́тка.

tentacle *n* щу́пальце.

tentative *adj* (*experimental*) про́бный; (*preliminary*) предвари́тельный.

tenterhooks *n pl*: be on ~ сиде́ть *impf* как на иго́лках.

tenth see ten

tenuous *adj* (*fig*) неубеди́тельный.

tenure *n* (*of property*) владе́ние; (*of office*) пребыва́ние в до́лжности; (*period*) срок; (*guaranteed employment*) несменя́емость.

tepid *adj* теплова́тый.

term *n* (*period*) срок; (*univ*) семе́стр; (*school*) че́тверть; (*technical word*) те́рмин; (*expression*) выраже́ние; *pl* (*conditions*) усло́вия *neut pl*; (*relations*) отноше́ния *neut pl*; on good ~s в хоро́ших отноше́ниях; come to ~s with (*resign o.s. to*) покоря́ться *impf*, покори́ться *pf* к+*dat*; *vt* называ́ть *impf*, назва́ть *pf*.

terminal *adj* коне́чный; (*med*) сме́ртельный; *n* (*electr*) зажи́м; (*computer*, *aeron*) термина́л; (*terminus*) коне́чная остано́вка.

terminate *vt* & *i* конча́ть(ся) *impf*, ко́нчить(ся) *pf* (in +*instr*). **termination** *n* прекраще́ние.

terminology n терминоло́гия.

terminus n коне́чная остано́вка.

termite n терми́т.

terrace n терра́са; (houses) ряд домо́в.

terracotta n террако́та.

terrain n ме́стность.

terrestrial adj земно́й.

terrible adj ужа́сный. **terribly** adv ужа́сно.

terrier n терье́р.

terrific adj (huge) огро́мный; (splendid) потряса́ющий. **terrify** vt ужаса́ть impf, ужасну́ть pf.

territorial adj территориа́льный. **territory** n террито́рия.

terror n у́жас; (person; polit) терро́р. **terrorism** n террори́зм. **terrorist** n террори́ст, ~ка. **terrorize** vt терроризи́ровать impf & pf.

terse adj кра́ткий.

tertiary adj тре́тичный; (education) вы́сший.

test n испыта́ние, про́ба; (exam) экза́мен; контро́льная рабо́та; (analysis) ана́лиз; ~tube проби́рка; vt (try out) испы́тывать impf, испыта́ть pf; (check up on) проверя́ть impf, прове́рить pf; (give exam to) экзаменова́ть impf, про~ pf.

testament n завеща́ние; Old, New T~ Ве́тхий, Но́вый заве́т.

testicle n яи́чко.

testify vi свиде́тельствовать impf (to в по́льзу+gen; against про́тив+gen); vt (declare) заявля́ть impf, заяви́ть pf; (be evidence of) свиде́тельствовать о+prep.

testimonial n рекоменда́ция, характери́стика. **testimony** n свиде́тельство.

tetanus n столбня́к.

tetchy adj раздражи́тельный.

tête-à-tête n & adv тет-а-те́т.

tether n: be at, come to the end of one's ~ дойти́ pf до то́чки; vt привя́зывать impf, привяза́ть pf.

text n текст. **textbook** n уче́бник.

textile adj тексти́льный; n ткань; pl тексти́ль m (collect).

textual adj тексто́ввой.

texture n тексту́ра.

than conj (comparison) чем; other ~ (except) кро́ме+gen.

thank vt благодари́ть impf, по~ pf (for за+acc); ~ God сла́ва Бо́гу; ~ you спаси́бо; благодарю́ вас; n pl благода́рность; ~s to (good result) благодаря́ +dat; (bad result) из-за+gen. **thankful** adj благода́рный. **thankless** adj неблагода́рный. **thanksgiving** n благодаре́ние.

that demonstrative adj & pron тот; ~ which тот кото́рый; rel pron кото́рый; conj что; (purpose) чтобы; adv так, до тако́й сте́пени.

thatched adj соло́менный.

thaw vt раста́пливать impf, растопи́ть pf; vi та́ять impf, рас~ pf.

the def article, not translated; adv тем; the ... the ~ чем...тем; ~ more ~ better чем бо́льше, тем лу́чше.

theatre n теа́тр; (lecture ~) аудито́рия; (operating ~) операцио́нная sb; ~-goer театра́л. **theatrical** adj театра́льный.

theft n кра́жа.

their, **theirs** poss pron их; свой.

theme n те́ма.

themselves pron (emph) (они́) са́ми; (refl) себя́; -ся (suffixed to vt).

then adv (at that time) тогда́; (after that) пото́м; now and ~ вре́мя от вре́мени; conj в тако́м слу́чае, тогда́; adj тогда́шний; by ~ к тому́ вре́мени; since ~ с тех пор.

thence adv отту́да. **thenceforth**, **-forward** adv с того́/э́того вре́мени.

theologian n тео́лог. **theological** adj теологи́ческий. **theology** n теоло́гия.

theorem n теоре́ма. **theoretical** adj теорети́ческий. **theorize** vi теоретизи́ровать impf. **theory** n тео́рия.

therapeutic adj терапевти́ческий. **therapist** n (psychotherapist) психотерапе́вт. **therapy** n терапи́я.

there adv (place) там; (direction) туда́; int вот!; ну!; ~ is, are есть, име́ется (-е́ются); ~ you are (on giving sth) пожа́луйста. **thereabouts** adv (near) побли́зости; (approximately) приблизи́тельно. **thereafter** adv по́сле э́того. **thereby** adv таки́м о́бразом. **therefore** adv поэ́тому. **therein** adv в э́том. **thereupon** adv зате́м.

thermal adj теплово́й, терми́ческий; (underwear) тёплый.

thermometer n термо́метр, гра́дусник. **thermos** n те́рмос. **thermostat**

n термоста́т.

thesis *n* (*proposition*) те́зис; (*dissertation*) диссерта́ция.

they *pron* они́.

thick *adj* то́лстый, (*in measurements*) толщино́й в+*acc*; (*dense*) густо́й; (*stupid*) тупо́й; **~-skinned** толстоко́жий. **thicken** *vt* & *i* утолща́ть(ся) *impf*, утолсти́ть(ся) *pf*; (*make, become denser*) сгуща́ть(ся) *impf*, сгусти́ть(ся) *pf*; *vi* (*become more intricate*) усложня́ться *impf*, усложни́ться *pf*. **thicket** *n* ча́ща. **thickness** *n* (*also dimension*) толщина́; (*density*) густота́; (*layer*) слой. **thickset** *adj* корена́стый.

thief *n* вор. **thieve** *vi* ворова́ть *impf*. **thievery** *n* воровство́.

thigh *n* бедро́.

thimble *n* напёрсток.

thin *adj* (*slender*; *not thick*) то́нкий; (*lean*) худо́й; (*too liquid*) жи́дкий; (*sparse*) ре́дкий; *vt* & *i* де́лать(ся) *impf*, с~ *pf* то́нким, жи́дким; *vi*: (*also ~ out*) реде́ть *impf*, по~ *pf*; *vt*: ~ **out** проре́живать *impf*, проре́дить *pf*.

thing *n* вещь; (*object*) предме́т; (*matter*) де́ло.

think *vt* & *i* ду́мать *impf*, по~ *pf* (*about, of* о+*prep*); (*consider*) счита́ть *impf*, счесть *pf* (*to be* +*instr*, за+*acc*; *that* что); *vi* (*reflect, reason*) мы́слить *impf*; (*intend*) намерева́ться *impf* (*of doing* +*inf*); ~ **out** проду́мывать *impf*, проду́мать *pf*; ~ **over** обду́мывать *impf*, обду́мать *pf*; ~ **up**, of приду́мывать *impf*, приду́мать *pf*. **thinker** *n* мысли́тель *m*. **thinking** *adj* мы́слящий; *n* (*reflection*) размышле́ние; **to my way of** ~ по моему́ мне́нию.

third *adj* & *n* тре́тий; (*fraction*) треть; **T~ World** стра́ны *f pl* тре́тьего ми́ра.

thirst *n* жа́жда (*for* +*gen* (*fig*)); *vi* (*fig*) жа́ждать *impf* (*for* +*gen*). **thirsty** *adj*: **be** ~ хоте́ть *impf* пить.

thirteen *adj* & *n* трина́дцать. **thirteenth** *adj* & *n* трина́дцатый.

thirtieth *adj* & *n* тридца́тый. **thirty** *adj* & *n* три́дцать; *pl* (*decade*) тридца́тые го́ды (-до́в) *m pl*.

this *demonstrative adj* & *pron* э́тот; **like** ~ вот так; ~ **morning** сего́дня у́тром.

thistle *n* чертополо́х.

thither *adv* туда́.

thorn *n* шип. **thorny** *adj* колю́чий; (*fig*) терни́стый.

thorough *adj* основа́тельный; (*complete*) соверше́нный. **thoroughbred** *adj* чистокро́вный. **thoroughfare** *n* прое́зд; (*walking*) прохо́д. **thoroughgoing** *adj* радика́льный. **thoroughly** *adv* (*completely*) соверше́нно. **thoroughness** *n* основа́тельность.

though *conj* хотя́; несмотря́ на то, что; **as** ~ как бу́дто; *adv* одна́ко.

thought *n* мысль; (*meditation*) размышле́ние; (*intention*) наме́рение; *pl* (*opinion*) мне́ние. **thoughtful** *adj* заду́мчивый; (*considerate*) внима́тельный. **thoughtless** *adj* необду́манный; (*inconsiderate*) невнима́тельный.

thousand *adj* & *n* ты́сяча. **thousandth** *adj* & *n* ты́сячный.

thrash *vt* бить *impf*, по~ *pf*; ~ **out** (*discuss*) обстоя́тельно обсужда́ть *impf*, обсуди́ть *pf*; *vi*: ~ **about** мета́ться *impf*. **thrashing** *n* (*beating*) взбу́чка (*coll*).

thread *n* ни́тка, нить; (*also fig*); (*of screw etc.*) резьба́; *vt* (*needle*) продева́ть *impf*, проде́ть *pf* ни́тку в +*acc*; (*beads*) нани́зывать *impf*, низа́ть *pf*; ~ **one's way** пробира́ться *impf*, пробра́ться *pf* (*through* че́рез+*acc*). **threadbare** *adj* потёртый.

threat *n* угро́за. **threaten** *vt* угрожа́ть *impf*, грози́ть *impf*, при~ *pf* (*person* +*dat*; *with* +*instr*; *to do* +*inf*).

three *adj* & *n* три; (*number 3*) тро́йка; **~-dimensional** трёхме́рный; **~-quarters** три че́тверти. **threefold** *adj* тройно́й; *adv* втройне́. **threesome** *n* тро́йка.

thresh *vt* молоти́ть *impf*.

threshold *n* поро́г.

thrice *adv* три́жды.

thrift *n* бережли́вость. **thrifty** *adj* бережли́вый.

thrill *n* тре́пет; *vt* восхища́ть *impf*, восхити́ть *pf*; **be thrilled** быть в восто́рге. **thriller** *n* приключе́нческий, детекти́вный (*novel*) рома́н, (*film*) фильм. **thrilling** *adj* захва́тывающий.

thrive *vi* процвета́ть *impf*.

throat *n* го́рло.

throb *vi* (*heart*) си́льно би́ться *impf*; пульси́ровать *impf*; *n* бие́ние; пульса́ция.

throes *n pl*: **in the ~** в мучи́тельных попы́тках.

thrombosis *n* тромбо́з.

throne *n* трон, престо́л; **come to the ~** вступа́ть *impf*, вступи́ть *pf* на престо́л.

throng *n* толпа́; *vi* толпи́ться *impf*; *vt* заполня́ть *impf*, запо́лнить *pf*.

throttle *n* (*tech*) дро́ссель *m*; *vt* (*strangle*) души́ть *impf*, за~ *pf*; (*tech*) дроссели́ровать *impf* & *pf*; **~ down** сбавля́ть *impf*, сба́вить *pf* газ.

through *prep* (*across, via, ~ opening*) че́рез+*acc*; (*esp ~ thick of*) сквозь+*acc*; (*air, streets etc.*) по+*dat*; (*agency*) посре́дством+*gen*; (*reason*) из-за+*gen*; *adv* наскво́зь; (*from beginning to end*) до конца́; **be ~ with** (*sth*) ока́нчивать *impf*, око́нчить *pf*; (*s.o.*) порыва́ть *impf*, порва́ть *pf* c+*instr*; **put ~** (*on telephone*) соединя́ть *impf*, соедини́ть *pf*; **~ and ~** совершённо; *adj* (*train*) прямо́й; (*traffic*) сквозно́й. **throughout** *adv* повсю́ду, во всех отноше́ниях; *prep* по всему́ (всей, всему́); *pl* всем+*dat*; (*from beginning to end*) с нача́ла до конца́+*gen*.

throw *n* бросо́к; *vt* броса́ть *impf*, бро́сить *pf*; (*confuse*) смуща́ть *impf*, смути́ть *pf*; (*rider*) сбра́сывать *impf*, сбро́сить *pf*; (*party*) устра́ивать *impf*, устро́ить *pf*; **~ o.s. into** броса́ться *impf*, бро́ситься *pf* в+*acc*; **~ away, out** выбра́сывать *impf*, вы́бросить *pf*; **~ down** сбра́сывать *impf*, сбро́сить *pf*; **~ in** (*add*) добавля́ть *impf*, доба́вить *pf*; (*sport*) вбра́сывать *impf*, вбро́сить *pf*; **~ in** вбра́сывание мяча́; **~ off** сбра́сывать *impf*, сбро́сить *pf*; **~ open** распа́хивать *impf*, распахну́ть *pf*; **~ out** (*see also ~ away*) (*expel*) выгоня́ть *impf*, вы́гнать *pf*; (*reject*) отверга́ть *impf*, отве́ргнуть *pf*; **~ over, ~ up** (*abandon*) броса́ть *impf*, бро́сить *pf*; **~ up** подбра́сывать *impf*, подбро́сить *pf*; (*vomit*) рвать *impf*, вы́~ *pf impers*; **he threw up** его́ вы́рвало.

thrush *n* (*bird*) дрозд.

thrust *n* (*shove*) толчо́к; (*tech*) тя́га; *vt* (*shove*) толка́ть *impf*, толкну́ть *pf*; (*~ into, out of; give quickly, carelessly*) сова́ть *impf*, су́нуть *pf*.

thud *n* глухо́й звук; *vi* па́дать *impf*, *pf* с глухи́м сту́ком.

thug *n* головоре́з (*coll*).

thumb *n* большо́й па́лец; **under the ~ of** под башмако́м y+*gen*; *vt*: **~ through** перели́стывать *impf*, перелиста́ть *pf*; **~ a lift** голосова́ть *impf*, про~ *pf*.

thump *n* (*blow*) тяжёлый уда́р; (*thud*) глухо́й звук, стук; *vt* колоти́ть *impf*, по~ *pf* в+*acc*, по+*dat*; *vi* колоти́ться *impf*.

thunder *n* гром; *vi* греме́ть *impf*; **it thunders** гром греми́т. **thunderbolt** *n* уда́р мо́лнии. **thunderous** *adj* громово́й. **thunderstorm** *n* гроза́. **thundery** *adj* грозово́й.

Thursday *n* четве́рг.

thus *adv* так, таки́м о́бразом.

thwart *vt* меша́ть *impf*, по~ *pf* +*dat*; (*plans*) расстра́ивать *impf*, расстро́ить *pf*.

thyme *n* тимья́н.

thyroid *n* (*~ gland*) щитови́дная железа́.

tiara *n* тиа́ра.

tick *n* (*noise*) ти́канье; (*mark*) пти́чка; *vi* ти́кать *impf*, ти́кнуть *pf*; *vt* отмеча́ть *impf*, отме́тить *pf* пти́чкой; **~ off** (*scold*) отде́лывать *impf*, отде́лать *pf*.

ticket *n* биле́т; (*label*) ярлы́к; (*season ~*) ка́рточка; (*cloakroom ~*) номеро́к; (*receipt*) квита́нция; **~ collector** контролёр; **~ office** (биле́тная) ка́сса.

tickle *n* щеко́тка; *vt* щекота́ть *impf*, по~ *pf*; (*amuse*) весели́ть *impf*, по~, раз~ *pf*; *vi* щекота́ть *impf*, по~ *pf impers*; **my throat ~s** у меня́ щеко́чет в го́рле. **ticklish** *adj* (*fig*) щекотли́вый; **to be ~** боя́ться *impf* щеко́тки.

tidal *adj* прили́во-отли́вный; **~ wave** прили́вная волна́.

tide *n* прили́в и отли́в; **high ~** прили́в; **low ~** отли́в; (*current, tendency*) тече́ние; **the ~ turns** (*fig*) собы́тия принима́ют друго́й оборо́т; *vt*: **~ over** помога́ть *impf*, помо́чь *pf* +*dat of person* спра́виться (difficulty c+instr); will this money ~ you over? вы протя́нете с э́тими деньга́ми?

tidiness n аккура́тность. **tidy** adj аккура́тный; (considerable) поря́дочный; vt убира́ть impf, убра́ть pf; приводи́ть impf, привести́ pf в поря́док.

tie n (garment) га́лстук; (cord) завя́зка; (link, tech) связь; (equal points etc.) ра́вный счёт; end in a ~ зака́нчиваться impf, зако́нчиться pf вничью́; (bonds) у́зы (уз) pl; vt свя́зывать impf, связа́ть pf (also fig); (~ up) завя́зывать impf, завяза́ть pf; (restrict) ограни́чивать impf, ограни́чить pf; ~ down (fasten) привя́зывать impf, привяза́ть pf; ~ up (tether) привя́зывать impf, привяза́ть pf; (parcel) перевя́зывать impf, перевяза́ть pf; vi (be ~d) завя́зываться impf, завяза́ться pf; (sport) сыгра́ть pf вничью́; ~ in, up, with совпада́ть impf, совпа́сть pf c+instr.

tier n ряд, я́рус.

tiff n размо́лвка.

tiger n тигр.

tight adj (cramped) те́сный; у́зкий; (strict) стро́гий; (taut) туго́й; ~ corner (fig) тру́дное положе́ние. **tighten** vt & i натя́гиваться impf, натяну́ться pf; (clench, contract) сжима́ть(ся) impf, сжа́ться pf; ~ one's belt потуже затя́гивать impf, затяну́ть pf по́яс (also fig); ~ up (discipline etc.) подтя́гивать impf, подтяну́ть pf (coll). **tightly** adv (strongly) про́чно; (closely, cramped) те́сно. **tightrope** n натя́нутый кана́т. **tights** n pl колго́тки (-ток) pl.

tile n (roof) черепи́ца (also collect); (decorative) ка́фель m (also collect); vt крыть impf, по~ pf черепи́цей, ка́фелем. **tiled** adj (roof) черепи́чный; (floor) ка́фельный.

till¹ prep до+gen; not ~ то́лько (Friday ~ в пя́тницу); the next day на сле́дующий день); conj пока́ не; not ~ то́лько когда́.

till² n ка́сса.

till³ vt возде́лывать impf, возде́лать pf.

tiller n (naut) ру́мпель m.

tilt n накло́н; at full ~ по́лным хо́дом;

vt & i наклоня́ть(ся) impf, наклони́ть(ся) pf; (heel (over)) крени́ть(ся) impf, на~ pf.

timber n лесоматериа́л.

time n вре́мя neut; (occasion) раз; (mus) такт; (sport) тайм; pl (period) времена́ pl; (in comparison) раз; five ~s as big в пять раз бо́льше; (multiplication) four ~s four четы́режды четы́ре; ~ and ~ again, ~ after ~ не раз, ты́сячу раз; at a ~ ра́зом, одновреме́нно; at the ~ в э́то вре́мя; at ~s времена́ми; at the same ~ в то же вре́мя; before my ~ до меня́; for a long ~ до́лго; (up to now) давно́; for the ~ being пока́; from ~ to ~ вре́мя от вре́мени; in ~ (early enough) во́-время; (with ~) со вре́менем; in good ~ заблаговре́менно; in ~ with в такт +dat; in no ~ момента́льно; on ~ во́-время; one at a ~ по одному́; be in ~ успева́ть impf, успе́ть pf (for к+dat, на+acc); have ~ to (manage) успева́ть impf, успе́ть pf +inf; have a good ~ хорошо́ проводи́ть impf, провести́ pf вре́мя; it is ~ пора́ (to +inf); what is the ~? кото́рый час?; ~ bomb бо́мба заме́дленного де́йствия; ~-consuming отнима́ющий мно́го вре́мени; ~ difference ра́зница ца во вре́мени; ~-lag отстава́ние во вре́мени; ~ zone часово́й по́яс; vt (choose~) выбира́ть impf, вы́брать pf вре́мя +gen; (ascertain ~ of) измеря́ть impf, изме́рить pf вре́мя +gen. **timeless** adj ве́чный. **timely** adj своевреме́нный. **timetable** n расписа́ние; гра́фик.

timid adj ро́бкий.

tin n (metal) о́лово; (container) ба́нка; (cake-~) фо́рма; (baking ~) про́тивень m; ~ foil оловя́нная фольга́; ~-opener консе́рвный нож; ~ned food консе́рвы (-вов) pl.

tinge n отте́нок; vt (also fig) слегка́ окра́шивать impf, окра́сить pf.

tingle vi (sting) коло́ть impf impers; my fingers ~ у меня́ ко́лет па́льцы; his nose ~d with the cold моро́з пощи́пывал ему́ нос; (burn) горе́ть impf.

tinker vi: ~ with вози́ться impf c+instr.

tinkle n звон, звя́канье; vi (& t) звене́ть impf (+instr).

tinsel n мишура́.

tint n отте́нок; vt подкра́шивать impf, подкра́сить pf.

tiny adj кро́шечный.

tip¹ n (end) ко́нчик.

tip² n (money) чаевы́е (-ы́х) pl; (advice) сове́т; (dump) сва́лка; vt & i (tilt) наклоня́ть(ся) impf, наклони́ть(ся) pf; (give ~) дава́ть impf, дать pf (person +dat; money де́ньги на чай, information ча́стную информа́цию); ~ out выва́ливать impf, вы́валить pf; ~ over, up (vt & i) опроки́дывать(ся) impf, опроки́нуть(ся) pf.

Tippex n (propr) бели́ла.

tipple n напи́ток.

tipsy adj подвы́пивший.

tiptoe n: on ~ на цы́почках.

tip-top adj превосхо́дный.

tirade n тира́да.

tire vt (weary) утомля́ть impf, утоми́ть pf; vi утомля́ться impf, утоми́ться pf. **tired** adj уста́лый; be ~ of: I am ~ of him он мне надое́л; I am ~ of playing мне надое́ло игра́ть; ~ out изму́ченный. **tiredness** n уста́лость. **tireless** adj неутоми́мый. **tiresome** adj надое́дливый. **tiring** adj утоми́тельный.

tissue n ткань; (handkerchief) бума́жная салфе́тка. **tissue-paper** n папиро́сная бума́га.

tit¹ n (bird) сини́ца.

tit² n ~ for tat зуб за́ зуб.

titbit n ла́комый кусо́к; (news) пика́нтная но́вость.

titillate vt щекота́ть impf, по~ pf.

title n (of book etc.) загла́вие; (rank) зва́ние; (sport) зва́ние чемпио́на; ~-holder чемпио́н; ~-page ти́тульный лист; ~ role загла́вная роль. **titled** adj титуло́ванный.

titter n хихи́канье; vi хихи́кать impf, хихи́кнуть pf.

to prep (town, a country, theatre, school, etc.) в+acc; (the sea, the moon, the ground, post-office, meeting, concert, north, etc.) на+acc; (the doctor; towards, up ~; ~ one's surprise etc.) к+dat; (with accompaniment of) под+acc; (in toast) за+acc; (time): ten minutes ~ three без десяти́ три; (compared with) в сравне́нии c+instr; it is ten ~ one that

де́вять из десяти́ за то, что; ~ the left (right) нале́во (напра́во); (in order to) чтобы+inf; adv: shut the door ~ закро́йте дверь; come ~ приходи́ть impf, прийти́ pf в созна́ние; ~ and fro взад и вперёд.

toad n жа́ба. **toadstool** n пога́нка.

toast n (bread) поджа́ренный хлеб; (drink) тост; vt (bread) поджа́ривать impf, поджа́рить pf; (drink) пить impf, вы́~ pf за здоро́вье +gen. **toaster** n то́стер.

tobacco n таба́к. **tobacconist's** n (shop) таба́чный магази́н.

toboggan n са́ни (-не́й) pl; vi ката́ться impf на саня́х.

today adv сего́дня; (nowadays) в на́ши дни; n сего́дняшний день m; ~'s newspaper сего́дняшняя газе́та.

toddler n малы́ш.

toe n па́лец ноги́; (of sock etc.) носо́к; vt: ~ the line (fig) ходи́ть indet по стру́нке.

toffee n (substance) ири́с; (a single ~) ири́ска.

together adv вме́сте; (simultaneously) одновреме́нно.

toil n тяжёлый труд; vi труди́ться impf.

toilet n туале́т; ~ paper туале́тная бума́га. **toiletries** n pl туале́тные принадле́жности f pl.

token n (sign) знак; (coin substitute) жето́н; as a ~ of в знак +gen; attrib символи́ческий.

tolerable adj терпи́мый; (satisfactory) удовлетвори́тельный. **tolerance** n терпи́мость. **tolerant** adj терпи́мый. **tolerate** vt терпе́ть impf, по~ pf; (allow) допуска́ть impf, допусти́ть pf. **toleration** n терпи́мость.

toll¹ n (duty) по́шлина; take its ~ ска́зываться impf, сказа́ться pf (on на+prep).

toll² vi звони́ть impf, по~ pf.

tom(-cat) n кот.

tomato n помидо́р; attrib тома́тный.

tomb n моги́ла. **tombstone** n надгро́бный ка́мень m.

tomboy n сорване́ц.

tome n том.

tomorrow adv за́втра; n за́втрашний день m; ~ morning за́втра у́тром; the day after ~ послеза́втра; see you

~ до за́втра.

ton n то́нна; (pl, lots) ма́сса.

tone n тон; vt: ~ **down** смягча́ть impf, смягчи́ть pf; ~ **up** тонизи́ровать impf & pf.

tongs n щипцы́ (-цо́в) pl.

tongue n язы́к; ~-**in-cheek** с насме́шкой, ирони́чески; ~-**tied** косноязы́чный; ~-**twister** скороговорка.

tonic n (med) тонизи́рующее сре́дство; (mus) то́ника; (drink) напи́ток «то́ник».

tonight adv сего́дня ве́чером.

tonnage n тонна́ж.

tonsil n минда́лина. **tonsillitis** n тонзилли́т.

too adv сли́шком; (also) та́кже, то́же; (very) о́чень; (moreover) к тому́ же; none ~ не сли́шком.

tool n инструме́нт; (fig) ору́дие.

toot n гудо́к; vi гуде́ть impf.

tooth n зуб; (tech) зубе́ц; attrib зубно́й; ~-**brush** зубна́я щётка. **toothache** n зубна́я боль. **toothless** adj беззу́бый. **toothpaste** n зубна́я па́ста. **toothpick** n зубочи́стка. **toothy** adj зуба́стый (coll).

top¹ n (toy) волчо́к.

top² n (of object; fig) верх; (of hill etc.) верши́на; (of tree) верху́шка; (of head) маку́шка; (lid) кры́шка; (upper part) ве́рхняя часть; ~ **hat** цили́ндр; ~-**heavy** переве́шивающий в свое́й ве́рхней ча́сти; ~-**secret** соверше́нно секре́тный; on ~ **of** (position) на+prep, сверх+gen; (on to) на+acc; ~ **of everything** сверх всего́; from ~ **to bottom** све́рху до́низу; at the ~ **of one's voice** во весь го́лос; at ~ **speed** во весь опо́р; adj ве́рхний, вы́сший, са́мый высо́кий; (foremost) пе́рвый; vt (cover) покрыва́ть impf, покры́ть pf; (exceed) превосходи́ть impf, превзойти́ pf; (cut ~ off) обреза́ть impf, обре́зать pf верху́шку +gen; ~ **up** (with liquid) долива́ть impf, доли́ть pf.

topic n те́ма, предме́т. **topical** adj актуа́льный.

topless adj с обнажённой гру́дью.

topmost adj са́мый ве́рхний; са́мый ва́жный.

topographical adj топографи́че-

ский. **topography** n топогра́фия.

topple vt & i опроки́дывать(ся) impf, опроки́нуть(ся) pf.

topsy-turvy adj повёрнутый вверх дном; (disorderly) беспоря́дочный; adv вверх дном.

torch n электри́ческий фона́рь m; (flaming) фа́кел.

torment n муче́ние, му́ка; vt му́чить impf, за~, из~ pf.

tornado n торна́до neut indecl.

torpedo n торпе́да; vt торпеди́ровать impf & pf.

torrent n пото́к. **torrential** adj (rain) проливно́й.

torso n ту́ловище; (art) торс.

tortoise n черепа́ха. **tortoise-shell** n черепа́ха.

tortuous adj изви́листый.

torture n пы́тка; (fig) му́ка; vt пыта́ть impf; (torment) му́чить impf, за~, из~ pf.

toss n бросо́к; **win (lose) the** ~ (не) выпада́ть impf, вы́пасть pf жре́бий impers (**I won the** ~ мне вы́пал жре́бий); vt броса́ть impf, бро́сить pf; (coin) подбра́сывать impf, подбро́сить pf; (head) вски́дывать impf, вски́нуть pf; (salad) переме́шивать impf, перемеша́ть pf; vi (in bed) мета́ться impf; ~ **aside, away** отбра́сывать impf, отбро́сить pf; ~ **up** броса́ть impf, бро́сить pf жре́бий.

tot¹ n (child) малы́ш; (of liquor) глото́к.

tot²: ~ **up** (vt) скла́дывать impf, сложи́ть pf; (vi) равня́ться impf (**to** +dat).

total n ито́г, су́мма; adj о́бщий; (complete) по́лный; **in** ~ в це́лом, вме́сте; vt подсчи́тывать impf, подсчита́ть pf; vi равня́ться impf +dat.

totalitarian adj тоталита́рный. **totality** n вся су́мма целико́м; **the** ~ **of** весь. **totally** adv соверше́нно.

totter vi шата́ться impf.

touch n прикоснове́ние; (sense) осяза́ние; (shade) отте́нок; (taste) при́вкус; (small amount) чу́точка; (of illness) лёгкий при́ступ; **get in** ~ **with** свя́зываться impf, связа́ться pf c+instr; **keep in (lose)** ~ **with** подде́рживать impf, поддержа́ть pf (теря́ть impf, по~ pf) связь, конта́кт c+instr; **put the finishing**

~es to отделывать *impf*, отделать *pf*; *vt* (*lightly*) прикасаться *impf*, прикоснуться *pf* к+*dat*; касаться *impf*, коснуться *pf* +*gen*; (*also disturb*) трогать *impf*, тронуть *pf*; (*be comparable with*) идти *impf* в сравнении с+*instr*; *vi* (*be contiguous; come into contact*) соприкасаться *impf*, соприкоснуться *pf*; **~ down** приземляться *impf*, приземлиться *pf*; **~down** посадка; **~ (up)on** (*fig*) касаться *impf*, коснуться *pf* +*gen*; **~ up** поправлять *impf*, поправить *pf*. **touched** *adj* тронутый. **touchiness** *n* обидчивость. **touching** *adj* трогательный. **touchstone** *n* пробный камень *m*. **touchy** *adj* обидчивый.

tough *adj* жёсткий; (*durable*) прочный; (*difficult*) трудный; (*hardy*) выносливый. **toughen** *vt & i* делать(ся) *impf*, с~ *pf* жёстким.

tour *n* (*journey*) путешествие, поездка; (*excursion*) экскурсия; (*of artistes*) гастроли *f pl*; (*of duty*) объезд; *vi* (*& t*) путешествовать *impf* (по+*dat*); (*theat*) гастролировать *impf*. **tourism** *n* туризм. **tourist** *n* турист, ~ка.

tournament *n* турнир.

tousle *vt* взъерошивать *impf*, взъерошить *pf* (*coll*).

tout *n* зазывала *m*; (*ticket ~*) жучок.

tow *vt* буксировать *impf*; *n*: **on ~** на буксире.

towards *prep* к+*dat*.

towel *n* полотенце.

tower *n* башня; *vi* выситься *impf*, возвышаться *impf* (*above* над+*instr*).

town *n* город; *attrib* городской; **~ hall** ратуша. **townsman** *n* горожанин.

toxic *adj* токсический.

toy *n* игрушка; *vi*: **~ with** (*sth in hands*) вертеть *impf* в руках; (*trifle with*) играть *impf* (c)+*instr*.

trace *n* след; *vt* (*track down*) выслеживать *impf*, выследить *pf*; (*copy*) калькировать *impf*, c~ *pf*; **~ out** (*plan*) набрасывать *impf*, набросать *pf*; (*map, diagram*) чертить *impf*, на~ *pf*.

tracing-paper *n* калька.

track *n* (*path*) дорожка; (*mark*) след; (*rly*) путь *m*, (*sport, on tape*) дорож-

ка; (*on record*) запись; **~ suit** тренировочный костюм; **off the beaten ~** в глуши; **go off the ~** (*fig*) отклоняться *impf*, отклониться *pf* от темы; **keep ~ of** следить *impf* за +*instr*; **lose ~ of** терять *impf*, по~ *pf* след+*gen*; *vt* прослеживать *impf*, проследить *pf*; **~ down** выслеживать *impf*, выследить *pf*.

tract[1] *n* (*land*) пространство.

tract[2] *n* (*pamphlet*) брошюра.

tractor *n* трактор.

trade *n* торговля; (*occupation*) профессия, ремесло; **~ mark** фабричная марка; **~ union** профсоюз; **~unionist** член профсоюза; *vi* торговать *impf* (**in** +*instr*); *vt* (*swap like things*) обмениваться *impf*, обменяться *pf* +*instr*; (*for sth different*) обменивать *impf*, обменять *pf* (**for** на+*acc*); **~ in** сдавать *impf*, сдать *pf* в счёт покупки нового. **trader, tradesman** *n* торговец. **trading** *n* торговля.

tradition *n* традиция. **traditional** *adj* традиционный. **traditionally** *adv* по традиции.

traffic *n* движение; (*trade*) торговля; **~ jam** пробка; *vi* торговать *impf* (**in** +*instr*). **trafficker** *n* торговец (**in** +*instr*). **traffic-lights** *n pl* светофор.

tragedy *n* трагедия. **tragic** *adj* трагический.

trail *n* (*trace, track*) след; (*path*) тропинка; *vt* (*track*) выслеживать *impf*, выследить *pf*; *vt & i* (*drag*) таскать(ся) *indet*, тащить(ся) *det*. **trailer** *n* (*on vehicle*) прицеп; (*cin*) (кино)ролик.

train *n* поезд; (*of dress*) шлейф; *vt* (*instruct*) обучать *impf*, обучить *pf* (**in** +*dat*); (*prepare*) готовить *impf* (**for** к+*dat*); (*sport*) тренировать *impf*, на~ *pf*; (*animals*) дрессировать *impf*, вы~ *pf*; (*aim*) наводить *impf*, навести *pf* (*plant*) направлять *impf*, направить *pf* рост+*gen*; *vi* приготавливаться *impf*, приготовиться *pf* (**for** к+*dat*); (*sport*) тренироваться *impf*, на~ *pf*. **trainee** *n* стажёр, практикант. **trainer** *n* (*sport*) тренер; (*of animals*) дрессировщик; (*shoe*) кроссовка. **training** *n* обучение; (*sport*) тренировка; (*of animals*) дрессировка; **~-college** (*teachers'*)

педагоги́ческий институ́т.
traipse vi таска́ться indet, тащи́ться det.
trait n черта́.
traitor n преда́тель m, ~ница.
trajectory n траекто́рия.
tram n трамва́й.
tramp n (vagrant) бродя́га m; vi (walk heavily) то́пать impf, по~ pf; vt топта́ть impf, по~, ис~ pf; ~ **down** выта́птывать impf, вы́топтать pf; ~ **on** (fig) попира́ть impf, попра́ть pf.
trampoline n бату́т.
trance n транс.
tranquil adj споко́йный. **tranquillity** n споко́йствие. **tranquillize** vt успока́ивать impf, успоко́ить pf. **tranquillizer** n транквилиза́тор.
transact vt (business) вести́ impf; (a deal) заключа́ть impf, заключи́ть pf. **transaction** n де́ло, сде́лка; pl (publications) труды́ m pl.
transatlantic adj трансатланти́ческий.
transcend vt превосходи́ть impf, превзойти́ pf. **transcendental** adj (philos.) трансцендента́льный.
transcribe vt (copy out) перепи́сывать impf, переписа́ть pf. **transcript** n ко́пия. **transcription** n (copy) ко́пия.
transfer n (of objects) перено́с, перемеще́ние; (of money; of people) перево́д; (of property) переда́ча; (design) переводна́я карти́нка; vt (objects) переноси́ть impf, перенести́ pf, перемеща́ть impf, перемести́ть pf; (money; people; design) переводи́ть impf, перевести́ pf; (property) передава́ть impf, переда́ть pf; vi (to different job) переходи́ть impf, перейти́ pf; (change trains etc.) переса́живаться impf, пересе́сть pf. **transferable** adj допуска́ющий переда́чу.
transfix vt (fig) прико́вывать impf, прикова́ть pf к ме́сту.
transform vt & i преобразо́вывать(ся) impf, преобразова́ть(ся) pf; ~ **into** vt (i) превраща́ть(ся) impf, преврати́ть(ся) pf в+acc. **transformation** n преобразова́ние; превраще́ние. **transformer** n трансформа́тор.
transfusion n перелива́ние (кро́ви).

transgress vt наруша́ть impf, нару́шить pf; vi (sin) греши́ть impf, за~ pf. **transgression** n наруше́ние; (sin) грех.
transience n мимолётность. **transient** adj мимолётный.
transistor n транзи́стор; ~ **radio** транзи́сторный приёмник.
transit n транзи́т; in ~ (goods) при перево́зке; (person) по пути́; ~ **camp** транзи́тный ла́герь m. **transition** n перехо́д. **transitional** adj перехо́дный. **transitive** adj перехо́дный. **transitory** adj мимолётный.
translate vt переводи́ть impf, перевести́ pf. **translation** n перево́д. **translator** n перево́дчик.
translucent adj полупрозра́чный.
transmission n переда́ча. **transmit** vt передава́ть impf, переда́ть pf. **transmitter** n (радио)переда́тчик.
transparency n (phot) диапозити́в. **transparent** adj прозра́чный.
transpire vi (become known) обнару́живаться impf, обнару́житься pf; (occur) случа́ться impf, случи́ться pf.
transplant vt переса́живать impf, пересади́ть pf; (med) де́лать impf, c~ pf переса́дку+gen; n (med) переса́дка.
transport n (various senses) тра́нспорт; (conveyance) перево́зка; attrib тра́нспортный; vt перевози́ть impf, перевезти́ pf. **transportation** n тра́нспорт, перево́зка.
transpose vt переставля́ть impf, переста́вить pf; (mus) транспони́ровать impf & pf. **transposition** n перестано́вка; (mus) транспониро́вка.
transverse adj попере́чный.
transvestite n трансвести́т.
trap n лову́шка (also fig), западня́; vt (catch) лови́ть impf, пойма́ть pf (в лову́шку); (jam) защемля́ть impf, защеми́ть pf. **trapdoor** n люк.
trapeze n трапе́ция.
trapper n звероло́в.
trappings n pl (fig) (exterior attributes) вне́шние атрибу́ты m pl; (adornments) украше́ния neut pl.
trash n дрянь (coll). **trashy** adj дрянно́й.

trauma n тра́вма. **traumatic** adj травмати́ческий.

travel n путеше́ствие; ~ agency бюро́ neut indecl путеше́ствий; ~ sick: be ~-sick ука́чивать impf; укача́ть pf impers +acc; I am ~-sick in cars меня́ в маши́не ука́чивает; vi путеше́ствовать impf; vt объезжа́ть impf, объе́хать pf. **traveller** n путеше́ственник; (salesman) коммивояжёр; ~'s cheque тури́стский чек.

traverse vt пересека́ть impf, пересе́чь pf.

travesty n паро́дия.

trawler n тра́улер.

tray n подно́с; in- (out-)~ корзи́нка для входя́щих (исходя́щих) бума́г.

treacherous adj преда́тельский; (unsafe) ненадёжный. **treachery** n преда́тельство.

treacle n па́тока.

tread n похо́дка; (stair) ступе́нька; (of tyre) проте́ктор; vi ступа́ть impf, ступи́ть pf, ~ on наступа́ть impf, наступи́ть pf на+acc; vt топта́ть impf.

treason n изме́на.

treasure n сокро́вище; vt высоко́ цени́ть impf. **treasurer** n казначе́й. **treasury** n (also fig) сокро́вищница; the T~ госуда́рственное казначе́йство.

treat n (pleasure) удово́льствие; (entertainment) угоще́ние; vt (have as guest) угоща́ть impf, угости́ть pf (to +instr); (med) лечи́ть impf (for or +gen; with +instr); (behave towards) обраща́ться impf c+instr; (process) обраба́тывать impf, обрабо́тать pf (with +instr); (discuss) тракто́вать impf o+prep; (regard) относи́ться impf, отнести́сь pf к+dat (as как к+dat). **treatise** n тракта́т. **treatment** n (behaviour) обраще́ние; (med) лече́ние; (processing) обрабо́тка; (discussion) тракто́вка. **treaty** n догово́р.

treble adj тройно́й; (trebled) утро́енный; adv втро́е; n (mus) дискáнт; vt & i утра́ивать(ся) impf, утро́ить(ся) pf.

tree n де́рево.

trek n (migration) переселе́ние; (journey) путеше́ствие; vi (migrate) пересе́ляться impf, пересели́ться pf;

(journey) путеше́ствовать impf.

trellis n шпале́ра; (for creepers) решётка.

tremble vi дрожа́ть impf (with от +gen). **trembling** n дрожь; in fear and ~ трепеща́.

tremendous adj (huge) огро́мный; (excellent) потряса́ющий.

tremor n дрожь; (earthquake) толчо́к. **tremulous** adj дрожа́щий.

trench n кана́ва, ров; (mil) око́п.

trend n направле́ние, тенде́нция. **trendy** adj мо́дный.

trepidation n тре́пет.

trespass n (on property) наруше́ние грани́ц; vi наруша́ть impf, нару́шить pf грани́цу (on +gen); (fig) вторга́ться impf, вто́ргнуться pf (on в+acc). **trespasser** n наруши́тель m.

trestle n ко́злы (-зел, -злам) pl; ~ table стол на ко́злах.

trial n (test) испыта́ние (also ordeal), про́ба; (law) проце́сс, суд; (sport) попы́тка; on ~ (probation) на испыта́нии; (of objects) взя́тый на про́бу; (law) под судо́м; ~ and error ме́тод проб и оши́бок.

triangle n треуго́льник. **triangular** adj треуго́льный.

tribal adj племенно́й. **tribe** n пле́мя neut.

tribulation n го́ре, несча́стье.

tribunal n трибуна́л.

tributary n прито́к. **tribute** n дань; pay ~ (fig) отдава́ть impf, отда́ть pf дань (уваже́ния) (to +dat).

trice n: in a ~ мгнове́нно.

trick n (ruse) хи́трость; (deception) обма́н; (conjuring ~) фо́кус; (stunt) трюк; (joke) шу́тка; (habit) привы́чка; (cards) взя́тка; play a ~ on игра́ть impf, сыгра́ть pf шу́тку с +instr; vt обма́нывать impf, обману́ть pf. **trickery** n обма́н.

trickle vi сочи́ться impf.

trickster n обма́нщик. **tricky** adj сло́жный.

tricycle n трёхколёсный велосипе́д.

trifle n пустя́к; a ~ (adv) немно́го +gen; vi шути́ть impf, по~ pf (with c+instr). **trifling** adj пустяко́вый.

trigger n (of gun) куро́к; vt: ~ off вызыва́ть impf, вы́звать pf.

trill n трель.

trilogy n трило́гия.

trim n поря́док, гото́вность; **in fighting** ~ в боево́й гото́вности; **in good** ~ (sport) в хоро́шей фо́рме; (haircut) подстри́жка; adj опря́тный; vt (cut, clip, cut off) подреза́ть impf, подре́зать pf; (hair) подстрига́ть impf, подстри́чь pf; (a dress etc.) отде́лывать impf, отде́лать pf. **trimming** n (on dress) отде́лка; (to food) гарни́р.

Trinity n Тро́ица.

trinket n безделу́шка.

trio n три́о neut indecl; (of people) тро́йка.

trip n пое́здка, путеше́ствие, экску́рсия; (business ~) командиро́вка; vi (stumble) спотыка́ться impf, споткну́ться pf (over o+acc); vt (also ~ up) подставля́ть impf, подста́вить pf но́жку +dat (also fig); (confuse) запу́тывать impf, запу́тать pf.

triple adj тройно́й; (tripled) утро́енный; vt & i утра́ивать(ся) impf, утро́ить(ся) pf. **triplet** n (mus) трио́ль; (one of ~s) близне́ц (из тро́йни); pl тро́йня.

tripod n трено́жник.

trite adj бана́льный.

triumph n торжество́, побе́да; vi торжествова́ть impf, вос~ pf (over над+instr). **triumphal** adj триумфа́льный. **triumphant** adj (exultant) торжеству́ющий; (victorious) победоно́сный.

trivia n pl ме́лочи (-че́й) pl. **trivial** adj незначи́тельный. **triviality** n тривиа́льность. **trivialize** vt опошля́ть impf, опо́шлить pf.

trolley n теле́жка; (table on wheels) сто́лик на колёсиках. **trolley-bus** n тролле́йбус.

trombone n тромбо́н.

troop n гру́ппа, отря́д; pl (mil) войска́ neut pl; vi идти́ impf, по~ pf стро́ем.

trophy n трофе́й; (prize) приз.

tropic n тро́пик. **tropical** adj тропи́ческий.

trot n рысь; vi рыси́ть impf; (rider) е́здить indet, е́хать det, по~ pf ры́сью; (horse) ходи́ть indet, идти́ det, пойти́ pf ры́сью.

trouble n (worry) беспоко́йство, трево́га; (misfortune) беда́; (unpleasant-ness) неприя́тности f pl; (effort, pains) труд; (care) забо́та; (disrepair) неиспра́вность (with в+prep); (illness) боле́знь; heart ~ больно́е се́рдце; ~-maker наруши́тель m, ~ница споко́йствия; ask for ~ напра́шиваться impf, напроси́ться pf на неприя́тности; be in ~ име́ть impf неприя́тности; get into ~ попа́сть pf в беду́; take ~ стара́ться impf, по~ pf; take the ~ труди́ться impf, по~ pf (to +inf); the ~ is (that) беда́ в том, что; vt (make anxious, disturb, give pain) беспоко́ить impf; may I ~ you for ...? мо́жно попроси́ть у вас +acc?; vi (take the ~) труди́ться impf. **troubled** adj беспоко́йный. **troublesome** adj (restless, fidgety) беспоко́йный; (capricious) капри́зный; (difficult) тру́дный.

trough n (for food) корму́шка.

trounce vt (beat) поро́ть impf, вы́~ pf; (defeat) разбива́ть impf, разби́ть pf.

troupe n тру́ппа.

trouser-leg n штани́на (coll). **trousers** n pl брю́ки (-к) pl, штаны́ (-но́в) pl.

trout n форе́ль.

trowel n (for building) мастеро́к; (garden ~) садо́вый сово́к.

truancy n прогу́л. **truant** n прогу́льщик; **play** ~ прогу́ливать impf, прогуля́ть pf.

truce n переми́рие.

truck[1] n: have no ~ with не име́ть impf никаки́х дел с+instr.

truck[2] n (lorry) грузови́к; (rly) ваго́н-платфо́рма.

truculent adj свире́пый.

trudge vi уста́ло тащи́ться impf.

true adj (faithful, correct) ве́рный; (correct) пра́вильный; (story) правди́вый; (real) настоя́щий; **come** ~ сбыва́ться impf, сбы́ться pf.

truism n трюи́зм. **truly** adv (sincerely) и́скренне; (really, indeed) действи́тельно; **yours** ~ пре́данный Вам.

trump n ко́зырь m; vt бить impf, по~ pf ко́зырем; ~ **up** фабрикова́ть impf, с~ pf.

trumpet n труба́; vt (proclaim) труби́ть impf о+prep. **trumpeter** n труба́ч.

truncate vt усека́ть impf, усе́чь pf.

truncheon n дуби́нка.

trundle vt & i ката́ть(ся) indet, кати́ть(ся) det, по~ pf.

trunk n (stem) ствол; (anat) ту́ловище; (elephant's) хо́бот; (box) сунду́к; pl (swimming) пла́вки (-вок) pl; (boxing etc.) трусы́ (-со́в) pl; ~ **call** вы́зов по междугоро́дному телефо́ну; ~ **road** магистра́льная доро́га.

truss n (girder) фе́рма; (med) грыжево́й банда́ж; vt (tie (up), bird) свя́зывать impf, связа́ть pf; (reinforce) укрепля́ть impf, укрепи́ть pf.

trust n дове́рие; (body of trustees) опе́ка; (property held in ~) дове́рительная со́бственность; (econ) трест; **take on** ~ принима́ть impf, приня́ть pf на ве́ру; vt доверя́ть impf, дове́рить pf +dat (with +acc; **to** +inf); vi (hope) наде́яться impf, по~ pf. **trustee** n опеку́н. **trustful, trusting** adj дове́рчивый. **trustworthy, trusty** adj надёжный, ве́рный.

truth n пра́вда; **tell the** ~ говори́ть impf, сказа́ть pf пра́вду; **to tell you the** ~ по пра́вде говоря́. **truthful** adj правди́вый.

try n (attempt) попы́тка; (test, trial) испыта́ние, про́ба; vt (taste; sample) про́бовать impf, по~ pf; (patience) испы́тывать impf, испыта́ть pf; (law) суди́ть impf (**for** за+acc); vi (endeavour) стара́ться impf, по~ pf; ~ **on** (clothes) примеря́ть impf, приме́рить pf. **trying** adj тру́дный.

tsar n царь m. **tsarina** n цари́ца.

tub n ка́дка; (bath) ва́нна; (of margarine etc.) упако́вка.

tubby adj то́лстенький.

tube n тру́бка, труба́; (toothpaste etc.) тю́бик; (underground) метро́ neut indecl.

tuber n клу́бень m. **tuberculosis** n туберкулёз.

tubing n тру́бы m pl. **tubular** adj тру́бчатый.

tuck n (in garment) скла́дка; vt (thrust into, ~ away) засо́вывать impf, засу́нуть pf (hide away) пря́тать impf, с~ pf; ~ **in** (shirt etc.) заправля́ть impf, запра́вить pf; ~ **in, up** (blanket, skirt) подтыка́ть impf, подоткну́ть pf; ~ **up** (sleeves) засу́чивать impf, засучи́ть pf; (in bed) укры-

ва́ть impf, укры́ть pf.

Tuesday n вто́рник.

tuft n пучо́к.

tug vt тяну́ть impf, по~ pf; vi (sharply) дёргать impf, дёрнуть pf (**at** за+acc); n рыво́к; (tugboat) букси́р.

tuition n обуче́ние (**in** +dat).

tulip n тюльпа́н.

tumble vi (fall) па́дать impf, (у)па́сть pf; n паде́ние. **tumbledown** adj полуразру́шенный. **tumbler** n стака́н.

tumour n о́пухоль.

tumult n (uproar) сумато́ха; (agitation) волне́ние. **tumultuous** adj шу́мный.

tuna n туне́ц.

tundra n ту́ндра.

tune n мело́дия; **in** ~ в тон, (of instrument) настро́енный; **out of** ~ не в тон, фальши́вый, (of instrument) расстро́енный; **change one's** ~ (пере)меня́ть impf, перемени́ть pf тон; vt (instrument; radio) настра́ивать impf, настро́ить pf; (engine etc.) регули́ровать impf, от~ pf; ~ **in** настра́ивать impf, настро́ить (radio) ра́дио (**to** на+acc); vi: ~ **up** настра́ивать impf, настро́ить pf инструме́нт(ы). **tuneful** adj мело́дичный. **tuner** n (mus) настро́йщик; (receiver) приёмник.

tunic n туни́ка; (of uniform) ки́тель m.

tuning n настро́йка; (of engine) регулиро́вка; ~**-fork** камерто́н.

tunnel n тунне́ль m; vi прокла́дывать impf, проложи́ть pf тунне́ль m.

turban n тюрба́н.

turbine n турби́на.

turbulence n бу́рность; (aeron) турбуле́нтность. **turbulent** adj бу́рный.

tureen n су́пник.

turf n дёрн.

turgid adj (pompous) напы́щенный.

Turk n ту́рок, турча́нка. **Turkey** n Ту́рция.

turkey n индю́к, f инде́йка; (dish) индю́шка.

Turkish adj туре́цкий. **Turkmenistan** n Туркмениста́н.

turmoil n (disorder) беспоря́док; (uproar) сумато́ха.

turn n (change of direction) поворо́т;

(*revolution*) оборо́т; (*service*) услу́га; (*change*) измене́ние; (*one's ~ to do sth*) о́чередь; (*theat*) но́мер; ~ of phrase оборо́т ре́чи; at every ~ на ка́ждом шагу́; by, in turn(s) по о́череди; *vt* (*handle, key, car around, etc.*) повора́чивать *impf*, поверну́ть *pf*; (*revolve, rotate*) враща́ть *impf*; (*page; on its face*) переве́ртывать *impf*, переверну́ть *pf*; (*direct*) направля́ть *impf*, напра́вить *pf*; (*cause to become*) де́лать *impf*, с~ *pf* +*instr*; (*on lathe*) точи́ть *impf*; *vi* (*change direction*) повора́чивать *impf*, поверну́ть *pf*; (*rotate*) враща́ться *impf*; (*~ round*) повора́чиваться *impf*, поверну́ться *pf*; (*become*) станови́ться *impf*, стать *pf* +*instr*; ~ against ополча́ться *impf*, ополчи́ться *pf* на +*acc*, про́тив+*gen*; ~ around *see* ~ round; ~ away (*vt & i*) отвора́чивать(ся) *impf*, отверну́ть(ся) *pf*; (*refuse admittance*) прогоня́ть *impf*, прогна́ть *pf*; ~ back (*vi*) повора́чивать *impf*, поверну́ть наза́д; (*vt*) (*bend back*) отгиба́ть *impf*, отогну́ть *pf*; ~ down (*refuse*) отклоня́ть *impf*, отклони́ть *pf*; (*collar*) отгиба́ть *impf*, отогну́ть *pf*; (*make quieter*) де́лать *impf*, с~ *pf* ти́ше; ~ grey (*vi*) седе́ть *impf*, по~ *pf*; ~ in (*so as to face inwards*) повора́чивать *impf*, поверну́ть *pf* вовну́трь; ~ inside out вывора́чивать *impf*, вы́вернуть *pf* наизна́нку; ~ into (*change into*) (*vt & i*) превраща́ть(ся) *impf*, преврати́ть(ся) *pf* в+*acc*; (*street*) свора́чивать *impf*, сверну́ть *pf* на +*acc*; ~ off (*light, radio etc.*) выключа́ть *impf*, вы́ключить *pf*; (*tap*) закрыва́ть *impf*, закры́ть *pf*; (*branch off*) свора́чивать *impf*, сверну́ть *pf*; ~ on (*light, radio etc.*) включа́ть *impf*, включи́ть *pf*; (*tap*) открыва́ть *impf*, откры́ть *pf*; (*attack*) напада́ть *impf*, напа́сть *pf* на +*acc*; ~ out (*light etc.*): *see* ~ off; (*prove to be*) ока́зываться *impf*, оказа́ться *pf* (*to be* +*instr*); (*drive out*) выгоня́ть *impf*, вы́гнать *pf*; (*pockets*) выверта́ть *impf*, вы́вернуть *pf*; (*be present*) приходи́ть *impf*, прийти́ *pf*; (*product*) выпуска́ть *impf*, вы́пустить *pf*; ~ over (*page, on its face, roll over*) (*vt & i*)

переве́ртывать(ся) *impf*, переверну́ть(ся) *pf*; (*hand over*) передава́ть *impf*, переда́ть *pf*; (*think about*) обду́мывать *impf*, обду́мать *pf*; (*overturn*) (*vt & i*) опроки́дывать(ся) *impf*, опроки́нуть(ся) *pf*; ~ pale бледне́ть *impf*, по~ *pf*; ~ red красне́ть *impf*, по~ *pf*; ~ round (*vi*) (*rotate*; ~ *one's back*; ~ *to face sth*) повёртываться *impf*, поверну́ться *pf*; (~ *to face*) обора́чиваться *impf*, оберну́ться *pf*; (*vt*) повёртывать *impf*, поверну́ть *pf*; ~ sour скиса́ть *impf*, ски́снуть *pf*; ~ to обраща́ться *impf*, обрати́ться *pf* к+*dat* (*for* за +*instr*); ~ up (*appear*) появля́ться *impf*, появи́ться *pf*; (*be found*) находи́ться *impf*, найти́сь *pf*; (*shorten garment*) подшива́ть *impf*, подши́ть *pf*; (*crop up*) подвёртываться *impf*, подверну́ться *pf*; (*bend up; stick up*) (*vt & i*) загиба́ть(ся) *impf*, загну́ть(ся) *pf*; (*make louder*) де́лать *impf*, с~ *pf* гро́мче; ~ up one's nose вороти́ть *impf* нос (at *or*+*gen*) (*coll*); ~ upside down перевора́чивать *impf*, переверну́ть *pf* вверх дном.

turn-out *n* коли́чество приходя́щих.

turn-up *n* (*on trousers*) обшла́г.

turner *n* то́карь *m*.

turning *n* (*road*) поворо́т. **turning-point** *n* поворо́тный пункт.

turnip *n* ре́па.

turnover *n* (*econ*) оборо́т; (*of staff*) теку́честь рабо́чей си́лы.

turnpike *n* доро́жная заста́ва.

turnstile *n* турнике́т.

turntable *n* (*rly*) поворо́тный круг; (*gramophone*) диск.

turpentine *n* скипида́р.

turquoise *n* (*material, stone*) бирюза́; *adj* бирюзо́вый.

turret *n* ба́шенка.

turtle *n* черепа́ха.

turtle-dove *n* го́рлица.

tusk *n* би́вень *m*, клык.

tussle *n* дра́ка; *vi* дра́ться *impf* (for за+*acc*).

tutor *n* (*private teacher*) ча́стный дома́шний учи́тель *m*, ~ница; (*univ*) преподава́тель *m*, ~ница; (*primer*) уче́бник; *vt* (*instruct*) обуча́ть *impf*, обучи́ть *pf* (**in** +*dat*); (*give lessons to*) дава́ть *impf*, дать *pf* уро́ки+*dat*; (*guide*) руководи́ть *impf* +*instr*.

tutorial n консультáция.

tutu n (*ballet*) пáчка.

TV abbr (*of television*) ТВ, телевúдение; (*set*) телевúзор.

twang n (*of string*) рéзкий звук (натя́нутой струны); (*voice*) гнусáвый гóлос.

tweak n щипóк; vt щипáть impf, (у)щипнýть pf.

tweed n твид.

tweezers n pl пинцéт.

twelfth adj & n двенáдцатый. **twelve** adj & n двенáдцать.

twentieth adj & n двадцáтый. **twenty** adj & n двáдцать; pl (*decade*) двадцáтые гóды (-дóв) m pl.

twice adv двáжды; ~ **as** вдвóе, в два рáза +comp.

twiddle vt (*turn*) вертéть impf +acc, instr; (*toy with*) игрáть impf +instr; ~ **one's thumbs** (*fig*) бездéльничать impf.

twig n вéточка, прут.

twilight n сýмерки (-рек) pl.

twin n близнéц; pl (*Gemini*) Близнецы́ m pl; ~ **beds** пáра однослáльных кровáтей; ~ **brother** брат-близнéц; ~ **town** гóрод-побратúм.

twine n бечёвка, шпагáт; (*twist, weave*) вить impf, с~ pf; vt & i (*round*) обвивáть(ся) impf, обвúть(ся) pf.

twinge n прúступ (бóли); (*of conscience*) угрызéние.

twinkle n мерцáние; (*of eyes*) огонёк; vi мерцáть impf, сверкáть impf. **twinkling** n мерцáние; in the ~ **of an eye** в мгновéние óка.

twirl vt & i (*twist, turn*) вертéть(ся) impf; (*whirl, spin*) кружúть(ся) impf.

twist n (*bend*) изгúб, поворóт; (~*ing*) кручéние; (*in story*) поворóт фáбулы; vt скрýчивать impf, крутúть impf, с~ pf; (*distort*) искажáть impf, исказúть pf; (*sprain*) подвёртывать impf, подвернýть pf; vi (*climb, meander, twine*) вúться impf. **twisted** adj искривлённый (*also fig*).

twit n дурáк.

twitch n подёргивание; vt & i дёргать(ся) impf, дёрнуть(ся) pf (at за +acc).

twitter n щéбет; vi щебетáть impf, чирúкать impf.

two adj & n два, две (f); (*collect; 2 pairs*) двóе; (*number 2*) двóйка; in ~ (*in half*) нáдвое, пополáм; ~**seater** n двухмéстный (автомобúль); ~**way** adj двустронний. **twofold** adj двойнóй; adv вдвойнé. **twosome** n пáра.

tycoon n магнáт.

type n тип, род; (*printing*) шрифт; vt писáть impf, на~ pf на машúнке. **typescript** n машúнопись. **typewriter** n пúшущая машúнка. **typewritten** adj машинопúсный.

typhoid n брюшнóй тиф.

typical adj типúчный. **typify** vt служúть impf, по~ pf типúчным примéром +gen.

typist n машинúстка.

typography n книгопечáтание; (*style*) оформлéние.

tyrannical adj тиранúческий. **tyrant** n тирáн.

tyre n шúна.

U

ubiquitous adj вездесýщий.

udder n вы́мя neut.

UFO abbr (*of unidentified flying object*) НЛО, неопóзнанный летáющий объéкт.

ugh int тьфу!

ugliness n урóдство. **ugly** adj некрасúвый, урóдливый; (*unpleasant*) непригля́дный.

UK abbr (*of United Kingdom*) Соединённое Королéвство.

Ukraine n Украúна. **Ukrainian** n украúнец, -нка; adj украúнский.

ulcer n я́зва.

ulterior adj скры́тый.

ultimate adj (*final*) послéдний, окончáтельный; (*purpose*) конéчный. **ultimately** adv в конéчном счёте, в концé концóв. **ultimatum** n ультимáтум.

ultrasound n ультразвýк. **ultra-violet** adj ультрафиолéтовый.

umbilical adj: ~ **cord** пуповúна.

umbrella n зóнтик, зонт.

umpire n судья́ m; vt & i судúть impf.

umpteenth adj: for the ~ **time** в котóрый раз.

unabashed adj без вся́кого смущéния. **unabated** adj неослáбленный.

unable adj: be ~ to не мочь impf, с~ pf; быть не в состоянии; (not know how to) не уметь impf, с~ pf. **unabridged** adj несокращённый. **unaccompanied** adj без сопровождения; (mus) без аккомпанемента. **unaccountable** adj необъяснимый. **unaccustomed** adj (not accustomed) непривычкий (to к+dat); (unusual) непривычный. **unadulterated** adj чистый; (utter) чистейший. **unaffected** adj непринуждённый. **unaided** adj без помощи, самостоятельный. **unambiguous** adj недвусмысленный. **unanimity** n единодушие. **unanimous** adj единодушный. **unanswerable** adj (irrefutable) неопровержимый. **unarmed** adj невооружённый. **unashamed** adj бессовестный. **unassailable** adj неприступный; (irrefutable) неопровержимый. **unassuming** adj скромный. **unattainable** adj недосягаемый. **unattended** adj без присмотра. **unattractive** adj непривлекательный. **unauthorized** adj неразрешённый. **unavailable** adj не имеющийся в наличии, недоступный. **unavoidable** adj неизбежный. **unaware** predic: be ~ of не сознавать impf +acc; не знать impf о+prep. **unawares** adv врасплох.
unbalanced adj (psych) неуравновешенный. **unbearable** adj невыносимый. **unbeatable** adj (unsurpassable) не могущий быть превзойдённым; (invincible) непобедимый. **unbeaten** adj (undefeated) непокорённый; (unsurpassed) непревзойдённый. **unbelief** n неверие. **unbelievable** adj невероятный. **unbeliever** n неверующий sb. **unbiased** adj беспристрастный. **unblemished** adj незапятнанный. **unblock** vt прочищать impf, прочистить pf. **unbolt** vt отпирать impf, отпереть pf. **unborn** adj ещё не рождённый. **unbounded** adj неограниченный. **unbreakable** adj небьющийся. **unbridled** adj разнузданный. **unbroken** adj (intact) неразбитый, целый; (continuous) непрерывный; (unsurpassed) непобитый; (horse) необъезженный. **unbuckle** vt расстёгивать impf, расстегнуть pf. **unburden** vt:

~ o.s. отводить impf, отвести pf душу. **unbutton** vt расстёгивать impf, расстегнуть pf.
uncalled-for adj неуместный. **uncanny** adj жуткий, сверхъестественный. **unceasing** adj непрерывный. **unceremonious** adj бесцеремонный. **uncertain** adj (not sure, hesitating) неуверенный; (indeterminate) неопределённый, неясный; be ~ (not know for certain) точно не знать impf; in no ~ terms недвусмысленно. **uncertainty** n неизвестность; неопределённость. **unchallenged** adj не вызывающий возражений. **unchanged** adj неизменившийся. **unchanging** adj неизменяющийся. **uncharacteristic** adj нетипичный. **uncharitable** adj немилосердный, жестокий. **uncharted** adj неисследованный. **unchecked** adj (unrestrained) необузданный. **uncivilized** adj нецивилизованный. **unclaimed** adj невостребованный. **uncle** n дядя m.
unclean adj нечистый. **unclear** adj неясный. **uncomfortable** adj неудобный. **uncommon** adj необыкновенный; (rare) редкий. **uncommunicative** adj неразговорчивый, сдержанный. **uncomplaining** adj безропотный. **uncomplicated** adj несложный. **uncompromising** adj бескомпромиссный. **unconcealed** adj нескрываемый. **unconcerned** adj (unworried) беззаботный; (indifferent) равнодушный. **unconditional** adj безоговорочный, безусловный. **unconfirmed** adj неподтверждённый. **unconnected** adj ~ with не связанный с+instr. **unconscious** adj (also unintentional) бессознательный; (predic) без сознания; be ~ of не сознавать impf +gen; n подсознательное sb. **unconsciousness** n бессознательное состояние. **unconstitutional** adj неконституционный. **uncontrollable** adj неудержимый. **uncontrolled** adj бесконтрольный. **unconventional** adj необычный; оригинальный. **unconvincing** adj неубедительный. **uncooked** adj сырой. **uncooperative** adj неотзывчивый. **uncouth** adj грубый. **uncover** vt раскрывать

impf, раскры́ть *pf.* **uncritical** *adj* некрити́чный.

unctuous *adj* еле́йный.

uncut *adj* неразре́занный; *(unabridged)* несокращённый.

undamaged *adj* неповреждённый. **undaunted** *adj* бесстра́шный. **undecided** *adj (not settled)* нерешённый; *(irresolute)* нереши́тельный. **undefeated** *adj* непокорённый. **undemanding** *adj* нетре́бовательный. **undemocratic** *adj* недемократи́ческий. **undeniable** *adj* неоспори́мый.

under *prep (position)* под+*instr;* *(direction)* под+*acc; (fig)* под +*instr; (less than)* ме́ньше+*gen; (in view of, in the reign, time of)* при+*prep;* ~-**age** несовершенноле́тний; ~**way** на ходу́; *adv (position)* внизу́; *(direction)* вниз; *(less)* ме́ньше.

undercarriage *n* шасси́ *neut indecl.* **underclothes** *n pl* ни́жнее бельё. **undercoat** *n (of paint)* грунто́вка. **undercover** *adj* та́йный. **undercurrent** *n* подво́дное тече́ние; *(fig)* скры́тая тенде́нция. **undercut** *vt (price)* назнача́ть *impf,* назна́чить *pf* бо́лее ни́зкую це́ну чем+*nom.* **underdeveloped** *adj* слаборазви́тый. **underdog** *n* неуда́чник.

underdone *adj* недожа́ренный. **underemployment** *n* непо́лная за́нятость. **underestimate** *vt* недооце́нивать *impf,* недооцени́ть *pf; n* недооце́нка. **underfoot** *adv* под нога́ми.

undergo *vt* подверга́ться *impf,* подве́ргнуться *pf* +*dat; (endure)* переноси́ть *impf,* перенести́ *pf.* **undergraduate** *n* студе́нт, ~ка. **underground** *n (rly)* метро́ *neut indecl; (fig)* подпо́лье; *adj* подзе́мный; *adv* под землёй; *(fig)* подпо́льно. **undergrowth** *n* подле́сок. **underhand** *adj* закули́сный. **underlie** *vt (fig)* лежа́ть *impf* в осно́ве +*gen.* **underline** *vt* подчёркивать *impf,* подчеркну́ть *pf.* **underlying** *adj* лежа́щий в осно́ве. **underling** *n* подчинённый *sb.*

undermine *vt (authority)* подрыва́ть *impf,* подорва́ть *pf; (health)* разруша́ть *impf,* разру́шить *pf.*

underneath *adv (position)* внизу́; *(direction)* вниз; *prep (position)* под +*instr; (direction)* под+*acc; n* ни́жняя часть; *adj* ни́жний.

undernourished *adj* исхуда́лый; be ~ недоеда́ть *impf.*

underpaid *adj* низкоопла́чиваемый. **underpants** *n pl* трусы́ (-со́в) *pl.* **underpass** *n* прое́зд под полотно́м доро́ги; тонне́ль *m* подводи́ть *impf,* подвести́ *pf* фунда́мент под+*acc; (fig)* подде́рживать *impf,* поддержа́ть *pf.* **underprivileged** *adj* обделённый; *(poor)* бе́дный. **underrate** *vt* недооце́нивать *impf,* недооцени́ть *pf.*

underscore *vt* подчёркивать *impf,* подчеркну́ть *pf.* **under-secretary** *n* замести́тель *m* мини́стра. **underside** *n* ни́жняя сторона́, низ. **undersized** *adj* малоро́слый. **understaffed** *adj* неукомплекто́ванный.

understand *vt* понима́ть *impf,* поня́ть *pf; (have heard say)* слы́шать *impf.* **understandable** *adj* поня́тный. **understanding** *n* понима́ние; *(agreement)* соглаше́ние; *adj (sympathetic)* отзы́вчивый.

understate *vt* преуменьша́ть *impf,* преуме́ньшить *pf.* **understatement** *n* преуменьше́ние.

understudy *n* дублёр.

undertake *vt (enter upon)* предпринима́ть *impf,* предприня́ть *pf; (responsibility)* брать *impf,* взять *pf* на себя́; *(+inf)* обя́зываться *impf,* обяза́ться *pf.* **undertaker** *n* гробовщи́к. **undertaking** *n* предприя́тие; *(pledge)* гара́нтия.

undertone *n (fig)* подте́кст; in an ~ вполго́лоса. **underwater** *adj* подво́дный. **underwear** *n* ни́жнее бельё. **underweight** *adj* исхуда́лый. **underworld** *n (mythology)* преиспо́дняя *sb; (criminals)* престу́пный мир. **underwrite** *vt (guarantee)* гаранти́ровать *impf & pf.* **underwriter** *n* страхо́вщик.

undeserved *adj* незаслу́женный. **undesirable** *adj* нежела́тельный; *n* нежела́тельное лицо́. **undeveloped** *adj* нера́звитый; *(land)* незастро́енный. **undignified** *adj* недосто́йный. **undiluted** *adj* неразба́вленный. **undisciplined** *adj* недисциплини́рованный. **undiscovered** *adj* неоткры́тый. **undisguised** *adj* я́вный.

undisputed adj бесспо́рный. **undistinguished** adj заура́дный. **undisturbed** adj (untouched) нетро́нутый; (peaceful) споко́йный. **undivided** adj: ~ attention по́лное внима́ние **undo** vt (open) открыва́ть impf, откры́ть pf; (untie) развя́зывать impf, развяза́ть pf; (unbutton, unhook, unbuckle) расстёгивать impf, расстегну́ть pf; (destroy, cancel) уничтожа́ть impf, уничто́жить pf. **undoubted** adj несомне́нный. **undoubtedly** adv несомне́нно. **undress** vt & i раздева́ть(ся) impf, разде́ть(ся) pf. **undue** adj чрезме́рный. **unduly** adv чрезме́рно.

undulating adj волни́стый; (landscape) холми́стый.

undying adj (eternal) ве́чный.

unearth vt (dig up) выка́пывать impf, вы́копать pf из земли́; (fig) раска́пывать impf, раскопа́ть pf. **uneasiness** n (anxiety) беспоко́йство; (awkwardness) нело́вкость. **uneasy** adj беспоко́йный; нело́вкий. **uneconomic** adj нерента́бельный. **uneconomical** adj (car etc.) неэкономи́чный; (person) неэконо́мный. **uneducated** adj необразо́ванный. **unemployed** adj безрабо́тный. **unemployment** n безрабо́тица; ~ benefit посо́бие по безрабо́тице. **unending** adj бесконе́чный. **unenviable** adj незави́дный. **unequal** adj нера́вный. **unequalled** adj непревзойдённый. **unequivocal** adj недвусмы́сленный. **unerring** adj безоши́бочный.

uneven adj неро́вный. **uneventful** adj непримеча́тельный. **unexceptional** adj обы́чный. **unexpected** adj неожи́данный. **unexplored** adj неиссле́дованный.

unfailing adj неизме́нный; (inexhaustible) неисчерпа́емый. **unfair** adj несправедли́вый. **unfaithful** adj неве́рный. **unfamiliar** adj незнако́мый; (unknown) неве́домый. **unfashionable** adj немо́дный. **unfasten** vt (detach, untie) открепля́ть impf, открепи́ть pf; (undo, unbutton, unhook) расстёгивать impf, расстегну́ть pf; (open) открыва́ть impf, откры́ть pf. **unfavourable** adj неблагоприя́тный. **unfeeling** adj

бесчу́вственный. **unfinished** adj незако́нченный. **unfit** adj него́дный; (unhealthy) нездоро́вый. **unflagging** adj неослабева́ющий. **unflattering** adj нелестный. **unflinching** adj непоколеби́мый. **unfold** vt & i развёртывать(ся) impf, верну́ть(ся) pf; vi (fig) раскрыва́ться impf, раскры́ться pf. **unforeseen** adj непредви́денный. **unforgettable** adj незабыва́емый. **unforgivable** adj непрости́тельный. **unforgiving** adj непроща́ющий. **unfortunate** adj несча́стный; (regrettable) неуда́чный; n неуда́чник. **unfortunately** adv к сожале́нию. **unfounded** adj необосно́ванный. **unfriendly** adj недружелю́бный. **unfulfilled** adj (hopes etc.) неосуществлённый; (person) неудовлетворённый. **unfurl** vt & i развёртывать(ся) impf, разверну́ть(ся) pf. **unfurnished** adj немеблиро́ванный.

ungainly adj неуклю́жий. **ungovernable** adj неуправля́емый. **ungracious** adj нелюбе́зный. **ungrateful** adj неблагода́рный. **unguarded** adj (incautious) неосторо́жный.

unhappiness n несча́стье. **unhappy** adj несчастли́вый. **unharmed** adj невреди́мый. **unhealthy** adj нездоро́вый; (harmful) вре́дный. **unheard-of** adj неслы́ханный. **unheeded** adj незаме́ченный. **unheeding** adj невнима́тельный. **unhelpful** adj бесполе́зный; (person) неотзы́вчивый. **unhesitating** adj реши́тельный. **unhesitatingly** adv без колеба́ния. **unhindered** adj беспрепя́тственный. **unhinge** vt (fig) расстра́ивать impf, расстро́ить pf. **unholy** adj (impious) нечести́вый; (awful) ужа́сный. **unhook** vt (undo hooks of) расстёгивать impf, расстегну́ть pf; (uncouple) расцепля́ть impf, расцепи́ть pf. **unhurt** adj невреди́мый.

unicorn n единоро́г.

unification n объедине́ние.

uniform n фо́рма; adj единообра́зный; (unchanging) постоя́нный. **uniformity** n единообра́зие.

unify vt объединя́ть impf, объедини́ть pf.

unilateral adj односторо́нний.

unimaginable *adj* невообрази́мый.
unimaginative *adj* лишённый вообра́жения, прозаи́чный. **unimportant** *adj* нева́жный. **uninformed** *adj* (*ignorant*) несве́дущий (**about** *to* +*prep*); (*ill-informed*) неосведомлённый. **uninhabited** *adj* необита́емый. **uninhibited** *adj* нестеснённый. **uninspired** *adj* бана́льный. **unintelligible** *adj* непоня́тный. **unintentional** *adj* неча́янный.**unintentionally** *adv* неча́янно.**uninterested** *adj* незаинтересо́ванный. **uninteresting** *adj* неинтере́сный. **uninterrupted** *adj* непреры́вный.

union *n* (*alliance*) сою́з; (*joining together, alliance*) объедине́ние; (*trade ~*) профсою́з; **unionist** *n* член профсою́за; (*polit*) униони́ст.

unique *adj* уника́льный.

unison *n*: **in ~** (*mus*) в унисо́н; (*fig*) в согла́сии.

unit *n* едини́ца; (*mil*) часть.

unite *vt & i* соедини́ть(ся) *impf*, соедини́ть(ся) *pf*; объедини́ть(ся) *impf*, объедини́ть(ся) *pf*. **united** *adj* соединённый, объединённый; **U~ Kingdom** Соединённое Короле́вство; **U~ Nations** Организа́ция Объединённых На́ций; **U~ States** Соединённые Шта́ты *m pl* Аме́рики.

unity *n* еди́нство.

universal *adj* всео́бщий; (*many-sided*) универса́льный. **universe** *n* вселе́нная *sb*; (*world*) мир.

university *n* университе́т; *attrib* университе́тский.

unjust *adj* несправедли́вый. **unjustifiable** *adj* непрости́тельный. **unjustified** *adj* неопра́вданный.

unkempt *adj* нечёсаный. **unkind** *adj* недо́брый, злой. **unknown** *adj* неизве́стный.

unlawful *adj* незако́нный. **unleaded** *adj* неэтили́рованный. **unleash** *vt* (*also fig*) развя́зывать *impf*, развяза́ть *pf*.

unless *conj* е́сли... не.

unlike *adj* непохо́жий (**на**+*acc*); (*in contradistinction to*) в отли́чие от +*gen*. **unlikely** *adj* маловероя́тный; **it is ~ that** вряд ли. **unlimited** *adj* неограни́ченный. **unlit** *adj* неосвещённый. **unload** *vt* (*vehicle etc.*) разгружа́ть *impf*, разгрузи́ть *pf*;

(*goods etc.*) выгружа́ть *impf*, вы́грузить *pf*. **unlock** *vt* отпира́ть *impf*, отпере́ть *pf*; открыва́ть *impf*, откры́ть *pf*. **unlucky** *adj* (*number etc.*) несчастли́вый; (*unsuccessful*) неуда́чный.

unmanageable *adj* тру́дный, непоко́рный. **unmanned** *adj* автомати́ческий. **unmarried** *adj* холосто́й; (*of man*) нежена́тый; (*of woman*) незаму́жняя. **unmask** *vt* (*fig*) разоблача́ть *impf*, разоблачи́ть *pf*.**unmentionable** *adj* неупомина́емый. **unmistakable** *adj* несомне́нный, я́сный. **unmitigated** *adj* (*thorough*) отъя́вленный. **unmoved** *adj*: **be ~** остава́ться *impf*, оста́ться *pf* равноду́шен, -шна.

unnatural *adj* неесте́ственный. **unnecessary** *adj* нену́жный. **unnerve** *vt* лиша́ть *impf*, лиши́ть *pf* му́жества; (*upset*) расстра́ивать *impf*, расстро́ить *pf*. **unnoticed** *adj* незаме́ченный.

unobserved *adj* незаме́ченный. **unobtainable** *adj* недосту́пный. **unobtrusive** *adj* скро́мный, ненавя́зчивый. **unoccupied** *adj* неза́нятый, свобо́дный; (*house*) пусто́й. **unofficial** *adj* неофициа́льный. **unopposed** *adj* не встре́тивший сопротивле́ния. **unorthodox** *adj* неортодокса́льный.

unpack *vt* распако́вывать *impf*, распакова́ть *pf*. **unpaid** *adj* (*bill*) неупла́ченный; (*person*) не получа́ющий пла́ты; (*work*) беспла́тный. **unpalatable** *adj* невку́сный; (*unpleasant*) неприя́тный. **unparalleled** *adj* несравни́мый. **unpleasant** *adj* неприя́тный. **unpleasantness** *n* неприя́тность. **unpopular** *adj* непопуля́рный. **unprecedented** *adj* беспрецеде́нтный. **unpredictable** *adj* непредсказу́емый. **unprejudiced** *adj* беспристра́стный. **unprepared** *adj* неподгото́вленный, негото́вый. **unprepossessing** *adj* непривлека́тельный.**unpretentious** *adj* просто́й, без прете́нзий. **unprincipled** *adj* беспринци́пный. **unproductive** *adj* непродукти́вный. **unprofitable** *adj* невы́годный. **unpromising** *adj* малообеща́ющий. **unprotected** *adj* незащищённый. **unproven** *adj* недока́занный. **unprovoked** adj непрово-ци́рованный. **unpublished** adj неопублико́ванный, неи́зданный. **unpunished** adj безнака́занный.

unqualified adj неквалифици́рованный; (*unconditional*) безогово́рочный. **unquestionable** adj несомне́нный, неоспори́мый. **unquestionably** adv несомне́нно, бесспо́рно.

unravel vt & i распу́тывать(ся) impf, распу́тать(ся) pf; vt (*solve*) разга́дывать impf, разгада́ть pf. **unread** adj (*book etc.*) непрочи́танный. **unreadable** adj (*illegible*) неразбо́рчивый; (*boring*) неудобочита́емый. **unreal** adj нереа́льный. **unrealistic** adj нереа́льный. **unreasonable** adj (*person*) неразу́мный; (*behaviour, demand, price*) необосно́ванный. **unrecognizable** adj неузнава́емый. **unrecognized** adj непри́знанный. **unrefined** adj неочи́щенный; (*manners etc.*) гру́бый. **unrelated** adj не име́ющий отноше́ния (to к+dat), несвя́занный (to с+instr); we are ~ мы не ро́дственники. **unrelenting** adj (*ruthless*) безжа́лостный; (*unremitting*) неосла́бный. **unreliable** adj ненадёжный. **unremarkable** adj невыдаю́щийся. **unremitting** adj неосла́бный; (*incessant*) беспреста́нный. **unrepentant** adj нераска́явшийся. **unrepresentative** adj нетипи́чный: ~ love неразделённая любо́вь. **unreserved** adj (*full*) по́лный; (*open*) открове́нный; (*unconditional*) безогово́рочный; (*seat*) незаброни́рованный. **unresolved** adj нерешённый. **unrest** n беспоко́йство; (*polit*) волне́ния neut pl. **unrestrained** adj несде́ржанный. **unrestricted** adj неограни́ченный. **unripe** adj незре́лый. **unrivalled** adj бесподо́бный. **unroll** vt & i развёртывать(ся) impf, разверну́ть(ся) pf. **unruffled** adj (*smooth*) гла́дкий; (*calm*) споко́йный. **unruly** adj непоко́рный.

unsafe adj опа́сный; (*insecure*) ненадёжный. **unsaid** adj: leave ~ молча́ть impf o+prep. **unsaleable** adj нехо́дкий. **unsalted** adj несолё́ный. **unsatisfactory** adj неудовлетвори́тельный. **unsatisfied** adj неудовлетворённый. **unsavoury** adj

(*unpleasant*) неприя́тный; (*disreputable*) сомни́тельный. **unscathed** adj невреди́мый; (*predic*) цел и невреди́м. **unscheduled** adj (*transport*) внеочередно́й; (*event*) незаплани́рованный. **unscientific** adj ненау́чный. **unscrew** vt & i отви́нчивать(ся) impf, отвинти́ть(ся) pf. **unscrupulous** adj беспринци́пный. **unseat** vt (*of horse*) сбра́сывать impf, сбро́сить pf с седла́; (*parl*) лиша́ть impf, лиши́ть pf парла́ментского манда́та.

unseemly adj неподоба́ющий. **unseen** adj неви́данный. **unselfconscious** adj непосре́дственный. **unselfish** adj бескоры́стный. **unsettle** vt выбива́ть impf, вы́бить pf из коле́й; (*upset*) расстра́ивать impf, расстро́ить pf. **unsettled** adj (*weather*) неусто́йчивый; (*unresolved*) нерешённый. **unsettling** adj волну́ющий. **unshakeable** adj непоколеби́мый. **unshaven** adj небри́тый. **unsightly** adj непригля́дный, уро́дливый. **unsigned** adj неподпи́санный. **unskilful** adj неуме́лый. **unskilled** adj неквалифици́рованный. **unsociable** adj необщи́тельный. **unsold** adj непро́данный. **unsolicited** adj непро́шеный. **unsolved** adj нерешённый. **unsophisticated** adj просто́й. **unsound** adj (*unhealthy, unwholesome*) нездоро́вый; (*not solid*) непро́чный; (*unfounded*) необосно́ванный; of ~ mind душевнобольно́й. **unspeakable** adj (*inexpressible*) невырази́мый; (*very bad*) отврати́тельный. **unspecified** adj то́чно не ука́занный, неопределённый. **unspoilt** adj неиспо́рченный. **unspoken** adj невы́сказанный. **unstable** adj неусто́йчивый; (*mentally*) неуравнове́шенный. **unsteady** adj неусто́йчивый. **unstuck** adj: come ~ откле́иваться impf, откле́иться pf; (*fig*) прова́ливаться impf, провали́ться pf. **unsuccessful** adj неуда́чный, безуспе́шный. **unsuitable** adj неподходя́щий. **unsuited** adj непри́годный. **unsung** adj невоспе́тый. **unsupported** adj неподде́ржанный. **unsure** adj неуве́ренный (of o.s. в себе́). **unsurpassed** adj непревзойдённый. **unsurprising** adj неудиви́-

тельный. **unsuspected** adj (*unforeseen*) непредви́денный. **unsuspecting** adj неподозрева́ющий. **unsweetened** adj неподслащённый. **unswerving** adj непоколеби́мый. **unsympathetic** adj несочу́вствующий. **unsystematic** adj несистемати́чный.

untainted adj неиспо́рченный. **untangle** vt распу́тывать *impf*, распу́тать *pf*. **untapped** adj: ~ resources неиспо́льзованные ресу́рсы *m pl*. **untenable** adj несостоя́тельный. **untested** adj неиспы́танный. **unthinkable** adj невообрази́мый. **unthinking** adj безду́мный. **untidiness** n неопря́тность; (*disorder*) беспоря́док. **untidy** adj неопря́тный; (*in disorder*) в беспоря́дке. **untie** vt развя́зывать *impf*, развяза́ть *pf*; (*set free*) освобожда́ть *impf*, освободи́ть *pf*.

until prep до+gen; not ~ не ра́ньше +gen; ~ then до тех пор; *conj* пока́, пока́… не; not ~ то́лько когда́.

untimely adj (*premature*) безвре́менный; (*inappropriate*) неуме́стный. **untiring** adj неутоми́мый. **untold** adj (*incalculable*) бессчётный, несмётный; (*inexpressible*) невырази́мый. **untouched** adj нетро́нутый; (*indifferent*) равноду́шный. **untoward** adj неблагоприя́тный. **untrained** adj необу́ченный. **untried** adj неиспы́танный. **untroubled** adj споко́йный. **untrue** adj неве́рный. **untrustworthy** adj ненадёжный. **untruth** n непра́вда, ложь. **untruthful** adj лжи́вый.

unusable adj неприго́дный. **unused** adj неиспо́льзованный; (*unaccustomed*) непривы́кший (to к+dat); I am ~ to this я к э́тому не привы́к. **unusual** adj необыкнове́нный, необы́чный. **unusually** adv необыкнове́нно. **unutterable** adj невырази́мый.

unveil vt (*statue*) торже́ственно открыва́ть *impf*, откры́ть *pf*; (*disclose*) обнаро́довать *impf & pf*.

unwanted adj нежела́нный. **unwarranted** adj неопра́вданный. **unwary** adj неосторо́жный. **unwavering** adj непоколеби́мый. **unwelcome** adj нежела́тельный; (*unpleasant*) неприя́тный. **unwell** adj нездоро́вый. **unwieldy** adj громо́здкий. **unwilling**

adj несклóнный; be ~ не хотéть *impf*, за~ *pf* (to +*inf*). **unwillingly** adv неохо́тно. **unwillingness** n неохо́та. **unwind** vt & i разма́тывать(ся) *impf*, размота́ть(ся) *pf*; (*rest*) отдыха́ть *impf*, отдохну́ть *pf*. **unwise** adj не(благо)разу́мный. **unwitting** adj нево́льный. **unwittingly** adv нево́льно. **unworkable** adj неприме́нимый. **unworldly** adj не от ми́ра сего́. **unworthy** adj недосто́йный. **unwrap** vt развёртывать *impf*, разверну́ть *pf*. **unwritten** adj: ~ law непи́саный зако́н.

unyielding adj упо́рный, неподатли́вый.

unzip vt расстёгивать *impf*, расстегну́ть *pf* (мо́лнию+gen).

up adv (*motion*) наве́рх, вверх; (*position*) наверху́, вверху́; ~ and down вверх и вниз; (*back and forth*) взад и вперёд; ~ to (*towards*) к+dat; (*as far as, until*) до+gen; ~ to now до сих пор; be ~ against иметь *impf* де́ло с+instr; it is ~ to you+inf, э́то вам+inf, вы должны́+inf; what's ~? что случи́лось?; в чём де́ло?; your time is ~ ва́ше вре́мя истекло́; ~ and about на нога́х; he isn't ~ yet он ещё не встал; he isn't ~ to this job он не годи́тся для э́той рабо́ты; *prep* вверх по+dat; (*along*) (вдоль) по+dat; vt повыша́ть *impf*, повы́сить; vi (*leap up*) взять *pf*; adj: ~-to-date совреме́нный; (*fashionable*) мо́дный; ~-and-coming многообеща́ющий; n: ~s and downs (*fig*) превра́тности f pl судьбы́.

upbringing n воспита́ние.

update vt модернизи́ровать *impf & pf*; (*a book etc.*) дополня́ть *impf*, допо́лнить *pf*.

upgrade vt повыша́ть *impf*, повы́сить *pf* (по слу́жбе).

upheaval n потрясе́ние.

uphill adj (*fig*) тяжёлый; adv в го́ру.

uphold vt подде́рживать *impf*, подержа́ть *pf*.

upholster vt обива́ть *impf*, оби́ть *pf*. **upholsterer** n обо́йщик. **upholstery** n оби́вка.

upkeep n содержа́ние.

upland n гори́стая часть страны́; adj наго́рный.

uplift vt поднима́ть *impf*, подня́ть *pf*.

up-market *adj* дорого́й.

upon *prep* (*position*) на+*prep*, (*motion*) на+*acc*; *see* on

upper *adj* ве́рхний; (*socially, in rank*) вы́сший; **gain the ~** одержа́ть *impf*, одержа́ть *pf* верх (**over** над+*instr*); *n* передо́к. **uppermost** *adj* са́мый ве́рхний, вы́сший; **be ~ in person's mind** бо́льше всего́ занима́ть *impf*, заня́ть *pf* мы́сли кого́-л.

upright *n* сто́йка; *adj* вертика́льный; (*honest*) че́стный; **~ piano** пиани́но *neut indecl*.

uprising *n* восста́ние.

uproar *n* шум, гам.

uproot *vt* вырыва́ть *impf*, вы́рвать *pf* с ко́рнем; (*people*) выселя́ть *impf*, вы́селить *pf*.

upset *n* расстро́йство; *vt* расстра́ивать *impf*, расстро́ить *pf*; (*overturn*) опроки́дывать *impf*, опроки́нуть *pf*; *adj* (*miserable*) расстро́енный; **~ stomach** расстро́йство желу́дка.

upshot *n* развя́зка, результа́т.

upside-down *adj* переврну́тый вверх дном; *adv* вверх дном; (*in disorder*) в беспоря́дке.

upstairs *adv* (*position*) наверху́; (*motion*) наве́рх; *n* ве́рхний эта́ж; *adj* находя́щийся в ве́рхнем этаже́.

upstart *n* вы́скочка *m & f*.

upstream *adv* про́тив тече́ния; (*situation*) вверх по тече́нию.

upsurge *n* подъём, волна́.

uptake *n*: **be quick on the ~** бы́стро сообража́ть *impf*, сообрази́ть *pf*.

upturn *n* (*fig*) улучше́ние. **upturned** *adj* (*face etc.*) по́днятый кве́рху; (*inverted*) переврну́тый.

upward *adj* напра́вленный вверх. **upwards** *adv* вверх; **~ of** свы́ше +*gen*.

uranium *n* ура́н.

urban *adj* городско́й.

urbane *adj* ве́жливый.

urchin *n* мальчи́шка *m*.

urge *n* (*incitement*) побужде́ние; (*desire*) жела́ние; *vt* (*impel*, **~ on**) подгоня́ть *impf*, подогна́ть *pf*; (*warn*) предупрежда́ть *impf*, предупреди́ть *pf*; (*try to persuade*) убежда́ть *impf*. **urgency** *n* сро́чность, ва́жность; **a matter of great ~** сро́чное де́ло. **urgent** *adj* сро́чный; (*insistent*) наста́ятельный. **urgently** *adv* сро́чно.

urinate *vi* мочи́ться *impf*, по~ *pf*. **urine** *n* моча́.

urn *n* у́рна.

US(A) *abbr* (*of* United States of America) США, Соединённые Шта́ты Аме́рики.

usable *adj* го́дный к употребле́нию.

usage *n* употребле́ние; (*treatment*) обраще́ние. **use** *n* (*utilization*) употребле́ние, по́льзование; (*benefit*) по́льза; (*application*) примене́ние; **it is no ~ (-ing)** бесполе́зно (+*inf*); **make ~ of** испо́льзовать *impf & pf*; по́льзоваться *impf* +*instr*; *vt* употребля́ть *impf*, употреби́ть *pf*; по́льзоваться *impf* +*instr*; (*apply*) применя́ть *impf*, примени́ть *pf*; (*treat*) обраща́ться *impf* с+*instr*; **I ~d to see him often** я ча́сто его́ встреча́л; **be, get ~d to** привыка́ть *impf*, привы́кнуть *pf* (**to** к+*dat*); **~ up** расхо́довать *impf*, из~ *pf*. **used** *adj* (*second-hand*) ста́рый. **useful** *adj* поле́зный; **come in ~, prove ~** приго́диться *pf* (**to**+*dat*). **useless** *adj* бесполе́зный. **user** *n* потреби́тель.

usher *n* (*theat*) биле́тёр; *vt* (*lead in*) вводи́ть *impf*, ввести́ *pf*; (*proclaim*, **~ in**) возвеща́ть *impf*, возвести́ть *pf*. **usherette** *n* биле́тёрша.

USSR *abbr* (*of* Union of Soviet Socialist Republics) СССР, Сою́з Сове́тских Социалисти́ческих Респу́блик.

usual *adj* обыкнове́нный, обы́чный; **as ~** как обы́чно. **usually** *adv* обыкнове́нно, обы́чно.

usurp *vt* узурпи́ровать *impf & pf*. **usurper** *n* узурпа́тор.

usury *n* ростовщи́чество.

utensil *n* инструме́нт; *pl* у́тварь, посу́да.

uterus *n* ма́тка.

utilitarian *adj* утилита́рный. **utilitarianism** *n* утилитари́зм. **utility** *n* поле́зность; *pl*: **public utilities** коммуна́льные услу́ги *f pl*. **utilize** *vt* испо́льзовать *impf & pf*.

utmost *adj* (*extreme*) кра́йний; **this is of the ~ importance to me** э́то для меня́ кра́йне ва́жно; *n*: **do one's ~** де́лать *impf*, с~ *pf* всё возмо́жное.

Utopia *n* уто́пия. **utopian** *adj* утопи́ческий.

utter *attrib* по́лный, абсолю́тный; (*out-and-out*) отъя́вленный (*coll*); *vt* произноси́ть *impf*, произнести́ *pf*; (*let out*) издава́ть *impf*, изда́ть *pf*. **utterance** *n* (*uttering*) произнесе́ние; (*pronouncement*) выска́зывание. **utterly** *adv* соверше́нно.

Uzbek *n* узбе́к, -е́чка. **Uzbekistan** *n* Узбекиста́н.

V

vacancy *n* (*for job*) вака́нсия, свобо́дное ме́сто; (*at hotel*) свобо́дный но́мер. **vacant** *adj* (*post*) вака́нтный; (*post; not engaged, free*) свобо́дный; (*empty*) пусто́й; (*look*) отсу́тствующий. **vacate** *vt* освобожда́ть *impf*, освободи́ть *pf*. **vacation** *n* кани́кулы (-л) *pl*; (*leave*) о́тпуск.

vaccinate *vt* вакцини́ровать *impf* & *pf*. **vaccination** *n* приви́вка (*against* от, про́тив+*gen*). **vaccine** *n* вакци́на.

vacillate *vi* колеба́ться *impf*. **vacillation** *n* колеба́ние.

vacuous *adj* пусто́й. **vacuum** *n* ва́куум; (*fig*) пустота́; ~-**clean** чи́стить *impf*, вы́-, по~ *pf* пылесо́сом; ~ **cleaner** пылесо́с; ~ **flask** те́рмос.

vagabond *n* бродя́га *m*.

vagary *n* капри́з.

vagina *n* влага́лище.

vagrant *n* бродя́га *m*.

vague *adj* (*indeterminate, uncertain*) неопределённый; (*unclear*) нея́сный; (*dim*) сму́тный; (*absent-minded*) рассе́янный. **vagueness** *n* неопределённость, нея́сность; (*absent-mindedness*) рассе́янность.

vain *adj* (*futile*) тще́тный, напра́сный; (*empty*) пусто́й; (*conceited*) тщесла́вный; **in** ~ напра́сно.

vale *n* дол, доли́на.

valentine *n* (*card*) поздрави́тельная ка́рточка с днём свято́го Валенти́на.

valet *n* камерди́нер.

valiant *adj* хра́брый.

valid *adj* действи́тельный; (*weighty*) ве́ский. **validate** *vt* (*ratify*) утвержда́ть *impf*, утверди́ть *pf*. **validity** *n* действи́тельность; (*weightiness*)

ве́скость.

valley *n* доли́на.

valour *n* до́блесть.

valuable *adj* це́нный; *n pl* це́нности *f pl*. **valuation** *n* оце́нка. **value** *n* це́нность; (*math*) величина́; *pl* це́нности *f pl*; ~-**added tax** нало́г на доба́вленную сто́имость; ~ **judgement** субъекти́вная оце́нка; *vt* (*estimate*) оце́нивать *impf*, оцени́ть *pf*; (*hold dear*) цени́ть *impf*.

valve *n* (*tech, med, mus*) кла́пан; (*tech*) ве́нтиль *m*; (*radio*) электро́нная ла́мпа.

vampire *n* вампи́р.

van *n* фурго́н.

vandal *n*ванда́л. **vandalism** *n* вандали́зм. **vandalize** *vt* разруша́ть *impf*, разру́шить *pf*.

vanguard *n* аванга́рд.

vanilla *n* вани́ль.

vanish *vi* исчеза́ть *impf*, исче́знуть *pf*.

vanity *n* (*futility*) тщета́; (*conceit*) тщесла́вие.

vanquish *vt* побежда́ть *impf*, победи́ть *pf*.

vantage-point *n* (*mil*) наблюда́тельный пункт; (*fig*) вы́годная пози́ция.

vapour *n* пар.

variable *adj* изме́нчивый; (*weather*) неусто́йчивый, переме́нный; *n* (*math*) переме́нная (величина́). **variance** *n*: **be at** ~ **with** (*contradict*) противоре́чить *impf* +*dat*; (*disagree*) расходи́ться *impf*, разойти́сь *pf* во мне́ниях с+*instr*. **variant** *n* вариа́нт. **variation** *n* (*varying*) измене́ние; (*variant*) вариа́нт; (*variety*) разнови́дность; (*mus*) вариа́ция.

varicose *adj*: ~ **veins** расшире́ние вен.

varied *adj* разнообра́зный. **variegated** *adj* разноцве́тный. **variety** *n* разнообра́зие; (*sort*) разнови́дность; (*a number*) ряд; ~ **show** варьете́ *neut indecl*. **various** *adj* ра́зный.

varnish *n* лак; *vt* лакирова́ть *impf*, от~ *pf*.

vary *vt* разнообра́зить *impf*, меня́ть *impf*; *vi* (*change*) меня́ться *impf*; (*differ*) ра́зниться *impf*.

vase *n* ва́за.

Vaseline *n* (*propr*) вазели́н.

vast *adj* громадный. **vastly** *adv* значительно.

VAT *abbr* (*of* value-added tax) налог на добавленную стоимость.

vat *n* чан, бак.

vaudeville *n* водевиль *m*.

vault¹ *n* (*leap*) прыжок; *vt* перепрыгивать *impf*, перепрыгнуть *pf*; *vi* прыгать *impf*, прыгнуть *pf*.

vault² *n* (*arch, covering*) свод; (*cellar*) погреб; (*tomb*) склеп. **vaulted** *adj* сводчатый.

VDU *abbr* (*of* visual display unit) монитор.

veal *n* телятина.

vector *n* (*math*) вектор.

veer *vi* (*change direction*) изменять *impf*, изменить *pf* направление; (*turn*) поворачивать *impf*, поворотить *pf*.

vegetable *n* овощ; *adj* овощной. **vegetarian** *n* вегетарианец, -нка; *attrib* вегетарианский. **vegetate** *vi* (*fig*) прозябать *impf*. **vegetation** *n* растительность.

vehemence *n* (*force*) сила; (*passion*) страстность. **vehement** *adj* (*forceful*) сильный; (*passionate*) страстный.

vehicle *n* транспортное средство; (*motor ~*) автомобиль *m*; (*medium*) средство.

veil *n* вуаль; (*fig*) завеса. **veiled** *adj* скрытый.

vein *n* вена; (*of leaf; streak*) жилка; **in the same ~** в том же духе.

velocity *n* скорость.

velvet *n* бархат; *adj* бархатный. **velvety** *adj* бархатистый.

vending-machine *n* торговый автомат. **vendor** *n* продавец, -вщица.

vendetta *n* вендетта.

veneer *n* фанера; (*fig*) лоск.

venerable *adj* почтенный. **venerate** *vt* благоговеть *impf* перед+*instr*. **veneration** *n* благоговение.

venereal *adj* венерический.

venetian blind *n* жалюзи *neut indecl*.

vengeance *n* месть; **take ~** мстить *impf*, ото~ *pf* (**on** +*dat*; **for** за+*acc*); **with a ~** вовсю. **vengeful** *adj* мстительный.

venison *n* оленина.

venom *n* яд. **venomous** *adj* ядовитый.

vent¹ *n* (*opening*) выход (*also fig*), отверстие; *vt* (*feelings*) давать *impf*, дать *pf* выход+*dat*; изливать *impf*, излить *pf* (**on** на+*acc*).

vent² *n* (*slit*) разрез.

ventilate *vt* проветривать *impf*, проветрить *pf*. **ventilation** *n* вентиляция. **ventilator** *n* вентилятор.

ventriloquist *n* чревовещатель *m*.

venture *n* предприятие; *vi* (*dare*) осмеливаться *impf*, осмелиться *pf*; *vt* (*risk*) рисковать *impf* +*instr*.

venue *n* место.

veranda *n* веранда.

verb *n* глагол. **verbal** *adj* (*oral*) устный; (*relating to words*) словесный; (*gram*) отглагольный. **verbatim** *adj* дословный; *adv* дословно. **verbose** *adj* многословный.

verdict *n* приговор.

verge *n* (*also fig*) край; (*of road*) обочина; (*fig*) грань; **on the ~ of** на грани+*gen*; **he was on the ~ of telling all** он чуть не рассказал всё; *vi*: **~ on** граничить *impf* с+*instr*.

verification *n* проверка; (*confirmation*) подтверждение. **verify** *vt* проверять *impf*, проверить *pf*; (*confirm*) подтверждать *impf*, подтвердить *pf*.

vermin *n* вредители *m pl*.

vernacular *n* родной язык; местный диалект; (*homely language*) разговорный язык.

versatile *adj* многосторонний.

verse *n* (*also bibl*) стих; (*stanza*) строфа; (*poetry*) стихи *m pl*. **versed** *adj* опытный, сведущий (**in** в+*prep*).

version *n* (*variant*) вариант; (*interpretation*) версия; (*text*) текст.

versus *prep* против+*gen*.

vertebra *n* позвонок; *pl* позвоночник. **vertebrate** *n* позвоночное животное *sb*.

vertical *adj* вертикальный; *n* вертикаль.

vertigo *n* головокружение.

verve *n* живость, энтузиазм.

very *adj* (*that ~ same*) тот самый; (*this ~ same*) этот самый; **at that ~ moment** в тот самый момент; (*precisely*) как раз; **you are the ~ person I was looking for** как раз вас я искал; **the ~** (*even the*) даже, один; **the ~ thought frightens me** одна, да́же, мысль об э́том меня́ пуга́ет; (the extreme) са́мый; at the ~ end в са́мом конце́; adv о́чень; ~ much о́чень; ~ much +comp гора́здо +comp; ~+superl, superl; ~ first са́мый пе́рвый; ~ well (agreement) хорошо́, ла́дно; not ~ не о́чень, дово́льно +neg.

vessel n сосу́д; (ship) су́дно.

vest[1] n ма́йка; (waistcoat) жиле́т.

vest[2] vt (with power) облека́ть impf, обле́чь pf (with +instr). **vested** adj: ~ **interest** ли́чная заинтересо́ванность; ~ **interests** (entrepreneurs) кру́пные предпринима́тели m pl.

vestibule n вестибю́ль m.

vestige n (trace) след; (sign) при́знак.

vestments n pl (eccl) облаче́ние.

vestry n ри́зница.

vet n ветерина́р; vt (fig) проверя́ть impf, прове́рить pf.

veteran n ветера́н; adj ста́рый.

veterinary adj ветерина́рный; n ветерина́р.

veto n ве́то neut indecl; vt налага́ть impf, наложи́ть pf ве́то на+acc.

vex vt досажда́ть impf, досади́ть pf +dat. **vexation** n доса́да. **vexed** adj (annoyed) серди́тый; (question) спо́рный. **vexatious**, **vexing** adj доса́дный.

via prep че́рез+acc.

viable adj (able to survive) жизнеспосо́бный; (feasible) осуществи́мый.

viaduct n виаду́к.

vibrant adj (lively) живо́й. **vibrate** vi вибри́ровать impf; vt (make) ~ заставля́ть impf, заста́вить pf вибри́ровать. **vibration** n вибра́ция. **vibrato** n вибра́то neut indecl.

vicar n прихо́дский свяще́нник. **vicarage** n дом свяще́нника.

vicarious adj чужо́й.

vice[1] n (evil) поро́к.

vice[2] n (tech) тиски́ (-ко́в) pl.

vice- in comb ви́це-, замести́тель m; ~-**chairman** замести́тель m председа́теля; ~-**chancellor** (univ) проре́ктор; ~-**president** ви́це-президе́нт.

viceroy n ви́це-коро́ль m.

vice versa adv наоборо́т.

vicinity n окре́стность; in the ~ побли́зости (of от+gen).

vicious adj зло́бный; ~ **circle** поро́чный круг.

vicissitude n превра́тность.

victim n же́ртва; (of accident) пострада́вший sb. **victimization** n пресле́дование. **victimize** vt пресле́довать impf.

victor n победи́тель m, ~-ница.

Victorian adj викториа́нский.

victorious adj победоно́сный. **victory** n побе́да.

video n (~ recorder, ~ cassette, ~ film) ви́део neut indecl; ~ **camera** видеока́мера; ~ **cassette** видеокассе́та; ~ (**cassette**) **recorder** видеомагнитофо́н; ~ **game** видеоигра́; vt запи́сывать impf, записа́ть pf на ви́део.

vie vi сопе́рничать impf (with с+instr; for в+prep).

Vietnam n Вьетна́м. **Vietnamese** n вьетна́мец, -мка; adj вьетна́мский.

view n (prospect, picture) вид; (opinion) взгляд; (viewing) просмо́тр; (inspection) осмо́тр; in ~ of ввиду́ +gen; on ~ вы́ставленный для обозре́ния; with a ~ to с це́лью+gen, +inf; vt (pictures etc.) рассма́тривать impf; (inspect) осма́тривать impf, осмотре́ть pf; (mentally) смотре́ть impf на+acc. **viewer** n зри́тель m, ~-ница. **viewfinder** n видоиска́тель m. **viewpoint** n то́чка зре́ния.

vigil n бо́дрствование; keep ~ бо́дрствовать impf, дежу́рить impf. **vigilance** n бди́тельность. **vigilant** adj бди́тельный. **vigilante** n дружи́нник.

vigorous adj си́льный, энерги́чный. **vigour** n си́ла, эне́ргия.

vile adj гну́сный. **vilify** vt черни́ть impf, о~ pf.

villa n ви́лла.

village n дере́вня; attrib дереве́нский. **villager** n жи́тель m дере́вни.

villain n злоде́й.

vinaigrette n припра́ва из у́ксуса и оли́вкового ма́сла.

vindicate vt опра́вдывать impf, оправда́ть pf. **vindication** n оправда́ние.

vindictive adj мсти́тельный.

vine n виногра́дная лоза́.

vinegar n у́ксус.

vineyard n виногра́дник.

vintage n (year) год; (fig) вы́пуск; attrib (wine) ма́рочный; (car) архаи́ческий.

viola n (mus) альт.

violate vt (treaty, privacy) нарушать impf, нарушить pf; (grave) осквернять impf, осквернить pf. **violation** n нарушение; осквернение.

violence n (physical coercion, force) насилие; (strength, force) сила. **violent** adj (person, storm, argument) свирепый; (pain) сильный; (death) насильственный. **violently** adv сильно, очень.

violet n (bot) фиалка; (colour) фиолетовый цвет; adj фиолетовый.

violin n скрипка. **violinist** n скрипач, ~ка.

VIP abbr (of very important person) очень важное лицо.

viper n гадюка.

virgin n девственница, (male) девственник; V~ Mary дева Мария. **virginal** adj девственный. **virginity** n девственность. **Virgo** n Дева.

virile adj мужественный. **virility** n мужество.

virtual adj фактический. **virtually** adv фактически. **virtue** n (excellence) добродетель; (merit) достоинство; by ~ of на основании+gen. **virtuosity** n виртуозность. **virtuoso** n виртуоз. **virtuous** adj добродетельный.

virulent adj (med) вирулентный; (fig) злобный. **virus** n вирус.

visa n виза.

vis-à-vis prep (with regard to) по отношению к+dat.

viscount n виконт. **viscountess** n виконтесса.

viscous adj вязкий.

visibility n видимость. **visible** adj видимый. **visibly** adv явно, заметно.

vision n (sense) зрение; (apparition) видение; (dream) мечта; (insight) проницательность. **visionary** adj (unreal) призрачный; (impracticable) неосуществимый; (insightful) проницательный; n (dreamer) мечтатель m.

visit n посещение, визит; vt посещать impf, посетить pf; (call on) заходить impf, зайти pf к+dat. **visitation** n официальное посещение. **visitor** n гость m, посетитель m.

visor n (of cap) козырёк; (in car) солнцезащитный щиток; (of helmet) забрало.

vista n перспектива, вид.

visual adj (of vision) зрительный; (graphic) наглядный; ~ aids наглядные пособия neut pl. **visualize** vt представлять impf, представить pf себе.

vital adj абсолютно необходимый (to, for для+gen); (essential to life) жизненный; of ~ importance первостепенной важности. **vitality** n (liveliness) энергия. **vitally** adv жизненно.

vitamin n витамин.

vitreous adj стеклянный.

vitriolic adj (fig) едкий.

vivacious adj живой. **vivacity** n живость.

viva (voce) n устный экзамен.

vivid adj (bright) яркий; (lively) живой. **vividness** n яркость; живость.

vivisection n вивисекция.

vixen n лисица-самка.

viz. adv то есть, а именно.

vocabulary n (range, list, of words) словарь m; (range of words) запас слов; (of a language) словарный состав.

vocal adj голосовой; (mus) вокальный; (noisy) шумный; ~ chord голосовая связка. **vocalist** n певец, -вица.

vocation n призвание. **vocational** adj профессиональный.

vociferous adj шумный.

vodka n водка.

vogue n мода; in ~ в моде.

voice n голос; vt выражать impf, выразить pf.

void n пустота; adj пустой; (invalid) недействительный; ~ of лишённый +gen.

volatile adj (chem) летучий; (person) непостоянный, неустойчивый.

volcanic adj вулканический. **volcano** n вулкан.

vole n (zool) полёвка.

volition n воля; by one's own ~ по своей воле.

volley n (missiles) залп; (fig) град; (sport) удар с лёта; vt (sport) ударять impf, ударить pf с лёта. **volleyball** n волейбол.

volt n вольт. **voltage** n напряжение.

voluble adj говорли́вый.

volume n (book) том; (capacity, size) объём; (loudness) гро́мкость. **voluminous** adj обши́рный.

voluntary adj доброво́льный. **volunteer** n доброво́лец; vt предлага́ть impf, предложи́ть pf; vi (offer) вызыва́ться impf, вы́зваться pf (inf, +inf; for в+acc); (mil) идти́ impf, пойти́ pf доброво́льцем.

voluptuous adj сластолюби́вый.

vomit n рво́та; vt (& i) рвать impf, вы́рвать pf impers (+instr); he was ~ing blood его́ рва́ло кро́вью.

voracious adj прожо́рливый; (fig) ненасы́тный.

vortex n (also fig) водоворо́т, вихрь m.

vote n (poll) голосова́ние; (individual ~) го́лос; the ~ (suffrage) пра́во го́лоса; (resolution) во́тум no pl; ~ of no confidence во́тум недове́рия (in +dat); ~ of thanks выраже́ние благода́рности; vi голосова́ть impf, про~ pf (for за+acc; against про́тив+gen); vt (allocate by ~) ассигнова́ть impf & pf; (deem) признава́ть impf, призна́ть pf; the film was ~d a failure фильм был при́знан неуда́чным; ~ in избира́ть impf, избра́ть pf голосова́нием. **voter** n избира́тель m.

vouch vi: ~ for руча́ться impf, поручи́ться pf за+acc. **voucher** n (receipt) распи́ска; (coupon) тало́н.

vow n обе́т; vt кля́сться impf, по~ pf в+prep.

vowel n гла́сный sb.

voyage n путеше́ствие.

vulgar adj вульга́рный, гру́бый, по́шлый. **vulgarity** n вульга́рность, по́шлость.

vulnerable adj уязви́мый.

vulture n гриф, (fig) хи́щник.

W

wad n комо́к; (bundle) па́чка. **wadding** ва́та; (padding) наби́вка.

waddle vi ходи́ть indet, идти́ det, пойти́ pf вперева́лку (coll).

wade vt & i (river) переходи́ть impf, перейти́ pf вброд; vi: ~ through (mud etc.) пробира́ться impf, про-

бра́ться pf по+dat; (sth boring etc.) одолева́ть impf, одоле́ть pf.

wafer n ва́фля.

waffle[1] n (dish) ва́фля.

waffle[2] vi трепа́ться impf.

waft vt & i нести́(сь) impf, по~ pf.

wag vt & i (tail) виля́ть impf, вильну́ть pf (+instr); vt (finger) грози́ть impf, по~ pf +instr.

wage[1] n (pay) see wages

wage[2] vt: ~ war вести́ impf, про~ pf войну́.

wager n пари́ neut indecl; vi держа́ть impf пари́ (that что); vt ста́вить impf по~.

wages n pl за́работная пла́та.

waggle vt & i пома́хивать impf, помаха́ть pf (+instr).

wag(g)on n (carriage) повозка; (cart) теле́га; (rly) ваго́н-платфо́рма.

wail n вопль m; vi вопи́ть impf.

waist n та́лия; (level of ~) по́яс; ~-deep, high (adv) по по́яс. **waistband** n по́яс. **waistcoat** n жиле́т. **waistline** n та́лия.

wait n ожида́ние; lie in ~ (for) подстерега́ть impf, подстере́чь pf; vi (& i) (also ~ for) ждать impf (+gen); vi (be a waiter, waitress) быть официа́нтом, -ткой; ~ on обслу́живать impf, обслужи́ть pf. **waiter** n официа́нт. **waiting** n: ~-list спи́сок; ~-room приёмная sb; (rly) зал ожида́ния. **waitress** n официа́нтка.

waive vt отка́зываться impf, отказа́ться pf от+gen.

wake[1] n (at funeral) поми́нки (-нок) pl.

wake[2] n (naut) кильва́тер; in the ~ of по следу +gen, за+instr.

wake[3] vt (also ~ up) буди́ть impf, раз~ pf; vi (also ~ up) просыпа́ться impf, просну́ться pf.

Wales n Уэльс.

walk n (walking) ходьба́; (gait) похо́дка; (stroll) прогу́лка; (path) тропа́; ~-out (strike) забасто́вка; (as protest) демонстрати́вный ухо́д; ~-over лёгкая побе́да; ten minutes' ~ from here де́сять мину́т ходьбы́ отсю́да; go for a ~ идти́ impf, пойти́ pf гуля́ть; from all ~s of life всех слоёв о́бщества; vi ходи́ть indet, идти́ det, пойти́ pf; гуля́ть impf, по~ pf; ~ away, off уходи́ть impf, уйти́ *pf;* ~ **in** входи́ть *impf,* войти́ *pf;* ~ **out** выходи́ть *impf,* вы́йти *pf;* ~ **out on** броса́ть *impf,* бро́сить *pf; vt* (*traverse*) обходи́ть *impf,* обойти́ *pf;* (*take for* ~) выводи́ть *impf,* вы́вести *pf* гуля́ть *impf* в*+prep;* **walker** *n* ходо́к. **walkie-talkie** *n* ра́ция. **walking** *n* ходьба́; ~**-stick** трость.

Walkman *n* (*propr*) во́кмен.

wall *n* стена́; *vt* обноси́ть *impf,* обнести́ *pf* стено́й; ~ **up** (*door, window*) заде́лывать *impf,* заде́лать *pf;* (*brick up*) замуро́вывать *impf,* замурова́ть *pf.*

wallet *n* бума́жник.

wallflower *n* желтофио́ль.

wallop *n* си́льный уда́р; *vt* си́льно ударя́ть *impf,* уда́рить *pf.*

wallow *vi* валя́ться *impf;* ~ **in** (*give o.s. up to*) погружа́ться *impf,* погрузи́ться *pf* в*+acc.*

wallpaper *n* обо́и (обо́ев) *pl.*

walnut *n* гре́цкий оре́х; (*wood, tree*) оре́ховое де́рево, оре́х.

walrus *n* морж.

waltz *n* вальс; *vi* вальси́ровать *impf.*

wan *adj* бле́дный.

wand *n* па́лочка.

wander *vi* броди́ть *impf;* (*also of thoughts etc.*) блужда́ть *impf;* ~ **from the point** отклоня́ться *impf,* отклони́ться *pf* от те́мы. **wanderer** *n* стра́нник.

wane *n:* **be on the** ~ убыва́ть *impf; vi* убыва́ть *impf,* убы́ть *pf;* (*weaken*) ослабева́ть *impf,* ослабе́ть *pf.*

wangle *vt* заполуча́ть *impf,* заполучи́ть *pf.*

want *n* (*lack*) недоста́ток; (*requirement*) потре́бность; (*desire*) жела́ние; **for** ~ **of** за недоста́тком *+gen; vt* хоте́ть *impf,* за~ *pf +gen, acc;* (*need*) нужда́ться *impf* в*+prep;* **I** ~ **you to come at six** я хочу́, что́бы ты пришёл в шесть. **wanting** *adj:* **be** ~ недостава́ть *impf* (*impers* *+gen*); **experience is** ~ недостаёт о́пыта.

wanton *adj* (*licentious*) распу́тный; (*senseless*) бессмы́сленный.

war *n* война́; (*attrib*) вое́нный; **at** ~ в состоя́нии войны́; ~ **memorial** па́мятник па́вшим в войне́.

ward *n* (*hospital*) пала́та; (*child etc.*) подопе́чный *sb;* (*district*) райо́н; *vt:*

~ **off** отража́ть *impf,* отрази́ть *pf.*

warden *n* (*prison*) нача́льник; (*college*) ре́ктор; (*hostel*) коменда́нт.

warder *n* тюре́мщик.

wardrobe *n* гардеро́б.

warehouse *n* склад. **wares** *n pl* изде́лия *neut pl,* това́ры *m pl.*

warfare *n* война́.

warhead *n* боева́я голо́вка.

warily *adv* осторо́жно.

warlike *adj* вои́нственный.

warm *n* тепло́; *adj* (*also fig*) тёплый; ~**-hearted** серде́чный; *vt & i* гре́ть(ся) *impf;* согрева́ть(ся) *impf,* согре́ть(ся) *pf;* ~ **up** (*food etc.*) подогрева́ть *impf,* подогре́ть(ся) *pf;* (*liven up*) оживля́ть(ся) *impf,* оживи́ть(ся) *pf;* (*sport*) размина́ться *impf,* размя́ться *pf;* (*mus*) разы́грываться *impf,* разыгра́ться *pf.* **warmth** *n* тепло́; (*cordiality*) серде́чность.

warn *vt* предупрежда́ть *impf,* предупреди́ть *pf* (*about o+prep*). **warning** *n* предупрежде́ние.

warp *vt & i* (*wood*) коро́бить(ся) *impf,* по~, с~ *pf; vt* (*pervert*) извраща́ть *impf,* изврати́ть *pf.*

warrant *n* (*for arrest etc.*) о́рдер; *vt* (*justify*) опра́вдывать *impf,* оправда́ть *pf;* (*guarantee*) гаранти́ровать *impf & pf.* **warranty** *n* гара́нтия.

warrior *n* во́ин.

warship *n* вое́нный кора́бль *m.*

wart *n* борода́вка.

wartime *n:* **in** ~ во вре́мя войны́.

wary *adj* осторо́жный.

wash *n* мытьё; (*thin layer*) то́нкий слой; (*lotion*) примо́чка; (*surf*) прибо́й; (*backwash*) попу́тная волна́; **at the** ~ в сти́рке; **have a** ~ мы́ться *impf,* по~ *pf;* ~**-basin** умыва́льник; ~**-out** (*fiasco*) прова́л; ~**-room** умыва́льная *sb; vt & i* мы́ть(ся) *impf,* вы́~, по~ *pf; vt* (*clothes*) стира́ть *impf,* вы́~ *pf;* (*of sea*) омыва́ть *impf;* ~ **away, off, out** смыва́ть(ся) *impf,* смы́ть(ся) *pf;* (*carry away*) сноси́ть *impf,* снести́ *pf;* ~ **out** (*rinse*) спола́скивать *impf,* сполосну́ть *pf;* ~ **up** (*dishes*) мыть *impf,* вы́~ *pf* (посу́ду); ~ **one's hands** (**of it**) умыва́ть *impf,* умы́ть *pf* ру́ки. **washed-out** *adj* (*exhausted*) утомлённый. **washer** *n* (*tech*) ша́йба.

washing n (of clothes) сти́рка; (clothes) бельё; ~-machine стира́льная маши́на; ~-powder стира́льный порошо́к; ~-up (action) мытьё посу́ды; (dishes) гря́зная посу́да; ~-up liquid жи́дкое мы́ло для мытья́ посу́ды.

wasp n оса́.

wastage n утёчка. **waste** n (desert) пусты́ня; (refuse) отбро́сы m pl; (of time, money, etc.) растра́та; go to ~ пропада́ть impf, пропа́сть pf да́ром; adj (desert) пусты́нный; (superfluous) нену́жный; (uncultivated) невозде́ланный; lay ~ опустоша́ть impf, опустоши́ть pf; ~-land пусты́рь m; ~ paper нену́жные бума́ги f pl; (for recycling) макулату́ра; ~ products отхо́ды (-дов) pl; ~-paper basket корзи́на для бума́ги; vt тра́тить impf, по~, ис~ pf, (time) теря́ть impf, по~ pf; vi: ~ away ча́хнуть impf, за~ pf. **wasteful** adj расточи́тельный.

watch n (timepiece) часы́ (-со́в) pl; (duty) дежу́рство; (naut) ва́хта; keep ~ over наблюда́ть impf за+instr; ~-dog сторожево́й пёс; ~-tower сторожева́я ба́шня; vt (observe) наблюда́ть impf; (keep an eye on) следи́ть impf за+instr; (look after) смотре́ть impf, по~ pf за+instr; ~ television, a film смотре́ть impf, по~ pf телеви́зор, фильм; vi смотре́ть impf; ~ out (be careful) бере́чься impf (for +gen); ~ out for ждать impf+gen; ~ out! осторо́жно! **watchful** adj бди́тельный. **watchman** n (ночно́й) сто́рож. **watchword** n ло́зунг.

water n вода́; ~-colour акваре́ль; ~-heater кипяти́льник; ~-main водопрово́дная магистра́ль; ~-melon арбу́з; ~-pipe водопрово́дная труба́; ~-ski n во́дная лы́жа; ~-skiing водолы́жный спорт; ~-supply водоснабже́ние; ~-way во́дный путь m; vt (flowers etc.) полива́ть impf, поли́ть pf; (animals) пои́ть impf, на~ pf; (irrigate) ороша́ть impf, ороси́ть pf; vi (eyes) слези́ться impf; (mouth): my mouth ~s у меня́ слю́нки теку́т; ~ down разбавля́ть impf, разба́вить pf. **watercourse** n ру́сло. **watercress** n кресс водяно́й.

waterfall n водопа́д. **waterfront** n часть го́рода примыка́ющая к бе́регу. **watering-can** n ле́йка. **waterlogged** adj заболо́ченный. **watermark** n водяно́й знак. **waterproof** adj непромока́емый; n непромока́емый плащ. **watershed** n водоразде́л. **waterside** n бе́рег. **watertight** adj водонепроница́емый; (fig) неопровержи́мый. **waterworks** n pl водопрово́дные сооруже́ния neut pl. **watery** adj водяни́стый.

watt n ватт.

wave vt (hand etc.) маха́ть impf, махну́ть pf +instr; (flag) разма́хивать impf +instr, vi (~ hand) маха́ть impf по~ pf (at +dat); (flutter) развева́ться impf; ~ aside отма́хиваться impf, отмахну́ться pf от+gen; ~ down остана́вливать impf, останови́ть pf; n (in various senses) волна́; (of hand) взмах; (in hair) зави́вка. **wavelength** n длина́ волны́. **waver** vi колеба́ться impf. **wavy** adj волни́стый.

wax n воск; (in ear) се́ра; vt вощи́ть impf, на~ pf. **waxwork** n восковая фигу́ра; pl музе́й восковы́х фигу́р.

way n (road, path, route; fig) доро́га, путь m; (direction) сторона́; (manner) о́браз; (method) спо́соб; (respect) отноше́ние; (habit) привы́чка; by the ~ (fig) кста́ти, ме́жду про́чим; on the ~ по доро́ге, по пути́; this ~ (direction) сюда́; (in this ~) таки́м о́бразом; the other ~ round наоборо́т; under ~ на ходу́; be in the ~ меша́ть impf; get out of the ~ уходи́ть impf, уйти́ pf с доро́ги; give ~ (yield) поддава́ться impf, подда́ться pf (to +dat); (collapse) обру́шиваться impf, обру́шиться pf; go out of one's ~ то стара́ться impf, по~ pf изо всех сил +inf; get, have, one's own ~ добива́ться impf, доби́ться pf своего́; make ~ уступа́ть impf, уступи́ть pf доро́гу (for +dat). **waylay** vt (lie in wait for) подстерега́ть impf, подстере́чь pf; (stop) перехва́тывать impf, перехвати́ть pf по пути́. **wayside** adj придоро́жный; n: fall by the ~ выбыва́ть impf, вы́быть pf из стро́я.

wayward adj своенра́вый.

WC abbr (of water-closet) убо́рная sb.
we pron мы.

weak adj сла́бый. **weaken** vt ослабля́ть impf, осла́бить pf; vi слабе́ть impf, o~ pf. **weakling** n (person) сла́бый челове́к; (plant) сла́бое расте́ние. **weakness** n сла́бость.

weal n (mark) рубе́ц.

wealth n бога́тство; (abundance) изоби́лие. **wealthy** adj бога́тый.

wean vt отнима́ть impf, отня́ть pf от груди́; (fig) отуча́ть impf, отучи́ть pf (of, from от+gen).

weapon n ору́жие. **weaponry** n вооруже́ние.

wear n (wearing) но́ска; (clothing) оде́жда; (~ and tear) изно́с; vt носи́ть impf; быть в+prep; what shall I ~? что мне наде́ть?; vi носи́ться impf; ~ off (pain, novelty) проходи́ть impf, пройти́ pf; (cease to have effect) перестава́ть impf, переста́ть pf де́йствовать; ~ out (clothes) изна́шивать(ся) impf, износи́ть(ся) pf; (exhaust) изму́чивать impf, изму́чить pf.

weariness n уста́лость. **wearing**, **wearisome** adj утоми́тельный. **weary** adj уста́лый; vt & i утомля́ть(ся) impf, утоми́ть(ся) pf.

weasel n ла́ска.

weather n пого́да; be under the ~ нева́жно себя́ чу́вствовать impf; ~-beaten adj обве́тренный; ~ forecast прогно́з пого́ды; vt (storm etc.) выде́рживать impf, вы́держать pf; (expose to atmosphere) подверга́ть impf, подве́ргнуть pf атмосфе́рным влия́ниям. **weather-cock**, **weathervane** n флю́гер. **weatherman** n метеоро́лог.

weave[1] vt & i (fabric) ткать impf, co~ pf; (fig; also wreath etc.) плести́ impf, c~ pf. **weaver** n ткач, ~и́ха.

weave[2] vi (wind) ви́ться impf.

web n (cobweb; fig) паути́на; (fig) сплете́ние. **webbed** adj перепо́нчатый. **webbing** n тка́ная ле́нта.

wed vt (of man) жени́ться impf & pf на+prep; (of woman) выходи́ть impf, вы́йти pf за́муж за+acc; (unite) сочета́ть impf & pf; vi пожени́ться pf. **wedded** adj супру́жеский; ~ to (fig) пре́данный +dat. **wedding** n сва́дьба,

бракосочета́ние; ~-cake сва́дебный торт; ~-day день m сва́дьбы; ~-dress подвене́чное пла́тье; ~-ring обруча́льное кольцо́.

wedge n клин; vt (~ open) заклини́вать impf, заклини́ть pf; vt & i: ~ in(to) вкли́нивать(ся) impf, вкли́нить(ся) pf (в+acc).

wedlock n брак; born out of ~ рождённый вне бра́ка, внебра́чный.

Wednesday n среда́.

weed n сорня́к; ~-killer гербици́д; vt поло́ть impf, вы́~ pf; ~ out удаля́ть impf, удали́ть pf. **weedy** adj (person) то́щий.

week n неде́ля; ~-end суббо́та и воскресе́нье, выходны́е sb pl. **weekday** n бу́дний день m. **weekly** adj еженеде́льный; (wage) еженеде́льно; n еженеде́льник.

weep vi пла́кать impf. **weeping willow** n плаку́чая и́ва.

weigh vt (also fig) взве́шивать impf, взве́сить pf; (consider) обду́мывать impf, обду́мать pf; vt & i (so much) ве́сить impf; ~ down отягоща́ть impf, отяготи́ть pf; ~ on тяготи́ть impf; ~ out отве́шивать impf, отве́сить pf; ~ up (appraise) оце́нивать impf, оцени́ть pf. **weight** n (also authority) вес; (load, also fig) тя́жесть; (sport) шта́нга; (influence) влия́ние; lose ~ худе́ть impf, по~ pf; put on ~ толсте́ть impf, по~ pf; ~-lifter штанги́ст; ~-lifting подня́тие тя́жостей; vt (make heavier) утяжеля́ть impf, утяжели́ть pf. **weightless** adj невесо́мый. **weighty** adj ве́ский.

weir n плоти́на.

weird adj (strange) стра́нный.

welcome n приём; adj жела́нный; (pleasant) прия́тный; you are ~ (don't mention it) пожа́луйста; you are ~ to use my bicycle мой велосипе́д к ва́шим услу́гам; you are ~ to stay the night вы мо́жете переночева́ть у меня́/нас; vt приве́тствовать impf (& pf in past tense); int добро́ пожа́ловать!

weld vt сва́ривать impf, свари́ть pf. **welder** n сва́рщик.

welfare n благосостоя́ние; W~ State госуда́рство всео́бщего благосостоя́ния.

well[1] n коло́дец; (for stairs) ле́стничная кле́тка.

well² *vi*: ~ up (*anger etc.*) вскипа́ть *impf*, вскипе́ть *pf*; tears ~ed up глаза́ напо́лнились слеза́ми.

well³ *adj* (*healthy*) здоро́вый; feel ~ чу́вствовать *impf*, по~ *pf* себя́ хорошо́, здоро́вым; get ~ поправля́ться *impf*, попра́виться *pf*; look ~ хорошо́ вы́глядеть *impf*; all is ~ всё в поря́дке; *int* ну(!); *adv* хорошо́; (*very much*) о́чень; as ~ то́же; as ~ as (*in addition to*) кро́ме+*gen*; it may ~ be true вполне́ возмо́жно, что э́то так; very ~! хорошо́!; ~ done! молоде́ц!; ~-balanced уравнове́шенный; ~-behaved (благо)воспи́танный; ~-being благополу́чие; ~-bred благовоспи́танный; ~-built кре́пкий; ~-defined чёткий; ~-disposed благоскло́нный; ~ done (*cooked*) (хорошо́) прожа́ренный; ~-fed отко́рмленный; ~-founded обосно́ванный; ~-groomed (*person*) хо́леный; ~-heeled состоя́тельный; ~-informed (хорошо́) осведомлённый (about в+*prep*); ~-known изве́стный; ~-meaning де́йствующий из лу́чших побужде́ний; ~-nigh почти́; ~-off состоя́тельный; ~-paid хорошо́ опла́чиваемый; ~-preserved хорошо́ сохрани́вшийся; ~-to-do состоя́тельный; ~-wisher доброжела́тель *m*.

wellington (boot) *n* рези́новый сапо́г. **Welsh** *adj* уэ́льский. **Welshman** *n* валли́ец. **Welshwoman** *n* валли́йка.

welter *n* пу́таница.

wend *vt*: ~ one's way держа́ть *impf* путь.

west *n* за́пад; (*naut*) вест; *adj* за́падный; *adv* на за́пад, к за́паду. **westerly** *adj* за́падный. **western** *adj* за́падный; *n* (*film*) ве́стерн. **westward(s)** *adv* на за́пад, к за́паду.

wet *adj* мо́крый; (*paint*) непросо́хший; (*rainy*) дождли́вый; ~ through промо́кший до ни́тки; *n* (*dampness*) вла́жность; (*rain*) дождь *m*; *vt* мочи́ть *impf*, на~ *pf*.

whack *n* (*blow*) уда́р; *vt* колоти́ть *impf*, по~ *pf*. **whacked** *adj* разби́тый.

whale *n* кит.

wharf *n* при́стань.

what *pron* (*interrog*, *int*) что; (*how much*) ско́лько; (*rel*) (то,) что; ~ (...)

for заче́м; ~ if а что е́сли; ~ is your name как вас зову́т?; *adj* (*interrog*, *int*) како́й; ~ kind of како́й. **whatever, whatsoever** *pron* что бы ни +*past* (~ you think что бы вы ни ду́мали); всё, что (take ~ you want возьми́те всё, что хоти́те); *adj* како́й бы ни+*past* (~ books he read(s) каки́е бы кни́ги он ни прочита́л); (*at all*): there is no chance ~ нет никако́й возмо́жности; is there any chance ~? есть ли хоть кака́я-нибудь возмо́жность?

wheat *n* пшени́ца.

wheedle *vt* (*coax into doing*) угова́ривать *impf*, уговори́ть *pf* с по́мощью ле́сти; ~ out of выма́нивать *impf*, вы́манить *pf* y+*gen*.

wheel *n* колесо́; (*steering* ~, *helm*) руль *m*; (*potter's*) гонча́рный круг; *vt* (*push*) ката́ть *indet*, кати́ть *det*, по~ *pf*; *vt* & *i* (*turn*) повёртывать(ся) *impf*, поверну́ть(ся) *pf*; *vi* (*circle*) кружи́ться *impf*. **wheelbarrow** *n* та́чка. **wheelchair** *n* инвали́дное кре́сло.

wheeze *vi* сопе́ть *impf*.

when *adv* когда́; *conj* когда́, в то вре́мя как; (*whereas*) тогда́ как; (*if*) е́сли; (*although*) хотя́. **whence** *adv* отку́да. **whenever** *adv* когда́ же; *conj* (*every time*) вся́кий раз когда́; (*at any time*) когда́; (*no matter when*) когда́ бы ни+*past*; we shall have dinner ~ you arrive во ско́лько бы вы ни прие́хали, мы пообе́даем.

where *adv* & *conj* (*place*) где; (*whither*) куда́; from ~ отку́да. **whereabouts** *adv* где; *n* местонахожде́ние. **whereas** *conj* тогда́ как; хотя́. **whereby** *adv* & *conj* посре́дством чего́. **wherein** *adv* & *conj* в чём. **wherever** *adv* & *conj* (*place*) где бы ни+*past*; (*whither*) куда́ бы ни+*past*; ~ he goes куда́ бы он ни пошёл; ~ you like где/куда́ хоти́те. **wherewithal** *n* сре́дства *neut pl*.

whet *vt* точи́ть *impf*, на~ *pf*; (*fig*) возбужда́ть *impf*, возбуди́ть *pf*.

whether *conj* ли; I don't know ~ he will come я не зна́ю, придёт ли он; ~ he comes or not придёт (ли) он и́ли нет.

which *adj* (*interrog*, *rel*) како́й; *pron* (*interrog*) како́й; (*person*) кто; (*rel*)

который; (*rel to whole statement*)
что; ~ is ~? (*persons*) кто из них
кто?; (*things*) что-что? whichever
adj & pron какой бы ни+*past* (~
book you choose какую бы книгу
ты ни выбрал); любой (take ~ book
you want возьмите любую книгу).

whiff *n* запах.

while *n* время *neut*; a little ~ не-
долго; a long ~ долго; for a long ~
(up to now) давно; for a ~ на время;
in a little ~ скоро; it is worth ~ сто-
ит это сделать; *vt*: ~ away проводить *impf*, провести *pf*; *conj* пока;
в то время как; (*although*) хотя;
(*contrast*) а; we went to the cinema
~ they went to the theatre мы ходи-
ли в кино, а они в театр. **whilst** *see*
while

whim *n* прихоть, каприз.

whimper *vi* хныкать *impf*; (*dog*) скулить *impf*.

whimsical *adj* капризный; (*odd*) причудливый.

whine *n* (*wail*) вой; (*whimper*) хны-
канье; *vi* (*dog*) скулить *impf*; (*wail*)
выть; (*whimper*) хныкать *impf*.

whinny *vi* тихо ржать *impf*.

whip *n* кнут, хлыст; *vt* (*lash*) хлестать
impf, хлестнуть *pf*; (*cream*) сбивать
impf, сбить *pf*; ~ off скидывать *impf*,
скинуть *pf*; ~ out выхватывать *impf*,
выхватить *pf*; ~ round быстро повёртываться *impf*, повернуться *pf*;
~-round сбор денег; ~ up (*stir up*)
разжигать *impf*, разжечь *pf*.

whirl *n* кружение; (*of dust, fig*) вихрь
m; (*turmoil*) суматоха; *vt & i* кру-
жить(ся) *impf*, за~ *pf*. **whirlpool** *n*
водоворот. **whirlwind** *n* вихрь *m*.

whirr *vi* жужжать *impf*.

whisk *n* (*of twigs etc.*) веничек; (*utensil*) мутовка; (*movement*) помахива-
ние; *vt* (*cream etc.*) сбивать *impf*,
сбить *pf*; ~ away, off (*brush off*) сма-
хивать *impf*, смахнуть *pf*; (*take away*)
быстро уносить *impf*, унести *pf*.

whisker *n* (*human*) волос на лице;
(*animal*) ус; *pl* (*human*) бакенбарды
f pl.

whisky *n* виски *neut indecl*.

whisper *n* шёпот; *vt & i* шептать
impf, шепнуть *pf*.

whistle *n* (*sound*) свист; (*instrument*)
свисток; *vi* свистеть *impf*, свист-

нуть *pf*; *vt* насвистывать *impf*.

white *adj* белый; (*hair*) седой; (*pale*)
бледный; (*with milk*) с молоком;
paint ~ красить *impf*, по~ *pf* в белый свет; ~-collar worker служащий
sb; ~ lie невинная ложь; *n* (*colour*)
белый цвет; (*egg, eye*) белок; (~
person) белый *sb*. **whiten** *vt* белить
impf, на~, по~, вы~ *pf*; *vi* белеть
impf, по~ *pf*. **whiteness** *n* белизна.
whitewash *n* побелка; *vt* белить
impf, по~ *pf*; (*fig*) обелять *impf*,
обелить *pf*.

whither *adv & conj* куда.

Whitsun *n* Троица.

whittle *vt*: ~ down уменьшать *impf*,
уменьшить *pf*.

whiz(z) *vi*: ~ past просвистеть *pf*.

who *pron* (*interrog*) кто; (*rel*) который.

whoever *pron* кто бы ни+*past*; (*he
who*) тот, кто.

whole *adj* (*entire*) весь, целый; (*intact, of number*) целый; *n* (*thing
complete*) целое *sb*; (*all there is*) весь
sb; (*sum*) сумма; on the ~ в общем.
wholehearted *adj* беззаветный.
whole-heartedly *adv* от всего серд-
ца. **wholemeal** *adj* из непросеянной
муки. **wholesale** *adj* оптовый; (*fig*)
массовый; *adv* оптом. **wholesaler** *n*
оптовый торговец. **wholesome** *adj*
здоровый. **wholly** *adv* полностью.

whom *pron* (*interrog*) кого *etc.*; (*rel*)
которого *etc.*

whoop *n* крик; *vi* кричать *impf*, крикнуть *pf*; ~ it up бурно веселиться
impf; ~ing cough коклюш.

whore *n* проститутка.

whose *pron* (*interrog, rel*) чей; (*rel*)
которого.

why *adv* почему; *int* да ведь!

wick *n* фитиль *m*.

wicked *adj* дикий. **wickedness** *n* ди-
кость.

wicker *attrib* плетёный.

wicket *n* (*cricket*) воротца.

wide *adj* широкий; (*extensive*) обшир-
ный; (*in measurements*) в+*acc* шири-
ной; ~ awake полный внимания; ~
open широко открытый; *off* (*of target*) мимо цели. **widely** *adv* широко.
widen *vt & i* расширять(ся) *impf*,
расширить(ся) *pf*. **widespread** *adj*
распространённый.

widow *n* вдова. **widowed** *adj* овдо-

ве́вший. **widower** n вдове́ц.
width n ширина́; (fig) широта́; (of cloth) полотни́ще.
wield vt (brandish) разма́хивать impf +instr; (power) по́льзоваться impf +instr.
wife n жена́.
wig n пари́к.
wiggle vt & i (move) шевели́ть(ся) impf, по~, шевельну́ть(ся) pf (+instr).
wigwam n вигва́м.
wild adj ди́кий; (flower) полево́й; (uncultivated) невозде́ланный; (tempestuous) бу́йный; (furious) неи́стовый; (ill-considered) необду́манный; be ~ about быть без ума́ от+gen; ~goose chase сумасбро́дная зате́я; n: pl де́бри (-рей) pl. **wildcat** adj (unofficial) неофициа́льный. **wilderness** n пусты́ня. **wildfire** n. spread like ~ распространя́ться impf, распространи́ться pf с молниено́сной быстрото́й. **wildlife** n жива́я приро́да. **wildness** n ди́кость.
wile n хи́трость.
wilful adj (obstinate) упря́мый; (deliberate) преднаме́ренный.
will n во́ля; (~power) си́ла во́ли; (at death) завеща́ние; against one's ~ про́тив во́ли; of one's own free ~ доброво́льно; with a ~ с энтузиа́змом; good ~ до́брая во́ля; ~ писа́ть impf, на~ pf завеща́ние; vt (want) хоте́ть impf, за~ pf +gen, acc; v aux: he ~ be president он бу́дет президе́нтом; he ~ return tomorrow он вернётся за́втра; ~ you open the window? откро́йте окно́, пожа́луйста. **willing** adj гото́вый; (eager) стара́тельный. **willingly** adv охо́тно. **willingness** n гото́вность.
willow n и́ва.
willy-nilly adv во́лей-нево́лей.
wilt vi поника́ть impf, пони́кнуть pf.
wily adj хи́трый.
win n побе́да; vt & i выи́грывать impf, вы́играть pf; vt (obtain) добива́ться impf, доби́ться pf +gen; ~ over угова́ривать impf, уговори́ть pf; (charm) располага́ть impf, расположи́ть pf к себе́.
wince vi вздра́гивать impf, вздро́гнуть pf.
winch n лебёдка; поднима́ть impf, подня́ть pf с по́мощью лебёдки.

wind[1] n (air) ве́тер; (breath) дыха́ние; (flatulence) ве́тры m pl; ~ instrument духово́й инструме́нт; ~swept откры́тый ветра́м; get ~ of проню́хивать impf, проню́хать pf; vt (make gasp) заставля́ть impf, заста́вить pf задохну́ться.
wind[2] vi (meander) ви́ться impf; извива́ться impf; vt (coil) нама́тывать impf, намота́ть pf; (watch) заводи́ть impf, завести́ pf; (wrap) уку́тывать impf, уку́тать pf; ~ up (vt) (reel) сма́тывать impf, смота́ть pf; (watch) see wind[2]; (vt & i) (end) конча́ть(ся) impf, ко́нчить(ся) pf. **winding** adj (meandering) изви́листый; (staircase) винтово́й.
windfall n па́далица; (fig) золото́й дождь.
windmill n ветряна́я ме́льница.
window n окно́; (of shop) витри́на; ~-box нару́жный я́щик для цвето́в; ~-cleaner мо́йщик о́кон; ~-dressing оформле́ние витри́н; (fig) показу́ха; ~-frame око́нная ра́ма; ~-ledge подоко́нник; ~-pane око́нное стекло́; ~-shopping рассма́тривание витри́н; ~-sill подоко́нник.
windpipe n дыха́тельное го́рло. **windscreen** n ветрово́е стекло́; ~ wiper дво́рник. **windsurfer** n виндсёрфинги́ст. **windsurfing** n виндсёрфинг.
windward adj наве́тренный. **windy** adj ве́треный.
wine n вино́; ~ bar ви́нный погребо́к; ~ bottle ви́нная буты́лка; ~ list ка́рта вин; ~-tasting дегуста́ция вин. **wineglass** n рю́мка. **winery** n ви́нный заво́д. **winy** adj ви́нный.
wing n (also polit) крыло́; (archit) фли́гель m; (sport) фланг; pl (theat) кули́сы f pl. **winged** adj крыла́тый.
wink n (blink) морга́ние; (as sign) подми́гивание; vi мига́ть impf, мигну́ть pf; ~ at подми́гивать impf, подмигну́ть pf +dat; (fig) смотре́ть impf, по~ pf сквозь па́льцы на+acc.
winkle vt: ~ out выко́вывать impf, вы́ковырять pf.
winner n победи́тель m, ~ница. **winning** adj (victorious) вы́игравший; (shot etc.) реша́ющий; (charming) обая́тельный; n: pl вы́игрыш; ~ post фи́нишный столб.
winter n зима́; attrib зи́мний. **wintry**

adj зи́мний; (*cold*) холо́дный.

wipe *vt* (*also* ~ *out inside of*) вытира́ть *impf*, вы́тереть *pf*; ~ **away, off** стира́ть *impf*, стере́ть *pf*; ~ **out** (*exterminate*) уничтожа́ть *impf*, уничто́жить *pf*; (*cancel*) смыва́ть *impf*, смыть *pf*.

wire *n* про́волока; (*carrying current*) про́вод; (*telegram*) телегра́мма; *vt* дать телегра́мму +*dat*. **wireless** *n* ра́дио *neut indecl*. **wiring** *n* электропрово́дка. **wiry** *adj* жи́листый.

wisdom *n* му́дрость; ~ **tooth** зуб му́дрости. **wise** *adj* му́дрый; (*prudent*) благоразу́мный.

wish *n* жела́ние; **with best** ~**es** всего́ хоро́шего, с наилу́чшими пожела́ниями; *vt* хоте́ть *impf*, за~ *pf* (I ~ I could see him мне хоте́лось бы его́ ви́деть; I ~ to go я хочу́ пойти́; I ~ you to come early я хочу́, что́бы вы ра́но пришли́; I ~ the day were over хорошо́ бы день ско́рее ко́нчился); жела́ть *impf* +*gen* (I ~ you luck жела́ю вам уда́чи; (*congratulate on*) поздравля́ть *impf*, поздра́вить *pf* (I ~ you a happy birthday поздравля́ю тебя́ с днём рожде́ния); *vi*: ~ **for** жела́ть *impf* +*gen*; мечта́ть *impf* о+*prep*. **wishful** *adj*: ~ **thinking** самообольще́ние; приня́тие жела́емого за действи́тельное.

wisp *n* (*of straw*) пучо́к; (*hair*) клочо́к; (*smoke*) стру́йка.

wisteria *n* глици́ния.

wistful *adj* тоскли́вый.

wit *n* (*mind*) ум; (*wittiness*) остроу́мие; (*person*) остря́к; **be at one's** ~**'s end** не знать *impf* что де́лать.

witch *n* ве́дьма; ~**-hunt** охо́та за ве́дьмами. **witchcraft** *n* колдовство́.

with *prep* (*in company of, together* ~) (вме́сте) с+*instr*; (*as a result of*) от+*gen*; (*at house of, in keeping of*) у+*gen*; (*by means of*) +*instr*; (*in spite of*) несмотря́ на+*acc*; (*including*) включа́я+*acc*; ~ **each/one another** друг с дру́гом.

withdraw *vt* (*retract*) брать *impf*, взять *pf* наза́д; (*hand*) отдёргивать *impf*, отдёрнуть *pf*; (*cancel*) снима́ть *impf*, снять *pf*; (*mil*) выводи́ть *impf*, вы́вести *pf*; (*money from circulation*) изыма́ть *impf*, изъя́ть из обраще́ния; (*diplomat etc.*) отзы-

ва́ть *impf*, отозва́ть *pf*; (*from bank*) брать *impf*, взять *pf*; *vi* удаля́ться *impf*, удали́ться *pf*; (*drop out*) выбыва́ть *impf*, вы́быть *pf*; (*mil*) отходи́ть *impf*, отойти́ *pf*. **withdrawal** *n* (*retraction*) взя́тие наза́д; (*cancellation*) сня́тие; (*mil*) отхо́д; (*money from circulation*) изъя́тие; (*departure*) ухо́д. **withdrawn** *adj* за́мкнутый.

wither *vi* вя́нуть *impf*, за~ *pf*. **withering** *adj* (*fig*) уничтожа́ющий.

withhold *vt* (*refuse to grant*) не дава́ть *impf*, дать *pf* +*gen*; (*payment*) уде́рживать *impf*, удержа́ть *pf*; (*information*) ута́ивать *impf*, утаи́ть *pf*.

within *prep* (*inside*) внутри́+*gen*, в+*prep*; (~ *the limits of*) в преде́лах +*gen*; (*time*) в тече́ние +*gen*; *adv* внутри́; **from** ~ изнутри́.

without *prep* без+*gen*; ~ **saying good-bye** не проща́ясь; **do** ~ обходи́ться *impf*, обойти́сь *pf* без+*gen*.

withstand *vt* выде́рживать *impf*, вы́держать *pf*.

witness *n* (*person*) свиде́тель *m*; (*eye-* ~) очеви́дец; (*to signature etc.*) завери́тель *m*; **bear** ~ **to** свиде́тельствовать *impf*, за~ *pf*; ~**-box** ме́сто для свиде́тельских показа́ний; *vt* быть свиде́телем+*gen*; (*document etc.*) заверя́ть *impf*, заве́рить *pf*.

witticism *n* остро́та. **witty** *adj* остроу́мный.

wizard *n* волше́бник, колду́н.

wizened *adj* морщи́нистый.

wobble *vt & i* шата́ть(ся) *impf*, шатну́ть(ся) *pf*; *vi* (*voice*) дрожа́ть *impf*. **wobbly** *adj* ша́ткий.

woe *n* го́ре; ~ **is me!** го́ре мне! **woeful** *adj* жа́лкий.

wolf *n* волк; *vt* пожира́ть *impf*, пожра́ть *pf*.

woman *n* же́нщина. **womanizer** *n* воло́кита. **womanly** *adj* же́нственный.

womb *n* ма́тка.

wonder *n* чу́до; (*amazement*) изумле́ние; (**it's**) **no** ~ неудиви́тельно; *vt* интересова́ться *impf* (I ~ **who will come** интере́сно, кто придёт); *vi*: I **shouldn't** ~ неудиви́тельно бу́дет, е́сли; I ~ **if you could help me** не могли́ бы вы мне помо́чь?; ~ **at** удивля́ться *impf*, удиви́ться *pf* +*dat*. **wonderful, wondrous** *adj* замеча́тельный.

wont n: **as is his** ~ по своему́ обыкнове́нию; predic: **be** ~ **to** име́ть привы́чку+inf.

woo vt уха́живать impf за+instr.

wood n (forest) лес; (material) де́рево; (firewood) дрова́ pl. **woodcut** n гравю́ра на де́реве. **wooded** adj леси́стый. **wooden** adj (also fig) деревя́нный. **woodland** n леси́стая ме́стность; attrib лесно́й. **woodpecker** n дя́тел. **woodwind** n деревя́нные духовы́е инструме́нты m pl. **woodwork** n столя́рная рабо́та; (wooden parts) деревя́нные ча́сти (-те́й) pl. **woodworm** n жучо́к. **woody** adj (plant etc.) деревяни́стый; (wooded) леси́стый.

wool n шерсть. **woollen** adj шерстяно́й. **woolly** adj шерсти́стый; (indistinct) нея́сный.

word n сло́во; (news) изве́стие; **by** ~ **of mouth** у́стно; **have a** ~ **with** поговори́ть pf c+instr; **in a** ~ одни́м сло́вом; **in other** ~s други́ми слова́ми; ~ **for** ~ сло́во в сло́во; ~ **processor** компью́тер(-изда́тель) m; vt выража́ть impf, вы́разить pf; формули́ровать impf, с~ pf. **wording** n формулиро́вка.

work n рабо́та; (labour; toil; scholarly ~) труд; (occupation) заня́тие; (studies) заня́тия neut pl; (of art) произведе́ние; (book) сочине́ние; pl (factory) заво́д; (mechanism) механи́зм; **at** ~ (doing~) за рабо́той; (at place of ~) на рабо́те; **out of** ~ безрабо́тный; ~**force** рабо́чая си́ла; ~**load** нагру́зка; vi (also function) рабо́тать impf (**at, on** над+instr); (study) занима́ться impf, заня́ться pf; (also toil, labour) труди́ться impf; (have effect, function) де́йствовать impf; (succeed) удава́ться impf, уда́ться pf; vt (operate) управля́ть impf +instr; обраща́ться impf c+instr; (wonders) твори́ть impf, со~ pf; (soil) обраба́тывать impf, обрабо́тать pf; (compel to ~) заставля́ть impf, заста́вить pf рабо́тать; ~ **in** вставля́ть impf, вста́вить pf; ~ **off** (debt) отраба́тывать impf, отрабо́тать pf; (weight) сгоня́ть impf, согна́ть pf; (energy) дава́ть impf, дать pf вы́ход +dat; ~ **out** (solve) находи́ть impf, найти́ pf реше́ние +gen; (plans etc.)

разраба́тывать impf, разрабо́тать pf; (sport) тренирова́ться impf; **everything** ~ed **out well** всё ко́нчилось хорошо́; ~ **out at** (amount to) составля́ть impf, соста́вить pf; ~ **up** (perfect) выраба́тывать impf, вы́работать pf; (excite) возбужда́ть impf, возбуди́ть pf; (appetite) нагу́ливать impf, нагуля́ть pf. **workable** adj осуществи́мый, реа́льный. **workaday** adj бу́дничный. **workaholic** n тру́женик. **worker** n рабо́тник; (manual) рабо́чий sb. **working** adj: ~ **class** рабо́чий класс; ~ **hours** рабо́чее вре́мя neut; ~ **party** коми́ссия. **workman** n рабо́тник. **workmanlike** adj иску́сный. **workmanship** n иску́сство, мастерство́. **workshop** n мастерска́я sb.

world n мир, свет; attrib мирово́й; ~**famous** всеми́рно изве́стный; ~ **war** мирова́я война́; ~**wide** всеми́рный. **worldly** adj мирско́й; (person) о́пытный.

worm n червь m; (intestinal) глист; vt: ~ **o.s. into** вкра́дываться impf, вкра́сться pf в+acc; ~ **out** выве́дывать impf, вы́ведать pf (**of** y+gen); ~ **one's way** пробира́ться impf, пробра́ться pf.

worry n (anxiety) беспоко́йство; (care) забо́та; vt беспоко́ить impf, о~ pf; vi беспоко́иться impf, о~ pf (**about** o+prep).

worse adj ху́дший; adv ху́же; n: **from bad to** ~ всё ху́же и ху́же. **worsen** vt & i ухудша́ть(ся) impf, уху́дшить(ся) pf.

worship n поклоне́ние (**of**+dat); (service) богослуже́ние; vt поклоня́ться impf +dat; (adore) обожа́ть impf. **worshipper** n покло́нник, -ица.

worst adj наиху́дший, са́мый плохо́й; adv ху́же всего́; n са́мое плохо́е.

worth n (value) цена́, це́нность; (merit) досто́инство; **give me a pound's** ~ **of petrol** да́йте мне бензи́на на фунт; adj: **be** ~ (of equal value to) сто́ить impf (**what is it** ~? ско́лько э́то сто́ит?); (deserve) сто́ить impf +gen (**is this film** ~ **seeing?** сто́ит посмотре́ть э́тот фильм?). **worthless** adj ничего́ не сто́ящий; (useless) бесполе́зный. **worthwhile** adj сто́ящий. **worthy** adj досто́йный.

would *v aux* (*conditional*): he ~ be angry if he found out он бы рассерди́лся, е́сли бы узна́л; (*expressing wish*) she ~ like to know она́ бы хоте́ла знать; I ~ rather я бы предпоче́л; (*expressing indirect speech*): he said he ~ be late он сказа́л, что придёт по́здно.

would-be *adj*: ~ actor челове́к мечта́ющий стать актёром.

wound *n* ра́на; *vt* ра́нить *impf & pf*. **wounded** *adj* ра́неный.

wrangle *n* пререка́ние; *vi* пререка́ться *impf*.

wrap *n* (*shawl*) шаль; *vt* (*also* ~ up) завёртывать *impf*, заверну́ть *pf*; ~ up (*in wraps*) заку́тывать(ся) *impf*, заку́тать(ся) *pf*; ~ped up in (*fig*) поглощённый +*instr*. **wrapper** *n* обёртка. **wrapping** *n* обёртка; ~ paper обёрточная бума́га.

wrath *n* гнев.

wreak *vt*: ~ havoc on разоря́ть *impf*, разори́ть *pf*.

wreath *n* вено́к.

wreck *n* (*ship*) оста́нки (-ов) корабля́; (*vehicle, person, building, etc.*) разва́лина; *vt* (*destroy, also fig*) разруша́ть *impf*, разру́шить *pf*; be ~ed терпе́ть *impf*, по~ *pf* круше́ние; (*of plans etc.*) ру́хнуть *pf*. **wreckage** *n* обло́мки *m pl* круше́ния.

wren *n* крапи́вник.

wrench *n* (*jerk*) дёрганье; (*tech*) га́ечный ключ; (*fig*) боль; *vt* (*snatch, pull out*) вырыва́ть *impf*, вы́рвать *pf* (*from* y+*gen*); ~ open взла́мывать *impf*, взлома́ть *pf*.

wrest *vt* (*wrench*) вырыва́ть *impf*, вы́рвать *pf* (*from* y+*gen*).

wrestle *vi* боро́ться *impf*. **wrestler** *n* боре́ц. **wrestling** *n* борьба́.

wretch *n* несча́стный *sb*; (*scoundrel*) негодя́й. **wretched** *adj* жа́лкий; (*unpleasant*) скве́рный.

wriggle *vi* извива́ться *impf*, изви́ться *pf*; (*fidget*) ёрзать *impf*; ~ out of уви́ливать *impf*, увильну́ть от+*gen*.

wring *vt* (*also* ~ out) выжима́ть *impf*, вы́жать *pf*; (*extort*) исторга́ть *impf*, исто́ргнуть *pf* (*from* y+*gen*); (*neck*) свёртывать *impf*, сверну́ть *pf* (*of* +*dat*); ~ one's hands лома́ть *impf*, с~ *pf* ру́ки.

wrinkle *n* морщи́на; *vt & i* мо́рщить-

(ся) *impf*, с~ *pf*.

wrist *n* запя́стье; ~-watch нару́чные часы́ (-со́в) *pl*.

writ *n* пове́стка.

write *vt & i* писа́ть *impf*, на~ *pf*; ~ down запи́сывать *impf*, записа́ть *pf*; ~ off (*cancel*) спи́сывать *impf*, списа́ть *pf*; the car was a ~off маши́на была́ соверше́нно испо́рчена; ~ out выпи́сывать *impf*, вы́писать *pf* (*in full* по́лностью); ~ up (*account of*) подро́бно опи́сывать *impf*, описа́ть *pf*; (*notes*) перепи́сывать *impf*, переписа́ть *pf*; ~up (*report*) отчёт. **writer** *n* писа́тель *m*, ~ница.

writhe *vi* ко́рчиться *impf*, с~ *pf*.

writing *n* (*handwriting*) по́черк; (*work*) произведе́ние; in ~ в пи́сьменной фо́рме; ~-paper почто́вая бума́га.

wrong *adj* (*incorrect*) непра́вильный, неве́рный; (*the wrong ...*) не тот (I have bought the ~ book я купи́л не ту кни́гу; you've got the ~ number (*tel*) вы не туда́ попа́ли); (*mistaken*) непра́вый (you are ~ ты непра́в); (*unjust*) несправедли́вый; (*sinful*) дурно́й; (*out of order*) нела́дный; (*side of cloth*) ле́вый; ~ side out наизна́нку; ~ way round наоборо́т; *n* зло; (*injustice*) несправедли́вость; be in the ~ быть непра́вым; do ~ греши́ть *impf*, со~ *pf*; *adv* непра́вильно, неве́рно; go ~ не получа́ться *impf*, получи́ться *pf*; *vt* обижа́ть *impf*, оби́деть *pf*; (*be unjust to*) быть несправедли́вым к+*dat*. **wrongdoer** *n* престу́пник, гре́шник, -ица. **wrongful** *adj* несправедли́вый. **wrongly** *adv* непра́вильно; (*unjustly*) несправедли́во.

wrought *adj*: ~ iron сва́рочное желе́зо.

wry *adj* (*smile*) криво́й; (*humour*) сухо́й, ирони́ческий.

X

xenophobia *n* ксенофо́бия.

X-ray *n* (*picture*) рентге́н(овский сни́мок); *pl* (*radiation*) рентге́новы лучи́ *m pl*; *vt* (*photograph*) де́лать *impf*, с~ *pf* рентге́н +*gen*.

Y

yacht *n* я́хта. **yachting** *n* па́русный спорт. **yachtsman** *n* яхтсме́н.

yank *vt* рвану́ть *pf*.

yap *vi* тя́вкать *impf*, тя́вкнуть *pf*.

yard[1] *n* (*piece of ground*) двор.

yard[2] *n* (*measure*) ярд. **yardstick** *n* (*fig*) мери́ло.

yarn *n* пря́жа; (*story*) расска́з.

yawn *n* зево́к; *vi* зева́ть *impf*, зевну́ть *pf*; (*chasm etc.*) зия́ть *impf*.

year *n* год; ~ **in**, ~ **out** из го́да в год. **yearbook** *n* ежего́дник. **yearly** *adj* ежего́дный, годово́й; *adv* ежего́дно.

yearn *vi* тоскова́ть *impf* (**for** по+*dat*). **yearning** *n* тоска́ (**for** по+*dat*).

yeast *n* дро́жжи (-же́й) *pl*.

yell *n* крик; *vi* крича́ть *impf*, кри́кнуть *pf*.

yellow *adj* жёлтый; *n* жёлтый цвет. **yellowish** *adj* желтова́тый.

yelp *n* визг; *vi* визжа́ть *impf*, ви́згнуть *pf*.

yes *adv* да; *n* утвержде́ние, согла́сие; (*in vote*) го́лос «за».

yesterday *adv* вчера́; *n* вчера́шний день *m*; ~ **morning** вчера́ у́тром; **the day before** ~ позавчера́; ~**'s news-paper** вчера́шняя газе́та.

yet *adv* (*still*) ещё; (*so far*) до сих пор; (*in questions*) уже́; (*nevertheless*) тем не ме́нее; **as** ~ пока́, до сих пор; **not** ~ ещё не; *conj* одна́ко, но.

yew *n* тис.

Yiddish *n* и́диш.

yield *n* (*harvest*) урожа́й; (*econ*) дохо́д; *vt* (*fruit, revenue, etc.*) приноси́ть *impf*, принести́ *pf*; (*give up*) сдава́ть *impf*, сдать *pf*; *vi* (*give in*) (*to enemy etc.*) уступа́ть *impf*, уступи́ть *pf* (**to** +*dat*); (*give way*) поддава́ться *impf*, подда́ться *pf* (**to** +*dat*).

yoga *n* йо́га.

yoghurt *n* кефи́р.

yoke *n* (*also fig*) ярмо́; (*fig*) и́го; (*of dress*) коке́тка; *vt* впряга́ть *impf*, впрячь *pf* в ярмо́.

yolk *n* желто́к.

yonder *adv* вон там; *adj* вон тот.

you *pron* (*familiar sg*) ты; (*familiar pl, polite sg & pl*) вы; (*one*) *not usu*

translated; *v* translated in 2nd pers sg or by impers construction: ~ **never know** никогда́ не зна́ешь.

young *adj* молодо́й; **the** ~ молодёжь; *n* (*collect*) детёныши *m pl*. **youngster** *n* ма́льчик, де́вочка.

your(s) *poss pron* (*familiar sg; also in letter*) твой; (*familiar pl, polite sg & pl; also in letter*) ваш; (*refl*) свой. **yourself** *pron* (*emph*) (*familiar sg*) (ты) сам (*m*), сама́ (*f*); (*familiar pl, polite sg & pl*) (вы) са́ми; (*refl*) себя́; -ся (*suffixed to vt*); **by** ~ (*independently*) самостоя́тельно, сам; (*alone*) оди́н.

youth *n* (*age*) мо́лодость; (*young man*) ю́ноша *m*; (*collect, as pl*) молодёжь; ~ **club** молодёжный клуб; ~ **hostel** молодёжная турба́за. **youthful** *adj* ю́ношеский.

Yugoslavia *n* Югосла́вия.

Z

zany *adj* смешно́й.

zeal *n* рве́ние, усе́рдие. **zealot** *n* фана́тик. **zealous** *adj* ре́вностный, усе́рдный.

zebra *n* зе́бра.

zenith *n* зени́т.

zero *n* нуль *m*, ноль *m*.

zest *n* (*piquancy*) пика́нтность; (*ardour*) энтузиа́зм; ~ **for life** жизнера́достность.

zigzag *n* зигза́г; *adj* зигзагообра́зный; *vi* де́лать *impf*, с~ *pf* зигза́ги; идти́ *det* зигза́гами.

zinc *n* цинк.

Zionism *n* сиони́зм. **Zionist** *n* сиони́ст.

zip *n* (~ *fastener*) (застёжка-)мо́лния; *vt & i*: ~ **up** застёгивать(ся) *impf*, застегну́ть(ся) *pf* на мо́лнию.

zodiac *n* зодиа́к; **sign of the** ~ знак зодиа́ка.

zombie *n* челове́к спя́щий на ходу́.

zone *n* зо́на; (*geog*) по́яс.

zoo *n* зоопа́рк. **zoological** *adj* зоологи́ческий; ~ **garden(s)** зоологи́ческий сад. **zoologist** *n* зоо́лог. **zoology** *n* зооло́гия.

zoom *vi* (*rush*) мча́ться *impf*; ~ **in** (*phot*) де́лать *impf*, с~ *pf* наплы́в; ~ **lens** объекти́в с переме́нным фо́кусным расстоя́нием.

Zulu *adj* зулу́сский; *n* зулу́с, ~ка.

Appendix I **Spelling Rules**

It is assumed that the user is acquainted with the following spelling rules which affect Russian declension and conjugation.

1.   **ы, ю,** and **я** do not follow **г, к, х, ж, ч, ш,** and **щ;** instead, **и, у,** and **а** are used, e.g. **ма́льчики, кричу́, лежа́т, нoчáми;** similarly, **ю** and **я** do not follow **ц;** instead, **y** or **а** are used.

2.   Unstressed **o** does not follow **ж, ц, ч, ш,** or **щ;** instead, **е** is used, e.g. **му́жем, ме́сяцев, хоро́шее.**

Appendix II **Declension of Russian Nouns**

The following patterns are regarded as regular and are not shown in the dictionary entries. Forms marked * should be particularly noted.

1   *Masculine*

Singular

nom	acc	gen	dat	instr	prep
обе́д	~	~а	~у	~ом	~е
слу́ча|й	~й	~я	~ю	~ем	~е
марш	~	~а	~у	~ем	~е
каранда́ш	~	~а́	~у́	~о́м*	~е́
сцена́ри|й	~й	~я	~ю	~ем	~и*
портфе́л|ь	~ь	~я	~ю	~ем	~е

Plural

nom	acc	gen	dat	instr	prep
обе́д|ы	~ы	~ов	~ам	~ами	~ах
слу́ча|и	~и	~ев	~ям	~ями	~ях
ма́рш|и	~и	~ей*	~ам	~ами	~ах
карандаш|и́	~и́	~е́й*	~а́м	~а́ми	~а́х
сцена́ри|и	~и	~ев*	~ям	~ями	~ях
портфе́л|и	~и	~ей*	~ям	~ями	~ях

2   *Feminine*

Singular

nom	acc	gen	dat	instr	prep
газе́т|а	~у	~ы	~е	~ой	~е
ба́н|я	~ю	~и	~е	~ей	~е
ли́ни|я	~ю	~и	~и*	~ей	~и*
ста́ту|я	~ю	~и	~е*	~ей	~е*
бол|ь	~ь	~и	~и*	~ью*	~и*

Plural	nom	acc	gen	dat	instr	prep
	газе́т|ы	~ы	~	~ам	~ами	~ах
	ба́н|и	~и	~ь*	~ям	~ями	~ях
	ли́ни|и	~и	~й*	~ям	~ями	~ях
	ста́ту|и	~и	~й*	~ям	~ями	~ях
	бо́л|и	~и	~ей*	~ям	~ями	~ях

3 Neuter

Singular	nom	acc	gen	dat	instr	prep
	чу́вств|о	~о	~а	~у	~ом	~е
	учи́лищ|е	~е	~а	~у	~ем	~е
	зда́ни|е	~е	~я	~ю	~ем	~и*
	уще́л|ье	~ье	~ья	~ью	~ьем	~ье

Plural	nom	acc	gen	dat	instr	prep
	чу́вств|а	~а	~	~ам	~ами	~ах
	учи́лищ|а	~а	~	~ам	~ами	~ах
	зда́ни|я	~я	~й*	~ям	~ями	~ях
	уще́л|ья	~ья	~ий*	~ьям	~ьями	~ьях

Appendix III Declension of Russian Adjectives

The following patterns are regarded as regular and are not shown in the
dictionary entries.

Singular	nom	acc	gen	dat	instr	prep
Masculine	тёпл|ый	~ый	~ого	~ому	~ым	~ом
Feminine	тёпл|ая	~ую	~ой	~ой	~ой	~ой
Neuter	тёпл|ое	~ое	~ого	~ому	~ым	~ом

Plural	nom	acc	gen	dat	instr	prep
Masculine	тёпл|ые	~ые	~ых	~ым	~ыми	~ых
Feminine	тёпл|ые	~ые	~ых	~ым	~ыми	~ых
Neuter	тёпл|ые	~ые	~ых	~ым	~ыми	~ых

Appendix IV Conjugation of Russian Verbs

The following patterns are regarded as regular and are not shown in the dictionary entries.

1. **-e-** conjugation

(a) чита́|ть	~ю	~ешь	~ет	~ем	~ете	~ют
(b) сия́|ть	~ю	~ешь	~ет	~ем	~ете	~ют
(c) про́б|овать	~ую	~уешь	~ует	~уем	~уете	~уют
(d) рис|ова́ть	~у́ю	~у́ешь	~у́ет	~у́ем	~у́ете	~у́ют

2. **-и-** conjugation

(a) говор|и́ть	~ю	~и́шь	~и́т	~и́м	~и́те	~я́т
(b) стро́|ить	~ю	~ишь	~ит	~им	~ите	~ят

Notes

1. Also belonging to the **-e-** conjugation are:

    i) most other verbs in **-ать** (but see Note 2(v) below), e.g. **жа́ждать** (жа́жду, -ждешь); **пря́тать** (пря́чу, -чешь); **колеба́ть** (колѐблю, -блешь).

    ii) verbs in **-еть** for which the 1st pers sing **-ею** is given, e.g. **жале́ть**.

    iii) verbs in **-нуть** for which the 1st pers sing **-ну** is given (e.g. **вя́нуть**), ю becoming у in the 1st pers sing and 3rd pers pl.

    iv) verbs in **-ять** which drop the я in conjugation, e.g. **ла́ять** (ла́ю, ла́ешь); **се́ять** (се́ю, се́ешь).

2. Also belonging to the **-и-** conjugation are:

    i) verbs in consonant + **-ить** which change the consonant in the first person singular, e.g. **досади́ть** (-ажу́, -ади́шь), or insert an **-л-**, e.g. **доба́вить** (доба́влю, -вишь).

    ii) other verbs in vowel + **-ить**, e.g. **затаи́ть**, **кле́ить** (as 2b above).

    iii) verbs in **-еть** for which the 1st pers sing is given as consonant + ю or у, e.g. **звене́ть** (-ню́, -ни́шь), **ви́деть** (ви́жу, ви́дишь).

    iv) two verbs in **-ять** (**стоя́ть**, **боя́ться**).

    v) verbs in **-ать** whose stem ends in ч, ж, щ, or ш, not changing between the infinitive and conjugation, e.g. **крича́ть** (-чу́, -чи́шь). Cf. Note 1(i).

Key to the Russian Alphabet

Capital	Lower-case	Approximate English Sound
А	а	a
Б	б	b
В	в	v
Г	г	g
Д	д	d
Е	е	ye
Ё	ё	yo
Ж	ж	zh (as in measure)
З	з	z
И	и	i
Й	й	y
К	к	k
Л	л	l
М	м	m
Н	н	n
О	о	o
П	п	p
Р	р	r
С	с	s
Т	т	t
У	у	oo
Ф	ф	f
Х	х	kh (as in lo*ch*)
Ц	ц	ts
Ч	ч	ch
Ш	ш	sh
Щ	щ	shch
Ъ	ъ	" ("hard sign"; not pronounced as separate sound)
Ы	ы	y
Ь	ь	' ("soft sign"; not pronounced as separate sound)
Э	э	e
Ю	ю	yu
Я	я	ya